# ताओ उपनिषद

## भाग चार

डायमंड बुक्स

www.diamondbooks.in

ओशो द्वारा लाओत्से के
'ताओ तेह किंग' पर दिए गए
127 प्रवचनों में से
21 (पैंसठ से पचासी)
अमृत प्रवचनों का अपूर्व संकलन।

# मानसरोवर

भाग चार

## प्रेमचंद

राजसंस्करण : 2021

प्रकाशक — डायमंड पॉकेट बुक्स (प्रा.) लि., X-30, ओखला इंडस्ट्रियल एरिया,
फेज-II, नई दिल्ली-110020
फोन – 011-41611861, 40712100
फैक्स – 011-41611866
ई-मेल — sales@dpb.in
वेबसाइट — www.dpb.in
मुद्रक - आदर्श प्रिंटर्स, शाहदरा, दिल्ली-32

ISBN : 978-81-288-1273-6

# भूमिका

यदि ओशो की ऋतंभरा प्रज्ञा लाओत्से के रहस्यमय सूत्रों को प्रकाशित नहीं करती तो वर्तमान युग ताओ की अकूत संपदा से वंचित रह जाता। हमने लाओत्से का नाम ही तब सुना जब ओशो उसका हाथ पकड़कर अपने दरबार में ले आये और उसे उच्चतम आसन पर प्रतिष्ठित किया। यहां तक कि अपने आवास का नाम भी उन्होंने 'लाओत्से हाउस' ही रखा।

ओशो को लाओत्से के प्रति इतनी आत्मीयता क्यों कर होगी? अब वैसे तो रहस्यदर्शी के रहस्यों में कौन उतर सकता है? रहस्यदर्शी को सीधे समझ पाना तब तक संभव नहीं है जब तक हम उसमें पूरी तरह घुल-मिल न जाएं—जैसे बताशा पानी में घुलता है।

रहस्यदर्शी को अंशतः समझने का झरोखा है उसके शब्द। शब्दों की अंगुली पकड़कर हम थोड़ा-बहुत उसके अंतराकाश में झांक सकते हैं। उस विराट का कुछ न कुछ स्वाद शब्दों में उतरता ही है।

लाओत्से के सूत्र 'ताओ तेह किंग' पढ़कर कुछ-कुछ ऐसी ही अनुभूति होती है। लगता है, उत्तुंग शिखर पर खड़े होकर अनंत आकाश और अतल घाटियों का नजारा देख रहे हैं। सिर घूमने लगता है।

ताओ क्या है?

स्वयं लाओत्से कहता है : ताओ परम है और अनाम है।

हमें नामों की जरूरत क्यों पड़ती है? अपनी सुरक्षा के लिए। हम वस्तुओं पर नामों के लेबल चिपका देते हैं और सोचते हैं कि हम उन्हें जान गए। अज्ञात के साथ जीना कितना भयभीत करता है। भय मानवीय सभ्यता की देन है। और ताओ वह विशुद्ध स्थिति है जहां सभ्यता का उदय नहीं हुआ।

हो सकता है इस विशुद्ध स्थिति से मनुष्य-जाति का पतन होना शुरू हुआ इसलिए ताओ की परंपरा लुप्तप्राय हो गई। लाओत्से के रूप में जो विराट उतर आया था धरती पर, उसकी स्मृति धूमिल हो गई।

ताओ उपनिषद के इस भाग के प्रारंभ में ओशो खुद यह प्रश्न उठाते हैं कि मैं लाओत्से पर क्यों बोल रहा हूं?

फिर खुद ही बताते हैं कि चीन में कम्युनिज्म का जो उदय हुआ वह सारे रहस्यवादों के अस्त का कारण बना।

तिब्बत से बौद्ध परंपरा और चीन से लाओत्से परंपरा का विध्वंस शुरू हुआ। लेकिन अस्तित्व में सिर्फ विध्वंसक शक्तियां नहीं हैं, उसका संतुलन बनाने के लिए सृजनात्मक शक्तियां भी कार्यरत होती हैं। लाओत्से की विचारधारा इतनी श्रेष्ठतम है कि उसे बचाना, उसे पुनरुज्जीवित करना पृथ्वी के हित में है। अन्यथा भौतिकवाद उसे पूरा ही निगल जाता। ओशो के श्रीमुख से ताओ की सरिता फिर बह निकली। उसे सरिता क्या कहें, वह साक्षात सागर ही है। लाओत्से ने सत्य के सागर को गागर में सूत्रित किया था। ओशो ने गागर पुनश्च सागर में उंडेल दी। और 'ताओ तेह किंग' का पुनर्जन्म हुआ 'ताओ उपनिषद' की सूरत में।

इस पुनर्जन्म के गर्भ में गहरे कारण छिपे हैं। ओशो कहते हैं, 'लाओत्से की पूरी परंपरा नष्ट होने के करीब है। इसलिए दुनिया में बहुत तरह की कोशिश की जाएगी कि परंपरा नष्ट न हो पाए, उसके बीज कहीं और अंकुरित हो जाएं। मैं जो बोल रहा हूं वह भी उस बड़े प्रयास का हिस्सा है।

'लाओत्से को अगर कहीं भी स्थापित करना हो तो भारत के अतिरिक्त और कहीं स्थापित करना मुश्किल है। भारत समझ सकता है। अकर्म की धारणा को भारत समझ सकता है। निसर्ग की, स्वभाव की धारणा को भारत समझ सकता है।'

हो सकता है लाओत्से को भारत से जोड़ने के हेतु ओशो ने अपने प्रवचनों को 'ताओ उपनिषद' कहा है। लाओत्से कहीं भारत की आत्मा में बसा हुआ है। लाओत्से का परिचय हमारे वेद-उपनिषदों को पहचानने का माध्यम बन सकता है।

लाओत्से और ओशो का मेल हमें वहां दिखाई देता है जहां लाओत्से विरोधाभासों के बीच सहजता से डोलता है और दो विपरीत स्वरों के बीच संगीत पैदा करता है। ओशो भी तो विरोधाभास को कितनी खूबसूरती से सम्हालते हैं—जैसे कोई पक्षी अपने दो परों को तौलते हुए दूर गगन में उड़ान भरे।

उदाहरण के लिए सूत्र क्रमांक 36, 'जीवन की लय' देखें—

'सत्ता से जिसे गिराना है, पहले उसे फैलाव देना पड़ता है।'

'जिसे दुर्बल करना है, पहले उसे बलवान बनाना पड़ता है।'

'जिसे नीचे गिराना है, पहले उसे शिखरस्थ करना होता है।'

इस द्वंद्व को इतनी सुस्पष्टता से वही देख सकता है जो निर्द्वंद्व स्थिति में पहुंच गया है, जिसकी वीणा के सारे स्वर शांत हो गए। स्वभावतः लाओत्से के बेबूझ सूत्रों को मनुष्य की समझ में उतारने के लिए ओशो के अतिरिक्त किसी की सामर्थ्य नहीं है।

सूत्र का अर्थ है: संक्षेप में कही गई बात। सूत्र का मूल अर्थ है धागा। तो सूत्र वह धागा है जिसे पकड़कर आप ज्ञान की गहराई में उतर सकते हैं। अब अगर बहुत बड़ा रहस्य थोड़े से शब्दों में कहना हो तो कोड लैंग्वेज, सांकेतिक भाषा का प्रयोग करना होता है। उन संकेतों को डि-कोड किए बगैर इन सूत्रों को समझना असंभव है। साधारण आदमी की समझ वहां तक नहीं पहुंच सकती। इसी वजह से लाओत्से के कीमती सूत्र उपेक्षित पड़े रहे। जो बहुमूल्य रत्न थे उन पर धूल जमती रही। ओशो ने उस धूल को झाड़कर हीरों को फिर चमका दिया और उन्हें मनुष्य के उपयोग के योग्य बना दिया। अस्तित्व इसके लिए ओशो का सदा ऋणी रहेगा।

अब जैसे लाओत्से कहता है: 'श्रेष्ठ चरित्र घाटी की तरह खाली प्रतीत होता है।'

हमारा तर्कयुक्त मस्तिष्क इस कथन को एकदम अस्वीकार कर देगा। यह क्या उल्टी बात कर रहा है? अब ओशो की निगाह से देखिए:

'लाओत्से के ये सूत्र सामान्य, तृतीय श्रेणी के मनुष्य को जैसा दिखायी देता है उसकी खबर देते हैं। यह जो

सामान्य बुद्धि है उस बुद्धि के अनुसार हमें श्रेष्ठ चरित्र खाली मालूम होगा। क्योंकि हम जिसे चरित्र कहते हैं वह तो चरित्र है ही नहीं। हम जिसे चरित्र कहते हैं उसे हम एक शिखर की भांति देखने के आदी हो गए हैं। ताओ का जो चरित्र है, वस्तुतः जो निर्मल धर्म का चरित्र है, वह तो हमें घाटी की तरह दिखाई देगा क्योंकि हम उल्टे खड़े हैं।'

इस पुस्तक में कुल इक्कीस प्रवचन संकलित हैं। और जैसा कि ओशो का रिवाज है, लाओत्से के सूत्रों के अलावा कुछ प्रश्नोत्तर भी शामिल हैं। अब यह सवाल हर एक के दिल में अवश्य उठा होगा कि आध्यात्मिक सूत्रों के साथ सामान्य मनुष्य के साधारण प्रश्नों की क्या संगति है? क्या इससे इन सूत्रों की ऊंचाई कम नहीं होती?

लेकिन ओशो जैसे सदगुरुओं के हर कृत्य के पीछे गहरे कारण होते हैं। यह भी उनकी एक विधि है जिसके द्वारा वे मनुष्य के मन पर काम कर रहे हैं। आइये उन्हीं के द्वारा सुनें :

'प्रश्नों के उत्तर मैं नहीं देता हूं। मैं केवल विधि देता हूं जिससे प्रश्न हल किए जा सकते हैं। मैं जो आपके प्रश्नों के उत्तर देता हूं, उन उत्तरों से मुझे कोई मोह नहीं है। उनको आप पंडित की तरह याद मत रखना। आप तो सिर्फ प्रक्रिया समझें कि एक प्रश्न में कैसे उतरा जा सकता है, और एक प्रश्न से कैसे जीवंत लौटा जा सकता है बाहर, समाधान लेकर। और जिस दिन आपके प्रश्न आपके भीतर ही गिरने लगें और आपकी चेतना से उत्तर उठने लगें उस दिन समझना कि आप मेरे उत्तरों को समझ पाए।

तो लाओत्से और ओशो के इस मधुर समस्वरता में आपका स्वागत है। अगर लाओत्से से पूछें तो वह इस घटना का वर्णन करेंगे—'जहां स्वर्ग और पृथ्वी का आलिंगन होता है वहां मीठी-मीठी वर्षा होती है।'

**मा अमृत साधना**

अनुक्रम

65. स्वर्ग और पृथ्वी का आलिंगन 1
66. स्वयं का ज्ञान ही ज्ञान है 21
67. सारा जगत ताओ का प्रवाह है 41
68. ताओ का स्वाद सादा है 61
69. शक्ति पर भद्रता की विजय होती है 81
70. विश्व-शांति का सूत्र : सहजता व सरलता 101
71. सहजता और सभ्यता में तालमेल 123
72. श्रेष्ठ चरित्र और घटिया चरित्र 145
73. पैगंबर ताओ के खिले फूल हैं 167
74. एकै साधे सब सधे 185
75. अस्तित्व में सब परिपूरक है 205
76. अस्तित्व अनस्तित्व से घिरा है 225
77. सच्चे संत को पहचानना कठिन है 247
78. मैं अंधेपन का इलाज करता हूं 267
79. ताओ सब से परे है 287
80. कठिनतम पर कोमलतम सदा जीतता है 307
81. सर्वाधिक मूल्यवान—स्वयं की निजता 325
82. वह पूर्ण है और विकासमान भी 345
83. प्रार्थना मांग नहीं, धन्यवाद है 365
84. मार्ग स्वयं के भीतर से है 385
85. जीवन परमात्म-ऊर्जा का खेल है 405

पैंसठवां प्रवचन

# स्वर्ग और पृथ्वी का आलिंगन

## Chapter 32

# TAO IS LIKE THE SEA

*Tao is absolute and has no name.*
*Though the uncarved wood is small,*
*It cannot be employed (used as vessel) by anyone.*
*If kings and barons can keep (this unspoiled nature),*
*The whole world shall yield them lordship of their own accord.*

*The Heaven and Earth join, and the sweet rain falls,*
*Beyond the command of men, yet evenly upon all.*

*Then human civilization arose and there were names.*
*Since there were names, it were well one knew where to stop.*
*He who knows where to stop may be exempt from danger.*
*Tao in the world may be compared to rivers that run into the sea.*

## अध्याय 32

# समुद्रवत ताओ

*ताओ परम है और उसका कोई नाम नहीं है।*
*यद्यपि यह गैर-तराशी लकड़ी छोटी सी है,*
*तो भी कोई इसका उपयोग (घड़े की भांति) नहीं कर सकता।*
*यदि सम्राट और भूस्वामी इस निष्कलुष स्वभाव को शुद्ध रख सकें,*
*तो सारा संसार उन्हें स्वेच्छा से स्वामित्व प्रदान करेगा।*

*जब स्वर्ग और पृथ्वी आलिंगन में होते हैं, तब मीठी-मीठी वर्षा होती है।*
*और यद्यपि वह मनुष्य के वश के बाहर है, तो भी सब के ऊपर समान रूप से बरसती है।*

*और तब मानवीय सभ्यता का उदय हुआ और नाम आ गए।*
*और जब नाम आ गए, तब आदमी के लिए जान लेना उचित था कि कहां रुक जाना है;*
*और जो जानता है कि कहां रुकना है, वह खतरों से बच सकता है।*
*संसार में ताओ की तुलना उन नदियों से की जाए, जो बह कर समुद्र में समा जाती है।*

मुझसे अक्सर ही लोग पूछते हैं कि लाओत्से पर बोलना मैंने क्यों चुना? कुछ जरूरी कारण से। एक तो लाओत्से की पूरी परंपरा करीब-करीब नष्ट होने की स्थिति में है। चीन लाओत्से की सारी व्यवस्था को, चिंतना को, उसके आश्रमों को, उसके संन्यासियों को आमूल नष्ट करने में लगा है। एक बहुत पुराना संघर्ष। कोई तीन हजार वर्ष चीन में दो जीवनधाराएं थीं, एक कनफ्यूशियस की और एक लाओत्से की। बहुत गहरे में देखें तो दुनिया में जितनी विचारधाराएं हैं, उनको इन दो हिस्सों में बांटा जा सकता है। कनफ्यूशियस मानता है नियम को, व्यवस्था को, शासन को, संस्कृति को। लाओत्से मानता है प्रकृति को; संस्कृति को नहीं, नियम को नहीं, स्वभाव की अराजकता को; व्यवस्था को नहीं, सहज स्फुरणा को; अनुशासन को नहीं—क्योंकि सभी अनुशासन, वह जो जीवन का स्वभाव है, उसे नष्ट करता है—वरन सहज प्रवाह को। दुनिया की सारी चिंतनधाराएं दो हिस्सों में बांटी जा सकती हैं: एक वे जो मनुष्य को अच्छा बनाना चाहती हैं और एक वे जो मनुष्य को सहज बनाना चाहती हैं। एक वे जो मनुष्य को पूर्ण बनाना चाहती हैं; कोई प्रतिमा, कोई आदर्श, जिसके अनुकूल मनुष्य को ढालना है। और एक वे जो मनुष्य को स्वाभाविक बनाना चाहती हैं; कोई आदर्श नहीं, कोई प्रतिमा नहीं, जिसके अनुसार मनुष्य को ढालना है।

लाओत्से दूसरी परंपरा में अग्रणी है। लाओत्से के समय में भी उसके विचार को नष्ट करने का बहुत उपाय किया गया। कनफ्यूशियस को मानने वालों ने सब तरह से, उस विचार का अंकुर ही न पनप पाए, इसकी चेष्टा की। क्योंकि कनफ्यूशियस के लिए इससे बड़ा कोई खतरा नहीं हो सकता।

लाओत्से कहता है कोई नियम नहीं, क्योंकि सभी नियम विकृत हैं। लाओत्से कहता है स्वभाव, सहजता, ऐसा बहे मनुष्य जैसे नदियां सागर की तरफ बहती हैं। रास्ते बनाने की जरूरत नहीं है, क्योंकि सभी रास्ते मनुष्य के साथ जबरदस्ती करते हैं। और नियम देना खतरनाक है, क्योंकि सभी नियम हिंसा करते हैं। लाओत्से कहता है कि अगर मनुष्य को उसके आंतरिकतम केंद्र के अनुसार छोड़ दिया जाए तो जगत में कुछ भी बुरा न होगा। मनुष्य को अच्छा बनाने की जरूरत नहीं है, मनुष्य को उसके आंतरिक स्वभाव के साथ छोड़ देने की जरूरत है। चेष्टा की जरूरत नहीं है, क्योंकि चेष्टा विकृति में ले जाएगी।

स्वभावतः, कनफ्यूशियस को अति कठिन थी यह बात। और कनफ्यूशियस के चिंतन में तो लगेगा कि यह आदमी सारे जगत को अराजकता में ले जाएगा, अनार्की में; और यह आदमी तो सब नष्ट कर देगा। समाज, संस्कृति, इस सबका क्या होगा? नीति, सदाचार, नियम? तीन हजार साल से कनफ्यूशियस के मानने वाले लाओत्से के संन्यासियों को, उसके शास्त्रों को, उसकी धारा में बहने वाले लोगों को, सब तरह से उनकी जड़ें न जम पाएं चीन में, इसकी चेष्टा में लगे रहे थे। और लाओत्से के अनुयायी तो संघर्ष भी नहीं कर सकते, क्योंकि संघर्ष में भी उनकी

कोई आस्था नहीं है। उनकी आस्था तो समर्पण में है। वे तो नहीं मानते कि किसी से उनका कोई विरोध है। इसलिए उन्होंने तो कोई संघर्ष नहीं किया। फिर भी वे जीवित रहे।

लेकिन माओत्से तुंग ने उनकी सारी व्यवस्था को आमूल तोड़ डाला है। माओत्से तुंग कनफ्यूशियस से सहमत है। और अगर हम ठीक से समझें तो कम्युनिज्म कनफ्यूशियस से सहमत होगा ही। कनफ्यूशियस कहता है कि समाज के हाथ में नियंत्रण चाहिए। और लाओत्से कहता है व्यक्ति पूर्ण स्वतंत्र है, किसी के हाथ में उसका नियंत्रण नहीं। कनफ्यूशियस से जो धारा चलती थी वह माओत्से तुंग में आकर पूरी हो गई। और माओत्से तुंग के हाथ में पूरी ताकत है। तो आज, जहां हजारों आश्रम थे लाओत्से के, वहां एक भी आश्रम खोजना मुश्किल है। एकाध-दो आश्रम बचा कर रखे हैं, म्यूजियम की तरह, जो अतिथियों को दिखाए जाते हैं। लाओत्से को मानने वाले संन्यासियों पर मुकदमे चले हैं; अदालतों में उनको घसीटा गया है; मारा-पीटा गया है, हत्या की गई है।

स्वभावतः, माओत्से तुंग की दृष्टि से लाओत्से के अनुयायी तो सुस्त और काहिल हैं। क्योंकि लाओत्से कहता है, करने में हमारा कोई भरोसा नहीं है, हमारा न करने में भरोसा है। लाओत्से कहता है, करने से क्षुद्र ही पाया जा सकता है, केवल न करने से विराट की उपलब्धि होती है—अकर्म, कर्म नहीं। क्योंकि कर्म से आदमी क्या पा सकेगा? और कर्म से आदमी जो भी पाएगा, वह संसार का होगा। अकर्म में आदमी डूबता है अपने में; कर्म से जाता है संसार में। और जब कोई कुछ भी नहीं करता तब उसके भीतर उसकी जीवन-चेतना अपनी पूरी सुगंध से खिलती है। तो लाओत्से कहता है, अकर्म है जीवन का सिद्धांत। स्वभावतः, उसके संन्यासी माओत्से तुंग की भाषा में तो शोषक हैं, मुफ्तखोर हैं; वे कुछ करते नहीं। कर्म तो जरूरी है।

इसलिए भी मैंने लाओत्से पर विचार कर लेना जरूरी समझा। क्योंकि यह हो सकता है कि आने वाले दिनों में लाओत्से का एक भी संन्यासी खोजना मुश्किल हो जाए।

और चीन का कम्युनिज्म का हमला भयंकर है। न केवल चीन से, बल्कि तिब्बत से भी सारी संभावनाओं को विनाश करने की चेष्टा चीन ने की है। तिब्बत में भी लाओत्से और बुद्ध को मान कर चलने वाला एक वर्ग था। शायद पृथ्वी पर अपने तरह का अकेला ही मुल्क था तिब्बत, जिसको हम कह सकते हैं कि पूरा का पूरा देश एक आश्रम था; जहां धर्म मूल था, बाकी सब चीजें गौण थीं; जहां हर चार आदमियों के बीच में एक संन्यासी था और ऐसा कोई घर नहीं था जिसमें संन्यासियों की लंबी परंपरा न हो। जिस बाप के चार बेटे होते वह एक बेटे को तो निश्चित ही संन्यास की तरफ भेजता। क्योंकि वही परम था।

लेकिन चीन ने तिब्बत को भी अपने हाथ में ले लिया है। और तिब्बत में भी संन्यास की गहन परंपराएं बुरी तरह तोड़ डाली गई हैं। कोई संभावना नहीं दिखती कि तिब्बत बच सकेगा।

दलाई लामा तिब्बत से जब हटे तो चीन की पूरी कोशिश थी कि दलाई लामा तिब्बत से हट न पाएं। उन्नीस सौ उनसठ में, जो लोग भी धर्म के गुह्य रहस्य से परिचित हैं, उन सबके लिए एक ही खयाल था कि दलाई लामा किसी तरह तिब्बत से बाहर आ जाएं और उनके साथ तिब्बत के बहुमूल्य ग्रंथ और तिब्बत के कुछ अनूठे साधक और संन्यासी भी तिब्बत के बाहर आ जाएं। लेकिन बाहर आ सकेंगे, यह असंभावना थी। कोई चमत्कार हो जाए तो ही बाहर आने का उपाय था। क्योंकि दलाई लामा के पास कोई आधुनिक साज-सामान नहीं; कोई फौज, कोई बम, कोई हवाई जहाज, कोई सुरक्षा का बड़ा उपाय नहीं। और चीन ने पूरे तिब्बत पर कब्जा कर लिया है।

दलाई लामा का तिब्बत से निकल आना बड़ी अनूठी घटना है। क्योंकि हजारों सैनिक पूरे हिमालय में सब रास्तों पर खड़े थे। और कोई सौ हवाई जहाज पूरे हिमालय पर नीची उड़ान भर रहे थे कि कहीं भी दलाई लामा का काफिला तिब्बत से बाहर न निकल जाए। लेकिन एक चमत्कार हुआ।

जिन चमत्कारों को आपने सुना है—मोहम्मद, महावीर, बुद्ध—वे बहुत पुरानी घटनाएं हो गई हैं। सुना है आपने कि मोहम्मद चलते थे तो उनके ऊपर, अरब के रेगिस्तान में, छाया के लिए बादल छाया कर देते थे। सुना है कि महावीर चलते थे तो कांटा भी पड़ा हो सीधा तो उलटा हो जाता था। ये सारी बातें कहानी मालूम होती हैं। लेकिन अभी उन्नीस सौ उनसठ में जो घटना घटी है वह कहानी नहीं हो सकती, और उसके हजारों पर्यवेक्षक हैं, निरीक्षक हैं।

जितनी देर दलाई लामा को भारत प्रवेश करने में लगी, उतनी देर पर पूरे हिमालय पर एक धुंध छा गई। और सौ हवाई जहाज खोज रहे थे, लेकिन नीचे देख सकना संभव नहीं हुआ। वह धुंध उसी दिन पैदा हुई जिस दिन दलाई लामा पोताला से बाहर निकले; और वह धुंध उसी दिन समाप्त हो गई जिस दिन दलाई लामा भारत में प्रवेश कर गए। और वैसी धुंध हिमालय पर कभी भी नहीं देखी गई थी। वह पहला मौका था।

तो जो लोग धर्म की गुह्य धारणाओं को समझते हैं, उनके लिए यह एक बहुत बड़ा प्रमाण था। वह प्रमाण इस बात का था कि जीवन में जो भी श्रेष्ठ है, अगर वह विनष्ट होने के करीब हो, तो पूरी प्रकृति भी उसको बचाने में साथ देती है। लाओत्से की पूरी परंपरा नष्ट होने के करीब है। इसलिए दुनिया में बहुत तरह की कोशिश की जाएगी कि वह परंपरा नष्ट न हो पाए, उसके बीज कहीं और अंकुरित हो जाएं, कहीं और स्थापित हो जाएं। मैं जो बोल रहा हूं वह भी उस बड़े प्रयास का एक हिस्सा है।

और लाओत्से को अगर कहीं भी स्थापित करना हो तो भारत के अतिरिक्त और कहीं स्थापित करना बहुत मुश्किल है। दलाई लामा को भी जरूरी नहीं था कि भारत भागें; कहीं और भी जा सकते थे। लेकिन कहीं और आशा नहीं है। वे जो लाए हैं, उसे किन्हीं हृदय तक पहुंचाना हो, तो उन हृदयों की और कहीं संभावना न के बराबर है।

इसलिए लाओत्से पर बोलने का मैंने चुना है कि शायद कोई बीज आपके मन में पड़ जाए, शायद अंकुरित हो जाए। क्योंकि भारत समझ सकता है। अकर्म की धारणा को भारत समझ सकता है। निसर्ग की, स्वभाव की धारणा को भारत समझ सकता है। क्योंकि हमारी भी पूरी चेष्टा यही रही है हजारों वर्षों में।

यह सुन कर आपको कठिनाई होगी। क्योंकि आपको समझाने वाले साधु-महात्मा भी जो समझा रहे हैं, वह कनफ्यूशियस से मिलता-जुलता है, लाओत्से से मिलता-जुलता नहीं है। आपको भी जो शिक्षाएं दी जाती हैं, वे भी प्रकृति की नहीं हैं, वे भी सारी शिक्षाएं आदर्शों की हैं। उनमें भी कोशिश की जा रही है कि आपको कुछ बनाया जाए।

मैं मानता हूं कि वह भी भारत की मूल धारा नहीं है। भारत की भी मूल धारा यही है कि आपको कुछ बनाया न जाए; क्योंकि जो भी आप हो सकते हैं, वह आप अभी हैं। आपको उघाड़ा जाए, बनाया न जाए। आपके भीतर छिपा है; आपको कुछ और होना नहीं है; जो भी आप हो सकते थे, और जो भी आप कभी हो सकेंगे, वह आप अभी इसी क्षण हैं। सिर्फ ढंका है। कुछ निर्मित नहीं करना है, कुछ अनावरण करना है, कुछ पर्दा हटा देना है। आदमी को बनाना नहीं है परमात्मा, आदमी परमात्मा है—सिर्फ इसका स्मरण, सिर्फ इसका बोध, इसकी जागृति। जैसे खजाना आपके घर में है, उसे कहीं खोजने नहीं जाना है, कोई दूर की यात्रा नहीं करनी है। लेकिन वह कहां गड़ा है, उसका आपको स्मरण नहीं रहा। हो सकता है, आप उसी के ऊपर बैठे हैं और आपको कुछ पता नहीं है।

लाओत्से को भारत में स्थापित करना, भारत की ही जो गहनतम आंतरिक दबी धारा है, उसको भी आविष्कृत करने का उपाय है।

तो दोहरे प्रयोजन हैं। एक तो लाओत्से चीन से उजड़ गया; वहां बचना बहुत असंभव है। और भारत के अतिरिक्त और कोई ग्राहक भूमि नहीं हो सकती, जहां उसके बीज अंकुरित हो सकें—एक। और दूसरा कि भारत खुद उसके साधु-संन्यासियों की शिक्षाओं से पीड़ित और परेशान है। और वे शिक्षाएं भारत की मौलिक शिक्षाएं नहीं हैं; वे शिक्षाएं नैतिक लोगों की शिक्षाएं हैं, सुधारकों की शिक्षाएं हैं। लेकिन उन क्रांतिद्रष्टा ऋषियों की शिक्षाएं नहीं हैं।

सच बात यह है कि लाओत्से जैसे महर्षि जब भी होंगे तभी समाज उनसे भयभीत हो जाएगा; और समाज के ठेकेदार भी भयभीत हो जाएंगे, समाज के गुरु और नेता भी भयभीत हो जाएंगे। वे उनको पूजा भी कर सकते हैं, आदर भी दे सकते हैं, लेकिन बहुत शीघ्र उनकी शिक्षाओं को परिवर्तित कर लेंगे और उनकी शिक्षाओं में वे तत्व डाल देंगे जो तत्व आदमी को निर्मित करने की चेष्टा करता है, जो उसे बनाने की...भविष्य में आदर्श को रखता है जो, और जो एक धारणा लेकर चलता है, एक ढांचा, कि आदमी ऐसा हो तो ठीक है।

असल में, शिक्षक जी नहीं सकता, अगर वह आपको स्वीकार कर ले। नेता जी नहीं सकता, अगर वह कह दे कि आप स्वयं परमात्मा हैं। गुरु बच नहीं सकता, अगर वह शिष्य से कहे कि कहीं जाना नहीं, कहीं पहुंचना नहीं, कुछ पाना नहीं; तुम जो भी हो सकते हो, वह हो। यह सारा गोरखधंधा शिक्षक का, गुरु का, नेता का चल सकता है इसीलिए कि आपको भरोसा दिलाया जाए कि आप गलत हो, और ठीक करने का काम किसी और के हाथ में है। कुंजी किसी और के हाथ में है, जो आपको ठीक करेगा; आप गलत हो। अपराध की भावना पैदा करवाई जाए कि तुम गलत हो। जब आप कंपने लगें भय से कि मैं गलत हूं, तभी आप किसी के चरण में गिरेंगे और कहेंगे कि मुझे ठीक करो। और जब आप डर जाएंगे कि मैं गलत हूं, तभी कोई ठीक करने वाले को मौका है कि वह आप पर काम शुरू करे। अगर आप ठीक हो, तो सारा का सारा धंधा, जिसे हम धर्म समझ रहे हैं, वह गिर जाता है, टूट जाता है; उसके खंडहर रह जाते हैं।

तो धर्म का शोषण करने वालों के कुछ सूत्र हैं, वे उनके ट्रेड सीक्रेट हैं, वे उनके धंधे के बुनियादी सूत्र हैं। पहला यह कि आप जैसे हो, गलत हो; आप जो कर रहे हो, वह गलत है; आपकी वृत्तियां गलत हैं, आपके कर्म गलत हैं, आपका होना गलत है। यह जितने जोर से आपको समझाया जाए उतने ही जोर से धर्म का धंधा चल सकता है; क्योंकि तब ठीक करने वाले की जरूरत है। और मजे की बात यह है कि यह धंधा सनातन है; क्योंकि आप कभी ठीक हो नहीं सकते। आप ठीक इसलिए नहीं हो सकते कि आप गलत हो नहीं; इसलिए ठीक होने का कोई उपाय नहीं है। अगर कोई बीमारी होती तो इलाज हो सकता। लेकिन वहां कोई बीमारी नहीं है। बीमारी कल्पित है, इलाज कल्पित है। और धंधा लंबा है; उसका कोई अंत नहीं है।

आप उसी दिन ठीक हो जाओगे जिस दिन आपको पता चलेगा कि आप गलत हो ही नहीं। जिस क्षण आप अपने को स्वीकार कर लोगे कि मैं जैसा हूं, यही मेरी नियति है। इसे थोड़ा समझेंगे; बहुत कठिन है। इसलिए लाओत्से को पकड़ पाना कठिन है। जगत में जो भी गहन चिंतक हुए हैं, उनको पकड़ पाना कठिन है। इसे थोड़ा समझें। जिस क्षण भी आप यह समझ लोगे कि मैं जैसा हूं वैसा होना ही मेरी नियति है, इससे अन्यथा नहीं हो सकता, उसी क्षण सारा तनाव गिर जाता है, सारी अशांति गिर जाती है, सारा असंतोष, सारी दौड़, सब खो जाता है, सारी खोज बंद हो जाती है। जिस क्षण न कोई खोज रहती, न कोई दौड़ रहती, न कोई भविष्य रहता, जिस क्षण आप अपने को इतनी पूर्णता में स्वीकार कर लेते हैं कि इस क्षण के आगे जाने की कोई जरूरत नहीं रह जाती, उसी क्षण आपके सब पर्दे गिर जाते हैं, और आपके भीतर जो छिपा है वह प्रकट हो जाता है। दौड़ के कारण वे पर्दे नहीं गिर पाते, वासना के कारण वे पर्दे नहीं गिर पाते। मैं यह हो जाऊं, वह हो जाऊं, इस तनाव के कारण वे पर्दे निर्मित बने रहते हैं। ठीक होगा कहना कि यह दौड़, यह वासना कि मैं कुछ हो जाऊं, कुछ बन जाऊं, कहीं पहुंच जाऊं, यही पर्दा है; इसके कारण ही मैं खिंचा हुआ हूं और अपने स्वभाव के साथ एक नहीं हो पाता।

स्वभाव के साथ एक होने का सूत्र है स्वीकार। और कोई दयनीय स्वीकार नहीं, कोई असहाय स्वीकार नहीं, कोई मजबूरी का स्वीकार नहीं; सहज स्वीकार, कि मैं जो हूं, हूं। इसका यह अर्थ नहीं है कि आप बदल नहीं जाएंगे। सच तो यह है कि तभी आप बदलेंगे। आपके बदलने की कोशिश से आप नहीं बदल सकते। थोड़ा जटिल है। कौन

बदलेगा आपको? आप ही बदलने की कोशिश में लगे हैं; और आप गलत हैं, और आप ही बदलने की कोशिश में लगे हैं। वह जो गलत है, वह बदलने की कोशिश में लगा है। वह और गलत हो जाएगा। वह जो पागल है, वह अपना इलाज कर रहा है। वह और पागल हो जाएगा। वह जो पहले से ही तिरछा है, वह सीधा होने की कोशिश कर रहा है; वह तिरछापन ही सीधा होने की कोशिश कर रहा है। वह सीधे होने की कोशिश में और तिरछा हो जाएगा। आप जैसे हैं उसमें कुछ कोशिश करने से खतरा है। कोशिश कौन करेगा? वह यत्न कौन करेगा? आप ही करेंगे।

लाओत्से जैसे द्रष्टा कहते हैं कि कुछ मत करो, रुक जाओ—अकर्म! तुम कुछ भी करोगे, भूल हो जाएगी।

अभी इंग्लैंड में एक बहुत अदभुत शिक्षक था, मैथ्यू अलेक्जेंडर। वह अपने शिष्यों से कहता था, तुम कुछ भी किए कि वह गलत होगा; क्योंकि तुम गलत हो। इसलिए मैं तुमसे कुछ करने को नहीं कहता। वह कहता, तुम कुछ करो मत, कुछ दिन के लिए तुम करना बंद कर दो। कुछ दिन के लिए तुम करने का खयाल ही छोड़ दो, कुछ दिन के लिए तुम सिर्फ रह जाओ जैसे हो। उस रह जाने से ठीक होना शुरू हो जाएगा।

यह कीमिया तब तक समझ में नहीं आती जब तक इसका उपयोग न किया जाए। हम तो मान ही नहीं सकते; क्योंकि हम इतनी कोशिश करके ठ़ीक नहीं हो पा रहे और लाओत्से जैसे लोग कहते हैं कि तुम कोशिश मत करो और ठीक हो जाओगे, तो हमारी समझ में नहीं आता। हम कहेंगे, इतनी कोशिश से ठीक नहीं हो पा रहे, बिलकुल कोशिश न की तो और गलत हो जाएंगे।

लेकिन मैं आपसे कहता हूं कि चाहे आप कोशिश करो और न करो, आप जैसे हो वैसे ही रहोगे, कुछ ज्यादा गलत नहीं हो जाओगे। कोशिश करने से शायद ज्यादा गलत हो सकते हो; रुक जाने से आप ज्यादा गलत नहीं हो जाओगे। जितने हो, ज्यादा से ज्यादा इतने ही रहोगे। लेकिन कोशिश रुक जाने से इतने भी नहीं रहोगे; जैसे ही कोशिश रुकी कि स्वभाव प्रकट होना शुरू हो जाता है। दौड़ता हुआ आदमी अपने को नहीं देख पाता; देखने के लिए रुकना जरूरी है।

तो लाओत्से से अगर आप परिचित हो पाएं तो शायद आप उपनिषदों से, गीता से, महावीर और बुद्ध से एक नए अर्थ में परिचित हो पाएंगे, जो कि अर्थ आपसे छूट गया है। लाओत्से पर चर्चा कर रहा हूं, ताकि आप उपनिषद को लाओत्से की दृष्टि से अगर देखने में समर्थ हो पाए तो उपनिषद बिलकुल नया अर्थ खोल देंगे, जो आपके स्वामीगण जरा भी नहीं खोल रहे हैं। गीता बिलकुल नया अर्थ प्रकट कर देगी, जो कि न शंकर खोल पाते हैं, न अरविंद खोल पाते हैं, न तिलक खोल पाते हैं। लाओत्से की पहचान बड़ी कीमती सिद्ध हो सकती है। उससे लाओत्से तो बच सकता है, भारत का भी अंतर-हृदय उघाड़ा जा सकता है। इसलिए उस पर चर्चा कर रहा हूं।

अब हम उसके सूत्र को लें।

'ताओ परम है और उसका कोई नाम नहीं है।'

दो बातें हैं। एक, जो भी परम है उसका कोई नाम नहीं हो सकता; जो भी पूर्ण है उसका कोई नाम नहीं हो सकता; वह जो टोटैलिटी है, समग्रता है, उसका कोई नाम नहीं हो सकता।

नाम खंड के हो सकते हैं; नाम व्यक्ति के हो सकते हैं, वस्तुओं के हो सकते हैं। नाम का अर्थ ही है जिसकी सीमा है, जिसकी परिभाषा हो सके। जिसको हम कह सकें कि ऐसा और वैसा नहीं, तो नाम सार्थक हो सकता है। प्रकाश का नाम सार्थक है, क्योंकि इतना तो कम से कम हम कह ही सकते हैं कि जो अंधेरा नहीं है। अंधेरे से सीमा बन जाती है। मृत्यु का नाम संभव हो पाता है, क्योंकि इतना तो हम कह ही सकते हैं कि जीवन की गति, हलचल जहां बंद हो जाती है। जीवन से सीमा बन जाती है। तो जीवन की परिभाषा करनी हो तो मृत्यु की जरूरत पड़ती है; क्योंकि उससे सीमा बनानी पड़ेगी। अगर मृत्यु की परिभाषा करनी हो तो जीवन की जरूरत पड़ती है।

लेकिन जो परम है, जिससे अन्य कुछ भी नहीं हो सकता, उसकी सीमा नहीं बनाई जा सकती, उसकी कोई परिभाषा नहीं हो सकती, उसका कोई नाम भी नहीं हो सकता। ताओ कोई नाम नहीं है। ताओ का अर्थ होता है मार्ग। मंजिल का कोई नाम नहीं है, यह सिर्फ मार्ग का नाम है, उस तक पहुंचने के रास्ते का नाम है।

नदी को हम तब तक नाम देते हैं जब तक वह सागर में नहीं गिर जाती। सागर में गिरते ही नाम खो जाता है। फिर गंगा गंगा नहीं है, फिर नर्मदा नर्मदा नहीं है। और सागर में कहां खोजिएगा कि गंगा कहां है। सागर में नदियां नहीं खोजी जा सकतीं; सीमाएं खो जाती हैं तो नाम खो जाते हैं।

ताओ है परम, इसलिए लाओत्से कहता है, उसका कोई नाम नहीं है। और जो भी नाम हम देते हैं, वे सभी कामचलाऊ हैं, इशारे हैं। और जो लोग नामों को पागलों की तरह पकड़ लेते हैं, वे मुद्दा चूक गए। लोग नामों पर लड़ते हैं। परमात्मा का क्या नाम है, इस पर संघर्ष है—राम कहें? कि कृष्ण कहें? कि कुछ और कहें?

लाओत्से कहता है, उसका कोई भी नाम नहीं है। और या फिर सभी नाम उसके हैं। फिर आपका भी नाम उसी का नाम है। और या फिर कोई भी नाम उसका नहीं है।

नाम पर लाओत्से का बहुत जोर है कि हम उसे कोई नाम न दें। कई कारणों से। क्योंकि जैसे ही हम नाम देते हैं, हम उससे अलग हो जाते हैं। जिस चीज का भी हमने नाम दे दिया, हम नाम देने वाले हो गए और अलग हो गए। और जिस चीज को भी हमने नाम दे दिया, हमने उसे नाप लिया, उसकी माप पूरी हो गई। हमने उसे पहचान लिया, हमने उसे जान लिया, हमने तो उसको कैटेगराइज कर दिया, उसकी कोटि बना दी, कि यह इसका नाम है।

लाओत्से कहता है, पागलपन की बात है; न तो हम उसे नाप सकते हैं, न हम उसका कोई स्थान बता सकते कि यहां रख दें। उसकी कोई कोटि नहीं बना सकते, उसकी कोई कैटेगरी नहीं कर सकते। उसे स्त्री कहें या पुरुष कहें, उसे जीवित कहें या मृत कहें, यहां कहें या वहां कहें—सभी गलत होगा। उसके संबंध में कुछ भी हम कहेंगे तो हम उससे दूर हो जाएंगे। इसलिए लाओत्से कहता है, उसे कोई नाम मत देना। उसका कोई नाम है भी नहीं।

और अनाम के साथ जीने का नाम ध्यान है। जब आप बैठ कर राम-राम, राम-राम, राम-राम जपते हैं, तब ध्यान नहीं है। जब राम का नाम खो जाता है, जब जप करने वाला भी नहीं बचता और जप भी नहीं बचता, तब आप उसमें प्रवेश करते हैं। हमने उसे अजपा कहा है। अजपा का अर्थ ही यह है कि जब नाम खो जाता है। जब तक नाम चल रहा है तब तक तो आप विचार में ही हैं। जब तक नाम चल रहा है तब तक मन है। और जब तक नाम चल रहा है तब तक आप भी हैं, क्योंकि नाम लेने वाला। और यह भी खयाल रहे कि जो नाम देने वाला है, वह बड़ा होता है; जो नाम दे रहा है, वह जिसे नाम दे रहा है, उससे बड़ा हो गया।

लाओत्से कहता है, 'ताओ इज़ एब्सोल्यूट एंड हैज नो नेम। वह जो परम सत्य है उसका कोई भी नाम नहीं है।'

इस कारण लाओत्से के मानने वाले बड़ी तकलीफ में पड़ते हैं; उनके पास जप के लिए कोई नाम नहीं है।

मेरे एक मित्र, एक लाओत्से को मानने वाले संन्यासी के साथ कुछ समय तक थे। तो जब भी वह संन्यासी ध्यान करने बैठता तो उन मित्र को बड़ी परेशानी होती कि वह भीतर करता क्या है! क्योंकि वे मित्र स्वयं जप के साधक थे। उससे वे पूछते बार-बार कि तुम क्या जप करते हो? तो वह हंसता। उसने अनेक बार उन्हें कहा कि मैं कोई भी जप नहीं करता, क्योंकि हमारे पास कोई नाम ही नहीं है। उन मित्र को भरोसा नहीं आया। वे सोचते रहे कि शायद वह अपने जप को छिपा रहा है; शायद बताना नहीं चाहता; शायद, जब तक दीक्षा न हो, तब तक वह मंत्र गैर-दीक्षित को कहा नहीं जा सकता।

वे मेरे पास आए थे। उनको मैंने कहा कि वह धोखा नहीं दे रहा था। लाओत्से के मानने वालों के पास कोई नाम नहीं है। फिर वे करते क्या हैं? वे नाम को छोड़ने की चेष्टा करते हैं। उसका तो कोई नाम नहीं है, लेकिन और

बहुत सी चीजों के नाम हैं और वे हमारे मन में भरे हैं। जब आप परमात्मा का स्मरण करते हैं तो इस भरे हुए नामों की कतार में एक नाम और जोड़ देते हैं। इसमें पत्नी का नाम है, बेटे का नाम है, मित्रों का नाम है; दुकान, बाजार, सामान, नोट, रुपया, बैंक, इसमें सब नाम हैं। इस सारे नामों की भीड़ में राम को और आप डाल देते हैं। और इसलिए स्वभावतः ये जो पुराने नाम हैं, जो काफी जम कर बैठे हैं, ये उसको नहीं जमने देते; वह राम को निकाल बाहर करने की वे कोशिश करते हैं। आप कितना ही राम-राम कहो, बीच में पत्नी का नाम आता है, पति का नाम आता है, बेटे का नाम आता है; बाजार, दुकान, सब बीच में आ जाता है। वे जो पुराने जमे हुए नाम हैं, वे इस नए प्रतियोगी को भीतर नहीं बैठने देना चाहते। और यह प्रतियोगी खतरनाक है, क्योंकि यह सबको बाहर करना चाहता है। सारी भीड़ इकट्ठी होकर इसको बाहर करती है। अगर आपने कभी भी नाम-जप का उपयोग किया है तो आपको पता होगा कि कैसी कलह भीतर मच जाती है।

लाओत्से का मानने वाला नए नाम को भीतर नहीं डालता, सिर्फ पुराने नामों को बाहर निकालता है। वह उलीचता है, भीतर नहीं डालता। वह उस घड़ी की प्रतीक्षा करता है जब भीतर कोई भी नाम नहीं रह जाए। जब भीतर कोई नाम नहीं रह जाएगा तब वह कहेगा ताओ उपलब्ध हुआ, ताओ का स्मरण हुआ। यह परमात्मा का स्मरण है। अनाम हो जाना परमात्मा का स्मरण है। यह प्रक्रिया बिलकुल उलटी हुई। आप जबरदस्ती कर रहे हैं एक नाम को भीतर डालने की। ध्यान रहे, एक तो जबरदस्ती में आप सफल न होंगे, सिर्फ परेशान होंगे; और अगर दुर्भाग्य से सफल हो गए, तो जिस नाम को इतनी आप जबरदस्ती से लाए हैं, उससे कुछ आनंद न पा सकेंगे। वह जबरदस्ती के बाद जो सफलता होगी, मुर्दा होगी; और जो सन्नाटा आएगा, वह जीवंत न होगा, मरघट का हो जाएगा। इसलिए अक्सर जो लोग नाम-जप जबरदस्ती थोपने की कोशिश करते हैं, एक तो सफल नहीं होते, अगर कभी सफल हो जाते हैं तो उनका नाम-जप मूर्च्छा बन जाता है, वे सिर्फ मूर्च्छित हो जाते हैं। जब वे जबरदस्ती एक नाम को स्थापित कर देते हैं तो तत्काल गहरी तंद्रा में खो जाते हैं; वह मुर्दा शांति उन्हें पकड़ लेती है।

आपका मकान पहले से ही काफी भरा हुआ है; इस भरे हुए मकान में परमात्मा को निमंत्रण देना जरा भी उचित नहीं। लाओत्से कहता है, तुम मकान खाली कर लो। और वह परमात्मा बाहर से आने वाला भी नहीं है कि तुम उसे निमंत्रण दो। तुम्हारा मकान भरा है, इसलिए वह दिखाई नहीं पड़ता। तुम मकान खाली करो। वह जो खालीपन है मकान का, वही है वह; वह जो तुम्हारे भीतर खालीपन है, वही है वह। वह कोई अतिथि नहीं है जो बाहर से आएगा; वह तुम्हारे भीतर का खालीपन है, तुम्हारे भीतर की शून्यता है, जो तुम्हारी भरी हुई चीजों में दब गई है। उन्हें तुम बाहर कर दो, वह प्रकट हो जाएगी। शून्यता को भीतर उपलब्ध कर लेना लाओत्से के मानने वाले के लिए ध्यान है।

इसलिए लाओत्से कहता है, 'ताओ परम है; उसका कोई नाम नहीं है। वह एक गैर-तराशी लकड़ी की भांति है, जिसका कोई भी उपयोग नहीं—कोई उपयोग कर नहीं सकता।'

यह बहुत मजे की और लाओत्से की बड़ी अनूठी धारणा है, और बहुत गहरी है। लाओत्से कहता है कि वह जो तुम्हारे भीतर छिपा हुआ परमात्मा या ताओ या धर्म या आत्मा—जो भी नाम हम देना चाहें—वह गैर-तराशी लकड़ी की भांति है। एक तो तराशी हुई लकड़ी है जिसकी कीमत हो जाती है। एक लकड़ी को तराशा, एक मूर्ति बन गई। अब इसकी कीमत है, अब इसका मूल्य है। एक लकड़ी को तराशा, तो कोई कलात्मक कृति बन गई। अब इसका मूल्य है। लाओत्से कहता है कि तराशना ही आदमी की विकृति है; तुमने जितना अपने को तराशा है, उतना तुम मूल्यवान तो बन गए हो, लेकिन तुमने स्वभाव खो दिया। तराशे हुए आदमी हो, तुम्हारी कीमत है बाजार में। स्वभावतः, जितना तराशा हुआ आदमी हो, उतनी बाजार में कीमत है। कितना शिक्षित, कितना सुसंस्कृत, कितना शिष्ट, कितना सभ्य, कितना जानता है, कितना व्यवहार-कुशल—उतना तराशा हुआ आदमी है, उतनी उसकी कीमत है।

लाओत्से कहता है, लेकिन तुम्हारे भीतर जो छिपा हुआ परमात्मा है, वह गैर-तराशी हुई लकड़ी की भांति है। उसे तुम चाहो तो भी तराश नहीं सकते।

तुम अपने को तराश कर बाजार में बेच सकते हो; तुम्हारी कीमत भी मिलनी शुरू हो जाएगी। लेकिन तब स्वभाव से संबंध तुम्हारा छूट जाएगा। तराशा हुआ जो रूप है वह है संस्कृति। लाओत्से के लिए संस्कृति विकृति का ही अच्छा नाम है। लाओत्से प्रकृति का बिलकुल पागल भक्त है। वह कहता है, जो है, जैसा है, वैसा ही! उसमें तुम इंच भर फर्क मत करना। क्योंकि तुमने फर्क किया कि तुम परमात्मा से ज्यादा समझदार हो गए।

एक तो परमात्मा है जो मुझे बनाता है; और फिर एक मैं हूं जो अपने को बनाता हूं। परमात्मा आपको जन्म देता है; परमात्मा से आप पैदा होते हैं, बढ़ते हैं, बड़े होते हैं—एक जंगली पौधे की भांति। शायद उसकी बाजार में कीमत न हो। जापान में वे पौधे लगा कर रखते हैं। स्वामी रामतीर्थ जब पहली दफा जापान गए तो बहुत हैरान हुए। उन्होंने तीन-तीन सौ साल पुराने वृक्ष देखे, जिनकी ऊंचाई पांच इंच थी। वे बहुत हैरान हुए, तीन सौ साल पुराना वृक्ष और ऊंचाई पांच इंच! उनकी कुछ समझ में न आया। उन्होंने पूछा, इसका राज क्या है? तो माली ने राज बताया कि गमले के नीचे से वे जड़ें काटते रहते हैं; नीचे जड़ नहीं बढ़ पाती, ऊपर वृक्ष नहीं बढ़ पाता। तो तीन सौ साल पुराना हो जाता है, लेकिन होता है पांच इंच, दस इंच ऊंचा; बौना रह जाता है। वे जड़ को नीचे से बढ़ने नहीं देते; ऊपर वृक्ष नहीं बढ़ पाता। फिर उसको, जैसी शाखाएं उनको बनानी हैं, वैसे तारों से उसको गूंथ देते हैं। शाखाओं के भीतर भी खीलें ठोक देते हैं। जैसा मोड़ना है वैसा मोड़ते हैं; जैसा बनाना है वैसा बनाते हैं। एक सुंदर कलाकृति बन जाती है। लेकिन वृक्ष मर जाता है; उसकी आत्मा मर जाती है। वह जो परमात्मा ने जैसा उसे चाहा था, वैसा वह नहीं हो पाता; माली ने जैसा चाहा, वैसा हो जाता है।

हम सब भी, जैसा परमात्मा ने हमें चाहा है, वैसे नहीं हो पाते। हम सब तराश कर बाजार के काम के हो जाते हैं; लेकिन भीतर का स्वभाव विकृत हो जाता है।

लाओत्से कहता है, वह है गैर-तराशी लकड़ी की भांति, जिसका कोई भी उपयोग नहीं हो सकता।

यह बड़ी कठिन धारणा है। लाओत्से कहता है, उपयोग की बात ही गलत है। जीवन कोई बाजार नहीं है। उपयोगिता, यूटिलिटी बात ही व्यर्थ है। लाओत्से के हिसाब में उपयोगिता से ज्यादा गंदा कोई शब्द नहीं है। क्या उपयोग है चांद का रात में? और क्या उपयोग है एक फूल जब जंगल में खिलता है उसका? क्या उपयोग है सूरज के परिभ्रमण का? क्या उपयोग है सागरों का? क्या उपयोग है बहती हुई नदियों का?

सारा जगत निरुपयोगी है। जगत में कोई उपयोगिता नहीं है। उपयोग आदमी के मन की खोज है। आदमी पूछता है फौरन, इसका उपयोग क्या है? इसको किस काम में लाया जाए? थोड़ा समझें हम। यह उपयोगिता की जो इकोनामिक्स की, अर्थशास्त्र की धारणा है कि वही चीज कीमत की है जिसका कोई उपयोग है। तो आपकी आत्मा का क्या उपयोग है? कोई उपयोग है? कोई उपयोग नहीं है। आत्मा से ज्यादा निरुपयोगी कोई चीज हो सकती है? क्या करिएगा इस आत्मा का? आपके जीवन का क्या उपयोग है? आप न होते तो हर्ज क्या था? और आप नहीं हो जाएंगे तो क्या हर्ज हो जाने वाला है? परम अर्थों में, किसी चीज का कोई उपयोग नहीं है। अस्तित्व आनंद है, उपयोग नहीं। अस्तित्व एक उत्सव है, उपयोग नहीं।

लेकिन हमारी उपयोगिता की धारणा है। हर चीज को सोचते हैं: इसका उपयोग क्या? यह किसी काम में आनी चाहिए। अगर काम में आ सकती है तो ठीक है; और अगर किसी काम में नहीं आ सकती तो व्यर्थ है। लेकिन आपको पता है, जीवन में केवल उन्हीं क्षणों में आनंद उपलब्ध होता है, जिनका कोई काम नहीं है; जिनसे न आप बंदूक की गोली बना सकते हैं, न बैंक का नोट बना सकते हैं; जिनसे आप कुछ भी नहीं कर सकते। सुबह आप उठे

हैं, हवा का एक झोंका आया और आप आनंदित हुए हैं; कि सूरज को उगते आपने देखा और आपके भीतर भी कुछ उगने लगा और आप प्रफुल्लित हो उठे हैं। लेकिन क्या है उपयोग?

उपयोगिता हर चीज को काम बना देती है। तब आदमी प्रेम भी करता है तो भीतर सोचता है, गणित लगाता है: क्या है उपयोग? इससे मैं क्या पाऊंगा? इसलिए जो बुद्धिमान हैं, वे प्रेम नहीं करते; वे हिसाब रखते हैं। वे प्रेम से भी कुछ अर्थशास्त्र निकालते हैं। वे कहते हैं, किसी कुलीन घर में शादी करो, किसी धनपति के घर में शादी करो, किसी प्रतिष्ठित के घर में शादी करो; उससे भी कुछ उपयोग निकालो। प्रेम भी तुम्हारा सहज कृत्य न हो; उसका भी बाजार में मूल्य होना चाहिए। जो कुछ भी हो हमारे जीवन में, उस सब का मूल्य आंका जा सके, तो हमें मूल्यवान लगता है। लेकिन प्रेम का क्या मूल्य हो सकता है? आनंद का क्या मूल्य हो सकता है? ध्यान का क्या मूल्य हो सकता है? कोई मूल्य नहीं हो सकता। कुछ चीजें अपने आप में मूल्यवान हैं। उनकी मूल्यवत्ता आंतरिक है। किसी और कारण से वे मूल्यवान नहीं हैं; वे किसी और साध्य का साधन नहीं हैं। वे स्वयं अपना साध्य हैं।

बच्चे खेल रहे हैं। कोई मूल्य नहीं है, खेल का आनंद है। आपको लगता है समय खराब कर रहे हैं। आप खाता-बही में हिसाब लगा रहे हैं। और बच्चे खेल रहे हैं और शोरगुल कर रहे हैं, और आपको लगता है समय खराब कर रहे हैं। बड़ा कठिन है कहना। लाओत्से से पूछें तो वह कहेगा कि आप समय खराब कर रहे हैं। काश, आप भी खेल सकते! काश, आप भी इस क्षण में ऐसे लीन हो जाते कि आप फिक्र छोड़ देते कि इसका कोई मूल्य है या नहीं। मूल्य का मतलब क्या है?

मूल्य की धारणा का अर्थ यह है कि जो भी मैं कर रहा हूं, वह अपने आप में मूल्यवान नहीं है; उससे कुछ और पाया जाएगा, वह मूल्यवान है। मूल्य का अर्थ है कि लक्ष्य सदा भविष्य में है, और अभी मैं जो कर रहा हूं वह तो केवल साधनवत है। आप बाजार जा रहे हैं, दुकान पर बैठे हैं, इस सबका कोई मूल्य नहीं है; मूल्य तो उस धन में है जो इससे आएगा। फिर धन का भी क्या मूल्य है? फिर आप कहीं और मूल्य खोजेंगे; इस धन से जो मिलेगा, उसका मूल्य है। उसका भी क्या मूल्य है? अगर आप यूं खोजते हुए चलें, तो आप पाएंगे कि आप एक वर्तुल में घूम रहे हैं जहां किसी चीज का कोई मूल्य नहीं है—आगे, आगे, आगे, हर चीज को आगे टालते चले जाते हैं।

लाओत्से कहता है, टालो मत; जीवन का प्रत्येक क्षण मूल्यवान है। क्योंकि जीवन का प्रत्येक क्षण साधन ही नहीं, साध्य भी है। और तुम इस क्षण को ऐसे जीओ जैसे इसके बाहर कुछ पाने को नहीं है; जो भी पाया जा सकता है, वह इसी क्षण में है। यह निरुपयोगिता का सिद्धांत है। इसका अर्थ है, उपयोगिता की बात ही मत सोचो; सिर्फ भोग को परम बनाओ। भोग को इतना गहन बनाओ कि उपयोगिता व्यर्थ हो जाए और क्षण अपने आप में सार्थक हो जाए।

अगर लोग ध्यान भी कर रहे हैं तो भी—फर्क समझें—अगर और किसी को मानने वाला ध्यान कर रहा है तो ध्यान एक साधन है। वह कहता है, परमात्मा को पाना है। परमात्मा में है मूल्य, ध्यान तो एक साधन है। अगर कोई तरकीब उसको बता दे कि काहे इतनी मेहनत कर रहे हैं, बिना ध्यान के परमात्मा को पाने की तरकीब है! वह फौरन ध्यान छोड़ देगा। क्योंकि ध्यान केवल साधन था।

इसलिए पश्चिम में एक घटना घट रही है अभी। एल एस डी, मारिजुआना, मेस्कलीन...क्योंकि उनके प्रचारक कह रहे हैं कि क्या ध्यान कर रहे हो, यह तो पुराना ढंग है, यह काम तो एक गोली से हो जाता है। तो अगर ध्यान अपने आप में मूल्यवान है तो आप कहेंगे, रखो अपनी गोली, क्योंकि ध्यान मेरे लिए आनंद है। लेकिन अगर ध्यान परमात्मा पाने के लिए है, या कुछ और पाने के लिए है, और कोई दावा करता है कि क्या जरूरत तीन साल ध्यान में मेहनत करो, यह तो एक इंजेक्शन से, एक गोली से अभी हो जाता है, तो आप ध्यान छोड़ देंगे स्वभावतः। क्योंकि तीन साल क्यों बर्बाद करना? इसमें ज्यादा उपयोगिता है गोली में।

और आप समझ लेना कि वह गोली वाला आपको समझा लेगा आज नहीं कल। इस मुल्क को मैं मानता हूं कि जिस दिन भी इस मुल्क को एल एस डी और मारिजुआना की पूरी खबर हो जाएगी, यह मुल्क ध्यान और प्रार्थना करना बंद कर देगा। क्योंकि यहां जितने लोग मेरे पास आते हैं ध्यान की पूछने, वे सब ध्यान को साधन की तरह पूछ रहे हैं। उनका जो तर्क है वह गलत है। उस गलत तर्क का परिणाम खतरनाक है।

समझें, एक आदमी उपवास कर रहा है। वह कर रहा है उपवास इसलिए कि उपवास से शांति होगी, आनंद होगा, या प्रभु-दर्शन होगा, या आत्म-साक्षात्कार होगा। लेकिन फिजियोलाजिस्ट है, शरीरशास्त्री है, वह समझाता है कि आप कर क्या रहे हैं, उपवास में कर क्या रहे हैं आप? यह तो एक शारीरिक काम है; आप कुछ खाना ले रहे थे, वह आपने बंद कर दिया। कुछ रासायनिक तत्व आपके शरीर में जा रहे थे, वे अब नहीं जा रहे। तो आपके शरीर के भीतर जो रासायनिक व्यवस्था थी उसमें असंतुलन पैदा हो रहा है। कुछ तत्व जो जा रहे थे, बंद हो गए; कुछ तत्व जो इकट्ठे थे, शरीर उनको रोज पचा लेगा। तो आपके भीतर रासायनिक व्यवस्था बदल जाएगी। वह कहता है, आप इतनी मेहनत क्यों कर रहे हैं! तीन महीने में आप व्यवस्था बदल पाएंगे, वह व्यवस्था हम एक इंजेक्शन से बदल देते हैं। उसका तर्क बिलकुल साफ है, और जिसमें थोड़ी भी बुद्धि है उसकी समझ में आ जाएगा। आखिर उपवास करेगा क्या? तीन महीने के लंबे उपवास में आपके शरीर की रासायनिक व्यवस्था बदल जाएगी। जो व्यवस्था तीन महीने के उपवास से पैदा होगी वह एक इंजेक्शन से अभी हो सकती है, तो फिर हर्ज क्या है? फिर आपके पास कोई दलील नहीं है; क्योंकि उपवास साधन था। लेकिन अगर यही बात महावीर को कही जाए तो महावीर कहेंगे कि मुझे उपवास के बाहर कुछ पाना नहीं है। उपवास आनंद है, उसकी कोई उपयोगिता नहीं है।

मीरा नाच रही है, आनंदित हो रही है। वह जितनी आनंदित हो रही है, नाच रही है, आपसे कोई कहे कि यह नाचना, यह आनंदित होना, यह तो एक मेस्कलीन की गोली से हो जाए, एल एस डी का एक इंजेक्शन दे दिया जाए और हो जाए, आप इसी तरह नाच सकते हैं।

अल्डुअस हक्सले जैसे विचारशील आदमी ने भी यह कहा है कि कबीर और दादू को जो अनुभव हुआ होगा, वह अनुभव मुझे एल एस डी से हुआ है। कबीर को जो अनुभव हुआ होगा, वह मुझे एल एस डी से हुआ है। फर्क कबीर और मेरे अनुभव में इतना ही है कि कबीर को आधुनिक ढंग का पता नहीं था; वे पुराने बैलगाड़ी के रास्ते से सालों की मेहनत कर रहे थे और मुझे आधुनिक ढंग का पता है।

ठीक है, अगर आप बंबई ही आना चाहते हैं कलकत्ते से और बैलगाड़ी में बैठना, इसीलिए बैठे हैं आप बैलगाड़ी में कि बंबई पहुंचना है, तो फिर हवाई जहाज से आने में हर्ज क्या है? फिर आप नासमझ हैं अगर आप कहते हैं कि नहीं, हम तो बैलगाड़ी से ही जाएंगे। बैलगाड़ी या हवाई जहाज में फर्क फिर आपको नहीं करना है। फिर तो उचित यही है कि बैलगाड़ी से ज्यादा उपयोगी है हवाई जहाज।

लेकिन जो आदमी कहता है, बंबई पहुंचने का सवाल नहीं है, बैलगाड़ी में होने में आनंद है, उसके लिए फर्क हो गया। वह हवाई जहाज के लिए राजी नहीं होगा। वह कहेगा कि बैलगाड़ी में होने का एक आनंद है जो हवाई जहाज में नहीं हो सकता। सच तो यह है कि हवाई जहाज में यात्रा होती ही नहीं। यात्रा हो कैसे सकती है हवाई जहाज में! आप एक स्थान से दूसरे स्थान पर पहुंच जाते हैं, बीच की जगह तो गिर जाती है। यात्रा तो बैलगाड़ी में ही होती है, क्योंकि एक-एक पौधा, जमीन का एक-एक टुकड़ा, सब आपके पास से गुजरता है, आप उसके पास से गुजरते हैं। हवाई जहाज यात्रा नहीं है; यात्रा से बचने का उपाय है। वह जो यात्रा थी बीच में, उसको गिरा देना है, हटा देना है। कलकत्ता और बंबई दो बिंदु हो जाते हैं; बीच से सब गिर जाता है। आप कलकत्ता से सीधे बंबई होते हैं। अगर कल कोई और उपाय हो सके, जो और शीघ्रगामी हों, तो हम उनका उपयोग करेंगे।

उपयोगिता का अर्थ यह है कि जो हम कर रहे हैं, उसका कोई उपयोग नहीं; कहीं जाना है, कहीं कोई मंजिल है, जिस तरह से हम पहुंच जाएं।

लेकिन लाओत्से कहता है कि ताओ मंजिल नहीं है। इसलिए उसने नाम दिया है ताओ। ताओ का अर्थ है दि वे, मार्ग। ताओ कोई मंजिल नहीं है कि जहां पहुंचना है। मार्ग ही ताओ है, मार्ग ही परमात्मा है। प्रतिपल मंजिल है। और प्रतिपल का उपयोग जो साधन की तरह करेगा वह उपयोगितावादी है, और जो प्रतिपल का उपयोग साध्य की तरह करता है वह उत्सववादी है। इस फर्क को ठीक से समझ लें। तब जीने के ढंग दो ढंग के हो सकते हैं। एक कि आप सब कुछ कर रहे हैं कहीं पहुंचने के लिए, और जहां पहुंचना है वह आगे है। अक्सर तो वहां कोई पहुंचता नहीं कभी, क्योंकि मरने तक हम टालते ही चले जाते हैं। और एक दूसरा रास्ता है कि जहां हमें पहुंचना है, वहां हम अभी हैं; अब हमें सिर्फ भोगना है, इस क्षण को।

आप मुझे सुन रहे हैं। आप दो ढंग से सुन सकते हैं। एक ढंग तो यह है कि मुझे सुन कर आपको कोई ज्ञान प्राप्त करना है, कि मुझे सुन कर आपको कुछ रास्ता निकालना है, कि मुझे सुन कर आप उसका कुछ उपयोग करेंगे। तो फिर आपका सुनना एक काम है। और दूसरा कि आप मुझे सुन रहे हैं, यह सुनना ही आनंद है। इससे कहीं पहुंचना नहीं, इससे कुछ उपयोग नहीं करना, इससे कोई ज्ञान इकट्ठा नहीं करना, कोई पंडित नहीं बन जाना, कहीं जाना नहीं। यह सुनने का जो क्षण है, यह आनंदपूर्ण है, यह एक उत्सव है। तब प्रतिपल आप आनंदित हैं। इसकी उपयोगिता बाहर नहीं है, भीतर है।

इसका यह अर्थ नहीं है कि इससे आपको लाभ न होगा; इससे ही लाभ होगा। क्योंकि प्रतिपल जो आपने आनंद लिया है, वही इकट्ठा हो जाएगा, उसकी राशि बन जाएगी। और जिसने टाला है, उसके हाथ खाली रह जाएंगे। क्योंकि जिसने प्रतिपल इकट्ठा नहीं किया, वह आखिर में इकट्ठा कैसे कर लेगा? क्षण तो खो जा रहे हैं।

लाओत्से बिलकुल गैर-उपयोगितावादी है। वह जो परम सत्य है, वह जो परम जीवन का तत्व है, गैर-तराशी लकड़ी की तरह है; कोई उसका उपयोग नहीं कर सकता।

परमात्मा का उपयोग करने की कभी भूल कर मत सोचना; जीवन का उपयोग करने की कभी भूल कर मत सोचना। जीवन को व्यर्थ गंवाना हो तो तरकीब है यह कि उसका कुछ उपयोग सोचना। और जीवन का सच में कुछ उपयोग कर लेना हो तो उपयोग की बात ही छोड़ देना, और जीवन को आनंद की तरह, उत्सव की तरह लेना।

लेकिन हम परमात्मा का भी उपयोग करते हैं। इसलिए जब हम दुख में होते हैं तब हम परमात्मा की तरफ जाते हैं। क्योंकि सुख में उसका कोई उपयोग नहीं है। क्या उपयोग है? सुख में कोई परमात्मा को याद नहीं करता। कोई जरूरत ही नहीं तो याद क्या करना!

मैंने सुना है, एक ईसाई घर में मां अपने बेटे से सुबह पूछ रही है कि रात तूने प्रार्थना की या नहीं? तो उसने कहा, रात तो कोई जरूरत ही नहीं थी, सभी कुछ ठीक था; प्रार्थना का कोई सवाल ही न था।

प्रार्थना तो हम तभी करते हैं...। आज ही मैं किसी का जीवन पढ़ रहा था। उसकी पत्नी कार में एक दुर्घटना में चोट खा गई। उसके पहले कभी वह चर्च नहीं गई थी। लेकिन इस रविवार को वह चर्च पहुंची। हाथ पर, पैर पर पट्टियां बंधी हैं। चर्च का पादरी भी चौंका, क्योंकि वह महिला कभी चंर्च आई नहीं थी, पति सदा अकेला ही आता था। प्रवचन के बाद जब लोग चर्च से विदा होने लगे तो पादरी ने महिला को रोक कर कहा, क्या ज्यादा घबड़ा गई हो दुर्घटना से, क्योंकि चर्च आने का और कोई कारण नहीं दिखाई पड़ता।

दुख में जब हम होते हैं तो परमात्मा की याद आती है; क्योंकि अब उसका कुछ उपयोग हो सकता है। सुख में हम होते हैं तो हम उससे बचना ही चाहेंगे; कहीं उधार मांगने लगे, कुछ और उपद्रव...। परमात्मा भी मिलना

चाहे आप जब सुख में हों, तो आप कहेंगे, अभी ठहरो, अभी कोई जरूरत नहीं। प्रार्थना करते हैं तो कुछ मांगने के लिए, स्मरण करते हैं तो कुछ मांगने के लिए।

लाओत्से कहता है, ध्यान रखना, उसका कोई भी उपयोग नहीं हो सकता। और जब तक तुम उपयोग की भाषा में सोचते हो तब तक तुम्हारा उससे कोई संबंध नहीं हो सकता। जिस दिन उपयोग की भाषा बंद और उत्सव की भाषा शुरू, उस दिन परमात्मा से संबंध हो जाता है। फिर चाहे मंदिर जाओ, न जाओ; फिर चाहे उसका स्मरण करो, न करो; फिर चाहे धर्म की ऊपरी व्यवस्था से तुम्हारा नाता बने, न बने; लेकिन जीवन को उत्सव में जो बदल लेता है, वह जीवन को प्रार्थना में बदल लेता है।

'यदि सम्राट और भूस्वामी इस निष्कलुष स्वभाव को शुद्ध रख सकें, तो सारा संसार उन्हें स्वेच्छा से स्वामित्व प्रदान करेगा।'

इस तरह के वचन कनफ्यूशियस को ध्यान में रख कर कहे गए हैं। क्योंकि कनफ्यूशियस समझा रहा था सम्राटों को, राजकुमारों को, भूस्वामियों को कि तुम इस तरह से जीओ, इस तरह का व्यवहार करो, इस तरह उठो, इस तरह बैठो; तुम्हारा आचरण, तुम्हारी नीति, तुम्हारा आदर्श ऐसा हो; तुम्हारा जीवन मर्यादा का जीवन हो; सब लोग देखें और तुम्हारे आचरण से प्रभावित हों; तुम्हारा उठना-बैठना भी शाही हो, वह भी साधारण न हो; तभी तुम लोगों के ऊपर स्वामित्व रख सकोगे।

लाओत्से कहता है, यह स्वामित्व झूठा है। लाओत्से कहता है कि यदि सम्राट और भूस्वामी अपने भीतर के निष्कलुष स्वभाव को शुद्ध रख सकें, तो सारा संसार उन्हें स्वेच्छा से स्वामित्व प्रदान करेगा।

यह एक अलग तरह का स्वामित्व है। जो इसलिए नहीं कि तुम्हारे आचरण से कोई प्रभावित होता है, इसलिए भी नहीं कि तुम्हारे व्यवहार से कोई प्रभावित होता है, बल्कि सिर्फ इसलिए कि तुम जैसे हो, तुम्हारा होना ही चुंबक है, तुम्हारा अपना स्वाभाविक होना ही आकर्षण है। पहला जो आकर्षण है, वह चेष्टित है, उसमें हिंसा है, उसमें दूसरे का ध्यान है। दूसरा जो आचरण है, वह चेष्टित नहीं है, वह प्रवाह है। और उसमें हिंसा नहीं है, उसमें दूसरे का कोई ध्यान नहीं है।

लाओत्से के अनुयायी एक बहुत अनूठी बात मानते रहे हैं। लाओत्से कहता था कि अगर एक गांव में चार आदमी भी मेरी बात समझ जाएं, और चार आदमी भी मेरी बात को समझ कर स्वाभाविक जीने लगें, तो पूरा गांव मैं बदल दूंगा। उन चार आदमियों को गांव में लोगों को बदलने जाने की जरूरत नहीं है। उन्हें किसी से कहने की भी जरूरत नहीं है कि तुम अच्छे हो जाओ। उनकी मौजूदगी लोगों को अच्छा करने लगेगी। वे जहां से गुजरेंगे, वहां उनकी हवा, उनका जादू काम करने लगेगा। और लोगों को कभी यह पता भी नहीं चलेगा कि कौन उन्हें बदल रहा है। क्योंकि लाओत्से कहता है, यह पता चल जाए कि कोई तुम्हें बदल रहा है तो इससे भी प्रतिरोध पैदा होता है।

बाप बेटे को बदलना चाहता है तो बेटा सख्त हो जाता है। पत्नी पति को बदलना चाहती है तो पति सख्त हो जाता है। क्योंकि अहंकार बदला जाना पसंद नहीं करता। कोई पसंद नहीं करता कि कोई आपको बदले। क्योंकि जैसे ही कोई आपको बदलता है, उसका मतलब हुआ कि वह आप जैसे हो उसको स्वीकार नहीं करता; वह आपको प्रेम नहीं करता। आप जैसे हो, अस्वीकृत हो। पहले वह कांट-छांट करेगा, पहले वह आपको अपने अनुकूल बनाएगा और फिर वह आपको पसंद करेगा। लेकिन दुनिया में कोई भी बदला जाना इसलिए पसंद नहीं करता। इसलिए बाप जब बदलने की कोशिश करता है बेटे को तो भूल करता है। शायद इसी कारण बेटा फिर कभी भी बदला नहीं जा सकेगा। और जब गुरु शिष्य को बदलने की कोशिश करता है तो बाधा खड़ी हो जाती है। जब नेता अनुयायियों को बदलने की कोशिश करते हैं तो अनुयायी नहीं बदलते, अनुयायी भी फिर नेता को बदलने की कोशिश में संलग्न हो

जाते हैं। और अक्सर अनुयायी सफल हो जाते हैं और नेता हार जाते हैं। स्वाभाविक है, क्योंकि अनुयायी बहुत हैं और नेता अकेला है।

सुना है मैंने कि जब फ्रांस की क्रांति हुई तो पेरिस के एक मुहल्ले में जोर का उपद्रव मचा हुआ था और एक गिरोह आग लगाने जा रहा था। तो दो पुलिस के आदमियों ने, उस गिरोह में जो आदमी नेता जैसा मालूम पड़ता था, उसको पकड़ लिया। तो उसके वचन बड़े प्रसिद्ध हो गए हैं। उस आदमी ने कहा कि डोंट प्रिवेंट मी; लेट मी गो। आई हैव टु फालो दैट क्राउड, बिकाज आई एम देयर लीडर। रोको मत, मुझे जाने दो; क्योंकि मुझे इस भीड़ के पीछे जाना है, क्योंकि मैं उनका नेता हूं।

नेता को भीड़ के पीछे चलना पड़ता है। नेता अपने अनुयायियों का भी अनुयायी होता है। उसको देखना पड़ता है कि अनुयायी क्या चाहते हैं। नेता अनुयायियों को बदलने में लगे रहते हैं, अनुयायी नेताओं को बदल लेते हैं। बदलने की चेष्टा में हिंसा है। और इसलिए जो ज्यादा है संख्या में, वह जीत जाता है।

लाओत्से कहता है, अगर किसी को बदलने की कोशिश करनी पड़े तो वह आदमी काम का ही नहीं जो बदलने में लगा है। बदलाहट एक आंतरिक घटना है। और जैसे ही कोई व्यक्ति अपने स्वभाव के साथ जीता है, उसके पास जाकर आपकी श्वास की गति बदल जाती है, उसके पास जाकर आपके हृदय की धड़कन बदल जाती है, उसके पास जाकर आपके भीतर का सब कुछ बदलने लगता है। उसकी मौजूदगी!

सूफी फकीर इस तथ्य को स्वीकार करते रहे हैं। और इसलिए सूफी फकीरों का एक नियम रहा है कि किसी को पता मत चलने दो, चुपचाप रहे आओ। तुम्हारा चुपचाप रहना लोगों को बदलने में सुगमता देगा।

एक सूफी फकीर हुआ, झुन्नून। वर्षों तक वह शिष्यों में बैठा रहता था और एक नकली आदमी को गुरु बना कर बैठा दिया। वह गुरु शिक्षा देता था, समझाता था, और झुन्नून शिष्यों में बैठा रहता था। यह तो बहुत बाद में लोगों को पता चला कि यह आदमी झुन्नून नहीं है। फिर झुन्नून कौन है? पता चलने पर पता चला कि जो वर्षों से शिष्यों में बैठा रहता है। और जब उससे पूछा गया तो उसने कहा, इस भांति मैं तुमको आसानी से बदल सकता हूं। तुम्हारा ध्यान लगा रहता है वहां बोलने वाले पर और इधर मैं चुपचाप तुम्हारे पास।

लाओत्से कहता है कि अगर भूस्वामी, सम्राट, गुरु, नेता—वे जो लोगों को प्रभावित करते हैं—केवल अपने भीतर के स्वभाव के साथ जी सकें, तो संसार उन्हें स्वेच्छा से स्वामित्व प्रदान करेगा।

अभी तो उनको स्वामित्व बड़ी छीन-झपटी से लेना पड़ता है। अपने नेताओं की आप हालत देखें! किस बामुश्किल वे नेता बने रहते हैं, कितनी जद्दोजहद से नेता बने रहते हैं। आप लाख उपाय करो, वे नेता बने रहते हैं। हजार लोग उनकी टांगें खींच रहे हैं और वे नेता बने हुए हैं। उनका एक ही काम है चौबीस घंटे—कैसे नेता बने रहें। ऐसा लगता है कि कोई उनको नेता रखने को राजी नहीं है।

इसलिए आप देखते हैं, एक नेता पद से नीचे उतर जाए, फिर आपको पता ही नहीं चलता कि वह कहां गया। अखबारों में नाम नहीं, कोई खबर पूछता नहीं। अजीब स्वामित्व था यह भी कि कल अखबारों में बड़ी सुर्खी उसी नाम की थी; अब सिर्फ एक बार आपको पता चलेगा जब वे इस संसार को छोड़ेंगे। तब अखबार के एक कोने में खबर छपेगी कि उनका देहावसान हो गया। उसके पहले आपको अब पता चलने वाला नहीं है कि वे कहां हैं। यह स्वामित्व, यह नेतृत्व, यह प्रभाव बड़ा अदभुत मालूम होता है; कि पद से उतरते ही खो जाता है। जैसे व्यक्ति का कोई मूल्य नहीं है, सिर्फ पद का मूल्य है। असल में, पद की तलाश वे ही व्यक्ति करते हैं जिनके भीतर कोई मूल्य नहीं है। क्योंकि पद का मूल्य उनको मूल्य होने का भ्रम दे देता है; पद की गरिमा से वे गरिमायुक्त हो जाते हैं। पद से हटते से ही गरिमा खो जाती है; फिर उन्हें कोई पूछता नहीं।

लाओत्से कहता है कि अगर कोई व्यक्ति अपने निसर्ग के साथ जी रहा हो, जैसा परमात्मा ने, जैसा ताओ ने उसे चाहा है, जैसी उसकी नियति है उसके अनुकूल बह रहा हो, तो उसके पास एक स्वामित्व होता है, एक नेतृत्व, एक गुरुत्व, जो आरोपित नहीं है, जो चेष्टित नहीं है, जिसको उसने किसी के ऊपर डाला नहीं है, जो उसकी सहज मालकियत है। और तब उसे एक स्वामित्व मिल जाता है, जो संसार उसे स्वेच्छा से देता है।

'जब स्वर्ग और पृथ्वी आलिंगन में होते हैं...।'

स्वर्ग और पृथ्वी—लाओत्से के लिए प्रतीक है। आपके भीतर भी दोनों हैं; आपके भीतर स्वर्ग और पृथ्वी दोनों हैं। और जब आप अपने स्वभाव के अनुकूल चल रहे होते हैं, तब स्वर्ग और पृथ्वी आलिंगन में होते हैं, आपकी परिधि और आपका केंद्र आलिंगन में होते हैं। और जब आप स्वभाव को छोड़ कर चल रहे होते हैं, जब आप कुछ और होने की कोशिश कर रहे होते हैं जो कि आपकी नियति नहीं है, तब आपकी परिधि और आपके केंद्र का संबंध टूट जाता है। तब आपका व्यक्तित्व और आपकी आत्मा दो हो जाती हैं। तब व्यक्तित्व तो आप जबरदस्ती थोपते रहते हैं अपने ऊपर, और आत्मा और आपके बीच का फासला बढ़ता चला जाता है। लाओत्से की भाषा में, तब पृथ्वी और स्वर्ग का संबंध टूट गया, उनका आलिंगन समाप्त हो गया। और इस आलिंगन के टूटने से ही पीड़ा और संताप और दुख पैदा होता है।

लाओत्से को बहुत प्रेम करने वाले एक व्यक्ति ने अभी-अभी एक किताब लिखी है। किताब बड़ी अनूठी और चौंकाने वाली है। किताब है कैंसर के ऊपर। और उस व्यक्ति का खयाल ठीक मालूम पड़ता है। कैंसर नई बीमारी है; और अब तक उसका कोई इलाज नहीं। इस व्यक्ति ने लिखा है कि कैंसर इस बात की खबर है कि व्यक्ति के भीतर के स्वर्ग और पृथ्वी का संबंध बिलकुल टूट गया। और बीमारी इसीलिए पैदा हो गई है, जिसका कोई इलाज नहीं है; क्योंकि बीमारी शरीर की होती तो इलाज हो जाता। बीमारी सिर्फ शरीर की नहीं है कैंसर; अगर शरीर की ही होती तो इलाज हो जाता। बीमारी शरीर और आत्मा के बीच के फासले के कारण पैदा हुई है; मात्र शरीर की नहीं है। शायद शरीर और आत्मा, दोनों के बीच जो फासला है, उस फासले के कारण पैदा हो रही है। जितना फासला बढ़ता जाएगा उतना कैंसर बढ़ता जाएगा।

एक लिहाज से शुभ लक्षण है, अगर हम चेत सकें तो। अगर हम चेत सकें तो शुभ लक्षण है; अगर न चेत सकें तो बहुत खतरनाक है। कैंसर बीमारी नहीं है, यह बात समझने जैसी है। कैंसर एक आंतरिक दुर्घटना है जिसमें हमारे भीतर के सारे सेतु टूट गए हैं। परिधि अलग हो गई है; केंद्र अलग हो गया है। और हम परिधि के साथ पकड़े हुए हैं अपने को, और हमारा अपने ही अंतस्तल से सारा संबंध क्षीण होता जा रहा है। इस तनाव से जो पैदा हो रही है बीमारी वह कैंसर है। कैंसर बढ़ता जाएगा। अगर स्वभाव के अनुकूल जीने की क्षमता नहीं बढ़ती तो कैंसर बढ़ता जाएगा। कैंसर सामान्य बीमारी हो जाएगी। और उसका इलाज खोजना कठिन है। शायद इलाज खोज भी लिया जाए तो कैंसर से बड़ी बीमारियां पैदा हो जाएंगी। क्योंकि वह जो भीतर की विच्छेद-स्थिति है, भीतर का जो फासला है, वह अगर कैंसर से प्रकट न हुआ, कैंसर को किसी तरह रोका जा सका, तो वह मवाद किसी और बड़ी बीमारी से बहने लगेगी।

यह पिछले दो सौ वर्ष का इतिहास है कि एक बीमारी सबसे ऊपर होती है। हम किसी तरह उसका इलाज कर लेते हैं, तो उससे बड़ी बीमारी पैदा हो जाती है। हम उस बीमारी का उपाय कर लेते हैं, तो उससे बड़ी बीमारी पैदा हो जाती है। लेकिन एक मजे की बात है कि बड़ी बीमारी तत्काल पैदा हो जाती है, जैसे ही हम पुरानी बड़ी बीमारी का इलाज खोजते हैं। शायद कोई बहुत आंतरिक वेदना प्रकट होना चाह रही है और हम उसके दरवाजे रोकते जाते हैं; वह नए दरवाजे खोज लेती है।

लाओत्से कहता है कि जब स्वर्ग और पृथ्वी आलिंगन में होते हैं...।

पृथ्वी से अर्थ है आपकी परिधि, आपके भीतर जो पौदगलिक है, पदार्थ है, वह। और स्वर्ग से अर्थ है आपका चैतन्य, आपकी आत्मा, आपके भीतर वह जो अपौदगलिक है, वह।

'जब दोनों आलिंगन में होते हैं, तब मीठी-मीठी वर्षा होती है।'

बड़ा कठिन है उसको कहना कि क्या होता है, जब आपकी आत्मा और आपका व्यक्तित्व दोनों आलिंगन में होते हैं। जब आपके भीतर कोई फासला नहीं होता, जब आपके भीतर कोई भविष्य नहीं होता, वर्तमान के क्षण में आप पूरे के पूरे इकट्ठे होते हैं, कोई विच्छेद नहीं, कोई खंड-खंड स्थिति नहीं, जब आप अखंड होते हैं, तब क्या होता है।

लाओत्से कहता है, 'तब, दि हेवन एंड अर्थ ज्वाइन एंड दि स्वीट रेन फाल्स, बियांड दि कमांड ऑफ मेन यट ईवनली अपान आल। तब होती है मीठी-मीठी वर्षा, मनुष्य के वश के बाहर, लेकिन सबके ऊपर समान।'

इस वर्षा को आप आदेश नहीं दे सकते, इस वर्षा को आप कोशिश करके नहीं घटा सकते। आपकी चेष्टा से यह वर्षा नहीं आ सकती। आप निमंत्रण दे सकते हैं, आदेश नहीं; आप पुकार सकते हैं, खींच नहीं सकते। आप प्रार्थना कर सकते हैं और प्रतीक्षा। यह वर्षा प्रसाद है, ग्रेस है।

शब्द बड़े साधारण चुने हैं लाओत्से ने, 'मीठी-मीठी वर्षा।'

थोड़ा सोचें, कल्पना करें भीतर वर्षा की, जैसे प्राण प्यासे हों वर्षों से, जन्मों से, और भीतर की सब भूमि तप्त हो, दरारें पड़ गई हों और भीतर पूरी आत्मा में एक ही प्यास, एक ही पुकार वर्षा की हो—और तब वर्षा हो। इस मिलन में प्यास तृप्त हो जाती है। वह जो जन्मों-जन्मों की प्यास थी कि कुछ चाहिए, कुछ चाहिए, और कुछ भी मिल जाए तो भी तृप्ति नहीं होती थी, जो भी मिल जाए वही व्यर्थ हो जाता था और मांग आगे बढ़ जाती थी, क्षितिज की तरह वासना हटती चली जाती थी; अचानक इस मिलन में सब चाह खो जाती है, सब वासना तिरोहित हो जाती है; क्षितिज घर में आ जाता है। कहीं कुछ जाने को नहीं रह जाता; सब पा लिया, कुछ पाने को शेष नहीं रहा; ऐसी गहन तृप्ति हो जाती है।

एक सूफी फकीर के संबंध में मैंने सुना है। उसके मरने के दिन करीब थे। रहता तो एक छोटे झोपड़े में था, लेकिन एक बड़ा खेत और एक बड़ा बगीचा भक्तों ने उसके पास लगा रखा था। मरने के कुछ दिन पहले उसने कहा कि अब मैं मर जाऊंगा; ऐसे तो जिंदा में भी इस बड़ी जमीन की मुझे कोई जरूरत न थी, यह झोपड़ा काफी था; और मर कर तो मैं क्या करूंगा! मर कर तो मुझे तुम इस झोपड़े में दफना देना; यह काफी है। तो उसने एक तख्ती लगा दी पास के बगीचे पर कि जो भी व्यक्ति पूर्ण संतुष्ट हो, उसको यह बगीचा मैं भेंट करना चाहता हूं। बड़ा खतरनाक आदमी रहा होगा। जो भी व्यक्ति पूर्ण संतुष्ट हो, उसको मैं यह बगीचा भेंट करना चाहता हूं।

अनेक लोग आए, लेकिन खाली हाथ लौट गए। खबर सम्राट तक पहुंची। एक दिन सम्राट भी आया। और सम्राट ने सोचा कि औरों को लौटा दिया, ठीक; मुझे क्या लौटाएगा! मुझे क्या कमी है? मैं संतुष्ट हूं; सब जो चाहिए वह मेरे पास है। सम्राट भीतर आया और उसने फकीर से कहा कि क्या खयाल है? अनेक लोग आए और वापस लौट गए; मैं भी आया हूं।

तो उस फकीर ने कहा कि अगर तुम संतुष्ट थे तो आए ही क्यों? यह तो उसके लिए है जो आएगा ही नहीं, और मैं उसके पास आऊंगा। अभी वह आदमी इस गांव में नहीं है। वह यहां नहीं आएगा; वह क्यों आएगा?

एक ऐसा संतोष का क्षण भीतर घटित होता है, जब आपकी चाह नहीं होती, दौड़ नहीं होती और आप अपने साथ राजी होते हैं। उस क्षण में परमात्मा आता है; आपको उसके द्वार पर मांगने जाना नहीं पड़ता। उस दिन उसकी मीठी वर्षा आपके ऊपर हो जाती है। वही निर्वाण है।

लेकिन उस तरफ जाने के लिए आप कोई चेष्टा नहीं कर सकते; आपकी कोशिश काम न आएगी। क्योंकि वह प्रसाद है। आपकी कोशिश का मतलब होगा कि आप सम्राट की तरह पहुंच गए मांगने। वह उसको मिलती है, जो जाता ही नहीं मांगने; जो मांग ही छोड़ देता है, उसको मिल जाती है।

वह सूफी फकीर होशियार रहा होगा। उसने आखिरी राज की बात अपने बगीचे पर लिख दी थी।

'वह मनुष्य के वश के बाहर है, लेकिन तो भी सबके ऊपर समान रूप से बरसती है।'

और निश्चित ही, इसीलिए समान रूप से बरसती है। क्योंकि अगर आपके वश के भीतर हो तो ताकतवर ज्यादा बरसा लेगा; कमजोर प्यासे रह जाएंगे। जोर-जबरदस्ती जो कर सकता है वह ज्यादा पर कब्जा कर लेगा; अधिक लोग तो क्यू में पीछे खड़े रह जाएंगे। वह समान रूप से सबके ऊपर बरस सकती है, क्योंकि आपके वश के बाहर है। आप कुछ कर नहीं सकते; आप सिर्फ प्रतीक्षा कर सकते हैं। आप सिर्फ राजी हो सकते हैं, तैयार हो सकते हैं। आप उसके आने के लिए बाधा न डालें, बस इतना काफी है। और आप कुछ भी नहीं कर सकते; आप रुकावट न डालें, बस इतना काफी है। आप खुले हों, द्वार-दरवाजे बंद न हों। वह कभी आपके दरवाजे पर आए तो बंद न पाए; बस इतना आप कर सकते हैं।

इसलिए वह सबके ऊपर समान हो जाती है। कबीर को या कृष्ण को या बुद्ध को या मोहम्मद को जरा सा भी, इंच भर का फर्क नहीं पड़ता। बुद्ध सम्राट के लड़के रहे हों, रहे हों; और कबीर जुलाहे थे, तो थे। और बुद्ध बहुत सुसंस्कृत, सभ्य, तो रहें; और कबीर बिलकुल लट्ठ, बेपढ़े-लिखे गंवार। कोई फर्क नहीं पड़ता, वह वर्षा जब होती है तो उसकी मिठास में जरा भी फर्क नहीं है। क्योंकि उससे कोई संबंध नहीं है व्यक्ति का, ध्यान रखना। अगर व्यक्ति से संबंध हो, तो बुद्ध बाजी मार ले जाएंगे, कबीर को दिक्कत पड़ेगी। लेकिन व्यक्ति से कोई संबंध ही नहीं है उसका। आपका घड़ा सोने का है या मिट्टी का, इससे कोई संबंध ही नहीं है वर्षा को। आपका घड़ा खाली हो बस; सोने का हो तो भी भर जाएगा और मिट्टी का हो तो भी भर जाएगा। खाली होना शर्त है; घड़े का सोना होना और मिट्टी होना शर्त नहीं है।

इसलिए बेपढ़े-लिखे भी पहुंच जाते हैं। गरीब, दीन-हीन भी पहुंच जाते हैं। कमजोर, रुग्ण भी पहुंच जाते हैं। और कोई बुद्धिमानों से कम उन्हें मिलता है, ऐसा नहीं है। रत्ती भर कम नहीं मिलता। व्यक्ति-व्यक्ति का कोई फासला नहीं है उस वर्षा के लिए। आप जब भी अपने साथ राजी हो गए पूरे और आपने स्वीकार कर लिया कि मेरी नियति, मेरा स्वभाव, बस मैं ऐसा हूं, और उसमें आपने रत्ती भर फर्क करना छोड़ दिया—बड़ी से बड़ी तपश्चर्या यही है।

यह सुन कर आपको कठिनाई होगी। मैं आपसे कहता हूं, यह बड़ी से बड़ी तपश्चर्या है कि आप अपने साथ राजी हो जाएं और फर्क करना छोड़ दें।

एक तीन महीने प्रयोग करके देखें। कुछ भी हो, जैसे हैं वैसे, तीन महीने कोई फर्क ही न करें। चोर हैं तो चोर और बेईमान हैं तो बेईमान, बुरे हैं तो बुरे, झूठे हैं तो झूठे, तीन महीने कोई फर्क ही न करें। जैसे हैं वैसे और उसका जो भी फल मिले उसको झेलने को राजी रहें। और आप तीन महीने में पाएंगे कि आपके भीतर नए आदमी का जन्म हो गया। वह जो अपने साथ राजी हो जाना है, वह इतनी बड़ी ऊर्जा है कि उस आग में सब जल जाता है जो कचरा है; सिर्फ सोना बचता है।

लेकिन इसके लिए, इस परम घटना के लिए कि वर्षा आपके ऊपर हो जाए, आप कुछ प्रत्यक्ष न कर सकेंगे। अप्रत्यक्ष कर सकते हैं: अपने को खाली, खुला छोड़ सकते हैं।

'और तब मानवीय सभ्यता का उदय हुआ और नाम आ गए। और जब नाम आ गए, तब आदमी के लिए

जान लेना उचित था कि कहां रुक जाना है। और जो जानता है कि कहां रुकना है, वह खतरों से बचता है। संसार में ताओ की तुलना उन नदियों से की जाए जो बह कर समुद्र में समा जाती हैं।'

इस स्वभाव के साथ न तो कोई नाम है, न कोई शब्द है, न कोई दर्शन है, न कोई शास्त्र है। लेकिन मानवीय सभ्यता का उदय हुआ, आदमी ने सोचना शुरू किया, समझना शुरू किया; शब्द आ गए। शब्द आते ही...।

बच्चा अभी भी जब पैदा होता है तो वह ताओ में होता है। लेकिन हम उसको वैसे ही नहीं छोड़ सकते। उसे सिखाना होगा, शिक्षित करना होगा। जरूरी भी है। अगर वैसा छोड़ देंगे तो वह भी अन्याय होगा। वह जी भी न सकेगा। इस विराट समूह में, चारों तरफ जो घेरा बना है, इसके साथ चलने के लिए उसे योग्य बनाना होगा। उसे घिसना होगा, काटना होगा, तराशना होगा; उसके अनगढ़ पत्थर को मूर्ति बनाना होगा। तभी वह चल पाएगा। और भाषा देनी होगी, शब्द देने होंगे।

लाओत्से कहता है, सभ्यता का जन्म भाषा का जन्म है। इसलिए और कोई जानवर सभ्य नहीं हो पाता, क्योंकि उनके पास भाषा नहीं है। भाषा के बिना सभ्य होना असंभव है। बोलने के बिना समाज ही पैदा नहीं होता; व्यक्ति अकेला रह जाता है। बोलना है तो शब्द आ जाएंगे; समाज बनेगा तो शब्द आ जाएंगे, भाषा आ जाएगी, नाम आ जाएंगे। और जब नाम आ गए—और नाम के लाओत्से बहुत खिलाफ है, भाषा के बहुत खिलाफ है, मौन के पक्ष में है—तब आदमी के लिए जान लेना उचित था कि अब रुक जाओ। लेकिन रुकना मुश्किल है। एक नाम दूसरा नाम पैदा करता है। शब्द शब्दों को पैदा करते चले जाते हैं।

जितनी सभ्य भाषाएं हैं वे शब्दों को बढ़ाए चली जाती हैं। अंग्रेजी भाषा हर वर्ष कोई पांच हजार नए शब्द जोड़ लेती है। बढ़ते चले जाते हैं शब्द; भाषा बढ़ती चली जाती है; विचार फैलते चले जाते हैं। और प्रकृति और स्वयं के बीच का फासला भी बढ़ता चला जाता है। भाषा से पटे हुए रास्ते ही हमारे बीच परिधि और केंद्र को अलग करते हैं।

लाओत्से कहता है, तब जान लेना उचित था कि कहां रुक जाना है। क्योंकि जो जानता है कहां रुकना है, वह खतरों से बच जाता है।

लेकिन आदमी नहीं रुक सका। शायद इस खतरे से गुजरना भी जरूरी था। और शायद इस खतरे से गुजर कर ही मौन का पूरा अर्थ समझ में आ सकता था। आप अगर समझ जाएं और रुक जाएं, तो वह जो ताओ खो गया है पीछे, वापस पाया जा सकता है। भाषा को छोड़ते ही, मौन में उतरते ही स्वभाव से संबंध हो जाता है। भाषा में उतरते ही आप फासले पर जाना शुरू हो गए। इसका यह अर्थ नहीं है कि आप बोलें न। लाओत्से भी बोलता ही था। प्रयोजन इतना ही है कि आप जब किसी दूसरे से न बोल रहे हों तब न बोलें।

लेकिन आप तब भी बोल रहे हैं। कोई नहीं है, आप अकेले बैठे हैं, तब भी बोल रहे हैं। आपके ओंठ भी कंप रहे हैं। अगर कोई ठीक से जांच करे तो आपको पकड़ सकता है कि आप भीतर क्या बोल रहे हैं। भीतर चल रहा है; किसी से बात हो रही है, चीत हो रही है, भीतर चल रहा है। भाषा रुकती ही नहीं। सोते हैं तो, जागते हैं तो, सपना, विचार चल रहे हैं भीतर। यह जो भीतर का सतत भाषा का प्रवाह है, यह स्वभाव में नहीं उतरने देता।

स्वभाव तो मौन है; प्रकृति तो अबोल है। उस अबोल में जो जान लेता है रुक जाना, वह खतरे से बच जाता है। कहां तक भाषा में जाना, इसे समझ लेना बुद्धिमानी है। दूसरे से जब बात करनी हो तो भाषा जरूरी है; अपने से जब बात करनी हो तो मौन जरूरी है। दूसरे से संवाद करना हो तो शब्द चाहिए; अपने से संवाद करना हो तो निशब्द चाहिए। अपने से बोलने की कोई भी जरूरत नहीं है; अपने से तो चुप होने की जरूरत है। जिस दिन आप अपने भीतर चुप होंगे उस दिन आपका अपने से पहला संभाषण होगा। जब तक आप भीतर चुप नहीं हुए तब तक आपका अपने से मिलना नहीं हुआ है।

'संसार में ताओ की तुलना उन नदियों से की जाए जो बह कर समुद्र में समा जाती हैं।'

नदियां जैसे चुपचाप बिना किसी बंधे हुए रास्ते के, अंधेरे में टटोलती हुई चुपचाप सागर तक पहुंच जाती हैं और लीन हो जाती हैं। संसार में, लाओत्से कहता है, ताओ की तुलना इस भांति की जाए कि आप भी जब चुपचाप संसार के सारे रास्तों पर टटोलते अपने भीतर के मौन सागर में डूब जाते हैं, जिस दिन आपके व्यक्तित्व की नदी आपके भीतर के मौन सागर में लीन हो जाती है, उस दिन आप धर्म को उपलब्ध हो जाते हैं।

यह कठिन दिखाई पड़े, कठिन है नहीं; असंभव भी दिखाई पड़े तो भी कठिन नहीं है। एक बार ठीक से मूल सूत्र समझ में आ जाए तो लाओत्से का महामंत्र बहुत ही सरल है। वह इतना ही है : अपने को परिपूर्णता से स्वीकार कर लेना और अपने को तराशने की कोशिश न करना। बुरे-भले जैसे भी हैं, अनगढ़, परमात्मा ने ऐसा ही चाहा है, और हम परमात्मा से ज्यादा बुद्धिमान होने की कोशिश न करेंगे। उसने जैसा चाहा है, उसकी मर्जी से हम राजी हैं। यह राजीपन, यह एक्सेप्टबिलिटी, यह स्वीकार-भाव लाओत्से का महामंत्र है। फिर नदी सागर में गिर जाती है।

पांच मिनट रुकेंगे, कीर्तन करें, और फिर जाएं।

छासठवां प्रवचन

# स्वयं का ज्ञान ही ज्ञान है

Chapter 33

## KNOWING ONESELF

*He who knows others is learned;*
*He who knows himself is wise.*
*He who conquers others has power of muscles;*
*He who conquers himself is strong.*
*He who is determined has strength of will.*
*He who does not lose his centre endures,*
*He who dies yet (his power) remains has long life.*

अध्याय ३३

## आत्म-बोध

*जो दूसरों को जानता है वह विद्वान है,*
*और जो स्वयं को जानता है वह ज्ञानी।*
*जो दूसरों को जीतता है वह पहलवान है,*
*और जो स्वयं को जीतता है वह शक्तिशाली।*
*जो संतुष्ट है वह धनवान है, और जो दृढ़मति है वह संकल्पवान।*
*जो अपने केंद्र से जुड़ा रहता है वह मृत्युंजय है।*
*और जो मर कर जीवित है वह चिर-जीवन को उपलब्ध होता है।*

ताओ है सागर की भांति। नदियां सागर से पैदा होती हैं और सागर में पुनः खो जाती हैं। ताओ से अर्थ है उस मूल उदगम का, जहां से जीवन पैदा होता है; और उस अंतिम विश्राम का भी, जहां जीवन विलीन हो जाता है। ताओ आदि भी है और अंत भी। प्रारंभ भी वही है और समाप्ति भी वही।

यह जो ताओ का केंद्र है या धर्म का या सत्य का, इसे हम जन्म के साथ ही लेकर पैदा होते हैं; वह हमारे जन्म के पहले भी मौजूद है। और उसे हम अपने साथ लेकर ही मरते हैं; वह मृत्यु के बाद भी हमारे साथ यात्रा पर होता है। जो हमारे भीतर न कभी जन्मता है और न कभी मरता है, वही धर्म है। और उसे जान लेना ही जानने योग्य है।

इस सूत्र में उस आंतरिक केंद्र की तरफ बहुत बहुमूल्य इशारे हैं।

पहला इशारा: 'जो दूसरों को जानता है वह विद्वान है; और जो स्वयं को जानता है वह ज्ञानी।'

दूसरों को जानना बहुत आसान है। क्योंकि दूसरों को जानने के लिए इंद्रियां काम में आ जाती हैं। आंख है मेरे पास, मैं आपको देख सकता हूं। लेकिन यह देखने वाली आंख स्वयं को देखने के काम न आएगी। कान हैं मेरे पास, मैं आपको सुन सकता हूं। लेकिन ये कान स्वयं को सुनने के काम न आएंगे। हाथ हैं मेरे पास, मैं आपको छू सकता हूं। लेकिन मेरे ही हाथ हैं, मैं स्वयं को छूने में असमर्थ हूं। इंद्रियां दूसरे को जानने का द्वार हैं। इंद्रियां हमें उपलब्ध हैं; हम दूसरे को सहजता से जान लेते हैं।

और दूसरे को जानने की इस दौड़ में हम यह भूल ही जाते हैं कि हम स्वयं से अनजान रह गए। स्वयं के संबंध में भी जो हम जानते हैं, वह भी हम दूसरों के द्वारा ही जानते हैं। अगर आप सोचते हैं कि आप सुंदर हैं, तो यह दूसरों ने आपसे कहा है; कि आप सोचते हैं कि आप विचारशील हैं, यह भी दूसरों ने आपसे कहा है; कि आप सोचते हैं कि आप बुद्धिहीन हैं, तो यह भी दूसरों ने आपको समझाया है। आपकी स्वयं के संबंध में जो जानकारी है वह दूसरे के माध्यम से है, दूसरे के द्वारा उपलब्ध हुई है।

इसलिए हम स्वयं की जानकारी पर भी दूसरे पर निर्भर रहते हैं, और दूसरे से भयभीत भी रहते हैं। अगर मेरा सौंदर्य आपके ऊपर निर्भर है तो मैं भयभीत रहूंगा। क्योंकि आपकी नजर की जरा सी बदलाहट, और मेरा सौंदर्य खो जाएगा। और अगर मेरी बुद्धिमानी आपके आधार पर बनी है, आप कभी भी ईंटें बुनियाद की खींच ले सकते हैं और मेरी बुद्धिमत्ता खो जाएगी। मेरी प्रतिष्ठा में अगर आप कारण हैं तो वह कोई प्रतिष्ठा ही नहीं, वह गुलामी है। अगर मेरी प्रतिष्ठा किसी पर भी निर्भर है तो मैं उसका गुलाम हूं। और गुलामी की क्या प्रतिष्ठा हो सकती है? स्वयं के संबंध में भी हम दूसरे के माध्यम से जानते हैं। इसलिए स्वयं के संबंध में जो भी हम जानते हैं, वह गलत है।

फिर और भी कारण समझ लेने जरूरी हैं। मैं आपको जान सकता हूं; मेरे पास इंद्रियां हैं, मन है। आंख से

देख सकता हूं, मन से सोच सकता हूं। लेकिन स्वयं को जानने में न तो इंद्रियां काम आएंगी, न तो आंख काम आएगी और न मेरा मन ही काम आएगा। क्योंकि दूसरे के संबंध में सोचा जा सकता है, स्वयं के संबंध में कुछ भी सोचा नहीं जा सकता। और जब तक आप सोचते हैं तब तक स्वयं से कोई संबंध नहीं हो सकता। क्योंकि जब तक आप सोचते हैं तब तक आप स्वयं के बाहर होते हैं। विचार जब तक मौजूद होता है तब तक आप अपने आंतरिक केंद्र पर नहीं हैं, परिधि पर घूम रहे हैं। क्योंकि विचार भी एक बेचैनी है; विचार एक तनाव है। कहें कि विचार एक तरह का ज्वर है, एक बुखार है, एक आंतरिक उद्वेग है। इसलिए अगर विचार तेज चल रहे हों तो रात आप सो नहीं सकते; क्योंकि विचार विश्राम नहीं है। और स्वयं के आंतरिक केंद्र पर तो परम विश्राम की अवस्था में ही कोई पहुंचता है। जितना तनाव होता है, उतनी दूरी होती है।

इसलिए पागल स्वयं से सर्वाधिक दूर होता है। पागलपन का अर्थ ही यह है कि आपसे अब स्वयं के सारे संबंध छूट गए। अब आपकी कोई भी जड़ अपने केंद्र में न रही। अब आप उखड़ गए, अपरूटेड—जमीन से जड़ें अलग हो गईं। पागल अपने से सर्वाधिक दूर है, क्योंकि पागल का विचार एक क्षण को भी बंद नहीं होता, चलता ही रहता है सतत। आप भी अपने से उसी मात्रा में दूर हैं जिस मात्रा में आपके भीतर मौन की कमी है।

विचार से मैं दूसरे को जान सकता हूं, लेकिन विचार से स्वयं को नहीं जान सकता।

इसलिए सब बुद्धिमत्ता, जिसको लाओत्से ने कहा है विद्वत्ता, विचार पर निर्भर होती है। और ज्ञान निर्विचार पर निर्भर होता है। इसलिए हम बुद्ध को विद्वान नहीं कह सकते, महावीर को विद्वान नहीं कह सकते। अरिस्टोटल विद्वान है, प्लेटो विद्वान है। बुद्ध और महावीर विद्वान नहीं हैं, ज्ञानी हैं।

जो फर्क है—विद्वत्ता विचार का जोड़ है; और ज्ञान निर्विचार की स्फुरणा है, जहां सब इंद्रियां शांत होती हैं। क्योंकि इंद्रियों से दूसरे को जान सकते हैं। और जब तक इंद्रियां अशांत हों तब तक बाधा डालेंगी; क्योंकि उनकी अशांति बाहर ले जाएगी। इंद्रियों की अशांति बाहर ले जाएगी; वे बाहर जाने वाले द्वार हैं।

जब तक मन चल रहा है तब तक भी स्वयं को न जान सकेंगे। क्योंकि मन का चलना परिधि पर रोके रखेगा। जब इंद्रियां चुप हो गईं और मन भी मौन हो गया, और जब भीतर कोई गति न रही, किसी तरह का हलन-चलन न रहा, कोई स्पंदन न रहा, कोई लहर न रही, जब भीतर आप मात्र रह गए, जहां कुछ भी नहीं हो रहा है, कोई कर्म नहीं हो रहा है भीतर, पूर्ण अकर्म हो गया, उस क्षण में आपको अपने केंद्र से विच्युत करने को कोई भी न रहा; कोई लहर आपको बाहर नहीं खींच सकती। उस क्षण ज्ञान का जन्म है।

विद्वान होना हो, शास्त्र सहयोगी हैं, शिक्षण उपयोगी है, सीखना जरूरी है। ज्ञानी होना हो, शास्त्र खतरनाक हैं, बाधा हैं; शिक्षा व्यर्थ ही नहीं, हानिकर है। सीखने की कोई सुविधा नहीं है। अनसीखना करना होता है। लर्निंग नहीं, अनलर्निंग; जो सीखा है उसे भी भूल जाना होता है; जो जाना है उसका भी त्याग कर देना होता है।

और ध्यान रहे, जगत में ज्ञान का त्याग बड़ा मुश्किल है। धन छोड़ा जा सकता है; पद छोड़ा जा सकता है। क्योंकि पद को छोड़ने में भी बड़े पद के मिलने की आशा है, और धन को छोड़ने में भी महाधन को पाने की संभावना है। क्योंकि धनी भी सोचता है मन में कि गरीब सुखी है। धनी भी—सच तो यह है धनी ही—गरीब तो कभी नहीं सोचता कि गरीब भी सुखी है। धनी अक्सर सोचता है कि गरीबी में बड़ा सुख है। ठीक वैसे ही जैसा गरीब सोचता है कि अमीरी में बड़ा सुख है। जो हमारे पास नहीं उसमें सुख दिखाई पड़ता है।

लेकिन एक बड़े मजे की बात है कि अगर गरीब सोचता है कि अमीरी में सुख है, तो ज्ञानी—तथाकथित विद्वान, ज्ञानी नहीं कहना चाहिए—वे उसको समझाते हैं कि तू पागल है। लेकिन जब धनी सोचता है कि गरीबी में सुख है, तो ये ही महात्मागण उसको नहीं समझाते कि तू भी पागल है। बात दोनों की एक सी है: जो उनके पास नहीं

है उसमें सुख दिखाई पड़ता है। न तो गरीबी में सुख है, न धनी होने में सुख है। सुख सदा आशा है—वहां, जहां हम नहीं हैं। और जहां हम हो जाते हैं वहीं दुख हो जाता है।

धनी धन छोड़ सकता है, क्योंकि गरीबी में सुख की आशा बनी है। पद छोड़े जा सकते हैं, क्योंकि पदों को छोड़ कर भी बड़ी प्रतिष्ठा मिलती है। सच तो यह है कि पदों को छोड़ कर ही प्रतिष्ठा मिलती है। जो प्रतिष्ठा पाने की कला जानता है वह पद को छोड़ देगा। क्योंकि पद छोड़ते से ही आपको लगता है कि यह आदमी पद से बड़ा हो गया। नहीं तो छोड़ कैसे सकता? छोटा आदमी तो पद को पकड़ता है। यह पद को लात मार सकता है, सिंहासन को लात मार सकता है; यह आदमी सिंहासन से बड़ा हो गया। लेकिन जो छोड़ रहा है वह भी गणित जमा सकता है, उसको भी पता है कि छोड़ने में भी लाभ है। धन छोड़ने में अड़चन ज्यादा नहीं है; पद छोड़ने में कठिनाई ज्यादा नहीं है। लेकिन ज्ञान छोड़ने में बड़ी कठिनाई है; क्योंकि अज्ञान में कोई भी आशा नहीं बंधती।

और लाओत्से जैसे थोड़े से परम ज्ञानियों को छोड़ कर अज्ञान की कोई शिक्षा भी नहीं देता। अज्ञान से ही तो हम परेशान हैं; तो ज्ञान से अपने को भर रहे हैं। यह जो ज्ञान से भरना है, यह आपको विद्वान बना देगा। तो विद्वान वह अज्ञानी है जिसने अपने को उधार ज्ञान से भर लिया। अज्ञान मिटता नहीं, सिर्फ दबता है। जैसे आप नग्न हैं और वस्त्र पहन लिए; तो नग्नता मिटती नहीं, सिर्फ ढंकती है; अब किसी को दिखाई नहीं पड़ती। और किसी को न दिखाई पड़े यह तो ठीक ही है, आपको भी दिखाई नहीं पड़ती, जो कि चमत्कार है। क्योंकि कपड़े आपके बाहर हैं, दूसरों की आंखों पर हैं कपड़े; आपके ऊपर नहीं हैं।

वेटिकन का पोप जब किसी को मिलता है तो विशेष वस्त्र पहनने होते हैं। स्त्रियां हों तो सिर ढांकना होता है; पुरुष हों तो सिर ढांकना होता है। खास तरह के कपड़े, सादे, पहन कर प्रवेश करना होता है। एक बारह अमरीकनों की मंडली वेटिकन के पोप के दर्शन के लिए गई। तो जिस आदमी ने उन्हें समझाया कि आप कैसे कपड़े पहनें, कैसे भीतर खड़े हों, कैसे नमस्कार करें, वह भी उनको समझाने से थोड़ा व्यथित था। और उसने भी कहा कि क्षमा करना, मजबूरी है, मैं इसी काम पर नियुक्त हूं, यही मेरी रोटी-रोजी है, लेकिन लोगों को समझाते-समझाते मैं परेशान हो गया हूं और मेरे मन में भी कभी होता है कि इससे तो बेहतर होता एक पट्टी पोप की आंख पर ही बांध दी जाती; वह सरल होती बजाय इतना उपद्रव करने के।

लेकिन यह इतना बड़ा उपद्रव भी दूसरे की आंख पर पट्टी का ही काम करता है, इससे ज्यादा का काम नहीं करता। पट्टी बड़ी है; लेकिन आंख दूसरे की है, उसको भर रुकावट डालती है, उसको पता नहीं चलता कि आप नग्न हैं। लेकिन आप तो नग्न हैं ही। विद्वान भी दूसरे की आंखों में विद्वान मालूम पड़ता है, अपने भीतर तो अज्ञानी ही होगा, नग्न ही होगा। लेकिन जैसा आप चमत्कार कर लेते हैं और कपड़े पहन कर सोचते हैं आप नग्न नहीं, वैसा ही पंडित भी चमत्कार कर लेता है, शब्दों को ओढ़ कर सोचता है कि अब अज्ञान समाप्त हुआ, अब मैं ज्ञानी हुआ। और इन शब्दों में एक भी उसका अनुभूत नहीं है; इसमें से कुछ भी उसने जाना नहीं है; इसमें से किसी का भी उसे स्वाद नहीं मिला। ये सब कोरे, उधार, निर्जीव, नपुंसक शब्द हैं। क्योंकि शब्द में प्राण तो पड़ता है अनुभूति से। शास्त्र से शब्द इकट्ठे कर लिए जा सकते हैं। सरल काम है। स्मृति सजाई जा सकती है। जरा भी कठिन नहीं है। छोटे-छोटे बच्चे कर लेते हैं, और बूढ़ों से ज्यादा अच्छा कर लेते हैं।

यह सब बाहर से इकट्ठा किया हुआ बाहर को ही प्रभावित कर सकता है, इसे स्मरण रखें। तो पंडित आपको प्रभावित कर सकता है; शायद ज्ञानी से आप प्रभावित न भी हों। क्योंकि बड़े मजे की बात है कि जमीन पर ज्ञानियों को तो बहुत बार सूली लगी, पंडितों को कभी नहीं लगी। ज्ञानियों पर तो पत्थर बहुत बार फेंके गए, लेकिन पंडितों को किसी ने पत्थर नहीं मारा। ज्ञानियों को तो बड़ी कठिनाइयां भोगनी पड़ीं, लेकिन पंडितों को कोई कठिनाई का

सवाल नहीं है। ज्ञानियों ने बड़ी निंदा झेली, सब तरह की निंदा झेली, लेकिन पंडित को कोई निंदा नहीं झेलनी पड़ती। कारण क्या है?

पंडित के पास जो ज्ञान है उससे आप प्रभावित होते हैं। वह बाहर से आया है, और बाहर के लोगों को प्रभावित करता है। ज्ञानी के पास जो ज्ञान है वह बाहर से नहीं आया, वह भीतर से आया है। वह अनूठा है, नया है, अद्वितीय है। वह ताजा है, कुंआरा है। उससे आपकी कोई पहचान नहीं। तो जब ज्ञानी से आपकी मुलाकात होती है तो आप बेचैनी में पड़ जाते हैं। आप उसको ठीक से समझ नहीं पाते, या समझने की कोशिश में हमेशा गलत समझ पाते हैं। क्योंकि वह जो कह रहा है इतना नया है कि आपकी बुद्धि, आपकी जानकारी, उससे उसका कोई तालमेल नहीं बैठता। वह कुछ ऐसी बात कह रहा है जिससे आपका कभी कोई संबंध नहीं रहा।

तो ज्ञानी अजनबी मालूम पड़ता है। पंडित आपका ही आदमी है। जैसे आप हैं वैसा ही वह है। आप में और उसमें जो फर्क है वह मात्रा का है, गुण का नहीं है। आप थोड़ा कम जानते हैं, वह थोड़ा ज्यादा जानता है; लेकिन एक ही कतार में खड़े हैं। वह क्यू में थोड़ा आगे है, आप थोड़े पीछे हैं। उससे कोई दुश्मनी नहीं मालूम होती, उससे गहरी मैत्री मालूम होती है। ज्ञानी से सदा दुश्मनी मालूम होती है, क्योंकि वह आपकी पंक्ति में खड़ा ही नहीं है। और वह जो भी कहता है वह खतरनाक मालूम होता है। क्योंकि वह जो भी कहता है उससे आपका जो भवन है वह गिरता है। वह जो भी कहता है उससे आपका ज्ञान अज्ञान सिद्ध होता है। वह जो भी कहता है उससे आपकी जानकारी व्यर्थ होती है। वह आपसे छीनता है। वह आपको तोड़ता है। वह आपको मिटाता है। ज्ञानी सदा विध्वंसक मालूम होता है। पंडित हमेशा निर्माणकारी मालूम होता है। क्योंकि वह सिर्फ आपको आगे बढ़ाता है। वह आप में कुछ जोड़ता है। पंडित आपको कुछ देता हुआ मालूम पड़ता है; ज्ञानी आपसे कुछ छीनता हुआ मालूम पड़ता है।

इसलिए ज्ञानी के पास केवल वे ही लोग टिक सकते हैं जो अति साहसी हैं, जो कि निपट अज्ञानी होने को तैयार हैं। लेकिन अगर आप ज्ञान की तलाश में गए हैं तो पंडित ठीक जगह है। वह आपको ज्ञान देगा। वहां से आप ज्ञान इकट्ठा कर ले सकते हैं। अगर आप ज्ञानी के पास गए हैं तो आप मुश्किल में पड़ेंगे। पहले तो वह आपसे छीन लेगा सब कुछ—जो भी आपके पास है। वह आपको सब भांति निर्धन कर देगा; वह भीतर से आपको सब भांति दरिद्र कर देगा। जीसस ने शब्द उपयोग किया है: पुअर इन स्पिरिट। वह आपकी आत्मा तक को गरीब कर देगा। लेकिन उसी गरीबी से, उसी परम दारिद्र्य से, उसी परम अज्ञान से ज्ञान का जन्म होता है।

यह बड़ा विरोधाभासी है। क्योंकि हम तो सोचते हैं ज्ञान एक संग्रह है। ज्ञान संग्रह नहीं है; जो भी संग्रह है वह विद्वत्ता है, पांडित्य है, बौद्धिक कुशलता है, होशियारी है, चालाकी है। ज्ञान का उससे कोई लेना-देना नहीं है। ज्ञान तो एक जन्म है; संग्रह नहीं। जैसे मां के पेट में बच्चा जन्मता है, वैसा ज्ञान भी एक जन्म है। बच्चे को आप संगृहीत नहीं कर सकते कि कहीं से एक टांग खरीद लाए, कहीं से एक हाथ खरीद लाए, कहीं से एक सिर इकट्ठा कर लिया; फिर सब जोड़ कर तैयार कर लिया। ऐसा अगर बच्चा आप जोड़ कर तैयार कर लें तो वह जैसा मुर्दा होगा वैसा ही पंडित का ज्ञान होता है। कहीं से वह पैर ले आया है, कहीं से हाथ ले आया है, कहीं से सिर ले आया है; उसने ठीक प्रतिमा निर्मित कर ली है। लेकिन प्रतिमा मुर्दा है, क्योंकि जीवन को जन्म देना संग्रह से नहीं होता। और जैसे मां को गुजरना पड़ता है एक पीड़ा से, ठीक वैसे ही ज्ञानी को भी गुजरना पड़ता है। ज्ञानी की तलाश एक पीड़ा है, एक आत्म-प्रसव है। इस आत्म-प्रसव का पहला चरण है यह समझ लेना कि जो भी बाहर से जाना गया है वह ज्ञान नहीं है।

यह समझ भी बड़ी मुश्किल है। क्योंकि तत्काल हमें लगता है हम दरिद्र हो गए। क्योंकि जो भी हम जानते हैं वह सब बाहर से जाना हुआ है। कभी आप सोचते हैं एकांत में कि आप जो भी जानते हैं उसमें कुछ भी आपका है? भय लगता है, ऐसी बात ही सोचने से भय लगता है। क्योंकि आप सोचेंगे तो पसीना आना शुरू हो जाएगा; हाथ-पैर

भीतर कंपने लगेंगे। कुछ भी नहीं है जाना हुआ अपना। इतनी दरिद्रता में जी रहे हैं। लेकिन वह ज्ञान एक वहम, एक भ्रम पैदा कर देता है। उस भ्रम से ऐसा लगता है हम कुछ जानते हैं। और बड़े मजे की बात है, जैसा दूसरे हमें ज्ञान देते रहते हैं, वह उधार ज्ञान हम इकट्ठा करके हम भी दूसरों को देते रहते हैं। पीढ़ी दर पीढ़ी यह मूढ़ता चलती ही चली जाती है। कोई बीच में रुक कर यह नहीं कहता कि मुझे कुछ पता नहीं है।

इधर मैं देखता हूं। अभी एक जैन मुनि को कुछ दिनों पहले कोई मेरे पास ले आया था। दो भक्त उनके साथ थे। मुनि ने इशारा किया कि आप बाहर जाएं, मुझे साधना के संबंध में कुछ एकांत बातें करनी हैं। भक्त बाहर चले गए। मुनि ने मुझसे पूछा कि जो आप कहते हैं वही मैं भी कहता हूं, लेकिन मेरा प्रभाव क्यों नहीं पड़ता? कुछ रास्ता बताइए। मैंने उनसे कहा कि जो आप कहते हैं, वह हो सकता है, मुझसे भी बेहतर कहते हों। लेकिन जब तक आप प्रभाव डालना चाहते हैं, तब तक बात सब व्यर्थ है, तब तक उत्सुकता आपकी दूसरे में है, स्वयं में नहीं है। आखिर प्रभाव डालने की आकांक्षा क्या है? क्यों प्रभाव डालना चाहते हैं? प्रभावित क्यों करना चाहते हैं किसी को? और किसी के प्रभावित होने से क्या होगा आंतरिक लाभ? अहंकार बढ़ेगा। लेकिन वह आंतरिक लाभ नहीं है, हानि है। अकड़ बढ़ेगी। लेकिन वह अकड़ सहयोगी नहीं है, बाधा है।

तो मैंने उनसे कहा, कुछ ऐसा करिए कि दूसरे बिलकुल आपसे अप्रभावित हो जाएं। दूसरे को प्रभावित करने की चेष्टा आप साधना कह रहे थे अपने भक्तों से कि मुझे साधना के संबंध में कुछ पूछना है। यह साधना है? और निश्चित ही आपको अपना कोई पता नहीं है, इसलिए आप दूसरे को प्रभावित कर रहे हैं। क्यों हम दूसरे को प्रभावित करना चाहते हैं? ताकि उसकी आंखों से हमें हमारा पता चल सके कि हम कुछ हैं।

जब दूसरा प्रभावित होता है और उसकी आंख में चमक आती है तो वह चमक हमें प्राण देती है। वैसे हम निष्प्राण हैं। उससे मजा आता है, रस आता है, शक्ति मिलती है। वह बड़ा अदभुत वाइटामिन है। वैसा वैज्ञानिक अभी कोई वाइटामिन नहीं खोज पाए। जो दूसरे की आंख में जो चमक आती है तो जो वाइटेलिटी, जो प्राण आपको मिलता है, वैसा अभी तक कोई वाइटामिन नहीं खोजा जा सका।

दूसरे में उत्सुकता, मैंने उनसे कहा, इसी बात का सबूत है कि आपको अपना कोई भी पता नहीं है और आप दूसरों की आंखों से पता लगा कर अपना परिचय निर्मित करना चाहते हैं कि मैं कौन हूं।

पंडित दूसरे को प्रभावित करके सोचता है मैं ज्ञानी हो गया। अगर मैं न जानता होता तो लोग प्रभावित कैसे होते? लोग प्रभावित हो रहे हैं; निश्चित ही मैं जानता हूं। उसके जानने का बोध भी लोगों के प्रभावित होने पर निर्भर करता है। ज्ञानी का भी प्रभाव होता है। लेकिन ज्ञानी का प्रभाव ज्ञानी की आकांक्षा नहीं है। ज्ञानी का प्रभाव ज्ञानी का सहज परिणाम है। जैसे आदमी चलता है तो धूप में छाया बनती है, ज्ञानी जब लोगों के बीच चलता है तो उसकी छाया पड़ती है। पड़ेगी ही। पर वह छाया ज्ञानी की चेष्टा नहीं है। पंडित की चेष्टा है। पंडित का सारा रस इसमें है कि दूसरे प्रभावित हो जाएं।

लाओत्से कहता है, 'जो दूसरों को जानता है वह विद्वान है।'

और पंडित भली-भांति दूसरों को जानता है। सच तो यह है कि वह दूसरों को ही जानता है। और दूसरों को जानने के कुछ फायदे हैं। क्योंकि दूसरों को मैनीपुलेट किया जा सकता है, दूसरों को चलाया जा सकता है, नचाया जा सकता है, अगर आप उन्हें जानते हैं।

डेल कार्नेगी की बड़ी प्रसिद्ध किताब है—हाउ टु इनफ्लुएंस पीपुल, लोगों को कैसे प्रभावित करें। आज सारे जमीन पर ऐसी हजारों पुस्तकें लिखी जा रही हैं कि दूसरों को कैसे प्रभावित करें, दूसरों के साथ कैसे सफल हों। निश्चित ही, दूसरे के साथ सफल होना है तो दूसरे को जानना जरूरी है। और दूसरे को जानना जरा भी कठिन नहीं

है। लेकिन स्वयं को जानना अति कठिन है। और मैंने अभी तक ऐसी कोई किताब नहीं देखी जो कहती हो : हाउ टु इनफ्लुएंस योरसेल्फ। हाउ टु इनफ्लुएंस अदर्स, कैसे दूसरों को प्रभावित करें। लेकिन कैसे स्वयं को प्रभावित करें? कैसे स्वयं को जानें? उसमें कुछ रस ही नहीं है किसी को। कारण क्या होगा?

एक भ्रांति है हमारे मन में कि स्वयं को तो हम जानते ही हैं। रह गया दूसरा, वह अनजाना है, उसे जानना है। इस भ्रांति को तोड़ना जरूरी है। आप स्वयं को नहीं जानते हैं; दूसरे को भला थोड़ा-बहुत जानते हों, अपने को बिलकुल नहीं जानते। लेकिन तब एक और अजीब घटना घटती है। जो अपने को ही नहीं जानता, वस्तुतः क्या वह दूसरे को जान सकेगा?

यह जरा और गहरे में उतरने की बात है। जो अपने को ही नहीं जानता, उसको दूसरे का भी जानना कितना सार्थक और अर्थपूर्ण हो सकता है। जिसकी अपने संबंध में भी कोई अनुभूति नहीं है, उसकी दूसरे के संबंध में जो भी जानकारी होगी, वह भी छिछली ही होगी। वह भी दूसरे के गहरे में तो प्रवेश नहीं कर पाएगा। उसके आस-पास घूम सकता है, उसके संबंध में कुछ जान सकता है; उसको नहीं जान सकता। उसका चेहरा कैसा है, जान सकता है; उसकी आंखें कैसी हैं, जान सकता है; उसका व्यवहार कैसा है, जान सकता है।

आधुनिक मनोविज्ञान में एक स्कूल का नाम बिहेवियरिस्ट है, व्यवहारवादी। इन मनोवैज्ञानिकों की धारणा है कि आदमी के पास आत्मा जैसी कोई चीज नहीं; सिर्फ उसका व्यवहार ही सब कुछ है, भीतर कुछ है ही नहीं। बस वह बाहर जो करता है उसी के जोड़ का नाम आत्मा है। तो अगर आप आदमी का पूरा व्यवहार जान लें तो व्यवहारवादी मनोवैज्ञानिक कहते हैं, आपने आदमी को जान लिया। आप क्या करते हैं, वही आप हैं। अगर आपके करने को पूरा समझ लिया तो बात खत्म हो गई। भीतर कुछ है ही नहीं। अगर ठीक से समझें तो ईश्वर का इनकार करना इतनी बड़ी नास्तिकता नहीं है जितनी बड़ी नास्तिकता व्यवहारवाद है। क्योंकि वह यह कह रहा है कि सिर्फ कृत्य, जो आप कर रहे हैं।

लेकिन ऐसा मत सोचना कि व्यवहारवादी कोई नई धारणा है। आप में से सौ में से निन्यानबे लोग व्यवहारवादी हैं। आप भी व्यक्ति को उसके कृत्य से पहचानते हैं, और तो कोई पहचान नहीं है। आप देखते हैं एक आदमी चोरी कर रहा है, इसलिए चोर है; और एक आदमी पूजा कर रहा है, इसलिए संत है। आप भी देखते हैं कि क्या कर रहा है। क्या है, यह तो दिखाई पड़ता नहीं। चोर के भीतर क्या है, यह तो दिखाई पड़ता नहीं। संत के भीतर क्या है, यह तो दिखाई पड़ता नहीं। चोर चोरी कर रहा है, यह दिखाई पड़ता है। संत प्रार्थना कर रहा है, यह दिखाई पड़ता है। और हो सकता है संत प्रार्थना करते समय चोर हो और चोर चोरी करते समय संत हो। लेकिन वह बड़ी मुश्किल बात है। वह पहचानना बहुत कठिन है।

सुना है मैंने कि मुल्ला नसरुद्दीन मरने के करीब था। तो उसने एक रात, जब कि चिकित्सक कह चुके कि अब कल सुबह तक बचना बहुत मुश्किल है, परमात्मा से प्रार्थना की कि मैंने जिंदगी भर प्रार्थनाएं कीं, कभी कोई पूरी नहीं हुई; अब यह आखिरी वक्त भी करीब आ गया; एक आखिरी प्रार्थना तो कम से कम पूरी कर दो! और वह प्रार्थना यह है कि मरने के पहले मुझे देखने मिल जाए स्वर्ग और नरक, ताकि मैं तय कर सकूं कि कहां जाना उचित है।

वह आदमी बुद्धिमान था; सब कदम सोच-समझ कर उठाने चाहिए।

नींद लगी और उसने देखा कि वह स्वर्ग के द्वार पर खड़ा है। प्रार्थना पूरी हो गई है, स्वीकृत हो गई है। उसने भीतर प्रवेश किया। वह देख कर बड़ी मुश्किल में पड़ गया। क्योंकि जैसा सुना था, शास्त्रों में पढ़ा था कि वहां शराब के चश्मे बहते हैं और अप्सराएं और सुंदर स्त्रियां और कल्पवृक्ष जिनके नीचे बैठ कर सभी इच्छाएं तत्क्षण पूरी हो जाती हैं, वे वहां कुछ भी दिखाई न पड़े। और बड़ा सन्नाटा था, बड़ा बेरौनक सन्नाटा था। और लोग कुछ भी नहीं कर रहे थे।

कोई ध्यान कर रहा था, कोई पूजा कर रहा था, कोई प्रार्थना कर रहा था, जो कि बड़ी घबड़ाने वाली बात थी। चौबीस घंटे, उसने लोगों से पूछा कि क्या बस यही यहां होता रहता है? बस यहां तो कोई पूजा करता रहता है, कोई प्रार्थना करता रहता है, कोई ध्यान करता रहता है, कोई शीर्षासन करता है, कोई साधना। बस यही चलता है स्वर्ग में?

तो उसने कहा कि अच्छा हुआ, सोचा मन में कि परमात्मा से पहले ही पूछ लिया; यह तो बड़ा खतरनाक स्वर्ग मालूम होता है। नरक! स्वर्ग हट गया आंख के सामने से, दूसरा द्वार खुला। और वह नरक के सामने खड़ा है। द्वार खुलते ही ताजी हवाएं, संगीत का स्वर, नृत्य; देखा तो स्वर्ग तो यहां था। उसने कहा कि बड़ा धोखा चल रहा है जमीन पर। बड़ा राग-रंग था, बड़ी मौज थी। उसने सोचा कि अच्छा हुआ जो पहले ही पूछ लिया; स्वर्ग तो यहां है।

फिर उसकी नींद लग गई और सुबह वह मर गया। मर कर जब उसकी आत्मा यम के दफ्तर में पहुंची तो वहां पूछा गया कि नसरुद्दीन, कहां जाना चाहते हो? नसरुद्दीन मुस्कुराया; यम भी मुस्कुराया। नसरुद्दीन मुस्कुराया कि तुम मुझे धोखा न दे सकोगे, मैं तो देख चुका हूं कि कहां जाना है। और नसरुद्दीन ने समझा कि यम इसलिए मुस्कुरा रहा है कि मुझे कुछ पता नहीं है। नसरुद्दीन ने कहा कि मैं नरक जाना चाहता हूं। फिर भी यम मुस्कुराता रहा। तब उसे जरा बेचैनी हुई कि बात क्या है। उसने कहा कि सुना, मैं नरक जाना चाहता हूं। यम ने कहा कि निश्चित, तुम नरक जाओ। मगर यह कोई अनूठी बात नहीं है; अक्सर लोग नरक ही जाना चाहते हैं। नसरुद्दीन ने कहा, अनूठी बात नहीं है!

फिर नरक भेज दिया गया। जैसे ही नरक के द्वार पर प्रवेश किया तो बड़ा हैरान हुआ, चार शैतान के शिष्यों ने उस पर हमला बोल दिया। उसकी मार-पिटाई शुरू हो गई। वे उसे घसीटने लगे एक कड़ाहे की तरफ जहां आग जल रही थी। उसने कहा कि अरे, और अभी आधी रात की ही बात है, और जब मैं आया था। यहां तो सब हालत बदल गई। यह तो फिर वही जो पुराने ग्रंथों में लिखा है, वही हो रहा है। तो शैतान ने कहा कि जब तुम आए थे पहली दफा, यू हैड कम एज ए टूरिस्ट, तब आप एक अतिथि-यात्री की तरह आए थे। तो वह इतना हिस्सा हमने आप लोगों को देखने के लिए बना रखा है। यह असली नरक है।

आदमी जो व्यवहार से दिखाई पड़ रहा है, वह असली आदमी नहीं है; वह आपको दिखाने के लिए उसने बना रखा है। वह जो आप कर रहे हैं, वह आप असली नहीं हैं। उस करने में दूसरे पर ध्यान है। पूजा कर रहे हैं, प्रार्थना कर रहे हैं, तप कर रहे हैं, यह कर रहे हैं, वह कर रहे हैं; आप जो भी कर रहे हैं, वह आपका असली हिस्सा नहीं है। करने में तो धोखा दिया जा सकता है। व्यवहार आत्मा नहीं है। और दूसरे को तो धोखा दे ही सकते हैं, अपने को धोखा दे सकते हैं। क्योंकि करते-करते आपको भी भरोसा हो जाता है कि जो मैंने किया है वही मैं हूं। लोग अपने कर्मों के जोड़ को अपनी आत्मा समझ लेते हैं। कर्मों का जोड़ आत्मा नहीं है। कर्मों का जोड़ तो आत्मा पर पड़ी धूल है। वह गंदी हो सकती है, वह सुगंधित हो सकती है, यह दूसरी बात है। लेकिन वह धूल है जो इकट्ठी हो गई है।

यह जो आप दूसरे के संबंध में जानते हैं वह भी दूसरे को जानना नहीं है; वह भी दूसरे का व्यवहार जानना है। लेकिन इस जानकारी का नाम लाओत्से कहता है विद्वत्ता है। विद्वान होने से बचना और विद्वान होने से सावधान रहना! अज्ञानी भी सुने गए हैं कि पहुंच गए अंतिम सत्य तक, लेकिन विद्वान कभी नहीं सुने गए। और विद्वान भी तभी पहुंचता है जब वह पुनः अज्ञानी होने का साहस जुटा लेता है।

'और जो स्वयं को जानता है वह ज्ञानी।'

स्वयं को जानना क्या है? किसी भी कृत्य से इसका संबंध नहीं है, क्योंकि सभी कृत्य बहिर्मुखी हैं। आप जो भी करते हैं वह बाहर जाता है। कोई करना भीतर नहीं लाता। कृत्य मात्र बाहर जाते हैं। जैसे पानी नीचे की तरफ बहता है ऐसे कृत्य बाहर की तरफ बहता है। वह कृत्य का स्वभाव है। तो आप जो भी करते हैं उससे स्वयं का ज्ञान न होगा। ऐसा कोई क्षण आपको खोजना पड़ेगा जब आप कुछ भी नहीं करते; उसी का नाम ध्यान है। ऐसा क्षण जब

आप कुछ नहीं करते, मात्र होते हैं, जस्ट बीइंग, सिर्फ होते हैं। अगर इतना सा शब्द आपके खयाल में आ जाए, सिर्फ होना, और आप एक क्षण को भी चौबीस घंटे में इस होने की तलाश कर लें, जब आप कुछ भी नहीं करते, न शरीर कुछ करता है, न मन कुछ करता है; आप सिर्फ होते हैं। श्वास चलती है; शरीर में खून बहता है; वह आपको नहीं करना होता।

ध्यान रहे, जो आपके बिना किए होता है वह होता रहेगा। खून बहता रहेगा, पाचन चलता रहेगा, श्वास चलती रहेगी, हृदय धड़कता रहेगा, उसमें आपको कुछ करना भी नहीं पड़ता। ऐसे भी आप कोई हृदय को धड़काते नहीं, खून को चलाते नहीं; वह चल रहा है। वह प्रकृति का हिस्सा है। जो प्राकृतिक है वह आपके भीतर चलता है। और जो-जो आपने निर्मित किया है वह सब बंद हो जाता है।

उस मौन क्षण में आपको पहली दफा अपने से परिचय होता है। उस परिचय के लिए आंखों की कोई जरूरत नहीं, हाथों की कोई जरूरत नहीं, कानों की कोई जरूरत नहीं। उस परिचय के लिए किसी इंद्रिय की कोई जरूरत नहीं। वह परिचय अतींद्रिय है। उस परिचय के लिए मन की भी कोई जरूरत नहीं, क्योंकि मन भी बाहर की व्यवस्था रखने का उपाय है। बाहर कुछ भी करना हो तो मन की जरूरत है। भीतर कुछ भी, मन की जरा भी जरूरत नहीं है। मन हमारा दूसरे से संबंध है। दूसरे से हमारा जो संबंधों का जाल है उसकी फैकल्टी, उसका यंत्र है हमारे भीतर मन। स्वयं से तो कोई संबंध का सवाल ही नहीं उठता। वहां तो दो नहीं हैं जहां संबंध की जरूरत हो। वहां तो अकेले ही हम हैं—असंग, असंबंधित, अकेले। महावीर ने उस अवस्था को कैवल्य कहा है अकेलेपन की वजह से, कि वहां सिर्फ अकेलापन है, वहां कोई भी नहीं है जिससे संबंधित हुआ जा सके।

इस कैवल्य के क्षण में, जब सारा कृत्य बंद हो गया हो, सिर्फ प्राकृतिक क्रियाएं चल रही हों और आप सिर्फ हों, क्या होगा? अनूठी घटनाएं घटती हैं। क्योंकि इस क्षण में भविष्य समाप्त हो जाता है, अतीत विलीन हो जाता है; सिर्फ वर्तमान रह जाता है। इस क्षण में, दूसरों ने जो भी आपके संबंध में कहा है, वह सब खो जाता है। इस क्षण में, जो भी आपने शास्त्रों से, अन्यों से जाना है, वह सब विलीन हो जाता है। इस क्षण में तो आप जीवन-ज्योति के साथ ही होते हैं। इस समय, आत्मा क्या है, यह सोचना नहीं पड़ता; क्योंकि सोचना तो तभी पड़ता है जब आप जानते नहीं। सोचते हम उसी संबंध में हैं जिसे हम नहीं जानते। इस संबंध में तो साक्षात्कार होता है, इस क्षण में तो हम आमने-सामने होते हैं।

यह जो आमना-सामना है, यह जो आत्म-साक्षात्कार है, लाओत्से या उपनिषद, या बुद्ध या महावीर या कृष्ण इसको ही ज्ञान का क्षण कहते हैं—मोमेंट ऑफ नोइंग। बाकी सब कचरा है। विद्वत्ता कचरा और कचरे का संग्रह है।

'जो स्वयं को जानता है वह ज्ञानी।'

और जब तक आप स्वयं को न जान लें तब तक जानना कि आप अज्ञानी हैं। क्योंकि यह ध्यान अगर बना रहे कि आप अज्ञानी हैं तो विद्वत्ता का उपद्रव आपके भीतर पैदा न हो पाएगा। अगर यह स्मरण बना रहे कि मुझे पता नहीं है तो पता करने की चेष्टा जारी रहेगी।

इस मुल्क में यह दुर्घटना घटी। अब उसे उलटाने का कोई उपाय नहीं है। इस मुल्क में यह बड़ी दुर्घटना घटी है, और वह यह है कि हमें जीवन के सभी सत्यों का पता है—आत्मा का, ब्रह्म का। ऐसा कुछ नहीं है जिसका हमें पता न हो। यहां हम पैदा होते हैं, श्वास हम पीछे लेते हैं, ब्रह्मज्ञान पहले मिल जाता है। यहां सभी को ब्रह्मज्ञान है। इसलिए यह मुल्क जितना अधार्मिक होता जा रहा है, उसका हिसाब लगाना मुश्किल है। लेकिन अधार्मिक होने का कारण न तो पाश्चात्य शिक्षा है, अधार्मिक होने का कारण न तो कम्युनिज्म का प्रभाव है, अधार्मिक होने का कारण कोई नास्तिकता की हवाएं नहीं हैं; अधार्मिक होने का कारण पांडित्य का बोझ है।

हर आदमी को पता है, इसलिए खोज बंद हो गई। इसलिए कोई खोज पर नहीं निकलता। आपको मालूम ही है पहले से ही, तो अब खोजना क्या है? अब खोज का कोई अर्थ ही नहीं है। उपनिषद कंठस्थ हैं, गीता कंठस्थ है; रोज उसका पाठ चल रहा है। परीक्षा में आप उत्तीर्ण हो सकते हैं। धर्म की कोई भी परीक्षा हो, आपको असफल करना मुश्किल है। आपको सब पता ही है।

यह सब पता का जो भाव पैदा हो गया है, यह भाव खोज में बाधा बन गया है। और इससे अज्ञान की जो शुद्धता है, वह नष्ट हो गई है। अज्ञान की शुद्धता बड़ी कीमत की चीज है। अज्ञान का भाव विनम्र करता है, खोज के लिए तत्पर करता है, द्वार खोलता है। हमारे सब द्वार बंद हैं। हमारे सब बंद द्वारों पर शास्त्रों की कतार लग गई है। कोई गीता से बंद किए है, कोई कुरान से, कोई बाइबिल से। कोई महावीर की मूर्ति अटका कर दरवाजे को बंद किए हुए है कि वहां दरवाजा न खुल जाए।

लाओत्से का यह विचार खयाल में रख लेना कि जब तक आपको स्वयं का कोई अनुभव नहीं है, तब तक सब ज्ञान व्यर्थ है। और उसको ज्ञान आप मानना मत।

'जो दूसरों को जीतता है वह पहलवान है; और जो स्वयं को जीतता है वह शक्तिशाली।'

दूसरों को जो जीतता है उसके पास शरीर की शक्ति है; स्वयं को जो जीतता है उसके पास आत्मा की शक्ति है। दूसरे को जीतना बहुत कठिन नहीं है। दूसरे के जीतने के लिए सिर्फ आपको थोड़ा ज्यादा पशु होना जरूरी है; और कुछ जरूरी नहीं है। पहलवान का मतलब है कि जो आपसे ज्यादा पाशविक है, जिसके पास शरीर जंगली जानवर का है। दूसरे को जीतने के लिए पशु होना जरूरी है। और जितनी पाशविकता आप में हो, आप उतना दूसरे को जीत सकते हैं—तोड़ने की, विध्वंस की, हिंसा की। स्वयं को जीतने के लिए बहुत मामला और है। वहां पशु की शक्ति काम न आएगी। वहां शरीर की शक्ति भी काम न आएगी। सच तो यह है कि वहां शक्ति काम ही न आएगी।

इसे थोड़ा समझ लें। क्योंकि शक्ति का उपयोग ही दबाना है। स्वयं को जीतने के लिए शक्ति काम ही न आएगी। दूसरे को जीतने के लिए शक्ति के अलावा और कुछ काम न आएगा। तो दूसरे को जीतने का जितना उपाय है वह सब शक्ति का फैलाव है। अगर हम सब तरह की शक्तियों को देखें। व्यक्ति अगर शक्तिशाली है तो दूसरों को दबाएगा, उनकी गर्दन पर सवार हो जाएगा। राज्य अगर शक्तिशाली है तो पड़ोसियों को हड़प लेगा। जिसके पास ताकत है वह गैर-ताकतवर को, कम ताकतवर को सताएगा; उसकी छाती पर सवार हो जाएगा। यह ताकत बहुत रूपों की हो सकती है। लेकिन शक्ति का स्वभाव है कब्जा करना, दबाना, सताना, डॉमिनेशन।

भीतर आत्मा को भी लोग शक्ति के द्वारा ही पाने की कोशिश करते हैं, तब मुश्किल में पड़ जाते हैं। जिस तरह पहलवान दूसरे से लड़ते हैं ऐसे ही कुछ लोग अपने से लड़ते हैं। अपने से लड़ने की जरूरत ही नहीं है। क्योंकि वहां लड़ाई का कोई सवाल नहीं है। वहां लड़ाई से कुछ भी पाया नहीं जा सकता।

आपने देखा है, जानते हैं कि लोग, साधना में लगे हुए लोग अपने शरीर को सताने में लग जाते हैं, वे अपने ही साथ पहलवानी कर रहे हैं। अगर वे साधु न होते तो शैतान होते, वे किसी और को सता रहे होते। एक कम से कम उनकी बड़ी कृपा है कि वे खुद को ही सता रहे हैं। सताते वे जरूर; उनका रस सताने में है। अब वे अपने ही शरीर पर दुश्मन की तरह हावी हो गए हैं।

ऐसे साधुओं के संप्रदाय रहे हैं जो कांटों पर लेटे हैं, अंगारों पर चल रहे हैं। ईसाइयों में एक संप्रदाय था साधुओं का जो रोज सुबह अपने को कोड़े मारेगा। और जो जितने ज्यादा कोड़े मारता, उतना बड़ा तपस्वी। एक ऐसा संप्रदाय रहा है जो जूते पहनेगा, जिनमें भीतर खीले लगे होंगे, जो पैर में छिदे रहें। कमर में पट्टा बांधेगा, उस पट्टे में खीले लगे रहेंगे, जो घाव बना दें। और जितने ज्यादा खीले वाला साधु, उतना बड़ा तपस्वी।

आपको इसमें दिक्कत होती है। लेकिन आप भी यही काम कर रहे हैं। लेकिन जिस काम से आप परिचित हैं, आदी हैं, वह आपको दिखाई नहीं पड़ता। अगर साधु मोटर में चल कर आ रहा है, खतम। पैदल चल कर आ रहा है, चरणों में आपने सिर रख दिया। आप कर क्या रहे हैं, आपको पता है? अगर साधु ठीक दोनों वक्त भोजन खा रहा है, समाप्त। आपका संबंध टूट गया। साधु भूखा मर रहा है, आप सिर पर लिए घूम रहे हैं। आप कर क्या रहे हैं? जूतों में खीले ठोक रहे हैं; कमर में। वे खीले बहुत साफ थे और ईमानदार। ये खीले बहुत बेईमान हैं, और दिखाई भी नहीं पड़ते। मगर इससे आप परिचित हो गए हैं, आदी हो गए हैं।

आप साधु को सुख में देख लें तो फौरन असाधु हो जाते हैं। साधु का दुख में होना जरूरी है। क्या कारण होगा? यह दुखवाद का क्या कारण होगा? जितना सता रहा हो साधु अपने को, उतना साधु मालूम पड़ता है। अगर अपने बाल नोच कर उखाड़ रहा है, तो लगता है कि हां, तपस्वी है। नग्न खड़ा है धूप, बरसात में, तो लगता है तपस्वी है। भूखा मर रहा है, तो लगता है तपस्वी है। जब उसके शरीर में हड्डियां-हड्डियां रह जाएं और सारा शरीर कृशकाय होकर पीला दिखाई पड़ने लगे, तब आप कहते हैं कि अब तपश्चर्या का प्रभाव! तपश्चर्या का तेज अब प्रकट हुआ! वह जो पीलापन प्रकट होता है मृत्यु के करीब, उसको आप तपश्चर्या का तेज! जब सारा शरीर मुर्दा हो जाता है, सिर्फ आंखें ही बचती हैं, तब आप कहते हैं क्या ज्योति! पर आप कर क्या रहे हैं? आपकी आकांक्षा क्या है? आप पर प्रभाव किस चीज का पड़ रहा है?

दुख का प्रभाव पड़ रहा है। कोई अपने को सता रहा है, आप उसमें रस ले रहे हैं। और चूंकि वह अपने में सताने वाला भी आपके रस में उत्सुक है, वह अपने सताने को बढ़ाए चला जाता है। क्योंकि जितना वह अपने को सताता है, उतना आपका आदर बढ़ता है, उतना उसके अहंकार की तृप्ति होती है।

एक बार आप तय कर लें कि एक महीने भर के लिए इस मुल्क में हम किसी खुद को सताने वाले आदमी को आदर नहीं देंगे, आपके सौ में से निन्यानबे तपस्वी खोजे नहीं मिलेंगे, भाग जाएंगे। क्योंकि वे आपके आदर पर जी रहे हैं। वे अपने को सता रहे हैं। ध्यान रहे, उसका पाप-कर्म आपको भी लगेगा। क्योंकि जिम्मेवार आप भी हैं। वे खुद ही अपने को नहीं सता रहे हैं, आप भी हाथ बंटा रहे हैं। वे जो भी कर रहे हैं, उसमें आप भी सहयोगी और साथी हैं। शायद आप न आदर दें तो वह उपद्रव बंद हो जाए। और अहंकार सब कुछ कर सकता है।

दूसरे से लोग लड़ते हैं, समझ में आने वाली बात है। दूसरे को जीतने का एक ही उपाय है : उससे लड़ना और उससे ज्यादा ताकत प्रकट करना। लेकिन स्वयं को जीतने का उपाय लड़ना नहीं है। यह आप बाहर की भाषा को भीतर ला रहे हैं। और जो बाहर सफल होता है वह भीतर सफल होगा, इस भ्रांति में मत पड़ना। जो बाहर सफल होता है वह भीतर असफल होगा, क्योंकि दिशाएं बिलकुल विपरीत हैं। और जो गणित बाहर कारगर है वह गणित भीतर बिलकुल कारगर नहीं है।

इसलिए जो लोग बाहर की लड़ाई को अनुभव किए हैं—और हम सब अनुभव किए हैं। जन्मों-जन्मों तक जो जीवन का संघर्ष है, उसमें हमने जाना है कि ताकतवर जीतता है, कमजोर हारता है, हिंसा जीतती है; तो हम दूसरे के साथ हिंसा करते रहे हैं। फिर हमें खयाल आता है स्वयं को जानने, स्वयं को जीतने का। कठिनाई है हमारी भाषा की, क्योंकि भाषा भी हमारी हिंसा से भरी है। हम दूसरे को जीतते हैं तो हमने भाषा में यह भी कहना शुरू किया : स्वयं को जीतना। स्वयं को जीतना मजबूरी का शब्द है, क्योंकि और कोई शब्द नहीं है। अन्यथा यह शब्द ठीक नहीं है। क्योंकि यहां जीत का सवाल ही नहीं है। जीत का सवाल ही हिंसा और शक्ति से जुड़ा हुआ है। भीतर तो वही व्यक्ति जीतता है, या भीतर तो वही व्यक्ति सफल होता है, भीतर तो वही जानने में पहुंच पाता है, ज्ञान में पहुंच पाता है, जो लड़ता ही नहीं, जो शक्ति का उपयोग ही नहीं करता, जो शक्ति को बिलकुल निरुपयोगी छोड़ देता है।

इसे थोड़ा समझें। क्योंकि शक्ति जब उपयोग की जाती है तो क्षीण होती है। इसलिए बाहर जो भी लड़ता है वह रोज क्षीण होता है। वह भला आज आपकी गर्दन पर सवार हो जाए, लेकिन गर्दन पर सवार होने में उसने शक्ति खोई है, क्योंकि शक्ति का उपयोग किया है। गर्दन पर सवार होने के पहले वह जितना शक्तिशाली था उतना अब नहीं है, मात्रा कम हो गई है। इसलिए अगर नीचे का आदमी, जो नीचे गिर पड़ा है, होशियार हो, तो लड़ने की जरूरत नहीं है, वह दूसरे आदमी को ही लड़ा कर हरा दे सकता है।

तो जापान में ताओ के प्रभाव में एक कला विकसित हुई है, जूडो। जूडो इस बात की कला है कि जब आप पर कोई हमला करे तो आप उसको उकसाएं कि वह हमला करे, आप उसको सब भांति उकसाएं कि वह पागल हो जाए, और आप शांत रहें। और जब वह हमला करे तो आप उसके हमले को पी जाएं। वह आपको घूंसा मारे तो आपका हाथ भी रेसिस्ट न करे, आप हाथ भी अकड़ाएं न कि उसके घूंसे को रोकना है। आप हाथ को गद्दी की तरह, तकिए की तरह बना लें कि उसका घूंसा हाथ पी जाए। जूडो की कला कहती है कि उसके घूंसे से जो ताकत आ रही थी वह आपका हाथ पी लेगा।

और यह सच है। क्योंकि जब आप हाथ को रोक लेते हैं शक्ति से, तो आपकी हड्डी जो टूट जाती है वह उसकी ताकत से नहीं टूटती, आपके रेसिस्टेंस से टूटती है। आपका जो अकड़ापन है वह तोड़ देता है। अगर आप बिलकुल अकड़े न हों...।

देखें, एक शराबी सड़क पर गिर पड़ता है। आप गिर कर देखें! आप हड्डी-पसली तोड़ कर घर आ जाएंगे। शराबी जरूर कोई कला जानता है जो आप नहीं जानते। क्योंकि वे कई दफे गिर रहे हैं, और कुछ नहीं हो रहा; सुबह वे फिर दफ्तर चले जा रहे हैं मजे से। न कोई हड्डी टूटी, न कोई बात हुई। आखिर शराबी कौन सी कला जानता है जो आप नहीं जानते? और वे बेहोशी में गिरे थे, उनकी ज्यादा हड्डियां टूटनी चाहिए थीं। आप होश में गिरे हैं, आपकी हड्डियां नहीं टूटनी थीं।

लेकिन जब आप होश में होते हैं तो गिरते वक्त आप रेसिस्टेंस से भर जाते हैं; आप अकड़ जाते हैं। आप बचाव की कोशिश करने लगते हैं। उस कोशिश में और जमीन की टक्कर में हड्डी टूट जाती है। शराबी को पता ही नहीं है कि वे गिर रहे हैं, कि जमीन उन पर गिर रही है, या कुछ हो रहा है। वे ऐसे गिरते हैं, इतनी सरलता से, बिना किसी विरोध के, कि जमीन उन्हें नुकसान नहीं पहुंचा पाती।

भीतर जो यात्रा है वह यात्रा बाहर की यात्रा से बिलकुल भिन्न है। बाहर आप लड़ेंगे, आपकी शक्ति क्षीण हो रही है, आप कमजोर हो रहे हैं। आप दिखाई पड़ेंगे जीत कर कि बड़े शक्तिशाली हो गए हैं; लेकिन आप कमजोर हो गए हैं, आपने कुछ खोया है। भीतर आप शक्ति का बिलकुल उपयोग न करें। कोई उपयोग की जरूरत भी नहीं है। शक्ति को मौजूद रहने दें, और आपकी शक्ति भीतर बढ़ती जाएगी। बिना उपयोग किए हुए शक्ति एक आंतरिक संपदा बन जाती है, और बिना उपयोग किए हुए शक्ति शांति बन जाती है। शक्ति का जो बिना उपयोग किया हुआ रूप है उसका नाम ही शांति है। शांति कोई नपुंसकता नहीं है। वह कोई कमजोरी का नाम नहीं है; वह महाशक्ति का नाम है। लेकिन जिसका उपयोग नहीं किया गया, जिसने अपना घर नहीं छोड़ा, जो अपने घर में ही विराजमान है, जो बाहर नहीं गई; जिसमें तरंगें नहीं उठीं, ऐसी झील है। महाशक्ति उपलब्ध होती है, लेकिन वह शक्ति उपयोग से उपलब्ध नहीं होती, अनुपयोग से।

इसलिए लाओत्से का सारा जोर नॉन-एक्शन पर है। वह कहता है कि तुम जितना क्रिया को शांत कर दो, उतने महाशक्तिशाली हो जाओगे। और इस महाशक्ति में स्वयं का जानना और स्वयं की जीत अपने आप घटित हो जाती है। यह कोई लड़ाई नहीं है। यह तो सिर्फ शक्ति की मौजूदगी में घट जाता है।

जैसे सूरज निकलता है और फूल खिल जाते हैं; कोई सूरज को आकर फूलों को खिलाना नहीं पड़ता। सूरज निकलता है, पक्षी गीत गाने लगते हैं; कोई एक-एक पक्षी के कंठ को खटखटाना नहीं पड़ता कि अब गीत गाओ। सूरज कुछ करता ही नहीं; उसकी मौजूदगी, और जीवन संचरित हो जाता है।

जिस दिन आपके भीतर आप सिर्फ मौजूद होते हैं—शांत मौजूद, जस्ट योर प्रेजेंस, सिर्फ उपस्थिति—आपकी उपस्थिति में जो महाशक्ति प्रकट हो जाती है, विजय घट जाती है। भीतर की विजय कोई संघर्ष नहीं है। भीतर की विजय कोई युद्ध नहीं है। भीतर की विजय कोई दमन नहीं है।

लाओत्से कहता है, 'जो दूसरों को जीतता है वह पहलवान है; और जो स्वयं को जीतता है वह शक्तिशाली।'

जो दूसरों को जीतता है वह व्यर्थ ही अपनी शक्ति खो रहा है। आखिर में उसके हाथ खाली रह जाएंगे। आखिर में वह पाएगा, उसकी मुट्ठियों में सिवाय राख के और कुछ भी नहीं है। और जो स्वयं को जीत लेता है वही वस्तुतः शक्ति का उपयोग कर रहा है। उसने जीवन-ऊर्जा में जो भी छिपा था मूल्यवान, सुंदर, सत्य, वह सभी पा लिया है।

आप दो तरह का उपयोग कर सकते हैं शक्ति का : एक तो बाहर दूसरों को जीतने में और एक भीतर स्वयं को जीतने में। दोनों का गणित अलग है और दोनों का तंत्र अलग है, दोनों के काम का ढंग अलग है। बाहर शक्ति को हिंसात्मक होना पड़ता है; भीतर शक्ति को अहिंसात्मक होना पड़ता है। बाहर शक्ति विध्वंस करती है; भीतर शक्ति सृजनात्मक हो जाती है—आत्म-सृजन, स्वयं का आविष्कार।

लेकिन भाषा की मजबूरी है। हम जो बाहर के लिए उपयोग करते हैं वही भीतर के लिए उपयोग करना पड़ता है। लेकिन आप फर्क समझ लेंगे। यह कोई जीत नहीं है, क्योंकि यहां न कोई हारने को है भीतर और न कोई जीतने को है। यहां दो नहीं हैं कि हार-जीत हो सके। इसलिए जो लड़ने में लग जाता है वह द्वंद्व में पड़ जाता है। और उसका द्वंद्व उसे और भी रुग्ण कर देता है। द्वंद्वग्रस्त संन्यासी, साधक, योगी चौबीस घंटे एक ही काम में लगा है, अपने से लड़ने के काम में लगा है। इस काम में कभी भी विजय आती नहीं। कौन जीतेगा? कौन हारेगा? वहां दो नहीं हैं। और इस लड़ने में वह अपनी शक्ति खो रहा है।

इधर मैंने अनुभव किया। एक युवक मेरे पास आए। कोई दस-पंद्रह वर्ष होते होंगे। उस समय उनकी उम्र कोई पैंतीस-चालीस के बीच में रही होगी। साधक! बड़ी तीव्रता से खोज में लगे हुए! उन्होंने मुझसे पूछा कि अभी तक मैं अपने को कामवासना से रोक रहा हूं, लड़ रहा हूं, ब्रह्मचर्य को साधने की कोशिश कर रहा हूं। क्या मैं इसमें सफल हो जाऊंगा? मैंने उनसे कहा कि पैंतालीस साल तक तो सफलता का आसार रहेगा, पैंतालीस साल के बाद हार शुरू हो जाएगी। उन्होंने कहा, आप क्या कहते हैं! मेरे गुरु ने तो मुझे कहा है कि यह थोड़े ही दिन का उपद्रव है; जवानी चली जाएगी, झंझट खत्म हो जाएगी। तो मैंने कहा कि जब तुम पैंतालीस के हो जाओ तब फिर तुम मेरे पास आ जाना।

अब वे पैंतालीस के होकर मेरे पास आए थे। वे कहने लगे कि आपने ठीक कहा था। मुसीबत बढ़नी शुरू हो गई। पूछने लगे कि मेरी समझ में नहीं आता इसका गणित क्या है? क्योंकि तीस साल में इतनी मुसीबत नहीं थी, अब पैंतालीस में उससे ज्यादा हो रही है।

तो मैंने उनसे कहा कि तीस साल में तुम्हारे पास लड़ने की शक्ति ज्यादा थी; पैंतालीस साल में कम हो गई। और जिससे तुम लड़ रहे हो वह शक्ति उतनी की उतनी है। तुम लड़-लड़ कर चुक रहे हो, कामवासना को दबा-दबा कर परेशान हो रहे हो। वह दबाने वाला कमजोर होता जा रहा है और वासना अपनी जगह पड़ी है।

पैंतालीस साल के बाद ब्रह्मचारियों को बड़ा कष्ट शुरू होता है। और असली तकलीफ तो साठ के बाद शुरू होती है। इसलिए आमतौर से लोग सोचते हैं कि अब तो साठ साल का हो गया फलां आदमी और अभी तक परेशान है! असली परेशानी ही तब शुरू होती है। क्योंकि वह दबाने वाली ताकत क्षीण हो गई; वह लड़ने वाला कमजोर हो

गया; लड़-लड़ कर हार गया, थक गया। वह जो दबाता था, हार चुका है; और जिसको दबाता था, वह ताजा है। जो लोग कामवासना को भोग लेते हैं वे शायद साठ साल में कामवासना के बाहर भी हो जाएं, लेकिन जो लड़ते रहते हैं वे मरते दम तक बाहर नहीं हो पाते। क्योंकि उनकी कामवासना जवान ही बनी रहती है। वे तो बूढ़े हो जाते हैं, वे तो थक जाते हैं, टूट जाते हैं, और वासना बड़ी ताकतवर बनी रहती है। तब बेचैनी शुरू होती है, तकलीफ शुरू होती है।

लड़ कर भीतर आप सिर्फ उपद्रव कर सकते हैं, और जीवन, समय और अवसर खो सकते हैं। लड़ने का सवाल नहीं है; समझ का सवाल है। लड़ने की बात ही गलत है; द्वंद्व खड़ा करना ही गलत है। ऐसा भी सोचना कि इसे रोकना है, गलत है। क्योंकि जिसे आप रोक रहे हैं वह भी आप हैं, और जो रोक रहा है वह भी आप हैं। यह ऐसा है जैसे मैं अपने दोनों हाथों को लड़ाने लगूं। कौन जीतेगा, बायां या दायां? कोई भी नहीं जीत सकता।

हां, यह हो सकता है कि मैं एक ऐसी परंपरा में पला होऊं जहां मैंने सुन रखा हो कि दायां हाथ गलत है—जहां मैंने सुन रखा हो कि दायां हाथ गलत या बायां गलत, एक ठीक है और एक गलत है—तो मैं पूरा का पूरा वजन अपना उस हाथ पर रख लूंगा जो ठीक मैंने सुन रखा है, और जो हाथ गलत है उसको वजन नहीं दूंगा। लेकिन इससे क्या फर्क पड़ता है? वह हाथ मेरा ही है। और वजन दूं या न दूं, चाहे मैं अपनी ताकत पूरी दाईं तरफ से लगाऊं तो भी बायां मेरा है, और मैं न भी लगाऊं तो कोई फर्क नहीं पड़ता। और मजे की बात यह है कि जब मैं ताकत बाएं हाथ को न दूंगा और दाएं हाथ को दूंगा, तो थोड़ी देर में दायां हाथ थक जाएगा और बायां ताजा रहेगा। क्योंकि जिसको ताकत दी गई है वही थकेगा, बायां थकेगा नहीं। और आखिर मैं पाऊंगा कि बायां जीत जाएगा। जरा सी ताकत, और बायां दाएं को नीचे कर देगा।

इसलिए ब्रह्मचर्य में लड़ने वाले लोगों पर कामवासना क्षण भर में जीत जाती है; उसमें देर नहीं लगती। भोगी को प्रभावित करना बहुत मुश्किल है। इंद्र भोगियों के पास जरा अप्सराओं को भेज कर देखे; वे बैठे अपनी सिगरेट ही पीते रहेंगे। मगर ऋषि-मुनि बड़ी मुश्किल में पड़ जाते हैं, एकदम मुश्किल में पड़ जाते हैं। उनको हिलाने में दिक्कत ही नहीं होती। खूबी अप्सराओं की नहीं है, खूबी ऋषि-मुनियों की है। वे जिस बुरी तरह दबा कर बैठे हैं, जिससे दबाया है वह कमजोर हो गया और जिसको दबाया है वह ताकत से भरा है। और अप्सराएं भेजने की कोई जरूरत नहीं है, कोई भी स्त्री काम करेगी। और वह जो ऋषि-मुनियों को अप्सराएं बहुत सुंदर दिखाई पड़ी हैं, वे अप्सराएं सुंदर थीं, इसका पक्का सबूत नहीं है; ऋषि-मुनियों की वासना प्रगाढ़ थी, इसका सबूत है। वह प्रगाढ़ वासना किसी भी चीज को सुंदर कर देती है। स्त्री होना काफी है। प्रोजेक्शन है सौंदर्य तो, वह भीतर का प्रक्षेपण है बाहर। भोगियों के पास भेजना बहुत मुश्किल है।

इसीलिए आजकल इंद्र ने भेजना बिलकुल बंद कर दिया है। आपको कहीं अप्सराएं दिखाई न पड़ेंगी। क्योंकि किसको भेजिए? कोई डिगाने को है ही नहीं। कोई अकड़ कर बैठा ही नहीं है जिसको हिलाना हो। लोग इतने हिल चुके हैं कि अप्सरा को देख कर सो जाएंगे—इतने थके-मांदे बैठे हैं। भोगी भ्रष्ट नहीं होता। आपने कभी भ्रष्ट भोगी शब्द सुना है? भ्रष्ट योगी शब्द सार्थक है। कारण क्या होगा?

संघर्ष, लड़ाई की दृष्टि, अंतर-जगत में घातक है। और साधक को सावधान होने की जरूरत है कि भीतर वह लड़ना शुरू न कर दे और भीतर किसी तरह का द्वंद्व खड़ा न करे, दुश्मन खड़ा न करे। भीतर जो भी है उसे आत्मसात कर ले अपने में। कामवासना है तो भी मेरी है; क्रोध है तो भी मेरा है; जो भी है भीतर वह मैं हूं। मेरा है कहना भी ठीक नहीं, मैं हूं। और उस सबके साथ मुझे एक आत्म, एक आत्मिक संबंध; और उस सबके साथ एक गहरी मैत्री, एक आत्मीयता, एक निकटता, एक अपनापन निर्मित करना है। और जैसे-जैसे यह आत्मीयता इकट्ठी होने लगती है वैसे-वैसे वासना की जो शक्ति बाहर बहती है, वह बाहर न बह कर भीतर बहने लगती है।

अभी वासना की शक्ति बाहर बहती है, क्योंकि रस आपका बाहर है। और जब रस आपका भीतर होता है तो यही शक्ति भीतर बहने लगती है। जो वासना अभी काम बन जाती है वही वासना राम भी बन जाती है। सिर्फ अंतर है उसके बाहर और भीतर बहने का। अभी मैं दूसरे में उत्सुक हूं तो मेरी वासना की शक्ति उस तरफ बहती है। और जब मैं अपने में उत्सुक हूं और स्वयं की खोज में लीन हूं तो वही शक्ति मेरी तरफ बहने लगती है। लेकिन वह बहेगी तब जब मैत्री का एक द्वार खुला हो; वह बहेगी तब जब मैत्री की एक रेखा खिंची हो जिससे वह भीतर आ जाए। दुश्मन की तरह वह भीतर नहीं आ सकती है। दुश्मन की तरह उसके लिए कोई निमंत्रण नहीं है।

अगर कोई व्यक्ति अपनी प्रकृति की सारी शक्तियों को सहज आनंद से स्वीकार कर ले, परमात्मा की देन मान कर अहोभाव से स्वीकार कर ले, तो वह पाएगा कि वासनाओं को जीतने की जरूरत नहीं है। जीतने की बात ही फिजूल है। अपनी ही वासनाओं को खुद जीतने का क्या सवाल है? मेरी ही वासनाएं हैं। मैं उन्हें बाहर की तरफ ले जाता हूं; वे बाहर जाती हैं। मैं भीतर में उत्सुक हो गया; वे भीतर आनी शुरू हो जाती हैं। और जब अपनी ही वासनाओं की ऊर्जा भीतर की तरफ बहनी शुरू होती है और जब कामना आत्म-कामना बनती है, तब जिनको हमने आप्तकाम कहा है, उस अवस्था की उपलब्धि होती है। आप्तकाम का अर्थ है: जिसकी सारी कामवासना अंतर्मुखी हो गई, जो अपनी कामवासना का स्वयं ही लक्ष्य हो गया, और जिसकी सारी नदियां अब किसी और सागर की तरफ नहीं जातीं, अपने भीतर के सागर में ही गिर जाती हैं।

'जो संतुष्ट है वह धनवान है; जो दृढ़मति है वह संकल्पवान है। जो अपने केंद्र से जुड़ा है वह मृत्युंजय है; और जो मर कर जीवित है वह चिर-जीवन को उपलब्ध होता है।'

जो संतुष्ट है वह धनवान है। इस वचन को हम बहुत सुनते हैं; लोकोक्ति बन गया। लेकिन हम समझते हैं, इसमें शक है। लोग समझाते हैं, वे भी समझते हैं, इसमें शक है। संतोष बड़ा धन है और संतुष्ट व्यक्ति सदा सुखी है, ऐसा हम सुनते हैं। और कोई दुखी होता है तो उसको भी हम कहते हैं: संतोष रखो; क्योंकि संतोष से बड़ा सुख मिलता है। ध्यान रहे, संतोष से सुख मिलता है, यह बात गलत है। संतुष्ट व्यक्ति सुखी होता है, यह बात सही है; लेकिन संतोष से सुख मिलता है, यह बात गलत है।

इस फर्क को आप समझ लेंगे तो इस सूत्र का रहस्य खयाल में आ जाएगा।

संतोष से सुख मिलता है, ऐसा हम समझाते हैं। कोई दुखी है, परेशान है; हम कहते हैं, संतुष्ट रहो, संतोष से सुख मिलेगा; संतोष से बड़ा धन नहीं है। आप कह क्या रहे हैं? आप यह कह रहे हैं कि तेरे लोभ को तू संतोष की तरफ लगा; क्योंकि संतोष से सुख मिलेगा। और तू सुख चाहता है तो संतुष्ट हो जा। लेकिन ध्यान सुख पर है; पाना सुख है। और मजा यह है कि वह दुखी इसीलिए हो रहा है कि वह कोई सुख पाना चाह रहा था जो उसे नहीं मिला है। अब उसके दुख का कारण क्या है? उसके दुख का कारण यह है कि वह सुख चाहता था कोई, जो नहीं मिला है, इसलिए दुखी है। सुख चाहने के कारण दुखी है। और हम उससे कह रहे हैं, सुख तुझे चाहिए हो तो संतुष्ट हो जा। हम संतुष्ट होने की भी बात इसलिए कह रहे हैं कि तू ताकि सुख पा सके। सुख की वासना को हम जलाए हुए हैं; उसको हम तेल दे रहे हैं; उस लौ को हम और उकसा रहे हैं। उसी के कारण वह दुखी है।

तो ध्यान रहे, संतोष से सुख मिलेगा, यह बात गलत है। हां, संतुष्ट जो है वह सुखी है, यह बात सच है। संतोष कारण नहीं है और सुख कार्य नहीं है। संतोष, सुख के बीच जो संबंध है, वह कार्य-कारण का नहीं है कि आप संतुष्ट हो जाएं तो आप सुखी हो जाएं। संतोष और सुख के बीच जो संबंध है वह वैसा है जैसा आपके और आपकी छाया के बीच है। वह कार्य-कारण का नहीं है। जहां आप हैं वहां आपकी छाया है। सुख संतोष की छाया है, उसका फल नहीं है। इसलिए जो आदमी सुखी होने के लिए संतुष्ट होगा वह न तो संतुष्ट होगा और न सुखी होगा। क्योंकि

उसका ध्यान ही गलत है। सुख की जहां कामना है वहां संतोष हो ही नहीं सकता। संतोष का मतलब ही यह है कि सुख की हमारी कोई मांग नहीं है। संतोष का मतलब यह है कि जो हमारे पास है उसमें सुख भोगने की कला हम जानते हैं। इसको फर्क को समझ लें। संतोष का मतलब है सुख की कला; जहां भी हम हैं, जो भी हमारे पास है, उसमें सुख लेने की कला।

इपीकुरस यूनान का सबसे बड़ा भौतिकवादी दार्शनिक हुआ, ठीक चार्वाक जैसा। पर न तो चार्वाक को लोग समझ पाए अब तक और न इपीकुरस को समझ पाए। इपीकुरस कहता है कि सुखी रहो। हमें लगता है कि भोगवादी है। पर इपीकुरस कुछ बात ही बड़ी गजब की कह रहा है। वह यह कह रहा है कि जो भी है उसमें सुख ले लो पूरा। वही चार्वाक ने भी कहा है कि जो भी तुम्हारे हाथ में है उससे पूरा सुख निचोड़ लो; सुख को आगे पर मत टालो। क्योंकि जो समय खो जाएगा उसे तुम पा न सकोगे। और टालने की आदत अगर बन गई तो तुम टालते ही चले जाओगे, तुम कभी सुख पा न सकोगे।

संतुष्ट होने का मतलब यह है कि जो तुम्हारे पास है उससे तुम इतना सुख ले लो कि संतोष झर जाए, भर जाए। तुम टालो मत आगे। और तुम संतुष्ट होने की कोशिश करोगे ताकि कल सुख मिले, तो तुम न संतुष्ट हो सकते हो, न सुख पा सकते हो। तुम सुख आज ही पा लो; तुम संतुष्ट हो जाओगे। क्योंकि जब सुख भविष्य में नहीं होता तो असंतुष्ट होने का कारण नहीं रह जाता। भविष्य का सुख असंतुष्ट होने का कारण है। भविष्य की अपेक्षा फ्रस्ट्रेशन का, विषाद का कारण है।

इपीकुरस से मिलने यूनान का सम्राट गया था। देख कर दंग हुआ। उसने भी सोचा था, यह नास्तिक इपीकुरस! न ईश्वर को मानता, न आत्मा को मानता, सिर्फ आनंद को मानता है; बिलकुल, निपट नास्तिक है! तो सोचा था उसने, पता नहीं यह क्या कर रहा होगा। जब वे पहुंचे वहां तो बहुत हैरान हुए। इपीकुरस का बगीचा था जिसमें उसके शिष्य और वह रहता था। सम्राट ने उसे देखा तो वह इतना शांत मालूम पड़ा जैसा कि ईश्वरवादी कोई साधु कभी दिखाई नहीं पड़ा था। वह बहुत खुश हुआ उसके आनंद को देख कर। उनके पास कुछ ज्यादा नहीं था; लेकिन जो भी था वे उसके बीच ऐसे रह रहे थे जैसे सम्राट हों।

सम्राट ने कहा कि मैं कुछ भेंट भेजना चाहता हूं। डरता था सम्राट—कि इपीकुरस से कहना कि भेंट भेजना चाहता हूं, जो भौतिकवादी, पता नहीं, साम्राज्य ही मांग ले—डरता था। तो उसने कहा, फिर भी उसने कहा कि आप जो कहें, मैं भेज दूं। तो इपीकुरस बड़े सोच में पड़ गया। उसके माथे पर, कहते हैं, पहली दफा चिंता आई। उसने आंखें बंद कर लीं; उसके माथे पर बल पड़ गए। और सम्राट ने कहा कि आप इतने दुखी क्यों हुए जा रहे हैं?

तो इपीकुरस ने कहा, जरा मुश्किल है, क्योंकि हम भविष्य का कोई विचार नहीं करते। और आप कहते हैं कुछ मांग लो, कुछ आप भेजना चाहते हैं। तो बड़ी मुश्किल में आपने डाल दिया। हमारे पास जो है हम उसमें आनंद लेते हैं, और जो हमारे पास नहीं है उसका हम विचार नहीं करते। अब इसमें मुझे विचार करना पड़ेगा, जो मेरे पास नहीं है, आपसे मांगने का।

तो उसने कहा कि एक ही रास्ता है। एक नया-नया आदमी आज ही आश्रम में भरती हुआ है। वह अभी इतना निष्णात नहीं हुआ आनंद में, उससे हम पूछ लें। मगर वह जो नया-नया आश्रम में आया था, इपीकुरस के ही आश्रम में आया था, सोच-समझ कर आया था। उसने भी बहुत सोच-समझ कर यह कहा कि आप ऐसा करें, थोड़ा मक्खन भेज दें; यहां रोटियां बिना मक्खन की हैं।

सम्राट ने मक्खन भेजा नहीं, वह मक्खन साथ लेकर आया। वह देखना चाहता था कि मक्खन का कैसा स्वागत होता है। उस दिन आश्रम में ऐसा था जैसे स्वर्ग उतर आया हो। वे सब नाचे, आनंदित हुए; मक्खन रोटी पर

था! वह सम्राट अपने संस्मरणों में लिखवाया है कि मुझे भरोसा नहीं आता कि मैंने जो देखा वह सत्य था या स्वप्न। क्योंकि मेरे पास सब कुछ है और मैं इतना आनंदित नहीं हूं और उस रात सिर्फ रोटी पर मक्खन था और वे सब इतने आनंदित थे!

जो है उसमें सुख लेने की कला संतोष है। संतोष का मतलब समझ लें। संतोष कोई अपने आपको समझा लेना नहीं है, कोई कंसोलेशन नहीं है, कि अपने मन को समझा लिया कि नहीं है अपने पास तो अब उसकी क्या मांग करना। जो नहीं है वह नहीं है, जो है इसी में भगवान को धन्यवाद दो। वैसे मन में लगा ही है कि वह होना चाहिए था। क्योंकि जो नहीं है, उसका भी क्या विचार करना? जो नहीं है उसका कोई विचार नहीं, और जो है उसका रस; उस रस में लीन हो जाने से संतोष जन्मता है। और संतोष सुख है, संतोष धन है।

असंतुष्ट सदा निर्धन है, उसके पास कितना ही हो; क्योंकि वह जो है उसका तो हिसाब ही नहीं रखता, वह तो जो नहीं है उसका हिसाब रखता है। तो असंतुष्ट सदा निर्धन है, क्योंकि अभाव का हिसाब रखता है, वह जो नहीं है उसका हिसाब है। संतुष्ट धनवान है, क्योंकि वह उसका ही हिसाब रखता है जो है। और जो है वह इतना है कि आपने कभी उसका हिसाब नहीं रखा, इसलिए आपको पता नहीं है।

सुना है, एक सूफी फकीर से एक युवक ने कहा कि मैं आत्महत्या कर लेना चाहता हूं, क्योंकि जिंदगी में कोई रस नहीं; मेरे पास कुछ भी नहीं है। उस फकीर ने कहा, तू घबड़ा मत। एक सम्राट से मेरी पहचान है। और जो तेरे पास है, तुझे परख नहीं, लेकिन मुझे परख है; मैं बिकवा दूंगा। उसने कहा कि मेरे पास कुछ है ही नहीं, बिकवा क्या देंगे? देखते हैं, खाली हूं बिलकुल, झोला भी मेरे पास नहीं है जिसमें कुछ रख सकूं। उसने कहा, तू फिक्र न कर, मेरे साथ आ। वह उसे महल के दरवाजे पर ले गया। भीतर से लौट कर आया और उसने कहा कि एक लाख अगर दिलवा दूं तो क्या खयाल है? पर उसने कहा कि बेच कौन सी चीज रहे हैं? उस सूफी फकीर ने कहा कि तेरी आंखों का सौदा कर आया हूं। सम्राट कहता है, एक लाख में खरीद लेंगे दोनों। उसने कहा, क्या कहते हैं? आंख? वह दस लाख में भी मांगता हो तो मैं बेच नहीं सकता हूं। वह सूफी फकीर कहने लगा, अभी तू कह रहा था मेरे पास कुछ है नहीं और अब तू दस लाख में आंख बेचने को तैयार नहीं है। मैं तेरा कान भी बिकवा सकता हूं, तेरे दांत भी बिकवा सकता हूं; और भी कई चीजें हैं जो मैं बिकवा सकता हूं। तू बोल, ग्राहक मेरी नजर में हैं सब तरफ। करोड़ों रुपए के ढेर लगवा दूंगा तेरे पास। उस आदमी ने कहा कि तू और खतरनाक है। इससे तो मैं मर जाता वह बेहतर था। आपसे कहां मेरी मुलाकात हो गई!

आपके पास जो है उसका आपको तब तक पता नहीं जब तक वह छीन न लिया जाए। यह बड़े मजे की बात है। आपकी आंख चली जाए, तब आपको पता चलता है आंख थी। कई लोगों को मर कर पता चलता है कि हम जिंदा थे; उसके पहले उनको पता ही नहीं चलता। जो आपके पास है वह दिखता ही नहीं, उसका हिसाब ही नहीं। वह हमारी आदत ही नहीं है।

संतोष का अर्थ है: जो है उसका रस, उसका बोध। असंतोष का अर्थ है: जो नहीं है उसका रस, उसका बोध। और संतोष धन है।

'और जो दृढ़मति है वह संकल्पवान है। ही हू इज़ डिटरमिंड हैज स्ट्रेंग्थ ऑफ विल।'

जो निश्चय करने की क्षमता रखता है। इससे कोई फर्क नहीं पड़ता कि निश्चय क्या है। निश्चय की क्षमता! आपके पास बिलकुल निश्चय की क्षमता नहीं है। अगर आप यह भी निश्चय करें कि इस अंगुली को पांच मिनट तक सीधा रखेंगे, आप हजार दफे हिला लेंगे। इतना भी कि एक दो मिनट मैं आंख खुली रखूंगा, तो बस आंख जवाब देने लगेगी। आप हजार कारण निकाल लेंगे और आंख को झपका लेंगे।

डिसीसिवनेस! कि कोई निर्णय लिया तो उस निर्णय को टिकने देना। निर्णय के टिकने देने में आप इकट्ठे होते हैं; संकल्प पैदा होता है। सच कहें तो आत्मा पैदा होती है। चाहे वह कितना ही छोटी बात क्यों न हो; छोटी और बड़ी बात का सवाल नहीं है। जब आप किसी बात पर एक निर्णय लेते हैं—और निर्णय लेते ही विकल्प का कोई सवाल नहीं रह जाता; बात समाप्त हो गई; अब लौटने का कोई उपाय न रहा। ऐसी भाव-दशा में आप इकट्ठे हो जाते हैं; आप टूट नहीं सकते।

लेकिन अभी आप छोटा सा भी निर्णय लेते हैं, तो जब आप निर्णय ले रहे हैं तब भी आप भलीभांति जानते हैं कि यह चलने वाला नहीं है। यह बड़े मजे की बात है! जब आप ले रहे हैं तब भी आप जानते हैं कि यह चलने वाला नहीं है। यह जो भीतर से कह रहा है कि चलने वाला नहीं है, यही उसको मिटाएगा, यही उसको तोड़ेगा।

सुना है मैंने कि विवेकानंद का एक प्रवचन एक बूढ़ी औरत ने सुना। वह भागी हुई घर गई। क्योंकि विवेकानंद ने बाइबिल का एक वचन उद्धृत किया था और कहा था कि फेथ कैन मूव माउंटेन्स, विश्वास से पहाड़ भी हटाए जा सकते हैं। उस बूढ़ी औरत के मकान के पीछे एक पहाड़ी थी। तो उसने सोचा कि हद हो गई, अब तक इसका अपने को पता ही नहीं था। अगर विश्वास से पहाड़ी हटाई जा सकती है, हटाओ इस पहाड़ी को! वह भागी हुई घर पहुंची। उसने खिड़की से आखिरी बार पहाड़ी को देखा, क्योंकि फिर जब प्रार्थना कर चुकेगी तो पहाड़ी हट चुकी होगी। फिर उसने खिड़की बंद की और प्रार्थना की, और फिर उठ कर देखा, पहाड़ी वहीं की वहीं थी। उसने कहा, हमें पहले से ही पता था कि ऐसे कहीं कोई पहाड़ियां हटती हैं!

पहले से ही पता था! तो फेथ का क्या मतलब होता है? और मैं आपसे कहता हूं, पहाड़ी हट सकती थी; उस बूढ़ी औरत के कारण ही न हटी। भीतर, निश्चित ही, श्रद्धा पहाड़ को हटा सकती है; पहाड़ों से भी बड़ी चीजें हैं, उनको हटा सकती है। लेकिन श्रद्धा का मतलब होता है: एकजुट, एक भाव; जहां कोई द्वंद्व नहीं भीतर, जहां कोई दूसरा स्वर नहीं। ध्यान रखना, वह जो दूसरा स्वर है वह उपद्रव है। जब आप किसी के साथ विवाह कर रहे हैं तब भी आप भीतर तलाक का फार्म भर रहे हैं। जब आप किसी से प्रेम कर रहे हैं तब भी आपको पता है कि आप जो कह रहे हैं यह सच नहीं हो सकता; यह है नहीं। मित्रता का एक हाथ बढ़ा रहे हैं और दूसरा हाथ दुश्मनी के लिए तैयार रखा हुआ है। टूटे हुए हैं, खंड-खंड हैं। यह खंडित व्यक्तित्व जो है, यही दरिद्रता है। अखंड व्यक्तित्व समृद्धि है।

'जो दृढ़मति है वही संकल्पवान है। और जो अपने केंद्र से जुड़ा रहता है वह मृत्युंजय है।'

जिसने अपने केंद्र के साथ अपना संबंध स्थापित कर लिया, नहीं टूटने दिया, जिसकी जड़ें नहीं उखड़ीं स्वयं के केंद्र से, उसकी कोई मृत्यु नहीं है। क्योंकि मृत्यु केवल परिधि की है, केंद्र की मृत्यु नहीं है। मृत्यु केवल आपके व्यक्तित्व की है, आपकी कभी भी नहीं है। मरते हैं आप इसलिए कि आप जिससे अपने को जोड़े हैं वह मरणधर्मा है। और जो आपके भीतर अमृत है उस पर आपका कोई ध्यान नहीं है।

यह जो स्वयं की अंतर्यात्रा है—विद्वत्ता को अलग करें, ज्ञान को ध्यान में लें; दूसरे को जीतने की चिंता छोड़ें, स्वयं की विजय की यात्रा पर निकलें; धन धन में नहीं, संतोष में है, और संकल्प में है, निर्णयात्मक बुद्धि में है, आपकी आत्मा में है, ऐसी दृष्टि हो और ऐसी यात्रा हो—तो आप अपने केंद्र से पुनः जुड़ जाएंगे। जुड़े ही हुए हैं। स्मरण आ जाएगा, प्रत्यभिज्ञा हो जाएगी। और उस प्रत्यभिज्ञा का अर्थ है कि आप मृत्युंजय हैं।

'और जो मर कर जीवित है वह चिर-जीवन को उपलब्ध होता है।'

और आपको अपनी परिधि पर मरना होगा, तो ही आप अपने भीतर छिपे चिर-जीवन को जान सकेंगे। आपको अपनी इंद्रियों से मरना होगा, तो आप अपने अतींद्रिय जीवन को जान सकेंगे। आपको अपने मन में मरना होगा, तो आप अपने आत्मा के अमृत को जान सकेंगे।

जीसस ने कहा है, जो बचाएगा अपने को वह खो देगा, और जो खोने को राजी है उसको मिटाने का कोई भी उपाय नहीं है।

मरने की कला भी सीखनी चाहिए, तो ही हम जीवन के परम रहस्य को जान पाते हैं। मरने की कला का अर्थ है परिधि पर, बाहर, दूसरों की तरफ से मर जाना। सिर्फ एक ही बिंदु जीवन का रह जाए, वह मेरे भीतर के चैतन्य का केंद्र, और सब तरफ से मैं अपने को समेट लूं और मर जाऊं। एक क्षण को भी यह घटना घट जाए कि बाहर की दुनिया समाप्त हो गई, सब मर गया, सब मरघट है, और सिर्फ मेरी एक ज्योति जलती रह गई, फिर मेरे लिए मृत्यु नहीं है। फिर मैं वापस लौट आऊंगा, इस मुर्दों की दुनिया में वापस आ जाऊंगा, लेकिन फिर मैं मरने वाला नहीं। एक क्षण का भी अनुभव हो जाए स्वयं के स्रोत का तो अमृत उपलब्ध हो गया।

अमृत की खोज लोग करते हैं कि कहीं अमृत मिल जाए! कहीं पारे में छिपा हो, किसी रसायन में छिपा हो। एक बूढ़े सज्जन को मैं जानता रहा हूं। जैसे-जैसे उनकी मौत करीब आती है वे और पगलाते जाते हैं। वे जब भी मुझे मिलने आते थे बस वह एक ही उनकी बात थी कि अमृत जैसी कोई चीज है? किस रसायन-विधि से आदमी सदा जीवित रह सकता है, वह बताइए।

मैं उनको कहा कि आपको तो मरना ही होगा। क्योंकि जिस जगह आप अमरत्व खोज रहे हैं वहां तो मृत्यु ही है। कोई रसायन-विधि अमरत्व नहीं दे सकती है। लंबाई दे सकती है जिंदगी को, अमरत्व नहीं दे सकती है। और लंबाई से कुछ हल नहीं होता; लंबाई से मुसीबत बढ़ती है। क्योंकि जितनी लंबाई होती है उतनी ही मौत ज्यादा दिनों तक पीछा करती है। जो आदमी एक ही साल की उम्र में मर गया, उसको शायद मौत का पता ही नहीं। लेकिन जो आदमी सौ साल में मरेगा, उसने सौ साल मौत को अनुभव किया। सौ साल डरा, बामुश्किल मर रहा है।

आपको पता है, अभी अमरीका में उन्होंने एक सर्वे किया। तो उन्होंने देखा कि पैंतीस साल की उम्र में सौ आदमियों में से केवल बीस आदमी आत्मा की अमरता में भरोसा करते हैं। सौ में से केवल बीस, पैंतीस साल की उम्र में! पचास साल की उम्र में सौ में से चालीस भरोसा करते हैं। सत्तर साल की उम्र में सौ में से अस्सी भरोसा करने लगते हैं। और सौ साल के ऊपर उन्हें जितने आदमी मिले उनमें एक भी आदमी नहीं मिला जो आत्मा की अमरता में भरोसा न करता हो। जैसे-जैसे मौत डराने लगती है, वैसे-वैसे आत्मा अमर है, ऐसा भरोसा आदमी करने लगता है। पैंतीस साल की उम्र में अकड़ होती है; मौत का कोई भय नहीं होता। सौ साल में सभी की कमर झुक जाती है; मौत काफी प्रगाढ़ हो जाती है।

मैं उनको कहता था कि आप बाहर मत खोजें; बाहर खोजने से कोई कभी अमृत को उपलब्ध नहीं होता। अमृत जरूर मिल सकता है, लेकिन वह रसायन में नहीं है। वह किसी वनस्पति में नहीं छिपा है। और वह किसी अल्केमी की कला में नहीं छिपा है। अमृत जरूर उपलब्ध है, लेकिन वह स्वयं के भीतर है, और वह उसे उपलब्ध होता है जो मर कर जीवित है, जो बाहर की परिधि पर मर जाता है और सिर्फ भीतर के जीवन में जीता है।

'वह चिर-जीवन को उपलब्ध होता है।'

पांच मिनट कीर्तन करें और फिर जाएं।

सड़सठवां प्रवचन

# सारा जगत ताओ का प्रवाह है

Chapter 34

## THE GREAT TAO FLOWS EVERYWHERE

*The Great Tao flows everywhere,*
*(Like a flood) it may go left or right.*
*The myriad things derive their life from it,*
*And it does not deny them.*
*When its work is accomplished,*
*It does not take possession.*
*It clothes and feeds the myriad things,*
*Yet does not claim them as its own.*
*Often (regarded) without mind or passion,*
*It may be considered small.*
*Being the home of all things, yet claiming not,*
*It may be considered great.*
*Because to the end it does not claim greatness,*
*Its greatness is achieved.*

अध्याय 34

## महान ताओ सर्वत्र प्रवाहित है

*महान ताओ सर्वत्र प्रवाहित है;*
*(बाढ़ की तरह) यह बाएं-दाएं सब ओर बह सकता है।*
*असंख्य वस्तुएं उसी से जीवन ग्रहण करती हैं;*
*और यह उन्हें अस्वीकार नहीं करता।*
*जब उसका काम पूरा होता है, तब वह उन पर स्वामित्व नहीं करता।*
*असंख्य वस्तुओं को यह वस्त्र और भोजन देता है,*
*तो भी उन पर मालकियत का दावा नहीं करता।*
*प्रायः यह चित्त या वासना से रहित है,*
*इसलिए तुच्छ या छोटा समझा जा सकता है;*
*फिर सभी चीजों का, उन पर बिना दावा किए, आश्रय होने के कारण,*
*वह महान भी समझा जा सकता है।*
*और चूंकि अंत तक वह महानता का दावा नहीं करता,*
*इसलिए उसकी महानता उपलब्ध है।*

ईश्वर को कहां खोजें? कहां उसका मंदिर है? सत्य की कहां हो तलाश, किस दिशा में?

हजारों वर्षों से आदमी पूछता रहा है, खोजता रहा है, सोचता रहा है। और बहुत सी दिशाएं भी तय की गईं; बहुत से स्थान भी तय किए गए; बहुत से मंदिर, बहुत से तीर्थ निर्मित हुए। उनमें संघर्ष भी रहा कि ईश्वर की खोज कहां हो, कैसे हो। लाओत्से का उत्तर बहुत अनूठा है।

लाओत्से कहता है, जो किसी दिशा में खोजता है सत्य को वह सत्य को कभी भी उपलब्ध न कर पाएगा। क्योंकि सत्य किसी भी दिशा में नहीं है; विपरीत, सभी दिशाएं सत्य में हैं।

तो सत्य को एक दिशा में खोजने वाला भटक जाएगा। और सत्य को जो एक दिशा में खोजता है वह उस एक दिशा के कारण ही असत्य तक पहुंचेगा, सत्य तक नहीं पहुंच सकता। परमात्मा को जो मंदिर में देखता है मस्जिद के विपरीत, मस्जिद में देखता है चर्च के विपरीत, उसका परमात्मा से कोई संबंध न हो सकेगा। क्योंकि परमात्मा किसी मंदिर, किसी मस्जिद और किसी चर्च में नहीं है; वरन सभी मंदिर, सभी चर्च, सभी गुरुद्वारे, सभी मस्जिदें परमात्मा में हैं।

इस भेद को ठीक से समझ लें तो इस सूत्र में प्रवेश आसान हो जाए।

यह पूछना ही कि परमात्मा कहां है, गलत है। यह प्रश्न ही गलत है कि परमात्मा कहां है। और जो इसका उत्तर देता है उसे कुछ पता नहीं। और जो भी उत्तर दिए जाएंगे वे गलत होंगे; क्योंकि गलत प्रश्न का उत्तर गलत ही हो सकता है। परमात्मा कहां है, यह बात व्यर्थ है पूछनी; क्योंकि सभी कुछ परमात्मा में है। कहां तो हम उसके लिए पूछ सकते हैं जो सभी कुछ को न घेरता हो। सभी कुछ का जो जोड़ है उसको हम इशारा करके बता नहीं सकते कि वह कहां है। परमात्मा को बताना हो तो मुट्ठी बांध कर बता सकते हैं; अंगुली के इशारे से नहीं बता सकते। क्योंकि वह सब जगह है। समग्र अस्तित्व का नाम ही परमात्मा है।

लाओत्से इसीलिए परमात्मा शब्द का प्रयोग भी नहीं करता। क्योंकि परमात्मा शब्द का प्रयोग करते ही मूर्ति निर्मित होती है, व्यक्तित्व निर्मित होता है, और परमात्मा एक व्यक्ति, एक पर्सन की भांति हमारे खयाल में उतरने लगता है। और व्यक्ति तो सब जगह नहीं हो सकता; व्यक्ति तो कहीं होगा, किसी जगह होगा, किसी स्थान में होगा। इसलिए लाओत्से परमात्मा शब्द का उपयोग पसंद नहीं करता। वह कहता है, ताओ या धर्म। और धर्म लाओत्से की धारणा में वैसा ही है जैसा आकाश। आप नहीं पूछ सकते आकाश कहां है; या कि पूछ सकते हैं? अच्छा होगा पूछना कि हम पूछें कि आकाश कहां नहीं है? जहां भी आप देखेंगे वहां आकाश है। आप भी आकाश में खड़े हैं। आपकी श्वासें भी आकाश में चल रही हैं। इसलिए आकाश को कोई इशारा करके बताएगा तो गलती होगी। आकाश सब जगह है; सभी कुछ आकाश में है। और आकाश किसी में भी नहीं है।

ताओ या धर्म सभी को घेर लेने वाले अस्तित्व का नाम है।

लेकिन अड़चन है। अड़चन यह है, खासकर धर्मशास्त्रियों को, कि अगर परमात्मा सब जगह है तो निंदा करनी बहुत मुश्किल हो जाती है, फिर संघर्ष खड़ा करना बहुत मुश्किल हो जाता है। अगर सभी कुछ परमात्मा है तो फिर बुरा क्या है? फिर बुरा कुछ भी नहीं रह जाता। इसलिए धर्मशास्त्री भला कितना ही कहता हो कि सभी कण-कण में वही समाया हुआ है, पर उसकी बात में ईमानदारी नहीं होती। क्योंकि वह फिर भी कहे चले जाता है: यह गलत है, यह बुरा है, यह छोड़ना है, इससे हटना है, इससे पार होना है।

अगर परमात्मा सभी जगह है तो फिर क्या छोड़ना है? परमात्मा सभी जगह है, ऐसी जिसकी प्रतीति हो, उसको छोड़ने को कुछ भी न बचा। क्योंकि जो भी छोड़ा जाएगा वह भी परमात्मा होगा। उसे पाने को भी कुछ न बचा, क्योंकि पाने को तभी कुछ होता है जब कुछ छोड़ने को होता है। उसके लिए कुछ श्रेष्ठ न रहा और कुछ निकृष्ट न रहा। उसके लिए कुछ शुभ न रहा और कुछ अशुभ न रहा। उसके लिए पूरा जीवन एकरस स्वीकृत हो गया।

इस भय के कारण कि पूरा जीवन स्वीकार करने में हमें डर लगता है, हम परमात्मा को काट लेते हैं, और जो-जो हमें पसंद नहीं पड़ता उसे हम अलग कर देते हैं। हम अस्तित्व के दो टुकड़े कर लेते हैं। कुछ लोग अस्तित्व को दो हिस्सों में बांट देते हैं कि यह संसार है और वह मोक्ष है, और संसार और मोक्ष को विपरीत संघर्ष में जुटा देते हैं। फिर जीवन की एक ही खोज रह जाती है कि कैसे संसार से छुटकारा हो और कैसे मोक्ष की उपलब्धि हो। इस अस्तित्व को बांटने से वासना का जन्म होता है, वासना मिटती नहीं। नई वासना का जन्म होता है कि संसार कैसे छूटे और मोक्ष की कैसे प्राप्ति हो। और जब तक वासना है तब तक मोक्ष की कोई प्राप्ति नहीं हो सकती। क्योंकि मोक्ष का अर्थ ही है निर्वासना; मोक्ष का अर्थ ही है कि अब कोई चाह न रही। इसलिए मोक्ष की चाह भी मोक्ष में बाधा है।

लाओत्से के विचार में प्रवेश के पहले ये सारी बातें खयाल में ले लेनी जरूरी हैं। जब भी हम जगत को बांटेंगे तो वासना का जन्म होगा। सिर्फ अनबंटे जगत में वासना का जन्म नहीं होगा। या तो हम कहते हैं संसार और मोक्ष, या हम कहते हैं शैतान और ईश्वर। तब हम कहते हैं शैतान बुरा है और ईश्वर भला है। तो सारे संसार की जो बुराई—हमें जो बुराई मालूम पड़ती है—वह हम शैतान पर थोप देते हैं। और जो भी हमारी धारणा में भलाई है वह हम परमात्मा पर थोप देते हैं। तब शैतान से बचना है और परमात्मा को पाना है। लेकिन वासना पैदा होगी। जहां चुनाव है वहां वासना से छुटकारा कैसे होगा? सिर्फ अचुनाव में, च्वाइसलेसनेस में वासना गिर सकती है; उसके पहले वासना नहीं गिर सकती।

लाओत्से की बात ठीक से समझ में आ जाए तो वासना छोड़नी नहीं पड़ती; वासना का उठना ही असंभव हो जाता है। और जिस वासना को छोड़ना पड़े वह छूटेगी नहीं; क्योंकि वासना को छोड़ने की कोशिश में भी आप और किसी वासना का सहारा लेंगे। जब भी आप एक वासना को छोड़ेंगे तो दूसरी वासना के सहारे छोड़ेंगे। तो एक छूट जाएगी और दूसरी पकड़ जाएगी। और तब इलाज बीमारियों से भी ज्यादा बदतर सिद्ध होते हैं। क्योंकि एक बीमारी हटती नहीं कि जिसे हमने औषधि समझी थी वह बीमारी हो जाती है, और वह हमें पकड़ लेती है।

इसलिए संसार को छोड़ कर भागने वाला जो संन्यासी है उसका संन्यास भी एक रोग है। होगा ही। क्योंकि उसके संन्यास में समग्रता नहीं है। वह भी एक खंड है; तोड़ कर, बचा कर, जबरदस्ती, आस-पास दीवालें खड़ी करके वह संन्यास को बचा रहा है। और जिस संन्यास को बचाना पड़ता हो वह मुक्ति नहीं ला सकता। और जिस संन्यास को किसी चीज के विपरीत खड़ा हो वह अपने विपरीत से जुड़ा रहता है; वह विपरीत का ही हिस्सा होता है। उसका प्राण अपने विपरीत में ही होता है। संसार के विपरीत जो संन्यास होगा वह संन्यास नाममात्र को होगा; वह एक नए ढंग का संसार होगा। शक्ल बदल जाएगी, व्यवस्था बदल जाएगी; लेकिन मूल रोग अपनी जगह होगा।

मैंने सुना है कि मुल्ला नसरुद्दीन अपनी चिकित्सा, अपनी मानसिक चिकित्सा करवा रहा था। वर्षों के बाद उसके एक मित्र ने पूछा कि अब तो चिकित्सा मालूम होता है पूरी हो गई, क्योंकि तुम चिकित्सक की तरफ जाते हुए दिखाई नहीं पड़ते। क्या लाभ हुआ तुम्हें?

तो मुल्ला नसरुद्दीन ने कहा कि मेरी बीमारी यह थी कि मैं हर छोटी-छोटी चीज से भयभीत हो जाता—ऐसा भी नहीं कि कुछ हो रहा हो तब भयभीत होता हूं, होने की आशंका से, हो न जाए इस कल्पना से भी भयभीत हो जाता हूं। उदाहरण के लिए मेरी हालत ऐसी थी चिकित्सा के पहले कि टेलीफोन रखा हुआ है, तो कहीं घंटी न बजने लगे, कोई किसी से बात न करनी पड़े, तो मैं कंपने लगता था, घबड़ाने लगता था। और घंटी अगर बज गई तो मैं इतना घबड़ा जाता था कि मैं उठ ही नहीं सकता था अपनी जगह से।

तो उसके मित्र ने पूछा, तो अब तो तुम ठीक हो गए, अब क्या हालत है?

मुल्ला नसरुद्दीन ने कहा कि अब मैं इतना ठीक हो गया हूं कि अब हालत ऐसी है कि घंटी न भी बजे तो भी दिन में बीस दफे मैं फोन पर जवाब देता हूं। तब घंटी भी बजती थी तो उठ नहीं सकता था, अब घंटी नहीं भी बजती है तो कोई फिक्र नहीं, मैं तो फोन उठा कर जवाब दे ही देता हूं।

एक बीमारी से दूसरी बीमारी में चले जाना बहुत आसान है। और विपरीत बीमारी में चले जाना तो एकदम आसान है। लेकिन मूल रोग अपनी जगह खड़ा रहता है। जहां भी हम विपरीतता खड़ी करते हैं वहीं उपद्रव हो जाता है।

लाओत्से कहता है, यह सारा जगत, यह सारा अस्तित्व ताओ का प्रवाह है, धर्म का प्रवाह है।

यहां माया और ब्रह्म, ऐसे दो नहीं हैं। यह जो माया दिखाई पड़ रही है यह भी ब्रह्म का ही प्रवाह है। ऐसा कहना ठीक नहीं कि परमात्मा कण-कण में है; कण-कण परमात्मा है। यह कहना भी भ्रांत है कि कण-कण में परमात्मा है, क्योंकि तब हमने कण को अलग कर लिया और परमात्मा को ऐसे डाल दिया जैसे डब्बे के भीतर कोई किसी चीज को रख देता है। लाओत्से की दृष्टि में, कण-कण में परमात्मा है, ऐसा कहना ठीक नहीं; कण-कण ही परमात्मा है। यहां परमात्मा के अतिरिक्त कुछ है ही नहीं।

मगर तब हमें कठिनाई होगी। क्योंकि तब हम किससे लड़ेंगे? और बिना लड़े अहंकार खड़ा नहीं होता। तब हम किसको जीतेंगे, किसको दबाएंगे, किसको नष्ट करेंगे? क्योंकि बिना लड़े अहंकार को कोई मजा नहीं होता। अगर सभी कुछ परमात्मा है तो हम एकदम खाली हो जाएंगे। हमारी सारी लड़ाई खो गई। लड़ने को कुछ भी न बचा। और हम चाहते हैं कि लड़ने को कुछ बचे। क्योंकि लड़ने में ही हमें पता चलता है कि हम हैं। जितना हम लड़ते हैं उतना हमें पता चलता है कि हम हैं। जब आपको कुछ करने को नहीं होता तब आपको ऐसा लगता है आप मिट गए।

मनसविद कहते हैं कि लोग जैसे ही अपने काम से रिटायर होते हैं उनकी दस वर्ष उम्र कम हो जाती है; क्योंकि लड़ने को कुछ नहीं बचता। यह जान कर आप हैरान होंगे कि कुंआरे लोग कम जीते हैं बजाय पतियों के, क्योंकि उनको लड़ने को कुछ नहीं होता। यह पश्चिम में जब अभी इस सब की गणना चलती थी तो वे बहुत चकित हुए। वे सोचते थे कि कुंआरा आदमी ज्यादा जीना चाहिए, क्योंकि कोई झगड़ा नहीं, कोई झंझट नहीं, पत्नी-बच्चे का उपद्रव नहीं। लेकिन वे जल्दी मर जाते हैं। क्योंकि वह झगड़ा-झंझट जो है वह जिलाए रखता है; उससे लगता है मैं भी हूं। कभी जीतते हैं, कभी हारते हैं; लेकिन दांव चलते रहते हैं। और आदमी टिका रहता है। अगर आपको लड़ने को कुछ भी नहीं है तो आपको लगेगा आप खो गए। लड़ाई से जैसे ईंधन मिलता था।

गैर-विवाहित लोग ज्यादा विक्षिप्त होते हैं बजाय विवाहित लोगों के। नहीं होना चाहिए ऐसा। क्योंकि विवाहित आदमी कैसे विक्षिप्त होने से बचता है, यही चमत्कार है। लेकिन गैर-विवाहित लोग ज्यादा मानसिक बीमार होते हैं बजाय विवाहित लोगों के। क्या होगा कारण?

मनसविद कहते हैं, वह जो संघर्ष है उससे उनके अहंकार को शक्ति बनी रहती है। रोज-रोज लड़ कर वे अपने को निखारते रहते हैं; ताजे बने रहते हैं। लड़ने को कुछ नहीं होता, आदमी ढीला पड़ जाता है, सुस्त हो जाता है।

आप देखते हैं, जब कभी युद्ध होता है तो मुल्क में कैसी जान आ जाती है! कैसा हर आदमी तेजी से चलने लगता है, और हर आंख में चमक मालूम होती है। लोग मर रहे हैं, और मुल्क में तेजी की लहर दौड़ जाती है। क्या कारण होगा? वह जो संघर्ष है वह आपको खबर देता है कि आप भी जिंदा है; आप भी कुछ कर सकते हैं। जब कुछ संघर्ष नहीं है तो आदमी खाली हो जाता है। फिर उसे लगता है कि मैं हूं या नहीं, इसका भी पता नहीं चलता। अपनी आइडेंटिटी, अपना तादात्म्य खोजना मुश्किल हो जाता है। इसलिए सारा जगत प्रतियोगिता में लगा रहता है। सच्ची प्रतियोगिता, नहीं तो हम झूठी प्रतियोगिता भी खड़ी कर लेते हैं।

एडोल्फ हिटलर ने अपनी आत्मकथा मेन कैम्फ में लिखा है कि अगर युद्ध न भी हो, रहा हो तो भी किसी मुल्क को अगर जवान रहना हो, तो युद्ध की आशंका को बनाए रखना चाहिए, कि युद्ध होने वाला है, कि युद्ध होने वाला है। इस आशंका को तो बनाए ही रखना चाहिए अगर मुल्क को जवान रहना हो। असली युद्ध न हो तो नकली युद्ध की हवा। यह जो कोल्ड वार चलती है दुनिया में वह उसीलिए चलती है। क्योंकि युद्ध हमेशा चलाए रखना आसान नहीं है। लेकिन ठंडा युद्ध हमेशा चलाया जा सकता है। उससे लोग जिंदा मालूम पड़ते हैं।

आप भी अपनी जिंदगी में प्रतियोगिता खोजते रहते हैं। अगर बाजार से मन नहीं भरता तो ताश फैला कर टेबल पर बैठ जाते हैं। लड़ाई शुरू, ताश के ऊपर लड़ाई शुरू। शतरंज रख लेते हैं। अब घोड़े और हाथी असली लेकर लड़ाई पर जाना जरा मुश्किल है तो लकड़ी के घोड़े-हाथी चलाने लगते हैं। और युद्ध का पूरा मजा! आप दिन भर के थके थे, वह थकान एकदम खो जाती है। जैसे ही शतरंज बिछाई गई, वह थकान खो गई। अब आप पूरी रात टिके रह सकते हैं। कौन यह शक्ति देता है आपको? यह शक्ति कहां से आती है?

यह शक्ति आती है अहंकार के संघर्ष से। इसलिए आप देखते हैं कि संन्यासी के चेहरे पर जो रौनक दिखाई पड़ती है—लड़ने वाले संन्यासी के चेहरे पर—वह रौनक कुछ तपश्चर्या का कारण नहीं है। वह एक ऐसी लड़ाई में लगा हुआ है जहां अहंकार की तृप्ति की बड़ी सुविधा है। आपकी लड़ाई दो कौड़ी की है। इसलिए जब भी आप उसके पास जाएंगे, वे कहेंगे: क्या कर रहे हो! क्या इकट्ठा कर रहे हो क्षणभंगुर संपदा! इस जीवन में क्या रखा है! हमारी तरफ आओ। हम उस जीवन को खोज रहे हैं जो शाश्वत है; हम उस संपदा की तलाश में है जो कभी नष्ट नहीं होती। वह एक बड़ी लड़ाई लड़ रहा है। उस बड़ी लड़ाई में उसमें रौनक है, ताजगी है; वह टिका हुआ है। लेकिन वह लड़ाई अहंकार को निर्मित कर रही है। और ध्यान रहे, अहंकार की रौनक रुग्ण है, और अहंकार की रौनक विषाक्त है।

लाओत्से कहता है कि ताओ का प्रवाह है सब कुछ; बाढ़ की भांति ताओ ही सब तरफ बह रहा है।

सभी कुछ स्वीकार करने जैसा है; यहां अस्वीकार करने जैसा कुछ भी नहीं है। क्योंकि जो भी अस्वीकृत हो रहा है वह भी परमात्मा है। मगर इतना बड़ा हृदय चाहिए स्वीकार करने का फिर। अस्वीकार करने के लिए तो क्षुद्र हृदय काफी है। इसलिए जो आदमी जितने छोटे हृदय का होता है उतना अस्वीकार करता रहता है, उतना निषेध करता रहता है। यह भी ठीक नहीं, यह भी ठीक नहीं, यह भी ठीक नहीं; इनकार करता रहता है। बहुत छोटा, संकीर्ण हृदय है।

अगर आप पूरे अस्तित्व को हां कह सकें तो ही आपको परमात्मा की प्रतीति शुरू होगी। वह कहीं छिपा नहीं है, वह यहीं प्रकट है। वह सब जगह प्रकट है। सभी रूप उसके हैं; सभी अभिव्यक्तियां उसकी हैं। सभी घटनाओं में वह छिपा है। जिसको हम बुरा कहते हैं वह हमारी व्याख्या है; जिसको हम भला कहते हैं वह हमारी व्याख्या है। लेकिन परमात्मा बुरे में भी है और भले में भी। क्योंकि हमारी व्याख्याएं परमात्मा को निर्धारित नहीं करतीं।

सूत्र में प्रवेश करें।

'महान ताओ सर्वत्र प्रवाहित है; दि ग्रेट ताओ फ्लोज एवरीव्हेयर।'

सब कहीं प्रवाहित है। दो बातें हैं इसमें। एक तो सब कहीं, सर्वत्र, एवरीव्हेयर; और दूसरी बात, प्रवाहित है। लाओत्से के मन में परमात्मा कोई स्टेटिक कंसेप्ट, कोई ठहरी हुई धारणा नहीं है; प्रवाहपूर्ण है।

यह भी समझने जैसा है। क्योंकि जब भी हम ईश्वर की बात करते हैं तो हमें लगता है कि कोई चीज जो ठहरी हुई है, कोई चीज जो स्थिर है, कोई चीज जिसमें कोई परिवर्तन नहीं होता, कोई चीज जिसमें परिवर्तन की कोई संभावना ही नहीं है। क्योंकि हमारे मन में पूर्णता का अर्थ ही यह होता है कि जिसमें परिवर्तन न हो।

इसे थोड़ा समझें। क्योंकि लाओत्से का अर्थ बड़ा अलग है। हमारे मन में, अगर हम कहें कि ईश्वर भी विकासमान है, तो उसका तो मतलब हुआ कि वह भी अधूरा है। क्योंकि विकास तो उसी में होता है जिसमें कमी है। एक बच्चा विकसित होता है; वह कम है अभी। एक पौधा विकसित होता है, बड़ा होता है; छोटा था। सब चीजें विकसित होती हैं, विकास में परिवर्तित होती हैं। लेकिन परमात्मा कैसे विकसित होगा? क्योंकि वह तो पूर्ण है। उसमें तो कोई हलन-चलन भी नहीं हो सकता; उसमें कोई गति और प्रवाह नहीं हो सकता।

लेकिन ध्यान रहे, अगर परमात्मा में कोई गति और प्रवाह नहीं है तो परमात्मा मुर्दा होगा। लाओत्से की दृष्टि में इस तरह की पूर्णता तो मौत का पर्याय है। आदमी तभी बढ़ना रुकता है जब मर जाता है। कोई भी चीज तभी ठहर जाती है जब उसमें और जीवन नहीं रह जाता। जीवन तो प्रोसेस है; जीवन तो प्रवाह है, प्रक्रिया है। जीवन कोई ठहरी हुई चीज नहीं है; नदी की भांति है।

लेकिन परमात्मा को प्रवाह कहने में हमें बहुत डर लगेगा। क्या वह भी विकसित हो रहा है? क्या वह भी गतिमान है? क्या उसमें भी नया घटित हो रहा है? हमारे मन में परमात्मा बिलकुल पत्थर का, जड़, ठहरा हुआ रूप है। संसार में गति है; परमात्मा में कोई गति नहीं है। संसार में प्रवाह है; परमात्मा बिलकुल ठहरा है।

पर हमारी धारणा लाओत्से को मुर्दा लगती है। और वह कहता है कि जो ऐसा ठहरा हुआ परमात्मा है उससे इस प्रवाहपूर्ण जगत का कैसे संबंध हो सकता है? ऐसा मरा हुआ जो परमात्मा है उससे इस जीवंत-गति का, इस गत्यात्मकता का, इस डायनामिज्म का क्या नाता हो सकता है? लाओत्से उनको बांटता भी नहीं है। लाओत्से कहता है, यह प्रवाह ही परमात्मा है। तब उसकी धारणा पूर्णता की बिलकुल अलग हो जाती है। लाओत्से पूर्णता शब्द का प्रयोग पसंद नहीं करता, वह समग्रता शब्द का प्रयोग करता है।

ये दोनों शब्द बड़े अदभुत हैं। पूर्णता, परफेक्शन; समग्रता, होलनेस। पूर्णता का अर्थ होता है कि अब इसमें और कोई आगे गति की संभावना नहीं है; सब समाप्त हो गया। समग्रता का अर्थ होता है पूरापन, टोटैलिटी; इस क्षण भी पूर्ण है, अगले क्षण भी पूर्ण होगा। लेकिन प्रवाह है।

इसे हम ऐसा समझें। नदी को आपने देखा, गंगा को, गंगोत्री पर। बहुत छोटी है, बड़ी पतली धार है; लेकिन उस क्षण भी उसका सौंदर्य समग्र है। फिर आगे बढ़ी है; पहाड़ों को पार किया है; हजारों और धाराएं जलधाराएं आकर मिल गई हैं। फिर मैदान में उसका विराट रूप है। वहां भी उसका सौंदर्य समग्र है। फिर सागर में गिर रही है और खो रही है। वहां भी उसका सौंदर्य समग्र है। तीन जगह आपने देखा—गंगोत्री में देखा, मैदानों में देखा, सागर में गिरते देखा। गंगोत्री में जिस गंगा को आपने देखा है, सागर में गिरती गंगा उससे ज्यादा पूर्ण नहीं हो गई है। वहां भी समग्र थी; अपने छोटेपन में भी एक होलनेस, एक समग्रता थी।

एक बीज भी समग्र है और एक वृक्ष भी समग्र है; लेकिन बीज की समग्रता में और वृक्ष की समग्रता में एक प्रवाह है। लाओत्से नहीं कहेगा कि वृक्ष पूर्ण हो गया और बीज अपूर्ण था। लाओत्से कहेगा कि बीज भी पूर्ण था,

वृक्ष भी पूर्ण है। बीज की पूर्णता बह कर वृक्ष की पूर्णता बन गई। और इसीलिए तो बीज वृक्ष बनेगा और वृक्ष फिर बीज बन जाएगा। नहीं तो फिर पूर्ण कैसे बीज बनेगा? फिर पूर्ण कैसे अपूर्ण बनेगा? बीज से वृक्ष जन्मता है और वृक्ष में फिर करोड़ों बीज जन्म जाते हैं। फिर वृक्ष; फिर बीज। और एक समग्रता परिवर्तित होती रहती है। लेकिन प्रतिपल सब समग्र है।

बच्चा समग्र है, और उसका अपना सौंदर्य है। और जवान भी समग्र है, और उसका अपना सौंदर्य है। कोई जवान बच्चे से ज्यादा पूर्ण है, यह बात अलग है। बच्चे की पूर्णता एक ढंग की है; जवान की पूर्णता दूसरे ढंग की है। दोनों में कोई तुलना नहीं है। फिर बूढ़े की पूर्णता बिलकुल तीसरे ढंग की है। उनमें कोई तुलना नहीं है। लेकिन तीनों अपनी-अपनी अवस्थाओं में समग्र हैं।

तो लाओत्से नहीं कहता कि बच्चे को जवान होने की कोशिश में लगना चाहिए; लाओत्से कहता है बच्चे का बचपन समग्र होना चाहिए। उस समग्रता से दूसरी समग्रता पैदा होगी। जवानी को कोई बूढ़ा होने की चेष्टा में नहीं लग जाना चाहिए; जवानी को समग्र होने की चेष्टा करनी चाहिए। होलनेस, टोटैलिटी, पूर्णता यहां कोई शिखर की भांति नहीं है। पूर्णता यहां सब कुछ हो जाना है। जो भी हो सकता है जवान, वह उसे पूरी तरह हो जाना है। इस पूर्णता से वृद्धावस्था की पूर्णता निकलेगी। और जीवन जब पूर्ण होता है तो उससे पूर्ण मृत्यु का जन्म होता है। और जीवन जब समग्र होता है तो मृत्यु भी समग्र हो जाती है, अखंड हो जाती है। इन दोनों में फर्क को ठीक से समझ लें। ऐसा समझें कि एक फूल है। अगर हम पूर्णतावादी हैं, परफेक्शनिस्ट हैं, तो हमारी फिक्र यह होगी कि फूल सारे दूसरे फूलों के मुकाबले सबसे ज्यादा सुंदर हो जाए, सबसे ज्यादा बड़ा हो जाए।

मेरे बगीचे में एक माली था। उसके फूल हर वर्ष प्रतियोगिता में प्रथम आ जाते थे। तो मैं उसको पूछा कि तू करता क्या है? तो उसने कहा कि मैं एक पौधे पर एक ही फूल को लगने देता हूं, बाकी फूलों को काट देता हूं। तो जब बाकी फूल कट जाते हैं तो वह जो बेचैन धारा जीवन की उन फूलों से प्रकट होती, मजबूरी में एक ही फूल की तरफ प्रवाहित होगी, और एक फूल बड़ा हो जाएगा। लेकिन वह बड़ापन भी रुग्ण है। वह बड़ापन भी अपना नहीं है, शोषित है। प्रतियोगिता में प्रथम आ जाएगा, लेकिन वह फूल समग्र नहीं है। वह दूसरे पर जी रहा है, और प्रतियोगिता में, किसी दूसरे से तुलना में, बड़ा है।

फूल की समग्रता अलग बात है। किसी आदर्श के अनुकूल होने की जरूरत नहीं है। फूल जो भी हो सकता था, उसके भीतर जो भी छिपा था, वह सब खिल जाए, उसके भीतर कुछ दबा न रह जाए; यह समग्रता है। किसी दूसरे से तुलना करने की और उसकी पूर्णता की कोई दृष्टि नहीं है। अगर आप पूर्ण होने की कोशिश में लगे हैं तो आप हमेशा सोचेंगे कि मैं बुद्ध जैसा हो जाऊं, कि महावीर जैसा हो जाऊं, कि कृष्ण जैसा हो जाऊं। अगर आप समग्र होने की कोशिश में लगे हैं तो बुद्ध, महावीर, सब खो जाएंगे; तब आपकी एक ही चेष्टा होगी कि जो भी मैं हो सकता हूं वह मैं पूरा का पूरा हो जाऊं; मेरे भीतर कुछ अधूरा न रह जाए। मरते वक्त मुझे ऐसा न लगे कि कोई अंग मेरा अपंग रह गया। मरते वक्त मुझे ऐसा न लगे कि कोई फूल मुझमें खिल सकता था और नहीं खिल पाया; कोई बीज अंकुरित हो सकता था, बीज ही रह गया। मरते समय मैं इस भाव से विदा हो सकूं कि जो भी मेरे भीतर हो सकता था, जो भी मेरी नियति थी, वह पूरी हो गई। बुद्ध से कोई तुलना नहीं है। बुद्ध की अपनी नियति है; वे अपने ढंग से पूरे हो गए। आपकी नियति आपकी अपनी नियति है; आप अपने ढंग से पूरे होंगे।

लाओत्से पूर्णता के लक्ष्य को नहीं मानता। क्योंकि पूर्णता का लक्ष्य बहुत खतरनाक है। और उसमें दमन अनिवार्य है। उसमें काट-पीट जरूरी है। उसमें हिंसा होगी ही। और पूर्णता का जो लक्ष्य है उसमें दूसरे से प्रतिस्पर्धा है; और दूसरे के साथ कलह और संघर्ष है। समग्रता, टोटैलिटी, मेरे भीतर कुछ भी अनखिला न रह जाए।

तो परमात्मा को लाओत्से एक प्रवाह मानता है—पूर्णता का प्रवाह। हजारों तरह की पूर्णताएं हो सकती हैं। जब एक फूल खिलता है तब परमात्मा फूल में पूर्ण होता है। और जब एक नदी बहती है तो परमात्मा नदी में पूर्ण होता है। और जब एक बुद्ध का व्यक्तित्व अपनी पूर्णता में आता है, पूर्णिमा बनती है जब बुद्ध के व्यक्तित्व की, तब परमात्मा बुद्ध में पूर्ण होता है। एक पक्षी में भी पूर्ण होता है; एक पत्थर में भी पूर्ण होता है। अनंत पूर्णताएं हैं। क्योंकि जगत प्रवाह है। यहां पूर्णता कोई एक भी नहीं है। और एक पूर्णता अपने आप में यूनीक, अद्वितीय है; दूसरे से उसकी तुलना का भी कोई सवाल नहीं है।

लाओत्से कहता है, जीवन एक प्रवाह है। और इस प्रवाह को ठोस, बंधी हुई धाराओं में, जमे हुए शब्दों में सोचना गलत है।

इसलिए जब हम परमात्मा को सोचते हैं तो हमें ऐसा लगता है कि किसी न किसी दिन परमात्मा को पा लेंगे, कब्जा कर लेंगे। लाओत्से के परमात्मा पर आप कब्जा न कर पाएंगे। आप जिस परमात्मा को सोचते हैं, आपकी धारणाएं कब्जा कर लेंगी—बांसुरी बजाने वाले कृष्ण पर, धनुर्धारी राम पर—कोई एक धारणा है आपकी, उस पर आपका कब्जे का भाव है कि आप कब्जा कर लेंगे, उसको पजेस कर लेंगे। लेकिन लाओत्से के परमात्मा को आप कभी भी पजेस न कर पाएंगे। वही आपको पजेस करेगा। आप उसमें डूब जाएंगे। उसको आप मुट्ठी में न ले पाएंगे।

इसलिए लाओत्से कहता है, परमात्मा को, सत्य को या ताओ को हम कभी उपलब्ध नहीं कर सकते मुट्ठी में; हम स्वयं को उसमें लीन कर सकते हैं। वही उपलब्धि है।

तो पहली तो बात कि सब तरफ वही है। इस भाव के उठते ही निंदा खो जाती है। इस भाव के उठते ही विरोध गिर जाता है। इस भाव के उठते ही आपकी सब व्याख्याएं व्यर्थ हो जाती हैं। और अगर यह भाव मन में गहरा हो जाए तो आप अचानक पाएंगे कि जहां आपको कल बुरा दिखाई पड़ता था वहां भी अब बुरा दिखाई नहीं पड़ता।

समझें! अभी मैं एक वैज्ञानिक का जीवन भर का अनुसंधान देख रहा था। उसने पूरे जीवन दुख, पीड़ा के ऊपर, कष्ट के ऊपर काम किया है। जब भी आपको पीड़ा होती है तो आपको लगता है कि परमात्मा नहीं हो सकता। क्योंकि इतनी पीड़ा क्यों है? इसलिए जो भी हम मोक्ष की धारणा करते हैं उसमें पीड़ा को हम कोई जगह नहीं देते। असंभव। अगर मोक्ष में भी पीड़ा होती हो तो फिर काहे का मोक्ष? पीड़ा तो यहां है। और नरक में पीड़ा ही पीड़ा है। मोक्ष में पीड़ा बिलकुल नहीं है। और हम मध्य में हैं दोनों के। और यहां पीड़ा भी है और सुख भी है, और दोनों के बीच हम डोल रहे हैं। जहां भी हमें पीड़ा दिखाई पड़ती है वहीं लगता है कि परमात्मा कैसे हो सकता है? नास्तिकों की ईश्वर के खिलाफ जो दलीलें हैं उनमें एक यह भी है कि अगर परमात्मा है और करुणावान है और जैसा जीसस कहते हैं कि प्रेम है परमात्मा का स्वरूप, तो इतना दुख क्यों है?

यह वैज्ञानिक जीवन भर दुख की तलाश कर रहा था कि दुख है क्या? और उसकी जीवन में उपयोगिता क्या है? क्योंकि है तो उपयोगिता होगी। तो वह एक अनूठे नतीजे पर पहुंचा। कुछ ऐसे बच्चे पैदा होते हैं, बहुत कभी-कभी, जिनको संवेदन नहीं होता दुख का, जिनके शरीर के कुछ तंतु खराब होते हैं और उनको पीड़ा का अनुभव नहीं होता। आपके शरीर में कुछ तंतु हैं जो पीड़ा की खबर ले जाते हैं; वे तंतु अगर काम न कर रहे हों तो पीड़ा की खबर नहीं मिलेगी। लेकिन ऐसे बच्चे जी नहीं पाते, मर जाते हैं। क्योंकि उनके हाथ में आग लग जाए तो वे हाथ को हटाएंगे नहीं। उनको पीड़ा होती ही नहीं।

ऐसे बच्चों के संबंध में बड़ी अदभुत बात है कि वे अपने भोजन के साथ अपनी जीभ भी चबा लेते हैं, क्योंकि उनको पीड़ा होती नहीं। वे अपनी जीभ को काट कर खा जाते हैं, चबा जाते हैं; उनको पता ही नहीं चलता। क्योंकि जीभ का आपको पता जीभ के कारण थोड़े ही चलता है, उसमें जो पीड़ा होती है उसके कारण पता चलता है। अगर

आपको पीड़ा न हो जीभ की तो आप काट जाएंगे भोजन के साथ; आपको पता नहीं चलेगा। ऐसे बच्चे बच नहीं पाते, क्योंकि उनको सुरक्षा का कोई उपाय नहीं है। उनको पीड़ा नहीं होती, इसलिए वे कुछ भी उपद्रव कर सकते हैं। घर में आग लगी हो और बच्चा सो रहा हो तो निकल कर बाहर नहीं भागेगा; वह सोया रहेगा। उसे पता ही नहीं चलेगा कि वह कब जल गया।

तो इस वैज्ञानिक के जीवन भर की खोज का परिणाम यह है कि उसने कहा कि पीड़ा जो है वह जीवन के अस्तित्व के लिए बड़ी सुरक्षा है। सारी व्याख्या बदल गई फिर। जीवन हो ही नहीं सकता बिना पीड़ा के। तो पीड़ा फिर बुरी नहीं रही। फिर तो पीड़ा जीवन की भूमि हो गई; फिर तो पीड़ा शुभ हो गई। क्योंकि उसी की भूमि में जीवन का फूल खिलता है। वह उसकी सुरक्षा है। इसलिए जितना संवेदनशील व्यक्तित्व होगा उतना जीवंत होगा। यह जरा मुश्किल बात है। जितना संवेदनशील व्यक्तित्व होगा, जितनी छोटी सी भी पीड़ा का जिसे अनुभव होता है, वह उतना ज्यादा बुद्धिमान, उतना ज्यादा चैतन्य, उतना ज्यादा जीवंत होगा।

आप कोशिश कर सकते हैं पीड़ा से बचने की; आप तंतुओं को नष्ट कर सकते हैं। आप फकीरों को देखते हैं, लेटे हैं कांटों पर। अभ्यास से हो जाता है। वे जो तंतु पीड़ा की खबर ले जाते हैं, वे खबर नहीं ले जाते। लेकिन उसी मात्रा में वह फकीर मुर्दा हो गया। जिस मात्रा में पीड़ा पहुंचनी बंद हो गई उसी मात्रा में मुर्दा हो गया। आप प्रभावित होते हैं कि गजब का चमत्कार है कि कांटों पर लेटा हुआ है। लेकिन चमत्कार सिर्फ इतना ही है कि उसने अपने तंतुओं को जड़ कर लिया। और उन तंतुओं के जड़ होने के साथ ही उसी मात्रा में उसकी जीवन की ज्योति भी क्षीण हो गई। इसलिए कांटों पर लेटे फकीर की आंखों में आपको जीवन का दर्शन नहीं होगा। आप सिर्फ कांटे और फकीर को देख कर लौट आते हैं। उसकी आंखें भी देखें। वहां लगेगा: एक मुर्दगी, एक डेडनेस; सब कुछ मरा हुआ। वह एक लाश है।

जैसे ही आप जीवन को पूरा का पूरा, एक देखना शुरू करेंगे, आपकी व्याख्याएं बदलनी शुरू हो जाएंगी।

आप जिसे प्रेम करते हैं उससे कलह भी हो जाती है। हम सब सोचते हैं कि जिससे प्रेम है उससे कलह नहीं होनी चाहिए। कैसे होगी कलह? अगर प्रेम है तो कलह होनी ही नहीं चाहिए। कलह है बुरी; वह घृणा का हिस्सा है; प्रेम का कैसे हो सकता है? लेकिन मनसविद कहते हैं—और ठीक कहते हैं—कि कलह दो प्रेमियों के बीच बड़ी जरूरी है। जैसे आप श्वास लेते हैं भीतर और फिर श्वास बाहर छोड़ते हैं, वह बाहर श्वास का जाना फिर भीतर श्वास लेने के लिए जरूरी है। चौबीस घंटे आप भीतर ही भीतर श्वास लें; चौबीस घंटे बचेंगे ही नहीं। आप कहें कि भीतर ही लेंगे श्वास, बाहर नहीं लेंगे। बाहर छोड़नी पड़ती है श्वास, फिर भीतर लेते हैं; खाली हो जाते हैं।

प्रेम भी चौबीस घंटे नहीं किया जा सकता; वह भी जहर हो जाएगा। उसे छोड़ना भी पड़ता है। वह भी श्वास की तरह है; जैसे दिन और रात हैं; जैसे बाहर आती श्वास और भीतर जाती श्वास। दो प्रेमी कलह करके दूर हट जाते हैं। दूर हटने के कारण फिर पास आने का उपाय हो जाता है। अगर वे पास ही पास बने रहें तो ऊब जाएंगे और पास होना खतरनाक होने लगेगा। और फिर वे भागना चाहेंगे, बचना चाहेंगे। दूरी जरूरी है। फिर दूरी पास आने का आकर्षण पैदा करती है। फिर पास आना सुखद मालूम होने लगता है। अक्सर दो प्रेमी लड़ कर जैसा प्रेम करते हैं, वह प्रेम बहुत ताजा होता है। बिना लड़े प्रेम करते रहते हैं, वह बासा हो जाता है। दूरी जरूरी है पास आने की ताजगी के लिए।

तब तो इसका अर्थ हुआ कि कलह की भी सार्थकता है और उसके प्रति भी दुश्मनी का भाव रखने की कोई जरूरत नहीं है। अगर यह समझ हो तो कलह भी सुखद हो गई। अगर यह समझ हो तो दूर हटना भी सारपूर्ण हो गया। और हम उसके लिए भी धन्यवाद देंगे, उसके लिए भी आभारी होंगे।

जैसे-जैसे जीवन को इस विचार से देखेंगे कि सभी तरफ परमात्मा है तो कुछ भी अशुभ हो नहीं सकता। अगर दिखाई पड़ता है तो हमारी कहीं भूल होगी। तो हम और खोजें, और गहरे प्रवेश करें, तो हमें पता चल जाएगा कि भूल हमारी कहां थी। और भूल गिर जाएगी। और हम अखंड जीवन का जो उत्सव है उसको पहचान पाएंगे।

'महान ताओ सर्वत्र प्रवाहित है; बाढ़ की भांति बाएं-दाएं सब ओर बहता है।'

उसकी कोई दिशा नहीं है।

'असंख्य वस्तुएं उसी से जीवन ग्रहण करती हैं, और यह उन्हें अस्वीकार नहीं करता।'

यह समझने जैसा है। सुना है मैंने, एक सूफी फकीर ने परमात्मा से प्रार्थना की एक रात कि उसके पड़ोस में एक आदमी है जो बाधा डालता है प्रार्थना में, पूजा में। उपद्रवी है, दुष्ट है, शैतान है पूरा का पूरा। इसे सुधार दो; क्योंकि इसके रहते पूजा-प्रार्थना ही मुश्किल हो गई है।

तो उसने अपने स्वप्न में आवाज सुनी कि उस आदमी को मैं तीस साल से स्वीकार किए हुए हूं और तुझे तो अभी तीन महीने ही इस पड़ोस में आए हुए हैं। और जिसे मैंने स्वीकार किया है उसे तुझे अस्वीकार करने की क्या जरूरत है? और अगर वह पूजा में तेरी, प्रार्थना में बाधा डालता है, तो तू उस पर ध्यान मत दे। तेरी पूजा और प्रार्थना कमजोर है, तू उसका स्मरण कर। और जान कर ही मैंने तुझे उस पड़ोस में भेजा है, ताकि तेरी पूजा कितनी गहरी है उसका तुझे पता चल जाए। और यह आदमी बड़ा काम का है और मेरे ही काम में लगा है।

वह फकीर बहुत हैरान हुआ। सुबह जाग कर उसको बड़ी मुश्किल हुई खड़ी। बात तो ठीक लगी। क्योंकि जगत में जो भी हो रहा है, अगर वह परमात्मा को अस्वीकार है, तो वह होगा ही नहीं। एक बात। वह हो कैसे सकता है? इसके तो दो ही अर्थ हो सकते हैं कि या तो परमात्मा को वह स्वीकार है और या फिर जगत में वैसा भी कुछ हो सकता है जो उसको अस्वीकार है। और अगर उसको अस्वीकार होकर भी जगत में कुछ हो सकता है तो उसकी कोई शक्ति नहीं है; वह व्यर्थ है। और अगर उसके विपरीत भी कुछ हो सकता है तो उस नपुंसक परमात्मा को पाकर भी क्या करिएगा? अगर उसके विपरीत भी कुछ हो सकता है तो आप मोक्ष से भी खींचे जा सकते हैं वापस।

परमात्मा के विपरीत कुछ भी नहीं हो सकता। इसलिए जो आपको बुरा भी दिखाई पड़ रहा हो वह भी उसकी ही मर्जी से हो रहा है। और यह प्रतीति आते ही कि उसकी मर्जी ही अस्तित्व का आधार है, जो आपको बुराई दिखाई पड़ती है वह बुराई दिखाई पड़ेगी नहीं। वह बुराई दिखाई ही इसलिए पड़ती है कि आपको अस्वीकार है। लेकिन जब उसको स्वीकार है तो आपकी अस्वीकृति का क्या अर्थ है? आप अपनी अस्वीकृति को गिरा दें।

लाओत्से कहता है, 'असंख्य वस्तुएं उसी से जीवन ग्रहण करती हैं।'

सभी कुछ उसी से जीवन ग्रहण करता है—जहर भी और अमृत भी। दोनों में उसी का जीवन है, उसी की शक्ति, उसी की ऊर्जा है। साधु में और असाधु में, हत्यारे में और प्रेमी में, करुणावान में और कठोर में वही प्रवाहित है।

'और यह उन्हें अस्वीकार नहीं करता।'

और कोई अस्वीकृति नहीं है अस्तित्व को किसी की भी। अस्तित्व सभी को समाहित किए है।

साधक को अगर यह खयाल आना शुरू हो जाए कि मैं भी अस्तित्व की भांति हो जाऊं और सभी कुछ समाहित कर लूं; और मेरे भीतर से भी विरोध, शत्रुता गिर जाए; और मैं न कहूं कि यह बुरा है और मैं न कहूं कि यह भला है; और मैं कहूं कि उसकी मर्जी है, सिर्फ इतना ही जानूं कि अस्तित्व की मर्जी है। और जब अस्तित्व की मर्जी है तो जरूर कुछ कारण होगा, गहन कारण होगा। जिसे हम भला कहते हैं वह बुरे के बिना अस्तित्व में नहीं हो सकता; उसके लिए बुरा जरूरी है। बुरा पृष्ठभूमि बनता है। जिसको हम सौंदर्य कहते हैं वह कुरूपता के बिना न होगा। वह कुरूप बादलों के बीच में ही सौंदर्य की बिजली चमकती है।

तो जहां-जहां द्वंद्व है वहां-वहां एक अनिवार्यता है। और तब अगर आप सुंदर को स्वीकार करते हैं तो असुंदर को अस्वीकार मत करें। क्योंकि वह सौंदर्य पैदा ही नहीं हो सकता असुंदर के बिना। अगर आप जीवन को अहोभाव मानते हैं तो मृत्यु को पीड़ा मत मानें, दुख मत मानें। क्योंकि जीवन जन्मता ही मृत्यु में है। दोनों छोर पर मृत्यु है; बीच में जीवन की थोड़ी सी लहर है। वह लहर दोनों तरफ की मृत्यु के दबाव से ही उठती है। और आप मृत्यु के विरोध में हैं तो आप आधे को स्वीकार कर रहे हैं, आधे को अस्वीकार कर रहे हैं। और वे जो दो आधे दिखाई पड़ रहे हैं वे सिर्फ आपकी दृष्टि में आधे हैं, अपने आप में वे जुड़े हैं और एक हैं। जीवन ही तो बह कर मृत्यु बन जाता है; मृत्यु ही तो बह कर फिर जन्म बन जाती है। जो यहां लहर जीवन की है वही लहर मौत की बन जाती है।

यहां सब कुछ इकट्ठा है; यहां बंटा हुआ कुछ भी नहीं है। यहां राम और रावण अस्तित्व में अलग-अलग नहीं हैं। रामायण में अलग-अलग हैं, अस्तित्व में एक हैं। अस्तित्व में राम और रावण एक ही चीज के दो पहलू हैं, और दोनों एक-दूसरे के सामने अड़ कर खड़े हैं। उनमें से एक भी हट जाए तो दूसरा गिर जाएगा। दूसरा खड़ा नहीं रह पाएगा। राम को सोच ही नहीं सकते रावण के बिना। रावण को हटा लें रामकथा से और रामकथा में देखने योग्य कुछ भी न रह जाएगा। सुनने योग्य, पढ़ने योग्य कुछ भी न रह जाएगा। मजे की बात यह है कि रावण के मिटते ही राम की सारी गरिमा खो जाएगी। वह सारी गरिमा जैसे रावण से उपलब्ध हो रही है। और विपरीत भी सही है। राम को हटा लें तो रावण का कोई मूल्य नहीं रह जाता। सारा रस रावण में राम से बह रहा है। ऊपर से दिखाई पड़ते हैं वे दुश्मन; भीतर से वे गहरे मित्र हैं। अस्तित्व में जहां-जहां द्वंद्व है वहां-वहां जरा सी खोज करेंगे, जरा खोदेंगे, और भीतर मिलेगा, एक गहरी आत्मीयता बह रही है।

लाओत्से कहता है कि इस असंख्य अभिव्यक्तियों वाले जगत को वह अस्वीकार नहीं करता। लेकिन बड़े मजे का शब्द है! लाओत्से यह नहीं कहता कि वह स्वीकार करता है। वह कहता है, अस्वीकार नहीं करता। यह बहुत सोच-समझ कर कहा हुआ वक्तव्य है। वह यह नहीं कहता कि स्वीकार करता है, इतना ही कहता है कि अस्वीकार नहीं करता। अगर वह स्वीकार करता है तब तो आपको बदलने का कोई उपाय ही नहीं रह जाता। तब तो जीवन-क्रांति और जीवन का आरोहण सब खो जाता है।

नहीं, वह आपको अस्वीकार नहीं करता; लेकिन जब तक आप जीवन को रूपांतरित नहीं करते हैं तब तक आप अपने ही हाथों से उससे दूर बने रहेंगे। वह आपको स्वीकार करे तब तो आपको कुछ करने की जरूरत नहीं है। वह सिर्फ अस्वीकार नहीं करता। वह आपको मिटाता नहीं, वह आपको हटाता नहीं, वह आपको तोड़ता नहीं, वह आपको बदलता नहीं, वह आपसे कहता नहीं कि ऐसे हो जाओ; आप जैसे हो उसको अस्वीकार नहीं करता। यह निगेटिव है, यह नकारात्मक है बात।

लेकिन वह आपको स्वीकार भी नहीं करता। स्वीकार तो आप तभी होते हैं जब आप बदलते हैं और उसके निकट आते हैं; जब आप रूपांतरित होते हैं और उसके निकट आते हैं। और यह रूपांतरण की कीमिया यह है कि जब आप समग्र अस्तित्व को स्वीकार करने लगते हैं तब आप उसे स्वीकार होने लगते हैं। लेकिन स्वीकार पाजिटिव बात है। इसलिए उसका अस्वीकार न करना आपको अस्तित्व देता है, जीवन देता है; लेकिन जिस दिन वह आपको स्वीकार करता है उस दिन महाजीवन!

जीसस ने कहा है कि तुम जिसे जानते हो वह जीवन है, लेकिन मैं जिस तरफ तुम्हें ले जा रहा हूं वहां तुम्हें महाजीवन—लाइफ, एबनडंट लाइफ; परम जीवन या दिव्य जीवन, अमृत या मुक्ति, जो भी हम नाम देना चाहें दें।

वह हमें अस्वीकार नहीं करता तो भी हम जीते हैं। उसकी अस्वीकृति में तो हम जी ही न सकेंगे। वह अस्वीकार नहीं करता, इसलिए हम जीते हैं। लेकिन अगर हम जगत को स्वीकार कर लें तो वह हमें स्वीकार कर लेता है। और

उस स्वीकृति में महाजीवन उपलब्ध होता है। वह जो अभी एक चिनगारी की तरह हमारे भीतर है वह एक महासूर्य की तरह हो जाती है। वह जो अभी चैतन्य की एक छोटी सी बूंद है वह चैतन्य का एक महासागर बन जाती है।

परमात्मा आपको अस्वीकार नहीं करता है, लेकिन इससे आप यह मत समझ लेना कि आप स्वीकृत हो गए हैं। स्वीकृत होने के लिए तो पात्र होना होगा। और इस पात्रता का पहला कदम यही है कि आप अस्वीकार करना बंद कर दें।

जीसस का एक बहुत प्यारा वचन है जिसमें उन्होंने कहा है, जज यी नाट सो दैट यी मे नाट बी जज्ड।

तुम दूसरों का निर्णय मत करो, और तुम दूसरों के संबंध में धारणाएं मत बनाओ, तुम दूसरों के न्यायाधीश मत बनो, ताकि वे भी तुम्हारे न्यायाधीश न बनें। अगर तुमने कहा कि यह बुरा है, तुमने कहा कि यह गलत है और तुमने कहा कि यह आदमी जीने योग्य भी नहीं है, तुमने निंदा की, तुमने घृणा की और तुमने अस्वीकार किया, तो तुम अपने ही हाथों जो तुम दूसरे के लिए कर रहे हो अस्तित्व से तुम अपने लिए कर रहे हो। तुम मत करो निर्णय और तुम मत न्यायाधीश बनो।

और हम सब न्यायाधीश हैं। हम उठते-बैठते-चलते निर्णय किए चले जाते हैं। कुछ भी हम देखते हैं, और हम देख भी नहीं पाते हैं पूरा और भीतर निर्णय हो जाता है। एक आदमी को देखा नहीं कि हम सोच लेते हैं कि यह आदमी बुरा है। एक आदमी को देखा नहीं कि हम सोच लेते हैं कि यह गलती बात है। हम बड़ी जल्दी निर्णय ले रहे हैं, जैसे निर्णय हमारे लिए ही हुए हैं। कोई आदमियों को देखने की जरूरत नहीं; हम पहले से ही जानते हैं कि आदमी गलत है। बस थोड़ा सा सहारा चाहिए, बहाना चाहिए। हमने सब तैयार कर रखा है, खूंटी कहीं मिल जाए, हम टांग देंगे। हमारे निर्णय पूर्व-निर्मित हैं, और हम लोगों पर उन्हें टांगते रहते हैं।

जिस दिन आदमी अस्वीकार करना बंद कर देता है और जीवन के रहस्य को स्वीकार कर लेता है, और जान लेता है कि जो मेरी समझ में नहीं आता वह भी अस्तित्व को तो समझ में आता ही है, जो मुझे बुरा लगता है वह भी अस्तित्व को तो बुरा नहीं लगता इसीलिए है, जो मुझे स्वीकार नहीं है वह भी जीवन को स्वीकार है। जीवन मुझसे बड़ा है, मैं अपनी अस्वीकृति को हटा दूं; मैं अपने निषेध को अलग रख दूं; मैं निर्णय न लूं और मैं बिलकुल निष्पक्ष हो जाऊं; मैं कोई पक्ष न बनाऊं। ऐसा व्यक्ति एक क्रांति से गुजर जाता है। क्योंकि जैसे ही आप ये पक्ष बनाने, धारणाएं बनानी बंद कर देते हैं...।

आपको लगता है कि चोर बुरा है। लेकिन चोर इसलिए बुरा नहीं लगता कि चोरी बुरी है; चोर इसलिए बुरा लगता है कि आपको अपनी संपत्ति प्रिय है। उस तत्व को आप नहीं देखते कि चोर बुरा क्यों लगता है। संपत्ति प्रिय है! और इसलिए चोर का विरोध करना जरूरी है। क्योंकि आप कहते हैं, अगर सब ठीक है तो फिर कल कोई आपकी चीज उठा कर ले जाता है। आप जानते हैं कि मेरी चीज कोई उठा कर ले जाए तो मुझे बुरा लगता है। लेकिन फिर भी चोर का अस्तित्व है और यह बुरा लगना मेरी धारणा है। और यह धारणा बदल सकती है। व्यक्तिगत संपत्ति न रहे समाज में तो चोरी के बुरे होने की बात खत्म हो जाएगी।

एस्कीमो हैं साइबेरिया में। तो एस्कीमोज की एक व्यवस्था है। आप किसी एस्कीमो के घर में जाएं, वैसे ज्यादा एस्कीमो के पास कुछ होता नहीं, बहुत छोटी-मोटी चीजें, जीवन-चलाऊ, बामुश्किल कठिनाई से जीता है, लेकिन अगर आपको कोई चीज पसंद आ जाए तो एस्कीमो समाज की व्यवस्था है कि कोई कह दे कि तुम्हारा कोट बहुत अच्छा, तो उसी वक्त कोट भेंट कर देना है। तो एस्कीमो समाज में चोरी नहीं होती। चोरी का उपाय नहीं है। चीजें बहुत थोड़ी हैं, जीवन बहुत कठिन है और दरिद्र है। लेकिन यह नियम चोरी को काट डाला है। किसी के भी घर में कोई कह देगा कि यह कुर्सी मुझे पसंद पड़ गई, यह खाट मुझे अच्छी लग गई, यह कपड़ा बहुत प्यारा है, यह

बर्तन तो बहुत सुंदर है, बस यह कहने का मतलब यह है कि उस आदमी की वासना पैदा हो गई और अब उसे न देने का अर्थ उसे चोर बनाना होगा; इसलिए उसे उसी वक्त दे देना। इसका परिणाम यह हुआ है कि एस्कीमो समाज में कोई चोरी नहीं हो सकती। चोरी का कोई उपाय ही नहीं है।

समाज बदले, धारणा बदले, तो चोरी...। चोरी एक व्यवस्था के अंतर्गत चलती है। आपकी धारणा अस्तित्व पर मत थोपें। इतना जानें कि मुझे अच्छा नहीं लगता कि कोई मेरी चीज ले जाए, इसलिए चोरी बुरी है। लेकिन अस्तित्व में क्या बुरा है? आदमी के साथ चोरी आई; पशुओं में तो कोई चोरी नहीं है। क्योंकि कोई निजी संपत्ति नहीं है। निजी संपत्ति होगी, चोरी पीछे आ जाएगी। तो निजी संपत्ति में ही चोरी छिपी हुई है। इसलिए प्रूधां का बहुत प्रसिद्ध वचन है: प्रापर्टी इज़ थेफ्ट। सब धन चोरी है। धन मात्र चोरी है। क्योंकि धन मेरा है, तो मैंने कब्जा किया है। और किसी की भी वासना उस पर पैदा होती है। और वासना पर किसी की भी तो मालकियत नहीं है।

आपकी मालकियत है वासना पर? एक मकान आप देखते हैं; क्या है आपका बल कि आप भीतर वासना को रोक दें? वासना उठती है कि यह मकान मेरा होता! चोरी शुरू हो गई। आप कमजोर हों, न कर पाएं, समाज का भय हो, अदालत का डर हो, और कारण हों, नीति का भय हो, नरक जाने का डर हो, भगवान दंड देगा उसकी कोई चिंता हो, और आप न कर पाएं, वह बात दूसरी है। लेकिन चोरी आपके भीतर शुरू हो गई। आपने दूसरे की चीज पर मालकियत शुरू कर दी। आप चाहते हैं; नहीं कर पाते हैं, बात दूसरी है।

तो दो तरह के चोर हैं। एक जो भीतर ही भीतर करते रहते हैं; एक जो बाहर कर लेते हैं। जो बाहर करते हैं, उनमें साहस ज्यादा होता है, मूढ़ता ज्यादा होती है, समझ कम होती है। सोच-विचार नहीं कर पाते, ज्यादा दूर का, क्या परिणाम होगा, इसका हिसाब नहीं लगा पाते। चालाक कम हैं, कनिंग कम हैं; गणित का उन्हें पता नहीं है। आप ज्यादा चालाक हैं, गणित लगा लेते हैं; भीतर-भीतर करते हैं, लेकिन बाहर कभी नहीं आने देते।

लेकिन निर्णय लेने का अधिकार नहीं है। माना कि एक आदमी चोर है और मुझे चोरी पसंद नहीं है, तो भी वह चोर बुरा है, ऐसी धारणा बनाने की कोई जरूरत नहीं है। मुझे पसंद नहीं, इसलिए मुझे बुरा मालूम पड़ता है; लेकिन अस्तित्व में उसकी स्वीकृति है। परमात्मा उसे भी जीवन दे रहा है; उसकी श्वास में कोई बाधा नहीं डालता। और सूरज रोशनी कम नहीं देता और हवाएं उसको प्राणवायु नहीं रोकतीं। जीवन उसे स्वीकार किए हुए है। तो जिसे जीवन स्वीकार किए हुए है उसे मैं भी अस्वीकार न करूं।

ऐसी धारणा बढ़ती चली जाए तो अनूठी घटना घटती है। आपके भीतर से सब तनाव समाप्त हो जाते हैं। क्योंकि तनाव धारणाओं के हैं; तनाव वह जो आपके भीतर बेचैनी है, चिंता है, वह इन धारणाओं के कारण है। वह क्षीण हो जाती है, और आप एक शांत मौन में प्रविष्ट होने लगते हैं।

उस प्रवेश में ही आपको, वह जो सर्वत्र प्रवाहित ताओ है, उससे संस्पर्श होता है।

'जब उसका काम पूरा होता है तब वह उन पर स्वामित्व नहीं करता।'

यह ताओ अस्वीकार नहीं करता किसी को। और जब इनमें से कोई जीवन अपने शिखर पर पहुंच जाता है और उसकी समग्रता खुल जाती है और प्रकट हो जाती है, तब भी ताओ उस पर दावा नहीं करता।

समझें। बुद्ध या महावीर परिपूर्णता को उपलब्ध हुए। परमात्मा चोर को इनकार नहीं करता, और परमात्मा ने फिर कोई घोषणा नहीं की कि बुद्ध को मैं स्वीकार करता हूं। परमात्मा ने कोई घोषणा नहीं की कि अब बुद्ध मेरे हो गए। उसने कोई स्वामित्व की घोषणा नहीं की। काम पूरा हो गया। बुद्ध वहां आ गए जहां उनकी चेतना अंततः आ सकती थी। वह हो गया जो हो सकता था; शिखर छू लिया गया; लेकिन कोई स्वामित्व का दावा नहीं है। और बड़े मजे की बात है कि बुद्ध तो कहते हैं कोई परमात्मा नहीं है। इस स्थिति में भी परमात्मा की कोई घोषणा नहीं है कि मैं

हूं, कि तुम अब मेरे हुए, कि तुम पर अब मेरी मालकियत है। क्षुद्र का अस्वीकार नहीं है; श्रेष्ठ के ऊपर कोई स्वामित्व का दावा नहीं है। परमात्मा शून्यवत है। परमात्मा एक परम स्वतंत्रता है, जिसमें आप जो भी होना चाहें, हो सकते हैं। वह आपको न रोकता है, न धक्के देता है।

धर्म को इस भाषा में समझें कि धर्म है आपका परम स्वातंत्र्य। आप जो भी होना चाहें वह हो सकते हैं। परमात्मा के विपरीत भी जाना चाहें तो भी जा सकते हैं; तो भी उसका सहारा मिलता रहेगा। वह आपको अस्वीकार न करेगा। और उसके अनुकूल आना चाहें तो अनुकूल भी आ सकते हैं; तो भी वह स्वामित्व की घोषणा नहीं करेगा कि तुम अब मेरे हुए। उसकी तरफ से कभी भी कोई दावा नहीं किया जाता; अस्तित्व दावे से रहित है। यह बहुत सुखद है। यह अनूठी घटना है। इसकी कोई तुलना में दूसरी घटना जीवन में दिखाई नहीं पड़ती।

समझें, एक मित्र मेरे हैं। उनके एक लड़के की मृत्यु हो गई। लड़का मंत्री था, और मित्र सोचते थे कि जल्दी ही मुख्यमंत्री होगा। और आशाएं थीं कि कभी हिंदुस्तान का प्रधानमंत्री भी होगा। लड़का मर गया तो भारी दुख में थे। आत्महत्या की दो-तीन बार कोशिश की। कोशिश निश्चित ही अधूरी थी और आधे हृदय से थी; नहीं तो दो-तीन बार करने की कोई जरूरत नहीं पड़ती। शायद वह भी एक दिखावा था। राजनीतिज्ञ हैं; राजनीतिज्ञ की किसी बात का कोई भरोसा नहीं। खुद बड़ा रोना-धोना करते थे।

तो मैंने उनसे पूछा कि इतने आप क्या परेशान हैं! और आपका दूसरा लड़का भी है। उनका दूसरा लड़का भी है। मैंने उनसे पूछा कि अगर यह दूसरा लड़का मर जाता तो आप इतने दुखी होते? मैंने कहा, ईमानदारी से ही मुझे जवाब देना। उन्होंने कहा कि दुखी नहीं होता, यह दूसरा लड़का मर जाता तो। क्योंकि इसे मैंने कभी चाहा ही नहीं। यह मुझे कभी स्वीकृत ही न हुआ। वह दूसरा लड़का साधारण है—उनकी भाषा में।

बाप को कोई बेटा साधारण तो नहीं होना चाहिए। लेकिन कौन बाप बाप होता है? असाधारण बेटा वह है जो मंत्री हो गया है; और यह बेटा साधारण है, क्योंकि दुकान करता है, धंधा करता है; साधारण है। इस दूसरे बेटे से अहंकार की कोई तृप्ति नहीं होती, इसलिए साधारण है। उस बेटे से अहंकार की तृप्ति होती थी। वह बाप की महत्वाकांक्षा था। बाप उसके कंधे पर बंदूक रख कर आगे बढ़ने की कोशिश कर रहा था। वे खुद भी प्रधानमंत्री होना चाहते थे; वे नहीं हो सके। अब वे बेटे के द्वारा होने की कोशिश में लगे थे।

तो उन्होंने मुझसे कहा कि दूसरा बेटा मर जाता तो इतना दुख मुझे नहीं होता। वह स्वीकार नहीं था। और सच तो यह है कि वे चाहते नहीं कि कोई समझे कि वह उनका बेटा है, दूसरा। जब तक उनका पहला बेटा नहीं मर गया तब तक लोगों को पता ही नहीं था कि उनका दूसरा बेटा भी है। वे एक की ही बात करते थे।

परमात्मा, वह जो निकृष्टतम है, उसके विरोध में नहीं है, और वह जो श्रेष्ठतम है उसका भी दावेदार नहीं है। क्योंकि अस्तित्व की कोई महत्वाकांक्षा नहीं है। ऐसा नहीं है कि वह राम के पक्ष में हो और रावण के विरोध में हो। क्योंकि अगर दोनों उसी से पैदा होते हैं तो रावण का भी उसे अस्वीकार नहीं है और राम के होने में भी कोई गौरव और अहंकार नहीं है। उसका भी कोई दावा नहीं है।

इसका अर्थ यह हुआ कि परमात्मा या ताओ या धर्म परम स्वतंत्रता है। उसमें आप जो भी होना चाहें हो सकते हैं। होने का सारा जिम्मा आपके ऊपर है, सारा दायित्व आपके ऊपर है।

आप परमात्मा से विपरीत चलते हैं तो दुख पाएंगे। इस कारण बड़ा उपद्रव हुआ है। आप परमात्मा से विपरीत चलते हैं तो दुख पाएंगे; आप अनुकूल चलते हैं तो सुख पाएंगे। इस कारण दुनिया के बहुत से धर्मग्रंथ बड़ी भ्रांति पैदा कर दिए हैं। उन्होंने इसको ऐसा समझाना शुरू कर दिया कि जो उसके विपरीत चलेगा उसको वह दुख देता है और जो उसके अनुकूल चलेगा उसको वह सुख देता है।

यह बात बिलकुल गलत है। क्योंकि परमात्मा भी अगर विपरीत चलने वाले को दुख देता है तो अति साधारण मनोदशा हो गई; और अनुकूल चलने वाले को सुख देता है तो मनुष्य की साधारण बुद्धि से ज्यादा बुद्धि वहां भी न रही। प्रशंसा जो करता है, स्तुति जो गाता है, पैरों में जो पड़ता है, उसको आकाश में उठा देता है; और जो इनकार करता है और स्वीकार नहीं करता, और शराबखाने में बैठता है और मंदिर में नहीं जाता, उसको नरकों में डाल देता है। ईसाइयत, यहूदी और इसलाम, तीनों धर्मों ने एक नैसर्गिक घटना को मनुष्य की व्याख्या देकर बहुत विकृत कर दिया।

जब आप उसके अनुकूल नहीं चलते तो वह आपको दुख नहीं देता, आप दुख पाते हैं। इस फर्क को समझ लेना चाहिए। वह आपको दुख नहीं देता। अपनी तरफ से वह आपको कुछ भी देता-लेता नहीं है। जैसे आप आग में हाथ डालते हैं तो आप जल जाते हैं; आग आपको जलाती है, ऐसा मत कहिए। आप आग से दूर हाथ ले जाते हैं तो ठंडक मालूम होने लगती है; आप पास हाथ लाते हैं तो गर्मी मालूम होने लगती है। आग अपने स्वभाव से चलती रहती है। न आपको जलाने को उत्सुक है; न आपको न जलाने को उत्सुक है। आपसे आग को कुछ संबंध नहीं है। आग जल रही है; उसका स्वभाव है जलना। आप दूर और पास आते हैं तो ठंडक और गर्मी बढ़ जाती है।

परमात्मा का स्वभाव है स्वतंत्रता। आप दूर जाते हैं स्वतंत्रता से तो आप बंधन में पड़ने लगते हैं—बंधन से दुख। आप पास आते हैं तो आप खुलने लगते हैं—स्वतंत्रता का सुख। लेकिन यह सुख और दुख आपके आने-जाने पर निर्भर है। इसमें परमात्मा कुछ करता नहीं। इसमें कोई मोटिवेशन, परमात्मा की तरफ कोई हेतु नहीं है। परमात्मा न आपको सुख देता है, न दुख देता है; न स्वर्ग भेजता है, न नरक भेजता है। आप ही जाते हैं। ये आपकी ही यात्राएं हैं। इनसे उसका कोई भी संबंध नहीं है। हां, आप नरक जाते हैं तो वह रोकता नहीं; आप स्वर्ग जाते हैं तो वह खींचता नहीं। अस्तित्व आपके ऊपर जबरदस्ती नहीं करता।

और ध्यान रहे, अच्छा है कि अस्तित्व जबरदस्ती नहीं करता। क्योंकि अगर अस्तित्व जबरदस्ती करे तो शायद आप फिर कभी भी ठीक न हो पाएंगे। क्योंकि जैसे ही जबरदस्ती की जाती है वैसे ही चित्त प्रतिकूल जाने के लिए आतुर हो जाता है। अगर आपको जबरदस्ती स्वर्ग में भी भेजा जाए तो आप निकल भागने की कोशिश करेंगे। स्वर्ग सुख नहीं देता, जबरदस्ती दुख देती है। आप अपनी मौज से नरक में भी चले जाएं तो आपको वहां भी बड़ी शांति मिलेगी। आप खुद ही वहां चले गए हैं। और जिस चीज का भी निषेध किया जाए वहां जाने का मन होता है। और जहां भी जबरदस्ती लाया जाए वहां से हट जाने का मन होता है।

आप सबको अनुभव होगा कि कोई सुखद से सुखद चीज भी दुखद हो जाती है अगर जबरदस्ती की जाए, और दुखद से दुखद चीज भी सुखद हो जाती है अगर आपने ही उसे चुना है। क्योंकि सुख स्वतंत्रता में है। इसे थोड़ा ठीक से समझ लें। आपने चुना है, इसलिए स्वतंत्रता है; दूसरे ने थोपा है तो परतंत्रता हो गई। परतंत्रता में दुख है; स्वतंत्रता में सुख है। क्यों? क्योंकि जितने आप स्वतंत्र होते हैं उतने आप भी परमात्मा जैसे हो जाते हैं। और जितने आप परतंत्र होते हैं उतने प्रतिकूल होते चले जाते हैं।

परमात्मा जीवन का नियम है। वह कोई व्यक्ति नहीं है जो आपको कुछ देगा। आप रास्ते पर चलते हैं। तिरछे चलते हैं, गिर पड़ते हैं, टांग टूट जाती है। तो आप ऐसा नहीं कहते कि ग्रेविटेशन ने मेरी टांग तोड़ दी, कि जमीन की कशिश ने मेरी टांग तोड़ दी। जमीन की कशिश को आपकी टांग से क्या लेना-देना? जमीन की कशिश कोई व्यक्ति तो नहीं है कि वहां बैठा देख रहा है कि यह देखो, तिरछा चल रहा है, इसकी तोड़ो टांग! यह आदमी बिलकुल सीधा चल रहा है, इसको कुछ पुरस्कार दो। वहां कोई नहीं है। कशिश एक नियम है, एक लॉ है।

ताओ का अर्थ होता है नियम। आप तिरछे चलते हैं; अपने ही कारण आप गिर जाते हैं। आप सीधे चलते हैं; अपने ही कारण आप चलते हैं। कशिश का प्रभाव तो नीचे बह रहा है; ग्रेविटेशन तो मौजूद है हमेशा।

परमात्मा जीवन का परम नियम है। जब आप प्रतिकूल चलते हैं, आप दुख अपने लिए पैदा कर लेते हैं; जब आप अनुकूल चलते हैं तब आप अपने लिए सुख पैदा कर लेते हैं। जब आपको सुख मिले तब आप समझना कि आप किसी न किसी कारण अनुकूल हैं; और जब आपको दुख मिले तो आप समझना कि आप किसी न किसी कारण प्रतिकूल हैं।

अगर आदमी सिर्फ सुखवादी भी हो जाए तो परमात्मा तक पहुंच जाए। लेकिन हम दुखवादी हैं। अगर आप अपने सुख को भी पहचानने लगें कि कब आपको सुख मिलता है, क्यों मिलता है; कैसी अवस्था होती है जब सुख मिलता है; आपके भीतर क्या होता है जिससे आप सुख के साथ ट्यून हो जाते हैं; अगर इतना भी आप समझ लें तो आपको कोई शास्त्र की जरूरत नहीं है, किसी गुरु की जरूरत नहीं है। सुख महागुरु है। आप सुख के सूत्र को पकड़ कर ही खोजते रहें, थोड़े दिन में ही आपको वह कुंजी हाथ में आ जाएगी जहां से आप परमात्मा को खोल लेंगे।

लेकिन आप दुखवादी हैं। आपको इसकी भी होश नहीं है जरा कि कब आपको सुख मिलता है, क्यों मिलता है, कहां से आता है, कैसी भाव-दशा होती है जब आपके भीतर सुख झलक आता है, कैसी आपके हृदय की धड़कन होती है, कैसी आपकी श्वास होती है, आप किस मुद्रा में होते हैं जब सुख आपके पास निकट आ जाता है, और आप किस मुद्रा में होते हैं जब सुख आपसे दूर छिटक जाता है।

अगर आप अपने सुख को ही पहचानने लगें तो काम पूरा हो गया। वही सुख की पहचान आपको पास लाने लगेगी। क्योंकि नियम केवल इतना ही है : जब भी आप उसके अनुकूल होते हैं, क्षण भर को भी, कभी-कभी तो दुर्घटना के कारण आप उसके अनुकूल हो जाते हैं। क्योंकि आप जैसे हैं आप प्रतिकूल ही चलते जाते हैं; कभी-कभी दुर्घटना के कारण, कभी-कभी संयोगवश, कभी आपने नहीं सोचा था तो भी, आप अनुकूल हो जाते हैं—अनुकूल होते ही झरोखा खुल जाता है और एक हवा, ठंडी हवा और नई ताजी हवा आपके भीतर भर जाती है। मगर आप अपनी पुरानी आदतों से ऐसे ग्रस्त हैं कि आप पहचान नहीं पाते। आप फिर सम्हल कर दुर्घटना के बाहर होकर अपने पुराने रास्ते पर चलने लगते हैं।

लोग कहते हैं, सुख क्षणिक है। इस कारण नहीं कि सुख क्षणिक है; इस कारण कि आपकी आदतें दुख की हैं। और दुख बहुत लंबा है। इसलिए नहीं कि दुख लंबा है; आप बड़े कुशल हैं। आप दुख पैदा करने में ऐसे कुशल हैं कि सुख की कैसी ही अवस्था हो, आप उसमें से दुख पैदा कर लेंगे।

सुना है मैंने, मुल्ला नसरुद्दीन ज्यादा बीमार था। तो उसके चिकित्सकों ने उसे पहाड़ भेजा। पहाड़ से पांच-सात दिन बाद ही उसका तार आया अपने चिकित्सक के नाम : आई एम फीलिंग वंडरफुल; व्हाई? मैं बहुत आनंद में हूं; क्यों? इसका जवाब चाहता है वह।

आपको भरोसा भी नहीं आता जब आप सुख में होते हैं। आप भी पूछते हैं, कुछ गड़बड़ हो गई? क्या बात है, मैं और सुख में? यह हो ही नहीं सकता। दुख में आप बिलकुल तृप्त होते हैं। दुख में आप चलते हैं कि बिलकुल ठीक। रास्ता जाना-माना, सब पहचाना हुआ। यहां आप ठीक से यात्रा करते हैं। सुख में आप बिलकुल विचलित हो जाते हैं, आपकी समझ में नहीं आता। और जब तक आप दुख न बना लें...।

सुना है मैंने कि एक आदमी बहुत ज्यादा चिंतित, परेशान और हमेशा उलझा-उलझा और उदास रहता था। सलाह ली उसने, किसी मनोवैज्ञानिक को पूछा कि क्या करूं? तो उसने कहा कि तुम गलत पहलू देखते हो जिंदगी का, अंधेरा पहलू देखते हो; उजाला पहलू देखो। जिंदगी में रात ही रात नहीं है; दिन भी है। और कांटे ही कांटे नहीं हैं; फूल भी हैं। तुम जरा फूलों पर नजर ले जाओ। तुम्हारा जो पेसिमिज्म है, यह जो दुखवाद है, इसको छोड़ो। तुम ऑप्टिमिस्ट हो जाओ; तुम आशावादी हो जाओ। तो उस आदमी ने कहा, अच्छा, मैं कोशिश करूंगा।

उसने कोशिश शुरू कर दी और वह अपने संबंध में जो भी बातें करता सब में उसने आशावाद फैला दिया। कोई पूछता कि धंधा कैसा है? तो वह कहता है कि बहुत अच्छा है, और कल और अच्छा हो जाएगा। पत्नी कैसी है? तो वह कहता कि बहुत अच्छी है, और कल और बहुत अच्छी हो जाएगी। सब संबंध में वह अच्छी बातें करने लगा और आशा बताने लगा। लेकिन सब लोग परेशान हुए, वह चिंतित पहले से भी ज्यादा दिखाई पड़ता था।

तो आखिर लोगों ने पूछा कि मामला क्या है? तुम आशावाद की इतनी चर्चा करते हो, फिर भी तुम इतने चिंतित क्यों दिखाई पड़ते हो? उस आदमी ने कहा कि नाउ आई एम वरीड एबाउट माई ऑप्टिमिज्म। अब मैं अपने आशावाद के प्रति चिंतित हूं कि यह सब होने वाला नहीं है जो मैं कह रहा हूं। हालतें बहुत खराब हैं।

आदमी आदतों से जीता है। आपको सुख की कोई आदत नहीं है और दुख की मजबूत आदत है। इस आदत से घिरे हुए जब सुख के सामने भी आप खड़े होते हैं तो सुख भी कुछ कर नहीं पाता, आप इतने सख्त और मजबूत हैं; वह भी दुख जैसा ही आपको दिखाई पड़ता है। आप उसमें से भी दुख खोज लेते हैं। आप कुछ न कुछ निकाल ही लेते हैं जिससे दुख...। और फिर आप निश्‍चिंत हो जाते हैं।

लाओत्से के हिसाब में आप जब भी ताओ की तरफ गतिमान होते हैं तब सुख की वर्षा होने लगती है। तब स्वर्ग और पृथ्वी का मिलना होने लगता है; मीठी अमृत की झलक आपके ऊपर आने लगती है।

जब भी आपको कहीं भी सुख मिलता हो, चाहे वह सुख कितना ही धर्मगुरु कहते हों कि निकृष्ट है, मैं आपसे कहता हूं कि जहां भी आपको सुख मिलता हो, चाहे आप नरक में भी पड़े हों तो जब भी आपको सुख मिलता हो तब आप जानना कि किसी न किसी कारण परमात्मा से थोड़ा सा संबंध जुड़ गया है। चाहे जो आप कर रहे हों, वह बिलकुल पाप ही क्यों न हो, लेकिन उस पाप के बीच में भी आप किसी भी कारण से, जाने-अनजाने, परमात्मा से संयुक्त हो गए हैं। सुख तो सदा उससे ही मिलता है।

अगर यह आपको खयाल रहे तो आपने पाप से पुण्य का मार्ग खोज लिया, और आपने दुख से सुख की किरण पकड़ ली। और किरण हाथ में आ जाए तो सूरज बहुत दूर नहीं है। और किरण कितनी ही दूर हो, सूरज बहुत दूर नहीं है। किरण पकड़ में आ जाए और आप किरण के रास्ते पर ही चल पड़ें तो आप एक न एक दिन सूरज तक पहुंच जाएंगे।

'और जब उसका काम पूरा होता है, तब भी वह उन पर स्वामित्व नहीं करता।'

वह परम स्वतंत्रता है।

'असंख्य वस्तुओं को यह वस्त्र और भोजन देता है, तो भी उन पर मालकियत का दावा नहीं है।'

सारा जीवन उससे आता है। श्वास उससे चलती है, प्राण उससे धड़कता है; फिर भी उसका कोई दावा नहीं है।

'प्रायः यह चित्त या वासना से रहित है, ऐसा समझा जाता है, इसलिए तुच्छ या छोटा है।'

यह थोड़ा समझने की बात है। वह जो ताओ है, वह जो परम धर्म है जीवन का, न तो वहां कोई वासना है, न वहां कोई चित्त है, न कोई मन है, न कोई विकार है, न कोई विचार है। तो लोगों को लगता है कि यह ताओ तुच्छ और छोटी चीज है; क्योंकि हमारे लिए तो बड़प्पन अहंकार में है। हम तो एक ही बड़प्पन जानते हैं वह अहंकार का। और जहां अहंकार गौरवमंडित सिंहासनों पर नहीं पाया जाता वहां हमें लगता है सब क्षुद्र है। हम तो पूजा करते हैं सिर्फ अहंकार की। निश्चित ही, परमात्मा के पास कोई अहंकार नहीं हो सकता। होगा भी तो किसके विपरीत होगा? परमात्मा तो अति विनम्र है। अति विनम्र कहना भी ठीक नहीं है, इतना ही कहना चाहिए कि वहां कोई अहंकार नहीं है। अहंकार दूसरे के विपरीत खड़ा होता है; उससे दूसरा कोई भी नहीं है। तो अगर हमें ऐसा लगे कि

उसकी न कोई महत्वाकांक्षा है, न कोई वासना है, न कोई चित्त है, तो हमें ऐसा लगेगा वह बहुत क्षुद्र है, छोटा है। क्योंकि बड़ा तो हमारे लिए महत्वाकांक्षी मालूम होता है।

अगर परमात्मा आपके बीच खड़ा हो तो आप उसे देख भी न पाएं, पहचान भी न पाएं। खड़ा ही है। लेकिन देख भी नहीं पाते, पहचान भी नहीं पाते, क्योंकि कठिनाई है। हम पहचानते उसको ही हैं जो अहंकार की घोषणा करता है और दावा करता है। चाहे धन के कारण दावा करे, चाहे ज्ञान के कारण दावा करे, चाहे पद के कारण दावा करे, जब कोई घोषणा करता है कि मैं कुछ हूं तभी हमें बड़ा मालूम पड़ता है। लेकिन परमात्मा की कोई घोषणा न होने से, लाओत्से कहता है, शायद हमें लगे कि वह तो छोटा है, क्षुद्र है।

'फिर सभी चीजों का, उन पर बिना दावा किए, आश्रय होने के कारण, उसे महान भी समझा जा सकता है।'

कोई उसे क्षुद्र समझ सकता है, क्योंकि कोई महत्वाकांक्षा का विस्तार नहीं है। और कोई उसे महान भी समझ सकता है, क्योंकि सब उसी का फैलाव है। और फिर भी सबका आश्रय होने पर भी उसकी कोई मालकियत की घोषणा नहीं।

'और चूंकि अंत तक वह महानता का दावा नहीं करता, उसकी महानता शाश्वत है, उसकी महानता सदा है।'

दावे खंडित किए जा सकते हैं। असल में, दावा करता ही वही है जिसे भय होता है। नहीं तो दावे का कोई सवाल नहीं है। जिस चीज का भी आप दावा करते हैं, आपने खयाल किया कि आप भयभीत होते हैं, इसीलिए दावा करते हैं। अगर आपको डर है तो आप दावे से डर को छिपाते हैं।

मैंने सुना है कि एक बड़े कुलीन परिवार में एक भोज का आयोजन था। और जो गृहपति था उसने एक प्रतिष्ठित महिला को अपने बाएं हाथ पर भोजन के समय बिठाया हुआ था। उस प्रतिष्ठित महिला को थोड़ी पीड़ा हो रही थी। जिस देश में यह भोज था वहां दाएं हाथ पर बिठाना ज्यादा सम्मानजनक समझा जाता था। तो उस महिला को बेचैनी हो रही थी कि उसे बाएं हाथ पर बिठाला गया; उसे ठीक जितनी प्रतिष्ठा मिलनी चाहिए भोज में उतनी नहीं मिली। लेकिन कहे भी तो कैसे कहे? तो उसने फिर ढंग से बात की।

उसने मेजबान को कहा कि इतने लोग आए हैं भोजन के लिए कि अनेक बार आपको भी असुविधा होती होगी, अड़चन होती होगी, किसको कहां बिठाएं! बिठाने में बड़ी दिक्कत होती होगी; इतने लोग हैं और सभी को उनके सम्मानित पद पर बिठाना अड़चन की बात है। उस गृहपति ने कहा—उसका वचन बहुत मूल्यवान है—उसने कहा, दोज हू मैटर दे डोंट माइंड एंड दोज हू माइंड दे डोंट मैटर। जिनको खलता है उनका कोई मूल्य नहीं और जिनका मूल्य है उनको पता ही नहीं चलता कि उन्हें कहां बिठाया गया है।

आपको कहां बिठाया गया है, यह आपको पता ही तब चलता है जब आपको भीतर भय है, और आप आश्वस्त नहीं हैं अपने प्रति, कि आपकी जो गरिमा है उस पर आपको खुद भी भरोसा नहीं है। तो आप सुरक्षित करना चाहते हैं। जरा सी बात में आप बेचैन हो जाते हैं। कोई जरा सा हंस दे, और आपको तकलीफ शुरू हो जाती है। क्योंकि आपको खुद ही डर लगा हुआ है कि हालत तो ऐसी है कि लोग हंसने चाहिए। आप जानते हैं कि आपकी दशा कैसी है। उसको छिपाए हैं, सम्हाले हुए हैं। एक पोज है आपका व्यक्तित्व; एक मुद्रा है चेष्टित। उसमें सब तरफ से डर है कि कोई तोड़ न दे।

आप अपने ज्ञान को घोषित किए हुए हैं; आप खुद ही भयभीत हैं, आपको कुछ पता है नहीं। इसलिए कोई अगर जरा सा सवाल उठा दे तो मुश्किल खड़ी हो जाती है। या कोई जरा सा विरोध कर दे, या कोई खंडन कर दे, तो आप इतने ज्यादा जोर से हमला बोल देते हैं उस पर, सुरक्षा के लिए, क्योंकि डर है कि अगर जरा हमला हुआ ज्यादा तो आपकी रक्षा-पंक्ति टूट जाएगी।

इसलिए बुद्धिमान जो लोग हैं वे विवाद भी नहीं करते एक-दूसरे से; वे इस तरह की बातें नहीं उठाते जिनमें कि कोई विवाद हो जाए। इसलिए सबने सुविधाजनक बातें खोज रखी हैं: मौसम कैसा है? आपके बच्चे कैसे हैं? ये ऐसी बातें हैं जिनमें कि कोई जरा भी उपद्रव नहीं है; इनकी बातें करके और बच कर निकल जाना है। कोई ऐसी भी बात, जिससे कि कुछ टूट जाए, कोई विरोध हो जाए, खतरनाक है। आपको अपने पर आश्वासन नहीं है।

लेकिन परमात्मा को क्या कारण हो सकता है दावे का? आश्वस्त है।

रोम के एक चौरास्ते पर एक दिन ऐसा हुआ कि एक यात्री आया। रोम के उस चौराहे पर बारह भिखमंगे बैठे हुए थे। सब स्वस्थ मालूम पड़ते थे। शरीर अभी ठीक लगता था। तो यात्री को हुआ कि निश्चित ही अलाल हैं, भीख मांगने का धंधा कर रहे हैं। तो उसने खड़े होकर कहा कि यह जो सोने का सिक्का है, उसके लिए, जो तुममें सबसे ज्यादा अलाल हो। ग्यारह आदमी भाग कर आए और उन्होंने कहा कि मैं सबसे ज्यादा अलाल हूं। उसने कहा कि ठहरो, वह जो आदमी पीछे लेटा हुआ है यह रुपया उसके लिए है। पर उन्होंने कहा कि हम दावा कर रहे हैं, और आपने कहा जो सबसे ज्यादा अलाल हो! मैं कहता हूं कि मैं सबसे ज्यादा अलाल हूं, और सिद्ध कर सकता हूं। उसने कहा, सिद्ध करने का कोई सवाल नहीं है। दावा ही वह करता है जिसको भीतर सिद्ध नहीं है। वह आदमी सिद्ध अलाल है। उठ कर भी नहीं आया है, रुपया लेने भी नहीं आया है; कोई दावा ही नहीं किया कि मैं अलाल हूं। दावा क्या करना है? आश्वस्त है। और जब वह उसे रुपया देने गया तो उसने इशारा किया कि खीसे में!

आप जब आश्वस्त हैं तो न कुछ सिद्ध करने को है, न कुछ दावा करने को है। जब आप आश्वस्त नहीं हैं तब आप सिद्ध करते हैं, दावा करते हैं। इसलिए एक बहुत मजे की घटना घटी है कि दुनिया में सिर्फ उन लोगों ने ईश्वर को सिद्ध करने के प्रमाण दिए हैं, जिनको ईश्वर पर भरोसा नहीं था। जिन्होंने तर्क दिए हैं ईश्वर को सिद्ध करने के लिए वे संत नहीं हैं; उनको खुद ही पता नहीं है। वे आपको तर्क नहीं दे रहे हैं; वे खुद को ही तर्क दे रहे हैं।

पहली बार जब पाश्चात्य भाषाओं में उपनिषदों का अनुवाद हुआ तो वहां के विचारक भरोसा न कर सके कि इस तरह की किताबें—किस तरह की किताबें हैं ये! क्योंकि इनमें कोई तर्क नहीं है। ईश्वर है, इसकी सीधी चर्चा है; लेकिन इसका कोई तर्क नहीं है सिद्ध करने के लिए कि वह क्यों है। तो उन्हें लगा कि ये किताबें कविता की ज्यादा हैं, दर्शन की नहीं। क्योंकि वे जिन किताबों से परिचित हैं उन किताबों में तर्क दिए हुए हैं कि ईश्वर इसलिए है, ईश्वर इस कारण से है। उपनिषदों में कोई तर्क नहीं है। और मैं कहता हूं, इसीलिए उपनिषद धार्मिक किताबें हैं, क्योंकि तर्क देने का कोई सवाल ही नहीं है। उपनिषद के ऋषियों को आश्वासन है कि वह है। बात खतम हो गई है। इसे सिद्ध करने का कोई उपाय नहीं है; न कोई जरूरत है।

जब भी आप किसी चीज को सिद्ध करने के लिए चेष्टारत हो जाते हैं तब अपने भीतर खोजना, और आप पाएंगे कि आपका आश्वासन नहीं है। नास्तिक आस्तिकता को सिद्ध करने की कोशिश में लगे रहते हैं; अधार्मिक धार्मिकता को सिद्ध करने की कोशिश में लगे रहते हैं। जो आप नहीं हैं उसको ही सिद्ध करने की आप कोशिश में लगे रहते हैं। जो आप हैं उसको तो छिपाना पड़ता है; सिद्ध करने की कोई जरूरत नहीं है।

लाओत्से कहता है, उसका कोई भी दावा नहीं है, महानता की कोई घोषणा नहीं है; और इसलिए उसकी महानता सिद्ध है, सदा उपलब्ध है।

अब पांच मिनट रुकें, कीर्तन करें और फिर जाएं।

आज इतना ही।

अड़सठवां प्रवचन

# ताओ का स्वाद सादा है

## Chapter 35

# THE PEACE OF TAO

*Hold the Great Symbol*
*And all the world follows,*
*Follows without meeting harm,*
*(And lives in) health, peace, commonwealth.*
*Offer good things to eat*
*And the wayfarer stays.*
*But Tao is mild to the taste.*
*Looked at, it cannot be seen;*
*Listened to, it cannot be heard;*
*Applied, its supply never fails.*

## अध्याय 35

# ताओ की शांति

*महान प्रतीक को धारण करो,*
*और समस्त संसार अनुगमन करता है;*
*और बिना हानि उठाए अनुगमन करता है;*
*और स्वास्थ्य, शांति और व्यवस्था को उपलब्ध होता है।*
*अच्छी वस्तुएं खाने को दो,*
*और राही ठहर जाता है।*
*लेकिन ताओ का स्वाद बिलकुल सादा है।*
*देखें, और यह अदृश्य है;*
*सुनें, और यह अश्राव्य है।*
*प्रयोग करने पर इसकी आपूर्ति कभी चुकती नहीं है।*

लाओत्से की दृष्टि में शिक्षक वही है जिसे शिक्षा देनी न पड़े, जिसकी मौजूदगी शिक्षा बन जाए; गुरु वही है जिसे आदर मांगना न पड़े, जिसे आदर वैसे ही सहज उपलब्ध हो जैसे नदियां सागर की तरफ बहती हैं। ऐसी सहजता ही जीवन में क्रांति ला सकती है।

शिक्षक शिक्षा देना चाहता है; गुरु अपना गुरुत्व दिखाना चाहता है; पिता बेटे को बदलना चाहता है; समाज-सुधारक समाज को नया रूप देना चाहते हैं। उनकी आकांक्षाएं शुभ हैं, लेकिन वे सफल नहीं हो पाते। न केवल वे सफल नहीं हो पाते, बल्कि वे भयंकर रूप से हानिपूर्ण सिद्ध होते हैं। क्योंकि जब कोई किसी को बदलना चाहता है तो वह उसकी बदलाहट में बाधा बन जाता है। और जितना ही आग्रह होता है बदलने का उतना ही बदलना मुश्किल हो जाता है।

आग्रह आक्रमण है। अच्छे पिता अक्सर ही अच्छे बेटों को जन्म नहीं दे पाते। उनका अच्छा होना, और अपने बेटे को भी अच्छा बनाने का आग्रह, बेटों की विकृति बन जाती है। जो समाज बहुत आग्रह करता है शुभ होने का, उसका शुभ पाखंड हो जाता है और भीतर अशुभ की धाराएं बहने लगती हैं। जिस चीज का निषेध किया जाता है उसमें रस पैदा हो जाता है, और जिस चीज को जबरदस्ती थोपने की कोशिश की जाती है उसमें विरस पैदा हो जाता है। ये मनोवैज्ञानिक सत्य आज पश्चिम की मनस की खोज में स्पष्ट होते चले जाते हैं।

लेकिन लाओत्से अभी भी अप्रतिम है, अभी भी लाओत्से की बात पूरी समझ में मनुष्य को नहीं आ सकी है। लाओत्से यह कह रहा है कि शुभ लाने की चेष्टा से अशुभ आता है; अच्छा बनाने की कोशिश बुरा बनने का कारण बन जाती है। परिणाम विपरीत होते हैं। इसको हम ठीक से समझ लें तो फिर इस सूत्र में प्रवेश हो जाएगा।

जब मैं किसी को अच्छा बनाने की कोशिश करता हूं, तो इस पूरी कोशिश की व्याख्या समझ लें, इस पूरी कोशिश का एक-एक ताना-बाना समझ लें। जब मैं किसी को अच्छा बनाने की कोशिश करता हूं तो पहली तो बात यह कि मैं अपने को अच्छा मानता हूं जो कि गहन अहंकार है, और दूसरा कि मैं दूसरे को बुरा मानता हूं जो कि अपमान है। और जितना ही मैं आग्रह करता हूं दूसरे को अच्छा बनाने का उतना ही मैं उसे अपमानित करता हूं; मेरी चेष्टा उसकी गहन निंदा बन जाती है। और अपमान प्रतिकार चाहता है, अपमान बदला लेना चाहता है। तो जिसे मैं अपमानित कर रहा हूं इस सूक्ष्म विधि से वह मुझ से बदला लेगा। और बदले का सबसे सरल उपाय यह है कि जो मैं चाहता हूं वह भर वह न होने दे; उससे विपरीत करके दिखा दे। तो बेटे बाप के विपरीत चल जाते हैं; शिष्य गुरुओं को सब भांति खंडित कर देते हैं; अनुयायी नेताओं को बुरी तरह पराजित कर देते हैं।

इधर हमने देखा, महात्मा गांधी की अथक चेष्टा थी, लोग अच्छे हो जाएं; और उन्होंने अपने अनुयायियों को अच्छा बनाने की भरपूर कोशिश की। लेकिन उन्हें लाओत्से का कोई भी पता नहीं था। और जो परिणाम हुआ वह

हमारे सामने है कि उनका अनुयायी, ठीक वह जो चाहते थे, उससे विपरीत हुआ। इसके लिए सभी लोग अनुयायियों को जिम्मेवार ठहराएंगे, लाओत्से जिम्मेवार नहीं ठहराता, मैं भी जिम्मेवार नहीं ठहराता। क्योंकि भूल शिक्षक की है। लेकिन वह भूल दिखाई हमें नहीं पड़ेगी। क्योंकि हम भी यह धारणा मान कर चलते हैं कि महात्मा गांधी ने तो अथक चेष्टा की लोगों को अच्छा बनाने की; अगर लोग नहीं अच्छे बने तो लोगों का कसूर है।

लेकिन लाओत्से यह कहता है कि शिक्षक की बुनियादी भूल है। जहां आग्रह होता है, जहां दूसरे को ठीक करने की चेष्टा होती है, वह चेष्टा विपरीत परिणाम लाती है। और ऐसा नहीं कि विपरीत परिणाम अनुयायियों पर हुए, उनकी खुद की संतान पर भी विपरीत परिणाम हुआ। जो वे चाहते थे उससे उलटा हुआ। चाह में कुछ भूल न थी, लेकिन उन्हें जीवन के गहन इस सत्य का जैसे पता नहीं है कि आग्रह आक्रमण है, और चाहे दूसरा कहे या न कहे, भीतर अपमानित होता है।

जैसे ही मैं किसी को अच्छा करने की कोशिश करता हूं, एक बात तो मैंने कह दी कि तुम बुरे हो। और यह मैं सीधा कह देता तो शायद इतनी चोट न लगती, लेकिन मैं यह परोक्ष कहता हूं कि तुम्हें अच्छा होना है, तुम्हें अच्छा बनना है। यह तो मैं कह रहा हूं कि तुम जैसे हो वैसे स्वीकृत नहीं हो; तुम कटो, छंटो, निखरो, तो मैं स्वीकार कर सकूंगा। मेरे स्वीकार में शर्त है : जैसा मैं चाहता हूं वैसे तुम हो जाओ।

एक तो मैंने मान ही लिया कि मैं ठीक हूं और दूसरी अब मैं यह कोशिश कर रहा हूं कि तुम गलत हो। और यह एक गहरी हिंसा है। दूसरे को मारना बड़ी स्थूल हिंसा है; दूसरे को बदलना बड़ी गहन हिंसा है, बड़ी सूक्ष्म हिंसा है। मैं आपका हाथ काट डालूं, यह बहुत बड़ी हिंसा नहीं है; लेकिन मैं आपके व्यक्तित्व को काटूं—चाहे भली इच्छा से ही, चाहे मैं आपको लाभ पहुंचाने के लिए ही, इससे कुछ फर्क नहीं पड़ता। बड़े मजे की तो बात यह है कि जितने लोग भी दूसरों को लाभ पहुंचाना चाहते हैं अक्सर तो लाभ पहुंचाना असली बात नहीं होती, दूसरे को बदलने, तोड़ने, काटने का रस असली बात होती है। और बड़ा सूक्ष्म मजा है कि दूसरे को मैं अपने अनुकूल ढाल रहा हूं। जैसा मैं हूं, जैसा मैं समझता हूं ठीक है, वैसा मैं दूसरे को बना रहा हूं। यह दूसरे की आत्मा का अपमान है।

तो शिक्षक, आदर्शवादी, महात्मा, साधु-संन्यासी, नेता, क्रांतिकारी, समाज-सुधारक समाज को बदल नहीं पाते, और विकृत कर जाते हैं। और उनके पीछे जो छाया आती है वह अत्यंत पतन की होती है। जब भी कोई महापुरुष लोगों को बदलने की कोशिश करता है तो उसके पीछे एक अंधकार की धारा अनिवार्यरूपेण पैदा हो जाती है।

लाओत्से कहता है कि तुम दूसरे को बदलना मत। तुम अपने स्वभाव में जीना। और अगर तुम्हारे स्वभाव में कुछ भी मूल्यवान है तो दूसरे उसकी उपस्थिति में बदलना शुरू हो जाएंगे। यह बदलाहट तुम्हारा आग्रह न होगी; इस बदलाहट में तुम्हारी चेष्टा न होगी; इस बदलाहट में तुम सचेतन रूप से सक्रिय भी नहीं होओगे। दूसरा ही सक्रिय होगा, दूसरा ही यत्न करेगा; लेकिन तुम सिर्फ एक मौन उपस्थिति, एक मौन प्रेरणा रहोगे।

उस प्रेरणा में कोई उपाय तुम्हारी तरफ से नहीं है। और जब कोई सिर्फ उपस्थिति होता है—एक आनंद की, एक उत्सव की, एक समाधि की, एक ध्यान की—तो दूसरे भी उसकी तरफ बहने शुरू हो जाते हैं। इस बहाव में वे दूसरे ही पहल करते हैं। यह उनकी अपनी निजी चेष्टा होती है। जैसे पानी नीचे की तरफ बहता है ऐसे जहां भी आनंद होता है वहां व्यक्ति बहने शुरू हो जाते हैं। न तो सागर निमंत्रण देता, न बुलाता; नदियां भागी चली जाती हैं। खींचता भी नहीं, नदियां अपनी स्वेच्छा से ही भागी चली जाती हैं।

और जब कोई स्वेच्छा से शिष्य बनता है और जब कोई स्वेच्छा से परिवर्तित होता है तो वास्तविक परिवर्तन घटित होता है। और उस परिवर्तन की घटना में कोई हानि नहीं होती। अन्यथा एक तो यह संभावना है कि जब कोई आपको बदलने की कोशिश करे, निर्माण करने की कोशिश करे, तो आप बगावती हो जाएं और विपरीत चले जाएं।

एक तो यह संभावना है। अगर आप साहसी हैं और आपके पास थोड़ा बल है विद्रोह का तो आप बगावती हो जाएंगे। अगर आप इतने साहसी नहीं हैं और विद्रोह का बल नहीं है तो आप पाखंडी हो जाएंगे। वह भी बड़ा खतरा है। आप ऊपर-ऊपर से, जो भी कहा गया है, सिखाया गया है, पूरा कर देंगे; और भीतर उबलते रहेंगे और जलते रहेंगे। ऊपर से ब्रह्मचर्य हो जाएगा; भीतर कामवासना होगी। ऊपर से अहिंसा हो जाएगी; भीतर सब तरह की हिंसा होगी। ऊपर से सब शुभ दिखाई पड़ने लगेगा और भीतर सब अशुभ दब जाएगा। यह और भी रुग्ण अवस्था है। इससे तो बगावती बेहतर है। वह कम से कम ईमानदार है।

तो महात्माओं के पीछे दो तरह के लोग छूट जाते हैं। या तो वे लोग जो महात्माओं के ठीक विपरीत चल पड़ते हैं, या वे लोग जो महात्माओं की मान कर चल पड़ते हैं और पाखंडी हो जाते हैं। इसलिए धार्मिक समाज अक्सर पाखंडी समाज होता है। होना नहीं चाहिए। यह सारी दुनिया में चिंता की बात है कि भारत जैसा देश, जहां इतने धर्मगुरु हुए हों, वह इतना पाखंडी क्यों है? इतने धर्मगुरु और इतने सुधारक और इतने विचारक और इतने संत, और भारत का आदमी इतना पाखंडी क्यों है?

इसमें कुछ उलझन नहीं होनी चाहिए। इतने सुधारने वालों के कारण ही भारत पाखंडी है। उन्होंने इतना समझा दिया है कि क्या ठीक है, और उन्होंने इतना थोप दिया है कि क्या ठीक है, कि आपकी हिम्मत भी नहीं कि आप कह दें कि यह गलत है। आप उसको आरोपण कर लेते हैं। आपके पास साहस भी नहीं है कि उसके विपरीत चले जाएं और तोड़ दें सारा पाखंड। वह भी आपकी हिम्मत नहीं है। आप उसको थोप लेते हैं अपने ऊपर, लेकिन भीतर आप पीछे के दरवाजे खोल लेते हैं जहां से आप बिलकुल उलटे आदमी होते हैं।

तो एक आपकी शक्ल होती है मंदिर में; वह आपकी असली शक्ल नहीं है। एक शक्ल होती है आपकी असली, वह मंदिर में कभी दिखाई नहीं पड़ती। और वह जो मंदिर में दिखाई पड़ती है वह बिलकुल ओढ़ी हुई है। उसका कोई भी मूल्य नहीं है। उसे आप भी जानते हैं कि वह ओढ़ी हुई है, वह दिखावे के लिए है। वह एक सामाजिक व्यवहार है; वह आपका असली व्यक्तित्व नहीं है। और जब ऐसा दोहरा व्यक्तित्व हो जाता है...।

पाखंड का अर्थ ही यही है कि जो असली है वह भीतर छिपा है, जो नकली है वह ऊपर ओढ़ा हुआ है। और इन दोनों के बीच सतत कलह और संघर्ष चलता रहता है। अगर आपके चित्त में बहुत अशांति है तो उस अशांति का नब्बे प्रतिशत कारण तो आपका पाखंड है। और आप लाख ध्यान करें और लाख योग साधें, वह पाखंड जब तक नहीं छूटता तब तक शांति की कोई संभावना नहीं है। क्योंकि योग साधने से वह पाखंड नहीं छूट जाएगा। और आप कितनी ही पूजा-प्रार्थना करें, उससे वह पाखंड नहीं छूट जाएगा। इस सत्य को समझना ही पड़ेगा कि मेरे भीतर मैंने दो हिस्से बना रखे हैं। एक, जो बिलकुल झूठा है; जिसको मैं कहता हूं कि ठीक है, लेकिन कभी जिसको मैं उपयोग नहीं करता, कभी जिसका व्यवहार नहीं करता। और एक, जिसका मैं व्यवहार करता हूं, जिसको मैं गलत कहता हूं। बड़ी अजीब स्थिति है। जो भी मैं करता हूं उसको मैं गलत कहता हूं और जिसको भी मैं ठीक कहता हूं उसको मैं करता नहीं हूं। और जो मैं करता हूं वही मैं हूं; जो मैं कहता हूं उसका कोई मूल्य नहीं है।

यह पाखंड अनिवार्य है। क्योंकि जहां बदलने की कोशिश की जाती है वहां दो ही परिणाम होते हैं, या तो बगावत या पाखंड। और जब भी पाखंड बहुत ज्यादा हो जाता है तो फिर बगावत पैदा हो जाती है। आज अगर अमरीका और यूरोप में बगावत है तो उस बगावत का कारण है। ईसाइयत ने दो हजार साल तक जो पाखंड पैदा किया है उसके खिलाफ वह बगावत है। तो ठीक विपरीत स्थिति बन गई है।

इस मुल्क में भी आज नहीं कल भयंकर विस्फोट होगा। चीन में जो विस्फोट हुआ है वह कनफ्यूशियस उसका कारण है। माओत्से तुंग की सफलता असलियत में माओत्से तुंग की सफलता नहीं है। कनफ्यूशियस और

उसकी परंपरा ने चीन के ऊपर जो जबरदस्त ढांचा व्यक्तित्व का थोप दिया था, वह इतना भारी हो गया था कि उसे तोड़ना जरूरी था। जब भी कोई चीज अतिशय हो जाएगी तो टूट जाएगी। आज जगह-जगह नीति के ढांचे टूट रहे हैं; उनका कारण इतना ही है कि वे नीति के ढांचे पाखंड हैं। लाओत्से इनके जरा भी समर्थन में नहीं है। उसकी धर्म की दृष्टि बिलकुल ही अलग है। हम इस सूत्र में प्रवेश करें तो हमें खयाल में आए।

'महान प्रतीक को धारण करो, होल्ड दि ग्रेट सिंबल, और समस्त संसार अनुगमन करता है, एंड आल दि वर्ल्ड फालोज।'

क्या है वह महा प्रतीक? ताओ उसका नाम है, या कहें धर्म, या कहें स्वभाव। स्वभाव से हमें समझने में आसानी होगी। क्या है तुम्हारा स्वभाव, उस स्वभाव को ही सम्हाले रहो। और वह स्वभाव कष्ट में भी ले जाए तो कष्ट में जाओ, और वह स्वभाव तुम्हें मुसीबत में डाल दे तो मुसीबत में पड़ो। क्योंकि वह मुसीबत भी निखारने वाली सिद्ध होगी। और वह कष्ट भी तुम्हें ताजा करेगा और तुम्हें जीवन देगा। लेकिन स्वभाव को मत छोड़ो; उस महा प्रतीक को पकड़े रहो। स्वभाव से प्रतिकूल मत होओ, चाहे कितना ही कोई लाभ दिखाई पड़ रहा हो। और स्वभाव से जरा भी मत हटो, चाहे कितनी ही हानि दिखाई पड़ती हो।

लाओत्से की दृष्टि में यही साधना है कि जो मेरा स्वभाव है, मैं उसका अनुगमन करूंगा। बहुत कठिन है, बहुत कठोर है; क्योंकि पूरा समाज पाखंड से भरा है। और जहां सारे लोग पाखंड से भरे हों और जहां सब कुछ झूठ हो गया हो, वहां एक व्यक्ति अपने स्वभाव का अनुगमन करे तो कठिनाई में पड़ेगा। स्वाभाविक। क्योंकि वह ऐसी भाषा बोलने लगेगा और ऐसा जीवन जीने लगेगा कि जिसका किसी से तालमेल नहीं खाएगा।

मैं एक कहानी पढ़ रहा था। लाओत्से को पढ़ कर किसी ने वह कहानी लिखी हुई मालूम पड़ती है। कहानी का पात्र है, वह इतना प्रभावित हो जाता है लाओत्से के स्वभाव की बात से कि वह अचानक सारा पाखंड छोड़ देता है, और जो स्वाभाविक है वैसा ही करने लगता है। घंटे भी नहीं बीत पाते कि लोगों को शक हो जाता है कि वह पागल हो गया। पत्नी अस्पताल में भर्ती करवाती है। वह बहुत कहता है कि मैं पागल नहीं हो गया हूं, मैं केवल सच्चा हो गया हूं। तो जिस आदमी को मैं कहना चाहता था कि तू बेईमान है, उसको सदा से जानता था कि वह बेईमान है और सदा से कहना चाहता था कि बेईमान है; अब तक कहा नहीं था, अब तक उसकी ईमानदारी की प्रशंसा की थी। अब मैंने सच-सच कह दिया; मैं सिर्फ सच्चा हो गया हूं। लेकिन कोई उसकी सुनता नहीं। लोग समझते हैं कि उसके दिमाग में कुछ गड़बड़ हो गई है। लोग बहुत बुरा मानते हैं; क्योंकि वह, जैसी बात उसे ठीक लगती है, वैसी कहनी शुरू कर देता है। तो वह अपने घर बैठा रहता है। लोग उसे देखने आते हैं कि उसकी तबीयत खराब है। तो पहले तो लोग चौंकते थे जब वह सच्ची बातें कह देता था, लेकिन अब वे मुस्कुराते हैं। क्योंकि सब राजी हो गए हैं, मान लिया है कि इसका दिमाग खराब हो गया है। उसे अंततः पागलखाने जाना पड़ता है।

अगर आप, जैसी समाज की व्यवस्था है, उसमें अचानक सच्चे हो जाएं तो आप इतनी मुसीबत में पाएंगे जितना कि पागल भी नहीं पा सकता है। क्योंकि जिस पत्नी से आप जिंदगी भर से कह रहे थे कि मैं तुझे प्रेम करता हूं, तेरे बिना जी नहीं सकता, उससे आप क्या कहिएगा? जिस पति से आप कह रहे थे कि तुम परमात्मा हो और व्यवहार जिंदगी भर उससे ऐसा ही कर रहे थे जैसे वह शैतान हो, उसको क्या कहिएगा? अगर चौबीस घंटे के लिए भी आप ठीक सच्चे हो जाएं तो आप पाएंगे कि आप जिंदा नहीं रह सकते। बड़ी कठिनाई हो जाएगी।

इमर्सन ने अपने एक पत्र में लिखा है कि मैं सुनता हूं, पढ़ता हूं कि सत्य होना चाहिए; लेकिन मैं जानता हूं कि अगर लोग सत्य का अनुगमन करें तो दुनिया में दो मित्र भी खोजना मुश्किल हो जाएंगे। मित्रता ही असंभव हो जाएगी। प्रेम बिलकुल असंभव हो जाएगा; क्योंकि सब झूठ पर खड़ा है।

आपका प्रेम, आपकी दोस्ती, आपके संबंध सब झूठ पर खड़े हैं। यह बड़े मजे की बात है कि दुनिया भर के शिक्षक सत्य की शिक्षा दे रहे हैं और हमारी सारी जीवन-व्यवस्था असत्य पर खड़ी हुई है। और अगर हम चौबीस घंटे के लिए तय कर लें कि सत्य से जीएंगे तो या तो आपकी हत्या कर दी जाए, या आपको पागलखाने में बंद कर दिया जाए, या लोग आप पर हंसने लगें कि आपका दिमाग खराब हो गया है। ये भी उनकी व्यवस्थाएं हैं सुरक्षा की। जब वे हंसेंगे कि आप पागल हो गए हैं तो वह आपको पागल नहीं कह रहे हैं, वे हंस कर अपनी सुरक्षा कर रहे हैं। वे यह कह रहे हैं कि इनकी बात को कोई ध्यान देने की जरूरत नहीं है। वे यह कह रहे हैं कि जब आदमी पागल ही हो गया तो अब इससे कुछ आशा ही नहीं है; यह कुछ भी कह सकता है।

लाओत्से की साधना कठिन है। क्योंकि जैसे ही आप अपने स्वभाव में सरकना शुरू करेंगे, आप पाएंगे कि आपका सारा व्यक्तित्व झूठा है। जगह-जगह से आपको हटना पड़ेगा। आप मुस्कुराते झूठे हैं, आप रोते झूठे हैं।

मैं लोगों को देखता हूं, किसी के घर में कोई मर गया है, वे जाकर वहां ऐसी शक्ल बना लेते हैं एक क्षण में! बाहर तक वे हंसते हुए सिगरेट पीते आ रहे थे; सिगरेट झड़ा कर वे एकदम, शक्ल उनकी बिलकुल उदास हो जाती है; भीतर जाकर वे उदासी की बातें कर लेते हैं; बाहर आकर फिर वे हंस रहे हैं, गपशप कर रहे हैं; सिनेमागृह की ओर जा रहे हैं। बीच में जैसा उन्होंने जो उदासी ओढ़ी थी वह जैसे कुछ बात ही न थी।

आंसू निकाल लेते हैं लोग झूठे; मुस्कुरा लेते हैं। वह सब चिपकाई हुई मुस्कुराहट है, ऊपर से पेंट की हुई। फिर धीरे-धीरे वे भूल ही जाते हैं कि असली मुस्कुराहट क्या है। इतना अभ्यास हो जाता है झूठी मुस्कुराहट का कि जब असली भी आना चाहिए तो झूठी आ जाती है। वह अभ्यास का हिस्सा हो जाती है। आंसू जब असली भी आना चाहिए तब भी उनको पता नहीं चलता कि असली कहां से लाएं; क्योंकि नकली के लाने की धारा, आदत, यांत्रिक आदत बन गई होती है। इस पर थोड़ा विचार करें तो आपको खयाल में आएगा कि लाओत्से की साधना अति जटिल होगी, कठिन होगी, महातप होगी।

'महान प्रतीक को धारण करो, और समस्त संसार अनुगमन करता है।'

लेकिन उसके अंतिम परिणाम अभूतपूर्व हैं, अदभुत हैं। एक बार कोई व्यक्ति अपने स्वभाव में उतरने लगे तो पहली घटना तो यह होगी कि सारे लोग उसके विपरीत हो जाएंगे। कारण? क्योंकि आप झूठ हुए ही इसलिए हैं, ताकि कोई आपके विपरीत न हो जाए। इसे थोड़ा समझ लें।

आपने सारा ढांचा झूठा इसलिए खड़ा किया है कि सबसे बनी रहे; कहीं कुछ बिगाड़ न हो जाए। सबसे बनाए रखने में आपने अपने से बिगाड़ कर लिया है। सबको सम्हालने में, पता नहीं सब सम्हले हैं या नहीं सम्हले, आप जरूर बिलकुल असंतुलित हो गए हैं। आप सम्हले हुए नहीं रहे हैं। सब प्रसन्न रहें आपके आस-पास, सब खुश रहें; हालांकि कोई खुश नहीं है आपके आस-पास; लेकिन इस चेष्टा में एक बात जरूर घटी है कि आप स्वाभाविक नहीं रह गए हैं। और बिना स्वभाविक हुए कोई प्रसन्न नहीं हो सकता। प्रसन्नता स्वभाव के साथ मेल से पैदा होती है; प्रफुल्लता स्वभाव के साथ एकतान होने से पैदा होती है।

तो जैसे ही आप स्वाभाविक होने की कोशिश करेंगे वैसे ही आप पाएंगे कि जहां-जहां आपने ताने-बाने बुने थे—सबको सम्हालने के थे—वे सब टूटने लगे, वे सब शिथिल होने लगे। जिस-जिस को सम्हाला था वह दूर हटने लगा। वह सम्हालना भी सिर्फ कामचलाऊ था, उससे काम चलता था; कुछ सम्हला नहीं था।

स्वभाव के प्रतीक को जैसे ही कोई धारण करेगा, पहला तो परिणाम यह होगा कि लोग उसके विपरीत होने लगेंगे। अगर वह डर गया तो वापस अपनी खोल को ओढ़ लेगा। अगर नहीं डरा और स्वभाव में चलता ही चला गया तो यह विरोध ज्यादा दिन नहीं टिकेगा। यह विरोध तो उसकी पुरानी झूठ के कारण पैदा हो रहा है। जैसे-जैसे

लोग राजी होते जाएंगे, समझते जाएंगे, जैसे-जैसे लोग उसके स्वभाव, उसके आनंद, उसकी शांति से परिचित होने लगेंगे, वैसे-वैसे विरोध गिर जाएगा। और इस विरोध के गिरने के बाद अनुगमन पैदा होता है; और तब लोग उसके पीछे चलने लगेंगे।

अभी आप लोगों को पीछे चलाने की कोशिश करते हैं; कोई आपके पीछे चलता नहीं। आपको भला खयाल हो कि लोग आपके पीछे चल रहे हैं, उनको यह खयाल होता है कि आप उनके पीछे चल रहे हैं। लेकिन जिस दिन कोई व्यक्ति अपने स्वभाव में थिर होता है उस दिन अपने आप लोग पीछे चलना शुरू हो जाते हैं। क्योंकि वह अपूर्व धारा पैदा हो गई उसके भीतर, वह महा चुंबक उपलब्ध हो गया उसे, जिससे लोग खिंचने शुरू हो जाते हैं।

लेकिन उस घटना के पहले विरोध होगा। और उस घटना के पहले जो साथ थे वे साथ छोड़ देंगे। उस घटना के पहले जो अपने थे वे पराए हो जाएंगे। क्योंकि उनसे सारा संबंध झूठ का था; वह जबरदस्ती था। वह किसी भय और लोभ के कारण था। आप अपने संबंधों को सोचें कि आपके संबंध किस तरह से खड़े हुए हैं। पति पत्नी से डरा हुआ है, इसलिए प्रेम किए चला जाता है। पत्नी डरी हुई है भविष्य से, आशंकित है—क्या होगा जीवन का; कहां भोजन, कहां रोटी, कहां मकान—वह पति की सेवा किए जाती है। लेकिन दोनों के बीच कोई, वह निसर्ग की कोई अनुभूति, कोई प्रेम का कोई स्फुरण नहीं है। और हम डराए जाते हैं एक-दूसरे को, क्योंकि हम जानते हैं यही हमारा संबंध है। या तो भय या लोभ, बस दो के आधार पर हम जीते हैं। इसलिए साथ चलते हुए लोग मालूम पड़ते हैं, लेकिन सिर्फ घिसटते हैं; कोई किसी के साथ नहीं चलता।

साथ तो कोई तभी चल सकता है जब कोई लोभ और कोई भय न रह जाए; जब सिर्फ दो प्रकृतियां मेल खाती हों और इसलिए साथ चलती हों। तब लाओत्से कहता है कि सारा संसार अनुगमन करता है।

लेकिन आप यह मत सोचना अपने मन में कि यह तरकीब अच्छी है सबसे अनुगमन करवाने की। अगर आप इस कारण स्वभाव की बात से प्रभावित हुए तो आप स्वभाव को कभी उपलब्ध न हो पाएंगे। स्वभाव को तो वही उपलब्ध होता है जो दूसरे की चिंता ही नहीं करता कि वह पीछे चलेगा कि नहीं चलेगा, कि साथी होगा कि दुश्मन हो जाएगा; दूसरे की जो चिंता ही छोड़ देता है।

बहुत बार लाओत्से के ऊपर स्वार्थी होने का आरोप लगाया गया। उस आरोप में थोड़ी सच्चाई है। क्योंकि लाओत्से कहता है कि तुम अगर ठीक से स्वभाव में हो जाओ—उसको ही वह कहता है ठीक स्वार्थ—तो सब घटना घटनी शुरू हो जाएगी। तुम दूसरे की चिंता ही मत करो, क्योंकि दूसरे की चिंता से ही सारा उपद्रव पैदा हो रहा है।

यह जरा जटिल है। क्योंकि हमारे मन में परोपकार की इतनी धारणा बैठी हुई है, और सब एक-दूसरे का उपकार करने में इस बुरी तरह लगे हुए हैं। और उनका उपकार दूसरे को बिलकुल नष्ट कर देता है। इसे हम थोड़ा समझें। क्योंकि एक धारणा मजबूत हो तो उससे बिलकुल प्रतिकूल धारणा समझ में आनी कठिन हो जाती है।

पति सोच रहा है कि वह पत्नी के लिए सब कुछ कर रहा है। पत्नी सोच रही है कि वह अपना जीवन गंवा रही है पति के लिए। दोनों मिल कर सोच रहे हैं कि हम बच्चों के लिए जी रहे हैं। कोई अपने लिए नहीं जी रहा है। और जो अपने लिए नहीं जी रहा है उसके पास जीवन ही नहीं होता; वह दूसरे के लिए कैसे जीएगा? इसलिए खतरे होंगे। पति सोच रहा है, पत्नी के लिए मेहनत कर रहा है, तो पत्नी से बदला लेता रहेगा स्वभावतः। क्योंकि जिंदगी गंवा रहा है वह पत्नी के लिए। तो इसका बदला कौन लेगा? तो पत्नी पर वह क्रोध और रोष और दुष्टता जाहिर करता रहेगा। पत्नी सोच रही है, उसने अपना शरीर, अपना जीवन, अपना सब कुछ गंवा दिया इस पति के लिए; वह इससे बदला लेती रहेगी। और दोनों मिल कर बच्चों की गर्दन को कसे हैं; वे कहते हैं, हम तुम्हारे लिए जी रहे हैं, नहीं तो हमें जीने की कोई बात ही नहीं है।

तुम्हें जीने की कोई बात नहीं है? तुम्हारे बाप और मां तुम्हारे लिए जीए; उनको भी जीने की कोई बात नहीं थी। उनके बाप और मां उनके लिए जीए। और ये बच्चे भी खुद नहीं जीएंगे; ये अपने बच्चों के लिए जीएंगे। इस संसार में कोई अपने लिए जीएगा ही नहीं तो जीवन कहां फलित होगा?

तो ये मां-बाप बच्चों से बदला लेते रहेंगे; इन पर क्रोध आता ही रहेगा। अब तक मैंने एक ऐसा मां-बाप नहीं देखा जो बच्चों पर क्रोध न कर रहा हो। लेकिन क्रोध का कारण बच्चे नहीं हैं; क्रोध का कारण यह है कि मेरी जिंदगी तुम्हारे लिए खराब हो रही है। मैं मर जाऊंगा मेहनत कर-कर के और तुम मजा करोगे।

वे भी मजा नहीं करेंगे; आपकी कृपा ऐसी है कि आप उनको बिगाड़ कर रहेंगे। यहां कोई मजा तो कर ही नहीं सकता; मजा यहां पाप है। तो ये मां-बाप बच्चों से बदला लेते रहेंगे।

और ध्यान रहे, बच्चों को यह कभी समझ में नहीं आएगा कि आप हमारे लिए जीए, क्योंकि आपके पास जीवन ही नहीं था। और बच्चों को सिर्फ इतना ही समझ में आएगा कि कितना आपने क्रोध किया, कितना उनको सताया, कितना परेशान किया। आखिर में बच्चों को याद रह जाएगी आपकी दुष्टता, और आपको याद रह जाएगा आपकी कुर्बानी। और इन दोनों में कोई तालमेल नहीं है। बुढ़ापे में आप कहते रहोगे कि मैंने कुर्बानी की है; और बच्चे जानते हैं कि सिवाय तुमने सताने के और कुछ भी नहीं किया। बच्चे बूढ़ों से बदला लेते हैं, क्योंकि बच्चे बचपन में तो बदला नहीं ले सकते। कमजोर हैं, असहाय हैं; आप पर निर्भर हैं। आप उनको सता लेते हैं। फिर जब आप बूढ़े होते हैं तो बच्चे आपको सताना शुरू कर देते हैं।

सारी दुनिया में बूढ़े बच्चों से परेशान हैं, क्योंकि जैसे ही बूढ़े हुए आप, और बच्चे आपका तिरस्कार करने लगते हैं और आपको सताना शुरू करते हैं। वे भी ढंग निकाल लेते हैं। यह ठीक वही बदला वापस लौटा रहा है। यह वर्तुल पूरा हो रहा है। बूढ़े बहुत दुखी होते हैं कि बच्चे हमारे साथ क्या व्यवहार कर रहे हैं! पर उन्हें पता नहीं कि उन्होंने बच्चों के साथ क्या व्यवहार किया था। उनको याद है कुर्बानी कि उन्होंने जिंदगी इन्हीं के लिए नष्ट कर दी। इन दोनों भाषाओं का कहीं कोई मेल नहीं है।

लेकिन अगर ठीक से समझें तो जो आदमी दूसरे के लिए जिंदगी नष्ट करेगा वह आदमी खतरनाक है। क्योंकि उसमें जो शहीदगी पैदा हो गई कि मैं शहीद हो गया हूं, वह बदला लेगा। तो यह जो मार्टरडम है, यह जो शहीदगी है, यह सबसे बड़ा पाप है जगत में। इस भाषा में कभी भी मत सोचना कि मैं दूसरे के लिए जीऊं। क्योंकि आप खतरनाक हैं, आप दूसरे को नुकसान पहुंचाएंगे। आप सिर्फ अपने लिए जीएं, और आपके जीवन में इतनी सुगंध हो—वह तभी होगी जब आप अपने लिए जीएंगे।

पति अपने लिए जी रहा है; उसके अपने लिए जीने से जो आनंद फलेगा वह पत्नी को भी मिलेगा, वह ज्योति उसके ऊपर भी पड़ेगी। लेकिन पति कभी यह नहीं कहेगा कि मैं तेरे लिए जीया। मैं जीया अपने लिए, और अगर मेरे जीवन में बाढ़ आई और मेरे जीवन में धाराएं ज्यादा हो गई और अतिरेक हो गया मेरा आनंद तो तुझ तक भी पहुंचा। लेकिन मैं तेरे लिए नहीं जीया, जीया मैं अपने ही लिए। और पत्नी अपने लिए जी रही है; और उसके पास जब ज्यादा होती है तो वह बांटती है। और जो ले लेता है, उसकी वह अनुगृहीत होगी। क्योंकि जब कोई भार से भर जाता है आनंद के तब जो भी उसके आनंद को बंटा लेता है, वह उसे निर्भार करता है। और ये मां-बाप दोनों आनंद से जी रहे हैं, अपने आनंद के लिए; इनकी छाया में बच्चों को भी बहुत आनंद मिलेगा। और ये बच्चे अनुगृहीत रहेंगे इनके बुढ़ापे तक, क्योंकि इनके पास जो छाया और जो सुगंध अनुभव हुई थी। और इन मां-बाप को कभी बुढ़ापे में यह खयाल नहीं रहेगा कि हमने अपनी जिंदगी तुम्हारे लिए बर्बाद की। इसलिए बदला लेने का कोई सवाल नहीं है। और जहां बदला लेने का कोई सवाल नहीं है वहां बहुत कुछ प्रत्युत्तर में मिलता है।

इस जगत में जो मांगता है उसे कुछ भी नहीं मिलता। जो नहीं मांगता है और अपने आनंद से देता है, किसी सिद्धांत के कारण नहीं, किसी कर्तव्य के कारण नहीं, जो देता है इसलिए कि उसके पास इतना ज्यादा है कि देने में वह सुख पाता है, उसको बहुत आनंद उपलब्ध होता है।

लाओत्से की शिक्षा अति स्वार्थी है। पर मैं मानता हूं कि अगर दुनिया उसकी शिक्षा के करीब आ जाए तो दुनिया में इतना परार्थ होगा जिसका हिसाब नहीं। हम सब परोपकारवादी हैं, और दुनिया में इतना उपद्रव मचा है और इतना स्वार्थ है जिसका कोई हिसाब नहीं। विपरीत परिणाम हो जाता है। दूसरे की चिंता छोड़ कर अपनी ही चिंता कर लें ठीक से। पर हमारे मन में बड़ा डर लगता है। अपनी चिंता? यह तो बात बुरी है। चिंता सदा दूसरे की करनी चाहिए। देश के लिए कुर्बान हो जाओ! पति के लिए कुर्बान हो जाओ! बेटे-बच्चों के लिए कुर्बान हो जाओ! जैसे आप सिर्फ कुर्बानी के बकरे हो; आपको सिवाय कुर्बान होने के कोई काम ही नहीं है। कहीं न कहीं कुर्बान हो जाओ, और आपकी सार्थकता हो गई। कहीं न कहीं किसी बलिवेदी पर अपना सिर रख दो, और झंझट खत्म हो गई; आपका जीवन पूर्णता को उपलब्ध हो गया।

कुर्बानी की बात ही बेहूदी है। और वह जिन्होंने खोजी है उन्होंने एक बहुत झूठा जाल खड़ा कर रखा है। जाल इतना बड़ा है और इतना प्राचीन है कि उसमें से बाहर सिर उठा कर देखना भी बहुत मुश्किल होता है। मैं भी आपसे कहता हूं, अपने स्वार्थ की अगर आप ठीक से चिंता कर लें तो आपसे किसी को कोई हानि न होगी। और आपके जीवन से परोपकार सहज ही बहेगा। और सहज बहे तो ही शुभ है; चेष्टा से बहाना पड़े तो अशुभ है।

'महान प्रतीक को धारण करो, और समस्त संसार अनुगमन करता है। और बिना हानि उठाए अनुगमन करता है।'

यह वचन बहुत अनूठा है : 'और बिना हानि उठाए अनुगमन करता है; फालोज विदाउट मीटिंग हार्म।'

क्योंकि अनुगमन तो करवाया जा सकता है; लेकिन तब हानि होती है। सारे नेता हानि पहुंचाते हैं, क्योंकि सारे नेता का रस है कि कोई अनुगमन करे। नेता को अनुयायी में कोई रस नहीं है वस्तुतः, लोग उसका अनुगमन करें इसमें रस है। और लोग अनुगमन करें इसमें रस इसलिए है कि जितने ज्यादा अनुयायी उतना बड़ा वह नेता! उसके अहंकार की तृप्ति इसमें है कि कितने लोग उसके पीछे चल रहे हैं। जितनी बड़ी संख्या उसके पीछे चले, वह उतना बड़ा है; उतना अहंकार तृप्त होता है।

इसलिए आप देखते हैं, शांति के समय में बड़े नेता पैदा नहीं होते; अशांति के समय में बड़े नेता पैदा होते हैं। क्योंकि अशांति के समय में लोग इतने भयभीत हो जाते हैं कि वे किसी का सहारा चाहते हैं। समझ लें कि भारत में स्वतंत्रता का संग्राम था तो बड़े नेता पैदा हुए। कोई स्वतंत्र देश में इतने बड़े नेता पैदा नहीं होते जितने गुलाम देश में पैदा होते हैं। उसका कारण है। क्योंकि गुलामों की भीड़ स्वतंत्र होना चाहती है; कोई भी सहारा दे तो उसके पीछे चल सकती है। लेकिन दुनिया के जितने बड़े नेता पैदा होते हैं सब युद्ध के समय में पैदा होते हैं; शांति के समय में कोई बड़ा नेता पैदा नहीं होता। इंग्लैंड चर्चिल को पैदा करके दिखाए! तो दूसरा महायुद्ध फिर से लड़ना पड़े तो चर्चिल पैदा हो सकता है। दि गॉल ने स्टैलिन की मृत्यु पर कहा था कि दुनिया का बड़े नेताओं का काल समाप्त हो गया, स्टैलिन की मृत्यु के साथ। निश्चित ही, स्टैलिन था, रूजवेल्ट था, हिटलर था और चर्चिल था—बड़े लोग थे।

पर ये सारे बड़े लोग युद्ध से पैदा हुए थे। चाहे गांधी हों, चाहे नेहरू हों, ये सारे बड़े लोग संघर्ष से पैदा होते हैं। जब अशांति होती है, और लोग परेशान होते हैं, और लोगों को कोई का सहारा चाहिए, कोई जिसके वे पीछे चल सकें। जब युद्ध नहीं होता तो लोग अपने पैरों पर खड़े रहते हैं; किसी के पीछे चलने की उनको चिंता नहीं होती। जब कोई भय नहीं होता तो वे किसी का सहारा नहीं पकड़ते।

इसलिए अगर दुनिया में बिलकुल शांति हो जाए तो दुनिया से नेता विदा हो जाएंगे। शांत दुनिया में नेता बिलकुल नहीं होंगे। इसलिए मैं आपसे कहता हूं, जब तक नेता हैं तब तक शांति नहीं हो सकती। और नेता कितनी ही शांति की बात करें वे शांति ला नहीं सकते; क्योंकि शांति उनके विपरीत है। वे युद्ध ही लाएंगे। वे बातें करेंगे कि युद्ध नहीं चाहिए; और इतने जोश में आ जाएंगे कि युद्ध नहीं चाहिए कि मौका लगे तो युद्ध नहीं चाहिए के लिए युद्ध करेंगे; मगर युद्ध के बिना नेता नहीं जी सकते। जहां युद्ध समाप्त होता है वहां नेतागिरी समाप्त हो जाती है। राजनीति ही समाप्त हो जाती है अगर अशांति न हो।

तो अशांति बनी ही रहनी चाहिए, कारण कुछ भी हों; अशांति खड़ी रहनी चाहिए, कोई भी बहाना हो। बहाने सच भी मालूम पड़ें—बहाने सच ही होते हैं—लेकिन असली बात बहाना नहीं होती, असली बात नेतृत्व होता है। लोग मुसीबत में हैं; नेता को मुसीबत से मतलब नहीं है, नेता को मतलब इस बात से है कि मुसीबत में जो लोग हैं वे उसके पीछे चल सकते हैं। इसलिए जो सुविधा में है, मौज में है, वह किसी के पीछे नहीं चलता। परेशानी आई कि आप डरे। आपका अकेला होना मुश्किल होने लगा; अपने पैरों पर भरोसा न रहा। तो आप किसी के पीछे चलते हैं। और जहां पीछे चलाने का यह रस कायम रहेगा वहां मुसीबतें निर्मित होती ही रहेंगी। क्योंकि मुसीबतें बिलकुल जरूरी हैं। अभी यह भारत-पाकिस्तान का युद्ध हुआ तो इंदिरा सबको पार कर गई। नेहरू भी थोड़े फीके पड़ गए। पड़ ही जाएंगे। जहां युद्ध है, लोग भयभीत हुए, कि भयभीत लोग भीड़ में इकट्ठे हो जाते हैं। युद्ध गया...।

इसलिए आप देखते हैं, जब युद्ध होता है तो लोग कहते हैं, देश में बड़ी एकता आ जाती है। एकता वगैरह कुछ नहीं आती। भयभीत लोग अकेले खड़े नहीं रह सकते; दूसरे का सहारा चाहिए। भीड़ में चारों तरफ घिर कर खड़े होते हैं, भरोसा आ जाता है—हम कोई अकेले नहीं हैं। इसलिए जब भी उपद्रव होता है, देश में एकता मालूम पड़ती है। जब भी उपद्रव हट जाता है, बिलकुल एकता समाप्त हो जाती है। अगर पूरे मुल्क पर खतरा हो तो फिर महाराष्ट्रियन और गुजराती में कोई झगड़ा नहीं है; फिर हिंदी-भाषी में और तमिल-भाषी में कोई झगड़ा नहीं है। दोनों डरे हुए हैं। अभी ये झगड़े काम के नहीं हैं; ये अलग कर देंगे वे। अभी इकट्ठे खड़े हो जाएंगे। शांति आ गई; झगड़े वापस लौट आएंगे।

अगर इस बात को हम ठीक से समझ लें तो नेतृत्व की अनिवार्य जरूरत है कि लोग अशांत हों, दुखी हों, गरीब हों, परेशान हों। वे बिलकुल खुशहाल हो जाएं तो नेतृत्व नष्ट हो जाएगा। अनुगमन तो करवाया जा सकता है बहुत तरकीबों से, लेकिन उनकी हानियां हैं।

और सब नेता अनुयायियों की बुद्धि को नुकसान पहुंचाने वाले होते हैं। क्योंकि जब भी कोई नेता बुरी तरह छा जाता है आपके भय और लोभ का शोषण करके तो वह आपकी चेतना को नुकसान पहुंचाता है। वह आपको सचेत नहीं करता; वह आपको बेहोश करता है। वह असल में आपसे यह कहता है कि फिक्र मत करो, तुम्हें करने की कोई जरूरत नहीं; तुम सब मुझ पर छोड़ दो, मैं कर लूंगा। और आप डरे हुए होते हैं, इसलिए लगता है कि ठीक है, कोई और सम्हाल ले सारी जिम्मेवारी तो अच्छा है। नेता जिम्मेवारी सम्हाल लेता है। कोई नेता जिम्मेवारी पूरी नहीं कर पाता; लेकिन सम्हाल लेता है। सम्हालने से वह बड़ा हो जाता है; उसके अहंकार की तृप्ति हो जाती है। लेकिन वह हानि पहुंचाता है। क्योंकि लोगों का चैतन्य बढ़ना चाहिए, घटना नहीं चाहिए। उनका दायित्व बढ़ना चाहिए, घटना नहीं चाहिए। उनका होश बढ़ना चाहिए, घटना नहीं चाहिए। और अपनी समस्याओं को खुद हल करने की हिम्मत बढ़नी चाहिए, कम नहीं होनी चाहिए।

इसलिए असली गुरु वह नहीं है जो आपकी समस्याएं अपने सिर पर ले लेता है। असली गुरु वह है जो आपकी समस्याएं जरा भी अपने सिर पर नहीं लेता, और आपको इस स्थिति में छोड़ता है कि आप इस योग्य बन

जाएं कि अपनी समस्याएं हल कर लें। क्योंकि समस्याएं आप हल करेंगे तो ही आपका विकास है। कोई समस्या दूसरा हल कर देगा तो आपका कोई विकास नहीं है। दूसरे के हल के द्वारा समस्या भला हल हो जाए, आपकी हानि हो गई। आप एक विकास के अवसर से चूक गए। इसलिए जो नेता जिम्मेवारी ले लेते हैं, जो गुरु जिम्मेवारी ले लेते हैं, वे नुकसान पहुंचाते हैं।

लाओत्से कहता है, 'और बिना हानि उठाए अनुगमन करता है।'

अगर कोई व्यक्ति अपने स्वभाव में लीन हो जाए तो लोग उसके पीछे चलते हैं, लेकिन उनकी कोई हानि नहीं होती। ऐसे व्यक्ति के पीछे चलने से उनको जरा भी हानि नहीं होती; उनको लाभ ही होता है।

लेकिन जब कोई नेता पीछे चलवाता है तब हानि होती है। स्वभाव को उपलब्ध व्यक्ति किसी को अनुयायी बनाने के लिए उत्सुक नहीं होता; कोई पीछे चले, इसमें भी उत्सुक नहीं होता। कोई उसकी माने, इसमें भी उत्सुक नहीं होता। स्वभाव को उपलब्ध व्यक्ति तो अपने आनंद में लीन होता है। उसके आनंद की हवा में कोई बह कर आ जाए, और उसकी सुगंध किसी को पकड़ ले, और उसके भीतर का संगीत किसी के हृदय में तान छेड़ दे, वह गौण बात है; उससे कोई लेना-देना नहीं है।

'और बिना हानि उठाए अनुगमन करता है; और स्वास्थ्य, शांति और व्यवस्था को उपलब्ध होता है।'

वे लोग जो पीछे चलते हैं, स्वभाव को उपलब्ध व्यक्ति के पीछे चलते हैं, वे स्वास्थ्य, शांति और व्यवस्था को उपलब्ध होते हैं। लेकिन कला यही है कि न तो वह स्वास्थ्य की चिंता करता है आपके, और न आपकी शांति की चिंता करता है, और न आपको व्यवस्था देता है।

लाओत्से की बात बड़ी कंट्राडिक्टरी है, बड़ी विरोधाभासी है। लाओत्से कहता है, व्यवस्थापकों ने जगत में अव्यवस्था पैदा कर रखी है। वे जो व्यवस्था करने में लगे हुए हैं कि सब व्यवस्थित कर देना है, उनके कारण अव्यवस्था खड़ी हो जाती है। क्योंकि उनकी व्यवस्था आरोपण होती है, और कोई भी अपने स्वभाव में नहीं रह पाता। वे इतना थोप देते हैं बाहर का ढांचा कि भीतर की आत्मा कुचल जाती है। वे व्यवस्था भी जमा देते हैं, लेकिन वह ऊपर-ऊपर होती है, जबरदस्ती होती है, परतंत्रता जैसी होती है। और ज्यादा देर नहीं टिक पाती; स्वभाव उसको तोड़ डालता है। और जब व्यवस्था स्वभाव से टकरा कर टूटती है तो अव्यवस्था आ जाती है। वास्तविक व्यवस्था वही है जो कि बिना किए, बिना थोपे आती हो।

आप यहां चुप बैठे हैं। कोई आपसे कह नहीं रहा है कि आप चुप बैठें; कोई यहां डंडा लेकर नहीं खड़ा है कि आप शांत रहें। इधर मैं देखता हूं, धार्मिक सभाओं में महात्मागणों को हर दो-चार वचन के बाद बोलना पड़ता है, अब शांत रहिए, अब चुप हो जाइए। और अगर यह नहीं हो पाता तो बोलो सिया रामचंद्र की जय! तो एक क्षण को लोग जय बोल कर कम से कम, उतना उपद्रव मच जाता है, तो थोड़ी देर को शांति हो जाती है। आश्चर्यजनक है! और धर्मगुरुओं को यह नहीं दिखाई पड़ता कि लोगों की अशांति यह कह रही है कि आप बंद करो, मत बोलो; कोई सुनने को राजी नहीं।

व्यवस्था बिठाने की जरूरत क्या है? जहां भी लोग स्वभाव का कोई स्वर सुनते हैं, चुप हो जाते हैं। चुप न होते हों तो बोलने वाले को चुप हो जाना चाहिए। सीधी बात है। व्यवस्था बिठाने का कोई सवाल नहीं है। आप चुप हैं, यह चुप्पी में एक व्यवस्था है जो व्यवस्था आपसे आ रही है। उस व्यवस्था को कोई ला नहीं रहा है। अगर लाई जाए तो आपके भीतर बेचैनी शुरू हो जाएगी। आप बैठे भी रहेंगे तो करवट बदलते रहेंगे, क्योंकि लाई गई व्यवस्था...आपके भीतर से तो कुछ और हो रहा था; ऊपर से कुछ और करना पड़ रहा है। आप थक जाएंगे; आपकी जीवन-ऊर्जा को कुंठा मालूम पड़ेगी, दमन मालूम पड़ेगा।

आप देखते हैं, स्कूल से बच्चे छूटते हैं तो किस तरह छूटते हैं! जैसे कारागृह से छूटे हों। कितने प्रसन्न होते हैं! उनकी प्रसन्नता में ही उनकी स्लेट टूट जाती है, किताबें फट जाती हैं, बस्ता फेंक देते हैं। एकदम आनंदित हो जाते हैं। लेकिन हम कर क्या रहे हैं उनके साथ? छह घंटे जबरदस्ती व्यवस्था बिठाए हुए हैं। डंडे के बल पर व्यवस्था बिठाए हुए हैं। इसलिए अगर आज सारी दुनिया में विश्वविद्यालय जलाए जा रहे हैं, कालेजों में आग लगाई जा रही है, तो आप यह मत समझना कि सिर्फ बच्चे ही जिम्मेवार हैं। यह तो होने ही वाला था। क्योंकि जो आप कर रहे हैं बच्चों के साथ वह जबरदस्ती है। उस जबरदस्ती का प्रतिकार होने वाला था।

पहले नहीं हुआ, क्योंकि बहुत थोड़े स्कूल थे, बहुत थोड़े कालेज थे। बड़ा समूह शिक्षित नहीं किया जा रहा था। और जो लोग शिक्षा लेने जाते थे वे उन घरों के थे जिनके पास साधन-सामग्री थी; पैसा, सुविधा, जमीन-जायदाद थी। उन घरों के बच्चे विश्वविद्यालयों और स्कूलों में पढ़ रहे थे। जिनके पास सुविधा है वे बगावती नहीं होते; क्योंकि बगावत में उनका नुकसान होगा, कुछ खोएगा। लेकिन जिनके पास कुछ नहीं है वे बगावती हो जाते हैं। उनसे आप कुछ छीन नहीं सकते; उनका कुछ भी नष्ट नहीं होता। और जिनके पास है उनका नुकसान होता है; और जिनके पास नहीं है उनका कोई नुकसान नहीं होता।

मार्क्स ने कहा है कि दुनिया के मजदूरो, इकट्ठे हो जाओ! क्योंकि तुम्हारे पास खोने के लिए सिवाय जंजीरों के और कुछ भी नहीं है। तो डर क्या है?

तो सारी दुनिया में सार्वभौम शिक्षा! सब को शिक्षित होना चाहिए। स्वभावतः, विश्वविद्यालयों और कालेजों, स्कूलों में वे सारे बच्चे इकट्ठे हो गए हैं जिनके पास कुछ नहीं है। और उनको आप छह घंटे जबरदस्ती बिठाए हुए हैं, और उनके पास खोने को कुछ नहीं है। और छह घंटे की सजा, और यह बीस-पच्चीस साल तक सजा चलती है। इसका उपद्रव है। इस जबरदस्त व्यवस्था में से अव्यवस्था पैदा हो रही है। कोई विश्वविद्यालय बिना जले बच नहीं सकता। इस सदी के पूरे होते-होते ये बच्चे सारे विश्वविद्यालय, सब कालेजों को मिट्टी में मिला देंगे। और आपके पास कुछ उपाय नहीं। क्योंकि आप जो भी सोचते हैं वह गलत सोचते हैं।

उपाय एक ही है कि कालेज और विश्वविद्यालय से व्यवस्था हट जाए और सहज व्यवस्था आए। वह तो हमारी संभावना के बाहर है। हम सोच ही नहीं सकते कि सहज व्यवस्था कैसे आ सकती है। क्योंकि उसका तो अर्थ होगा कि सारा ढांचा बदले जीवन का। क्योंकि शिक्षक सहज व्यवस्था ला सकता है, अगर वह सच में शिक्षक हो। लेकिन सच में शिक्षक कौन है? सौ में एक शिक्षक भी सच में नहीं है। निन्यानबे नौकरी करने गए हैं, जैसे वे कोई और नौकरी करने गए होते। और सच तो यह है कि आखिर में वे शिक्षक की नौकरी करने जाते हैं जब कोई नौकरी नहीं मिलती। पहले वे कोशिश करते हैं कि सब-इंस्पेक्टर हो जाएं, कि किसी दफ्तर में मैनेजर हो जाएं, कि हेड क्लर्क हो जाएं। जब कुछ भी नहीं हो पाते तब मजबूरी में वे शिक्षक हो जाते हैं। यह शिक्षक जो सब-इंस्पेक्टर होने गया था, यह अव्यवस्था पैदा करवाएगा। क्योंकि यह व्यवस्था लाने की इतनी चेष्टा करेगा कि सबके भीतर की ऊर्जा को दबा देगा। वह दबी हुई ऊर्जा विस्फोट बन जाएगी।

लाओत्से कहता है, एक और भी व्यवस्था है—स्वभाव की। और जब कोई ऐसे व्यक्ति का अनुगमन करता है, लाओत्से कहता है, अगर संसार ऐसे व्यक्ति के अनुगमन में लीन हो जाए तो स्वास्थ्य, शांति और व्यवस्था सहज ही उपलब्ध हो जाती है।

स्वास्थ्य क्या है? अपने साथ एक लयबद्धता, अपने साथ एक गहरी मैत्री, अपने भीतर कहीं भी कोई अराजकता न हो; अपने भीतर कोई कलह न हो; एक राजीपन कि सब ठीक है; एक भाव कि सब ठीक है; ऐसा स्वर-स्वर में, श्वास-श्वास में एक गूंज, कि कुछ भी गलत नहीं है। पर यह तभी होता है जब कोई स्वभाव में लीन

होने लगता है। और अगर आप ऐसे व्यक्ति के पीछे चल पड़े जो स्वभाव में डूबा हुआ है तो आप ज्यादा दिन बच न पाएंगे। यह स्वभाव में डूबना संक्रामक है।

इस संदर्भ में आपको एक शब्द का अर्थ समझा दूं। हमारे पास एक बहुत मीठा शब्द है, सत्संग। उसको साधु-संन्यासी बुरी तरह खराब कर दिए हैं। सत्संग का मतलब यह नहीं होता कि वहां जाकर गुरु कुछ समझा रहा है और आप कुछ समझ रहे हैं। सत्संग का सिर्फ मतलब होता है कि गुरु है और आप हैं; सिर्फ गुरु मौजूद है और आप उसके पास मौजूद हैं। यह पास होने का नाम सत्संग है; सिर्फ पास होने का नाम, निकट होने का नाम, समीपता का नाम। सत्संग का अर्थ कोई बौद्धिक शिक्षा नहीं है; सत्संग का अर्थ एक आत्मिक सामीप्य है। कोई जो अपने स्वभाव को उपलब्ध हुआ है, उसके पास बैठ कर आपके भीतर भी वही धुन बजने लगेगी जो उसके भीतर बज रही है।

लेकिन बड़ा अदभुत है। आप गुरु के पास जाएं तो गुरु—गुरु खुद, अगर चुप बैठे तो आपके सत्संग में हो जाएगा—वह चुप बैठ नहीं सकता। कुछ बोलना चाहिए उसे। क्योंकि बोल कर वह आपसे बचता है। आपको पता नहीं कि भाषा एक बचाव की तरकीब है। जिस व्यक्ति का सत्संग आप नहीं करना चाहते उससे आप बातचीत शुरू कर देते हैं। क्योंकि बातचीत से एक दीवाल बन जाती है बीच में। अगर पति पत्नी का सत्संग नहीं करना चाहता तो वह चर्चा शुरू कर देगा; वह कुछ भी बात करेगा। आप सबको अनुभव है कि आप बात करेंगे कुछ भी, ताकि निकटता का पता न चले। कुछ भी बात करो। प्रेमी चुप बैठ सकते हैं, पति-पत्नी पास में चुप नहीं बैठ सकते। प्रेमी अक्सर चुप बैठ जाते हैं। बात करने का मन नहीं होता, क्योंकि निकट होने का मन होता है। जब निकट होने का मन होता है तो बात करने का मन नहीं होता। और जब निकट से बचने का मन होता है तो आदमी बात करता है। बातचीत एक सुरक्षा है, एक तरकीब है, जिससे हम एक पर्दा खड़ा कर लेते हैं और ओट में हो जाते हैं।

सत्संग का अर्थ है ऐसे व्यक्ति के पास चले जाना जो स्वभाव को उपलब्ध है। और उसके स्वभाव की तरंगें आप को भी छुएंगी, और शायद उसके मौन में आप भी मौन हो जाएंगे। वह जिस आनंद में नहा रहा है, आप पर भी कुछ बूंदें पड़ जाएंगी। वह जहां खड़ा है वहां की थोड़ी सी झलक आपको भी मिल जाएगी।

ऐसा ही दूसरा शब्द है हमारे पास, दर्शन। इस दर्शन के लिए दुनिया की किसी भाषा में अनुवाद करना आसान नहीं है। दुनिया की किसी भाषा में ऐसा शब्द नहीं है। सत्संग तो पास होने का नाम है। पर अगर, जो व्यक्ति स्वभाव को उपलब्ध हुआ है, उसकी दृष्टि भी आप पर पड़ जाए या आपकी दृष्टि उस पर पड़ जाए तो उतने में भी एक संबंध स्थापित हो जाता है; एक क्षण को एक धारा, एक लहर आपको बहा ले जाती है।

तो पश्चिम के लोग आते हैं, वे नहीं समझ पाते। वे नहीं समझ पाते कि किसी गुरु के दर्शन को जाने का क्या मतलब? जब तक कि बातचीत न हो, इंटरव्यू न हो, कुछ चर्चा न हो, कुछ प्रश्न-उत्तर न हो, तो दर्शन का क्या मतलब? सिर्फ देखना? तो देख कर क्या फायदा? उनका कहना ठीक है। क्योंकि साधारणतः देख कर क्या फायदा होगा? तो तस्वीर ही देख सकते हैं हम।

लेकिन इस मुल्क को पता है कि दर्शन का बड़ा अदभुत फायदा है। लेकिन वह फायदा तभी है जब दूसरा व्यक्ति स्वभाव को उपलब्ध हो। वह ऐसे ही है जैसे कि आप एक पहाड़ के पास जाएं और एक गहन खाई में झांक कर देखें। तो खाई में झांकते वक्त आपको पता है, जो आप कंप जाते हैं, वह कंपन किस बात से आता है? अभी खाई में आप गिर नहीं गए हैं; सिर्फ झांका है। लेकिन खाई की गहराई आपके भीतर की गहराई को जन्मा देती है। एक प्रतिफलन हो जाता है; आप कंप जाते हैं, उस गहराई से डर जाते हैं। जब कोई स्वभाव को उपलब्ध होता है तो उसके पास जाना एक मानवीय खाई के पास जाना है; एक चैतन्य की खाई—जहां एक अंतहीन गड्ढ है, एक शून्य है। उसका एक क्षण भी दर्शन, और आप फिर वही नहीं होंगे जो आप थे।

लेकिन इस सब की कला थी, कैसे सत्संग करें और कैसे दर्शन करें। अब तो जाते भी हैं आप गुरु के पास तो पैर छुआ और भागे। शायद आपने ठीक से देखा ही नहीं; एक कर्तव्य था, वह निभाया, पूरा किया। शायद आपने झांका ही नहीं। थोड़ी देर बैठ जाएं और सिर्फ देखते रहें।

और ध्यान रहे, यह गुरु की परीक्षा है आपके लिए कि जिस गुरु के पास सिर्फ उसको देखने से आप शांत होने लगें, समझना कि वही आपके लिए गुरु है। जिस गुरु के पास बैठ कर आप अचानक ध्यान में उतर जाएं, समझना कि वही आपके लिए गुरु है। वह क्या कहता है, यह सवाल नहीं है। वह क्या है? और उस क्या है की गंध आपको मिल सकती है अगर आप थोड़े से जाकर शांति से बैठ जाएं।

तो गुरु की तलाश का उपाय ही एक है कि उसके दर्शन से ही आपको कुछ होना चाहिए, उसकी मौजूदगी से आपको कुछ होना चाहिए। इसके पहले कि वह बोले, और उसकी खबर आप में पहुंच जानी चाहिए। इसके पहले कि वह हिले, और आपके भीतर कुछ हिल जाना चाहिए।

लाओत्से कहता है, 'बिना हानि उठाए संसार अनुगमन करता है; स्वास्थ्य, शांति और व्यवस्था को उपलब्ध होता है। अच्छी वस्तुएं खाने को दो, राही ठहर जाता है, मेहमान रुक जाता है। लेकिन ताओ का स्वाद बिलकुल सादा है।'

इसलिए ताओ के पास शायद ही कभी कोई मेहमान रुकता है। स्वाद बिलकुल सादा है। लाओत्से कहता है कि ताओ में न तो कोई तर्क है, न कोई तीव्र उत्तेजना है, न कोई भय की प्रतारणा है, न कोई लोभ का आकर्षण है। ताओ कहता नहीं कि तुम अगर पुण्य करो, दान करो, तो स्वर्ग पाओगे। ताओ कहता नहीं कि तुमने अगर पाप किया, चोरी की, बेईमानी की, तो नर्क में सड़ोगे। ताओ तुम्हें डराता नहीं और ताओ तुम्हें प्रलोभित भी नहीं करता। ताओ तुम्हें कोई आश्वासन नहीं देता कि भविष्य में ऐसा होगा अगर तुमने माना, और नहीं माना तो ऐसा होगा। ताओ के पास कोई लोभ और भय की व्यवस्था नहीं है। इसलिए उसका स्वाद बिलकुल सादा है।

आदमी धार्मिक बनता है—अक्सर, सौ में निन्यानबे मौके पर—भय या लोभ के कारण। या तो डरता है तो ईश्वर का सहारा मांगता है और या फिर लोभ सताता है तो ईश्वर का सहारा मांगता है। हमारा ईश्वर लोभ और भय का ही फल है। जब भी तुम मंदिर में गए हो तो पूछना अपने से कि किसलिए आए हो। तो तुम या तो भय को सरकता हुआ पाओगे या लोभ को उठा हुआ पाओगे। और अगर तुम दो में से एक भी पाओ तो मंदिर जानना कि व्यर्थ है जाना; घर लौट आना वापस। अगर मंदिर जाते वक्त न तो भय की कोई लहर भीतर हो, न लोभ की कोई लहर भीतर हो, तो ही समझना कि मंदिर में तुम्हारा प्रवेश होगा।

मंदिर नाम के मकान में प्रवेश करना तो बहुत आसान है। पशु-पक्षी, मक्खियां भी काफी अभी वर्षा में प्रवेश कर गई हैं। उसके लिए प्रवेश करने का कोई सवाल नहीं है। मकान में तो, मंदिर वाले मकान में तुम जा सकते हो, आ सकते हो। लेकिन मंदिर मकान नहीं है। मंदिर एक घटना है, मंदिर एक अनुभव है। और उस अनुभव में तुम तभी प्रवेश कर सकोगे जब तुम्हारे भीतर ये दो चीजें न हों। लेकिन ये दो ही चीजें अगर हट जाएं तो जमीन पर धार्मिक आदमी खोजना मुश्किल है।

रसेल ने कहा है कि दुनिया में अगर सुख आ जाए तब मैं समझूं कि कोई धार्मिक हो। ठीक कहता है। धार्मिक आदमी जैसे हैं, उनको सोचने से रसेल की बात करीब-करीब ठीक लगती है। तो वह कहता है, दुनिया में दुख है इसलिए लोग धार्मिक हैं। लोग परेशान हैं इसलिए लोग धार्मिक हैं। लोग सुखी हो जाएं तो फिर कोई धार्मिक हो! उसकी बात में थोड़ी सच्चाई मालूम पड़ती है। क्योंकि सुख में आप भी स्मरण नहीं करते; दुख में स्मरण करते हैं। जितना दुख बढ़ता है उतने आप आस्तिक होने लगते हैं। और जितना सुख बढ़ता है उतने नास्तिक होने लगते हैं।

यह दुनिया अगर नास्तिक हो गई है तो इसमें बहुत बड़ा कारण तो यही है कि दुनिया में विज्ञान ने बहुत से दुख कम कर दिए हैं। तो डर के मौके बहुत कम हो गए हैं। अगर पीछे लौटें ऋग्वेद के समय में तो ऋग्वेद का जो रूप है उससे लगता है हर चीज डरा रही है। आकाश में बादल गरजने लगें तो डर लगेगा, बिजली चमकने लगी तो डर लगेगा। हर चीज डराने वाली है। क्योंकि किसी चीज का कुछ वश नहीं है आदमी का। बाढ़ आ जाए तो डर लगेगा; वर्षा न हो तो डर लगेगा; ज्यादा हो जाए तो डर लगेगा; रात का अंधेरा भी डराएगा। सभी चीजें डर पैदा करेंगी।

अभी आने वाले कुछ दिनों में सूर्य का ग्रहण लगने वाला है। तो अफ्रीका की सरकारों को—क्योंकि अफ्रीका में पूरा ग्रहण रहेगा, ऐसा हजारों वर्ष के बाद होता है—तो अफ्रीकी सरकारों को खबर करनी पड़ी है आदिवासियों के लिए, जगह-जगह संदेशवाहक भेजने पड़े हैं कि तुम घबड़ाना मत, दुनिया का अंत नहीं हो रहा है। नहीं तो जंगलों में आदिवासी हैं अफ्रीका के, वे देख कर कि सूरज दिन में अचानक समाप्त हो गया, घबड़ाहट से ही मर जाएंगे; वे समझेंगे कि दुनिया का अंत आ गया। और उनकी लोककथाओं में ऐसा है कि जब अंत आएगा तो सूरज जल्दी दोपहर में एकदम से बुझ जाएगा; जब बुझ जाएगा सूरज तो अंत आ जाएगा। तो कहीं वे घबड़ा न जाएं, कहीं कोई आत्महत्या न कर लें, इसलिए अफ्रीकी सरकार ने जगह-जगह सूचनाएं भिजवाईं कि तुम डरना मत, यह सिर्फ ग्रहण है।

वह अफ्रीका में अब भी आदमी तीन-चार हजार साल पुराना है। भय था हर चीज का। भय था तो हर भय से भगवान याद आता था। भय कम होता चला गया। न अब जंगली जानवर आप पर हमला कर रहा है; चारों तरफ से आप सुरक्षित मालूम पड़ते हैं; सीमेंट-कांक्रीट के मकान में कहीं कुछ भय नहीं मालूम पड़ता। सब रोशनी हाथ में मालूम पड़ती है। भगवान का डर कम हो गया है; भगवान का स्मरण कम हो गया है।

लाओत्से न तो भय देता है, न लोभ देता है। इसलिए उसका स्वाद बड़ा सादा है। वह तो सिर्फ सहज होने को कहता है। क्योंकि सहज होना ही एकमात्र होने का ढंग है। बाकी सारे उपद्रव हैं।

'अच्छी वस्तुएं खाने को दो, राही ठहर जाता है। लेकिन ताओ का स्वाद बिलकुल सादा है।'

धर्मग्रंथ बड़ी अच्छी-अच्छी बातें खाने को देते हैं। वे कहते हैं, स्वर्ग में क्या-क्या सुख होंगे; उसका विस्तीर्ण ब्योरा बताते हैं। कभी-कभी तो ऐसा ब्योरा बताते हैं जो बाद में बहुत बेहूदा मालूम पड़ता है।

एक धर्मग्रंथ ऐसे समय में रचा गया, जब उस मुल्क में होमोसेक्सुअलिटी, समलैंगिकता बहुत तेजी पर थी। तो पुरुष लड़कों को भी प्रेम करते थे; और ज्यादा दीवाने थे जवान लड़कों के, बजाय जवान लड़कियों के। यह धर्मग्रंथ उस समय रचा गया जब उस मुल्क में इस तरह की विकृत मनोदशा थी। तो स्वर्ग में इसका भी इंतजाम किया है कि वहां छोकरे भी उपलब्ध होंगे। वहां छोकरियां तो उपलब्ध होंगी ही, वहां सुंदर छोकरे भी उपलब्ध होंगे।

आदमी का मन है! तो सारा स्वाद स्थापित किया है स्वर्ग में, और सारा भय स्थापित किया है नरक में। इसलिए सभी समाजों के नरक अलग-अलग हैं, क्योंकि सभी के भय अलग-अलग हैं। सभी के स्वर्ग भी अलग-अलग हैं, क्योंकि सभी के सुख भी अलग-अलग हैं। जैसे तिब्बती स्वर्ग है तो वहां सूरज प्रगाढ़ होकर चमकता है; क्योंकि तिब्बत परेशान है सर्दी से। नरक में बर्फ जमी है; स्वर्ग में सूरज चमकता है। हमारे नरक में हम बर्फ का इंतजाम नहीं कर सकते, नहीं तो ऋषि-मुनि बहुत आनंद लेंगे बर्फ का वहां। नरक में हम आग जलाते हैं, क्योंकि हम आग से परेशान हैं। स्वर्ग में शीतल हवाएं हैं, वातानुकूलित है स्वर्ग। वह जो हमारा दुख है उसको हम नरक में डाल देते हैं; जो हमारा सुख है उसे हम स्वर्ग में डाल देते हैं। तिब्बतियों के स्वर्ग में बर्फ बिलकुल नहीं है; धूप ही धूप है, खुला आकाश है। और हमारे स्वर्ग में हमको बर्फ का थोड़ा इंतजाम करना ही पड़े।

लाओत्से कहता है, लेकिन ताओ बिलकुल सादा है। हम न कोई अतीत, न कोई भविष्य देते; न कोई सुख, न दुख का आश्वासन देते। हम इतना ही कहते हैं कि तुम जो हो अगर तुम वही हो जाओ तो तुम्हारे जीवन की पूर्णता है

और तुम्हारे जीवन का पूरा अर्थ है। और तुम्हारे जीवन में अकारण तुम जो दुख पैदा कर लेते हो, वे नहीं होंगे, और सहज ही जो सुख प्रवाहित होना चाहिए वह प्रवाहित हो जाएगा।

आदमी को छोड़ कर कोई भी स्वभाव से च्युत नहीं होता। सारी प्रकृति स्वभाव में जीती है। लेकिन उसका स्वभाव में जीना एक मजबूरी है, क्योंकि प्रकृति के पास इतना बोध नहीं है कि वह स्वभाव के बाहर जा सके। सिर्फ आदमी स्वभाव के बाहर जा सकता है। लेकिन यह एक बड़ी संभावना भी है, एक बड़ा खतरा भी। बड़ा खतरा है कि हम स्वभाव के बाहर जाकर बहुत दुख पाते हैं; लेकिन एक बड़ी संभावना भी कि हम वापस लौट सकते हैं।

निश्चित ही, हम जितना दुख पाते हैं उतना कोई पशु नहीं पाता। हम दुख के बिलकुल आखिरी नरक तक जा सकते हैं; कोई पशु नहीं जा सकता। लेकिन हम लौट भी सकते हैं; और लौट कर हम जो आनंद पा सकते हैं वह भी कोई पशु नहीं पा सकता। पशु सुख पा सकते हैं, लेकिन उनका सुख का बोध भी नहीं है। वे दुख नहीं पा सकते, क्योंकि वे स्वभाव से विपरीत नहीं जा सकते। हम स्वभाव से विपरीत जाकर दुख की आखिरी पराकाष्ठा पा सकते हैं, और वापस लौट कर आनंद की परम अनुभूति भी पा सकते हैं। ताओ तो सिर्फ नियम को स्पष्ट कर देता है। वह यह भी नहीं कहता कि ऐसा करो ही। वह इतना ही कहता है : ऐसा है।

बुद्ध की वाणी में अक्सर ऐसे वचन हैं। बुद्ध से कोई पूछता है कि हम क्या करें? तो बुद्ध नहीं कहते कि क्या करो; बुद्ध कहते हैं, मैं तो इतना ही बता देता हूं कि ऐसा करने से ऐसा होगा और ऐसा करने से ऐसा होगा; मैं यह नहीं कहता कि तुम क्या करो। अगर तुम वासना में हो तो दुख होगा; अगर तुम निर्वासना में हो तो सुख होगा। मैं नहीं कहता कि तुम निर्वासना करो या वासना करो; मैं तो सिर्फ नियम कहता हूं। बुद्ध ने भी इसलिए परमात्मा की बात नहीं की; स्वर्ग-नरक की बात नहीं की; सिर्फ धर्म की बात की कि मैं सिर्फ धर्म कहता हूं कि ऐसा-ऐसा कारण मौजूद हो जाए तो दुख होता है; ऐसा-ऐसा कारण मौजूद हो जाए तो सुख होता है। अब तुम जानो। मैं बीमारी कहता हूं, इलाज कहता हूं। फिर तुम्हें बीमार रहना है तो तुम बीमार रहो; और तुम्हें इलाज करना है तो तुम इलाज करो। न तो मैं निंदा करता हूं कि तुम बीमार रहो तो तुम्हारी निंदा। वह तुम्हारी स्वतंत्रता है। न मैं प्रशंसा करता हूं कि तुम स्वस्थ हो जाओ तो तुम्हारा कोई समादर हो। वह भी तुम्हारी स्वतंत्रता।

ताओ भी कोई किसी तरह के वायदे नहीं करता है।

'ताओ का स्वाद बिलकुल सादा है। देखें, और यह अदृश्य है। सुनें, और यह अश्राव्य है। पर प्रयोग करने पर इसकी आपूर्ति कभी चुकती नहीं।'

स्वाद है सादा, इतना सादा कि कहना चाहिए स्वाद है ही नहीं। सादे का अर्थ ही यह होता है कि स्वाद का पता न चले। जब तक पता चलता है स्वाद का तब तक उसमें कुछ न कुछ गैर-सादगी है। क्योंकि चोट का ही पता चलता है, उत्तेजना का पता चलता है। इसलिए जिनको स्वाद लेना है वे सब तरह की उत्तेजना पैदा करते हैं; भोजन में मिर्च डालेंगे, कुछ करेंगे जिससे उत्तेजना पैदा हो। उत्तेजना हो तो स्वाद का पता चलता है; उत्तेजना न हो तो स्वाद का कोई पता नहीं चलता। अगर स्वाद बिलकुल सादा है तो उसका पता ही नहीं चलेगा।

'देखें, और ताओ अदृश्य है।'

आंखों से उसे देख न पाएंगे; कहीं भी दिखाई न पड़ेगा। और सब कुछ दिखाई पड़ जाएगा, सिर्फ धर्म दिखाई नहीं पड़ेगा। क्योंकि वह सबके भीतर का छिपा हुआ नियम है। सब उसी से चलता है, लेकिन वह अप्रकट। ठीक वैसे ही जैसे वृक्ष दिखाई पड़ता है और जड़ें दिखाई नहीं पड़तीं। मेरा हाथ दिखाई पड़ता है, मेरी आंखें दिखाई पड़ती हैं; लेकिन मैं दिखाई नहीं पड़ता। वह जितना मूल है उतना ही गहन में छिपा होता है, और जितना अनिवार्य है उतना ही ऊपर नहीं होता। सभी महत्वपूर्ण चीजें गहन अंधकार में छिपी होती हैं। और जीवन के सब रहस्य दबे होते

हैं गहरे में, गर्भ में; प्रकट और ऊपर नहीं होते। प्रकट तो ऊपर वही होता है जो शरीर है, आत्मा नहीं। प्रकट तो वही होता है जो अभिव्यक्ति है; प्रकट तो वही होता है जो आकार है; प्रकट तो वही होता है जो परिधि है। केंद्र तो सदा अप्रकट होता है।

'देखें, और वह अदृश्य है। सुनें, और वह अश्राव्य।'

सुनेंगे तो सुनाई नहीं पड़ेगा। देखेंगे तो दिखाई नहीं पड़ेगा। छुएंगे तो छू न सकेंगे। स्वाद लेंगे तो उसका कोई स्वाद नहीं।

'लेकिन प्रयोग करने पर उसकी आपूर्ति कभी चुकती नहीं।'

लेकिन जो उसमें डूबने लगता है, फिर वह अनंत है, फिर उसकी पूर्ति कभी चुकती नहीं। फिर उसका कितना ही भोग करें, उसका कोई अंत नहीं है। फिर ऐसा कोई क्षण नहीं आता जब कहें कि वह चुक गया। फिर वह कभी भी चुकता नहीं। इसे हम दो तरह से समझ लें। एक तो वह इसलिए स्वाद उसका अनुभव में नहीं आता, क्योंकि उसमें कोई उत्तेजना नहीं है। और वह इसलिए दिखाई नहीं पड़ता कि वह जीवन का आंतरिक केंद्र है, परिधि नहीं है। और वह इसलिए सुनाई नहीं पड़ता, क्योंकि सुनाई पड़ने में भी आघात की जरूरत है। सब शब्द आघात से पैदा होते हैं। शब्द मात्र में थोड़ा आघात तो होगा ही। ध्वनि पैदा होगी तो दो चीजें टकराएंगी तभी पैदा होगी। लेकिन उससे दूसरा कोई है ही नहीं; वह अकेला ही है। अस्तित्व अकेला है। वह किससे टकराए जिससे आघात पैदा हो?

इसलिए हमने अपने मुल्क में उस स्थिति को अनाहत नाद कहा है। अनाहत नाद का अर्थ है कि बिना आघात के, बिना आहत जो ध्वनि है, उसका जब आवाज सुनाई पड़ना शुरू हो जाता है। ये सब शब्द काव्य हैं; वह सुनाई नहीं पड़ता कभी भी। लेकिन भाषा की मजबूरी है। तो वह जब सुनाई पड़ना शुरू हो जाता है जो कि सुना नहीं जाता, और जब वह दिखाई पड़ना शुरू हो जाता है जो कि दिखाई नहीं पड़ता, और जब उसका स्वाद अनुभव में आने लगता है जिसका कोई स्वाद नहीं है, तब व्यक्ति स्वभाव को उपलब्ध हुआ। क्या करना होगा?

आंखों का उपयोग करेंगे तो उससे संबंध नहीं जुड़ता। इसलिए आंखों का उपयोग छोड़ दें। जब उसकी तलाश में हों तो आंखों का उपयोग न करें। पर हम आंखों का उपयोग करते हैं। जब आंख खोलते हैं तब तो करते ही हैं, जब आंख बंद करते हैं तब भी जारी रहता है उपयोग। हम कुछ न कुछ देखते ही रहते हैं। आंख बंद करके भी देखना बंद नहीं होता; सपने देखते रहते हैं। आंख बंद किए, और कुछ न कुछ तैरने लगता है। वह जो बाहर की दुनिया ने आघात छोड़े हैं भीतर, चित्र छोड़े हैं, वे तैरने लगते हैं। कल्पना का जाल शुरू हो जाता है; पर्दे पर सब चलने लगता है। देखना बंद नहीं होता। सुनना भी बंद कर देते हैं, बाहर की आवाज भी सुनाई न पड़े, तो भीतर की आवाजें जो हमने इकट्ठी कर ली हैं जन्मों-जन्मों में, वे आवाजें गूंजने लगती हैं। भीतर का कोलाहल है। लेकिन अगर उस आंतरिक, आत्यंतिक केंद्र से संबंध स्थापित करना हो तो आंखें बिलकुल बंद हो जानी चाहिए। पलकें खुली रहें या बंद, यह सवाल नहीं है; लेकिन देखने की प्रक्रिया बंद हो जानी चाहिए। कान खुले रहें या बंद, यह सवाल नहीं है; लेकिन कोलाहल बिलकुल बंद हो जाना चाहिए।

जब इंद्रियों के सभी हलन-चलन बंद हो जाते हैं तो उस आंतरिक केंद्र की प्रतीति शुरू होती है; उसका स्वाद—या उसका दर्शन या उसका श्रवण, कुछ भी कहें—उससे हमारा पहला संबंध बनना शुरू होता है। और उससे जिसका संबंध बन गया वह अनंत खजाने का मालिक हो गया। फिर उसकी आपूर्ति कभी चुकती नहीं; फिर आप उसको चुका नहीं सकते।

इस जगत में सभी चीजें चुक जाती हैं। बड़े से बड़े सम्राट का खजाना भी सीमित है। बड़े से बड़े ज्ञानी की समझ भी सीमित है। बड़े से बड़े शक्तिशाली पुरुष की शक्ति भी सीमित है। इस जगत में हम कुछ भी पा लें, वह

चुक ही जाएगा। इस जगत में न चुकने वाला कुछ भी नहीं है। लेकिन भीतर के, ताओ के, धर्म के जगत में—अभिव्यक्ति को छोड़ दें, केंद्र के जगत में; परिधि से हट जाएं, मूल के जगत में—सभी कुछ अनंत है; फिर उसे चुकाया नहीं जा सकता। उस आनंद को समाप्त नहीं किया जा सकता। फिर ऐसी कोई घड़ी नहीं आती जहां हम कह सकें कि जो पाया था वह चुक गया। अनंत में हमारा प्रवेश है, अपने ही स्वभाव में डूबते अनंत से हमारा संबंध जुड़ जाता है।

यह भी कहना ठीक नहीं कि संबंध जुड़ जाता है; क्योंकि हम उससे जुड़े ही हुए हैं। पर हमारा ध्यान उस तरफ नहीं है। सारा उपद्रव एक ही बात में सीमित है कि हमारा ध्यान उस तरफ नहीं है जहां हमारा खजाना है। हमारा ध्यान उस तरफ है जहां हमारा खजाना नहीं है। तो हम चांद पर जाने की सोचते हैं, मंगल पर उतरने की सोचते हैं; अपने पर जाने की बिलकुल नहीं सोचते, अपने में उतरने की कभी भी नहीं सोचते। हमें खयाल है कि वह तो हम हैं ही। वहीं हमारी गहरी से गहरी भ्रांति है। तो हम भटकते हैं सब तरफ।

मैंने सुना है कि एक आदमी पहली दफा शिकार के लिए जंगल में जा रहा था। पहली दफा जा रहा था तो बहुत डरा हुआ भी था। सब इंतजाम कर रहा था। तो वह एक दुकान पर गया था जहां शिकार का सब सामान मिलता था। तो उसने सब चीजें खरीद लीं; खास वेश-भूषा, जूते, और भी जो इंतजाम शिकार के लिए जरूरी था वह सब खरीद लिया। उसने एक कंपास भी खरीदा; कहीं भटक जाए घने जंगल में तो यात्रा का बोध हो सके, दिशा का पता चल सके, कहां है, कहां से आ रहा है। जब उसने कंपास का डब्बा खोला तो वह जरा सोच में पड़ गया। और सब चीजें तो ठीक थीं, एक चीज उसकी समझ में बिलकुल नहीं आती थी। कंपास में एक छोटा सा आईना भी रखा था। तो उसने दुकानदार को पूछा कि और सब तो ठीक है, लेकिन कंपास में आईने की क्या जरूरत? तो उस दुकानदार ने कहा कि इसमें देखने से आपको पता चल जाएगा कि कौन खो गया है। और तो सब दिशा वगैरह तो ठीक है, लेकिन इसका भी तो पता होना चाहिए कौन खो गया है। नहीं तो दिशा की जानकारी क्या करेगी?

वह शायद मजाक ही रही हो, पर गहरी मजाक है। आप भी खो गए हैं। और अक्सर आप पूछते हैं: दिशा, जीवन का लक्ष्य, उद्देश्य क्या है? मेरे पास लोग आते हैं, यह सवाल अक्सर लेकर आते हैं कि जीवन का उद्देश्य क्या है? लक्ष्य क्या है? हम कहां जा रहे हैं? कहां जाना चाहिए?

यह सब फिजूल बकवास है। पहले आईने में देखना चाहिए, कौन खो गया है? कहां जाना है, क्या होना है, यह तो पीछे की बात है, इसका तो पता चल जाएगा। किसको जाना है? अपना ही पता नहीं है और जीवन के लक्ष्य की चिंता होती है। मैं कौन हूं, इसका भी कोई बोध नहीं है। मैं हूं भी या नहीं, इसका भी कोई अनुभव नहीं है।

ताओ उस मूल की तरफ यात्रा है जहां मैं उससे परिचित हो जाऊं जो मैं हूं। उसके लिए जरूरी है कि मैं बाहर से संबंध बनाने के जितने मैंने उपाय किए हैं, जितने सेतु निर्मित किए हैं, जितने द्वार निर्मित किए हैं दूसरे से संबंधित होने के, वे सारे द्वार बंद कर दूं, ताकि मेरी ऊर्जा जो दूसरे की तरफ जाती है वह दूसरे की तरफ न जाए और मेरी तरफ आए। हम बोलते हैं, दूसरे से संबंधित होने के लिए; वाणी दूसरे से एक संबंध है। भाषा एक सेतु है। भाषा न हो तो दूसरे से हमारा कोई संबंध नहीं हो सकता। लेकिन भाषा दूसरे से सेतु है; अपने से संबंधित होने के लिए भाषा की कोई भी जरूरत नहीं है। पर आंख बंद कर लें तो भी भाषा चलती ही चली जाती है। शब्द घूमते रहते हैं, विक्षिप्त की तरह शब्द घूमते रहते हैं। उनको बंद करना होगा। वे बंद हो जाएंगे तो अपने से संबंध होगा।

भाषा है दूसरे से संबंध का मार्ग; मौन है अपने से संबंध का मार्ग। आंखें दूसरे को देखने के लिए हैं; अपने को देखने के लिए आंखों की कोई जरूरत नहीं है। अंधा भी अपने को देख सकता है; अपने को देखने के लिए आंख का कोई लेना-देना नहीं है।

तो आंख का काम बंद करना होगा। सारी इंद्रियों का काम शांत हो जाए, सारी इंद्रियां विश्राम को उपलब्ध हो जाएं, तो ताओ की झलक मिलनी शुरू होती है। और एक बार उसकी झलक मिल जाए तो फिर खोती नहीं। फिर हम कितने ही संसार में दूर निकल जाएं तो भी हम उससे दूर नहीं जाते। फिर हम दुकान पर हों कि मंदिर में हों, कि भीड़ में हों कि अकेले में हों, उससे हमारा नाता बना ही रहता है। उसकी सुरति, उसकी स्मृति चलती ही रहती है। और उसकी स्मृति चलती रहे तो वह जो हम गलत करते हैं, वह अपने आप होना बंद हो जाता है। उसकी स्मृति चलती रहे तो हमसे जो रास्ते चूक जाते हैं, हम भटक जाते हैं, वे अपने आप बंद हो जाते हैं। उसकी स्मृति बनी रहे, उसकी धुन भीतर गूंजती रहे, तो जीवन में सहज रूपांतरण होने लगता है। जो व्यर्थ है वह गिर जाता है; जो सार्थक है वह फलने लगता है। जो गलत है वह होता ही नहीं; जो ठीक है वही होता है।

ताओ से संबंध जुड़ जाए तो नीति साधनी नहीं पड़ती, सध जाती है।

पांच मिनट कीर्तन करें और फिर जाएं।

उनहत्तरवां प्रवचन

# शक्ति पर भद्रता की विजय होती है

## Chapter 36

# THE RHYTHM OF LIFE

*He who is to be made to dwindle (in power)*
*Must first be caused to expand.*
*He who is to be weakened*
*Must first be made strong.*
*He who is to be laid low*
*Must first be exalted to power.*
*Ho who is to be taken away from*
*Must first be given.*
*— This is the Subtle Light.*
*Gentleness overcomes strength:*
*Fish should be left in the deep pool,*
*And sharp weapons of the state should be left*
*Where none can see them.*

## अध्याय 36

# जीवन की लय

*सत्ता से जिसे गिराना है,*
*पहले उसे फैलाव देना पड़ता है।*
*जिसे दुर्बल करना है,*
*पहले उसे बलवान बनाना होता है।*
*जिसे नीचे गिराना है,*
*पहले उसे शिखरस्थ करना होता है।*
*जिससे छीन लेना है,*
*पहले उसे दे देना होता है।*
*— यही सूक्ष्म प्रकाश या दृष्टि है।*
*शक्ति पर भद्रता की विजय होती है:*
*मछली को गहरे पानी में ही रहने देना चाहिए;*
*और राज्य के तेज हथियारों को*
*वहां रखना चाहिए जहां उन्हें कोई देख न पाए।*

जन्म के साथ मृत्यु को देखना कठिन है। लेकिन दिखाई पड़े या न दिखाई पड़े, जन्म मृत्यु की शुरुआत है; वह मृत्यु का ही पहला कदम है। पर जन्म पर हम प्रसन्न होते हैं; मृत्यु में हम दुखी होते हैं। काश, हम देख पाएं कि जन्म ही मृत्यु का प्रारंभ है तो जन्म की खुशी भी समाप्त हो जाए और मृत्यु का दुख भी। क्योंकि मृत्यु इसीलिए दुखद मालूम होती है कि जन्म सुखद मालूम हुआ था। और भ्रांति इसलिए चलती चली जाती है कि जन्म और मृत्यु के बीच जो फासला है, उस फासले के कारण हम उनका एक होना नहीं देख पाते। एक ही चीज के दो छोर हैं; एक छोर को हम जन्म कहते हैं, दूसरे को मृत्यु; एक पर हम सुखी होते हैं, दूसरे पर हम दुखी। और दोनों के बीच एक का ही विस्तार है। असल में, जन्म का अर्थ है कि मृत्यु हो गई। कितनी ही देर लगे अब प्रकट होने में, कितना ही समय लगे हमें अनुभव करने में कि मृत्यु हुई, लेकिन जन्म के साथ मृत्यु हो गई।

जीवन की लय कहता है लाओत्से इसे। लय जीवन की विपरीत से बनी है, द्वंद्व से बनी है। और लय के लिए जरूरी है कि विपरीतता हो। लय अकेले एक स्वर की नहीं हो पाएगी; विपरीत स्वर चाहिए उभारने के लिए। अगर हम जीवन के सत्य की तलाश करें तो पहला सत्य हमें यही अनुभव होगा कि जीवन विपरीत से निर्मित है।

इसके बहुत गहरे परिणाम हैं। अगर जीवन विपरीत से निर्मित है तो एक को चाहना और दूसरे को न चाहना नासमझी है, अज्ञान है। एक को चुनना और दूसरे को छोड़ना नासमझी है। क्योंकि अगर जीवन विपरीत से ही बना है तो जब हम एक को चुनते हैं तब हमने दूसरे को भी चुन लिया। अन्यथा वह एक भी जीवन में न हो सकेगा। जब हम दिन को चुनते हैं तो हमने रात को चुन लिया, और जब हम प्रेम को चुनते हैं तो हमने घृणा को भी चुन लिया। और जब हमने मित्र बनाया तब हमने शत्रु बनाने की शुरुआत कर दी। और जब हम प्रसन्न हुए तो हमने उदासी के बीज बो दिए। अब दूसरी बात से बचना संभव न होगा। क्योंकि हमने लहर का एक छोर पैदा कर दिया, अब लहर का दूसरा छोर भी अनिवार्य है। जो हमें दिखाई पड़ रहा है वह प्रकट है; जो दूसरा छोर है वह अप्रकट है और नीचे ही छिपा है।

यदि यह दिखाई पड़ जाए कि जीवन विपरीत से बना है तो चुनाव बंद हो जाए, च्वाइस बंद हो जाए। और जिस व्यक्ति के जीवन से चुनाव गिर जाता है उस व्यक्ति के जीवन से सब पीड़ाओं का अंत हो जाता है। उसकी फिर कोई चिंता न रही; उसके लिए फिर कोई दुख न रहा।

यह बड़ी अदभुत बात है : हम दुख से बचना चाहते हैं, और दुख बढ़ता चला जाता है; हम सुख पाना चाहते हैं, और सुख मिलता नहीं, दुख मिलता है। क्योंकि सुख की चाह में हमने दुख को भी चुन लिया। जीवन विपरीत से बना है, और एक को अलग किया नहीं जा सकता। वह जो विपरीत है उससे अलग करने का कोई उपाय नहीं। वे एक ही सिक्के के दो पहलू हैं। तो जब आप सुख की मांग करते हैं तब आपको पता नहीं कि आपने दुख की भी

प्रार्थना कर ली। वह दूसरा हिस्सा भी प्रकट होगा। वह भी आज नहीं कल बाहर आएगा अस्तित्व के। तब आप विषाद से भर जाएंगे। क्योंकि आपने चाहा था सुख और मिला दुख। आपने चाहा था जीवन, बनाना चाहा था जीवन को एक सुंदर काव्य, एक गीत; लेकिन अंत में मृत्यु सब संगीत तोड़ देती है, सब बिखर जाता है सौंदर्य, सब कुरूप हो जाता है। और आखिर में चिता ही हाथ लगती है। वे सब फूल जो हमने जीवन के सपनों में देखे थे, वे सब स्वप्नवत तिरोहित हो जाते हैं; आखिर हाथ में राख लगती है।

लाओत्से कहता है, जीवन की लय को अगर हम समझ लें कि वह विपरीत से बनी है, जहां भी एक है उससे विपरीत उसके पीछे छिपा है, उसके बिना वह हो ही नहीं सकता, तो हमारा चुनाव गिर जाए। फिर चुनाव का क्या अर्थ है? अगर सुख को चुनने में दुख उपलब्ध होने वाला है तो सुख को चुनने का अर्थ ही क्या रहा? तब एक दूसरी घटना घटती है : जो चुनाव नहीं करता वह आनंद को उपलब्ध हो जाता है।

सुख और दुख का द्वंद्व है; वे जीवन के हिस्से हैं। आनंद जीवन का हिस्सा नहीं है। और आनंद के विपरीत कुछ भी नहीं है। आनंद उस घड़ी का नाम है जब हम द्वंद्व में से कुछ भी नहीं चुनते। तब जीवन की लय समाप्त हो जाती है; जीवन की लय शून्य हो जाती है। और जहां जीवन की लय शून्य हो जाती है, जहां जीवन की धुन बंद हो जाती है, वहीं मोक्ष के स्वर, शून्य स्वर का अनुभव होता है।

तो पहले तो यह समझ लें कि यह द्वंद्व सब तरफ से घेरे हुए है। हमारा मन निरंतर कहेगा कि नहीं, ऐसा नहीं है। जब हम प्रेम करते हैं तब हम कहां घृणा करते हैं? लेकिन कभी आपने खयाल किया कि जिसको आपने प्रेम नहीं किया उसको आप घृणा नहीं कर सकते हैं। या कि कर सकते हैं? जिससे आपका प्रेम नहीं उससे आप घृणा नहीं कर सकते। तो घृणा के लिए प्रेम पहला कदम है। और जिससे आपकी मित्रता न रही हो उससे शत्रुता कैसे घटित हो सकती है? तो मित्रता शत्रुता की पहली व्यवस्था है। वहां से हम यात्रा पर निकलते हैं।

सभी मित्रताएं शत्रुताओं में बदल जाती हैं। चाहे आप समझें और न समझें, चाहे आप पहचानें और न पहचानें, चाहे आप झुठलाए चले जाएं, चाहे आप अपने को भुलाए चले जाएं, लेकिन सभी मित्रताएं शत्रुताओं में बदल जाती हैं। इसीलिए तो मित्रता का इतना सम्मान है, लेकिन वह फूल कहीं मिलता नहीं। इतना सम्मान इसलिए है कि वह फूल आकाश का फूल है; वह पृथ्वी पर खिलता नहीं। सभी प्रेम घृणाओं में बदल जाते हैं। फिर हम अपने का छिपा सकते हैं इस तथ्य की जानकारी से कि प्रेम घृणा बन गया। हम हजार तरह के रेशनलाइजेशन, बुद्धियुक्त तर्क खोज सकते हैं, लेकिन इस तथ्य को झुठलाया नहीं जा सकता कि सभी प्रेम घृणा बन जाते हैं। इसीलिए तो प्रेम की इतनी प्रशंसा है। लेकिन वह प्रेम का फूल भी इस पृथ्वी पर खिलता नहीं।

जहां द्वंद्व है, और जहां जीवन होता ही द्वंद्व में है, वहां जो भी हम करेंगे, उसका विपरीत भी साथ में जुड़ गया। लेकिन एक निर्द्वंद्व जगत भी है। लेकिन वहां जीवन का सब स्वर शांत हो जाता है; वहां जीवन की कोई धुन नहीं रह जाती। फिर वहां द्वंद्व भी नहीं है। इस क्षण को मुक्ति का क्षण कहें, मोक्ष का क्षण कहें या परमात्म-अनुभव का क्षण कहें।

लाओत्से के सूत्र में प्रवेश करने के पहले यह खयाल में रख लें। लाओत्से के कहने के ढंग अपने हैं। वह बहुत तरकीब से किसी बात को कहता है।

इस सूत्र में उसने कहा है, 'सत्ता से जिसे गिराना है, पहले उसे फैलाव देना पड़ता है।'

जिसे गिराना हो, पहले उसे चढ़ाना होगा। नहीं तो गिराइएगा कैसे? पहले सहारा देना होगा कि ऊंचे शिखर पर पहुंच जाए; तभी गिराया जा सकता है खाइयों में। तो लाओत्से कहता है कि अगर गिरना न हो तो चढ़ने से सावधान रहना। लोग तो चढ़ाएंगे, क्योंकि वे गिराना चाहेंगे। वे तो तुम्हें सहारा देंगे कि बढ़ो। और जब वे चढ़ा रहे हैं

तब तुम यह देख भी न पाओगे कि वे गिराने का इंतजाम कर रहे हैं। और जब वे तुम्हें हाथ का सहारा दे रहे हैं तब तुम बड़े प्रसन्न हो रहे हो; लेकिन तुम्हें दूसरे पहलू का कुछ भी पता नहीं है। जो तुम्हें मान देते हैं वे ही तुम्हारा अपमान करेंगे; जो तुम्हें आदर देते हैं वे ही तुम्हारे अनादर का कारण हो जाएंगे। क्योंकि आदर का दूसरा हिस्सा अनादर है। जैसे जन्म मृत्यु में बदलेगा ही, वैसे ही आदर भी अनादर में बदलेगा।

इमर्सन ने एक बहुत अनूठी बात लिखी है। इमर्सन ने अपने जीवन भर के अनुभव के बाद लिखा है। लिखा है : एवरी ग्रेट मैन फाइनली टर्न्स टु बी ए बोर; सभी बड़े लोग अंततः बोर सिद्ध होते हैं, उबाने वाले सिद्ध होते हैं।

इधर पिछले तीस-चालीस वर्षों के इतिहास से हम समझ सकते हैं कि क्या है इसका अर्थ। आपको खयाल है कि पिछले तीस-चालीस वर्षों में जितने बड़े लोग पैदा हुए जमीन पर, एक दिन लोगों ने उन्हीं को सम्मानित किया, शिखर पर उठाया, और उनके ही जीवन के अंतिम क्षणों में उन्हें उतार कर नीचे डाल दिया।

चर्चिल की कैसी प्रतिष्ठा थी दूसरे महायुद्ध में! लेकिन युद्ध के बाद चर्चिल सत्ता में वापस नहीं आ सका। और जिन्होंने उसे पूजा था और सोचा था कि इंग्लैंड के इतिहास में इससे बड़ा महापुरुष नहीं हुआ, वे ही उसे सत्ता में लाने से रुकावट डालने को तैयार हो गए। दि गॉल को उतरना पड़ा सत्ता से युद्ध के बाद। स्टैलिन ने रूस को बचाया और बनाया। शायद ही किसी एक आदमी ने किसी राष्ट्र को इस भांति बनाया। उसने जो पाप भी किए वे भी उसी राष्ट्र को बनाने के लिए किए। उस एक आदमी के हाथ की मेहनत ही पूरा सोवियत रूस है। लेकिन युद्ध के बाद रूस ने स्टैलिन को अपदस्थ कर दिया। और मरने के बाद, आपको पता है, क्रेमलिन के बाहर के चौराहे से उसकी लाश भी वापस हटा दी गई। लेनिन के पास ही उसकी लाश रखी गई थी; वह भी मरने के बाद हटा दी गई। उसको क्रेमलिन के चौराहे पर नहीं रहने दिया। क्या कारण होगा?

क्या आपको पता है कि महात्मा गांधी के साथ आपने क्या किया? कोई सोच भी नहीं सकता था कि कोई हिंदू गांधी को मारेगा। लेकिन वह भी गौण बात है, क्योंकि मृत्यु कोई बहुत बड़ी बात नहीं। गांधी को तो मरना ही होता। लेकिन गांधी मरने के पहले कहने लगे थे कि मेरे मानने वालों में अब मेरा सिक्का नहीं चलता; मेरे मानने वाले भी सब मेरे विपरीत हो गए हैं; मेरी कोई सुनता नहीं है। मैं खोटा सिक्का हो गया हूं।

गांधी को पूजा आपने, और फिर गांधी को खुद कहना पड़े कि मैं खोटा सिक्का हो गया हूं; अब मेरा कोई चलन नहीं है। क्या बात होगी? गांधी चाहते थे कि एक सौ पच्चीस वर्ष जीएं, लेकिन मरने के पहले उन्होंने कहना शुरू कर दिया था कि अब मेरी और जीने की कोई इच्छा नहीं है। क्योंकि जिनके लिए मैं जीना चाहता था उन्होंने सब पीठ फेर ली। क्या अर्थ क्या है इसका? हम इन दोनों तथ्यों को जोड़ कर कभी नहीं देखते।

च्यांग काई शेक को चीन ने इतना आदर दिया था जिसका हिसाब नहीं। च्यांग काई शेक अब जिंदा है, लेकिन चीन में कोई पूछने वाला नहीं। चीन की जमीन पर च्यांग काई शेक पैर भी नहीं रख सकता है। चीन की जनता उसको नंबर एक दुश्मन मानती है। रूजवेल्ट ने अमरीका को बचाया; दूसरे महायुद्ध में विजय के निकट लाया। सारी दुनिया को युद्ध से बचाने में रूजवेल्ट का गहनतम हाथ था। लेकिन युद्ध के बाद अमरीकी संसद ने एक संशोधन किया अपने विधान में और उस संशोधन के द्वारा रूजवेल्ट वापस प्रेसिडेंट न हो जाए, इसकी व्यवस्था कर ली।

क्या होगा इस सबके पीछे राज? व्यक्तियों का सवाल नहीं है। लाओत्से जिस जीवन के द्वंद्व की बात कर रहा है, और जिस लय की, उसका सवाल है। आदर के पीछे छिपा है अनादर; सम्मान के पीछे छिपा है अपमान।

'सत्ता से जिसे गिराना है, पहले उसे फैलाव देना पड़ता है। और जिसे दुर्बल करना है, पहले उसे बलवान बनाना होता है। जिसे नीचे गिराना है, पहले उसे शिखरस्थ करना होता है। जिससे छीन लेना है, पहले उसे दे देना होता है।' और जो इस राज को समझ लेता है, उसे लाओत्से कहता है, 'इस राज को समझ लेना सूक्ष्म दृष्टि है।'

और यह राज गहन है। क्योंकि यह राज अगर समझ में आ जाए तो आप पहले चरण को इनकार कर देते हैं; दूसरे चरण का कोई सवाल नहीं उठता। लाओत्से निरंतर कहता था, मुझे कोई भी हरा नहीं सकता, क्योंकि मैं पहले से ही हारा हुआ हूं। लाओत्से कहता था, मुझे कोई धक्के देकर पीछे नहीं हटा सकता, क्योंकि मैं सबसे पीछे खड़ा ही होता हूं; उसके पीछे कोई जगह नहीं है। लाओत्से कहता है, अगर पहला कदम उठा लिया तो दूसरा कदम मजबूरी है; फिर उससे रुका नहीं जा सकता। पहले कदम पर सावधानी! तो फिर वह जीवन का जो द्वंद्व का संगीत है, जो कि वस्तुतः विसंगीत है, संगीत नहीं, क्योंकि कलह है और एक आंतरिक तनाव है और एक बेचैनी है और एक संताप है। जो पहले कदम पर सम्हल जाता है, दूसरे कदम का कोई सवाल नहीं।

लेकिन पहला कदम बड़ा प्रलोभक है और सम्हलना अति जटिल है और बहुत कठिन है। पहले कदम का प्रलोभन भारी है, क्योंकि तब यह खयाल भी नहीं आता कि मैं और खोटा सिक्का हो जाऊंगा! इसकी कल्पना भी नहीं उठती कि मैं और अनादृत हो जाऊंगा! कि मुझे और घृणा मिलेगी! जब कोई प्रेम से आपके गले में बांहें डाल देता है तो आप सोच भी तो नहीं सकते कि इससे शत्रुता निकल सकती है। असंभव है! यह कल्पना ही नहीं पकड़ती। और इसीलिए तो इतने लोग दुख में हैं। क्योंकि पहले कदम पर जो चूक जाता है; दूसरे कदम में मजबूरी है, फिर उससे बचने का कोई उपाय नहीं।

ध्यान रहे, जिसने पहला कदम उठा लिया उसे दूसरा उठाना ही पड़ेगा। वह नियति का हिस्सा हो गया। और जो पहले पर सावधान हो गया उसके लिए दूसरे का कोई सवाल ही नहीं है।

महत्वाकांक्षा दुख में ले जाती है; क्योंकि महत्वाकांक्षा पराजय में ले जाती है। अहंकार पीड़ा बन जाता है, नरक बन जाता है। क्योंकि अहंकार ऊपर उठाता है, फुलाता है, और तब गिरने का उपाय हो जाता है। निरहंकार का सूत्र लाओत्से से समझें तो बहुत अनूठा है। लाओत्से यह कह रहा है कि अहंकार बुरा है, ऐसा हम नहीं कहते हैं; हम इतना ही कहते हैं कि अहंकार पहला कदम है, और दूसरे कदम पर गहन अपमान है। वह दूसरा कदम भी अगर तुम राजी हो, तो पहला उठाना। इसको थोड़ा समझ लें। दोनों तरह से यह बात हो सकती है। अगर दूसरे के लिए भी आप राजी हैं और इतने ही प्रसन्न रहेंगे तो फिर कोई डर नहीं है। तो जब लोग आपको ऊपर उठाएं तो उठ जाना। लेकिन ध्यान रहे कि गिरते वक्त भी आप इतने ही आनंदित रहना। तो फिर कोई दिक्कत नहीं है।

तो दो रास्ते हैं। एक रास्ता है कि आप फिक्र मत करना, क्योंकि विपरीत को स्वीकार कर लेना। तो फिर पहला कदम उठा सकते हैं। तो जब जन्म आए तो जन्म; और जब मृत्यु आए तो मृत्यु। और जब प्रेम मिले तो प्रेम; और जब घृणा मिले तो घृणा। दूसरे को आप उतनी ही शांति और उतने ही सौमनस्य से स्वागत कर सकेंगे जितना पहले का; फिर कोई अड़चन नहीं है। अगर दूसरे का स्वागत न हो सकता हो और आपका मन डरता हो कि दूसरे का स्वागत कैसे होगा, तो फिर पहला कदम मत उठाना। ये दो उपाय हैं। इन दो उपायों में ही सारे संसार की धार्मिक साधनाएं छिपी हैं। जो पहला कदम उठाने से रुक जाता है, वह एक मार्ग। और जो दूसरे कदम को भी उसी रस से स्वीकार करता है जिससे पहले कदम को, वह दूसरा मार्ग।

पहला मार्ग महावीर को चलते हुए हम देखते हैं, बुद्ध को चलते हुए देखते हैं; दूसरा मार्ग हम जनक को चलते हुए देखते हैं। दूसरे कदम की चिंता नहीं है। और बोध है पूरा कि पहले के बाद दूसरा आएगा; इसको जान कर ही उठाया है, इसको मान कर ही उठाया है। तब कोई अड़चन नहीं है। इसलिए जनक या महावीर, ये दो विकल्प हैं। या तो पहला ही मत उठाना और या फिर दूसरे के लिए भी पूरी तरह राजी रहना; उसमें रंच मात्र फर्क मत करना। दोनों का परिणाम एक है। क्योंकि जिसे दूसरे और पहले में कोई फर्क नहीं है, उसने उठाया; उसका उठाना न उठाने के बराबर है। कोई अंतर न रहा।

लाओत्से कहता है कि यही सूक्ष्म दृष्टि है।

'शक्ति पर भद्रता की विजय होती है। मछली को गहरे पानी में ही रहने देना चाहिए; और राज्य के तेज हथियारों को वहां रखना चाहिए जहां उन्हें कोई देख न पाए।'

शक्ति पर भद्रता की विजय होती है। दिखाई नहीं पड़ता हमें ऐसा। हमें तो ऐसा ही दिखाई पड़ता है कि भद्रता पर सदा शक्ति की विजय होती है। हमारी आंखों में, हमारी समझ में, हमारे माप-तौल में लाओत्से का सूत्र कभी भी दिखाई नहीं पड़ता कि भद्रता शक्ति पर जीतती हो। सदा हमें शक्ति जीतती हुई दिखाई पड़ती है। भद्रता कहां जीतती हुई दिखाई पड़ती है? लेकिन उसका कारण यही है कि जीत का भी अर्थ हमें ठीक से पता नहीं है। और जीत भी हम जिसे कहते हैं वह हमारा अधूरा ज्ञान है। वह पहले कदम का ही ज्ञान है। इसे थोड़ा समझ लें।

जब शक्ति भद्रता पर जीतती है तो वह पहला कदम है, और वहीं हम जीत समझ लेते हैं कि जीत हो गई। लेकिन दूसरा कदम भी शीघ्र ही आएगा जो कि हार का है। भद्रता लड़ती ही नहीं; इसलिए पहला कदम उठता ही नहीं। और दूसरे का कोई उपाय नहीं है।

जीसस भद्रता के प्रतीक हैं। निश्चित ही, शक्ति उन पर जीतती हुई दिखाई पड़ती है। जीसस को सूली लग गई। सूली के कुछ क्षण पहले पायलट ने जीसस को कहा भी कि लोग कहते हैं कि तुम ईश्वर के पुत्र हो! तो यह मौका है, तुम चमत्कार दिखा दो तो तुम मुक्त हो जाओ; यह मृत्यु से तुम बच जाओ; और मैं भी इस पाप से बच जाऊं कि तुम्हारी मृत्यु में सहयोगी हूं। तुम चमत्कार दिखा दो।

और लोग यही सोच रहे थे, लाखों लोग इकट्ठे हो गए थे—आज जरूर कोई चमत्कार होगा। और जीसस, जिसके बाबत खयाल था कि बीमार को छू दे तो बीमार ठीक हो जाए और मुर्दे को छू दे तो मुर्दा जाग जाए। निश्चित ही, ऐसा व्यक्ति जो दूसरे को छूकर जीवन दे सकता है, जब उस पर खुद मुसीबत आएगी और आखिरी परीक्षा का क्षण आएगा तो चमत्कार घटने ही वाला है। इसमें कोई शक न था। इसमें जीसस के शिष्यों को भी कोई शक न था। सभी इस आशा में खड़े थे कि अब चमत्कार हुआ! सूली पर जीसस लटकाए जाएंगे और उनका वास्तविक रूप प्रकट होगा। वे पुनरुज्जीवित हो जाएंगे। और सारा जगत उनके अनुशासन को स्वीकार कर लेगा।

लेकिन जीसस सूली पर चुपचाप मर गए, जैसे कोई भी मर जाता है। और मैं इसको चमत्कार कहता हूं; मैं इसको चमत्कार कहता हूं। और इसको ईसाइयत को बहुत समय लगा समझने में, फिर भी ठीक से समझ में बात आ नहीं सकी है। ऐसा लगता ही है मन में कि कहीं न कहीं कोई गड़बड़ हो गई, क्या ईश्वर ठीक वक्त पर जीसस को दगा दे गया? क्या चमत्कार की शक्ति उनकी खो गई? या कि वह सब पाखंड ही था? वे जो उनके पास चमत्कार घटित हुए थे वे किसी मूल्य के न थे? झूठी खबरें हैं? कहानियां हैं? क्योंकि जो मुर्दों को जिला सकता था वह अपनी मौत को क्यों न रोक पाया? और यह तो घड़ी थी परीक्षा की। इसके साथ ही तो विजय की घोषणा होती।

लेकिन जीसस की सारी कला इसमें है कि वे शक्ति के द्वारा जीतने को राजी नहीं हैं; वे भद्रता के द्वारा जीतने को राजी हैं। शक्ति के खिलाफ वे शक्ति को खड़ा न करेंगे। क्योंकि शक्ति से जो जीती गई है बात, वह आज नहीं कल, हार में परिवर्तित हो जाएगी। शक्ति द्वंद्व का हिस्सा है, संसार का हिस्सा है। तो जीसस शक्ति का उपयोग न करेंगे, वे केवल साक्षी रहेंगे, वे केवल चुप रहेंगे, वे देखते रहेंगे। वे सिर्फ भद्रता का, हंबलनेस का, विनम्रता का उपयोग करेंगे। वे झुक जाएंगे। जब शक्ति उन पर हमला करेगी तो वे पूरे झुक जाएंगे; उनके मन में कहीं कोई प्रतिरोध न होगा।

और मजे की बात यही है कि यही जीसस की विजय का कारण बन गई बात। जीसस को कोई जानता भी नहीं; जीसस को कोई कभी पहचानता भी नहीं; जीसस का नाम भी किसी को पता न चलता, अगर सूली पर यह

भद्रता घटित न होती। इस भद्रता के कारण ही जीसस जीते। लेकिन यह जीत किसी और लोक की है। शक्ति हार गई; शक्ति अपने आप बिखर गई। जीसस को जो मार डालना चाहते थे, मिटा डालना चाहते थे, वे मिट गए, और जीसस एकदम अमर हो गए, अमृत को उपलब्ध हो गए। यह केवल ऐतिहासिक अर्थों में ही नहीं, बल्कि जीसस के अंतस्तल में भी यही घटित हुआ। जो बड़े से बड़ा चमत्कार जगत में हो सकता था वह हुआ। क्योंकि जीसस परम जीवन को अनुभव करते हुए भी, परम शक्तिशाली होते हुए भी झुक गए भद्रता में।

लाओत्से कहता है, भद्रता अंततः जीतती है। अंततः! प्रारंभ में तो शक्ति जीतती हुई मालूम होती है। और इसीलिए हम शक्ति पर भरोसा करते हैं। क्योंकि अंततः तो हम देख ही नहीं पाते; हमें तो जो प्रथम है वही दिखाई पड़ता है। हमारे पास आंखें तो बहुत पास देखने वाली हैं, दूर तक हमें कुछ दिखाई नहीं पड़ता है। तो सब तरफ हम इसी कोशिश में लगे रहते हैं कि कैसे शक्ति उपलब्ध हो। वह शक्ति चाहे धन की हो, चाहे ज्ञान की हो, चाहे तंत्र की, मंत्र की हो, लेकिन कैसे शक्ति उपलब्ध हो। चारों तरफ हमारी एक ही खोज होती है पूरे जीवन में कि हम शक्तिशाली कैसे हो जाएं। लेकिन शक्ति का करिएगा क्या? शक्ति की इतनी आकांक्षा क्यों है?

नीत्शे ने एक किताब लिखी है। अनूठी किताब है, दि विल टु पावर। और किताब में उसने सिद्ध करने की कोशिश की है कि प्रत्येक आदमी की आत्मा एक आकांक्षा है शक्ति के लिए, विल टु पावर, और कुछ भी नहीं। हर आदमी शक्ति पाना चाहता है; शक्ति के रूप कुछ भी हों। जब आप ज्यादा धन इकट्ठा करना चाहते हैं तो आप क्या चाहते हैं? अनेक लोग पूछते हैं, ज्यादा धन इकट्ठा करके क्या करिएगा?

लेकिन उनको पता नहीं कि वे क्या पूछ रहे हैं। धन धन नहीं है, धन शक्ति का संचित रूप है। एक रुपया आपकी जेब में पड़ा है तो सिर्फ रुपया नहीं पड़ा है, शक्ति संचित पड़ी है। इसका आप तत्काल उपयोग कर सकते हैं। जो आदमी अकड़ कर जा रहा था, उसको रुपया दिखा दीजिए, वह झुक गया; वह रात भर आपके पैर दबाएगा। उस रुपए में यह आदमी छिपा था जो रात भर पैर दबा सकता है। रुपए की इतनी दौड़ रुपए के लिए नहीं है। रुपया तो संचित शक्ति है, कनडेंस्ड पावर है। और अदभुत शक्ति है। क्योंकि अगर आप एक तरह की शक्ति इकट्ठी कर लें तो उसको दूसरी शक्ति में नहीं बदला जा सकता। रुपया बदला जा सकता है। एक रुपया आपकी जेब में पड़ा है, चाहें आप किसी से पैर दबवा लें, चाहें किसी से सिर की मालिश करवाएं, चाहे किसी से कहें कि पांच दफे उठक-बैठक करो। उसके हजार उपयोग हैं। अगर आपके पास एक तरह की शक्ति है तो वह एक ही तरह की है, उसका एक ही उपयोग है। रुपया अनंत आयामी है।

इसलिए इतना पागलपन है रुपए के लिए। पागलपन ऐसे ही नहीं है, जैसा साधु-संन्यासी समझाते हैं कि आप व्यर्थ ही पागल हैं। लोग व्यर्थ पागल नहीं हैं, लोग बड़े गणित से पागल हैं। चाहे उन्हें भी पता न हो, चाहे उन्हें भी स्पष्ट न हो कि वे क्यों पागल हैं, क्यों इतना रस है रुपए में, क्यों रुपए को पकड़ने और बचाने की इतनी आकांक्षा है। शायद उन्हें भी साफ न हो; दौड़ अचेतन हो; उन्हें चेतना न हो पूरी की वे क्या कर रहे हैं। लेकिन बात बिलकुल साफ है। और बात इतनी है कि वे धन के माध्यम से शक्ति इकट्ठी कर रहे हैं।

कोई आदमी किसी और ढंग से शक्ति इकट्ठी कर रहा है। एक आदमी युनिवर्सिटी में पढ़ रहा है, शिक्षित हो रहा है; वह भी शक्ति इकट्ठी कर रहा है। वह ज्ञान के द्वारा शक्ति इकट्ठी कर रहा है। एक तीसरा आदमी कुछ और उपाय कर रहा है। लेकिन अगर सारे लोगों को हम देखें तो अलग-अलग रास्तों से वे शक्ति की तलाश कर रहे हैं।

एक आदमी मंत्र सिद्ध कर रहा है बैठ कर; वह भी शक्ति की तलाश में है। वह भी सोचता है कि मंत्र सिद्ध हो जाए तो लोगों को आंदोलित कर दूं, प्रभावित कर दूं, कि हजारों लोग चमत्कृत हो जाएं कि जो चाहूं वह करके दिखा दूं। वह भी उसी कोशिश में लगा है। जो आदमी प्रार्थना कर रहा है, पूजा कर रहा है, ठीक से समझें तो वह क्या कर

रहा है? वह भी शक्ति की तलाश कर रहा है। वह ईश्वर को प्रभावित करना चाहता है, मुट्ठी में लेना चाहता है, और उससे कुछ करवाना चाहता है कि वह कुछ मेरे लिए कर दे। तो पूजा करेगा, घुटने टेकेगा, मंदिर में गिरेगा। लेकिन आयोजन क्या है उसका? रोएगा, कहेगा कि मैं पतित हूं, तुम पावन हो। सब कहेगा; लेकिन उसका प्रयोजन क्या है? प्रयोजन है कि वह ईश्वर को अपने हाथ में लेकर संचालित करना चाहता है—अपनी मर्जी के अनुसार। इसलिए तथाकथित धार्मिक लोग कहते सुने जाते हैं कि क्या क्षुद्र शक्तियों की तलाश में पड़े हो, परम शक्ति को खोजो।

लेकिन क्षुद्र को खोजो या परम को, लेकिन शक्ति को जरूर खोजो—पावर! शक्ति का क्या उपयोग है?

शक्ति से स्वयं को तो कुछ भी नहीं मिलता, लेकिन दूसरे की तुलना में बल मालूम पड़ता है। शक्ति तुलनात्मक है। यह दूसरा सत्य शक्ति के संबंध में समझ लेना चाहिए। वह हमेशा तुलनात्मक है। किसी को आप शक्तिशाली नहीं कह सकते सीधा; आपको कहना पड़ेगा कि अ, ब से ज्यादा शक्तिशाली है। क्योंकि अ शक्तिशाली है, इतना कहने से कुछ हल नहीं होता। क्योंकि स ज्यादा शक्तिशाली हो सकता है। तो शक्तिशाली हमेशा तुलना में, कंपेरिजन में। आपको सिर्फ इतना कहना ठीक नहीं कि आप धनी हैं, क्योंकि आप किसी की तुलना में गरीब हो सकते हैं। तो यह बताना जरूरी है कि आप किसकी तुलना में धनी हैं। सब शक्तियां तुलनात्मक हैं। किसी को यह कहना काफी नहीं है कि यह विद्वान है; यह बताना जरूरी है कि किसकी तुलना में विद्वान है। क्योंकि किसी की तुलना में यह मूढ़ हो सकता है। सारी शक्तियां रिलेटिव हैं, सापेक्ष हैं। शक्ति का मजा अपने आप में नहीं है, शक्ति का मजा दूसरे को कमजोर करने में है। शक्ति से आप शक्तिशाली नहीं होते, लेकिन दूसरा कमजोर दिखता है। दूसरे के कमजोर दिखने से आपको एहसास होता है कि मैं शक्तिशाली हूं।

इसलिए धन का असली मजा धन में नहीं है, दूसरों की गरीबी में है। अगर कोई भी गरीब न हो, धन का मजा ही चला जाता है। कोई रस नहीं है फिर उसमें। थोड़ा समझिए कि कोहनूर हीरा आपके पास है। उसका मजा क्या है? मजा सिर्फ यह है कि आपके पास है, और किसी के पास नहीं है। सबके पास कोहनूर हीरा है, बात व्यर्थ हो गई। आप इस कोहनूर हीरा को बिलकुल फेंक देंगे। इसका कोई मूल्य ही न रहा। यह वही कोहनूर हीरा है, लेकिन अब इसका कोई मूल्य नहीं है। इसका मूल्य इसमें था कि दूसरों के पास नहीं था। यह बड़े मजे की बात है! आपके पास है, इसमें मूल्य नहीं है; दूसरे के पास नहीं है, इसमें मूल्य है।

तो सारी शक्ति दूसरे पर निर्भर है, और दूसरे की तुलना में है। अमीर अमीर है, क्योंकि कोई गरीब है। ज्ञानी ज्ञानी है, क्योंकि कोई अज्ञानी है। शक्तिशाली शक्तिशाली है, क्योंकि कोई निर्बल है। शक्ति की दौड़ आत्म-खोज नहीं बन सकती है। क्योंकि शक्ति की दौड़ दूसरे से बंधी हुई है; दूसरे की तुलना में है। और एक मजे की बात है कि जो दूसरे की तुलना में है वह दूसरे पर निर्भर भी है। इसलिए बड़े से बड़ा शक्तिशाली आदमी भी अपने से कमजोर लोगों पर निर्भर होता है। यह हमको भी दिखाई नहीं पड़ता। जब आप एक सम्राट को चलते देखते हैं और उसके पीछे गुलामों को चलते देखते हैं तो आपको खयाल नहीं होता कि सम्राट गुलामों का उतना ही गुलाम है जितना गुलाम सम्राट के गुलाम हैं। शायद सम्राट ज्यादा गुलाम भी हो। क्योंकि गुलामों को मौका मिले तो वे छोड़ कर सम्राट को भाग जाएं और स्वतंत्र हो जाएं, लेकिन सम्राट गुलामों को छोड़ कर नहीं भाग सकता। क्योंकि गुलामों के बिना वह सम्राट ही नहीं रह जाएगा; उसका सम्राटपन गुलामों पर निर्भर है। वह गुलामों की भी गुलामी है।

म्युचुअल स्लेवरी, पारस्परिक गुलामियां हैं। जिसको भी आप गुलाम बनाते हैं, उसके आप गुलाम बन जाते हैं। जिस पर भी आप कब्जा करते हैं, आप उसके कब्जे में हो जाते हैं। और जिसको भी आप अपने से निर्बल कर देते हैं, आप उससे भी निर्बल हो जाते हैं। यह गहरा हिसाब है। यह ऊपर से दिखाई नहीं पड़ता, लेकिन हम सब एक-दूसरे पर निर्भर हो जाते हैं।

जो व्यक्ति शक्ति की खोज करता है वह निर्भरता की खोज कर रहा है, वह परतंत्रता की खोज कर रहा है। इसलिए बड़े से बड़ा धनी भी धनवान नहीं हो पाता। और बड़े से बड़ा पंडित भी ज्ञानवान नहीं हो पाता। क्योंकि सब तुलना में सारा मामला है। उसका पांडित्य मूढ़ों पर निर्भर है। मूढ़ अगर विदा हो जाएं, उसका पांडित्य विदा हो जाए।

साधु असाधु पर निर्भर है। असाधु न रह जाएं, साधु का कोई मूल्य नहीं रह जाता; वह खो जाता है। इसलिए साधु कोशिश बहुत करते हैं कि दुनिया में असाधु न रहें, लेकिन अगर वे समझेंगे गणित को, तो उनको पता नहीं वे क्या कर रहे हैं। वे आत्मघात में लगे हैं। उनकी साधुता असाधुता पर निर्भर है। वह जो बेईमान है, जो चोर है, वही उनकी गरिमा बना रहा है, वही उनको गौरव दे रहा है। क्योंकि वे बेईमान नहीं हैं, वे चोर नहीं हैं। एक आदमी चोर है और बेईमान है। वह जो चोर और बेईमान है, वही साधु की चमक है। थोड़ी देर के लिए कल्पना करें कि कोई बेईमान नहीं है, कोई चोर नहीं है। क्या ऐसे समाज में जहां कोई बेईमान और चोर नहीं होगा, कोई साधु हो सकता है? साधु का क्या अर्थ होगा? कौन पूछेगा साधु को? कौन सम्मान देगा? दुनिया से जिस दिन भी असाधु को मिटाना हो उस दिन साधु को मिटाने की तैयारी चाहिए। वे परस्पर गुलामियां हैं।

ऐसा खयाल में साफ आ जाए कि शक्ति तुलनात्मक है, शक्ति दूसरे पर निर्भर है, तो शक्ति कभी भी मुक्ति नहीं बन सकती। मुक्ति का तो अर्थ यह है कि मैं बिलकुल अकेला रह जाऊं, मुझ पर कोई निर्भरता, किसी के ऊपर मेरी निर्भरता न रह जाए; मैं अकेला ही परिपूर्ण आप्तकाम हो जाऊं। मेरे भीतर ही सब कुछ हो जो मुझे चाहिए; मेरी चाह की पूर्ति कहीं भी बाहर से न होती हो।

यह शक्ति से तो नहीं होगा, यह शांति से होगा। और शांति बिलकुल अलग बात है। शक्ति में दूसरे को दबाना है, दूसरे को जीतना है; शांति में किसी को दबाना नहीं, किसी को जीतना नहीं। अपने को भी दबाना नहीं, अपने को भी जीतना नहीं। शांति का अर्थ है कि मेरी जो ऊर्जा है, मैं जैसा हूं, मैं जो हूं, वह पर्याप्त हूं; इससे अन्यथा की कोई मांग नहीं है। मैं राजी हूं और प्रसन्न हूं और अनुगृहीत हूं, जो भी मैं हूं वही मेरा आनंद है। ऐसी प्रतीति में शक्ति की खोज तो समाप्त हो गई और दूसरे से कुछ लेना-देना न रहा; दूसरे से कोई संबंध न रहा। यही संन्यास है। जब तक दूसरे से लेना-देना है, जब तक दूसरे पर निर्भरता है, तब तक संसार है; वह निर्भरता किसी भी ढंग की हो।

लाओत्से कहता है, शक्ति पर भद्रता की विजय। भद्रता का क्या अर्थ लाओत्से के विचार में है, वह हम ठीक से समझ लें। क्योंकि जो भी हम समझते हैं भद्रता से, जो लिखा है शब्दकोशों में, वह लाओत्से का प्रयोजन नहीं है। हमारी भाषा की कठिनाई है। और उस कठिनाई के कारण ही लाओत्से जैसे लोग बोलने में भी अड़चन अनुभव करते हैं कि वे कैसे कहें जो कहना चाहते हैं। क्योंकि आपके ही शब्दों का उपयोग करना पड़ेगा। और आपके सब शब्द दूषित हो गए हैं। और आपने उनको एक अर्थ दे दिया है।

जैसे भद्रता, विनम्रता। तो जब भी हम इन शब्दों का उपयोग करते हैं तो हमारे मन में क्या अर्थ होता है? हम कहते हैं, फलां आदमी बहुत विनम्र है। क्यों? क्योंकि हम कहते हैं कि वह अहंकारी नहीं है, अकड़ा हुआ नहीं है; झुका हुआ है। तो हमारे मन में जो भी विनम्रता का और भद्रता का अर्थ है वह अहंकार से ही जुड़ा हुआ है—कि जो आदमी विनीत है, कम अहंकारी है, नहीं अहंकारी है, वह आदमी भद्र है। लेकिन लाओत्से की विनम्रता और भद्रता, जिसको वह जेंटिलनेस कह रहा है, वह अहंकार से नहीं तौली जा सकती है। वहां न तो अहंकार है जिसे हम जानते हैं और न वहां विनम्रता है जिसे हम जानते हैं।

हमारा विनम्र आदमी भी छिपा हुआ अहंकारी होता है। और जिसको हम विनम्र आदमी कहते हैं वह अक्सर चालाक होता है, हिसाबी-किताबी होता है। उसकी विनम्रता भी उसकी कुशलता है। उसकी विनम्रता भी उसका व्यवहार का ढंग है। उसकी विनम्रता भी आपको जीतने का उपाय है। उसकी विनम्रता भी शक्ति है।

डेल कार्नेगी की एक किताब है: हाउ टु विन फ्रेंड्स एंड इनफ्लुएंस पीपुल। तो उसमें वह कहता है कि विनम्र होना चाहिए; जितने आप विनम्र होंगे उतना ही लोगों को जीत सकते हैं।

निश्चित ही, लाओत्से और डेल कार्नेगी में अगर बातचीत हो तो लाओत्से की बात डेल कार्नेगी को बिलकुल समझ में नहीं आएगी। क्योंकि वह कहता है, विनम्रता का मतलब ही यह है, फायदा ही यह है कि उससे आप दूसरे को जीत लेते हैं। क्यों जीत लेते हैं? क्योंकि उसके अहंकार को आप फुसलाते हैं। वह एक तरह की खुशामद है। जब आप दूसरे आदमी के सामने विनम्र होकर झुकते हैं तो आप उसके अहंकार को बढ़ावा देते हैं। और वह बिलकुल प्रसन्न होता है। वह कहता है, आप कितने विनम्र आदमी हैं। लेकिन उसे पता नहीं कि उसको यह विनम्रता पता क्यों चल रही है? क्योंकि उसका अहंकार आगे बढ़ाया जा रहा है—कोई झुक गया; कितना विनम्र आदमी है! आपको यह विनम्रता इतनी प्रीतिकर क्यों लग रही है? प्रीतिकर इसलिए लग रही है कि आपका अहंकार तृप्त हो रहा है। और कोई आदमी झुका नहीं और अकड़ा खड़ा रहा। आपको यह अहंकार इतना कष्ट क्यों दे रहा है? इस आदमी का अहंकार कष्ट नहीं दे रहा; आपके अहंकार को गड़ रहा है। इसलिए सामाजिक व्यवस्था में जो होशियार हैं, कुशल हैं, चालाक हैं, वे विनम्रता का उपयोग करते हैं। झुकेंगे, विनम्र होंगे; सब भांति आपके अहंकार को फुसलावा देंगे। लेकिन भीतर वे गहन अहंकारी हैं, और आपके विजय की चेष्टा कर रहे हैं।

डेल कार्नेगी जिस भाषा में विनम्रता का उपयोग करता है वह तो अहंकार का उपाय है। लाओत्से का जो अर्थ है वहां न तो अहंकार है आपका और न आपकी तथाकथित विनम्रता है। डेल कार्नेगी वाली विनम्रता वहां नहीं है। वहां दूसरे को जीतने का, या दूसरे से हारने का, दोनों ही सवाल नहीं हैं। वहां दूसरा है ही नहीं। आदमी सिर्फ स्वयं है। वह न आपको जीतने की फिक्र कर रहा है और न आपसे हारने के लिए डरा हुआ है। वह आपकी चिंता नहीं कर रहा है। वह जैसा है वैसा है। वह सरल है।

यह जो विनम्रता हमारी है, यह बड़ी जटिल है। अगर यहां आपको लोगों को जीतना है तो विनम्र होना पड़ेगा। यह तो बड़े मजे की बात हुई! यहां अगर आपको अपने अहंकार को आगे ले जाना है तो विनम्र होना पड़ेगा। आप जितने विनम्र होंगे उतने ही अहंकार को आप सफल हो सकते हैं; उतना ही अहंकार आप अपना मजबूत कर सकते हैं। आदमी सब तरह से अपने अहंकार को तृप्त करने की कोशिश करता है। वह विनम्रता से भी करता है।

और तब आपको हर गांव में ऐसे लोग मिल जाएंगे जो विनम्रता की मूर्ति हैं। लेकिन अगर आप उनका थोड़ा सा परीक्षण करें तो पाएंगे कि भीतर उनके गहन अहंकार की लपटें जल रही हैं। और यह विनम्रता की मूर्ति जो वे बने हुए हैं, उसी अहंकार के लिए बने हुए हैं। और जब सारा गांव उन्हें कहता है कि धन्य हैं आप, कि आप जैसा विनम्र आदमी नहीं, तब वे फूले नहीं समाते। वह कौन फूलता है भीतर? जो सुनता है कि आप जैसा कोई विनम्र नहीं, आप परम विनम्र हैं। आप जैसा कोई भद्र नहीं, सरल नहीं, आप जैसा कोई साधु नहीं। तो कौन फूलता है भीतर? वह जो फूल रहा है, वह जो प्रसन्न हो रहा है, वही अहंकार है।

और अगर यह आपको समझ में आ जाए तो फिर उचित यही है कि अगर आपको अपनी अकड़ पूरी करनी हो तो विनम्र होकर पूरी करें। क्योंकि विनम्र होकर ही पूरी करना आसान होगी। आप अकड़े तो दूसरे लोग आपकी अकड़ को तोड़ने की कोशिश में लग जाते हैं। आप अकड़े ही नहीं तो कोई तोड़ने की कोशिश ही नहीं करता; आपको सब सम्हालते हैं। इस गहरी चालाकी को अगर आप समझ लें तो मन के धोखे से बच सकते हैं।

लाओत्से की भद्रता, विनम्रता अहंकार और विनम्रता दोनों का अभाव है। हमारी विनम्रता अहंकार की ही एक व्यवस्था है। हमारा अहंकार भी विनम्रता का ही एक जोड़ और उसकी ही एक डिग्री, उसकी ही एक मात्रा है। जहां दोनों नहीं हैं, वहां भद्र व्यक्ति का जन्म होता है।

लाओत्से बैठा है। कनफ्यूशियस उससे मिलने आया। कनफ्यूशियस डेल कार्नेगी की बात बिलकुल ठीक से समझता। कनफ्यूशियस तो बिलकुल मर्यादा पुरुषोत्तम था। हर चीज की मर्यादा थी; हर चीज का नियम था। और आप जानते हैं, चीन में तो लोग या जापान में लोग झगड़ें भी तो भी पहले झुक-झुक कर नमस्कार करते हैं। झगड़ा भी झुक-झुक कर नमस्कार से शुरू होता है। इतने विनम्र हो गए हैं।

कनफ्यूशियस आया; उसने झुक कर नमस्कार किया। लेकिन वह बड़ा चौंका। क्योंकि लाओत्से बैठा था, और बैठा ही रहा। न उसने झुक कर नमस्कार का उत्तर दिया, न वह खड़ा हुआ। कनफ्यूशियस थोड़ा बेचैन हुआ, और उससे नहीं रहा गया। और उसने कहा कि आप समाज के किसी नियम और व्यवस्था को नहीं मानते हैं?

तो लाओत्से हंसा और उसने कहा, तो तुम व्यवस्था और नियम के कारण झुक रहे हो? लाओत्से ने कहा, औपचारिक का क्या उतर देना! फार्मल का क्या उत्तर देना! हार्दिक के उत्तर की कोई बात होती है। तुम सिर्फ झुक रहे थे क्योंकि नियम है! तो सब थोथा हो गया। हार्दिक का उतर हो सकता है; औपचारिक का क्या उत्तर? और अच्छा था कि तुम्हें तुम्हारी औपचारिकता का पता चल जाए, क्योंकि औपचारिकता झूठ है। तुम जरा भी नहीं झुके, और झुक कर तुमने दिखाया। तुम झुकते तो मैं झुका ही हुआ हूं; कोई बाधा नहीं है। और तुम मेरे झुके हुए होने को नहीं देख सकते क्योंकि तुम सिर्फ औपचारिक झुकने को पहचानते हो। मुझे उठ कर खड़े होने और झुकने की जरूरत नहीं। तुम मुझे देखो, मैं झुका हुआ हूं। खड़े होकर झुकने की तो उसे जरूरत है जो भीतर झुका न हो, और बाहर से आयोजन कर रहा हो, प्रदर्शन कर रहा हो।

कनफ्यूशियस बहुत घबड़ा गया होगा। उसकी थोड़ी सी जो चर्चा लाओत्से से हुई है, वह लौट कर अपने शिष्यों से उसने कहा कि इस आदमी के पास दुबारा मत जाना; यह आदमी बहुत खतरनाक है।

लाओत्से का भद्रता से अर्थ है स्वभाव की भद्रता।

इसे हम समझने की कोशिश करें। क्योंकि हमारे पास बहुत ऐसे शब्द हैं जो धोखे के हो गए हैं। एक आदमी लंगोटी लगा लेता है तो हम कहते हैं, कितना सादा आदमी है! सादगी लंगोटी लगाने से हो जाती है। लेकिन जो आदमी लंगोटी लगा रहा है, वह क्यों लंगोटी लगा रहा है? उसकी लंगोटी लगाने में कोई लोभ है? कोई प्रलोभन है? कुछ पाने की आकांक्षा है? तो फिर सादगी न रही; फिर तो यह व्यवस्था हो गई, व्यवसाय हो गया, इनवेस्टमेंट हो गया। वह लंगोटी लगा कर कुछ पाने की कोशिश कर रहा है। या यह हो सकता है कि आप सादगी को आदर देते हैं, इसलिए वह लंगोटी लगा कर खड़ा है। तो वह आपसे आदर पाने की कोशिश कर रहा है।

तो फर्क क्या हुआ? एक आदमी कीमती, खूबसूरत टाई बांध कर खड़ा हुआ है, वह भी इस आशा में कि आप आदर देंगे; और एक आदमी लंगोटी लगा कर खड़ा हुआ है, वह भी इस आशा में कि आप आदर देंगे। दोनों की लंगोटियों में फर्क क्या है? बुनियादी आकांक्षा! वे प्रतीक्षा क्या कर रहे हैं? आप सुंदर वस्त्र पहन कर खड़े हो सकते हैं, आप नग्न खड़े हो सकते हैं; इससे कोई फर्क नहीं पड़ता। यह फर्क तो बहुत ऊपरी है। लेकिन भीतर आकांक्षा क्या है? भीतर आकांक्षा है सम्मान पाने की, समादर पाने की, इज्जत पाने की? दूसरे देखें और जानें कि आप कौन हैं, क्या हैं, आप महत्वपूर्ण हैं, विशिष्ट हैं? तो अगर यह आकांक्षा भीतर है, सादगी के पीछे भी, तो सादगी सादगी न रही; फिर सादगी तो जटिल हो गई, उसमें उलझाव हो गया।

मैं अनेक सादगी वाले लोगों को जानता हूं। उनकी सादगी बिलकुल आरोपित है, आयोजित है। और ऐसा नहीं कि वे आदमी बुरे हैं। उन्हें पता ही नहीं कि वे...वे भी मान कर चल रहे हैं कि यह सादगी है।

सादगी होती है हृदय की। लंगोटियों से उसे नापने का कोई उपाय नहीं है। और हृदय सादा हो तो बात और है। हृदय सादा न हो तो आप कितना ही इंतजाम कर लें, सादगी फलित न होगी। उसमें भी आप हिसाब लगा रहे

हैं—स्वर्ग, मोक्ष, क्या मिलेगा, क्या नहीं मिलेगा। क्योंकि आपने लंगोटी लगा ली है। गजब का सौदा कर रहे हैं! एक लंगोटी लगा कर लोग बिलकुल मोक्ष का इंतजाम कर लेते हैं। या कि कोई नग्न खड़ा हो गया तो वह सोचता है कि परम दिगंबरत्व उपलब्ध हो गया। अब, अब तो क्या कमी रही! तो सिर्फ इतनी ही कमी थी कि आप कपड़े पहने थे; वे बाधा डाल रहे थे मोक्ष में। या आप एक बार खाना खा सकते हैं; तो सादगी नहीं हो जाएगी। अभ्यास की बात है।

अफ्रीका में एक पूरी की पूरी जाति एक ही बार भोजन करती है। जब उनको पहली दफा पता चला, योरोपियन वहां पहुंचे और उनको पता चला कि चार-चार, पांच-पांच दफा दिन में खाते हैं—कभी चाय, कभी नाश्ता, कभी खाना—तो वे हैरान ही हो गए। उनको पता ही नहीं था, सदियों से वे एक ही बार खा रहे थे, जैसे आप दो बार खा रहे हैं। तो पेट उसके लिए राजी हो जाता है, फिर चौबीस घंटे में एक बार भूख लगती है। दो बार खाते हैं तो दो बार लगती है; पांच बार खाते हैं तो पांच बार लगती है। पेट हर चीज से राजी हो जाता है।

तो जो पांच बार खा रहा है, उसका भी पांच बार का अभ्यास है। जो एक बार खा रहा है, उसका एक बार का अभ्यास है। अभ्यास बदलने में थोड़ी तकलीफ हो सकती है शुरू में, लेकिन थोड़े ही दिनों में कंडीशनिंग हो जाती है, अभ्यास हो जाता है। फिर कोई अड़चन नहीं है। लेकिन सादगी से इसका कोई संबंध नहीं है। सादगी से संबंध इसका नहीं है कि आप क्या करते हैं; सादगी से संबंध है कि आप क्या हैं।

एक मित्र थे मेरे, उनके साथ एक दफा यात्रा पर गया। तो वे भोजन के लिए इतना उपद्रव मचाते थे—सादा भोजन। उसके लिए वे इतना उपद्रव मचाते थे कि मैंने कोई उपद्रवी नहीं देखा जो भोजन के लिए इतना ऑब्सेशन से भरा हो। सादा भोजन के लिए वे इतना उपद्रव मचाते थे कि गैर-सादा भोजन वाला इतना उपद्रव कभी करता ही नहीं। चौबीस घंटा उनका भोजन में ही चिंतन में लगता।

कितने घंटे पहले दूध लगाया गया गाय से! क्योंकि उनका हिसाब कि इतने घंटे के बाद उसमें जीवाणु पड़ जाएंगे, यह हो जाएगा। घी कितने घंटे पहले का निकाला हुआ! गाय का ही है दूध? भैंस का न होना चाहिए, गाय का ही चाहिए। पानी कौन भर कर लाया? वे सारा हिसाब कर लेते थे। और लोग कहते, कितना सादा जीवन! और वे चौबीस घंटे सादा जीवन में ही लगे हैं। उनका कुल एक ही लक्ष्य हो गया है कि चौबीस घंटे वे इसकी व्यवस्था जमाएं। और उससे उन्हें सम्मान मिल रहा है, उन्हें आदर मिल रहा है। लोग कष्ट उठा रहे हैं, सब तरह का इंतजाम कर रहे हैं। और उनको बड़ा सम्मान मिल रहा है। और वे चौबीस घंटे भोजन को ब्रह्म मान कर चिंतन कर रहे हैं।

सादगी वहां मुझे जरा भी न दिखाई पड़ी। यह तो बहुत ही गैर-सादा जीवन मालूम पड़ा। यह तो बहुत उलझा हुआ मालूम पड़ा। और अकेले का ही नहीं उलझा, और अनेक लोगों का उलझाए हुए हैं। और सब भयभीत हैं, डरे हुए हैं, कि जरा भूल-चूक हो जाए तो वे भोजन नहीं लेंगे, वे भूखे रह जाएंगे। उनका भूखा रहना ऐसा है जैसे सबके ऊपर अपराध है। और सब अनुभव करेंगे कि भूल हो गई, अपराध हो गया; बड़ा कष्ट हो गया।

आप सादगी को भी जटिलता कर सकते हैं, अगर आपका जटिल मन है। और अगर आपका सादा मन है, सादा हृदय है, तो कितनी ही जटिलता में आप रह सकते हैं, जटिलता पैदा नहीं होगी। इसलिए असली सवाल यह नहीं कि आप क्या खाते हैं, क्या पीते हैं, क्या पहनते हैं। असली सवाल यह है कि कैसा आपके पास हृदय है, कैसे आप हैं। और आप उलझे हुए तो नहीं हैं! गणित तो नहीं बिठा रहे हैं!

सुना है मैंने कि एक सूफी फकीर यात्रा कर रहा था, मक्का जा रहा था। और उसने और उसके मित्रों ने एक महीने का उपवास किया हुआ था। उपवास तोड़ेंगे वे मक्का जाकर। एक गांव में आए, लेकिन बड़ी मुश्किल हो गई। चार-छह दिन ही हुए थे यात्रा के। और गांव के एक गरीब आदमी ने, जो उस सूफी का भक्त था, अपना सब खेती,

जमीन, मकान, सब बेच दिया। क्योंकि सूफी आ रहा था, उसके साथ सौ फकीर आ रहे थे, और उसके भक्त ने सब बेच कर पूरे गांव को भोजन दे दिया, भोज कर लिया। सब फूंक दिया जो उसके पास था। उसका गुरु आ रहा था।

जब गुरु को पता लगा तो शिष्य बड़ी बेचैनी में पड़े। शिष्यों ने कहा, अब क्या होगा? हम तो उपवासे हैं। गुरु का उपवास है; उपवास टूट सकता नहीं। चाहे जान रहे कि जाए, उपवास नहीं टूट सकता। ये जटिल आदमी के लक्षण हैं कि जान रहे कि जाए; ये कोई सरल आदमी के लक्षण नहीं हैं। गुरु सुनता रहा, वह कुछ बोला नहीं। लेकिन जब पहुंचा तो वह खाने के लिए बैठ गया; और जब गुरु बैठ गया तो शिष्यों को मजबूरी में बैठना पड़ा। लेकिन उन्होंने बड़े दुख में खाया, बड़े परेशान, पसीना-पसीना, आत्म-ग्लानि, पाप—कि यह क्या हो रहा है! गुरु भूल गया या क्या हुआ? उपवास है एक महीने का, और ये छह दिन में ही टूट गया।

जब सब विदा हो गए, भोज समाप्त हो गया, रात अकेले शिष्य और गुरु रह गए, तो शिष्यों ने कहा कि यह हमारी समझ के बाहर है। यह तो बड़ी भारी दुर्घटना है कि हमने उपवास किया महीने भर का और छह दिन में टूट गया! गुरु ने कहा, घबड़ाने की क्या बात है? आज से हम फिर शुरू करते हैं; एक महीना चलेगा। लेकिन उस गरीब आदमी ने सब कुछ फूंक डाला; उससे यह कहना कि हम उपवासे हैं—अकारण जटिलता पैदा होती, उसे दुख होता। इसकी क्या जरूरत है? इसकी बात ही क्यों उठानी? फायदा ही हुआ हमको, एक महीने छह दिन का उपवास का फायदा हुआ। कल से हम फिर उपवास करेंगे, और एक महीना उपवास चलेगा।

यह सरल आदमी है। वे शिष्य सरल आदमी नहीं हैं। सरलता गणित नहीं बिठाती। सरलता सहज स्पांटेनियस स्फुरणा है। और जो घटनाएं घटें, उनके साथ बिना भविष्य का गणित बिठाए सहज जो संवाद है, सहज जो प्रत्युत्तर है, वही।

लाओत्से कहता है, 'शक्ति पर भद्रता की विजय होती है।'

वह भद्रता—हृदय की भद्रता। वहां कोई मन बैठ कर सोच नहीं रहा है कि भद्र होने से शक्ति पर विजय मिलेगी। अगर आपने इसको गणित का नियम बनाया कि भद्र होने से शक्ति पर विजय मिलेगी तो आपको कभी विजय नहीं मिलेगी। और तब आप कहेंगे कि यह सूत्र गलत था। क्योंकि शक्ति पर विजय पाने के लिए भद्रता कोई उपाय नहीं है। भद्र विजय पा लेता है, यह परिणाम है।

मैं एक विद्यालय में गया—धार्मिक विद्यालय। वहां एक मुनि विराजमान थे। उन मुनि के पीछे एक तख्ती पर एक वचन लिखा हुआ था। वचन लिखा हुआ था कि विद्वान की सर्वत्र पूजा होती है। तो मैंने उनसे पूछा कि यह वचन यहां किसलिए लगा रखा है? इसीलिए न कि जिनको भी पूजा चाहनी हो वे विद्वान हो जाएं! क्योंकि विद्वान की सर्वत्र पूजा होती है। राजा तो अपने देश में ही पुजता है, लेकिन विद्वान की सर्वत्र पूजा होती है। क्या मतलब क्या है इसका? अगर पूजा का भाव जगाना है कि मेरी पूजा होगी सब जगह, इसलिए विद्वान हो जाऊं, तो आप विद्वान कैसे हो पाएंगे? या फिर वह विद्वत्ता कचरा होगी। ज्ञान तो नहीं हो सकती; पांडित्य हो सकता है। लेकिन उस पांडित्य के पीछे अहंकार ही खड़ा होगा, और उस पांडित्य का कुल उपयोग आभूषण का होगा कि अहंकार के लिए आभूषण बन जाए।

हम प्रत्येक चीज में कार्य-कारण का संबंध बना लेते हैं; उन चीजों में भी जहां कार्य-कारण का संबंध नहीं होता। इसे हम थोड़ा समझें, क्योंकि हमारे पूरे जीवन में यह छिपा हुआ है।

मैं किसी को कहता हूं कि आओ, इस खेल को खेलो; इस खेल के खेलने से बड़ा आनंद मिलता है। आप आनंद पाने के लिए खेलने आ गए। आपने सोचा कि आनंद मिलता है तो चलो, आनंद तो चाहिए, इसलिए खेलें। तो आप खेलेंगे तो नहीं; आप पूरे वक्त सोचेंगे कि अभी तक आनंद नहीं मिला! अभी तक आनंद नहीं मिला! अब आनंद कब मिलेगा? और यह हाथ-पैर चलाने से, फुटबाल को यहां से वहां फेंकने से, या वालीबाल को यहां से

वहां करने से कैसे आनंद मिलेगा? एक गेंद को इस तरफ से उस तरफ नेट के करने से आनंद कैसे मिल सकता है? लेकिन कोशिश करें, कहते हैं, शायद मिले। तो आप परेशान हो जाएंगे, दुख पाएंगे। और बाद में आप कहेंगे कि गलत कहा, आनंद नहीं मिलता।

खेल से आनंद मिलता है, इसमें कार्य-कारण का संबंध नहीं है, कि आप खेलेंगे तो आनंद मिलेगा, कि आनंद पाने के लिए आप खेलें तो आनंद मिल जाएगा। नहीं, आप आनंद को तो सोचें ही मत, आप सिर्फ खेलें। आनंद की तो बात ही मत उठाएं। आनंद मिलेगा, यह भी ध्यान मत रखें। आनंद चाहिए, इसकी भी बात छोड़ दें। आनंद को भूल ही जाएं, सिर्फ खेलें। तो आनंद मिलेगा। क्योंकि आनंद खेल के पीछे छाया की तरह आता है; कार्य की तरह नहीं, छाया की तरह आता है। लेकिन छाया ऐसी चीज नहीं है कि आप झपट्टा मार दें। अगर आप चुपचाप खेलते रहें तो छाया चारों तरफ घिर जाएगी; आप आनंदित हो उठेंगे।

जीवन में जो लोग भी इस बात को नहीं समझ पाते, वे बड़ी कठिनाई में पड़ते हैं। कहीं संगीत चल रहा है। और कोई आपको कहता है संगीत का प्रेमी, कि आओ, बहुत आनंद है। अब आप वहां बैठे हैं रीढ़ को, कुंडलिनी को बिलकुल जगाए हुए—आनंद कहां है? यह आदमी शोरगुल मचा रहा है, इसमें आनंद कहां है? कब मिलेगा आनंद? कितनी देर और लगेगी? आप बार-बार घड़ी देख रहे हैं कि अभी तक नहीं मिला! अभी तक नहीं मिला! आपको कभी भी नहीं मिलेगा। क्योंकि जो आप कर रहे हैं उससे आपका संगीत का संबंध ही नहीं बन पा रहा है।

अगर आप सोचते हैं कि भद्रता से विजय मिलेगी, तो भद्रता ही नहीं मिलेगी, विजय तो बहुत दूर है। क्योंकि वह विजय की आकांक्षा ही तो भद्रता का अभाव है। इसलिए इन सूत्रों को आप कार्य-कारण के सूत्र मत समझना। इन सूत्रों का अर्थ परिणाम का है। अगर कोई व्यक्ति भद्र है तो विजय उसके पीछे छाया की तरह चलती है। लेकिन जो व्यक्ति विजय के लिए सोचता है उसने तो विजय को आगे ले लिया, भद्रता को पीछे कर दिया। उसके पीछे फिर विजय नहीं चलती।

सुना है मैंने कि स्वामी राम के पास एक आदमी आया करता था। और राम उससे कहते थे कि जब मेरा एक घर था और मैं एक घर को पकड़े हुए था तो वह घर भी बचाना मुझे मुश्किल हो गया था। और अब मैंने सब घर छोड़ दिए तो सारी दुनिया के घर मेरे हो गए हैं। और जब मैं धन को पकड़ता था कौड़ी-कौड़ी तो कौड़ी भी हाथ में नहीं टिकती थी। और जब मैंने धन की पकड़ छोड़ दी तो सारी दुनिया की संपदा मेरी हो गई।

उस आदमी ने कहा, मैं भी कोशिश करूंगा। उसने सोचा कि अगर ऐसा मामला है तो यह पहले ही क्यों नहीं बताया गुरुजनों ने?

राम उसे देख कर डर गए होंगे। उन्होंने कहा, ठहर! तू कोशिश में मत पड़ जाना, नहीं तो तू मुझ पर मुकदमा करेगा। अगर तूने धन छोड़ा इस आशा में कि सारी दुनिया का धन हो जाए तो तेरे हाथ का धन भी चला जाएगा, दुनिया का तो मिलने वाला नहीं। उस आदमी ने कहा, और अभी आप कह रहे थे कि जब मैंने छोड़ दिया क्षुद्र तो विराट मेरा हो गया! तो मैं भी कोशिश करके देखना चाहता हूं।

हम सब भी यही करते हैं। लाओत्से जैसे परम चैतन्य व्यक्तियों के वचन जब हम पढ़ते हैं तो हमें बड़ी कठिनाई यही हो जाती है कि हम सोचते हैं कि बिलकुल ठीक, यह तो हम भी चाहते हैं कि विजय मिले, और लाओत्से सूत्र बता रहा है कि भद्र को मिलती है, तो हम भद्र हो जाएं।

एक तो चेष्टा से भद्र आप हुए तो वह झूठ होगा। वह हार्दिक न होगा, औपचारिक होगा। और विजय की आकांक्षा से कोई भद्र कैसे हो सकता है? कोई विनम्र कैसे हो सकता है? कि अगर आप विनम्र हो जाएं तो सब जगह आदर मिलेगा। तो आदर पाने की आकांक्षा से कोई विनम्र कैसे होगा? विनम्र तो आप बिना किसी आकांक्षा के ही हो

सकते हैं। आदर मिले कि अनादर, कुछ मिले कि न मिले, यह सब असंगत है; भद्र होने का आनंद मैं लेना चाहता हूं; भद्रता में ही मुझे रस है।

और निश्चित ही, भद्रता अपने आप में इतना बड़ा रस है कि कोई विजय की उससे अतिरिक्त कोई जरूरत नहीं है। अगर कोई भद्र हो गया तो उसे विजय की कोई जरूरत नहीं है; कोई विजय फिर उसके मुकाबले मूल्य नहीं रखती। सब विजय फीकी हैं। और जिस आदमी को धन छोड़ने का मजा आ गया, उसको सारी दुनिया का धन भी मिल जाए तो पकड़ने का अब सवाल नहीं है।

लेकिन कई लोग सुन लेते हैं सूत्र कि लक्ष्मी को छोड़ो तो लक्ष्मी फिर पैर दबाती है। कई झंझट में भी पड़ जाते हैं छोड़ कर। मैं कई संन्यासियों को जानता हूं जो बेचारे इस आशा में छोड़ बैठे हैं कि लक्ष्मी पैर दबाएगी। वे बड़ी देर से लेटे हैं बिलकुल शेष-शय्या बना कर; लक्ष्मी आती नहीं; कोई पैर दबाता नहीं। अब वे बड़े बेचैन हैं। अब उनकी नैया बिलकुल बीच में अटक गई है। अब वे न यहां के रहे, न वहां के रहे। अब वे लौट भी नहीं सकते; अब वे आगे भी नहीं जा सकते। लेकिन आकांक्षा उन्होंने जो की थी वह गलत हो गई। लक्ष्मी जरूर पीछे-पीछे आती है, लेकिन आप पीछे लौट कर भर मत देखना। आपने पीछे लौट कर देखा कि आ रही कि नहीं, तो बस आप चूक गए। फिर आप कितनी ही कोशिश करो, फिर लक्ष्मी आने वाली नहीं।

तो यह सूत्र खयाल रखनाः लक्ष्मी चाहिए हो तो पीछे लौट कर मत देखना; आप तो चलते ही चले जाना। मगर इसका मतलब यह भी नहीं कि आप बिलकुल सम्हाले रहना अपने को कि कहीं पीछे लौट कर न देख लें; क्योंकि वह भी पीछे लौट कर ही देखना है। गर्दन बिलकुल फंसा ली, प्लास्टर करवा लिया सब तरफ से; उससे कोई फर्क नहीं पड़ेगा। वह पीछे मन लौट कर न देखे, उससे कोई प्रयोजन नहीं है, तो जरूर लक्ष्मी पीछे आती है।

इन सारे सूत्रों के साथ अड़चन है कि हम इनको मानने को राजी हो सकते हैं, लेकिन जो उनकी शर्त है वह हमारी समझ में नहीं आती। वह शर्त यही है—अब शर्त आपको समझा दूं—शक्ति पर भद्रता की विजय होती है; और भद्रता का अर्थ है, जिसको विजय की आकांक्षा नहीं। तब आपको साफ हो जाएगी बात। भद्रता का अर्थ है, जिसको विजय की आकांक्षा नहीं। निश्चित ही तब शक्ति पर भद्रता की विजय होती है।

'मछली को गहरे पानी में ही रहने देना चाहिए।'

और वह जो भद्रता है उसको, लाओत्से कहता है, जैसे मछली को गहरे पानी में रहने देना चाहिए, उस भद्रता को भी बाहर उछालते नहीं फिरना चाहिए। क्योंकि वह तब छिछोरापन है। अहंकार को लोग बाहर उछालते हैं, उसी तरह भद्रता को भी उछालते हैं; यह बड़ा मजा है। लेकिन दोनों बड़ी विपरीत चीजें हैं।

एक आदमी अकड़ कर खड़ा होता है, वह समझ में आता है। क्योंकि भीतर तो अकड़ बच नहीं सकती; बाहर ही हो सकती है। अकड़ तो दूसरे को दिखाने के लिए है। इसलिए अहंकारी तो बाहर दिखाता है, वह समझ में आता है। जिसके पास महल है वह महल दिखाएगा। जिसके पास स्वर्ण के आभूषण हैं वह स्वर्ण के आभूषण दिखाएगा। जिसके पास हीरे-जवाहरात हैं वह उनको दिखाएगा। क्योंकि उनका मूल्य ही देखने वाले की आंख में जो चमक आती है उसमें है। वह जो दूसरे में दीनता पैदा होती है, वह जो दूसरे में वासना जगती है, वह जो दूसरे में तृषा पैदा हो जाती है कि मेरे पास भी होता, और नहीं है, वह जो दूसरे में अभाव हो जाता है, वह जो दूसरा भिखारी की तरह खड़ा हो जाता है उसमें उसका रस है। इसलिए अहंकार तो दिखावा होगा ही। उसका प्रदर्शन जरूरी है। उसके बिना वह बच ही नहीं सकता। अगर आप अहंकार का प्रदर्शन न करें तो वह मर जाएगा। उसको भोजन मिलता है प्रदर्शन से।

लेकिन विनम्रता, भद्रता, अगर आप प्रदर्शन करें तो मर जाएगी; वह झूठी ही है, मरने का भी सवाल नहीं। अहंकार बाहर-बाहर होता है, वहीं उसका जीवन है; भद्रता भीतर-भीतर होती है, वहीं उसके प्राण हैं। जितनी गहरी

हो! इसलिए लाओत्से उठ कर खड़ा नहीं हुआ। लेकिन समझना बहुत मुश्किल है। आप भी गए होते तो आपको भी लगता कि बेचारा कनफ्यूशियस ठीक है, झुक कर नमस्कार कर रहा है, और यह लाओत्से बिलकुल—बिलकुल गंवार मालूम होता है कि बैठा ही हुआ है। खड़े होकर कम से कम, जब कोई घर में अतिथि आए...।

लेकिन लाओत्से कहता है, मछली को गहरे पानी में रहने देना चाहिए। लाओत्से कहता है, विनम्रता को दिखाना क्या! है तो है। वे जड़ें उसकी गहरी छिपी रहें। और जो देख सकता है वह उसको देख लेगा। और जो नहीं देख सकता उसको दिखाने से भी कोई अर्थ नहीं है। सिर्फ उसके अहंकार को रस आएगा, और कुछ भी न होगा।

'मछली को गहरे पानी में रहने देना चाहिए।'

इस सूत्र को और दृष्टियों से भी समझ लेना कीमत का है। जो भी मूल्यवान है आपके भीतर, और जिसको भी आप चाहते हैं कि बचाना है, उसे गहरे में डाल देना। नष्ट करना हो तो बाहर; बचाना हो तो भीतर। वृक्ष ऊपर दिखाई पड़ता है; जड़ें जमीन में छिपी रहती हैं। जड़ें मूल्यवान हैं। वृक्ष जड़ों को दिखाने बाहर ले आए तो मौत हो जाएगी। वह जो भी गहरा और मूल्यवान है उसे भीतर! उसका किसी को पता ही न चले। इसका यह अर्थ नहीं है कि पता नहीं चलेगा; जितना गहरा होगा उतनी जल्दी पता चलेगा। लेकिन आप पता चलाने की, चलवाने की कोशिश मत करना। क्योंकि आपकी कोशिश बताती है कि गहरा नहीं है।

लाओत्से से जब उसके शिष्यों ने पीछे पूछा कि आप बैठे रहे! आपने ऐसा क्यों किया? तो लाओत्से ने कहा, मैं सोचता था कि कनफ्यूशियस अगर थोड़ा भी गहरा होगा तो समझ जाएगा, देख लेगा। लेकिन वह इतना ही देख सका कि मैं बैठा हुआ हूं, खड़ा नहीं हुआ। बस उसे आकार दिखाई पड़ा, उसे और कुछ भी दिखाई नहीं पड़ा। तो वह सिर्फ आकार में जी रहा है। नियम, व्यवस्था, शासन, औपचारिकता, शिष्टाचार, सभ्यता, संस्कृति, उसमें ही जी रहा है। धर्म का उसे कोई पता नहीं है। अगर उसे पता होता तो उसे दिखाई पड़ जाता कि मैं तो झुका ही हुआ हूं; बैठूं, या खड़ा होऊं, या न होऊं, इससे कोई फर्क नहीं पड़ता। यह झुका हुआ होना मेरा स्वभाव है।

एक पहाड़ तो झुक भी सकता है, लेकिन एक गड्ढा कैसे झुकेगा? एक पहाड़ झुक सकता है, लेकिन एक गड्ढा कैसे झुकेगा? लाओत्से गड्ढे की तरह है, अब झुकने का भी क्या उपाय है। जो अकड़ा है, वह झुक भी सकता है; लेकिन जो अकड़ा ही नहीं है, वह कैसे झुकेगा?

लेकिन हम भी नहीं पहचान पाते। हमें भी कनफ्यूशियस पहचान में आ जाता। क्योंकि हम भी कनफ्यूशियस की ही परंपरा में खड़े हैं। दुनिया में सौ में से निन्यानबे आदमी कनफ्यूशियस के पीछे खड़े हैं। कभी कोई एकाध आदमी समझ पाता है। अन्यथा हम सब उपचार समझते हैं, ढंग समझते हैं, नियम समझते हैं।

'मछली को गहरे पानी में ही रहने देना चाहिए।'

धर्म को, ध्यान को, विनम्रता को, सादगी को, सरलता को जितने गहरे रहने दें उतना अच्छा। क्योंकि जितनी होगी गहरी उतना ही उसके द्वारा रूपांतरण आपकी आत्मा का होगा। आपकी विनम्रता दूसरे को दिखाने के लिए नहीं है; आपकी विनम्रता आपको ही बदलने के लिए है। आपकी सादगी कोई बाजार में प्रदर्शन नहीं है; आपकी सादगी आपकी ही आत्मा का रूपांतरण है। वह आपके ही लिए है।

सूफी फकीर कहते हैं कि जब सब सो जाएं, सारी दुनिया सो जाए, तब चुपचाप अपनी प्रार्थना कर लेना। मस्जिद में जाकर मत करना; क्योंकि वहां डर है कि शायद तुम प्रार्थना करने नहीं जा रहे, तुम सिर्फ दिखाने जा रहे हो कि तुम भी प्रार्थना करते हो। वह जो भीड़ इकट्ठी होती है, वे जो लोग इकट्ठे होते हैं, उन्हें तुम भी दिखाना चाहते हो कि तुम भी धार्मिक हो। एक रिस्पेक्टबिलिटी धर्म से मिलती है, एक आदर मिलता है कि यह आदमी भला है, आदमी ईमानदार है, यह आदमी सादा है, धार्मिक है, ईश्वर की प्रार्थना में लीन रहता है। ईश्वर की प्रार्थना, सूफी फकीर

कहते हैं, चुपचाप अंधेरे में, जब कोई भी न जाने, तुम कर लेना। उसे भीतर गहरे में डाल देना; वह कोई बाहर उछालने की बात नहीं है। उससे दूसरे को कोई लेना-देना नहीं है; तुम्हारी अपनी बात है।

लेकिन हम, जो व्यर्थ है उसे भीतर डालते हैं; कचरे को भीतर इकट्ठा करते हैं। जो सार्थक है, जो भीतर होता तो शायद जड़ें पकड़ लेता, बीज फूटता, भूमि में गहरा चला जाता, गर्भ निर्मित हो जाता जिसके आस-पास, उसे हम दिखाते फिरते हैं। यह मजे की बात है! अगर आपको क्रोध आता है तो आप उसको भीतर दबाते हैं। और विनम्रता ऊपर दिखाते हैं। स्वभावतः, जो आप दबाते हैं, वही आप हो जाते हैं। क्रोध है तो उसे भीतर दबाते हैं। अच्छा भी नहीं मालूम पड़ता क्रोध को प्रकट करना; कोई क्या कहेगा? लोग क्या कहेंगे कि आप जैसा संत पुरुष, और क्रोध कर रहा है? तो आप मुस्कुराए चले जाते हैं; क्रोध को भीतर सरकाए चले जाते हैं। लाओत्से जो कहता है कि मछली को गहरे पानी में रहने देना चाहिए; आप भी मछली को गहरे पानी में रखते हैं, लेकिन सिर्फ सड़ी हुई मछलियों को, मरी मछलियों को, मुर्दा मछलियों को, जिनको आप बाहर ही फेंक देते तो बेहतर था।

और जब आप किसी पर क्रोध रोकते हैं तो इसलिए नहीं कि क्रोध बुरा है, बल्कि क्रोध से प्रतिष्ठा जाती है। इसलिए जहां आपके क्रोध से प्रतिष्ठा नहीं जाती वहां आप बराबर प्रकट करते हैं। अगर आपका मालिक, दफ्तर में आपका बॉस क्रोध करता है तो वहां आप मुस्कुराते रहते हैं खड़े होकर। आपके पास पूंछ होती तो आप हिलाते। बिलकुल मुस्कुराते हैं। लेकिन घर जाकर आप अपनी पत्नी पर टूट सकते हैं; वहां कोई डर नहीं है प्रतिष्ठा का। और पत्नी की आंख में किसकी प्रतिष्ठा होती है? भय का कारण भी क्या है? कोई प्रतिष्ठा वहां है ही नहीं पहले से। कुछ गंवाने का सवाल भी नहीं है। छोटे, घर में जाकर, बच्चे पर टूट पड़ते हैं। कोई भी बहाना खोज लेते हैं।

वह क्रोध तो निकलेगा ही; वह कहीं न कहीं निकलेगा। क्योंकि क्षुद्र को भीतर रखा नहीं जा सकता। उसके लिए कोई जगह नहीं है वहां। वहां केवल विराट को ही रखा जा सकता है। क्षुद्र तो बाहर आएगा। क्षुद्र बाहर के लिए है। और अच्छा ही है कि आप सफल नहीं हो पाते भीतर रखने में, नहीं तो वह नासूर बन जाएगा। और जो रखने में सफल हो जाते हैं उनके भीतर नासूर हो जाता है। वे फिर गहरे रोग से भीतर घिर जाते हैं। उनके पास हृदय नहीं होता फिर, फफोले ही होते हैं भीतर। और वे उन्हीं के साथ जीते हैं, उन्हीं से धड़कते हैं, उन्हीं से श्वास लेते हैं। उनकी जिंदगी एक महारोग हो जाती है। लेकिन श्रेष्ठ को हम दिखाते फिरते हैं, निकृष्ट को दबाते फिरते हैं।

श्रेष्ठ को दबाएं! जितना श्रेष्ठ बहुमूल्य हीरा हो उसको उतने भीतर रख दें; उसका पता भी न चले किसी को। वह बड़ा होगा वहां, वहां उसे गर्भ मिल जाएगा, वह फैलेगा और आपकी पूरी आत्मा पर प्रकाश बन जाएगा।

लाओत्से कहता है, 'मछली को गहरे पानी में ही रहने देना चाहिए। राज्य के तेज हथियारों को वहां रखना चाहिए जहां उन्हें कोई देख न पाए।'

लाओत्से राज्य के पक्ष में नहीं है। न सेनाओं के पक्ष में है, न हिंसा के पक्ष में है, न युद्ध के पक्ष में है। लाओत्से मानता है कि सब युद्ध, सब सेनाएं, सब राज्य मनुष्य-जीवन की विकृतियां हैं। तो लाओत्से कहता है कि राज्य को, समाज को, वह जो भी खतरनाक है—शस्त्र हैं, अस्त्र हैं—उन्हें ऐसी जगह हटा देना चाहिए जहां उन्हें कोई पा भी न सके। यह थोड़ा समझने जैसी बात है कि आदमी की विकृति उतनी नहीं हुई है जितना आदमी के पास विकृति को उपयोग में लाने के साधन बढ़ गए हैं। अगर हम आदमी की तरफ देखें तो आज से दस हजार साल पहले भी आदमी ठीक ऐसा था जैसे आप हैं। आप में और दस हजार साल पुराने आदमी में कोई फर्क नहीं है। फर्क सिर्फ एक है कि अगर उस झगड़े में आ जाता वह आदमी और क्रोध में आ जाता तो शायद नाखून से आपके शरीर को नोंच लेता, और आपके पास एटम बम है। अगर आप क्रोध में आ जाएं तो नाखून से नहीं नोचेंगे; आप शायद सारी पृथ्वी को नष्ट कर देने के लिए तैयार हो जाएंगे।

और एक मजा है। आमने-सामने लड़ने में एक रस था; एटम बम फेंकने में कोई रस नहीं है, सिर्फ मूढ़ता है। दो आदमी जब सामने लड़ लेते हैं तो यह बात नैसर्गिक है, इसमें कुछ बहुत अस्वाभाविक नहीं है। यह न होती तो बहुत अच्छा, लेकिन हो तो कुछ बहुत बुरा नहीं हुआ जा रहा है। लेकिन एक आदमी हिरोशिमा पर जाकर बम पटक देता है। वह किन पर बम पटक रहा है, कोई दिखाई नहीं पड़ता। मित्र पर, शत्रु पर, बच्चों पर, स्त्रियों पर—किस पर! बूढ़ों पर, अंधों पर, किस पर बम गिर रहा है, कोई मतलब नहीं है उसे। उसे मतलब ही नहीं है कि यह बम क्या करेगा; उसके अंतिम परिणाम का भी उसे कोई बोध नहीं है। वह एक बटन दबाता है और हवाई जहाज से बम गिर जाता है।

जिस आदमी ने नागासाकी-हिरोशिमा पर बम गिराया और एक रात में तीन, साढ़े तीन लाख लोगों की हत्या का कारण बना—दुनिया के इतिहास में किसी आदमी ने, एक आदमी ने, एक क्षण में इतनी बड़ी हत्या नहीं की—वह रात बड़े आराम से सोया। और जब सुबह उससे अखबार वाले लोगों ने पूछा कि तुम्हें रात नींद आ सकी? क्योंकि तीन लाख आदमियों की हत्या!

आप एक तीन आदमियों की हत्या का तो विचार करके सोचिए! और तीन आदमियों की हत्या करके आप रात भर सो पाएंगे? बहुत मुश्किल है। बड़े से बड़ा हत्यारा भी नहीं कर सकता यह काम। वह भी रात भर बेचैन रहेगा। लेकिन यह आदमी तीन, साढ़े तीन लाख आदमियों की हत्या करके बेचैन नहीं हुआ। क्या यह आदमी पागल है? यह पागल नहीं है। लेकिन संबंध ही नहीं जुड़ता; जो मरे हैं उनसे इसका कोई संबंध नहीं जुड़ता।

उसने तो कहा, मैंने अपनी ड्यूटी पूरी की। एक विशेष जगह पर हवाई जहाज को ले जाकर मुझे बम गिरा देना था; उससे ज्यादा मुझे कोई आज्ञा नहीं थी। उससे ज्यादा मेरा कोई संबंध नहीं था। काम पूरा करके, जैसा आदमी दिन भर का थका रात सो जाता है, ऐसा मैं सो गया। अपना काम पूरा हो गया।

तीन लाख आदमियों को मारने पर भी कोई बेचैनी नहीं होती—शस्त्र यह सुविधा जुटा देते हैं। जब मैं आपके निकट से नाखून से आपको नोचूं, तो आप सामने होते हैं, खून सामने बहता है। जिंदगी सामने बनती और मिटती है। और मैं अपनी जिंदगी भी दांव पर लगाता हूं, तभी आपकी जिंदगी लेने का विचार कर सकता हूं। यह सीधा आमना-सामना है। यह बात प्राकृतिक है। सभी पशु ऐसा कर रहे हैं। आदमी भी पशु है; ऐसा कर सकता है। न करे तो देवता हो जाता है। लेकिन अस्त्र-शस्त्र उसे शैतान बना देते हैं; वह पशु भी नहीं रह जाता। क्योंकि तब कोई सवाल ही नहीं है। आपको मैं देखता ही नहीं; आपकी आंख का मुझे पता नहीं; आपके रोने का पता नहीं; आप जलेंगे, क्या होगा, कुछ पता नहीं।

लाओत्से अस्त्र-शस्त्र के बहुत विपरीत है। वह कहता है कि उन्हें इस जगह डाल दो जहां लोग खोजें भी तो उन्हें न पा सकें। प्रयोजन इतना ही है कि आदमी जितना नैसर्गिक हो, जितना सहज हो, जितना स्वाभाविक हो। निश्चित ही, जीवन में संघर्ष भी हो सकता है। लेकिन वह भी स्वाभाविक होना चाहिए। और दो आदमी आमने-सामने लड़ते हैं, उसमें एक गरिमा भी है, एक गौरव भी है। जब तक लोग आमने-सामने लड़ते थे तब तक लोगों में एक गरिमा थी, एक शान थी।

अब लड़ाई तो चलती है, लेकिन आमने-सामने कोई भी नहीं है। इधर भी यंत्र है, उधर भी यंत्र है, और पूरी मनुष्यता बीच में है। और किसी को किसी से कोई प्रयोजन नहीं है। कौन किसको मार रहा है, इससे कोई संबंध नहीं है। अपनों को मार रहा है तो भी पता नहीं है। अभी वियतनाम के युद्ध में बहुत से अमरीकी अमरीकियों के द्वारा ही मारे गए। क्योंकि नीचे भूल से, उनका ही अड्डा है, और वे बम फेंक आए। अपने ही आदमी मरे, यह भी सुबह जाकर पता चला। अंधेरे में सारी बात हो गई है।

लाओत्से कहता है, आदमी-आदमी के बीच सीधा संपर्क होना चाहिए; बीच में कुछ भी न हो। बीच में कोई एजेंसी अस्त्र की, शस्त्र की, राज्य की, कुछ भी न हो; आदमी आमने-सामने सीधा-सीधा हो। तो आदमी ज्यादा प्राकृतिक होगा। और जो देखेगा उस पर सोचेगा भी; और जो करेगा उससे विचार भी पैदा होगा; और उसके कृत्य उसके लिए सूचक हो जाएंगे कि वह अपने को बदले, न बदले।

'शक्ति पर भद्रता की विजय होती है।'

इसलिए भी, लाओत्से कहता है, अस्त्र-शस्त्रों को हटा दो; क्योंकि उनसे तुम जीतोगे नहीं, हारोगे ही।

लाओत्से की बात शायद दुनिया अब सुनने को राजी हो जाए। क्योंकि जब उसने यह कहा था, आज से कोई तीन हजार, ढाई हजार साल पहले, तब तो अस्त्र-शस्त्र भी कुछ बड़े नहीं थे। अब तो अस्त्र-शस्त्र इतने बड़े हैं कि लाओत्से की बात समझ में आ सकती है। पूरी मनुष्यता उनके कारण आत्महत्या कर सकती है; अस्त्र-शस्त्र इतने बड़े हैं। लाओत्से की बात समझ में आ सकती है कि उन्हें हटा दो। आदमी-आदमी के बीच से जो भी, जितने उपकरण हट सकें, वे हट जाएं; आमने-सामने आदमी हो जाए। तो जीवन ज्यादा निसर्ग के अनुकूल होगा। और निसर्ग के अनुकूल आत्मा के जन्म की संभावना है।

फिर शक्ति से कोई विजय उपलब्ध नहीं होती; और शस्त्र शक्ति दे सकते हैं, भद्रता नहीं।

पांच मिनट कीर्तन करें और फिर जाएं।

सत्तरवां प्रवचन

# विश्व-शांति का सूत्र: सहजता व सरलता

Chapter 37

## WORLD PEACE

*The Tao never does,*
*Yet through it everything is done,*
*If princes and dukes can keep the Tao*
*The world will of its own accord be reformed.*
*When reformed and rising to action,*
*Let it be restrained by the Nameless pristine simplicity.*
*The Nameless pristine simplicity*
*Is stripped of desire (for contention).*
*By stripping of desire quiescence is achieved,*
*And the world arrives at peace of its own accord.*

अध्याय 37

## विश्व-शांति

*ताओ कभी कर्मरत नहीं होता,*
*तो भी सभी कुछ उसके द्वारा ही कर्मरत है।*
*यदि सम्राट और भूस्वामी ताओ को अक्षुण्ण रख सकें,*
*तो संसार आप ही सुधर जाएगा।*
*और जब सुधर जाए और कर्मरत हो जाए,*
*तब उस अनाम पुरातन सरलता के द्वारा उसका अनुशासन हो।*
*यह अनाम पुरातन सरलता (स्पर्धा के लिए) वासना से रहित है।*
*वासनारहितता से निश्चलता प्राप्त होती है;*
*और संसार आप ही आप शांति को उपलब्ध होता है।*

सूर्य उगता है, डूबता भी है। श्वास आती है, जाती भी है। तारे घूमते हैं; मौसम परिवर्तित होते हैं। प्रकृति का विराट कर्म चलता है, लेकिन बिलकुल अकर्म जैसा। वहां कोई कर्ता नहीं है। न तो सूरज उगने के लिए कोई प्रयत्न करता है; न चांद-तारे चलने के लिए कोई आयोजन करते हैं; न फूल खिलने के लिए कोई व्यवस्था जुटाते हैं; न नदियां सागर की तरफ बहने के लिए किसी अस्मिता से, कर्ता के भाव से भरती हैं।

मनुष्य को छोड़ कर कर्म कहीं भी नहीं है। गति तो बहुत है, क्रिया बहुत है; लेकिन कर्ता का बोध कहीं भी नहीं है। बीज जब फूटता है और अंकुरित होता है तो कोई भाव पैदा नहीं होता कि मैं फूटता हूं, मैं अंकुरित होता हूं, मैं वृक्ष बनने जा रहा हूं। और जब वृक्ष में फूल खिलते हैं तब भी वृक्ष को नहीं लगता कि मैंने फूल खिलाए हैं। विराट कर्म होता है, लेकिन कर्ता का कोई बोध नहीं है।

निश्चित ही, कर्ता का बोध मनुष्य की बीमारी है। इस बात को गहरे से समझना जरूरी है। क्योंकि यह बीमारी बहुत गहरी है, और हमारे प्रत्येक होने के ढंग में प्रविष्ट हो गई है। आप, जो भी हो रहा है, उसे तत्काल कर्म बना लेते हैं। भूख लगती है, जवानी आती है, बुढ़ापा आता है; जीवन जन्मता है और मृत्यु में फिर सब लीन हो जाता है। इस सब में कहीं भी कोई कर्म नहीं है। आप कुछ करते नहीं हैं; यह सब हो रहा है। लेकिन अगर यह सब हो रहा है, इसको आप ऐसा ही देखें, तो अहंकार को खड़े होने की जगह न होगी। तो आप होने को करने में बदलते हैं। जो हो रहा है, उसे आप कर्म बना लेते हैं। और आप कर्म बना कर ही एहसास कर सकते हैं कि मैं हूं। तो कर्म की सारी बीमारी के पीछे मैं को पैदा करने की आकांक्षा है। अगर सब हो रहा है तो आपके होने का कोई अर्थ नहीं रह जाता। जैसे ही आप कुछ करते हैं, मैं खड़ा होता है।

यह जो हमारा मैं है, सारी दुनिया के धर्म कहते हैं कि यही बाधा है; इसे छोड़ दें, इसे त्याग दें, इसे विनष्ट कर दें। लेकिन मजे की बात यह है कि ताओ जैसे बुद्धत्व को उपलब्ध लोग ही ठीक से समझ पाते हैं कि ये शिक्षाएं गलत हो गईं। क्योंकि जब हम कहते हैं, अहंकार को छोड़ दें, तब भी हम उसे कृत्य बना लेते हैं और कर्म बना लेते हैं। छोड़ेगा कौन? जो छोड़ेगा, वह फिर कर्ता बन गया। अहंकार का त्याग कौन करेगा? अहंकार का नाश कौन करेगा? जो करेगा, वह फिर नया अहंकार निर्मित हो गया।

अहंकार का अर्थ ही कर्ता का भाव है। तो अहंकार का त्याग नहीं किया जा सकता; कोई उपाय नहीं है। क्योंकि आप त्याग करेंगे तो वह जो त्याग करने वाला है वह एक नया अहंकार निर्मित हो गया। पुराना गया, नया बना। और नया निश्चित ही पुराने से ज्यादा खतरनाक होगा, ज्यादा सूक्ष्म होगा, ज्यादा ताजा होगा, ज्यादा शक्तिशाली होगा। और फिर उसे पहचानने में जन्म लग जाएंगे।

अहंकार का न तो विनाश किया जा सकता, न अहंकार का त्याग किया जा सकता, न अहंकार को काट-छांट कर विनम्र बनाया जा सकता। क्योंकि अहंकार कर्ता का भाव है। लाओत्से कहता है, अगर यह समझ में आ जाए कि जीवन की लीला अपने से चल रही है, बिना किसी कर्ता के, अगर आपको अपने भीतर भी यह समझ में आ जाए कि सब हो रहा है, करने का कोई सवाल नहीं है, तो अहंकार निर्मित ही न होगा; त्याग करने का सवाल नहीं आएगा। त्याग करने का सवाल तो तब आता है जब अहंकार निर्मित हो जाए। और निर्मित अहंकार को त्याग करना असंभव है। यह संभव है कि उसे निर्मित न होने दिया जाए। यह संभव है कि उसे भोजन न दिया जाए। यह संभव है कि उसके बनने की प्रक्रिया समझ ली जाए और उस प्रक्रिया से बच जाया जाए, लेकिन बने हुए अहंकार को मिटाना मुश्किल है, क्योंकि मिटाना फिर कृत्य है। और कृत्य से ही अहंकार मजबूत होता है।

इसलिए संसारी का अहंकार होता है; संन्यासी का अहंकार होता है—संसारी से भी ज्यादा सूक्ष्म और ज्यादा विषाक्त। भोगी का अहंकार होता है, लेकिन योगी के अहंकार का कोई मुकाबला नहीं है। साधारणजन का अहंकार होता है, असाधारणों का अहंकार होता है। लेकिन असाधारणजनों का, साधुओं का अहंकार बड़ा सूक्ष्म, दिखाई भी नहीं पड़ता। लेकिन उसकी धार बड़ी पैनी है। देखें महात्माओं के आस-पास तो वह दिखाई पड़ जाएगा, जरा पैनी आंखें देखने को चाहिए पड़ेंगी।

अभी मैं पढ़ रहा था किसी का संस्मरण। एक पंडित एक जैन मुनि के पास गया। उन मुनि की बड़ी प्रतिष्ठा थी। वह पंडित उनके जीवन पर एक किताब लिखना चाहता था। तो पंडित ने मुनि को कहा कि मुझे आज्ञा दें कि मैं आपका जीवन-चरित्र लिखूं और आशीर्वाद दें कि मैं इसमें सफल हो जाऊं। जैन मुनि ने कहा, मुझे प्रशंसा की कोई भी जरूरत नहीं है, मुझे प्रशस्ति की कोई भी जरूरत नहीं है, मुझे ख्याति का कोई लोभ नहीं। पंडित बहुत प्रभावित हुआ कि कितने विनम्र व्यक्ति हैं! न ख्याति की कोई जरूरत है, न लोग जानें इसकी कोई जरूरत है।

लेकिन जो स्वर है, अगर उसे थोड़ा गौर से देखें, तो वह अहंकार का स्वर है। मुझे प्रशंसा की कोई जरूरत नहीं है! मुझे ख्याति का कोई लोभ नहीं है! यह जो मैं खड़ा है पीछे, यह सूक्ष्म है। यह एकदम से पहचान में नहीं आएगा। लेकिन किसे प्रशस्ति की जरूरत नहीं है? वह कौन है जो कहता है कि मुझे ख्याति की जरूरत नहीं है?

तो एक दफे मैं कहता है कि मुझे ख्याति की जरूरत है; वह संसारी का मैं है। फिर एक बार मैं कहता है कि मुझे ख्याति की कोई जरूरत नहीं है; यह संन्यासी का मैं है। और दूसरा मैं ज्यादा खतरनाक है। क्योंकि जिस मैं को ख्याति की जरूरत है, वह अभी बहुत बड़ा मैं नहीं। अभी अधूरा है, भरा नहीं है; खाली है, कुछ जरूरत है। और जिस मैं को ख्याति की बिलकुल जरूरत नहीं है, वह कह रहा है यह कि दो कौड़ी की है तुम्हारी ख्याति; तुम्हारा यश, तुम्हारा गुणगान दो कौड़ी का है। मैं लात मारता हूं उसे, मुझे उसकी कोई भी जरूरत नहीं है। मैं वहां हूं जहां तुम्हारी ख्याति मुझे नहीं छू सकती।

यह बहुत सूक्ष्म है, और इसे देखने के लिए बहुत बारीक दृष्टि चाहिए। लेकिन इसे पहचानना मुश्किल होता है। क्योंकि स्थूल अहंकार को तो हम जानते हैं, सब परिचित हैं; सूक्ष्म अहंकार को हम जानते नहीं हैं।

लेकिन यह क्यों घटता है? यह इसीलिए घटता है। इस मुनि को क्यों यह सूक्ष्म अहंकार होगा? क्योंकि ये मुनि अहंकार को छोड़ने की कोशिश में लगे हैं; यह उसका परिणाम है—ख्याति की जरूरत नहीं है! ख्याति की जरूरत है तो भी बात वही है, और ख्याति की जरूरत नहीं है तो भी बात वही है। जब अहंकार नहीं होगा तो दोनों जरूरतें विदा हो जाएंगी। न तो ख्याति की जरूरत होगी; और न ही ख्याति की जरूरत नहीं है, यह जरूरत होगी। दोनों नहीं रह जाएंगी। क्योंकि फिर कुछ होता नहीं मेरे से; कर्ता नहीं हूं मैं। फिर जो हो रहा है प्रवाह में, उसको देख रहा हूं, द्रष्टा हूं। फिर निंदा होती है तो उसे देखता हूं; और ख्याति होती है तो उसे भी देखता हूं। फिर निंदा कोई कर

जाए तो उसे भी देख लेता हूं; और कोई प्रशंसा कर जाए तो उसे भी देख लेता हूं। फिर मेरे बोलने की कोई भी जरूरत नहीं। फिर इस मैं को खड़ा करने की कोई आवश्यकता नहीं।

लेकिन साधक छोड़ने की कोशिश में लगा है अहंकार को, तो एक नया अहंकार खड़ा हो जाता है। अहंकार के रास्ते बहुत विचित्र हैं। लाओत्से के इस सूत्र को समझेंगे तो बहुत हलकापन आएगा। क्योंकि लाओत्से नहीं कहता कि तुम छोड़ो। क्योंकि तुम छोड़ क्या सकते हो? तुम कुछ कर ही नहीं सकते हो; करने की बात ही भ्रांति है। इधर हम संसार बनाते हैं तो भी मजा लेते हैं कि मैं संसार बसा रहा हूं, मकान बना रहा हूं, धन कमा रहा हूं; तिजोड़ी बड़ी होती जा रही है। यह एक रस है, मैं का ही रस है; मैं कर रहा हूं। फिर एक दिन इस सबसे ऊब जाते हैं। फिर हम छोड़ते हैं। तब हम कहते हैं, मैंने धन छोड़ा। फिर हम छोड़ने का भी हिसाब रखते हैं। फिर कितना छोड़ा, उसका भी हम हिसाब रखते हैं। कितना था, उसका भी हिसाब रखते थे; फिर कितना छोड़ा, उसका भी हिसाब रखते हैं। फिर कितना बड़ा मकान था, उसको लात मार दी, उसका भी हिसाब रखते हैं। फिर कितनी सुंदर स्त्री थी, उसका त्याग कर दिया, उसका भी हिसाब रखते हैं। फिर सबका हिसाब रखते हैं, क्योंकि हमने छोड़ा। तब इकट्ठा करना हमारी संपदा थी; अब छोड़ना हमारी संपदा है। लेकिन संपदा अपनी जगह खड़ी है। तब हम इस जगत के सिक्के इकट्ठे कर रहे थे; अब हम मोक्ष के सिक्के इकट्ठे कर रहे हैं। लेकिन इकट्ठा करना जारी है। और वह मैं अकड़ा हुआ है। और उसकी मैं की अकड़ स्वभावतः ज्यादा होगी। क्योंकि तुम सब इकट्ठा कर सकते हो, लेकिन छोड़ने की हिम्मत कम लोग जुटा पाते हैं। परम अहंकारी ही छोड़ने की हिम्मत जुटा पाते हैं।

इसका यह मतलब नहीं है कि मैं कह रहा हूं कि तुम छोड़ना मत। इसका यह भी मतलब नहीं है कि मैं कह रहा हूं कि छोड़ोगे तो पाप होगा। मैं यह कह रहा हूं कि जहां भी कर्तृत्व आ गया वहां पाप हो जाएगा। तुमने इकट्ठा किया था, वहां कर्ता था। तुमने छोड़ा, वहां भी कर्ता हो गया। कर्ता छूट जाए तो पुण्य की घटना घटती है। इसलिए क्या तुम पकड़ते हो, क्या तुम छोड़ते हो, यह महत्वपूर्ण नहीं है; उन दोनों से कौन भरता है, कौन पोषित होता है, वही महत्वपूर्ण है। स्वभाव कर रहा है। आप जैसे हैं, जो हो रहा है, वह विराट धर्म की लीला है—या परमात्मा की लीला है, अगर परमात्मा शब्द प्रीतिकर है।

लाओत्से कहता है, 'ताओ कभी कर्मरत नहीं होता, तो भी सभी कुछ उसी के द्वारा कर्मरत है। दि ताओ नेवर डज, यट थ्रू इट एवरीथिंग इज़ डन।'

कृत्य कमजोर आदमी की धारणा है। करने का भाव ही कमजोरी है। करने के भाव से ही हम अपने को खड़ा रखते हैं। लगता है, हम कुछ कर रहे हैं, कुछ कर रहे हैं, कुछ कर रहे हैं। फिर यह करने की भाषा भला बदलती जाए, लेकिन यह करने का जो रस है, जो रोग है, वह जारी रहता है। इसे पहचान लेने की जरूरत है। इसे पहचानने के लिए कुछ दिशाओं से खोज करना जरूरी है।

पहली बात तो यह, आप जनमे हैं। यह जन्म आपका कृत्य है? किसी ने आपसे पूछा कि कृपा करें और जन्में? किसी ने आपसे सलाह ली? आपके निर्णय की कोई जरूरत पड़ी?

न किसी ने पूछा, न पूछने का सवाल उठा। एक दिन आप नहीं थे और एक दिन आप हो गए। जन्म घटा है; वह कृत्य नहीं है। फिर आप बच्चे थे, सरल थे, भोले थे; वह भी कोई कृत्य नहीं था। फिर आप जवान हुए, तिरछापन आया, जीवन में वासनाएं जगीं, क्रोध और कामनाएं जगीं, महत्वाकांक्षा फैली; उसमें भी कुछ कृत्य नहीं है। वह भी हो रहा है। फिर आप बूढ़े हुए; वासनाएं थक गईं, क्षीण हो गईं। दौड़ कर देख लिया, कुछ पाया नहीं; विराग जन्मने लगा, वैराग्य का उदय हुआ। उसमें भी कुछ कृत्य नहीं है; वह भी हो रहा है। फिर मृत्यु घटी; उसमें भी कुछ कृत्य नहीं है। जीवन, अगर गौर से देखें, तो कृत्यहीन है।

और अगर यह दिखाई पड़ जाए कि घटनाएं हो रही हैं, मैं कुछ कर नहीं रहा हूं, तो आपकी सारी चिंता खो जाएगी, सारा तनाव क्षण भर में विलीन हो जाएगा। कोई जन्मों-जन्मों की तपश्चर्या की जरूरत न होगी; यह बोध, कि सब हो रहा है, आपको निर्भार कर देगा। फिर क्या बोझ है आपके ऊपर? फिर अगर आप बुरे भी हैं तो भी जिम्मेवारी आपकी नहीं है। फिर आप भले हैं तो भी कोई गौरव और प्रशंसा आपकी नहीं है।

ऐसा हुआ है कि एक आदमी की नाक थोड़ी लंबी है, और एक आदमी की नाक थोड़ी लंबी नहीं है। और एक आदमी की आंखों में चमक है, और एक आदमी की आंखों में चमक नहीं है। और एक आदमी चोरी करता है, और एक आदमी साधु है। अगर यह सब हो रहा है तो सारा बोझ विदा हो गया। फिर किसी पौधे में कांटे हैं और किसी पौधे में कांटे नहीं हैं; और किसी पौधे में लाल फूल लगते हैं और किसी में पीले फूल लगते हैं; और किसी में बड़े फूल लगते हैं और किसी में छोटे फूल लगते हैं। एक बार यह दिखाई पड़ना शुरू हो जाए कि घटनाएं हो रही हैं।

पर यह बड़ा मुश्किल है। इस सत्य के करीब बहुत बार ज्ञानी आ गए हैं, लेकिन इस सत्य को प्रकट करना भी खतरनाक है। क्योंकि डर यह लगता है कि अगर ऐसा कहा जाए कि सब हो रहा है तो लोग बिगड़ जाएंगे। क्योंकि लोग कहेंगे, फिर कोई उत्तरदायित्व ही न रहा। फिर हत्या करनी तो हम हत्या करेंगे, क्योंकि हो रहा है। फिर चोरी करनी तो हम चोरी करेंगे, क्योंकि हो रहा है। फिर हमें क्रोध करना है तो हम क्रोध करेंगे। और वासना हो रही है तो हो रही है। हम क्या हैं? हमारा कोई दायित्व, हमारी कोई जिम्मेवारी नहीं है। इस भय के कारण इस परम सत्य को बहुत बार छिपाया गया है।

लेकिन यह भय निर्मूल है। यह भय बिलकुल ही फिजूल है। सच तो यह है कि बात बिलकुल उलटी है। जो व्यक्ति ऐसा अनुभव कर ले कि सब हो रहा है, उसके जीवन से, जिसको हम पाप कहते हैं, वह अपने आप गिरना शुरू हो जाएगा। क्योंकि सभी पाप के मूल में अहंकार होता है। चाहे एकदम से उलटा दिखाई पड़े, लेकिन सभी पाप के मूल में अहंकार होता है। अगर सभी कुछ हो रहा है, ऐसी प्रतीति किसी को होने लगे...।

हमने भारत में इसको किसी और ढंग से रखा है। हम उसे नियतिवाद कहते हैं। हम कहते हैं कि भाग्य। वह यही बात है गहरे में। हम कहते हैं कि परमात्मा कर रहा है। उसका मतलब सिर्फ इतना ही है कि हम यह कहते हैं कि हम नहीं कर रहे हैं। परमात्मा कर रहा है या नहीं कर रहा है, यह सवाल नहीं है।

लेकिन ताओ की बात ज्यादा वैज्ञानिक है; लाओत्से का विचार ज्यादा वैज्ञानिक है। क्योंकि वह कहता है कि हम अपने पर से कर्ता का भाव हटाते हैं तो भी कर्ता के भाव को नहीं हटाते, उसको परमात्मा पर आरोपित कर देते हैं। यहां से हटाया तो वहां रख देते हैं, लेकिन उसको बिलकुल छुटकारा नहीं हो पाता। लाओत्से कहता है, उससे बिलकुल छूट जाने की जरूरत है। न तो तुम कर्ता हो और न परमात्मा कर्ता है। यहां कर्तृत्व हो ही नहीं रहा; जीवन का प्रवाह है सहज; उसमें घटनाएं घट रही हैं। उन घटनाओं के विराट आयोजन में तुम भी हो; अनेकों घटनाओं में जुड़ी हुई एक ग्रंथि तुम भी हो। इस बात की प्रतीति होते ही अहंकार गिर जाएगा, यह तो पहली बात है।

लेकिन नीतिशास्त्रियों को डर रहा है कि यह सत्य खतरनाक है। सच तो यह है कि सभी सत्य खतरनाक होंगे, क्योंकि समाज असत्य पर खड़ा हुआ है। जब आप असत्य पर खड़े होते हैं तो सत्य खतरनाक होता है। क्योंकि जैसे ही सत्य दिखाई पड़ेगा, आपका भवन गिरेगा। वह आपने असत्य पर बनाया हुआ है। एक आदमी ताश का भवन बना कर बैठा हुआ है; आंख बंद करके और सोच रहा है कि इस मकान में रहेंगे, विवाह करेंगे और बच्चे होंगे। और कोई भी उसको कह दे कि तुम यह क्या कर रहे हो, यह मकान ताश के पत्तों का है! तो निश्चित ही वह नाराज होगा। क्योंकि आप उसका मकान ही नहीं खराब कर रहे हैं, आप उसके पूरे कल्पना का जाल, उसके सारे स्वप्न, उसका सारा भविष्य छीन रहे हैं; सारा अतीत, सारा भविष्य आप नकार किए दे रहे हैं। क्योंकि पीछे पूरी जिंदगी उसने इसी

भवन को बनाने में खर्च की है। और आगे की पूरी जिंदगी इसी भवन में जीने की योजना है। और आप कह रहे हैं, यह ताश का भवन है! तो वह आपकी बात को सुनने को राजी नहीं होगा। वह आपको झुठलाएगा। वह कहेगा, यह सच नहीं हो सकता। क्या झूठ बात कह रहे हो! क्या गलत बात कह रहे हो! वह इसलिए नहीं कह रहा है कि आप जो कह रहे हो वह झूठ है। वह इसलिए कह रहा है कि वह जिस झूठ पर सहारे पर खड़ा हुआ है, आप उसको छीने ले रहे हो।

इसलिए दुनिया ने सत्य को निकट से उदघाटित करने वाले लोगों का कभी भी स्वागत नहीं किया। न तो वे लाओत्से का स्वागत कर सकते हैं, न जीसस का स्वागत कर सकते हैं। हां, बहुत समय बाद स्वागत कर सकते हैं, जब उनके सत्य के आस-पास भी झूठ बुनने वाले लोगों का गिरोह इकट्ठा हो जाएगा, और जब वे उनके सत्य की व्याख्या भी ऐसी कर देंगे कि सत्य उसमें बचेगा नहीं और सिर्फ असत्य का जाल हो जाएगा।

अब जीसस का और वेटिकन के पोप का क्या संबंध है? कोई भी संबंध नहीं है। जीसस और वेटिकन का पोप, जितने दूरी पर हो सकते हैं, उतने दूरी पर हैं। आपका भी संबंध हो सकता है जीसस से, लेकिन वेटिकन के पोप का कोई संबंध नहीं है। लेकिन वह प्रतिनिधि है। और निश्चित ही, ईसाइयत को खड़ा करने में जीसस का हाथ नहीं है, पोपों का हाथ है। लेकिन जीसस के सत्य के आस-पास असत्य का जाल बुनेंगे। जाल इतना ज्यादा हो जाएगा कि सत्य बिलकुल दिखाई नहीं पड़ेगा। असत्य की राख, सिद्धांतों की राख इतनी बढ़ जाएगी कि सत्य का अंगारा बिलकुल दिखाई नहीं पड़ेगा। तब आप आश्वस्त हो जाएंगे, फिर आप पूजा करेंगे।

लाओत्से शुद्ध सत्य की बात कह रहा है। वह यह कह रहा है कि जीवन का एक ही पाप है, या एक ही भ्रांति है, और एक ही अज्ञान है कि मैं कर रहा हूं। जब जन्म आपके हाथ में नहीं और जीवन आपके हाथ में नहीं और मृत्यु आपके हाथ में नहीं, तो क्या आपके हाथ में है? वे जो छोटी-छोटी चीजें आपको अपने हाथ में लगती हैं, उनके भी गहरे में विश्लेषण करें। किसी ने आपको गाली दी, क्रोध आ गया। क्या आप क्रोध कर रहे हैं? क्या आप कर्ता हैं? या कि क्रोध आ रहा है? कोई सुंदर व्यक्ति दिखाई पड़ा और आप प्रेम में पड़ गए। क्या आप सोचते हैं, आप प्रेम कर रहे हैं? या कि प्रेम हो गया? और क्या आप किसी व्यक्ति को प्रेम कर सकते हैं जिससे प्रेम न हुआ हो?

कोशिश करें तो आपको अपनी असफलता दिखाई पड़ेगी। ऐसे व्यक्ति को प्रेम करने की कोशिश करें जिसके प्रति आपका कोई प्रेम नहीं है। तो आप क्या करेंगे? कैसे आप प्रेम को जन्माएंगे? नहीं है तो नहीं है। आप कह सकते हैं कि मेरा प्रेम है। कहने से प्रेम नहीं हो जाएगा। आप वस्तुएं खरीद कर भेंट कर सकते हैं। उससे भी प्रेम नहीं हो जाएगा। आप कुछ भी करें, प्रेम नहीं है तो होने का कोई उपाय नहीं है। और अगर है तो उसे नहीं करने का भी कोई उपाय नहीं है। भाग जाएं प्रेमी से हजारों मील दूर तो भी वह नहीं नहीं हो जाएगा। सब तरह की दीवालें खड़ी कर लें तो भी वह मिट नहीं जाएगा। जो है, वह आपका कृत्य नहीं है।

अगर आप जीवन की सारी पर्त-पर्त पहेली को खोलें तो आप कहीं भी ऐसा न पाएंगे कि आपका कृत्य है; आप सभी जगह पाएंगे कि कुछ हो रहा है। लेकिन समाज भयभीत है आपके होने से। तो समाज इंतजाम करता है कि सभी नहीं होने देगा। क्रोध आए तो समाज कहता है, भीतर ही रखना। और बचपन से सिखाया जाता है कि क्रोध आए तो भीतर रखना, क्योंकि उसके नुकसान हो सकते हैं। बाहर क्रोध को प्रकट करने के नुकसान हो सकते हैं, इसलिए भीतर रखना। लेकिन भीतर रखने के नुकसान हो सकते हैं, इसकी कोई फिक्र नहीं करता। जब आपको क्रोध आता है तो आप इतना कर सकते हैं जरूर...।

यह बड़े मजे की बात है कि जीवन में जो भी विधायक है वह तो होता है, लेकिन जो भी निषेधक है वह आप कर सकते हैं। क्रोध आ रहा है; क्रोध नहीं आ रहा है तो आप पैदा नहीं कर सकते। या आप कर सकते हैं?

तो आप कोशिश करें तो आपको समझ में आएगा कि कितनी नपुंसकता मालूम होती है। क्रोध नहीं आ रहा है, और आपसे कहा जाता है कि चलिए, क्रोध करके दिखाइए। आप उछलकूद कर सकते हैं; लेकिन हास्यास्पद होगी। आप आंखें गुरेर कर देख सकते हैं, मुट्ठी बांध सकते हैं। लेकिन उसको देख कर हंसी आएगी, किसी को भी लगेगा नहीं कि आप क्रोध कर रहे हैं। और आपको खुद भी हंसी आएगी कि मैं क्या कर रहा हूं! और भीतर सब सन्नाटा है। सच तो यह है, क्रोध करने की कोशिश में आपका विचार तक रुक जाएगा। वह भी नहीं चल सकेगा भीतर। इस कोशिश में सब रुक जाएगा।

आप क्रोध तो नहीं पैदा कर सकते, आप प्रेम तो पैदा नहीं कर सकते, आप घृणा पैदा नहीं कर सकते। लेकिन आप एक काम कर सकते हैं : क्रोध आया हो तो आप उसे छिपा सकते हैं, नकारात्मक, आप एक अवरोध कर सकते हैं। आप झूठी एक व्यवस्था दे सकते हैं कि क्रोध का पता न चल पाए।

लेकिन वह भी झूठ आप दूसरे को ही बता सकते हैं; खुद आपके लिए तो वह झूठ नहीं है। आपके लिए तो क्रोध आ गया। अब वह भीतर घूमेगा। आप उसे भीतर इकट्ठा कर ले सकते हैं। तो हर आदमी के पास अपना बैंक है, जहां वह क्रोध इकट्ठा किए है। और वह बढ़ता जाता है। क्योंकि रोज इकट्ठा करना है, रोज इकट्ठा करना है।

इसलिए हर दस वर्ष में युद्ध की जरूरत पड़ जाती है। बिना युद्ध के आपके इकट्ठे बैंकों का क्या होगा? हिंदू-मुस्लिम दंगे की जरूरत पड़ जाती है। गुजराती-मराठी के दंगे की जरूरत पड़ जाती है। कोई भी बहाना, वे बैंक तैयार हैं। वहां आप इतना भरे हुए बैठे हैं कि कोई सामूहिक निकास का अवसर चाहिए।

नहीं तो अचानक भला-अच्छा आदमी चला जा रहा है, एक भीड़ मस्जिद में आग लगा रही है, वह उसमें सम्मिलित क्यों हो जाता है? उसे कभी खयाल भी नहीं था कि मस्जिद में आग लगाना है, मंदिर की मूर्तियां तोड़नी हैं, या दुकानें लूट लेनी हैं या कारों पर पत्थर फेंक देना है; उसे कभी खयाल भी नहीं था। भला-चंगा, अच्छा आदमी अपने दफ्तर से लौट रहा है, दूसरे लोग कारों के कांच फोड़ रहे हैं, वह भी संलग्न हो जाता है।

इस आदमी को क्या हो रहा है? इसका बैंक है; इसके पास अपना रिजर्वायर है, जिसको यह सम्हाल कर चलता है, बचा-बचा कर रखता है। आज सामूहिक मौका है; कानून टूट गया, व्यवस्था नहीं है; इसके भीतर जो भरा हुआ है, वह बाहर निकलना शुरू हो जाता है। यह खुद भी भरोसा नहीं कर सकेगा दो दिन बाद कि इसने गाड़ियां खड़ी थीं, उनके कांच तोड़े, किसलिए? इससे भी आप पूछिए तो यह भी कहेगा कि क्या बात है? यह भी कहेगा कि क्या हो गया? किसी शैतान ने मेरे सिर में प्रवेश कर लिया; कोई भूत-प्रेत मेरे ऊपर आ गया।

न तो कोई भूत है, न कोई प्रेत है, न कोई शैतान है; आपका अपना रिजर्वायर है, वह तैयार है। जरा सा मौका मिल जाए, वह फूट पड़ता है। आप किसी भी क्षण पागल हो सकते हैं। आप पागल होने के किनारे पर सदा ही खड़े हुए हैं। सिर्फ अवसर की जरूरत है। ठीक अवसर, और आप पागल हो जाएंगे।

जिन लोगों ने हिंदुस्तान-पाकिस्तान के बंटवारे पर लाखों लोगों की हत्या की, वे आप ही जैसे लोग थे। हत्या के पहले ऐसे ही दुकान जाते थे, ऐसे ही लौट कर पत्नी को मुस्कुरा कर देखते थे, ऐसे ही बच्चे की पीठ थपथपाते थे, ऐसे ही समय, अवसर पर मित्रों को फूल भेंट करते थे, मस्जिद जाते थे, मंदिर जाते थे, गीता पढ़ते थे, कुरान पढ़ते थे, सब धार्मिक कृत्य करते थे; बिलकुल आप जैसे लोग थे। कोई दानव नहीं थे, कोई दैत्य नहीं थे। हिंदुस्तान-पाकिस्तान के बंटवारे के पहले आपकी और उनकी शक्ल में कोई फर्क नहीं था। बंटवारा हुआ, एक मौका मिला। वह जो मंदिर-मस्जिद जाने वाला भक्त था, अचानक पागल हो गया। वह जो दुकान पर बैठा हुआ दुकानदार था, वह अचानक पागल हो गया। एकदम खून सवार हो गया लोगों को; लोग काटने-पीटने में लग गए। आप भी यही कर सकते हैं, इसे ध्यान रखना। क्योंकि आप भी वही इकट्ठा कर रहे हैं जो उन लोगों ने इकट्ठा किया था।

हम जीवन की धारा में कोई विधायक तो कुछ भी नहीं कर सकते, लेकिन जीवन की धारा में अवरोध खड़े कर सकते हैं। इसलिए हमारी सारी शिक्षाएं अवरोध की हैं: डोंट डू दिस; यह मत करो, यह मत करो। सारे टेन कमांडमेंट्स बस एक ही तरह की शिक्षा देते हैं: यह मत करो, यह मत करो। कोई नहीं कहता कि क्या करो, क्योंकि कर तो आप कुछ सकते नहीं। ज्यादा से ज्यादा इतना ही कर सकते हैं कि न करें। न करने का मतलब यह, बाहर न जाने दें ऊर्जा को। ऊर्जा भीतर घूमने लगेगी; और भीतर घाव बना लेगी और नासूर बना लेगी।

हर आदमी के मन में कैंसर है, क्योंकि उसने जो-जो नहीं किया है वह इकट्ठा हो गया है, वह भीतर घूम रहा है। हर आदमी पागल की तरह चल रहा है। लोग मेरे पास आते हैं, कहते हैं, रात भर सपने चलते हैं, कैसे रोकें? वे नहीं रुकेंगे। क्योंकि वह आप जो पागलपन इकट्ठा कर रहे हैं, वे सपने आपको बचा रहे हैं।

एक महिला मेरे पास आई और उसने कहा कि कुछ समझ नहीं आता मुझे। उसके सीधे हाथ में लकवा लग गया है। उसने मुझे कहा कि सपने में उसे सदा एक ही बात खयाल में आती है कि वह अपने पति की हत्या कर रही है। तो मैंने पूछा, किस हाथ से? तो वह थोड़ी बेचैन हुई। उसने कहा, आप यह क्यों पूछते हैं? मैंने कहा, मैं पूछता हूं कि किस हाथ से? तो उसने कहा कि सीधे हाथ से मैं उसकी हत्या कर रही हूं।

यह जो सपना है, यह वह हत्या करने का जो भाव उसके मन में घूम रहा है, उसकी खबर दे रहा है। और भय इतना गहरा हो गया है कि उस भय के कारण हाथ पैरालाइज्ड हो गया है। मैंने उसको कहा कि तेरे हाथ की कोई चिकित्सा नहीं कर सकेगा डाक्टर। और वह कहती है कि डाक्टर कहते हैं इसमें कुछ खराबी नहीं है। यह पैरालिसिस गहरी है; इसका शरीर से कोई संबंध नहीं है। यह पैरालिसिस इस भय से पैदा हो गई है कि कहीं मैं पति की हत्या न कर दूं। तो यह हाथ जड़ हो गया है। उस महिला को मैंने सम्मोहित किया और उससे कहा कि उठा हाथ! उसका हाथ उठने लगा, काम करने लगा। जब वह मूर्च्छित थी तो उसके हाथ में कोई लकवा नहीं था; जब वह होश में आई तो उसका हाथ फिर लकवे से भर गया। हाथ में कोई भी खराबी नहीं है; नहीं तो सम्मोहन में भी हाथ चल-फिर नहीं सकता। हाथ बिलकुल ठीक है। लेकिन एक गहरे भय ने हाथ को भीतर से खींच लिया है। सपना उसी को निकाल रहा है। उससे थोड़ी राहत है, नहीं तो उसका पूरा शरीर लकवे से लग सकता है।

विक्टोरिया के जमाने में इंग्लैंड में स्त्रियों को एक बीमारी होती थी जो अब बिलकुल नहीं होती। चिकित्सक बहुत हैरान हुए कि यह बीमारी होती थी, अब क्यों नहीं होती? यह बीमारी अचानक तिरोहित हो गई। और उस बीमारी का कोई इलाज नहीं था; और चिकित्सक हैरान हो गए इलाज खोज-खोज कर। अचानक वह बीमारी नदारद कैसे हो गई? विक्टोरिया के जमाने में कोई सैकड़ों स्त्रियां इंग्लैंड में एक खास बीमारी से पीड़ित थीं जिसमें उनके दोनों पैर में लकवा लग जाता था।

अब मनसविद कहते हैं कि वह बीमारी शारीरिक नहीं थी। कामवासना का इतना विरोध था कि स्त्रियां भयभीत थीं अपनी कामवासना से। तो वे सारी ऊर्जा को खींच कर रखती थीं। उस ऊर्जा को खींचने के कारण, भय के कारण, नीचे का हिस्सा उनका अपंग हो जाता था। वह अपंग होने का शरीर में कोई खराबी नहीं थी। जैसे ही इंग्लैंड में कामवासना के संबंध में जो दुष्ट नैतिकता थी वह शिथिल हुई, वैसे ही वह बीमारी तिरोहित हो गई।

आप भी अपने नीचे के शरीर को अपना नहीं मानते हैं। आप भी एक सीमा के बाद के शरीर को इनकार करते हैं; जैसे वह है ही नहीं। इसलिए आपके पैर उतने शक्तिशाली कभी नहीं होते जितने कि होने को पैदा हुए हैं। हो नहीं सकते। क्योंकि शक्ति का विभाजन गलत हो गया, असंतुलित हो गया। आप अपने सारे शरीर को छिपाए रखते हैं। अगर आपकी गर्दन काट दी जाए और आपको ही दिखाया जाए आपका शरीर, आप पहचान न पाएंगे कि यह मेरा शरीर है। कैसे पहचानेंगे? सिर्फ चेहरे की पहचान है; और तो कोई पहचान नहीं है।

इंग्लैंड से अचानक बीमारी तिरोहित हो गई। हजारों बीमारियां हैं, जो इसी तरह तिरोहित हो सकती हैं, अगर भीतर की स्थिति को हम ठीक से समझ लें। बड़ी से बड़ी बीमारियों को पैदा करने वाली व्यवस्था है कि जो भी हो रहा है उसे हम न होने दें, उसे रोक लें। और एक बार यह जाल पैदा हो जाए तो जो व्यक्ति क्रोध को रोक लेता है, क्रोध को नहीं होने देता, वह फिर प्रेम को भी नहीं होने देगा; वह भी रुक जाएगा। क्योंकि यह रुकने की व्यवस्था इतनी यंत्रवत हो जाती है कि जो भी ऊर्जा भीतर से पैदा होती है, तत्क्षण बाहर न जाकर स्वयं के भीतर घूमनी शुरू हो जाती है। अगर आप क्रोध नहीं कर सकते तो आप प्रेम भी नहीं कर सकते; असंभव! और अगर आपका क्रोध रुका हुआ है तो आपका प्रेम भी रुका हुआ हो जाएगा। फिर सब भावनाएं रुक जाएंगी। और जब सब भावनाएं रुक जाती हैं तो आदमी मुर्दे की भांति हो जाता है। एक काम हम कर सकते हैं कि जो हो रहा है उसे न होने दें; इतना हम कर सकते हैं।

लाओत्से कहता है कि जो हो रहा है उसके आप कर्ता नहीं हैं। इसलिए उसे न करने में भी कर्ता मत बनें; उसे होने दें।

बड़ा भय लगता है कि क्रोध आए तो उसे होने दें? वासना आए तो उसे होने दें? हमें भय लगता है, वह स्वाभाविक है। क्योंकि हमने इतना इकट्ठा कर लिया है कि अगर आज हम होने दें तो उपद्रव हो जाएगा। लेकिन अगर बचपन से ही होने दिया जाए तो कोई उपद्रव नहीं है। तब क्रोध का भी एक अदभुत परिणाम है।

छोटे बच्चे जब क्रोध कर लेते हैं, उसके बाद उनकी आंखों को देखें, जैसे तूफान के बाद एक शांति आ गई। जैसे क्रोध में, उनके भीतर जो भी कचरा था, वह सब निकल गया। और अगर हम, छोटा बच्चा जब क्रोध कर रहा हो, उसके क्रोध को प्रेम से स्वीकार कर लें और कहें कि घबड़ा मत, ठीक से कर, भयभीत मत हो, यह भी स्वाभाविक है; अगर हम छोटे बच्चे को क्रोध के प्रति भी स्वभाव से भर दें और कहें कि यह भी हो रहा है, तेरा कुछ करने का सवाल नहीं है, इसे हो जाने दे; जैसे तूफान आता है और वृक्ष कंपने लगता है, ऐसा तुझमें तूफान आया है, कंप जा और इसे निकल जाने दे। अगर बच्चे को हम, जो भी उसके भीतर हो रहा है, उसे स्वीकार के भाव से भर दें तो उसमें कृत्य का भाव पैदा ही नहीं होगा। क्रोध के प्रति तो वह यह नहीं कह सकता कि मैं कर रहा हूं, लेकिन क्रोध रोके तो कह सकता है कि मैंने रोका। जो भी रोकेगा उससे मैं पैदा होगा।

इसलिए आप एक मजे की बात देखें, अहंकार हमेशा नकारात्मक होता है। वह हमेशा कहता है, नो। यस, हां कहना उसे बड़ा मुश्किल है—उन बातों में भी जहां कोई जरूरत न थी। छोटा बच्चा अपनी मां से पूछ रहा है कि जरा मैं बाहर खेल आऊं? वह कहती है, नहीं। बड़े आश्चर्य की बात है कि कोई कारण भी नहीं था रोकने का। लेकिन रोकने का एक मजा है। क्योंकि रोकने से लगता है मैं कुछ हूं।

आप दफ्तर में जाते हैं और क्लर्क बैठा है, वह चाहे तो एक सेकेंड में आपका काम कर दे; वह कहता है, अभी नहीं हो सकता, दो दिन बाद आओ। वह जब आपको कहता है नहीं, तभी उसे लगता है मैं हूं। अगर वह अभी कर दे तो उसको लगेगा ही नहीं। उसको भी नहीं लगेगा और आपको भी नहीं लगेगा कि यह भी कुछ है। आपको भी तभी लगेगा जब वह कहे कि नहीं। आप अपने जीवन में खुद निरीक्षण करें तो आप पाएंगे कि आप सौ में से निन्यानबे दफे नहीं सिर्फ अहंकार के रस के लिए कहते हैं। और तब आपकी सौवीं नहीं भी व्यर्थ हो जाती है; उसका कोई मूल्य नहीं रह जाता। बच्चे जानते हैं कि मां नहीं कहेगी ही।

मैंने सुना है, मुल्ला नसरुद्दीन का बेटा उससे पूछ रहा था कि मैं बाहर जाऊं? मुल्ला नसरुद्दीन ने कहा कि अगर तुझे जाना ही है बाहर तो जाकर अपनी मम्मी को कह कि पिताजी मना कर रहे हैं बाहर जाने से।

ठीक, यह बिलकुल ठीक कहा। अगर तुझे बाहर जाना ही है तो अपनी मम्मी को कह दे जाकर कि पिताजी बिलकुल सख्त मना कर रहे हैं बाहर जाने से; फिर तुझे कोई बाधा नहीं। निश्चित, वह ठीक कह रहा है।

नहीं कह कर हमारे अहंकार को रस आता है, क्योंकि लगता है हम कुछ हैं। इसलिए नास्तिकता अहंकार है, क्योंकि वह आखिरी नहीं है। ईश्वर नहीं है, यह कह कर आप परम अहंकार को पैदा करते हैं। आस्तिकता का अर्थ है समर्पण, आस्तिकता का अर्थ है हां पूरे अस्तित्व को, एक स्वीकार! नास्तिकता का अर्थ है नहीं, समर्पण बिलकुल नहीं; संघर्ष। नास्तिक कोई दार्शनिक आधार से नहीं होता, क्योंकि नास्तिकता के लिए कोई दार्शनिक आधार नहीं है। नास्तिक आदमी होता है मनोवैज्ञानिक रोग के कारण। क्योंकि अगर ईश्वर है तो आप मिट गए। इसको कभी आपने सोचा? चाहे आप मंदिर जाएं या न जाएं, अगर ईश्वर है तो आप मिट गए। क्योंकि फिर सब कुछ उसके द्वारा हो रहा है; और आपके करने, न करने का कोई मूल्य नहीं रहा।

नीत्शे ने लिखा है कि ईश्वर नहीं हो सकता; क्योंकि मैं हूं।

ठीक है। ईश्वर कैसे हो सकता है; मैं हूं। 'मैं' ईश्वर को नहीं मान सकता। क्योंकि ईश्वर मैं का सबसे बड़ा खंडन हो जाएगा। और ईश्वर है तो फिर मैं नहीं बच सकता, क्योंकि उसका होना मैं का विसर्जन है।

आप अपने जीवन से नहीं को कम करें तो आपकी नास्तिकता कम होगी। मैं नहीं कहता आप मंदिर जाएं। मैं आपको कहता हूं, अपने जीवन से नहीं को कम करें; और जहां तक बन सके, जहां तक हो सके, हां का उपयोग करें। आप अगर थोड़ा सा समझ का प्रयोग करेंगे और थोड़ा होश रखेंगे तो दिन में आप पाएंगे कि सौ में से निन्यानबे मौकों पर नहीं से बचा जा सकता है। उसी मात्रा में आपकी आस्तिकता सघन होने लगेगी। उस आखिरी हां कहने के पहले छोटी-छोटी हां कहना सीखना पड़ेगा। लोग सीधा कहते हैं, परमात्मा है। वह नहीं हो सकता, क्योंकि चौबीस घंटे वे हर चीज को नहीं कह रहे हैं। नहीं कह कर वे मैं को मजबूत कर रहे हैं, और फिर कहते हैं, परमात्मा है। इस मैं की मजबूती में परमात्मा से कोई संबंध नहीं हो सकता। जब कल सुबह उठ कर आपको पहले ही मौके पर नहीं कहने का खयाल आए तो आप सोचना कि इसकी जरूरत है? इसके बिना नहीं चल सकेगा?

और छोटे-छोटे बच्चे भी जानते हैं कि आपकी नहीं का कोई मूल्य नहीं है। वे पैर पटक कर वहीं खड़े रहेंगे कि जाऊं? खेलने जाऊं? और वे जानते हैं कि तीन दफे या चार दफे कहने की जरूरत है, और नहीं जो है वह गिर जाएगी और हां में बदल जाएगी। तो आप छोटे बच्चों को भी व्यर्थ का जाल सिखा रहे हैं। भरोसा उनका सब छुड़ाए दे रहे हैं आप। वे आप पर भरोसा नहीं कर सकते, क्योंकि आपकी बात का कोई मूल्य नहीं है। आप नहीं कहते हैं, और क्षण भर बाद आप हां कह देते हैं। बेहतर था, आप पहले ही हां कह देते।

जुंग ने अपने संस्मरणों में लिखा है कि अगर मां-बाप, जहां हां कहना ही पड़ता हो वहां पहले से ही हां कह दें, तो बच्चों का भरोसा उन पर रहे। और जहां न कहना आखिरी बात हो, जहां कोई उपाय ही न हो, वहीं नहीं कहें। लेकिन जब एक दफा नहीं कह दें तो चाहे कुछ भी हो जाए, उसको फिर हां में न बदलें। क्योंकि नहीं को हां में बदलने का मतलब है कि आपका कोई मूल्य नहीं है।

जुंग ने लिखा है कि ऐसी बात तो बच्चे से कहना ही नहीं चाहिए जिसको वह नहीं कर दे। जैसे अब रो रहा है बच्चा, और आप उससे कहते हैं, मत रोओ। अगर वह रोता रहेगा तो आप करेंगे क्या? मार सकते हैं। वह और ज्यादा रोएगा। एक बार बच्चे को यह पता चल गया कि आपकी नहीं ठुकराई जा सकती है—आप कहते हैं मत रोओ, वह रो रहा है; और आप चिल्लाए जा रहे हैं, मत रोओ, वह रो रहा है—तो उसको पता चल गया कि आपका कोई भी मूल्य नहीं है। आपकी बात का भी कोई मूल्य नहीं है। जुंग ने कहा है कि वही बात कहो जिसको तुम करवा सकते हो; वह बात कहो ही मत जो तुम्हारे वश के बाहर है, कर ही नहीं सकते तुम। रोना कैसे रोकोगे?

हम जो भी कर रहे हैं अपने आस-पास उसमें हम नहीं पर बड़ा बल देते हैं। कभी खयाल में नहीं आता कि क्यों देते हैं। क्योंकि नहीं से हमारा मैं भरता है, और नहीं से दूसरे का मैं टूटता है। यही नहीं जब विराट रूप ले लेती

है तो नास्तिकता बन जाती है। हम एक काम भर कर सकते हैं कि जो उठ रहा है उसको नहीं कह सकते हैं; जो नहीं उठ रहा है उसको उठा नहीं सकते। तो हमारा सारा कृत्य नकारात्मक है, निगेटिव है।

जीवन है विधायक, पाजिटिव, और हमारा कृत्य है नकारात्मक। अगर हम जीवन को देखें और जीवन पर ध्यान रखें तो हमारा नकार गिरेगा, नकार के साथ अहंकार गिरेगा। अगर हम नकार पर ध्यान रखें और जीवन को न देखें और अपने अहंकार का ध्यान रखें, तो धीरे-धीरे हमारा नकार, नहीं, बढ़ता जाएगा, हमारी नास्तिकता सघन होती चली जाएगी, और हमारा अहंकार गौरीशंकर का शिखर हो जाएगा।

'ताओ कभी कर्मरत नहीं होता, तो भी सभी कुछ उसी के द्वारा कर्मरत है।'

यह तो एक अर्थ हुआ इसका; और इसका एक दूसरा अर्थ भी खयाल में ले लेना चाहिए। और वह है कि जब भी आप कर्मरत होते हैं तभी आपका ताओ से संबंध छूट जाता है। जब भी आप कुछ करने को आबद्ध हो जाते हैं तभी आपका ताओ से संबंध छूट जाता है। जब आप कुछ करने को आबद्ध नहीं होते, शून्यवत होते हैं, तभी आपका ताओ से संबंध होता है। इस बात का अर्थ है। इस बात का अर्थ यह हुआ कि जब भी आप कुछ करना चाहते हैं तभी आप कमजोर हो जाते हैं; क्योंकि विराट की शक्ति आपको नहीं मिलती।

दुनिया में जो इतनी असफलता है, इतना फ्रस्ट्रेशन, इतना विषाद है, इतना संताप है, और हर आदमी थका हुआ और पराजित है, उसका कारण? उसका कारण है कि हर आदमी करने में लगा है, और करने में असफलता अनिवार्य है। क्योंकि करने में आपकी शक्ति है ही कितनी? विराट की शक्ति आपको मिलती नहीं जब आप करने में लगते हैं। विराट की शक्ति तो आपको तभी मिलती है जब आप न करने में होते हैं। तब आप द्वार बन जाते हैं उसके बहाव का; तब आपसे बहता है परमात्मा, और उसके द्वारा होता है। विराट की शक्ति को आप सीमित कर लेते हैं जैसे ही आप आग्रह से भरते हैं कि मैं यह करके रहूंगा। आप अपने हाथों अपने को तोड़े ले रहे हैं, अपनी जड़ों को उखाड़े ले रहे हैं। आप कुम्हला जाएंगे। सारी दुनिया पर सारे लोग कुम्हलाए हुए हैं।

यह बहुत विचारणीय बात है कि आदिवासी, जंगली, जिनके पास कोई साधन, कोई सुविधा नहीं है, दीन हैं, दरिद्र हैं, पर कुम्हलाए हुए नहीं हैं, प्रफुल्लित हैं। भूख में भी उनका जीवन खिलता हुआ मालूम पड़ता है। रात नाच सकते हैं तारों के नीचे; गा सकते हैं। हृदय पर कहीं कोई अवरोध नहीं मालूम होता। उनके शरीरों में भी भूख है, लेकिन फिर भी ऊर्जा प्रफुल्लित मालूम होती है। और सभ्य लोगों के पास सब कुछ है, सब सुविधा है, सब साधन है, कुछ कमी नहीं रही है; बस जीवन का फूल कुम्हला गया। वहां कोई प्रफुल्लता नहीं है।

बर्ट्रेंड रसेल ने कहा है कि मैं अपना सब कुछ देने को राजी हूं, मुझे कोई वैसी शक्ति दे दे कि मैं सड़क पर खड़े होकर नाच सकूं; वह शक्ति मेरे पास नहीं है कि आकाश के तारों के नीचे मैं गीत गा सकूं और मेरे विचारों का बोझ खो जाए, और मैं रात वृक्ष के नीचे शांति से सो सकूं कि मुझे कोई सपना न दिखे, और सुबह मैं हलका और ताजा उठ सकूं जैसे सारे पशु-पक्षी उठते हैं।

आदमी इतना कुम्हलाया हुआ क्यों है? कुम्हलाए होने का कारण है। और वह कारण है कि हमारा विराट की शक्ति से संबंध विच्छिन्न हो गया। और विच्छिन्न उसी मात्रा में हो गया जिस मात्रा में हमको खयाल है कि हम कर सकते हैं। सभ्य आदमी इस भ्रांति में है कि वह कर रहा है। वह यह बना रहा है, यह निर्मित कर रहा है, यह कमा रहा है। सभ्य आदमी अहंकार से जी रहा है।

असभ्य, आदिम, आदिवासी, जंगल का निवासी मैं से नहीं जी रहा था; वह परमात्मा से जी रहा था। वह कर रहा है; हम उसके हाथ की कठपुतलियां हैं। वह चला रहा है; हम चल रहे हैं। वह गिरा देगा, हम गिर जाएंगे। हमारा कोई वश नहीं है। असहाय था वह, लेकिन बड़ी प्रफुल्लता थी। आदमी आज बड़ा शक्तिशाली मालूम पड़ता है, और

एकदम उदास और टूटा हुआ है। कई बार ऐसा लगता है कि शायद आदमी को यह वहम कि मैं कुछ कर सकता हूं, सबसे ज्यादा घातक सिद्ध हुआ है।

लाओत्से कहता है, ताओ कभी कर्मरत नहीं है तो भी सभी कुछ उसके द्वारा होता है।

आप भी कर्म से अपने को हटा लें। इसका यह मतलब नहीं कि आप खाली होकर बैठ जाएं; इसका यह मतलब भी नहीं कि आप भाग जाएं। इसका यह मतलब भी नहीं कि आप जिंदगी को छोड़ दें, काहिल हो जाएं, सुस्त हो जाएं, लेट जाएं अपने बिस्तर पर, उठें ही नहीं। इसका यह मतलब नहीं है।

इसका कुल मतलब इतना है कि जो भी हो रहा है उसे आप अपना कर्म न समझें, उसे होने दें जीवन की धारा। नदियां जैसे बह रही हैं वैसे आप भी बह रहे हैं। और विराट ही उसका मूल स्रोत है। आप खुद स्रोत न रहें; आप सिर्फ उसके हाथ के उपकरण रह जाएं। तो कर्म तो होगा; व्यर्थ कर्म बंद हो जाएगा। व्यर्थ कर्म अपने आप गिर जाएगा; सिर्फ कर्म रह जाएगा। जो भी अनिवार्य है वह होगा। न आप उसको रोकेंगे, न आप उसको करेंगे। वह होगा। और आप सरल हो जाएंगे, पशु-पक्षियों की भांति सरल।

निश्चित ही, मनुष्य जब पशु-पक्षियों की भांति सरल होता है तब उसकी सरलता की गरिमा और ही है। क्योंकि वह बोधपूर्ण सरल होता है; वह जानता भी है अपनी सरलता को; वह इस सरलता का जागरूक द्रष्टा भी होता है। पशु-पक्षी सरल हैं, लेकिन उनकी सरलता मजबूरी है, क्योंकि वे जटिल नहीं हो सकते। उनकी सरलता कोई गुण नहीं है; उनकी सरलता एक तरह की मूर्च्छा है। लेकिन मनुष्य जब सरल होता है पशु-पक्षियों की भांति तब उसकी सरलता परम शिखर है जीवन के आनंद का, और जीवन के चैतन्य की आखिरी ऊंचाई है, और जीवन के भाव का आखिरी विस्तार है।

ताओ कर्मरत नहीं है। इसलिए जब भी आप कर्मरत हैं तब आप धार्मिक नहीं हैं। प्रार्थना करें मत, प्रार्थना होने दें। इस फर्क को समझ लें। मंदिर में जाकर बैठ गए हैं आप; प्रार्थना की जा सकती है। तब आपके पास रटे हुए शब्द हैं, वे आप दोहराते हैं। करके जल्दी निबटा लेते हैं। कभी जल्दी होती है तो तेजी से कर लेते हैं; कभी सुविधा होती है तो जरा ज्यादा देर बैठे रहते हैं। लेकिन एक और ढंग है—जो कि वास्तविक ढंग है—कि आप मंदिर में गए हैं, बैठ गए हैं। अब प्रार्थना को होने दें, करें मत। बैठे रहें, शांत बैठे रहें; होने दें प्रार्थना को।

ईसाइयों का एक छोटा सा संप्रदाय है जो अनूठा है। उस संप्रदाय की प्रार्थना बड़ी अदभुत है। वह तो आपको समझ में भी एकदम से न आए; लेकिन ताओ के बहुत अनुकूल है। उस संप्रदाय को कोई गति नहीं मिल सकी ज्यादा, क्योंकि उनकी प्रार्थना ने ही उनको नुकसान पहुंचा दिया। उनकी प्रार्थना की वजह से ही लोग समझे कि यह तो पागलपन है। उनकी प्रार्थना का एक ही नियम है कि आप उनके चर्च में जाकर बैठ जाएं और जो भी भाषा आप जानते हैं उस भाषा को बीच में मत आने दें। जैसे आप हिंदी जानते हैं, अंग्रेजी जानते हैं, गुजराती जानते हैं, तो इसका उपयोग मत करें। आप सिर्फ शांत बैठे रहें; और कुछ भी बेबूझ ध्वनियां आपके भीतर से आनी शुरू हो जाएं, उनसे ही प्रार्थना करें। भाषा का उपयोग न करें। ऐसा कोई शब्द उपयोग न करें जो आप जानते हैं। क्योंकि उसमें डर है कि आप उसका उपयोग कर रहे हैं—कि आप कहते हैं, हे प्रभु! हे पतित पावन! यह मत करें। इसमें कोई सार नहीं है बहुत। यह आप बहुत दफे कह चुके हैं। यह आपकी बुद्धि में समाया हुआ है, इसको आप कह सकते हैं। यह रिकार्डिंग है, इसको आप दोहरा सकते हैं। यह ग्रामोफोन का रिकार्ड है; यह रोज आप दोहरा कर वापस जा सकते हैं। इसका कोई भी मूल्य नहीं है। तो वह संप्रदाय ईसाइयों का कहता है कि आप भाषा का उपयोग न करें, जो भी आप जानते हैं।

निश्चित ही, इसका बड़ा गहरा परिणाम होगा। इसका मतलब हुआ कि आपकी बुद्धि को अब कोई उपाय न रहा। क्योंकि बुद्धि सब भाषा है। आप जो भी भाषा जानते हैं, उसका उपयोग मत करें। आप सिर्फ बैठे रहें; और कुछ

भी बेबूझ ध्वनियां आने लगें, वही प्रार्थना है। आपको हुंकार आए तो हुंकार करें, चीख आए तो चीख करें, पुकार आए तो पुकार करें; लेकिन भाषा का भर उपयोग न करें। जैसे छोटे-छोटे बच्चे अनर्गल बकते हैं, बेबी लैंग्वेज, कुछ भी धुन बन जाती है उनको, तुक बन जाती है, तो वही कहे चले जाते हैं। बस वैसा। आप चकित हो जाएंगे कि इस प्रार्थना में आपकी बुद्धि नहीं बोलती; आपका हृदय, आपका शरीर, आपकी प्रकृति बोलने लगती है। कई बार आप पशु-पक्षियों जैसी आवाज करने लगेंगे। वह भी आपको नहीं करनी है; वह भी होने देना है। कुछ न हो तो शांत बने रहना है। तब समझना है कि शांति ही इस क्षण प्रार्थना है। कुछ हो तो उसे होने देना है। अपनी तरफ से रोकना नहीं, अपनी तरफ से पैदा नहीं करना; सिर्फ निष्क्रिय बहाव में अपने को छोड़ देना है जो भी हो।

अनूठे, अदभुत परिणाम होते हैं। एक घंटे की ऐसी प्रार्थना आपको इस तरह हलका कर जाएगी कि जैसे कोई वजन नहीं रहा शरीर में। जब आप इस मंदिर के बाहर आएंगे तो आप आदमी ही दूसरे होंगे। आपकी आंखें उसी सूरज को देखेंगी जिसको आपने जाते वक्त देखा था, लेकिन अब उसकी रौनक ही और है। वे ही वृक्ष, वे ही पक्षी। लेकिन अब आप हलके हैं, और भाषा का बोझ गिर गया। अब आप हार्दिक हैं, बौद्धिक नहीं हैं। अब आप ज्यादा प्राकृतिक हैं। अब आपने मनुष्य की शिक्षा का जो भी जाल था वह तोड़ दिया थोड़ी देर के लिए, और आप पहली दफा प्रकृति के विराट में गिर गए। आप फिर से छोटे बच्चे हो गए हैं। वह जो शिक्षित, कल्टीवेटेड, सुसंस्कृत आदमी था वह हट गया। आप छोटे बच्चे हो गए हैं। इस प्रार्थना का तो कोई मूल्य है, क्योंकि यह नैसर्गिक है। प्रार्थना करें मत, होने दें। पूजा करें मत, होने दें। निश्चित ही कठिनाई होगी। क्योंकि हम तो सब चीजों को बांध कर चलते हैं। पूजा, प्रेम, प्रार्थना, सबको हमने व्यवस्था दे रखी है कि ऐसा करो, ऐसा करो।

रामकृष्ण को उनके मंदिर के लोग निकालने को राजी हो गए थे पुजारी के पद से। रामकृष्ण जैसा पुजारी कभी हजारों साल में मिलता है! लेकिन सोलह रुपए महीने तो कुल तनख्वाह देते थे, और फिर भी कमेटी इकट्ठी हो गई मंदिर की, ट्रस्टियों की, और उन्होंने कहा, इस आदमी को निकाल बाहर करो, क्योंकि इसकी पूजा में ढंग नहीं है। स्वभावतः इसकी पूजा बेढंगी है। यह आदमी तो मंदिर को अपवित्र कर देगा! क्योंकि ऐसी-ऐसी खबरें आई हैं कि भोग लगाने के पहले खुद चख लेता है। खराब हो गया सब। भ्रष्ट हो गई बात। फूल चढ़ाने के पहले खुद सूंघता हुआ देखा गया है। और कोई ढंग ही नहीं है। कभी चार घंटे भी चलती है पूजा; कभी होती ही नहीं। कभी सुबह होती है; कभी सांझ होती है। तो यह आदमी कोई पुजारी नहीं है; इसको हटाओ, यह तो पागल है।

रामकृष्ण से पूछा ट्रस्टियों ने। तो उन्होंने कहा कि जिस दिन होती है उस दिन होती है और जिस दिन नहीं होती उस दिन नहीं होती। मैं कोई करने वाला नहीं हूं। होगी तो हो जाएगी। जब वही चाहता है कि हो पूजा तो होती है; जब वही नहीं चाहता तो हम कौन हैं? हम बीच में आने वाले कोई भी नहीं हैं। रही फूलों की बात, तो बिना सूंघे मैं नहीं चढ़ा सकता। पता नहीं, सुगंध है भी कि नहीं? रही भोग की बात, तो बिना चखे मेरी मां मुझे नहीं खिलाती थी तो मैं भी नहीं खिला सकता। नौकरी तुम अपनी सम्हाल सकते हो। लेकिन जैसा होता है वैसे ही होगा।

फिर कमेटी को तरकीब निकालनी पड़ी। आदमी तो यह कीमती था। तो एक दूसरा पुजारी रखना पड़ा कि इसको करने दो जो यह करता है, और व्यवस्थित पूजा जारी रहनी चाहिए। नहीं तो सब गड़बड़ हो जाएगा। तो एक दूसरा पुजारी व्यवस्थित पूजा करता था; रामकृष्ण अव्यवस्थित पूजा करते थे।

ताओ का आग्रह है एक ही कि कर्ता को बीच में मत लाओ जीवन के, तब तुम्हारा जीवन निसर्ग के अनुकूल हो जाएगा। नहीं कि कठिनाइयां न होंगी। कठिनाइयां होंगी, लेकिन उनमें भी आनंद होगा। और अभी हो सकता है, कठिनाइयां न भी हों, बड़ी सुविधा हो। लेकिन सुविधा भी नरक हो जाएगी। झूठी सुविधा भी नरक है। सच्ची कठिनाई भी स्वर्ग है। सचाई के साथ आनंद का संबंध है; झूठ के साथ आनंद का कोई संबंध नहीं है।

'यदि सम्राट और भूस्वामी ताओ को अक्षुण्ण रख सकें, तो संसार आप ही सुधर जाएगा।'

वे जो नेतृत्व करते हैं, वे जो प्रभु हैं, मालिक हैं, गुरु हैं, जिनके पीछे लोग चलते हैं, अगर वे कर्ता का भाव छोड़ दें और स्वयं स्वभाव में लीन हो जाएं और स्वयं ताओ को करने दें अपने भीतर से काम, खुद न करें, तो जगत अपने आप सुधर जाएगा।

गुरुओं की कमी नहीं, नेताओं की कमी नहीं; दूसरों को सुधारने वालों की अंतहीन श्रृंखला लगी हुई है, उनकी कतार अंत नहीं आती। लेकिन कोई सुधरता नहीं दिखाई पड़ता; कोई बदलाहट होती दिखाई नहीं पड़ती। क्रांतियां हो जाती हैं और व्यर्थ हो जाती हैं। कितनी हत्याएं होती हैं क्रांतियों के नाम पर, और आदमी वहीं के वहीं खड़ा रह जाता है। इतने युद्ध होते हैं आदमी को बदलने के लिए, आदमी को अच्छा करने के लिए। कितना उपद्रव चलता है सारी दुनिया में एक ही बात को लेकर कि समाज अच्छा, शांत, स्वस्थ चाहिए! वह कभी नहीं होता। हर बार बदलाहट होती है, लेकिन बदलाहट से नई बीमारी, या पुरानी बीमारी नई शक्ल में नए नाम के साथ फिर खड़ी हो जाती है। पांच हजार साल का ज्ञात इतिहास इसी बात की कहानी दोहराता है कि आदमी वहीं के वहीं खड़ा रह जाता है। सब परिवर्तन, परिवर्तन के लाने वाले क्रांतिकारी नेता, शिक्षक, आते हैं, चले जाते हैं; और आदमी में कोई फर्क होता दिखाई नहीं पड़ता। तो ये सारे शिक्षक और ये सारे गुरु यही समझाते हैं कि आदमी की गलती है।

ताओ के हिसाब से आदमी की गलती नहीं है। लाओत्से कहता है कि जो लोगों को बदलना चाहते हैं उनमें कर्ता का भाव बाधा है। वे नहीं बदल पाते; क्योंकि वे विराट शक्ति के उपकरण नहीं बन पाते। वे खुद ही दुनिया को बदलना चाहते हैं। खुद को बदलना मुश्किल है; दुनिया को बदलना तो असंभव। वे अगर विराट के उपकरण बन जाएं तो जगत अपने आप सुधर जाए।

अगर हम जांच-पड़ताल करें, थोड़ी खोज-बीन करें, तो दिखाई पड़ेगा कि कहां कठिनाई है, कहां अड़चन है। चार महात्माओं को मिलाना मुश्किल है; दुनिया को बदलने की बात चलती है, चार महात्माओं को मिलाना मुश्किल है। एक जगह कुछ विचारशील लोगों ने एक बड़ा मंच बनाया, और बड़ी सभा का आयोजन किया; सभी धर्मों के ज्ञानियों को बुलाया। कोई तीस ख्यातिलब्ध महात्मा आमंत्रित किए; बड़ा आयोजन किया। बड़ा मंच बनाया कि तीस महात्मा बैठ सकें, लेकिन उस मंच पर एक-एक महात्मा ने ही बैठ कर व्याख्यान दिया। भूल से उन्होंने मुझे भी बुला लिया था। मैंने उनको पूछा कि इतना बड़ा मंच बनाया है, बाकी लोग इस पर बैठते क्यों नहीं? तो संयोजकों ने कहा, हम बड़ी मुश्किल में पड़ गए हैं। क्योंकि शंकराचार्य कहते हैं कि उनका सिंहासन है, वे उस पर बैठेंगे; और दूसरे कहते हैं कि अगर वे सिंहासन पर बैठेंगे तो हम नीचे नहीं बैठ सकते। और यह इतनी मुश्किल की बात हो गई कि आखिर में यही उचित मालूम पड़ा कि एक-एक ही बैठ कर यहां बोले। यहां सारे लोग मंच पर इकट्ठे साथ बैठ भी नहीं सकते; क्योंकि कौन नीचे बैठेगा, कौन ऊपर बैठेगा, यह इतनी उपद्रव की बात है!

ये महात्मा दुनिया को बदलने में लगे हुए हैं। ये किस तरह की दुनिया बनाएंगे? इनकी ही कृपा का परिणाम है जैसी दुनिया आज है। नेता हैं; बातें वे कुछ भी करते हों, कि राष्ट्र बचाना है, समाज बचाना है, लेकिन सबको सिर्फ नेतागिरी बचानी है। किसी को किसी और चीज से कोई मतलब नहीं है। बाकी सब बातें बहाने हैं। भीतर का रस अहंकार है।

लाओत्से यह कह रहा है कि जब तक भीतर का अहंकार न गिर गया हो तब तक तुम्हारे द्वारा कुछ भी नहीं हो सकता जिससे दुनिया में शांति आए। क्योंकि तुम ही शांत नहीं हो।

मनसविद बाद में बोलते हैं कि हिटलर पागल था, कि मुसोलिनी का दिमाग खराब था, कि स्टैलिन मानसिक रोगों से ग्रस्त था; यह सब वे बाद में बोलते हैं। और यह भी वे उन नेताओं के संबंध में बोलते हैं जो मर जाते हैं या

असफल हो जाते हैं। जो सफल होते हैं उनके बाबत किसी की बोलने की हिम्मत नहीं होती। जब तक हिटलर जिंदा था तो जर्मनी के एक मनोवैज्ञानिक ने नहीं कहा कि यह आदमी पागल है। जब मर गया और हार गया, पराजित हो गया, तो जर्मनी के ही मनोवैज्ञानिक कहने लगे कि यह पागल है। खुद हिटलर का चिकित्सक, जो तीस साल से हिटलर की सेवा में रत था, उसने भी कभी नहीं कहा कि यह पागल है। हिटलर के मरने और हार जाने के बाद उसने अभी किताब छापी कि मैं तो भलीभांति जानता था कि वह पागल है। निक्सन के संबंध में अभी कोई चिकित्सक यह नहीं कहेगा। माओ के संबंध में कोई चिकित्सक यह नहीं कहेगा। मरने के बाद, असफल हो जाने के बाद, जब कि कोई नुकसान नहीं पहुंचा सकता, तब बड़ी हैरानी की बातें मालूम होती हैं।

मुझे ऐसा लगता है कि स्टैलिन या हिटलर या मुसोलिनी या तोजो, ऐसा व्यक्तिगत पागल की बात ही गलत है। असल में, नेतृत्व पाने की जो आकांक्षा है, वह पागलपन का हिस्सा है। और अहंकार जड़ है पागलपन की। और राजनीति जितनी सुविधा से अहंकार को भरती है, और कोई चीज नहीं भर सकती। क्योंकि शक्ति वहां है। जहां शक्ति है वहां अहंकार को रस है, मजा है। सिंहासन वहां है। तो राजनीति में पागल ही उत्सुक होता है। और आज नहीं कल जब दुनिया थोड़ी शांत अगर कभी हो सकी, और राजनीति से हम थोड़ा छुटकारा पा सके, तो हम पाएंगे कि हमारा पूरा इतिहास पागलों की कथा है। कोई हिटलर और तोजो और स्टैलिन ही पागल हैं, ऐसा नहीं है। तब हम पाएंगे कि पूरा नेतृत्व हजारों वर्ष का, राजनीतिक नेतृत्व ही पागल था।

असल में, पागल ही महत्वाकांक्षी होता है। और जब पागल पद पर पहुंच जाता है तो उसके हाथ में ताकत होती है अपने पागलपन को पूरा करने की; फिर वह अपने पागलपन को पूरा कर लेता है। अगर वह सफल हो जाए तो उसकी प्रशस्ति में गीत लिखे जाते हैं। अगर वह असफल हो जाए तो लोग उसके विपरीत बातें करने लगते हैं। पांच हजार साल का यह जो इतिहास है, पागल लोगों के द्वारा समाज को बदलने की कोशिश का इतिहास है। उन्होंने पूरी जमीन को पागलखाना बना दिया है। लेकिन हमें दिखाई भी नहीं पड़ता कि जमीन पागलखाना बन गई। क्योंकि हम इसके आदी हैं, हम इसी के बीच बड़े होते हैं। हम देखते हैं यही शायद प्राकृतिक है।

यह बिलकुल प्राकृतिक नहीं है। यह ऐसा ही है जैसे एक बच्चा अस्पताल में पैदा हो और कभी बाहर की दुनिया उसे देखने न मिले। अस्पताल में ही बड़ा हो, अस्पताल ही उसकी एकमात्र जानकारी हो। तो वह समझेगा यही दुनिया है; और लोगों का खाटों पर पड़े रहना, उनके टांगों का ऊपर लटके रहना, उनके हाथों में इंजेक्शन लगे रहने, उनके पास आक्सीजन की बोतल रखी रहनी; यही जिंदगी है। उसे कोई और जिंदगी का पता नहीं है। वह अस्पताल को ही जिंदगी समझेगा। और अगर वह जिंदगी भर वहीं रहे और फिर अचानक एक दिन बाहर लाया जाए तो वह बहुत हैरान होगा कि ये लोग सब क्या कर रहे हैं! ये सब गड़बड़ हो गए हैं। इनकी खाटें कहां हैं? इनके इंजेक्शन कहां हैं? इनकी बोतलें कहां हैं? इनको अपनी-अपनी जगह पर होना चाहिए; सब अस्तव्यस्त हो गया है, यह सब अराजकता फैली हुई है। स्वभावतः, क्योंकि उसके सोचने का ढंग, उसका तर्क, उसके मन की बनावट, उसका संस्कार जैसा है वैसा। जिस दुनिया को अभी हम कहते हैं दुनिया, यह करीब-करीब पागलखाना है। इसमें हमें दिखाई नहीं पड़ता, क्योंकि हम इसी में पैदा होते हैं, इसी में बड़े होते हैं। हम इसी से परिचित हैं।

बच्चा बड़ा होता है, वह देख कर बड़ा होता है कि मां और बाप उसके लड़ रहे हैं, लड़ रहे हैं, लड़ रहे हैं। वह इसी को प्रेम मानने लगता है कि यह प्रेम है। वह देखता है घर की राजनीति, वह देखता है कि मां पिता को दबा रही है, पिता मां को दबा रहा है। वह चौबीस घंटे देखते-देखते, देखते-देखते, इसी में बड़ा होता है। फिर जब वह शादी करता है तो उसी कहानी को दोहराता है जो उसने देखी थी। क्योंकि और उसे कुछ कहानी का पता भी नहीं है कि कोई और भी ढंग होता है। यही जिंदगी है। यही उसके बच्चे करेंगे। यही उसके बाप-दादों ने किया, उनके पहले

किया। हम पागलपन को भी वंशानुक्रम से देते चले जाते हैं जो हम देखते हैं। कभी आपने खयाल नहीं किया, लेकिन आप खयाल करें कि जब आप अपनी पत्नी से व्यवहार करते हैं तो आप अपने पिता को पुनरुक्त तो नहीं कर रहे हैं! कि जब आप अपने पति से व्यवहार करती हैं तो आप अपनी मां को दोहरा तो नहीं रहीं! क्योंकि वह बचपन में जो देखा था, जिसमें हम बड़े हुए थे, वही हमारे पास एकमात्र माडल है; उसी के अनुसार चलना हमें रास्ता है।

करीब-करीब आप वही दोहराए चले जाते हैं, थोड़े-बहुत हेर-फेर के साथ। थोड़ा-बहुत हेर-फेर इसलिए आ जाता है कि जिंदगी में चारों तरफ थोड़े फर्क आते हैं। वे फर्क आपको थोड़ा हेर-फेर दे देते हैं। बाकी वही दोहरता चला जाता है। इसको हम प्रेम कहते हैं; इसको हम गृहस्थी कहते हैं; इसको हम घर कहते हैं; इसको हम परिवार कहते हैं। हम कहते हैं, परिवार स्वर्ग है। इसको भी दोहराए चले जाते हैं कि परिवार स्वर्ग है और इसको भी नहीं देखते कि परिवार बिलकुल पागलखाना हो गया है। अपने परिवार को नहीं देखते; परिवार स्वर्ग है, यह भी सुना हुआ है। और परिवार जो है वह भी हमें पता है। तो एक ही स्थिति रह जाती है भीतर, और वह यह कि कहने की बातें कुछ और हैं, असलियत कुछ और है।

एक मेरे मित्र कार खरीदना चाहते थे। प्रोफेसर थे; गरीब आदमी। मुश्किल से पैसा इकट्ठा कर पाए थे। लेकिन पत्नी सख्त खिलाफ थी। कुछ ऐसा नहीं कि उसे कार से कोई दुश्मनी थी। पत्नी सख्त खिलाफ रहती थी पति जो भी करना चाहें उसके। उन्होंने मुझसे पूछा कि मैं क्या करूं? बामुश्किल तो पैसे इकट्ठा कर पाया हूं कि एक पुरानी गाड़ी खरीद लूं, लेकिन गाड़ी का नाम ही सुनते पत्नी आगबबूला हो जाती है। इतना उपद्रव मच जाता है कि मैं हिम्मत ही नहीं कर पाता कि गाड़ी कैसे खरीदूं।

मैंने उनसे कहा कि मैं तुम्हें तरकीब बताता हूं। तुम अभी घर चले जाओ। यह रही तरकीब। तरकीब मैंने उन्हें समझा दी। वे घर गए; उन्होंने जाकर शांति से घोषणा की कि गाड़ी मैंने खरीद ली है। उपद्रव शुरू हो गया। पत्नी तो भरोसा ही नहीं कर सकी—खरीद ली है! क्योंकि हमेशा वे पूछते थे कि खरीद लूं? खरीद ली! एकदम से सकते में आ गई। इससे बड़ा शॉक नहीं हो सकता था—उसकी बिना आज्ञा के! फिर उसने जो उपद्रव मचाया तो पूरा पागलपन। लेकिन कितनी देर कोई पागल रह सकता है? अब खरीद ही ली; आधा घंटे बाद वह शांत हो गई।

वे मित्र मेरे पास आए। मैंने कहा, अब तुम जाकर खरीद लो। अब जो होना था वह हो चुका। जो आखिरी होना था हो चुका। अब और क्या बचा? अब तुम देर मत करो। और आगे के लिए इसको नियम समझो कि जो भी करना हो वह इस तरह किया करो।

हर घर में करीब-करीब कलह है, संघर्ष है। उस संघर्ष और कलह के बीच भी हम किसी तरह तालमेल बिठाए रखते हैं। जैसे एक ही बैलगाड़ी में दोनों तरफ बैल जोत दिए हों वैसी स्थिति बनी रहती है जिंदगी भर। थोड़ा इधर सरकते हैं, थोड़ा उधर; यात्रा कुछ नहीं होती, वहीं बने रहते हैं जहां के तहां। आखिर में इतना ही हो जाता है कि इस कशमकश में बैलगाड़ी के अस्थिपंजर सब ढीले हो जाते हैं। फिर जाने की इच्छा भी नहीं रह जाती।

पर इसको हम जिंदगी मान लेते हैं, क्योंकि इसी से हम परिचित हैं, यही जिंदगी है। आदमी की जिंदगी क्या हो सकती है, इसका हमें पता ही नहीं। और आदमी की जिंदगी क्या हो गई है! अगर ये दोनों का खयाल भी हमें आ सके तो हम भयभीत हो जाएं, कंप जाएं। आदमी की जिंदगी एक बहुत अदभुत अनूठा अनुभव हो सकती है। लेकिन जो हो गया है वह एक लंबा दुख-स्वप्न, एक नाइटमेयर है।

इस सारे दुख-स्वप्न के पीछे जो कारण है वह है हमारा निरंतर अप्राकृतिक होते चले जाना, जीवन की सहजता से धीरे-धीरे बिलकुल टूट जाना। सब असहज हो गया है। बोलते हैं, उठते हैं, बैठते हैं, करते हैं, लेकिन कहीं भी कोई साहजिकता नहीं है, कहीं कोई स्फुरणा नहीं है। हमारे प्राण से कुछ आता हुआ झरना नहीं मालूम होता। सब

ऊपर-ऊपर के फूल हैं—कागज के, प्लास्टिक के। वे हमने लगा लिए हैं। देखने में फूल मालूम पड़ते हैं। न उनमें जीवन है, न उनमें सुगंध है; उनमें कुछ भी नहीं है, सिर्फ धोखा है।

लाओत्से कहता है कि इस सारे धोखे का मूल है कर्ता का भाव, और इस सारे धोखे की गहराई में आपका मैं खड़ा हुआ है। कर्ता का भाव गिरे, मैं गिर जाता है।

'और यदि सम्राट और भूस्वामी ताओ को अक्षुण्ण रख सकें, स्वभाव को अक्षुण्ण रख सकें, तो संसार आप ही सुधर जाएगा। और जब संसार सुधर जाए और कर्मरत हो जाए, तब उस अनाम पुरातन सरलता के द्वारा उसका अनुशासन हो। यह अनाम पुरातन सरलता वासना से रहित है। वासनारहितता से निश्चलता प्राप्त होती है; और संसार आप ही आप शांति को उपलब्ध हो जाता है।'

यदि बिना चेष्टा और बिना प्रयास के किसी को बदला जा सके तो ही बदलाहट का मूल्य है। किसी की गर्दन को बिना दबाए, किसी को बिना आरोपण के, उसे पता भी न चले कि उसे कोई बदल रहा है, उसे खटक भी सुनाई न पड़े, ध्वनि भी सुनाई न पड़े कि कोई उसे बदल रहा है, बदलने का कोई भाव ही आस-पास न हो, सिर्फ आपकी सरलता, आपकी सहजता उसे बदलाहट दे दे, संक्रामक हो जाए, आपकी सरलता प्रतिध्वनित होने लगे उसके प्राणों में और वह बदल जाए, तो ही बदलाहट का कोई धार्मिक मूल्य है। और तो ही बदलाहट आत्मानुशासन बन जाती है। फिर उस सरलता को वह खो न सकेगा। फिर उस सरलता को छीनने का कोई उपाय नहीं है। क्योंकि वह सरलता कभी थोपी नहीं गई। उस सरलता से वह मुक्त भी न होना चाहेगा। क्योंकि वह सरलता कोई परतंत्रता नहीं है। वह किसी ने उसके ऊपर डाली नहीं है।

हम सुंदर चीजों को भी कुरूप कर देते हैं थोप कर। हम अच्छी से अच्छी बात को भी विकृत कर देते हैं आग्रह करके। और जब भी किसी चीज के पीछे जबरदस्ती हो जाती है तो सब खराब हो जाता है।

अभी मैं पढ़ रहा था। एक डेनिश विचारक सोरेन कीर्कगार्ड ने लिखा है कि अगर ईश्वर ने, जब उसने आदम और हौवा को बनाया, ईसाइयों की कहानियों के हिसाब से, तो उसने कहा कि तुम ज्ञान के वृक्ष के फल को मत चखना। कीर्कगार्ड ने लिखा है कि अगर वह कह देता कि देखो, यहां एक सांप रहता है, वह शैतान है छिपा हुआ, तुम कभी उसको मत चखना! तो आदम और हौवा ढूंढ़ कर सांप को खा गए होते; दुनिया से शैतान का अंत हो जाता। लेकिन ईश्वर ने कहा कि तुम यह ज्ञान के फल को मत चखना। और फिर उनको ज्ञान का फल चखना पड़ा। इसलिए नहीं कि शैतान ने उन्हें भड़काया, ईश्वर ने ही उनको भड़का दिया। वह जो कहा कि मत चखना, उससे रस पैदा हो गया। वह जो कहा कि इस ज्ञान के वृक्ष के पास मत जाना, उससे उनको लगा कि बस अगर कुछ है खाने योग्य तो यह ज्ञान का वृक्ष ही है। नहीं तो क्यों ईश्वर रोकता!

इदन के बगीचे में बहुत वृक्ष थे, अनंत-अनंत वृक्ष थे। सबको छोड़ कर वे उसी के आस-पास घूमने लगे होंगे। और शैतान तो बेचारा सिर्फ बहाना है। शैतान ने तो सिर्फ इतना ही कहा कि ईश्वर ने रोका इसीलिए कि इसको जो भी खाता है वह ईश्वर हो जाता है। नहीं तो ईश्वर रोकता ही क्यों? तुम ईश्वर जैसे हो जाओगे, इस वृक्ष को चख लो। यह भी शैतान कहीं कोई बाहर है, यह बात फिजूल है। यह तो जब भी कोई निषेध करता है तो शैतान भीतर पैदा हो जाता है, जो कहता है, इसे करके देखो! इसमें जरूर कोई बात होनी चाहिए, कोई रस होना चाहिए; नहीं तो रोका ही क्यों जाता?

आप जब भी किसी को रोक रहे हैं तब आप उसको कह रहे हैं कि करो। जब आप अपने बेटे को कह रहे हैं कि सिगरेट मत पीना, आपने उनको पहली दफे निमंत्रण दे दिया। अब इस बेटे का मन किसी और बात में न लगेगा। अब सब बातें बेकार हो गईं। अब सारा स्वर्ग सिगरेट में निहित है। अब यह जरूर इसको पीनी ही पड़ेगी। इसका

कोई बचाव नहीं है। और आपने ही रस पैदा किया। आपने ही इसको उकसाया, भड़काया। और आप सोच रहे हैं, आपने सुधारने के लिए किया था; आपने रोका था। आपने भला बनाने के लिए किया था।

हम जो भी रुकावट डालते हैं उससे दूसरे के अहंकार को चोट पड़ती है। और दूसरे के अहंकार को चोट पड़ी कि अहंकार बदला लेना चाहता है। वह विपरीत जाएगा।

लाओत्से कहता है कि इस भांति सरलता से जो रूपांतरण हो लोगों का तो फिर उनका जीवन अनाम पुरातन सरलता से भर जाए। जिसका कोई नाम नहीं है, उस सरलता से भर जाए। और उनके जीवन से वासना तिरोहित हो जाए अपने आप। क्यों? क्योंकि वासना है स्पर्धा। वासना है दूसरे से आगे निकलने की दौड़। वासना है महत्वाकांक्षा। वासना अहंकार का ही फैलाव है। अगर आप सरल हो जाएं तो वासना, स्पर्धा अपने आप गिर जाए।

एक मित्र मेरे पास आते हैं, कहते हैं, शांत होना है। मैं पूछता हूं, किसलिए शांत होना है? तो वे कहते हैं, बड़ी उलझन में पड़ा हूं। एक राज्य के शिक्षा मंत्री हैं। तो वे कहते हैं, रात नींद नहीं आती, दिन चैन नहीं है; बड़ा काम है, बड़ी उलझन है। तो कुछ ऐसा ध्यान दें कि मैं शांत हो जाऊं। मैंने कहा कि अगर आप शांत हो जाएं तो फिर क्या करेंगे? मैंने कहा, ईमानदारी से मुझे कह दें। तो उन्होंने कहा, अब आप जब पूछते हैं तो आपसे क्या छिपाना! बड़ा उपद्रव चल रहा है राज्य में। मेरे भी मौके हैं चीफ मिनिस्टर हो जाने के। लेकिन मैं इतना अशांत हूं कि मेहनत ही नहीं कर पा रहा हूं; इसी में उलझा रहता हूं; रात नींद नहीं आती, बीमार रहता हूं। जरा शांत हो जाऊं तो मैं भी लग जाऊं।

तो मैंने उनको पूछा कि आप सोचते हैं, शांत हो जाएं तो चीफ मिनिस्टर होने में लग जाएं। लेकिन आप अशांत इसीलिए हैं कि चीफ मिनिस्टर होने में लगे हैं। और कौन कहता है कि आप शिक्षा मंत्री रहें? और इतने अशांत होकर आपके शिक्षा मंत्री होने से कौन सी शिक्षा का विस्तार होगा? कौन आपको परेशान कर रहा है? कोई आपको धक्के नहीं दे रहा है कि शिक्षा मंत्री हो जाएं। बल्कि कई लोग आपको इस परेशानी से मुक्त करने की कोशिश में लगे हैं कि आप हट जाएं तो यह परेशानी वे ले लें। कई लोग सेवा के लिए तैयार हैं। कई लोग चाहते हैं कि उनको रात नींद न आए। कई लोग चाहते हैं कि वे इतने परेशान हो जाएं जैसे आप हैं। कई लोग चाहते हैं कि फिर वे भी साधु-संन्यासियों के जाएं पास और पूछें कि महाराज, शांति का क्या उपाय है! आपको कौन रोक रहा है? कोई दुनिया में आपको रोकने वाला नहीं है। आप बिलकुल हट जाएं।

नहीं, वे बोले कि यह तो जरा मुश्किल है। आप तो सिर्फ शांत होने का रास्ता बता दें।

आदमी शांत भी इसलिए होना चाहता है ताकि और अशांति के उपद्रव गति से कर सके। कई बार ऐसा हो जाता है—कई बार क्या, निरंतर ऐसा होता है—कि इस तरह के लोग पूरा जीवन गंवा देते हैं। उनको शांति के आनंद का कोई क्षण नहीं मिल पाता। वे सोचते हैं कि अभी मिनिस्टर हैं, कल चीफ मिनिस्टर हो जाएं तो शायद आनंद। जब वे मिनिस्टर नहीं थे, क्योंकि पहले वे डिप्टी मिनिस्टर थे, तब वे सोचते थे मिनिस्टर हो जाएं।

मैंने कहा, कभी पीछे लौट कर अपने तर्क को भी सोचना चाहिए। पहले तुम सिर्फ एम एल ए थे, तब भी तुम मेरे पास आते थे; तब तुम डिप्टी मिनिस्टर होने की तरकीब में लगे थे। फिर तुम डिप्टी मिनिस्टर हो गए, फिर तुम मिनिस्टर होने की तरकीब में लगे थे। अब तुम मिनिस्टर भी हो गए। वे बोले, इसीलिए तो आशा बंधती है कि अगर कोशिश जारी रखूं तो चीफ मिनिस्टर भी हो ही जाऊंगा। मैंने कहा, बिलकुल हो जाओगे, लेकिन जीवन हाथ से जा रहा है। और चीफ मिनिस्टर होने से स्पर्धा तो रुकेगी नहीं, वासना तो ठहरेगी नहीं। वह कहेगी कि अब चलो सेंटर की तरफ, केंद्र की तरफ, दिल्ली की तरफ। फिर वहां दौड़ का सिलसिला है। और वहां जो हैं उनकी हालत!

मेरे पास लोग आते हैं; वे कहते हैं, बड़ी हैरानी की बात है! कहीं भी कोई साधु हो, मदारी हो, कुछ भी हो, ज्योतिषी हो, प्रधानमंत्री से लेकर राष्ट्रपति, गवर्नर, सब उसकी सेवा में हाजिर हो जाते हैं। क्या कारण होगा?

इसका कारण यह नहीं है कि वह जो चमत्कार दिखाने वाला है, वह चमत्कारी है; इसका कारण यह है कि ये सब बेचारे अशांत और परेशान लोग हैं और इनकी परेशानी इतनी है जिसका हिसाब नहीं। ये कहीं भी तलाश में हैं कि भी कोई राख दे दे, ताबीज दे दे, तो बस सब ठीक हो जाए।

राष्ट्रपति होकर भी, कोई का ताबीज मिले तब सब ठीक होगा, तो यह राष्ट्रपति होना ताबीज सिद्ध नहीं हुआ है। अभी भी दौड़ वही है। और अब दौड़ और बढ़ गई है। क्योंकि पहले तो यह आशा थी कि राष्ट्रपति हो जाएंगे तो सब ठीक हो जाएगा। अब राष्ट्रपति हो गए और कुछ ठीक नहीं हुआ, और जिंदगी हाथ से बह गई है। लेकिन इतनी हिम्मत भी नहीं है कि जहां तुम कष्ट पा रहे हो, जिस कुर्सी पर बैठ कर आग में जल रहे हो, उससे उठ कर अलग हो जाओ। उतनी हिम्मत भी नहीं है। उसको भी पकड़े हुए हैं जोर से। जहां जल रहे हैं उसको भी पकड़े हुए हैं।

धार्मिक बोध इस बात का बोध है कि जो आप कर रहे हैं उससे जीवन नरक बन गया है। तो कुछ और नया न करें, कम से कम वह जो आप कर रहे हैं, उसको शिथिल कर दें। एक दफा शिथिल हो जाएं। क्या फर्क पड़ेगा? आपका नाम इतिहास में नहीं लिखा जाएगा तो कुछ फर्क पड़ेगा? आपका नाम अखबारों में नहीं होगा तो कुछ फर्क पड़ेगा? और आपके मजार के आस-पास मेला न भरेगा तो कुछ हर्ज होगा? लेकिन कुछ लोग जिंदगी गंवा देते हैं, ताकि मजार के आस-पास मेला भरे। बड़े आश्चर्य की बात है, इसलिए जी रहे थे कि मजार के आस-पास मेला भरे! आप अहंकार के लिए जो भी कर रहे हैं उस सब में आप अपने को गंवा रहे हैं, खो रहे हैं।

लाओत्से कहता है, जैसे ही अहंकार गिर जाए...। और अहंकार तभी गिरता है जब जीवन सरल और निसर्ग के अनुकूल हो जाता है; जब आप जोर-जबरदस्ती छोड़ देते हैं और कहते हैं, परमात्मा की जो मर्जी; वह जो करा रहा है, हो रहा है; मैं न कुछ कर रहा हूं, न मैं कुछ करूंगा; मैं सिर्फ बहा जाऊंगा, मैं तैरूंगा भी नहीं; मैं सिर्फ बहूंगा, उसकी धार मुझे जहां ले जाए; मैं मोक्ष की तरफ भी जाने को उत्सुक नहीं हूं; मैं उसी जगह को मोक्ष समझ लूंगा जहां उसकी धार मुझे पहुंचा देगी। ऐसी भाव-दशा में अहंकार नहीं है। अहंकार नहीं तो स्पर्धा नहीं।

और जहां वासनारहितता है, लाओत्से कहता है, वहां निश्चलता प्राप्त होती है। और संसार आप ही आप शांति को उपलब्ध हो जाता है।

अपने आप कैसे शांति घटित हो, इसका यह सूत्र है। यह कोई योग नहीं सिखाता आपको कि आप शीर्षासन करो तो शांति उपलब्ध होगी। यह कोई मंत्र नहीं देता आपको कि आप राम-राम, राम-राम जपो तो शांति होगी। यह कोई ताबीज-गंडा नहीं देता कि इसको बांध लेने से शांति होगी। लाओत्से तो आपकी अशांति के यंत्र को समझा देता है कि यह आपके अशांति का यंत्र है। यह आपका कर्ता-भाव ही आपकी अशांति की जड़ है। यह भाव गिर जाए, आप सदा से शांत हैं। अशांति अर्जित है; शांति स्वभाव है। तो शांति अर्जित नहीं करनी है; सिर्फ अशांति अर्जित कर देना बंद कर देना है। स्वास्थ्य पाना नहीं है; स्वास्थ्य तो मिला हुआ है। बीमारी इकट्ठी कर ली है; बीमारी इकट्ठा करना बंद कर देना है।

इस दृष्टि का थोड़ा सा भी स्मरण आना शुरू हो जाए और आप पाएंगे कि आप शांत होने लगे। और आपके शांत होते ही आपके आस-पास का संसार शांत होना शुरू हो जाता है। क्योंकि आप अपने आस-पास के संसार को, अशांत होने के कारण, काफी अशांत किए रहते हैं। आप एक केंद्र बन जाते हैं; आपके आस-पास भी एक छोटा संसार घूमता है। पत्नी है, बच्चा है, दफ्तर है, मित्र हैं, सगे-संबंधी हैं; वे आपके पास-पास घूम रहे हैं। आपकी अशांति उनको भी अशांत करती रहती है। उनकी अशांति आपकी अशांति को बढ़ाती रहती है। ऐसा हम एक-दूसरे का काफी गुणनफल कर देते हैं, एक-दूसरे को काफी मल्टीप्लाय कर देते हैं। हर आदमी एक-दूसरे की अशांति बढ़ा रहा है।

लाओत्से कहता है, अगर शांत व्यक्ति गांव में एक भी हो तो भी उसका परिणाम पूरे गांव पर पड़ना शुरू हो जाएगा। उसकी हवा धीरे-धीरे प्रवेश करने लगेगी।

संसार शांत हो सकता है, अगर महत्वाकांक्षा न हो। संसार शांत हो सकता है, अगर अहंकार का पागलपन गिर जाए। और यह आपके हाथ में है। एक क्षण में इसे छोड़ा जा सकता है।

पांच मिनट कीर्तन करें और फिर जाएं।

इकहत्तरवां प्रवचन

# सहजता और सभ्यता में तालमेल

## प्रश्न-सार

*दलाई लामा भारत क्यों आए?*

*प्रेम के बिना घृणा क्या संभव है?*

*रामकृष्ण और रमण को कैंसर क्यों?*

*सभ्यता और सहजता में तालमेल क्या?*

*अपने यथार्थ का साक्षात्कार कैसे हो?*

*आपकी बातें सुन कर भी बदलाहट क्यों नहीं?*

*पहला प्रश्न : बौद्ध, जैन, हिंदू धर्म, सभी पुरातन मूल स्वर इस भारत भूमि से विलुप्त हो गए हैं। और आपने कहा भी है कि धर्म के उदय की संभावना अब पश्चिम में है। लेकिन लाओत्से के प्रवचन के प्रथम दिवस ही आपने कहा कि धर्म की एकमात्र संभावना भारत में है। कृपया स्पष्ट करें कि किन विशिष्ट संभावनाओं को जान कर ऐसा आपने कहा है।*

नए धर्म के अंकुरण की संभावना तो पश्चिम में ही है। अगर बीज बोने हों तो पश्चिम ही ठीक है। क्योंकि नए धर्म का अंकुरण तभी होता है जब लोग भौतिकता से पीड़ित हों, जब लोग समृद्धि से पीड़ित हों।

पीड़ाएं दो तरह की हैं। एक पीड़ा है गरीबी की पीड़ा, अभाव की पीड़ा। और एक पीड़ा है समृद्धि की पीड़ा; जब सब होता है, और भीतर फिर भी खालीपन मालूम पड़ता है; जो भी पाया जा सकता है वासना के जगत में वह मिल जाता है, और तब पता चलता है कि आत्मा नहीं मिली; कोई तृप्ति नहीं मालूम होती। साधन सब होते हैं तृप्ति के, लेकिन भीतर तृप्ति की क्षमता नहीं होती। दो तरह के अभाव हैं : एक गरीब का और एक अमीर का। गरीब के अभाव में नए धर्म का अंकुरण असंभव है; अमीर के अभाव में ही नए धर्म का अंकुरण होता है।

इसलिए मैंने निरंतर कहा है कि नया धर्म पश्चिम से जन्मेगा। पश्चिम अब उसी तरह समृद्ध है जैसा कभी पूरब था। जब हिंदू, जैन, बौद्ध विचार पैदा हुए तब पूरब समृद्धि के शिखर पर था और पश्चिम दरिद्र था। अब पूरब दरिद्र है और पश्चिम समृद्ध है। तो नया धर्म तो पश्चिम में ही पैदा हो सकता है। धर्म के विस्तार की संभावना पश्चिम में है, पूरब में नहीं। फिर भी मैंने कहा कि ताओ को अगर जमीन पकड़नी हो तो भारत ही उपयोगी हो सकता है। अगर दलाई लामा को जो तिब्बत ने सैकड़ों वर्षों की साधना में पाया है उसे नष्ट न होने देना हो तो भारत ही उनके लिए योग्य भूमि है। इन दोनों बातों में विरोध दिखाई पड़ता है; विरोध नहीं है। अगर पुराने धर्म को स्थापित करना हो तो भारत ही भूमि बन सकता है; नए धर्म को अंकुरित करना हो तो पश्चिम। नए बीज को बोना एक बात है और पुराने वृक्ष को लाकर जमीन पर आरोपित करना, ट्रांसप्लांट करना बिलकुल दूसरी बात है।

ताओ पुराना वृक्ष है; पुराने से पुराना वृक्ष है। दलाई लामा भी जिस बुद्ध-चिंतना को ला रहे हैं, साधना को, वह भी बहुत पुरानी धारणा है। इतने पुराने वृक्ष को सम्हालने के लिए बहुत पुरानी भूमि चाहिए, संस्कारों का बहुत लंबा इतिहास चाहिए, तो ही पुराना वृक्ष सम्हल सकेगा। बहुत पुरानी हवा, बहुत पुराना आकाश, बहुत पुरानी भूमि चाहिए; नहीं तो यह पुराना वृक्ष मर जाएगा।

अगर इस पुराने वृक्ष को पश्चिम में लगाना हो तो यह काम नहीं आएगा। पश्चिम में नए बीज बोए जा सकते हैं, और वृक्ष पैदा किया जा सकता है। वह फिर पश्चिम की हवाओं में ही पैदा होगा; उसी ढंग से बड़ा होगा। लेकिन

ये जो वृक्ष हैं ताओ के और बुद्ध धर्म के, ये तो बहुत प्राचीन हैं। और इनके लिए बहुत प्राचीन भूमि चाहिए। तो प्राचीन भूमियों में भारत ही सर्वाधिक पुराना है। और उसके पास बहुत पुराने संस्कारों की संपदा है। उस संपदा में ये वृक्ष पल सकते हैं। इनको नई जगह नहीं पाला जा सकता।

इसे ऐसा ही समझें कि एक छोटे बच्चे को अगर पश्चिम में रखा जाए तो वह बहुत शीघ्र पश्चिम के अनुकूल ढल जाएगा। और एक बूढ़े आदमी को पश्चिम में ले जाया जाए, वह नहीं ढल पाएगा। उसके ढलने का कोई उपाय नहीं है। नई भूमि उसके लिए खतरनाक सिद्ध होगी। बच्चे के लिए नई भूमि सार्थक हो सकती है; बूढ़े के लिए पुराना वातावरण चाहिए।

यह ताओ बूढ़े से बूढ़ा धर्म है। इसलिए मैंने कहा कि भारत में। हां, फिर इस वृक्ष पर जो नए बीज लगें, उनको पश्चिम में पहुंचाया जा सकता है। दलाई लामा जो साधना की प्रक्रिया लेकर आए हैं उसको तो पश्चिम समझ भी नहीं सकता। क्योंकि वह तो इतनी जटिल है; उसका तो हजारों साल का लंबा इतिहास है। पश्चिम को अगर समझाना हो तो अ ब स से शुरू करना पड़ेगा; पहली कक्षा से शुरू करना पड़ेगा। वे जो लाए हैं, वह परम शिखर है। उस शिखर को समझने के लिए भारत के अतिरिक्त कोई भूमि समर्थ नहीं है। क्योंकि ऐसा कोई ऊंचा शिखर नहीं है जो भारत ने न छू लिया हो, जिससे वह परिचित न हो। भला भारत के बड़े समूह की स्थिति विकृत हो गई हो, लेकिन भारत में ऐसे कुछ लोग निरंतर ही खोजे जा सकते हैं जो कितनी ही ऊंची बात हो उसको समझने में समर्थ हैं। और भारत में ऐसा हृदय खोजा जा सकता है जिसके लिए अ ब स से शुरू करने की जरूरत नहीं; अंतिम पाठ जिसे दिया जा सकता है। और ताओ या दलाई लामा जो लेकर आए हैं वह अंतिम पाठ है। अगर यह पहली कक्षा के विद्यार्थियों को दिया जाए तो खो जाएगा। इसलिए मैंने ऐसा कहा कि उन दोनों के लिए भारत में ही पुनर्आरोपण हो सकता है। यह नए बीज का बोना नहीं है; बूढ़े वृक्ष का पुनर्आरोपण है।

*दूसरा प्रश्नः एक मित्र ने पूछा है कि आपने कहा कि घृणा के लिए प्रेम आवश्यक है। लेकिन कई बार किसी आदमी का परिचय हुए बिना उसे देख कर ही हमें घृणा हो जाती है; उससे मिलने का, उससे बातचीत करने का जी भी नहीं चाहता। तो क्या ऐसे वक्त में प्रेम के बिना घृणा संभव नहीं है?*

ऐसा जब भी हो कि किसी को देख कर ही, जिससे कोई मैत्री नहीं, कोई संबंध नहीं, जिससे कोई परिचय नहीं, और घृणा पैदा हो जाए, तो इसका एक ही अर्थ होता है कि उस व्यक्ति में कुछ ऐसा है जिससे आपका परिचय है और जिससे आपको घृणा है। क्योंकि बिना परिचय के तो घृणा हो ही नहीं सकती। उस व्यक्ति में कुछ ऐसा है—उसके उठने में, उसके चलने में, उसकी आंखों में, उसके चेहरे में, उसके आस-पास की हवा में—उसके व्यक्तित्व की छाप में कुछ ऐसा है जिससे आप परिचित हैं, और जिससे आप प्रेम कर चुके हैं, और जिससे आप घृणा कर रहे हैं। चाहे खोजने में कठिनाई हो; क्योंकि व्यक्ति बड़ा समूह है, उसमें बहुत सी बातें हैं।

अगर आप अपने पिता से घृणा करते रहे हैं; अक्सर बेटे पिता से घृणा करते हैं, क्योंकि एक कलह है, एक संघर्ष है जो पिता और बेटे के बीच चलता है। क्योंकि पिता बेटे के हित में ही उसको बदलने की कोशिश करता है, और बेटे के अहंकार को चोट लगनी शुरू हो जाती है। वे सब चोटें इकट्ठी हो जाती हैं। इसलिए सारी दुनिया के समाज और संस्कृतियां, बेटा पिता को परम आदर दे, इसकी चेष्टा करते हैं। इस चेष्टा के पीछे यही राज है कि अगर इसका आयोजन न किया जाए तो बेटा पिता का अनादर ही करेगा, आदर नहीं कर सकता। तो इसका आयोजन करना पड़ता है समाज को, संस्कृति को।

इसे समझ लें। हम जहां-जहां बहुत चेष्टापूर्वक आदर को निर्मित करते हैं, उसका अर्थ ही यह है कि अगर सब छोड़ दिया जाए बिना चेष्टा के तो अनादर पैदा होगा। समाज जो व्यवस्था करता है, वह अकारण नहीं करता। समाज समझाता है कि भाई और बहन में किसी तरह की भी कामवासना बड़े से बड़ा पाप है। वह इसीलिए समझाता है कि अगर यह न समझाया जाए तो पहले कामवासना का संबंध भाई और बहन में निर्मित हो जाएगा। उसकी प्राकृतिक संभावना है। क्योंकि पहला स्त्री-पुरुष का परिचय भाई-बहन में होगा। और अगर समाज इसको बहुत जोर से संस्कारित न करे कि यह महा पाप है, इससे बड़ा पाप कुछ भी नहीं, तो यह घटना घटेगी। बाप और बेटे के बीच हम आदर का भाव पैदा करवाते हैं। वह आदर का भाव हम इसीलिए पैदा करवाते हैं कि इस बात की पूरी संभावना है कि अनादर पैदा हो जाए और बाप और बेटे के बीच घना संघर्ष हो जाए।

तो अगर आपको अपने पिता से दबा हुआ मन में घृणा का भाव है तो जहां-जहां फादर फिगर, जहां-जहां पिता की प्रतिमा दिखाई पड़ेगी, वहां आपको घृणा होगी। जो बेटा बाप से घृणा करता है वह गुरु से प्रेम नहीं कर सकता, क्योंकि गुरु पिता जैसा मालूम पड़ेगा। जो बेटा बाप से घृणा करता है वह परमात्मा से भी प्रेम नहीं कर सकता, क्योंकि परमात्मा परम पिता की अवस्था है। तो जहां-जहां उसे दिखाई पड़ेगा कि पिता की झलक मिलती है, वहां घृणा खड़ी हो जाएगी।

अगर कोई बेटा अपनी मां को घृणा करता है, जो कि कम घटता है; बेटियां मां को घृणा करती हैं, बेटे नहीं। बेटियां पिता को घृणा नहीं करतीं, और यह उचित है, क्योंकि यही प्राकृतिक है। लेकिन अगर कोई बेटा अपनी मां को घृणा करता है किन्हीं भी परिस्थितिवश कारणों से, तो फिर वह किसी स्त्री को प्रेम नहीं कर पाएगा। जहां भी स्त्री दिखाई पड़ेगी, मां की झलक मौजूद हो जाएगी।

तो अगर कोई व्यक्ति किसी भी स्त्री को प्रेम नहीं कर पाता तो उसका अर्थ है कि वह अपनी मां को प्रेम नहीं कर पाया। तो जहां स्त्री दिखाई पड़ी वहां मां तो खड़ी हो गई। जो बेटा अपनी मां के विरोध में है, कारण कोई भी हों, वह स्त्री मात्र के विरोध में हो जाएगा। क्योंकि पहला परिचय स्त्री का तो मां से ही है; पहली छाप तो मां की ही पड़ेगी। तो स्त्री के संबंध में जो भी धारणाएं बनने वाली हैं, उसमें मां का जो प्रतिबिंब बना है, वही हाथ बंटाएगा।

तो आपके मन में कई तरह के प्रतिबिंब संगृहीत हैं। एक व्यक्ति अनजान मालूम पड़ता है, लेकिन उसका कोई गुण जाना-माना होगा; उस गुण के कारण तत्क्षण निर्णय हो जाता है। वह निर्णय घृणा पैदा कर देता है। लेकिन घृणा बिना प्रेम के पैदा नहीं होती। उस गुण से आपके परिचय, मैत्री, प्रेम के संबंध रहे हैं, और आप उस संबंध में विफल हो गए हैं। वह विफलता घनी हो गई है। उस विफलता के कारण कहीं भी वह गुण दिखाई पड़ा कि आप फौरन चौंक जाएंगे। हम कहते हैं न कि दूध का जला छाछ भी फूंक-फूंक कर पीने लगता है। क्योंकि दूध की एक झलक छाछ में भी मिलती है—कम से कम रंग। तो जो दूध से जल गया है वह छाछ भी फूंक कर ही पीएगा। वह जो जलन का अनुभव है, वह छाछ के प्रति भी भय पैदा करवा देगा।

और एक कारण है जो इससे ज्यादा गहरा है; वह भी खयाल में ले लेना चाहिए। आप उन्हीं चीजों को घृणा करते हैं अक्सर, उन्हीं गुणों को घृणा करते हैं अक्सर, दूसरों में देख कर, जिन गुणों को आप अपने में घृणा करते हैं। यह थोड़ा गहरा है; पहले से भी ज्यादा इसकी गहरी पर्त है। जब अचानक एक आदमी को देख कर आपके मन में घृणा पैदा होती है तो आप खोज-बीन करना कि कहीं यह आत्म-निंदा का हिस्सा तो नहीं है! क्योंकि जो चीज आप अपने में बुरी पाते हैं वही आप दूसरे में भी बुरी पाते हैं। यह प्रोजेक्शन है। जो चीज आप अपने में चाहते हैं न हो वह जब आपको दूसरे में दिखाई पड़ती है तो घृणा पैदा होती है। इसलिए सब घृणा का विस्तार कहीं गहरे में आत्म-घृणा का हिस्सा है। इसे समझें।

आप नहीं चाहते कि क्रोध करें, और क्रोध होता है। और क्रोध से आपकी घृणा है। तो जब भी आप किसी व्यक्ति में क्रोध की झलक देखेंगे, घृणा पैदा हो जाएगी। आप नहीं चाहते चोरी करें, और चोरी आप करते हैं। तो जब भी आपको कहीं चोर दिखाई पड़ेगा, तत्क्षण घृणा पैदा हो जाएगी। इसका मतलब यह होता है कि जब भी आप कहीं घृणा करते हैं, तब निश्चित रूप से आप अपने से कोई संबंध पाते हैं। उस संबंध को थोड़ा खोजना।

इसलिए जो व्यक्ति अपने को बिलकुल घृणा नहीं करता वह किसी को भी घृणा नहीं करेगा। यह जरा समझ लेने जैसा है। इसलिए हम कहते हैं कि साधु के मन में किसी के प्रति घृणा नहीं होगी। क्योंकि अब उसके भीतर ही कुछ ऐसा हिस्सा नहीं है जिससे उसकी नफरत, संघर्ष, विरोध है। उसने सब स्वीकार कर लिया। वह सबको आत्मसात कर गया। उसने सब पी लिया; जहर, अमृत सब। और अब उसके भीतर घृणा का कोई बिंदु नहीं है।

इसलिए एक बहुत अनूठी घटना घटती है। समझ लें कि यहां कोई व्यक्ति एक ऐसा कृत्य कर दे जो आपको पसंद नहीं है; समझ लें कि एक चोर यहां पकड़ जाए, तो आप में जो सबसे ज्यादा चोर हैं वे उसकी पिटाई शुरू कर देंगे। जो चोर नहीं हैं वे उसको क्षमा कर सकते हैं, लेकिन जो चोर हैं वे क्षमा नहीं कर सकते। जिसको वे अपने में क्षमा नहीं कर पाए हैं, वे दूसरे में क्षमा नहीं कर सकते। और जिसका अपराध-भाव उनके ऊपर भारी है वे दूसरे पर उसे निकाल लेंगे। खुद को तो पीटना बहुत मुश्किल है, लेकिन दूसरे को पीटा जा सकता है। और एक राहत मिलेगी।

फिर और भी कारण हैं। जब कोई एक चोर पकड़ जाए तो सबसे पहले जो चोर हैं वे चिल्लाने लगेंगे उसके विरोध में। क्योंकि इससे वे घोषणा कर रहे हैं कि हम चोर नहीं हैं, हम तो चोर के इतने खिलाफ हैं। वे बता रहे हैं कि वे चोर नहीं हैं। क्योंकि अगर वे चुपचाप खड़े रहें तो उन्हें खुद भी डर है कि कोई यह न समझे कि ये भी चोर के समर्थन में हैं।

इसलिए एक बहुत अनूठी घटना समाज में घटती रहती है: जब भी बुराई के विपरीत कुछ लोग खड़े होकर लड़ने लगते हैं तो उनमें अक्सर वे ही लोग होते हैं जो बुराई को करने वाले हैं। भले आदमी को न तो अपराध का भाव होता है, न यह डर होता है कि मैं पकड़ा जाऊंगा, कि कोई क्या कहेगा कि तुम चुप खड़े हो! जब कि चोर पीटा जा रहा है, तब तुम चुप क्यों खड़े हो? क्या मतलब है? क्या तुम चोर के समर्थन में हो? क्या तुम चाहते हो कि चोरी हो?

आप अपने में जांच करना इसकी कि जब आप किसी चीज के विरोध में बहुत जोर से लड़ने को खड़े हो जाते हैं, तब आप भीतर खोज-बीन करना कि वह दुर्गुण कहीं आपका हिस्सा तो नहीं है! अगर वह आपका हिस्सा नहीं है तो इतना जोश आ ही नहीं सकता आपको। इतने जोश का कोई कारण ही नहीं है। जो बुराई आपकी नहीं है, जो दुर्गुण आपका नहीं है, उसमें इतना जोश-खरोश का कोई कारण नहीं है। वह आपके भीतर दबा हुआ पड़ा है।

तो जब आप दूसरे व्यक्ति में कभी देखते हैं अचानक कि आप में घृणा का भाव पैदा हो रहा है तो उसकी तो फिक्र छोड़ देना, आप थोड़ी अपनी फिक्र करना, आत्म-विश्लेषण करना कि ऐसा क्यों हो रहा है?

एक आदमी एक स्त्री को यहां धक्का मार दे, आप बस उसके ऊपर टूट पड़ेंगे। जो-जो लोग टूटेंगे वे वे ही लोग हैं जो स्त्रियों को धक्का मारते हैं। क्योंकि यह मौका वे नहीं चूक सकते, यह अवसर वे नहीं चूक सकते। स्त्रियों के प्रति सदभाव दिखाने का इससे अच्छा अवसर उनको कभी नहीं मिलेगा। वह जिस आदमी ने धक्का मारा है वह तो गुंडा है ही; जो उसको मार रहे हैं वे भी गुंडे हैं। लेकिन एक गुंडा पकड़ गया है और दूसरे गुंडे इस समय साधु-चरित्र होने का प्रमाण लिए ले रहे हैं।

अपने भीतर आप देखना कि जिस चीज पर आप बहुत जोश से भर जाते हैं वह कहीं न कहीं रोग का हिस्सा है, बुखार है उसमें; अन्यथा इतने जोश का कोई भी कारण नहीं है।

तो दूसरे के प्रति घृणा में भी आपके भीतर के कुछ संबंध जुड़े हैं। असल में, हम दूसरे के प्रति जो भी करते हैं उसमें हम कुछ अपने प्रति करते ही हैं। हम अपने से मुक्त नहीं हो सकते। हमारे सारे कृत्यों में हम मौजूद होते हैं, वह चाहे घृणा हो और चाहे प्रेम हो। सारा व्यवहार हमारा दर्पण है जिसमें हम दिखाई पड़ते हैं। और अपने को धोखा देते रहते हैं हम जीवन भर।

अगर ठीक से आप अपने भीतर का परीक्षण करेंगे तो बहुत ही हैरान हो जाएंगे। और तब हर व्यवहार आपको जीवन-क्रांति के लिए इशारा करेगा। एक हमारी साधारण वृत्ति होती है कि हम, जो अपने भीतर है, उसे दूसरे को पर्दा मान कर प्रोजेक्ट करते हैं; उसमें देख पाते हैं। अपने में देखना तो मुश्किल होता है; दूसरे में देख पाते हैं। दूसरे में देखना आसान होता है, इसलिए दूसरा हमेशा दर्पण का काम करता है। जब आप दर्पण के सामने खड़े होते हैं तो अगर आपको दर्पण में कुरूप चित्र दिखाई पड़े तो दर्पण को तोड़ने की कोशिश मत करना, उससे कुछ लाभ न होगा। हालांकि दर्पण आप तोड़ सकते हैं। शायद पहला खयाल तो यही होगा कि यह दर्पण गलत ढंग से बना है, नहीं तो मेरा जैसा सुंदर व्यक्ति इतना कुरूप दिखाई कैसे पड़ सकता है! लेकिन दर्पण तोड़ने से आप सुंदर न हो जाएंगे। दर्पण तो केवल खबर दे रहा है कि आप कैसे हैं।

लेकिन हम जैसे हैं वैसा देखने की हमारी हिम्मत नहीं होती। हम तो अपने मन में बड़ी स्वप्निल प्रतिमाएं निर्मित किए रहते हैं स्वयं की। हम तो अपने को परम सुंदर मानते रहते हैं। इसलिए दर्पण हमें दुख देता है, क्योंकि दर्पण हमें वहां ले आता है जहां हम हैं। दर्पण यथार्थ को प्रकट करता है। आपका व्यवहार जीवन का दर्पण है। दूसरे व्यक्ति दर्पण की तरह काम कर रहे हैं। पूरा समाज दर्पण है। और जब भी किसी व्यक्ति के पास आपको कुछ कुरूपता की प्रतीति हो तो उस पर मत थोपना; लौटना अपने पर। उसको दर्पण ही समझना और खोज भीतर करना। लेकिन स्वयं को तो कोई बदलना नहीं चाहता; सभी लोग दूसरों को बदलना चाहते हैं।

एक मित्र, रोज मैं निकलता हूं, रास्ते में मुझे मिलते हैं। वह कहते हैं, जो आपने कहा उसकी लोगों को बहुत जरूरत है।

लोगों को! वे कौन हैं लोग? आप सब, उनको छोड़ कर। मगर यही दृष्टि आपकी भी है। उन पर हंसना मत।

मैंने सुना है कि एक महिला एक चर्च में रोज आती थी और जब प्रवचन पूरा हो जाता चर्च के पादरी का तो उससे विदा लेते वक्त कहती थी: माय, सरटेनली दे डिड नीड दिस मैसेज टुडे; उनको जरूरत थी इस संदेश की जो आपने दिया। लेकिन एक दिन ऐसा हुआ कि बर्फ पड़ी और कोई भी नहीं आया; अकेली महिला ही आई। फिर भी पादरी ने प्रवचन पूरा किया। और जब महिला को द्वार पर वह छोड़ रहा था तो महिला ने कहा—पादरी सोच रहा था मन में कि आज वह क्या कहेगी! क्योंकि आज लोग तो आए ही नहीं थे, सोच रहा था कि आज वह कहेगी, क्या कहेगी! लेकिन महिला ने कहा: माय, दे सरटेनली वुड हैव नीडेड दिस मैसेज, इफ दे हैड कम टुडे; उनको बिलकुल जरूरत थी अगर वे आज आते।

आपको स्वयं बिलकुल जरूरत नहीं, लोगों को जरूरत है। यही अधार्मिक चित्त का लक्षण है। धार्मिक चित्त सदा सोचता है कि मुझे क्या जरूरत है, और मैं अपने साथ क्या करूं! अधार्मिक चित्त सदा सोचता है कि दूसरों के साथ क्या किया जाए, दूसरे कैसे बदले जाएं। यह हिंसा का हिस्सा है।

आप अपनी फिक्र करें। और जीवन बहुत थोड़ा है; आप अपनी ही फिक्र कर लें तो भी काफी है। आप लोगों की चिंता बिलकुल मत करें। और आपकी चिंता से लोगों को कोई लाभ होने वाला नहीं है। और वे लोग भी कुछ आपसे कम बुद्धिमान नहीं हैं। वे आपकी चिंता कर रहे हैं; वे अपनी चिंता नहीं कर रहे। इस जमीन पर कोई अपनी चिंता में नहीं है; सारे लोग दूसरों की चिंता में हैं: दूसरे कैसे सुधर जाएं। किसने दिया आपको यह काम दूसरों को

बदलने का? परमात्मा आपसे नहीं पूछेगा जब आपका मिलना होगा उससे कि आप कितने लोगों को सुधार पाए? वह आपसे पूछेगा कि आपकी हालत क्या है? तब आपको बड़ी दीनता मालूम पड़ेगी। तब आप कहेंगे कि हमने तो अनेक जिंदगियां गंवाईं दूसरों को सुधारने में; हमें तो मौका ही नहीं मिला अपने को सुधारने का।

आप अपनी फिक्र करें। बिलकुल निपट स्वार्थी हो जाएं। आपका स्वार्थ ही परार्थ है। और अगर आप सुधर गए तो आपके आस-पास वे तरंगें पैदा होने लगती हैं जो दूसरों को भी बदल सकती हैं। लेकिन वह आपका लक्ष्य नहीं होना चाहिए। आपका लक्ष्य होना चाहिए कि मैं आनंदित हो जाऊं; यही मेरा काम है इस जीवन में कि मैं आनंदित हो जाऊं। और आप आनंदित हो जाएं तो आपके पास आनंद की वर्षा होने लगेगी। आपसे अनजाने वे तरंगें छूटने लगेंगी जो दूसरे के हृदयों को भी छू सकती हैं। पर वह आपकी चिंता की जरूरत नहीं है—छुएं, न छुएं। आप सुगंधित हों! वह सुगंध किन्हीं नासापुटों में जाए, न जाए, वह प्रयोजन नहीं है।

अगर प्रत्येक व्यक्ति निपट स्वार्थी हो जाए तो इस जगत में दुख खोजना मुश्किल हो। लेकिन प्रत्येक व्यक्ति परार्थी है, और प्रत्येक व्यक्ति सोच रहा है कि धर्म का अर्थ ही यह है कि दूसरे को कैसे...।

एक मित्र ने पूछा है कि विवेकानंद ने कहा है कि वस्तुतः जीवित वे ही हैं जो दूसरों के लिए जी रहे हैं; जो अपने लिए जी रहे हैं वे तो मुर्दा हैं।

मुझे पता नहीं कि विवेकानंद ने क्या कहा है। मगर अगर ऐसा कहा है तो बिलकुल गलत कहा है, या किसी और अर्थ में कहा होगा। लेकिन मैं तो आपसे कहता हूं कि निपट अपने लिए जीएं। लेकिन तकलीफ क्या है?

शब्दों में तकलीफ है। आप समझते हैं कि आप अपने लिए जी रहे हैं; आप नहीं जी रहे हैं अपने लिए। आप मान कर चल रहे हैं कि आप स्वार्थी हैं और अपने लिए जी रहे हैं, मैं आपसे कहता हूं कि आप बड़े परार्थी हैं। आप बिलकुल स्वार्थी नहीं हैं, आप अपने लिए जी ही नहीं रहे हैं। अगर आप मानते हैं कि आप अपने लिए जी रहे हैं तो विवेकानंद ने जो कहा है वह बिलकुल ठीक कहा है कि जो अपने लिए जी रहे हैं—आपकी भाषा में—वे मुर्दा हैं। आप मुर्दा हैं। और विवेकानंद ने कहा है कि जो दूसरों के लिए जी रहे हैं वे जीवित हैं। आपकी भाषा का उपयोग है यह। लेकिन मैं आपसे कहता हूं कि आपकी भाषा गलत है। आप अपने लिए जी ही नहीं रहे हैं। बाप बेटे के लिए जी रहा है; पत्नी पति के लिए जी रही है; पति पत्नी के लिए जी रहा है। कोई किसी के लिए जी रहा है; कोई किसी के लिए जी रहा है। कोई अपने लिए नहीं जी रहा है। और इसलिए आप मुर्दा हैं।

आप अपने लिए जीना शुरू कर दें। किसी के लिए मत जीएं, आप अपने लिए जीएं; आप जीवित हो जाएं। और जैसे ही आप जीवित हो जाएंगे, आपके द्वारा बहुत लोगों को जीवन मिलना शुरू हो जाएगा। यह भाषा को और ही ढंग से देखने का प्रयास है। निश्चित ही, सभी स्वार्थ की निंदा करते हैं; मैं नहीं करता हूं। क्योंकि मुझे दिखाई पड़ता है कि स्वार्थी तो आदमी खोजना मुश्किल है। कभी कोई महावीर, कभी कोई बुद्ध स्वार्थी होता है।

इस भाषा को समझ लें। अगर आप बुद्ध-महावीर को परार्थी समझते हैं तो फिर विवेकानंद का वक्तव्य ठीक है। लेकिन मैं मानता हूं कि वे निपट स्वार्थी हैं। लेकिन उनसे बड़ा परार्थ हुआ। सिर्फ स्वार्थी से ही परार्थ हो सकता है। जिसका अभी अपना ही अर्थ सिद्ध नहीं हुआ वह दूसरे का अर्थ कैसे सिद्ध करेगा? अपना ही दीया बुझा हुआ है और आप दूसरों में ज्योति जलाने चले हैं—बुझे दीए को लेकर! आपका दीया जल रहा हो, आपकी ज्योति जल रही हो और इतने प्राण से जल रही हो कि आप दूसरे को भी ज्योति देने में समर्थ हों, तो जरूर कुछ दीए जल सकेंगे आपसे। लेकिन पहला कृत्य और पहली दृष्टि तो अपनी ज्योति जली हो।

नहीं तो मैं कई समाज-सेवकों को देखता हूं—बुझे दीए दूसरे दीयों को जलाने जा रहे हैं। कभी-कभी वे दूसरों को और बुझा देते हैं; उनके उपद्रव में दूसरे दीए बुझ जाते हैं। बुझा दीया क्या किसी को जलाएगा? लेकिन अक्सर

बुझे दीयों को दूसरों को जलाने की आकांक्षा पैदा होती है। क्यों? क्योंकि उस भांति, मैं बुझा हूं, यह बात भूलने की सुविधा हो जाती है। दूसरे बुझे हैं, उनको जलाना है; इस उपद्रव में वे भूल ही जाते हैं कि हम बुझे हैं।

स्वयं के प्रति पहला प्रयोग; दूसरा गौण है। और जब मैं यह आपसे कह रहा हूं तो यह मैं दूसरे से भी कह रहा हूं। अगर प्रत्येक व्यक्ति अपनी चिंता कर ले तो इस पृथ्वी पर चिंता का कोई कारण नहीं है। फिर कौन चिंता को बचता है? अगर प्रत्येक अपने हित को साध ले तो अहित की क्या जगह है? फिर कौन बचता है?

इसे हम ऐसा समझें कि यहां प्रत्येक व्यक्ति कोशिश कर रहा हो कि दूसरा स्वस्थ हो, और खुद बीमार रहे; तो यह पूरी पृथ्वी बीमार हो जाएगी। यहां प्रत्येक व्यक्ति सोचे कि दूसरे को ज्ञान मिल जाए, मेरा अज्ञानी होना चल जाएगा; यह पूरी पृथ्वी अज्ञानी हो जाएगी। क्योंकि आप अपने साथ कुछ कर सकते हैं, क्योंकि वह निकटतम चेतना है आपके। अगर वहां कुछ नहीं हो रहा है तो दूसरे की चेतना बहुत दूर है; वहां आप कुछ भी न कर सकेंगे। और भीतर आपके कुछ हो जाए तो उस होने में ही इतनी बड़ी ऊर्जा, इतनी बड़ी शक्ति पैदा होती है कि उसके परिणाम दूसरों में भी झलकने शुरू हो जाते हैं।

इसलिए ताओ कहता है, ताओ-विचार की जो मूल भित्ति है वह यह है कि आप अगर ठीक हो गए तो आप एक ठीक समाज और ठीक जगत की भित्ति बन जाते हैं। सारा ध्यान अपने पर लगा लें।

यह सुन कर ऐसा लगता है कि मैं शायद आपको परार्थ से वंचित कर रहा हूं, परोपकार से हटा रहा हूं, सेवा के मार्ग से च्युत कर रहा हूं। लेकिन आप सेवा के मार्ग पर न हैं, न हो सकते हैं। न आप परोपकार कर सकते हैं; न करने का उपाय है। आप हैं ही नहीं अभी जिससे परोपकार हो सके। जिस चेतना से परोपकार हो सकता है वह आपके भीतर मौजूद नहीं है। तो आपका परोपकार सिर्फ उपद्रव कर सकता है, मिस्चीफ कर सकता है। आप किसी की गर्दन दबा सकते हैं परोपकार के नाम पर, और आप सेवा के नाम पर किसी की छाती पर बैठ सकते हैं।

सेवकों को देखें! वे पैर से शुरू करते हैं दबाना, और फिर गर्दन दबाते हैं। क्योंकि अंतिम लक्ष्य तो गर्दन दबाना है। लेकिन पैर से शुरू करना हमेशा सुगम होता है। और आप भी शांति से लेट जाते हैं—सेवक है, पैर दबा रहा है। और जब सेवक गर्दन दबाता है तब आप परेशान होते हैं; तब आप कहते हैं कि यह क्या कर रहे हो? लेकिन कोई पैर दबाना नहीं चाहता, गर्दन ही दबाना चाहते हैं। लेकिन पैर से शुरू करना पड़ता है। वह ठीक विधि है। इसलिए सेवक आखिर में मालिक बन जाते हैं।

देखें हिंदुस्तान में, जिन-जिन ने स्वतंत्रता के दिनों में सेवा की, वे सब अब छाती पर बैठे हैं। अब वे कहते हैं कि हमने सेवा की थी! हम राष्ट्र की आजादी के लिए लड़े! किसने तुमको कहा? अब वे बदला मांगते हैं। अब वे कहते हैं: बदला चाहिए, प्रतिफल चाहिए, पुरस्कार चाहिए। लेकिन जब उन्होंने शुरू किया था तब उन्होंने पैर दाबने से शुरू किया था। अब वे मुल्क की गर्दन को पकड़े हुए हैं।

ध्यान रखिए, आपके गहरे मन में सेवा तो पैदा हो ही नहीं सकती, जब तक अहंकार है। जिस दिन अहंकार नहीं होगा उस दिन आप जो भी करेंगे वह सेवा होगी। सेवा करनी नहीं पड़ेगी; आपका सब करना सेवा बन जाएगा। पहले स्वयं को बदल लें, और आप एक बदलने वाली दुनिया के केंद्र बन जाते हैं।

*तीसरा प्रश्न: एक मित्र पूछते हैं, यदि भीतर के स्वर्ग और पृथ्वी का आलिंगन टूट जाने से कैंसर जैसी बीमारी पैदा हो सकती है तो रामकृष्ण और रमण जैसे ज्ञानियों को कैंसर के रोग से क्यों मरना पड़ा? क्या उनके भीतर के स्वर्ग और पृथ्वी विच्छिन्न हो गए थे? उनको तो कैंसर मात्र को छोड़ कर और किसी भी रोग से मरना चाहिए था।*

ताओ पृथ्वी और स्वर्ग को निकट लाने की चेष्टा है। न तो रमण ताओ के मार्ग से चल रहे थे और न रामकृष्ण। रामकृष्ण और रमण ताओ के विपरीत मार्ग से चल रहे थे। वह भी मार्ग है; वह मार्ग है पृथ्वी और स्वर्ग को दूर ले जाने का। शरीर और आत्मा अलग है, इस भाव से रमण और रामकृष्ण चल रहे थे। शरीर को छोड़ देना है, और छोड़ते जाना है; शरीर और आत्मा के बीच विस्तार को बढ़ाना है, जगह को बढ़ाना है; और एक ऐसी घड़ी लाना है जहां सिर्फ आत्मा ही का अनुभव रह जाए और शरीर बिलकुल भूल जाए। तो स्वभावतः, रमण और रामकृष्ण के शरीर और आत्मा के बीच का सारा संबंध टूट गया था। पृथ्वी और स्वर्ग दूर हो गए थे, जितने दूर हो सकते हैं। इसलिए मैं कहता हूं, उनको कैंसर से ही मरना चाहिए था। वही उचित है।

इसका यह अर्थ नहीं है कि वे ज्ञानी नहीं थे। और इसका यह भी अर्थ नहीं है कि वे परम निर्वाण को उपलब्ध नहीं हो गए। लेकिन वह मार्ग द्वंद्व को उसकी अति पर पहुंचा देने का है।

लाओत्से का मार्ग द्वंद्व को उसकी शून्य स्थिति तक पहुंचा देने का है। अतियों से छलांग लगती है। या तो शरीर और आत्मा बिलकुल अलग हो जाएं कि शरीर का पता ही न चले तो भी छलांग लग जाती है। और या शरीर और आत्मा इतने एक हो जाएं कि शरीर का पता न चले तो भी छलांग लग जाती है। दोनों हालत में शरीर का पता नहीं चलता। आप बीच की हालत में हैं। शरीर का पता भी चलता है; दूरी भी है, और एकता भी है। फासला भी लगता है किसी क्षण में कि मैं शरीर नहीं हूं, और व्यवहार में आप, मैं शरीर हूं, इस भांति जीते हैं। आप मध्य में खड़े हैं। इस मध्य के दोनों तरफ मार्ग है। एक मार्ग है कि आप शरीर को छोड़ते ही चले जाएं; फासला अनंत हो जाए। फासला इतना हो जाए कि आपका और शरीर के बीच कोई संबंध, कोई सेतु न रह जाए, सब तंतु टूट जाएं। और एक अति पर, एक एक्सट्रीम पर आ गए आप; यहां से छलांग लग जाएगी। आप सौ डिग्री उबलती हुई अवस्था में आ गए; तनाव आखिरी हो गया। जब तनाव आखिरी होता है तो टूट जाता है। सौ डिग्री पानी उबल रहा है; अब आप भाप बन जाएंगे।

लाओत्से का मार्ग बिलकुल विपरीत है। वह कहता है कि और करीब आ जाओ, और करीब आ जाओ। मध्य में खड़े हो; थोड़ी सी दूरी है, वह भी मिटा दो। पृथ्वी और स्वर्ग को बिलकुल करीब ले आओ; इतने करीब, इतने करीब कि तुम एक हो जाओ। शून्य डिग्री पर आ जाओ, जहां से छलांग लग जाती है और पानी बर्फ हो जाता है। एक हो जाओ। इतना भी पता न रहे कि शरीर है।

ये दो मार्ग हैं। शरीर से दूरी पर कैंसर पैदा हो सकता है। कुछ अनहोना नहीं है। अगर लाओत्से से पूछो तो वे कहेंगे कि रामकृष्ण और रमण के लिए कैंसर होना ही चाहिए था। यह बिलकुल ठीक है। लाओत्से के मानने वाले को कैंसर नहीं हो सकता। क्योंकि दूरी कम करने का सवाल है। दोनों स्थितियों से परम अवस्था उपलब्ध हो जाती है; दोनों छोरों से छलांग लग जाती है।

रामकृष्ण और रमण का मार्ग थोड़ा अप्राकृतिक है। लाओत्से का मार्ग बिलकुल प्राकृतिक है। लाओत्से कहता है, निसर्ग के साथ एक हो जाओ; तोड़ो ही मत अपने को। इसलिए लाओत्से के मार्ग में शुरू से ही शांति आनी शुरू हो जाएगी, और शुरू से ही तथाता घटने लगेगी, और शुरू से ही मौन आने लगेगा; क्योंकि संघर्ष शुरू से ही छूट रहा है। रमण और रामकृष्ण के मार्ग पर अंतिम क्षण में शांति घटित होगी। शुरू में तो अशांति बढ़ेगी, तनाव बढ़ेगा, परेशानी बढ़ेगी, आध्यात्मिक पीड़ा बढ़ेगी। क्योंकि लड़ाई होगी, द्वंद्व होगा, संघर्ष होगा, तपश्चर्या होगी।

तपश्चर्या का अर्थ ही यह है कि शरीर से अपने को हटाना। जहां-जहां जोड़ है वहां-वहां तोड़ना। पीड़ा स्वाभाविक है। बहुत संताप होगा। इस संताप की अंतिम घड़ी में ही अचानक सब बदल जाएगा; संताप विलीन हो जाएगा। जब सब संबंध टूट जाएंगे तो दुख सब विलीन हो जाएगा।

इन दोनों छोरों से एक ही सागर में छलांग लगती है। वह सागर एक है। जहां लाओत्से पहुंचता है, वहीं रमण पहुंचते हैं। लेकिन उनके यात्रा-पथ बिलकुल भिन्न हैं। ताओ का यात्रा-पथ बड़ा सुखद है। ताओ का यात्रा-पथ बड़ा सरल है। ताओ सहज योग है।

*एक मित्र ने पूछा है कि ताओ के सहज स्वभाव के अनुकूल जीवन के साथ भौतिक सभ्यता के विकास का क्या तालमेल रहेगा? कहीं ऐसा तो नहीं होगा कि मनुष्य समाज को उस स्थिति में आदिम अवस्था में लौटना पड़े?*

डर भी क्या है? लौटना भी पड़े तो डर क्या है? हर्ज क्या हो जाएगा? पा क्या लिया है? खोया ही है कुछ; पाया कुछ भी नहीं है।

तो पहली तो बात यह है कि आदिम से डरने की कोई जरूरत नहीं। क्योंकि जिसको हम आज सभ्यता कह रहे हैं वह सिवाय महारोग के और क्या है? लेकिन मैं नहीं मानता कि लौटना पड़ेगा। लौटना होता ही नहीं जगत में। लेकिन लौटना पड़े तो हर्ज कुछ भी नहीं है। क्योंकि आपके पास कुछ है नहीं जो खो जाए। कुछ है ही नहीं। आपकी हालत वैसी है जैसे नंगा नहाए और सोचे कि निचोड़ेंगे कहां? सुखाएंगे कहां?

निचोड़ने को है क्या, सुखाने को है क्या? खो क्या जाएगा? आपने पा क्या लिया है? शोर-शराबा है, उपद्रव है चारों तरफ। उससे लगता है कि कुछ उपलब्धि हो रही है। खो जाए तो हर्ज कुछ भी नहीं है; क्योंकि कुछ पाया नहीं है। पा लिया होता तब कुछ चिंता की बात होती। लेकिन खोएगा नहीं, क्योंकि कुछ खोता नहीं।

और बाहरी परिस्थिति से ताओ का बहुत संबंध नहीं है। ताओ का संबंध भीतरी मनोदशा से है। भीतरी मनोदशा अगर सहज हो जाए, तो आप जहां भी हैं, जिस भौतिक स्थिति में हैं, उस भौतिक स्थिति में भी आप प्राकृतिक हो सकते हैं। कोई प्राकृतिक होने के लिए पहाड़ पर ही जाने की जरूरत नहीं है। प्राकृतिक होना एक मनोभाव है। आप अपने मकान में भी हो सकते हैं। कोई प्राकृतिक होने के लिए सब वस्त्र उतार कर नग्न हो जाने की जरूरत नहीं है। आप वस्त्रों के भीतर भी पूरी तरह नग्न हो सकते हैं। हैं ही। सिर्फ खयाल है कि नहीं हैं। पूरी तरह नग्न हैं ही। सिर्फ भ्रांति है कि नहीं हैं। आप जहां हैं वहीं प्राकृतिक हो सकते हैं। प्राकृतिक होने के लिए कुछ बाहर की दुनिया को बहुत बदलने की जरूरत नहीं।

लेकिन फिर भी अगर लोग प्राकृतिक होने शुरू हो जाएं तो भौतिक सभ्यता में से बहुत कुछ निश्चित ही खो जाएगा। वह जो-जो रुग्ण है, और जो-जो व्यर्थ है, और जो-जो अकारण है, और जो-जो हमारे बुखार के कारण पैदा हुआ है, वह खो जाएगा। कुछ चीजें तो हमारे बुखार के कारण ही पैदा हुई हैं।

अब जैसे हर आदमी जल्दी में है; हर आदमी जल्दी में है, बिना इसकी फिक्र किए कि कहां पहुंचना है। इतनी जल्दी है कि मिनट न चूक जाए। इतनी परेशानी है कि समय न खो जाए। लेकिन जाना कहां है? और समय बचा कर क्या करिएगा? और लोग समय बचा लेते हैं, फिर पूछते हैं, अब क्या करें? समय का क्या करें? और इसको बचाने में जीवन दांव पर लगाए रखते हैं।

एक आदमी कार से भागा चला जा रहा है। वह जीवन दांव पर लगा सकता है, क्योंकि कहीं पांच मिनट ज्यादा न लग जाएं। और पांच मिनट बचा कर—जिसके लिए उसने जीवन खतरे पर लगाया—पांच-दस मिनट बचा कर वह पांच-दस मिनट पहले पहुंच जाएगा अपने मकान पर। फिर अब वह लेट कर सोच रहा है, अब क्या करना है? टेलीविजन चलाऊं? रेडियो शुरू करूं? सिनेमा देखने जाऊं? समय कैसे काटूं? इस आदमी को पूछें कि पहले समय बचा रहा है, फिर पूछ रहा है समय कैसे काटें?

आप पूरी जिंदगी यही कर रहे हैं। एक त्वरा है, एक तेजी है। तेजी का कारण कोई लक्ष्य नहीं है। कोई लक्ष्य हो तो समझ में आता है। कहीं ऐसी जगह पहुंचना हो, जिसके लिए जीवन भी दांव पर लगाना हो, तो समझ में आता है। पहुंच रहे हैं सिर्फ अपने घर, जहां पहुंचने की कोई इच्छा भी नहीं है।

मुल्ला नसरुद्दीन पूछ रहा था अपने एक मित्र से कि तू रात इतनी देर तक मधुशाला में रुक कर शराब क्यों पीता रहता है? क्या पत्नी बहुत कलह करने वाली है? क्या घर जाने से डरता है? भयभीत है? उस आदमी ने कहा, मैं तो अविवाहित हूं। तो मुल्ला ने कहा, फिर पागल, शराब पीने की क्या जरूरत है? और यहां इतनी देर बैठने की क्या जरूरत है? हम तो विवाहित होने की वजह से यहां बैठे रहते हैं। और इतना पी लेते हैं, जब अपना होश ही नहीं रहता तो क्या गुजरती है घर जाकर...।

जिस घर से आप भागते हैं सुबह तेजी से, उसी घर की तरफ तेजी से शाम को भागते हुए आते हैं। शायद आपकी तेजी का कुछ कारण और है। जहां आप पहुंचना चाहते हैं वहां पहुंचने की कोई इच्छा नहीं; लेकिन तेजी की कोई और मनोवैज्ञानिक व्यवस्था होगी भीतर। असल में, जितनी आप तेजी में होते हैं उतना स्वयं को भूलना आसान होता है। जितने धीमे चलते हैं उतने स्वयं की याद आती है। जितने आहिस्ता चलते हैं उतना खुद का पता चलता है कि मैं हूं—और जिंदगी व्यर्थ जा रही है। तेजी में होते हैं धुआंधार, कुछ पता नहीं चलता। तेजी एक शराब है। स्पीड अल्कोहलिक है। जितनी तेजी में होते हैं! देखें, तेजी से चल कर देखें, आपको फिर अपना होश नहीं।

इसलिए बुद्ध अपने भिक्षुओं को कहते थे, तेजी से मत चलना। बहुत आहिस्ता चलना। और सीमा बनाना, जहां तुम्हें अपना स्मरण भूलने लगे बस वही सीमा है। उससे कम। तेजी से मत चलना। आहिस्ता पैर रखना। धीमे जाना, ताकि तुम्हें अपना स्मरण न खोए।

आदमी तेजी का उपयोग करता है अपने को भूलने के लिए। फिर हर चीज में तेजी हो जाती है। और आखिर में मौत के सिवाय कहीं पहुंचना नहीं है। जल्दी पहुंच जाते हैं थोड़ा; और क्या? धीमे चलते, थोड़ी देर से पहुंचते। धीमे चलते, सौ साल जीते; जल्दी चलते हैं, साठ साल में समाप्त हो जाते हैं। मौत पर पहुंचना है, और मरना कोई चाहता नहीं, और बड़ी तेजी है। कहां जा रहे हैं? किससे मिलने की आकांक्षा है? कौन है वहां मिलने को?

अगर लाओत्से की धारणा हमारे जीवन में आ जाए तो तेजी खो जाएगी। हम आहिस्ता चलेंगे, हम आहिस्ता जीएंगे, श्वास लेते हुए जीएंगे। कोई जल्दी न होगी, कोई भाग-दौड़ न होगी। लेकिन इसका यह मतलब नहीं कि भौतिक सभ्यता खो जाएगी; भौतिक सभ्यता में जो रोग है, जो पागलपन है, वह खो जाएगा। बहुत सी चीजें खो जाएंगी। जैसे एक आदमी धन इकट्ठा करता जाता है। वह सोचता है कि भोगेंगे, कभी भोगेंगे। अभी है ही कहां जो भोगें? इकट्ठा करो। इकट्ठा करो। वह इकट्ठा करते-करते मर जाता है। क्योंकि धन कभी इतना नहीं होता कि इकट्ठा करने वाले को लगे कि पर्याप्त हो गया। पर्याप्त धन किसी के पास होता ही नहीं। राकफेलर के पास भी नहीं होता, मार्गन के पास भी नहीं होता, कार्नेगी के पास भी नहीं होता। पर्याप्त धन किसी के पास होता ही नहीं। क्योंकि धन की यह व्यवस्था है कि वह जितना भी हो, अपर्याप्त मालूम होता है। क्योंकि वासना से तुलना करते हैं हम धन की। वासना अंतहीन है, अनंत है। ब्रह्म के अनंत होने का तो हमें कोई पता नहीं, लेकिन वासना के अनंत होने का प्रत्येक को पता है। वासना अनंत है। और वासना के मुकाबले धन हमेशा छोटा पड़ता है—कितना ही हो।

कार्नेगी दस अरब रुपया छोड़ कर मरा। मरते वक्त भी दुखी था, क्योंकि वह कह रहा था कि सौ अरब कमाने की मेरी इच्छा थी।

दस अरब काफी रुपया है; लेकिन एंड्रू कार्नेगी के लिए नहीं, आपके लिए लगता है काफी। क्योंकि आपके पास दस ही रुपए हैं, दस अरब बहुत लगते हैं। आप दस रुपए से तौलते हैं दस अरब। एंड्रू कार्नेगी दस से नहीं तौलता,

एंड्रू कार्नेगी अपनी वासना से तौलता है दस अरब। वे बहुत छोटे हैं। सौ अरब की वासना है। और ऐसा नहीं कि सौ अरब होने से कोई तृप्ति होती थी। सौ अरब होते-होते वासना हजार अरब की हो जाती। वासना फैलती चली जाती है आगे। वह पीछे नहीं जाती, आगे जाती है; क्षितिज की तरह, आकाश की तरह आगे बढ़ती जाती है।

तो धन सदा अपर्याप्त है। इसलिए जो आदमी कहता है जब पर्याप्त धन होगा तब भोगेंगे, वह पागल है। वह कभी नहीं भोगेगा। वह इकट्ठा करेगा और मरेगा। जीवन उसका इकट्ठा करने में व्यतीत हो जाएगा। यह पागलपन है। इसका पागलपन इसलिए है कि यहां साधन साध्य बन गया। धन साधन था। उससे जीवन भोगा जा सकता था। लेकिन भोगने के लिए धन इकट्ठा करना भूल गया; धन इकट्ठा करना धन इकट्ठा करने के लिए हो गया। यह पागलपन है। अगर आप सहज जी रहे होंगे तो ऐसा नहीं कि आप धन छोड़ कर भाग जाएंगे। लेकिन धन साधन हो जाएगा, साध्य नहीं। आप उसे भोगेंगे अभी।

अब दो तरह का पागलपन पैदा होता है सभ्यता में। हर पागलपन का विपरीत पागलपन भी रहता है। कुछ लोग धन इकट्ठा कर रहे हैं; वे सोचते हैं यही साधन है। इनकी असफलता देख कर—कार्नेगी और राकफेलर को हारा हुआ देख कर—कुछ लोग सोचते हैं कि धन को छोड़ कर भागना चाहिए। धन इकट्ठा करने वाला असफल होता है, यह दिखाई पड़ गया। तो इसका विपरीत परिणाम सोचने में आता है, तर्क कहता है, तो धन इकट्ठा करना मत करो, भागो धन से। तो धन से भागने से तुम आनंद को उपलब्ध हो जाओगे।

दोनों ही गलती में हैं। न तो धन इकट्ठा करने से कोई आनंद को उपलब्ध होता है और न धन के त्याग करने से कोई आनंद को उपलब्ध होता है। धन का साधन की तरह जो उपयोग करने में सफल हो जाता है, साध्य की तरह नहीं, वह। उसने जीवन की जो-जो भी रहस्यमयता है उसको समझने का पहला कदम उठा लिया। साधन को साधन की तरह व्यवहार करना, उसे साध्य न बनने देना, यह ज्ञानी का लक्षण है।

अज्ञानी दो तरह के हैं। कुछ धन को इकट्ठा करने में लगे हैं, कुछ धन को त्यागने में लगे हैं। ये एक ही तरह के लोग हैं। सिर्फ फर्क इतना है कि एक-दूसरे की तरफ पीठ करके खड़े हैं। इनमें फर्क नहीं है। धन को इकट्ठा करने वाले में जो मूढ़ता है, वही धन को छोड़ने वाले में होती है। फर्क जरा भी नहीं है। दोनों की दृष्टि धन पर लगी है। और दोनों समझते हैं कि धन साध्य है। एक सोचता है इकट्ठा करके आनंद पाऊंगा, एक सोचता है छोड़ कर आनंद पाऊंगा। लेकिन धन से आनंद मिलेगा, दोनों सोचते हैं। और धन दोनों का लक्ष्य हो जाता है।

जो धन का साधन की तरह उपयोग करता है उसके लिए धन लक्ष्य नहीं है; उसके लिए आनंद लक्ष्य है। अगर धन सुविधा जुटाता है आनंद की तो वह धन का उपयोग करता है, और अगर वह देखता है कि धन असुविधा जुटा रहा है आनंद के लिए तो वह धन को छोड़ देता है। लेकिन दोनों हालत में धन साधन होता है। इस बात को समझ लें। धन साध्य नहीं होता। अगर उसे लगता है कि धन से सुविधा जुटती है मेरे आनंद और मेरे जीवन-सत्य को पाने के लिए, वह धन का उपयोग करता है। अगर उसे लगता है कि धन से असुविधा होती है तो वह धन छोड़ देता है। लेकिन वह कहता नहीं फिरता कि मैंने धन का त्याग किया। क्योंकि धन का कोई मूल्य ही नहीं है।

धन का कोई भी मूल्य नहीं है। सिर्फ निर्बुद्धियों के लिए धन का मूल्य है—फिर चाहे वे इकट्ठा कर रहे हों तिजोड़ी में और बैंक में, और चाहे त्याग करके संन्यास के रास्ते पर जा रहे हों। सिर्फ नासमझों के लिए धन का मूल्य है। समझदार के लिए धन एक साधन है।

जैसे नाव से कोई पार होता है और नाव को भूल जाता है। लेकिन नाव अगर डुबाती हो तो वह छलांग लगा कर बीच में ही कूद जाता है। यह इस पर निर्भर करता है कि नाव ले जाती है या डुबाती है। आप नाव में चले, और बीच में आपको लगा कि नाव डुबा देगी, इसमें तो छेद है, तो आप कूद गए। तो आप कोई चिल्लाते नहीं फिरते कि

मैंने नाव का त्याग कर दिया। आप जानते हैं कि लक्ष्य था उस पार जाना, नाव ले जाती तो उपयोग कर लेते, नाव नहीं ले गई तो हम तैर कर गए। लेकिन इसका कोई शोरगुल मचाने की जरूरत नहीं है। नाव मूल्यहीन है।

जैसे ही कोई व्यक्ति ताओ के अनुसार जीता है, जीवन में जो भी व्यवस्थाएं हैं वे साधन हो जाती हैं। वे साधन ही रहती हैं। इसका यह मतलब नहीं है कि साधन, भौतिक सुविधा, भौतिक समृद्धि टूट जाएगी। लेकिन उससे पागलपन विदा हो जाएगा। आपके पास जो भी है उसका आप पूरा रस ले पाएंगे, और जो नहीं है उसकी आप चिंता नहीं करेंगे। और जिसके पास जो है अगर वह उसका रस ले तो बढ़ता जाता है। यह समृद्धि का दूसरा ही सूत्र है; अनूठा ही सूत्र है। आप जिस चीज में रस लेते हैं वह आपके पास बढ़ती जाएगी। आपका रस बढ़ता जाएगा; रस बढ़ने के साथ चीज बढ़ती जाएगी। घटने का कोई सवाल नहीं है।

लेकिन हम तो अभाव में हमारी आंख लगी रहती है। हम देखते रहते हैं, क्या-क्या हमारे पास नहीं है। उसका हम हिसाब लगाए रखते हैं। उससे हम पीड़ित और परेशान होते हैं। और जो हमारे पास है उसे हम भोगने से वंचित रह जाते हैं। अगर ताओ के अनुसार, जो हमारे पास है उसे हम परम धन्यभाग से भोग सकें, तो ईश्वर के प्रति हमारा अनुग्रह बढ़ेगा, घटेगा नहीं।

हम सब के मन में कोई अनुग्रह नहीं है ईश्वर के प्रति। हम कुछ भी कहते हों, लेकिन कृतज्ञता का कोई बोध नहीं, कोई ग्रेटीटयूड नहीं है। हो भी कैसे? इतना दुख भोग रहे हैं। तो अगर सचाई से कहें तो उसी की वजह से भोग रहे हैं। तो क्या अनुग्रह का भाव रखें! ईश्वर आपको कहीं मिल जाए तो आप अदालत में मुकदमा चला सकते हैं कि इसी ने हमें जन्मों-जन्मों तक...। क्या जरूरत थी पैदा करने की?

मैं एक युवक को जानता हूं जिसने अपने पिता से कहा कि क्या जरूरत थी मुझे पैदा करने की? इसी जीवन के लिए, जिसमें सिवाय दुख के और कुछ भी नहीं है?

डी.एच.लारेंस ने लिखा है कि मैं बेटा पैदा नहीं करना चाहूंगा जब तक कि मैं इस जवाब को देने में समर्थ न हो जाऊं—कि अगर वह मुझसे पूछे कि किसलिए मुझे पैदा किया? तो मेरे पास कोई जवाब नहीं है। तो अपने ही बेटे के सामने निरुत्तर होना मैं नहीं चाहता। इसलिए मैं बेटा पैदा नहीं करूंगा। यह तो जवाब मेरे पास होना चाहिए कि अगर बेटा पूछे कि किसलिए मुझे पैदा किया? इसी सब पागलपन, विक्षिप्तता में सम्मिलित होने के लिए? इसी जीवन का दुख झेलने के लिए?

अगर आपको परमात्मा मिल जाए तो सच पूछिए, आप क्या पूछिएगा उससे कि किसलिए मुझे पैदा किया? क्या जरूरत थी? क्या बिगाड़ा था तुम्हारा? न होना अच्छा था; इस होने में कुछ भी तो पाया नहीं। इसलिए आप में अनुग्रह का भाव हो नहीं सकता। दुख ही दुख है। और दुख क्यों है? क्योंकि अभाव पर नजर है। जो है, उस पर नजर नहीं है।

ताओ का कहना इतना ही है, जो है उसका सहज उपयोग, सरल उपयोग, नैसर्गिक उपयोग। और उससे जितना रस मिल सके, उसका रस का आस्वादन। वह आस्वाद ही प्रभु के प्रति अनुकंपा, वह प्रभु की अनुकंपा का भाव, अनुग्रह का भाव पैदा करेगा।

डर बिलकुल मत रखें कि आदिम अवस्था में लौटना पड़ेगा। लौट जाएं तो हर्ज कुछ भी नहीं है। लौटेंगे नहीं। स्वस्थ अवस्था में जरूर लौट जाएंगे। यह जो अवस्था है, अस्वस्थ है। यह सभ्यता अस्वस्थ है। स्वस्थ हो सकती है सभ्यता, अगर हमारे सभ्यता के आधार बुनियादी, नैसर्गिक हो जाएं। अभी सब अप्राकृतिक है।

अभी एक बच्चा आपके घर में पैदा हो तो आप उसको अप्राकृतिक होना सिखाना शुरू कर देते हैं। आप उसमें क्या पैदा करते हैं? महत्वाकांक्षा पैदा करते हैं। आप कहते हैं कि देखो, पड़ोसियों के बेटे आगे निकले जा रहे

हैं! कुल का नाम रखना। किसके घर पैदा हुए हो, इसका ध्यान रखना। इन सबको मात करना। चाहे आप प्रकट ऐसा न कहते हों, लेकिन आपकी सारी आयोजना यह है कि इन सबको मात करना है। और जब आपका बेटा नंबर एक आ जाएगा स्कूल में तब आप खुश हैं, आपकी छाती फूली नहीं समाती। आपने क्या सिखाया लड़के को? कि दूसरों को मात करके आगे निकलना है। पंक्ति में आगे खड़ा होना है। फिर येन केन प्रकारेण, जैसे भी इससे बनेगा यह पंक्ति में आगे आएगा। धक्का-मुक्की दे, उपद्रव करे, चोरी करे, बेईमानी करे, नकल करे, कुछ भी करे, लेकिन नंबर एक। और हरेक जानता है कि अगर आप नंबर एक हो गए तो नंबर एक होने में जो-जो आपने उपद्रव किए वे सब क्षमा हो जाते हैं। नहीं हो पाए तो दिक्कत में पड़ोगे।

ध्यान रखना, एक आदमी राजनीति में चलता है नंबर एक होने की कोशिश में; अगर हो जाए तो सब पाप क्षमा हो जाते हैं। फिर कोई बात ही नहीं करता कि उसने क्या-क्या किया, और कैसे वह प्रधान मंत्री हुआ; उसकी कोई बात ही नहीं करता। न हो पाए तो दुनिया कहती है कि देखो, बेईमान था, असफल हुआ। यहां लोग कहते हैं कि जो असफल हो जाए वह बेईमान है; जो सफल हो जाए वह ईमानदार है। यहां लोग कहते हैं कि सत्यमेव जयते, वह जो सत्य है, सदा जीतता है। हालत उलटी है। जो जीत जाता है उसको हम समझते हैं सत्य होना चाहिए; तभी तो जीत गया। जो हार जाता है, हम समझते हैं, असत्य होना चाहिए। नहीं तो सत्यमेव जयते! हारे क्यों? सब सत्य हो जाता है जब आप जीत जाते हैं। जीत सभी चीज को सत्य की रौनक दे जाती है। तो फिर जीतो किसी भी तरह; एक ही लक्ष्य है कि आगे नंबर एक खड़े हो जाओ; सब पाप क्षमा हो जाएंगे।

बच्चे को आप यही दौड़ सिखा रहे हैं, फीवर पैदा कर रहे हैं, पागलपन पैदा कर रहे हैं। यह दौड़ेगा, दौड़ेगा; और जिंदगी भर दौड़ता रहेगा नंबर एक होने की कोशिश में। और कभी नंबर एक वस्तुतः कोई भी हो नहीं पाता। क्योंकि यहां गोला है, वर्तुल है, जिसमें हम दौड़ रहे हैं। यहां राष्ट्रपति भी नंबर एक नहीं है, प्रधान मंत्री भी नंबर एक नहीं है। यहां कोई नंबर एक कभी होता ही नहीं। क्योंकि हम एक गोल घेरे में दौड़ रहे हैं। कोई न कोई आगे होता है; किसी न किसी कारण आगे होता है। आप प्रधान मंत्री हो गए तो भी कोई फर्क नहीं पड़ता। आपका नौकर है, ड्राइवर है, वह आपसे ज्यादा स्वस्थ होता है। उसकी मसल देख कर तबियत मचल जाती है कि नंबर एक। कम से कम मसल के मामले में तो आप...। देखें अपने राजनीतिज्ञ को, तो उसको बेचारे को ड्राइवर को देख कर लगता है, वह भी डरता है कि उसकी पत्नी कहीं ड्राइवर में उत्सुक न हो जाए। डरा हुआ है।

सभी सम्राट अपने हरम के आगे नपुंसकों की भीड़ इकट्ठी करके रखते थे कि कहीं कोई पुरुष उनकी पत्नियों को देख न ले; उनकी पत्नियां किसी पुरुष को न देख लें। क्योंकि सम्राटों के पास शरीर तो रह नहीं जाता था। कोई शरीर का तो बल नहीं था, कोई प्रेम का आकर्षण नहीं था, जिसकी वजह से कोई पांच सौ रानियां उनके पास रुकी रहें। तो उनको रोकने का उपाय करना पड़ता था। क्योंकि वे किसी भी पुरुष में उत्सुक हो सकती हैं। अब उस सम्राट की दीनता आप समझें, जिसको अपनी पत्नी से डर है कि वह किसी भी पुरुष में उत्सुक हो सकती है। हालांकि वह नंबर एक खड़ा है। लेकिन सड़क पर चलने वाला भिखारी भी शरीर से ज्यादा आकर्षक हो सकता है।

तो बड़ी मुश्किल है। यहां हजार मामले हैं। कोई एक ही क्यू होता तो आप आगे खड़े हो जाते। यहां हजार क्यू लगे हैं। एक क्यू में आगे हो जाते हैं तो नौ सौ निन्यानबे क्यू में कोई दूसरा आदमी आगे खड़ा है। यहां कोई उपाय नहीं है। और एक ही साथ आप कितने क्यू में कैसे खड़े हो सकते हैं? यहां कभी कोई प्रथम नहीं हो पाता।

इसलिए जिस दिन आप बच्चे को प्रथम होने की दौड़ सिखाते हैं उसी दिन आपने पागल होने के बीज बो दिए। अब वह कभी भी सुखी नहीं हो पाएगा। वह दुखी ही होगा। दुख बढ़ता ही चला जाएगा। विषाद के सिवाय उसका कोई अंत नहीं है।

लेकिन हम सोचते हैं कि हम बड़ी कला सिखा रहे हैं। हम सोचते हैं कि हम समाज, सभ्यता, महत्वाकांक्षा। महत्वाकांक्षा हमारी इस सभ्यता की जड़ में है। स्पर्धा, और उस स्पर्धा के कारण हम सब बीमार हैं।

अगर आप स्वभाव के अनुकूल होंगे तो आप प्रथम होने की दौड़ में नहीं होंगे; महत्वाकांक्षा नहीं होगी। इसका यह अर्थ नहीं कि आप कुछ भी न करेंगे। अभी हमको लगता है कि अगर महत्वाकांक्षा न रही तो हम कुछ करेंगे ही नहीं। गलत है यह खयाल। फर्क पड़ेगा। आप जो करते हैं शायद यह न करेंगे; लेकिन अगर महत्वाकांक्षा खो जाए तो आप कुछ करेंगे जो आपके लिए आनंदपूर्ण है।

अभी एक आदमी डाक्टर है, या एक आदमी इंजीनियर है, या एक आदमी दुकानदार है। यह दुकानदार कवि होना चाहता है। इसकी स्वाभाविक इच्छा तो यह थी कि वृक्ष के नीचे बैठ कर कविताएं करे। लेकिन उससे महत्वाकांक्षा पूरी नहीं हो सकती थी। धन तो दुकान से इकट्ठा हो सकता है, कविताओं से इकट्ठा नहीं हो सकता। अगर यह अनुकूल स्वभाव के जीता तो चाहे भूखा मरता, लेकिन कविता करता। और मैं मानता हूं कि जो स्वभाव में सहज मालूम पड़े—चाहे कविता करना ही क्यों नहीं—उसके लिए भूखा भी मरना पड़े तो भी जीवन में एक आनंद होगा और एक शांति की छाया होगी। और यह आदमी, जो भूखा मरने के डर से, और पीछे न छूट जाए, इस डर से दुकान पर बैठा है, यह धन इकट्ठा कर लेगा; लेकिन इसको तृप्ति कभी नहीं मिलेगी। क्योंकि तृप्ति तो चाहिए थी स्वभाव को; उससे तो यह वंचित हो गया। और कविता की जगह धन इकट्ठा करने में लग गया। कितना ही धन इकट्ठा हो जाए, एक कविता का जन्म इसे जितना आनंद दे सकता था, लाखों की संपदा इसको उतना आनंद नहीं दे पाएगी। क्योंकि वह स्वभाव से उसका मेल ही नहीं खाता।

निश्चित ही, अगर हम महत्वाकांक्षा छोड़ दें, तो जो हम कर रहे हैं सौ में निन्यानबे मौकों पर, वह हम नहीं करेंगे। हम कुछ और करेंगे जो हम सदा करना चाहते थे। लेकिन वह हम कभी नहीं कर सके, क्योंकि उससे महत्वाकांक्षा पूरी नहीं होती थी। हम दूसरे से आगे न होना चाहें तो हम जो होना हमारी नियति है वह हम हो जाएंगे। हम कुछ करेंगे, लेकिन फिर हमारा करना हमारा आनंद होगा। उससे जीवन का पोषण हो जाएगा। लेकिन फिर जीवन की महत्वाकांक्षा, वह जो विक्षिप्त दौड़ है, वह उससे पूरी नहीं होगी। उसकी कोई जरूरत भी नहीं है। साधारण होने से ज्यादा मूल्यवान कुछ भी नहीं है। क्योंकि तब आदमी एट ईज़, विश्राम में हो पाता है। वह असाधारण होना, असाधारण होने का खयाल दौड़ाता रहता है; गति से दौड़ाता है, और कहीं भी हम पहुंच नहीं पाते।

*एक मित्र ने पूछा है, अपनी यथार्थ स्थिति की छोटी सी झलक भी बहुत ग्लानि और पीड़ा से भर देती है। और कई बार अपने मन के भीतर से अच्छे से अच्छे मित्र और परम हितैषी के प्रति भी अकारण ईर्ष्या, द्वेष और हिंसा के भाव उठते देख कर मेरे जी में आया है कि ऐसा जीवन जीने से तो मर जाना बेहतर है। और तब दुबारा उस अंध कुएं में झांकने की हिम्मत नहीं होती, और लगता है कि जीने के लिए कुछ अयथार्थ, कुछ पर्दापोशी, कुछ भ्रम अनिवार्य है शायद। इस हालत में बताएं कि मैं अपनी समस्त यथार्थ स्थिति का उसके पूरे दिगंबरत्व में सामना या साक्षात्कार कैसे करूं?*

होगा। जब झांकेंगे तो बहुत पीड़ा होगी। लेकिन झांकना पड़ेगा और पीड़ा झेलनी पड़ेगी। क्योंकि पीड़ा को झेलने से ही उससे छुटकारा है। उससे आंख चुराने से कुछ भी न होगा। और हमारे सब भ्रम आंख चुराने के उपाय हैं। सब भ्रम तोड़ने ही होंगे। क्योंकि सत्य के अतिरिक्त कोई मुक्ति नहीं है; सत्य चाहे कितना ही पीड़ादायी क्यों न हो। और ध्यान रखें कि सत्य पहले पीड़ादायी होगा, क्योंकि असत्य के साथ हमने सुख के झूठे भ्रम बना रखे हैं।

और जब सत्य की पहली किरण उतरेगी तो असत्य का अंधेरा टूटेगा; बहुत पीड़ा होगी। क्योंकि हमारा सब अतीत व्यर्थ हो जाएगा। हमारी सब कमाई झूठी सिद्ध होगी। हमने जो भी अर्जित किया है वह धूल से ज्यादा उसका मूल्य नहीं है। वहां कोई सोने के कण नहीं हैं। यह जिस दिन दिखाई पड़ेगा तो पीड़ा तो होगी। लेकिन इस पीड़ा को झेलना ही पड़ेगा। क्योंकि इस पीड़ा के बाद ही आनंद की संभावना है।

तो सत्य के दो परिणाम हैं। अक्सर लोग सोचते हैं कि सत्य से आनंद ही आनंद मिलेगा। गलत सोचते हैं। पहले तो बहुत पीड़ा मिलेगी। और जो पीड़ा से गुजरने को राजी है वह सत्य के दूसरे पहलू से परिचित होगा; वह आनंद का है। लेकिन मार्ग तो पीड़ा का होगा। क्योंकि झूठ हमने सजाया है; वह टूटेगा। हमारे सपने इंद्रधनुषी हैं; उनमें कोई जान नहीं है। जरा सी चीज उन्हें तोड़ देगी। बिलकुल कागज की नाव है; कहीं भी डुबा देगी।

अब जो आदमी कागज की नाव में यात्रा कर रहा है, अगर आप उससे कहें कि नीचे देखो, कागज की नाव है, मरोगे! इससे तो उसी किनारे पर रहते तो बेहतर था; या पहले से ही तय करके चलते कि डूबने का डर है तो तैरना सीख लें; इस नाव में बैठ कर तो उपद्रव है, यह कागज की नाव डूबेगी। वह आदमी कहेगा कि इसकी मुझे याद मत दिलाओ; क्योंकि जब तक नहीं डूबी है तब तक तो कम से कम मैं सुख में हूं। जब डूबेगी तब देखेंगे। और ऐसा भी क्या है, कागज की नाव भी पार हो सकती है। और फिर सभी तो कागज की नाव में चल रहे हैं; डर भी क्या है? और कोई तो अपनी नाव नहीं देखता। सब आगे लक्ष्य देखते हैं; वह किनारा, दूर का किनारा, उसका सुहावना सपना देखते हैं। नीचे कागज की नाव है। इसलिए जो भी याद दिलाएगा, वह दुश्मन मालूम पड़ेगा। लगेगा कि यह मित्र नहीं है। क्योंकि पीड़ा होगी, भय पकड़ेगा।

लेकिन मैं मानता हूं कि पीड़ा हो, भय पकड़े, हर्ज नहीं; क्योंकि कागज की नाव डुबाएगी ही। वह दूसरे किनारे तक ले जाने वाली नहीं है। और दूसरे किनारे पर जो आपकी आंखें लगी हैं वे सिर्फ नाव को भुलाने के लिए लगी हैं।

पीड़ा है स्वयं को देखने में; क्योंकि बहुत घृणित सब कुछ वहां इकट्ठा है। लेकिन वह आपने ही इकट्ठा किया है। और जितनी जल्दी देखना शुरू कर दें, उतना ही लाभ है। क्योंकि देखने के बाद फिर आप इकट्ठा करना बंद कर देंगे—एक बात। क्योंकि इस कचरे को कौन इकट्ठा करेगा? दूसरी बात—देखने के बाद इसको आप निष्कासित करना, हटाना, इसका निकालना शुरू कर देंगे; इसकी अभिव्यक्ति शुरू कर देंगे; इसको बाहर फेंकना शुरू कर देंगे। क्योंकि कचरे को देख कर फिर कोई भी बरदाश्त नहीं करेगा। और यह कचरा साफ हो जाए और नया कचरा इकट्ठा न हो, तो आप अपने स्वभाव में थिर होने लगेंगे।

पीड़ा होगी, और यह पीड़ा उतनी ही लंबी होगी जितना आप इस पीड़ा को झेलने से डरेंगे। इसको ही मैं तप कहता हूं। न तो धूप में खड़े होने को, न उपवास करने को; इसको ही मैं तप कहता हूं। अपने भीतर जो-जो हमने व्यर्थ इकट्ठा कर लिया है, जो कांटे, कूड़ा-कबाड़ इकट्ठा कर लिया है, उसे देखना। और वह है। आप अगर उसे देखेंगे तो भय लगेगा। लगेगा कि अपना ही मित्र है, लेकिन उसके प्रति भी ईर्ष्या है! अपना ही मित्र है, लेकिन उसकी भी सफलता हम नहीं चाहते! ऐसे हम कहते हैं कि तुम सफल होओ, युग-युग जीयो। उसके जन्मदिन पर कहते हैं, यह दिन हजार बार आए। सब कहते हैं।

लेकिन अगर भीतर झांकेंगे तो लगेगा कि उसका सुख भी पीड़ा देता है; वह भी सफल होता है तो कहीं कुछ चोट लगती है। लगता है कि मैं हारा और वह सफल हो रहा है; मुझसे आगे जा रहा है। तो ईर्ष्या पकड़ती है, जलन पकड़ती है, द्वेष पकड़ता है। और ऊपर से हम जो सजाए हुए हैं वह सब झूठा मालूम पड़ता है। तो लगता है कि भूलो इसको, भीतर देखो ही मत। यह जो झूठ सुंदर है, सुखद सपना है, इसको सम्हाले रहो; और कहते चले जाओ ऊपर से कि तेरी खुशी हमारी खुशी है, तेरा जीवन हमारा जीवन है। और भीतर यह रोग।

वह जो भीतर है वही सच है; वह जो बाहर है झूठ है। इसका मतलब यह नहीं कि आप जाकर अपने सब मित्रों को बता दें कि आपके भीतर क्या-क्या है। कोई आवश्यकता नहीं है। किसी को दुख देने की कोई आवश्यकता नहीं है। क्योंकि हम दुख देने में इतने कुशल हैं कि हम सत्य का उपयोग भी दुख देने के लिए करना शुरू कर देते हैं। कुछ लोग सत्यवादी हो जाते हैं इसीलिए। इसलिए नहीं कि सत्य से उन्हें कुछ आकर्षण है; सत्यवादी इसलिए हो जाते हैं कि सत्य से ज्यादा चोट और किसी चीज से नहीं पहुंचाई जा सकती। कुछ लोग कहते हैं कि भई, हम तो स्पष्ट वक्ता हैं। स्पष्ट वक्ता वगैरह कुछ नहीं होते, लेकिन वे जानते हैं कि इससे ज्यादा गाली और कोई नहीं हो सकती।

आस्कर वाइल्ड से किसी ने कहा कि कुछ लोग तुम्हारे खिलाफ बड़ी झूठी खबरें फैला रहे हैं, अखबारों में लेख लिख रहे हैं तुम्हारे संबंध में, तो तुम उनका विरोध क्यों नहीं करते? आस्कर वाइल्ड ने कहा कि झूठी खबरों का क्या विरोध करूं! और डर लगता है कि कहीं वे मेरे संबंध में सच्ची बातें कहना शुरू न कर दें। झूठी ही फैला रहे हैं, कोई फिक्र नहीं; डर तो सत्य का है। क्योंकि सत्य से जितनी चोट पहुंचाई जा सकती है उतनी किसी चीज से नहीं पहुंचाई जा सकती।

और जब कोई आपके संबंध में कुछ झूठ कहता है तो आपको चोट नहीं पहुंचती; जब कोई सत्य कहता है तब चोट पहुंचती है। इसलिए परीक्षा यही है कि जब आपको चोट पहुंचे किसी की बात से तो ध्यान रखना कि उसके सत्य होने की संभावना है। और अगर चोट न पहुंचे तो फिक्र की कोई जरूरत ही नहीं है; क्योंकि उसका मतलब वह झूठ है। कोई आदमी आपसे कहता है कि चोर! अगर आप चोर हो तो चोट पहुंचती है; नहीं हो तो चोट नहीं पहुंचती। आप हंस सकते हो कि कैसा पागलपन कि यह आदमी सोचता है चोर। लेकिन अगर आप चोर हो तो आप उसकी गर्दन पर वहीं सवार हो जाओगे कि क्या कहा, मैं और चोर! क्योंकि आप डरे हुए हो कि चोर तो मैं हूं। और अगर इसको जरा ही मौका दिया तो सत्य बाहर हुआ जाता है। आप पर चोट सदा सत्य से पहुंचती है, झूठ से कभी नहीं पहुंचती। इसलिए जिस चीज से चोट पहुंचे उसको आत्म-निरीक्षण बना लेना।

तो कोई जरूरत नहीं कि आप मित्रों को जाकर सत्य कह दें। क्योंकि वे सब टूट पड़ेंगे आपके ऊपर। वे तो आपको मित्र आपके झूठ की वजह से ही समझते थे। पर किसी को दुख देने का कोई कारण ही नहीं है। इसको तो आत्म-निरीक्षण ही बनाना है। अपने भीतर देखना शुरू करें। और भीतर जो द्वेष है, ईर्ष्या है, जलन है, घृणा है, उसे समझें कि वह क्यों है।

वह इसलिए नहीं है कि मित्र सफल हो रहा है इसलिए द्वेष है। वह इसलिए है कि आप किसी पंक्ति में प्रथम होना चाहते हैं, और नहीं हो पा रहे हैं। वह मित्र के कारण नहीं है, उसकी सफलता के कारण नहीं है; अपनी महत्वाकांक्षा के कारण है। आपकी अपनी ही महत्वाकांक्षा का ज्वर आपको पीड़ा दे रहा है। कोई मित्र पीड़ा नहीं दे रहा, कोई शत्रु पीड़ा नहीं दे रहा। दुनिया में कोई किसी को पीड़ा नहीं दे रहा; हम खुद ही अपने को पीड़ा दे रहे हैं।

तो अपने द्वेष को समझें, ईर्ष्या को समझें। वह मित्र के कारण नहीं है; उससे मित्र का कोई संबंध नहीं है। इसलिए उससे कहने की कोई जरूरत भी नहीं है। समझने की बात तो यह है कि मेरी महत्वाकांक्षा, कि मैं प्रथम होना चाहता हूं, वही मेरी बीमारी है। उसके कारण सभी से द्वेष है। तो उस महत्वाकांक्षा को समझने की कोशिश करें कि क्या है। उसमें गहरे जाएं और देखें कि वह महत्वाकांक्षा पूरी होना असंभव है। वह कभी किसी की पूरी नहीं होती। तब जैसे हैं, जो हैं, उसे स्वीकार कर लें।

जो व्यक्ति अपने को स्वीकार करता उसका किसी से द्वेष नहीं होता। क्योंकि द्वेष का कोई कारण नहीं है। मैं ऐसा हूं, और जहां मैं खड़ा हूं यही मेरी जगह है, यही मेरा सिंहासन है। इससे अन्यथा मेरा कोई सिंहासन नहीं, और मेरी कोई जगह नहीं। और दूसरे से मेरी कोई लड़ाई नहीं है। क्योंकि दूसरा दूसरा है और मैं मैं हूं। और हम इतने भिन्न

हैं कि कोई तुलना का भी कोई सवाल नहीं है। हर आदमी अनूठा है। तुलना व्यर्थ है। और दूसरे से संघर्ष की कोई जरूरत नहीं है। जो मुझे आनंदपूर्ण है वह मैं कर रहा हूं, और जो दूसरे को आनंदपूर्ण है वह दूसरा कर रहा है। अगर आप अपने साथ राजी होने लगें तो सब द्वेष गिर जाएगा। द्वेष का मौलिक अर्थ है कि आप अपने साथ राजी नहीं हैं।

स्त्रियां बहुत द्वेष करती हैं, पुरुषों से ज्यादा। दो स्त्रियों को दोस्त बनाना बहुत मुश्किल है। झूठ भी बनाना मुश्किल है। स्त्रियों में मैत्री बनती ही नहीं। बस एक ही कारण बना रहता है गहरे में, क्योंकि कोई स्त्री अपने शरीर, अपने सौंदर्य से राजी नहीं है; दूसरी स्त्री सदा ज्यादा सुंदर, ज्यादा प्रभावी, पुरुषों को ज्यादा आकर्षित करती, बांधती मालूम पड़ती है। तो हर स्त्री दूसरी स्त्री को दुश्मन की तरह देखती है। दूर की स्त्रियां तो अलग हैं, जब बेटी जवान होती है तो मां बेटी को दुश्मन की तरह देखना शुरू कर देती है।

अभी एक इटैलियन वृद्धा मेरे पास थी और उसकी लड़की भी मेरे पास थी। उसकी लड़की ने मुझसे कहा कि मेरी मां मुझे प्रेम करती है, लेकिन मैं उसके साथ नहीं रहना चाहती। कारण क्या है? तो उसने कहा कि कारण यह है कि घर में कोई भी आता है, स्वभावतः उसका ध्यान मेरी तरफ ज्यादा जाता है बजाय मेरी मां की तरफ। और वह मुझसे पूछती है कि सब तेरे ऊपर ही ध्यान क्यों देते हैं? घर में जो भी आता है वह तेरे पर ही क्यों ध्यान देता है?

जैसे ही लड़की जवान होती है, मां उसको घर से ढकेलने के लिए उत्सुक हो जाती है। बहाने वह बहुत करती है, कि इसकी शादी करनी है, जल्दी शादी करनी है, ऐसा करना है, वैसा करना है। लेकिन कारण यह होता है कि घर का बिंदु लड़की होने लगती है, मां नहीं रह जाती। ईर्ष्या गहन हो जाती है।

अगर कोई व्यक्ति अपने शरीर और अपने सौंदर्य से राजी है कि यही मैं हूं, परमात्मा ने मुझे ऐसा बनाया है, तब फिर कोई संघर्ष नहीं है।

लेकिन कोई राजी नहीं है। कोई भी राजी नहीं है। जो भी आपके पास है उसमें कमी मालूम पड़ती है। तो फिर तकलीफ होगी। तकलीफ का कारण दूसरा नहीं है; तकलीफ का कारण आपकी यह दौड़ है। समझें भीतर; यह दौड़ समझ के साथ गिरना शुरू हो जाती है। पीड़ा से गुजरना होगा। सभी स्वर्ग नरक के बाद हैं; और कोई सीधा स्वर्ग नहीं जाता। कोई छलांग संसार से सीधी स्वर्ग में नहीं है। कोई रास्ता ही नहीं है वहां जाने का। रास्ता नरक से गुजर कर जाता है। और नरक को झेलने को जो राजी है, स्वर्ग का वह मालिक हो सकता है। और यह नरक है भीतरी।

*आखिरी सवाल : एक मित्र ने पूछा है कि इन दिनों में आपने महत्वपूर्ण बातें कही हैं, पर पाठकर हाल के बाहर जाते ही मैं पहले जैसा ही मालूम होता हूं, व्यवहार में कोई फर्क नहीं पड़ता। ऐसा क्यों? क्या करना चाहिए?*

आप हंसते हैं, क्योंकि यह प्रश्न आप सबका है। सभी के साथ ऐसा होगा। होना बिलकुल स्वाभाविक है। क्योंकि किसी बात का अच्छा मालूम पड़ना एक बात है और उसका जीवन में आना बिलकुल दूसरी बात है।

किसी बात का अच्छा मालूम पड़ना कई कारणों से हो सकता है। एक, वह तर्कयुक्त मालूम होती है। दो, वह आनंद की झलक देती मालूम होती है। तीन, सुनते समय आप इतने लीन हो जाते हैं कि चाहे वह तर्कपूर्ण न हो, चाहे आनंद की झलक देती मालूम न होती हो, लेकिन एक घंटे भर सुनने में आप इतने लीन हो जाते हैं कि एक सुख का झरना आपके भीतर बहने लगता है। इस कारण, वह जो भी कहा गया, आप उससे संबंध जोड़ लेते हैं कि जो कहा गया वह जरूर ठीक होना चाहिए; क्योंकि मुझे घंटे भर सुख की झलक मिली, मैं सुखी था।

लेकिन कमरे के बाहर, कक्ष के बाहर निकलते ही स्थिति बदल गई। बदलेगी। क्योंकि जो तर्कपूर्ण मालूम होता था—जीवन तर्क से नहीं चलता, जीवन बिलकुल अतर्क है, इररेशनल है—बिलकुल ठीक मालूम होती है जो

बात बुद्धि से, वह जीवन में काम नहीं आएगी। इतना काफी नहीं है जीवन में आने के लिए। क्योंकि जीवन बुद्धि से नहीं चलता। जीवन बुद्धि से ज्यादा बड़ा है। वहां हृदय भी है, वहां शरीर भी है, वहां छिपी हुई अंतर्निहित वासनाएं भी हैं। वहां सिर्फ सिर होता तो बात खत्म थी। अगर आप सिर्फ सिर की तरह आए होते या आपका सिर ही आया होता यहां, तो आप बिलकुल बदल कर जाते। लेकिन सिर के अलावा और चीजें भी हैं।

आपने सुनी ब्रह्मचर्य की बात; बिलकुल ठीक लगी, लगा कि सुखद है। लेकिन वह कामवासना का बिंदु भी आपके भीतर है। वह बलवान है, वह कुछ इतना आसान नहीं है कि आपकी खोपड़ी ने मान लिया तो आपकी जननेंद्रिय भी मान लेगी। इतना आसान नहीं है। खोपड़ी की वह फिक्र ही नहीं करती। खोपड़ी क्या कहती है, उससे उसको कोई संबंध नहीं है। उसका अपना जीवन है, अपनी धारा है, अपना वेग है, अपनी शक्ति है। और वह शक्ति खोपड़ी से नहीं मिलती, वह हार्मोन से मिलती है, खून से मिलती है, भोजन से मिलती है। उसके हजार दूसरे रास्ते हैं। सिर से उसका कुछ लेना-देना नहीं है। सिर से आप जननेंद्रिय को संचालित नहीं कर सकते। जब आप चाहें कि जननेंद्रिय वासना से भर जाए, नहीं भरेगी। और जब आप नहीं चाहते, तब आप अचानक पाएंगे कि वासनाग्रस्त है।

इसलिए कपड़े आदमी को खोजने पड़े। क्योंकि चेहरे को तो आप झुठला सकते हैं, जननेंद्रिय को आप झुठला नहीं सकते। आप नग्न चले जा रहे हैं; तो आप झुठला नहीं सकते, आपकी असलियत जाहिर हो जाएगी। आंखें आप झुठला सकते हैं। एक सुंदर स्त्री सड़क पर दिखती है, आप दूसरी तरफ देख सकते हैं, अखबार पढ़ सकते हैं। हालांकि अखबार पढ़ने में भी वही दिखाई पड़ेगी; दूसरी तरफ देखने में भी आंखें उसी तरफ लगी रहेंगी, लेकिन आप झुठला सकते हैं। उसके पास से गुजर कर आप कह सकते हैं, माताजी, नमस्कार। आप कुछ उपाय कर सकते हैं। लेकिन अगर आप नग्न खड़े हैं, क्या होगा? जननेंद्रिय धोखा दे देगी, असलियत जाहिर कर देगी। आप कुछ भी न कर पाएंगे। कपड़े की ईजाद आदमी को करनी पड़ी, क्योंकि शरीर असली खबर दे सकता है। वह बुद्धि की सुनता नहीं।

इसलिए एक बहुत अजीब घटना घटी है अमरीका में, जहां नग्न क्लब स्थापित हो गए हैं। तो वहां एक अनूठी बात आई खयाल में। नग्न क्लब स्थापित होने के पहले मनोवैज्ञानिक सोचते थे कि स्त्रियां ज्यादा बाधा डालेंगी नग्न होने में। हालत उलटी पाई गई। पुरुष ज्यादा बाधा डालते हैं। स्त्रियां बड़ी सरलता से नग्न हो जाती हैं; पुरुष बहुत दिक्कत अनुभव करता है। क्योंकि पुरुष की जननेंद्रिय उसकी वासना को शीघ्रता से प्रकट करती है। स्त्री की जननेंद्रिय के प्रकट होने का कोई बाहर उपाय नहीं है। स्त्रियां सरलता से नग्न हो जाती हैं, उनको ज्यादा झंझट नहीं होती। लेकिन पुरुष को बड़ी झंझट होती है। क्योंकि उसे डर लगता है कि उसकी सारी प्रतिमा नष्ट हो सकती है एक क्षण में, और वह कुछ भी न कर पाएगा।

तो जब आप सुनते हैं तो सिर्फ सिर से सुनते हैं। लेकिन आप सिर से ज्यादा हैं; सिर कुछ भी नहीं है। उससे बहुत बड़ा हिस्सा आपके व्यक्तित्व का है। शरीर है, वासनाएं हैं, ऊर्जाएं हैं, जिनके अपने ढंग हैं काम करने के। तो आप सुन कर चले गए। जब आप सुन रहे थे तब आप सिर्फ सिर थे। जैसे ही आप हाल के बाहर निकले, आप पूरे हो गए। बस अड़चन शुरू हो गई। सब तिरोहित होने लगेगा—एक।

जब आप सुन रहे हैं, तब बातों को सुन कर लगता है—लाओत्से को सुन कर लगता है—कि इससे आनंद मिल सकता है। आप दुखी हैं। आप जो भी कर रहे हैं, वह गलत मालूम होता है; क्योंकि उससे आपको दुख मिला है। आप अगर ऐसा कुछ कर पाएं तो आनंद की झलक प्रतीत होती है, भविष्य में कहीं आनंद मिल सकता है। लेकिन यह तो आपने बात सुनी। आप आदतों के जाल हैं। आप जो भी कर रहे हैं वह लंबी आदतों का परिणाम है। सुन लेने में आदत बाधा नहीं डालती, लेकिन करने में आदत बाधा डालेगी।

आपने सुना कि सिगरेट पीना बुरा है। आपने सुना कि शराब पीना बुरा है। और समझ में आ गई बात। लेकिन जैसे ही आप भवन के बाहर होते हैं, अड़चन शुरू होगी। क्योंकि सिगरेट पीना एक आदत है। अगर आपने सिर्फ सुना होता कि सिगरेट पीना अच्छा है, सिर्फ सुना होता, और तब सुना होता कि सिगरेट पीना बुरा है और दूसरी बात आपको जंच गई होती तो पहली बात को छोड़ना आसान था। कोई आदत तो थी नहीं। वह भी सुनी हुई बात थी; यह भी सुनी हुई बात है। और जब आप सुन रहे हैं तो यह सुनी हुई बात है, और आपका जीवन एक लंबी आदतों का जाल है, वह सुनी हुई बात नहीं है। वे आदतें प्रतिरोध करेंगी। क्योंकि जो सिगरेट पीता है उसके शरीर की व्यवस्था बदल जाती है; उसके शरीर की मांग बदल जाती है। निकोटिन उसका खून मांगने लगता है; उसकी भूख पैदा हो जाती है। तो वह निकोटिन आप, वह जो भूख पैदा हो गई भीतर, जो वक्त पर ठीक घंटे भर बाद निकोटिन की जरूरत शरीर को होने लगी, क्योंकि अगर वह नहीं होगी तो आप सुस्त पाएंगे अपने को। क्योंकि निकोटिन ताजगी देता है; क्षण भर को देता है, लेकिन ताजगी देता है। तो आपने एक आदत बना ली निकोटिन से ताजगी लेने की। तो निकोटिन का संबंध हो गया ताजगी से। निकोटिन का आपको पता नहीं है। आप तो धुआं पीते हैं, लेकिन धुएं से निकोटिन आपके भीतर जा रहा है खून में; वह ताजगी देता है। तो वह इंजेक्शन है ताजगी का। थोड़ी देर आप ताजे मालूम पड़ते हैं। वह आपकी आदत हो गई। अब उसके बिना आप सुस्त मालूम पड़ेंगे।

तो सुन ली बात, वह तो ठीक है, लेकिन वह जो भीतर निकोटिन की जरूरत हो गई है पैदा, उसने नहीं सुनी। उसको कोई पता भी नहीं है कि आप क्या सुन कर आ रहे हैं। वह भीतर से धक्का मारेगा घंटे भर बाद कि उठाओ सिगरेट, नहीं तो सब सुस्त हुआ जा रहा है। दफ्तर में काम करने में मन नहीं लगता, कुछ जी नहीं मालूम होता। सब तरफ उदासी मालूम पड़ती है। सिगरेट पीते ही सब तरफ ताजगी आ जाती है। क्षण भर को ही सही, लेकिन क्षण भर को भी आ तो जाती है। तो फिर आप उठाएंगे, उससे बच नहीं सकते। क्योंकि वह आदत का हिस्सा है।

शरीर एक यंत्र है। और उस यंत्र में आपने जो आदतें डाली हैं, उन आदतों को आपको नई आदतों से बदलना पड़ेगा; नई बातें सुन कर नहीं। इसका मतलब यह हुआ कि अगर आपको सिगरेट पीना छोड़ना है तो आपको ताजगी पैदा करने की दूसरी आदतें डालना पड़ेंगी। नहीं तो आप कभी नहीं छोड़ पाएंगे। समझिए कि मैं आपको कहता हूं कि जब भी आपको सिगरेट पीने का खयाल हो तब गहरी दस सांस लें, जिनसे आक्सीजन ज्यादा भीतर चला जाएगा। तो ताजगी ज्यादा देर रुकेगी, जितनी निकोटिन से रुकती है, और ज्यादा स्वाभाविक होगी। यह एक नई आदत है। जब भी सिगरेट पीने का खयाल आए, गहरी दस सांस लें। और सांस लेने से शुरू मत करें, सांस निकालने से शुरू करें। जब भी सिगरेट पीने का खयाल आए एक्झेल करें, जोर से सांस को बाहर फेंक दें, ताकि भीतर जितना कार्बन डायआक्साइड है, बाहर चला जाए। फिर जोर से सांस लें, ताकि जितना कार्बन डायआक्साइड की जगह थी उतनी आक्सीजन ले ले। आपके खून में ताजगी दौड़ जाएगी। तब आप सिगरेट छोड़ सकते हैं। क्योंकि उससे ज्यादा बेहतर, ज्यादा अनुकूल, ज्यादा स्वाभाविक, ज्यादा श्रेष्ठ विधि आपको मिल गई। तो सिगरेट छूट सकती है। नहीं तो कोई उपाय नहीं है।

तो सुन लिया, यह एक बात है; करना बिलकुल दूसरी बात है। क्योंकि करने में आपके जीवन भर की आदतें बाधा बनेंगी। और जो मैं कह रहा हूं, उसमें तो कई जीवन की आदतें बाधा बनेंगी। एक जीवन की भी नहीं; कोई सिगरेट छोड़ने का ही मामला नहीं है। यह तो जन्मों-जन्मों में अहंकार की आदत आपने इकट्ठी की है। यह महत्वाकांक्षा का रोग अति प्राचीन है। इसके लिए न मालूम कितने जन्म आपने मेहनत की है। तो सिर्फ आप सुन कर उससे मुक्त हो जाएंगे, ऐसा न तो मेरा मानना है, और न आप ऐसी आशा रखना। सुन कर मुक्त होने की वासना पैदा हो जाए, इतना काफी है। फिर कुछ करना पड़ेगा। फिर कुछ साधना से गुजरना पड़ेगा।

यहां जो भी मैं बोल रहा हूं वह तो सिर्फ आपके भीतर एक नया अंकुरण हो जाए बीज का। फिर उसको सम्हालना पड़ेगा। फिर उसके साथ चलना पड़ेगा। फिर उसे जीवन देना पड़ेगा। वह लंबी बात है। शायद जितने जन्मों में आपने गलत आदतें इकट्ठी की हैं, उतने ही जन्म लग जाएं उनको रूपांतरित करने में। आवश्यक नहीं है कि उतने ही जन्म लगें, अगर आप तीव्रता से, सघनता से श्रम करें, तो जल्दी भी हो सकता है। लेकिन इस भरोसे आप मत रहना कि सुन कर, और आप मुक्त हो जाएंगे।

फिर जब आप मुझे सुनते हैं तो सुनते वक्त मन एकाग्र हो जाता है। क्योंकि सारा ध्यान एक तरफ लग जाता है कि मैं क्या कह रहा हूं; कहीं कुछ चूक न जाए, कहीं बीच से कोई शब्द छूट न जाए। तो आप पूरे माइंडफुल, पूरे स्मरणपूर्वक मेरी तरफ होते हैं। उतनी देर, आपके जो विचारों का जाल है, आपके जो निरंतर के भीतर चलने वाले बादल हैं, वे सब ठहर जाते हैं। एक घंटे के लिए आप अपने बाहर आ जाते हैं। आप मेरे साथ होते हैं एक घंटे के लिए, अपने साथ नहीं होते। तो जो सुख की प्रतीति होती है! हाल के बाहर निकल कर फिर आप अपने साथ हैं। फिर आपका सत्संग आपसे ही हो रहा है। उससे बाधा है। उससे बाधा है।

इससे आप यह सीखें कि आप जितनी देर के लिए भी, जिस भांति भी ध्यानपूर्ण हो सकें उतना अच्छा है। अगर आप मुझे सुनते वक्त इतने ध्यानपूर्ण हैं, घर लौट कर जब आपकी पत्नी दिन भर का इकट्ठा किया हुआ प्रवचन करने लगे, उसके प्रति भी इतने ही ध्यानपूर्ण हो जाएं। झगड़े की वृत्ति खड़ी न करें, सिर्फ ध्यानपूर्वक सुनें। अगर आप यह कर पाएं तो आप पाएंगे कि पत्नी की चर्चा में भी बड़ा रस आया। और जब आपकी बेटी और आपका बेटा आपके पास आ जाएं और कुछ आपको अनर्गल दिखाई पड़ने वाली बातें सुनाने लगें, तो उनको बाधा मत डालिए, उनकी बात भी उसी भाव से, उसी शांति से सुन लें। आप सुनने की कला सीख जाएं अगर यहां, तो उसे प्रयोग करें। और आखिर में आप अपने साथ भी सुनने की कला का प्रयोग कर सकते हैं। पर आखिर में। जब आप पत्नी से सुन सकें, बेटे से सुन सकें, मित्रों से सुन सकें, और आप अच्छे सुनने वाले बन जाएं, श्रोता बन जाएं, और आप सिर्फ सुनने का उपयोग ध्यान की तरह करने लगें, तो फिर आप खुद को भी सुन सकते हैं। फिर आपके भीतर जब सिर चलने लगे आपका और विचार चलने लगें, तब आप शांत होकर भीतर बैठ जाएं, और मन जो भी आपसे कह रहा है उसको सुनें, जो भी कह रहा है, उसमें बाधा भी मत डालें, उसे दूर खड़े होकर सुनें। तो जो आनंद आपको मुझे सुनने में आ रहा है वही आनंद आपको अपने सत्संग में भी आ सकता है।

और बड़ी अदभुत बात है, मुझे सुन कर आप नहीं बदल पाएंगे, लेकिन अगर आपने अपने मन को साक्षी भाव से सुनना शुरू कर दिया तो बदलाहट होनी शुरू हो जाएगी। क्योंकि तब आप अलग हो गए मन से, दूर खड़े हो गए, द्रष्टा हो गए, साक्षी हो गए।

साक्षी हो जाना परम अनुभव है।

आज इतना ही।

पांच मिनट कीर्तन करें और फिर जाएं।

बहत्तरवां प्रवचन

# श्रेष्ठ चरित्र और घटिया चरित्र

## Chapter 38 : Part 1

# DEGENERATION

*The man of superior character is not conscious of his character,*
*Hence he has character.*
*The man of inferior character is intent on not loosing character,*
*Hence he is devoid of character.*
*The man of superior character never acts,*
*Nor ever does so with an ulterior motive.*
*The man of inferior character acts,*
*And does so with an ulterior motive.*
*The man of superior kindness acts,*
*But does so without an ulterior motive.*
*The man of superior justice acts,*
*And does so with an ulterior motive.*
*But when the man of superior Li acts and finds no response,*
*He rolls up his sleeves to force it on others.*

## अध्याय 38 : खंड 1

# अधःपतन

श्रेष्ठ चरित्र वाला मनुष्य अपने चरित्र के प्रति अनजान है; इसलिए वह चरित्रवान है।
घटिया चरित्र वाला मनुष्य चरित्र बचाए रखने पर तुला है;
इसलिए वह चरित्र से वंचित है।
श्रेष्ठ चरित्र वाला मनुष्य कभी कर्म नहीं करता है;
या करता भी है, तो कभी किसी बाह्य प्रयोजन से नहीं।
घटिया चरित्र वाला व्यक्ति कर्म करता है;
और ऐसा सदा किसी बाह्य प्रयोजन से ही करता है।
श्रेष्ठ दया वाला मनुष्य कर्म करता है;
लेकिन ऐसा वह बाह्य प्रयोजन से नहीं करता है।
श्रेष्ठ न्याय वाला मनुष्य कर्म करता है;
और ऐसा वह बाह्य प्रयोजन से ही करता है।
लेकिन जब श्रेष्ठ कर्मकांड वाला मनुष्य कर्म करता है और प्रत्युत्तर नहीं पाता,
तब वह अपनी आस्तीन चढ़ा कर दूसरों पर कर्मकांड लादने की ज्यादती करता है।

लियो टाल्सटाय के संबंध में मैंने सुना है, एक संध्या जब सूरज डूबता था और आकाश डूबते सूरज के रंगों से भरा था, सांझ की शीतल हवा बहती थी, और एक वृक्ष की छाया में टाल्सटाय ने एक सर्प को विश्राम करते देखा; चट्टान पर, काई जमी हुई चट्टान पर परिपूर्ण विश्राम की अवस्था में लेटे हुए देखा। टाल्सटाय सर्प के पास पहुंचा। और ऐसा कहा जाता है कि उसने सर्प से कहा कि सूरज की डूबती हुई किरणों के नृत्य के बीच ठंडी बहती हवा में तुम जीवित हो, श्वास ले रहे हो, और इतना ही तुम्हारे आनंदित होने के लिए काफी है; तुम आनंदित हो। लेकिन मैं, मैं आनंदित नहीं हूं। सूरज की किरणें काफी नहीं, सांझ की शीतल हवा काफी नहीं, चलती हुई श्वास, जीवन का वरदान काफी नहीं। तुम आनंदित हो और मैं आनंदित नहीं हूं।

मनुष्य को छोड़ कर सारा जगत आनंदित है। मनुष्य किस रोग से ग्रस्त है कि आनंदित नहीं है? और ऐसा अगर किसी एक मनुष्य के साथ होता तो हम कहते कि वह बीमार है, और उसका इलाज कर लेते। ऐसा पूरी मनुष्यता के साथ है। इसलिए आसान नहीं कहना कि पूरी मनुष्यता ही बीमार है। तब तो उचित होगा यह कहना कि मनुष्य का गुणधर्म ही दुखी होना है। मनुष्य जैसा है वैसा दुखी ही हो सकता है। मनुष्य के लिए आनंद का द्वार खुल सकता है, मनुष्य जैसा है उसके अतिक्रमण से, उसके ट्रांसेंडेंस से, उसके पार जाने से।

लाओत्से ने सुनी होती यह घटना टाल्सटाय की तो वह राजी हुआ होता। क्योंकि लाओत्से तो सर्प जैसा मनुष्य था। श्वास लेना काफी आनंद है। जीवन अपने आप में इतना बड़ा वरदान है कि कुछ और मांगने की जरूरत नहीं। होना ही बड़ी अनुकंपा है।

जो दुखी हो रहा है; शायद उसके जीवन से संबंध टूट गए हैं। मनुष्य का जीवन से संबंध टूट गया है—या बहुत क्षीण हो गया है। जड़ें उखड़ गई हैं। भूमि से जुड़ा भी है तो भी जुड़ा नहीं है। शायद यह अनिवार्य है, शायद मनुष्य के होने की यह अनिवार्यता है, यह नियति है, कि मनुष्य टूटे प्रकृति से और फिर से जुड़े।

यहां चेतना के धर्म को थोड़ा हम समझ लें तो फिर इस सूत्र में प्रवेश आसान हो जाए।

संस्कृत बड़ी अनूठी भाषा है। शायद पृथ्वी पर वैसी दूसरी भाषा नहीं। क्योंकि जिन लोगों ने संस्कृत को विकसित किया वे लोग मनुष्य की चेतना के अंतर-अनुसंधान में गहरे रूप से लीन थे। जैसे आज पश्चिम में पश्चिम की चेतना विज्ञान के साथ बड़े गहरे रूप से डूबी है तो पश्चिम की भाषाओं में विज्ञान की छाप है। और तब पश्चिम की भाषाएं रोज-रोज वैज्ञानिक होती चली जाती हैं। अनिवार्य है। क्योंकि भाषा वही हो जाती है जो भाषा में किया जाता है। जिन्होंने संस्कृत को विकसित किया वे चेतना के अंतस्तलों की खोज में लगे थे; वह सारी की सारी खोज संस्कृत में प्रविष्ट हो गई।

संस्कृत में शब्द है दुख के लिए वेदना। वेदना अनूठा शब्द है। उसके दोहरे अर्थ हैं। उसका एक अर्थ दुख है और एक अर्थ ज्ञान है। वेदना उसी धातु से बना है जिससे वेद, विद। वेद का अर्थ है—ज्ञान, परम ज्ञान। विद का अर्थ है—बोध, विद्वान, विद्वत्ता। वेदना भी उसी धातु से बना है। वेदना का एक अर्थ है ज्ञान, बोध; लेकिन वेदना का दूसरा अर्थ है दुख। ज्ञान और दुख में कोई गहरा संबंध है। यह शब्द अकारण नहीं है।

असल में, ज्ञान न हो तो दुख नहीं हो सकता। इसलिए अगर सर्जन को आपका अंग काट डालना है तो पहले आपका ज्ञान छीन लेना जरूरी है। आप बेहोश हो जाएं, फिर आपके शरीर की काट-पीट की जा सकती है। क्योंकि जहां ज्ञान नहीं वहां दुख नहीं। जहां ज्ञान है वहां दुख होगा।

वह जो टाल्सटाय जिस सर्प से बात कर रहा है, वह निश्चित ही दुखी नहीं है। टाल्सटाय दुखी है। लेकिन सर्प को ज्ञान नहीं है, इसलिए दुख भी नहीं है। टाल्सटाय को ज्ञान है, और इसलिए दुख है। और तब एक बड़ी अनूठी घटना घटती है कि मनुष्य-जाति में जो लोग सर्वाधिक ज्ञानपूर्ण हैं वे सर्वाधिक दुख से भर जाते हैं। मनुष्य-जाति में भी वे लोग, जो ज्ञान की दिशा में बहुत आगे नहीं गए हैं, बहुत दुखी नहीं होते। इसलिए दूर जंगल में रहता हुआ आदिवासी बहुत दुखी नहीं है। ज्ञान की मात्रा के साथ दुख बढ़ जाता है।

इसलिए वेदना अनूठा शब्द है। दुनिया की किसी भाषा में ज्ञान और दुख, दोनों के लिए एक शब्द नहीं है। ज्ञान होगा तो दुख होगा। उलटी बात भी सच है। दुख होगा तो ज्ञान होगा। आपके सिर में दर्द होता है तभी आपको पता चलता है कि सिर है। जब दर्द नहीं होता तो पता नहीं चलता कि सिर है। असल में, जब आपको अपने शरीर का पता चलने लगे तब समझना कि आप बीमार हैं। बीमारी का यही लक्षण है। जब आपको शरीर का अंग-अंग पता चलने लगे तो समझना कि आप वृद्ध हो गए, बूढ़े हो गए। जहां-जहां दुख होगा वहां-वहां बोध होगा। पैर में कांटा गड़ेगा तो पता चलेगा कि पैर है। अगर दुख न हो तो ज्ञान भी नहीं होगा, बोध भी नहीं होगा।

मनुष्य बोधपूर्ण है। पूरी प्रकृति में मनुष्य अकेला बोधपूर्ण है, जो सोचता है, विचारता है, विमर्श करता है; जो राजी नहीं होता। चीजें जैसी हैं, उनके प्रति सोचता है, उनमें बदलाहट चाहता है, या अपने में बदलाहट चाहता है।

लेकिन मनुष्य विचार कर रहा है प्रतिपल। जो भी हो रहा है, वह उससे टूटा हुआ है विचार के कारण। जब भी आप विचार करते हैं किसी चीज का, आप उससे टूट जाते हैं। विचार बीच में स्थान बना देता है। विचार डिस्टेंस पैदा करता है, फासला बनाता है। फासले के बिना विचार हो भी नहीं सकता। इसलिए विचारक कहते हैं कि जब भी आप सोचते हों तो पहले फासला बना लेना। अगर फासला न होगा तो आप सोच भी न सकेंगे। जितना फासला होगा उतना सोचना सही होगा। जितना फासला कम होगा उतना सोचना मुश्किल हो जाएगा।

एक मजिस्ट्रेट है। उसका लड़का चोरी करके अदालत में आ जाए तो फिर वह नहीं सोच पाता। फासला बहुत कम है; लड़का बहुत करीब है। एक डाक्टर है। उसकी पत्नी बीमार हो जाए तो वह निदान नहीं कर पाता। फासला बहुत कम है। एक सर्जन है, बड़ा से बड़ा सर्जन। उसके खुद के बेटे का आपरेशन करना हो, वह किसी और सर्जन को बुलाता है। फासला बहुत कम है। फासला जितना हो उतना विचार निष्पक्ष हो पाता है। फासला जितना कम हो उतना विचार धूमिल हो जाता है।

इसलिए एक अनूठी बात रोज देखने में आती है कि अगर दूसरा मुसीबत में हो तो आप बड़ी नेक सलाह दे पाते हैं; वही मुसीबत आप पर हो तो कोई सलाह आप अपने को नहीं दे पाते। फासला बिलकुल नहीं है। विचार अवरुद्ध हो जाता है।

विचार फासला पैदा करने की विधि है। मनुष्य टूट गया है स्वभाव से, क्योंकि सोचता है; हर चीज पर सोचता है। जहां-जहां सोचना प्रविष्ट हो जाता है वहां-वहां से टूटता चला जाता है।

अब एक ऐसी अवस्था है मनुष्य की जहां दो ही उपाय हैं—कि वह वापस प्रकृति से जुड़ जाए, क्योंकि प्रकृति से बिना जुड़े आनंद नहीं है। विचार आनंद को जानता ही नहीं; जान भी नहीं सकता। विचार दुख का मूल है। विचार स्वयं दुख है, वेदना है। तो दो ही उपाय हैं मनुष्य के लिए। एक तो यह उपाय है कि वह गिर जाए विचार से नीचे; जहां पशु जीते हैं, वृक्ष जीते हैं, आकाश में बदलियां चलती हैं, उस लोक में गिर जाए।

इसीलिए शराब का इतना प्रभाव है। मादक द्रव्यों की इतनी गहरी पकड़ है आदमी के ऊपर कि दुनिया के सारे धर्म चिल्लाते हैं, सारे राज्य कोशिश करते हैं, लेकिन आदमी को बेहोश होने से नहीं रोका जा सकता। यह केवल शराब की ही बात होती तो आसान था। यह शराब की ही बात नहीं है। न कानून रोक सकता है, न साधु रोक सकते हैं, क्योंकि मनुष्य की बहुत गहरी पकड़ है। और वह पकड़ यह है कि शराब के गहरे नशे में थोड़ी देर को वह आनंदित हो पाता है, दुख मिट जाता है। शराब से दुख नहीं मिटता, दुख मिटता है विचार के खो जाने से। शराब माध्यम बन जाती है। तो जहां भी आपका विचार खो जाता है वहीं आपको आनंद की झलक मिलने लगती है।

तो एक तो उपाय है कि आदमी नीचे गिर जाए। लेकिन यह उपाय बहुत कारगर नहीं है। क्योंकि जहां हम पहुंच गए हैं वहां से वस्तुतः नीचे गिरना असंभव है। जगत में पतन होता ही नहीं। यह ऐसे ही है कि एक बच्चा मैट्रिक की कक्षा में पहुंच गया; आप चाहे उसे आप पहली कक्षा में फिर से भेज दें, लेकिन पहली कक्षा में उसे भेजा नहीं जा सकता। ज्ञान से नीचे गिरना असंभव है। जो आपने जान लिया उसे आप अनजाना नहीं कर सकते; जो आपका ज्ञान बन गया उससे आप वापस नहीं लौट सकते।

इसलिए श्री अरविंद के विचार में थोड़ा सा बल है। श्री अरविंद पहले विचारक हैं भारत में जिन्होंने जोर दिया इस बात पर कि कोई भी मनुष्य एक बार मनुष्य योनि में पैदा होकर वापस पशुओं में नहीं जा सकता। इसमें सचाई है। चाहे कितना ही पाप करे! पशुवत हो जाएंगे, लेकिन पशु नहीं हो सकते। कोई उपाय नहीं है नीचे गिरने का। क्योंकि जो जान लिया है उसे अनजाना कैसे किया जाए? जो चेतन हो गया, वह अचेतन नहीं हो सकता। क्षण भर को हम भुलावा पैदा कर सकते हैं। शराब भुलावा पैदा करती है; आपकी स्थिति नहीं बदलती।

एक ही उपाय है—दूसरा—वह यह है कि हम विचार के पार चले जाएं। विचार के नीचे चले जाएं तो भी विचार से मुक्ति हो जाती है; उसी के साथ दुख से मुक्ति हो जाती है। बेहोशी में कोई दुख नहीं है। और या फिर इतने परम होश से भर जाएं, विचार के पार चले जाएं, इतने चेतन हो जाएं कि चेतना तो हो, विचार न रह जाए; होश तो हो, लेकिन विचारणा खो जाए; आकाश रह जाए चेतना का, बादल विचार के न रह जाएं। इस अतिक्रमण में, ध्यान में, समाधि में, फिर पुनः हम प्रकृति के साथ एक हो जाते हैं।

तो एक तो असाधु का ढंग है प्रकृति के साथ एक होने काः शराब, वासना, कुछ भी; खोने के उपाय, विस्मरण के उपाय। वह असाधु का ढंग है समाधि को पाने के लिए। सफल उसमें वह नहीं होता। एक साधु का ढंग हैः ध्यान, उस अवस्था में आ जाना जहां विचार खो जाते हैं। नीचे उतर कर...अगर टाल्सटाय को लगा कि सर्प आनंद में है, तो यह भी टाल्सटाय को लग रहा है, सर्प को नहीं। सर्प को यह भी नहीं लग सकता कि टाल्सटाय दुख में है, और न सर्प को यह लग सकता है कि वह आनंद में है। यह भी टाल्सटाय की चिंतना है। सर्प का इससे कुछ लेना-देना नहीं है। सर्प सिर्फ होश में ही नहीं है। जो भी हो रहा है, हो रहा है; सर्प उसमें बह रहा है। रत्ती मात्र भी फासला नहीं है जहां वह विचार कर सके। न उसे दुख का पता है, और न उसे आनंद का पता है। वह हमें आनंद में प्रतीत होता है; उसे कुछ पता नहीं है।

लेकिन बुद्ध को आनंद का पता है। तो बुद्ध सर्प जैसे हैं एक अर्थ में और एक अर्थ में हम जैसे हैं। उन्हें पता है आनंद का, जैसे हमें पता है दुख का। इस अर्थ में वे मनुष्य जैसे हैं। और इस अर्थ में वे सर्प जैसे हैं कि वे आनंद

में इतने लीन हैं कि उसकी कोई विचारणा नहीं बनती। वे आनंद के साथ एक हैं। वह उनका स्वभाव है। इसलिए बुद्ध अगर बैठे हैं बोधिवृक्ष के नीचे और हम जाकर उन्हें कहें कि आप बड़े आनंद में हैं। तो यह भी हमारा विचार है। बुद्ध तो आनंद के साथ इतने लीन हैं कि हम कहेंगे तो उन्हें खयाल आएगा, अन्यथा उन्हें खयाल भी नहीं आएगा। हम ही उन्हें स्मरण दिलाएंगे। असल में, हमारे चेहरे का दुख ही उनके लिए स्मरण का कारण बनेगा कि वे आनंद में हैं।

एक अवस्था है अतिक्रमण की। लाओत्से के सूत्र को समझने के लिए यह खयाल में रखना जरूरी है। प्रकृति का पहला संबंध तो टूट गया; उसे वापस वैसा ही जोड़ने का कोई उपाय नहीं है। लेकिन अगर हम यह समझ पाएं कि इस संबंध के टूटने में दुख निर्मित हुआ है तो हम इसको अतिक्रमण कर सकते हैं और पार जा सकते हैं। लाओत्से उस अवस्था की चर्चा कर रहा है, जब हम प्रकृति के साथ पुनः मिल गए; वर्तुल पूरा हो गया। हम उसी मूल स्रोत में फिर से डूब गए इस ज्ञान की यात्रा के बाद। वापस नहीं गिरे; पुनः पूरी यात्रा के बाद वर्तुल पूरा हुआ। और ध्यान रहे, हम जहां हैं, आधा वर्तुल हो गया है। यहां से अगर हम पीछे भी गिरें तो भी उतनी ही यात्रा करनी पड़ेगी जितना हम आगे बढ़ें।

मैं एक विश्वविद्यालय में था। और रोज सुबह घूमने जाता था। एक बड़ा बगीचा, उसके चारों तरफ एक चक्कर मार आता था। एक बूढ़े मित्र से रोज नमस्कार होती थी। कभी-कभी उनसे मैं कुशल-क्षेम पूछ लेता था। एक दिन उनसे पूछा कि ठीक तो हैं? उन्होंने कहा, और तो सब ठीक है, लेकिन अब शरीर काम नहीं देता। पहले तो मैं पूरा एक चक्कर लगा लेता था; अब आधे पर ही आकर थक जाता हूं और वापस लौटना पड़ता है। मैंने उनसे कहा, इसमें फर्क क्या है? आधे पर ही आकर थक जाता हूं और वापस लौटना पड़ता है। चाहे पूरा चक्कर लगाओ और चाहे आधे से वापस लौटो, तुम्हारा घर बराबर दूरी पर है।

कुछ लोग उन बूढ़े सज्जन जैसी ही चेष्टा करते रहते हैं; आधे से वापस लौटने की कोशिश करते हैं। उतनी ही यात्रा में तो वर्तुल पूरा हो जाएगा। और जीवन जो सिखाने के लिए है वह शिक्षा भी मिल जाएगी; जो बोध जीवन की नियति है, वह भी हाथ में आ जाएगा। विचार का कचरा भी छूट जाएगा और बोध की पवित्रता भी उपलब्ध हो जाएगी।

पीछे गिरने की चेष्टा जो छोड़ देता है, उसने धार्मिक होना शुरू कर दिया। पीछे गिरने की चेष्टा ही अधर्म है। और पीछे कोई गिर नहीं सकता; वह असंभावना है। इसलिए मैं निरंतर कहता हूं कि अधार्मिक आदमी असंभव कोशिश में लगा है; जो सफल हो ही नहीं सकता। अधार्मिक इसलिए असफल नहीं होता कि बुरा है; अधार्मिक इसलिए असफल होता है कि वह जो चाहता है वह हो ही नहीं सकता। वह प्रकृति के नियम में नहीं है। धार्मिक इसलिए सफल नहीं होता कि भला है; धार्मिक इसलिए सफल होता है कि वह जीवन के नियम के अनुकूल चल रहा है। वह सफल होगा ही।

बुरे-भले की कोई फिक्र प्रकृति को नहीं है; प्रकृति को फिक्र सही और गलत की है। बुरा-भला आदमी की धारणाएं हैं। जीवन के परम नियम बुरे और भले की भाषा में नहीं सोचते; जीवन के परम नियम ठीक और गलत की भाषा में सोचते हैं। बुद्ध अपनी हर विधि के सामने सम्यक, राइट शब्द जोड़ देते थे। उन्होंने अपने भिक्षुओं को कहा कि ध्यान भी करो तो उन्होंने कहा सम्यक ध्यान, राइट मेडिटेशन। बड़ी सोचने की बात है कि ध्यान भी क्या असम्यक हो सकता है? गलत ध्यान भी हो सकता है? जरूर हो सकता है। तभी बुद्ध जोर देकर कहते हैं कि ठीक ध्यान, सम्यक ध्यान।

कोई बुद्ध से पूछता है कि आप ध्यान में भी सम्यक क्यों जोड़ते हैं? तो बुद्ध कहते हैं, वह भी ध्यान है जो बेहोशी से उपलब्ध होता है, गिर कर जो उपलब्ध होता है वापस। वह असम्यक है। वह भी ध्यान है जो आगे बढ़ कर उपलब्ध होता है, अतिक्रमण से उपलब्ध होता है। वह सम्यक है।

बुद्ध कहते हैं, सम्यक समाधि, ठीक समाधि।

यह आपने कभी खयाल न किया होगा। गैर-ठीक समाधि भी होती है। और दुनिया के बहुत से धार्मिक लोग भी गैर-ठीक समाधि की कोशिश में लगे रहते हैं। अगर आप बेहोश हो गए तो गैर-ठीक समाधि मिली। अगर आप आनंद से भरे और होश में भी रहे तो ठीक समाधि मिली। फर्क वही है पीछे गिरने का, या आगे निकल जाने का। पीछे गिर जाना आसान दिखता है; लेकिन असंभव है। आसान दिखने के कारण बहुत लोग कोशिश करते हैं; लेकिन असंभव होने के कारण कोई भी सफल नहीं हो पाता। ठीक ध्यान, ठीक समाधि कठिन मालूम पड़ती है, लेकिन संभव है। कठिन होने के कारण बहुत कम लोग प्रयास करते हैं; लेकिन जो भी प्रयास करते हैं वे सफल हो जाते हैं।

अब हम इस सूत्र को समझने की कोशिश करें। यह उन ध्यानियों के बाबत खबर देता है जिन्होंने प्रकृति के साथ पुनः अपने को एक कर लिया है।

'श्रेष्ठ चरित्र वाला मनुष्य अपने चरित्र के प्रति अनजान है।'

अगर आपको चरित्र का बोध है तो वह बोध ही बता रहा है कि चरित्र में कहीं कोई खटकने वाली बात है, कोई चीज खटक रही है। नहीं तो बोध होगा कैसे? बीमारी का बोध होता है; स्वास्थ्य का बोध नहीं होता। अगर चरित्र सच में स्वस्थ है तो आपको खटकेगा ही नहीं कुछ; आपको यह भी पता नहीं चलेगा कि मैं चरित्रवान हूं। अगर आपको पता चलता है कि आप चरित्रवान हैं तो अभी चरित्र बहुत दूर है। यह आरोपित होगा; ठोंक-पीट कर आपने किसी तरह अपने को चरित्रवान बना लिया होगा। लेकिन आप अभी तक चरित्र की योग्यता नहीं पा सके हैं; अभी चरित्र आपके भीतर से खिला नहीं है। ये फूल आपकी ही आत्मा में नहीं लगे हैं; ये आप कहीं से खरीद लाए हैं। ये उधार हैं। इन्हें आपने ऊपर से चिपका लिया है।

तो चाहे आप दुनिया को धोखा दे दें, लेकिन आप अपने को कैसे धोखा दे सकते हैं? आप अपने को धोखा नहीं दे सकते, यह इस बात से पता चलेगा कि आप सदा इस खयाल में रहेंगे कि मैं चरित्रवान हूं; आप अकड़े हुए रहेंगे। आपको सदा यह कांटे की तरह चुभता रहेगा कि आप चरित्रवान हैं।

आप देखें, चारों तरफ चरित्रवान लोग हैं। कांटे की तरह उनको चुभता ही रहता है कि वे चरित्रवान हैं। वे अकड़े ही रहते हैं। चलते भी हैं तो और ढंग से; बैठते भी हैं तो और ढंग से। और पूरे वक्त उनकी आंखें तलाश करती हैं कि कोई समझे कि वे चरित्रवान हैं; कोई पहचाने कि वे चरित्रवान हैं; चार लोग उनसे कहें कि आपका शील, आपका चरित्र, आपकी महिमा! आश्वस्त नहीं हैं वे। अभी किसी और के सहारे की जरूरत है। अभी अकड़ के सहारे ही वे चरित्रवान हैं। यह भी अहंकार का ही हिस्सा है। अभी चरित्र इतना सहज नहीं हो गया है कि वे भूल जाएं, कि उन्हें पता न रहे, कि वे इसकी प्रतीक्षा न करें कि कोई सहारा दे, कि कोई प्रशंसा करे, कि दूसरे की आंख में जो झलक पैदा होती है उससे उन्हें भोजन मिले, कि दूसरे के शब्द जो खुशामद करते हैं उससे उन्हें शक्ति मिले। नहीं, अब उन्हें कुछ भी पता नहीं है। चरित्र स्वास्थ्य हो गया है।

जब भी कोई चीज स्वस्थ हो जाएगी तो आपको उसका पता नहीं चलेगा। इसे आप एक कसौटी मान लें। और जीवन की साधना में जो लगे हैं, उनके लिए यह कसौटी बड़ी मूल्यवान है। जिस चीज का भी आपको पता चलता हो, समझना कि अभी, अभी वह आपको नहीं मिली।

मेरे पास लोग आते हैं; वे कहते हैं कि हम बिलकुल शांत हो गए। फिर वे मेरी तरफ देखते हैं कि मैं कहूं कि हां, आप शांत हो गए। अगर मैं कह दूं कि आप नहीं हुए तो उनकी सब शांति खो जाती है। तो वे तत्क्षण अशांत हो जाते हैं। मैं उनसे यही कहता हूं कि अगर शांत ही हो गए तो अब इस अशांति को क्यों ढोते हो कि मैं शांत हूं! इसे भी छोड़ो। अब पूरे ही शांत हो जाओ। नहीं, वे कहते हैं, पूछने आपसे आए, ताकि पक्का हो जाए।

आप मुझसे पूछने नहीं आते कि आप जीवित हैं या नहीं। वह पक्का है। लेकिन आप पूछने आते हैं कि मैं शांत हो गया कि नहीं। वह पक्का नहीं है। आप थोपना चाह रहे हैं। आप अपने को समझाना चाह रहे हैं कि शांत हो गए। शांत होना कठिन है; समझा लेना बहुत आसान है। और अगर दूसरे प्रशंसा करने लगें तब तो समझा लेना बहुत आसान है।

इसलिए हमारे मुल्क में, जहां साधु की प्रशंसा है, अगर झूठे साधु बड़ी संख्या में पैदा होते हों तो साधुओं का कसूर तो है ही, हमारा कसूर बहुत बड़ा है। वह प्रशंसा ही रोग का आधार हो गया। उस प्रशंसा के मोह में आदमी शांत भी हो जाता है, आनंदित भी हो जाता है। और भीतर कोई घटना नहीं घटती।

लाओत्से कहता है, 'श्रेष्ठ चरित्र वाला मनुष्य अपने चरित्र के प्रति अनजान है।'

उसे कुछ भी पता नहीं है। उसे यह भी पता नहीं है कि मैं अच्छा हूं और आप बुरे हैं। ध्यान रहे, मैं अच्छा हूं, जिसको भी पता होगा, उसे यह भी पता होता है साथ ही साथ कि आप बुरे हैं। जब भी आप दूसरे को इस भांति देखते हैं कि दूसरा बुरा है, तब आप गौर करके देखना कि दूसरे को बुरा देखने की चेष्टा वस्तुतः दूसरे से संबंधित नहीं है, स्वयं को अच्छा देखने से संबंधित है। और जब हम दूसरे को बुरा देख लेते हैं तो स्वयं को अच्छा देखना आसान होता है। अगर सभी लोग अच्छे हैं तो स्वयं को अच्छा देखना बहुत कठिन हो जाएगा।

कबीर ने कहा है, जो मैं खोजने चला कि कौन है बुरा आदमी तो मुझसे बुरा मुझे कोई भी न मिला।

अगर आप खोजने जाएंगे तो आपसे अच्छा आदमी मिल ही नहीं सकता। असंभव है। अगर आपको कहीं भूल-चूक से कोई अच्छा आदमी मिल भी जाए तो ज्यादा देर अच्छा नहीं रह सकता। आप कुछ न कुछ उपाय खोज ही लेंगे जिससे आप उसे बुरा कह सकें।

कभी आपने खयाल किया है कि जब भी आप किसी को बुरा सिद्ध कर पाते हैं तो आपकी छाती से बोझ उतर जाता है। जब भी आप निंदा करते हैं, गाली देते हैं, किसी के दोषों का वर्णन करते हैं, तब आपने कभी अपना चेहरा आईने में देखा? कैसे प्रसन्न आप मालूम होते हैं, जैसे बड़ा बोझ छाती से उतर गया। यह एक आदमी और नीचे आ गया। एक आदमी से आप और ऊपर आ गए। निंदा का रस इतना ज्यादा किसी और कारण से नहीं है। निंदा का रस सिर्फ इसीलिए है कि उसमें आपको अच्छा होने का खयाल पैदा होता है। एक अर्थ में अच्छा लक्षण है कि आप अच्छा होना चाहते हैं। कम से कम इतनी चेष्टा तो जारी है कि अच्छा होना चाहते हैं। लेकिन आप जो विधि चुन रहे हैं, वह गलत है, आत्मघाती है। इस भांति आप कभी अच्छे न हो पाएंगे।

दूसरे में बुराई देखने की अथक चेष्टा चलती रहती है। अगर कोई आपसे प्रशंसा करे किसी की तो आप हजार तर्क उपस्थित करते हैं, आप हजार उपाय करते हैं कि सिद्ध कर दें कि वह प्रशंसा करने वाला गलत है। लेकिन जब कोई किसी की निंदा करता है तो आप कोई तर्क उपस्थित नहीं करते। आप बड़े सदभाव से स्वीकार कर लेते हैं। थोड़ा जाग कर देखेंगे तो समझ में आएगा कि यह किस तृष्णा का हिस्सा है। आप अच्छे होना चाहते हैं। यह सस्ता उपाय है। यह सस्ता उपाय है।

एक लकीर खिंची है; उसके सामने एक छोटी लकीर खींच दें, वह बड़ी हो जाती है—बिना कुछ किए। उस लकीर को छूना भी नहीं पड़ता। बड़ी लकीर खींच दें, वह छोटी हो जाती है। आप हर आदमी की लकीर अपने से छोटी खींचने की कोशिश में लगे हैं, ताकि आपकी लकीर बड़ी मालूम पड़ती रहे। लेकिन यह प्रयास आत्मघाती है। इससे आप कभी भी बड़े न हो पाएंगे। यह छोटा रहने का बड़ा अदभुत उपाय है; सदा सफल होता है।

लाओत्से कहता है कि चरित्र उसी के पास है जो चरित्र के प्रति अनजान है; इसीलिए वह चरित्रवान है। घटिया चरित्र वाला मनुष्य चरित्र बनाए रखने पर, बचाए रखने पर तुला रहता है।

जो व्यक्ति भी अपने चरित्र को बचाने की कोशिश में लगा रहता है वह घटिया है, मीडियाकर है। उसे चरित्र के अदभुत आकाश का कोई पता ही नहीं। उसे चरित्र की स्वतंत्रता का कोई पता नहीं। चरित्र उसके लिए एक बंधन और कारागृह है। आप देखते हैं साधुओं को! स्त्री न दिख जाए, आंख नीचे रखते हैं। यह साधुता कितने कीमत की है? स्त्री छू न जाए, अपने वस्त्रों को सम्हाल कर चलते हैं।

अभी एक साधु मुझे मिलने आए। तो जहां मैं बैठा था, जिस फर्श पर, उस पर दो स्त्रियां भी बैठी थीं। तो वह फर्श के नीचे ही रुक गए। तो मैंने कहा, आप आ जाएं पास; उतनी दूर से तो बात करना बहुत मुश्किल होगा। तो उन्होंने कहा, जरा अड़चन है; एक ही फर्श पर, जिस पर स्त्रियां बैठी हैं, मैं नहीं बैठ सकता।

कोई उनसे स्त्रियों की गोद में बैठने को नहीं कह रहा है। फर्श पर नहीं बैठ सकते, क्योंकि फर्श पर स्त्रियां बैठी हुई हैं। वह फर्श स्त्रियों को छू रहा है, स्त्रैण हो गया। उसमें स्त्रियों की ध्वनि-तरंगें व्याप्त हो गईं। उससे साधु को कष्ट है; उससे साधु भयभीत है। यह साधुता कितने मूल्य की है? इसका कोई भी तो मूल्य नहीं है। इतनी कमजोर साधुता का मूल्य क्या हो सकता है?

लेकिन हम भी कहेंगे कि हां, यह साधु है। क्योंकि हम भी क्षुद्र चरित्र को ही पहचान पाते हैं। क्षुद्र बुद्धि क्षुद्र चरित्र को ही पहचान भी सकती है। इस साधु को हम भी साधु कह पाएंगे, क्योंकि हमारी बुद्धि से भी इसका तालमेल बैठता है। मगर हम नहीं समझ पा रहे हैं कि जो इतना ज्यादा अपने चरित्र को बचाने पर तुला है, उसके पास कितना चरित्र होगा? है भी चरित्र या नहीं है? क्योंकि जो हमारे पास होता है उसे बचाने की कोई चिंता नहीं होती; जो हमारे पास नहीं होता उसे बचाने की बड़ी चिंता होती है। हम बचाते ही उसको फिरते हैं जिसका हमें खुद ही भय है कि उघड़ न जाए और पता न चल जाए कि वह हमारे पास नहीं है। अगर आप अपने चरित्र को बचाए रखने की कोशिश में लगे रहते हैं तो समझना कि वह चरित्र किसी काम का है नहीं। किसी और चरित्र को खोजें जिसे बचाना नहीं पड़ता। चरित्र आपको बचाएगा या आप चरित्र को बचाएंगे? सत्य आपको बचाएगा या आप सत्य को बचाएंगे? परमात्मा आपको बचाएगा या आप परमात्मा को बचाएंगे?

जिस परमात्मा को आपके लिए बचाना पड़ता है, वह कचरे की टोकरी में डाल देने जैसा है। उसका क्या मूल्य? और जिस चरित्र को आप बचाते हैं, वह आपकी ही कृति है; वह आपसे बड़ी नहीं हो सकती। उस चरित्र को खोजें जो आकाश की तरह आपको घेर लेता है। फिर आप कहीं भी जाएं वह आपको घेरे ही रहता है। आप नरक में उतर जाएं तो भी घेरे रहता है। आप कहां हैं, इससे कोई फर्क नहीं पड़ता। और उस चरित्र के प्रति आपको होश भी नहीं रखना पड़ता; वह है ही। वह आपकी श्वास बन गया।

ऐसा चरित्र भी खोजा जा सकता है। ऐसे चरित्र की खोज ही साधना है। मगर कठिन है यात्रा ऐसे चरित्र को खोजना जो आपको बचाए। आसान है ऐसे चरित्र को चिपका लेना अपने चारों तरफ जिसको आपको बचाना पड़े। वह वस्त्रों की भांति है जो आपने ओढ़ लिए हैं। घाव भीतर होता है; आपने मलहम-पट्टी ऊपर से कर ली। इलाज नहीं हुआ। और तब आपको बचाना पड़ता है।

मैंने सुना है, एक छोटे बच्चे को हाथ में चोट आ गई थी। और डाक्टर उसके हाथ पर पट्टी बांध रहा था। उसके बाएं हाथ में चोट थी। तो उसने कहा कि मेरे दाएं हाथ में पट्टी बांध दें।

तो उस डाक्टर ने कहा कि बेटे, तू पागल तो नहीं है? चोट तेरे बाएं हाथ में लगी है, पट्टी बांधना जरूरी है, ताकि बच्चे स्कूल के कोई धक्का न मार दें।

उसने कहा, आप बच्चों को जानते नहीं हैं; इसीलिए तो मैं कह रहा हूं कि आप दाएं हाथ में बांधें। क्योंकि जहां पट्टी होगी वहीं वे लोग धक्का मारेंगे। अगर बायां बचाना है तो दाएं में पट्टी बांधनी जरूरी है।

वह ठीक कह रहा है। पट्टी बांधने से कोई घाव तो मिट नहीं जाता, सिर्फ ढंक जाता है। हमारा सारा चरित्र पट्टी बांधने जैसा है। इसलिए आपके चरित्र पर कोई जरा सी बात करे तो कैसी चोट लगती है, खयाल किया आपने? जरा सा कोई इशारा कर दे आपके चरित्र पर तो कैसी चोट लगती है तीर की तरह। वह चोट कहां लगती है? वह उसकी बात से नहीं लग रही है, वह आपके घाव से लग रही है जो पट्टी के भीतर छिपा है। जब कोई आपके चरित्र की आपसे चर्चा करने लगे और आपको कोई चोट न लगे तो समझना कि घाव भर गया, चरित्र उपलब्ध हुआ है।

लेकिन चोट लगती है। चोट लगती ही इसलिए है कि बात सच होती है। नहीं तो चोट नहीं लगेगी। जो आदमी चोर नहीं है उसे कोई चोर भी कह दे तो चोट नहीं लगेगी। वह हंसेगा। वह समझेगा कि यह आदमी पागल है। लेकिन कोई चोट नहीं लगेगी। चोर से चोर कह दें तो चोट लगती है, क्योंकि पट्टी के नीचे घाव है। आपकी चोट से पहचान आ जाती है कि घाव कहां है। किस बात पर आप क्रोधित होते हैं, उससे आपके घाव की खबर मिलती है। किस बात से आप बेचैन, परेशान होते हैं, उससे घाव की खबर मिलती है। और लोगों को भी पता है कि जहां-जहां पट्टियां हैं वहां-वहां घाव हैं। बच्चों को ही पता नहीं है, बड़ों को भी पता है। और वे भी जहां-जहां पट्टियां हैं वहां-वहां चोट करते रहते हैं।

लाओत्से कहता है कि चरित्र घटिया है, अगर उसे बचाए रखने की चेष्टा करनी पड़ती है। जिस चरित्र को बचाने की चेष्टा करनी पड़ती है वह चेष्टा से पैदा हुआ चरित्र है।

इसे थोड़ा समझ लें। चरित्र दो प्रकार का है। एक तो आविर्भाव है। एक तो सहज, अपके भीतर की खिलावट है। और एक आरोपण है; आविर्भाव नहीं। आप भीतर कुछ और होते हैं, बाहर से आप कुछ और थोप लेते हैं। एक तो चरित्र है धर्म, और एक चरित्र है नीति। वह नीति घाव वाला चरित्र है। नीति उपयोगिता का दृष्टिकोण है; जो उपयोगी है, जिससे समाज में चलने में सुविधा होगी, जिससे सफल होने में आसानी होगी, जिससे महत्वाकांक्षा सुगमता से तृप्त होगी, जिससे लोगों से टकराहट कम होगी, वह चालाकी है। नीति चालाकी है। वे जो होशियार लोग हैं वे सब तरह की नीति अपने चारों तरफ खड़ी कर लेते हैं। उससे उनको अनैतिक होने की सुविधा मिल जाती है।

इसे थोड़ा समझ लें। अगर आपको चोरी ही करनी है तो आपको मंदिर जरूर जाना चाहिए। उससे लोग कम शक कर सकेंगे कि यह आदमी, और चोर हो सकता है! अगर आपको बेईमानी ही करनी है तो आपको ईमानदारी का खूब गुणगान करना चाहिए; उसमें कंजूसी नहीं करनी चाहिए। और जब भी कभी ऐसा मौका मिले, लोक-प्रदर्शन का, तो ईमानदारी का प्रदर्शन भी करना चाहिए; बात ही नहीं। छोटे-मोटे मौके जो भी मिल जाएं ईमानदारी प्रदर्शित करने के, वह जरूर उनका उपयोग कर लेना चाहिए। तो आप बड़ी बेईमानी करने के लिए मुक्त हो जाते हैं। कोई शक भी नहीं कर सकेगा कि यह आदमी और बेईमान! इस आदमी ने इतना दान दिया है अस्पताल के लिए, इतना स्कूल के लिए, इतना आदिवासी बच्चों की शिक्षा के लिए, यह आदमी और बेईमान! अगर लाख, दो लाख दान में खर्च करने पड़ें तो करने चाहिए, अगर आपको करोड़, दो करोड़ का शोषण करना हो। तो आप सुरक्षित हैं।

नीति आपकी रक्षा है। तो अंग्रेजी में जो वे कहते हैं कि आनेस्टी इज़ दि बेस्ट पालिसी, वे ठीक कहते हैं। वह पालिसी ही है; आनेस्टी नहीं है। आनेस्टी का पालिसी से क्या लेना-देना! होशियारी है, कुशलता है, चालाकी है, गणित है, हिसाब है।

और निश्चित ही, जो होशियार हैं वे ईमानदारी के द्वारा बेईमानी करते हैं। जो नासमझ हैं वे सीधी बेईमानी करते हैं और फंस जाते हैं। बेईमान फंसते हैं, ऐसा मत समझना; सिर्फ नासमझ बेईमान फंसते हैं। समझदार बेईमान नहीं फंसते, क्योंकि वे जो करते हैं उससे बचने का पूरा उपाय कर लेते हैं। उन्हें पकड़ना अति कठिन है। उन पर ध्यान भी जाना अति कठिन है कि वे ऐसा कर रहे होंगे।

चरित्र—नैतिक चरित्र, ऊपरी चरित्र—जो समाज में कुशलता से जीने की कला है, वह ऊपर से थोपा हुआ है। भीतर आदमी बिलकुल उलटा होगा। तो जो आदमी बहुत ब्रह्मचर्य की चर्चा करे, समझना कि कामवासना भीतर गहरे में खड़ी है। जो आदमी सत्य की बहुत बात करे, समझना कि झूठ बोलने की तैयारी कर रहा है। उलटे का ध्यान रखना। उलटा जरूर भीतर होगा, उसी को छिपाने के लिए इतना आयोजन किया जा रहा है; उसी को भुलाने के लिए। हो सकता है आपको ही धोखा देने की चेष्टा न हो, खुद को धोखा देने की चेष्टा हो। वह खुद ही भूल जाना चाहता हो।

पश्चिम के मनसविद, जिन्हें आप साधु-संन्यासी कहते हैं, उनके संबंध में बड़ी हैरानी से सोचते हैं। क्योंकि आपके साधु-संन्यासी ब्रह्मचर्य, ब्रह्मचर्य, ब्रह्मचर्य की रट लगाए रखते हैं। पश्चिम के मनसविद कहते हैं कि इतनी रटन का एक ही अर्थ हो सकता है कि भीतर कामवासना जोर से धक्के मार रही है। नहीं तो यह रटन खो जाएगी। कामवासना भीतर न होगी तो यह ब्रह्मचर्य की रटन किस चीज को छिपाने, किस चीज को मिटाने, किस चीज के ऊपर आवरण खड़ा करने के लिए होगी? यह भी खो जाएगी।

जब चरित्र पूरा होता है तो नीति खो जाती है, धर्म ही रह जाता है। नीति है दूसरे को देख कर अपने व्यवहार को अनुशासित करना, और धर्म है जीवन के परम नियम के साथ बहना। दूसरे को देखने का कोई सवाल नहीं। इसलिए धार्मिक आदमी अक्सर विद्रोही होगा; और नैतिक आदमी अक्सर कंजर्वेटिव होगा, व्यवस्था के साथ हमेशा राजी होगा। क्योंकि उसकी सारी नीति व्यवस्था के साथ अनुरूप होने की है। वह व्यवस्था से जरा भी इधर-उधर नहीं जाना चाहता। क्योंकि व्यवस्था में रह कर ही शोषण हो सकता है, व्यवस्था में रह कर ही सफलता हो सकती है, व्यवस्था में रह कर ही अहंकार की तृप्ति हो सकती है। धार्मिक आदमी अक्सर व्यवस्था के अनुकूल नहीं पड़ेगा। क्योंकि वह एक महान नियम के अनुकूल हो रहा है। मनुष्यों के बनाए हुए नियम अब छोटे पड़ गए। उनसे ताल-मेल बैठ भी सकता है, नहीं भी बैठे।

मैं इसको कसौटी मानता हूं कि जब बुद्ध जैसे या जीसस जैसे व्यक्ति का जन्म हो, या कृष्ण या लाओत्से जैसे व्यक्ति का जन्म हो, तो लाओत्से या कृष्ण या बुद्ध के साथ जिस समाज का तालमेल बैठ जाए वह समाज धार्मिक है, और अगर न बैठे तालमेल तो वह समाज अधार्मिक है। आपका तथाकथित साधु-महात्मा, उसका तालमेल समाज से बिलकुल बैठा होता है। वह तो बिलकुल ऐसा बनता है जैसे कि बिजली का प्लग बिलकुल बैठ जाता है। बनाया ही गया है जैसे समाज के लिए। बिलकुल बैठ जाता है। सांचे में ढाला हुआ है। जो महात्मा समाज के साथ ऐसा बैठ जाता है जैसा सांचे में ढाला हो, उसका धर्म से कोई संबंध नहीं है; नीति से जरूर संबंध है। उसने सब भांति अपने को काट-छांट कर नीति के अनुकूल बना लिया। समाज उसे सिर पर लेगा, समाज उसका आदर करेगा, सम्मान करेगा, प्रतिष्ठा देगा। क्योंकि वह समाज का अनुचर है, छाया है। लेकिन अगर कोई व्यक्ति जीवन के परम नियम के साथ अपनी एकता साध लेगा तो समाज के और उसके बीच कई अड़चनें खड़ी हो जाएंगी। जो स्वाभाविक हैं। क्योंकि समाज अभी साधु होने के स्तर पर नहीं है।

यदि आप चरित्रवान हैं समाज को देख कर, तो ध्यान रखना, यह चरित्र बहुत काम न आएगा। एक सामाजिक उपयोगिता है, एक औपचारिकता है, एक व्यवहार-कुशलता है। उस चरित्र की खोज करें, जिससे आप प्रकृति के साथ एक हों। ये दो बातें ध्यान में रखें। समाज के साथ एक होने की जो चेष्टा है उससे एक चरित्र मिलेगा, लेकिन वह चरित्र ढकोसला होगा, पाखंड होगा। और उसे बचाए रखने की निरंतर चेष्टा करनी पड़ेगी। क्योंकि वह आपके जीवन में सीधा नहीं आया है, ऊपर से लादा गया है। वह एक बोझ है जिसे ढोना पड़ रहा है; जिसे आप किसी भी क्षण उतार कर हलके होना चाहेंगे।

लेकिन मजबूरियां हैं। उसे उतारने में महंगा पड़ता है। बड़े न्यस्त स्वार्थ हैं, वे टूटते हैं, जिंदगी में असुरक्षा आती है, इसलिए उसे ढोए रखना उचित है। और फिर धीरे-धीरे आप बोझ के आदी हो जाते हैं। फिर तो अगर कोई कहे भी कि यह बोझ उतार दो तो दुश्मन मालूम पड़ता है। क्योंकि बोझ लगता है संपत्ति है।

जो चरित्र आपने समाज को ध्यान में रख कर पैदा कर लिया है, वह संपत्ति नहीं है, बोझ है। उस चरित्र की तलाश करनी जरूरी है जो जीवन की धारा के साथ एकता खोजता है। लाओत्से उसी जीवन के नियम को ताओ कहता है।

'घटिया चरित्र वाला मनुष्य चरित्र बचाए रखने पर तुला है, इसलिए वह चरित्र से वंचित है। श्रेष्ठ चरित्र वाला मनुष्य कभी कर्म नहीं करता है।'

श्रेष्ठ चरित्र का अर्थ ही है, जो आपके भीतर जन्म गया। आप इसलिए सच नहीं बोलते कि सच बोलने से समाज में प्रतिष्ठा होगी; इसलिए भी सच नहीं बोलते कि सच बोलने वाला कभी जेल नहीं जाएगा; इसलिए भी सच नहीं बोलते कि नरक से बच जाएंगे, स्वर्ग जाएंगे। बल्कि इसलिए सच बोलते हैं कि सच बोलने में आपने जीवन का आनंद अनुभव किया है—भविष्य में नहीं, अभी, इसी क्षण। जब आप सत्य बोलते हैं तो आप जीवन के निकटतम होते हैं, उसकी धारा के साथ एक होते हैं। जब भी झूठ बोलते हैं तब धारा से टूट जाते हैं।

यह एक भीतरी अनुसंधान है। जब भी आप सत्य बोलते हैं तब आप निर्बोझ होते हैं, निर्दोष होते हैं, हलके होते हैं, मुक्त होते हैं। न कोई अतीत होता है, न कोई भविष्य होता है। जब भी आप झूठ बोलते हैं तो अतीत होता है, भविष्य होता है; समाज होता है। फिर इस झूठ को बचाए रखना पड़ेगा। एक झूठ के लिए फिर हजार झूठ बोलने पड़ेंगे और उसके लिए निरंतर खयाल रखना पड़ेगा कि आपने कहां झूठ बोला, क्या झूठ बोला। फिर उस झूठ से विपरीत कुछ न बोल जाएं, इसकी सतत जागरूकता रखनी पड़ेगी। तो झूठ एक चिंता बन जाएगी। लाभ उसमें हो सकता है। लेकिन वह लाभ, जो चिंता उससे पैदा होती है, उसके समक्ष कुछ भी नहीं। वह चिंता बहुत भयंकर है। और बड़ा जो उपद्रव है वह यह है कि जितना इस झूठ में आप व्याप्त होते जाएंगे उतना जीवन की धारा से दूर हटते जाएंगे। क्योंकि जीवन की धारा सत्य है।

तो जब कोई सत्य बोलता है समाज को ध्यान में रख कर, तब उसके सत्य का कोई मूल्य नहीं है। वह भी एक प्रकार का झूठ है। इसे थोड़ा समझने में कठिनाई होगी। इसे इस तरह समझना जरूरी है कि आप झूठ क्यों बोलते हैं? इसीलिए कि उससे कुछ लाभ होगा। अगर लाभ सच बोलने से होता हो तो आप सच भी बोलते हैं। लेकिन ध्यान लाभ पर है। तो झूठ और सच में बहुत फर्क नहीं है। अगर आपको लगता है कि हां झूठ बोल कर निकल जाऊंगा उपद्रव से तो आप झूठ बोलते हैं। अगर आपको लगता है कि सच बोल कर निकल जाऊंगा उपद्रव से तो आप सच बोलते हैं। लेकिन दोनों ही हालत में दृष्टि आपकी उपद्रव के बाहर होने की है। दोनों समान हैं। सत्य भी एक साधन है, झूठ भी एक साधन है। लक्ष्य एक है।

लेकिन जो व्यक्ति इसलिए सत्य बोलता है—न तो हानि का सवाल है, न लाभ का। और ध्यान रहे, जरूरी नहीं है कि सत्य में सदा लाभ ही हो। जो लोग यह सिखलाते हैं कि सत्य में सदा लाभ ही होगा, वे भी आपके लाभ को ही ध्यान में रख कर ये बातें कह रहे हैं।

भारत ने अपना राष्ट्रीय प्रतीक बना रखा है: सत्यमेव जयते! सत्य सदा जीतता है। ऐसा कहीं दिखाई नहीं पड़ता। लेकिन लोग जीत में उत्सुक हैं, सत्य में उत्सुक नहीं हैं। अगर सत्य जीतता हो तो लोग सत्य में भी उत्सुक हो सकते हैं। नहीं तो उसमें उनकी कोई उत्सुकता नहीं है। अगर पक्का पता चल जाए कि असत्य ही जीतता है तो लोग असत्य बोलेंगे। लोगों का रस जीत में है, सत्य में नहीं है।

तो मैं नहीं कहता आपसे कि सत्य सदा जीतेगा। जरूरी नहीं है। बहुत बार हारेगा। सच तो यह है कि ज्यादा हारेगा बजाय जीतने के। क्योंकि जिनके बीच आप रह रहे हैं वे सब झूठ हैं। मैं नहीं कहता कि सत्य सदा जीतेगा। लेकिन यह मैं जरूर कहता हूं कि सत्य सदा आनंदित होगा। जीत तो दूसरों से संबंधित है; आनंद भीतर की बात है। सफलता तो दूसरों की बात है।

जीसस को सूली लगी; वह झूठ बोलने से बच सकती थी। इतना ही कहना काफी था...। जीसस कहते थे कि मैं ईश्वर का पुत्र हूं। यह उनकी प्रतीति थी, यह उनका सत्य था, यह उनका अनुभव था कि वह ईश्वर के साथ इतने एक हैं जैसे बाप और बेटे के साथ एक होता है। जैसे बेटा बाप का विस्तार है ऐसा ही जीसस को बोध था कि मैं उसी परमात्मा का विस्तार हूं। यह बोध इतना प्रगाढ़ था कि यह उनका सत्य था। यह इतनी सी बात कहने से जीसस बच सकते थे कि नहीं, यह तो सिर्फ एक प्रतीक है। यह कोई, मैं ईश्वर का पुत्र हूं, यह कोई ऐतिहासिक बात नहीं है। यह कोई सत्य नहीं है, यह तो सिर्फ एक पैरेबल, एक बोध-प्रसंग, एक समझाने का ढंग। इतना कहने से बच सकते थे। इतना ही उनके विरोधी सुनना चाहते थे कि वे साफ-साफ कह दें कि ईश्वर के बेटे नहीं हैं। पर जो उनका सत्य था, वे उससे जरा भी नहीं हटेंगे।

सूली असफलता है जगत की दृष्टि में। जगत की ही दृष्टि में नहीं, जीसस के जो निकटतम अनुयायी थे, उनको भी लगा कि यह तो सब खत्म हो गया। आखिरी क्षण तक जीसस के अनुयायी भीड़ में खड़े यह देख रहे थे कि आखिरी क्षण में कोई न कोई चमत्कार होगा और सत्य जीतेगा। लेकिन जीसस सूली पर चढ़ गए, समाप्त हो गए। तो शिष्य भी घबड़ा गए। यह तो सत्य की मौत हो गई, सत्य सूली पर लटक गया। और सोचा था सत्य जीतेगा, अंततः जीत जाएगा। बीच में छोटी-मोटी हार हो सकती हैं, लेकिन अंततः जीत जाएगा।

मैं नहीं कहता कि सत्य जीतेगा। सच तो यह है, ज्यादा संभावनाएं सत्य के हारने की हैं। क्योंकि हार और जीत बाहर से संबंध है। एक बात निश्चित है कि सत्य सदा आनंदित होगा। हारे तो भी, सूली लग जाए तो भी, असफल हो जाए तो भी, तिरस्कृत हो जाए तो भी। असत्य सदा दुख है। सफल हो जाए तो भी, सिंहासन पर पहुंच जाए तो भी। असत्य सदा दुख है। असत्य सफल होगा। होता है।

मैक्यावेली ने राजाओं को सलाह दी है कि वे सत्य तो अपने निकटतम मित्र को भी न कहें। क्योंकि जो अभी मित्र है, क्षण भर बाद शत्रु हो सकता है; इसे ध्यान में रखना। मैक्यावेली राजाओं को सलाह दे रहा है कि इसे ध्यान में रखना कि जो मित्र है वह कल शत्रु हो सकता है, इसलिए सत्य तो उसे भी मत कहना। कल की शत्रुता को ध्यान में रख कर ही बोलना। अभी वह शत्रु है नहीं, मित्र है; लेकिन कल की शत्रुता संभावी है, उसे ध्यान में रखना। और वही बोलना जो कल वह शत्रु भी हो जाए तो भी नुकसान न पहुंचा सके।

इसलिए सम्राटों का कोई मित्र नहीं हो सकता। मित्र होने का कोई उपाय नहीं। जिनके हाथ में शक्ति है वे किसी के भी मित्र नहीं हो सकते। उनकी मित्रता धोखा होगी। राजनीति में कोई दोस्ती नहीं है, सब दुश्मन हैं। कुछ दुश्मन हैं जो जाहिर हो गए; कुछ जो अभी जाहिर नहीं हुए। मगर वे कभी भी जाहिर हो सकते हैं। इसलिए उनके साथ भी सच नहीं हुआ जा सकता।

जीवन झूठ का एक जाल है, जैसा हमने उसे बना लिया। उसमें झूठ जीतता है; उसमें झूठ सफल होता है। उसमें झूठ सिंहासनों पर विराजमान होता है। लेकिन झूठ का लक्षण उसके भीतर गहन दुख की कालिमा है; अंधेरी रात की तरह वहां दुख है। इसलिए सिंहासनों पर भी दुख की गठरियां ही बैठती हैं।

सत्य आनंद है। अगर आपको आनंद की सुराग मिल गई, सुगंध मिल गई, और आप इसलिए सत्य बोलते हैं कि यही बोलने में आप निकटतम होते हैं निसर्ग के, तो आपको चरित्र—वास्तविक चरित्र—से संबंध जुड़ना शुरू

हो गया। ऐसा जो मनुष्य है, जिसको ऐसा चरित्र उपलब्ध हो गया, वह कर्म नहीं करता, उससे कर्म होता है। यह फर्क समझ लेना चाहिए। वह कुछ करता नहीं। वह कुछ जान-बूझ कर करने नहीं जाता। अब उसको कोई जरूरत नहीं रही। अब तो उसकी भीतर की अंतरात्मा जो कराती है, वह होता है। अब जैसे परम नियति के हाथ में उसने अपने को सौंप दिया। अब जहां हवाएं उसे ले जाती हैं परमात्मा की, वह जाता है। वह अब यह भी नहीं पूछता कि क्या है दिशा? क्या है गंतव्य? क्या है लक्ष्य? कहां तुम मुझे पहुंचाओगे? अब तो उसको कोई लक्ष्य नहीं है, कोई पहुंचने की जगह नहीं है। अब तो सहज होना ही, स्वाभाविक होना ही, स्व-स्फूर्त होना ही उसका भाग्य है।

तो वह जो भी करता है वह करना वैसे ही है जैसे वृक्षों पर पत्ते खिलते हैं। कोई नहीं कहेगा कि वृक्ष ने पत्ते खिलाए; कोई नहीं कहेगा कि वृक्ष ने फूल लगाए। क्योंकि कोई चेष्टा नहीं है। वृक्ष का स्वभाव है कि पत्ते लगते हैं, फूल खिलते हैं। वृक्ष बढ़ता है, आकाश में सुगंध फेंकता है। बस ऐसा ही चरित्रवान व्यक्ति है। उसके भीतर से भी जो होता है वह होता है। वह कोई चेष्टा ऊपर से नहीं करता।

मैंने सुना है, लाओत्से का एक भक्त लीहत्जू एक गांव से गुजर रहा था। लाओत्से के निकटतम पहुंचने वाले थोड़े से लोगों में लीहत्जू भी है। एक गांव से जब वह गुजर रहा था तो उसने देखा कि राजा के घुड़सवार उसके पीछे दौड़ते चले आ रहे हैं। वह अपने गधे पर सवार था। घुड़सवारों ने उसे रोका। राजा का बड़ा मंत्री भी आया और उसने कहा कि सम्राट की आज्ञा है कि आप चलें और सम्राट के प्रधान सलाहकार आप हो जाएं। सम्राट को बड़ी उलझनें हैं, उन्हें हल करना है। लीहत्जू ने कहा, अगर कभी मेरे भीतर का सम्राट मुझे वहां ले आया तो मैं आ जाऊंगा, और दूसरा कोई उपाय नहीं है। नहीं लाया, नहीं आऊंगा। अब मैं नहीं हूं। अब वह भीतर वाला ही मुझे चलाता है।

वे राज्य मंत्री और उनके साथी, पता नहीं उसकी बात समझे या नहीं, लेकिन वे वापस चले गए। जैसे ही वे लौट गए वापस, लीहत्जू एक कुएं पर रुका और उसने अपने कान पानी से धोए। गांव के लोग इकट्ठे हो गए और उन्होंने कहा कि तुम यह क्या करते हो? तब लीहत्जू ने अपने गधे के कान भी पानी से धोए। तो उन्होंने कहा कि तुम बिलकुल पागल तो नहीं हो गए हो? लीहत्जू ने कहा कि सत्ता का शब्द भी कान में पड़ जाए तो करप्ट करता है, तो व्यभिचार पैदा होता है, इसलिए मैंने अपने कान धोए। पर लोगों ने कहा, इस गधे के क्यों धो रहे हो? उसने कहा, जब मुझे तक करप्ट करता है तो गधे की हालत! और गधे तो वैसे ही राजनीति में बड़े उत्सुक होते हैं। इसका तो दिमाग ही खराब हो जाएगा। इसने सुन ली है। यह बिलकुल कान खड़े किए हुए था जब वे लोग कह रहे थे। और मैंने इसके भीतर देख ली कि बिजली दौड़ रही थी और यह बिलकुल तैयार था। यह कह रहा था धीरे, लीहत्जू, हां भर दो। यह तो मुझ पर नाराज है कि कहां महल छोड़ कर, कहां गांव में और जंगलों में भटका रहे हो! इसके कान धो देना भी ठीक है, नहीं तो यह भी पाप मेरे ऊपर पड़ जाएगा।

एक्टन ने, लार्ड एक्टन ने कहा, पावर करप्ट्स, एंड करप्ट्स एब्सोल्यूटली; सत्ता व्यभिचारी है, और पूर्ण रूप से व्यभिचारी है।

लेकिन हम सब सत्ता की खोज में हैं। सत्य की खोज में नहीं हैं, शक्ति की खोज में हैं। उस शक्ति की खोज में हम जो चरित्र निर्मित करते हैं, वह धोखा है, प्रवंचना है। सत्य की जो खोज करता है उसके जीवन में एक चरित्र आना शुरू होता है। जैसे फूलों में सुगंध है, वैसा ही उसका जीवन होता है। उसमें कर्तृत्व खो जाता है; वह कुछ करता नहीं, उससे कुछ होता है।

झेन फकीर रिंझाई कहा करता था कि बुद्ध को जब ज्ञान हुआ, उसके बाद उन्होंने कुछ भी नहीं किया। पर कहानी तो साफ है कि चालीस साल तक वे गांव-गांव गए, लोगों को समझाया, ज्ञान के लिए जगाया। न मालूम कितनों की प्यास तृप्त की। न मालूम कितनों में सोई प्यास को जगाया और अतृप्त किया। और न मालूम कितने लोग

रूपांतरित हुए। चालीस वर्ष अथक भटकन थी, श्रम था। और रिंझाई कहता था कि बुद्ध ने ज्ञान के बाद कुछ भी नहीं किया। तो उसके भक्त उससे पूछते थे कि आप बार-बार ऐसा क्यों कहते हो? हमें पता है कि बुद्ध चालीस साल तक अथक श्रम में लगे रहे। तो रिंझाई कहता था, वह तुम्हें लगता है कि श्रम था, वह बुद्ध की सुगंध थी। उन्होंने कुछ किया नहीं, उनसे हुआ; ज्ञान के बाद उनसे कुछ हुआ। ज्ञान के पहले उन्होंने कुछ किया; ज्ञान के बाद उनसे कुछ हुआ।

इस करने और होने में सारा फर्क है। एक तो है जब आप करते हैं कुछ; सोचते हैं, योजना बनाते हैं, व्यवस्था जुटाते हैं, फिर करने में लगते हैं। वह आपकी अहंकार की ही यात्रा है। और एक जब आप खुले हैं; और जहां भी, जो भी जीवन की धारा आपसे करवा ले, करवा ले। आप सिर्फ तैयार हैं बहने को। न आपकी कोई मंजिल है, न कोई प्रयोजन है, न कोई आग्रह है कि ऐसा हो। फिर आपको कोई दुखी भी नहीं कर सकता, क्योंकि जिसका कोई आग्रह नहीं, उसे कोई विफलता उपलब्ध नहीं होती। और जो कहीं पहुंचना ही नहीं चाहता वह कहीं भी पहुंच जाए, वहीं मंजिल है। कहीं न भी पहुंचे तो भी मंजिल है। उसकी मंजिल उसके साथ ही है। उसे कहीं अब असफलता नहीं हो सकती। बुद्ध के जीवन में कुछ हो रहा है, वह हैपनिंग है, डूइंग नहीं है। वह होना है। वह एक नैसर्गिक प्रवाह है। जिस दिन चरित्र का जन्म होता है उसी दिन कर्ता खो जाता है।

हमारा तो मजा यह है कि हम अपने चरित्र के भी कर्ता हैं। वह भी हम कोशिश कर-करके आयोजित करते हैं। उसे भी हम बिठाते हैं। जैसा मकान बनाते हैं एक-एक ईंट रख कर, ऐसा ही हम अपना चरित्र भी बनाते हैं।

लाओत्से की चरित्र की धारण सहजता की धारणा है। सारा जगत सहज है। न तो चांद-तारे शोरगुल करते हैं कि हम कितनी मेहनत उठा रहे हैं। सूरज रोज सुबह आकर आपके दरवाजे पर दस्तक भी नहीं देता और कहता भी नहीं कि कम से कम धन्यवाद तो दो! कितना जगत का अंधकार मिटा रहा हूं, और कितने समय से मिटा रहा हूं!

मैंने एक कहानी सुनी है कि एक बार अंधकार ने परमात्मा को जाकर कहा कि यह सूरज मेरे पीछे क्यों पड़ा है? आखिर मैंने इसका कुछ बिगाड़ा नहीं। याद भी नहीं आता कि कभी मैंने कोई नुकसान इसे पहुंचाया हो। और यह रोज सुबह हाजिर है! मैं रात भर विश्राम भी नहीं कर पाता; इसके भय से ही पीड़ित होता हूं। सुबह फिर हाजिर है, फिर भाग-दौड़ शुरू हो जाती है। दिन भर भागता हूं, रात विश्राम नहीं। आखिर यह मेरे पीछे क्यों पड़ा है? तो परमात्मा ने, कहानी है कि सूरज को बुलाया और पूछा कि तुम अंधेरे के पीछे क्यों पड़े हो? सूरज ने कहा, यह अंधेरा कौन है? इसे मैं जानता ही नहीं। इससे मेरी कोई मुलाकात ही अब तक नहीं हुई। आप उसे मेरे सामने ही बुला दें, ताकि मैं उसे पहचान लूं और फिर कभी ऐसी भूल न करूंगा।

वह अब तक नहीं हो सका; क्योंकि अंधेरे को सूरज के सामने कैसे लाया जाए! कहते हैं, भगवान सर्व शक्तिशाली है। हो नहीं सकता। अंधेरे को सूरज के सामने वह भी ला नहीं सकता। वह बात वहीं की वहीं फाइल में पड़ी है। वह मुकदमा हल नहीं होता; वह होगा भी नहीं।

जिस सूरज को पता ही नहीं कि अंधेरा है, उसको क्या अहंकार होगा कि मैं अंधेरे को हटाता हूं। सूरज अपने स्वभाव से प्रकाशित है। अंधेरा अपने स्वभाव से भागा हुआ है।

ठीक जीवन की धारा में अपने को छोड़ देने वाला व्यक्ति—ताओ को, धर्म को उपलब्ध व्यक्ति—कुछ करता नहीं; उससे जो होता है, होता है। फिर कुछ बुरा भी नहीं है और भला भी नहीं है। क्योंकि जब हम करते हैं तब बुरा और भला होता है। फिर कोई पुरस्कार और हानि का सवाल नहीं है। क्योंकि हमने कुछ किया नहीं है। और जिस जीवन ने हमारे भीतर से किया है वही पुरस्कार का हिसाब रखे और वही हानियों का हिसाब रखे। हम बीच से हट गए। और जब कर्तृत्व का भाव खो जाता है तो अस्मिता नहीं रह जाती। जहां अहंकार नहीं है, वहां ब्रह्म, वहां परम ऊर्जा प्रकट होती है।

'श्रेष्ठ चरित्र वाला मनुष्य कभी कर्म नहीं करता। या करता भी है तो कभी किसी बाह्य प्रयोजन से नहीं।'

या करता भी है, यह भी हमारे लिए कहा गया है। क्योंकि हमें वह कर्म करता हुआ दिखाई पड़ेगा। हमें दिखाई पड़ते हैं कृष्ण; मानना मुश्किल है कि वे कर्म नहीं करते। क्योंकि ऐसा भी क्षण आ जाता है कि उन्होंने कहा भी है कि मैं अस्त्र नहीं उठाऊंगा, शस्त्र नहीं उठाऊंगा, और फिर वे सुदर्शन चक्र हाथ में ले लेते हैं। कर्म में खड़े हुए मालूम पड़ते हैं। कहना कठिन है कि कर्म नहीं करते। अपनी तरफ से न करते हों, हमारी तरफ से तो दिखाई पड़ता है कर्म, काफी दिखाई पड़ता है।

जीसस का कर्म काफी दिखाई पड़ता है। कितना ही वे कहते हों, और अपनी तरफ से उनके लिए कर्म न भी हो, लेकिन हमने भी उनको देखा है। तो मंदिर में लोगों ने उन्हें देखा है कि उन्होंने ब्याज लेने वाले लोगों के तख्ते उलट दिए, और हाथ में एक कोड़ा उठा लिया और ब्याज लेने वाले लोगों को कोड़ों से मार कर बाहर निकाल दिया। एक आदमी ने सैकड़ों दुकानदारों को खदेड़ दिया, यह भी बड़ी हैरानी की बात है। निश्चित ही, वह आदमी आदमी नहीं रहा होगा उस क्षण में, कोई और विराट शक्ति उसके भीतर से काम कर रही होगी। तभी तो सारे लोग डर गए, भयभीत हो गए, भाग गए। बदला लिया उन्होंने पीछे, लेकिन उस क्षण में एक जवान आदमी, अकेला आदमी, उसने लोगों की दुकानें उलट दीं—सदियों से दुकानें वहां लगी थीं—और कोई उसे रोक न सका! कोई बड़ी शक्ति उसे पकड़े होगी। लेकिन फिर भी हमारे लिए तो दिखाई पड़ता है कि कर्म हुआ; कोड़ा हाथ में लिया, लोगों को डरवाया, लोगों को धक्का मारा, लोगों के तख्ते उलटे। कर्म साफ है।

तो लाओत्से कहता है, या करता भी है। क्योंकि नहीं तो हमें मुश्किल हो जाएगा, हम फौरन मान लेंगे कि जो ज्ञान को उपलब्ध हो जाता है वह कुछ भी नहीं करता। और हम उस घटना को तो जानते नहीं, जहां कर्म सहज होता है; वह हमसे अपरिचित है। तो लाओत्से कहता है, एक बात ध्यान रखना कि या करता भी है तो भी कभी किसी बाह्य प्रयोजन से नहीं। उसका कोई बाह्य प्रयोजन नहीं होता। कोई अंतर-उदभावना होती है, लेकिन बाह्य प्रयोजन नहीं होता।

अगर इस बात को हम समझ लें तो कृष्ण के चरित्र में जो एक उलझाव है वह साफ हो जाए। क्योंकि कृष्ण ने वचन दिया कि शस्त्र नहीं उठाएंगे, फिर शस्त्र उठा लिया। तो हमारे लिए तो बात बड़ी गड़बड़ हो गई। यह तो आदमी वचन का भी मालूम नहीं होता। इसका भरोसा ही नहीं किया जा सकता। इसके आश्वासन का क्या मूल्य है? और जिसके आश्वासन में वचन का मूल्य न हो उसको पूर्ण अवतार कहने वाले हिंदू पागल मालूम होते हैं। और जब कृष्ण की यह अवस्था है तो फिर बाकी हिंदुओं की क्या हालत होगी? बड़ी कठिन बात है। कृष्ण ने वचन दिया है, फिर शस्त्र कैसे उठा लिया?

अगर इस सूत्र को हम समझें तो खयाल में आ जाएगा। वचन देना एक परिस्थिति की सहज उदभावना है। जब वचन दिया है, तब परिस्थिति और है। उस परिस्थिति में यही फूल खिला कि वचन कृष्ण ने दिया। अपनी तरफ से देते तो वे सोच कर देते कि देना कि नहीं देना। क्योंकि कल परिस्थिति बदल सकती है, और मैं वचन का आदमी हूं। तो अगर वे देते तो भी लीगल ढंग से देते, उसमें कुछ शर्त रखते। वे कहते, यदि ऐसा हुआ, यदि ऐसा न हुआ।

तो आप जैसा देखते हैं न, जब वकील डाक्यूमेंट लिखता है तो उसको इतना लंबा लिखना पड़ता है, एक बात को कहने के लिए वह कोई पचास लाइन का उपयोग करता है। वह इसीलिए कि उसमें जगह है; उसमें पच्चीस जगह बनाता है। कल स्थिति बदल जाएगी। तो इसमें जगह, इसमें छिद्र होने चाहिए, जिनसे उपाय किया जा सके, और कोई यह न कहे कि आपने वचन तोड़ दिया। वचन ही इस ढंग से देना है कि उसको तोड़ने का उपाय उसके भीतर रहे। लीगल डाक्यूमेंट में यह जरूरी है।

लेकिन कृष्ण ने सीधा कह दिया कि हां, मैं शस्त्र न उठाऊंगा। यह वचन किसी कानूनी आदमी का वचन नहीं है। यह एक साधु का वचन है, जिसको न भविष्य का विचार है, न अतीत का हिसाब है। जो चालाक नहीं है। यह एक भोले आदमी का, एक बच्चे का, एक सरलता से निकला हुआ वचन है कि हां, नहीं उठाऊंगा। इसे कुछ पता नहीं है कि जो इससे वचन ले रहे हैं वे चालबाज हैं, जो इससे वचन ले रहे हैं वे होशियार हैं, वे कुशल हैं, जो इससे वचन ले रहे हैं वे इसे बांधने की कोशिश कर रहे हैं, वे इसके हाथ-पैर बांध देना चाहते हैं। कृष्ण को इसका कुछ पता नहीं है। उन्होंने वचन दे दिया। और फिर एक घड़ी आई, तब उन्होंने शस्त्र भी उठा लिया। अब नीतिशास्त्री को बड़ी अड़चन है कि कृष्ण को कैसे बिठाया जाए। वचन टूट गया। यह आदमी धोखेबाज है।

मुझे इसमें जरा भी धोखा नहीं मालूम पड़ता। यह आदमी धोखेबाज होता तो पहली बात वचन न देता। यह आदमी धोखेबाज होता तो वचन इस ढंग से देता कि तोड़ने की सुविधा रखता। यह आदमी इतना सरल है कि वचन भी दे दिया और वक्त आया तो तोड़ भी दिया। और इसको कोई अड़चन न मालूम पड़ी। एक दूसरी परिस्थिति में यही स्वाभाविक लगा कि शस्त्र हाथ में उठा लिया जाए। ये दो अलग क्षण हैं। चालाक आदमी दोनों को साथ जोड़ कर सोचता है; सरल आदमी क्षण-क्षण में जीता है। उसके क्षणों के बीच जोड़ नहीं होता; सिवाय उसकी सहजता के और कोई कंटिन्यूटी, और कोई सातत्य नहीं होता। इसलिए कृष्ण मुझे अनूठी सरलता के आदमी मालूम पड़ते हैं। आपके दूसरे महात्मागण उतने सरल नहीं हैं, बड़े चालाक हैं। वे बड़े दूर का हिसाब रखते हैं। उनको परमात्मा भी जब पूछेगा तो उनको फांस न पाएगा। वे सब कानूनन ढंग से चलते हैं। लेकिन कृष्ण बिलकुल सरल हैं।

यह सरलता ऐसी है जैसे बच्चे की है। अभी प्रेम कर रहा है आपको और क्षण भर बाद आग हो गया और आपकी जान लेने को तैयार है, और क्षण भर बाद शांत हो गया और फिर आपकी गोदी में आकर बैठ गया। आप कभी बच्चे को नहीं कहते कि धोखेबाज है। अभी क्षण भर पहले तू कह रहा था कि दुश्मनी है, और अभी क्षण भर बाद दोस्ती! लेकिन आप बच्चे को कभी धोखेबाज नहीं कहते, क्योंकि आप जानते हैं वह सहज है। धोखा आप दे सकते हैं; वह नहीं दे सकता। हर क्षण में वह सच्चा है। और दो क्षणों का हिसाब नहीं है। क्योंकि वह चालाक आदमी का गणित है। क्षण-क्षण में सच्चा है, और क्षण के प्रति जो सचाई है वह प्रकट कर रहा है।

एक क्षण है जहां कृष्ण कहते हैं कि हां, शस्त्र नहीं उठाऊंगा। और एक क्षण है जब वे शस्त्र उठाते हैं। इन दोनों क्षणों में हमारे लिए हिसाब है, कृष्ण के लिए सिर्फ एक ही सहजता है। उस क्षण में यही सहज था; इस क्षण में यही सहज है। और इन दोनों में कोई कंट्राडिक्शन, कोई विरोध नहीं है। लेकिन हमें विरोध दिखाई पड़ता है। और जिस दिन आपको विरोध न दिखाई पड़े, समझना कि आप में भी चरित्र का जन्म हुआ है। और जब तक विरोध दिखाई पड़े तब तक समझना कि आपका चरित्र हिसाब है।

लेकिन हिंदू भी कृष्ण को ठीक से समझा नहीं पाते। उनको भी अड़चन है। क्योंकि उनके पास भी बुद्धि तो नैतिक चरित्र की है। और जब दूसरे धर्मों के लोग कृष्ण पर आक्षेप उठाते हैं तो हिंदू विचारक को टालमटोल करनी पड़ती है। फिर उसे कुछ बातें जबरदस्ती प्रस्तावित करनी पड़ती हैं। या तो वह कहता है कि यह अवतार का चरित्र है, अबूझ है। अबूझ बिलकुल नहीं है, सीधा-साफ है। चरित्र का जरा भी रहस्य नहीं है इसमें। यह सीधी-साफ बात है। एक बच्चे जैसा चरित्र है, इनोसेंट। इसमें क्या अबूझ है? लेकिन वे कहते हैं, अवतार का जीवन तो समझा नहीं जा सकता; वह बड़ा रहस्यपूर्ण है। उन्होंने किसी मतलब से उठाया होगा जो हमें पता नहीं है।

उन्होंने बिलकुल मतलब से नहीं उठाया। अगर मतलब से उठाया है तो वे चरित्र के व्यक्ति ही नहीं हैं; फिर प्रयोजन है। सुदर्शन उठ गया है। इसे कृष्ण ने उठाया नहीं है। इसमें जरा भी सोच-विचार नहीं है। सोचने में और कृत्य में जरा सा भी फासला नहीं है।

आपके कृत्य में और आपके विचार में फासला होता है। आप पहले सोचते हैं, फिर करते हैं। या कभी आप कर लेते हैं तो फिर पीछे बहुत पछताते हैं कि सोचा क्यों नहीं! सोच लेते तो ऐसा कभी न होता। आपका सोच-विचार और आपका कृत्य बड़े फासले पर हैं। कृष्ण का कृत्य ही उनकी चेतना है। उसमें कहीं कोई सोच-विचार नहीं है। जो हो गया है, वह उनकी परिपूर्णता से हो गया है। न तो इसे सोचा है; न इसके पीछे वे सोचेंगे।

इसलिए कृष्ण के जीवन में कोई पश्चात्ताप नहीं है। न कोई पूर्व योजना है, न कोई पश्चात्ताप है। कृत्यों की एक शृंखला है। और कृष्ण हर क्षण में सच्चे हैं। और एक क्षण उन्हें दूसरे क्षण के लिए बांध नहीं पाता। अतीत बंधन नहीं है; उनकी ईमानदारी हर क्षण में सहज प्रवाहित है। जीवन जहां ले जाए, वे जाने को तैयार हैं। चूंकि मैंने कभी ऐसा कहा था, इसलिए जीवन की धारा को वे न मोड़ेंगे। वे कहेंगे, उस क्षण जीवन की धारा पूरब की तरफ बहती थी और अब उसने एक मोड़ लिया और पश्चिम की तरफ बहने लगी।

आप नदी से नहीं कहते जाकर—या गंगा से कहते हैं जाकर—कि तेरी चाल ठीक नहीं है, तेरा चाल-चलन ठीक नहीं है; कभी इस तरफ, कभी उस तरफ। अगर तुझे सीधा सागर ही जाना है तो स्ट्रेट, सीधा जाना चाहिए! कभी देखते हैं कि तू इस तरफ बह रही है, कभी देखते हैं उस तरफ बह रही है; तेरी चाल से पक्का पता नहीं चलता कि तेरी दिशा क्या है।

न, गंगा को कोई भी नहीं कहेगा कि तू धोखेबाज है। जहां धारा जाती है, जहां गड्ढ मिल जाता, जहां द्वार मिल जाता, जहां राह बन जाती, नदी वहां बहती चली जाती है। कभी पूरब भी मुड़ती है, कभी पश्चिम भी मुड़ती है। कई धाराओं में कई दफे मोड़ लेती है, सागर पहुंच जाती है। सागर पहुंचना लक्ष्य भी नहीं है, यह सहज स्वभाव की अंतिम परिणति है। कोई ऐसा झंडा लेकर नहीं चली है गंगा कि सागर पहुंच कर रहेंगे! कि नहीं पहुंचे तो जीवन बेकार है! कि पहुंच गए तो कोई बड़ा उत्सव मनाना है! जैसे सागर की तरफ बहती हुई नदी की सहज धारा है ऐसे ही स्वभाव को उपलब्ध व्यक्ति की जीवन की सहज धारा होती है।

'श्रेष्ठ चरित्र वाला मनुष्य कभी कर्म नहीं करता; या करता भी है तो किसी बाह्य प्रयोजन से नहीं।'

वह जो भी करता है, उसकी अंतर्भावना से, बाह्य प्रयोजन से नहीं। उसके कर्म बाहर से खींचे हुए नहीं हैं, भीतर से आविर्भूत हैं।

'घटिया चरित्र वाला व्यक्ति कर्म करता है; और ऐसा सदा किसी बाह्य प्रयोजन से करता है।'

घटिया चरित्र वाला व्यक्ति हमेशा कर्ता बना रहता है, और जो भी वह करता है उसमें नजर रखता है कि बाहर क्या हो रहा है। भीतर क्या हो रहा है, इसकी उसे फिक्र ही नहीं है। और भीतर से ही जीवन का संबंध है; बाहर तो सब नाटक है, खेल है। घटिया चरित्र वाला व्यक्ति खेल को बड़ा मूल्य दे देता है। वह सदा देखता है : बाहर क्या हो रहा है, बाहर क्या परिणाम होगा; मैं ऐसा करूंगा तो ऐसा होगा; मैं ऐसा करूंगा तो ऐसा होगा।

घटिया चरित्र वाला व्यक्ति शतरंज के खिलाड़ी की तरह है। वह पांच चालें आगे की सोच कर रखता है कि अगर मैं ऐसा चलूंगा तो दूसरा क्या करेगा, फिर मैं ऐसा करूंगा तो दूसरा क्या करेगा। शतरंज के जो बड़े खिलाड़ी हैं, अंतर्राष्ट्रीय, वे कहते हैं कि जो व्यक्ति पांच चालें एक साथ सोच लेता है, वही शतरंज में जीत पाता है। पांच चालों का हिसाब दिमाग में होना चाहिए—कम से कम। ज्यादा का हो सके, तब तो फिर उतनी कुशलता बढ़ती जाएगी। घटिया चरित्र वाला व्यक्ति जीवन को शतरंज का खेल समझ रहा है। वह अपनी पत्नी से भी बोलता है तो पहले से सोच लेता है कि मैं यह कहूंगा तो पत्नी क्या कहेगी, उसका उत्तर क्या देना है। उसके लिए जिंदगी एक अदालत है, आनंद नहीं है। वह पूरे वक्त लगा हुआ है कि कौन...मैं ऐसा कहूं, इसका यह परिणाम होगा। वह परिणाम को पहले से सोच कर, फिर कदम उठाता है।

इसको हम बुद्धिमान आदमी कहते हैं। इससे ज्यादा बुद्धू आदमी खोजना मुश्किल है। क्योंकि वह भला बाहर कुछ लाभ पा ले, लेकिन वह जो गंवा रहा है उसका उसे कोई पता ही नहीं है।

'श्रेष्ठ दया वाला मनुष्य कर्म करता है, लेकिन ऐसा वह बाह्य प्रयोजन से नहीं करता। श्रेष्ठ न्याय वाला मनुष्य कर्म करता है, और ऐसा वह बाह्य प्रयोजन से करता है।'

इसलिए दया धर्म है, और न्याय नीति है। न्याय सामाजिक है, दया आंतरिक है। जब आप दया करते हैं तो जरूरी नहीं है कि आप न्याय पर ध्यान रखें। सच तो यह है, न्याय पर ध्यान रखें तो दया हो ही नहीं सकती।

जीसस ने एक कहानी कही है। एक धनपति ने अपने अंगूर के बगीचे में कुछ लोग काम करने बुलाए। कुछ सुबह आए; कुछ को दोपहर खबर मिली, वे दोपहर आए; कुछ को शाम खबर मिली, वे शाम आए; कुछ तो तब आए जब कि काम बंद होने जा रहा था। जैसे-जैसे खबर मिली, लोग आते गए। और सांझ को उस धनपति ने सभी को बराबर पुरस्कार दिया। लोग बड़े नाराज हो गए जो सुबह से आए थे। उन्होंने कहा, यह अन्याय है! हम सुबह से जी-तोड़ मेहनत कर रहे हैं; कुछ लोग दोपहर आए, उनको भी उतना; कुछ सांझ आए, उनको भी उतना; कुछ अभी आए ही हैं, उन्होंने कुछ किया ही नहीं, उनको भी उतना; यह कैसा अन्याय है!

उस धनपति ने कहा, मैं न्याय से नहीं देता, मैं दया से देता हूं। तुम आए सुबह, तुम्हें मैंने जो दिया है, तुम मुझे कहो, तुमने जितना श्रम किया उससे क्या कम है? उन्होंने कहा, उससे तो कम नहीं है। तो धनपति ने कहा, तुम प्रसन्न होकर घर जाओ। लेकिन उन्होंने कहा, वह तो ठीक है, लेकिन ये जो अभी आए? धनपति ने कहा, उनसे तुम्हारा कोई प्रयोजन नहीं है। धन मेरा है, मैं लुटाता हूं। तुमने जितना श्रम किया, तुम्हें मिल गया; उससे ज्यादा मिल गया है। लेकिन फिर भी वे लोग कहते गए कि अन्याय हुआ।

जीसस कहते हैं, परमात्मा भी, तुम क्या करते हो, उस हिसाब से नहीं देगा। तुम आए, यही काफी है। उस धनपति ने दिया कि तुम आए, यही काफी है। तुम्हारी मंशा तो पूरी थी काम करने की, समय चुक गया; इसमें तुम्हारा क्या कसूर? तुम्हें जब खबर मिली, तब तुम आए। इससे क्या फर्क पड़ता है? किन्हीं को खबर सुबह मिल गई, वे जरा जल्दी आ गए।

कुछ चरित्रवान आपसे पहले हो गए हैं, आप थोड़ी बाद में हुए। ऐसा मत सोचना कि परमात्मा कहेगा कि यह महात्मा काफी पुराना है, और तुम तो अभी-अभी हुए थे। जीसस की कहानी बड़ी अर्थपूर्ण है। परमात्मा अपनी दया से देगा, प्रेम से देगा, अंतर्भाव से देगा। उसके पास है, इसलिए देगा। तुम आए, इतना काफी है। तुमने सुना, और जब तुमने सुना तभी तुम आ गए, इतना काफी है।

श्रेष्ठ दया वाला मनुष्य कर्म करता है, लेकिन किसी बाह्य प्रयोजन से नहीं, अंतर्भाव से। तुम्हारे पास है, इसलिए तुम देते हो। किसी को जरूरत है, इसलिए नहीं। एक भिखारी को तुम देते हो। दो कारण हो सकते हैं। भिखारी को जरूरत है, इसलिए। तब तुम न्यायपूर्ण आदमी हो, लेकिन तुम्हारा कृत्य बाहरी है। तुम इसलिए देते हो कि तुम्हारे पास ज्यादा है। तब तुम दयावान हो, तुम्हारा कृत्य आंतरिक है। और दोनों कृत्यों का गुणधर्म बिलकुल अलग है। जब तुम किसी को देते हो इसलिए कि उसके पास नहीं है, तब तुम किसी से छीन भी सकते हो, क्योंकि उसके पास ज्यादा है। तुम खतरनाक भी हो सकते हो। तुम भिखारी को दे सकते हो, धनपति से छीन सकते हो।

कम्युनिस्ट न्यायपूर्ण हैं। उनके न्याय में कोई शक नहीं है। दया बिलकुल नहीं है, न्याय पूरा है। मार्क्स कहता है, जिनके पास है उनसे छीनो और उन्हें दो जिनके पास नहीं है। इसमें कहां गलती है? न्यायपूर्ण है। लेकिन दया बिलकुल नहीं है। दया इसलिए नहीं देती कि उसके पास नहीं है। दया का मूल प्रयोजन और ही है—क्योंकि मेरे पास है और इतना ज्यादा है।

जब तुम किसी गरीब को इसलिए देते हो कि उसके पास नहीं है, तब तुम चाहोगे कि वह तुम्हें धन्यवाद दे। न्याय धन्यवाद मांगेगा। न्याय चाहेगा कि वह आभारी हो। लेकिन जब तुम इसलिए देते हो कि तुम्हारे पास इतना ज्यादा है कि तुम क्या करो अगर न दो, तब तुम उससे धन्यवाद न मांगोगे। बल्कि तुम उसे धन्यवाद दोगे कि तूने मुझे मेरे बोझ से हलका किया; तू राजी हुआ लेने को। क्योंकि तू न भी कर सकता था। देना आसान है, लेकिन अगर लेने वाला न ले तो! लेने वाला इनकार कर सकता है। और तब आपका सारा धन निर्धनता मालूम पड़ेगी। तूने स्वीकार किया, इसलिए मैं अनुगृहीत हूं।

इस मुल्क में हम साधु को भिक्षा देते हैं। और जब वह भिक्षा ले लेता है तो उसको दक्षिणा देते हैं। दक्षिणा इसलिए कि तूने भिक्षा स्वीकार की; वह धन्यवाद है। वह साधु धन्यवाद नहीं दे रहा है; धन्यवाद गृहस्थ दे रहा है कि तेरी कृपा, अनुग्रह कि तूने स्वीकार किया। भिक्षा स्वीकार कर ली, अब यह दक्षिणा है, यह धन्यवाद है। इनकार भी किया जा सकता था। तो साधु को हम इसलिए नहीं दे रहे हैं कि उसके पास नहीं है; हम इसलिए दे रहे हैं कि हमारे पास बहुत है और हम किसी को भागीदार बनाना चाहते हैं, कोई शेयर करे।

तो दया वाला व्यक्ति कर्म नहीं करता, और उसका कोई बाह्य प्रयोजन नहीं है। लेकिन न्याय वाला व्यक्ति कर्म करता है, और ऐसा वह बाह्य प्रयोजन से करता है। और न्याय से भी नीचे गिरे हुए व्यक्ति का अस्तित्व है।

उसको लाओत्से कहता है, 'कर्मकांड वाला मनुष्य कर्म करता है, बाह्य प्रयोजन से करता है। और अगर प्रत्युत्तर नहीं पाता, तब वह अपनी आस्तीन चढ़ा कर दूसरों पर कर्मकांड लादने की ज्यादती भी करता है।'

ये तीन तरह के मनुष्य हैं। एक, धर्म को उपलब्ध, वह इसलिए करता है क्योंकि उसके पास इतना ज्यादा है कि वह बांटता है। दूसरा न्यायपूर्ण, वह इसलिए करता है कि कहीं जरूरत है, कोई बाह्य प्रयोजन है, जिसे पूरा करना है। और तीसरा कर्मकांड वाला व्यक्ति; वह न केवल करता है बाह्य प्रयोजन से, लेकिन अगर आप न करने दें उसे तो वह जबरदस्ती भी करेगा, लेकिन करके रहेगा।

यह आपकी समझ में नहीं आएगा, इसमें हम बहुत से लोग ऐसा कर रहे हैं। आप कई बार अच्छा करने में बुरे सिद्ध होते हैं, क्योंकि आप अपने को इतना सही मान कर बैठे हुए हैं और आपका अहंकार इतना मजबूत हो गया है कि अगर आपको दूसरे को चोट और नुकसान भी पहुंचाना पड़े तो भी आप दया करके रहेंगे, आप दया नहीं छोड़ सकते। अब जैसे समझें। मुसलमानों ने हिंदुस्तान में न मालूम कितने मंदिर तोड़ डाले, कितनी मूर्तियां गिरा दीं इन हजार सालों में। उन्होंने किस कारण ऐसा किया? वह तीसरी कोटि का कर्मकांड वाला व्यक्तित्व।

मुसलमान मानता है कि परमात्मा की कोई प्रतिमा नहीं है। इस मानने में जरा भी बुराई नहीं है। एकदम सही है बात। लेकिन जब पागल इस बात को मान लेता है कि परमात्मा की कोई प्रतिमा नहीं है तो वह समझाने तक ही राजी नहीं रहेगा, अगर आप न समझे तो आस्तीन चढ़ा लेगा। अगर आप फिर भी न माने तो आपको ठीक करने के लिए तलवार भी उठा लेगा वह। आपकी मूर्ति तोड़ कर रहेगा। अच्छा करने की आतुरता इतनी ज्यादा है कि अगर बुराई भी करना पड़े उस अच्छा करने के लिए तो भी वह करेगा।

इसलिए दुनिया में धर्म के नाम पर जितने पाप होते हैं, और किसी चीज के नाम पर नहीं होते। क्योंकि अच्छा करने का इतना भाव रहता है कि फिर बुराई बुराई नहीं दिखाई पड़ती और लगता है यह तो हम अच्छा करने के लिए कर रहे हैं। जब आप अपने छोटे बच्चे को चांटा मारते हैं तब आप यही कहते हैं कि तेरी भलाई के लिए हमें ऐसा करना पड़ रहा है। चांटा मार रहे हैं आप, और तेरी भलाई के लिए! और बड़ा मजा यह है कि हो सकता है, आप इसलिए मार रहे हों कि उस बच्चे ने और छोटे बच्चे को पीटा है। और आप कहते हैं कि हजार दफे कह दिया है कि मार-पीट नहीं होनी चाहिए। और पिटाई कर रहे हैं।

बच्चे की समझ में बिलकुल नहीं आता कि यह किस जगत का काम हो रहा है। जिस कसूर के लिए उसको मारा जा रहा है, वही कसूर है। और बाप बेटे से कह रहा है, अपने से छोटे को नहीं मारना चाहिए! और बाप बेटे को मार रहा है। वह अपने से छोटा है। इसलिए बच्चे बड़े कनफ्यूज्ड हो जाते हैं, आपके साथ बढ़ते-बढ़ते करीब-करीब उनका दिमाग खराब हो जाता है। उनकी समझ के बाहर हो जाता है कि क्या हो रहा है! नियम क्या है यहां, कुछ समझ में नहीं आता। अगर छोटे को नहीं मारना है तो मुझे क्यों मारा जा रहा है? अगर छोटे को मारना पाप है तो फिर मुझे मारने से रुकना चाहिए। लेकिन आप उसके भले के लिए ही मार रहे हैं। ऐसा नहीं कि आपके मारने से वह छोटे को मारने से रुक जाएगा। वह भी उसके भले के लिए ही उसको...। बस इतना ही शिक्षा का परिणाम होने वाला है।

ये तीन तरह के मनुष्य हैं और आप खोज लेना कि आप किस तरह के मनुष्य हैं। क्योंकि मन की सदा यह इच्छा होती है कि जब भी इस तरह का कोई विचार सुने तो दूसरों के बाबत सोचे कि अच्छा, तो ठीक फलां आदमी इस तरह का मनुष्य है। नहीं, यह दूसरों से इसका कोई संबंध नहीं है। लाओत्से आपसे बात कर रहा है। और मैं भी आपसे बात कर रहा हूं। आप अपने लिए सोचना कि आप तीन में किस तरह के मनुष्य हैं।

सौ में नब्बे मौके तो इसी बात के हैं कि आप तीसरी तरह के मनुष्य हों—कर्मकांड वाला मनुष्य। सौ में नौ मौके इस बात के हैं कि आप दूसरी तरह के मनुष्य हों—न्याय, नीति वाला मनुष्य। सौ में एक ही मौका है कि आप उस तरह के मनुष्य हों जैसा कि मनुष्य होना चाहिए—धर्म वाला, ताओ वाला मनुष्य।

वह अपने लिए सोचना। और पहले तरह के मनुष्य होने की तरफ ध्यान सजग रहे, तो कठिनाई तो है वहां तक पहुंचने में, लेकिन असंभावना नहीं है।

आज इतना ही।

पांच मिनट रुकेंगे, कीर्तन के बाद जाएं।

तिहत्तरवां प्रवचन

# पैगंबर ताओ के खिले फूल हैं

## Chapter 38 : Part 2

# DEGENERATION

*Therefore:*
*After Tao is lost, there arises the doctrine of humanity,*
*After humanity is lost, then arises the doctrine of justice.*
*After justice is lost, then arises the doctrine of Li.*
*Now Li is the thinning out of loyalty and honesty of heart,*
*And the beginning of chaos.*
*The prophets are the flowering of Tao, and the origin of folly.*
*Therefore the noble man dwells in the heavy (base),*
*And not in the thinning (end).*
*He dwells in the fruit,*
*And not in the flowering (expression).*
*Therefore he rejects the one and accepts the other.*

## अध्याय 38 : खंड 2

# अधःपतन

*इसलिए :*
*जब ताओ का लोप होता है, तब मनुष्यता का सिद्धांत जन्म लेता है;*
*और जब मनुष्यता का लोप होता है, तब न्याय का सिद्धांत जन्म लेता है।*
*और जब न्याय का भी लोप होता है, तब कर्मकांड का सिद्धांत पैदा होता है।*
*अब यह कर्मकांड हृदय की निष्ठा और ईमानदारी का विरल हो जाना है।*
*और वही अराजकता की शुरुआत भी है।*
*पैगंबर ताओ के पूरे खिले फूल हैं।*
*और उनसे ही मूर्खता की शुरुआत भी होती है।*
*इसलिए आर्य पुरुष सघनता (नींव) में बसते हैं;*
*विरलता (अंत) में वे नहीं बसते।*
*वे फल में बसते हैं; फूल की खिलावट (अभिव्यक्ति) में वे नहीं बसते।*
*इसलिए वे एक को इनकार और दूसरे को स्वीकार करते हैं।*

मनुष्य दो भांति जी सकता है : अंतस से या व्यवहार से; या तो भीतर से और या बाहर से।

बाहर से जो जीवन होगा, झूठा, थोथा और पाखंडी होगा—अच्छा भी हो तो भी। अच्छा होने से ही कोई आचरण आंतरिक नहीं हो जाता। अच्छा और बुरा दोनों ही बाहर से संबंधित हैं। बुरा हम कहते हैं उसे, जिससे समाज को नुकसान पहुंचे, दूसरों को नुकसान पहुंचे; अच्छा कहते हैं उसे, जिससे समाज को लाभ हो, दूसरों को लाभ हो। दोनों ही बाहरी घटनाएं हैं। साधु और असाधु दोनों ही बाहर हैं।

भीतर का जीवन संत का जीवन है। अच्छे और बुरे की चिंतना संत नहीं करता। सहज उसका लक्ष्य है; स्वाभाविक होना उसका ध्येय है। स्वाभाविक होना ही उसके लिए अच्छा होना है; अस्वाभाविक होना ही उसके लिए बुरा होना है।

इस बात को थोड़ा ठीक से समझ लें। क्योंकि हमारी चिंतना नीति से प्रभावित होती है, और समाज हमें नैतिक बनाने की कोशिश करता है। समाज के लिए जरूरी भी है। समाज बिना नीति के जी भी नहीं सकता। इसलिए हर व्यक्ति को अनिवार्य रूप से समाज नैतिक बनने की शिक्षा देगा; अनैतिक होने का भय पैदा करेगा। ये जीवन की अनिवार्यताएं हैं। लेकिन अच्छा होकर ही कोई सत्य को उपलब्ध नहीं होता। विपरीत हो सकता है। सत्य को उपलब्ध होकर कोई अच्छा हो, इसमें कोई अड़चन नहीं है। लेकिन अच्छा होकर ही कोई सत्य को उपलब्ध हो जाता है, ऐसा जरूरी नहीं है। समाज इससे ज्यादा चिंता नहीं करता कि आप अच्छे हों। अच्छे हों, समाज के लिए पर्याप्त है। आपके लिए पर्याप्त नहीं है। अगर अच्छा होना भी आपके लिए अड़चन है तो दुख का कारण होगा।

इसलिए एक अनूठी घटना घटती है। कभी-कभी अपराधी भी सुखी देखे जाते हैं, और कभी-कभी जिन्हें हम श्रेष्ठ, सज्जन कहते हैं, वे भी दुखी देखे जाते हैं। अक्सर ऐसा ही होता है कि जो अपने ऊपर अच्छाई को आरोपित करता है वह सुखी नहीं हो पाता। आरोपण में पीड़ा है, बंधन है, कारागृह है; और उसे लगता है कि जबरदस्ती हो रही है; परतंत्रता उसके ऊपर थोप दी गई है। इसलिए अच्छा आदमी भी नाचता हुआ मालूम नहीं होता, प्रसन्न नहीं मालूम होता; उसके जीवन में भी उत्सव की कोई वर्षा नहीं दिखाई पड़ती; कोई संगीत, कोई नृत्य उसकी आत्मा में फूटता हुआ दिखाई नहीं पड़ता। अच्छा आदमी उदास मालूम पड़ता है। उसकी उदासी को हम गंभीरता कहते हैं। उदासी बीमारी है, और स्वभाव से उसका कोई संबंध नहीं है। गंभीरता रोग है; सहजता से उसका कोई संबंध नहीं है।

सहजता तो प्रफुल्लता ही होगी। सहजता में तो आनंद ही होगा। लेकिन गंभीर लोगों ने हमें बड़ी उलटी शिक्षाएं दी हैं। आनंदित व्यक्ति को वे उथला कहते हैं; प्रफुल्लित व्यक्ति को वे ऊपरी कहते हैं; गंभीर आदमी को वे गहरा कहते हैं; उदास आदमी को वे ऊंचा मानते हैं प्रफुल्लित आदमी से।

मूलतः भ्रांत है दृष्टि। गंभीरता विकृति है। जहां रोग होगा वहां गंभीरता होगी। प्रफुल्लता सहज अभिव्यक्ति है। जहां भी जीवन की धारा बहेगी बिना अवरोध के, वहां नृत्य होगा, गीत होगा, उत्सव होगा।

धर्म जब पैदा होता है तब उत्सव होता है, और धर्म जब जड़ हो जाता है और संप्रदाय बन जाता है तो गंभीरता पकड़ लेती है। धर्म जब जन्मता है तब वह कृष्ण की बांसुरी की तरह ही जन्मता है—एक गीत की तरह। लेकिन जब संगठित होता है तब उदास हो जाता है। धर्म के जन्म के समय तो सहजता होती है, और धर्म के संगठन के समय नीति प्रविष्ट हो जाती है। क्योंकि धर्म तो जन्मता है व्यक्ति की आत्मा में, और संप्रदाय निर्मित होता है समाज के भीतर।

जिस दिन महावीर को ज्ञान होता है, या बुद्ध को परम प्रज्ञा की उपलब्धि होती है, उस दिन उनके जीवन में उत्सव उतरता है। लेकिन यह अकेले व्यक्ति के जीवन में घटी घटना है। बुद्ध अकेले हैं बोधिवृक्ष के नीचे; महावीर वन में एकांत में खड़े हैं। समाज नहीं है, नीति नहीं है, आचरण नहीं है; शुद्ध आंतरिकता है। उस शुद्ध आंतरिकता में तो परम आनंद उपलब्ध होता है। लेकिन जब महावीर के आस-पास जैन धर्म खड़ा होता है तब समाज के भीतर यह घटना घटती है। जब बुद्ध के पास बुद्ध धर्म खड़ा होता है, तो बुद्ध धर्म सामाजिक घटना है।

समाज नीति पर जोर देता है। समाज का आग्रह है दूसरे के साथ ठीक व्यवहार, और धर्म का आग्रह है अपने साथ ठीक व्यवहार। ये दोनों बुनियादी भिन्न बातें हैं। दूसरे के साथ ठीक व्यवहार करके भी आप अपने साथ बुरा व्यवहार कर सकते हैं। तब आप उदास होंगे, गंभीर होंगे, पीड़ित होंगे। आपका अच्छा होना भी आपकी अभिव्यक्ति नहीं बनेगी। आपका जीवन का फूल खिलेगा नहीं, मुर्झाया ही रहेगा। लेकिन जब आप अपने साथ भी अच्छे होते हैं तब आपके जीवन में उत्सव उतरता है। और जो अपने साथ अच्छा है वह किसी के साथ बुरा नहीं हो सकता। पर दूसरे के साथ बुरा न होना गौण है, छाया है। जब कोई व्यक्ति अपने भीतर आनंदित होता है तो किसी को दुख नहीं दे सकता। क्योंकि जो स्वयं के पास नहीं उसे दूसरे को देने का कोई उपाय नहीं है।

हम दूसरे को वही दे सकते हैं, जो हमारे पास है। और हमारी मनोकांक्षाएं कितनी ही विपरीत हों, दुखी आदमी कितना ही चाहे कि दूसरे को सुख दे, सुख दे नहीं सकता। क्योंकि जो पास नहीं है उसे देंगे कैसे? आनंदित आदमी कोशिश भी करे किसी को दुख देने की तो भी उससे सुख ही जाता है। कोई और उपाय नहीं है।

धर्म का जोर है—अपने साथ सदव्यवहार। और जो अपने साथ सदव्यवहार करना सीख गया, और जिसने अपने जीवन को सहज और नैसर्गिक बना लिया, उसके द्वारा किसी के प्रति भी बुरा व्यवहार नहीं होगा। लेकिन वह गौण है, वह विचारणीय भी नहीं है।

यह लाओत्से की प्रस्थापना है। यह उसका मूल बिंदु है, जहां से वह प्रस्थान करता है। इसे हम खयाल में ले लें, फिर सूत्र को समझें।

'इसलिए : जब ताओ का लोप होता है, तब मनुष्यता का सिद्धांत जन्म लेता है।'

नेता हैं, गुरु हैं। वे लोगों को समझाते हैं कि मनुष्य बनो। मनुष्यता जैसे परम धर्म है। लेकिन लाओत्से कहता है, जब धर्म का लोप हो जाता है तभी मनुष्यता की बातें शुरू होती हैं।

इसे हम ऐसा समझें कि जब भी कोई आपसे कहता है कि मनुष्य बनो, तो एक बात तो पक्की है कि आप मनुष्य नहीं रहे हैं। तभी मनुष्य बनने की शिक्षा में कोई सार है। कोई जाकर गाय को नहीं कहता कि गाय बनो। गाय गाय है। कोई पशुओं को, पक्षियों को नहीं कहता; तोतों को कोई नहीं कहता कि तोते बनो। क्योंकि तोते तोते हैं। सिर्फ मनुष्य को शिक्षा दी जाती है कि तुम मनुष्य बनो। इसका अर्थ हुआ कि मनुष्य सिर्फ दिखाई पड़ता है कि मनुष्य है, मनुष्य है नहीं।

और सिर्फ मनुष्य में ही इस तरह के वचन सार्थक हो सकते हैं कि कोई बड़ा मनुष्य है, कोई छोटा मनुष्य है। दो तोतों में कौन बड़ा तोता है कौन छोटा तोता है? दोनों बराबर तोते हैं। उनका तोतापन जरा भी भिन्न नहीं है। दो कुत्तों में कौन कुत्ता बड़ा है और कौन कुत्ता छोटा है? जहां तक कुत्तापन का सवाल है, दोनों में बराबर है।

लेकिन दो आदमियों में हम कह सकते हैं एक आदमी बड़ा और एक आदमी छोटा, और एक आदमी महान और एक आदमी क्षुद्र, और एक आदमी पूरा मनुष्य और एक आदमी अधूरा मनुष्य। इस तरह के शब्द, इस तरह के वचन केवल मनुष्य पर ही सार्थक हो सकते हैं। इसका अर्थ यह हुआ कि मनुष्य मनुष्य की तरह पैदा नहीं हो रहा है, सिर्फ संभावना लेकर पैदा होता है। फिर कोई बन पाता है, कोई नहीं बन पाता; कोई अधूरा बन पाता है, कोई विकृत हो जाता है; कोई भटक जाता है, कोई रास्ते से उतर जाता है। हजार लोग चलते हैं मनुष्य होने की राह पर, कभी कोई एक मनुष्य हो पाता है। होना तो नहीं चाहिए ऐसा। इससे विपरीत हो तो समझा जा सकता है कि हजार लोग पैदा हों और एक आदमी कभी आदमी न हो पाए तो समझ में आ सकता है—रुग्ण हो गया, बीमार हो गया, कुछ भूल हो गई। लेकिन जहां हजार आदमी पैदा होते हों और एक मुश्किल से कभी आदमी बन पाता हो, और नौ सौ निन्यानबे भटक जाते हों, तब तो मानना पड़ेगा कि भटकन ही रास्ता है। यह एक आदमी इस भटकने वाले रास्ते से किसी तरह भूल-चूक से बच गया। यह एक आदमी अपवाद हो गया, नियम न रहा।

लाओत्से कहता है, जब धर्म का लोप हो जाता है, तब मनुष्यता का धर्म, मनुष्यता की बातें, ह्यूमैनिटी, ह्यूमैनिटेरियनिज्म पैदा होता है। तब लोग कहते हैं मनुष्य बनो। लाओत्से कहता है, मूल खो गया हो तब इस तरह की छोटी शिक्षाएं पैदा होती हैं। लाओत्से कहता है, तुम सिर्फ प्राकृतिक बनो।

सारी प्रकृति प्राकृतिक है, सिर्फ मनुष्य अप्राकृतिक है। सिर्फ मनुष्य अपने स्वभाव से इधर-उधर हटता है। कोई अपने स्वभाव से नहीं हटता। अग्नि जलाती है। पुराने शास्त्र कहते हैं, जलाना अग्नि का स्वभाव है। पानी नीचे की तरफ बहता है। पुराने शास्त्र कहते हैं, पानी का नीचे की तरफ बहना स्वभाव है। और पुराने शास्त्र कहते हैं कि मनुष्यता मनुष्य का स्वभाव है। लेकिन कभी आपने देखा है कि आग न जलाती हो? या कभी आपने देखा कि पानी अपने आपसे ऊपर की तरफ चढ़ता हो? लेकिन फिर मनुष्य कैसे, अगर मनुष्यता उसका स्वभाव है, तो जैसे आग जलाती है, वैसे ही मनुष्य को स्वाभाविक रूप से मनुष्य होना चाहिए। भला मनुष्य होना मनुष्य का स्वभाव हो। लेकिन स्वभाव से हम कहीं छिटक गए हैं, हट गए हैं।

इस विचार पर बड़ी खोज चलती रही है, हजारों साल में न मालूम कितने चिंतकों ने कितनी-कितनी प्रस्तावनाएं पेश की हैं कि आदमी विकृत क्यों है? अभी नवीनतम एक प्रस्तावना है आर्थर कोयस्लर की। बहुत घबड़ाने वाली भी। कोयस्लर का खयाल है—और कोयस्लर एक वैज्ञानिक चिंतक है—कोयस्लर का खयाल है कि मनुष्य-जाति के प्राथमिक क्षणों में ही, मनुष्य के मूल उदगम में ही मनुष्य के मस्तिष्क में कुछ विकृति हो गई, और हम विकृत मस्तिष्क को लेकर ही पैदा होते हैं। इसलिए कभी भूल-चूक से कोई बुद्ध हो जाता है, कभी भूल-चूक से कोई क्राइस्ट हो जाता है। वह भूल-चूक है। लेकिन नियम से मनुष्य विकृत पैदा होता है।

इससे कुछ लोगों को सांत्वना भी मिलेगी—इस विचार से—कि चलो, हमारी झंझट समाप्त हुई। मूल में ही कोई उपद्रव है; मेरा निजी कोई दोष नहीं है। और पश्चिम में इस तरह के विचार प्रभावी हो जाते हैं। प्रभावी हो जाने का कारण यह है कि जो बात भी आपको सुविधा देती है गलत होने की, वह प्रभावी हो जाती है। उससे आप रिलैक्स होते हैं, उससे तनाव कम हो जाता है। आप आराम से कुर्सी पर बैठ जाते हैं कि ठीक है, कहीं मूल में, करोड़ों वर्ष पहले इतिहास के साथ ही कुछ भूल हो गई है; मनुष्य विकृत पैदा ही होता है, तो व्यक्तिगत दोष समाप्त हो गया। और जहां व्यक्तिगत दोष समाप्त हो जाता है वहीं आपको बुरे होने की पूरी सुविधा और छूट मिल जाती है।

लेकिन कोयस्लर का खयाल कुछ नया नहीं है, उसकी भाषा भला नई हो। ईसाइयत तो बहुत समय से कह रही है कि आदमी मूल पाप में पैदा हुआ। अदम ने जो भूल की थी, उस भूल का फल सारे लोग भोग रहे हैं। अदम ने जो पाप किया था उससे मनुष्य बहिष्कृत हो गया स्वर्ग के राज्य से, सुख के राज्य से, और दुख के जीवन में प्रविष्ट हो गया। अदम ने जो भूल की थी, अदम के बेटों को, आदमी को भोगनी पड़ रही है। तो बहुत पुराना खयाल है। इसकी भाषा हम बदल दें, वैज्ञानिक कर दें, कि मनुष्य के मन में कोई रुग्णता हो गई मूल में। पुरानी कथा पुराने ढंग से कहती है यही बात कि कहीं कोई भूल हो गई पहले आदमी के साथ, अदम के साथ, और उस भूल का हम सब फल भोग रहे हैं। इस विचार ने पश्चिम को विकृति का द्वार उन्मुक्त कर दिया। तब आदमी कुछ भी करे, दोष अदम का है। और वह दोषी आदमी इतना दूर है कि अब उसको बदलने का कोई उपाय भी नहीं, वह कहीं है भी नहीं। तो हमें तो इसी पीड़ा में जीना ही पड़ेगा।

लेकिन लाओत्से ऐसा नहीं मानता। और न पूरब के किसी और मनीषी की ऐसी मान्यता है। पूर्वीय मान्यता बिलकुल भिन्न है। और वह यह है कि मनुष्य पैदा तो बिलकुल स्वभाव में ही होता है, सब मनुष्य स्वाभाविक पैदा होते हैं, कोई मनुष्य विकृत पैदा नहीं होता; लेकिन विकृति की एक प्रक्रिया से उसे गुजरना पड़ता है। और वह गुजरना शिक्षण के लिए जरूरी है। कुछ लोग उस प्रक्रिया में ही अटक जाते हैं और पार नहीं हो पाते। कुछ लोग प्रक्रिया को पूरा कर लेते हैं; शिक्षण पूरा हो जाता है और पार हो जाते हैं।

इसे हम ऐसा समझें। सभी लोग बच्चे की तरह पैदा होते हैं; कोई आदमी बुजुर्ग की तरह पैदा नहीं होता।

सुना है मैंने, एक गांव में किसी यात्री ने गांव के एक बूढ़े आदमी से पूछा—यात्री पर्यटक था और गुजरता था गांव से, गांव के संबंध में जानकारी चाहता था—उसने पूछा कि तुम्हारे गांव के इतिहास के संबंध में कुछ मुझे बताओ; कभी कोई बड़ा आदमी यहां पैदा हुआ है? उस बूढ़े ने कहा, नहीं, यहां तो सभी बच्चे पैदा होते हैं। यहां कोई बड़ा आदमी कभी पैदा नहीं हुआ।

सभी बच्चे पैदा होते हैं। लेकिन बचपन एक अवस्था है जिससे गुजर जाना चाहिए, जिससे पार हो जाना चाहिए। बहुत कम लोग पार हो पाते हैं। पिछले महायुद्ध में अमरीकी सैनिकों का परीक्षण किया गया मनोवैज्ञानिक। उनकी औसत मानसिक उम्र तेरह वर्ष पाई गई। तेरह वर्ष मानसिक उम्र! शरीर आगे निकल जाता है, मन कहीं अटक जाता है पीछे। सामान्य आदमी की मानसिक उम्र तेरह वर्ष है, चाहे उसके शरीर की उम्र सत्तर वर्ष हो। जैसे ही मनुष्य कामवासना से पीड़ित होता है, लगता है, उसकी प्रतिभा रुक जाती है। क्योंकि चौदह वर्ष के करीब आदमी कामवासना से पीड़ित होता है, और जैसे उसके जीवन की सारी ऊर्जा मस्तिष्क से हट कर काम-केंद्र की तरफ प्रवाहित हो जाती है। इसलिए अगर पूरब के मनीषी इस चेष्टा में रहे कि पच्चीस वर्ष तक युवक वनों में रहें और कामवासना उन्हें न पकड़े, और अगर उन्होंने इस अनुभव और इस प्रयोग के द्वारा ऐसा पाया था कि पच्चीस वर्ष तक अगर युवकों को कामवासना से पार रखा जा सके तो उनकी प्रतिभा पूरी विकसित हो जाती है। वह जो ऊर्जा कामवासना बन कर बहती है वह ऊर्जा पूरी की पूरी उनके जीवन के फूल को खिला देती है।

अभी, आपको शायद पता न हो, अमरीका में हर वर्ष बच्चों की कामुकता की उम्र कम होती चली जाती है। कुछ वर्षों पहले तक पंद्रह वर्ष कामवासना के जन्म की उम्र थी। फिर चौदह वर्ष हो गई, फिर तेरह वर्ष हो गई। अब बारह वर्ष औसत उम्र हो गई। अमरीका के मनोवैज्ञानिक चिंतित हैं कि अगर इस तरह गिराव हुआ तो कोई आश्चर्य नहीं है कि यह और नीचे गिर जाए। और जितना यह गिराव होता चला जाता है उतनी ही मानसिक उम्र भी कम होती चली जाती है। तो अगर आज अमरीका के युवक विक्षिप्त मालूम पड़ रहे हैं तो उसका एक कारण तो यह भी है कि उनकी मानसिक उम्र नीचे गिरती जा रही है।

सभी बच्चे की तरह पैदा होते हैं, लेकिन बच्चा होने के लिए पैदा नहीं होते। बच्चे के पार जाना है।

आपको खयाल शायद न हो कि आम आदमी पांच प्रतिशत बुद्धि का उपयोग करता है पूरे जीवन में। जो आंकड़ा सौ तक पहुंच सकता था वह केवल पांच तक ही उपयोग किया जाता है। आप सौ कदम चल सकते थे प्रतिभा के, आप पांच कदम ही चलते हैं। और जिनको हम बहुत प्रतिभाशाली कहते हैं वे भी पंद्रह प्रतिशत प्रतिभा का उपयोग करते हैं। जिनको नोबल प्राइज मिलती हैं वे भी पंद्रह प्रतिशत उपयोग करते हैं। मनुष्य की संभावना अनंत मालूम पड़ती है। अगर हमारे प्रतिभाशाली लोग भी पंद्रह कदम ही चलते हैं, जब कि जन्म से सौ कदम चलने की क्षमता लेकर आए थे, तो लगता है मनुष्यता बहुत अधूरे में जी रही है; अधूरे में भी कहना ठीक नहीं, बहुत छोटे से खंड में जी रही है। आपके मस्तिष्क के अधिकांश हिस्से बिना उपयोग के पड़े रह जाते हैं। आधा मस्तिष्क तो वैज्ञानिक कहते हैं समझ में ही नहीं आता कि क्यों है। क्योंकि उसका कोई उपयोग ही नहीं करता है। मनुष्य तो पूरी क्षमता लेकर पैदा होता है, लेकिन उस क्षमता का शायद पूरा उपयोग नहीं हो पा रहा है।

मनुष्य की शिक्षा में कहीं भूल है, स्वभाव में नहीं। मनुष्य के समाज में कहीं भूल है, क्योंकि समाज मनुष्य के द्वारा निर्मित है; मनुष्य की प्रकृति में कहीं भूल नहीं। क्योंकि वह प्रकृति तो जागतिक है, परमात्मा की है। भूल स्वभाव में नहीं है; भूल समाज में है, व्यवस्था में है।

समझें कि एक बीज हम बोते हैं। और बीज सौ फीट ऊंचा वृक्ष हो सकता था जो आकाश में बदलियों को चूमता। लेकिन उसे ठीक पानी नहीं मिलता, क्योंकि पानी देना माली के हाथ में है। बीज परमात्मा ने दिया है; पानी देना माली के हाथ में है। उसे ठीक खाद नहीं मिलता, उसे ठीक सुरक्षा नहीं मिलती। या माली पागल है और माली उसे बढ़ने नहीं देता। या माली को इस तरह का सपना मन में है कि इस पौधे को छोटा रखा जाए तो ज्यादा सुंदर मालूम पड़ेगा। तो वह उसको काटता रहता है, वह उसकी जड़ों को काटता रहता है, उसके पत्तों को, शाखाओं को काटता रहता है। उसे बढ़ने नहीं देता। या माली को खयाल है, या समाज में ऐसा फैशन है कि वृक्ष को उसके स्वाभाविक ढंग से बढ़ने दिया जाए तो वह कुरूप हो जाएगा, इसलिए माली उसे एक ढांचा पहना देता है तारों का, ताकि वह वैसा बढ़े जैसा समाज कहता है सौंदर्य है; समाज की धारणा जो सौंदर्य की है वैसा बढ़े। तो फिर पौधा बढ़ता है, लेकिन पौधा वैसा नहीं बढ़ता जैसा बीज लेकर आया था। और फिर अगर पौधा प्रसन्न न हो पाए और खुले आकाश में न उठ पाए और बदलियों को न छू सके और पौधे के जीवन में गीत पैदा न हो, तो हम कहेंगे कि बीज में कुछ भूल थी।

करीब-करीब स्थिति ऐसी है। प्रत्येक मनुष्य बुद्ध होने की क्षमता लेकर पैदा होता है। बुद्धत्व प्रत्येक मनुष्य का जन्मसिद्ध अधिकार है। जो बुद्ध नहीं पाता तो समझना चाहिए, कहीं शिक्षा में, यात्रा में, मार्ग में, माली ने, पिता ने, मां ने, शिक्षकों ने, गुरुओं ने, धर्मों ने, कहीं न कहीं कोई उपद्रव खड़ा किया है।

लाओत्से इसी उपद्रव की तरफ इशारा कर रहा है। वह कहता है, जब धर्म का लोप हो जाता है, स्वभाव का, ताओ का, तब मनुष्यता का सिद्धांत जन्म लेता है। और जब मनुष्यता का भी लोप हो जाता है, तब न्याय का सिद्धांत जन्म लेता है। और जब न्याय का भी लोप हो जाता है, तो कर्मकांड पैदा होता है।

स्वभाव के लिए फिर कोई नियम नहीं है; न कोई मनुष्यता है, न कोई न्याय है, न कोई कर्मकांड है। स्वभाव पर्याप्त है। इसलिए हमने उपनिषदों में कहा है कि जो व्यक्ति स्वभाव को उपलब्ध हो जाए वह फिर सारे सामाजिक नियमों के पार हो गया। फिर उस पर कोई बंधन नहीं है। फिर उससे हम नहीं कह सकते कि तुम ऐसा करो। फिर हम यह नहीं कह सकते कि ऐसा करना उचित है और ऐसा करना अनुचित है। उपनिषदों ने कहा है, जो व्यक्ति स्वभाव को उपलब्ध हो गया वह जो भी करता है वही उचित है, और वह जो नहीं करता वही अनुचित है। हमारी परिभाषाएं उस पर लागू नहीं होतीं; उसका आचरण ही हमारी परिभाषाएं बनता है।

बुद्ध को देखें। और बुद्ध जैसा चलते हैं, जैसा व्यवहार करते हैं, वही हमारे लिए नियम है। हम उनसे नहीं कह सकते कि हमारे नियम के विपरीत आप न चलें।

इसलिए एक महत्वपूर्ण घटना भारत में घटी कि हमने किसी बुद्ध या कृष्ण को जीसस की तरह सूली पर नहीं लटकाया। जीसस अगर भारत में पैदा होते तो हमने उन्हें अवतारों की एक गणना में गिनती की होती। अगर बुद्ध जेरुसलम में पैदा होते तो सूली पर लटकते। कोई जीसस का ही सवाल नहीं है। क्योंकि जेरुसलम में जो समाज था वह सोचता है कि जो उसके नियम हैं वह प्रत्येक को पालन करने चाहिए। चाहे कोई कितने ही ज्ञान को उपलब्ध हो जाए, नियम के बाहर नहीं जाता। इसलिए जीसस को भी उनके नियम के अनुसार चलना चाहिए। लेकिन हम इस देश में मानते रहे हैं कि जो ज्ञान को उपलब्ध हो जाए वह हमारे नियम के पार चला जाता है। और हम अपने को उसके अनुसार ढालें, यह तो हो सकता है; हम उसे अपने अनुसार ढालें, यह नहीं हो सकता। अगर हम अपने को उसके अनुसार न ढाल सकें तो यह हमारी मजबूरी है; उसका दोष नहीं।

इसलिए बुद्ध को भारत ने स्वीकार नहीं किया। हिंदू विचारधारा को बुद्ध की विचारधारा पसंद नहीं पड़ी। लेकिन एक बड़ी मीठी घटना है। बुद्ध को अस्वीकार कर दिया, भारत का समाज उनके पीछे नहीं चला; लेकिन फिर भी हिंदुओं ने उन्हें अपना एक अवतार माना। यह बड़ी अनूठी बात है। बुद्ध का धर्म हिंदुस्तान में नहीं फैल पाया; उखड़ गया। बुद्ध ने जो जीवन के सूत्र दिए थे वे लोग मानने को राजी न हुए। यह बड़ा अनूठा मालूम पड़ता है कि जिसको मानने वाला इस मुल्क में एक न रहा, फिर भी हिंदुओं ने अपने एक अवतार में बुद्ध की गिनती की। इससे कोई फर्क नहीं पड़ता; यह हमारी मजबूरी है कि हम तुम्हारे पीछे न चल सके। यह तुम्हारा कसूर नहीं, यह हमारी भूल है। और हमारी अपनी कमियां हैं, सीमाएं हैं। हमारे पैर उतने मजबूत नहीं कि तुम जिस पर्वतीय मार्ग पर जा रहे हो, हम तुम्हारे पीछे आएं। इसलिए हम तुम्हारे पीछे तो नहीं आ सकते, तुम अकेले जाओ। लेकिन यह हम जानते हैं कि तुमने जो पाया है वह सही है। गलत होंगे तो हम होंगे। इसलिए बुद्ध को हमने अवतारों में तो गिन लिया; बुद्ध के पीछे हम नहीं चले।

अगर बुद्ध जेरुसलम में पैदा होते—या कहीं भी, मक्का में या मदीना में पैदा होते—तो सूली उनकी निश्चित थी। मोहम्मद को जिस तरह परेशान किया अरब ने, इस मुल्क ने कभी किसी तीर्थंकर को, किसी पैगंबर को इस भांति परेशान नहीं किया। अस्वीकार किया हो, इनकार किया हो, कह दिया हो कि हम तुम्हारे पीछे नहीं आते, लेकिन अनादर नहीं किया। सूत्र यही है कि तुम ताओ को, स्वभाव को उपलब्ध हो गए; तुम्हारे लिए कोई नियम नहीं। हम अंधेरे में, घाटी में भटकते हुए लोग हैं, स्वभाव का हमें कोई पता नहीं; हम नियम से जीते हैं। हमारे-तुम्हारे बीच बड़ा फासला है। उस फासले को हम पूरा करें, ऐसी हमारी आकांक्षा है। न कर पाएं, ऐसी हमारी मजबूरी है, कमजोरी है।

जब स्वभाव का लोप होता है तब मनुष्यता का सिद्धांत जन्म लेता है। इसलिए मनुष्यता का सिद्धांत कोई बड़ा ऊंचा सिद्धांत नहीं है। लेकिन उससे भी नीचे की स्थितियां हैं। जब मनुष्यता भी लोप हो जाती है तब न्याय के सिद्धांत का जन्म होता है। जब हम लोगों से कहते हैं, न्यायपूर्ण व्यवहार करो। तो उसका मतलब यह है कि अब मनुष्य होना भी आसान नहीं रहा। मनुष्य तो न्यायपूर्ण व्यवहार करेगा ही। यह सवाल नहीं है कि दूसरे के साथ न्याय होना चाहिए; यह उसके मनुष्य होने में ही निहित है कि वह न्यायपूर्ण व्यवहार करेगा। लेकिन जब मनुष्यता भी खो जाती है, जब मनुष्य होने का प्रेम भी खो जाता है, तो फिर हमें कहना पड़ता है कि अन्याय मत करो। न्याय की सारी व्यवस्था निषेधात्मक है। इसलिए न्याय हमेशा नकार की भाषा में होता है। जीसस ने पुराने बाइबिल से दस महा आज्ञाओं का उल्लेख किया है, टेन कमांडमेंट्स। लेकिन सभी नकारात्मक हैं—ऐसा मत करो, ऐसा मत करो, ऐसा

मत करो। क्योंकि न्याय यह नहीं कह सकता कि क्या करो; न्याय इतना ही कह सकता है कि ऐसा मत करो, ताकि अन्याय न हो। चोरी मत करो, व्यभिचार मत करो, हत्या मत करो; ये सब निषेधात्मक हैं। मनुष्यता विधायक है।

इसे थोड़ा समझ लें। परम सहजता न तो विधायक है, न निषेधात्मक है। वहां कोई नियम नहीं। वहां तो जो तुम्हारे भीतर से आए वही नियम है। वहां न करना और करने का कोई सवाल नहीं है। परम धर्म में प्रतिष्ठित व्यक्ति तो कुछ करता ही नहीं; इसलिए विधायक और निषेध की बात नहीं हो सकती। उससे जो होता है, होता है। वह तो हवा-पानी की तरह है। उस पर हम न दोष दे सकते और न उसकी प्रशंसा कर सकते।

अगर लाओत्से से जाकर हम कहें कि तुम बड़े सच्चरित्र हो! तो वह हंसेगा; वह कहेगा, इसमें मेरा कोई गुण नहीं; इसमें मेरा कोई भी गुण नहीं है। अगर हम लाओत्से से कहें कि तुम बड़े शांत हो! तो वह कहेगा, इसमें मेरा कोई गुण नहीं; झीलें शांत हैं, पहाड़ शांत हैं, आकाश शांत है, ऐसा ही मैं भी शांत हूं। इसमें कुछ गुण-गौरव नहीं है।

परम धर्म में प्रतिष्ठित, जिसको हम संत कहते हैं, उसके लिए कोई कर्म नहीं है। उससे नीचे उतर कर मनुष्यता है। मनुष्यता के लिए विधायक कर्म है। क्या करो? प्रेम करो, दया करो, करुणा करो। कुछ करने पर जोर है। उससे भी नीचे उतर कर न्याय है। वहां न करने पर जोर है। हिंसा मत करो। प्रेम तुम नहीं कर पा सकते हो, छोड़ दो; लेकिन कम से कम किसी की हत्या मत करो, किसी को दुख मत पहुंचाओ। दान नहीं कर सकते हो, छोड़ो; चोरी मत करो। न्याय 'न करने' पर उतर आता है।

परम अवस्था है—निषेध-विधेय के पार। एक सीढ़ी नीचे मनुष्यता है—विधायक। अगर हम बुद्ध के धर्म को लें तो वह विधायक है। लाओत्से की बात परम है। बुद्ध का धर्म विधायक है—करुणा। महावीर का धर्म विधायक है—दया। जीसस का धर्म विधायक है—प्रेम। उससे भी नीचे न्याय का जगत है, जहां जोर इस बात पर है कि तुम कम से कम दूसरे को चोट, नुकसान, पीड़ा मत पहुंचाओ। इतना भी काफी है। लेकिन वह भी अंतिम पतन नहीं है। उससे भी नीचे कर्मकांड का जगत है, जहां सब पाखंड है; जहां दूसरे का तो कोई सवाल ही नहीं है। जहां अगर न्याय भी करना है तो इसीलिए, ताकि न्याय के द्वारा भी शोषण हो सके। जहां अगर चोरी करने से रुकना है तो भी इसलिए, ताकि बड़ी चोरी की व्यवस्था हो सके। जहां सब धोखा है। जहां सिर्फ अपना स्वार्थ ही सब कुछ है। और अपने स्वार्थ के लिए सभी कुछ समर्पित है। और उस स्वार्थ में कठिनाई पड़ती है। क्योंकि आप स्वार्थी हैं, अकेले नहीं, और भी सभी लोग स्वार्थी हैं। तो उन सब स्वार्थियों के बीच में कैसे व्यवस्था से आप अपनी नौका को बचा कर पार कर लें, बस वही धर्म है। इस भांति चलो कि तुम्हें कोई नुकसान न पहुंचा पाए, और तुम नुकसान पहुंचाने में सदा अग्रणी रहो। लेकिन तुम्हें कोई पकड़ भी न पाए। कर्मकांड का जगत है।

एक आदमी मंदिर जाता है। मैंने सुना, एक आदमी रोज चर्च जाता था। बहरा था, तो कुछ सुन तो सकता नहीं था। न चर्च में होने वाले भजन सुन पाता, न प्रवचन सुन पाता। लेकिन नियमित रूप, हर रविवार ठीक समय पर सबसे पहले चर्च में मौजूद होता और सबसे बाद तक बैठा रहता।

आखिर पुरोहित भी जिज्ञासु हो गया और उसने एक दिन जैसे ही आया बहरा आदमी, अकेला ही था, उसने पूछा कि एक प्रश्न मेरे मन में सदा उठता है। लिख कर ही पूछा, क्योंकि वह सुन नहीं सकता है। वह यह कि जब तुम सुन ही नहीं सकते—न तुम गीत सुन सकते, न भजन, न संगीत, न प्रवचन—तो तुम इतने निष्ठावान क्यों हो कि नियम से तुम पहले आकर बैठते हो और नियम से तुम अंत में जाते हो? तो उस बहरे आदमी ने कहा कि मैं चाहता हूं कि लोग मुझे देख लें कि मैं धार्मिक हूं; और कोई प्रयोजन नहीं है।

यह भी इनवेस्टमेंट है, लोग जान लें कि मैं धार्मिक हूं। क्रियाकांडी आदमी की उत्सुकता धार्मिक होने में नहीं है, जनाने में है कि मैं धार्मिक हूं। क्योंकि इसके सहारे बहुत सा अधर्म किया जा सकता है। अगर अधर्म ठीक से

करना हो तो धार्मिक होने की धारणा लोगों में चाहिए। अगर आपको झूठ बोलना है तो आपको सत्य बोलने का प्रचार करना चाहिए। क्योंकि झूठ केवल उसी से बोला जा सकता है जो सत्य पर भरोसा करता हो। नहीं तो कोई झूठ बोल नहीं सकता; कोई फायदा भी नहीं है। अगर सभी लोग मानते हों, झूठ बोलना ही धर्म है, फिर बड़ी मुसीबत हो जाए। फिर आप झूठ में कभी सफल नहीं होंगे। आपका झूठ सफल होता है सच में श्रद्धा रखने वाले लोगों की वजह से। आप बेईमानी में सफल हो जाते हैं, क्योंकि कुछ लोग अभी भी ईमानदारी का भरोसा किए बैठे हैं। आपकी बेईमानी सफल नहीं होती; उनकी ईमानदारी आपकी सफलता बनती है। इसलिए क्रियाकांडी व्यक्ति को उन सारी चीजों की प्रचारणा करते रहना चाहिए जिनके विपरीत उसे कुछ करना है।

मैंने सुना है, एक चोर एक बैंक में रात प्रविष्ट हुआ। साज-सामान लेकर गया था, डायनामाइट लेकर गया था कि तिजोड़ी को तोड़ डालेगा। लेकिन तिजोड़ी के सामने ही एक छोटी सी तख्ती उसने लगी देखी। बहुत चकित हुआ। तख्ती पर लिखा था : डोंट यूज डायनामाइट; दि सेफ इज़ नाट लॉक्ड, जस्ट पुश दि बटन। डायनामाइट का उपयोग मत करो, ताला है नहीं तिजोड़ी पर, सिर्फ बटन दबाओ। वह चकित हुआ कि बड़े अदभुत लोग हैं! उसने बटन दबाई। लेकिन बटन दबाते ही एक बहुत बड़ा रेत का थैला उसके ऊपर गिरा। सारे बैंक में बल्ब जल गए; घंटियां बजने लगीं। पुलिस भीतर आ गई। स्ट्रेचर पर उसे बाहर ले जाया गया। जब वह होश में आया और जब उसे एंबुलेंस में रखा जा रहा था तब उसके मुंह से ये शब्द सुने गए : माय फेथ इन ह्यूमैनिटी हैज बीन शेकन वेरी डीपली; मेरा भरोसा मनुष्यता में बुरी तरह जर्जरित हो गया।

चोर को भी आपके भरोसे पर ही भरोसा है। और तो कोई उपाय नहीं है।

चौथी जो स्थिति है, वहां धर्म भी शोषण का आधार है। इसलिए अगर आपको शोषक, बेईमान, चार सौ बीस, सब मंदिरों में, मस्जिदों में, गुरुद्वारों में इकट्ठे मिलते हैं तो चकित होने की कोई जरूरत नहीं। वे वहीं मिलेंगे। सारा आयोजन उनके लिए ही हो रहा है और उनके हित में है। यह जो कर्मकांडी मनुष्य है, इसकी जीवन-व्यवस्था का मूल आधार समझ लेना जरूरी है। क्योंकि हम में से अधिक उसी चौथी श्रेणी में होंगे। उसका मूल आधार क्या है?

समझें, समाज में गरीबी है। तो यह जो कर्मकांडी है, यह गरीबी मिटाने के पक्ष में नहीं होगा कभी भी, यह दान के पक्ष में होगा। गरीबी का मूल आधार मिट जाए, इसके पक्ष में कभी नहीं होगा। गरीब तो बने रहें, लेकिन दान बड़ा धर्म है, इसके पक्ष में होगा। क्योंकि दान गरीबी को मिटाता नहीं, सिर्फ गरीबी को सहने योग्य बनाता है। यह मूल कारण कभी नहीं मिटाना चाहेगा, यह केवल ऊपर से लीपापोती करना चाहेगा। यह मकान की इमारत नहीं बदलेगा, आधार नहीं बदलेगा, यह सिर्फ व्हाइट वाश करने पर भरोसा रखेगा। मकान वही होगा।

इसलिए बहुत मजे की बात है कि धार्मिक आदमी है, वह एक भिखारी को दान देने के लिए तैयार है, और जो नहीं देता उसको अधार्मिक कहेगा; लेकिन इस पूरी व्यवस्था को वह समझने को तैयार नहीं है कि यह भिखारी पैदा कैसे होता है। और वह सब कुछ कर रहा है जो भी, उसके द्वारा यह भिखारी पैदा हो रहा है। वह जो भी कर रहा है, जहां से उसको दान देने योग्य रुपए मिल रहे हैं, वह पूरी व्यवस्था से यह भिखारी पैदा हो रहा है। वह व्यवस्था का आधार है खुद। लेकिन इस भिखारी को दान देने के पक्ष में है। और जो नहीं देगा दान, उसे अधार्मिक कहता है।

तो दो तरह के अधार्मिक हैं। एक वे जो दान नहीं देते। लेकिन वे उतने बड़े अधार्मिक नहीं हैं; वह जो दान दे रहा है, लेकिन गरीबी बिलकुल मिट जाए, इसके पक्ष में नहीं है।

स्वामी करपात्री ने एक किताब लिखी है और उसमें लिखा है कि समाजवाद के वे इसलिए विरोध में हैं। जो कारण दिया है, वह बहुत अदभुत है। वह कारण यह है कि हिंदू धर्म में दान के बिना मोक्ष जाने का कोई उपाय नहीं है। और अगर समाजवाद आ जाए तो दान कौन लेगा? तो फिर मोक्ष कैसे जाइएगा?

मोक्ष जाने के लिए गरीबों का होना बिलकुल जरूरी है। क्योंकि उन्हीं के कंधे पर रख कर पैर तो आप मोक्ष जाएंगे। मगर उनको दान भी देते रहिए, कहीं ऐसा न हो कि वे आपके कंधे पर पैर रखने के पहले ही जमीन पर गिर जाएं। इतनी ताकत उनमें रहनी चाहिए कि आप कंधे पर पैर रख सकें और वे आपको झेल सकें।

तो गरीब को जिलाए रखो, उसे मर मत जाने दो। क्योंकि उसके मरते ही वह धनपति भी मर जाएगा। उसके ही कंधे पर खड़ा है। लेकिन कंधे से मत उतरो। और उसको भी तुम्हारे जैसे ही योग्य मत हो जाने दो। क्योंकि दो हालत में धनपति मिटेगा—या तो गरीब मिट जाए या गरीब भी अमीर हो जाए। दो हालत में धनपति मिटेगा। ये दोनों हालतें मत होने दो। गरीब को उस जगह रखो जहां वह गरीब भी रहे और धनपति के प्रति श्रद्धा से भी भरा रहे। तो दान भी दो, दया भी करो। यह कर्मकांडी की व्यवस्था है।

इसलिए अगर मार्क्स ने कहा है कि धर्म गरीबों के लिए अफीम है तो एकदम गलत नहीं कहा है। कर्मकांडी धर्म के लिए मार्क्स की बात बिलकुल सही है। यह चौथी कोटि का जो धर्म है, इसके लिए मार्क्स की बात एकदम सही है कि यह गरीब को अफीम खिलाना है। न उसे भूख का पता चलता, न उसे दुख का पता चलता, वह अफीम खाए पड़ा रहता है। कर्मकांडी का दान, दया, धर्म, धर्मशालाएं, मंदिर, स्कूल, अस्पताल, सब अफीम हैं। गरीब को इस हालत में नहीं आने देता कि वह बिलकुल ही इतना असंतुष्ट हो जाए कि क्रांति कर गुजरे। उसे संतोष देता रहता है, सांत्वना देता रहता है।

अगर दान की व्यवस्था बिलकुल न हो तो क्रांति अभी हो जाए। लेकिन दान की व्यवस्था बफर बना देती है। जैसे ट्रेन में बफर होते हैं दो डिब्बों के बीच में। तो कभी कोई धक्का लगे गाड़ी को तो बफर झेल लेते हैं; डब्बों में बैठे लोगों को धक्का नहीं पहुंच पाता। बफर पी जाते हैं धक्के को। ऐसा समाज गरीब और अमीर के बीच बफर पैदा करता है कि कुछ भी उपद्रव हो तो बफर पी जाएं, अमीर तक धक्का नहीं आ पाए।

तो गरीब और अमीर के बीच में दान और दया के क्रियाकांड बफर पैदा करते हैं। और बड़ी कुशलता से। लंबे अनुभव से यह बात तय हो पाई है कि समाज को अगर ठीक से चूसना हो तो अकेला चूसना काफी नहीं है; चूसने के आस-पास एक वातावरण होना चाहिए जहां गरीब को खुद ही लगे कि उसके हितकारी, उसके कल्याण करने वाले लोग हैं। ये उसका शोषण कैसे कर सकते हैं?

अगर भारत जैसे मुल्क में क्रांति नहीं हो सकी कभी भी तो उसका एक मूल कारण यही है कि यहां हमने इतना बड़ा कर्मकांड पैदा किया, हमने इतने बफर पैदा किए कि दुनिया में कोई समाज इतनी कुशलता से बफर पैदा नहीं कर पाया। गरीब को लगता ही नहीं कि अमीर उसका दुश्मन है। गरीब को लगता है कि अमीर उसका त्राता, उसका पिता, उसको दान देने वाला, उसको सम्हालने वाला, उसका नाथ, सब कुछ अमीर लगता है।

अगर हम एक सौ वर्ष पीछे लौट जाएं और भारतीय गांव की तस्वीर देखें तो गरीब यह सोच ही नहीं सकता कि यह जो अमीर है, यह उसका दुश्मन हो सकता है। यह उसका पिता है; यही तो उसका सब कुछ है। यही उसे भोजन देता, यही उसके बच्चों को शिक्षा देता, यही उसे वस्त्र देता; इस पर ही सब कुछ निर्भर है। जब कि हालत बिलकुल उलटी है। इस अमीर का सब कुछ इस गरीब पर निर्भर है। लेकिन गरीब को हजारों वर्ष से समझाया गया है कि अमीर पर सब कुछ निर्भर है। और यह समझाहट, दान, दया, करुणा, मंदिर, धर्मशाला, इनसे आई है। ये बीच के सेतु हैं।

तो कर्मकांडी मनुष्य बहुत धार्मिक दिखाई पड़ेगा, लेकिन जरा भी धार्मिक नहीं होगा।

लाओत्से कहता है, 'यह कर्मकांड हृदय की निष्ठा और ईमानदारी का विरल हो जाना है, तिरोहित हो जाना है। और वही अराजकता की शुरुआत भी है।'

और जब ऐसा होगा, कर्मकांड इतना सघन हो जाएगा, तो फिर व्यवस्था टूटेगी। एक सीमा है, जब तक कर्मकांड सहा जा सकता है, फिर सब उखड़ जाएगा।

करीब-करीब भारत ऐसी जगह खड़ा है आज, जहां कर्मकांड अपने सौ डिग्री के करीब पहुंच रहा है; जहां किसी भी दिन बगावत, उपद्रव, अराजकता होने वाली है। इसके मूल में हमारा हजारों साल से इकट्ठा हुआ कर्मकांड है। उसकी पर्त बिलकुल विरल हो गई, कभी भी टूट सकती है। हृदय की निष्ठा उसमें जरा भी नहीं है। न कोई आंतरिक भाव है, न कोई न्याय है, न कोई मनुष्यता है—ताओ और धर्म तो बहुत दूर की बात है, स्वप्न है—सिर्फ कर्मकांड है। और उस कर्मकांड का बड़ा जाल है। लेकिन वह जाल भी एक जगह पर मरने के करीब पहुंच जाता है। जब भी कोई व्यर्थ चीज बहुत बोझिल हो जाती है तो कब तक ढोई जा सकती है? एक सीमा आ जाएगी जब उसे सिर से उतार कर फेंक ही देना पड़ेगा।

तो लाओत्से कहता है, अगर ताओ हो जगत में तो क्रांति नहीं होगी। क्योंकि क्रांति का कोई कारण ही नहीं है। लेकिन जैसे ही ताओ से गिरना शुरू होता है, अगर मनुष्यता हो जगत में तो भी वैसा आनंद तो नहीं रह जाएगा जैसा धर्म के प्रभाव में होता है, लेकिन फिर भी सुख होगा। क्रांति नहीं होगी। अगर न्याय हो जगत में तो सुख भी खो जाएगा; लेकिन दुख न पहुंचे लोगों को, इतनी धारणा होगी। तो भी क्रांति नहीं होगी। वह भी खो जाए, फिर कर्मकांड ही रह जाए, तो एक न एक क्षण अराजकता और क्रांति अनिवार्य है, क्योंकि लोगों को दुख भी दिया जा रहा है। और थोथा कर्मकांड कब तक लोगों को धोखा दे सकता है?

यह करीब-करीब ऐसा है जैसे बच्चे को मां दूध नहीं पिलाना चाहती और उसके मुंह में उसका ही अंगूठा पकड़ा देती है। वह थोड़ी देर चूसेगा। लेकिन कब तक? एक सीमा है। आखिर भूख बढ़ेगी तो अंगूठे का कर्मकांड ज्यादा साथ नहीं दे सकता। अंगूठा कर्मकांड है। उससे कुछ दूध भी नहीं निकल रहा, उससे कुछ मिल भी नहीं रहा। लेकिन बच्चे को ऐसा लग सकता है कि वह कुछ चूस रहा है तो कुछ मिल रहा होगा। क्योंकि जब भी उसने मां का स्तन चूसा है तो दूध मिला है। तो चूसने में और मिलने में एक संयोग बन गया, एक एसोसिएशन है। इसमें सिर्फ चूस रहा है, मिल कुछ भी नहीं रहा; सिर्फ कर्मकांड है, भीतर कोई धारा नहीं बह रही जीवन की। लेकिन कब तक यह चलेगा? एक न एक घड़ी बच्चा यह समझ जाएगा कि सिर्फ चूसना हो रहा है; मिल कुछ भी नहीं रहा।

जिस दिन भी समाज का कर्मकांड सिर्फ अंगूठे की तरह चूसना रह जाता है, जिससे कुछ भी मिलता नहीं जीवन को, कोई आनंद की झलक नहीं, कोई सुख का महाभाव नहीं है, कोई अनुग्रह नहीं, कोई जीवन की प्रफुल्लता नहीं, तो अराजकता पैदा होती है।

लाओत्से कहता है, यही अराजकता की शुरुआत है।

'पैगंबर ताओ के पूरे खिले फूल हैं।'

यह सूत्र बड़ा बगावती है, बड़ा क्रांतिकारी है। एकदम से धक्का भी पहुंचाएगा, शॉकिंग है। पैगंबर, तीर्थंकर, अवतार, ताओ के पूरे खिले फूल हैं। जहां धर्म अपनी परम सर्वोत्कृष्टता में, चरमता में प्रकट होता है, जैसे गौरीशंकर का शिखर, जहां से ऊंचे से ऊंचे धर्म की अभिव्यक्ति होती है, तीर्थंकर, पैगंबर, अवतार, ऐसे पुरुष हैं। लेकिन दूसरा वचन बहुत हैरान करने वाला है।

'और उनसे ही मूर्खता की शुरुआत भी होती है।'

हर पैगंबर के आस-पास मूर्ख इकट्ठे होंगे ही। कोई उपाय नहीं है, उनसे बचने का भी उपाय नहीं है। वह जो मूढ़ों की जमात है, वह फिर संप्रदाय निर्मित करती है। और सारी दुनिया में उपद्रव उससे फैलता है। मोहम्मद अनूठे हैं। लेकिन मोहम्मद के आस-पास जो जमात इकट्ठी हो गई, उसने पृथ्वी को बहुत परेशान किया। जीसस अनूठे हैं।

लेकिन उनके पास जो जमात इकट्ठी हो गई, उसने अभी तक पीछा नहीं छोड़ा। आदमी को अभी भी सताए चली जा रही है। कृष्ण अनूठे हैं। शिव अनूठे हैं। लेकिन उनके पंडित-पुरोहितों का जो जाल है, वह छाती पर पत्थर की तरह बैठा हुआ है। नाम शिव का है, शोषण पंडित कर रहा है। नाम कृष्ण का है, भागवत कृष्ण की पढ़ी जा रही है; लेकिन वह जो पढ़ रहा है, वह जो पंडितों का जाल है, वह जो पुरोहित बैठे हैं, वे उसका शोषण कर रहे हैं।

लाओत्से ठीक कहता है कि पैगंबर अंतिम ऊंचाई हैं जीवन की, लेकिन उन्हीं के साथ मूर्खता का भी जन्म होता है। उनसे नहीं होता, उनमें नहीं होता; लेकिन उनके आस-पास तो होता है। थोड़ा देर सोचें, अगर मोहम्मद पैदा न हों तो मुसलमानों ने जो भी उपद्रव किया दुनिया में वह नहीं होता। अगर जीसस न हों तो ईसाइयों ने जो भी धर्मयुद्ध किए, हत्याएं कीं, हजारों-लाखों लोगों को जलाया, अनेक-अनेक कारणों से, वह नहीं होता। लाओत्से का मतलब यह नहीं है कि पैगंबर इस उपद्रव की शुरुआत करते हैं। लेकिन उनसे शुरुआत होती है। यह कुछ अनिवार्य है। इससे बचा नहीं जा सकता। जीवन का एक नियम है कि विपरीत आकर्षित होते हैं।

तो महावीर हैं। महावीर परम त्यागी हैं, त्याग उनके लिए सहज है। जितने भोगी इस मुल्क में थे सब उनसे आकर्षित हो गए। अभी जैनियों को देखें, त्याग से उनका कोई लेना-देना नहीं है। यह बड़े मजे की बात है कि महावीर के आस-पास सब दुकानदार क्यों इकट्ठे हो गए! महावीर कहते हैं, धन व्यर्थ है। सभी धनी उनके पास क्यों इकट्ठे हो गए! महावीर तो वस्त्र भी छोड़ दिए। लेकिन देखें, वस्त्रों की अधिकतम दूकानें जैनियों की हैं। यह कुछ समझ में नहीं पड़ता कि इसमें कुछ संबंध जरूर होगा, भीतरी कुछ नाता होगा कि जो आदमी दिगंबर हो गया, कपड़े भी छोड़ दिए!

मैं जिस गांव में रहता था वहां एक दिगंबर क्लाथ स्टोर है—नंगों की कपड़ों की दुकान! बेबूझ लगता है, लेकिन कोई भीतरी तर्क जरूर काम कर रहा है। महावीर के त्याग से भोगी प्रभावित हो गए। असल में, विपरीत आकर्षित होता है; जैसे स्त्री पुरुष से प्रभावित होती है, पुरुष स्त्री से प्रभावित होता है। विपरीत आकर्षित करते हैं। तो महावीर के त्याग को देख कर भोगियों को लगा होगा, गजब! ऐसा त्याग तो हम कभी नहीं कर सकते जन्मों-जन्मों में; यह महावीर ने तो चमत्कार कर दिया। यह चमत्कार उनको छू गया होगा; वे इकट्ठे हो गए।

इसलिए अक्सर विपरीत इकट्ठे हो जाते हैं। और वे जो विपरीत हैं, उन्हीं के हाथ में वसीयत पहुंचती है। स्वभावतः, उन्हीं के हाथ में वसीयत पहुंचती है। महावीर कर भी क्या सकते हैं? जो इकट्ठे हैं आस-पास वे ही उनके, उन्होंने जो कहा है उसके मालिक हो जाएंगे। जो इकट्ठे हैं वे ही उसकी व्याख्या करेंगे। कल वे ही मंदिर, संगठन, संप्रदाय निर्मित करेंगे। यह होगा; इससे बचने का उपाय नहीं है। लेकिन अगर इसकी सचेतना रहे, जैसा कि लाओत्से का इरादा यही है कहने में कि अगर यह हमें बोध रहे, तो इसकी पीड़ा कम हो सकती है। और अगर यह खयाल सारे जगत में परिव्याप्त हो जाए तो हम पैगंबरों को स्वीकार कर लेंगे और उनके संप्रदायों को अस्वीकार कर देंगे। यह इसका अर्थ है।

तो महावीर बिलकुल ठीक हैं, लेकिन जैनियों की कोई आवश्यकता नहीं। कृष्ण बिलकुल प्यारे हैं, लेकिन हिंदुओं का क्या लेना-देना! शिव की महिमा ठीक है, लेकिन बनारस का उपद्रव! वह नहीं चाहिए। मोहम्मद ठीक, लेकिन मक्का पर जो हो रहा है, मदीना में जो हो रहा है, वह जाल तोड़ देने जैसा है। और जिस दिन धर्म की अभिव्यक्तियां स्वीकार हो जाएंगी और उनके आस-पास निर्मित संगठन अस्वीकृत हो जाएंगे, उस दिन इस जगत में धर्म के कारण जो उपद्रव होते हैं वे नहीं होंगे। और धर्म के कारण जो औषधि मिल सकती है पीड़ित मनुष्यों को वह मिल सकेगी।

'पैगंबर ताओ के पूरे खिले फूल हैं। और उनसे ही मूर्खता की शुरुआत होती है।'

ऐसी सीधी बात लाओत्से के सिवाय किसी ने भी कभी कही नहीं है। शायद इसीलिए लाओत्से के आस-पास कोई संप्रदाय निर्मित नहीं हो सका। कैसे संप्रदाय निर्मित होगा? कौन संप्रदाय निर्मित करेगा?

'इसलिए आर्य पुरुष सघनता में, नींव में बसते हैं; विरलता, अंत में नहीं।'

इसलिए मूल पर ध्यान रखते हैं आर्य पुरुष। महावीर पर ध्यान रखेंगे; जैनियों की फिक्र छोड़ देंगे। बुद्ध पर ध्यान रखेंगे; बौद्धों पर जरा भी ध्यान न देंगे। नानक पर दृष्टि होगी; सिक्खों से क्षमा मांग लेंगे। मूल पर ध्यान रखेंगे।

'आर्य पुरुष सघनता, नींव में बसते हैं; विरलता, अंत में नहीं।'

वह जो अंत होता है धर्म का वहां सत्य नहीं है। जहां धर्म का जन्म होता है वहां सत्य है। और धर्म का जन्म और धर्म का अंत बड़ी उलटी बातें हैं। क्योंकि अंत तो सदा संप्रदाय में होता है, सदा संगठन में होता है। कोई उपाय नहीं है। बचने की कोई चेष्टा भी करे तो भी कुछ उपाय नहीं है। अंत होगा ही वहां; यह सहज परिणति है। जैसे बच्चा जन्मता है और अंत मौत में होता है; कोई कितना ही उपाय करे मौत से बचने का, कोई बच नहीं सकता। जन्मता बच्चा है; अंत बुढ़ापे में होता है। ध्यान बच्चे पर रखना है, वहां शुद्धता है।

तो महावीर बच्चे की तरह हैं। उनके आस-पास जो धर्म निर्मित होता है, वह बुढ़ापा है। और फिर बुढ़ापे के भी पार मौत है। सभी धर्म जन्मते हैं और सभी धर्म मरते हैं। समय के भीतर जो भी चीज पैदा होगी वह मरेगी भी। लेकिन महावीर तो विदा हो जाएंगे, मरा हुआ धर्म ढोया जा सकता है अनंत काल तक। और जितना मुर्दा धर्म होगा उतना ही जानलेवा होगा।

लेकिन धार्मिक मनुष्य, जितना पुराना धर्म हो उतना ही गौरव समझते हैं। वे कहते हैं, हमारा धर्म सनातन है। उसका मतलब तुम सनातन से लाश ढो रहे हो। कभी का मर चुका होगा तुम्हारा धर्म। समय में कुछ भी शाश्वत नहीं है। धर्म की चिनगारी भी जब समय की धारा में प्रविष्ट होती है तो बुझेगी। पृथ्वी पर कुछ भी शाश्वत नहीं है।

इसका यह अर्थ नहीं है कि धर्म शाश्वत नहीं है। लेकिन धर्म का वह जो रूप शाश्वत है वह तो प्रकट नहीं होता। उस शाश्वत से कभी-कभी किसी व्यक्ति का संबंध हो जाता है; कोई महावीर, कोई बुद्ध, कोई कृष्ण उस शाश्वत धर्म से जुड़ जाता है। उसमें झलक उतरती है। फिर महावीर और बुद्ध के द्वारा वह झलक हमारे पास पहुंचती है। फिर हम उस झलक को संगठित करते हैं। फिर हम मंदिर निर्मित करते हैं, मस्जिद बनाते हैं, शास्त्र निर्मित करते हैं। फिर हम व्यवस्था जमाते हैं। लेकिन इस सारी व्यवस्था में, वह जो मूल शाश्वत से संबंध जुड़ा था महावीर का, वह खो गया। फिर हम इस लाश को ढोते हैं। फिर यह लाश मूर्खतापूर्ण हो जाती है। फिर हमें कष्ट होता है; इसको हम छोड़ भी नहीं सकते। क्योंकि इसमें हम पैदा होते हैं, इसी लाश में हम पैदा होते हैं। जन्म से ही हमारा इसका संबंध जुड़ जाता है। फिर इसे उतारने में हमें ऐसा लगता है प्राण निकल रहे हैं। कि मेरा धर्म! कैसे मैं छोड़ सकता हूं!

लेकिन धर्म से जिसको जुड़ना हो उसे मेरा धर्म छोड़ना ही पड़ता है। जिसे उस शाश्वत धारा से जुड़ना हो जिससे महावीर और बुद्ध जुड़ते हैं उसे महावीर और बुद्ध से संबंध छोड़ कर, महावीर और बुद्ध के आस-पास जो संप्रदाय बने हैं उनसे भी संबंध छोड़ कर सीधा ही उस धारा की तरफ उन्मुख होना होता है। तो महावीर में जो झलक को देख कर झलक, कहां से आई है उस स्रोत की खोज में चला जाए, उसने तो ठीक रास्ता पकड़ लिया। और जो महावीर में झलक को देख कर महावीर के आस-पास रुक जाए... । और अब तो महावीर हैं नहीं, बुद्ध हैं नहीं, कृष्ण हैं नहीं; उनके पंडे-पुरोहित हैं। और वे भी कई पीढ़ियां गुजर गईं, हजारों साल—उधार, उधार, उधार। अब सत्य जैसा कुछ भी बचा नहीं; सिर्फ मुर्दा असत्य उनके हाथ में रखे हैं। उनसे संबंधित हैं लोग।

मैंने सुना है, सूफियों में एक कहानी है कि जिस आदमी ने अग्नि की खोज की उसका नाम था नूर। वह परम ज्ञानी था, प्रकाशवान था, इसलिए उसको नूर नाम दिया गया। उसके आस-पास शिष्य इकट्ठे हो गए। क्योंकि बड़ी

अनूठी खोज थी, अग्नि की खोज। आज हमें नहीं लगता, क्योंकि आज तो हमारी माचिस में बंद है। लेकिन हजारों साल पहले जब पहली दफा किसी आदमी ने अग्नि खोजी होगी, तो उस आदमी ने जितना कल्याण किया है मनुष्य का उतना आइंस्टीन भी नहीं कर सकता। तो निश्चित ही नूर पैगंबर हो गया और उसके आस-पास भीड़ इकट्ठी हो गई शिष्यों की। और शिष्यों को बड़ा जोश होता है कि जो तुमने पाया है उसे दूसरों तक कैसे पहुंचाएं।

नूर ने उनको बहुत समझाया कि जल्दी मत करो, क्योंकि लोग अंधेरे में रहने के इतने आदी हैं कि तुम्हारे प्रकाश से बहुत नाराज हो जाएंगे। पर शिष्य नहीं माने। उनको प्रकाश दिखाई पड़ गया था। और दूसरे को भी मनाने में अहंकार को बड़ी तृप्ति मिलती है कि हम दूसरे को भी ठीक करके आ गए, उसको भी रास्ते पर लगा दिया। वह अंधेरे में भटक रहा था, उसको हम प्रकाश के मार्ग पर ले आए। शिष्य नहीं माने; तो नूर ने कहा, ठीक है, तो चलो।

तो वे पहले कबीले में गए। और जब नूर के शिष्यों ने खबर की कि हमारा जो पैगंबर है नूर, उसने अग्नि का राज खोज लिया है। अब अंधेरे में रहने की कोई जरूरत नहीं, अब प्रकाश का सूत्र मिल गया। अब तुम अंधेरे में मत भटको और भयभीत भी मत होओ, अब रात की कोई जरूरत नहीं है। लोगों ने समझा कि नूर कोई बहुत भला आदमी है; कवि मालूम होते हैं ये लोग, ऋषि मालूम होते हैं। किसी ने भरोसा नहीं किया कि अंधेरा मिट सकता है। उन्होंने कहा कि हम नूर की पूजा करेंगे; हमें नूर की मूर्ति बंना लेने दो। नूर ने अपने शिष्यों से कहा, देखो! आग के संबंध में उन्होंने बात ही न की, उन्होंने नूर की प्रतिमा बना ली और उन्होंने कहा, हम तुम्हारी सदा-सदा पूजा करेंगे, तुम जैसा महापुरुष, जिसे प्रकाश का पता चल गया। नूर के शिष्यों ने उनसे कहा कि प्रकाश हम तुम्हें भी बता सकते हैं। उन्होंने कहा कि हम पापी, हमारा क्या प्रकाश से संबंध हो सकता है! इतना ही काफी है कि हमने नूर के दर्शन कर लिए। इतना क्या कम भाग्य। पुण्यों से, जन्मों-जन्मों के पुण्यों से ऐसा होता है।

हार कर नूर और उसके शिष्य दूसरी जमात में, दूसरे कबीले में गए। उन लोगों ने बातें सुनीं और वे लोग खंडन पर उतारू हो गए। क्योंकि जो लोग अंधेरे में रह रहे हैं हजारों साल से वे अंधेरे की फिलासफी पैदा कर लेते हैं। उन्होंने कहा कि अंधेरा तो जीवन है। उन्होंने कहा, अंधेरे के बिना तो कुछ हो ही नहीं सकता। और अंधेरा नहीं रहेगा, रात खो जाएगी; यह तो प्रकृति की हत्या है। और अग्नि जब प्रकृति से नहीं मिली तो तुम कौन हो? जरूर इसमें शैतान का हाथ है। क्योंकि परमात्मा ने जब प्रकृति बनाई और उसने अग्नि हमें सीधी नहीं दी तो इसमें शैतान की करतूत है। उन्होंने शिष्यों पर हमला बोला। नूर और उनके शिष्यों को वहां से भागना पड़ा। नूर ने कहा कि देखो! उन्होंने अंधेरे का पक्ष लिया। ऐसा नूर और उसके शिष्य कई जमातों में गए। एक जमात ने उनसे शिक्षा भी ले ली अग्नि की। तो उन्होंने अग्नि का उपयोग लोगों को जलाने, दुश्मनों को मारने, उनके घरों में आग लगाने के लिए किया। तो नूर ने कहा कि देखो!

फिर सैकड़ों साल बीत गए और नूर को मानने वालों की परंपरा गुप्त हो गई। क्योंकि उन्होंने कहा, बात करना खतरनाक है। फिर सैकड़ों साल बाद उनके शिष्यों ने पुनः सोचा कि हम जाकर देखें तो, जहां-जहां नूर गया था वहां-वहां क्या लक्षण छूटे। तो एक जमात में उन्होंने देखा कि नूर की पूजा जारी है। बड़े-बड़े मंदिर खड़े हो गए हैं और सिर्फ मंदिरों में प्रकाश जलता है। और पुजारी भर को प्रकाश जलाने का अधिकार है। और पुजारी भर जानता है कि प्रकाश कैसे जलाया जाए। और लोग प्रकाश को नमस्कार करके अपने अंधेरे घरों में लौट आते हैं। और दूसरी जमात में उन्होंने देखा कि लोग अंधेरे में ही जी रहे हैं और नूर के बड़े खिलाफ हैं। और वहां अभी भी नूर के खिलाफ न मालूम कितनी कहानियां प्रचलित हैं। तीसरे कबीले में उन्होंने देखा कि लोग अब भी अंधेरे में रहते हैं। आग का उपयोग तो सिर्फ दुश्मनों को जलाने और उनके मकानों में, गांवों में आग लगाने के लिए करते हैं।

करीब-करीब धर्मों की यही हालत है।

लाओत्से कहता है, 'पैगंबर ताओ के पूरे खिले फूल हैं। पर उनसे ही मूर्खता की शुरुआत होती है। इसलिए आर्य पुरुष सघनता में बसते हैं, विरलता में नहीं। वे फल में बसते हैं, फूल की खिलावट में नहीं।'

फल तो है बीज, फूल है अंत। संप्रदाय फूल है, सदगुरु बीज है, फल है। आर्य पुरुष फल में बसते हैं। बीज की तलाश करते हैं कि धर्म का मूल क्या है। धर्म का मूल है ताओ, वह सहज स्वभाव। फिर उसके आस-पास वर्तुल बनते हैं—मनुष्यता के, न्याय के, कर्मकांड के। यह कर्मकांड आखिरी परिणति है। यह मूर्खता का आखिरी रूप है।

'वे फल में बसते हैं, फूल की खिलावट में नहीं। इसलिए वे एक को इनकार और दूसरे को स्वीकार करते हैं।'

वे धर्म को स्वीकार करते हैं, संप्रदाय को इनकार करते हैं। वे मूल को स्वीकार करते हैं, वे मूल के आस-पास जो आयोजना हो जाती है, उसको अस्वीकार करते हैं। वे बीज को स्वीकार करते हैं, फूल को अस्वीकार करते हैं।

लेकिन साधारणतः हम फूल से प्रभावित होते हैं, बीज से नहीं। बीज तो समझ में ही नहीं आता; फूल दिखाई पड़ता है। उसके रंग साफ होते हैं; उसका रूप निखरा होता है; उसकी सुगंध हमारे नासापुटों को छूती है। हम फूल को समझ पाते हैं। बीज से कौन प्रभावित होता है? और अगर हम कभी बीज की तलाश भी करते हैं तो फूल के लिए ही करते हैं। बीज में तो कुछ दिखाई भी नहीं पड़ता। बीज तो छिपा है; गहन रहस्य में डूबा है। अभी वहां है बीज जहां परमात्मा होता है। फूल वहां है जहां संसार है। मेनीफेस्ट, जो प्रकट हो गया वह फूल है। अनमेनीफेस्ट, जो प्रकट नहीं हुआ वह बीज है। बीज परमात्मा है; संसार फूल है। हम फूल से प्रभावित होते हैं। फूल से प्रभावित होना सांसारिक मन की दशा है। बीज से हम प्रभावित नहीं होते।

लेकिन जिसको जीवन-सत्य की खोज करनी हो उसे बीज की तलाश करनी चाहिए, उसे मूल की तलाश करनी चाहिए। उसे अभिव्यक्तियों को हटा देना चाहिए और उसे खोजना चाहिए जो अभिव्यक्ति के पहले था। क्योंकि वही शुद्ध है। अभिव्यक्ति में तो मिश्रण हो ही जाएगा।

एक कवि एक गीत गाए; एक कविता का जन्म हो। तो थोड़ा कविता के जन्म को देखें। शब्द उतरेंगे, काट-छांट होगी, लयबद्धता लाई जाएगी, पंक्तियां सुधारी जाएंगी, निखारा जाएगा; फिर एक गीत तैयार हो जाएगा छंदबद्ध। उसे गाया जा सकता है। यह अभिव्यक्ति है। इससे थोड़ा पीछे हटें, तो जो पहली पंक्तियां कवि के मन में आई थीं, वे इतनी कटी-छंटी नहीं थीं, इतनी साफ-सुथरी नहीं थीं। धुंधली थीं, उनकी रेखाएं एक-दूसरे से अलग-अलग नहीं थीं, एक-दूसरे में गड्ड-मड्ड थीं, धुएं की तरह थीं। उनका आकार साफ नहीं था। निराकार के करीब थीं। कवि ने उन्हें छांटा। अनगढ़ पत्थर की तरह थीं, निखारा, छेनी से छांटा; मूर्ति प्रकट हो गई। लेकिन जितनी मूर्ति प्रकट हो गई उतनी ही मूल से दूर हो गई। वह अनगढ़ पत्थर मूल था।

इसलिए झेन फकीरों ने जापान के अपने बगीचों में अनगढ़ पत्थर रखे हैं, मूर्तियां नहीं बनाईं। उनको वे रॉक गार्डन कहते हैं। मूर्तियां नहीं बनाई हैं अपने बगीचों में। झेन मोनेस्ट्री के बगीचे में अनगढ़ पत्थर रखे रहते हैं। उन पर काई जम जाती है; वे जैसे हैं, वैसे ही रख दिए जाते हैं। उनको निखारा नहीं जाता, उनको साफ नहीं किया जाता। वे इस बात की याद दिलाते हैं साधक को कि तुम मूल को खोजना; अभिव्यक्त को, निखारे को मत खोजना। क्योंकि निखारा कितना ही आकर्षित करता हो वह मूल से दूर हो गया।

और थोड़ा पीछे हटें, तो ये अनगढ़ पंक्तियां भी नहीं हैं। तब भीतर एक घुमड़ता हुआ भाव है; जो कवि को भी साफ नहीं है कि क्या है। एक गर्भस्थ अवस्था है; मां को भी पता नहीं कि क्या पैदा होगा। वह लड़की होगी कि लड़का होगा; सुंदर होगा कि कुरूप होगा; अच्छा होगा, बुरा होगा; हिटलर होगा कि बुद्ध होगा; कुछ पता नहीं है। सब अंधकार में है। पर एक घुमड़ता हुआ भाव है। कुछ घना हो रहा है भीतर, कुछ गर्भ बन रहा है भीतर। उसकी पीड़ा है, उसका बोझ है।

और थोड़ा पीछे सरकें; अभी गर्भ भी नहीं है। जैसे एक स्त्री किसी के प्रेम में पड़ गई हो। जब भी कोई स्त्री किसी के प्रेम में पड़ती है तो एक अनजानी छाया मां बनने की उसके भीतर सरकने लगती है। असल में, स्त्री के लिए प्रेम का अर्थ मां बनना होता है। कुछ भी साफ नहीं है; कोई भाव भी नहीं है। भाव से भी नीचे कहीं किसी अतल में कुछ सरकना शुरू हो गया है। थोड़ी ही देर बाद घना होगा; भाव बनेगा; फिर भाव विचार बनेगा; फिर विचार छांटे जाएंगे, निखारे जाएंगे; फिर गीत बनेगा।

तो कवि के भीतर जब अभी कुछ घना भी नहीं हुआ है तब जो बीज की तरह बंद पड़ा है, उसकी तलाश काव्य की तलाश है। और जो उसको पकड़ ले और उसमें प्रवेश कर जाए, वह काव्य की आत्मा में प्रवेश कर गया। कविताओं में जो काव्य को खोजते रहते हैं वे बहुत दूर खोज रहे हैं; कवि की आत्मा में जो खोजते हैं वे ही खोज पाते हैं। कविता तो बहुत दूर की ध्वनि है, बहुत दूर निकल गई।

यह जो संसार है, अगर हम परमात्मा को कवि समझें तो यह जो संसार है, उसका काव्य है। यही वेदों ने कहा है कि परमात्मा का काव्य है, छंद है उसका, उसका गीत है। इस संसार में अगर हम परमात्मा को खोजने सीधे लग जाएं तो कठिनाई होगी; हम फूल में खोज रहे हैं। जरूर फूल भी बीज से जुड़ा है, लेकिन लंबी यात्रा है। संसार भी परमात्मा से जुड़ा है, लेकिन लंबी यात्रा है। अगर हम संसार में धीरे-धीरे डूबें, अगर हम फूल में धीरे-धीरे डूबें तो एक न एक दिन हम बीज को पकड़ लेंगे, मूल उदगम को पकड़ लेंगे। हिंदू गंगोत्री की पूजा करने जाते हैं। ये सारे प्रतीक थे कि तुम गंगा की फिक्र छोड़ो, गंगा से क्या लेना-देना! गंगोत्री की तरफ जाओ, जहां से गंगा जन्मती है उस मूल उदगम को खोजो। पीछे लौटो, वहां पहुंचो जो सबसे पहले था, जिसके पहले कुछ भी नहीं था।

लाओत्से जब कहता है कि आर्य पुरुष फल में बसते हैं, वे मूल को खोज लेते हैं और मूल में ही जीते हैं। अभिव्यक्ति से पीछे सरकते हैं और अनभिव्यक्त को अपना जीवन बना लेते हैं। जितना ही आप अनभिव्यक्त में सरकते चले जाएं, उतना ही आपका जीवन समाधिस्थ होता चला जाएगा।

अगर हम—इस विचार को कई पहलुओं से समझा जा सकता है—अगर आप अपने शरीर में ही इस विचार की अवधारणा करें, तो आपका मस्तिष्क फूल है और आपकी नाभि आपका बीज है। तो जीवन की पहली धड़क नाभि से शुरू हुई और जीवन की अंतिम धड़क मस्तिष्क में पूरी हुई है। मस्तिष्क छत्ते की तरह फूल है। लेकिन हम वहीं जीते हैं, और हमारा सारा जीवन वहीं भटकने में बीत जाता है। आप अपनी खोपड़ी में ही घूमते रहते हैं। यह घूमना फिर आब्सेशन हो जाता है, रुग्ण हो जाता है। फिर यह घूमने का आपको पता भी नहीं चलता कि आप क्यों घूम रहे हैं, आप क्यों इस खोपड़ी के भीतर चक्कर लगाते रहते हैं। फिर यह चक्कर लगाना आपकी आदत हो जाती है। फिर आप न भी लगाना चाहें तो भी कोई उपाय नहीं है; बैठे हैं, चक्कर जारी है।

योग कहता है, नीचे उतरें; मस्तिष्क से हृदय में आएं। हृदय अभी अनगढ़ है; वहां धुंधले बादल हैं, वहां अभी कुछ साफ नहीं है। फिर उससे भी नीचे उतरें और नाभि में आएं। वहां जीवन बीज में छिपा है। वहां अभी कोई भनक भी नहीं पहुंची है अभिव्यक्ति की। और वहीं से संबंध जुड़ सकेगा जीवन की धारा से।

इसलिए लाओत्से और लाओत्से के मानने वाले लोग कहते हैं कि आदमी नाभि में है। नाभि के ठीक दो इंच नीचे, लाओत्से एक केंद्र, चक्र की बात करता है, जिसको वह हारा कहता है।

आपने शब्द सुना होगा जापानी, हाराकिरी। हाराकिरी का मतलब होता है नाभि में छुरा मार कर मर जाना; हारा में छुरा मार लेना। यह बहुत मजे की बात है। अगर यूरोप में कोई आदमी मरे तो वह खोपड़ी में पिस्तौल मारता है। जापान में कोई आदमी मरे तो नाभि में छुरा मारता है। क्योंकि जापानी कहते हैं, वहीं जीवन का मूल उदगम है तो उसी में लीन होना है।

इसलिए हाराकिरी साधारण आत्महत्या नहीं है; सभी नहीं कर सकते। आपको तो पता भी नहीं है कि आप छुरा कहां मारेंगे। हाराकिरी तो केवल वही कुशल आदमी कर सकता है जिसको हारा का पता है कि कहां जीवन का मूल केंद्र है। आपको तो पता भी नहीं है। हर कहीं मारने से आप नहीं मर जाएंगे। सिर्फ हारा पर ही छुरा प्रवेश करेगा तो मृत्यु होगी। और वह मृत्यु बड़ी अदभुत है। वह मृत्यु एक तरह की समाधि है।

इसलिए जापान में हाराकिरी अपमानित शब्द नहीं है। उसका मतलब आत्महत्या नहीं है, उसका अर्थ आत्मसमाधि है। अगर हारा का बिंदु आपको पता है, तो छुरे से जो हारा के बिंदु को काट देता है, उसको साफ अनुभव होता है शरीर और आत्मा के अलग हो जाने का। ये दोनों के बीच का सेतु टूट गया और अलग यात्रा शुरू हो गई। इसलिए जो हाराकिरी से मरता है उसका चेहरा देखने लायक होता है। वह विकृत नहीं होता उसका चेहरा; उसके चेहरे पर एक बड़ी शांति होती है। उसके चेहरे पर बड़ा अदभुत भाव होता है; एक उपलब्धि का भाव होता है।

पश्चिम में कोई आत्महत्या करे तो सिर में पिस्तौल मार लेता है। क्योंकि उसे पता ही चल रहा है कि वहीं वह है। जहां हम हैं वहीं तो हम मारने की भी कोशिश करेंगे। खोपड़ी में घूमता हुआ आदमी यही सोच सकता है कि वह सिर के भीतर है।

अभिव्यक्ति में हम केंद्रित हैं, मूल में नहीं। मूल की तरफ कदम उठाने जरूरी हैं सभी दिशाओं से। और जितना कोई मूल की तरफ आता जाएगा उतना ही क्रियाकांड दूर छूटेगा। न्याय भी भूल जाएगा; मनुष्यता का भी कोई पता नहीं रहेगा; फिर सहज स्वभाव रह जाएगा। और उस स्वभाव से जो भी होता है वही शुभ है। उस स्वभाव से जो भी निकलता है वही प्रार्थना है। उस स्वभाव से जहां भी पहुंचना हो जाए वहीं मोक्ष है।

रुकें, कीर्तन करें, और फिर जाएं।

चौहत्तरवां प्रवचन

# एकै साधे सब सधे

## Chapter 39 : Part 1

# UNITY THROUGH COMPLIMENTS

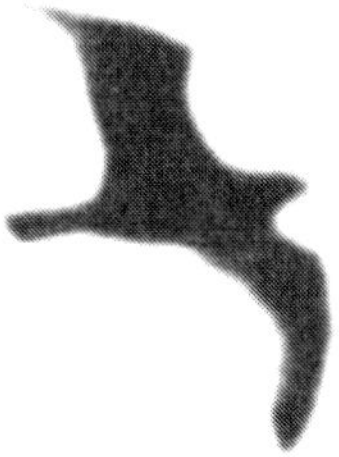

*There were those in ancient times possessed of the One:*
*Through possession of the One, Heaven was clarified;*
*Through possession of the One, Earth was stabilized;*
*Through possession of the One, the gods were spiritualized;*
*Through possession of the One, the valleys were made full;*
*Through possession of the One, all things lived and grew;*
*Through possession of the One,*
*the princes and the dukes became ennobled of the people.*
*— That was how each became so.*
*Without clarity, the Heavens would shake;*
*Without stability, the Earth would quake;*
*Without spiritual powers, the gods would crumble;*
*Without being filled, the valleys would crack;*
*Without the life-giving powers, all things would perish;*
*Without ennobling powers, the princes and the dukes would stumble.*

## अध्याय ३९ : खंड 1

# परिपूरकों द्वारा एकता

*प्राचीन समय में वे थे जिन्हें वह एक उपलब्ध था :*
*इस एक की उपलब्धि के द्वारा, स्वर्ग उजागर था,*
*इस एक की उपलब्धि के द्वारा, पृथ्वी थिर थी,*
*इस एक की उपलब्धि के द्वारा, देवता में देवत्व था,*
*इस एक की उपलब्धि के द्वारा, घाटियां भरी थीं,*
*इस एक की उपलब्धि के द्वारा, सभी चीजें जीतीं और वृद्धि पाती थीं,*
*इस एक की उपलब्धि के द्वारा, राजा और भूमिपति लोगों के द्वारा आदृत थे।*
*इसी तरह उनमें से प्रत्येक ऐसा हो उठा था।*
*प्रकाश के बिना, स्वर्ग हिलने लगेगा; स्थिरता के बिना, पृथ्वी डोल उठेगी,*
*आध्यात्मिक शक्ति के बिना, देवता नष्ट-भ्रष्ट हो जाएंगे,*
*भराव के बिना, घाटियां खंड-खंड हो जाएंगी,*
*जीवनदायी शक्ति के बिना, सभी चीजें नाश को प्राप्त होंगी,*
*आर्यत्व की शक्ति के बिना, राजा और भूमिपति पतित हो जाएंगे।*

इस सदी का प्रारंभ फ्रेडरिक नीत्शे की एक घोषणा से हुआ है। नीत्शे ने कहा है, ईश्वर मर गया है; गॉड इज़ डेड।

ईश्वर नहीं है, ऐसा कहने वाले लोग सदा से हुए हैं। लेकिन ईश्वर मर गया है, ऐसा कहने वाला व्यक्ति नीत्शे मनुष्य के इतिहास में प्रथम है। यह घोषणा कई अर्थों में मूल्यवान है। एक तो इस अर्थ में कि यह वचन नीत्शे का अकेले का नहीं है। इस सदी के बहुत से लोगों के प्राणों में इसकी प्रतिध्वनि है, चाहे उन्हें पता हो और चाहे पता न हो। बहुत लोगों के प्राणों से ईश्वर मर गया है। ईश्वर मरा हो या न मरा हो, लेकिन बहुत लोगों की आत्मा में उसकी कोई जड़ें नहीं रह गई हैं।

नीत्शे ने जब कहा, ईश्वर मर गया है, तो उसका प्रयोजन स्पष्ट है। लाओत्से भी उससे राजी हो सकता है, लेकिन लाओत्से के राजी होने का कारण बिलकुल भिन्न होगा।

लाओत्से कहता है, ईश्वर होता है तब जब मनुष्य में ईश्वर को अनुभव करने की क्षमता होती है। उसी मात्रा में ईश्वर प्रकट होता है जिस मात्रा में मनुष्य का हृदय उसे अनुभव करने में सक्षम होता है। ईश्वर की उपस्थिति मनुष्य के अनुभव करने की क्षमता पर निर्भर है। ईश्वर है या नहीं, यह मूल्यवान नहीं है; उसे अनुभव करने का द्वार खुला है या नहीं, यही मूल्यवान है। जब द्वार बंद होता है तो प्रकाश तिरोहित हो जाता है। इसलिए नहीं कि सूर्यास्त हो गया; इसलिए भी नहीं कि सूर्य बुझ गया। सिर्फ इसलिए कि आपके घर का द्वार बंद है, और प्रकाश को भीतर प्रवेश का कोई मार्ग नहीं है।

लेकिन जो घर के भीतर बंद हैं, अंधेरे में डूब गए हैं। और अगर उस अंधेरे में कोई कहे कि सूर्य नष्ट हो गया, कि सूर्य बुझ गया, तो आश्चर्य की बात नहीं है। और अगर उस घर के लोग कभी बाहर जाकर देखते ही न हों और सदा ही घर के अंधेरे में जीते हों तो उनकी बात धीरे-धीरे सत्य प्रतीत होने लगेगी। और उसे खंडित करने का भी कोई उपाय न रह जाएगा। अंधेरा इतना प्रत्यक्ष होगा कि प्रकाश की मृत्यु हो गई है, इसे सिद्ध करने की भी कोई जरूरत न रह जाएगी। नीत्शे के वक्तव्य की खूबी है कि उसने कोई प्रमाण नहीं दिया कि क्यों कहा जा रहा है कि ईश्वर मर गया है। उसने सिर्फ घोषणा की कि ईश्वर मर गया है।

यह पूरी सदी उसी छाया में बड़ी हुई है। और आप सबके लिए भी ईश्वर मर गया है। भला आप मंदिर जाते हों, लेकिन आप मुर्दा ईश्वर के मंदिर जाते हैं। और मंदिर जाने का कारण कुछ और होगा, ईश्वर नहीं। भला आप पूजा करते हों, प्रार्थना करते हों; आपकी पूजा और प्रार्थना मृत ईश्वर की लाश के आस-पास हो रही है। आप भी भली भांति जानते हैं कि जिस ईश्वर से आप प्रार्थना कर रहे हैं, वह संदिग्ध है। लेकिन किन्हीं और कारणों से आप पूजा और प्रार्थना किए जाते हैं। आपकी पूजा और प्रार्थना से यह पता नहीं चलता कि आपके जीवन में ईश्वर है।

क्योंकि आपका पूरा जीवन गवाही देता है कि ईश्वर से आपका कोई संबंध नहीं रह गया है। लेकिन किन्हीं इतर कारणों से आप ईश्वर की बात को जिलाए रखना चाहते हैं—भय, लोभ, असुरक्षा, जीवन के दुख। ईश्वर का नाम एक शरण-स्थल है। ईश्वर का नाम ऐसे ही है जैसे शुतुरमुर्ग को रेत, जहां वह अपने सिर को गपा लेता है; और रेत में डूब गई, बंद हो गई आंखों से फिर उसे लगता है, अब कोई भय नहीं। क्योंकि जब शत्रु दिखाई न पड़े तो शुतुरमुर्ग मान लेता है कि शत्रु नहीं है। आपके लिए ईश्वर रेत की तरह है जहां आप अपने सिर को छिपा लेते हैं।

जीवन में बहुत दुख हैं, पीड़ाएं, संताप, चिंताएं; और उनसे बचने का कहीं उपाय नहीं दिखाई पड़ता। ईश्वर आपके लिए एक शराब है जिसे पीकर आप अपने को थोड़ी देर के लिए विस्मरण कर लेते हैं। और ईश्वर जब शराब हो तो ईश्वर का प्रयोजन ही समाप्त हो गया। क्योंकि जिस ईश्वर से विस्मरण होता हो वह ईश्वर ही न रहा, मादक द्रव्य हो गया। जिस ईश्वर से स्मरण बढ़ता हो और जीवन-ऊर्जा प्रगाढ़ होती हो, सघन होती हो, चेतना का विस्तार होता हो, वही ईश्वर ईश्वर है।

तो इसे कसौटी समझ लें कि जब ईश्वर को आप सिर्फ अपने दुख भुलाने का उपाय बना लेते हैं तो ईश्वर मर चुका है; राख केवल आपके हाथ में रह गई है। और जब ईश्वर दुख भुलाने का उपाय नहीं, आनंद को उपलब्ध करने का स्रोत हो जाता है। इस फर्क को ठीक से समझ लें। दुख भुलाने का उपाय एक बात है—पलायन, एस्केप, छिप जाना, ढंक जाना, कुछ ओढ़ लेना और अपने को भूल जाना। आनंद-उपलब्धि का स्रोत बिलकुल दूसरी बात है। आनंद की उपलब्धि विस्मृति से नहीं, गहन स्मृति से होती है। दुख का भुलाना विस्मृति से होता है।

नीत्शे का वचन ठीक ही है कि ईश्वर मर गया है। इसलिए नहीं कि ईश्वर मर गया; क्योंकि जो मर सकता है उसे ईश्वर कहने का कोई अर्थ ही नहीं है। ईश्वर हम कहते ही उस तत्व को हैं जो नहीं मर सकता है; ईश्वर का अर्थ ही है वह तत्व जो अमृत है। ईश्वर कोई व्यक्ति नहीं है, अमृतत्व की धारा! जीवन की यह जो अनंत धारा है, आदिरहित, अंतरहित, इस परिपूर्ण धारा का नाम ही ईश्वर है। तो ईश्वर तो नहीं मर सकता। क्योंकि फूल अभी भी वृक्षों में खिलते हैं, पक्षी अभी भी गीत गाते हैं। आदमी अभी भी पृथ्वी पर है। चांद चलता है, सूरज यात्रा करते हैं। जीवन की धारा प्रवाहित है। जीवन की धारा में कहीं कोई अवरोध नहीं। और जीवन ही है ईश्वर। तो ईश्वर तो नहीं मर गया है। लेकिन फिर भी नीत्शे की बात में सचाई है, गहरी सचाई है। और सचाई यह है कि आदमी के अस्तित्व से ईश्वर मर गया है। आदमी का कोई संबंध इस जीवन की विराट धारा से नहीं है।

लाओत्से भी राजी होगा और कहेगा कि ईश्वर मर गया है; लेकिन इसलिए नहीं कि ईश्वर मर गया, बल्कि इसलिए कि तुम मर गए हो। तुम्हारा जीवन-स्रोत सूख गया, तुम सिकुड़ गए हो, बंद हो गए हो, संकीर्ण हो गए हो। तुम्हारे सब खिड़की, द्वार-दरवाजे खुलना बंद हो गए हैं; तुम्हारा हृदय स्पंदित नहीं हो रहा। केवल फेफड़े में श्वास आती है और जाती है, लेकिन हृदय स्पंदित नहीं होता। प्रेम का रस-स्रोत सूख गया है। इसे खयाल में लें, फिर हम इस सूत्र में प्रवेश करें। क्योंकि यह सूत्र बहुत अनूठा है।

'प्राचीन समय में वे थे जिन्हें वह एक उपलब्ध था।'

लाओत्से उसे कोई नाम नहीं देता; कहता है, वह एक। नाम देना संभव भी नहीं है। और नाम के साथ उपद्रव शुरू होता है। राम कहो, कृष्ण कहो, हरि कहो, शिव कहो; झगड़ा शुरू हो गया, उपद्रव शुरू हो गया। क्योंकि तुम्हारा नाम मेरा नाम नहीं होगा; मेरा नाम तुम्हारा नाम नहीं होगा। मंदिर और मस्जिद बंट जाएंगे; संप्रदाय नाम के आस-पास खड़े होंगे। इसलिए लाओत्से कहता है, उसे कोई नाम मत दो। उसका कोई नाम है भी नहीं। नाम के साथ ही संप्रदाय का जन्म होता है। वह एक, अनाम, धर्म का स्रोत है। उस एक के अनेक नाम संप्रदाय के स्रोत बन जाते हैं। संप्रदाय के साथ मूढ़ता है।

पर आदमी का मन नाम देना चाहता है। क्यों आदमी का मन नाम देना चाहता है? नाम के साथ सुविधा है। जिस चीज को भी हम नाम दे देते हैं, हमें ऐसा भ्रम पैदा होता है कि हमने उसे जान लिया। हमारी जानकारी नाम देने का ही ढंग है। एक बच्चे को आप बता दें कि यह वृक्ष आम का वृक्ष है। और बच्चे ने नाम सीख लिया आम, और बच्चा समझा कि उसने जान लिया। वह परिचित हो गया। एक्वेनटेंस हो गया। अब जीवन भर वह इसी खयाल में रहेगा कि वह आम के वृक्ष को जानता है। लेकिन नाम देने से क्या कुछ जाना जाता है? नाम तो संकेत है, और नाम के पीछे अज्ञान छिप जाता है। आम के वृक्ष को आप जानते हैं सिर्फ इसलिए कि आपने नाम दे दिया? वृक्ष उतना ही अनजान, अपरिचित है अभी भी, जितना नाम देने के पहले था।

लेकिन आदमी नाम देकर संतुष्ट हो जाता है। आपसे कोई पूछता है, परिचित होना चाहता है: आपका नाम? और आप कह देते हैं कि अ, ब, स। और वह बड़ा प्रफुल्लित है कि आपको जानने लगा। नाम जानकारी बन जाता है। नाम धोखा है। जरूरी है काम चलाने के लिए। क्योंकि बाजार में अगर बिना पूछे पहुंच जाएं, बिना जाने, और आम खरीदना हो और आम का नाम न लें और कहें कि वह एक अनाम, तो अड़चन होगी। आम से काम चलता है, लेकिन आप यह मत समझना कि आपने आम का नाम ले दिया तो आप जान गए। या दुकानदार ने आम उठा कर दे दिया तो वह जान गया। दोनों के बीच समझौता है कि इस अपरिचित चीज को हम आम कहेंगे। भाषा एक समझौता है, एक एग्रीमेंट है। इसलिए कोई आम को मैंगो कहे तो झगड़ा करने की कोई बात नहीं है। वह उसका समझौता है। सभी भाषाएं समझौते हैं। जमीन पर कोई तीन हजार भाषाएं हैं। कोई भाषा सत्य की खबर नहीं देती, भाषा केवल उपयोग में लाने वाले लोगों के समझौते की खबर देती है; उनके बीच एक शर्तबंदी है।

एक सूफी कथा है कि चार यात्री, जो एक-दूसरे की भाषा से अपरिचित थे, एक रात एक धर्मशाला में रुके। वहीं उनकी पहचान हुई। कामचलाऊ, कुछ एक-दूसरे की भाषा समझ लेते थे। सुबह भोजन का विचार हुआ तो सभी ने अपने पैसे इकट्ठे किए। अंतिम पड़ाव था यात्रा का और सभी के पास कम पैसे बचे थे। और चारों इकट्ठा पूल कर लें, इकट्ठा कर लें धन को, तो ही यात्रा चल सकती थी। और फिर उन चारों ने विचार प्रकट किया कि क्या वे खरीदना चाहते हैं। उनमें एक यूनानी था, उसने कुछ कहा; उसमें एक अरबी था, उसने कुछ कहा; उसमें एक हिंदुस्तानी था, उसने कुछ कहा; उसमें एक ईरानी था, उसने कुछ और कहा। और वे चारों झगड़ने लगे। क्योंकि उतने पैसे से चार चीजें नहीं खरीदी जा सकती थीं। और तब उस सराय का मालिक उनके पास आया और हंसने लगा। और उसने कहा कि तुम मुझे पैसे दो; चारों की चीजें खरीदी जा सकेंगी। और जब वह खरीद कर लाया तो वे अंगूर थे। और वे चारों हंसने लगे और नाचने लगे, क्योंकि चारों की चीजें आ गई थीं।

वे चारों ही अंगूर के लिए अपनी-अपनी भाषा का शब्द उपयोग कर रहे थे। चारों ही अंगूर चाहते थे। अंगूर का मौसम था और चारों तरफ अंगूर लदे थे। और बाजारों की दूकानों पर अंगूरों के ढेर लगे थे। और अंगूर की सुगंध हवाओं में थी। वे चारों ही अंगूर चाहते थे। लेकिन चारों के पास शब्द अलग थे। और चारों के बीच कोई समझौता नहीं था। लेकिन शब्द कितने ही अलग हों, अंगूर एक है।

लाओत्से उसे कहता है, वह एक। वह कोई शब्द उपयोग नहीं करता। क्योंकि शब्द उपयोग करो कि उपद्रव की शुरुआत हो गई, कि विग्रह, विवाद शुरू हो गया।

अगर हिंदू उसे राम न कहें और मुसलमान उसे अल्लाह न कहें; हिंदू कहें वह एक और मुसलमान कहें वह एक, तो मंदिर और मस्जिद में झगड़ा करना बहुत मुश्किल हो जाए। क्या झगड़ा बचेगा? झगड़ा इसलिए है कि नाम अलग हैं। धर्मों के झगड़े मूलतः भाषाओं के झगड़े हैं, धर्मों के झगड़े नहीं हैं। क्योंकि धर्म तो एक है, भाषाएं बहुत हैं। धर्म तो दो हो भी नहीं सकते। लेकिन भाषाएं तो जितनी चाहें उतनी हो सकती हैं। आप चाहें तो अपनी और अपनी पत्नी

के बीच एक निजी भाषा बना सकते हैं। काम करेगी। दुनिया में कोई भी आपकी भाषा नहीं समझेगा, पर आप दोनों समझ सकेंगे। आप समझौता कर ले सकते हैं। भाषा कृत्रिम है, आदमी की बनाई हुई चीज है। सत्य कृत्रिम नहीं है।

इसलिए लाओत्से निष्ठापूर्वक उसे अनाम ही रहने देता है। उपनिषद भी कहते हैं, वह अनाम है। बाइबिल भी कहती है, उसका कोई नाम नहीं है। मोहम्मद भी कहते हैं कि सिर्फ इशारा हो सकता है; शब्द क्या कहेंगे? लेकिन लाओत्से बहुत ही सख्ती से नाम के उपयोग से अपने को रोकता है, संवरित करता है, संयम रखता है। वह कहता है, वह एक। उस एक को जान लेने से सब जान लिया जाता है। क्योंकि वह एक कोई वस्तु नहीं, कोई व्यक्ति नहीं; सभी के भीतर व्याप्त ऊर्जा का नाम है।

उस एक को जानने से सब जान लिया जाता है। क्योंकि वह एक सभी में परिव्याप्त है। जैसे कोई सागर की एक बूंद को चख ले, उसने पूरे सागर को चख लिया। उस बूंद में जो स्वाद है नमक का, वह सारे सागर पर छाया हुआ है। सागर की एक बूंद जिसने जान ली उसने पूरा सागर जान लिया। उस एक को जो जान ले, फिर जानने को कुछ भी नहीं बचता है।

इसका यह अर्थ न ले लें कि उस परमात्मा को, उस एक को जान लेने पर आप एकदम से वह भी जान लेंगे जो डाक्टर जानता है, जो केमिस्ट जानता है, जो साइंटिस्ट जानता है। नहीं, उस एक का ज्ञान शुद्धतम ज्ञान है। उस एक का ज्ञान ज्ञान की कोई शाखा नहीं है। परमात्मा की तरफ जाने वाला व्यक्ति किसी स्पेशलाइजेशन में नहीं जा रहा है। वह किसी चीज का एक्सपर्ट नहीं हो जाएगा। वह तो जीवन के मूल को जानने जा रहा है। वह जीवन के मूल को जान लेगा। लेकिन जीवन के मूल को जान लेने से जीवन की जो अनंत विधाएं हैं, जो जीवन की अनंत शाखाएं-उपशाखाएं हैं, उनका सार तो उसे खयाल में आ जाएगा, लेकिन उनकी व्यक्तिगत निजताएं उसके खयाल में नहीं आएंगी।

विज्ञान शाखाओं की खोज है और धर्म मूल की। इसलिए विज्ञान जैसे-जैसे विकसित होता है एक शाखा में, और शाखाएं टूटती चली जाती हैं। आज से हजार साल पहले फिलासफी शब्द के अंतर्गत सारा विज्ञान आ जाता था। फिर जैसे-जैसे विज्ञान विकसित होने लगा तो बंटाव शुरू हुआ, शाखाएं बंटनी शुरू हुईं। फिर एक-एक शाखा अलग होती चली गई। फिर शाखाओं में भी और बारीकियां निकल आईं। केमिस्ट्री एक विज्ञान था, लेकिन अब आर्गेनिक केमिस्ट्री अलग बात है, इन-आर्गेनिक केमिस्ट्री अलग बात है। जैसे-जैसे आगे विज्ञान बढ़ता है वैसे-वैसे कम से कम के संबंध में ज्यादा से ज्यादा जानकारी पैदा होती जाती है। नोइंग मोर एंड मोर एबाउट लेस एंड लेस। विज्ञान संकीर्ण होता चला जाता है। लेकिन जानकारी बढ़ती जाती है, क्षेत्र संकीर्ण होता चला जाता है।

आज से पचास साल पहले डाक्टर सभी बीमारियों का डाक्टर था। लेकिन अब अगर आंख खराब है तो आंख का स्पेशलिस्ट है। पश्चिम में मजाक है कि बहुत जल्दी बाईं आंख का स्पेशलिस्ट दाईं आंख से अलग हो जाएगा। हो ही जाना चाहिए। क्योंकि बाईं आंख भी इतनी बड़ी घटना है कि एक आदमी अगर ठीक से उसकी जानकारी करना चाहे तो पूरा जीवन उसमें ही लग जाएगा। तो विभाजन होता चला जाता है। फिर आंख भी, अकेला एक व्यक्ति जान सकेगा हजार साल बाद, कहना मुश्किल है। आंख के भी हिस्से हो जाएंगे।

इतना अनंत है जानने को कि आप विभाजन करते चले जा सकते हैं। आज तो पश्चिम में सबसे बड़ी कठिनाई यही है कि इतनी जानकारी है, लेकिन सब जानकारियों के बीच कोई तालमेल नहीं है। जो आंख को जानता है वह आंख को जानता है; जो नाक को जानता है वह नाक को जानता है; जो हृदय को जानता है वह हृदय को जानता है। उनके बीच कोई जानकारी नहीं है। और यह आदमी बड़ा अजीब है। इसके भीतर सब चीजें इकट्ठी हैं। इसकी आंख जब बीमार होती है तो अकेली आंख बीमार नहीं होती, इसका हृदय भी बीमार हो जाता है। जब इसकी आंख बीमार

होती है तो इसकी आंख ही बीमार नहीं होती, इसका पूरा शरीर ही बीमार हो जाता है। इसका आंख का अकेला इलाज हो सकता है; आंख ठीक भी हो जाएगी। लेकिन वह इलाज लोकल हुआ, स्थानीय हुआ। पूरा व्यक्ति अछूता छूट गया। इसलिए जो बीमारी आंख से प्रकट हो रही थी वह कहीं और से प्रकट होनी शुरू हो जाएगी। तो पश्चिम में एक नया नारा है कि बीमारी का इलाज बंद करो और व्यक्ति का इलाज शुरू करो। जब तक व्यक्ति का इलाज न हो, बीमारियां ठीक नहीं हो सकतीं।

तो विज्ञान संकीर्ण होते-होते, होते-होते एटामिक हो जाता है, परमाणु की तरफ जाने लगता है। बहुत जानता है, लेकिन बहुत थोड़े के संबंध में। धर्म की यात्रा बिलकुल उलटी है। धर्म बहुत कम जानता है, लेकिन बहुत के संबंध में। इस फर्क को ठीक से समझ लें।

मैंने कहा, विज्ञान जानता है मोर एंड मोर एबाउट लेस एंड लेस, और धर्म जानता है लेस एंड लेस एबाउट मोर एंड मोर। और एक घड़ी ऐसी आती है कि धर्म बिलकुल नहीं जानता—और तब पूरा प्रकट हो जाता है उसके सामने। होगा ही। एक घड़ी ऐसी आएगी विज्ञान को कि वह सब कुछ जान लेगा ना-कुछ के संबंध में—सामने कुछ भी नहीं रह जाएगा। अगर यात्रा ठीक से बढ़ेगी तो काटते-काटते एक वक्त आएगा कि जानकारी बहुत हो जाएगी, जानने को कुछ भी नहीं बचेगा। धर्म इससे उलटी यात्रा करता है। एक घड़ी आती है कि जानकार खो जाता है, जानना नहीं रह जाता, और जानने को सब कुछ प्रकट हो जाता है। जिस दिन यह विराट प्रकट होता है उस दिन एक ही रह जाता है। उस दिन फिर कोई भेद नहीं रह जाते, खंड नहीं रह जाते। भेद इतनी बुरी तरह गिर जाते हैं कि जानने वाला भी नहीं रह जाता उस एक को, बस एक ही रह जाता है। यह चरम घटना है, जिसे हम बुद्धत्व कहते हैं।

लाओत्से कहता है, 'प्राचीन समय में वे थे जिन्हें वह एक उपलब्ध था। इस एक की उपलब्धि के द्वारा स्वर्ग उजागर था।'

एक-एक चरण को हम ठीक से समझें।

'इस एक की उपलब्धि के द्वारा स्वर्ग उजागर था।'

स्वर्ग है प्रतीक सुख का। स्वर्ग है प्रतीक जीवन के भीतर छिपा हुआ जो अनंत सागर है आनंद का, उसका। स्वर्ग महासुख है। उस एक की उपलब्धि के द्वारा स्वर्ग उजागर था; महासुख के द्वार खुले थे। उस एक की उपलब्धि खोती चली गई, स्वर्ग के द्वार बंद होते चले गए। अब हम बहुत जानते हैं उस एक को छोड़ कर। लेकिन हमारा इतना जानना भी हमारे दुख को कम नहीं करता, बढ़ाता है। इसलिए बहुत चिंता की बात है कि आदमी का ज्ञान बढ़ता जाता है, लेकिन दुख क्यों बढ़ता जाता है! होना तो यह चाहिए कि ज्ञान बढ़ने के साथ दुख कम हो। क्योंकि लक्ष्य ही क्या है ज्ञान का अगर दुख कम न होता हो?

पिछले दो हजार वर्षों में ज्ञान रोज बढ़ता चला गया है। लेकिन जिस मात्रा में ज्ञान बढ़ता है उससे कई गुनी मात्रा में दुख बढ़ता है। दुख घना होता चला जाता है। और अब आदमी परेशान है। और ज्ञान को बढ़ाता है, ताकि दुख को कम कर सके; इस खोज में लगा रहता है कि जितनी जानकारी होगी उतना हम दुख से सुरक्षा कर लेंगे। लेकिन दुख बढ़ता जाता है।

लाओत्से कहता है, सुख का द्वार एक को जानना है; दुख का द्वार अनेक को जानना है। अनेक की जानकारी होगी, दुख बढ़ेगा; एक का बोध होगा, सुख बढ़ेगा। क्यों? क्योंकि जितनी दिशाओं में हमारा ज्ञान बंटता है उतने ही भीतर हम बंट जाते हैं। और बंटा हुआ आदमी दुखी होगा। खंडित, टूटा हुआ आदमी दुखी होगा।

आपको पता नहीं कि आप कितने खंडित हैं। आप दुकान पर होते हैं तो आप और ही तरह के आदमी होते हैं। अगर एकदम से आपकी प्रेयसी वहां आ जाए तो आपको बड़ी अड़चन होगी। क्योंकि प्रेयसी के साथ आप जैसे

आदमी होते हैं वैसे आदमी आप दुकान पर नहीं हैं। वह ग्राहक के साथ जैसे आदमी होते हैं, वह बिलकुल दूसरा आदमी है। अगर प्रेयसी एकदम से आ जाए तो आपको सब भीतर का सरंजाम बदलना पड़ेगा; आपको सब भीतर के सामान फिर से आयोजित करने पड़ेंगे। आपको आंख और ढंग की करनी पड़ेगी, चेहरे पर मुस्कुराहट और ढंग की लानी पड़ेगी, हाथ-पैर और ढंग से चलाने पड़ेंगे। सब आपको बदल देना पड़ेगा। आपकी भाषा, सब। क्योंकि ग्राहक के साथ आप और ही व्यवस्था से काम कर रहे थे; आपका एक खंड काम कर रहा था। प्रेयसी के सामने दूसरा खंड काम करता है।

यह जो खंडित व्यक्ति है यह सुखी नहीं हो सकता; क्योंकि सुख अखंडता की छाया है। जितना भीतर अखंड भाव होता है कि मैं एक हूं, उतनी ही शांति और सुख मालूम होता है। दुख का कारण होता है भीतर के लड़ते हुए खंड। और भीतर खंड प्रतिपल लड़ रहे हैं, क्योंकि विपरीत हैं। आप इस तरह के आयोजन कर लिए हैं जीवन में जो एक-दूसरे के विरोधाभासी हैं।

अगर आपको धन इकट्ठा करना है, तो धन प्रेम का विरोधी है। जितना ज्यादा धन इकट्ठा करना हो उतना ही आपको अपने प्रेमपूर्ण हृदय को रोक लेना पड़ेगा। लेकिन आपको प्रेम भी करना है। क्योंकि प्रेम के बिना जीवन में कोई तृप्ति नहीं। और जब प्रेम करना है तो वह जो धन की पागल दौड़ थी उसे एक तरफ हटा देना होगा। मगर अड़चन है। हमारे मन में ऐसे खयाल हैं कि लोग प्रेम के लिए भी धन इकट्ठा करते हैं। वे सोचते हैं कि जब धन होगा पास तो प्रेम भी हो सकेगा। लेकिन धन इकट्ठा करने में वे इतने आदी हो जाते हैं एक खास ढांचे के, जो कि अप्रेम का है, घृणा का है, शोषण का है, कि जब प्रेम का मौका आता है तो वे खुल ही नहीं पाते। उनका दुकानदार इतना मजबूत हो जाता है कि वे उससे कहते हैं, हट! लेकिन वह नहीं हटता। वह बीच में खड़ा हो जाता है।

मैंने सुना है, एक आदमी घर लौटा सांझ, दिन भर का थका-मांदा। पत्नी है घर में; छोटी बेटी है तीन साल की। द्वार पर ही उसने बेटी को बैठे देखा तो उसने अपनी बेटी को कहा कि क्या विचार है, डैडी के लिए एक चुंबन देना है या नहीं? उसकी लड़की चुपचाप बैठी रही। दुबारा उसने पूछा तो उस लड़की ने कहा कि नहीं। तो उस आदमी ने कहा कि मुझे शर्म आती है; तुम्हारे लिए ही मैं दिन भर पैसा कमाता हूं और घर आता हूं तो मेरी छोटी बेटी भी मुझे चुंबन देने के लिए इनकार करती है। चलो, उठो, कमआन एंड गिव मी दि किस, व्हेयर इज़ दि किस? कहां है तेरा चुंबन? आ करीब! उस लड़की ने उस आदमी की आंखों में गौर से देखा और कहा, व्हेयर इज़ दि मनी? धन कहां है, जो दिन भर हमारे लिए कमाया?

छोटे बच्चे भी खंडित होना शुरू हो जाते हैं आपके साथ। लेकिन इसमें बेटी और बाप के तर्क में फर्क नहीं है। क्योंकि बाप चुंबन मांग रहा है इस लोभ को देकर कि तुम्हारे लिए दिन भर मैंने धन कमाया; तो बेटी इसी तर्क का उपयोग कर रही है कि कहां है धन। चुंबन भी एक सौदा है।

सौदे में हम इस बुरी तरह डूब जाते हैं कि प्रेम भी सौदा बन जाता है। और प्रेम सौदा नहीं बन सकता। तो बड़ी अड़चन है। प्रेम भी चाहिए और धन भी चाहिए। और दोनों दिशाएं इतनी विपरीत हैं कि धन जिस ढंग से चाहिए उस ढंग से प्रेम नहीं हो सकता, और जिस ढंग से प्रेम हो सकता है उस ढंग से धन के अंबार लगाने असंभव हैं।

यह तो मैं उदाहरण के लिए कह रहा हूं। ऐसे हमारे भीतर हजार वासनाएं हैं जो विपरीत हैं।

आपने सुना है, शास्त्र निरंतर कहते हैं, सदगुरुओं ने कहा है कि वासना दुख देती है। लेकिन असल में, वासना दुख नहीं देती, विपरीत वासनाएं दुख देती हैं। और जितनी विपरीत वासनाएं होंगी उतना ज्यादा दुख होगा। अगर एक ही वासना रह जाए, दुख विलीन हो जाएगा। और अगर कोई आदमी एक ही वासना की खोज करे तो आज नहीं कल लाओत्से के एक को खोजना पड़ेगा। क्योंकि उसके साथ ही एक वासना हो सकती है; बाकी कोई

वासना अकेली नहीं हो सकती। अगर आप अकेले प्रेम से जीना चाहें तो थोड़े दिन में ही मुसीबत में पड़ जाएंगे। क्योंकि धन के बिना जी कैसे सकते हैं?

तो देखते हैं पश्चिम में, लड़के और लड़कियां बगावत कर रहे हैं घरों से, और वे कहते हैं कि इस व्यवस्था, धन की इस पागल दौड़ से हमारा कोई संबंध नहीं। लेकिन साल, दो साल में हिप्पी घर लौट जाता है। दूसरे आ जाते हैं उसकी जगह, इसलिए आपको हिप्पी दिखाई पड़ते रहते हैं। लेकिन पुराने हिप्पी कहां खो जाते हैं? कितनी देर तक आप हिप्पी रह सकते हैं? और वह भी आप किसी के पैसे के बल पर ही होंगे। वह आपके बाप का पैसा हो, किसी और का पैसा हो। वह भी, वह जो स्वतंत्रता प्रेम की आप भोग रहे हैं, वह भी किसी के पैसे पर है। और जब पैसा चुक जाएगा तो आप प्रेम भी तो नहीं कर सकते। दौड़ना पड़ेगा उसी दौड़ में जहां दुनिया दौड़ रही है।

सिर्फ परमात्मा की वासना अकेली हो सकती है, बाकी तो सभी वासनाओं की विपरीत वासनाएं होंगी। और विपरीत वासनाएं आदमी को खंड-खंड कर देती हैं। स्वर्ग का द्वार बंद हो जाता है।

'उस एक की उपलब्धि के द्वारा स्वर्ग उजागर था।'

कोई पूछता नहीं था कि सुख क्या है; लोग सुखी थे। आदमी पूछता ही तब है जब दुख शुरू हो जाता है। जब आप स्वस्थ होते हैं तो आप कभी नहीं पूछते कि स्वास्थ्य क्या है। जब आप बीमार होते हैं तो आप पूछते हैं, कैंसर क्या है? टी बी क्या है? जब आप सुखी होते हैं तो आप यह भी नहीं पूछते कि जीवन का लक्ष्य क्या है, प्रयोजन क्या है। जब आप दुखी होते हैं तब आप पूछते हैं कि जीवन का लक्ष्य क्या है? सुख स्वीकृत होता है; उसमें प्रश्न भी नहीं उठता। दुख अस्वीकृत होता है; इसलिए प्रश्न उठ आता है। जितने ज्यादा प्रश्न आपके भीतर उठते हैं वे इस बात की खबर देते हैं कि जीवन आपका दुख से भरा है। आप कहीं नरक में खड़े हैं। स्वर्ग निष्प्रश्न है।

लाओत्से कहता है, 'जब उस एक की उपलब्धि थी तो स्वर्ग उजागर था। उस एक की उपलब्धि के द्वारा पृथ्वी थिर थी।'

स्वर्ग और पृथ्वी प्रतीक हैं। स्वर्ग है सुख का प्रतीक, आनंद का प्रतीक। वह जो आशा है सभी के हृदय में छिपी, उस आशा का स्वप्न। पृथ्वी से अर्थ है आपका पार्थिव जीवन, आपकी देह; आप जैसे हैं अभिव्यक्ति के जगत में, पदार्थ के जगत में। और जब स्वर्ग उजागर हो तो पृथ्वी थिर होती है। जब आपके भीतर सुख होता है तो आपकी देह भी थिर होती है। तो देह में भी बेचैनियां नहीं होतीं।

अभी तक ऐसा खयाल था कि देह में बेचैनियां शुरू होती हैं, इसलिए मन बेचैन होता है। लेकिन तंत्र और योग और धर्म सदा से यह कहते थे कि बेचैनी की शुरुआत मन में होती है; देह में तो केवल प्रतिध्वनि सुनी जाती है। अब पश्चिम में भी वे इस बात को स्वीकार करने लगे। इसलिए अब वे कहते हैं कि शरीर और मन दो चीजें नहीं हैं। आदमी शरीर और मन नहीं है, शरीर-मन है; साइको-सोमैटिक है। दोनों एक हैं। और एक तरफ घटना घटे तो दूसरी तरफ प्रतिध्वनि पहुंच जाती है। नब्बे प्रतिशत बीमारियों को पश्चिम का मनोविज्ञान अब मन की घटना मानने लगा है। उनके स्वर शरीर तक भी सुने जाते हैं। मन कंपता है तो शरीर भी कंप जाता है। लेकिन कंपन की शुरुआत मन से होती है। होनी भी चाहिए। क्योंकि मन ज्यादा सूक्ष्म है और कंपन को पहले पकड़ता है, इसके पहले कि शरीर पकड़ सके।

इसलिए रूस में एक नई प्रक्रिया विकसित हो रही है जिसमें वे बीमारी के शरीर के आने के पहले—छह महीने पहले—बीमारी की सूक्ष्म ध्वनियां मन में पकड़ लेंगे। इसलिए बीमार होने के पहले व्यक्ति का इलाज हो सकेगा। उसे पता भी नहीं चलेगा कि वह कभी बीमार हुआ। उसके शरीर तक खबर आने के पहले, जब मन में ही ध्वनि का पहला जन्म होता है बीमारी का, उसे वहीं पकड़ा जा सकेगा।

किर्लियान फोटोग्राफी बड़ा काम कर रही है। वह एक खास तरह की फोटोग्राफी है जिसमें मन के छोटे से कंपन भी पकड़ लिए जाते हैं। उस फोटोग्राफी को हम मन का एक्स-रे कह सकते हैं। वह विकसित हो रही है। जल्दी ही आपको बीमार नहीं होना पड़ेगा; बीमार होने के पहले इलाज शुरू हो जाएगा।

लेकिन लाओत्से की बात बड़ी विचारणीय है। लाओत्से कहता है, जब स्वर्ग उजागर हो और उस एक की उपलब्धि हो तो पृथ्वी थिर हो जाती है। क्योंकि पृथ्वी के सारे कंपन, देह के सारे कंपन, पदार्थ के सारे कंपन, पदार्थ में नहीं जन्मते, मन में ही जन्मते हैं। जन्म सदा मन में है, स्रोत सदा मन में है; स्रोत सदा चेतना में है; पदार्थ तक झलक आती है। फिर हम पदार्थ का ही उपाय करने में लग जाते हैं। वहां भूल हो जाती है। तब हम संकेतों का इलाज करने लगते हैं, सिम्पटम्स का, और मूल बीमारी अलग पड़ी रह जाती है।

जितना चिकित्सा-शास्त्र आज विकसित है, कभी भी नहीं था। लेकिन जितने आदमी आज मरीज हैं, बीमार हैं, उतने कभी नहीं थे। यह कुछ अनूठी बात है कि हम चिकित्सा विकसित करते हैं और मरीज क्यों विकसित होते हैं! इधर हम कानून को नियोजित करते हैं, और उधर अपराधी बढ़ते चले जाते हैं। जो भी इंतजाम हम करते हैं, उससे विपरीत होता है। कोई मौलिक भूल है। शायद हम ऊपर से चीजों का इलाज करते हैं और भीतर से उनके मूल स्रोत को नहीं छू पाते।

आदमी पीड़ित है। पीड़ा के हजार कारण हमें दिखाई पड़ते हैं। कभी गरीबी है, कभी शरीर की बीमारी है, कभी शिक्षा की कमी है, कभी कुछ, कभी कुछ। हम एक-एक को दूर करने में लग जाते हैं। हजार कारण हैं। आज से दो सौ साल पहले लोग सोचते थे—विचारशील लोग—कि जिस दिन पृथ्वी शिक्षित हो जाएगी उस दिन कोई दुख नहीं होगा। आज पृथ्वी करीब-करीब शिक्षित है। दुख घना हो गया। अगर उनकी कब्रें खोली जा सकें, जिन विचारकों ने कहा था कि जब लोग शिक्षित हो जाएंगे तो दुख नहीं होगा, तो वे बहुत चौंकेंगे। वे समझेंगे कि उन्होंने महापाप किया। क्योंकि न मालूम कितने लोगों ने अपना जीवन लगा कर आदमी को शिक्षित करने की कोशिश की है।

मेरे पास लोग आते हैं। वे कहते हैं, आदिवासियों को शिक्षित करना है। मैं उनसे कहता हूं, पहले तुम शिक्षित लोगों को तो देखो। तुम्हारा दिमाग खराब है! अगर तुम शिक्षित लोगों को इस हालत में पा रहे हो कि इन्होंने कोई आनंद पा लिया है तो जरूर आदिवासियों को शिक्षित करो। यह तो पक्का कर लो पहले। तुम्हारी युनिवर्सिटियों में जाओ—जाओ लखनऊ, जाओ बनारस, जाओ हार्वर्ड, आक्सफोर्ड—वहां देखो कि क्या हो रहा है। लखनऊ युनिवर्सिटी जल रही है। तुम आदिवासी को शिक्षित कर रहे हो। तुम कहां तक पहुंचाओगे इसको? वहीं तक जहां युनिवर्सिटी में आग लगती है। ज्यादा से ज्यादा शिक्षित होकर यह यही करेगा। और ध्यान रखना, जब यह शिक्षित होकर उपद्रव करेगा तो इसके उपद्रव का तुम मुकाबला नहीं कर सकते हो। क्योंकि यह कई दिन की उर्वरा भूमि है। ये कई दिन से शांत बैठे हैं। जब इनकी अशांति प्रकट होगी तो विस्फोट होगा।

लेकिन अनेक लोग लगे हैं सेवा में आदिवासियों की। वे समझ रहे हैं, सेवा कर रहे हैं। अज्ञानी सेवा भी करे तो खतरे में ही उतार देता है। अज्ञानियों ने पिछले दो सौ वर्षों में सेवा कर-करके आदमी को शिक्षित कर दिया। अभी डी.एच.लारेंस ने मरने के पहले एक वक्तव्य दिया, और उसने कहा कि मेरा सुझाव है, अगर दुनिया में शांति चाहिए हो तो सौ वर्ष के लिए सब स्कूल, सब कालेज, सब विश्वविद्यालय बिलकुल बंद कर देने चाहिए।

उसके सुझाव में बुद्धिमत्ता मालूम पड़ती है, यथार्थ मालूम पड़ता है। कोई मानेगा नहीं उसके सुझाव को। क्योंकि आप पागलपन में इतने ज्यादा जा चुके हैं कि सोच भी नहीं सकते। लेकिन मैं मानता हूं कि उसके सुझाव में बड़ी बुद्धिमत्ता है। सौ वर्ष! ताकि यह सब जो समझदारी बढ़ गई है, वह भूल जाए, और एक दफा आदमी फिर वहां से शुरू करे जहां प्रकृति है।

लेकिन जिन्होंने चेष्टा करके शिक्षित किया आदमी को उन्होंने सोचा था, स्वर्ग आएगा। लोग सोचते थे, गरीबी मिट जाए तो स्वर्ग आएगा। गरीबी मिट गई अनेक मुल्कों में; स्वर्ग नहीं आया, नरक आया। लोग सोचते हैं, समाजवाद आ जाए। तो अभी रूस में समाजवाद आ गया। लेकिन वहां के युवक बगावत करने के लिए उत्सुक हैं। और जिस दिन उनको मौका मिलेगा, तो रूस में भयंकर बगावत होगी। युवक संतुष्ट नहीं हैं। समाजवाद आ जाए, शिक्षा आ जाए, धन आ जाए, कुछ भी आ जाए; जब तक आप अलग-अलग बीमारियों का इलाज कर रहे हैं, आदमी बीमार रहेगा। क्योंकि आदमी की बीमारी एक है। और वह बीमारी है कि जब तक वह भीतर एक न हो जाए, वह दुखी रहेगा। न समाजवाद उसको एक कर सकता है, न शिक्षा उसको एक कर सकती है, न धन एक कर सकता है। यह सिर्फ व्यामोह है, यह सिर्फ सिम्पटम्स को पकड़ना है।

एक आदमी को बुखार चढ़ा है। देखा, शरीर गर्म है; ठंडा पानी डाल रहे हैं उसके ऊपर कि शरीर ठंडा हो जाए। बिलकुल ठंडा हो जाएगा। बुखार, शरीर की गर्मी तो सिर्फ प्रतीक है, खबर है, संकेत है कि आदमी बीमार है। शरीर की गर्मी बीमारी नहीं है। शरीर की गर्मी तो कह रही है कि भीतर कुछ रुग्ण हो गया है; इतना रुग्ण हो गया है कि भीतर के सेल्स आपस में संघर्ष कर रहे हैं। उनके संघर्षण के कारण शरीर गर्म हो गया है। उस संघर्षण को मिटाओ तो शरीर की गर्मी चली जाएगी। शरीर की गर्मी तो केवल खबर है कि भीतर युद्ध छिड़ा है। उस युद्ध के घर्षण के कारण शरीर गर्म हो रहा है।

आप जब रुग्ण होते हैं मानसिक रूप से, चिंतित, परेशान, उद्विग्न, तो उसका अर्थ है कि भीतर मन के खंडों में युद्ध छिड़ा है; उत्तप्त हो गए हैं आप। अब इसे दूर करने के जितने भी उपाय आप बाहर खोजते हैं, वे काम के नहीं हैं। भीतर से खंड विदा होने चाहिए; भीतर अखंडता आनी चाहिए; भीतर समग्रता आनी चाहिए; भीतर का विरोध विलीन हो जाना चाहिए। भीतर जिस दिन एक का जन्म होगा उस दिन स्वास्थ्य उपलब्ध हो जाएगा।

'इस एक की उपलब्धि के द्वारा पृथ्वी थिर थी। इस एक की उपलब्धि के द्वारा देवता में देवत्व था।'

वह जो मंदिर में मूर्ति है, उसमें देवता नहीं है; जब आपके भीतर एक होता है, तब उसमें देवता होता है। वह मंदिर की मूर्ति तो पत्थर है। लेकिन जब आपके भीतर एक होता है तो वह पत्थर दर्पण बन जाता है। सच में जिन्होंने मूर्तियां खोजी थीं वे अनूठे कलाकार थे, और उनकी दृष्टि बड़ी दूरगामी थी। मगर उन्हें हम बेईमानों का कुछ भी पता नहीं था। सीधे-सादे लोग थे। मूर्ति मंदिर में खोजी गई थी जब पहली बार तो इसलिए खोजी गई थी कि जिस दिन तुम्हें उस मूर्ति में देवता दिखाई पड़ने लगे उस दिन समझना कि तुम्हारे भीतर कोई घटना घटी। वह सिर्फ, जिसको हम कहें, थर्मामीटर थी। मूर्ति में जिस दिन तुम्हें देवता दिखाई पड़ने लगे उस दिन समझना कि तुम्हारे भीतर एक का जन्म हुआ। क्योंकि उसके पहले देवता दिखाई नहीं पड़ेगा।

हमने उसकी फिक्र ही छोड़ दी; हम मूर्ति में देवता मान कर बैठ गए। देखने की चिंता छोड़ी; हम पहले ही से मानते हैं कि यह देवता है। तो हम मंदिर में जाकर हाथ जोड़ कर खड़े हो जाते हैं, उस मूर्ति के सामने जो अभी आपके लिए देवता नहीं है। अभी तो पत्थर ही आपके सामने रखा है। देवता आपकी सिर्फ धारणा है।

यही की यही मूर्ति रखी होगी एक मूर्ति बनाने वाले की दुकान में तो आप हाथ नहीं जोड़ेंगे। यही मूर्ति! यही मूर्ति मंदिर में रख जाएगी, आप हाथ जोड़ लेंगे। कितने शिवलिंग सड़कों पर पड़े हैं! उनमें पैर भी मार कर आप मजे से चल रहे हैं। उन्हीं में से एक पत्थर का टुकड़ा कल मंदिर में शिवलिंग बन कर बैठ जाएगा; आप जाकर साष्टांग लेट जाएंगे। आप धारणाओं के सामने लेट रहे हैं। आपके लिए कोई शिवलिंग वहां है नहीं।

लेकिन मूर्ति का विज्ञान यह था कि वह तो पत्थर है, यह जानना, और अपने भीतर रूपांतरण करते जाना—प्रार्थना से, ध्यान से, साधना से, और जिस दिन तुम्हें उस पत्थर में से पत्थर तिरोहित हो जाए और वहां

चिन्मय का आविष्कार हो, वहां चैतन्य दिखाई पड़ने लगे, उस दिन समझना कि तुम्हारे भीतर घटना घट गई। क्योंकि भीतर की घटना की भी जांच तुम्हें पहले बाहर से करनी होगी। हम इतने बहिर्मुखी हैं कि हमारे भीतर क्या घटा, इसे भी हमें पहले बाहर से जांचना होगा। तो मूर्ति तो प्रतीक थी, दर्पण थी, थर्मामीटर थी; जांच का एक उपाय थी।

लाओत्से कहता है, 'इस एक की उपलब्धि के द्वारा देवता में देवत्व था।'

देवता में कोई देवत्व नहीं है; जब आपके भीतर एक होता है तो देवत्व प्रकट होता है; वह आपकी झलक है जो आप मूर्ति को देते हैं। और जिस दिन आपको पत्थर की मूर्ति में देवता दिखाई पड़ने लगा उस दिन सब जगह दिखाई पड़ने लगेगा। पत्थर हमने इसीलिए चुना था। इस जगत में सबसे ज्यादा निर्जीव दिखाई पड़ने वाली चीज पत्थर है। है तो निर्जीव वह भी नहीं, क्योंकि सभी जीवन का अंग है। पर जीवन सबसे कम जहां झलकता है, वह पत्थर है। इसलिए हमने पत्थर की मूर्तियां चुनी थीं। पत्थर की मूर्ति इस बात की खबर है कि अब हमें सबसे ज्यादा निर्जीव दिखाई पड़ने वाली वस्तु में भी चिन्मय का आविष्कार हुआ है, चैतन्य का आविष्कार हुआ है; अब इस जगत में ऐसी कोई चीज भी नहीं बची जिसमें हमें वह चैतन्य न दिखाई पड़े। जब पत्थर में दिख गया तो सब जगह दिखाई पड़ेगा।

'देवता में देवत्व था।'

अभी आप पूछते हैं कि मंदिर की मूर्ति में क्या रखा है? यह प्रश्न ही असंगत है। यह केवल इस बात की खबर दे रहा है कि आपके भीतर देवत्व नहीं है, वह एकता नहीं है जो देख पाती। थर्मामीटर दोषी नहीं कहे जा सकते। आप थर्मामीटर लगाएं और उसमें बुखार न आया; तो आप यह नहीं कह सकते, इस थर्मामीटर में क्या रखा है, फेंको। थर्मामीटर तो वही खबर देता है जो आपके भीतर होता है। बुखार होता है तो बुखार की खबर देता है; नहीं बुखार होता तो नहीं बुखार की खबर देता है। तापमान नीचे गिर जाए, मृत्यु के करीब पहुंचने लगे, तो खबर देता है; कहां है, इसकी खबर देता है। जब आपको मंदिर के देवता में सिर्फ पत्थर दिखाई पड़ता है तो आपके हृदय में अभी पथरीलापन है इसकी खबर देता है। तो जरूरी नहीं है कि जो मूर्ति आपके लिए पत्थर है वह सभी के लिए पत्थर हो। आपके ही पड़ोस में खड़े हुए दूसरे उपासक को वहां चैतन्य का आविष्कार हो सकता है।

इसलिए बड़ी अड़चन खड़ी होती है। रामकृष्ण भी खड़े हैं उसी मूर्ति के सामने दक्षिणेश्वर में; हजारों लोग उनके साथ वहां खड़े हुए हैं। लेकिन जो रामकृष्ण को वहां दिखाई पड़ता था वह किसी को वहां दिखाई नहीं पड़ता था। तो लोग बाहर जाकर कहते थे, इसका दिमाग खराब हो गया है। क्योंकि रामकृष्ण बातें कर रहे हैं। मां से उनकी चर्चा चल रही है। कभी-कभी झगड़ा भी हो जाता है, विवाद भी हो जाता है। रामकृष्ण रूठ भी जाते हैं—कि फिर कल से पूजा बंद कर दूंगा! क्या समझ रखा है तुमने अपने आपको? इतनी आत्मीय चर्चा चलती है। और जहां इतनी आत्मीयता हो वहीं झगड़ा हो सकता है। पर बाकी लोग खड़े देख रहे हैं कि यह क्या पागलपन है! पत्थर की मूर्ति, इससे क्या बातचीत चल रही है? जरूर रामकृष्ण का दिमाग खराब हो गया।

एक दिन उसी पत्थर की मूर्ति के सामने रामकृष्ण ने कहा, बहुत हो गया पूजा करते-करते; आखिर कब तक? अब आखिरी झलक चाहिए। और अगर आज आखिरी झलक नहीं मिली तो अपनी भी गर्दन काट दूंगा और तुम्हारी भी गर्दन काट दूंगा। तलवार लटकी थी मंदिर में, देवी के मंदिर में। तो तलवार खींच ली। अच्छा हुआ कि वहां कोई था नहीं, नहीं तो रामकृष्ण पुलिस थाने पहुंचाए गए होते। तलवार खींच ली और कहा कि बस, तीन सेकेंड का समय देता हूं। अगर तीन सेकेंड के भीतर ब्रह्मानुभव नहीं होता है तो यह गर्दन नीचे गिरा दूंगा।

तीन सेकेंड अनंत जन्मों जैसे लंबे हो गए होंगे। क्योंकि समय घड़ियों में नहीं नापा जाता, समय संकल्प से नापा जाता है। इतनी त्वरा—जहां जीवन तीन सेकेंड के बाद नंगी तलवार के पास था—और हाथ रामकृष्ण का कंपने लगा। सेकेंड-सेकेंड गुजरने लगे और झटके से उनका हाथ गर्दन पर आया। जैसे ही गर्दन के करीब तलवार आई,

सारा रूप बदल गया। मंदिर तिरोहित हो गया। वह जहां पत्थर की मूर्ति खड़ी थी वहां चैतन्य का आविर्भाव हो गया। हाथ से तलवार नीचे गिर गई। रामकृष्ण नाच कर—रात भर नाच कर—बेहोश सुबह पाए गए। लेकिन उस दिन के बाद रामकृष्ण दूसरे हो गए। उस दिन के बाद फिर वे पूजा को अक्सर नहीं जाते थे। लोग पूछते भी तो वे कहते, आविर्भाव हो गया; अब सभी जगह वही है। अब जहां मैं बैठा हूं, वहीं पूजा है। अब मंदिर में जाने की कोई जरूरत न रही। मंदिर तो द्वार था; अब द्वार खुल गया। तो अब द्वार पर खड़े रहने की कोई जरूरत न रही।

क्या हुआ उस क्षण में जब रामकृष्ण ने तलवार उठा ली?

ध्यान रहे, मूर्ति में तो कुछ भी नहीं हो सकता तलवार से। क्या होगा? पत्थर में क्या होगा? लेकिन जब आप तलवार उठा लेते हैं और इतनी त्वरा से भर जाते हैं, इतनी तीव्रता से कि अपना पूरा जीवन दांव पर लगाते हैं, तो आप भीतर एक हो जाएंगे। वहां दूसरा स्वर ही नहीं रह सकता। तीन सेकेंड जहां बचे हों, जीवन जहां समाप्त हो रहा हो, तलवार हाथ में हो, वहां रामकृष्ण में कितनी वासनाएं बची होंगी? सोचा होगा कि कल सुबह क्या करना है? किसको पैसे देने हैं? किससे पैसे लेने हैं? समय मिट गया होगा। कोई पिछला कल नहीं बचा; आगे का कल नहीं बचा। रामकृष्ण उन क्षण में समय के पार हो गए होंगे—कालातीत। मन में क्या वासना बची होगी? जो परमात्मा के लिए जीवन देने को तैयार हो गया, अब कोई वासना नहीं बच सकती। यह आखिरी वासना है, इसके आग फिर कोई वासना नहीं। यह आखिरी पड़ाव है, इसके आगे कोई पड़ाव नहीं। उस क्षण में वे एक हो गए होंगे। उस तलवार के नीचे, जहां मौत निकट थी, जीवन इकट्ठा हो गया होगा। उस इकट्ठेपन में एक का आविर्भाव हुआ। मूर्ति खो गई, मंदिर खो गया; एक ही व्याप्त हो गया।

ध्यान रहे, घटना भीतर घटती है; बाहर तो उसका सिर्फ अनुभव होता है। इसलिए आप भी मंदिर में बैठे होते तो आपके लिए मंदिर नहीं खो जाता, न मूर्ति खो जाती। आपके लिए सिर्फ अड़चन मालूम पड़ती कि रामकृष्ण को कुछ गड़बड़ हो गई। आपका कहना भी ठीक है। गड़बड़ रामकृष्ण को ही हुई है। कुछ जो हुआ है वह रामकृष्ण को भीतर हुआ है।

लाओत्से कहता है, 'इस एक की उपलब्धि के द्वारा देवता में देवत्व था। इस एक की उपलब्धि के द्वारा घाटियां भरी थीं।'

लाओत्से के प्रतीक हैं। घाटी वह कहता है हृदय को। खाली हृदय दुख है; खाली हृदय पीड़ा है। जीवन भर आपका जो कष्ट है, एक शब्द में कहा जा सकता है : खाली हृदय। आपका हृदय एक घाटी है जिसमें कोई भराव नहीं। इसलिए तो प्रेम का इतना पागल आकर्षण है कि कोई भर दे, कोई मुझे पूरा कर दे। खाली हैं, अधूरे हैं। भरने के लिए लालायित हैं : कोई भर दे। लेकिन जिनसे आप भरने की मांग कर रहे हैं वे भी इतने ही खाली हैं। तो धोखा ही होगा। इसलिए सभी प्रेम असफल हो जाते हैं। शुरू में बड़ी आशा बंधती है कि दूसरा मुझे भर देगा। दूसरा भी इसी आशा से आपके पास आया है कि आप उसे भर देंगे। दूसरा समझता है आप भरे हैं; आप समझते हैं दूसरा भरा है। दोनों खाली हैं। कितनी देर चलेगी यह आशा? ये इंद्रधनुष जल्दी ही बिखर जाएंगे, तिरोहित हो जाएंगे। और लगेगा कि दूसरा तो मुझसे भी ज्यादा खाली है, मुझे चूसे जा रहा है। दूसरे को भी यही लगेगा कि तुम धोखेबाज हो। तुमने जो आशा बंधाई थी वह सब ऊपरी थी। भीतर तुम खुद ही भिखमंगे हो। और मैं एक सम्राट के करीब मेरा आना हुआ था; एक सम्राट को देख कर आना हुआ था।

सभी प्रेम असफल हो जाते हैं, सिवाय परमात्मा के प्रेम के। इसमें प्रेम की कोई गलती नहीं है। इसमें प्रेम के साथ जो अपेक्षा है वहीं भूल है। खाली जो खुद है वह आपको कैसे भर सकेगा? सिर्फ आश्वासन दे सकता है।

लाओत्से कहता है, 'उस एक की उपलब्धि के द्वारा घाटियां भरी थीं।'

और वह जब एक उपलब्ध होता है तो हृदय भर जाता है। और वैसे भरे हुए हृदय वाले के पास जो भी गुजरता है वह भी उसके भराव का भागीदार हो जाता है। उस भरे हुए हृदय वाले के पास बहता रहता है, ओवर-फ्लोइंग है, वह जो भरा है अनंत है। घाटी छोटी है; जो भरा है वह अनंत है। वह बहता रहता है। उसके आस-पास जो आता है वह भी अनायास ही भागीदार हो जाता है, अनायास ही आमंत्रण में सम्मिलित हो जाता है। वे बुद्ध, महावीर और जीसस जो घूमते हैं वर्षों तक एक भरी हुई घाटी को लेकर कि जो भी खाली हैं वे अगर निकट भी आ जाएं...।

लेकिन खाली आदमी की बड़ी तकलीफें हैं। खाली आदमी निकट आने में भी डरता है। सिर्फ भरा हुआ आदमी निकट आने में डरता नहीं। यह बड़े मजे की और बड़ी मनोवैज्ञानिक घटना है। जिनके पास कुछ नहीं वे सदा डरते हैं कि कहीं छीन न लिया जाए, और जिनके पास सब कुछ है वे कभी नहीं डरते। क्योंकि इतना है उनके पास कि तुम कितना छीनोगे! तुम्हारे छीनने से कोई भी फर्क न पड़ेगा। जिनके पास नहीं है उनके पास इतना नहीं है कि वे डरे हुए हैं कि कहीं कोई और न छीन ले। इसलिए खाली लोग पास आने में डरते हैं। किसी को बहुत निकट नहीं लेते, क्योंकि निकट में कहीं खालीपन प्रकट न हो जाए। कहीं यह आदमी देख न ले कि मैं खाली हूं। तो मेरी दीनता, मेरी नपुंसकता, मेरी दरिद्रता, मेरा भिखमंगापन, मेरा भिक्षा-पात्र किसी को दिख न जाए; इसलिए आदमी डरता है। तो बुद्ध भी आपके पास आएं तो भी आप उनके पास आने से डरते हैं। बुद्ध अगर आपके बहुत पास आ जाएं तो आप भागने, पलायन करने, बचने का उपाय खोजते हैं।

जिनके पास है उनके पास परमात्मा के कारण है, उनके कारण नहीं है। व्यक्ति के कारण सदा खालीपन होगा; सिर्फ परमात्मा के कारण भरापन हो सकता है। व्यक्ति खालीपन का नाम है; परमात्मा अनंत भराव है।

तो लाओत्से कहता है, 'इस एक की उपलब्धि के द्वारा घाटियां भरी थीं। इस एक की उपलब्धि के द्वारा सभी चीजें जीतीं और वृद्धि पाती थीं।'

अभी ऐसा लगता है कि जो आदमी भीतर भरा नहीं होता वह सिकुड़ता है, सड़ता है; वृद्धि नहीं पाता। इसे हम ऐसा समझें। अगर आदमी ठीक से वृद्धि पाए तो वह मरने के आखिरी क्षण तक भी विकसित होता रहेगा; किसी भी क्षण में उतार नहीं आएगा। जीवन एक अनवरत वृद्धि होगी, एक शिखर होगा जो बढ़ता ही चला जाता है।

लेकिन हमारे जीवन में ऐसा कोई शिखर नहीं होता। हमारे जीवन में थोड़ी सी वृद्धि होती है, वह भी वृद्धि प्राथमिक काल में होती है। जब हम कम अनुभवी होते हैं, अबोध होते हैं, संसार के अर्थों में अनुभवहीन होते हैं, तब थोड़ी वृद्धि होती है। बच्चे बढ़ते हैं, लेकिन बहुत जल्दी रुक जाते हैं। जिस दिन बच्चा रुक जाता है उसी दिन लोग कहते हैं कि अब यह प्रौढ़ हो गया; जिस दिन वृद्धि रुक जाती है, ठहर गई। जब तक बच्चा बढ़ता रहता है तब तक चिंता का कारण रहता है। पता नहीं कहां बढ़ जाए, क्या बढ़ जाए, क्या हो जाए; अनप्रेडिक्टेबल, भविष्यवाणी नहीं की जा सकती। इसलिए सभी कोशिश में रहते हैं कि जल्दी एक ठहराव आ जाए, एक पठार आ जाए। फिर उसके बाद बच्चा वही रहेगा जो हो गया। अब हम उसके बाबत पूर्व से ही निर्णय कर सकते हैं : वह क्या करेगा, क्या नहीं करेगा।

हम इक्कीस साल की उम्र बना रखे हैं सारी दुनिया में; वह ठहर जाने की उम्र को हम वयस्क होना कहते हैं, कि अब आदमी जो है अडल्ट हो गया। अडल्ट का मतलब यह कि अब नहीं बढ़ेगा। ठहर गए, आखिरी आ गई जगह, जहां से आगे अब ये न जाएंगे। अडल्ट का मतलब मर गए, अब जिंदा नहीं हैं। अब इनके भीतर वृद्धि नहीं होगी। अब इनको वोट देने का अधिकार दिया जा सकता है। अब इनसे कोई खतरा नहीं है। अब ये समझदार हो गए, अनुभवी। खतरे का वक्त गया। बच्चे खतरनाक हैं। अभी बढ़ रहे हैं। अभी कुछ भी अनहोना हो सकता है। अभी वे कहीं भी, किसी भी दिशा में जा सकते हैं। अभी अनजान और अपरिचित में प्रवेश कर सकते हैं। अभी उनका भरोसा नहीं किया जा सकता। अभी भरोसे योग्य नहीं हैं। जीवन का हमें भरोसा नहीं है; हमें सिर्फ मृत्यु का भरोसा है।

इसलिए आप देखते हैं, जिंदा आदमी से थोड़ा डर बना ही रहता है। जब कोई आदमी मर जाता है तो सभी लोग उसकी प्रशंसा करने लगते हैं कि कैसा अच्छा आदमी था। मौत अच्छा बना देती है एकदम। जब भी आप किसी आदमी के संबंध में सबके द्वारा प्रशंसा सुनें तो समझना कि वह मर गया है। मरे आदमी की कोई निंदा नहीं करता, क्योंकि अब इससे खतरा ही नहीं है, अब इससे कोई लेना-देना ही नहीं है। इसलिए लोग कहते हैं, अब मरे की क्या आलोचना कर रहे हो! आलोचना तो जिंदा की है। और जितना जिंदा हो उतनी ही ज्यादा आलोचना। मरा एकदम अच्छा हो जाता है।

मैंने सुना है कि एक बार ऐसा हुआ कि गांव में एक आदमी मरा। वह इतना बुरा आदमी था और गांव भर को उसने इस बुरी तरह परेशान कर रखा था कि गांव के सभी नेतागण चिंतित थे कि उसके मरने पर वक्तव्य क्या दें। क्योंकि उसको अच्छा कहना असंभव ही था। जाहिर इतना बुरा आदमी था कि बहुत खोज करके भी कुछ न पाया जा सका कि उसकी प्रशंसा में बोलना तो पड़ेगा ही। तो फिर उन्होंने गांव के ज्ञानी मुल्ला नसरुद्दीन को कहा कि हमें इस परेशानी से बाहर निकालो। नसरुद्दीन आया और बोला। लोग बड़ी दिक्कत में पड़े; क्योंकि उसने शुरू किया उसकी निंदा करने से कि वह आदमी कितना बुरा था! कितना बुरा था! लोग थोड़े घबड़ाए कि यह तो बड़ा अनहोना हो रहा है। लेकिन अब कोई उपाय नहीं था। लेकिन आखिर में नसरुद्दीन ने कहा, लेकिन यह कुछ भी नहीं है। उसके जो पांच भाई जिंदा हैं, उनके मुकाबले वह देवता था।

उसने कुछ रास्ता निकाल ही लिया। मरे आदमी की प्रशंसा करनी ही चाहिए। मरते ही आदमी के बाबत हम निश्चित हो जाते हैं। अब उसकी कोई संभावना न रही।

लाओत्से कहता है, तब एक की उपलब्धि थी, सभी चीजें जीतीं और वृद्धि पाती थीं। कोई भी मृत न था।

इसका यह मतलब नहीं है कि कोई मरता नहीं था। लेकिन कोई भी मृत होकर जीता नहीं था; मरा-मरा नहीं जीता था। जब जीता था तो पूरी तरह जीता था; और अब मरता था तो पूरी तरह मरता था। पूरी तरह जीने का भी एक आनंद है; पूरी तरह मरने का भी एक आनंद है। पूर्णता में सदा आनंद है। हम कुनकुने-कुनकुने जीते हैं और कुनकुने-कुनकुने मरते हैं। न तो मरने में कोई रस है और न जीने में कोई रस है। जीते हैं ऐसे कि किसी तरह जी रहे हैं; और मर भी इसी तरह जाते हैं। क्योंकि जिसकी जिंदगी कुनकुनी है उसकी मौत महिमापूर्ण नहीं हो सकती। उसकी मौत घटना नहीं है। उसकी मौत एक सड़न है क्रमशः। वह मरता जाता है, मरता जाता है, मरता जाता है। उसकी मौत एक क्रमिक बात है। लेकिन जो ठीक से जीता है, पूरी तरह जीता है, उसकी मौत एक घटना है, एक क्रांति है। जीवन से तत्क्षण वह एक छलांग लेता है दूसरे लोक में। उसकी मौत एक लंबा विघटन नहीं है; उसकी मौत एक अत्यंत तीव्र घटना है। और जिन लोगों ने जीवन को गहराई से जाना है, वे कहते हैं, जीवन से भी बड़ा सौंदर्य मौत का है। क्योंकि वह परम विश्राम है। लेकिन वह उसी व्यक्ति के लिए परम विश्राम है जिसने जीवन को उसकी पूरी तीव्रता में जीया हो; जिसने जीवन को उसके पूरे अर्थों में, बिना कुछ काटे-छांटे, सब दिशाओं में, सब भांति जीया हो।

लाओत्से कहता है, 'जब उस एक की उपलब्धि थी, सभी चीजें जीतीं और वृद्धि पाती थीं। इस एक की उपलब्धि के द्वारा राजा और भूमिपति लोगों के द्वारा आदृत थे।'

वह आदर जो सम्राटों का था, उनकी शक्ति का आदर नहीं था; सम्राटों का आदर उनकी शांति का आदर था। सम्राटों के प्रति जो सम्मान का भाव था वह उनकी सैन्य शक्ति और हिंसा के बल का नहीं था। जिस समय की लाओत्से बात कर रहा है, उस अति प्राचीन क्षणों की, जब सम्राट कोई भीतर की मालकियत के कारण था।

राम! तो राम के प्रति जो आदर लोगों को रहा होगा वह कोई राजा के कारण नहीं था कि वे राजा थे। राजा होना गौण घटना थी; राम का होना ही अपने आप में मूल्यवान था। राजा थे, यह राम होने के कारण। उस राजा होने

में भी गरिमा थी। लेकिन राजा होने के कारण राम में कोई गरिमा नहीं थी। कितने राजा हुए हैं! लेकिन राजा राम को लोग याद करते हैं; राजाओं को तो भूल गए। कुछ महिमापूर्ण था जो आंतरिक बात थी। उससे उनका सिंहासन भी आलोकित था, वह दूसरी बात है। लेकिन सिंहासन से राम आलोकित नहीं थे।

तो लाओत्से कहता है, 'उस एक की उपलब्धि के द्वारा राजा और भूमिपति लोगों के द्वारा आदृत थे। इसी तरह उनमें से प्रत्येक ऐसा हो उठा था। प्रकाश के बिना स्वर्ग हिलने लगेगा; विदाउट क्लैरिटी दि हैवेंस वुड शेक।'

प्रकाश के बिना, बोध के बिना, प्रज्ञा के बिना स्वर्ग हिलने लगेगा। वह जो सुख है, कंपित हो जाएगा; वह जो जीवन का महासुख है, बिखरित हो जाएगा, टूट जाएगा।

'स्थिरता के बिना पृथ्वी डोल उठेगी।'

और उस सुख में ही स्थिरता होती है, भीतर सब ठहर जाता है। सुख के क्षण का अगर आपको अनुभव हो तो आप कह सकते हैं कि किस तरह का ठहराव आ जाता है; जैसे कहीं कोई गति नहीं होती। नदी बहती जरूर है, लेकिन कोई शोरगुल नहीं होता, कोई लहर नहीं उठती, कोई कंपन नहीं होता; सब ठहरा हुआ होता है। आनंद के क्षण ठहरे हुए क्षण होते हैं। समय ही समाप्त हो जाता है।

अगर हम समय की ठीक-ठीक व्याख्या समझना चाहें तो समय दुख का पर्यायवाची है। जितना दुख होता है उतना लंबा समय मालूम होता है। अगर घर में कोई मर रहा हो और रात भर आपको उसके बिस्तर के पास बैठना पड़े, तो रात कितनी लंबी मालूम पड़ेगी? अनंत! शुरू होगी, और ऐसा लगेगा, अंत नहीं आ रहा। जब भी दुख होता है तो समय बहुत लंबा हो जाता है। जब सुख होता है तो समय सिकुड़ जाता है, छोटा हो जाता है।

इसलिए दो प्रेमी रात भर भी मिलते रहें तो भी सुबह विदा होते वक्त उनको लगता है कि बस क्षण भर, क्षण में रात बीत गई। सुख समय को छोटा कर देता है। तो जिस महासुख की लाओत्से बात कर रहा है, जिस आनंद की, वहां समय समाप्त ही हो जाता है।

जीसस से कोई पूछता है कि तुम्हारे स्वर्ग में कोई खास बात क्या होगी? तो जीसस अजीब उत्तर देते हैं। कहते हैं, देअर शैल बी टाइम नो लांगर। वहां समय नहीं होगा; यह एक खास बात होगी। वहां कोई गति न होगी। चीजें ठहरी होंगी; जैसे शांत झील पर एक भी तरंग नहीं है। सुख में आदमी ठहर जाता है।

लाओत्से कहता है, 'स्थिरता के बिना पृथ्वी डोल उठेगी।'

जैसे ही सुख खोता है, बोध खोता है, वैसे ही पृथ्वी—हमारे जीवन का जो सामूहिक आधार है—पार्थिवता, हमारी देह, और हमारा देह के भीतर जो निवास है, वह सारा घर कंप उठेगा।

'आध्यात्मिक शक्ति के बिना देवता नष्ट-भ्रष्ट हो जाएंगे; विदाउट स्प्रिचुअल पावर्स दि गॉड्स वुड क्रंबल।'

तो मंदिर खड़े रहेंगे मुर्दा, मूर्तियां बनी रहेंगी, लेकिन उनका तेज विलीन हो जाएगा; उनके भीतर जो निवासी था वह तिरोहित हो जाएगा। ऐसा हो गया है। लाओत्से से पूछने की जरूरत नहीं है। हम देख सकते हैं कि लाओत्से ने जो कहा है वह हो गया है।

मंदिर खाली हैं। मस्जिद में अब कोई निवास नहीं है। गुरुद्वारे नाम के हैं। खाली खोल रह गई है। पक्षी उड़ गया। जैसे अंडा पड़ा रह जाता है और पक्षी उड़ जाता है। या घोंसला रह जाता है, पक्षी बड़े हो जाते हैं और आकाश की यात्रा पर निकल जाते हैं। ऐसे खाली घोंसले रह गए हैं। उनके भीतर जो जीवत्व था, वह जो जीवंत था, वह जो जिसके लिए वे घर थे, वह निवासी वहां अब नहीं हैं। हम जाकर मकानों को नमस्कार कर लेते हैं। यह होगा ही। क्योंकि आध्यात्मिक शक्ति के बिना देवता नष्ट-भ्रष्ट हो जाएंगे। उनमें प्राण होता है, जब आपके भीतर आध्यात्मिक शक्ति होती है। आपकी आध्यात्मिक शक्ति से वे जीते हैं।

इकहार्ट ने, मेस्टर इकहार्ट ने—ईसाई जगत में जो संत हुए हैं उनमें इकहार्ट का मुकाबला नहीं है, इकहार्ट अनूठा है—इकहार्ट ने एक वचन लिखा है, जिसकी वजह से उसे ईसाइयों ने तिरस्कृत किया और ईसाइयों ने उसे समाज-बहिष्कृत माना। और ईसाई उसे करीब-करीब भुलाने की कोशिश करते रहे हैं, कम से कम संगठनबद्ध पोप, चर्च इकहार्ट की बात नहीं करते। और इकहार्ट जैसा आदमी जीसस के बाद ईसाइयत में हुआ ही नहीं। पर इकहार्ट के वचन खतरनाक हैं। उसका एक वचन है जिसमें वह ईश्वर से प्रार्थना में कहता है कि तुमने मुझे जन्म दिया और मैंने तुम्हें जन्म दिया! और ध्यान रहे, तुम्हारे बिना मैं न बचूंगा, मेरे बिना तुम भी न बचोगे।

इससे घबड़ाहट तो हो ही जाएगी, अगर कोई संत ऐसा ईश्वर से कहे कि मेरे बिना तुम भी न बचोगे। तुम मेरे जीवनदाता हो, तो ध्यान रखना, मैं भी तुम्हारा जीवनदाता हूं।

पर लाओत्से के वचन से बात साफ हो जाएगी। इकहार्ट के कहने का ढंग अदभुत है, बड़ी चोट का है। लेकिन बात वह यही कह रहा है कि ईश्वर नहीं हो सकता जब तक कि मनुष्य उसे आध्यात्मिक जीवन-ऊर्जा न दे। एक पारस्परिक लेन-देन है। ईश्वर कोई ऐसी घटना नहीं है जो हमसे अलग हो सके। आदमी के साथ ही ईश्वर अस्तित्व में आता है। अस्तित्व का अर्थ यह कि ईश्वर का बोध, ईश्वर के होने की बात आदमी के साथ आती है। आदमी को हटा दें पृथ्वी से; पशु होंगे, पक्षी होंगे। आदमी नहीं होगा; ईश्वर भी नहीं होगा। सोच सकते हैं आदमी के बिना मंदिर और मूर्तियां और मस्जिद? आदमी खो जाएगा तो कौन तुम्हारी मूर्तियों को फूल चढ़ाएगा? आदमी की चेतना ही उस जगह आ गई है जहां से ईश्वर का आविर्भाव हो सकता है; जहां से आदमी अपनी चेतना से ईश्वर को जन्म दे सकता है। यह बहुत कठिन बात है खयाल में लेना। इसलिए जब भी ईश्वर खो जाता है तो उसका अर्थ है आदमी की चेतना नीचे गिर गई। क्योंकि उस ऊंचाई पर ही वह दिखाई पड़ता है। जहां आप ईश्वर को जन्म दे सकते हैं वहीं वह दिखाई पड़ता है।

तो इकहार्ट कहता है कि हम तुम्हारे पुत्र ही नहीं, तुम्हारे पिता भी हैं। तुम हमें जन्म देते हो, यह सच है; पर हम तुम्हारे जन्म की घटना को वापस लौटा देते हैं। हम ऋणी नहीं रहते; हम भी तुम्हें जन्म देते हैं। बड़ी छाती का आदमी रहा होगा। और संत, इतनी बड़ी छाती न हो, तो कोई हो भी नहीं सकता।

लाओत्से कहता है, 'आध्यात्मिक शक्ति के बिना देवता नष्ट-भ्रष्ट हो जाएंगे।'

क्योंकि तुम्हीं उनके प्राणदाता हो। तुम्हारी ऊर्जा उनका भोजन है। तुम कितनी ऊंचाई पर हो उतनी ही ऊंचाई पर वे भी रहेंगे। तुम्हारी ऊंचाई ही उनके मंदिर की ऊंचाई है।

इसे थोड़ा ऐसा देखें, जिस चेतना की अवस्था में आदमी होता है, उसी तरह के वह देवता भी निर्मित करता है। जैसे-जैसे आदमी की चेतना बढ़ती है वैसे-वैसे देवता परिष्कृत होने लगता है। आदिवासी का देवता देखें, तो वह आदिवासी जहां जीता है, जिस तल पर उसकी चेतना होती है, वैसा ही होगा। पीछे लौटें, जितना ज्यादा अविकसित समाज होगा और चेतना जितनी क्षीण होगी, वैसा ही देवता होगा। उस देवता की परिभाषा भी वैसी ही होगी।

अगर पुराना, ओल्ड टेस्टामेंट, बाइबिल में तो देवता जो है वह बहुत खतरनाक है, बहुत दुष्ट है। दया भी करता है, लेकिन उन पर ही दया करता है जो उसके अनुगत हैं। सशर्त उसका प्रेम है। और नाराज इतने जल्दी होता है, और जब नाराज हो जाता है तो बिलकुल विक्षिप्त व्यवहार करता है। नष्ट कर देता है गांव के गांव; पृथ्वी को डुबा देता है पानी में; क्योंकि लोग उसकी पूजा और प्रार्थना नहीं कर रहे। इसका ईश्वर से कोई लेना-देना नहीं है; जिन लोगों ने ये वचन लिखे उनकी चेतना की खबर है। ऐसे ही ईश्वर को वे जन्म दे सकते हैं; यह उनकी धारणा है।

लौटें पीछे; आपके देवी-देवता हैं पुराणों के। उनका चरित्र देखें, उनके काम देखें। तो शर्म मालूम होगी कि ये देवी-देवता हैं! ऐसा कोई पाप नहीं जो वे न करते हों। चोरी वे करें; मित्र को धोखा देकर उसकी पत्नी के साथ

व्यभिचार वे करें; गुरु को धोखा देकर उसकी पत्नी को ले भागें; सब करें, फिर भी देवता हैं। जरूर कुछ कारण होगा। जिन्होंने उनको जन्म दिया उनको कुछ अड़चन नहीं मालूम पड़ी, अन्यथा वे इनको काट-छांट कर देते। उनको ठीक लगा।

थोड़ा लौटें; युधिष्ठिर को हम धर्मराज कहते हैं। युधिष्ठिर जुआ खेलें तो धर्मराज होने में कोई अड़चन नहीं। युधिष्ठिर द्रौपदी को दांव पर लगा दें। आप जरा लगा कर देखें, और अगर कोई आपको धर्मराज कह दे तो चमत्कार है। कोई आदमी आप न खोज पाएंगे जो आपको धर्मराज कहे जब आप द्रौपदी को जुए पर हार आएं। लेकिन जिन लोगों ने युधिष्ठिर को धर्मराज कहा, उन्हें इसमें कुछ अड़चन नहीं मालूम पड़ी होगी, तभी तो! इसमें कोई जरा भी अड़चन नहीं मालूम पड़ी।

उनकी चेतना की धारणा उनका ईश्वर है। उनका देवता, उनका धर्म उनकी चेतना से ही तो निकलेगा। जैसे-जैसे चेतना विकसित होगी वैसे-वैसे ईश्वर का परिष्कार होगा। और जब चेतना पूरी तरह विकसित होगी तो आकार खो जाएगा ईश्वर का, वह निराकार हो जाएगा। क्योंकि आकार कितना ही सुंदर रहे, उसमें असुंदरता बनी ही रहेगी। और आकार को हम कितना ही सम्हालें और संवारें, आकार में भूल-चूक होती ही रहेगी। और फिर आकार की धारणा तो हर युग के साथ बदलती चली जाएगी। इसलिए जब चेतना आखिरी ऊंचाई पर पहुंचती है तो परमात्मा निराकार हो जाता है। निराकार इसलिए हो जाता है कि अब उसमें अशुद्धि का कोई भी उपाय न रहा। निराकार कैसे अशुद्ध होगा? आकार से अशुद्धि प्रवेश पा सकती थी। निराकार का अर्थ हुआ इतनी पूर्ण शुद्धता कि वहां आकार की अशुद्धता भी नहीं है। तो जब भी चेतना आखिरी ऊंचाई पर आती है तो निराकार ब्रह्म जन्म लेता है।

चेतना के अनुसार ईश्वर निर्मित होता है। जैसी चेतना वैसा ईश्वर। आपके ईश्वर की धारणा को देख कर, आप क्या हैं, यह कहा जा सकता है। आपका ईश्वर किस ढंग का है, उसे देख कर, आप क्या हैं, यह कहा जा सकता है। क्योंकि आपका ईश्वर आपसे जन्म पाता है।

'आध्यात्मिक शक्ति के बिना देवता नष्ट-भ्रष्ट हो जाएंगे। भराव के बिना घाटियां खंड-खंड हो जाएंगी। जीवनदायी शक्ति के बिना सब चीजें नाश को प्राप्त होंगी। आर्यत्व की शक्ति के बिना राजा और भूमिपति पतित हो जाएंगे।'

इतिहासज्ञ सोचते हैं कि राजाओं, सम्राटों, भूमिपतियों का ह्रास इसलिए हुआ कि वे शोषण कर रहे थे, कि वे लोगों का खून चूस रहे थे, कि वे लोगों को गुलाम बना रहे थे। लेकिन यह बात सच नहीं है। इसमें अधूरा सच है, लेकिन यह बात सच नहीं है। सम्राटों का पतन इसलिए हुआ कि वे केवल सम्राट रह गए; उनके भीतर जो भराव था वह खो गया; उनके भीतर जो परमात्मा की गरिमा थी वह खो गई। राम जैसे सम्राट को उतारना असंभव होगा। लेकिन रावण जैसे सम्राट को कब तक चलाए रखिएगा?

सम्राट होना एक उपलब्धि थी, एक साधना थी, एक क्रम था परिष्कार का। तो सम्राट के घर जब कोई बेटा पैदा होता और उसे सम्राट बनने का मौका आने वाला हो तो उसे सब तरह की प्रक्रियाओं से गुजरना होता था। उसमें योग के अनुष्ठान अनिवार्य थे। उसे ध्यान की गहरी प्रक्रियाएं आनी ही चाहिए। उसे शांत होने की कला आनी ही चाहिए। क्योंकि बाहर के सिंहासन पर बैठ जाना तो बहुत कठिन नहीं है, लेकिन बाहर के सिंहासन का बड़ा मूल्य नहीं है। उसे भीतर से भी सम्राट होना चाहिए। उसे भीतर से भी, जिसको हम कहें अभिजात, भीतर से भी उसे श्रेष्ठ और कुलीन और आर्य होना चाहिए।

इसके कई परिणाम हुए, इधर इस तरह समझें। हिंदुस्तान में जैनों के चौबीस तीर्थंकर राजाओं के पुत्र हैं। उनकी तैयारी तो राजा होने के लिए करवाई गई थी; राजा होने वाले थे। उनकी तैयारी तो बाह्य सिंहासन के लिए करवाई गई

थी, लेकिन भीतर का सिंहासन भी तैयार करवाया गया था। वे धोखा दे गए। उन्होंने बाहर के सिंहासन को लात मार दी। भीतर का रस उन्हें ऐसा आ गया कि उन्होंने कहा कि अब इस बाहर के सिंहासन पर क्या बैठना जब भीतर से ही सम्राट हो गए! हिंदुओं के सब अवतार राजाओं के लड़के हैं। बुद्धों के सब अवतार राजाओं के लड़के हैं।

भारत में तीन धर्म पैदा हुए। तीनों धर्मों के सभी अवतार पुरुष राजपुत्र हैं। इसके पीछे अनेक कारणों में एक बुनियादी कारण यह है कि राजा को हम भीतर से भी राजा बनाने की कोशिश करते थे। कभी-कभी हमारी कोशिश इतनी सफल हो जाती थी कि वह आदमी भाग ही जाता था। वह कोशिश का सफल हो जाना है। सच में ही वह आदमी भीतर से ऐसा हो जाता था कि सिंहासन दो कौड़ी का हो जाता।

लाओत्से के शिष्य लीहत्जू ने कहीं कहा है कि राजा होने का अधिकारी वही है जिसे राजा होने की वासना न रह जाए; सिंहासन पर बैठने का मालिक वही है जिसके लिए पता ही न चले कि यह सिंहासन है, तभी।

आज तो लोकतंत्र है सारे जगत में और उसकी धारणा का बड़ा प्रभाव है। और आज कहना बिलकुल मुश्किल है सम्राटों के पक्ष में कुछ भी। लेकिन मैं जानता हूं, इसमें ज्यादती हो रही है लोकतंत्र के नाम पर। क्योंकि सम्राट के नाम पर भी ज्यादती हुई। क्योंकि भीतर का सम्राट खो गया और बाहर की खोल फिर सिंहासन पर बैठती चली गई। लेकिन एक संभावना कि भीतर से भी हम आदमी को इस ऊंचाई पर पहुंचा सकते हैं जितनी ऊंचाई पर उसे सत्ता पहुंचा देगी और सत्ता से उसकी भीतरी ऊंचाई सदा ज्यादा होनी चाहिए तो ही सत्ता का दुरुपयोग न होगा। लेकिन लोकतंत्र में सत्ता का बुरी तरह दुरुपयोग हो रहा है। क्योंकि नीचे से आदमी पहुंचता है जिसकी कोई तैयारी नहीं, जो राजा होने के लिए तैयार नहीं किया गया, और राजा होने का उसका एक ही उसकी योग्यता है कि वह कितने पागलपन से सिंहासन पर पहुंचने की कोशिश करता है। इसको थोड़ा समझ लें।

लीहत्जू कहता है कि जिसे सिंहासन पर बैठने की कोई आकांक्षा नहीं वही सम्राट होने के योग्य है। लेकिन लोकतंत्र में तो जिसे इच्छा नहीं है बैठने की सिंहासन पर वह तो सिंहासन पर कभी पहुंचेगा ही नहीं। यहां तो वही पहुंचेगा जिसको इतनी प्रबल इच्छा है कि बिलकुल पागल हो जाए और एक ही इच्छा रह जाए, जैसे परमात्मा को पाने की इच्छा ऐसे ही दिल्ली पहुंचने की एक ही इच्छा रह जाए; सारी चेतना उसी पर एकाग्र हो जाए। तब भी जरूरी नहीं कि पहुंच जाए। क्योंकि वह अकेले ही ऐसी एकाग्रता नहीं साध रहा है। मुल्क में ऐसे हजारों लोग एकाग्रता साध रहे हैं। फिर इन सब के बीच संघर्षण है। और उस संघर्ष में जो सबसे ज्यादा चालबाज साबित हो, सबसे ज्यादा बेईमान साबित हो, सबसे ज्यादा नियम की परवाह न करता हो, सबसे ज्यादा शरारती हो, षड्यंत्रकारी हो, और हर आदमी का उपयोग एक ही जानता हो कि उसको सीढ़ी कैसे बनाया जाए, वह आदमी पहुंच जाएगा। सबसे बुरा आदमी सत्ता में सबसे ऊपर पहुंच जाएगा लोकतंत्र में।

एक अनूठा प्रयोग सम्राटों के साथ पूरब के मुल्कों में हुआ था कि हम सम्राट को तैयार करें।

अब यह बहुत मजे की बात है। आपको अगर क्लर्क भी होना है तो भी एक तरह की तैयारी चाहिए। रेलवे का गार्ड होना है तो एक तरह की तैयारी चाहिए। टैक्सी का ड्राइवर होना है तो भी एक तरह का लाइसेंस चाहिए। मिनिस्टर को कुछ भी नहीं चाहिए। टैक्सी का ड्राइवर भी एक तरह की योग्यता चाहता है; एक तरह की योग्यता जरूरी है। सिर्फ एक जगह है आज, सत्ता की, जहां किसी तरह की योग्यता की जरूरत नहीं। सिर्फ एक पागल योग्यता चाहिए कि आप कोई चिंता न करें, किसी बात की चिंता न करें, बस सीधे कुर्सी की तरफ दौड़ते चले जाएं, सींग नीचे झुका लें और घुस जाएं। उतनी योग्यता हो तो आप पहुंच ही जाएंगे।

एक अभिजात की धारणा थी कि सम्राट तैयार किए जाएं। प्लेटो की, लाओत्से की, वाल्मीकि की, इन सबकी धारणा थी कि राजा ऐसे ही कोई न हो जाए, उसे तैयार किया जाए, पीढ़ी दर पीढ़ी कुलीनता का सारा आयोजन दिया

जाए और इस आयोजन के बाद ही कोई शिखर पर पहुंचे। सत्ता तब हाथ में आए जब व्यक्ति बिलकुल शांत हो। शांति उसकी कसौटी हो।

तो लाओत्से कहता है, 'आर्यत्व की शक्ति के बिना राजा और भूमिपति पतित हो जाएंगे।'

आर्य का अर्थ है आंतरिक शुद्धता, आर्यत्व, आंतरिक श्रेष्ठता। इस आंतरिक श्रेष्ठता का अहंकार से कोई संबंध नहीं है। इस आंतरिक श्रेष्ठता का एक अनिवार्य तत्व तो विनम्रता है।

बुद्ध एक गांव में आए हैं। तो उस गांव के सम्राट ने, जैसे ही खबर मिली, अपने वजीरों को बुलाया और कहा कि तैयारी करो स्वागत की, और मैं राज्य की सीमा पर बुद्ध का स्वागत करूंगा। उसके वजीर ने कहा, आप खुद ही स्वागत करने जाएंगे? बुद्ध तो एक भिखारी हैं। एक सम्राट उनके स्वागत को जाए?

सम्राट के मन में भी यह बात तो चलती थी कि एक सम्राट भिखारी का स्वागत करने जाए! लेकिन सम्राट डरता था, क्योंकि और सम्राटों ने स्वागत किया था आस-पास। तो जब वजीर ने यह कहा तो सम्राट ने कहा कि बात तो तुम्हारी ठीक है, एक भिखारी के स्वागत को सम्राट के जाने का क्या प्रयोजन! वजीर हंसने लगा और उसने कहा कि मेरा इस्तीफा स्वीकार कर लें। क्योंकि जो सम्राट बुद्ध जैसे भिखारी के स्वागत को नहीं जाता वह सम्राट होने के योग्य ही नहीं है। मैंने तो इसीलिए सवाल उठाया था कि देखूं, भीतरी अवस्था क्या है। और ध्यान रहे, तुम सम्राट हो, बुद्ध भिखारी हैं; लेकिन उनका भिखारीपन तुमसे आगे है। वे सम्राट थे, सम्राट रह सकते थे; उसे छोड़ कर वे भिखारी हैं। इसलिए उनके भिखारी की जो गरिमा है वह तुम्हारे साम्राज्य और तुम्हारे सिंहासन से बड़ी है।

इस देश में बड़े से बड़ा सम्राट भी गरीब से गरीब ब्राह्मण के चरण छुएगा। छूता था। ब्राह्मण के पास कोई सत्ता नहीं थी। ब्राह्मण सदा का फकीर था, दीन-हीन था। उसके पास कुछ भी नहीं था जिसको हम बाह्य ताकत कह सकें। लेकिन बड़े से बड़ा सम्राट उसके चरण छुएगा। वह इस बात की खबर थी कि हम शक्ति से शांति को ज्यादा मूल्य देते हैं। और सम्राट का आर्यत्व, उसकी श्रेष्ठता इसमें है कि वह विनम्र हो। वह इतना विनम्र हो कि उसके पास कोई अहंकार ही न हो।

लेकिन अहंकार सिंहासन पर बैठने की चेष्टा करता है। और हम चाहते थे कि सिंहासन पर वह बैठे जो निरहंकारी हो। वह प्रयास असफल हुआ। पर बड़ा महाप्रयास था। और छोटे प्रयास सफल हो जाएं तो भी ठीक नहीं; महाप्रयास असफल भी हो जाएं तो भी ठीक है। चेष्टा की, यह भी क्या कम है!

लाओत्से कहता है, 'आर्यत्व की शक्ति के बिना राजा और भूमिपति पतित हो जाएंगे।'

वह एक सब का आधार है। उस एक का अनुभव हो गहन तो इतनी घटनाएं घटेंगी—स्वर्ग उजागर होगा; पृथ्वी थिर होगी; देवता में देवत्व होगा; घाटियां भरी होंगी; सभी चीजें वृद्धि और जीवन पाएंगी; राजा और भूमिपति सहज आदृत होंगे। ऐसा न हो तो स्वर्ग हिलने लगेगा; पृथ्वी डोल उठेगी; देवता नष्ट-भ्रष्ट हो जाएंगे; घाटियां खंड-खंड हो जाएंगी; सभी चीजें नष्ट हो जाएंगी; राजा और भूमिपति पतित होंगे; सिंहासन धूल-धूसरित हो जाएंगे; वह जो श्रेष्ठ है, निकृष्ट के साथ एक हो जाएगा।

लेकिन एक का अनुभव हो तो सभी चीजें भिन्न होंगी; जीवन ऊर्ध्वगामी होगा। और उस एक से संबंध टूट जाए तो जीवन अधोगामी हो जाता है।

पांच मिनट कीर्तन करें और फिर जाएं।

पचहत्तरवां प्रवचन

# अस्तित्व में सब कुछ परिपूरक है

Chapter 39 : Part 2

## UNITY THROUGH COMPLIMENTS

*Therefore the nobility depends upon the common man for support;*
*And the exalted depend upon the lowly for their base.*
*This is why the princes and dukes call themselves 'the orphaned',*
*'the lonely ones' and 'the unworthy'.*
*Is it not true that they depend upon the common man for support?*
*Truly; take down the parts of the chariot,*
*And there is no chariot left.*
*Rather than jingle like the jade,*
*Rumble like the rocks.*

अध्याय 39 : खंड 2

## परिपूरकों द्वारा एकता

*इसलिए अभिजात वर्ग सहारे के लिए साधारण जन पर निर्भर हैं,*
*और उच्चस्थ जन आधार के लिए निम्नस्थ पर निर्भर हैं।*
*यही कारण है कि राजा और भूमिपति अपने को*
*'अनाथ,' 'अकेला,' और 'अयोग्य' कहते हैं।*
*क्या यह सच नहीं है कि वे सहारे के लिए साधारण जनों पर निर्भर हैं?*
*सच तो यह है कि रथ के अंगों को अलग-अलग कर दो,*
*और कोई रथ नहीं बच रहता है।*
*मणि-माणिक्य की तरह झनझनाने के बजाय*
*चट्टानों की तरह गड़गड़ाना कहीं अच्छा है।*

उस एक को जो जान लेता है उसे कुछ भी अनजाना नहीं रह जाता।

लेकिन इस जगत में सदा ही दो के दर्शन होते हैं। यहां एक कुछ भी नहीं है। यहां जो भी है दो है। इसलिए ही उस एक की बात लोग सुनते हैं, लेकिन समझ नहीं पाते। इसलिए ही उस एक की सनातन से चिंतना चलती है, लेकिन उसकी साधना नहीं हो पाती। इस दो के जगत में उस एक की बात स्वप्न जैसी मालूम होती है। जहां दो का होना सत्य है, प्रगाढ़ सत्य है, वहां एक आदर्शवादियों के मन की धारणा, कोई उटोपिया, कोई स्वर्ग की परिकल्पना, कोई स्वप्न प्रतीत होता है।

और जिन्होंने उस एक को जान लिया है वे हमारे इस दो के जगत को माया कहते हैं। और जो दो को ही जानते हैं और सिर्फ दो से ही परिचित हैं वे उस एक के जगत को स्वप्न से ज्यादा नहीं मान पाते। उस जगत और इस जगत के बीच कोई सेतु खोजना जरूरी है; अन्यथा यात्रा न हो सकेगी। उस सेतु की ही लाओत्से चर्चा कर रहा है।

लाओत्से का कहना है—और जो भी जानते हैं उन सबका यही कहना है—कि इस दो के जगत में भी अगर हम थोड़ी गहरी खोज-बीन करें तो हम एक को ही पाएंगे। जहां दो बिलकुल विपरीत दिखाई पड़ते हैं; वहां भी विप( रीतता ऊपरी है, भीतर वे एक ही होते हैं।

सच तो यह है कि जीवन का ताना-बाना बुनने को हमें धागे आड़े और सीधे रखने पड़ते हैं। वे सभी धागे हैं; सिर्फ आड़े और तिरछे रखने से वस्त्र की बुनावट निर्मित हो जाती है। वस्त्र में धागे दो मालूम पड़ते हैं, एक-दूसरे के विपरीत, एक-दूसरे से तने हुए, खिंचे हुए, एक-दूसरे से लड़ते, संघर्ष करते हुए। धागा एक है, लेकिन वस्त्र की बुनावट के लिए उन्हें विपरीत रखना जरूरी है। इस जीवन की बुनावट में भी धागा एक है। लेकिन जीवन का जाल निर्मित नहीं हो सकता, अगर उस एक धागे को ही हम विपरीत खड़ा न करें। जैसे राज भवन निर्माण करता है तो द्वारों पर विपरीत ईंटें लगा देता है। ईंट एक है, लेकिन एक-दूसरे के विरोध में लग जाने पर वही ईंट परम शक्तिशाली हो जाती है। उस विरोध से शक्ति, ऊर्जा जन्मती है। और बड़े से बड़ा भवन भी उस द्वार के ऊपर निर्मित हो सकता है।

तत्व एक है। उपनिषद उसे ब्रह्म कहते हैं। और लाओत्से उसे ताओ कहता है। धर्म, स्वभाव, प्रकृति, जो भी हम नाम देना चाहें, वह एक है। लेकिन जीवन के खेल के लिए वह विपरीत भासता है। यह विपरीत भासना भी बिलकुल ऊपर है। थोड़ी यात्रा गहरे में करें तो सभी विपरीत के भीतर एक समता, एकरसता उपलब्ध होती है। हम चाहते हैं जगत में प्रकाश हो, लेकिन अंधेरे के बिना प्रकाश के होने का कोई उपाय नहीं है। तो अंधेरा प्रकाश का विरोधी नहीं है, अंधेरा प्रकाश का सहयोगी है। क्योंकि उसके होने पर ही प्रकाश हो सकता है। शत्रुता हमें दिखाई पड़ती हो, लेकिन अंधेरा पृष्ठभूमि है। उसका ही सहारा चाहिए प्रकाश को होने के लिए। अंधेरे को हटा लें, प्रकाश भी तिरोहित हो जाएगा।

लेकिन शायद आप सोचते हों, ऐसा होने की क्या जरूरत है? अंधेरा हट सकता है। प्रकाश अकेला क्यों नहीं हो सकता? वैज्ञानिक से पूछें। वैज्ञानिक कहता है कि सभी ऊर्जाएं निगेटिव और पाजिटिव हों तो ही हो सकती हैं; नकारात्मक और विधायक हों तो ही हो सकती हैं। धन विद्युत, पाजिटिव इलेक्ट्रिसिटी बच नहीं सकती, अगर ऋण विद्युत न हो, निगेटिव विद्युत न हो। नकार के खोते ही विधायक भी खो जाएगा। तो वैज्ञानिक कहता है कि अंधेरा शीर्षासन करता हुआ प्रकाश है, उलटा खड़ा हुआ प्रकाश है। वह प्रकाश ही है, लेकिन उलटा खड़ा हुआ है। धागे आड़े रख दिए गए हैं, तिरछे रख दिए गए हैं, ताकि बुनावट हो सके।

जन्म है। और कितनी हम आकांक्षा करते हैं कि जन्म हो, जीवन हो, लेकिन मृत्यु न हो। लेकिन तब हमें जीवन के रहस्य का कोई पता नहीं। इसलिए हम ऐसी व्यर्थ की कामना करते हैं। ज्ञानी, मृत्यु न हो, ऐसी कामना नहीं करता। क्योंकि मृत्यु के बिना जीवन के होने का कोई उपाय ही नहीं है। अगर ज्ञानी कामना भी करता है तो वह कहता है, मृत्यु भी न हो, जीवन भी न हो। क्योंकि ये दोनों द्वंद्व हैं। तीसरा सत्य होगा, जिसको आड़ा और सीधा रख कर कपड़े की बुनावट हुई है। आवागमन से मुक्ति मृत्यु से मुक्ति नहीं है, जीवन और मृत्यु दोनों के द्वंद्व से मुक्ति है। ताकि हम उस एक को खोज लें जो दो के पीछे छिपा है।

जन्म और मृत्यु एक ही सिक्के के दो पहलू हैं। मृत्यु के बिना जन्म नहीं हो सकता। जन्म के बिना तो मृत्यु के होने का कोई उपाय नहीं है। और जिस दिन आदमी मरना बंद कर देगा, उसी दिन जन्मना भी बंद हो जाएगा। दोनों एक साथ जुड़े हैं। इसलिए जितनी चेष्टाएं चलती हैं कि आदमी शरीर में अमृत को उपलब्ध कर ले, वे सब व्यर्थ हो जाती हैं। हजारों साल से आदमी खोजता है, अल्केमिस्ट खोजते हैं, कोई अमृत, कोई ऐसी धातु, कोई ऐसा रस जिससे आदमी अमर हो जाए। लेकिन वे सारी खोजें व्यर्थ हो जाती हैं। आदमी अमर नहीं हो सकता, क्योंकि जन्म के साथ ही मृत्यु प्रविष्ट हो गई। जन्म का तनाव मृत्यु की पृष्ठभूमि में ही निर्मित होता है, अन्यथा निर्मित नहीं हो सकता।

वसंत है, क्योंकि पतझड़ है; बचपन है, क्योंकि बुढ़ापा है; पुरुष है, क्योंकि स्त्री है; स्त्री है, क्योंकि पुरुष है। वह जो विपरीत है, सदा मौजूद है। तो विपरीत उसे कहना कहां तक उचित है?

लाओत्से उसे विपरीत नहीं कहता, अपोजिट नहीं कहता; लाओत्से उसे परिपूरक कहता है, कांप्लीमेंटरी कहता है। विपरीत कहना हमारी भूल है। क्योंकि जिसके बिना हम हो ही न सकें उसे विपरीत कहने का क्या अर्थ है? परिपूरक! उसके सहारे ही हम हो सकते हैं।

प्रेम करते हैं आप। आदमी की कामना है कि प्रेम ऐसा हो, हृदय ऐसा प्रेमपूर्ण हो कि वहां घृणा का कोई स्वर न रह जाए। लेकिन बिना घृणा के प्रेम नहीं हो सकता। और जो आदमी घृणा करना बंद कर देता है, जिसे हम प्रेम कहते हैं, वह भी उसके जीवन से तिरोहित हो जाएगा। हम चाहते हैं आदमी में करुणा हो, क्रोध न हो। लेकिन जिसके जीवन से क्रोध विसर्जित हो जाएगा, हम जिसे करुणा कहते हैं, वह भी विसर्जित हो जाएगी। क्योंकि क्रोध करुणा का परिपूरक है; वे सदा साथ हैं। इस जगत में द्वंद्व अस्तित्व का ढंग है। और दो में से एक को भी छोड़ दें तो दूसरा भी छूट जाता है। दोनों के छूट जाने पर जो बचता है वह तीसरा है। वह वही एक है जिसको लाओत्से ताओ कहता है। जहां दोनों विसर्जित हो जाते हैं वहां उन दोनों के नीचे छिपा हुआ आधार; जो दोनों में था, जो दोनों का प्राण था, जिसकी धारा से ही दोनों जीते थे और जीवन पाते थे, वह प्रकट हो जाता है।

परिपूरक का सिद्धांत, लाओत्से की बड़ी कीमती देन है। और संभवतः लाओत्से पहला व्यक्ति है मनुष्य-जाति के इतिहास में जिसने विपरीत की धारणा को बिलकुल ही त्याग दिया और परिपूरक की धारणा को जन्म दिया। जगत में, उसने कहा, विरोध देखो ही मत, क्योंकि एक ही ऊर्जा का खेल है। इसलिए विरोध हो नहीं सकता। हो भी तो आभास होगा, दिखता होगा; थोड़ी गहरी समझ होगी, विसर्जित हो जाएगा।

लेकिन यह अंतर्दृष्टि बड़ी अर्थपूर्ण है, और उसके जीवन में परिणाम क्रांतिकारी होंगे। और हमारा मन सदा ही इस विपरीत में से एक को बचा लेना चाहता है। वह हमारी आकांक्षा ही संसार है। और जिस दिन हम यह समझ लेते हैं कि इन दो में से एक को बचाया नहीं जा सकता, या तो दोनों बचेंगे, इसलिए दोनों को स्वीकार कर लो समान भाव से, सम-भाव से, समत्व से; और या दोनों चले जाएंगे तो दोनों का त्याग कर दो समभाव से, समत्व से; चुनाव मत करो। या तो जीवन और मृत्यु दोनों को एक सा अंगीकार कर लो; एक सा स्वागत, एक सा अहोभाव। जरा भी, रत्ती भर भी फर्क किया कि संसार निर्मित हो जाता है; जरा सा चाहा कि जीवन ज्यादा और मृत्यु कम कि संसार निर्मित हो जाता है। या फिर दोनों का ही त्याग कर दो। कहो कि न जीवन का आग्रह है, न मृत्यु का आग्रह है।

लेकिन हमें दोनों कठिन हैं। हम या तो जीवन का आग्रह रखते हैं। तो हम चाहते हैं, मृत्यु न हो। तो हम मृत्यु को टालते हैं, झुठलाते हैं, भुलाते हैं, सिद्धांत निर्मित करते हैं जिनके धुएं में मृत्यु हमें दिखाई न पड़े और हमारी आंखें अंधी हो जाएं। मृत्यु से डरा हुआ आदमी मान लेता है कि आत्मा अमर है। जरा भी तर्क नहीं करता, जरा भी विचार नहीं करता, जरा भी प्रमाण की तलाश नहीं करता। मृत्यु से डरा हुआ आदमी मान लेता है कि आत्मा अमर है। वह मृत्यु को अस्वीकार करने का उपाय है। इसलिए जवान आदमी आत्मा की अमरता में उतना भरोसा नहीं करता; बूढ़ा आदमी ज्यादा भरोसा करता है। जैसे-जैसे मौत करीब आती है, आत्मा की अमरता ज्यादा सही मालूम पड़ने लगती है। वह मौत के डर के कारण। छोटे बच्चे को कोई फिक्र ही नहीं है कि आत्मा अमर है या नहीं; उसे चिंतना भी पैदा नहीं होती। अभी उसे मृत्यु का बोध ही नहीं है। अभी मृत्यु का भय प्रविष्ट नहीं हुआ तो आत्मा की अमरता की जरूरत क्या है? अभी जन्म इतना निकट है और मृत्यु इतनी दूर है कि उसकी छाया भी नहीं पड़ती।

मृत्यु को भुलाने के हम सब तरह के उपाय किए हैं। मरघट हम बनाते हैं गांव के बाहर कि वह जाते-आते दिखाई न पड़ जाए। जैसे जिंदगी एक बात है; मौत को हम ढकेल कर बाहर कर देते हैं गांव के, त्याज्य। उधर हम कभी जाते नहीं। उधर कभी किसी को विदा करने जाते हैं। और जब किसी को विदा करने जाते हैं तब भी बड़ी बेचैनी होती है। और जब लोग किसी को विदा करने जाते हैं, वहां उनकी बैठ कर आप बातें सुनें। वहां कोई जल रहा होता है और वे बैठ कर गपशप करते हैं, गांव की निंदा-चर्चा करते हैं, या समझदार हुए तो आत्मा की अमरता की बात करते हैं। लेकिन वह जो मौत वहां घट रही है वह उनके भीतर ज्यादा छाया न डाले, इसके प्रति सचेत रहते हैं। छोटे बच्चे खेल रहे हों बाहर और लाश निकलती हो तो मां अंदर बुला लेती है—भीतर आ जाओ! मुर्दा दिखाई न पड़े। और सभी को मुर्दा होना है। और जो सत्य इतना जरूरी है, अनिवार्य है, उसे दिखाने से बचाने का मोह क्या है?

हम चाहते हैं कि मौत का हमें पता न चले, किसी भी भांति हमें उसका स्मरण न आए। हम सब तरह का इंतजाम करते हैं अपने आस-पास, जहां मौत नहीं घटती, जहां चीजें थिर हैं। उन थिर चीजों से लगता है कि हम भी थिर रहेंगे। धर्म पर, आत्मा की अमरता पर आस्था कम हुई है इधर दो-तीन सौ वर्षों में। बहुत कारणों में एक कारण यह भी है कि आदमी उस प्रकृति से बहुत दूर रहने लगा है जहां मौत रोज घटती है।

एक किसान है, तो मौत रोज दिखाई पड़ेगी। कभी वृक्ष सूख कर मर जाएगा; कभी कोई पक्षी वृक्ष से गिर कर मर जाएगा; कभी कोई जानवर मरा हुआ पड़ा होगा। मौत रोज होगी। और गांव इतना छोटा है कि कोई भी मरे तो उसके घर में ही कोई मरा, ऐसा लगेगा। मौत से बचा नहीं जा सकता। लेकिन फिर अब नए शहर हैं। उन नए शहरों में गांव इतना बड़ा है कि कितने ही लोग मरते रहें, आपके लिए कोई नहीं मरता; जब तक कि कोई बहुत निकट न मर जाए। आप ऐसे घर में घिरे हुए रहते हैं सीमेंट-कंकरीट में, जहां न कोई पक्षी मरता, न कोई पौधा मरता, न कोई जानवर मरता, मौत का कोई पता ही नहीं चलता। सुरक्षित सब तरफ से! कभी-कभी मौत प्रवेश करती है; कोई निकट का मर जाता है। तो निकटता भी हमने बहुत कम कर ली है; निकट कोई है ही नहीं। इसलिए दूर के ही लोग

मरते हैं। यह जो सुरक्षा हमने बना ली है झूठी, इसके कारण ऐसा लगता है कि जीवन चलता रहेगा, चलता रहेगा। एक वहम, एक आभास बना रहेगा। लेकिन हमारा सारा आयोजन झूठा है। हम कुछ भी करें, मौत आएगी ही।

तो एक तरफ तो ऐसे लोग हैं जो मौत से बचने का उपाय करते रहते हैं। ये वे ही लोग हैं कि अगर कोई ऐसी दुर्घटना घटे कि इनको लगे कि मौत से बचा नहीं जा सकता या जीवन में कोई ऐसा आघात पहुंचे कि जीवन को पकड़ रखने की आशा टूट जाए, कि जीवन का रस क्षीण हो जाए, कि जीवन से जड़ें उखड़ जाएं—प्रेयसी मर जाए, कि दिवाला निकल जाए, कि मकान में आग लग जाए—तो ऐसा आदमी तत्क्षण मरने को उत्सुक हो जाते हैं, आत्मघात करने को उत्सुक हो जाता है। या तो हम जीवन चाहते हैं शाश्वत, और या हम मौत चाहते हैं अभी। दो में से सदा हम एक चुनते हैं। और ध्यान रहे, दोनों में कोई फर्क नहीं है। आप जीवन चुनें कि मौन चुनें, चुनाव हो गया कि संसार निर्मित हो गया। चुनाव संसार है। विकल्प को, एक को चुन लेना, दूसरे को छोड़ देना, जो कि उसका परिपूरक था, यही अज्ञान है। दोनों को एक साथ स्वीकार कर ले कोई, जान ले कि जीवन एक छोर है, मौत एक छोर है, एक ही घटना का, एक ही यात्रा के दो पड़ाव हैं, प्रारंभ और अंत, वह मुक्त हो गया। रत्ती भर भी फर्क न हो। हम मुक्त होने के लिए अपने को समझा भी ले सकते हैं कि नहीं, हमें कोई फर्क नहीं। लेकिन फिर भी हमारा मन डोलता रहेगा जीवन की तरफ।

मुल्ला नसरुद्दीन की दो पत्नियां थीं। एक पत्नी मरी तो उसने कब्र बनवाई सुंदर। फिर दूसरी पत्नी मरी तो उसने उसके ही पास, बीच में थोड़ी जगह छोड़ कर अपने लिए, दूसरी कब्र बनवाई। दोनों एक से संगमरमर की, एक सी सुंदर, एक सी कीमती। कब्र बनाने वाले कारीगर ने पूछा कि मुल्ला, क्या तुम दोनों को बराबर प्रेम करते थे? मुल्ला ने कहा, प्रेम तो बराबर ही करता था, लेकिन अगर तू किसी को बताए न तो एक बात तेरे को बता दूं कान में। मेरी कब्र बीच में बनाना और पहली पत्नी की तरफ थोड़ा सा झुका देना। ऐसे तो प्रेम बराबर करता था; किसी को पता भी न चले, पर जरा सा पहली पत्नी की तरफ झुका देना।

उतना झुकाव आपका भी बना रहता है। कितना ही सोच-समझ लें कि सब बराबर, लेकिन मौत जीवन के बराबर है, थोड़ा सा जीवन की तरफ झुकाव बना रहता है। और यह झुकाव अगर हट गया तो डर यह है कि मौत की तरफ यह झुकाव हो जाता है। लेकिन झुकाव बना रहता है। और झुकाव खतरा है।

और या फिर दोनों का एक सा त्याग कर दें। कह दें कि दोनों बराबर हैं और दोनों में मुझे कोई भी रस नहीं।

इसलिए दो मार्ग हैं धर्म के। एक मार्ग है विराग। विराग का अर्थ है: दोनों का एक सा त्याग। और एक मार्ग है राग। राग का अर्थ है: दोनों का एक सा स्वीकार। विराग की यात्रा योग के नाम से जानी जाती है; राग की यात्रा तंत्र के नाम से जानी जाती है। दोनों का एक सा स्वीकार तंत्र है। दोनों का एक सा अस्वीकार योग है। लेकिन दोनों का परिणाम एक है। क्योंकि दोनों स्थितियों में झुकाव खो जाता है, चुनाव खो जाता है। आप सम हो जाते हैं।

लाओत्से के सूत्र को समझें।

'इसलिए अभिजात वर्ग सहारे के लिए साधारण जन पर निर्भर है; और उच्चस्थ जन आधार के लिए निम्नस्थ पर निर्भर है।'

सम्राट है कोई। सम्राट अकेला नहीं हो सकता; प्रजा चाहिए। जैसे-जैसे प्रजा कम होती जाएगी सम्राट का सम्राटपन कम होता जाएगा। प्रजा शून्य हो जाएगी, सम्राट शून्य हो जाएगा। तो सम्राट का होना प्रजा पर निर्भर हुआ। वे जो नीचे दिखाई पड़ते हैं, वे ही भिक्षा दे रहे हैं सम्राट को सम्राट होने की। काश, यह सम्राट को दिखाई पड़ जाए तो सम्राट होने का झुकाव और रस खो जाए। क्या रस है फिर? मालिक को अगर यह दिखाई पड़ जाए कि गुलामों के कारण ही मैं मालिक हूं! इसका अर्थ हुआ कि मालकियत गुलामों की गुलामी है। क्योंकि जिन पर हम निर्भर हैं और

जिनके बिना हम नहीं हो सकते, उनसे हमारे श्रेष्ठ होने का क्या अर्थ है? उनसे बड़े होने की बात बकवास है। जिन पर हम खड़े हैं, जो हमारा आधार हैं, उनसे हम बड़े क्या होंगे? तो जिस मालिक को यह दिखाई पड़ जाए कि मैं गुलामों पर निर्भर हूं, गुलामों के बिना मेरी मालकियत खो जाएगी, उसे बोध हुआ मालकियत के असली स्वरूप का। मालकियत और गुलामी एक ही सिक्के के दो पहलू हैं। दोनों एक साथ होंगे या दोनों एक साथ खो जाएंगे।

बुद्ध ने कहा है कि अगर तुम्हें सच में ही स्वामित्व चाहिए हो, मालकियत चाहिए हो, तो न तो तुम किसी के मालिक बनना और न किसी को मालिक बनाना।

लेकिन हम अक्सर सोचते हैं कि मालकियत का अर्थ यह है कि जितने ज्यादा लोग मेरे गुलाम हों उतना बड़ा मैं मालिक हूं। निश्चित ही, संसार की भाषा में आपके गुलामों की संख्या आपकी मालकियत का अनुपात है। लेकिन जिन गुलामों से आपकी मालकियत बढ़ रही है, मालकियत उन गुलामों पर निर्भर है। और ऐसी मालकियत का क्या मूल्य जो गुलाम पर निर्भर होती हो? ऐसी अमीरी का क्या अर्थ जो गरीब पर निर्भर होती हो? ऐसे सौंदर्य का क्या सार जो अपने खड़े होने के लिए कुरूपता का सहारा मांगता हो? लेकिन जीवन में हमें इसका खयाल नहीं आता। अमीर सोचता है, मैं अमीर हूं। उसे कभी भी खयाल नहीं आता कि अमीर वह तिजोड़ी में बंद धन के कारण नहीं, बल्कि उन गरीबों के कारण है जो उसे चारों तरफ घेरे हुए हैं। गरीबी पर निर्भर है उसकी अमीरी। सुंदर व्यक्ति को कभी खयाल नहीं आता कि मेरा सौंदर्य मेरे शरीर पर ही निर्भर नहीं है, उन शरीरों पर भी निर्भर है जिन्हें लोग कुरूप कहते हैं। बुद्धिमान को कभी खयाल नहीं आता कि उसकी बुद्धि उसकी अपनी बपौती नहीं है, उन लोगों पर भी निर्भर है जिन्हें लोग मूढ़ कहते हैं। विपरीत जुड़े हुए हैं, और एक-दूसरे के परिपूरक हैं।

अगर आपको दिखाई पड़ जाए कि मेरी बुद्धिमत्ता मूढ़ों पर निर्भर है तो ऐसी बुद्धिमत्ता मूढ़ता का ही दूसरा छोर हो गई। तो या तो आप दोनों को स्वीकार कर लेंगे, और तब आप परम ज्ञान को उपलब्ध हो जाएंगे। परम ज्ञान किसी के विपरीत नहीं है। परम ज्ञान का कोई परिपूरक नहीं है; वह अकेला है। जहां तक परिपूरक हैं, विपरीतताएं हैं, वहां तक संसार है, वहां तक अज्ञान है। या तो दोनों को स्वीकार कर लेंगे, या दोनों को अस्वीकार कर देंगे।

झेन फकीर हुआ बोकोजू। बोकोजू के पास तरह-तरह के लोग आते थे। सम्राट भी आते, भिखारी भी आते, पंडित भी आते, मूढ़ भी आते। एक दिन एक सीधे-सादे आदमी ने आकर कहा कि मैं बहुत मूढ़ हूं और डरता था कि आपके पास आऊं या न आऊं। और भयभीत था, और बहुत वर्षों तक सोचा, फिर हिम्मत जुटा कर आया हूं। मैं बिलकुल मूढ़ हूं। तो बोकोजू ने कहा, चिंता मत ले; मेरा काम तो बराबर है, चाहे पंडित आए और चाहे मूढ़। क्योंकि पंडित को उसके पांडित्य से छुड़वाना पड़ता है, मूढ़ को उसकी मूढ़ता से। और तू मूढ़ है, इसके पीछे अगर ठीक से समझे तो पंडित होने की महत्वाकांक्षा छिपी है।

मूढ़ता का भाव, इसका अर्थ ही यह है कि पंडित होने की महत्वाकांक्षा छिपी है। और वह जो पंडित है, जिसको अकड़ है कि मैं पंडित हूं, वह अकड़ बता रही है कि यह आदमी कभी मूढ़ था और गहरे में अब भी मूढ़ है। यह पांडित्य वस्त्रों की तरह इसकी मूढ़ता को ढांक लिया है। जैसे वस्त्र आदमी की नग्नता को ढांक लेते हैं। लेकिन वस्त्र किसी आदमी की नग्नता को मिटा तो नहीं सकते; आदमी वस्त्रों के भीतर तो नग्न होगा ही। ऐसे पांडित्य भी ढांक लेता है मूढ़ता को, लेकिन मूढ़ता मिटती नहीं। और इसलिए पंडितों की मूढ़ता सुसंस्कृत मूढ़ता होती है। साधारण मूढ़ की मूढ़ता प्रकट, नैसर्गिक मूढ़ता होती है।

और इसलिए, बोकोजू ने कहा कि मुझे तो मेहनत बराबर ही करनी पड़ेगी। क्योंकि तू पंडित होने का आकांक्षी है। और जो पंडित हो गए हैं, वे मूढ़ न हो जाएं, इससे भयभीत हैं। पर तुम दोनों में कोई भेद नहीं। तुमने एक ही सिक्के के एक-एक पहलू को चुन रखा है। और यह पूरा सिक्का ही फेंक देने जैसा है।

इस पूरे सिक्के के फेंक देने पर जो बच रहती है निर्दोष अवस्था, न जहां पता चलता कि मैं मूढ़ हूं, न जहां पता चलता कि मैं पंडित हूं, वहां ज्ञान है। वह ज्ञान एक है। उस ज्ञान तक पहुंचने के लिए ये दोनों छोर या तो एक साथ स्वीकार कर लेने जरूरी हैं; तो कट जाते हैं, शून्य निर्मित हो जाता है; या एक साथ फेंक देने जरूरी हैं; तो भी छुटकारा हो जाता है, अतिक्रमण हो जाता है।

आप अपने जीवन की तकलीफों को सोचना—आपका संताप, आपकी चिंता, आपके मन की पीड़ा—तो आप इसी द्वंद्व में कहीं बंटे हुए पाएंगे, इसी में आप फंसे हुए पाएंगे। कोई पंडित आपको कष्ट दे रहा है, क्योंकि उसको देख कर मूढ़ता का पता चलता है। कोई सुंदर आदमी कष्ट दे रहा है, क्योंकि उसको देख कर कुरूपता का पता चलता है। कोई शक्तिशाली आदमी कष्ट दे रहा है, क्योंकि उसको देख कर दुर्बलता का पता चलता है। तुलना, कंपेरिजन पीड़ा है। और जो आदमी तुलना कर रहा है उसके लिए सुख का कोई भी उपाय नहीं किसी भी स्थिति में। क्योंकि ऐसी कोई भी स्थिति नहीं हो सकती जहां आपको तुलना करने की संभावना न रहे। कोई स्थिति नहीं हो सकती।

नेपोलियन जैसा सम्राट भी अपने साधारण सैनिकों को देख कर मन में पीड़ा और ग्लानि से भर जाता था। उसकी ऊंचाई कम थी। साधारण सैनिक भी उसके सामने ऊंचे मालूम पड़ते थे। वह उसके जीवन भर की पीड़ा थी। वह कितना ही बड़ा सम्राट हो गया, लेकिन वह अपनी कद की कम लंबाई से बहुत ही पीड़ित और परेशान था। एडलर जैसे मनोवैज्ञानिक कहते हैं कि कद की कमी की वजह से ही वह सम्राट होने की दौड़ में पड़ गया था कि किसी तरह किसी दूसरी दिशा में कद को बड़ा करके बता दे।

कोई उपाय नहीं है। जगत के हजार आयाम हैं। आप किसी एक आयाम में थोड़े आगे भी जा सकते हैं तो भी आप कभी बिलकुल आगे नहीं पहुंच जाएंगे। और कभी-कभी ऐसा होता है, जब आप एक आयाम में आगे जाते हैं तो दूसरी तरफ से ऊर्जा सिकुड़ आती है।

अल्बर्ट आइंस्टीन ने एक संस्मरण लिखा है कि उसे नोबल प्राइज मिल चुकी थी; जगत विख्यात हो गया था। उसके गणित की जो प्रतिभा थी, शायद मनुष्य-जाति के इतिहास में कभी वैसी प्रतिभा पैदा नहीं हुई। और लोग कहते हैं, शक है कि फिर कभी वैसी प्रतिभा पैदा हो। लेकिन एक सुबह एक बस में सवार हुआ। कंडक्टर ने टिकट दी, उसने रुपए दिए; फुटकर उसने वापस किया। उसने गिना, दुबारा गिना, और जब वह तीसरी बार गिनने लगा तो कंडक्टर ने कहा, रुकें! मालूम होता है आपको पैसे गिनना नहीं आता। पढ़े-लिखे हैं या नहीं?

यह दुनिया का सबसे बड़ा गणितज्ञ है, लेकिन इतने बड़े गणित में उलझ गया है कि छोटे गणित से संबंध छूट गया। वे जो पैसे हैं वे गिनने में नहीं आते। जो तारों को गिन रहा हो उसको पैसों को गिनना बहुत मुश्किल हो जाएगा। ऊर्जा एक दिशा में चली जाती है। तो एक बस का कंडक्टर भी अकड़ कर उससे कह रहा है कि मालूम होता है, पढ़े-लिखे नहीं! आइंस्टीन ने बड़े विचारपूर्वक इसका स्मरण किया है।

उसने एक संस्मरण और लिखा है। अक्सर वह अपनी पत्नी के साथ ही कहीं भोजन के लिए जाता था, रेस्तरां में या कहीं भोजनालय में। इसलिए मेनू हमेशा पत्नी ही पढ़ती थी। और वह तो किसी और दुनिया में खोया रहता था। एक दिन पत्नी मौजूद नहीं थी और वह अकेला ही खाना खाने एक जगह गया। वेटर ने लाकर मेनू रखा तो उसने देखा, लेकिन उसकी अक्ल में कुछ नहीं आया कि क्या, किस चीज का क्या अर्थ है, और क्या लेने योग्य है और क्या लेने योग्य नहीं। वह उसने कभी इसके पहले सोचा भी नहीं था। वह काम पत्नी ही करती थी। जब बहुत देर हो गई उसे देखते हुए तो उसने बैरा से कहा कि तुम्हीं जो ठीक समझो वह ले आओ। तो उस बैरा ने कहा कि मैं भी आप ही जैसा गैर-पढ़ा-लिखा हूं; मैं भी पढ़ नहीं सकता।

ऊर्जाएं जब भी एक आयाम में संलग्न हो जाती हैं तो सब तरफ से सिकुड़ जाती हैं। स्वाभाविक है। आदमी की सीमित सामर्थ्य है, और अस्तित्व अनंत है। इससे ऐसा होगा ही। अक्सर ऐसा होता है कि सुंदर स्त्रियों के पास बुद्धि बिलकुल नहीं होती। बहुत मुश्किल है, बहुत मुश्किल है। और अक्सर ऐसा होगा कि बुद्धिमान स्त्री सुंदर नहीं होगी। सुंदर स्त्री को बुद्धि की जरूरत भी नहीं होती, सौंदर्य काफी है। उससे यात्रा हो जाती है सुगमता से। स्त्री कुरूप हो तो उसको बुद्धि की जरूरत होती है। क्योंकि फिर उसकी यात्रा के लिए कोई उपाय ही नहीं रहा।

इसलिए एडलर कहता है कि कुरूप स्त्रियां जरूर अपनी प्रतिभा को विकसित कर लेती हैं किसी न किसी दिशा में—संगीत में, काव्य में, लेखन में, पेंटिंग में। क्योंकि कहीं न कहीं उन्हें भी चमक कर दिखने की आकांक्षा होती है। चमड़ी से नहीं चमक सकतीं तो किसी पेंटिंग में, किसी काव्य में, किसी संगीत में, सितार पर...। इसलिए जरा देखें, जब भी आप प्रतिभाशाली स्त्री देखें तो सोचना, बड़ी संगीतिका हो, प्लेबैक सिंगर हो, पर सुंदर नहीं होगी। सुंदर स्त्री इस तरह की झंझट में नहीं पड़ती। क्या जरूरत संगीत की? उसका शरीर संगीत है। तो कोई परिपूरक खोजने की आवश्यकता नहीं है। एक दिशा में आदमी बढ़ जाए तो सब दिशाओं से सिकुड़ जाता है।

एडलर का तो पूरा का पूरा जीवन-सिद्धांत यही है कि हीनता के कारण ही, किसी हीनता के कारण ही लोगों में महत्वाकांक्षा पैदा होती है। कुछ कमी होती है गहरी, उस कमी को झुठलाने के लिए लोग किसी दिशा में बहुत तीव्रता से बढ़ जाते हैं। और ऊर्जा बदल जाती है; स्थान बदल लेती है। अंधा आदमी, उसकी सारी आंख की ऊर्जा कान में चली जाती है, इसलिए उसके सुनने की कला गहन हो जाती है। कोई आंख वाला आदमी उस तरह नहीं सुन सकता जैसा अंधा सुनता है। अंधे का सुनना बड़ा सूक्ष्म हो जाता है। पदचाप भी पहचानता है कि कौन आ रहा है। आपको पदचाप सुनाई भी नहीं पड़ते, लेकिन अंधा दूर बरांडे में चलते हुए आदमी को जानता है कि कौन चल रहा है। सारी आंख कान बन गई है। इसलिए अंधे संगीत में गहरे उतर जाते हैं जो आंख वाले नहीं उतर पाते। क्योंकि ध्वनि के संबंध में उनकी पकड़ स्वभावतः आंख वाले से ज्यादा होगी।

हेलेन केलर अंधी है, बहरी है, गूंगी है। तो उसकी सारी जीवन-ऊर्जा उसके हाथों में उतर आई है। वह जिस भांति से छूती है, दुनिया में कोई आदमी नहीं छू सकता। क्योंकि हाथ से उसको आंख का भी काम लेना है, हाथ से उसे कान का भी काम लेना है, हाथ से उसे मुंह का भी काम लेना है, हाथ से ही उसे सारा काम लेना है। तो दस वर्ष पहले आपके चेहरे को छूकर देखा हो और दस वर्ष बाद आपको देखेगी तो पहचान लेगी और कहेगी कि आपका स्वास्थ्य कुछ पहले जैसा नहीं रहा, कुछ अस्वस्थ मालूम होते हैं; कुछ देह जीर्ण हो गई या वृद्ध हो गए। दस वर्ष पहले की स्मृति अंगुलियों में है। और उसके स्पर्श से जैसी विद्युत बहती है वैसी किसी व्यक्ति के स्पर्श से नहीं बह सकती। क्योंकि सारा जीवन सिकुड़ कर हाथों में आ गया। वही उसकी सब इंद्रियां हैं।

तो जीवन-ऊर्जा एक दिशा में बहनी शुरू हो जाती है तो दूसरी तरफ से सिकुड़ आती है। दूसरी तरफ मार्ग न मिले तो किसी एक दिशा में बहनी शुरू हो जाती है। एक बात स्मरणीय है कि आप कभी भी ऐसी अवस्था में न पहुंच सकेंगे जहां तुलना से पीड़ा न हो। होगी ही। और जितने ज्यादा आप बढ़ जाएंगे किसी दिशा में उतनी ही ज्यादा पीड़ा होगी, क्योंकि उतनी ही दिशाओं में आप क्षीण हो जाएंगे।

एक ही उपाय है जिसे सुख चाहिए हो कि वह तुलना छोड़ दे, तुलना का त्याग कर दे। दूसरे से अपने को तौले ही नहीं। तौलने की दृष्टि ही भ्रांत है। अपने को ही देखे, दूसरे से तौलना छोड़ दे। तो संतोष का जन्म होता है, अपरिसीम संतोष का जन्म होता है। क्योंकि तब न कोई कुरूप है, तब न कोई बुद्धिमान है, तब न कोई मूढ़ है, तब न कोई सुंदर है। क्योंकि ये सारी की सारी चीजें विपरीत से जुड़ती हैं। जब मैं अकेला हूं—समझ लें कि सारी पृथ्वी के लोग समाप्त हो गए और आप अकेले बचे, तीसरा महायुद्ध हो गया और आप अकेले बचे, सारी पृथ्वी शांत हो गई।

तब आप बुद्धिमान होंगे, मूढ़ होंगे? तब आप सुंदर होंगे, कुरूप होंगे? तब आप लंबे होंगे, ठिगने होंगे? तब आप गोरे होंगे, काले होंगे? तब आप क्या होंगे? तब ये सारी की सारी चीजें खो जाएंगी, सिर्फ आप होंगे, और ये सारी बातें व्यर्थ हो जाएंगी। उस क्षण में जो शांति आपको मिलेगी वह शांति अभी मिल सकती है, अगर तुलना छूट जाए। क्योंकि जगत बाधा नहीं दे रहा है; तुलना बाधा दे रही है।

और तुलना मूढ़तापूर्ण है। क्योंकि तुलना हमेशा विपरीत पर निर्भर है। सौंदर्य कुरूप पर निर्भर है; धनी गरीब पर निर्भर है। गरीब हट जाएं जमीन से, धन की सारी गरिमा हट जाएगी। लेकिन गरीब कोशिश में लगा होता है अमीर को मिटाने की; अमीर कोशिश में लगा होता है गरीब को मिटाने की। दोनों एक-दूसरे पर परजीवी हैं, एक-दूसरे पर जी रहे हैं। दोनों ही मिट जाएंगे; या दोनों रहेंगे। इसलिए सोवियत रूस जैसे मुल्क में जहां कि अमीर को मिटाने की गरीब ने कोशिश की, अमीर मिट गया, नाम बदल गया; दूसरे अमीर आ गए। क्योंकि दोनों साथ ही हो सकते हैं। पहले जहां पूंजीपति था वहां अब मैनेजर आ गया।

बर्न हाइम ने ठीक शब्द का उपयोग किया है। वह कहता है, कम्युनिस्ट रिवोल्यूशन जैसी कोई चीज दुनिया में नहीं हुई है अभी तक; मैनेजरियल रिवोल्यूशन, सिर्फ व्यवस्थापकों की बदलाहट हो जाती है। मालिक की जगह दूसरे मालिक आ जाते हैं। उनका नाम दूसरा होता है, तख्ती दूसरी होती है। लेकिन वह जो गुलाम था गुलाम होता है; मालिक मालिक होता है। वह दोनों का नाता-रिश्ता बना ही रहता है; वह कहीं समाप्त नहीं होता। या तो दोनों रहेंगे या दोनों जाएंगे।

द्वंद्व के इस जगत में एक से छुटकारा और एक का बचाव संभव नहीं है। हम सब तरह की कोशिश करते हैं छुटकारे की। हम चाहते हैं युद्ध न हो, शांति हो। कितने लोगों ने नहीं चाहा कि शांति हो, लेकिन कुछ हो नहीं पाता। दस साल नहीं बीत पाते और महायुद्ध उतर आता है। ऐसा लगता है कि कोई उपाय नहीं है। शांति और युद्ध परिपूरक हैं, विपरीत नहीं हैं। और अगर युद्ध न हो तो शांति भी व्यर्थ मालूम होने लगती है। जैसे ही युद्ध होता है, शांति में सार्थकता आ जाती है, अर्थ मालूम होता है। जैसे जन्म और मृत्यु हैं, ऐसे ही शांति और युद्ध हैं।

तो बर्ट्रेंड रसेल जैसे लोग—जो भले लोग हैं; और जो चाहते हैं, दुनिया में शांति हो, युद्ध न हो—उन्हें लाओत्से को ठीक से समझना चाहिए। क्योंकि लाओत्से कहेगा, यह नहीं हो सकता। दुनिया होगी, शांति होगी, तो युद्ध जारी रहेगा। एक ही उपाय है, जमीन शांत हो, यहां युद्ध न हो, वह उपाय यह है कि हम किसी और ग्रह पर अगर जीवन को पा लें, मंगल पर अगर कोई जीवन मिल जाए और प्लेनेटरी युद्ध छिड़ जाए कि मंगल से पृथ्वी का संघर्ष होने लगे, तो पृथ्वी पर युद्ध बंद हो जाएगा। फिर पाकिस्तान-हिंदुस्तान के लड़ने का कोई अर्थ नहीं रह जाएगा, क्योंकि बड़े दुश्मन के मुकाबले हमें इकट्ठा हो जाना पड़ेगा।

ऐसा अभी भी होता है। हिंदुस्तान-पाकिस्तान लड़ते हैं तो गुजराती और मराठी का युद्ध समाप्त हो जाता है। वे इकट्ठे हो जाते हैं। पंजाबी, गैर-पंजाबी का युद्ध समाप्त हो जाता है। मद्रासी, गैर-मद्रासी का युद्ध समाप्त हो जाता है। वे इकट्ठे हो जाते हैं। बड़ा दुश्मन सामने आ गया, कामन एनीमी सामने आ गया; हम इकट्ठे हो जाते हैं।

इसलिए जब युद्ध चलता है तो देश में बड़ी एकता मालूम होती है। वह एकता नहीं है। वे छोटे युद्ध समाप्त हो जाते हैं, जब बड़ा युद्ध सामने होता है। वैसे ही जैसे आपको छोटी-मोटी बीमारी हो, और बड़ी बीमारी हो जाए। पैर में फुंसी हुई थी, फिर कोई कह दे कैंसर हो गया; फुंसी समाप्त हो गई। अब है ही नहीं। अब कौन उस फुंसी को, उसका बोध भी नहीं रह जाएगा। छोटी बीमारियों को मिटाने का बड़ा सीधा तरीका है—बड़ी बीमारी। छोटी बीमारी तिरोहित हो जाती है। हिंदुस्तान-पाकिस्तान लड़ते हैं तो छोटी बीमारियां तिरोहित हो जाती हैं; मुल्क इकट्ठा मालूम होता है। अगर कोई ग्रह हमसे युद्ध में उतर जाए किसी दिन तो जमीन के सब छोटे-छोटे झगड़े समाप्त हो जाएंगे। तो

रूस और अमरीका एक हो सकते हैं; तो चीन और भारत एक हो सकते हैं। कामन एनीमी आ गया। लेकिन युद्ध नए स्तर पर शुरू हो गया।

शांति है तो युद्ध होगा। इसलिए गीता का संदेश बहुत लोगों को समझ में नहीं आता कि आखिर कृष्ण इतना जोर क्या दे रहे हैं कि तू लड़! बर्ट्रेंड रसेल जैसे लोगों को तो लगेगा कि कृष्ण भी युद्धबाज हैं। और युद्ध के लिए प्रोत्साहन देते हैं। लेकिन कृष्ण की समझ वही है जो लाओत्से की है। जब शांति है तो युद्ध होगा। युद्ध से छुटकारा नहीं है। उसे स्वीकार करना पड़ेगा। और अगर पूरी तरह से स्वीकार कर लिया तो युद्ध का जो बोझ है वह विनष्ट हो जाता है। और युद्ध के मध्य से भी शांति का मार्ग खोजा जा सकता है। युद्ध के बीच से, युद्ध की आग के बीच भी कोई शांत रह सकता है और ध्यानस्थ रह सकता है। स्वीकार कर ले दोनों! तो गीता का पूरा संदेश इस बात का ही है कि शांति और युद्ध में तू चुनाव मत कर; जो भाग्य है, जो नियति है, जो हो रहा है, उसके साथ तू जुड़ जा। और तू कोई फल की आकांक्षा मत कर, तू सिर्फ मान कि निमित्त है; और जो हो रहा है उसे हो जाने दे। तू कोई चुनाव मत कर। अचुनाव का यह दृष्टिकोण तभी निर्मित हो सकता है जब हम विरोध को विरोध न समझें, परिपूरक समझें।

'उच्चस्थ जन आधार के लिए निम्नस्थ पर निर्भर है। यही कारण है कि राजा और भूमिपति अपने को अनाथ, अकेला और अयोग्य कहते हैं।'

यह थोड़ा समझने जैसा है। सम्राटों को सदा अकेलेपन का अनुभव होता है, धनियों को अकेलेपन का अनुभव होता है; ऐसा अनुभव गरीबों को नहीं होता—लोनलीनेस का! अपने महल के शिखर में वे अकेले रह जाते हैं। अब यह मनुष्य की बड़ी विडंबना है कि पहले आदमी पूरी कोशिश करता है कि मैं सबसे ऊंचा हो जाऊं। लेकिन सबसे ऊंचे होने में वह अकेला भी हो जाता है; क्योंकि सब नीचे छूट जाते हैं; कोई संगी-साथी नहीं रह जाता। जब अकेला रह जाता है आदमी तब उसको पीड़ा शुरू होती है कि मैं बिलकुल अकेला हूं; कोई नहीं है जिससे मैं बात कर सकूं; कोई नहीं है जिससे मेरा प्रेम हो सके; कोई नहीं है जिससे मेरी मित्रता हो। और तब अकेलापन सालता है और दुख देता है। और सारे लोग इस कोशिश में लगे रहते हैं कि उस शिखर पर पहुंच जाएं जहां हमारे बराबर कोई भी न हो। तो फिर आप अकेले हो ही जाएंगे। अकेले होने की किसी की तैयारी नहीं है, और अकेले होने की सब कोशिश में लगे हैं। इसलिए धनी आदमी अपनी सफलता के चरम क्षण में पाता है कि असफल हो गया। क्योंकि संबंध ही टूट गया सब उसका। अपना कोई भी न रहा; धन रह गया सिर्फ। उसकी ढेरी पर, धन की एवरेस्ट की ढेरी बन गई, उसके ऊपर वह अकेला रह गया। प्रसिद्धि, यश के शिखर पर आदमी पाता है कि सब व्यर्थ हो गया; क्योंकि बिलकुल अकेला हो गया। हिटलर या मुसोलिनी जैसे व्यक्तियों से अकेला व्यक्ति खोजना मुश्किल है; बिलकुल अकेले हो गए। और तब अकेलापन सालने लगा कि अब कोई संगी-साथी नहीं है!

जीवन का सारा रस संगी-साथियों के साथ जुड़ा है। हम जितना ज्यादा लोगों के साथ साझेदारी में हो सकें, हमारी भाव-दशा जितने लोगों में प्रवेश कर सके और जितने लोगों का प्रवाह जीवन का हममें आ सके, उतना ही आपको अच्छा लगेगा, सुखद, स्वस्थ मालूम पड़ेगा। जितने आप अकेले होते जाते हैं, उतनी जड़ें उखड़ती जाती हैं भूमि से। समाज भूमि है, और हर चेतना जो आपके आस-पास है, इतनी दूर नहीं है जितना आप सोचते हैं, जुड़ी है। और जब आप बहुत दूर अपने को खींच लेते हैं और हट जाते हैं, तो अपने हाथ से ही आप अपने जीवन-स्त्रोत को तोड़ देते हैं।

सम्राटों को निरंतर अनुभव हुआ है कि वे बिलकुल अकेले रह गए हैं; कोई उनका नहीं है। मगर इसमें किसका कसूर है? उनकी ही चेष्टा रही है कि इस जगह आ जाएं जहां कोई समान न रह जाए। जहां कोई समान न हो वहां मित्रता भी नहीं हो सकती, प्रेम भी नहीं हो सकता।

तो आप समझ लें—आपके खयाल में नहीं आएगा एकदम से—जैसे आप अकेले रेगिस्तान में छोड़ दिए गए हों, जहां बोल भी नहीं सकते, अपना दुख भी नहीं कह सकते, अपने सुख की खबर भी नहीं दे सकते। कोई वहां है ही नहीं; चिल्लाते हैं तो अपनी ही आवाज गूंज कर तिरोहित हो जाती है; कोई प्रत्युत्तर नहीं आता। जैसे रेगिस्तान में छूटे अकेले आदमी की दुख-दशा हो जाती है, दुर्दशा हो जाती है, ठीक वैसे ही रेगिस्तान यहां भी हैं। जब कोई धन के पूरे शिखर पर पहुंचता है तो अकेला हो गया; रेगिस्तान में हो गया। जब कोई राजनीति के शिखर पर पहुंच जाता है तो अकेला हो गया; रेगिस्तान में हो गया। यश के शिखर पर पहुंच गया, अकेला हो गया। कई तरह के रेगिस्तान हैं, तरह-तरह के रेगिस्तान हैं। और हम सब उनकी तलाश कर रहे हैं।

लाओत्से कहता है, 'यही कारण है कि राजा और भूमिपति अपने को अनाथ, अकेला और अयोग्य कहते हैं।'

क्योंकि जिन पर वे निर्भर हैं उनसे ही अपने को दूर रखते हैं; जिन पर जीवन निर्भर है उनसे ही अपने को काट लेते हैं। अगर सम्राट के द्वार पर भिखमंगा आए तो सम्राट मिलेगा भी नहीं। वह कहेगा, मैं सम्राट, तू भिखमंगा! लेकिन उसका सम्राट होना इस भिखमंगे पर निर्भर है। यह उसका मित्र है, यह उसका सगा-संगी है, यह उसका परिवार का सदस्य है। ये दोनों एक ही कड़ी के दो पहलू हैं; एक ही कड़ी के दो छोर हैं। सम्राट को चाहिए कि उसका स्वागत करे। सम्राट को चाहिए कि उसे मेहमान बनाए। सम्राट को चाहिए कि उसका आदर करे। सम्राट को चाहिए कि कहे, रुको कुछ देर मेरे पास, क्योंकि हम-तुम संगी-साथी हैं। मैं एक छोर पर, तुम दूसरे छोर पर; तुम्हारे बिना मैं नहीं हो सकता, मेरे बिना तुम भी नहीं हो सकते।

अगर कोई सम्राट ऐसा कर पाए तो फिर अकेला अनुभव नहीं करेगा। फिर तो वह सबके भीतर व्याप्त हो जाएगा और उसे एक का अनुभव शुरू हो जाएगा। यह उसकी साधना हो जाएगी। अगर सम्राट भिखारी को गले लगा ले और कहे कि तुम मेरे मित्र हो, तो उसकी एक की खोज शुरू हो गई। थोड़े ही दिनों में सम्राट सम्राट नहीं मालूम पड़ेगा खुद को; भिखारी भिखारी मालूम नहीं पड़ेगा। दोनों के भीतर का जो एक सत्य है, वह अनुभव में आने लगेगा। द्वंद्व विसर्जित हो जाएगा।

इसलिए हमने फिक्र की थी कि सम्राट भिखारी को सम्मान दे; आदर दे; शक्ति झुके उनके सामने जिनके पास कुछ भी नहीं है, ताकि उस एक की खोज जारी रहे। अगर आप सुंदर हैं तो असुंदर व्यक्ति की तरफ मुंह मत मोड़ लें। वह आपका परिवार का सदस्य है। उसका दान है आपको; वह आपका ही दूसरा हिस्सा है। उसे छाती से लगा लें।

संत फ्रांसिस के जीवन में एक उल्लेख है कि संत फ्रांसिस ने कहा कि मुझे परमात्मा का जो पहला अनुभव हुआ, वह हुआ एक कोढ़ी को जब मैंने छाती से लगाया, और जब मैंने उसके कोढ़ भरे ओंठों पर अपने ओंठ रख दिए, तब मुझे परमात्मा की पहली झलक मिली। वह मुझे चर्चों में नहीं मिली, प्रार्थनाओं में नहीं मिली।

कोढ़ी को देख कर ही भागने का मन, हटने का मन...। फ्रांसिस को भी वही हुआ था। एक कोढ़ी चला आ रहा है। शरीर के अंग गल गए हैं, गिर गए हैं; बास आती है, बेचैनी होती है, दूर हटने का मन होता है। लेकिन तभी फ्रांसिस को खयाल आया कि जीसस ने कहा है कि जो अंतिम हैं, उनमें ही जो मुझे खोज पाएगा, वही खोज पाएगा; जिनसे तुम्हारा सहज हटने का मन हो, उनके पास जाना, तो तुम मुझे मिल पाओगे। रोक लिया फ्रांसिस ने अपने को। बड़ी कष्टपूर्ण रही होगी बात। आसान है सालों तक शीर्षासन करना; आसान है पद्मासन लगा कर बैठ जाना; आसान है आंख बंद करके माला फेरते रहना। लेकिन जिसके अंग गिर गए हों, बदबू आती हो, जिसके पास कोई खड़ा होने को राजी न हो, जिसे लोग गांव में प्रवेश न करने देते हों! बड़ी क्रांति का क्षण आ गया होगा फ्रांसिस के सामने। एक तरफ सहज द्वंद्व था, चुनाव था, कि हट जाओ। और एक तरफ निर्द्वंद्व एक की तलाश थी। इस एक क्षण में ही सारा रूपांतरण हो गया। फ्रांसिस ने कोढ़ी को गले लगा लिया; उसके ओंठ पर अपने ओंठ रख दिए।

उस क्षण को थोड़ा सा सोचें। यह ध्यान की अंतिम, चरम अवस्था हो गई, पराकाष्ठा हो गई। उस क्षण में जब फ्रांसिस ने कोढ़ी के ओंठ पर ओंठ रखे, गलते हुए बदबू से भरे हुए ओंठ पर, उस समय फ्रांसिस वहीं पहुंच गया जहां बुद्ध बोधिवृक्ष के नीचे पहुंचे। जरा भी फर्क न रहा। क्योंकि यह संभव ही तभी हो पाया जब द्वंद्व छूट गया कि क्या सुंदर, क्या कुरूप; कौन अच्छा, कौन बुरा; क्या सुगंध, क्या दुर्गंध। दोनों छूट गए। तो पीछे जो एक था वह प्रकट हो गया। फ्रांसिस ने कहा है, मैंने आंख खोल कर देखी, मुझे जीसस के दर्शन हुए।

जरूरी नहीं कि जीसस वहां मौजूद हो गए हों, फ्रांसिस के भीतर यह हुआ। कोढ़ी तिरोहित हो गया, जीसस के दर्शन हुए। फ्रांसिस आदमी न रहा, इस क्षण से परमात्मा हो गया।

द्वंद्व जहां गिर जाए; उसे गिराने के हजार उपाय हो सकते हैं। हर आदमी का शायद अलग-अलग उपाय होगा। क्योंकि—मैं आपसे नहीं कहता कि आप ऐसा करें—क्योंकि हो सकता है कि आपको दुर्गंध न आती हो। तो आप कोढ़ी के पास बैठे रहें और आपको परमात्मा का अनुभव न होगा। कि आप अस्पताल में काम करते-करते अभ्यासी हो गए हों, तो आप कोढ़ी के पैर दाब दें निर्लेप भाव से, जैसे कुछ हो ही नहीं रहा, एक काम पूरा कर रहे हैं। तो आपको कुछ न होगा। क्योंकि क्रांति आपके भीतर घटित होनी है। वह क्रांति तो तभी घटित होती है जब द्वंद्व अपने शिखर पर होता है और आप उस द्वंद्व को छोड़ देते हैं।

'क्या यह सच नहीं है कि वे सहारे के लिए साधारण जनों पर निर्भर हैं?'

एक यहूदी फकीर का मुझे स्मरण आता है। बालसेम उसका नाम था। यहूदियों का कोई धार्मिक उत्सव करीब था, पासओवर। और बालसेम गांव की बड़ी सभा में बोल कर वापस लौटा। सिनागाग से वापस आया तो बहुत थका-मांदा था। तो उसकी पत्नी ने कहा कि तुमने ऐसी कौन सी बातें कहीं कि तुम्हारी इतनी शक्ति खो गई? तुम बहुत दुर्बल मालूम पड़ते हो! गए थे तब तो तुम बड़े शक्तिशाली दिखाई पड़ते थे। तुमसे जैसे कुछ खो गया है। इतने उदास, इतने दुर्बल! क्या हुआ? सभा में क्या हुआ? बालसेम ने कहा, मैं लोगों को समझा रहा था कि गांव में जो धनी हैं, पासओवर के उत्सव के समय उनका फर्ज है कि गरीबों को कपड़े और भोजन दें। वह उन्हीं का है, उन्हें लौटा दें; कम से कम इस उत्सव के दिनों में गांव में कोई गरीब न हो, कोई भूखा न हो, कोई नंगा न हो। तो पत्नी ने कहा—और संदेह से पूछा—कि क्या तुम लोगों को राजी कर पाए? क्या लोग राजी हुए इस बात के लिए, इस विचार के लिए? तो बालसेम ने बड़ी अदभुत बात कही। बालसेम ने कहा, आई वुड से फिफ्टी-फिफ्टी, आई कनविंस्ड दि पुअर। पचास प्रतिशत, फिफ्टी-फिफ्टी; गरीबों को मैंने राजी कर लिया।

पर गरीबों के राजी होने से कोई हल ही नहीं होता; राजी अमीर को होना था।

जिंदगी में सब जगह बंटाव है आधा-आधा। गरीब को राजी करने में कोई कठिनाई नहीं है कि दान महा धर्म है; गरीब पहले से ही राजी है। अमीर को राजी करने में कठिनाई है। क्योंकि अमीर सदा ऐसा सोचता है, उसके पास से जो भी जा रहा है गरीब की तरफ वह उसके दुश्मन के पास जा रहा है, उसके विपरीत के पास जा रहा है, विरोधी के पास जा रहा है, तो बामुश्किल छोड़ता है। लेकिन उसे पता नहीं कि वह जिसे विपरीत समझ रहा है, वह परिपूरक है; उसके बिना अमीर के होने का कोई उपाय नहीं है। वह है, इसलिए अमीर है। वे दोनों एक ही खेल के दो भागीदार हैं, साझीदार हैं। और वह जो दूसरा साझीदार है वह विपरीत नहीं है। यह अगर बोध आ जाए तो इस जमीन पर ठीक-ठीक समाजवाद का उदभव हो सकता है।

अगर विपरीत विपरीत न मालूम पड़ें, परिपूरक मालूम पड़ें, तो किसी से छीनने की और किसी को छीनने की जरूरत नहीं है। अगर दूसरा हमारा ही छोर है, यह प्रतीति गहन हो जाए, तो दुनिया से अमीरी और गरीबी दोनों विसर्जित हो सकती हैं।

अगर गरीब कोशिश करेगा अमीर को मिटाने की तो वह नहीं मिटा पाएगा, सिर्फ दूसरे अमीरों को अपने कंधे पर बिठा लेगा। अगर अमीर कोशिश करेगा गरीबों को मिटाने की तो असंभव है, क्योंकि उनके मिटने पर तो वह खुद भी मिट जाएगा। एक ही उपाय है: या तो दोनों रहें; या दोनों परिपूरक हो जाएं और विसर्जित हो जाएं। और दोनों जान लें कि हम जुड़े हैं; एक ही खेल के दो हिस्से हैं; न कोई ऊपर है, न कोई नीचे है; धूप-छाया की तरह। तो इस जमीन पर एक समाजवाद का उदभव हो सकता है जो संघर्षशून्य हो और जिसमें सत्ता नाममात्र को न बदले, बल्कि विसर्जित हो जाए। उसकी धारणा ही वेद-उपनिषद के ऋषियों को रही है—एक ऐसा जगत जहां द्वंद्व द्वंद्व न प्रतीत मालूम हो, परिपूरक बन जाए।

'सच तो यह है कि रथ के अंगों को अलग-अलग कर दो, फिर कोई रथ नहीं बचता है।'

बौद्ध कथा है। भिक्षु नागसेन एक बहुत अनूठा भिक्षु हुआ। किसी सम्राट ने नागसेन को निमंत्रित किया कि वह बुद्ध-धर्म का उपदेश देने आए। नागसेन के पास जब वजीर गए और उन्होंने निमंत्रण दिया तो नागसेन ने कहा, जरा कठिनाई है, क्योंकि नागसेन जैसा कोई है नहीं। उपदेश होगा, लेकिन सम्राट को कहना, नागसेन जैसा कोई है नहीं। आना होगा, उपदेश होगा, लेकिन नागसेन जैसा कोई है नहीं।

सम्राट ने समझा कि आदमी विक्षिप्त मालूम होता है। आएगा, उपदेश देगा, और कहता है नागसेन जैसा कोई नहीं है! तो आएगा कौन? उपदेश कौन देगा? फिर भी सम्राट ने कहा, आदमी रसपूर्ण है; आने दो।

नागसेन के लिए रथ भेजा। रथ पर बैठ कर नागसेन राजधानी आया, महल के द्वार पर, तो सम्राट स्वागत के लिए आया। तो सम्राट ने कहा, नागसेन, स्वागत है! भिक्षु, स्वागत है! नागसेन ने फिर कहा, स्वागत है, ठीक। स्वागत स्वीकार है, यह भी ठीक। लेकिन नागसेन जैसा कोई है नहीं। तो सम्राट ने कहा, आप पहेलियां मत बूझें। बात साफ करें, मतलब क्या है? फिर आया कौन? फिर स्वागत किसका? फिर स्वागत स्वीकार कौन करता है? यह कौन है जो बोल रहा है?

तो नागसेन ने कहा, इस रथ पर बैठ कर मैं आया हूं। तो एक काम करें, रथ है? सम्राट ने कहा, निश्चित है; नहीं तो यहां आना आपका कैसे होता? रथ सामने खड़ा है। तो नागसेन ने कहा, घोड़ों को अलग कर लें। घोड़े अलग कर लिए गए। तो नागसेन ने पूछा, क्या ये घोड़े रथ हैं? सम्राट ने कहा—सम्राट तब थोड़ा चौंका—सम्राट ने कहा, घोड़े निश्चित ही रथ नहीं हैं; घोड़े घोड़े हैं। अलग कर दें। फिर दोनों पहिए निकलवा लिए और पूछा कि क्या ये रथ हैं? सम्राट ने कहा, ये पहिए हैं, रथ नहीं। लेकिन सम्राट अब डरा। उसने समझा कि वह अब फंसा। यह तर्क तो खतरनाक जगह ले जा रहा है। एक-एक अंग रथ का निकलता गया और सम्राट को कहना पड़ा—यह भी रथ नहीं, यह भी रथ नहीं, यह भी रथ नहीं। और पीछे कुछ भी न बचा। तो नागसेन ने कहा, रथ कहां है? क्योंकि जो भी निकाला गया वह रथ नहीं था; रथ पीछे बचना चाहिए, शुद्ध रथ पीछे बचना चाहिए। सम्राट ने कहा, मुझे क्षमा करें, भूल हो गई; रथ एक जोड़ ही है। नागसेन ने कहा, मैं भी बस एक जोड़ हूं। एक-एक चीज निकालते जाएं, पीछे शून्य बचेगा, कुछ भी न बचेगा। इसलिए नागसेन कोई नहीं। आना होगा, उपदेश होगा, स्वागत स्वीकार है; लेकिन नागसेन जैसा कोई भी नहीं।

इसलिए बुद्ध का—यह जो सिद्धांत नागसेन ने दिया, यह बुद्ध का अनत्ता का सिद्धांत है, नो सेल्फ। बुद्ध कहते हैं, भीतर कोई भी नहीं है। एक-एक अंग अलग कर लें, जोड़ टूट जाएंगे; भीतर कोई भी नहीं है। और जो इस बात को जान लेता है कि भीतर कोई भी नहीं है वह परम ज्ञान को उपलब्ध हो गया। फिर अकड़ क्या रही? अहंकार क्या रहा? बचाना किसको है? उठाना किसको है? वह द्वंद्व से छूट गया। जो है ही नहीं, उसका जन्म कैसा? उसकी मृत्यु कैसी?

लाओत्से ठीक वही प्रतीक ले रहा है। वह कह रहा है, 'सच तो यह है कि रथ के अंगों को अलग-अलग कर दो, और कोई रथ नहीं बच रहता।'

गरीब को अलग कर लो, अमीर खिसका, गिरा। दीन को अलग कर लो तो वह जो अकड़ा हुआ है, उसकी अकड़ खो गई। दुर्बल को अलग कर लो तो शक्तिशाली मिटा। यहां एक चीज खींचो तो दूसरी गिरनी शुरू हो जाती है; क्योंकि जोड़ है। और दोनों को अलग कर लो तो पीछे शून्य बचता है, वहां कुछ भी बचता नहीं। और ये दोनों परिपूरक हैं, ये एक-दूसरे को सहारा दिए हैं; रथ के सभी अंग एक-दूसरे को सहारा दिए हैं और रथ बने हुए हैं। सहारे में रथ है। वह जो जोड़ है सबका, उसमें रथ है; वह जोड़ रथ है। और एक-एक अंग को निकालें तो जोड़ तो निकलता नहीं, अंग निकल आते हैं; जोड़ शून्य की तरह पीछे रह जाता है; वह पकड़ में भी नहीं आता। पहिया जुड़ा है। जहां पहिया जुड़ा है वहां रथ है, उस जोड़ में। लेकिन पहिया अलग कर लो, फिर और अंग अलग कर लो, पीछे खाली जोड़ रह जाते हैं। जोड़ तो दिखाई नहीं पड़ते; जोड़ तो तभी दिखाई पड़ते हैं जब दो चीजें जुड़ती हैं।

इसे ऐसा समझें कि आप किसी के प्रेम में हैं, गहन प्रेम में हैं। आपको अलग कर लें, आपके प्रेमी को अलग कर लें, तो प्रेम बीच में बच नहीं रहता। बचना चाहिए। क्योंकि आप कहते थे, दोनों के बीच बड़ा प्रेम है। दोनों के हट जाने पर प्रेम बचता नहीं, वहां सिर्फ शून्य रह जाता है।

यह थोड़ा बारीक है, और बहुत अस्तित्वगत सवाल है। जब हम दो प्रेमियों को अलग करते हैं तो बीच में कुछ भी नहीं बचता। तो क्या दोनों प्रेमी भ्रम में थे कि बीच में प्रेम है? प्रेम एक जोड़ है; दोनों की मौजूदगी से प्रकट होता था; दोनों के हट जाने से शून्य में लीन हो जाता है। ऐसा समझें कि दो के जुड़ने पर एक खास तरह की परिस्थिति बनती थी जिसमें प्रेम प्रकट होता था। वह जो प्रेम शून्य में छिपा है, बीज में पड़ा है, वह दो जब एक खास मनोदशा में जुड़ते थे तो आविर्भूत होता था, शून्य से बाहर आता था और अस्तित्व बनता था, प्रकट होता था। जब दोनों हट जाते हैं, परिस्थिति खो जाती है; प्रकट होने का उपाय समाप्त हो जाता है; वह जो प्रकट हुआ था वापस शून्य में लीन हो जाता है। तो जब भी दो प्रेमी मौजूद होंगे, प्रेम प्रकट हो जाएगा। जब भी भक्त मौजूद होगा, प्रार्थना मौजूद होगी, भगवान मौजूद हो जाएगा। भक्त को अलग कर लो, भक्ति खो गई, भगवान खो गया। वह तीनों का जोड़ है; एक संयोग है।

लाओत्से कहता है कि जैसे रथ के सारे अंगों को हम अलग कर लें, पीछे कोई रथ नहीं रह जाता। ऐसे ही हम सब इस समाज के अंग हैं। इसमें न कोई श्रेष्ठ है और न कोई निकृष्ट है। क्योंकि निकृष्ट भी हट जाए तो रथ टूटता है; श्रेष्ठ भी हट जाए तो भी रथ टूटता है। एक बार श्रेष्ठ को छोड़ा भी जा सके, निकृष्ट को छोड़ना बड़ा मुश्किल है। सम्राट के बिना होना आसान है, लेकिन मेहतर के बिना होना बहुत मुश्किल हो जाएगा।

इसीलिए कुछ समाज समाज ही नहीं बन पाते; क्योंकि निकृष्ट को उन्होंने स्वीकार नहीं किया। उदाहरण के लिए जैन हैं। जैनों का कोई समाज नहीं है। क्योंकि जैनों से कहो कि तुम एक बस्ती बसा कर बता दो सिर्फ जैनियों की, तो पता चल जाएगा कि इनके पास कोई समाज नहीं है। क्योंकि भंगी कौन बनेगा? चमार कौन बनेगा? जैन एक बस्ती बसा कर बता दें तो उसका अर्थ हुआ कि उनका समाज है। नहीं तो केवल धारणा है, समाज नहीं है। शोषक हैं! एक गांव भी बसा कर नहीं बता सकते अपना। क्योंकि फिर कौन? सिर्फ जैन हैं। क्या करेंगे? उनको हिंदू मेहतर चाहिए, मुसलमान चमड़ा बनाने वाला चाहिए पड़ेगा, कोई ईसाई चाहिए पड़ेगा। तो फिर वे समाज नहीं हैं। उनके पास समाज की अभी तक कोई धारणा नहीं है; सिर्फ एक खयाल है। फौरन मर जाएंगे; अगर एक गांव जैनियों का हो वे सब मर जाएंगे। और या फिर उनको नीचे उतरना पड़ेगा और उनको मानना पड़ेगा कि वह मेहतर जो था वह इतना जरूरी था कि उसके बिना जीया नहीं जा सकता।

टाल्सटाय ने कहा है कि जिस दिन समाज समझदारी से भरा होगा उस दिन जिन कामों को करने को कोई भी राजी नहीं है उन कामों के लिए सर्वाधिक पैसा दिया जाएगा। दिया ही जाना चाहिए। राष्ट्रपति बनने को कोई भी तैयार है, इतनी तनख्वाह देने की कोई जरूरत नहीं है। मेहतर बनने को कोई भी तैयार नहीं है, उसकी तनख्वाह राष्ट्रपति से ज्यादा होनी चाहिए। जो तैयार है वह हिम्मत वाला आदमी है। और राष्ट्रपति से कोई अड़चन नहीं पड़ती, हों या न हों। वहां एक मिट्टी का गुड्डा भी बिठाल दो तो भी चलेगा। लेकिन यह मेहतर बहुत जरूरी है। यहां मिट्टी के गुड्डे से काम होने वाला नहीं है।

अगर समाज एक रथ है तो सभी अंग समान मूल्य के हो गए। छोटे-बड़े का भेद न रहा; एक कील भी मूल्यवान हो गई। बहुत मूल्यवान हो गई। रथ की एक कील भी निकल जाए तो रथ व्यर्थ हो जाएगा। तो कील कितनी छोटी है, इससे कोई सवाल नहीं है। उपयोगिता सामूहिक है। समता का यही अर्थ हो सकता है। समता का यह अर्थ नहीं हो सकता कि सभी लोग एक सा काम करें तब समान हैं। समता का यह भी अर्थ नहीं हो सकता कि कोई कुछ भी करे तो भी उसको समान ही मूल्य मिले। यह भी नासमझी की बात है। समता का एक ही अर्थ हो सकता है कि समाज एक संयुक्तता है, एक जोड़ है, और उसमें छोटा और बड़ा कोई अर्थ नहीं रखता। उसमें सब जरूरी हैं, और एक भी वहां से हट जाए तो रथ गिर जाता है।

अगर ऐसा आप देख पाएं तो आपके मन से वैषम्य का भाव, किसी को नीचा देखने का भाव...।

आपके घर में नौकर है; फिर नौकर को आप नीचा देखने के भाव से मुक्त हो जाएंगे। क्योंकि वह भी दान दे रहा है अपने ढंग से; वह भी आपके जीवन का हिस्सा है। और बड़े मजे की बात है कि वह आपके बिना शायद हो भी सके, आप उसके बिना नहीं हो सकते। तो आदर योग्य है, समादर योग्य है। लेकिन नौकर की तरफ कोई व्यक्ति की तरह भी नहीं देखता। आप घर में बैठ कर गपशप कर रहे हैं; नौकर आकर झाड़ू लगा जाता है। आप आंख भी उठा कर नहीं देखते कि उसको देखना भी जरूरी है, कि उसको भी नमस्कार करना जरूरी है, या कोई आया इसका बोध भी लेना जरूरी है। उपेक्षा से बैठे रहते हैं, जैसे कोई आया ही नहीं। वह नौकर शायद आदमी नहीं है, सिर्फ एक फंक्शन है; एक यंत्र की तरह आया, झाड़ू-बुहारी लगाई, चला गया। आपने उसकी आदमियत को जरा भी नहीं स्वीकारा। तो इसका अर्थ यह हुआ कि आप सोच रहे हैं कि आप उसके बिना हो सकेंगे। इसका यह अर्थ हुआ कि वह अनिवार्य नहीं है।

तो फिर आपका बोध बहुत संकीर्ण है और आपको जीवन के रहस्य का कोई भी पता नहीं। आप उसके बिना नहीं हो सकेंगे। और जिस शान से आप अपने बैठकखाने में बैठे हैं, उस बैठकखाने का सौंदर्य, उसकी सफाई और शान आपके कारण नहीं है। आपके कारण तो रोज कचरा इकट्ठा होता जिसको नौकर साफ करता है। आप तो कचराघर हैं; नौकर रोज साफ करता है। वह शान जो आपके बैठकघर की है वह नौकर की वजह से है। लेकिन अगर इसका बोध हो तो आप अनुगृहीत होंगे, और वह अनुग्रह आपको धीरे-धीरे द्वंद्व से हटाएगा। और धीरे-धीरे लगेगा कि चीजें इतनी जुड़ी हैं कि कौन जिम्मेवार है, कहना कठिन है।

चीजें इतनी संयुक्त हैं कि हम सभी सहभागी हैं। और जीवन इतना घनेपन से जुड़ा है कि आपको खयाल नहीं आता। आप अपने दायरे बना कर जीते हैं; आप सोचतें हैं आप अलग जी रहे हैं। आपको खयाल ही नहीं है कि कितने लोग आपके जीवन के लिए दान कर रहे हैं, और कितने लोगों के हाथ आपके जीवन को सहारा दे रहे हैं। अनजान, अपरिचित लोग खेतों में काम कर रहे हैं; वह आपका भोजन बनता है। और लोग ही नहीं, अभी तो इकोलाजी का सारी दुनिया में आंदोलन चलता है और नई खोजें होती हैं और खोज बड़ी चकित करने वाली हैं कि आप सोच ही नहीं सकते कि जीवन कितना सघन रूप से संयुक्त है। इसे थोड़ा हम समझें।

अभी पिछले बीस वर्षों में पश्चिम के बड़े नगरों में उपद्रव पैदा हुआ तो खयाल में आना शुरू हुआ। फैक्ट्री हैं, बड़े कारखाने हैं; उनकी वजह से नदियां दूषित हो गईं। नदी दूषित हो गई तो मछलियां सड़ने लगीं, और मछलियां विषाक्त द्रव्य खा गईं। मछलियां बाजारों में बिकने पहुंच गईं। तो जिन्होंने मछलियों को खाया वे बीमार पड़ गए। उन बीमार आदमियों के जो बच्चे पैदा होंगे वे जन्म के साथ कुछ दूषण लेकर पैदा होंगे। फैक्ट्री और एक बच्चे के पैदा होने में क्या लेना-देना है? लेकिन फैक्ट्री ने नदी को दूषित कर दिया। नदी मछलियों को दूषित कर दी, क्योंकि मछलियां नदी पर निर्भर थीं। मछलियां लोग खाते हैं; लोग मछलियों पर निर्भर हैं। मछलियों ने लोगों को दूषित कर दिया; उनके बच्चे दूषित हो गए। एक वर्तुल की तरह सब चीजें घूमती चली जाती हैं। सारी प्रकृति जुड़ी है।

वृक्ष खड़े हैं। आप वृक्षों को काटते चले जाते हैं बिना फिक्र किए। लेकिन अब घबड़ाहट पैदा हो गई। क्योंकि आदमी ने बहुत वृक्ष काट डाले जमीन पर। उसको पता ही नहीं था कि वृक्ष के बिना जमीन नहीं हो सकती। क्योंकि वृक्ष बिलकुल अनिवार्य है आपके जीवन के लिए। वृक्ष सूरज की किरणों को पीता है; इस जमीन पर कोई और चीज उनको नहीं पी सकती है। और वृक्ष पीकर उनको डी विटामिन बना देता है। वह डी विटामिन जीवन के लिए बिलकुल जरूरी है। अगर वृक्ष कम होते चले गए, डी विटामिन कम हो जाए—आदमी मुश्किल में पड़ जाए, पक्षी मुश्किल में पड़ जाएं। आप वृक्ष काटते चले गए, आप अपने जीवन का एक अंग काटते चले गए। अब अड़चन शुरू हो रही है। वृक्ष हैं तो बादलों को वृक्ष आकर्षित करते हैं, निमंत्रण देते हैं। उनकी प्यास बुलाती है, खींचती है। उनकी ठंडक बादलों को अपने पास ले लेती है। बादल उनसे आनंदित उन पर वर्षा कर जाते हैं। वृक्ष काट देते हैं; बादल चले जाते हैं। आप नीचे खड़े देखते रहते हैं कि कब वर्षा हो! लेकिन आपके लिए बादल कभी नहीं आए थे; आपसे उनका सीधा कोई संबंध ही नहीं है। आपसे उनका संबंध वृक्षों के द्वारा है, वाया मीडिया है। आदमी से बादलों का कोई लेना-देना नहीं है। बादल आदमी की कोई आवाज नहीं सुनते। आप कितना ही इंद्र देवता को बुलाओ। वे आपकी बात से...उनको आदमी की भाषा आती ही नहीं। हां, जब वृक्ष उनको बुलाते हैं तो बादल सुनते हैं। वे वृक्षों से जुड़े हैं। वृक्ष हटा लें जमीन से, आदमी मर जाएगा; आदमी नहीं बच सकता।

यह उदाहरण के लिए कह रहा हूं कि ऐसा जीवन सब तरफ से जुड़ा है। तो जब आप एक वृक्ष की एक शाखा तोड़ रहे हैं तो आपको कभी खयाल भी नहीं आता कि अपना कुछ तोड़ रहे हैं। जब आप एक वृक्ष को काट रहे हैं, आपको कुछ खयाल ही नहीं आता। आप सोच रहे हैं, फर्नीचर बनाना है। आपको जीवन की संयुक्तता का कोई बोध नहीं है। यहां सब चीजें जुड़ी हैं।

आप चीजों को खा-पीकर मल-मूत्र त्याग कर देते हैं। फिर कीड़े-मकोड़े हैं जो आपके मल-मूत्र को खा लेते हैं। उन कीड़े-मकोड़ों से आपको बड़ी नफरत है। लेकिन आपको पता नहीं कि वे कीड़े-मकोड़े आपके जीवन के लिए अनिवार्य हैं। उनके बिना आप नहीं हो सकते। अभी तक आदमी ने सारी जमीन को मल-मूत्र कर दिया होता। लेकिन वे कीड़े-मकोड़े मल-मूत्र को खाकर फिर भोजन के योग्य बना देते हैं। वापस मिट्टी बन जाती है; मिट्टी में वापस समा जाती है। फिर कल गेहूं का पौधा खड़ा हो जाता है। उस गेहूं के पौधे में वही मल-मूत्र उन कीड़ों के द्वारा पुनः शुद्ध होकर वापस लौट आया। कीड़े-मकोड़ों से आपको बड़ी नफरत है। आदमी चाहेगा कि सब कीड़े-मकोड़े नष्ट कर दे। लेकिन कीड़े-मकोड़े नष्ट हो गए तो जमीन सिर्फ मल-मूत्र रह जाएगी। क्योंकि उनको ट्रांसफार्म करने के लिए, बदलने के लिए जो कीड़े जरूरी थे वे अब नहीं हैं।

तो आदमी ने इधर बहुत सा काम किया, बहुत सी चीजें नष्ट कर डालीं उसने यह सोच कर कि इनसे क्या लेना-देना है, इनकी कोई जरूरत नहीं है। उनके हटते ही नए उपद्रव शुरू हो जाते हैं। क्योंकि कोई कड़ी टूट जाती है, और जो कड़ी अनिवार्य थी।

इकोलाजी एक नया शास्त्र विकसित हो रहा है जो यह कहता है कि जीवन संयुक्त है; इसमें एक भी कड़ी को तुमने बदला कि तुम पूरे जीवन को प्रभावित करोगे। जीवन ऐसा है जैसे मकड़ी का जाला। उसके एक धागे को भी हिलाओ, पूरा जाला हिलेगा। जरा सा भी कहीं कुछ किया तो पूरे जाले पर प्रभाव पड़ता है।

लाओत्से इसलिए बिलकुल विपरीत था। वह कहता था, प्रकृति को छुओ ही मत। वह जैसी है, ठीक है। क्योंकि जब तक तुम्हें पूर्ण प्रकृति का ज्ञान नहीं है तब तक तुम जो भी करोगे उससे उपद्रव होगा; क्योंकि तुम जो भी करोगे वह आंशिक होगा। कुछ कड़ियां टूटेंगी, कुछ कड़ियां खो जाएंगी। तुम मुसीबत में पड़ जाओगे। तो लाओत्से की तो मान्यता है, प्रकृति को छूना ही मत। उसको जीयो, छुओ मत। और उसमें इस पूरी तरह से जीयो कि तुम्हें जीवन का एकत्व पता चलने लगे।

अभी विज्ञान को पता चलना शुरू हुआ कि जीवन एक है। ऋषियों को सदा से पता था। उन्हें ध्यान से पता था कि जीवन एक है। लेकिन विज्ञान को अभी सब तरह की मुसीबतों से पता चलना शुरू हो रहा है कि जीवन एक है; यहां सब चीजें जुड़ी हैं। और एक शृंखला है, उस शृंखला में सब चीजें बंधी हैं। हमें दिखाई पड़े शृंखला, न दिखाई पड़े; समझ में आए, न समझ में आए।

अगर आप पुलिस स्टेशन से पूछें सारी दुनिया के, तो पूर्णिमा की रात ज्यादा अपराध होते हैं; पूर्णिमा की रात सारी दुनिया की पुलिस को ज्यादा सजग रहना पड़ता है। क्योंकि चांद से आदमी का मस्तिष्क जुड़ा है। पूर्णिमा की रात लोग ज्यादा अपराध भी करते हैं, ज्यादा प्रेम में भी गिरते हैं। सब तरह के उपद्रव पूर्णिमा की रात बढ़ जाते हैं। क्योंकि चांद प्रभावी है। जैसे-जैसे चांद बढ़ता है वैसे-वैसे आदमी के मस्तिष्क में तरंगें बढ़ती हैं। पुराना हिंदी का शब्द है, पागल आदमी को हम कहते हैं चांदमारा। अंग्रेजी में भी जो शब्द है लूनाटिक, वह लूनार से बना है, चांद से—पगला। वह चांद से ही बना हुआ शब्द है। जैसे-जैसे अंधेरी रात बढ़ती है वैसे-वैसे आदमी उतना उपद्रव नहीं करता, शांत होता चला जाता है।

अमावस की रात—आप हैरान होंगे, आपने शायद कभी नहीं सोचा होगा, आप सोचेंगे अमावस की रात ज्यादा उपद्रव होना चाहिए—अमावस की रात सबसे कम उपद्रव होता है। पूर्णिमा की रात सबसे ज्यादा उपद्रव होता है। क्योंकि समुद्र ही प्रभावित नहीं होता चांद से, आप भी तरंगित होते हैं। आपके शरीर में भी वही पानी है जो समुद्र में है। पचहत्तर प्रतिशत पानी है शरीर में, पच्चीस प्रतिशत दूसरी चीजें हैं। पचहत्तर प्रतिशत पानी है, और उस पानी में ठीक वही अनुपात है रासायनिक द्रव्यों का जो समुद्र के पानी में है। क्योंकि वैज्ञानिक कहते हैं, आदमी का पहला जन्म मछली की तरह हुआ, तो अभी भी उसके शरीर में जो पानी है वह समुद्र का ही है। तो पचहत्तर प्रतिशत पानी है आपके भीतर समुद्र का। और जब चांद बढ़ता है तो वह पचहत्तर प्रतिशत पानी भी आंदोलित होना शुरू हो जाता है; फिर आपके भीतर गड़बड़ शुरू होती है।

ज्योतिष इसी का विस्तार था; इसी बात का खयाल था कि सारे जगत में जो कुछ भी है, चांद हैं, तारे हैं, ग्रह हैं, उपग्रह हैं, नक्षत्र हैं, वे सभी आपको प्रभावित कर रहे हैं। क्योंकि सब जुड़े हैं, सब संयुक्त हैं। कहीं भी कुछ होता है तो उसकी प्रतिध्वनि जगत के दूसरे कोने तक सुनी जाती है। जरा सा भी एक पत्थर छोटा सा, कंकड़ झील में गिरता है तो पूरी झील पर उसकी तरंगें फैल जाती हैं। ठीक वैसा ही जीवन में हो रहा है। जरा सी कोई घटना, सारा जीवन प्रभावित होता है।

इस एकता का बोध हो जाए, इसका खयाल आने लगे, इसकी प्रतीति होने लगे, तो हम ब्रह्म की तरफ अग्रसर होने शुरू हो जाते हैं। और ध्यान रहे, शास्त्रों से उस एक का पता न चलेगा। जीवन के अनुभव से ही, जीवन की संयुक्तता की प्रतीति, साक्षात्कार से ही उस एक का अनुभव होना संभव है।

अंतिम वचन है, 'मणि-माणिक्य की तरह झनझनाने की बजाय चट्टानों की तरह गड़गड़ाना कहीं अच्छा है।'

लाओत्से यह कह रहा है कि श्रेष्ठ होने के दंभ में पड़ने की बजाय जीवन की बुनियाद में निकृष्ट होना कहीं अच्छा है। अकड़ से भरे होने की बजाय विनम्र होना कहीं अच्छा है। क्योंकि अकड़ के कारण आदमी अकेला हो जाता है। और अकेले के कारण उसे जीवन की एकता का अनुभव नहीं होता। अकड़ के छूट जाने पर विनम्र हो जाने के कारण आदमी को एकता का अनुभव् होता है। वह इतना विनम्र होता है कि उसे लगता है कि मैं हूं ही क्या, सबका दान हूं। मेरा अपना होना कुछ भी नहीं। सबके होने में मैं भी एक तरंग हूं। इस विनम्रता को ध्यान में रख कर लाओत्से कह रहा है, मणि-माणिक्य की तरह झनझनाने की बजाय चट्टानों की तरह गड़गड़ाना कहीं अच्छा है।

मणि-माणिक्य भी चट्टानें ही हैं। आदमियों की वजह से वे मणि-माणिक्य हैं। आदमी नहीं था तो वे भी कंकड़-पत्थर थे। कंकड़-पत्थरों ने उनकी कभी कोई फिक्र नहीं की थी। आदमी के अहंकार के कारण आदमी सब जगह हायरेरकी बनाता है। आदमी बहुत अदभुत है। वह खुद ऊंचा-नीचा नहीं खड़ा होता—वह कहता है, तुम नीचे, मैं ऊंचा—ऐसा ही नहीं, कंकड़-पत्थरों में भी तुम नीचे और यह पत्थर ऊंचा।

कोई पत्थर ऊंचा-नीचा नहीं है। अगर आप कोहनूर को रख दें एक चट्टान की बगल में, तो चट्टान आंसू नहीं बहाएगी कि हाय, मैं कुछ भी नहीं! चट्टान फिक्र ही नहीं करेगी कोहनूर की। कोहनूर भी अकड़ से चिल्लाएगा नहीं कि देखो मेरी तरफ, मैं कोहनूर हूं! सम्राटों के सरताज में रहा हूं! न तो कोहनूर कोई अकड़ बताएगा, न चट्टान; न कोई चर्चा उठेगी, न कोई बात उठेगी। आदमी खुद ऊंचा-नीचा होता है और सारे जगत को भी ऊंचा-नीचा कर देता है। वह अपने ही ढंग से सारे जगत में भी विषमता निर्मित करता है।

लाओत्से कह रहा है, ऊंचे होने की बजाय नीचे होना कहीं बेहतर है। उसका कारण? उसका कारण कुल इतना है कि जितने तुम ऊंचे हो जाओगे, उतने तुम बंद हो जाओगे अपने भीतर, उतना तुम समझने लगोगे कि मैं अलग-थलग, विशिष्ट, और जीवन से तुम्हारे तंतु टूट जाएंगे। तुम दुख भी पाओगे, लेकिन अकड़ की वजह से तुम दुख को भी न छोड़ोगे।

जीवन की बुनियाद में, जहां भेद नहीं है, जहां कोई ऊंचा नहीं है, जहां जीवन सहज और सरल है, वहां होना बेहतर है। विनम्रता बेहतर है, क्योंकि विनम्रता द्वार बन सकती है। अहंकार खतरनाक है, क्योंकि वह अवरोध है।

पांच मिनट रुकें, कीर्तन करें, और फिर जाएं।

छिहत्तरवां प्रवचन

# अस्तित्व अनस्तित्व से घिरा हूँ

## Chapter 40

## THE PRINCIPLE OF REVERSION

*Reversion is the action of Tao. Gentleness is the function of Tao.*
*The things of this world come from Being, And Being comes from Non-Being.*

## Chapter 41 : Part 1

## QUALITIES OF THE TAOIST

*When the highest type of men hear the Tao (truth),*
*They try hard to live in accordance with it.*
*When the mediocre type hear the Tao,*
*They seem to be aware and yet unaware of it.*
*When the lowest type hear the Tao, they break into loud laughter--*
*If it were not laughed at, it would not be Tao.*
*Therefore there is the established saying:*
*Who understands Tao seems to be dull of comprehension;*
*Who is advanced in Tao seems to slip backwards;*
*Who seems to move on the even Tao (Path) seems to up and down.*

## अध्याय 40

## प्रतिक्रमण का सिद्धांत

प्रतिक्रमण ताओ का कर्म है। और भद्रता ताओ का व्यवहार है।
संसार की वस्तुएं अस्तित्व से पैदा होती हैं, और अस्तित्व अनस्तित्व से आता है।

## अध्याय 41 : खंड 1

## ताओपंथी के गुणधर्म

जब सर्वश्रेष्ठ प्रकार के लोग ताओ को सुनते हैं,
तब वे उसके अनुसार जीने की अथक चेष्टा करते हैं।
जब मध्यम प्रकार के लोग ताओ को सुनते हैं,
तब वे उसे जानते से भी लगते हैं और नहीं जानते से भी।
और जब निकृष्ट प्रकार के लोग ताओ को सुनते हैं,
तब वे अट्टहास कर उठते हैं—मानो इस पर यदि हंसा न जाए, तो यह ताओ नहीं है।
इसलिए यह प्रसिद्ध कहावत है : जो ताओ को समझता है, उसकी बुद्धि मंद मालूम पड़ती है;
जो ताओ में खूब गतिवान है, वह बार-बार पिछड़ता मालूम पड़ता है।
और जो समतल ताओ (पथ) पर चलता है, वह ऊपर-नीचे होता दिखता है।

मूल और अंत सदा एक ही होते हैं। जहां से जीवन प्रारंभ होता है वहीं लीन भी होता है। प्रारंभ और पूर्णता एक ही घटना को दो तरफ से देखी गई, एक ही घटना को दो तरफ से पहचानी गई, एक ही घटना को दो दृष्टिकोणों से नापी गई बातें हैं।

ताओ का यह मौलिक आधारभूत विचार है। इसलिए जो पूर्ण होना चाहता है, उसे मूल में वापस लौट जाना पड़ेगा। और जिस दिन कोई वृद्ध व्यक्ति छोटे बच्चे जैसा सरल हो जाता है, जीवन की पूर्णता उपलब्ध हो जाती है। और जिस दिन कोई मृत्यु को भी जन्म की भांति स्वागत करने में समर्थ हो जाता है, उस दिन मृत्यु भी नया जन्म बन जाती है।

साधारण विचार मूल और अंत को विपरीत करके देखता है। अगर कोई मूल की तरफ जाता हुआ मालूम पड़े तो हमें लगेगा कि वह पिछड़ रहा है, गिर रहा है; उसका विकास नहीं हो रहा, पतन हो रहा है। लेकिन लाओत्से कहता है कि जो प्रतिक्रमण की कला सीख लेता है, जो मूल में वापस गिरने की कला सीख लेता है, वह जीवन के परम अर्थ को उपलब्ध हो जाता है। वृद्धावस्था की पूर्णता फिर से बालक जैसा सरल हो जाना है। ज्ञानी की पूर्णता फिर से अज्ञानी जैसा निरहंकारी हो जाना है। पूर्ण प्रकाश तभी जानना उपलब्ध हुआ जब पूर्ण प्रकाश भी परिपूर्ण अंधकार जैसा शांत हो जाए। मरने की फिर कोई सुविधा न रही, जिस दिन मृत्यु अमृत जैसी दिखने लगे, जिस दिन मृत्यु जन्म बन जाए।

इसे लाओत्से कहता है, प्रतिक्रमण का सिद्धांत, लॉ ऑफ रिवर्सन।

यह बहुत विचारणीय है; बहुत साधना योग्य है। हमारी नजर आगे लगी होती है। और हम सोचते हैं कि आगे जो होने वाला है, वह पीछे जो हुआ है, उससे विपरीत है। और इसलिए हम मूल से हटते चले जाते हैं। और जितना ही हम मूल से दूर हटते हैं उतना ही हम अंत से भी दूर हट जाते हैं। क्योंकि मूल और अंत बिलकुल एक जैसे हैं।

पश्चिम और पूरब में जीवन की गति के अलग-अलग दृष्टिकोण हैं। पश्चिम सोचता है कि जीवन की गति रेखाबद्ध है, लीनियर है, एक पंक्ति में चल रही है। पूरब सोचता है कि जीवन की गति वर्तुलाकार है, सर्कुलर है, एक पंक्ति में नहीं चल रही, बल्कि एक वर्तुल में घूम रही है।

अगर पश्चिम का दृष्टिकोण सही हो, जो कि तर्कनिष्ठ बुद्धि का दृष्टिकोण है, तो फिर मूल में वापस लौटने का कोई उपाय नहीं। कोई भी सीधी चलती रेखा अपने मूल बिंदु पर कभी भी वापस नहीं लौटेगी। कैसे लौट सकती है? सीधी रेखा आगे ही बढ़ती चली जाएगी। पर बहुत सी बातें सोचने जैसी हैं। अगर सीधी रेखा आगे ही बढ़ती चली जाएगी तो जो हुआ है वह फिर कभी नहीं हो सकेगा। जो हो गया, वह हो गया। और जो भी होने वाला है, वह सदा नया होगा। पीछे लौटने का कोई उपाय नहीं। प्रारंभ का बिंदु कभी उपलब्ध न होगा। दूसरी बात, सीधी रेखा कभी भी अंत को उपलब्ध न होगी। उसके अंत का भी कोई उपाय नहीं है। वह अंत भी कैसे होगी?

पूर्वीय विचार बिलकुल उलटा है: वर्तुलाकार है जीवन की गति। जहां से शुरू होती है रेखा, वर्तुल वहीं आकर पूरा हो जाता है। इसलिए जो हुआ है वह फिर-फिर होगा। और जो मूल था वह फिर उपलब्ध होगा।

एक बहुत मजे की बात ध्यान रखने जैसी है, क्योंकि इन मौलिक दृष्टिकोणों पर जीवन के सभी अंग प्रभावित होते हैं। भारत की भाषाओं में बीते कल के लिए और आने वाले कल के लिए एक ही शब्द है—कल। जो जा चुका उसके लिए भी वही शब्द है; जो आने वाला है उसके लिए भी वही शब्द है। यस्टरडे भी कल; टुमारो भी कल। दुनिया की किसी भाषाओं में ऐसा नहीं है। क्योंकि पूरब की धारणा यही है कि जो बीत गया है, वह फिर आ जाएगा; जो कल था वह फिर कल हो जाएगा। आने वाला कल कोई नई बात नहीं है। वह आवर्तन है बीते का ही। दोनों ही कल हैं। जो बीत गया परसों, उसको भी हम परसों कहते हैं। जो आने वाला है, उसको भी परसों कहते हैं। हम बीच में खड़े हैं—जो हो गया वह, और वही फिर होगा। यह वर्तुलाकार समय की दृष्टि है। पश्चिम के लोगों की बिलकुल समझ में नहीं आता कि बीते हुए कल के लिए भी एक शब्द और आने वाले कल के लिए भी एक शब्द! बहुत उलझन में डालता है। शब्द अलग होने चाहिए। लेकिन शब्दों के पीछे भी जीवन-दृष्टिकोण होते हैं।

फिर पूरब का दृष्टिकोण ज्यादा वैज्ञानिक मालूम होता है। क्योंकि जीवन की सभी तरह की गतियां वर्तुलाकार हैं। चांद घूमता है तो वर्तुल में; सूरज घूमता है तो वर्तुल में; पृथ्वी घूमती है तो वर्तुल में; सारे ग्रह-नक्षत्र, पूरा ब्रह्मांड घूमता है वर्तुल में; मौसम आते हैं वर्तुल में। सिर्फ मनुष्य का जीवन क्यों वर्तुलाकार नहीं होगा जहां सभी कुछ वर्तुलाकार है! मनुष्य का जीवन अपवाद नहीं हो सकता। प्रकृति के महानियम के भीतर मनुष्य का जीवन भी अंतर्निहित है। मनुष्य कोई प्रकृति के बाहर घटी हुई दुर्घटना नहीं है। मनुष्य भी प्रकृति के भीतर ही जीता, जन्मता, बढ़ता, फैलता और लीन होता है। तो जो प्रकृति का नियम है वर्तुल, वही मनुष्य के जीवन का भी नियम होना चाहिए। पूरब की दृष्टि ज्यादा प्राकृतिक है। पश्चिम की दृष्टि मनुष्य को कुछ अनूठा मान लेती है, अलग मान लेती है।

विज्ञान कहता है कि सभी गतियां सर्कुलर हैं। नवीनतम खोजें सीधी रेखाओं में विश्वास नहीं करतीं। यूक्लिड ने सीधी रेखाओं के सिद्धांत को जन्म दिया था। और यूक्लिड का खयाल है कि दो समानांतर रेखाएं कहीं भी नहीं मिलेंगी, पैरेलल लाइंस कहीं भी नहीं मिलती हैं। लेकिन जैसे-जैसे समझ पश्चिम में भी विकसित हुई है तो नॉन-यूक्लिडियन ज्यामेट्री का जन्म हुआ। नॉन-यूक्लिडियन ज्यामेट्री बिलकुल उलटी है। नॉन-यूक्लिडियन ज्यामेट्री कहती है, सीधी रेखा का तो अस्तित्व ही नहीं है; कोई सीधी रेखा खींची भी नहीं जा सकती। अगर आप एक सीधी रेखा खींचते हैं तो वह आपको सीधी दिखाई पड़ती है; सीधी हो नहीं सकती। क्योंकि जिस पृथ्वी पर आप बैठ कर खींच रहे हैं वह वर्तुलाकार है। अगर उस रेखा को हम बढ़ाते चले जाएं दोनों तरफ तो वह पृथ्वी को घेरने वाला वर्तुल बन जाएगी। तो सभी सीधी रेखाएं किसी बड़े वर्तुल का खंड हैं। कोई सीधी रेखा होती ही नहीं। सीधी रेखा के होने का उपाय ही नहीं है।

यह थोड़ा मुश्किल मालूम पड़ता है, क्योंकि बचपन से हम सबने यूक्लिड की ज्यामेट्री पढ़ी है। स्कूलों में अब भी पढ़ाया जा रहा है कि दो समानांतर रेखाएं कहीं नहीं मिलती हैं, और सीधी रेखा वर्तुल का खंड नहीं है। लेकिन सीधी रेखा होती ही नहीं, और समानांतर रेखाएं भी नहीं होतीं। अगर हम खींचते ही चले जाएं तो समानांतर रेखाएं भी कहीं जाकर मिल जाती हैं। कितनी ही दूरी हो वह मिलने की, लेकिन मिल जाती हैं। क्योंकि सीधी रेखा नहीं हो सकती तो समानांतर रेखाएं भी नहीं हो सकतीं। सब रेखाएं झुकती हैं और वर्तुल बन जाती हैं।

लेकिन पूरब पहले से ही मानता रहा है कि जीवन में कोई सीधी रेखा नहीं होती। फिर जहां-जहां गति है वहां-वहां वर्तुल दिखाई पड़ता है। नदियां हैं। अगर हमें पूरा वर्तुल खयाल में न हो तो शक हो सकता है। नदी गिरती है सागर में; भाप बनती है; आकाश में बादल बनते हैं; बादल पर्वतों पर पहुंच जाते हैं; वर्षा होती है; नदी का स्रोत

बन जाता है। नदी फिर सागर में गिरती है; फिर बादल बनते हैं; फिर पानी उठता है; फिर स्रोत पर गिरता है; फिर नदी सागर की तरफ बहती है। एक वर्तुल है।

मनुष्य का जीवन भी एक वर्तुल है। समय भी वर्तुलाकार है। इसलिए हमने इस देश में समय की जो धारणा की है वह वर्तुल में है। इसलिए हमने इतिहास लिखने में बहुत रस नहीं लिया। पश्चिम के इतिहासविद बहुत हैरान होते हैं कि पूरब की कौमों ने बहुत कुछ लिखा है, लेकिन इतिहास नहीं लिखा। हमने पुराण लिखे हैं। पुराण बड़ी और बात है। इतिहास बड़ी और बात है। इतिहास का मतलब है कि जो घटना घटी है वह यूनीक है, इसलिए उसकी तिथि, समय, वर्ष, काल, सब सुनिश्चित लिखा जाना चाहिए। पुराण का अर्थ है कि जो घटना घटी है वह एक कथा है जो बहुत बार घट चुकी है और बहुत बार घटेगी। समय, स्थान मूल्यहीन हैं, क्योंकि घटना बेजोड़ नहीं है।

जैसे राम का जन्म हुआ। अगर राम पश्चिम में पैदा होते तो उन्होंने बराबर हिसाब रखा होता, कब पैदा हुए, किस दिन पैदा हुए, किस दिन मरे, किस दिन दफनाए गए; सब हिसाब रखा होता। हमने कोई हिसाब नहीं रखा है। राम का जन्म होता है, राम का जीवन होता है, राम की जीवन की लीला होती है; सब होता है; लेकिन हमने कोई ऐतिहासिक कालबद्ध हिसाब नहीं रखा। कारण? कारण हमारा यह है कि हर युग में राम होते रहे हैं और हर युग में राम होते रहेंगे। यह एक वर्तुल है जो घूमता ही रहता है। जैसे गाड़ी का चाक घूमता है तो उसका एक आरा ऊपर आता है; इसको लिखने की, नोट करने की, इतिहास बनाने की कोई भी जरूरत नहीं। क्योंकि अनंत बार यह आरा ऊपर आ चुका है। और फिर भी अनंत बार यह आरा ऊपर आता रहेगा। यह चाक है जो घूम रहा है।

इसलिए हम संसार को संसार नाम दिए हैं। संसार का अर्थ है—दि व्हील, चाक। अशोक ने अपने राज्य के चिह्न में चाक को निर्मित किया था। फिर अभी भारत के स्वतंत्र होने पर हमने चाक को भारत के झंडे पर लिया है। लेकिन शायद हमें खयाल नहीं कि वह चाक किस बात का प्रतीक है। वह पश्चिम से बिलकुल विपरीत धारणा है। उसके पीछे पूरा एक जीवन का एक दर्शन है। और वह दर्शन यह है कि घटनाएं बेजोड़ नहीं हैं। इसलिए न हमें पक्का पता है कि बुद्ध किस सन में पैदा होते, किस दिन पर पैदा होते; न हमें पता है कृष्ण कब पैदा होते, कब विदा हो जाते; लेकिन कृष्ण के जीवन में जो भी सारभूत है वह हमें पता है। इसे हम असार कहते हैं, नॉन-एसेंशियल; इसका कोई मतलब ही नहीं है हिसाब रखने का।

सृष्टि बनती है, फिर प्रलय होता है। फिर सृष्टि बनती है, फिर प्रलय होता है। फिर सृष्टि बनती है, फिर प्रलय होता है। और जहां से सृष्टि बनती है, ठीक जब वर्तुल वहीं आकर मिलता है समय का, तो प्रलय हो जाता है। जितने काल तक सृष्टि रहती है, फिर उतने ही काल तक प्रलय रहता है। फिर सृष्टि होती है, फिर प्रलय होता है। और ऐसे प्रत्येक सृष्टि और प्रलय के एक वर्तुल को हम एक कल्प कहते हैं। उसे हमने ब्रह्मा का एक दिन कहा है। सृष्टि का समय दिन है और प्रलय का समय रात्रि है। वह ब्रह्मा के चौबीस घंटे हैं। फिर सुबह होती है, फिर सूरज निकलता है, फिर सृष्टि होती है। फिर सांझ अस्त हो जाता है सूरज, विश्राम को चली जाती है जीवन की सारी ऊर्जा, शक्ति। फिर सुबह होती है। हर युग में, हर कल्प में राम होंगे, हर कल्प में कृष्ण होंगे, हर कल्प में महावीर-बुद्ध होंगे। इसलिए हिसाब क्या रखना है? इसलिए जो सार है वह बचा लेना है।

बहुत मीठी कथा है कि वाल्मीकि ने राम के जन्म के पहले ही रामायण लिखी। राम का जन्म पीछे हुआ; रामकथा पहले लिखी गई। यह सिर्फ पूरब में हो सकता है। क्योंकि हमारी जो धारणा है, क्योंकि अनंत-अनंत कल्पों में राम हो चुके हैं, उनका सार पता है। घटनाएं गौण हैं, उनके जीवन का सार अर्थ पता है। तो वाल्मीकि ने सार अर्थ के आधार पर कथा लिख दी। फिर राम हुए। और राम के जीवन ने वही पूरा किया जो वाल्मीकि ने लिखा था। जो कवि को पहले दिख गया था, वह राम के जीवन में पूरा हुआ।

जैनों की धारणा भी वैसी है, बौद्धों की धारणा भी वैसी है। जैन कहते हैं कि हर कल्प के प्रारंभ में पहला तीर्थंकर होगा। फिर हर कल्प में चौबीस तीर्थंकर होंगे। हर कल्प का अंत चौबीसवें तीर्थंकर के साथ हो जाएगा। फिर पहला तीर्थंकर होगा, फिर चौबीस। तो तीर्थंकरों के जीवन के अलग-अलग हिसाब रखने जरूरी नहीं हैं।

इसलिए आप जैनों के चौबीस तीर्थंकरों की मूर्तियां देखें, एक सी हैं। कोई फर्क नहीं है; सिर्फ नीचे के चिह्न में फर्क है। वह चिह्न भर बताता है कि कौन सी पहले तीर्थंकर की, या चौबीसवें तीर्थंकर की, या बीसवें तीर्थंकर की मूर्ति है। मूर्तियां एक जैसी हैं। वह एसेंशियल है। वह जो तीर्थंकर के भीतर घटती है परम शांति और आनंद, वह उसकी मूर्ति है। उसके चेहरे में जो फर्क होंगे, लंबाई में फर्क होंगे, नाक छोटी-बड़ी होगी, आंख भिन्न होगी; ये गौण बातें हैं। इनका कोई मूल्य नहीं है; यह असार है। ऐसे बहुत तीर्थंकर हो चुके हैं। उनकी बहुत लंबी नाक, छोटी नाक, बड़ी आंख, शरीर की ऊंचाई, मोटाई भिन्न रही है। वह गौण है; उसका हम हिसाब नहीं रखते। वह जो भीतर तीर्थंकरत्व है, वह जो भीतर घटता है सारभूत, हमने उसका हिसाब रख लिया। इसलिए चौबीस तीर्थंकरों की मूर्तियां एक जैसी हैं। होंगी ही; वे भीतर की मूर्तियां हैं।

पश्चिम हिसाब रखता है। इसलिए जीसस ऐतिहासिक हैं। उस अर्थ में कृष्ण ऐतिहासिक नहीं हैं। कृष्ण पौराणिक हैं। पौराणिक का मतलब यह नहीं कि नहीं हुए। पौराणिक का मतलब, बहुत बार हुए और बहुत बार होंगे। ऐतिहासिक का अर्थ है, एक बार हुए और दुबारा नहीं हो सकते; पुनरुक्ति नहीं हो सकती।

इसलिए पश्चिम में नए की बड़ी दौड़ है; पूरब में नए की कोई दौड़ नहीं है। क्योंकि नया पुराना हो जाता है, पुराना रोज नया होता रहता है। पूरब में हम कहते हैं, सूर्य के नीचे कुछ भी नया नहीं। पश्चिम में हेराक्लतु ने कहा है, एक ही नदी में दुबारा उतरना असंभव है। नदी प्रतिपल नई हो जा रही है। हम पूरब में कहते हैं, सूर्य के नीचे कुछ भी नया नहीं। पश्चिम कहता है, एक ही नदी में दुबारा उतरना असंभव है; धारा बही जा रही है। लेकिन अगर हम बहुत गौर से देखें तो धारा कहीं भी बहे, वही धारा है। आकाश के बादल बन जाए तो भी वही धारा है; फिर वापस गंगोत्री में गिरे तो भी वही धारा है; फिर गंगा में बहे तो भी वही धारा है। तो हम यह कहते हैं कि दूसरी गंगा में उतरना ही असंभव है; वह वही गंगा है।

ये जो दो दृष्टिकोण हैं, उनमें ताओ वर्तुलाकार दृष्टिकोण को मानता है। इसके परिणाम होंगे।

अगर आप मानते हैं कि जीवन एक रेखाबद्ध विकास है तो आपके जीवन में बड़ा तनाव होगा। क्योंकि प्रतिपल कुछ हो रहा है नया जिससे आपको समायोजित होना है, एडजस्ट होना है; प्रतिपल नए के साथ आपको आयोजित होना है; फिर से अपने को जमाना है। आपका जीवन एक लंबी चिंता और तनाव होगा। अगर सब वही हो रहा है जो सदा होता रहा है तो आप अपने घर में हैं। रोज-रोज आयोजन, रोज-रोज समायोजन, रोज-रोज अपने को नए के साथ बिठाने की कोई भी जरूरत नहीं; सब बैठा ही हुआ है।

इसलिए पश्चिम एक शांत सरोवर की तरह नहीं हो पाता; तूफान है।

पूरब बिलकुल शांत सरोवर की तरह है, जहां कि तूफान के बहुत कारण भी मौजूद हों, तब भी सरोवर शांत ही बना रहता है। हम बहुत एक्साइटेड नहीं हो पाते, बहुत उत्तेजित नहीं हो पाते। क्रांति में हमें बहुत रस नहीं आता, क्योंकि हम जानते हैं क्रांति बहुत बार हुई है, और चीजें वहीं लौट कर आ जाती हैं जहां से शुरू होती हैं। तो हम बीच में जो शोरगुल करते हैं, बहुत उछलकूद मचाते हैं, बहुत परेशान होते हैं, वह व्यर्थ ही जाता है। क्योंकि चीजें वहीं लौट आती हैं जहां से शुरू होती हैं।

पूर्वीय जीवन की जो दृष्टि है वह साधना के लिए बड़ी अनूठी भूमिका है। ऐसा खयाल में आ जाए तो उत्तेजना विलीन हो जाती है और मन अपने आप शांत होने लगता है।

अब हम लाओत्से के सूत्र में चलें।

'प्रतिक्रमण ताओ का कर्म है। रिवर्सन इज़ दि एक्शन ऑफ ताओ।'

वह जो मूल है, उसको ही पा लेना लक्ष्य है। जहां से हम प्रारंभ हुए वहीं पहुंच जाना मंजिल है। जो हमारा पहला क्षण है वही हमारा अंतिम क्षण हो जाए तो जीवन का गंतव्य पूरा हो गया। प्रतिक्रमण ताओ का धर्म है—लौटना, मूल पर लौटना, मूल में लीन हो जाना।

क्या है आपका मूल? अगर उसकी खोज में आप लग जाएं तो विचार खो जाएंगे, चिंताएं खो जाएंगी, तनाव खो जाएंगे, संताप खो जाएगा। क्योंकि मूल जहां है वहां कोई तनाव, कोई चिंता, कोई संताप नहीं है। जीवन बिना किसी शोरगुल के चुपचाप शुरू होता है। इसलिए अगर आप पीछे लौटें, अपने बचपन में, तो आप तीन वर्ष के पीछे नहीं लौट सकेंगे। तीन वर्ष तक की आपको याद आ सकती है; तीन वर्ष के पीछे प्रवेश करना मुश्किल हो जाएगा। क्योंकि याद ही तब बननी शुरू होती है जब जीवन में बेचैनी आ जाती है। जब बेचैनी ही नहीं होती तो याद भी क्या बने? जब कुछ घटता ही नहीं और मन इतना शांत होता है तो स्मृति क्या बने? जब कुछ घटता है तो स्मृति बनती है। स्मृति एक आघात है, चोट है। इसलिए जिस चीज से जितनी ज्यादा चोट पहुंचती है उतनी देर तक याद रहती है। जिससे कोई चोट नहीं पहुंचती उसकी कोई याद नहीं रहती।

वास्तविक अर्थों में भी स्मृति एक चोट है मस्तिष्क के तंतुओं पर, घाव है। और इसलिए जो घाव बहुत बन जाता है उस पर आप बार-बार लौटते हैं। किसी ने गाली दे दी थी बीस साल पहले; अगर घाव गहरा बन गया था तो बीस साल बीच के बहुत मूल्य नहीं रखते, घाव हरा रहता है। जरा सा मौका, आप वापस लौट जाते हैं। और घाव ताजा है। कितनी चीजें आप भूल जाते हैं; कितनी चीजें आप बिलकुल नहीं भूल पाते। क्या कारण होगा? जिस घटना से घाव बनता है जितना गहरा वह उतना ही भूलना मुश्किल होता है।

तीन वर्ष के पीछे जाना मुश्किल है। क्योंकि तीन वर्ष तक मन शांत है, ताओ में है, धर्म में है। अभी बच्चे के जीवन में कुछ भी नहीं घट रहा है। धारा इतनी शांत है कि जैसे बह ही नहीं रही।

इसी में लौट जाना प्रतिक्रमण है। फिर ऐसी जगह आ जाना जहां मन बच्चे की तरह शांत हो गया है, सरल, निर्दोष हो गया है; जहां न कोई भविष्य है, न कोई अतीत है; जहां वर्तमान के क्षण में ही सब कुछ है। एक छोटा बच्चा एक तितली के पीछे दौड़ रहा है। इस घड़ी में, जब वह तितली के पीछे दौड़ रहा है, तो उसको तितली को छोड़ कर कोई भी नहीं है, जगत पूरा लीन हो गया है। एक बच्चा फूल को तोड़ कर देख रहा है। इस क्षण में सारा जगत खो गया है; फूल है और बच्चा है, उस फूल की सुगंध उसे घेरे है। तात्कालिक क्षण में सब कुछ है। न कोई अतीत है जिसका बोझ ढोना है, न कोई भविष्य है जिसकी आशाएं, कल्पनाएं, योजनाएं बनानी हैं। ऐसा वर्तमान में हो जाना ही निर्दोष हो जाना है। ऐसे क्षण में कोई घाव नहीं लगते। इस अवस्था में फिर से लौट जाना, इस मूल को फिर से पकड़ लेना ध्यान है। सारे ध्यान के प्रयोग इस मूल को पकड़ने के प्रयोग हैं।

फिर यह गहरा होता जाए ध्यान, और हम पीछे प्रवेश करें, तो बच्चा मां के गर्भ में है। तब कोई दायित्व नहीं है, कोई रिस्पांसबिलिटी नहीं है। कोई एक विचार की तरंग भी नहीं उठती है, क्योंकि बच्चे की सभी इच्छाएं उठने के पहले पूरी हो जाती हैं। बच्चे को कुछ भी नहीं करना पड़ता। मां के पेट में बच्चा करीब कल्पवृक्ष के नीचे है। श्वास मां लेती है, उससे बच्चे को आक्सीजन मिल जाती है। मां का खून बच्चे का खून बनता है। मां का जीवन बच्चे का जीवन है; मां के हृदय की धड़कन बच्चे की धड़कन है। बच्चा परम सुख में है, जहां कोई दुख पैदा नहीं होता, जहां कोई चिंता नहीं पकड़ती, जहां आने वाले क्षण का कोई बोध भी नहीं है। अगर हम और पीछे प्रवेश करें तो ऐसे गर्भ की अवस्था है। इसको हमने मोक्ष कहा है। इसको फिर से पा लेना, इसको फिर से पा लेना महासुख है।

तो जब ध्यान गहरा होता है और निर्दोष होते-होते इतना निर्दोष हो जाता है कि जैसे आप फिर से गर्भ में पहुंच गए। अब की बार मां का गर्भ नहीं होता, सारा अस्तित्व मां का गर्भ हो जाता है। इस बार इस पूरे अस्तित्व में आप एक हो जाते हैं। परमात्मा श्वास लेता है, परमात्मा जीवन देता है; आप सारी चिंता उस पर छोड़ देते हैं। आप ऐसे होते हैं, जैसे गर्भस्थ शिशु। यह समाधि है। ध्यान जब गहरा होते-होते ऐसी जगह पहुंच जाता है जहां गर्भस्थ शिशु की चेतना आपके भीतर जन्म लेती है। बोधिवृक्ष के नीचे बैठे हुए बुद्ध ऐसे गर्भस्थ शिशु हैं। कहीं कोई उपद्रव नहीं रहा। कोई उपद्रव का कारण नहीं है। आप अपने घर वापस आ गए। यह अस्तित्व विरोधी नहीं रहा, इससे कोई संघर्ष न रहा; यह अस्तित्व गर्भ हो गया।

अस्तित्व को गर्भ बना लेने की कला ही धर्म है। यह पूरा अस्तित्व घर जैसा मालूम होने लगे, एट होम आप हो जाएं—आकाश, चांद-तारे, पृथ्वी सब आपके लिए चारों तरफ से सहारा दे रहे हैं। अभी भी दे रहे हैं; जब आप लड़ रहे हैं तब भी दे रहे हैं। जिस दिन आपकी लड़ाई छूट जाती है, और आप इस गर्भ में प्रवेश कर जाते हैं...। हम मंदिर के अंतरस्थ कक्ष को गर्भ कहते हैं इसी कारण। मंदिर के अंतरस्थ कक्ष में पहुंच जाना गर्भ में पहुंच जाना है।

पश्चिम का मनोविज्ञान भी, निंदा के स्वर में सही, लेकिन इस सत्य को स्वीकार करने लगा है कि मोक्ष की, निर्वाण की खोज गर्भ की खोज है। इसे बहुत अहोभाव से नहीं, स्वागत के लिए नहीं, निंदा के लिए ही पश्चिम का मनोविज्ञान स्वीकार करने लगा है कि निर्वाण की खोज गर्भ की खोज है। और पश्चिम की धारणा में पीछे लौटना तो हो ही नहीं सकता, इसलिए यह खोज गलत है, खतरनाक है, मनुष्य के विकास के लिए बाधा है।

लेकिन मैं मानता हूं कि शीघ्र उन्हें समझ में आना शुरू होगा। जैसे-जैसे यूक्लिड की ज्यामेट्री विदा हो रही है और नॉन-यूक्लिडियन ज्यामेट्री प्रवेश कर रही है, और जैसे-जैसे पुरानी रेखाबद्ध धारणाएं खो रही हैं वैसे-वैसे यह धारणा भी खोएगी। गर्भ ही अंतिम जगह भी होने वाली है। और जो व्यक्ति पुनः गर्भ की अवस्था तक नहीं पहुंच पाता वह अधूरा मर गया। इसलिए हम कहते हैं कि उसे बार-बार जन्म लेना पड़ेगा, क्योंकि गर्भ का अनुभव उसका पूरा नहीं हो पाया; अधूरा अनुभव अटका रह गया। अधूरा भटकाता है। जो व्यक्ति मरते क्षण में ऐसी अवस्था में पहुंच गया जैसी अवस्था में जन्म के क्षण में था, उतना ही शांत हो गया और पूरा अस्तित्व उसका गर्भ बन गया, उसके लिए दूसरे जन्म की कोई जरूरत न रहेगी। बात समाप्त हो गई। उसका अनुभव पूरा हो गया, शिक्षण पूरा हो गया। इस विद्यालय में लौटने की कोई आवश्यकता नहीं है। मरते क्षण में ऐसे मरना जैसे कोई मां के गर्भ में प्रवेश कर रहा है। क्या चिंता है? क्या डर है? क्या घबड़ाहट है? रोकने की कोई जरूरत नहीं है; सहज स्वीकार से प्रवेश है।

मनोवैज्ञानिक कहते हैं कि बच्चा जब पैदा होता है तो सबसे बड़ा आघात पहुंचता है। उसको वे ट्रॉमा कहते हैं। सबसे बड़ा आघात पहुंचता है बच्चा जब पैदा होता है। होगा ही। क्योंकि बच्चा इतने सुख से इतने महादुख में आता है। मां के पेट में सुख ही सुख है। और बच्चा ऐसे तैर रहा है मां के पेट में जैसा कि आप कल्पना करते हैं—क्षीर सागर में विष्णु तैर रहे हैं; अनंत शेषनाग के ऊपर, उसकी शय्या पर लेटे हैं। ठीक बच्चा मां के गर्भ में सागर में ही तैरता है। और मां के पेट में जो पानी होता है जिसमें बच्चा तैरता है, जो बच्चे को सम्हालता है, वह पानी ठीक सागर का ही पानी होता है। उतना ही नमक, उतने ही केमिकल्स होते हैं। बच्चा उसमें तैर रहा है। कोई धक्का भी नहीं पहुंचता। वह जो पानी का वर्तुल है चारों तरफ वह उसे सब तरह के धक्कों से बचाता है। मां गिर भी पड़े तो भी बच्चे को उतना धक्का नहीं पहुंचता जितना मां को पहुंचता है। बच्चा तैरता ही रहता है। इस शेषनाग की शय्या से, इस सागर में डूबे होने से बच्चे का एकदम निष्कासन होता है; फेंका जाता है बाहर, मां से संबंध टूटता है।

तो मनोवैज्ञानिक कहते हैं, यह ट्रॉमैटिक है, बहुत आघातपूर्ण है, गहरा घाव बनता है। और इस घाव से आदमी मरते दम तक भी मुक्त नहीं हो पाता। वह पीड़ा बनी ही रहती है। बच्चा कंप जाता होगा। क्योंकि जहां कोई

भी चिंता न थी वहां सब चिंताएं शुरू हो गईं। अब श्वास भी खुद लेनी है। भोजन की भूख लगेगी तो अब खुद ही चिल्लाना और रोना है और आवाज करनी है। प्यास लगेगी तो खुद ही प्रयास करने हैं। कुछ न कुछ संकेत देने हैं कि मुझे प्यास लगी है। चिंता शुरू हो गई। अपनी कमियां खुद ही पूरी करनी हैं। अपने अभाव खुद को ही प्रतीत होने लगे। मां के सुरक्षित जगत से बच्चा अपने असुरक्षित अहंकार में प्रवेश कर गया।

इसलिए हर आदमी रोता हुआ पैदा होता है। यह आश्चर्यजनक नहीं है। लेकिन हर आदमी रोता हुआ मरता है, यह बहुत आश्चर्यजनक है। क्योंकि अगर जन्म इतना दुखद है तो मृत्यु इससे विपरीत होनी चाहिए। यह तो सीधा तर्क है, साफ गणित है। अगर जन्म इतना दुखद है, अगर अस्तित्व से टूटना और अहंकार बनना और व्यक्ति बनना, इतना पीड़ादायी है कि रोता हुआ जन्म होता है और बच्चे के चेहरे पर चिंताओं की रेखाएं खिंच जाती हैं, फिर खिंचती चली जाती हैं, यह तो समझ में आता है। पश्चिम का मनोविज्ञान इसको ट्रॉमा कहता है। यह एक बात हुई। लेकिन अभी पश्चिम का मनोविज्ञान इसका दूसरा पहलू नहीं खोज पाया; उसको खयाल में नहीं है। हम उसको समाधि कहते हैं, हम उसको आनंद कहते हैं, जो मृत्यु के पहले—जैसा जन्म के पहले अलग होने में पीड़ा हुई थी तो मृत्यु में फिर एक हो रही है चेतना, उतना ही आनंद होना चाहिए। अगर उतना आनंद वहां नहीं हो रहा तो आप अधूरे मर गए। आपने जन्म तो लिया, लेकिन मृत्यु का रस न ले पाए। आपको फिर जन्म लेना पड़ेगा। क्योंकि मृत्यु की शिक्षा एकदम जरूरी है—मां के पेट से बाहर आना और फिर गर्भ में प्रकृति के प्रवेश करना।

मृत्यु क्या है? अस्तित्व में वापस डूब जाना; एक परम विश्राम। जहां मुझे श्वास न लेनी होगी, जहां अस्तित्व श्वास लेगा। हवाएं तो न रुक जाएंगी, हवाएं बहती रहेंगी। जीवन तो धड़कता रहेगा, मेरी धड़कन के साथ जीवन की धड़कन न मिट जाएगी। इतना ही होगा कि मेरी जो अलग धड़कन थी वह उस महाधड़कन में लीन हो जाएगी। सब ऐसा ही होगा। जीवन का महाउपक्रम चलता रहेगा, यह महाउत्सव चलता रहेगा, जीवन नाचता रहेगा। लेकिन मेरे पैर अलग से न नाच सकेंगे। मेरे पैर लीन हो जाएंगे उस महानृत्य में, जो विराट का है।

आपने देखा, हम मूर्तियां बनाते हैं शंकर की, हजारों हाथ से नाचते हुए। आपको खयाल में नहीं होगा कि क्यों हम ऐसा बनाते हैं। और जब पहली दफा कोई पूरब की कला से परिचित होता है तो उसको लगता है, यह कुछ अजीब सा मामला है; एकदम अयथार्थ है। कहीं ऐसे हजार हाथ होते हैं! ऐसे अनंत हाथ होते हैं कि अनंत हाथों से कोई नाच रहा है! यह प्रतीक इस बात का है कि सभी हाथ इस महानृत्य में लीन होते जाते हैं; सभी हाथ उसी के हैं।

मुझे याद आता है; मैंने एक आयरिश कथा सुनी है। एक बूढ़ी वृद्धा बहुत चिंतित, पीड़ित और दुखी थी। मौत करीब आती थी। बिस्तर पर लग गई थी; बिस्तर से उठना भी मुश्किल था। और आखिरी चिंता जो मन को बहुत काले बादल की तरह घेरे थी, वह यह थी कि उसे लगता था कि उसका संबंध ईश्वर से टूट गया है। कोई संबंध उसे मालूम नहीं होता था, कोई भाव ईश्वर के प्रति बहता नहीं मालूम होता था। और मौत करीब आती थी और ईश्वर से कोई लगाव, कोई सेतु बीच में नहीं रह गया। जीवन ने सब सेतु गिरा दिए।

एक मित्र उसे देखने आया था। तो मित्र ने कहा, तू चिंता मत कर, ईश्वर का भाव आखिरी क्षण तक भी पुनः पाया जा सकता है। क्योंकि वस्तुतः हम उससे कभी टूटते नहीं, खयाल ही होता है कि टूट गए। क्योंकि टूट जाएं तो हम मिट ही जाएं। तो तू चिंता मत कर, तू आंख बंद कर और प्रार्थना कर। और उससे ही कह कि मैं तो असमर्थ हूं, मेरे हाथ छोटे हैं, तुझ तक कैसे फैलाऊं! लेकिन तेरे हाथ तो अनंत हैं, तेरा हाथ तो विराट है; तू अपने हाथ को फैला और मेरे सिर पर रख।

वृद्धा ने आंख बंद कर लीं; खुशी के आंसू उसकी आंख से बहने लगे; चिंता एक नई पुलक में बदल गई। और उसने प्रार्थना की कि हे परमात्मा, मेरे हाथ छोटे हैं, मैं तुझे खोजूंगी तो भी नहीं खोज पाती; टटोलूं तो भी तुझ

तक नहीं पहुंच पाती; तू ही अपने हाथ को बढ़ा। और तब वृद्धा ने अनुभव किया कि उसके सिर पर कोई हाथ आ गया है। आनंद के आंसू बहने लगे। और उसने कहा कि धन्यवाद, मैं तो सोचती थी संबंध टूट गया, लेकिन तेरा हाथ तैयार है सदा मुझ तक पहुंचने को।

फिर उसने आंख खोलीं। आंख खोल कर—थोड़ी सी चिंता उसके चेहरे पर आई—और उसने मित्र से कहा, बात तो बहुत आनंदपूर्ण रही, लेकिन एक शक मुझे पैदा होता है। वह जो हाथ मेरे सिर पर आया, बिलकुल तुम्हारे हाथ जैसा लगता था। उस मित्र ने कहा, निश्चित ही! कोई परमात्मा आकाश से इतना लंबा हाथ करके तेरे सिर पर रखेगा, ऐसा थोड़े ही; जो हाथ पास में मिल गया, उसका ही उसने उपयोग कर लिया है।

सभी हाथ उसके हैं। इसलिए हमने अनंत हाथों वाले शिव को नृत्य करते दिखाया है। सभी हाथ उसके हैं। वह नृत्य चलता रहता है, शिव का नृत्य चलता रहता है; हमारा नृत्य डूबता जाता है, उसमें लीन होता जाता है।

जो मृत्यु की कला जानता है, लीन होने की कला जानता है, वह जीवन का पूरा अर्थ, जीवन का पूरा स्वाद, जीवन की पूरी शिक्षा ले लिया। अब जीवन में लौटने की उसे जरूरत न रही। अब फिर से बूंद बनने की जरूरत न रही; अब वह सागर के साथ एक हो सकता है। जन्म के समय जिस तरह का झटका लगता है, मृत्यु के समय उसी तरह के आनंद का नृत्य भी होता है। लेकिन वह किसी बुद्ध को, किसी कृष्ण को। हम चूक जाते हैं। हम जन्म के दुख से मुक्त ही नहीं हो पाते और मृत्यु का आनंद ही नहीं ले पाते।

रोते हुए पैदा होना स्वाभाविक है; रोते हुए मरना दुर्घटना है। हंसते हुए मरना स्वाभाविक है; हंसते हुए पैदा होना दुर्घटना होगी। कोई बच्चा पैदा होते से हंस दे तो बड़ी मुसीबत हो जाएगी। बिलकुल समझ के बाहर हो जाएगा; मां-बाप भी डर जाएंगे। भरोसा भी नहीं आएगा। ठीक वैसी ही दुर्घटना रोते हुए मरना है।

मूल को वापस उपलब्ध कर लेना है। और तब जीवन एक वर्तुल बन जाता है। तब जीवन के सब सुख-दुख, जीवन की सारी यात्रा लीन होती जाती है। सब जरूरी था शिक्षा के लिए। फिर हम मूल पर वापस लौट आते हैं; विराट गर्भ में वापस लौट आते हैं। जगत, अस्तित्व फिर गर्भ बन जाता है; उसमें हम चुपचाप लीन हो जाते हैं। बिना शोरगुल, बिना विरोध, बिना प्रतिरोध, आनंद-भाव से, नाचते हुए, गीत गाते, उसमें सरिता वापस सागर में गिर जाती है।

लाओत्से कहता है, 'प्रतिक्रमण ताओ का कर्म है और भद्रता ताओ का व्यवहार।'

स्वभावतः, यह तो अंतरस्थ घटना होगी; प्रतिक्रमण, रिवर्सन, वापस लौटना, यह तो भीतरी घटना होगी। इसका बाहरी परिणाम भद्रता होगी। क्योंकि जो व्यक्ति मूल से मिलने को चल पड़ा उसका व्यवहार भद्र हो जाएगा, शांत हो जाएगा, आनंदपूर्ण हो जाएगा, करुणा और प्रेम से भर जाएगा। उसके व्यवहार से कटुता खो जाएगी। उसके व्यवहार में चोट नहीं रह जाएगी। जैसे-जैसे व्यक्ति अपने भीतर लीन होने लगेगा मूल में, वैसे-वैसे बाहर उसका व्यवहार कटुता खोने लगेगा।

लेकिन इससे उलटा सही नहीं है। आप अपने व्यवहार से कटुता खो सकते हैं, आप अपने व्यवहार को सम्हाल सकते हैं, दमन कर सकते हैं। आप सब भांति से संस्कार ला सकते हैं अपने व्यवहार में, परिष्कार ला सकते हैं, चमक ला सकते हैं; लेकिन वह भद्रता न होगी। वह व्यवहार कामचलाऊ होगा। वह व्यवहार सभ्यता हो सकती है, भद्रता नहीं होगी। भद्रता तो, जब अंतस में लीनता होने लगती है, तब उसका जो सहज परिणाम, सहज छाया पड़ती है व्यवहार पर, वही है। इसलिए बाहर के व्यवहार से भीतर के आदमी को नहीं जाना जा सकता। बाहर के व्यवहार से भीतर की कोई भी खबर नहीं मिलती। क्योंकि बाहर का व्यवहार झूठा हो सकता है।

पश्चिम में व्यवहारवादी मनोवैज्ञानिक हैं। वे कहते हैं, आदमी सिर्फ व्यवहार है, बिहेवियरिस्ट। कहते हैं, भीतर तो कोई आत्मा है नहीं; बस जो व्यवहार है उसी का जोड़ आदमी है। तो हम व्यवहार के अध्ययन से आत्मा को

जान सकते हैं। इससे बड़ी कोई भ्रांत धारणा नहीं हो सकती। व्यवहार के अध्ययन से भीतर के आदमी को नहीं जाना जा सकता। क्योंकि हम देखते हैं नाटक में, फिल्म में, कोई आदमी प्रेम का व्यवहार कर रहा है, कोई आदमी क्रोध का व्यवहार कर रहा है। लेकिन भीतर, भीतर न क्रोध है, न भीतर प्रेम है। भीतर वह आदमी अपने घर जाने की सोच रहा है; कब नाटक पूरा हो जाए। और जिस भांति प्रेम उसने नाटक के मंच पर किया है वैसा ही प्रेम वह अपनी प्रेयसी से भी करता हुआ दिखाई पड़ेगा। दोनों व्यवहार में हमें फर्क करना मुश्किल होगा। लेकिन उसके लिए फर्क है। क्योंकि उसकी प्रेयसी के लिए भीतर से कुछ बह रहा है। अभिनय में बाहर से कुछ आरोपित किया जा रहा है।

मैंने सुना है कि एक ईसाई धर्मगुरु अपने दंत-चिकित्सक के पास गया, डेंटिस्ट के पास गया। उसके दांत गिर गए थे बहुत से, और उसने सब दांत साफ करवा कर नए कृत्रिम दांत लगवाने चाहे। दांत उसके अलग कर दिए गए। और कृत्रिम दांत बनने पर उसे बुलाया गया। जैसे ही चिकित्सक ने उसके कृत्रिम दांत उसके मुंह में बिठाए, चिकित्सक एकदम हैरान हुआ। क्योंकि जैसे ही दांत उसके मुंह में बैठे, उसने बड़े जोर से आवाज कीः क्राइस्ट! जीसस! वह डाक्टर थोड़ा हैरान हुआ। उसने कहा कि श्रद्धेय, अगर दांत इतना दर्द दे रहे हैं तो मैं उन्हें निकाल कर फिर ठीक करके वापस जमा दूं।

ऐसा सुन कर चिकित्सक से धर्मगुरु और भी ज्यादा चकित हुआ। उसने कहा, क्या कहते हो? दांत तो बिलकुल ठीक हैं। दांतों में तो जरा भी गड़बड़ नहीं है। लेकिन ये दो प्यारे शब्द, जीसस और क्राइस्ट, वर्षों से मैं कहना चाहता था—बिना सीटी बजाए। दांत टूट गए थे तो जब भी वह जीसस कहता तो सीटी बजती। तो मुझे पीड़ा नहीं हो रही, मैं बड़ा आनंदित हूं कि वर्षों के बाद ये दो प्यारे शब्द मैं बिना सीटी बजाए कह सकता हूं। लेकिन चिकित्सक ने व्यवहार देख कर समझा कि वह महापीड़ा में है।

स्वभावतः कोई भी—क्राइस्ट, जीसस जब उसने कहा होगा—तो कोई भी सोचता कि महापीड़ा उसे हो रही है। व्यवहार भीतर की खबर नहीं देता। व्यवहार से हम अनुमान लगा सकते हैं। और इसलिए चूंकि व्यवहार से अनुमान लगाया जा सकता है, भद्रता की जगह हमने सभ्यता को सीख रखा है। सभ्यता सिर्फ ऊपरी आचरण है।

शब्द बड़ा अच्छा है सभ्यता। सभ्यता का अर्थ इतना ही होता हैः सभा में बैठने की योग्यता। और कोई अर्थ नहीं होता। सभ्य का अर्थ होता हैः सभा में जो बिठाया जा सके; उपद्रव न करे, गड़बड़ न करे, लोगों से ठीक व्यवहार करे। सभ्यता का और कोई मतलब नहीं होता। वह बाह्य व्यवहार है।

लेकिन भद्रता आंतरिक गुण है। सभ्य आदमी भीड़ में सभ्य होता है, एकांत में असभ्य हो जाता है। आप अपनी पत्नी से जैसा व्यवहार करते हैं अकेले में वैसा व्यवहार आप सड़क पर नहीं करते। चार लोगों के सामने आप ऐसे प्रेम से बोलते हैं जिसका हिसाब नहीं; एकांत में दोनों अपनी साफ शक्लों में आ जाते हैं। पति-पत्नी लड़ रहे हैं और एक मेहमान घर में आ जाए, लड़ाई समाप्त हो जाती है और दोनों के चेहरों पर सभ्यता आ जाती है। सभ्यता दूसरे को ध्यान में रख कर है। लेकिन भद्र आदमी एकांत में भी भद्र होता है। अकेला होता है, तब भी भद्र होता है। भद्र आदमी वस्तुओं के साथ भी भद्र होता है; व्यक्तियों का कोई सवाल नहीं है।

रिल्के, कवि रिल्के के बाबत कहा जाता है कि वह अपना जूता भी खोल कर रखता तो ऐसा जैसा किसी व्यक्ति को रख रहा हो; वह अपने कपड़े भी उतारता तो ऐसा धन्यवाद के भाव से कि तुमने मुझे सर्दी में सहायता दी, या धूप में सहायता दी, या वर्षा में सहायता दी, तुम्हारी बड़ी कृपा है। वह अपने वस्त्रों से भी बोलता, अपने जूते से भी बोलता। वह भद्र आदमी था।

भद्रता एकांत में भी होगी, अकेले में भी होगी; वस्तुओं के साथ भी होगी। सभ्यता भीड़ में होगी, बाजार में होगी, दूसरों के साथ होगी। और सशर्त होगी। अगर आप सभ्य हैं तो मैं सभ्य हूं, ऐसी शर्त होगी। लेकिन भद्रता

बेशर्त है, अनकंडीशनल है। आप क्या हैं, इससे उसका कोई संबंध नहीं है। मैं भद्र हूं। भद्र होना मेरा गुण है। आप असभ्य भी हों तो भी मैं भद्र होऊंगा।

'भद्रता ताओ का व्यवहार है। संसार की वस्तुएं अस्तित्व से पैदा होती हैं; और अस्तित्व अनस्तित्व से आता है।'

सब शून्य से पैदा होता है और सब शून्य में लीन हो जाता है। जन्म के पहले आप क्या थे? एक शून्य। मृत्यु के बाद आप क्या होंगे? एक शून्य। एक वृक्ष अभी पैदा नहीं हुआ, अभी शून्य में है। फिर आपने बीज बोया और वृक्ष को शून्य से पुकारा। बीज पुकार है शून्य से वृक्ष के लिए—कि परिस्थिति तैयार है, तुम आओ और प्रकट हो जाओ! और वृक्ष प्रकट होना शुरू हो गया। फैलेगा, विराट बनेगा। फिर वृद्ध होगा, गिरेगा, खो जाएगा। फिर शून्य में लीन हो जाएगा। अस्तित्व के दोनों तरफ अनस्तित्व है। अस्तित्व के दोनों तरफ शून्य है। अभिव्यक्ति के दोनों ओर अनभिव्यक्ति है। प्रलय है सृष्टि के दोनों ओर। जन्म के दोनों ओर मृत्यु है। जीवन दोनों ओर मृत्यु से घिरा है।

इसे खयाल में ले लें, तो वह जो अस्तित्व के साथ हमारा बड़ा राग पैदा हो जाता है, वह पैदा न हो। क्योंकि तब हम जानें कि अस्तित्व अनस्तित्व से आता है, और अस्तित्व फिर अनस्तित्व में खो जाता है। इसलिए व्यर्थ मोह और राग और बहुत बंधन में पड़ जाने का कोई अर्थ नहीं है। अगर पड़ना भी हो तो नाटक से ज्यादा उसका मूल्य नहीं है; अभिनय से ज्यादा परेशान होने की कोई जरूरत नहीं है। ऐसा बोध आ जाए तो सब समान हो जाता है। तब हम जानते हैं कि जो है वह कल नहीं था और कल फिर नहीं हो जाएगा। इसलिए आज जब है तब हम बहुत पागल न हो जाएं। और हम इतने पागल न हो जाएं कि कल जब वह नहीं होने लगे तो हमें पीड़ा हो।

आज आपका किसी से प्रेम हो गया। लेकिन कल तक यह शून्य था, कल तक इस प्रेम का कोई पता न था। आज अचानक प्रेम निर्मित हो गया; एक मैत्री बनी। लेकिन जानें कि कल यह शून्य थी और कल फिर शून्य हो जाएगी। सभी चीजें जहां से आती हैं वहीं लौट जाती हैं। तो इस प्रेम के लिए इतने पागल न हो जाएं कि कल जब यह शून्य होने लगे तो आप छोड़ न पाएं। आज एक बच्चा आपके घर में पैदा हुआ; कल यह मरेगा। क्योंकि जन्म मृत्यु को अपने भीतर लिए है। तो आप इससे इतने ज्यादा मोहग्रस्त न हो जाएं कि कल जब यह विदा होने लगे, या विदा का क्षण आ जाए, तो आप छोड़ न पाएं। इसका यह अर्थ नहीं है कि आप आनंदित न हों। इसके होने में आनंदित हों, लेकिन इसके होने के भीतर न होना छिपा है, इसे स्मरण रखें। और जब यह न होने लगे तब इसको सहज स्वीकार कर लें, जैसा इसके होने को स्वीकार किया था। जो व्यक्ति ऐसी अवस्था को उपलब्ध हो जाए, उसे उपनिषदों ने साक्षी कहा है; जो अस्तित्व में अनस्तित्व को देखता रहे, जो प्रकट में अप्रकट को देखता रहे, जो होने में न होने को देखता रहे। दोनों फिर शांत हो जाते हैं। फिर कोई पकड़, कोई बंधन पैदा नहीं होता, फिर कोई कर्म ग्रसता नहीं और कोई नियति निर्मित नहीं होती। जैसे ही कोई व्यक्ति दोनों को देख लेता है एक साथ, अस्तित्व-अनस्तित्व को, मुक्त हो जाता है।

'संसार की वस्तुएं अस्तित्व से पैदा होती हैं; और अस्तित्व अनस्तित्व से आता है। जब श्रेष्ठ प्रकार के लोग इस तरह के सत्य को सुनते हैं...।'

यह बहुत महत्वपूर्ण है वचन।

'जब श्रेष्ठ प्रकार के लोग ताओ को सुनते हैं...।'

इस तरह के वचन को सुनते हैं कि प्रतिक्रमण ताओ का धर्म है, कि भद्रता ताओ का व्यवहार है, कि संसार की वस्तुएं अस्तित्व से पैदा होती हैं और अस्तित्व स्वयं अनस्तित्व से आता है, और सभी चीजें वहीं लौट जाती हैं जहां से जन्म पाती हैं, जब इस तरह के सत्य को सर्वश्रेष्ठ प्रकार के लोग सुनते हैं।

'...तब वे उसके अनुसार जीने की अथक चेष्टा करते हैं।'

जब भी कोई चेतनावान व्यक्ति को ऐसे सत्य चोट करते हैं उसके हृदय में तो वह इन्हें सुनता ही नहीं, वह इन्हें जीने के प्रयास में लग जाता है। श्रेष्ठता इसी से निर्धारित होती है कि सुन कर क्या वह अथक चेष्टा में लग जाता है कि इन सत्यों को जीए भी! क्योंकि जो सत्य जीने का आकर्षण न दे, उसे आप कितना ही सत्य कहें, आपने सत्य माना नहीं। जिस सत्य के अनुसार चलने की आकांक्षा पैदा न हो, अभीप्सा पैदा न हो, और जिस सत्य को जीवन में वास्तविक कर लेने का स्वप्न न जगे, आप कितना ही कहें कि यह सत्य है, आप उसे सत्य मानते नहीं। क्योंकि सत्य को सत्य की तरह मानने का अर्थ ही यह है कि उसी क्षण आपका जीवन उसके पीछे चलना शुरू हो जाएगा।

अगर आप कहते हैं कि नहीं, यह सत्य है, और चलते आप वैसे ही जाते हैं जैसा इस सत्य को जानने के पहले चलते थे, तो आप सिर्फ धोखा दे रहे हैं। आप बेईमान हैं। आप यह भी सत्य नहीं कहना चाहते कि आपको यह बात सत्य नहीं मालूम पड़ती है। वह आदमी ज्यादा धार्मिक है जो जिस तरह जीता है, कहता है, यही सत्य है। वह आदमी ज्यादा अधार्मिक है जो जीता एक तरह है और सत्य कुछ और बताता है; और कहता है कि सत्य तो वही है, लेकिन मैं अभी उस पर चल नहीं पाता।

जो सत्य मालूम होगा, उस पर चलना ही होगा; चलना अनिवार्यता है। यह कैसे हो सकता है कि मुझे दिखाई पड़ता हो कि दरवाजा यहां है और फिर भी मैं दीवार से निकलने की कोशिश करता रहूं! और कहता रहूं कि जानता हूं, दरवाजा तो वहां है, लेकिन क्या करूं, मैं यहीं से निकलना चाहता हूं! जैसे ही मुझे दिखाई पड़ गया कि यह दीवार है, निकलने का प्रयास बंद हो जाएगा। और जैसे ही मुझे दिखाई पड़ गया कि वह दरवाजा है, मेरे पैर उस तरफ उठने शुरू हो जाएंगे। आपके पैरों का उठना ही दरवाजे की तरफ बताएगा कि आपको दरवाजा दिखाई पड़ा है। और कोई प्रमाण नहीं है।

तो लाओत्से कहता है, 'जब सर्वश्रेष्ठ प्रकार के लोग ताओ को सुनते हैं, तब वे उसके अनुसार जीने की अथक चेष्टा करते हैं।'

अथक! क्योंकि हममें से बहुत से चेष्टा भी करते हैं, लेकिन बड़े जल्दी थक जाते हैं। करते भी नहीं हैं, दो कदम भी नहीं चलते, और कहते हैं कि लंबी यात्रा है; वह अपनी दीवार से ही निकलना ठीक है, पास है। लेकिन कितने ही दूर हो दरवाजा, दरवाजे से ही निकला जा सकता है। और दीवार कितने ही पास हो तो भी उससे निकला नहीं जा सकता। और अगर आप निकल सकते होते तो कभी के निकल गए होते; पूरा जीवन आप उसी दीवार से निकलने की कोशिश करते रहे हैं। फिर-फिर वही कोशिश करते हैं, फिर-फिर भूल जाते हैं कि यहां से निकलने का उपाय नहीं है। फिर टकराते हैं, सिर में चोट लगती है। और जब स्वस्थ हो जाते हैं तो फिर उसी दीवार से निकलने की कोशिश करते हैं। स्वास्थ्य का उपाय इसीलिए करते हैं, ताकि और ताकत से उसी दीवार से निकलने की कोशिश करें। दरवाजा कितना ही दूर हो, दरवाजा ही दरवाजा है। दीवार कितनी ही पास हो तो भी दीवार है।

अथक चेष्टा का अर्थ यह है कि बहुत बार शरीर कहेगा, थकान आती है। बहुत बार मन कहेगा, कहां की उलझन में पड़े हो! वहीं ठीक थे; कुछ चलना-फिरना तो नहीं पड़ता था। दीवार पास थी, उसी से टकराते रहते थे। और आशा थी, कभी न कभी निकल जाएंगे। लौट चलो! मन बहुत बार कहेगा, सत्य से वापस लौट चलो। क्योंकि असत्य सुगम मालूम पड़ता है। सुगम है नहीं, सिर्फ आदत के कारण सुगम मालूम पड़ता है—पुरानी आदत के कारण। एडिक्शन है, उसमें उलझे हैं। और इतने आदी हो गए हैं कि पता है इससे निकल नहीं सकते।

कल भी क्रोध किया था आपने, परसों भी क्रोध किया था, आज भी क्रोध किया है। और क्रोध कर-कर के देख लिया है कि क्रोध से कोई निकलने का उपाय नहीं है, कहीं जाना नहीं होता, फिर वापस वहीं खड़े हो जाते हैं। फिर भी कल क्रोध करेंगे। और कितनी बार तय कर लिया कि क्रोध व्यर्थ है, फिर भी क्रोध करेंगे। क्रोध की आदत हो

गई है। वह सुगम मालूम पड़ता है। पता ही नहीं चलता कब आ जाता है। उसे लाने के लिए चेष्टा नहीं करनी पड़ती, इसलिए सुगम मालूम पड़ता है। शांत होने के लिए चेष्टा करनी पड़ती है, इसलिए दुर्गम मालूम पड़ता है। जीवन की साधना इतनी दुर्गम मालूम पड़ती है कि हमने नाम तक—आपने सुना है—हमने, काली के भक्तों ने काली को एक नाम दे रखा है: दुर्गा। दुर्गा का मतलब है दुर्गम; जिसको पाया नहीं जा सकता। फिर भी पूजे जा रहे हैं और दुर्गा कहे जा रहे हैं, कि आशा नहीं है कि मिलना हो सके।

निश्चित ही दुर्गम है। लेकिन दुर्गम सत्य नहीं है; हमारी आदतें गलत के लिए सुगम हो गई हैं। सत्य भी अथक चेष्टा करने से इतना ही सुगम हो जाएगा; इससे भी ज्यादा सुगम हो जाएगा। एक बार शांत होने की कला आ जाए तो क्रोध दुर्गा, दुर्गम मालूम पड़ेगा; क्रोध बहुत मुश्किल हो जाएगा। बुद्ध से कहो कि थोड़ा क्रोध करो! तो अगर बुद्ध क्रोध करें तो बड़ा ही कष्टपूर्ण होगा। इतनी मुसीबत होगी जितनी मुसीबत आपको शांत होने में होने वाली नहीं है। क्योंकि शांत होना तो आनंदपूर्ण है; और क्रोध करना दुखपूर्ण है। जब आपको आनंद की तरफ जाना कष्टपूर्ण मालूम पड़ता है, तो थोड़ा सोचें, बुद्ध को दुख की तरफ आना कितना कष्टपूर्ण मालूम पड़ेगा! आपके सामने अमृत रखा है और आप कहते हैं, पीना बहुत मुश्किल है। और बुद्ध के सामने आप जहर रख रहे हैं कि इसको पीओ। तो हम समझ सकते हैं कि जो व्यक्ति एक बार शांति के, आनंद के रस को ले लेगा, उसके लिए क्रोध और कठोरता बहुत दुर्गम हो जाएंगी। असंभव कहना चाहिए। आपके लिए सुगम मालूम पड़ती हैं, क्योंकि एक आदत है, लंबी आदत है। और आप करीब-करीब यांत्रिक, मशीन की तरह किए चले जाते हैं।

'जब सर्वश्रेष्ठ प्रकार के लोग ताओ को सुनते हैं, सत्य को सुनते हैं, तब वे उसके अनुसार जीने की अथक चेष्टा करते हैं।'

आपके भीतर सर्वश्रेष्ठ का जन्म भी तभी होगा जब सत्य को जीने की अथक चेष्टा करें। मिट जाएं, टूट जाएं, लेकिन वापस न लौटें; जो ठीक दिखाई पड़ रहा है उसका अनुगमन करें। हां, दिखाई ही न पड़ रहा हो तब बात अलग। लेकिन दिखाई पड़े तो अनुगमन करें, उसके पीछे चलें, और कितना ही मूल्य चुकाना पड़े चुकाएं। क्योंकि कोई भी मूल्य उसका मूल्य नहीं है। और जिस दिन आपको उपलब्धि होगी उस दिन आप पाएंगे कि जो मैंने दिया वह कुछ भी नहीं था; मैंने सिर्फ कचरा दिया और हीरे पाए।

लेकिन अभी कचरे पर मुट्ठी बंधी है, और अभी कचरे में संपत्ति मालूम पड़ती है। उसे छोड़ने में डर लगता है। हीरा दूर है। और पता नहीं, इंद्रधनुष सिद्ध हो, पास जाएं और न मिले, और शर्त यह है कि इस कचरे को छोड़ें तो ही उसके पास पहुंच सकते हैं। तो बुद्धिमान हमारे बीच जो हैं वे कहते हैं, हाथ की आधी रोटी दूर की पूरी रोटी से ठीक है। वे बुद्धिमान जो हैं वे कहते हैं, हाथ की आधी रोटी दूर की पूरी रोटी से ठीक है। लेकिन मैं आपसे कहता हूं, हाथ में आधी रोटी है ही नहीं, सिर्फ वहम है, सिर्फ खयाल है कि कुछ है। इस कुछ को गौर से देखें तो पाएंगे कुछ भी नहीं है। और इसे छोड़ना ही पड़े, असार को छोड़ना ही पड़े सार की यात्रा पर, असत्य को हटाना ही पड़े सत्य की तरफ बढ़ने के लिए।

'जब मध्यम प्रकार के लोग ताओ को सुनते हैं, तब वे उसे जानते से भी लगते हैं और नहीं जानते से भी।'

आप में से अधिक की हालत ऐसी होती होगी कि लगता है समझे भी, और लगता है कहां समझे! बीच में अटक जाते हैं। मध्यम प्रकार के लोग सदा ही मध्य में अटक जाते हैं। उनको दोनों बातें मालूम पड़ती हैं। उनकी हालत बड़ी बुरी हो जाती है। उनकी हालत ऐसी हो जाती है कि आपने उस प्राचीन गधे की हालत सुनी होगी, जो दो घास के ढेरों के बीच में खड़ा था, बिलकुल मध्य में खड़ा था, और यह तय नहीं कर पाता था कि इस तरफ जाऊं कि इस तरफ जाऊं। भूख गहन थी, मगर दोनों ढेरियां बिलकुल एक बराबर दूरी पर थीं। एक क्षण इस ढेरी की तरफ झुकने को होता

था कि मन कहता था कि उधर क्या, इस तरफ ज्यादा ठीक होगा। कहते हैं, वह पौराणिक गधा बीच में ही खड़ा-खड़ा मर गया। भूख जान ले ली। ढेरी पास थीं, भोजन दूर नहीं था; लेकिन गधे की मध्यम वृत्ति जानलेवा हो गई।

हममें से अधिक लोग मध्य से उलझ जाते हैं। ठीक भी लगता है कि ठीक है, बात तो ठीक है; और फिर हम पच्चीस और कारण भी खोज लेते हैं जिनसे लगता है : होगी ठीक, लेकिन अपने लिए नहीं।

मेरे पास लोग आते हैं, वे कहते हैं, आपकी बात तो ठीक लगती है, लेकिन...।

मैं कहता हूं, फिर लेकिन मत उठाओ। या तो कहो, आपकी बात ठीक नहीं लगती, तो कोई रास्ता बने, तो मैं आपको समझाऊं। तो समझाने का भी उपाय आपने समाप्त कर दिया। कहते हैं, बात ठीक लगती है; अब समझाने को कुछ बचा नहीं। और फिर कहते हैं लेकिन। तो फिर लेकिन मत कहो। वह लेकिन हमारे साथ अटका हुआ है। वह लेकिन हमारे प्राण में तीर की तरह छिदा है। उसकी वजह से हम हिल नहीं पाते। या तो किसी चीज को साफ-साफ समझना कि गलत है, तो उससे छुटकारा हो गया। या साफ-साफ समझ लेना कि ठीक है, तो उसमें छुटकारा हो जाए। लेकिन हम दोनों के बीच में खड़े हैं। वर्षों तक लोग सुनते रहते हैं; धीरे-धीरे सुनने के आदी हो जाते हैं। उनको वहम होने लगता है, समझते भी हैं; और जीवन में कहीं कोई क्रांति नहीं होती।

लाओत्से कहता है, जब मध्यम प्रकार के लोग सत्य को सुनते हैं तो वे उसे जानते से भी लगते हैं और नहीं जानते से भी। जैसे अर्ध-निद्रा और अर्ध-जाग्रत; जैसे करवट बदली है नींद में, थोड़ा सा होश आता है और फिर करवट बदल कर आदमी सो जाता है। करवट आदमी बदलता ही सोने के लिए है। वह जो बीच में थोड़ा सा होश आता है वह अड़चन की वजह से आता है। शरीर को अड़चन होती है करवट बदलने में, नींद थोड़ी सी टूटती लगती है, और फिर गहरी नींद लग जाती है। और हमारे भीतर मन की संभावना है कि हम सपने में भी सपना देख सकते हैं कि हम जाग गए। आपने सबने ऐसे सपने देखे होंगे जिनमें आप सपने में देख रहे हैं कि आप जाग गए। सपने के भीतर भी सपना देखा जा सकता है। और जो बहुत कल्पनाशील हैं वे तो सपने के भीतर सपना, सपने के भीतर सपना, सपने के भीतर सपना देख सकते हैं। वे तो देख सकते हैं सपने में कि बिस्तर पर जा रहे हैं सोने के लिए, सो गए, नींद लग गई—सपने में। अब नींद में सपना देख रहे हैं कि बिस्तर पर सोने को जा रहे हैं। ऐसा वह तो डब्बे के भीतर डब्बा, उसके भीतर डब्बा, ऐसा कर सकते हैं। हममें से बहुत से लोग इसी तरह कर रहे हैं। लगता है, जाग गए हैं। सो रहे हैं। तो एक अर्ध-निद्रा, अर्ध-जाग्रत की अवस्था बन जाती है।

इसे तोड़ना जरूरी है। या तो ठीक से सो ही जाएं; तो कम से कम यह बेचैनी मिटे। धर्म को भूलें, सत्य को भूलें, यह परमात्मा की, परलोक की बातें, इनको भूलें। ठीक से सो जाएं संसार में। तो कम से कम दुकान तो ठीक से चले, जगत तो ठीक से चले। लेकिन इनकी वजह से वह भी चल नहीं पाता। बैठे दुकान पर हैं और माला हाथ में भी है। अब वह माला दुकान में भी बाधा डालती है और दुकान माला में बाधा डालती है। कुछ भी ठीक से नहीं चल पाता, सब गड़बड़ हो जाता है। जैसे एक आदमी ने अपनी बैलगाड़ी में सब तरफ बैल बांध लिए हों; पूरब भी बैल जा रहे, पश्चिम भी बैल जा रहे, दक्षिण भी, उत्तर भी। और बैलगाड़ी मरी जा रही है; उसके अस्थिपंजर ढीले हुए जा रहे हैं। क्योंकि कहीं जाना नहीं हो सकता है। एक ही यात्रा हो सकती है।

बहुत स्पष्ट हो जाना जरूरी है कि अगर कोई चीज सत्य लगती हो तो आप खतरे में उतर रहे हैं। इसको कहने के पहले कि मैं समझ गया तीन बार सोच लेना चाहिए कि मैं समझ गया? अगर नहीं समझा हूं तो बेहतर है यह समझना कि अभी नहीं समझा हूं। तो आप साफ होंगे, एक क्लैरिटी होगी; जीवन में एक व्यवस्था होगी। अगर समझ गए हैं तो साफ समझ लें कि समझ गया हूं। तो भी जीवन में एक गति होगी, विकास होगा। लेकिन मध्य में खड़े रहना बहुत खतरनाक है।

'और जब निकृष्ट प्रकार के लोग ताओ को सुनते हैं, तब वे अट्टहास कर उठते हैं—मानो इस पर हंसा न जाए तो यह ताओ ही नहीं है।'

निकृष्ट प्रकार के लोग जब सत्य की बातें सुनते हैं तो निश्चित ही हंसते हैं। वे समझते हैं, पागलपन की बातें हैं! दिमाग खराब हो गया। कहीं ऐसा भी हुआ है? कि हो सकता है?

पर उनका हंसना भी एक सुरक्षा का उपाय है। इसे ध्यान रखना कि हम कितने कुशल हैं; कई तरह की सुरक्षाएं करते हैं। सत्य की बात सुन कर जब कोई आदमी हंस उठता है और कहता है, पागलपन है! तो वह सुरक्षा कर रहा है अपने चारों तरफ। हंस कर वह बात को ठेल रहा है। हंस कर वह यह कह रहा है कि ध्यान देने की जरूरत नहीं, हंसी-मजाक की बात है, गंभीर होने की कोई आवश्यकता नहीं। हंस कर वह यह कह रहा है कि मुझसे कुछ लेना-देना नहीं; हम इस रास्ते पर जाने वाले नहीं हैं। इसलिए वह कह रहा है, पागलों की बात है।

इसलिए हमने संतों को अक्सर पागल करार दे दिया। पागल करार देकर हम सुरक्षित हो गए। हमने अपने को मान लिया, हम बुद्धिमान हैं; ये तो पागल हैं, इनकी बात में मत पड़ो। आदमी अच्छे हैं, कभी जरूरत हो तो पैर पर दो फूल रख आओ और झंझट से दूर रहो। और ठीक हो भी सकते हैं, लेकिन अपने काम के नहीं। या अभी अपना समय नहीं आया; जब आएगा तब देखेंगे। अभी तो जीवन है, जीवन का राग-रंग है। हम बहुत तरह की सुरक्षाएं करते हैं।

प्रथम कोटि का मनुष्य सत्य को देख कर उसकी तरफ चलना शुरू करता है। मध्यम कोटि का मनुष्य अटका रह जाता है। सत्य उसे दिखाई पड़ता सा मालूम पड़ता है, धुंधला, नहीं भी दिखाई पड़ता है; कभी लगता है दिखा, कभी लगता है नहीं दिखा। लोग मुझसे कहते हैं कि जब हम पाटकर हाल के भीतर होते हैं तब बिलकुल साफ दिखाई पड़ता है; और जैसे ही पाटकर हाल की सीढ़ियों से नीचे उतर कर आपको विदा कर देते हैं, सब धुंधला हो जाता है। घर लौट कर लगता है, कुछ भी नहीं लगता कि क्या ठीक था, क्या गलत था।

तीसरी कोटि के आदमी हंस कर टाल देते हैं। लाओत्से बहुत बढ़िया बात कहता है। वह कहता है, व्हेन दि लोएस्ट टाइप हियर दि ताओ, दे ब्रेक इनटु लाउड लाफ्टर; इफ इट वर नाट लाफ्ड एट, इट वुड नॉट बी ताओ। अगर तीसरी कोटि के मनुष्य सत्य को सुन कर न हंसें तो वह सत्य ही नहीं है। तीसरी कोटि का मनुष्य तो उसी तरह हंसेगा सत्य को सुन कर, जैसा प्रथम कोटि का मनुष्य चलता है सत्य को सुन कर उसके पीछे। अगर प्रथम कोटि का मनुष्य चले न तो समझना वह सत्य नहीं, और अगर तृतीय कोटि का मनुष्य हंसे न तो समझना कि वह सत्य नहीं। हंसेगा ही। क्योंकि उसका वही उपाय है। उस भांति वह झाड़ रहा है अपने को। वह कह रहा है, हमसे कुछ लेना-देना नहीं। ज्यादा से ज्यादा हम हंस सकते हैं; इससे ज्यादा हमसे कुछ आशा मत रखो। और हंस कर वह अपने को बुद्धिमान मान रहा है।

यह जरा मजे की बात है। प्रथम कोटि का मनुष्य जब सुनता है तो वह समझ लेता है कि मैं अभी तक बुद्धिमान नहीं था, इसलिए चलता है, अपने को बदलता है; ताकि बुद्धिमत्ता उपलब्ध हो सके। तृतीय कोटि का मनुष्य सुन कर हंसता है, क्योंकि वह अपने को बुद्धिमान मानता ही है। तुम पागल हो, इसलिए ऐसी बात कर रहे हो। अज्ञानी अपने को ज्ञानी मान कर खड़ा रहता है। वही उसके लिए बाधा हो जाती है। ज्ञानी अपना अज्ञान स्वीकार कर लेता है और यात्रा पर निकल जाता है। वही उसकी मुक्ति हो जाती है।

'इसलिए यह प्रसिद्ध कहावत है कि जो ताओ को समझता है, उसकी बुद्धि मंद मालूम पड़ती है।'

तीसरी कोटि के मनुष्यों ने कहावतें बनाई हैं। वे ही बड़ी संख्या में हैं, उनका ही समाज है; उनकी बड़ी ताकत है। और उनकी ताकत रोज-रोज बढ़ती चली गई है। और जिस दिन लोकतंत्र पूरा होगा इस जगत में उस दिन उनकी

ही ताकत एकमात्र ताकत बच रहेगी। आज रूस में संत होना मुश्किल है। असंभव है। और संत भी होना हो तो कोई चोरी से ही हो सकता है, छिप कर ही हो सकता है। किसी को पता भी नहीं पड़ना चाहिए। क्योंकि रूस पूरा का पूरा मुल्क तीसरी कोटि के आदमियों के हाथ में पड़ गया है। जो तृतीय कोटि की बुद्धि का, निकृष्ट बुद्धि का मनुष्य था, जिसको हम शूद्र कहते थे, उस शूद्र के हाथ में ताकत है पूरी। सारी दुनिया में उसके हाथ में ताकत बढ़ रही है। सारी दुनिया में उसके हाथ में ताकत बढ़ रही है; क्योंकि उसको आंकड़े का पता चल गया। उसको अब तक पता नहीं था कि संख्या में ताकत है। अब तक सब तरह की ताकत थी; इस बार पहली दफा दुनिया में संख्या की ताकत, दि पावर ऑफ नंबर्स, पहली दफा आया।

वह तो एक स्कूल की क्लास में भी जो प्रथम है वह एक है; जो द्वितीय कोटि के हैं वे दो-चार हैं; जो तृतीय कोटि के हैं वे बड़ी संख्या में हैं, वे चालीस हैं, पचास हैं। वह तो उनको अभी पता नहीं है कि क्लास में भी यह नंबर एक जिसको गोल्ड मेडल मिलता है, यह भी शोषण कर रहा है। क्योंकि वे पचास खड़े होकर कह सकते हैं कि हम पचास हैं। अभी उन तीसरी कोटि के लड़कों को क्लास में पता नहीं है कि संख्या की भी ताकत है। पर उनको भी धीरे-धीरे पता चल रहा है; वे सब जगह उपद्रव कर रहे हैं। ये जो सारी दुनिया के विश्वविद्यालयों में उपद्रव हो रहे हैं, वह तीसरी कोटि की बुद्धि का लड़का कर रहा है। जो गोल्ड मेडल नहीं पा सकता, जो प्रथम नहीं आ सकता, जिसके पास कोई प्रतिभा नहीं है, वह सारे उपद्रव कर रहा है। तो वह दूसरे को प्रथम नहीं आने देगा; तो वह दूसरे को गोल्ड मेडल नहीं मिलने देगा। वह परीक्षा ही नहीं होने देगा। उसकी चेष्टा यह है कि परीक्षा के बिना ही उत्तीर्ण होना चाहिए। और अगर लोकतंत्र जीतेगा तो वह जीतने वाला है। परीक्षा की क्या जरूरत है? जब ज्यादा लोग चाहते हैं कि परीक्षा नहीं होनी चाहिए। तो अल्पमत को बहुमत पर अपना विचार थोपने की कौन सी सामर्थ्य है? वह बहुमत बगावत कर रहा है; वह कह रहा है, बिना परीक्षा के। क्योंकि वह बिना परीक्षा के ही बहुमत उत्तीर्ण हो सकता है। परीक्षा हटनी चाहिए, क्योंकि परीक्षा से कोटियां निर्मित होती हैं। और परीक्षा से ब्राह्मण निर्मित होते हैं। क्योंकि वे जो प्रथम आ जाते हैं वे ब्राह्मण हो जाते हैं; जो छूट जाते हैं वे शूद्र हो जाते हैं।

रूस में संत होना असंभव हो गया है। संतत्व एक तरह की अयोग्यता है। अयोग्यता ही नहीं, एक तरह का अपराध है। क्या कर रहे हो मौन में बैठ कर? श्रम करो! ध्यान से क्या होगा? ध्यान विलास है। बुर्जुआ धारणा है। श्रम! कुछ पैदा करो! ऐसा खाली आंख बंद करने से क्या होगा? यह आलस्य है। समाधि में लीन भी हो गए तो क्या फायदा, जब तक समाज को फायदा न मिले? तुम्हें अगर आनंद भी मिल गया तो वह आनंद एक स्वप्न है। उसको साकार करो समाज के लिए। फैक्ट्री चलाओ, बड़े मकान बनाओ, बड़े यंत्र खोजो, जिससे लोगों को लाभ हो। तुम्हारे लाभ का कोई सवाल नहीं है। तुम सिर्फ एक आंकड़े हो, तुम सिर्फ एक इकाई हो। और तुम्हारी इकाई रिप्लेस की जा सकती है। तुम नहीं रहोगे, दूसरा यंत्र चलाएगा। लेकिन ये ध्यान और समाधि खतरनाक हैं; इनसे निजता पैदा होती है, इनसे व्यक्ति पैदा होता है।

आप बुद्ध को रिप्लेस नहीं कर सकते; एक इंजीनियर को रिप्लेस कर सकते हैं, एक डाक्टर को रिप्लेस कर सकते हैं। दूसरा डाक्टर आपरेशन करेगा, तीसरा डाक्टर आपरेशन करेगा, चौथा डाक्टर आपरेशन करेगा। लेकिन बुद्ध को आप कैसे स्थानांतरित कर सकते हैं? दूसरे को कैसे बिठा सकते हैं? बुद्ध की जगह खाली होगी तो खाली रहेगी। सदियां बीत जाएंगी; उस जगह बैठना मुश्किल होगा। क्योंकि निजता की गहराई इतनी आसान नहीं है भर देना।

तो रूस में संतत्व एक अयोग्यता है, एक अपराध है। और अगर कम्युनिस्टों ने कभी दुनिया का इतिहास लिखा तो वे बुद्ध को, महावीर को, जीसस को अपराधी घोषित करेंगे। क्योंकि इन लोगों ने लोगों की दृष्टि समाज से मोड़ी, लोक-कल्याण से मोड़ी। और इन लोगों ने लोगों को एक गलत बात सिखाई कि आंख बंद करो और अपने में

डूबो—जो कि व्यर्थ है, जो कि एक तरह की निद्रा है, जो कि इस व्यक्ति की शक्ति और सामर्थ्य का उपयोग न हो पाए, इसका उपाय है। इन लोगों ने लोगों को गलत रास्ते पर लगाया।

मेरे पास लोग आते हैं। वे कहते हैं, आप लोगों को ध्यान करने को कहते हैं, समाधि सिखाते हैं, और लोग भूखे मर रहे हैं। और फलानी जगह अकाल पड़ा हुआ है। और फलानी जगह आदिवासियों को शिक्षा देने की जरूरत है। वहां भेजिए। बैठने से क्या होगा? ध्यान से क्या होगा?

मैं उनको कहता हूं कि अगर इनके पास ध्यान नहीं है तो ये वहां जाकर भी क्या करेंगे? अगर बिना ध्यान के इनको भेज दिया अकाल में सेवा करने के लिए तो ये वहां से रुपया बना कर वापस लौट आएंगे। जो रोटी मिलनी चाहिए थी उसमें ये बीच के मध्यस्थ हो जाएंगे। चार रोटी भेजी जाएंगी तो एक पहुंच जाए अकाल भूखे आदमी तक तो बहुत है। क्योंकि ये बीच के मध्यस्थ, तीन रोटी इनको भी चाहिए।

मगर हमारी—सारे जगत में—तीसरी कोटि का आदमी, वह जो शूद्र है...। शूद्र कोई जन्म से नहीं होता। कोई शूद्र के घर में पैदा होने से शूद्र नहीं होता। तीसरी कोटि के आदमी को मैं शूद्र कहता हूं। कोई ब्राह्मण जन्म से नहीं होता। बुद्ध ने कहा है, जन्म से ब्राह्मण होने का क्या संबंध, ब्राह्मण बनना होता है। बुद्ध ने कहा है, सभी शूद्र की तरह पैदा होते हैं, उनमें से कुछ ब्राह्मण बन जाते हैं; बाकी शूद्र रह जाते हैं।

यह जो तीसरी कोटि का मनुष्य है उसने कहावतें प्रसिद्ध कर रखी हैं। क्योंकि वह भी अपनी सुरक्षा करता है। वह भी हंसता है, वह भी व्यंग्य करता है, वह भी ताने कसता है। उसने कहावत बना रखी है कि जो ताओ को समझता है, उसकी बुद्धि मंद मालूम पड़ती है; बुद्धिमान आदमी इस तरफ नहीं जाते। इस तरफ तो वे ही लोग जाते हैं जिनके पास बुद्धि नहीं है। इस भांति वह अपने को बुद्धिमान समझ सकता है।

जीसस पर किताबें लिखी जाती हैं, जिनमें सिद्ध किया जाता है कि जीसस रुग्ण थे, मानसिक रूप से बीमार थे; जीसस स्वस्थ नहीं थे। हजार तरह की बातें लिखी जाती हैं। यह तीसरी कोटि का मनुष्य सब तरह के तर्क खोजता है कि जीसस गलत थे। तो फिर पीछे जाने की कोई जरूरत नहीं रह गई। जीसस को गलत सिद्ध करने से हमारा छुटकारा हो जाता है। एक बोझ, एक चुनौती मिट जाती है। फिर हम अपने रास्ते पर सुगमता से चल पाते हैं।

अभी हिंदुस्तान के तीसरी कोटि के आदमियों में इतनी हिम्मत नहीं आई, लेकिन जल्दी आ जाएगी। बढ़ती जा रही है उनकी हिम्मत। जल्दी ही वे लिखेंगे कि महावीर रुग्ण थे, पैथालाजिकल थे, न्यूरोटिक थे; इनके दिमाग में कुछ गड़बड़ थी। और कारण बराबर खोजे जा सकते हैं, क्योंकि परम संतों के जीवन में कुछ ऐसी बातें मिल जाती हैं जो परम पागलों के जीवन में होती हैं। और मिल जाने का कारण है, क्योंकि पागल भी समाज से बाहर गिर जाते हैं और संत भी समाज के बाहर उठ जाते हैं। यह बाहर उठ जाना समाज से दोनों का समान होता है। इसलिए उनमें बातें मिल जाती हैं।

महावीर अपने बाल लोंचते थे, उखाड़ देते थे। क्योंकि महावीर कहते थे, किसी यंत्र का, किसी साधन का उपयोग नहीं करना; जितना स्वावलंबन हो सके उतना हितकर है। जो मैं कर सकूं, वह काम दूसरे से नहीं लेना। यह उनकी परम निष्ठा थी और बड़ी मूल्यवान थी कि जो मैं कर सकूं वह दूसरे से क्यों लेना! और सभी कुछ मैं कर सकता हूं तो सभी कुछ मैं कर लूंगा। क्योंकि वही मेरी स्वतंत्रता होगी। मैं दूसरे पर निर्भर हूं तो गुलाम हो जाता हूं। तो महावीर अपने बाल अपने हाथ से, जब बढ़ जाते, तो खींच कर निकाल देते थे। पागलों का एक वर्ग होता है जो अपने बाल लोंचता है। आपको भी जब कभी क्रोध आता है या गुस्सा, तो बाल लोंचने का मन होता है। खयाल किया? स्त्रियां तो अक्सर जब बहुत ज्यादा देवी रूप में आ जाती हैं तो बाल, अपने बाल खींचने लगती हैं। पागलपन में कुछ बाल खींचने का अर्थ मालूम पड़ता है। कारण? अपने को नुकसान पहुंचाना।

अपने को नुकसान पहुंचाना, असल में, दूसरे को नुकसान पहुंचाने का ही ढंग है। स्त्रैण ढंग है। पुरुष तो आक्रामक है; अगर वह किसी से क्रोध में आ जाए तो वह हमला करेगा। स्त्री अगर क्रोध में आ जाए तो वह खुद को पीटेगी। ये उन दोनों के मनोविज्ञान के फर्क हैं। स्त्री अपने को पीट रही है उसका यह मतलब नहीं कि वह अपने को पीट रही है; वह आपको ही पीट रही है। उसका आक्रमण ज्यादा जटिल है। अगर किसी स्त्री का बच्चा किसी के घर नुकसान पहुंचा आए, और आप शिकायत करने जाएं, वह अपने बेटे की पिटाई शुरू कर देगी। लेकिन आप यह मत समझना कि वह उसको पीट रही है; वह आपको पीट रही है। स्त्री का ढंग है, दूसरे को चोट पहुंचाना हो तो खुद को चोट पहुंचाना।

बहुत सी स्त्रियां आत्महत्या कर लेती हैं, सिर्फ इसी सुख में—कि मैं मर जाऊं तब तुम्हें पता चलेगा, तब भोगोगे, तब मेरी कमी...। आत्महत्या करने से कोई मतलब नहीं है। पति की हत्या नहीं कर सकतीं। वह स्त्रैण भाव नहीं है। आक्रामक हिंसा नहीं है; हिंसा पैसिव है, निष्क्रिय है। तो वह खुद मर जाएगी, पर इसी आशा में। अगर उसको पक्का हो जाए कि इसको कोई दुख होने वाला नहीं तो स्त्री आत्महत्या करेगी ही नहीं। लेकिन पति को कुछ पता नहीं है, वह बेचारा कहता है कि तू मर मत जाना; मैं बहुत दुखी होऊंगा। उसको पता नहीं है कि वह उसको प्रोत्साहन दे रहा है। यही तो रस है। अगर पति कहे कि बिलकुल ठीक, कल की मरती तू आज मर जा, तो बहुत ही अच्छा है, छुटकारा हो गया। रस ही खो गया। मरने में कोई मतलब नहीं है। बल्कि अब तो जीना बिलकुल जरूरी है, क्योंकि अब जीकर ही दुख दिया जा सकता है। पहले मर कर दुख दिया जा सकता था। दुनिया में सौ हत्याओं में से निन्यानबे हत्याएं दूसरे की हत्या करने का ही ढंग होती हैं।

तो पागल आदमी अपने को नुकसान पहुंचाने के लिए बाल लोंच सकता है। तो मनोविज्ञान से सिद्ध किया जा सकता है कि महावीर में कुछ पागलपन था, इसलिए बाल लोंचते थे।

पागलों का एक वर्ग है जो नंगा होने में रस लेता है। अगर एकांत में सड़क पर कहीं कोई स्त्री वगैरह मिल जाए तो वह जल्दी से नंगा खड़ा हो जाएगा। एक्ज़िबीशनिस्ट उनको पश्चिम में कहते हैं; उनकी संख्या बढ़ती जाती है। महावीर नग्न खड़े थे। उन्होंने वस्त्र छोड़ दिए। उन्होंने वस्त्र इसलिए छोड़े कि वे बच्चे की तरह सरल और निर्दोष हो गए। लेकिन मनोविज्ञान से सिद्ध किया जा सकता है कि उनमें जरूर कोई वृत्ति थी कि वे चाहते थे लोग उनको नंगा देखें। और इसको गलत करना बहुत मुश्किल होगा। क्योंकि महावीर तो कभी-कभी एक होता है। ऐसे हजार आदमी होते हैं जो दूसरे को अपने को नंगा दिखाना चाहते हैं। तो उन हजार के सामने महावीर एक अपवाद रह जाते हैं, उनको सिद्ध करना बहुत कठिन होगा।

आसान है क्योंकि जो पागल हैं वे भी समाज के बाहर गिर जाते हैं और जो संत हैं वे समाज के ऊपर उठ जाते हैं। दोनों समाज की सीमा के बाहर हो जाते हैं। उनमें कई चीजें समान मिल सकती हैं। तो पश्चिम में तय किया जा रहा है बहुत तरह से कि यह सब पागलों की जमात है।

लाओत्से ने हजारों साल पहले कहा है कि यह जो तीसरी कोटि का मनुष्य है, यह जो शूद्र बुद्धि का मनुष्य है, जो ताओ को समझता है, उसको वह मानता है कि इसकी बुद्धि मंद मालूम पड़ती है। इसके पास बुद्धि नहीं है; इसमें कुछ गड़बड़ है; यह कुछ बीमार है, कि रुग्ण है, कि विक्षिप्त है, कि मूढ़ है।

जो ताओ में खूब गतिवान है, वह तीसरी कोटि की बुद्धि के मनुष्य को, जीवन में बार-बार पिछड़ता हुआ मालूम पड़ता है।

पड़ेगा ही। क्योंकि ताओ की गति, जीवन में हम जिसे गति कहते हैं, उससे बिलकुल विपरीत है। अब जो आदमी राजसिंहासन की तरफ चल रहा है, वह जब बुद्ध को देखेगा कि राजसिंहासन छोड़ कर भाग गए तो वह

समझेगा, बुद्धू है। आपको पता है कि बुद्ध से ही बुद्धू शब्द बना है! तीसरी कोटि के आदमियों ने कहा होगा, कैसा बुद्धू, सब छोड़ कर चला आया। सुंदर पत्नी थी, महल था, राज्य था। इसके लिए तो आदमी कामना करता है। अभी भी, अभी भी घर में कोई हाथ-पांव बांध कर पद्मासन में बैठ जाए तो आप कहेंगे, छोड़ो, यह क्या बुद्धूपन कर रहे हो। यह बुद्ध जैसे बैठने से कुछ न होगा, उठो, काम-धाम में लगो, कुछ कमाओ। तीसरी कोटि के मनुष्य ने बुद्ध को अपमानित करने के लिए बुद्धू शब्द विकसित किया है। उसे तो लगेगा ही कि यह आदमी पिछड़ रहा है। सिंहासन से और बड़े सिंहासन पर जाना चाहिए था। यह सिंहासन छोड़ कर भाग रहा है। या तो इसकी बुद्धि कमजोर है, या यह जीवन में हार गया; पलायनवादी है, एस्केपिस्ट है।

और जो समतल पथ पर चलता है, सत्य के समतल पथ पर—क्योंकि वहां कोई उतार-चढ़ाव नहीं है, और जैसे-जैसे सत्य की निकटता बढ़ती है वैसे-वैसे पथ समतल होता जाता है—वह इस तीसरी कोटि के मनुष्य को ऊपर-नीचा होता हुआ दिखाई पड़ता है।

इस तीसरी कोटि के मनुष्य को सभी कुछ उलटा दिखाई पड़ेगा, स्वभावतः। क्योंकि वह ताओ, सत्य की तरफ जाने वाला आदमी इसके जीवन-दृष्टिकोण से बिलकुल विपरीत जा रहा है। जहां यह धन को पकड़ता है, वहां वह धन को छोड़ देता है। जहां यह स्त्री के पीछे भागता है, वहां वह स्त्री की तरफ मुंह कर लेता है। जहां सिंहासन के लिए यह जीवन देने को तैयार है, वहां उसको अगर हम मारने को भी तैयार हों और कहें कि सिंहासन पर बैठो, नहीं तो हत्या कर देंगे, तो भी वह सिंहासन से उतरने को तैयार है। बिलकुल विपरीत है। साधारण आदमी बहता है नदी की धार में उलटी तरफ, अप-स्ट्रीम; और ताओ की तरफ बहने वाला आदमी तैरना छोड़ देता है और नदी की धार में बहता है, डाउन-स्ट्रीम। दोनों उलटे मालूम पड़ते हैं। तो जो आदमी तैर रहा है उलटा, धारा में, और लड़ रहा है धारा से, जब भी आप लड़ना छोड़ेंगे, वे कहेंगे : कमजोर, कायर, नपुंसक, भाग रहे हो?

बुद्ध को समझाने लोग आते थे। बुद्ध जब अपने राज्य को छोड़ कर दूसरे राज्य में गए तो दूसरे राज्य के सम्राट को पता चला। वह बुद्ध के पिता का मित्र था, शुद्धोधन का। वह बुद्ध के पास आया। उसने कहा कि इस उम्र में, जवान हो, स्वस्थ हो, हृष्ट-पुष्ट हो, भागते हो; शर्म नहीं आती? संकोच नहीं आता? यह तो कायरों का काम है भागना। तो बुद्ध ने कहा, मकान में आग लगी हो, और कोई आदमी मकान के बाहर आए, तो क्या आप उससे कहते हो—कायर, भागता है? जब मकान में आग लगी है तो भीतर बैठ! तो बुद्ध ने कहा, अगर आपकी भाषा में यह कायरता हो तो भी मुझे स्वीकार। आपकी बहादुरी को नमस्कार! उस बहादुरी में मैं नहीं पड़ने वाला। मकान में आग लगी है, मैं तो बाहर निकलूंगा। दुनिया कहे कि यह कायरपन है तो कहने दो। लेकिन जिसको आप महल कह रहे हैं वह जलता हुआ मकान है; वहां आग ही आग है, लपटों के सिवाय मैंने वहां कुछ भी नहीं पाया।

तो जो हमें पलायन मालूम पड़ता है, तृतीय कोटि के मनुष्य को, वह उसके लिए विजय-यात्रा है। और जो हमारे लिए विजय-यात्रा है वह उसके लिए आग का पथ है।

ये तीन तरह के लोग हैं। यह किन्हीं और के संबंध में बात नहीं है। तीनों तरह के लोग यहां मौजूद हैं। और आपका मन होगा मानने का कि आप पहले तरह के मनुष्य हैं। लेकिन जल्दी मत करना। पहली तरह का मनुष्य बहुत मुश्किल है। बेमन से शायद आप मानने को राजी हो जाएं कि चलो, दूसरी तरह के मनुष्य हैं। लेकिन दूसरी तरह का मनुष्य भी सौ में एकाध-दो होते हैं। क्योंकि दूसरी तरह के मनुष्य को बड़ी बेचैनी में जीना पड़ता है। पहली तरह का मनुष्य बेचैनी में नहीं जीता; तीसरी तरह का मनुष्य भी बेचैनी में नहीं जीता। वे आश्वस्त होते हैं। पहला वाला आश्वस्त चलता है, तीसरा वाला आश्वस्त रूप से छोड़ देता है कि यह सब फिजूल है, बकवास है, इसमें पड़ना नहीं है। दोनों निश्चिंत होते हैं। दूसरा मध्य वाला आदमी हमेशा चिंतित और बेचैन होता है। वह भी बहुत कम संख्या में

होता है। तीसरी तरह का मनुष्य अधिकतम संख्या में होता है। वह कई तरह से अपने को सुरक्षित कर लेता है दीवार बना कर; कई तरह के उपाय कर लेता है; और कहता है, यह अपने लिए नहीं है। यही तो कारण है कि बुद्ध जैसे लोग भी जमीन पर हों तो भी कितने लोग रूपांतरित होते हैं! कितने कम लोग! बुद्ध एक गांव में आते हैं, कितने लोग सुनने जाते हैं?

ऐसा एक बार हुआ कि बुद्ध एक गांव में कई बार आए। और एक आदमी उन्हें सुनना चाहता था, लेकिन कोई न कोई बहाना खोज लेता। कभी उसकी पत्नी बीमारी थी, कभी लड़के को सर्दी-जुकाम, कभी दुकान पर ज्यादा ग्राहक, कभी वह खुद ही अस्वस्थ, कभी थका-मांदा, कभी कुछ, कभी कुछ। बुद्ध कई बार आए-गए; तीस साल उसके गांव से कई बार गुजरे। और हमेशा उसने कोई बहाना खोज लिया। फिर जब बुद्ध की मृत्यु का क्षण आया और खबर आई कि बुद्ध आज जीवन छोड़ते हैं, तब वह भागा हुआ पहुंचा। उसने लोगों से कहा, मुझे मिलने दो। तो लोगों ने कहा कि तीस साल तेरे गांव से गुजरते थे, तू तो कभी दिखाई नहीं पड़ा। उसने कहा, मुझे फुर्सत नहीं मिली।

बुद्ध को फुर्सत है आपके गांव में आने की; आपको फुर्सत नहीं है सुनने जाने की। और सब काम चल रहा है, सिर्फ बुद्ध को सुनने की फुर्सत नहीं है। वह बहाना है। वह तरकीब है। तीसरी कोटि का आदमी कई तरह के बहाने खोजता है। वह कहता है, अभी अपनी उम्र नहीं है, यह तो वृद्धावस्था की बात है; जब बूढ़े हो जाएंगे तब धर्म को सोच लेंगे, समझ लेंगे। वह तो अंतिम है। हजार बहाने खोज लेता है कि अभी अपने को सुविधा नहीं है।

एक मित्र मेरे पास आए। उन्होंने कहा कि मैं आपको सुनने इसलिए नहीं आता कि अगर कहीं आपकी बात ठीक लगने लगी तो! इसलिए न आना अच्छा है।

एक महिला मेरे पास आई, और उसने कहा कि ध्यान तो करना चाहती हूं, लेकिन मुझमें कुछ ऐसा फर्क तो नहीं हो जाएगा कि मेरे परिवार में अड़चन होने लगे। तो मैंने कहा, फर्क तो होगा ही, नहीं तो ध्यान करने की कोई जरूरत नहीं। और अड़चन भी होगी। क्योंकि परिवार में बुरे होने से ही अड़चन नहीं होती, अच्छे होने से भी अड़चन होती है। अड़चन का तो मतलब होता है कि पुराना एडजस्टमेंट टूट जाता है।

अब पत्नी क्रोध करती थी, दुष्ट थी, तो पति को सुविधा थी एक तरह की। वह किसी दूसरी स्त्री के प्रेम में पड़ता तो उसको भीतर एक तर्क था कि अपनी पत्नी इतनी दुष्ट, कर्कशा है, इसलिए! इसलिए कसूर मेरा नहीं है कि मैं दूसरी स्त्री की तरफ आकर्षित होता हूं; इसका ही है। फिर पत्नी ध्यान करने लगे, शांत हो जाए, कर्कशा न रह जाए, प्रसन्न चित्त हो जाए, कठोर न रहे, क्रूर न रहे, तो पति को बेचैनी शुरू होगी। अब, अब वह दूसरी स्त्री की तरफ देखे तो अड़चन मालूम होती है। इसका बदला वह इसी पत्नी से लेगा। बुरे होने से तो अड़चन होती ही है जीवन में, अच्छे होने से और भी ज्यादा अड़चन होती है।

तो मैंने उस स्त्री को कहा कि अड़चन तो होगी, यह तू सोच कर आ। फिर छह महीने हो गए, उसका मुझे पता नहीं चला।

मोक्ष को छोड़ने को लोग तैयार हो सकते हैं; अड़चन से बचते हैं। हजार बहाने हैं। तो तीसरी कोटि का आदमी बड़ी से बड़ी संख्या में है। सौ में अट्ठानबे, निन्यानबे आदमी तीसरी कोटि के हैं।

और अगर आपको दिखाई पड़ जाए कि आप तीसरी कोटि के हैं तो आपकी पहली कोटि के होने की यात्रा शुरू हो गई। तीसरी कोटि का लक्षण है यह कि वह मानता नहीं कि मैं तीसरी कोटि का हूं। तीसरी कोटि का आदमी मानता है कि मैं तो पहली कोटि का हूं। पहली कोटि का आदमी मान लेता है कि मैं तीसरी कोटि का हूं, और कैसे पहली कोटि का बनूं, इसके लिए जीवन को बदलने को तैयार हूं। तो अच्छा हो कि नीचे की सीढ़ी पर अपने को समझना। क्योंकि उससे ऊपर की सीढ़ी का द्वार खुलता है।

और अथक श्रम की जरूरत है। यात्रा तपश्चर्या है। पहुंचना तो हो जाता है, लेकिन चलना जरूरी है। और चल वही सकता है जो समझता है कि मंजिल मुझे मिल नहीं गई है। अगर आपको मंजिल मिल ही गई है—जो कि तीसरी कोटि का लक्षण है, शूद्र का लक्षण है कि वह मुक्त अपने को मानता ही है, ज्ञानी अपने को मानता ही है, ब्रह्मज्ञानी अपने को मानता ही है।

एक महिला ने मुझे आकर कहा कि मेरे पति आपके बहुत खिलाफ हैं। वे कहते हैं, ऐसा क्या है जो उन्हें सुनने से मिल सकता है—जब मैं घर में मौजूद हूं! और पति मैं हूं तुम्हारा कि वे? मुझसे पूछो! उस महिला ने मुझे कहा कि इसके पहले मैं उनसे कुछ पूछ भी सकती थी, अब वह भी मन नहीं रहा, कि यह आदमी किस तरह का आदमी है!

पर तृतीय कोटि के आदमी का यह लक्षण है कि वह उपलब्ध है, इसलिए कुछ करने को नहीं, कहीं जाने को नहीं; वह जो है, परम साकार प्रतिमा है परमात्मा की, अब कुछ और करने को नहीं रह गया।

अगर आप अपने को समझ लें नीचे की सीढ़ी पर खड़ा हुआ तो आपने ऊपर उठना शुरू कर दिया। वह प्रथम कोटि के आदमी का लक्षण है। इन पर विचार करना, इन पर ध्यान करना। और शीघ्रता से निर्णय मत लेना; आहिस्ता से निर्णय को आने देना। उससे जीवन में क्रांति की संभावना उन्मुक्त होती है।

पांच मिनट रुकें, कीर्तन करें, और जाएं।

सतहत्तरवां प्रवचन

# सच्चे संत को पहचानना कठिन है

Chapter 41 : Part 2

## QUALITIES OF THE TAOIST

*Superior character appears like a hollow (valley);*
*Sheer white appears like tarnished;*
*Great character appears like insufficient;*
*Solid character appears like infirm;*
*Pure worth appears like contaminated.*
*Great space has no corners;*
*Great talent takes long to mature;*
*Great music is faintly heard;*
*Great form has no contour;*
*And Tao is hidden without a name.*
*It is this Tao that is adept at lending its power and bringing fulfillment.*

अध्याय 41 : खंड 2

## ताओपंथी के गुणधर्म

*श्रेष्ठ चरित्र घाटी की तरह खाली प्रतीत होता है;*
*निपट उजाला धुंधलके की तरह दिखता है;*
*महा चरित्र अपर्याप्त मालूम पड़ता है;*
*ठोस चरित्र दुर्बल दिखता है;*
*शुद्ध योग्यता दूषित मालूम पड़ती है।*
*महा अंतरिक्ष के कोने नहीं होते;*
*महा प्रतिभा प्रौढ़ होने में समय लेती है;*
*महा संगीत धीमा सुनाई देता है;*
*महा रूप की रूप-रेखा नहीं होती;*
*और ताओ अनाम छिपा है।*
*और यह वही ताओ है जो दूसरों को शक्ति देने और आप्तकाम करने में पटु है।*

दर्शन दृष्टि पर निर्भर है। हम वही देख पाते हैं जो हम देख सकते हैं। जो हमें दिखाई पड़ता है उसमें हमारी आंखों का दान है। हम जैसे हैं वैसा ही हमें दिखाई पड़ता है, और हम जैसे नहीं हैं उससे हमारा कोई भी संबंध नहीं जुड़ पाता। यह स्वाभाविक भी है। लेकिन इसका हमें स्मरण नहीं है। इसलिए जो हम देखते हैं, हम सोचते हैं वह सत्य है। बहुत संभावना यही है कि वह हमारी आंखों का ही प्रतिबिंब है।

सत्य को तो वही देख पाता है जो सभी तरह की दृष्टियों से, सभी तरह की आंखों से मुक्त हो जाता है। आंख पर रंगीन चश्मा हो तो जगत रंगीन दिखाई पड़ने लगता है। और अगर चश्मा भूल जाए तो हम सोचेंगे कि जगत इसी रंग का है। अंधे को प्रकाश दिखाई नहीं पड़ता तो अंधे के लिए यही सत्य है कि प्रकाश नहीं है। लेकिन अंधे को न दिखाई पड़ने से प्रकाश का न होना सिद्ध नहीं होता।

हर प्राणी के पास भिन्न तरह की आंखें हैं। वैज्ञानिक निरंतर विचार करते हैं कि जगत विभिन्न शरीरों से कैसा दिखाई पड़ता होगा। मनुष्य जैसा जगत को देखता है, वैसा जगत है? या वैसा इसलिए दिखाई पड़ता है कि मनुष्य के पास एक खास तरह की आंख है? मनुष्य के पास ही और पशुओं की लंबी कतार है। उन पशुओं को भी जगत दिखाई पड़ता है, लेकिन उन्हें ऐसा दिखाई नहीं पड़ सकता जैसा मनुष्य को दिखाई पड़ता है। उनकी आंखें भिन्न हैं; उनके देखने का ढंग भिन्न है। उनकी वासनाएं भिन्न हैं; उनके व्यक्तित्व का ढांचा भिन्न है। उस पूरी भिन्नता के बीच से जगत बिलकुल अलग ही दिखाई पड़ता होगा।

लेकिन हमारे पास कोई उपाय भी नहीं कि हम जान सकें कि पशु-पक्षी या पौधे जगत को कैसा जानते हैं। हम अपने भीतर बंद हैं। हर आदमी अपने शरीर के यंत्र के भीतर बंद है—हर पशु, हर पक्षी, हर पौधा। और जगत से हमारा उतना ही संबंध होता है जितनी हमारे पास इंद्रियां हैं, और जैसी इंद्रियां हैं।

यह बात ठीक से समझ में आ जाए तो हमारा आग्रह क्षीण हो जाए, तो फिर हम अपनी दृष्टि को ही सत्य करने की कोशिश छोड़ दें। फिर हम ऐसा ही कहें कि ऐसा मुझे दिखाई पड़ता है; मुझे पता नहीं ऐसा है भी या नहीं। जिस व्यक्ति को यह खयाल में आ जाए, उसका आग्रह, मतांधता, अंधता कम हो जाएगी। और एक ऐसी घड़ी भी आ जाएगी जब धीरे-धीरे वह सभी दृष्टियों को छोड़ देगा, सभी पक्षपातों को, सभी धारणाओं को। और जब कोई व्यक्ति सारी धारणाएं, सारे पक्षपात, सारी दृष्टियों को छोड़ कर देखने में समर्थ हो पाता है, तब उसे वह दिखाई पड़ता है जो है। दृष्टियों से मुक्त होकर जो दर्शन होता है वही सत्य का दर्शन है।

लाओत्से के ये सूत्र, सामान्य तृतीय श्रेणी के मनुष्य को जैसा दिखाई पड़ता है, उसकी खबर देते हैं।

'श्रेष्ठ चरित्र घाटी की तरह खाली प्रतीत होता है।'

वह जो सामान्य बुद्धि है, वह जो हम सबकी बुद्धि है, उस बुद्धि के अनुसार हमें श्रेष्ठ चरित्र खाली मालूम पड़ेगा। क्योंकि हम जिसे चरित्र कहते हैं वह तो चरित्र है ही नहीं। हम जिसे चरित्र कहते हैं उसे ही हम एक शिखर की भांति देखने के आदी हो गए हैं। ताओ का जो चरित्र है, वस्तुतः निर्मल धर्म का जो चरित्र है, वह तो हमें घाटी की तरह दिखाई पड़ेगा। क्योंकि हम उलटे खड़े हैं। वह जो शिखर की भांति है, हमें घाटी की तरह दिखाई पड़ेगा। ऐसे ही जैसे आप उलटे खड़े हों, शीर्षासन करते हों, और सारा जगत आपको उलटा चलता हुआ मालूम पड़े। अगर आप भूल जाएं कि आप शीर्षासन कर रहे हैं तो सारा जगत उलटा चलता हुआ मालूम पड़े। स्मरण आ जाए कि मैं शीर्षासन कर रहा हूं और आप सीधे खड़े हो जाएं तो सारा जगत आपके साथ एक क्षण में सीधा हो जाता है।

आप कैसे खड़े हैं, इस पर निर्भर है। क्यों शुद्ध चरित्र, निर्मल चरित्र, श्रेष्ठ चरित्र घाटी की भांति खाली दिखाई पड़ेगा? थोड़ा सूक्ष्म है; समझना जरूरी है।

अगर एक व्यक्ति प्रेम का ऊपर से आचरण कर रहा हो, उसके हृदय में प्रेम का आविर्भाव न हुआ हो—जैसा कि सभी आम व्यक्तियों के जीवन में होता है, वे केवल प्रेम का आचरण करते हुए मालूम होते हैं, प्रेम का अंतस उनके पास नहीं होता—तो जो व्यक्ति प्रेम का आचरण करता है उसका प्रेम हमें शिखर की भांति मालूम पड़ेगा। क्योंकि वह अपने प्रेम को सब भांति प्रकट करेगा। प्रेम अगर भीतर हो तो प्रकट करने की जरूरत भी नहीं है। प्रेम भीतर न हो तो प्रकट किए बिना उसके होने का कोई उपाय नहीं रह जाता। तो जिस व्यक्ति के भीतर प्रेम नहीं है, वह प्रेम का बहुत ज्यादा व्यवहार करेगा; शब्दों से, विचार से, सब भांति जतलाएगा कि उसे प्रेम है। और इस जतलाने वाले व्यक्ति का प्रेम हमें दिखाई भी पड़ेगा। क्योंकि हम आचरण को ही देख सकते हैं, अंतस को नहीं। जो ऊपर प्रकट होता है उस तक ही हमारी पहुंच है; जो भीतर गहरे में छिपा होता है उस तक हमारी पहुंच नहीं है। हम बीज को नहीं देख सकते, हम तो केवल फूल को ही देख सकते हैं, जो प्रकट हो गए हैं। फिर चाहे वह फूल नकली ही क्यों न हो, कागज का ही क्यों न हो, चाहे उस फूल पर सुगंध ऊपर से क्यों न छिड़की गई हो। लेकिन हमें बीज में छिपा फूल दिखाई नहीं पड़ सकता। उसके लिए बड़ी गहरी आंखें चाहिए। उतनी गहरी आंख तृतीय कोटि के मनुष्य के पास नहीं है। ऊपर-ऊपर देख सकता है।

आपको भी अंदाज होगा कि जब आपका किसी से प्रेम नहीं होता, और आप प्रेम जतलाना चाहते हैं, प्रेम जतला कर कोई फायदा उठाना चाहते हैं, तब आप प्रेम में बहुत ही मुखर हो जाते हैं, तब आप प्रेम की अभिव्यक्ति में बड़ी तीव्रता दिखलाते हैं। भीतर की कमी को छिपाने के लिए बाहर की अभिव्यक्ति करते हैं। जिस दिन आपको डर होता है कि आपने कुछ ऐसा काम किया है कि आपकी पत्नी अगर जान जाए तो उपद्रव होगा, उस दिन आप भेंट लेकर घर पहुंचते हैं, फूल ले जाते हैं, आइसक्रीम ले जाते हैं। उस दिन आप प्रेम को प्रकट करते हैं। कुछ है जिसे छिपाना है; भीतर कोई जगह खाली है जहां प्रेम नहीं है, उसे बाहर के किसी आवरण से भरना है।

यह जो ऊपर की अभिव्यक्ति है, इस पर बहुत जोर बढ़ता जा रहा है। पश्चिम में तो रोज किताबें लिखी जाती हैं—कैसे प्रेम करें। उसमें सभी किताबों में अनिवार्यतः एक बात होती है कि प्रेम को छिपाए मत रखें, प्रकट करें। क्योंकि जो छिपा है उसे कोई भी नहीं जानता। उसे बोल कर कहें, उसे आचरण से जतलाएं, उसे व्यवहार से दिखाएं। आप अपनी पत्नी को प्रेम करते हैं, पश्चिम में लिखी जाने वाली किताबें कहती हैं, इतना काफी नहीं है। आप इसे कहें भी कि मैं प्रेम करता हूं। इसे आप रोज दोहराएं भी, और इसे आप किसी न किसी भांति व्यवहार से भी जाहिर करें।

ये किताबें इस बात की खबर देती हैं कि आदमी के भीतर से प्रेम मर चुका है, या आदमी समर्थ ही नहीं रहा प्रेम को समझने में। जब प्रेम होता है तो जतलाने की कोई भी जरूरत नहीं होती। जब प्रेम होता है तो यह कहना कि मैं प्रेम करता हूं, बेहूदा मालूम पड़ेगा, ओछा मालूम पड़ेगा, क्षुद्र मालूम पड़ेगा, व्यर्थ मालूम पड़ेगा। इसे उठाना, इसकी

चर्चा भी उठानी, नीचे गिरना मालूम पड़ेगा। व्यवहार से भी प्रकट करने की आवश्यकता तभी है जब प्रेम गहरा न हो। अगर प्रेम गहरा हो तो मौन में भी प्रकट है। अगर प्रेम हो तो व्यवहार में भी न आए तो भी प्रकट है। लेकिन तब दूसरी तरफ भी आंखें चाहिए जो उतना गहरा देख सकें।

इसलिए लाओत्से कहता है, श्रेष्ठ चरित्र खाली मालूम पड़ेगा। क्योंकि श्रेष्ठ चरित्र प्रकट करने की चेष्टा ही नहीं करता। श्रेष्ठ चरित्र होने के खयाल में होता है, प्रकट करने के खयाल में नहीं। पर श्रेष्ठ चरित्र फिर हमें दिखाई नहीं पड़ सकता। हमें तो जो शोरगुल करे, काफी उपद्रव मचाए, सब तरफ से दिखलाए, वही दिखाई पड़ता है। ठीक प्रेमी को हम पहचान ही न पाएंगे। हम केवल अभिनेता को पहचान सकते हैं, और ठीक प्रेमी अभिनय नहीं करेगा। अभिनय जैसी क्षुद्रता ठीक प्रेमी नहीं करेगा। अभिनय तो वही करेगा जिसके पास प्रेम नहीं है। अभिनय उसका सब्स्टीटयूट है, उसका परिपूरक है।

तो जिस प्रेमी ने आपसे कभी कहा ही नहीं कि मैं प्रेम करता हूं, जिसने कभी आपके पास प्रेम की कोई भेंट नहीं भेजी, जिसने प्रेम को पार्थिव नहीं बनाया...। भेंट पार्थिव है; प्रेम अपार्थिव है। इसलिए प्रेमी भेंट देते हैं ताकि पता चल जाए कि प्रेम है। उसे पदार्थ तक लाना पड़ता है। क्योंकि पदार्थ हमें दिखाई पड़ता है। भेंट का अर्थ है पदार्थ में ले आना। लेकिन प्रेम अगर चुप रहे, न पदार्थ तक लाया जाए, न व्यवहार से प्रकट करने की कोशिश की जाए, सहज जो बहाव हो, होने दिया जाए, तो इस जगत में कितने लोग उस तरह के प्रेम को पहचान पाएंगे? प्रेम का भी प्रचार करना होता है। उसके लिए भी विज्ञापन करना होता है। उसके लिए भी सब भांति शोरगुल और आवाज पैदा करनी होती है। क्योंकि मौन के संगीत को कोई सुन ही नहीं पाता; कान इतने बहरे हो गए हैं। जब तक बहुत उपद्रव न मचाया जाए तब तक पता ही नहीं चलता कि कुछ हो रहा है।

जैसा प्रेम है, वैसे ही जीवन के सारे चरित्र की दिशाएं हैं। अगर कोई आदमी सत्यवादी है, अगर कोई आदमी शीलवान है, अगर कोई आदमी ब्रह्मचर्य को उपलब्ध है, तो भी हमें तभी पता चलेगा जब इसका प्रचार किया जाए।

मैंने सुना है, डेल कार्नेगी ने अपने संस्मरणों में कहीं लिखा है कि वह एक विज्ञापन कंपनी का काम करता था। और एक धनपति के पास गया, और धनपति से उसने कहा कि आप कभी अपने सामान का, जो आप बेचते हैं और बनाते हैं, उसका कोई विज्ञापन नहीं करते हैं। आप बहुत पुराने ढंग से चल रहे हैं। दुनिया बदल गई। अब बिना विज्ञापन के कोई खबर नहीं हो सकती। उस धनपति ने कहा कि हमारा काम सौ वर्ष पुराना है, और हमें किसी विज्ञापन की जरूरत नहीं है। लोग जानते हैं, लोग भलीभांति जानते हैं, और लोग श्रेष्ठ चीज को पहचानते हैं। इसलिए क्षमा करें, हमारी कोई उत्सुकता विज्ञापन में नहीं है।

तभी सांझ हो गई और पहाड़ी के ऊपर बने चर्च की घंटियां बजने लगीं। तो डेल कार्नेगी ने कहा उस धनपति से कि आप ये चर्च की घंटियां सुनते हैं? यह चर्च कितना पुराना है? उस धनपति ने कहा, कम से कम पांच सौ वर्ष पुराना है। तो डेल कार्नेगी ने कहा, अभी तक यह घंटियां बजाता है; तभी लोगों को पता चलता है कि चर्च है। यह घंटियां बजाना बंद कर दे, लोग भूल जाएंगे।

डेल कार्नेगी ने लिखा है, उस धनपति ने तत्काल अपने विज्ञापन का आर्डर लिख कर दिया।

कितने पुराने हैं, इससे कोई सवाल नहीं; प्रचार तो करना ही होगा। लेकिन अक्सर लोग भूल जाते हैं। इसीलिए पति-पत्नी को धीरे-धीरे लगता है कि उनके बीच प्रेम नहीं रहा। क्योंकि वे प्रचार कम कर देते हैं। जो प्रचार शुरू में किया था, यह सोच कर कि अब तो तीस साल पुराना हो गया प्रेम, अब क्या रोज-रोज सुबह-सुबह उठ कर कहना है कि तुझ जैसी कोई स्त्री जगत में नहीं, तेरे सौंदर्य की कोई तुलना नहीं, तू मुझे मिल गई तो सब कुछ मिल गया, अब यह रोज-रोज क्या कहना है? लेकिन हमारी आंखें इतना गहरा नहीं देख पातीं। न हमारा इतना प्रेम गहरा है

और न इतनी आंखें गहरी हैं कि बिना प्रचार के चल जाए। इसलिए पश्चिम के मनोवैज्ञानिक सलाह देते हैं कि चाहे तीस साल, और चाहे तीन सौ साल हो जाएं, तो भी रोज सुबह उठ कर घंटियां बजाना और प्रचार करना। क्योंकि सिर्फ प्रचार ही दिखाई पड़ता है। और प्रचार करते-करते ही असत्य भी सत्य हो जाते हैं।

एडोल्फ हिटलर ने अपनी आत्मकथा में लिखा है कि सत्य का कोई और अर्थ नहीं है; ऐसा असत्य जिसका काफी दिनों से प्रचार किया गया है सत्य हो जाता है। और एडोल्फ हिटलर ने अपने जीवन से ही सिद्ध कर दिया कि असत्य को दोहराए चले जाओ, फिक्र मत करो, दोहराए चले जाओ, आज नहीं कल वह सत्य हो जाएगा। दोहराने वाले की क्षमता पर निर्भर है कि असत्य सत्य होगा या नहीं। कान पर पड़ता ही रहे, पड़ता ही रहे, तो सुनते-सुनते, सुनते-सुनते भरोसा आ जाता है।

आप हिंदू हैं। आपने कभी खोज की है कि हिंदू होने में क्या सत्य है? या आप मुसलमान हैं। क्या कभी आपने खोज की है कि मुसलमान होने का क्या अर्थ है? नहीं, सिर्फ प्रचार है, लंबा प्रचार है। और प्रचार इतना लंबा है कि पीढ़ी दर पीढ़ी चला आया है; आपके खून और हड्डी में प्रवेश कर गया है। और जब आप पैदा होते हैं तब से प्रचार शुरू हो जाता है। जब आप होश सम्हालते हैं तब तक प्रचार काफी भीतर प्रवेश कर गया होता है। और आपको खुद ही लगने लगता है कि मैं हिंदू हूं; अगर हिंदू धर्म खतरे में है तो मैं जान दे दूंगा। प्रचार सत्य हो जाता है।

हम जी ही रहे हैं बाह्य से, और बाहर से जो हमारे भीतर डाल दिया जाता है वही हमें दिखाई पड़ता है। भीतर को देखने की क्षमता हमारी न के बराबर है

इसलिए लाओत्से कहता है, 'श्रेष्ठ चरित्र घाटी की तरह खाली प्रतीत होता है।'

क्योंकि हम अश्रेष्ठ चरित्र से परिचित हैं जो कि शिखर की तरह अपना प्रचार करता है। और हम शब्दों से जीते हैं, और श्रेष्ठ मौन होता है। और हम बाहर को देखते हैं, और श्रेष्ठ भीतर होता है। इसलिए श्रेष्ठ हमें दिखाई ही नहीं पड़ता। इसलिए अगर हम रोज धोखा खाते हैं तो किसी और का कसूर नहीं है; हम खुद ही धोखा खाने को तैयार हैं। क्योंकि हम जहां से देखते हैं वहां धोखा ही होगा। उससे गहरी हमारी आंख प्रवेश नहीं करती।

'निपट उजाला धुंधलके की तरह दिखता है।'

क्योंकि हमारी आंखें जब तक उत्तेजना तीव्र न हो तब तक देख नहीं पातीं। सुबह जब सूरज नहीं निकलता तब जो उजाला होता है वह निपट उजाला है। उसमें चकाचौंध नहीं है, उसमें उत्तेजना नहीं है, उसमें तीव्रता नहीं है, उसमें चोट और आक्रमण नहीं है; अनाक्रामक, अहिंसक उजाला है। लेकिन वह हमें धुंधलके की तरह दिखता है। जब सूरज उग आता है और उसकी प्रखर किरणें हमारी आंखों को भेदने लगती हैं तब हमें लगता है कि उजाला हुआ।

हमारी सभी संवेदनशीलताएं क्षीण हो गई हैं, मंद हो गई हैं। जैसा हमारा स्वाद मंद हो गया है। तो जब तक मिर्च जाकर हमारी जीभ को झकझोर न दे तब तक हमें पता नहीं चलता कि कोई स्वाद है। और जो आदमी मिर्च खाने का आदी हो गया, उसके सब स्वाद खो जाते हैं। क्योंकि इतने तीव्र स्वाद के बाद फिर जो मंदिम स्वाद हैं, भद्र स्वाद हैं, वे फिर खयाल में नहीं आते। हमारी जीभ फिर उनसे संबंधित ही नहीं हो पाती। हम हिंसा के इतने आदी हो गए हैं कि कुछ भी अहिंसक घटना हमें दिखाई नहीं पड़ती—उत्तेजना, सेंसेशन, जितना तेज हो।

देखते हैं आप, संगीत रोज तेज होता चला जाता है। युवकों का जो संगीत है; जब तक बिलकुल पागल करने वाला न हो, इतने जोर-शोर से न हो कि आपकी सभी इंद्रियां चोट खाकर अस्तव्यस्त हो जाएं, तब तक युवकों को लगता है, यह कोई संगीत ही नहीं है। धीमे स्वर, भद्र स्वर, शांत स्वर सुनाई ही नहीं पड़ेंगे। कान भी हमारे उत्तेजना मांगते हैं; वस्त्र भी। जब तक कि रंग ऐसे न हों कि जो आंखों को भेद दें, ऐसे न हों कि तिलमिलाहट पैदा कर दें, तब तक रंग नहीं मालूम पड़ते।

हमारा पूरा जीवन ही गहरी उत्तेजना, तेज स्वाद, चोट पहुंचाने वाले स्वर, चोट पहुंचाने वाली घटनाएं, इनकी मांग करता है। सुबह उठ कर आप अखबार देखते हैं, उसमें आप नजर डालते हैं—कहां कितने लोग मरे, कहां युद्ध शुरू हुआ, कहां आगजनी हुई, कहां उपद्रव हुआ, कहां हत्याएं, बलात्कार, कितनी स्त्रियां भगाई गईं। और अगर अखबार में ऐसी कोई खबर न हो तो आप कहेंगे आज कुछ हुआ ही नहीं। आप अखबार को नीचे रख देंगे उदास चित्त से कि आज कोई खबर नहीं है। भद्र, शांत छूता ही नहीं। अभद्र और अशांत ही छूता है। अगर आप फिल्म देखते हैं तो हत्या चाहिए, जासूसी चाहिए, युद्ध चाहिए, खून चाहिए। तब आपकी रीढ़ थोड़ी कुर्सी पर सीधी होकर बैठती है जब कुछ होने लगता है। कुछ होने का मतलब यह होता है कि कुछ उपद्रव होने लगता है। अगर सब ठीक-ठीक चलता हो, जैसा चलना चाहिए, तो वह फिल्म चल नहीं सकती। फिल्म तभी चल सकती है जब एक्साइटमेंट हो, जब आपका खून खौलने लगे।

और आपको पता नहीं है, अभी मनोवैज्ञानिक एक प्रयोग हार्वर्ड विश्वविद्यालय में कर रहे थे। तो उन्होंने चूहों का एक समूह—बारह चूहे—दो हिस्सों में बांट दिया। छह चूहों को चूहों की एक फिल्म दिखाई गई, जिसमें चूहे लड़ते हैं, खून करते हैं, एक-दूसरे की चमड़ी फाड़ देते हैं, हड्डियां खींच लेते हैं। दूसरे छह चूहों को एक साधारण फिल्म दिखाई गई, जिसमें सामान्य चूहे अपनी खोलों में जाते हैं, बाहर निकलते हैं, दाना चुनते हैं; सामान्य जीवन, कहीं कोई खून-हत्या नहीं।

जिन छह चूहों ने खून और हत्या की फिल्म देखी उनका ब्लड-प्रेशर बढ़ गया, और वे लड़ने-मारने को उतारू हो गए। जिन छह चूहों ने सामान्य फिल्म देखी उनमें से अधिक सो गए देखते-देखते ही। उसमें कुछ सार नहीं था; उसमें कोई समाचार नहीं था। उनका ब्लड-प्रेशर सामान्य रहा। रात, जिन छह चूहों ने शांत फिल्म देखी थी, वे निश्चिंत भाव से सोए; उनकी नींद में कोई व्याघात न था। उन्होंने कोई खतरनाक सपने नहीं देखे। क्योंकि अब तो चूहों के भी मस्तिष्क को रात में जांचने का उपाय है। क्योंकि जब सपना देखा जाता है तो मस्तिष्क में तनाव आ जाता है, नसें फूल जाती हैं, खून तेजी से बहता है, और तरंगें ज्वरग्रस्त हो जाती हैं; उनका ग्राफ बन जाता है। जिन छह चूहों ने फिल्म देखी उपद्रव की, खून की, हत्या की, उनकी रात बेचैन रही। उन्होंने ज्यादा करवटें बदलीं, अनेक बार उनकी नींद टूटी। और उन्होंने सपने देखे और सपने सब तीव्र थे, भयभीत करने वाले थे, दुख-स्वप्न, नाइटमेयर थे।

आप जब एक तेज फिल्म देख कर आते हैं तो ऐसा मत सोचना कि चूहे से भिन्न आप व्यवहार करेंगे। आप देखने ही इसलिए गए हैं कि खून ठंडा-ठंडा मालूम पड़ता है, उसमें चाल नहीं मालूम पड़ती, उसमें थोड़ी चाल आ जाए, खून में थोड़ी गति आ जाए, थोड़ा खून का व्यायाम हो जाए, थोड़ा मस्तिष्क झकझोर उठे। आप करीब-करीब सो गए हैं। वही दफ्तर, वही पत्नी, वही बच्चे, वही मकान; जो फिल्म आपके चारों तरफ चल रही है उससे आप बिलकुल ऊब गए हैं। इस ऊब में से कोई झकझोर कर बाहर निकाल ले।

तो अगर जीवन जैसा कि बुद्ध या लाओत्से कहते हैं वैसा हो तो आपको बड़ा उबाने वाला होगा; जैसा जीवन हिटलर, चंगेज खां और तैमूरलंग चाहते हैं वैसा हो तो ही आपको रसपूर्ण होगा। फिर भी आप बुद्ध की पूजा करते हैं और तैमूर को गाली दिए जाते हैं। लेकिन आप अनुयायी तैमूर, हिटलर, नेपोलियन के हैं। बुद्ध, महावीर, कृष्ण, क्राइस्ट से आपका कुछ लेना-देना नहीं है। यह भी आपकी तरकीब है अपने को धोखा देने की कि चलते हैं पीछे हिटलर के और पूजा करते हैं बुद्ध के मंदिर में। इससे आपको भरोसा बना रहता है कि हम भी बुद्ध के पीछे चलने वाले हैं। लेकिन बुद्ध के जीवन में आपको क्या रस होगा?

एक मित्र अभी मेरे पास आए। जैन हैं, बड़े उद्योगपति हैं, धनपति हैं। उन्होंने मुझसे कहा कि महावीर की पच्चीस सौवीं वर्षगांठ आ रही है चौहत्तर में, तो आप कुछ सुझाव दें कि हम महावीर के लिए क्या करें। तो मैंने उन्हें

कहा कि महावीर के जीवन पर एक फिल्म बनाएं। उन्होंने कहा, उसको कौन देखेगा? उनके जीवन में ऐसा कुछ है ही नहीं। उन्होंने ठीक कहा। वे बिलकुल उदास हो गए। उन्होंने कहा, देखेगा कौन उस फिल्म को? वह चलेगी कैसे? क्योंकि महावीर बैठे हैं आंख बंद किए, इसको कितनी देर तक दिखाइए? इसमें कोई हत्या, इसमें कोई प्रेम का उपद्रव, कोई ट्रायंगल, कुछ भी नहीं है—कि दो स्त्रियां लड़ रही हों उनके लिए, खींचतान हो रही हो, कुछ उपद्रव हो—कुछ भी नहीं है। जीवन बिलकुल शांत है। तो इस शांत धार को कौन देखेगा? वे ठीक कहते हैं।

जब महावीर की फिल्म को कोई देखने को राजी नहीं है तो महावीर के जीवन को कौन स्वीकार करेगा? और लोग अगर महावीर जैसा जीवन जीने लगें तो हम सब ऊब जाएंगे, बुरी तरह ऊब जाएंगे। रस उत्तेजना से है।

लेकिन उत्तेजना में इतना रस क्यों है? इसे थोड़ा समझना जरूरी है। इसका अर्थ है कि हमारी संवेदनशीलता कम है, सेंसिटिविटी कम है। और संवेदनशीलता जितनी कम हो, जीवन उतना ही कम होता है। मृत्यु का नाम है संवेदनशीलता का खो जाना। तो जितनी आपकी संवेदनशीलता कम होती चली जाती है उतनी उत्तेजना की मांग बढ़ती है। और जितनी उत्तेजना की मांग बढ़ती है, वह इस बात की सूचक है, आप उतने ही मर चुके हैं। मुर्दा आदमी को आप कितनी ही उत्तेजना दें तो भी उत्तेजित नहीं होगा। कितना ही बैंड-बाजा बजाएं, कितना ही शोरगुल करें, तो भी वह चौंकेगा नहीं। उसका अर्थ यह है कि संवेदनशीलता बिलकुल ही समाप्त हो गई। मृत्यु का अर्थ है, संवेदना बिलकुल खो गई।

आपको जब बहुत उत्तेजना मिलती है तब कभी आप थोड़ा सा चौंकते हैं। इसका अर्थ है कि आप भी काफी दूर तक मर चुके हैं, डेड हो गए हैं। आपके तंतु भी अब हिलते नहीं हैं साधारणतः, जब तक कि कोई झकझोर न दे। तब थोड़ा सा कंपन होता है। आपके तंतु भी सूख गए हैं।

जितना ज्यादा जीवित व्यक्ति होगा उतनी कम उत्तेजना की जरूरत होगी। और जब व्यक्ति परिपूर्ण जीवित होता है, जैसा महावीर या बुद्ध, तो किसी उत्तेजना की जरूरत नहीं होती। जीवन का होना ही काफी आनंदपूर्ण होता है; उसमें फिर किसी उत्तेजना की कोई जरूरत नहीं।

आखिर बुद्ध और महावीर अगर अपने वृक्षों के नीचे ऐसा दिनों बैठे रहते तो क्या आप सोचते हैं, अगर आपको बैठना पड़े तो क्या गति हो? क्या आप सोचते हैं कि बुद्ध और महावीर बड़े ऊब गए होंगे बैठे-बैठे? उनके चेहरे पर ऊब कभी नहीं देखी गई। वे जीवन में इतने रसलीन हैं, और स्वाद उनका इतना सूक्ष्म है कि हवा का थोड़ा सा कंपन भी उनके लिए काफी आनंदपूर्ण है, श्वास का थोड़ा सा चलना भी उनके लिए काफी जीवन है। होना अपने आप में इतनी बड़ी घटना है कि अब किसी और घटना की कोई जरूरत नहीं—जस्ट टु बी, सिर्फ होना। आपके लिए सिर्फ होना तो कोई अर्थ ही नहीं रखता, जब तक कि आपके होने पर कोई उपद्रव और न होता रहे।

लाओत्से का कहना बहुत विचारणीय है। लाओत्से कह रहा है, 'निपट उजाला धुंधलके की तरह दिखता है।'

क्योंकि हमारी आंखें लपटों की आदी हो गई हैं; मंद प्रकाश, सौम्य प्रकाश हमें धुंधलका मालूम होता है।

'महा चरित्र अपर्याप्त मालूम होता है।'

क्योंकि क्षुद्र चरित्र के हम आदी हो गए हैं। और जितना क्षुद्र चरित्र हो उतना हमारी समझ में आता है। क्योंकि हमारी समझ के बिलकुल समानांतर होता है। जितना श्रेष्ठ होता चला जाए उतना ही हमारी समझ के बाहर होता जाता है। और जो हमारी समझ के बाहर है, वह हमें दिखाई भी नहीं पड़ता।

श्री अरविंद को किसी ने एक बार पूछा कि आप भारत की स्वतंत्रता के संघर्ष में, भारत की आजादी के युद्ध में अग्रणी सेनानी थे; लड़ रहे थे। फिर अचानक आप पलायनवादी कैसे हो गए कि सब छोड़ कर आप पांडिचेरी में बैठ गए आंख बंद करके? वर्ष में एक बार आप निकलते हैं दर्शन देने को। आप जैसा संघर्षशील, तेजस्वी व्यक्ति, जो

जीवन के घनेपन में खड़ा था और जीवन को रूपांतरित कर रहा था, वह अचानक इस भांति पलायनवादी होकर अंधेरे में क्यों छिप गया? आप कुछ करते क्यों नहीं हैं? क्या आप सोचते हैं कि करने को कुछ नहीं बचा, या करने योग्य कुछ नहीं है? या समाज की और मनुष्य की समस्याएं हल हो गईं कि आप विश्राम कर सकते हैं? समस्याएं तो बढ़ती चली जाती हैं; आदमी कष्ट में है, दुख में है, गुलाम है, भूखा है, बीमार है; कुछ करिए!

यही लाओत्से कह रहा है। श्री अरविंद ने कहा कि मैं कुछ कर रहा हूं। और जो पहले मैं कर रहा था वह अपर्याप्त था; अब जो कर रहा हूं वह पर्याप्त है।

वह आदमी चौंका होगा जिसने पूछा। उसने कहा, यह किस प्रकार का करना है कि आप अपने कमरे में आंख बंद किए बैठे हैं! इससे क्या होगा?

तो अरविंद कहते हैं कि जब मैं करने में लगा था तब मुझे पता नहीं था कि कर्म तो बहुत ऊपर-ऊपर है, उससे दूसरों को नहीं बदला जा सकता। दूसरों को बदलना हो तो इतने स्वयं के भीतर प्रवेश कर जाना जरूरी है जहां से कि सूक्ष्म तरंगें उठती हैं, जहां से कि जीवन का आविर्भाव होता है। और अगर वहां से मैं तरंगों को बदल दूं तो वे तरंगें जहां तक जाएंगी—और तरंगें अनंत तक फैलती चली जाती हैं।

रेडियो की ही आवाज नहीं घूम रही है पृथ्वी के चारों ओर, टेलीविजन के चित्र ही हजारों मील तक नहीं जा रहे हैं, सभी तरंगें अनंत की यात्रा पर निकल जाती हैं। जब आप गहरे में शांत होते हैं तो आपकी झील से शांत तरंगें उठने लगती हैं; वे शांत तरंगें फैलती चली जाती हैं। वे पृथ्वी को छुएंगी, चांद-तारों को छुएंगी, वे सारे ब्रह्मांड में व्याप्त हो जाएंगी। और जितनी सूक्ष्म तरंग का कोई मालिक हो जाए उतना ही दूसरों में प्रवेश की क्षमता आ जाती है।

तो अरविंद ने कहा कि अब मैं महा कार्य में लगा हूं। तब मैं क्षुद्र कार्य में लगा था; अब मैं उस महा कार्य में लगा हूं जिसमें मनुष्य से बदलने को कहना न पड़े और बदलाहट हो जाए। क्योंकि मैं उसके हृदय में सीधा प्रवेश कर सकूंगा। अगर मैं सफल होता हूं—सफलता बहुत कठिन बात है—अगर मैं सफल होता हूं तो एक नए मनुष्य का, एक महा मानव का जन्म निश्चित है।

लेकिन जो व्यक्ति पूछने गया था वह असंतुष्ट ही लौटा होगा। यह सब बातचीत मालूम पड़ती है। ये सब पलायनवादियों के ढंग और रुख मालूम पड़ते हैं। खाली बैठे रहना पर्याप्त नहीं है, अपर्याप्त है।

इसलिए लाओत्से कहता है, 'महा चरित्र अपर्याप्त मालूम पड़ता है।'

इसलिए हम पूजा जारी रखेंगे गांधी की; अरविंद को हम धीरे-धीरे छोड़ते जाएंगे। लेकिन भारत की आजादी में अरविंद का जितना हाथ है उतना किसी का भी नहीं है। पर वह चरित्र दिखाई नहीं पड़ सकता। आकस्मिक नहीं है कि पंद्रह अगस्त को भारत को आजादी मिली; वह अरविंद का जन्म-दिन है। पर उसे देखना कठिन है। और उसे सिद्ध करना तो बिलकुल असंभव है। क्योंकि उसको सिद्ध करने का क्या उपाय है? जो प्रकट, स्थूल में नहीं दिखाई पड़ता उसे सूक्ष्म में सिद्ध करने का भी कोई उपाय नहीं है। भारत की आजादी में अरविंद का कोई योगदान है, इसे भी लिखने की कोई जरूरत नहीं मालूम होती। कोई लिखता भी नहीं। और जिन्होंने काफी शोरगुल और उपद्रव मचाया है, जो जेल गए हैं, लाठी खाई है, गोली खाई है, जिनके पास ताम्रपत्र है, वे इतिहास के निर्माता हैं।

इतिहास अगर बाह्य घटना ही होती तो ठीक है; लेकिन इतिहास की एक आंतरिक कथा भी है। तो समय की परिधि पर जिनका शोरगुल दिखाई पड़ता है, एक तो इतिहास है उनका भी। और एक समय की परिधि के पार, कालातीत, सूक्ष्म में जो काम करते हैं, उनकी भी एक कथा है। लेकिन उनकी कथा सभी को ज्ञात नहीं हो सकती। और उनकी कथा से संबंधित होना भी सभी के लिए संभव नहीं है। क्योंकि वे दिखाई ही नहीं पड़ते। वे वहां तक आते ही नहीं जहां चीजें दिखाई पड़नी शुरू होती हैं। वे उस स्थूल तक, पार्थिव तक उतरते ही नहीं जहां हमारी आंख पकड़

पाए। तो जब तक हमारे पास हृदय की आंख न हो, उनसे कोई संबंध नहीं जुड़ पाता। इतिहास हमारा झूठा है, अधूरा है, और क्षुद्र है। हम सोच भी नहीं सकते कि बुद्ध ने इतिहास में क्या किया। हम सोच भी नहीं सकते कि क्राइस्ट ने इतिहास में क्या किया। लेकिन हिटलर ने क्या किया, वह हमें साफ है; माओ ने क्या किया, वह हमें साफ है; गांधी ने क्या किया, वह हमें साफ है। जो परिधि पर घटता है वह हमें दिख जाता है।

इसलिए लाओत्से कहता है, 'महा चरित्र अपर्याप्त मालूम पड़ता है। ठोस चरित्र दुर्बल दिखता है।'

गहरी दृष्टि चाहिए। ठोस चरित्र दुर्बल दिखता है; दुर्बल चरित्र बड़ा ठोस दिखता है; इस मनोविज्ञान को थोड़ा खयाल में ले लें। असल में, दुर्बल चरित्र का व्यक्ति हमेशा ठोस दीवारें अपने आस-पास खड़ी करता है; ठोस चरित्र का व्यक्ति दीवार खड़ी नहीं करता। उसकी कोई जरूरत नहीं है; पर्याप्त है वह स्वयं।

जैसे देखें, कमजोर चरित्र का व्यक्ति हो तो नियम लेता है, व्रत लेता है, संकल्प लेता है; ठोस चरित्र का व्यक्ति संकल्प नहीं लेता। लेकिन जो व्यक्ति संकल्प लेता है वह हमें ठोस मालूम पड़ेगा।

एक आदमी तय करता है कि मैं तीन महीने तक जल पर ही जीऊंगा, अन्न नहीं लूंगा; और अपने संकल्प को पूरा कर लेता है। हम कहेंगे, बड़े ठोस चरित्र का व्यक्ति है। स्वभावतः, दिखाई पड़ता है, अब इसमें कुछ कहने की बात भी नहीं है। कोई प्रमाण खोजने की जरूरत नहीं है। तीन महीने तक, नब्बे दिन तक जो आदमी बिना अन्न के, जल पर रह जाता है, हम जानते हैं कि इसके पास चरित्र है, संकल्प है, बल है, दृढ़ता है।

लेकिन मनसविद से पूछें। यह आदमी भीतर बहुत दुर्बल है; इसको अपने पर भरोसा नहीं है। भरोसा लाने के लिए यह सब तरह के उपाय कर रहा है। यह तीन महीने तक संकल्प को पूरा करना भी स्वयं में भरोसा पैदा करने की चेष्टा है। यह आदमी निर्बल न हो तो संकल्प ही नहीं लेगा। संकल्प ही निर्बलता को मिटाने की, छिपाने की, दबाने की चेष्टा है। अगर इसे भोजन नहीं लेना है तो नहीं लेगा; तीन महीने नहीं, तीन साल नहीं लेना है तो नहीं लेगा। लेकिन इसका संकल्प नहीं लेगा। भोजन नहीं लेना है तो इसे अपने पर भरोसा है, संकल्प खड़ा करने की जरूरत नहीं है।

संकल्प का मतलब यह है कि मुझे अपने पर भरोसा तो है नहीं, तो मैं एक संकल्प खड़ा करता हूं, मैं दांव लगाता हूं, मैं संकल्प की घोषणा कर देता हूं। अब दूसरे लोग भी मेरे लिए सहारा होंगे। अगर मैं भोजन करने का तीन दिन बाद विचार करने लगूं तो मुझे खुद ही ग्लानि लगेगी कि अब यह तो बड़ी मुश्किल बात हो गई। इज्जत का भी सवाल है। अहंकार का सवाल है। संकल्प अहंकार का सवाल है। अब लोग क्या कहेंगे? इसलिए संकल्प लेने वाले जाहिर में संकल्प लेते हैं, एकांत में नहीं। क्योंकि एकांत में तो उन्हें डर है, टूट जाएगा।

जैन उपवास करते हैं। उनके पर्युषण के दिन करीब आ रहे हैं, तब। तब वे करीब-करीब दिन मंदिर में गुजार देते हैं। क्योंकि मंदिर में, कितना ही विचार आए भूख का, भोजन का, तो भी कोई उपाय नहीं है। और फिर चारों तरफ उन्हीं जैसे लोग इकट्ठे हैं, जो एक-दूसरे से सहारा मांग रहे हैं। फिर उनके मुनि और उनके साधु बैठे हुए हैं जो उन पर दृष्टि रखे हुए हैं और वे उन पर दृष्टि रखे हुए हैं कि कोई चूक न जाए पथ से।

चूकने का सवाल क्या है? अगर आदमी सबल है, अगर आदमी सच में ही सबल है, तो चूकने का सवाल क्या है? और किसके सहारे की जरूरत है?

ये सारे संकल्प निर्बलता के लक्षण हैं। लेकिन इन संकल्पों को पूरा किया जा सकता है। क्योंकि निर्बल आदमी का भी अहंकार है। सच तो यह है कि निर्बल आदमी का ही अहंकार होता है; सबल आदमी को अहंकार की कोई जरूरत नहीं होती। वह अपने में इतना आश्वस्त होता है कि अब और किसी अहंकार की जरूरत नहीं होती। अहंकार की जरूरत का अर्थ है कि मैं अपने में आश्वस्त नहीं हूं, तुम मुझे आश्वस्त करो; तुम कहो कि तुम महान

हो। लोग कहें कि तुम चरित्रवान हो; लोग कहें कि अदभुत है तुम्हारा संकल्प; लोग स्वागत-समारंभ करें; उसके बल से मैं जी सकता हूं, उसके बल से मैं दृढ़ हो सकता हूं। मेरी दृढ़ता दूसरों के हाथों से मुझे मिलती है; दूसरों की आंखों से मुझे मिलती है।

लेकिन जो आदमी सच में संकल्पवान है, सच में सबल है, वह हमें दुर्बल दिखाई पड़ेगा। दुर्बल इसलिए दिखाई पड़ेगा कि कभी वह अपनी शक्ति को प्रदर्शित करने की चेष्टा नहीं करेगा, कभी अपनी शक्ति के लिए बाह्य आयोजन नहीं करेगा, और कभी अपनी शक्ति के लिए हमसे सहारा नहीं मांगेगा।

कठिन है। क्योंकि जहां हम जीते हैं वहां हम सभी निर्बल हैं। और हम सभी इंतजाम करके जीते हैं, इंतजाम हमारी सबलता होती है। और अक्सर, आपको पता होगा अपने ही अनुभव से कि दुर्बलता के क्षण में आप बाहर से बड़े सबल दिखलाई पड़ने की कोशिश करते हैं। जब लगता है कि भीतर कहीं टूट न जाऊं तब आप बाहर से बिलकुल हिम्मत जुटा कर खड़े रहते हैं। लेकिन जब आप भीतर आश्वस्त होते हैं तो बाहर आपको हिम्मत जुटाने की जरूरत नहीं होती। आप निश्चिंत विश्राम कर सकते हैं।

एक महिला को मेरे पास लाया गया। युनिवर्सिटी में प्रोफेसर है। पति की मृत्यु हो गई तो वह रोई नहीं। लोगों ने कहा, बड़ी सबल है! सुशिक्षित है, सुसंस्कृत है! जैसे-जैसे लोगों ने उसकी तारीफ की वैसे-वैसे वह अकड़ कर पत्थर हो गई। आंसुओं को उसने रोक लिया। जो बिलकुल स्वाभाविक था, आंसू बहने चाहिए। जब प्रेम किया है, और जब प्रेम स्वाभाविक था, तो जब प्रियजन की मृत्यु हो जाए तो आंसुओं का बहना स्वाभाविक है। वह उसका ही अनिवार्य हिस्सा है। लेकिन लोगों ने तारीफ की और लोगों ने कहा, स्त्री हो तो ऐसी! इतना प्रेम था, प्रेम-विवाह था, मां-बाप के विपरीत विवाह किया था, और फिर भी पति की मृत्यु पर अपने को कैसा संयत रखा, संयमी रखा! संकल्पवान है, दृढ़ है, आत्मा है इस स्त्री के पास! इन सब बकवास की बातों ने उस स्त्री को और अकड़ा दिया।

तीन महीने बाद उसे हिस्टीरिया शुरू हो गया, फिट आने लगे। लेकिन किसी ने भी न सोचा कि इस हिस्टीरिया के जिम्मेवार वे लोग हैं जिन्होंने कहा, इसके पास आत्मा है, शक्ति है, दृढ़ता है। वे ही लोग हैं। क्योंकि भीतर तो रोना चाहती थी, लेकिन कमजोरी प्रकट न हो जाए तो अपने को रोके रखा। यह रोकना उस सीमा तक पहुंच गया जहां रोकना फिट बन जाता है, यह सीमा उस जगह आ गई जहां कि फिर अपने आप कंप पैदा होंगे। सारा शरीर कंपने लगता और वह बेहोश हो जाती। यह बेहोशी भी मन की एक व्यवस्था है। क्योंकि होश में जिसे वह प्रकट नहीं कर सकती, फिर उसे बेहोशी में प्रकट करने के अतिरिक्त कोई उपाय नहीं रह गया। शरीर तो प्रकट करेगा ही। हिस्टीरिया की हालत में लोटती-पोटती, चीखती-चिल्लाती। लेकिन उसका जिम्मा उस पर नहीं था, और कोई उससे यह नहीं कह सकता कि तेरी कमजोरी है। यह तो बीमारी है। और होश तो खो गया, इसलिए जिम्मेवारी उसकी नहीं है। होश में तो वह सख्त रहती।

जब मेरे पास उसे लाए तो मैंने कहा कि उसे न कोई बीमारी है, न कोई हिस्टीरिया है। तुम हो उसकी बीमारी। तुम जो उसके चारों तरफ घिरे हो। तुम कृपा करके उसके अहंकार को पोषण मत दो; उसे रो लेने दो। वह जो बेहोशी में कर रही है उसे होश में कर लेने दो। उसे छाती पीटनी है, पीटने दो; उसे गिरना है, लोटना है जमीन पर, लोटने दो। स्वाभाविक है। जब किसी के प्रेम में सुख पाया हो तो उसकी मृत्यु में दुख पाना भी जरूरी है। सुख तुम पाओ, दुख कोई और थोड़े ही पाएगा?

तो मैंने उस स्त्री को कहा कि तू सुख पाए, तो दुख मैं पाऊं? या कौन पाए? मैंने उससे पूछा कि तूने अपने पति से सुख पाया?

उसने कहा, बहुत सुख पाया; मेरा प्रेम था गहरा।

तो फिर मैंने कहा, रो! छाती पीट, लोट! बेहोशी में जो-जो हो रहा है, वह संकेत है। तो हिस्टीरिया में जो-जो हो रहा है, नोट करवा ले दूसरों से, और वही तू होशपूर्वक कर; हिस्टीरिया विदा हो जाएगा।

एक सप्ताह में हिस्टीरिया विदा हो गया। स्त्री स्वस्थ है। और अब उसके चेहरे पर सच्चा बल है—प्रेम का, पीड़ा का। अब एक सहजता है। इसके पहले उसके पास जो चेहरा था वह फौलादी मालूम पड़ता था, लोहे का बना हो। लेकिन वह निर्बलता का सूचक है। क्योंकि चेहरे को फौलाद का होने की जरूरत भी नहीं है। फौलाद का चेहरा उन्हीं के पास होता है जिनको अपने असली चेहरे को प्रकट करने में भय है। तो वे एक चेहरा ओढ़ लेते हैं; उस चेहरे के पीछे से वे ताकतवर मालूम होते हैं। आप भी लोहे का एक चेहरा पहन कर लगा लें। तो दूसरों को डराने के काम आ जाएगा। और लोग कहेंगे, हां, आदमी है यह। लेकिन भीतर? भीतर आप हैं जो कंप रहे हैं, भय से घबरा रहे हैं। उसी के कारण तो चेहरा ओढ़ा हुआ है।

वह लोहे की फौलाद तो गिर गई, उसके साथ हिस्टीरिया भी गिर गया। आंसुओं के साथ, वह सब जो झूठा था, बह गया। रुदन में, वह सब जो कृत्रिम था, जल गया, समाप्त हो गया। अब उस स्त्री का अपना चेहरा प्रकट हुआ। लेकिन इसके पहले जो उसे शक्तिशाली कहते थे, अब कहते हैं, साधारण है; जैसी सभी स्त्रियां होती हैं, निर्बल है। वे जो उसे शक्तिशाली कहते थे, अब उसे शक्तिशाली नहीं कहते। लेकिन उनके शक्तिशाली कहने से हिस्टीरिया पैदा हुआ था, इसका उन्हें कोई भी बोध नहीं है।

लाओत्से कहता है, ठोस चरित्र दुर्बल दिखता है। क्योंकि ठोस चरित्र सहज होता है। ठोस चरित्र इतना आश्वस्त होता है अपने प्रति कि सहज-स्फूर्त होता है, स्पांटेनियस होता है। कृत्रिम नहीं होता, कोई सुरक्षा का उपाय नहीं होता, सहज धारा होती है।

देखें, हम किनको शक्तिशाली कहते हैं? लोकमान्य तिलक के जीवन में मैंने पढ़ा है। पत्नी मर गई। तो वे अपने दफ्तर में काम करते थे, केसरी के दफ्तर में काम करते थे। तो जब खबर पहुंची कि पत्नी की मृत्यु हो गई तो उन्होंने लौट कर घड़ी की तरफ देखा और उन्होंने कहा, अभी तो मेरे दफ्तर से उठने का समय नहीं हुआ। तो जिस व्यक्ति ने यह घटना लिखी है उसने लिखा है कि इसको कहते हैं ठोस चरित्र! फौलाद!

मगर मेरे सोचने के ढंग उलटे हैं। यह फौलाद नहीं है, यह कृत्रिम चेहरा है, जो खतरनाक है। क्योंकि जो आदमी घड़ी को ज्यादा मूल्य दे रहा है प्रेम से, दफ्तर को ज्यादा मूल्य दे रहा है पत्नी से, इस आदमी ने अपने व्यक्तित्व की जो सहजता है, उसको दबा लिया है। जब कर्तव्य बड़ा हो जाए प्रेम से तो समझना कि असली आदमी दब गया और नकली आदमी ऊपर आ गया। लेकिन यह बात कोई और नहीं कहेगा। क्योंकि सारी दुनिया में ड्यूटी, कर्तव्य महान चीज है। और जो आदमी प्रेम की भी कुर्बानी दे दे कर्तव्य के लिए, उसको हम कहेंगे—शहीद है! इसको कहते हैं कर्तव्य! सेवा! राष्ट्र!

लेकिन जिसके हृदय में प्रेम की सहज स्फुरणा न हो उसका सारा व्यक्तित्व जड़ हो जाएगा, सूख जाएगा। और जिसके मन में प्रेम की स्फुरणा न हो उसके मन में बाकी कोई स्फुरणा नहीं हो सकती। हम सैनिक को तैयार करते हैं इस तरह से कि वह बिलकुल लोहे का आदमी हो जाए। और जरूरत है सैनिक की कि वह लोहे का आदमी हो; क्योंकि उसे जो काम करने हैं, वह अगर उसके पास हृदय हो तो वह नहीं कर पाएगा। इसलिए सैनिक को हम कर्तव्य सिखाते हैं, सेवा सिखाते हैं, आज्ञा सिखाते हैं। और हमने सैनिक को लक्ष्य बना लिया है बहुत जीवन के हिस्सों में, और हम हर आदमी को चाहते हैं कि वह सैनिक जैसा हो, सहज न हो। क्योंकि सारा जीवन संघर्ष है और युद्ध है।

लोकमान्य के जीवन में अगर ऐसी घटना घटी हो तो उसका मतलब यह है कि जो लोग प्रशंसा कर रहे हैं वे लोकमान्य के सैनिक की प्रशंसा कर रहे हैं। उनका कुछ लक्ष्य है। क्योंकि उनको लोकमान्य को, और लोकमान्य जैसे

लोगों को, इस घटना के आधार पर ऐसी दिशा में ले जाना है जहां लोग हृदय को छोड़ कर संलग्न हो जाएं। फिर वह चाहे राष्ट्रभक्ति का नाम हो, चाहे कोई और नाम हो, इससे कोई फर्क नहीं पड़ता। लेकिन नजर यह है कि आदमी सहजता को खो दे, असहज हो जाए।

यह जो असहजता है, बड़ी शक्तिशाली मालूम पड़ेगी। अगर लोकमान्य रोने लगते और आंसू बहने लगते, और भूल जाते दफ्तर और केसरी को—भूलने जैसा था—और उठ कर दौड़ गए होते पत्नी की तरफ, तो हमको लगता अरे! शायद हम उनको लोकमान्य भी कहना बंद कर देते कि आखिर साधारण आदमी ही सिद्ध हुए।

रिंझाई जापान में एक फकीर हुआ। उसका गुरु मर गया। और जब गुरु मर गया...तो रिंझाई की बड़ी ख्याति थी, इतनी ख्याति थी जितनी गुरु की भी नहीं थी। गुरु की भी ख्याति रिंझाई की वजह से थी कि वह रिंझाई का गुरु है। रिंझाई को लोग समझते थे कि वह निर्वाण को उपलब्ध हो गया, परम ज्ञान उसे हो गया, वह बुद्ध हो गया। लाखों लोग इकट्ठे हुए। जो रिंझाई के बहुत निकट थे बड़े चिंतित हो गए, क्योंकि रिंझाई की आंखों से आंसू बह रहे हैं। वह सीढ़ियों पर बैठा रो रहा है छोटे बच्चे की तरह। तो निकट के लोगों ने कहा, रिंझाई, यह तुम क्या कर रहे हो? तुम्हारी प्रतिष्ठा को बड़ा धक्का लगेगा। क्योंकि लोग यह सोच ही नहीं सकते कि तुम और रोओ! तुम तो परम ज्ञान को उपलब्ध हो गए हो। और तुमने तो हमें समझाया है कि आत्मा अमर है, तो कैसी मौत! तो तुम किसलिए रो रहे हो?

रिंझाई ने कहा कि रोने के लिए भी किसलिए का सवाल है! क्या मैं किसी के लिए उत्तरदायी हूं? क्या मैं रोने के लिए भी स्वतंत्र नहीं हूं? निश्चित ही, आत्मा अमर है। मैं आत्मा के लिए रो भी नहीं रहा। मेरे गुरु का शरीर भी इतना प्यारा था, मैं उसके लिए रो रहा हूं। आत्मा के लिए रो कौन रहा है? मैं तो उस शरीर के लिए रो रहा हूं। अब वह कभी भी नहीं होगा, अब वैसा शरीर कभी भी नहीं होगा। और अगर मेरी प्रतिष्ठा को धक्का लगता हो तो लगने दो। क्योंकि ऐसी प्रतिष्ठा का क्या मूल्य जो गुलामी बन जाए, कि मैं रो भी न सकूं।

और रिंझाई ने कहा कि मैं तो वही करता हूं जो होता है; अपनी तरफ से तो मैं कुछ करता नहीं। अभी रोना हो रहा है; तो मैं इसे रोकूंगा नहीं। यह रुक जाए तो मैं इसे चलाऊंगा नहीं।

हम बड़े अजीब लोग हैं। हम ऐसे अजीब लोग हैं कि जब रोना चल रहा हो तब उसे रोक लें और जब न चल रहा हो तब रोकर भी दिखा दें। मेरे परिवार की एक महिला की मृत्यु हो गई थी। तो उनके अकेले पति बचे। मैं उनके घर था। तो मैं था, उनके पति थे, और तीन-चार महिलाएं और जो उनकी मृत्यु की वजह से कुछ दिन रहने के लिए आ गई थीं। उनको देख कर मैं बड़ा चकित होता। वे गपशप कर रही हैं, बातचीत कर रही हैं, हंस रही हैं, और कोई बैठने आ जाता—एकदम घूंघट काढ़ कर वे एकदम रोना शुरू कर देतीं। इसमें क्षण भर की देर न लगती। वह आदमी गया, उनके घूंघट उठ जाते, आंसू पुंछ जाते, और फिर वह गपशप जहां टूट गई थी वहां से शुरू हो जाती। मैंने उन महिलाओं को कहा कि तुम्हारी कुशलता अदभुत है, तुम धन्य हो।

पर हम यह कर रहे हैं। जहां रोना हो वहां हम रोक सकते हैं; जहां न रोना हो वहां हम रो सकते हैं। हम झूठे हैं। लेकिन यह हमारी शक्ति मालूम पड़ती है। संयम को हम शक्ति कहते हैं। और श्रेष्ठ चरित्र सहज होता है, संयमी नहीं। उसकी सहजता ही अगर संयम बन जाए तो बात अलग है। लेकिन सहज उसका मूल आधार है। संयम हमारा मूल आधार है—कंट्रोल, नियंत्रण। तो जो आदमी जितना नियंत्रण कर सकता है, उसको हम उतना बलशाली, शक्तिशाली, श्रेष्ठ मानते हैं।

लेकिन वास्तविक लाओत्से के अनुसार, ताओ के अनुसार जो अंतिम जीवन का लक्ष्य है, वह इतनी सहजता है कि जहां न कोई नियंत्रण है, न कोई नियंत्रण करने वाला है; जो हो रहा है उसे होने दिया जा रहा है। क्योंकि उसके विपरीत कोई भी नहीं है। जब तक विपरीत भीतर है तब तक आप बंटे हुए हैं। कुछ हो रहा है और कुछ रोकने वाला

भी खड़ा है तो आप खंड-खंड हैं। और खंड-खंड व्यक्ति कितना ही दृढ़ मालूम पड़े, खंडित व्यक्ति कमजोर है। इंटिग्रेशन नहीं है; अभी एक अखंडता पैदा नहीं हुई। अखंडता ही शक्ति और दृढ़ता है। लेकिन अखंडता तो तभी पैदा होगी कि जो मेरे भीतर हो उसको रोकने वाला कोई भी न हो। अहंकार बचे ही न, मैं बच्चे की तरह हो जाऊं, जो हो वह हो।

बड़ा कठिन है। क्योंकि हमें खुद ही अड़चन मालूम पड़ेगी कि यह बात तो ठीक नहीं है, चार आदमियों के सामने कैसे रोना? लोग कहेंगे, क्या मर्द होकर स्त्रियों जैसा व्यवहार कर रहे हो? तो आदमी पुरुषों ने तो रोना ही बंद कर दिया है। लेकिन प्रकृति बड़ी जिद्दी है। वह आंसू की ग्रंथि बनाए चली जाती है। आप रोएं चाहे न रोएं, आंसू की ग्रंथि बनाए चली जाती है। आपकी आंखें रोने को सदा आतुर हैं, चाहे आप पुरुष हों चाहे स्त्री। लेकिन बच्चों को हम सिखा रहे हैं—छोटे से बच्चे को—कि क्या लड़कियों जैसा रो रहा है! वह फौरन रुक जाता है कि ठीक, मैं लड़की नहीं हूं; रोक लेता है। लेकिन हमने उस बच्चे को विकृत करना शुरू कर दिया। उसके आंसू जहर बन जाएंगे, क्योंकि रुके हुए आंसू जहर हो जाने वाले हैं।

इसलिए आप जान कर हैरान होंगे, स्त्रियों की बजाय पुरुष मानसिक रूप से ज्यादा पीड़ित होते हैं। आमतौर से होना चाहिए स्त्रियां, क्योंकि वे ज्यादा कमजोर मालूम पड़ती हैं। लेकिन पुरुष ज्यादा मानसिक रूप से बीमार होते हैं। स्त्रियों की बजाय पागलखानों में पुरुषों की संख्या ज्यादा है। कारण क्या होगा? पुरुष को ज्यादा नियंत्रण सिखाया जा रहा है। स्त्री को क्षम्य मान कर, हम समझते हैं: कमजोर है, रोती है, रोने दो। स्त्री ही है, स्वीकृत है। पुरुष जैसे ही रोने लगे वैसे ही अड़चन शुरू हो जाती है। हमने पुरुष को कृत्रिम नियंत्रण, सैनिक बनाने की कोशिश की है; उसमें वह झूठा हो गया। उसके आस-पास एक आर्मर, एक झूठा कवच हमने खड़ा कर दिया है। वह उस कवच के भीतर खड़ा है। कोई मर जाए तो भी उसे अकड़े रहना है। कुछ भी हो जाए, उसे अपने को सम्हाले रखना है।

यह सम्हालने वाला कौन है? यही हमारा अहंकार है। इसलिए जितना बड़ा अहंकारी हो उतना हमें दृढ़ मालूम होगा। और जितना निरहंकारी हो उतना ही हमें लगेगा कि यह आदमी दृढ़ नहीं है। निरहंकारी व्यक्ति सरल होगा, सहज होगा; जैसे पानी बहता है, हवा चलती है, इस तरह होगा।

'ठोस चरित्र दुर्बल दिखता है। शुद्ध योग्यता दूषित मालूम पड़ती है।'

शुद्ध योग्यता का तो हमें खयाल ही नहीं है कि क्या है। हमें तो सिर्फ सीमित योग्यता का, अशुद्ध योग्यता का पता है। ऐसा समझें। एक आदमी है, वह इंजीनियर है, और कुशल इंजीनियर है। तो हम कहते हैं, योग्य है। क्योंकि कुशल इंजीनियर है, एक दिशा में बहुत आगे चला गया। तो हम कहते हैं, योग्य मनुष्य है। लेकिन क्या यह उचित है कहना? क्योंकि इंजीनियर होने से मनुष्यता का क्या संबंध है? इंजीनियरिंग एक कुशलता है। उससे मनुष्य योग्य नहीं होता, उससे मनुष्य उपयोगी होता है। एक आदमी डाक्टर है, और कुशल डाक्टर है।

मैं एक डाक्टर को जानता हूं, एक बड़े सर्जन को। उनकी ख्याति थी दूर-दूर। देश के कोने-कोने से लोग उनके पास आपरेशन के लिए आते थे। और वे आपरेशन की टेबल पर आदमी को रख लेते, चीर-फाड़ शुरू कर देते, और तब उसके रिश्तेदारों को कहते कि पचास हजार रुपया! नहीं तो आदमी बचेगा नहीं। और वह आदमी आपरेशन की टेबल पर रखा हुआ है, बेहोश पड़ा है, चीर-फाड़ शुरू कर दी गई; तब वे कहते।

तो कुशल सर्जन थे, पर आदमी की योग्यता का क्या संबंध है? और कुशल इतने थे कि यह लोग जानते थे, फिर भी लोग जाते। हाथ उनका अदभुत था। जब वे बूढ़े हो गए, सत्तर वर्ष के, तब भी उनका हाथ कंपता नहीं था—जरा सा नहीं कंपता था। वही उनकी कुशलता थी। लेकिन मनुष्य की कुशलता, उससे कोई संबंध नहीं है। मनुष्य वे बड़े खतरनाक थे, बिलकुल योग्य नहीं थे। मनुष्य वे ऐसे थे कि चोर-डाकू होना था; भूल-चूक से वे सर्जन

हो गए थे। अगर वे डाकू होते तो हमें पता नहीं चलता, हम कभी न कहते कि योग्य हैं। लेकिन उनका निशाना तब भी अचूक होता, क्योंकि हाथ उनका हिलता नहीं। वह जो डाकू की योग्यता थी, सर्जन की योग्यता बन गई। लेकिन आदमी का क्या संबंध है? आदमी तो वहीं का वहीं खड़ा है।

आदमी की योग्यता शुद्ध योग्यता है; बाकी कुशलताएं हैं। तो आप अच्छे सर्जन हो सकते हैं, अच्छे शिक्षक हो सकते हैं, अच्छे राज हो सकते हैं, अच्छे चित्रकार, अच्छे कवि हो सकते हैं, साहित्यकार हो सकते हैं, राजनीतिज्ञ हो सकते हैं; ये सब योग्यताएं नहीं हैं, ये उपयोगिताएं हैं, कुशलताएं हैं, एफीशिएंसीज हैं।

शुद्ध योग्यता क्या है? शुद्ध योग्यता शुद्ध मनुष्य होना है। बड़ा कठिन है लेकिन, हम शुद्ध योग्यता को पहचान ही नहीं सकते। अगर एक आदमी ऐसा है जिसमें कोई सामाजिक उपयोगिता नहीं है, आप उसको कहेंगे, बेकार। न सर्जन है, न चित्रकार है, न मूर्तिकार है, न राजनीतिज्ञ है, कुछ भी नहीं है; कवि तक नहीं है। कम से कम तुकबंदी करता; वह भी नहीं कर सकता, खाली बैठा है।

बुद्ध बोधिवृक्ष के नीचे बैठे हुए। कौन सी योग्यता है उनमें, बताइए? क्या कर सकते हैं? कुछ भी नहीं कर सकते हैं। एक साइकिल का पंक्चर नहीं जोड़ सकते। किस मतलब के हैं?

बुद्ध बोधिवृक्ष के नीचे बैठे हुए शुद्ध योग्यता में हैं; जहां योग्यता किसी दिशा में नहीं जाती; जहां योग्यता का कोई व्यवहार नहीं है; जहां योग्यता की सिर्फ उपस्थिति है। और जब सभी दिशाओं से योग्यता हट कर भीतर बैठ जाती है तो शुद्धता का जन्म होता है, शुद्ध मनुष्य का जन्म होता है। भीतर की मनुष्यता का कोई भी उपयोग एक अर्थ में अशुद्धि है। क्योंकि उपयोग में अशुद्ध होना ही पड़ेगा; पदार्थ में उतरना पड़ेगा।

तो लाओत्से कहता है, 'शुद्ध योग्यता दूषित मालूम पड़ती है।'

हम कितनी ही पूजा बुद्ध की करें, भीतर हमें लगता ही है कि यह आदमी कुछ कर नहीं रहा; किसी काम का नहीं है।

मेरे घर में ऐसा हुआ कि मुझे धीरे-धीरे घर के लोग ही समझने लगे कि मैं किसी काम का नहीं हूं। ऐसा भी हो जाता कभी कि मैं घर में बैठा हूं और मेरी मां मेरे ही सामने कहती कि यहां कोई दिखाई नहीं पड़ता, सब्जी लेने किसी को भेजना है। मैं सामने बैठा हूं; कहती कि यहां कोई दिखाई नहीं पड़ता, किसी को सब्जी लेने बाजार भेजना है। मैं सुन रहा हूं। मगर उसका कहना ठीक है, वहां सच में कोई नहीं है; सब्जी लेने की मुझमें कोई योग्यता नहीं है।

एक दफा भेज कर वह भूल में पड़ गई, फिर उसने दुबारा मुझे नहीं भेजा। एक बार उसने मुझे भेजा सब्जी लेने। आम का मौसम था और मुझे कहा, आम ले आओ। मैं गया। मैंने दुकानदार से पूछा कि सबसे श्रेष्ठ आम कौन सा है? मेरी शक्ल देख कर ही वह समझ गया और मेरे पूछने के ढंग को देख कर समझ गया कि इस आदमी ने आम कभी खरीदे नहीं हैं। जो रद्दी से रद्दी आम था, उसने कहा कि यह सबसे श्रेष्ठ आम है। और दाम उसने सबसे ज्यादा उसके बताए। तो मुझे लगा कि ठीक ही है, जब दाम इसके सबसे ज्यादा हैं तो सबसे श्रेष्ठ होना ही चाहिए। शक तो मुझे होता था कि वह सड़ा-गला दिखता था, लेकिन मैंने सोचा कि जब मैं खुद उससे पूछ ही लिया हूं और जितने दाम मांगता है उतने देने को राजी हूं तो धोखा देने का कोई कारण नहीं है। लेकर आम मैं घर आ गया। मेरी मां ने तो देख कर आंख बंद कर लीं। पड़ोस में एक बूढ़ी भिखारिन रहती थी, मुझसे कहा कि यह जाकर उसको दे आ। उस बूढ़ी भिखारिन ने मुझसे कहा कि कचराघर पर फेंक दो। बस फिर मेरी बाजार जाने की यात्रा बंद हो गई।

कुशलता पहचानी जाती है, दिखाई पड़ती है। उसका उपयोग है। शुद्धता का क्या उपयोग हो सकता है? निरुपयोगी है। उसका आर्थिक जगत में कोई मूल्य नहीं है, उसकी कोई कीमत नहीं है। और ध्यान रहे, जिस चीज में हमें कोई कीमत न दिखाई पड़े उसमें मूल्य भी कैसे दिखाई पड़े? जब कीमत ही नहीं है तो मूल्य भी हमारे लिए नहीं

रह जाता। शुद्धता निरुपयोगी तत्व है। निरुपयोगी इस अर्थ में कि व्यवहार-बाजार की दुनिया में उसका हम कुछ भी नहीं कर सकते। लेकिन परम आनंद का स्रोत है। और जिसको मिलती है उसको तो परम आनंद है ही; अगर आपको भी दिखाई पड़नी शुरू हो जाए तो आप भी उसके आनंद में सहभागी हो जाते हैं।

अगर बुद्ध बैठे हैं बोधिवृक्ष के नीचे और आप वहां से निकलें और सोचें कि बेकार! तो आपका संबंध टूट गया। अगर आप सोचें कि कुछ जरूर घट रहा है, कुछ परम घट रहा है, जो दिखाई नहीं पड़ता, जो जगत तक नहीं आता, जो किसी मूल स्रोत में घट रहा है, बीज में घट रहा है, और आप बुद्ध के पास बैठ जाएं और एक दीवार खड़ी न करें कि यह बेकार बैठा हुआ है आदमी, आप सोचें कि कुछ घट रहा है, और आप रिसेप्टिव हो जाएं, ग्राहक हो जाएं। तो आप पाएंगे कि बुद्ध की आनंद-किरण आपको भी हिलाने लगी। आप पाएंगे कि बुद्ध की वह शून्यता आपके भीतर भी छाने लगी। आप पाएंगे कि बुद्ध के भीतर जो अमृत बरस रहा है, उसकी कुछ झलक, कुछ स्वाद आपके भीतर भी आने लगा। आप खुले हों, आपका पात्र खुला हो। लेकिन आपने कहा कि बेकार, आपका पात्र बंद हो गया। फिर निश्चित ही बिलकुल बेकार है। क्योंकि आप कैसे उपयोगिता जान सकते हैं? यह उपयोगिता किसी और ही ढंग की है, किसी और ही आयाम में, एक नया ही डायमेंशन है इसका, जहां बाजार का मूल्य काम नहीं आ सकता; जहां केवल आत्मा की ग्राहकता हो तो हम समझ सकते हैं क्या घट रहा है।

शुद्धता आनंद है, सुविधा नहीं है, उपयोगिता नहीं है, कुशलता नहीं है। सिर्फ मनुष्य का होना अपनी शुद्धता में! इसका अर्थ हुआ कि जहां कोई वासना नहीं है, जहां कोई विचार नहीं है, जहां कोई दौड़, कोई तनाव, कोई अशांति नहीं है, ऐसी चेतना की दशा का नाम शुद्धता है। वह है प्योरिटी, इनोसेंस, वहां निर्दोष होना मात्र है। पर इसकी हमें प्रतीति तभी हो सकती है जब हम कभी ऐसे होने की घटना जहां घट रही हो ऐसे व्यक्ति के पास ग्राहक होकर बैठ जाएं। शायद एक क्षण में आपको पता भी न चले, वर्षों भी लग सकते हैं। लेकिन अगर आप ग्राहक बने बैठे रहें...।

बुद्ध से कोई एक दिन पूछता है कि ये दस हजार भिक्षु आपके आस-पास इकट्ठे रहते हैं; ये क्या करते हैं यहां? तो बुद्ध कहते हैं, ये कुछ करते नहीं हैं; ये सिर्फ मेरे पास होते हैं। वर्षों तक ये सिर्फ मेरे पास होते हैं। ये मुझे पीते हैं। ये मेरे प्रति खुलते हैं। जैसे सुबह कमल खिलता है, सूरज के लिए उन्मुख हो जाता है; खोल देता है अपनी पंखुड़ियां। ऐसा ये खुलते हैं। कुछ मेरे भीतर घटा है, कुछ ऐसा जो जगत के बाहर है, ये भी उसके साझीदार होने की कोशिश में लगे हैं। एक बार इन्हें स्वाद आ जाए तो इनके भीतर भी घटना शुरू हो जाएगा।

बुद्धत्व संक्रामक है, इनफेक्शस है। अगर आप तैयार हों तो बुद्धत्व के कीटाणु आपके भीतर प्रवेश कर सकते हैं, आपको रूपांतरित कर सकते हैं। बीमारियां ही संक्रामक नहीं होतीं, स्वास्थ्य भी संक्रामक होता है। दुख ही संक्रामक नहीं होता, महा सुख भी संक्रामक होता है।

लेकिन हम बड़े अदभुत लोग हैं। हम दुख के लिए तो बिलकुल खुले हैं और आनंद के लिए बिलकुल बंद हैं। कहीं दुख मिल रहा हो तो हम जल्दी से खुल जाते हैं, तैयार हैं। दुख को लेने को हम बिलकुल प्यासे हैं, तत्पर हैं। आनंद कहीं मिल रहा हो तो हम इनकार करने के सब उपाय करते हैं।

असल में, हमें भरोसा ही नहीं रहा है कि आनंद संभव है। इसलिए हम मान ही नहीं पाते कि बुद्धत्व संभव है, या क्राइस्ट होना संभव है। हम मान ही नहीं पाते। और जब हम कहते हैं कि ये सब कथाएं हैं, तो हम असल में यह नहीं कह रहे हैं कि बुद्ध और क्राइस्ट कभी हुए नहीं; हम यह कह रहे हैं कि हम मान नहीं सकते कि ये हो सकते हैं, क्योंकि हम इतने दुख में हैं और सुख की हमें कोई किरण नहीं मिली। हमें अपने पर भरोसा खो गया है। शुद्ध योग्यता हमें दूषित मालूम पड़ती है।

'महा अंतरिक्ष के कोने नहीं होते।'

आकाश का कोई कोना है? लेकिन हम अपने घरों में रहने के आदी हैं, और हमारे कमरे का कोना होता है। कोनों के कारण ही हम कह पाते हैं, यह हमारा कमरा है। अगर कोने न हों तो हमारा कमरा खो जाए। लेकिन महा आकाश का कोई कोना नहीं है। इसलिए महा आकाश हमें दिखाई नहीं पड़ता।

योग्यता के कोने होते हैं—छोटे-छोटे कमरे। शुद्धता का कोई कोना नहीं होता—महा आकाश! इसलिए शुद्धता हमें दिखाई नहीं पड़ती। जब तक आकाश दीवारों में बंद न हो जाए तब तक हमें उपयोगी नहीं मालूम पड़ता। यह कमरे में हम बैठे हैं। दीवार में तो हम नहीं बैठे हैं, बैठे तो हम आकाश में ही हैं; जो खाली जगह है उसी में बैठे हैं। लाओत्से बार-बार कहता है, मकान का उपयोग दीवार में नहीं, खाली जगह में है। दीवार केवल खाली जगह को घेरती है। लेकिन जब दीवार खाली जगह को घेरती है, हम आश्वस्त हो जाते हैं; हम कहते हैं, भवन निर्मित हो गया। बैठते खाली जगह में ही हैं, बैठते आकाश में ही हैं, लेकिन जब दीवार घेर लेती है तो हम सुरक्षित अनुभव होते हैं। अपना आकाश घेर लिया; लगता है, अब कुछ अपना है। सीमा है तो हमें दिखाई पड़ता है। दीवारें खो जाएं—अभी यहां बैठे-बैठे ऐसा चमत्कार हो कि दीवारें खो जाएं—तो आप जहां बैठे हैं वही बैठे रहेंगे, कोई भी फर्क आपको नहीं पड़ेगा। लेकिन आप बड़ी मुश्किल में पड़ जाएंगे, बेचैनी शुरू हो जाएगी। खुले आकाश के नीचे आ गए; अज्ञात के नीचे आ गए। जहां सीमाएं नहीं और कोने नहीं, वहां हमारी पकड़ नहीं बैठती, वहां हम भयभीत हो जाते हैं।

आदमी ने मकान सिर्फ इसलिए ही नहीं बना लिया है कि शरीर के लिए सुरक्षा है। वह तो है ही। बड़ी तो मानसिक सुरक्षा है। क्योंकि जो हमें दिखाई पड़ता है उसके हम मालिक मालूम पड़ते हैं। जिसकी हम सीमा बांध लेते हैं उसके हम मालिक मालूम पड़ते हैं। जिसकी कोई सीमा नहीं उसके सामने हम क्षुद्र हो जाते हैं, और वह मालिक होता हुआ मालूम पड़ता है। वहां भय शुरू हो जाता है।

'महा अंतरिक्ष के कोने नहीं होते। महा प्रतिभा प्रौढ़ होने में समय लेती है।'

लोग मुझसे पूछते हैं आकर, ध्यान कितने समय में हो जाएगा? महीना, दो महीना, तीन महीना? वे जो भी योग्यताएं जानते हैं, सभी बहुत थोड़ा समय लेती हैं। किसी आदमी को इंजीनियर होना है, कुछ वर्ष में हो जाएगा। किसी को डाक्टर होना है, कुछ वर्ष में हो जाएगा। वे पूछते हैं, ध्यान—समय कितना लगेगा? उपनिषद और वेद कहते हैं, अनंत जन्म लगेंगे। अगर आपसे कहा जाए अनंत जन्म लगेंगे, आप प्रयास ही न करेंगे कि जाने दो। आप प्रयास ही न करेंगे।

एक बार बुद्ध एक गांव से गुजर रहे हैं। रास्ता भटक गया है। संगी-साथी, भिक्षु भूखे-प्यासे हैं। घनी दोपहर हो गई है। जंगल से रास्ता निकलता हुआ मालूम नहीं पड़ता। जिस गांव पहुंचना है, वह कितनी दूर है, कुछ पता नहीं। राह में एक आदमी मिलता है। बुद्ध का शिष्य आनंद उस आदमी से पूछता है, गांव कितनी दूर है? वह आदमी कहता है, बस दो मील, एक कोस।

एक कोस निकल जाता है; गांव का फिर भी कोई पता नहीं। फिर एक आदमी मिलता है। आनंद पूछता है, गांव कितनी दूर है? वह आदमी कहता है, बस एक कोस, दो मील। आनंद थोड़ा बेचैन होता है। एक कोस पहले भी था; एक कोस चल चुके, शायद ज्यादा ही चल चुके। लेकिन बुद्ध मुस्कुराते रहते हैं।

फिर एक कोस बीत जाता है। लेकिन गांव का कोई पता नहीं। और अब सांझ होने के करीब आने को है। और भूख और प्यास और सब परेशान हैं। और फिर एक आदमी, एक लकड़हारा मिलता है; और उससे पूछते हैं, गांव कितनी दूर है? वह कहता है, बस दो मील, एक कोस। आनंद खड़ा हो जाता है। वह कहता है, यह किस तरह की, यह किस तरह की यात्रा हो रही है? यह एक कोस कितना लंबा है?

बुद्ध कहते हैं, तू खुश हो, कम से कम एक कोस से ज्यादा तो नहीं बढ़ता गांव। इतना भी क्या कम है कि अपना एक कोस ठहरा हुआ है, उससे ज्यादा नहीं हो रहा। हमने जितना था उससे खोया नहीं है, इतना पक्का है। हम जहां थे कम से कम वहीं थिर हैं; वहां से पीछे नहीं हटे। और ये लोग भले लोग हैं। ये प्रेमवश कहते हैं एक कोस, ताकि तुम चल सको। और बुद्ध ने कहा, मेरी खुद की हालत तुम्हारे साथ यही है। तुम मुझसे पूछते हो, कितनी दूर है बोध? कितनी दूर है बुद्धत्व? मैं कहता हूं, एक कोस। तुम एक कोस चल कर फिर पूछते हो; मैं कहता हूं, एक कोस। यह लंबी यात्रा है; यह अनंत यात्रा है; अनंत जन्म लग जाते हैं। ये भले लोग हैं। ये तुम्हारे चेहरे की थकान देख कर एक कोस कहते हैं। एक कोस से इनका कोई लेना-देना नहीं है। ये दयावान हैं।

अच्छा था, पुराने दिनों में सड़क के किनारे पत्थर नहीं थे। क्योंकि पत्थर आपका चेहरा नहीं देख सकते; पत्थर कठोर हैं; जितनी दूरी है उतनी ही कह देंगे—चाहे यात्री थक कर वहीं गिर पड़े, घबड़ा जाए।

एक-एक कोस करके हजार कोस भी पूरे हो जाते हैं। लेकिन काफी समय लगता है। क्योंकि जितनी महा प्रतिभा की खोज हो उतनी ही प्रौढ़ता में समय लगता है। इसे जरा ऐसा समझें। वैज्ञानिक इसे स्वीकार करने लगे हैं अब, एक दूसरी दिशा से।

आपने देखा, आदमी अकेला प्राणी है जिसको प्रौढ़ होने में बहुत समय लगता है। कुत्ते का बच्चा पैदा होता है; कितनी देर लगती है प्रौढ़ होने में? घोड़े का बच्चा पैदा होता है; कितनी देर लगती है प्रौढ़ होने में? घोड़े का बच्चा पैदा होते से ही चलने और दौड़ने लग सकता है। प्रौढ़ हो गया। प्रौढ़ पैदा होता है। सिर्फ आदमी का बच्चा असहाय पैदा होता है। उसको प्रौढ़ होने में बीस-पच्चीस वर्ष लग जाते हैं। पच्चीस वर्ष का हो जाता है तब भी मां-बाप जरा डरे रहते हैं कि अभी चल सकता है अपने पैर से कि नहीं। इतना लंबा समय मनुष्य को क्यों लगता है प्रौढ़ होने में? अगर आदमी के बच्चे को असहाय छोड़ दिया जाए वह मर जाएगा, बच नहीं सकता। बाकी पशुओं के बच्चे बच जाएंगे। क्योंकि वे पैदा होते ही काफी प्रौढ़ हैं। आदमी भर अप्रौढ़ पैदा होता है। क्योंकि आदमी के पास बड़ी प्रतिभा की संभावना है। उस प्रतिभा को प्रौढ़ होने में समय लगता है। घोड़े के बच्चे के पास प्रतिभा की बड़ी संभावना नहीं है; प्रौढ़ होने में कोई समय नहीं लगता।

वैज्ञानिक कहते हैं कि अगर आदमी की उम्र बढ़ाई गई, बढ़ जाएगी, तो हमारा बचपन भी लंबा होने लगेगा। लेकिन उस लंबे बचपन के साथ ही आदमी की प्रतिभा भी बढ़ने लगेगी। अगर समझें कि दो सौ साल आदमी की औसत उम्र हो जाए तो फिर इक्कीस वर्ष में बच्चा जवान नहीं होगा, प्रौढ़ नहीं होगा। फिर वह पचास-साठ वर्ष में प्रौढ़ता के करीब आएगा। युनिवर्सिटी से जब निकलेगा तो साठ वर्ष के करीब शिक्षित होकर बाहर आएगा। लेकिन तब मनुष्य की प्रतिभा बड़े ऊंचे शिखर छू लेगी। स्वभावतः! क्योंकि प्रौढ़ होने के लिए जितना समय मिलता है उतना ही प्रतिभा पकती है।

ध्यान तो प्रतिभा की अंतिम अवस्था है। एक जन्म काफी नहीं है; अनेक जन्म लग जाते हैं, तब प्रतिभा पकती है। और कोई व्यक्ति अनंत जन्मों तक अगर सतत प्रयास करे तो ही। अन्यथा कई बार प्रयास छूट जाता है; अंतराल आ जाते हैं; जो पाया था वह भी खो जाता है, भटक जाता है; फिर-फिर पाना होता है। अगर सतत प्रयास चलता रहे तो अनंत जन्म लगते हैं, तब समाधि उपलब्ध होती है।

इससे घबड़ा मत जाना, इससे बैठ मत जाना पत्थर के किनारे कि अब क्या होगा। अनंत जन्मों से आप चल ही रहे हो; घबड़ाने की कोई जरूरत नहीं है। हो सकता है, आ गया हो वक्त। तो जब कोई कहता है एक ही कोस दूर, तो हो सकता है आपके लिए एक ही कोस बचा हो। क्योंकि कोई आज की यात्रा नहीं है; अनंत जन्म से आप चल रहे हैं। इस क्षण भी ध्यान घटित हो सकता है अगर पीछे की परिपक्वता साथ हो, अगर पीछे कुछ किया हो।

कोई बीज बोए हों तो फसल इस क्षण भी काटी जा सकती है। इसलिए भयभीत होने की कोई जरूरत नहीं। और न भी पीछे कुछ किया हो तो भी बैठ जाने से कुछ हल नहीं है। कुछ करें, ताकि आगे कुछ हो सके।

लाओत्से कहता है, 'महा प्रतिभा प्रौढ़ होने में समय लेती है। महा संगीत धीमा सुनाई पड़ता है।'

क्षुद्र संगीत ही शोरगुल वाला होता है। महा संगीत धीमा होने लगता है। परम संगीत की अवस्था तो वही है, जब शून्य रह जाता है; स्वर बिलकुल शून्य हो जाते हैं। जो शून्य को सुन सकता है, वह महा संगीत को सुनने में समर्थ हो गया। इसलिए हम तो ओंकार को ही महा संगीत कहते हैं। क्योंकि जब व्यक्ति पूर्ण शून्य हो जाता है तब ओंकार की ध्वनि सुनाई पड़ती है। और वह ध्वनि ध्वनिरहित है, साउंडलेस साउंड। उसे रिकार्ड नहीं किया जा सकता। चाहे हृदय में ही टेप रिकार्डर हम लगा लें तो भी उसे रिकार्ड नहीं किया जा सकता। वह कोई ध्वनि नहीं है स्थूल अर्थों में। वह महा शून्य की गूंज है। जब सारी ध्वनियां खो जाती हैं तो उनके खो जाने से जो गूंज रह जाती है, उस गूंज का नाम ओंकार है।

'महा संगीत धीमा सुनाई पड़ता है।'

इसलिए धीमे से धीमे सुनने की क्षमता विकसित करनी चाहिए। धीरे-धीरे-धीरे-धीरे जितना धीमा सुन सकें, जितना सूक्ष्म सुन सकें, उसकी फिक्र करनी चाहिए। शोरगुल चल रहा है बाजार का; आंख बंद करके दीवार पर लगी घड़ी को सुनने की कोशिश करनी चाहिए। आप हैरान होंगे, जैसे ही आपका ध्यान दीवार की घड़ी पर जाएगा, थोड़ी देर में उसकी टिक-टिक सुनाई पड़ने लगेगी। बाजार का शोरगुल खो गया; टिक-टिक सुनाई पड़ने लगी। फिर धीरे-धीरे और नीचे हटना चाहिए। आंख बंद करके, बाजार का शोरगुल चल रहा है, हृदय की धड़कन सुननी चाहिए। अगर बाजार का शोरगुल चलता रहे और आपको अपने हृदय की धड़कन सुनाई पड़ने लगे, आप समझना कि मंजिल बहुत करीब आ रही है। सूक्ष्म को सुनने की कोशिश बढ़ाए जाना चाहिए। स्थूल से हटाते रहना चाहिए अपने को। स्थूल घटता रहेगा, लेकिन परिधि पर; और केंद्र पर सूक्ष्म की प्रतीति होने लगे।

'महा रूप की रूप-रेखा नहीं होती।'

जिस रूप की रूप-रेखा होती है वह सीमित ही है। इसलिए परमात्मा की कोई प्रतिमा नहीं हो सकती। इसलिए हमने परमात्मा का जो गहनतम प्रतीक बनाया है वह शिवलिंग है। उसमें कोई रूप नहीं है; अरूप है। एक अंडाकार आकृति है। अंडाकार आकृति जीवन की गति का प्रतीक है। सभी जीवन की गति वर्तुलाकार है, अंडाकार है। शिवलिंग सिर्फ एक अंडाकार आकृति है जिसमें कोई रूप नहीं है। अरूप है। परमात्मा का कोई रूप नहीं हो सकता; क्योंकि रूप सीमा देगा। और जहां सीमा है वहां बंधन है। जहां सीमा है वहां मृत्यु है। जहां सीमा है वहां अज्ञान है, अविद्या है।

'महा रूप की रूप-रेखा नहीं होती; और ताओ अनाम है, छिपा है।'

स्वभाव अनाम है, और छिपा है। सत्य अनाम है, और छिपा है।

'और यह वही ताओ है जो दूसरों को शक्ति देने और आप्तकाम करने में पटु है।'

यह जो छिपा हुआ मूल स्रोत है धर्म का, सत्य का, इसी से ही सारी ऊर्जा उठती है। इसी से फूल खिलते हैं, इसी से पक्षी आकाश में उड़ते हैं, इसी से तारे चलते हैं, सूर्य प्रकाशित होता है। इसी से चेतना आविर्भूत होती है; इसी से चेतना समाधि तक पहुंचती है। सभी का स्रोत, सभी शक्तियों का मूल उदगम; लेकिन अनाम, छिपा हुआ। जैसे बीज जमीन में छिप जाते हैं, फिर जड़ें बनती हैं और वृक्ष आकाश की तरफ उठता है। आकाश की तरफ उठता हुआ वृक्ष जमीन में छिपी हुई जड़ों पर निर्भर होता है। नीचे से जड़ें काट दो, ऊपर से वृक्ष तिरोहित हो जाएगा। जो भी प्रकट है, वह अप्रकट में उसकी जड़ें होती हैं।

सत्य या परमात्मा या ताओ—या जो भी नाम हम देना चाहें—वह हमारा अप्रकट मूल स्रोत है। उस मूल स्रोत में ही सारी शक्ति का उदगम है। और जब तक हम ऊपर-ऊपर शक्ति को खोजते हैं तब तक हम निर्बल बने रहते हैं। और जब हम उतरते हैं गहरे वृक्ष की जड़ों में तो महा शक्ति मिल जाती है, जिसका कोई अंत नहीं, जो अनंत है।

जो दिखाई पड़ता है, उससे उस तरफ चलें जो दिखाई नहीं पड़ता। जो सुनाई पड़ता है, उससे उस तरफ चलें जो सुनाई नहीं पड़ता। जिसका रूप है, उससे उस तरफ चलें जिसका कोई रूप नहीं है। जिसका नाम है, उससे उस तरफ चलें जो अनाम है। तो आप परमात्मा के मंदिर में प्रविष्ट हो जाएंगे। वह मंदिर बहुत दूर नहीं, यहीं छिपा है। लेकिन छिपा है। इसलिए जो उसे प्रकट मंदिरों में खोजता है वह व्यर्थ ही भटकता है। जो उसे अप्रकट के मंदिर में खोजने लगता है उसे राह मिल गई और उसकी मंजिल दूर नहीं है।

पांच मिनट रुकें, कीर्तन करें, और फिर जाएं।

अठहत्तरवां प्रवचन

# मैं अंधेपन का इलाज करता हूं

## प्रश्न-सार

*हम आनंद की खोज क्यों नहीं करते?*

*क्या चेतना तोड़ती भी है और जोड़ती भी?*

*बुद्ध पुरुष से कौन लोग बचते हैं?*

*क्या संश्लेषण से भी सत्य पाया जाता है?*

*सहजता के साथ अथक श्रम क्यों?*

*सत्य और धर्म का संगठन क्यों होता है?*

*मैं प्रश्नों के उत्तर किसलिए देता हूं?*

*पहला प्रश्न : हम दुख जानते हैं, बुद्ध आनंद जानते हैं। क्या हम सच ही दुख को जानते हैं? यदि हम सच ही दुख को जानते हैं तो क्यों कर आनंद की दिशा में नहीं जाते?*

निश्चय ही, जो दुख को जान लेगा वह दुख से मुक्त होना शुरू हो जाता है। हम दुख को भोगते हैं, जानते नहीं। भोगना जानना नहीं है। हमारा भोगना भी मूर्च्छित, सोया हुआ, बेहोश है। और इस बेहोशी का लक्षण, बुनियादी लक्षण उसे समझ लेना जरूरी है।

हम दुख भोगते भी हैं तो हमें यह स्मरण नहीं आता कि हम सुख की तलाश में दुख भोगते हैं। चाहते तो हम सुख हैं, मिलता दुख है। चाहते तो हम स्वर्ग हैं, उपलब्ध जो होता है वह नरक है। और जो सुख को चाहेगा वह दुख भोगेगा ही। सुख की चाह से ही दुख का जन्म है। यदि हम समझ जाएं कि हम दुख भोग रहे हैं, और यह भी समझ जाएं कि क्यों भोग रहे हैं, और दुख क्या है, तो हम सुख की चाह छोड़ देंगे। सुख की चाह के छूटते ही दुख से मुक्ति होनी शुरू हो जाती है। दुख है इसलिए कि सुख की मांग है। इसलिए जितनी ज्यादा सुख की मांग होगी उतना ज्यादा दुख होगा।

बहुत आश्चर्य की घटना है कि दीन-दरिद्र इतने दुखी नहीं होते हैं जितने समृद्ध और धनी हो जाते हैं। क्योंकि दीन और दरिद्र की सुख की बहुत मांग नहीं होती। वह सोच भी नहीं सकता बहुत सुख के लिए, स्वप्न भी नहीं देख सकता बहुत सुख के लिए। उसके सुख की मांग उसके दायरे में होती है। लेकिन जिसके पास सारी सुविधाएं हैं, उसकी सुख की मांग असीम हो जाती है। उसके पास सब है; सुख को वह खरीद सकता है। तो मांग भी स्वभावतः खड़ी हो जाती है। इसलिए धनी जितने दुखी होते हैं उतने दरिद्र दुखी नहीं होते। दरिद्र कष्ट में हो सकते हैं, लेकिन दुख में नहीं होते। धनी कष्ट में नहीं होते, लेकिन महादुख में होते हैं।

कष्ट तो भौतिक अभाव है। एक भूखा आदमी है, कष्ट में है। एक नंगा आदमी है, सर्दी है, गर्मी है; कष्ट में है। एक बीमार आदमी है, दवा का इंतजाम नहीं; कष्ट में है। लेकिन एक भरा पेट आदमी है; कपड़े हैं, दवा है, सुविधा है, सब कुछ है, और भीतर पाता है कि सब व्यर्थ है; कुछ सार नहीं, कुछ उपलब्ध नहीं हो रहा। बाहर सब है; भीतर खालीपन है। यह आदमी दुख में है। दुख समृद्धि का लक्षण है।

इसलिए दुखी होना हो तो समृद्ध होना जरूरी है। और दुख का अनुभव न हो तो हमारी सुख की वासना नहीं छूटती। दुख के प्रगाढ़ अनुभव से ही यह प्रतीति होनी शुरू होती है कि दुख क्यों है। हमने विपरीत मांगा है। जो हम मांगते हैं, न मिले, तो दुख पैदा होता है। और मजा तो यह है कि मिल जाए तो भी सुख पैदा नहीं होता। जीवन की सारी जटिलता और पहेली यही है कि जो हम चाहते हैं, मिल जाए, तो सुख नहीं मिलता; और न मिले तो दुख

मिलता है। धन चाहते हैं; मिल जाए तो धन हाथ में आ जाता है, लेकिन सुख हाथ में नहीं आता। महल चाहते हैं, मिल जाए; राज्य चाहते हैं, साम्राज्य चाहते हैं, मिल जाए; मिल गया बहुत लोगों को। लेकिन सिकंदर ने कहा है कि मैं खाली हाथ मर रहा हूं; मेरे हाथ खाली हैं।

इतना बड़ा साम्राज्य हो और हाथ खाली हों; क्या अर्थ होगा इसका? साम्राज्य तो मिल गया, लेकिन जिस सुख का सपना संजोया था वह पूरा नहीं हुआ। वह अभी भी खाली का खाली है। जो चाहें वह मिले तो सुख नहीं मिलता; सिर्फ ऊब पैदा होती है। और न मिले तो दुख पैदा होता है। सुख की वासना के दो छोर हैं। मिलने वाला आदमी ऊबा हुआ होता है। इसलिए धनी आदमी बोर्ड हैं, ऊबे हुए हैं, त्रस्त हैं। कुछ सूझता नहीं कि जीवन में क्या अर्थ है, क्या रस है! जिन्हें नहीं मिल पाता, न मिलने की पीड़ा सताती है।

यह दिखाई पड़ने लगे कि दुख कोई बाहरी घटना नहीं है; कष्ट बाहरी घटना है। स्मरण रखें, कोई दूसरा आदमी चाहे तो आपको कष्ट दे सकता है, दुख नहीं दे सकता। दुख तो आप ही अपने को दे सकते हैं। वह निजी घटना है। कष्ट दूसरे पर निर्भर है।

बुद्ध को भी किसी ने जहर दे दिया—भूल से सही—तो भी कष्ट तो दिया। शरीर पीड़ित हुआ; मृत्यु भी उसी घटना से घटी। लेकिन बुद्ध को कोई दुख नहीं दे सकता है। कष्ट बाहर से आता है; दुख भीतर का दृष्टिकोण है। इसलिए कष्ट से भी हम दुख पा सकते हैं; और चाहें तो कष्ट से भी दुख न पाएं। क्योंकि वह भीतर की व्याख्या है। बुद्ध को जहर दिया, भूल से दिया। किसी गरीब आदमी ने निमंत्रण दिया, भोजन कराया। लेकिन भोजन में विषाक्त सब्जी थी। बिहार में लोग कुकुरमुत्ते इकट्ठे कर लेते हैं। गरीब आदमी वर्षा में कुकुरमुत्ते इकट्ठे कर लेते हैं, उनको सुखा लेते हैं; फिर उनका भोजन करते हैं साल भर तक। गरीब आदमी था। कुकुरमुत्ते की सब्जी उसने बुद्ध के लिए बनाई थी। बुद्ध ने खाई तो जहर थी। लेकिन एक ही सब्जी थी, और उस आदमी ने वर्षों इंतजार किया था बुद्ध का। और वह इतने आनंद से बैठ कर उन्हें खिला रहा था कि बुद्ध को यह कहना ठीक न मालूम पड़ा कि सब्जी कड़वी है। उसे दुख होगा। और वह इतना गरीब था कि दूसरी कोई सब्जी नहीं थी। और बुद्ध भूखे घर से लौटें तो उसकी पीड़ा अनंत हो जाएगी। इसलिए बुद्ध चुपचाप उस जहरीली, कड़वी सब्जी को खाते रहे।

वह तो उसे बाद में पता चला। जब सब्जी उसने बुद्ध के जाने के बाद चखी तो वह तो हैरान हो गया। वह तो जहर थी! वह भागा हुआ आया। बुद्ध को चिकित्सकों ने देखा। उन्होंने कहा, यह विषाक्त था भोजन और जहर खून में पहुंच गया है; बचना बहुत मुश्किल है। तो बुद्ध ने जो पहला काम किया वह यह, अपने भिक्षुओं को बुला कर कहा कि बुद्ध के जीवन में दो व्यक्ति सर्वाधिक महत्वपूर्ण होते हैं। पहला वह व्यक्ति, मां, जो पहला भोजन देती है, दूध; और अंतिम, जो अंतिम बुद्ध को भोजन कराता है। तो इस व्यक्ति का तुम स्वागत करना, इस व्यक्ति का सम्मान करना और इतिहास में इसका उल्लेख करना कि यह बुद्ध को अंतिम भोजन देने वाला व्यक्ति है। आनंद ने कहा, आप क्या कह रहे हैं! भिक्षु तो बहुत रुष्ट हैं और डर है कि लोग उस पर हमला न बोल दें। बुद्ध ने कहा, इसीलिए मैं कह रहा हूं। उसका तुम सम्मान करना, उसका कोई कसूर नहीं है। लेकिन अनायास ही वह महाभाग को उपलब्ध हुआ है कि बुद्ध को उसने अंतिम भोजन दिया है।

बुद्ध दुख को भी दुख की भांति नहीं लेते; कष्ट को भी दुख की भांति नहीं लेते। इससे विपरीत भी होता है। हम सुख को भी दुख की भांति ले सकते हैं। क्योंकि वह हमारी व्याख्या पर निर्भर है।

मैंने सुना है, अमरीका के एक महानगर में एक होटल का मालिक अपने मित्र से रोज की शिकायतें कर रहा था कि धंधा बहुत खराब है, और धंधा रोज-रोज नीचे गिरता जा रहा है; होटल में अब उतने मेहमान नहीं आते। उसके मित्र ने कहा, लेकिन तुम क्या बातें कर रहे हो? मैं तुम्हारे होटल पर रोज ही नो वेकेंसी की तख्ती लगी देखता

हूं—कि जगह खाली नहीं है। उसने कहा, वह तख्ती छोड़ो एक तरफ। आज से चार महीने पहले कम से कम सौ ग्राहकों को रोज वापस लौटाता था, अब मुश्किल से पंद्रह-बीस को लौटा रहा हूं। धंधा रोज गिर रहा है।

आदमी की व्याख्याएं हैं। धंधा उतना ही है, लेकिन ग्राहक कम लौट रहे हैं, इससे भी पीड़ा है। धंधे में रत्ती भर का फर्क नहीं पड़ा है, लेकिन वह आदमी दुखी है। और उसके दुख में कोई शक करने की जरूरत नहीं, उसका दुख सच्चा है; वह भोग रहा है दुख।

दुख हमारी व्याख्या है। कष्ट बाहर से मिल सकता है। इसलिए कष्ट से तो बुद्ध भी पार नहीं हो सकते। जब तक शरीर है, तब तक कष्ट दिया जा सकता है। लेकिन दुख देने का कोई उपाय नहीं। क्योंकि कष्ट बाहर ही रह जाएगा। उसकी दुख की भांति व्याख्या नहीं की जाएगी।

तो दो बातें स्मरण रखें। हम दुख जानते हैं, ऐसा मत कहें; हम दुख भोगते हैं। बुद्ध आनंद भोगते हैं। दुख को जो पहचान लेता है वह आनंद के भोग के लिए तैयार हो जाता है। दुख के पूरे यंत्र को जिसने समझ लिया वह दुख के बाहर होना शुरू हो जाता है। और पूछा है कि हम आनंद की दिशा में क्यों नहीं जाते?

अपनी तरफ से तो हम जाते ही हैं, पहुंचते नहीं। अपनी तरफ से तो प्रत्येक व्यक्ति आनंद की ही तलाश करता है। ऐसा आदमी तो खोजना मुश्किल है जो आनंद की तलाश न करता हो। यह दूसरी बात है कि उसकी तलाश भ्रांत हो; वह जहां खोजता हो वहां आनंद न मिलता हो; वह जिन ढंगों से खोजता हो वे ढंग दुख में ले जाते हों। आनंद को सभी खोजते हैं। उस संबंध में कोई भेद नहीं है बुद्ध में और अबुद्ध में, ज्ञानी में, अज्ञानी में। भेद विधि का है। बुद्ध इस ढंग से खोजते हैं कि पा लेते हैं, और हम इस ढंग से खोजते हैं कि नहीं पाते। ढंग का फर्क है, खोज का कोई फर्क नहीं है। लक्ष्य का कोई फर्क नहीं है। चाहते तो हम भी आनंद ही हैं। लेकिन चाह कर भी दुख पैदा होता है तो जरूर कहीं कोई भूल चाह में हो रही है। इसे दो-तीन हिस्सों में समझ लेना जरूरी है।

पहली बात, जो बहुत महत्वपूर्ण है: हमारा सुख, या जिसे हम आनंद कहते हैं, वह सदा भविष्य में होता है; आने वाले कल में होता है। ध्यान रहे, भूल शुरू हो गई। अस्तित्व अभी और यहीं है, और आपने कल की वासना शुरू कर दी जो कि नहीं है। आप अस्तित्व के बाहर भटक गए। जो भी मिल सकता है वह अभी और यहीं मिल सकता है। कल तो कुछ भी नहीं मिल सकता; क्योंकि कल कभी आता ही नहीं। कल का कोई अस्तित्व ही नहीं है। वह नासमझ आदमी की दौड़ है। नासमझ अपनी वासना के कारण कल को सोचता रहता है।

बुद्ध से उनके एक भिक्षु सारिपुत्त ने पूछा है कि मैं आनंद को कैसे खोजूं? तो बुद्ध ने कहा, तू खोज छोड़, अभी और यहीं सिर्फ मौजूद रह। खोज की कोई जरूरत नहीं। आनंद यहीं है। तू भागा हुआ है, इसलिए जो यहीं है उससे तेरा मिलन नहीं हो पाता।

आनंद कोई वस्तु नहीं है जो भविष्य में मिल जाएगी; वह हमारे जन्म के साथ हमारे हृदय की धड़कन में बसी है। आनंद हमारा स्वभाव है। उसे खोजने की कोई जरूरत ही नहीं है। खोजने की वजह से ही हम उससे चूकते हैं। खोजें मत; उसे अभी इसी क्षण में पकड़ें। उसे कल पर मत टालें। दुखी आदमी वही आदमी है जो सुख को कल खोजता है, और आनंदित आदमी वही आदमी है जो उसे कल पर नहीं टालता, अभी इसी क्षण में डूबता है। इस डूबने का नाम ध्यान है, समाधि है।

तो जब आप इसी क्षण में डूबने की कला सीख जाते हैं तो आपको आनंद का स्रोत उपलब्ध हो जाता है, एक। दूसरी बात ध्यान रखनी जरूरी है कि सुख खोजने वाले लोग सदा दूसरे से सुख पाने की चेष्टा में लगे होते हैं। जैसे कोई और देगा—पत्नी देगी, पति देगा, धन देगा, समाज देगा, बेटा देगा—कोई देगा, कोई और देगा। वहां भूल हो रही है। आनंद आपके भीतर है; दुनिया में कोई भी उसे आपको दे नहीं सकता। उसे देने का कोई उपाय नहीं है। तो

जब तक हम सोचते हैं सुख कोई और देगा तब तक हम दुख पाएंगे। जिस दिन हम इस बात पर आ जाएंगे कि आनंद कोई दे नहीं सकता, आज तक पूरे इतिहास में कभी किसी ने किसी को आनंद नहीं दिया। आनंद तो स्वयं ही पाना होता है। वह स्वयं का स्वयं से संबंध है। वह अंतर्यात्रा है, बहिर्यात्रा नहीं। क्षण में डूबें और अपने में डूबें।

और तीसरी बात, जब भी दुख मिले तब दुख में डूब कर तादात्म्य न कर लें; दुखी न हो जाएं। जब भी दुख मिले तो साक्षी बने रहें और उसे देखें। भोगने की बजाय उसे जानें। उसमें डूबने की बजाय तटस्थ होकर साक्षी बनें, द्रष्टा बनें। दुख का मूल सूत्र है—तादात्म्य, आइडेंटिटी। क्रोध आया, दुख के बादल उठने लगे। आप तत्काल एक हो जाते हैं। आप भूल ही जाते हैं कि मैं कुछ हूं जो क्रोध से अलग हूं। निश्चित ही आप अलग हैं। क्योंकि जब क्रोध नहीं था तब भी आप थे। और थोड़ी देर बाद क्रोध नहीं रह जाएगा तब भी आप होंगे। तो क्रोध एक बादल की तरह आपके आस-पास आया है। लेकिन आपका सूरज उस बादल से एक हो जाने की कोई भी जरूरत नहीं। सूरज को दूर रखा जा सकता है। इस दूर रखने की कला को हमने साक्षी-भाव कहा है, विटनेसिंग कहा है।

तो जब भी दुख पकड़े तब थोड़ा दूर खड़े होकर देखने की कोशिश करें। कठिन होगा प्रारंभ में, क्योंकि जन्मों-जन्मों से हमने एक होकर ही देखने की कोशिश की है। लेकिन जरा सा भी प्रयास करके देखेंगे तो तत्क्षण दूरी हो जाएगी। क्योंकि दूरी है। तादात्म्य झूठ है; दूरी सत्य है। आपके और आपके अनुभवों के बीच एक फासला है। कुछ भी घटता है, वह आपके बाहर घट रहा है। आप चाहें, उससे अपने को जोड़ लें। और जोड़ने की आदत बन गई हो तो तोड़ना मुश्किल भी मालूम पड़े। लेकिन वस्तुतः आप टूटे हुए हैं और अलग हैं। आपका स्वभाव भोगना नहीं है, जानना है। भोगना भूल है; भोगना एक भ्रांति है। जानना सत्य है। जो सत्य है वह सरलता से हो जाएगा। लेकिन पुरानी आदत थोड़ा समय ले सकती है।

तो जब भी दुख पकड़े तब शांत बैठ जाएं, आंख बंद कर लें और दुख को दूर से देखने की कोशिश करें, जैसे वह किसी और को घटता हो। इस एक वचन को बहुत गहरे में उतर जाने दें—जैसे वह किसी और को घटता हो। किसी ने गाली दी है और भीतर पीड़ा घूमने लगी है। बैठ जाएं आंख बंद करके और देखें कि जैसे किसी और को घट रहा है; आप दूर हैं। धीरे-धीरे यह दूरी साफ होने लगेगी, धुंधलका अलग हो जाएगा, और स्पष्ट दिखाई पड़ेगा कि दुख घट रहा है और आप देख रहे हैं। जिस क्षण आप देखने वाले हो जाएंगे उसी क्षण से आपका दुख से संबंध टूट गया। द्रष्टा हो जाना दुख से अलग हो जाना है। ये तीन बातें खयाल में रखें तो बुद्धत्व बहुत दूर नहीं है। बुद्ध होना आपका अधिकार है। आप नहीं होते, यह आपकी मौज है। बुद्ध होना प्रत्येक के लिए सुगम है। नहीं होते, यह आपकी चेष्टा का फल है। आप सब तरह से रोक रहे हैं अपने को। तो ऊपर से तो दिखता है कि आप आनंद की खोज कर रहे हैं, लेकिन जो भी आप कर रहे हैं उससे ही आनंद की हत्या हो रही है।

आनंद की खोज का अगर इन तीन सूत्रों के अनुसार चलना हो तो आप शीघ्र ही पाएंगे कि वह किरण उतरनी शुरू हो गई जिसके सहारे मुक्त हुआ जा सकता है, और जिसके सहारे सच्चिदानंद तक पहुंचा जा सकता है।

*दूसरा प्रश्नः आपने कहा कि विकसित चेतना के कारण, विचार के कारण, मनुष्य निसर्ग से विच्छिन्न हो गया। फिर यह भी कहा कि इसी चेतना के विस्तार के द्वारा फिर निसर्ग से, स्वभाव से या ताओ से जुड़ सकता है। एक ही चेतना तोड़ती है और जोड़ती भी, इसमें विरोधाभास मालूम पड़ता है।*

मालूम पड़ता है; है नहीं। आप जिस रास्ते से इस भवन तक आए हैं उसी रास्ते से आप अपने घर तक वापस भी लौटेंगे। जो रास्ता यहां तक लाया है वही वापस भी ले जाएगा। फर्क थोड़ा सा ही होगा—आपकी दिशा में फर्क

होगा; रास्ता वही होगा। रास्ता बदलने की जरूरत नहीं कि आप दूसरे रास्ते से घर पहुंचें। सिर्फ दिशा बदलने की जरूरत है कि आपका मुंह घर की तरफ होगा। अभी आते वक्त आपकी पीठ घर की तरफ थी।

चेतना का विकास ही मनुष्य को प्रकृति से दूर ले जाता है, क्योंकि पीठ प्रकृति की तरफ है। और चेतना का ही अंतिम विकास मनुष्य को प्रकृति में ले जाता है, तब मुंह प्रकृति की तरफ हो जाता है। अगर मेरी बात ठीक से खयाल में ली हो, तो मैंने कहा, जीवन का विकास वर्तुलाकार है। जब आप चलना शुरू करते हैं चेतना के जगत में, जैसा मनुष्य प्रकृति से टूटता चला जाता है, अगर यह विकास पूरा हो जाए तो वर्तुल पूरा हो जाएगा और मनुष्य प्रकृति से पुनः जुड़ जाएगा। यह विकास बीच में रुक जाता है, यही अड़चन है। आदमी पूरा आदमी नहीं हो पाता, यही अड़चन है। अधूरा रह जाता है। अधूरे से कठिनाई है। आप पूरे चेतन हो जाएं या पूरे अचेतन हो जाएं तो प्रकृति से जुड़ जाएंगे। पूरे अचेतन में भी आप प्रकृति से जुड़ते हैं, पूरे चैतन्य में भी। क्योंकि पूर्णता प्रकृति से जोड़ती है। और अपूर्णता प्रकृति से तोड़ती है।

इसलिए मैंने कहा कि दो ही उपाय हैं। या तो बेहोश हो जाएं तो बेहोशी के क्षण में थोड़ी देर को प्रकृति के साथ एकता सध जाती है। इसलिए गहरी नींद में सुख मिलता है। सुबह जब आप उठते हैं गहरी नींद के बाद तो कहते हैं, बड़ा आनंदपूर्ण था, रात बड़ी आनंदपूर्ण थी। क्या था रात में जो आनंदपूर्ण था? क्या हुआ क्या? कुछ आप बता नहीं सकते कि कुछ हुआ। लेकिन सुबह एक हलकी झलक छूट जाती है; एक पूरे चित्त पर, शरीर पर एक छाया छूट जाती है सुख की। पर हुआ क्या?

हुआ इतना ही कि रात की गहरी निद्रा में आप गिर गए वापस, अचेतन हो गए; जहां पौधे जी रहे हैं, वहां आप पहुंच गए। जहां पत्थर जीता है वहां आप पहुंच गए। प्रकृति की अचिंता में लीन हो गए; धारा में खो गए। वह जो व्यक्ति की चेतना थी वह न रही। उससे ही सुबह इतना सुखद मालूम पड़ता है। यह सुख प्रकृति में डूब कर वापस लौटने के कारण है। आप ताजे होकर आ गए। फिर युवा हो गए। थकान मिट गई, बासापन चला गया।

इसलिए जो आदमी रात ठीक से सो नहीं पाता, उसका जीवन बड़ा बोझिल हो जाता है। क्योंकि उसके संबंध टूट गए प्रकृति से जुड़ने के। बेहोश होकर जुड़ जाता था, वे संबंध टूट गए। लेकिन कृष्ण ने गीता में कहा है कि योगी जागता है। लेकिन आपको अनिद्रा की जब बीमारी हो जाती है तब आप योगी नहीं हो जाते। अनिद्रा की बीमारी में तो आप रुग्ण होने लगते हैं। सुबह आप पाते हैं कि आप थके-मांदे हैं, उससे भी ज्यादा जितने आप सांझ को थे। रात भी थकान ही बनी है। करवट बदलने में ही और ज्यादा बेचैनी हो गई। और सुबह आप उठते हैं टूटे हुए, मुर्दा।

लेकिन कृष्ण कहते हैं, योगी रात को जागता है। वे ठीक कहते हैं। लेकिन वह घटना तभी घट सकती है जब पूरी चेतना उपलब्ध हो जाए। क्योंकि पूरी चेतना उपलब्ध होने पर फिर प्रकृति से संबंध हो जाता है। पूरी चेतना होने पर भी व्यक्ति खो जाता है, परमात्मा रह जाता है। और पूरी अचेतना होने पर भी व्यक्ति खो जाता है और प्रकृति रह जाती है। दोनों ही हालत में अहंकार मिट जाता है। और जहां अहंकार मिट जाता है वहां निद्रा की कोई आवश्यकता न रही। शरीर विश्राम कर लेगा; चेतना जागी रहेगी। ऐसा नहीं कि बुद्ध सोते नहीं, और ऐसा नहीं कि कृष्ण सोते नहीं। शरीर ही सोता है लेकिन, भीतर दीए की तरह चेतना जलती ही रहती है। और निद्रा में भी क्या घट रहा है, उसका भी बोध बना रहता है। हम तो जागे हुए भी सोए रहते हैं; बुद्ध या कृष्ण सोए हुए भी जागे रहते हैं।

लेकिन यह जागरण तभी संभव है—नहीं तो बुद्ध और कृष्ण पागल हो जाएंगे—यह जागरण तभी संभव है जब उस परम ऊर्जा के स्रोत से मिलने की कोई दूसरी विधि खोज ली गई हो। उससे मिलने का एक ही उपाय है: आप नहीं होने चाहिए। या तो आप बेहोशी में मिट जाएं, या इतने होश से भर जाएं कि अहंकार टिके न।

पर अहंकार बड़े जोर से पकड़े हुए है। वही हमारा रोग है।

मैंने सुना है, एक यहूदी फकीर की मृत्यु हो रही थी। वह अपनी शय्या पर पड़ा था। उसके बहुत भक्त थे, वे सब इकट्ठे हुए थे। खबर दूर-दूर तक पहुंच गई थी। मृत्यु करीब आती जाती थी और भक्त गुणगान कर रहे थे अपने गुरु का। कोई कह रहा था, ऐसा ज्ञानी न तो पृथ्वी ने पहले देखा और न पृथ्वी बाद में देखेगी। एक-एक शब्द कंठस्थ था। कहीं से भी पूछो प्रश्न, कभी कोई अड़चन न थी। शास्त्र धारा की तरह बहने लगते थे। कोई कह रहा था, ऐसा दयालु आदमी जीवन में देखा नहीं; सारा जीवन दया और सेवा से भरा हुआ था। कोई कह रहा था, ऐसा तपस्वी! ऐसा कठोर साधक! अपने साथ इतना संयमी और दूसरों के साथ इतना दयालु! अपने साथ इतना कठोर और दूसरों के साथ इतना सदय! ऐसी चर्चा चलती थी। मरता हुआ आदमी आंख बंद किए सब सुनता होगा। आखिरी क्षण में उसने आंख खोली और कहा कि सुनो, कोई मेरे निरहंकारी होने की भी तो बात करो। यह सब तो ठीक है, लेकिन कोई मेरे निरहंकारी होने की भी तो बात करो।

अहंकार बड़ी सूक्ष्म बात है। तपश्चर्या में भी बच जाता है; शास्त्र के ज्ञान में भी बच जाता है। दया-सेवा में भी बच जाता है। परिपुष्ट होता रहता है वहां भी। अब यह आदमी मरते क्षण में भी अहंकार से भरा है। पर इसका अहंकार बड़ा उलटा है। एकदम से पकड़ में न आए। कह रहा है कि मेरे निरहंकारी होने की भी तो कोई चर्चा करो। असल में, अहंकार का अर्थ ही है कि मेरी कोई चर्चा करे, मुझे कोई जाने, मुझे कोई पहचाने। मैं हूं, मैं कुछ हूं, उसकी ही तो सारी विक्षिप्तता अहंकार है।

इस अहंकार को खोने के दो उपाय हैं—या तो पशु की भांति निद्रा में खो जाएं और या फिर संतों की भांति परिपूर्ण जागरण में प्रतिष्ठित हो जाएं। दोनों ही स्थिति में आप मिट जाएंगे। आप दोनों के बीच में हैं। अहंकार मध्य बिंदु है। अर्ध-मूर्च्छा, अर्ध-जागृति; कुछ जागे, कुछ सोए। वहां अहंकार खड़ा रहता है। पूरे जागे, अहंकार चला जाता है। पूरे सो गए, तो भी अहंकार चला जाता है। इसलिए जब चेतना बिलकुल प्रसुप्त होती है तब भी प्रकृति के साथ हम एक होते हैं, और जब चेतना परिपूर्ण बुद्धत्व को उपलब्ध होती है तब हम पुनः प्रकृति के साथ एक हो जाते हैं।

रास्ता एक ही है, लेकिन दिशाएं बदल जाती हैं। जब हम अहंकार की तरफ बढ़ रहे होते हैं तो पीठ होती है प्रकृति की तरफ, और जब हम अहंकार से हट रहे होते हैं तो मुंह होता है प्रकृति की तरफ। और वापस उसी घर में लौट आना होश से भर कर, यही जीवन का लक्ष्य है। जहां से हम बेहोशी में जनमे हैं, वहीं होश से भर कर लौट आना जीवन की सारी कला है। उसी घर में वापस पहुंच जाना, जहां से हम बेहोश पैदा हुए थे, होश को सम्हाल कर। मनुष्य वहीं पहुंचता है जहां से आया है। मूल स्रोत ही अंत है। लेकिन भिन्न होकर पहुंचता है।

इसलिए संसार का शिक्षण बड़ा अदभुत और जरूरी है। परमात्मा अकारण ही संसार को नहीं चलाए जाता है। गहन कारण हैं भीतर कि जो आपके पास है वह छीना जाना चाहिए और आपको तब तक नहीं मिलना चाहिए जब तक आप पूरे होश से न भर जाएं। वह छीनने का क्रम आपको होश से भरने की प्रेरणा है। होश से भर कर आपको वही मिल जाएगा जिस आनंद में पशु और पक्षी आनंदित हैं, वृक्ष आनंदित हैं, आकाश के तारे आनंदित हैं। पूरा जगत जिस उत्सव में डूबा है, आप भी डूब जाएंगे। लेकिन आपके डूबने में मजा ही अलग होगा। बोधि-वृक्ष के नीचे बुद्ध बैठे हैं। बुद्ध जिस आनंद में हैं, वृक्ष भी उसी आनंद में है, लेकिन वृक्ष को कोई होश नहीं आनंद का। और उस आनंद का अर्थ ही क्या जिसका कोई होश न हो? जिस आनंद का पता न चलता हो उसके होने न होने में फर्क क्या है? उसी के नीचे बुद्ध बैठे हैं। वे भी उसी आनंद में हैं, लेकिन अब पूरे होशपूर्वक जागे हुए हैं।

ऐसा समझें कि आपको बेहोश एक बगीचे में ले जाया जाए स्ट्रेचर पर रख कर। फूलों की सुगंध जरूर आपके नासापुटों तक आएगी। क्योंकि फूल इसकी फिक्र नहीं करते कि आप होश में हैं कि बेहोश हैं। पक्षियों के गीत भी आपके कान पर झंकार करेंगे। क्योंकि पक्षियों को कोई मतलब नहीं कि आप सुन रहे हैं कि नहीं सुन रहे हैं। ठंडी

हवाएं आपको छुएंगी। लेकिन आप बेहोश हैं। और इसी बेहोशी में आपको बगीचे का पूरा भ्रमण करवा कर वापस ले आया जाए। तो जब आप होश में आएंगे तब शायद आप कहें भी कि कुछ अच्छा-अच्छा लगता है, कुछ ताजगी मालूम पड़ती है। क्योंकि वह बगीचा कुछ अनजान छाया तो छोड़ ही गया होगा। लेकिन आपको कुछ पता नहीं; न फूलों के उस आनंद का, न फूलों के खिलने का, न पक्षियों के गीत का, न उस संगीत का जो उन हवाओं में था जो वृक्षों से गुजरती थीं, न उस शांति का, न उस हरियाली का। नहीं, आपको उस सबका कुछ भी पता नहीं है। फिर उसी बगीचे में आप होशपूर्वक जाएं; जागे हुए।

ठीक प्रकृति में सभी कुछ आनंद में डूबा हुआ है, लेकिन होश नहीं है। आदमी वापस होश का अनुभव करके डूबता है। इस अनुभव की प्रक्रिया में दुख उठाना पड़ता है। क्योंकि जो बेहोशी में मिलता था, बेहोशी छूटते ही खोने लगता है; होश आते ही छूटने लगता है हाथ से, विलीन होने लगता है। तो आदमी जैसे-जैसे होश से भरता है वैसे-वैसे दुखी होता चला जाता है। बच्चे कम दुखी हैं; बूढ़े बहुत ज्यादा दुखी हो जाते हैं। क्योंकि बूढ़े को कुछ होश आ गया। जिंदगी की सब चीजें दिखाई पड़ने लगीं—सब व्यर्थ था। सब दायित्व, सारी दौड़-धूप, सारी थकान, सारी ऊब साफ हो गई। बूढ़ा ज्यादा दुखी है। बच्चा—अभी पता नहीं है उसे। बच्चा अभी भी प्रकृति से ज्यादा दूर नहीं गया है। अभी बहुत करीब ही खेल रहा है। लेकिन अभी होश नहीं है।

इसलिए जीसस ने कहा है, जो पुनः बच्चे की भांति हो जाते हैं, वे धन्यभागी हैं। पुनः! जो बूढ़े होकर फिर बच्चे जैसे हो जाते हैं। पर इस होने का अर्थ ही यह हुआ कि अब होशपूर्वक बच्चे जैसे हो जाते हैं, जागे हुए बच्चे जैसे हो जाते हैं। लौटना है गंगोत्री पर ही, मूल उदगम पर ही, लेकिन होश को कमा कर लौटना है।

संसार जागरण की एक प्रक्रिया है।

*तीसरा प्रश्न: विपरीत विपरीत को आकर्षित करता है। इस नियम के अधीन, बुद्ध पुरुषों के इर्द-गिर्द मूढ़ व्यक्ति इकट्ठे हो जाते हैं। तो क्या वे सब ज्ञानीजन हैं जो उनके सान्निध्य से दूर ही रहते हैं?*

वे महामूढ़ हैं। क्योंकि जो बुद्ध के करीब आते हैं...करीब आते हैं, मूढ़ हैं इसीलिए करीब आएंगे। क्योंकि बुद्ध के पास कोई बुद्ध पुरुष तो किसलिए करीब आएगा? कोई जरूरत ही न रही। चिकित्सालय में कोई जाता है इसलिए कि रुग्ण है। बुद्ध के पास कोई आता है इसलिए कि अज्ञानी है और ज्ञान की तलाश है। लेकिन जो अज्ञानी ज्ञान की तलाश में लग गया, ज्ञान का जन्म शुरू हो गया। इसलिए जो दूर रह जाते हैं उनको मैं कहता हूं, महामूढ़ हैं। रुग्ण हैं, और फिर भी चिकित्सक के पास नहीं जाना चाहते। रुग्ण हैं, फिर भी अहंकार रोकता है यह भी कहने से कि मैं बीमार हूं। क्योंकि चिकित्सक को इतना तो कहना ही पड़ेगा कि मैं बीमार हूं। बुद्ध के पास इतना तो कहना ही पड़ेगा कि मैं अज्ञानी हूं। तभी तो ज्ञान की प्रक्रिया शुरू हो सकती है। इतना भी स्वीकार करना पीड़ा देता है। इसलिए महामूढ़ बुद्ध के पास नहीं पहुंच पाते। मूढ़ पहुंचते हैं।

लेकिन इन मूढ़ों में भी कई तरह के मूढ़ होंगे, तरह-तरह के होंगे। कुछ होंगे जो सजग हो जाएंगे अपनी मूढ़ता के प्रति और बुद्ध के निकट अपनी मूढ़ता को काटने का उपाय करेंगे। कुछ होंगे जो सजग न होंगे, बल्कि बुद्ध की बातों से अपनी मूढ़ता को ही भरने का उपाय करेंगे। बुद्ध का उपयोग भी अपनी मूढ़ता के लिए ही करने वाले लोग भी हैं। उनसे ही खतरा है। स्वभावतः, जब एक मूढ़जन ज्ञानी के पास आता है तो वह उसकी पूरी बातें तो नहीं समझ सकता। असंभव है। लेकिन अगर उसे खयाल हो कि मैं समझ तो नहीं सकता, इतनी विनम्रता हो और समझने की चेष्टा करता रहे, तो ठीक। लेकिन अगर, जो भी वह समझ लेता है, समझता हो कि मैंने समझ लिया, और

फिर हठाग्रही हो, तो खतरा है। तब खतरा है; तब फिर वह जिद्द बांधेगा। और बुद्ध कितने दिन होंगे? आज नहीं कल—इस तरह का बड़ा वर्ग है—उसके हाथ में बातें पड़ जाती हैं। बुद्ध के मरते ही बुद्ध की बातों पर कोई एकमत न रहा, पच्चीस धाराएं पैदा हो गईं। हर धारा के लोग कहने लगे, यही बुद्ध ने कहा था।

बुद्ध की तो बात छोड़ दें; मैंने सुना है कि सिग्मंड फ्रायड के जीवन में ऐसा घटा। वह जिंदा था, लेकिन बूढ़ा हो गया था। और एक बड़ा आंदोलन उसके आस-पास चल रहा था, मनोविश्लेषण का, साइकोएनालिसिस का। सारी अंतर्राष्ट्रीय ख्याति थी, हजारों उसके शिष्य थे। तो कुछ दस उसके विशेष शिष्य उसके बुढ़ापे को निकट देख कर उससे मिलने के लिए इकट्ठे हुए थे। सांझ को भोजन के लिए फ्रायड के साथ टेबल पर बैठे हैं। बातचीत चलने लगी; उन दसों में विवाद छिड़ गया—फ्रायड क्या कहता है इस संबंध में। और फ्रायड बैठा है जिंदा, उससे कोई पूछता ही नहीं। उनमें विवाद इतना बढ़ गया कि वे भूल ही गए कि अभी इतने विवाद की जरूरत क्या है! आदमी जिंदा है, सामने मौजूद है, उससे हम पूछ लें कि तुम्हारा क्या मंतव्य था। वे अपना-अपना मंतव्य सिद्ध कर रहे हैं। फ्रायड ने उनसे कहा, मित्रो, अभी मैं जिंदा हूं। अभी तुम मुझसे सीधा पूछ ले सकते हो कि मेरा मंतव्य क्या था। लेकिन तुम मुझसे नहीं पूछते; मेरे मरने के बाद तुम क्या करोगे! तब तो तुम्हीं निर्णायक हो जाओगे।

तो जैसे ही एक ज्ञानी की मृत्यु होती है, उसके आस-पास अज्ञानियों का जो समूह है वह पच्चीस तरह के मत-मतांतर खड़े कर लेता है। करेगा ही। धर्म तो ज्ञानियों से पैदा होते हैं, संप्रदाय मूढ़ों से पैदा होते हैं। और ऐसी क्षुद्र बातों पर लड़ेगा कि जिसकी हम कल्पना भी नहीं कर सकते।

अब दिगंबर और श्वेतांबरों से पूछो कि किस बात से तुम्हारा झगड़ा है महावीर के बाबत? श्वेतांबर कहते हैं कि वे कपड़े पहनते थे; दिगंबर कहते हैं वे नग्न थे। कहां की क्षुद्र बातों पर झगड़ा है—कि श्वेतांबर कहते हैं कि उनकी शादी हुई थी और दिगंबर कहते हैं कि उनकी शादी नहीं हुई। श्वेतांबर कहते हैं कि उनकी एक लड़की भी हुई थी और उनका दामाद भी था, और दिगंबर कहते हैं कि उनकी कोई न लड़की हुई, न कोई दामाद था।

ये झगड़े हैं। इनमें से कुछ भी सच हो, इसका महावीर से क्या लेना-देना है? कपड़े पहनते हों तो क्या फर्क पड़ता है? नहीं पहनते हों तो क्या फर्क पड़ता है? उन्होंने जो कहा है, उससे कोई लेना-देना नहीं है। बड़े अजीब लोग हैं! लेकिन इस पर झगड़े हजारों वर्ष तक चलते हैं। और झगड़े बड़े पांडित्यपूर्ण चलते हैं, उसमें बड़े शास्त्रों का और विवाद का और तर्क का जाल फैलाया जाता है। और करने वाले सोचते हैं कि बड़ा महत्वपूर्ण काम कर रहे हैं, क्योंकि बड़े धर्म की रक्षा की बात है। अब महावीर नग्न थे कि कपड़ा पहनते थे, इससे धर्म की रक्षा का क्या सवाल है? कपड़े के भीतर भी नग्न ही होंगे। कपड़ा इतना मूल्यवान है नहीं। महावीर की शादी हुई या नहीं हुई, इससे क्या लेना-देना है? इन व्यर्थ की बातों में इतना क्या सार है?

लेकिन नहीं, इनमें सार मालूम पड़ता है। क्योंकि मूढ़ों का अहंकार इनसे जुड़ जाता है—उनकी बात ठीक है। सत्य से मूढ़ को कोई संबंध नहीं होता, अपने मत से संबंध होता है। ज्ञानी, जो सत्य है, उसको अपना मत बनाता है। मूढ़, जो उसका मत है, उसको सत्य सिद्ध करता है। ज्ञानी सदा तैयार है अपने मताग्रह को छोड़ने को, सत्य जहां ले जाए वहां जाने को। अज्ञानी कहता है, सत्य को मेरे पीछे चलना पड़ेगा; जहां मैं जाता हूं, वहां सत्य को जाना पड़ेगा।

जो बुद्ध पुरुषों के पास इकट्ठे होते हैं वे धन्यभागी हैं—मूढ़ हों तो भी। क्योंकि वहां उपाय है कि उनकी मूढ़ता विसर्जित हो जाए। लेकिन जरूरी नहीं है कि पास पहुंचने से आपकी मूढ़ता विसर्जित हो जाएगी। आपको बहुत सजग रहना पड़ेगा। क्योंकि मूढ़ता की बड़ी गहरी जड़ें हैं और बड़ी तरकीबों से वह आपको पकड़े हुए है।

भागवत में एक घटना है। पूर्णिमा की एक रात है और कृष्ण रास कर रहे हैं। उनकी प्रेमिकाएं, उनकी सखियां उनके चारों तरफ नाच रही हैं। हर प्रेमिका को लगता है कि कृष्ण उसी को प्रेम करते हैं। ऐसा लगेगा ही। वह भी

अहंकार का ही हिस्सा है। हर प्रेमिका को लगता है कि कृष्ण मुझे ही प्रेम करते हैं। लेकिन जैसे ही किसी प्रेमिका को लगता है कि कृष्ण मेरे ही हैं वैसे ही उसे कृष्ण दिखाई नहीं पड़ते। नाच तो चलता है, लेकिन कृष्ण बीच से तिरोहित हो जाते हैं। जिस सखी को भी ऐसा लगता है कि कृष्ण बस मेरे हैं, और पजेशन, और मालकियत का भाव पैदा होता है, वैसे ही उसे कृष्ण दिखाई पड़ने बंद हो जाते हैं।

यह बहुत मीठी कथा है। खूबसूरत, बड़ी सुंदर और बड़ी प्रतीकपूर्ण। और जैसे ही उसको दिखाई नहीं पड़ते, वह बेचैन हो जाती है, परेशान हो जाती है, प्रार्थना करने लगती है, और भूल जाती है इस भाव को कि कृष्ण मेरे हैं, बस मेरे हैं। इसको भूल जाती है। प्यास जगती है, प्रेम जगता है; विह्वल होकर रोने लगती है, चिल्लाने लगती है। तब उसको फिर कृष्ण दिखाई पड़ने लगते हैं। लेकिन जैसे ही कृष्ण दिखाई पड़ते हैं, उसे फिर खयाल होता है कि मेरी पुकार पर आ गए, मेरी प्यास पर आ गए; मैंने चाहा और दिखाई पड़े; बस मेरे हैं। कृष्ण फिर तिरोहित हो जाते हैं।

बस गुरु और शिष्य के बीच ऐसा ही खेल चलता है। जिस क्षण लगता है बुद्ध के किसी भक्त को कि बस मेरे हैं, और मैं समझ गया, और बस असली चाबी मेरे हाथ आ गई; बुद्ध खो गए। मूढ़ता अहंकार है। और जहां अहंकार पकड़ता है वहीं कठिनाई शुरू हो जाती है।

बुद्ध के जीवन में घटना है कि आनंद उनके मरने तक ज्ञान को उपलब्ध नहीं हुआ। चालीस साल उनके साथ था, और ज्ञानी पुरुष था—जिनको हम ज्ञानी कहते हैं—जानकार था, योग्य था, प्रतिभाशाली था। बुद्ध का बड़ा भाई था रिश्ते में, चचेरा भाई था। लेकिन चालीस साल चौबीस घंटे साथ रह कर भी ज्ञान को उपलब्ध नहीं हुआ। और कथा कहती है कि बुद्ध के मरने के बाद वह ज्ञान को उपलब्ध हुआ। बुद्ध से मरने के पहले वह रोने लगा और कहने लगा कि आप जाते हैं! मेरा क्या होगा? चालीस साल भटकते हो गए और मुझे कुछ तो हुआ नहीं।

बुद्ध ने कहा, जब तक मैं न मिट जाऊं, तुझे कुछ होगा भी नहीं। मेरा समाप्त हो जाना तेरे होने के लिए जरूरी है, ताकि तेरी मुट्ठी खाली हो जाए, तेरी पकड़ खो जाए।

कथा बड़ी मधुर है कि जब आनंद आया पहली दफा बुद्ध के पास दीक्षा लेने, तो वह उनका बड़ा भाई था रिश्ते में। तो उसने कहा कि दीक्षा लेने के बाद तो मैं तुम्हारा शिष्य हो जाऊंगा और तुम जो आज्ञा दोगे वह मुझे माननी पड़ेगी। लेकिन अभी तुम मेरे छोटे भाई हो और मैं तुम्हारा बड़ा भाई हूं; अभी मैं तुम्हें जो आज्ञा दूंगा वह तुम्हें माननी पड़ेगी। तो पहले तीन शर्तें मेरी पूरी कर दो, फिर मैं दीक्षा लेता हूं। पहली शर्त यह कि सदा, जब तक जीवित हूं, तुम्हारे साथ रहूं; तुम मुझे कहीं अलग न भेज सकोगे; तुम यह न कह सकोगे कि जाओ, कहीं और बिहार करो। मैं सदा छाया की भांति तुम्हारे साथ रहूंगा। चौबीस घंटे! रात सोऊंगा भी तुम्हारे ही कमरे में। तुम मुझे क्षण भर को अलग न कर सकोगे। दूसरी बात, जिस व्यक्ति को भी मैं तुमसे मिलाना चाहूं—आधी रात में भी—तो तुम इनकार न कर सकोगे। और तीसरी बात, कोई भी सवाल मैं पूछूं, वह सवाल कैसा ही हो, तुम्हें जवाब देना ही पड़ेगा।

बुद्ध छोटे भाई थे। तो बुद्ध ने कहा कि जो आज्ञा दे रहे हो बड़े भाई की हैसियत से वह मैं स्वीकार कर लेता हूं। फिर आनंद की दीक्षा हुई। लेकिन यह जो अकड़ थी बड़े भाई होने की यह बाधा बन गई। और बुद्ध ने पूरे जीवन निभाया; जो कुछ आनंद ने मांगा था वह पूरे जीवन पूरा किया। लेकिन वह जो अकड़ थी, वह कठिनाई हो गई, और बुद्ध से सीखने में बाधा बन गई। वह जो बड़ा भाई होना था, वह जो बुद्ध को आज्ञा देने का अहंकार था, वह अड़चन हो गया। बुद्ध के मरने के बाद पकड़ छूटी और आनंद को होश आया कि मैंने गंवा दिए चालीस वर्ष! जिसके पास था वहां एक क्षण में घटना घट सकती थी, लेकिन मैं अपनी तरफ से ही बंद था। वह कभी भी मन के गहरे में बुद्ध को बड़ा नहीं मान पाया। छोटा भाई था, तो छोटा भाई। सिर झुकाता था, पैर में सिर रखता था, लेकिन भीतर वह जानता था कि मेरा छोटा भाई है। तो वह झुकना, वह समर्पण, सब झूठा हो गया।

बुद्ध के पास स्वभावतः जो जाएंगे, वे अज्ञानी हैं। लेकिन वे धन्यभागी अज्ञानी हैं, क्योंकि उन्हें जाने का खयाल आ गया। इतना भी ज्ञान कुछ कम नहीं। जो नहीं जाते, वे महामूढ़ हैं। वे अपने में बंद हैं, उनके खुलने का उपाय नहीं है। कहीं से चोट जरूरी है; नहीं तो आप अपनी खोल में बंद रह सकते हैं जन्मों-जन्मों तक। कहीं से चिनगारी पड़नी जरूरी है। और बड़ी जरूरत इस बात की है कि कोई आनंदित व्यक्ति आपके जीवन-अनुभव का हिस्सा हो जाए। क्योंकि आपको आनंद की कोई खबर नहीं। जिसकी खबर ही नहीं है उसकी खोज भी कैसे हो? और जिसका कोई स्वाद नहीं, वह होता भी है, इसका भरोसा भी कैसे हो?

बुद्ध आपको आनंद नहीं दे सकते और न ज्ञान दे सकते हैं, लेकिन बुद्ध की मौजूदगी आपको स्वाद दे सकती है। आपको इतना तो लग सकता है कि कुछ इस आदमी को हुआ है जो अगर मुझे भी हो जाए तो जीवन सार्थक है। बुद्ध की छाया में आपको जो शांति की झलक मिले वह आपकी अपनी शांति की खोज बन सकती है। तो बुद्ध प्यास दे सकते हैं। परमात्मा तो दुनिया में कोई किसी को नहीं दे सकता; लेकिन परमात्मा की प्यास किसी के सान्निध्य में जग सकती है। वह जग जाए और अज्ञानी अपने अज्ञान के प्रति सचेत हो तो धीरे-धीरे अज्ञान विसर्जित हो जाता है।

लेकिन अगर अज्ञानी अपने अज्ञान को ही बुद्ध से भरने लगे तो कठिनाई हो जाती है। आप भर सकते हैं। बुद्ध निरुपाय हैं, कुछ भी नहीं कर सकते। आप अपने अज्ञान को भर सकते हैं उनसे भी। उनसे जो बातें सुनें, वे आपकी स्मृति में चली जाएं, आपका जीवन-आचरण न बनें; तो खतरा है। तो आप पंडित हो जाएंगे, ज्ञानी नहीं हो पाएंगे। और अज्ञानी जब पंडित हो जाता है तो भयंकर रोग से ग्रस्त हो जाता है।

*चौथा प्रश्न : नागसेन ने कहा है, नागसेन नहीं है। विश्लेषण से यह सत्य निरूपित हुआ। क्या संश्लेषण के द्वारा भी इसी तथ्य का निरूपण होना संभव है? स्पष्ट करें।*

कथा मैंने कही कि नागसेन आया सम्राट के पास और उसने कहा कि रथ का एक-एक अंग अलग कर लो। अंग अलग होते चले गए, रथ खोता चला गया। जब सारे अंग अलग हो गए तो पीछे शून्य बचा; वहां कोई रथ न था। और नागसेन ने कहा, अब रथ कहां है? ऐसा ही मैं भी हूं। मेरे एक-एक अंग अलग कर लो, मैं खो जाऊंगा। यह विश्लेषण की प्रक्रिया है, एनालिसिस की। एक-एक चीज को अलग कर लिया।

प्रश्न कीमती है—कि चीजें अलग कर लेने से तो सिद्ध हुआ कि नागसेन नहीं है, लेकिन क्या संश्लेषण से, सिंथीसिस से भी यही सत्य सिद्ध होगा?

यही सिद्ध होगा। क्योंकि जो सत्य है वह विश्लेषण और संश्लेषण पर निर्भर नहीं होता। सत्य सिद्ध नहीं होता, सिर्फ आविष्कृत होता है। इस विश्लेषण की प्रक्रिया से सिद्ध हुआ कि नागसेन नहीं है; एक-एक हिस्से को अलग करते गए तो पता चला कि नागसेन खो गया।

यह बौद्धों की प्रक्रिया है; शून्य की प्रक्रिया है। इसलिए बुद्ध कहते हैं, कोई आत्मा नहीं है। और इस आत्मा के न होने को जान लेना ही सत्य की उपलब्धि है, निर्वाण है। वेदांत की प्रक्रिया संश्लेषण की प्रक्रिया है। वेदांत कहता है, जोड़ते जाओ, और इतना जोड़ो कि जोड़ के बाहर कुछ भी न बचे।

नागसेन है, पास में वृक्ष है, पास में सम्राट खड़ा है, आकाश है, बादल हैं; सब को जोड़ते चले जाओ। जब सब जुड़ जाएगा तब भी नागसेन बचेगा नहीं, क्योंकि तब परमात्मा ही बचेगा, ब्रह्म बचेगा। अगर हम सब जोड़ते चले जाएं तो एक बचेगा। नागसेन के बचने के लिए तो अनेक की जरूरत है; कम से कम दो की जरूरत है। कम से कम दो तो चाहिए कि सम्राट अलग हो और नागसेन अलग हो। इतना फासला तो चाहिए। अगर हम

जोड़ते ही चले जाएं तो एक ही बचेगा—ब्रह्म। टोटैलिटी हो जाएगी; एक समग्रता हो जाएगी। उसमें सम्राट भी खो जाएगा, नागसेन भी खो जाएगा।

बूंद को अगर हम सागर में डाल दें तो भी खो जाती है और बूंद को अगर हम भाप बना दें तो भी खो जाती है। भाप बनने में बूंद मिटती है, शून्य हो जाता है; पीछे कुछ बचता नहीं। सागर में बूंद को डाल दें, बूंद रहती है, लेकिन सागर बचता है, बूंद खो जाती है। तो या तो शून्य की तरफ चलें, अपने को काटते जाएं, काटते जाएं और भीतर अनुभव करें कि मैं नहीं हूं। और या फिर पूर्ण की तरफ चलें और जोड़ते जाएं और जोड़ते जाएं, और ऐसा अनुभव करते जाएं कि सब कुछ मैं ही हूं। दोनों ही स्थिति में नागसेन खो जाएगा, आप खो जाएंगे। अहंकार बीच में बच सकता है—कुछ जुड़ा, कुछ टूटा। पूरा तोड़ दें तो खो जाता है, पूरा जोड़ दें तो खो जाता है। पूर्ण के साथ अहंकार का कोई संबंध नहीं बन पाता; अपूर्ण के साथ ही अहंकार का संबंध बनता है।

इसलिए वेदांत और बुद्ध का विचार बड़े विपरीत मालूम होते हैं; ब्रह्म-अनुभूति और निर्वाण, शून्यता बड़े विपरीत मालूम होते हैं। विपरीत मालूम होते हैं शब्दों की वजह से, प्रक्रिया, विधि की वजह से। लेकिन अंतिम परिणाम बिलकुल एक है। इसलिए जिनको जैसा रुचिकर लगता हो! कुछ लोग हैं जो विश्लेषण में ज्यादा रस ले पाएंगे, नेति-नेति, इनकार करने में; ठीक है। इसलिए जब कोई नास्तिक मेरे पास आता है तो उससे मैं नहीं कहता कि तू ईश्वर को मान। उससे मैं कहता हूं कि फिक्र छोड़, ईश्वर है ही नहीं; अब तू इसकी ही फिक्र कर कि तू भी नहीं है। ईश्वर को छोड़ने की तूने हिम्मत की, काफी किया; अब इतनी हिम्मत और कर कि तू भी नहीं है। आत्मा भी नहीं है, अहंकार भी नहीं है। नास्तिक को मैं कहता हूं, न करने का तेरा रस है तो फिर पूरा ही न कर दे; कह दे कि कुछ भी नहीं है। तो भी वहीं पहुंच जाएगा। आस्तिक होने की कोई जरूरत नहीं है। अगर आपका रुझान आस्तिक का है तो बात अलग है। तो नास्तिक होने की कोई जरूरत नहीं है।

नास्तिक भी पहुंच सकता है; यह इस भारत की ही खोज है। यह जान कर आप हैरान होंगे, दुनिया में कोई नास्तिक धर्म नहीं है, सिर्फ भारत में दो धर्म नास्तिक हैं, जैन और बौद्ध। दुनिया में कोई धर्म नास्तिक नहीं है। दुनिया में, भारत के बाहर, समझ में भी नहीं आता उनको कि नास्तिक का कैसे धर्म हो सकता है! नास्तिक और धर्म उलटे मालूम पड़ते हैं। लेकिन हमने नास्तिक का धर्म भी खोज लिया। क्योंकि धर्म परम सत्य है; उसे न करके भी पाया जा सकता है, उसे हां करके भी पाया जा सकता है। अगर सत्य को हां करके ही पाया जा सकता है तो सत्य अधूरा हो गया, तो सत्य कमजोर हो गया; न को झेलने की उसमें हिम्मत न रही। तो सत्य अधूरा हो गया। सिर्फ हां वालों को मिलेगा, न वालों को नहीं मिलेगा, तो सत्य भी फिर इतना परिपूर्ण नहीं है कि सभी उसमें समा जाएं। तो उस मंदिर में भी कुछ के लिए जगह है और कुछ के लिए जगह नहीं है।

भारत अदभुत है। आस्तिक धर्म तो बिलकुल सहज बात है। ईसाइयत है, इसलाम है; सब आस्तिक धर्म हैं। उनकी कल्पना के ही बाहर है कि कोई धर्म हो सकता है, जो कहता है ईश्वर नहीं, और हो सकता है। और कोई धर्म हो सकता है, जो यहां तक कहता है कि न कोई परमात्मा है, न कोई आत्मा है, और फिर भी धर्म हो सकता है।

लेकिन हमारा धर्म का अर्थ ही और है। धर्म का हमारा अर्थ है : वह जो परम है उसको पा लेना। उसको पाने के दो ढंग हैं। या तो कोई इतनी हां करे कि उसकी हां विराट हो जाए और उसमें कहीं भी न को गुंजाइश न रहे। तो पूर्ण हो गया। या कोई इतना न करे कि हां की जरा भी गुंजाइश न रहे। तो न पूर्ण हो गया। या तो यस पूर्ण हो जाए या नो पूर्ण हो जाए। जहां भी दोनों में से कोई एक पूर्ण हो जाता है, परम सत्य की उपलब्धि हो जाती है।

इसलिए बुद्ध नास्तिक हैं। ईश्वर नहीं है, आत्मा नहीं है। बड़ा मुश्किल है पश्चिम को समझना कि ऐसा आदमी! एच.जी.वेल्स ने लिखा है कि बुद्ध इस पृथ्वी पर सबसे ज्यादा ईश्वरविहीन और सबसे ज्यादा ईश्वर जैसे

व्यक्ति हैं। गॉडलेस एंड गॉडलाइक, दोनों एक साथ। एच.जी.वेल्स ने लिखा है कि समझ झकझोर जाती है कि इस आदमी को समझो कैसे! क्योंकि इससे ज्यादा ईश्वर जैसा आदमी खोजना मुश्किल है। और यह आदमी कहता है, ईश्वर नहीं है।

हम इसे अगर इस तरह समझ पाएं तो बात बहुत सरल हो जाएगी। सत्य को पाने के दो उपाय हैं: विश्लेषण और संश्लेषण, इनकार या स्वीकार। लेकिन दोनों हालत में एक शर्त है—पूर्णता, टोटैलिटी। नास्तिक होना है तो पूरे ही नास्तिक हो जाएं, और आप ब्रह्म को उपलब्ध हो सकेंगे। अधूरी नास्तिकता से नहीं चलेगा। आस्तिक होना है तो पूरे आस्तिक हो जाएं। अधूरी आस्तिकता से नहीं चलेगा।

लेकिन जमीन पर अधूरे लोगों की भीड़ है। अधूरे आस्तिक, अधूरे नास्तिक; सब तरह के आधे-आधे लोग हैं। जब भी कोई आदमी किसी भी दृष्टि में पूरा उतर जाता है तो समस्त अपूर्णताओं से मुक्त हो जाता है, समस्त दृष्टियों से मुक्त हो जाता है। दोनों ही स्थितियों में पता चलेगा, आप नहीं हैं। या तो बूंद को भाप बना कर उड़ा दें, शून्य में डूब जाएं, या बूंद को सागर में उतार दें और विराट के साथ एक हो जाएं। बस आप मिट जाएं। आपके अतिरिक्त और कोई बाधा नहीं है।

*पांचवां प्रश्न: लाओत्से पहले कहते थे कि ताओ के मानने वाले हवा-पानी की तरह जीते हैं—सहज और अनायास। और उस दिन लाओत्से ने कहा कि श्रेष्ठ कोटि के श्रावक ताओ के अनुसार जीने की अथक चेष्टा करते हैं। इस विरोध को स्पष्ट करें।*

विरोध नहीं है। ताओ को उपलब्ध व्यक्ति तो हवा-पानी की तरह जीता है, लेकिन ताओ की तरफ चलने वाला व्यक्ति हवा-पानी की तरह कैसे जी सकता है? हवा-पानी की तरह जीने के लिए भी उसे पहले प्रयास करना पड़ेगा। यात्रा के प्रारंभ में आप पूरी मंजिल को कैसे उपलब्ध हो सकते हैं? आपको पुरानी आदतें तोड़नी पड़ेंगी; पुरानी कंडीशनिंग है, संस्कार हैं, उनको नष्ट करना पड़ेगा। वे जगह-जगह आपको घेरे हुए हैं। आप जान भी लेंगे कि वह गलत है तो भी वे पीछा करेंगे। क्योंकि सिर्फ जान लेना काफी नहीं है। आपने वर्षों, जन्मों तक उनकी साधना की है।

एक आदमी है; वह तय कर लेता है, समझ लेता है कि सिगरेट पीना बुरा है; धूम्रपान बंद कर दूं। लेकिन उसके खून ने निकोटिन की आदत बना ली है। उसके खून में इतनी बुद्धि अभी नहीं पहुंच सकती है एकदम से। आपके निर्णय करने का पता खून को नहीं चलेगा। उसके हृदय की धड़कन भी निकोटिन की मांग करती है। वह आदी हो गया है। निकोटिन उसके शरीर का भोजन हो गया है। अब अगर निकोटिन नहीं पहुंचेगा तो वह सुस्त मालूम पड़ेगा। और जब सुस्त मालूम पड़ेगा तो शरीर मांग करेगा कि मुझे धूम्रपान दो। किसी काम में रस नहीं मालूम पड़ेगा। कुछ भी करने जाएगा, तो लुंज-पुंज होगा। हाथ-पैर उठते हुए मालूम नहीं पड़ेंगे। शरीर बगावत करेगा। शरीर कहेगा, मेरा भोजन मुझे दो।

शरीर को कुछ पता नहीं कि आपकी बुद्धि को क्या पता चल गया है कि सिगरेट पीना बुरा है, पाप है। किसी साधु-संन्यासी को सुन कर आपने भावावेश में कसम खा ली, संकल्प कर लिया कि अब नहीं पीऊंगा। अब आप मुश्किल में पड़े। शरीर को पता नहीं है आपके साधु का, संन्यासी का, शास्त्र का। आपने सुन लिया और आपने निर्णय ले लिया। शरीर से आपने पूछा ही नहीं कि मैं चालीस साल से सिगरेट पीता था, तो चालीस साल में निकोटिन की जो आदत बन गई है, वह भोजन का हिस्सा हो गई है, उसको कैसे अलग करूं? तो जब तक, आप कितना ही निर्णय कर लें, जब तक यह आदत न बदलेगी तब तक आपको संघर्ष जारी रखना पड़ेगा।

आप हवा-पानी की तरह अभी नहीं हो सकते; हवा-पानी की तरह हुए कि फौरन सिगरेट जला लेंगे। अगर आपने कहा कि सहज जीएंगे, तो शरीर कहेगा, पीयो। अगर सहज ही जीना है तो फिर यह क्यों कहते हो कि नहीं पीएंगे? जब सहज ही जीना है तो उठाओ सिगरेट; फिर बाधा क्या है?

सहज जरूर जीना है, लेकिन जब असहज आदतें टूट जाएंगी तभी आप सहज जी सकेंगे। इसलिए लाओत्से जब कहता है कि संत हवा-पानी की तरह होता, तो यह अंतिम बात है; उपलब्ध, सिद्ध की बात है। और अपने को सिद्ध मत मान लेना, नहीं तो खतरा है। अपने को साधक ही मान कर चलना। खतरा है अगर सिद्ध अपने को मान लें। क्योंकि आपका मान लेने का तो मन होगा, क्योंकि बिना कुछ किए अगर सिद्ध हो जाएं तो इससे सरल और क्या बात होगी?

मेरे पास लोग आते हैं वे कहते हैं कि लाओत्से की बात बहुत जंचती है। मैं जानता हूं, क्यों जंचती है। कुछ नहीं करना, सब स्वीकार है। सब झंझट मिट गई; कुछ करना नहीं, सब स्वीकार। आप जैसे हैं वैसे ही रहे आएं। इसलिए लाओत्से की बात जंचती है। मगर लाओत्से को आप समझेंगे नहीं, अगर इसलिए आप जंचा रहे हैं। तो आप गलत आदमी लाओत्से के पास आ गए। और आपको नुकसान होगा। आप अभी असहज हैं; अभी आप क्षण में सहज नहीं हो सकते। निर्णय तो आप कर सकते हैं, लेकिन यात्रा, अथक चेष्टा पीछे करनी होगी। और अगर आपने चेष्टा नहीं की पीछे तो निर्णय व्यर्थ पड़ा रह जाएगा।

साधक और सिद्ध का फासला खयाल में रहे तो विरोधाभास नहीं दिखाई पड़ेगा। बुद्ध भी कहते हैं कि कुछ करना नहीं है; वह स्वभाव है। लेकिन बुद्ध भी छह साल तक तपश्चर्या कर रहे हैं। छह साल तक तपश्चर्या करने के बाद ही उनको पता चलता है कि कुछ करना जरूरी नहीं है। और आपको किताब में पढ़ कर या सुन कर पता चल जाता है कि कुछ करना जरूरी नहीं है। तो वह छह साल की तपश्चर्या में उनकी पुरानी आदतें टूटीं, वे तो आपकी नहीं टूटीं। डी-कंडीशनिंग नहीं हुई।

पावलव ने बहुत प्रयोग किए रूस में—संस्कारित करने के। कुत्ते को रोटी देगा। रोटी देख कर कुत्ते की लार टपकने लगती है, तो घंटी बजाएगा साथ में। अब घंटी से लार टपकने का कोई संबंध नहीं है। लेकिन रोज जब रोटी देगा तभी घंटी बजाएगा। पंद्रह दिन ऐसा करने के बाद रोटी नहीं दी, सिर्फ घंटी बजाई। कुत्ते की जीभ बाहर निकल आई और लार टपकने लगी। घंटी और रोटी में संबंध जुड़ गया मन के भीतर, कंडीशनिंग हो गई। अब कुत्ता भी जानता है कि रोटी नहीं है। कुत्ता भी देख रहा है और बेचैनी अनुभव करता है, लेकिन लार टपके चली जाती है। क्योंकि लार पर आपका कोई कंट्रोल नहीं है। या आप सोचते हैं है? जरा सोचें नीबू के संबंध में, और भीतर से लार आनी शुरू हो गई। अभी सोच ही रहे हैं; नीबू है नहीं। पर कंडीशनिंग है; नीबू के साथ जुड़ गया है। तो कुत्ते का बिचारे का! आपका जुड़ गया तो कुत्ते का क्यों नहीं जुड़ जाएगा? तो घंटी के साथ जुड़ गई। तो अब उसको रोज घंटी बजाई जा रही है, उसकी लार टपकती है। वह सीख गया; उसके शरीर ने आदत सीख ली।

अब इसको महीना, पंद्रह दिन लगेंगे भुलाने में। रोज घंटी बजे, लार टपके, रोटी से संबंध टूटता चला जाए; रोज लार कम होती चली जाएगी। महीना भर लगेगा। और या फिर एक उपाय है कि जब इसकी लार टपके तब इसको बिजली का एक शॉक दिया जाए तो यह घबड़ा जाए। तो नया संबंध जुड़ जाए कि बिजली का शॉक लगा तो लार एकदम बंद होने लगी। तो घंटी और बिजली का साथ जुड़ जाए।

तो दो उपाय हैं आदतों को तोड़ने के। या तो किसी आदत के प्रति उपेक्षा रखें ताकि धीरे-धीरे संबंध टूट जाए। सिगरेट एकदम मत छोड़ें, उपेक्षा से पीएं। पीएं, और बड़े उपेक्षित रहें कि ठीक है, पीयी तो, नहीं पीयी तो। इनडिफरेंट। तो धीरे-धीरे संबंध टूट जाए। और या फिर—अभी पश्चिम में वे इसको री-कंडीशनिंग कहते हैं—कि

जब भी आप सिगरेट पीएं, आपको शॉक दिया जाए बिजली का। दो-तीन दिन में छूट जाए। क्योंकि आप सिगरेट पास ले जाएंगे, आपका पूरा शरीर इनकार करने लगेगा। निकोटिन से भी ज्यादा नई आदत बन गई कि अब शॉक लगेगा। तो अभी पश्चिम में इस पर बहुत प्रयोग चलता है, और सरलता से छूट जाती हैं। वर्षों की आदतें किसी दुखद चीज से जोड़ देने से एकदम छूट जाती हैं।

लेकिन यह दूसरा प्रयोग अच्छा नहीं है। क्योंकि यह घातक है। और इसमें चोट पहुंच रही है, और इसमें आपका मन स्वतंत्रता से मुक्त नहीं हो रहा; एक दुख के कारण मुक्त हो रहा है। जैसे एक छोटे बच्चे को हम चांटा मार देते हैं, वह कोई गलत काम—हमको लगता है—गलत कर रहा है। चांटा हम क्यों मारते हैं? हम उसको कंडीशन कर रहे हैं कि वह समझने लगे कि जब भी ऐसा करेगा चांटा पड़ेगा; अगर चांटा नहीं चाहिए तो नहीं करेगा। लेकिन यह कोई सुखद नहीं हुआ, यह कोई ज्ञान नहीं हुआ, यह कोई बोध नहीं हुआ। और जिस दिन बच्चे को पता चल जाए कि अब उसका चांटा आपसे मजबूत हो गया, उस दिन वह फिर करेगा और अब वह जानता है कि अब कोई डर नहीं है। इसलिए जो मां-बाप बच्चे को रोक लेते हैं थोड़े दिनों तक वे पाते हैं कि आखिर में वह वही सब कर रहा है जिसको उन्होंने रोका था। क्योंकि मुक्ति ज्ञान से होती है, बोध से होती है।

तो आप आज साधक की तरह ही चलना शुरू करेंगे, सिद्ध की तरह नहीं। और साधक की तरह चलने का मतलब है कि जो भी स्थिति है, पहले उसको पहचान लें और समझ लें कि कितने लंबे समय से आपने इसको बनाया है। इसकी प्रक्रिया को समझ लें कि किस-किस भांति आपने इसको साधा है। फिर धीरे-धीरे एक-एक हिस्से को उतारना शुरू करें, हटाना शुरू करें। और लंबे क्रम में हटाएं, ताकि कहीं कोई घाव न छूट जाए। अगर आदतों को कोई तोड़ने की कला ठीक से सीख ले तो जिस दिन आदतों का जाल टूट जाता है चारों तरफ से उस दिन जैसे पक्षी के चारों तरफ से पिंजरा गिर गया। पक्षी अब उड़ सकता है।

लेकिन जो पक्षी आकाश में बहुत वर्षों से नहीं उड़ा, उसके पंख भी जड़ हो जाते हैं। उसका भी अभ्यास करना पड़ता है। आपका तोता ऐसे ही छूट जाए तो उसको पशु-पक्षी खा जाएंगे। उड़ भी नहीं पाएगा। उससे तो कारागृह बेहतर था। क्योंकि पंख को आदत ही छूट गई है उड़ने की। पंख को आदत जुटानी पड़ेगी। फिर से पंख को फैलना पड़ेगा। फिर से पंख में खून दौड़ना चाहिए, फिर से पंख ताजा और जवान होना चाहिए। ऊंचाई पर उड़ने के लिए हृदय की धड़कन को अब सम्हलना चाहिए। सब फिर से निर्मित करना पड़ेगा। और जैसा तोते के लिए कठिन है पिंजड़े से बाहर निकल कर उड़ जाना। सिर्फ पिंजड़ा तोड़ देना भी काफी नहीं, फिर बाहर उड़ कर अपने शरीर को उस योग्य लाना पड़ेगा।

इसलिए लाओत्से की जो बात है वह बहुत बहुमूल्य है। पर आप अपने को सिद्ध मान कर चलेंगे तो आप सिर्फ नुकसान उठाएंगे, फायदा नहीं। और नासमझ औषधि को भी जहर बना लेते हैं; समझदार जहर का भी औषधि की तरह उपयोग करते हैं। इसे ध्यान में रखना। अन्यथा परम सत्य बड़े खतरनाक हो जाते हैं।

जैसे यहां हुआ। शंकर की हमने बात सुनी; परम सत्य शंकर ने कहा, सब जगत माया है। हमने कहा, जब सब माया ही है तो अब अड़चन ही क्या है! अब जो भी करो, सब ठीक है, क्योंकि जब सब माया ही है। शंकर के इस विचार ने—जो कि बड़ा गहरा सत्य है कि सब जगत माया है—इस मुल्क को धार्मिक पतन में उतार दिया। क्योंकि मुल्क को लगा जब माया है तो ठीक है। झूठ बोलो, कि चोरी करो, कि बेईमानी करो, कि रिश्वत खाओ—संसार माया है। स्वप्न में आपने चोरी की या नहीं की, क्या फर्क पड़ता है? कि पड़ता है? सुबह जब आप उठेंगे, पाएंगे, सब स्वप्न था—चोरी की तो, और संत हो गए तो, सपने में। सुबह उठ कर पाया सब शांत है। कुछ सार नहीं है, सब एक खयाल था। अगर जगत पूरा माया है तो फिर कुछ भी करो।

तो आज जो भारत की जो अनैतिक दशा है उसमें शंकर के परम सत्य का हाथ है। वह लाओत्से ठीक कहता है कि पैगंबर, तीर्थंकर ज्ञान के फूल भी हैं और मूढ़ता के स्रोत भी। शंकर का हाथ है। जान कर नहीं। शंकर कभी सोच भी नहीं सकते कि ऐसा हो। लेकिन जो विचार उन्होंने दिया और उस विचार का इस मुल्क ने जो उपयोग किया वह यह था कि ठीक है। इसलिए सब बात, सब चरित्र, सब नैतिकता, सब जीवन की पवित्रता का कोई मूल्य नहीं रहा। सब असार है। दोनों चीजें असार हो गईं—शुभ भी, अशुभ भी। और तब आदमी कोई संत नहीं हो गया, कोई समाज संत नहीं हो गया। समाज बहुत नीचे गिर गया। इस माया के सिद्धांत ने भारत को बहुत नीचे गिराया।

परम सत्य के साथ एक खतरा है कि वह बहुत ऊंचा होता है; वहां तक आप पहुंच नहीं पाते। इसलिए जगत में सदा से धर्म के दो पहलू रहे हैं। एक पहलू है, जिसको हम भारत में कहते हैं सद्यः मुक्ति, सडन एनलाइटेनमेंट। यह कभी करोड़ में एकाध व्यक्ति को होता है, कभी करोड़ में एकाध व्यक्ति को होता है। एक क्षण में सब कुछ घट जाता है। दूसरा एक जीवन की धारा है, क्रमिक मुक्ति, ग्रेजुअल, आहिस्ता-आहिस्ता। अधिक लोगों को वैसे ही चलना होता है एक-एक कदम। पर एक-एक कदम चल कर भी हजारों मील की यात्रा पूरी हो जाती है।

और ध्यान रखें, क्रमिक से ही शुरू करें, क्षण में मुक्त होने का खयाल मत लाएं। हो भी सकते हैं, लेकिन क्रमिक से शुरू करें। कोई बाधा नहीं है। अगर आपकी योग्यता बन जाएगी तो आप क्षण में भी मुक्त हो जाएंगे, क्रमिक प्रयास से कोई बाधा नहीं पड़ेगी। लेकिन अगर आपने क्षण में मुक्त होने की कोशिश की और क्रमिक की भी योग्यता नहीं थी, तो आप व्यर्थ ही समय गंवाएंगे और बहुत तरह की भ्रांतियों में भी पड़ सकते हैं।

निश्चित ही, सिद्ध हवा-पानी की तरह सरल हो जाता है। लेकिन साधक को इस जगह तक पहुंचने के लिए बड़े उपाय करने पड़ते हैं। सरल होना इतना सरल नहीं है, और सहज होना सहज नहीं है। सहज होने के लिए साधना और सरल होने के लिए बड़े जटिल रास्तों से गुजरना पड़ता है।

*छठवां प्रश्न: यदि संगठन और संप्रदाय से धर्म व ताओ का पतन होता है तो कृपया समझाएं कि बुद्ध या महावीर जैसे लोग संगठन की नींव क्यों कर डालते हैं? आप भी इस बात के प्रति सचेत होते हुए नव संन्यास अंतर्राष्ट्रीय जैसे संगठन की नींव क्यों डाल रहे हैं?*

जैसा मैंने कहा, जन्म के साथ मृत्यु जुड़ी है, और जब भी सत्य पैदा होगा तो संगठन पैदा होगा। इससे बचा नहीं जा सकता। क्योंकि जैसे ही सत्य दूसरे से कहा जाएगा, संगठन शुरू हो गया। या तो बुद्ध को जो हुआ है, वे चुप रह जाएं पीकर, किसी को न कहें।

वह उन्होंने सोचा था। जब उन्हें ज्ञान हुआ तो सात दिन तक वे चुप रहे; सोचा कि कोई सार नहीं है कहने में। जो पहुंच सकते हैं वे बिना कहे भी पहुंच जाएंगे; और जिनको पहुंचना नहीं है, कहने से कोई फायदा नहीं है, कहने में भी वे गड़बड़ पैदा करेंगे। उचित है कि चुप ही रहूं। लेकिन मीठी कथा है कि देवताओं ने, खुद ब्रह्मा ने आकर उनके चरणों में निवेदन किया कि आप ऐसा मत करें! क्योंकि न मालूम कितने-कितने हजार वर्षों के बाद कोई बुद्धत्व को उपलब्ध होता है; उसने जो जाना है वह लोगों को कहे, संवादित करे, साझीदार बनाए। बुद्ध ने कहा, लेकिन जो पा सकते हैं उसे वे पा ही लेंगे मेरे बिना, और जो नहीं पा सकते उनको कहने में मेरा समय क्यों लगाऊं! मेरी व्यर्थ शक्ति क्यों लगाऊं!

ब्रह्मा भी थोड़ी दिक्कत में पड़े। तर्क बहुत सीधा था और साफ था। पर देवताओं ने आपस में बैठक की। कहीं षड्यंत्र किया, सोचा-विचारा और एक नतीजे पर आए। आकर उन्होंने बुद्ध से कहा, आप बिलकुल ठीक कहते हैं।

कुछ हैं जो पहुंच जाएंगे आपके बिना; कुछ हैं जो आपके कहने से भी न पहुंचेंगे। लेकिन कुछ दोनों के बीच में भी हैं जो आपके न कहने से जन्मों-जन्मों तक भटकेंगे और जो आपके कहने से पहुंच जाएंगे। आप उनके लिए कहें। हो सकता है, सौ में वैसा एक भी आदमी हो तो भी कहने का मूल्य है। बुद्ध राजी हुए।

लेकिन जैसे ही कोई किसी से कहेगा, संगठन शुरू हो गया। अगर मैंने आपसे कोई बात की और आपको समझाया, उसका मतलब ही क्या होता है? उसका मतलब यह होता है कि या तो आप मुझसे राजी होंगे या न राजी होंगे। राजी होंगे तो मेरे करीब आ जाएंगे; संगठन शुरू हो गया। न राजी हुए तो मेरे विपरीत हो जाएंगे; और मेरे खिलाफ संगठन शुरू कर देंगे। लेकिन जैसे ही बात कही गई, संगठन शुरू हो गया।

तब सवाल यह है कि अगर संगठन शुरू भी होता हो तो बुद्ध को या महावीर को कृष्णमूर्ति जैसा करना चाहिए था कि संगठन नहीं करते। मैं आपसे कहूंगा, बुद्ध और महावीर ने कृष्णमूर्ति से ज्यादा समझदारी का काम किया। क्योंकि जब संगठन होना ही है तो दो ही उपाय हैं: या तो बुद्ध खुद कर दें, या बुद्ध के बाद दूसरे करेंगे। वे दूसरे और भी खतरनाक होंगे। दो ही उपाय हैं। कृष्णमूर्ति न करें संगठन, लेकिन संगठन हो रहा है। लोग हैं जो अपने को उनका अनुयायी मानते हैं। लोग हैं जो उनसे सहमत हैं; वे उनके अनुयायी हैं। कृष्णमूर्ति के हटते ही सब कुछ हो जाएगा। और अभी भी शुरू हो गया। जैसे-जैसे वे बूढ़े हो रहे हैं और जैसे-जैसे लगता है कि अब उनका अंतिम दिन करीब आ रहा है, उनके शिष्य कसते जा रहे हैं। ट्रस्ट बना रहे हैं, स्कूल बना रहे हैं, फाउंडेशंस खड़ी कर रहे हैं। संगठन शुरू हो गया। उनके हटते ही संगठन मजबूत हो जाएगा। और वे संगठन के खिलाफ।

निश्चित ही, बजाय कृष्णमूर्ति के अनुयायी संगठन करें, यही बेहतर होगा कि कृष्णमूर्ति खुद कर दें। उसमें ज्यादा समझ होगी। वह ज्यादा गहरा होगा; ज्यादा देर तक टिकेगा। कम नुकसान करेगा—नुकसान तो करेगा ही—कम नुकसान करेगा। लेकिन उनके पीछे जो लोग संगठन खड़ा करेंगे, वे ज्यादा नुकसान करेंगे।

इसलिए बुद्ध, महावीर या मोहम्मद उचित समझे कि संगठन वे खुद ही कर दें। जितनी दूर तक हो सके उतनी दूर तक भी सत्य अपनी शुद्धता में पहुंचाने की चेष्टा की जाए। और संगठन अनिवार्य है; वह बच नहीं सकता, वह होगा। अगर आप मेरी बात सुनेंगे और राजी हो जाएंगे तो आप चाहेंगे कि किसी और को कहें, किसी और तक पहुंचाएं। जो आपको अच्छा लगता है, सुखद लगता है, आनंदपूर्ण लगता है, आप उसको बांटना भी चाहते हैं। इसमें कुछ बुरा भी नहीं है। यह मनुष्य का धर्म है। तो दस आदमियों को अगर मेरी बात अच्छी लगती है तो दस इकट्ठे बैठ कर सोचेंगे कि क्या करें कि यह बात और लोगों तक पहुंचे—संगठन शुरू हो जाएगा। उचित यही है। संगठन सड़ेगा, खराब होगा, उससे नुकसान होगा, वह सब ठीक है। लेकिन उससे लाभ भी होगा, फायदा भी होगा, हित भी होगा, वह भी उतना ही ठीक है। और इस डर से औषधि न बनाई जाए कि कुछ लोग ज्यादा पीकर जहर बना कर आत्महत्या कर लेंगे, तो जिनको औषधि से लाभ पहुंच सकता है, उनके बाबत कोई ध्यान नहीं रखा जा रहा है। तो एक नासमझ जो कि जहर बना लेगा—मगर मैं मानता हूं कि जो औषधि का जहर बना लेगा वह और भी कोई तरकीब आत्महत्या की खोज ही लेगा; कोई इसी औषधि के लिए नहीं रुका रहेगा।

मेरे पास लोग आते हैं, वे कहते हैं कि आप संगठन मत बनाएं। मगर मैं देखता हूं कि वे खुद किसी संगठन में हैं। कोई जैन है, कोई हिंदू है, कोई बौद्ध है, कोई ईसाई है। मेरे बनाने से कुछ फर्क नहीं पड़ जाएगा। वे कहीं न कहीं हैं। मेरी दृष्टि यह है कि संगठन तो बनाना ही होगा; इस बोध से बनाना जरूरी है कि वह सड़ेगा, और यह बोध देना जरूरी है कि जब वह सड़ जाए तो उसे छोड़ने की हिम्मत रखनी चाहिए।

बुद्ध ने हिम्मत की है, लेकिन कोई सुनता नहीं। बुद्ध ने कहा है कि मैं जो सत्य दे रहा हूं वह पांच सौ साल से ज्यादा नहीं चलेगा। असल में, अगर बुद्ध के मानने वाले सच में उनको प्रेम करते हैं तो पांच सौ साल के बाद बुद्ध

के सब संगठन विसर्जित हो जाने चाहिए। लेकिन वे राजी नहीं हैं। अब वे सब दुश्मन का काम कर रहे हैं। इसीलिए नए धर्मों की जरूरत होती है, ताकि पुराने जो सड़ गए हैं वे विदा हो सकें।

तो एक संगठन अगर मैं बनाता हूं तो इसी खयाल से कि जब वह सड़ जाएगा तो कोई दूसरा बनाएगा और उस सड़े से जो लोग मुक्त हो सकते हैं उनको मुक्त कर लेगा, बाहर कर लेगा। जो मरने को ही तय किए बैठे हैं वे कहीं भी उपाय खोजते, वे इसी में मरेंगे, इसी में उपाय खोजेंगे। पर एक बात तय है कि दो उपाय हैं जीवन के संबंध में सोचने के। या तो हम गलत के संबंध में सोचें कि क्या गलत होगा। तब कुछ करना संभव नहीं है। या हम ठीक के संबंध में सोचें कि क्या लाभ होगा। तो कृष्णमूर्ति निरंतर यही सोचते रहते हैं कि नुकसान क्या होगा। बहुत नुकसान हैं। आप एक मकान बनाते हैं। आप जानते हैं कि मकान बनाने में कितने खतरे हैं—भूकंप आ सकता है, मकान गिर सकता है, जान ले ले किसी की। अगर ऐसा सोचते रहें तो आप मकान नहीं बना सकते। लेकिन मकान क्या कर सकता है, उस पर अगर ध्यान रखें तो इतनी चिंता की जरूरत नहीं है। लेकिन चिंता पकड़ती है। मैं एक छोटी सी कहानी कहूं।

एक अणु वैज्ञानिक, एक एटामिक साइंटिस्ट समझा रहा था अणु के खतरे के संबंध में। जैसे आप यहां इकट्ठे हैं ऐसे लोग इकट्ठे थे। और उसने खतरे बड़े साफ समझाए। सामने ही बैठा हुआ एक आदमी कंपने लगा। वह वैज्ञानिक भी थोड़ा चिंतित हुआ उस आदमी को देख कर। वह एकदम पीला पड़ा जा रहा है। वह वैज्ञानिक भी डरा। उसने कहा, इतने मत घबड़ाएं। अगर बम आपके नगर पर भी गिरे तो भी बचने के उपाय हैं। और ऐसी अभी कोई संभावना भी नहीं है। मैं तो सिर्फ सैद्धांतिक खतरा समझा रहा हूं। पर वह आदमी घबड़ाए ही चला जा रहा है। तो उसने कहा कि बिलकुल मत घबड़ाएं, एक करोड़ में एक ही मौका है कि आपकी हत्या एटम बम से हो। वह आदमी एकदम बेहोश होने लगा, उसने कहा कि अवसर की तो बात ही मत करें, डोंट टाक एबाउट चांसेस। क्योंकि पिछले ही साल एक करोड़ आदमियों ने टिकट खरीदी लाटरी की और मुझको इनाम मिल गया है। नहीं, यह तो बात ही मत करें। इससे तो मेरी छाती और फटी जाती है कि यह तो खतरा है ही। एक करोड़ में एक मुझे इनाम मिला है।

संगठन का खतरा है, शब्द का खतरा है, शास्त्र का खतरा है; लेकिन उसके लाभ भी हैं। और खतरा उठाने जैसा है। बस एक ही बात खयाल में रहनी चाहिए कि सब चीजें मरणधर्मा हैं। धर्म हों, संगठन हों, शास्त्र हों, शब्द हों, सब मरणधर्मा हैं। और जब कोई मर जाए तो उसकी लाश नहीं ढोनी चाहिए। बुद्ध ने कहा है कि जब तुम पार हो जाओ नदी के तो मेरे शब्दों को, मेरे धर्म को, मेरे विचारों को ऐसे ही छोड़ देना जैसे कोई नाव को छोड़ देता है। उसको सिर पर मत ढोना। यही बुद्धिमत्तापूर्ण मालूम होता है। जो चीज सड़ जाए उसे छोड़ देना।

अब बच्चा आपके घर में पैदा होता है। पक्का है कि यह बूढ़ा भी होगा और मरेगा भी। तो आप एक बच्चे को पैदा करके दुनिया में एक मरने की घटना के कारण बन रहे हैं। तो बच्चा पैदा मत करें। यह हम जानते हैं कि बूढ़ा होगा, मरेगा। इसलिए समझदारी इसमें है कि पैदा करें, बच्चे को बड़ा भी करें, लेकिन जब वह मर जाए तो उसकी लाश को घर में सम्हाल कर मत रखें। उसको जाकर, मरघट है उसके लिए भी, वहां उसको विश्राम करवा दें।

धर्म भी मरने चाहिए, संगठन भी मरने चाहिए, शास्त्र भी मरने चाहिए। नए तो पैदा होते जाते हैं; पुरानी लाशें हम ढोए चले जाते हैं। उससे उपद्रव है। नए के पैदा होने में कोई खतरा नहीं, पुराने के ढोने में खतरा है। जब आपको लगने लगे कि कोई चीज मृत हो गई तो उसे छोड़ने का साहस जीवन का लक्षण है।

किसको अच्छा लगता है, मां मर जाए तो उसको जलाना? लेकिन फिर भी जलाना पड़ता है। पिता मर जाते हैं तो किसको अच्छा लगता है? रोते हैं, छाती पीटते हैं, फिर भी मरघट पर पहुंचा कर जला ही आते हैं। लेकिन धर्म भी मर जाते हैं। बड़े प्यारे थे कभी, जीवित थे। कभी उनसे अनेकों को जीवन मिला था, सुगंध मिली थी; जीवन में प्रकाश मिला था। पर अब नहीं मिलता, अब अंधेरा है सब वहां। लेकिन हम छाती पर ढोए चले जाते हैं।

व्यक्ति पैदा होते हैं, मरते हैं। संस्थाओं के साथ एक खतरा है। वे पैदा तो होती हैं, लेकिन न मरने की जिद्द करती हैं। उससे खतरा है। संस्थाएं जितनी चाहें पैदा करें, लेकिन जान कर कि वे मरेंगी, उनको मरना भी चाहिए। यही नैसर्गिक है। अगर यह बोध रहे और मरे को हटा कर जलाने की समझ रहे और नए को अंगीकार और स्वागत करने का साहस रहे तो कोई भी खतरा नहीं है।

सवाल और हैं। सवालों का कोई अंत भी नहीं है। और जब मैं आपको जवाब देता हूं तो इस खयाल से नहीं देता कि किसी खास प्रश्न का उत्तर आपके खयाल में आ जाए। वह सिर्फ इसीलिए देता हूं ताकि आपको एक दृष्टिकोण खयाल में आ जाए प्रश्नों को हल करने का। खास प्रश्न से मेरा कोई प्रयोजन नहीं है। आपके पास एक समझ आ जाए कि आप प्रश्नों को हल कर पाएं। इसलिए सभी प्रश्नों का उत्तर देना ठीक भी नहीं है। जितनों का मैं देता हूं, इसी आशा में कि शेष जो रह गए हैं उनका आप भी खोज सकेंगे। और आप खुद उत्तर खोजने में समर्थ हो जाएं, यही आशा से जवाब दे रहा हूं। मेरे जवाब आप पकड़ लें तो मुर्दा होंगे। उनका भी आपकी छाती पर बोझ हो जाएगा। आप खुद जीवन के प्रश्नों का उत्तर खोजने में क्रमशः सफल होने लगें, और धीरे-धीरे आप मेरे पास सवाल न लाएं और एक दिन ऐसा हो कि आप कोई सवाल ही यहां लेकर न आएं और मुझसे पूछें ही न कुछ।

इसको खयाल में रखें। एक तो उत्तर होता है, इसलिए दिया जाता है कि आपको एक रेडीमेड उत्तर दे दिया गया, अब आप इसको पकड़ लें; अब आपको कुछ करने की जरूरत नहीं। नहीं, ऐसा उत्तर मैं आपको नहीं देना चाहता हूं। जो देते हैं, वे दुश्मन हैं। क्योंकि वे आपकी प्रतिभा को विकसित नहीं होने देते। मेरे लिए उत्तर और सवाल तो सिर्फ एक प्रयोग है आपकी चेतना को उस दिशा में खींचने का जहां सवाल आप हल कर पाएं। धीरे-धीरे जब प्रश्न उठें तो आपके भीतर उत्तर भी उठने लगें। अगर यह कला आपके खयाल में आ जाए तो वह कला आपके साथ जाएगी। मेरे उत्तर आपके काम नहीं आ सकते।

सुना है मैंने कि एक अंधे आदमी ने एक सदगुरु को पूछा कि इस गांव में नदी की तरफ जाने का रास्ता कहां है? बाजार की तरफ जाने का रास्ता कहां है? मैं अजनबी हूं। उस सदगुरु ने कहा, तू रुक! रास्ते बहुत हैं, गांव बहुत हैं, और तू कितने रास्ते याद करेगा और कितने गांव याद करेगा? आज यहां अजनबी है, कल दूसरी जगह अजनबी होगा। जीवन लंबी यात्रा है। तो मैं तुझे जवाब नहीं देता। मैं थोड़ा आंख का इलाज जानता हूं; मैं तेरी आंख का इलाज किए देता हूं। तो फिर तू जहां जाए—गांव अजनबी हो, अपरिचित हो कि परिचित—तू खुद ही देख पाएगा कि नदी की तरफ रास्ता कौन सा जाता है। पर उस आदमी ने कहा कि यह तो लंबा मामला होगा, आंख का इलाज। आप तो मुझे अभी बता दें। पर उस सदगुरु ने कहा कि मेरी वह आदत ही नहीं।

प्रश्नों के उत्तर मैं नहीं देता हूं। मैं केवल विधि देता हूं जिससे प्रश्न हल किए जा सकते हैं। ध्यान रखें इस बात को। मैं जो आपके प्रश्नों के उत्तर देता हूं, उत्तरों में मुझे कोई मोह नहीं है। उनको आप पंडित की तरह याद मत रख लें। आप तो सिर्फ प्रक्रिया समझें कि एक प्रश्न में कैसे उतरा जा सकता है, और एक प्रश्न से कैसे जीवंत लौटा जा सकता है बाहर, समाधान लेकर। और जिस दिन आपके प्रश्न आपके भीतर ही गिरने लगें और आपकी चेतना से उत्तर उठने लगें, उस दिन समझना कि आप मेरे उत्तरों को समझ पाए हैं, उसके पहले नहीं।

पांच मिनट रुकेंगे, कीर्तन करें, और फिर जाएं।

उन्नासीवां प्रवचन

# ताओ सब से परे है

Chapter 42

# THE VIOLENT MAN

*Out of Tao, One is born;*
*Out of One, Two; Out of Two, Three;*
*Out of Three, the created universe.*
*The created universe carries the yin at its back and the yang in front.*
*Through the union of the pervading principles it reaches harmony.*
*To be 'orphaned' 'lonely' and 'unworthy' is what men hate most.*
*Yet the princes and dukes call themselves by such names.*
*For sometimes things are benefited by being taken away from,*
*And suffer by being added to.*
*Others have taught this maxim,*
*Which I shall teach also:*
*'The violent man shall die a violent death.'*
*This I shall regard as my spiritual teacher.*

अध्याय 42

# हिंसक मनुष्य

*ताओ से एक का जन्म हुआ;*
*एक से दो का; दो से तीन का;*
*और तीन से सृष्ट ब्रह्मांड का उदय हुआ।*
*सृष्ट ब्रह्मांड के पीछे यिन का वास है और उसके आगे यान का;*
*इन्हीं व्यापक सिद्धांतों के योग से वह लयबद्धता को प्राप्त होता है।*
*'अनाथ', 'अयोग्य' और 'अकेला' होने से मनुष्य सर्वाधिक घृणा करता है।*
*तो भी राजा और भूमिपति अपने को इन्हीं नामों से पुकारते हैं;*
*क्योंकि चीजें कभी घटाई जाने से लाभ को प्राप्त होती हैं और बढ़ाई जाने से हानि को।*
*दूसरों ने इसी सूत्र की शिक्षा दी है,*
*मैं भी वही सिखाऊंगा :*
*'हिंसक मनुष्य की मृत्यु हिंसक होती है।'*
*इसे ही मैं अपना आध्यात्मिक गुरु मानूंगा।*

'ताओ से एक का जन्म हुआ।'

ताओ पर्यायवाची है शून्य का। वेदांत जिसे एक ब्रह्म कहता है, ताओ उससे भी पीछे है। जिसे वेदांत एक ब्रह्म कहता है, अद्वैत कहता है, लाओत्से कहता है, वह भी ताओ से पैदा हुआ। ताओ को एक भी कहना उचित नहीं। ताओ है शून्य। ताओ है स्वभाव।

इसे थोड़ा समझ लेना जरूरी है। स्वभाव ही एकमात्र अस्तित्व है; बाकी सब स्वभाव से पैदा होता है। इस स्वभाव को मानने, स्वीकार करने के लिए कोई विश्वास, कोई शास्त्र आवश्यक नहीं। स्वभाव हमारे भीतर उसी भांति मौजूद है जैसा पूरा अस्तित्व। उसे हम यहीं और अभी, इस क्षण भी जान ले सकते हैं। ब्रह्म एक सिद्धांत है, ईश्वर एक धारणा है; लेकिन ताओ एक अनुभव है।

ताओ का अर्थ है: तुम जिससे पैदा हुए, जो तुम्हारे भी पहले था, और तुम जिसमें लीन हो जाओगे और जो तुम्हारे बाद भी होगा। ताओ का कोई व्यक्तित्व नहीं है। जैसे सागर में लहरें उठती हैं ऐसा स्वभाव में अस्तित्व की, व्यक्तित्व की लहरें उठती हैं। यह जो ताओ है इसे कोई धार्मिक-अधार्मिक विभाजन में बांटने की जरूरत नहीं है। नास्तिक भी इसे स्वीकार कर लेगा।

इसलिए लाओत्से का विचार नास्तिकता और आस्तिकता का अतिक्रमण कर जाता है। ईश्वर को नास्तिक स्वीकार करने को राजी नहीं होगा। ब्रह्म को शायद अस्वीकार करे; आत्मा के संबंध में विवाद उठाए; लेकिन स्वभाव के संबंध में कोई विवाद नहीं है। विज्ञान जिसको नेचर कहेगा, लाओत्से उसी को ताओ कह रहा है।

इस ताओ को एक भी कहना उचित नहीं। क्योंकि हम गणना उसी की कर सकते हैं जिसकी कोई सीमा हो, और एक भी हम तभी कह सकते हैं जब दो और तीन होने का उपाय हो। ताओ शून्य ही हो सकता है, जिससे सारी संख्याएं पैदा होती हैं और सारी संख्याएं जिसमें लीन हो जाती हैं। ताओ स्वयं कोई संख्या नहीं है। जहां से संख्या शुरू होती है वहीं से संसार शुरू हो जाता है।

इस देश ने तो एक पूरे विचार पद्धति को जन्म दिया; जिसका नाम सांख्य है।

सांख्य का अर्थ है, अस्तित्व की संख्या की गणना। जहां से सांख्य शुरू होता है वहां से संसार शुरू हो जाता है। जिसकी हम गणना कर सकें, जिसे हम गिन सकें, जिसकी हम कोई धारणा बना सकें, और जिसकी परिभाषा हो सके, वह हमसे छोटा होगा। जिसका हम अध्ययन कर सकें, मनन कर सकें, सोच-विचार कर सकें, वह हमसे छोटा होगा। हमसे जो विराटतर है, जिससे हम पैदा होते हैं, उसकी कोई गणना नहीं हो सकती, उसकी कोई संख्या नहीं हो सकती। उस संबंध में हम जो भी कहेंगे, वह गलत होगा। उस संबंध में हम सिर्फ चुप और मौन ही हो सकते हैं।

इसलिए लाओत्से कहता है, 'ताओ से एक का जन्म हुआ।'

ताओ के बाद जो भी जगत में है उसे समझने का उपाय है। उसकी परिभाषा भी हो सकती है, उसके सिद्धांत भी निर्मित हो सकते हैं, उसे शास्त्र में बांधा जा सकता है। लेकिन ताओ के संबंध में कोई सिद्धांत, कोई बुद्धि, कोई विचार काम नहीं आएगा। अगर ताओ को पहचानना हो तो सोचने की, समझने की, संख्या को गिन लेने की जो क्षमता है, जो बुद्धिमत्ता है, उसे हमें त्याग देना पड़े। जैसे ही हम विचार छोड़ते हैं वैसे ही शून्य में प्रवेश हो जाते हैं। अगर आपके भीतर कोई विचार की तरंग नहीं है तो आप जहां होंगे वही ताओ है। अगर कोई भी कंपन नहीं भीतर, चेतना में कोई भी लहर नहीं, अकंप, कोई विचार नहीं बनता, आकाश खाली है, कोई विचार का बादल नहीं तैरता, उस क्षण में आप जहां होंगे वही ताओ है।

लेकिन उस क्षण में अकेले आप ही होंगे, और कुछ भी नहीं होगा। यह पूरा संसार भी नहीं होगा। और आप भी ऐसे नहीं होंगे कि कह सकें कि मैं हूं; सिर्फ होना मात्र होगा। इसे कहते ही से तो एक का जन्म हो जाएगा कि मैं हूं। और जैसे ही इसे कहेंगे वैसे ही दूसरे का भी जन्म हो जाएगा। क्योंकि किससे कहेंगे कि मैं हूं! जैसे ही कोई कहता है मैं हूं, संसार शुरू हो गया। इसलिए परम ज्ञानियों ने कहा है, जब तक मैं न छूट जाए तब तक सत्य का कोई अनुभव न होगा। क्योंकि मैं के साथ ही संसार खड़ा हो जाता है। इधर मैं निर्मित हुआ कि वहां तू आया। क्योंकि बिना तू के मैं निर्मित नहीं हो सकता। और जहां दो आ गए वहां शृंखला शुरू हो गई।

'एक का जन्म होता है ताओ से; एक से दो का, दो से तीन का।'

इसे थोड़ा समझ लें। ताओ अगर शून्य स्वभाव है। तो जैसे ही हम कहते हैं मैं, एक का जन्म हो गया। लाओत्से की भाषा में अस्मिता का बोध, अहं-बोध संसार का प्रारंभ है। वह बीज है। जैसे ही मैंने कहा मैं, मैं किसी से कहूंगा, किसी की अपेक्षा में कहूंगा—कोई सुनता हो, चाहे न सुनता हो—लेकिन जब भी मैं कहता हूं मैं हूं, तो मैं दूसरे की अपेक्षा में ही कहता हूं। वह मौजूद न भी हो तो भी दूसरा मौजूद हो गया। शब्द अकेले में व्यर्थ है; दूसरे के साथ ही उसकी सार्थकता है। भाषा अकेले में व्यर्थ है; दूसरे के साथ संवाद या विवाद में ही उसका उपयोग है। जैसे ही मैंने कहा मैं; मैं एक सेतु है जो मैंने दूसरे के ऊपर फेंका, एक ब्रिज मैंने बनाया। दूसरा आ गया। और जैसे ही दूसरा आया, तीसरा प्रविष्ट हो जाता है। क्योंकि दो के बीच जो संबंध है वह तीसरा है। मैं हूं, आप हैं। फिर मेरे मित्र हैं या मेरे शत्रु हैं या पिता हैं या बेटे हैं या भाई हैं, या मेरे कोई भी नहीं हैं। जैसे ही दूसरा आया कि संबंध, और तीन निर्मित हो जाते हैं। और ऐसे संसार फैलता है। लेकिन मैं की घोषणा उसका आधार है। इससे पीछे लौटना हो तो मैं की शून्यता उपाय है। जैसे ही कोई व्यक्ति मैं को खोता है, पूरा संसार खो जाता है।

इसलिए जो संसार को छोड़ने में लगते हैं वे व्यर्थ की मेहनत करते हैं। संसार छोड़ा नहीं जा सकता—जब तक मैं हूं। क्योंकि मेरे मैं के कारण ही मैंने संसार चारों तरफ निर्मित किया है, बनाया है। वह मेरे मैं की ही उत्पत्ति है। जब तक मैं हूं तब तक गृहस्थी मिट नहीं सकती। जहां मैं हूं वहां मेरा घर और मेरी गृहस्थी निर्मित हो जाएगी। क्योंकि जहां मैं हूं वहां संबंध पैदा हो जाएंगे। तो जो घर को छोड़ कर भागता है वह व्यर्थ ही भागता है, क्योंकि घर का बीज तो भीतर छिपा है। जो संसार को छोड़ कर हिमालय जाता है वह व्यर्थ जाता है, क्योंकि हिमालय में भी संसार निर्मित हो जाएगा। मैं जहां भी रहूंगा, वहीं संसार निर्मित हो जाएगा। क्योंकि मैं मूल हूं। मैं वृक्ष से बातें करूंगा, और मैत्री निर्मित हो जाएगी। और वृक्ष कल तूफान में गिर जाएगा तो मैं रोऊंगा, और दुख और पीड़ा निर्मित हो जाएगी। मैं जहां हूं वहां आसक्ति होगी, संबंध होंगे, संसार होगा।

और ठीक संसार में खड़े होकर अगर मेरा मैं शून्य हो जाए तो वहीं मैं ताओ में प्रवेश कर जाऊंगा, वहीं स्वभाव निर्मित हो जाएगा; वहीं मैं उस मूल शून्य में खो जाऊंगा जहां से सबका जन्म होता है।

'ताओ से एक का जन्म हुआ। एक से दो का; दो से तीन का; और तीन से सृष्ट ब्रह्मांड का उदय हुआ।'

एक, दो, तीन—गहरे प्रतीक हैं। और अगर आप तीसरे को मिटाने से शुरू करते हैं तो आप गलती कर रहे हैं। जैसे कोई आदमी वृक्ष के पत्ते काटता हो और सोचता हो कि वृक्ष नष्ट हो जाएगा। एक पत्ते की जगह दो पत्ते आ जाएंगे। वृक्ष समझेगा, आप कलम कर रहे हैं। संसार तो आखिरी बात है। वह तो पत्ते हैं। मैं जड़ हूं। मेरे बिना कोई संसार नहीं हो सकता।

इसका यह अर्थ नहीं कि मैं नहीं रहूंगा तो वृक्ष, पर्वत और लोग नहीं रहेंगे। वे रहेंगे, लेकिन मेरे लिए वे संसार न रहे। जैसे ही मैं मिटता हूं, वैसे ही उनके ऊपर जो आवरण थे व्यक्तित्व के वे मेरे लिए खो जाएंगे; मुझे उनके भीतर का सागर दिखाई पड़ने लगेगा। उनकी लहरों की जो आकृतियां थीं वे मेरे लिए व्यर्थ हो जाएंगी; लहरों के भीतर जो छिपा था सागर वही सार्थक हो जाएगा। मेरे लिए संसार मिट जाएगा। संसार का मिटना दृष्टि का परिवर्तन है। मैं के बिंदु से जब मैं देखता हूं अस्तित्व को तो संसार है, और जब मैं मैं-शून्य होकर देखता हूं तो वहां कोई संसार नहीं। वहां जो शेष रह जाता है वही ताओ है, वही स्वभाव है। स्वभाव का अर्थ है, वही आखिरी तत्व है जिससे सब पैदा होता है और जिसमें सब लीन हो जाता है। वह बेसिक, आधारभूत अस्तित्व है।

'सृष्ट ब्रह्मांड के पीछे यिन का वास है, और उसके आगे यान का। इन्हीं व्यापक सिद्धांतों के योग से वह लयबद्धता को प्राप्त होता है।'

लाओत्से की दृष्टि समस्त विरोधों के बीच संगीत को खोज लेने की है। जहां-जहां विरोध है वहां-वहां विरोध को जोड़ने वाली कोई लयबद्धता होगी। और जब तक हमें लयबद्धता न दिखाई पड़े तब तक हम भ्रांति में भटकते रहेंगे।

स्त्री है; पुरुष है। स्त्री भी दिखाई पड़ती है; पुरुष भी दिखाई पड़ता है। लेकिन दोनों के बीच एक लयबद्धता है, वह हमें दिखाई नहीं पड़ती। और जब भी स्त्री-पुरुष उस लयबद्धता में आ जाते हैं तो उसे हम प्रेम कहते हैं। लेकिन प्रेम किसी को दिखाई नहीं पड़ता। और जब भी स्त्री-पुरुष के बीच की वह लयबद्धता टूट जाती है तो घृणा पैदा हो जाती है। घृणा भी दिखाई नहीं पड़ती। व्यवहार दिखाई पड़ता है। दो व्यक्ति घृणा में हों तो दिखाई पड़ता है; दो व्यक्ति प्रेम में हों तो दिखाई पड़ता है। प्रेम दिखाई नहीं पड़ता; घृणा दिखाई नहीं पड़ती। प्रेम है दो विरोधी तत्वों का लयबद्ध हो जाना। उनके बीच का विरोध शत्रुता में न रह जाए, बल्कि विरोध के कारण ही एक लय पैदा हो जाए; विरोध परिपूरक हो जाए, कांप्लीमेंटरी हो जाए, तो प्रेम का जन्म होता है।

जीसस ने बार-बार कहा है कि परमात्मा प्रेम है। और अगर जीसस के वचन का अर्थ समझना हो तो लाओत्से में खोजना पड़ेगा कि प्रेम का क्या अर्थ है। प्रेम का अर्थ है, दो विरोधों के बीच लयबद्धता। और जहां भी दो विरोध के बीच लयबद्धता होती है वहां सृष्टि बड़े अनूठे शृंगार में और उत्सव में जन्म लेती है।

आपका पूरा जीवन जन्म और मृत्यु के बीच एक लयबद्धता है। और जब आप पूरी तरह जीवंत होते हैं तो उसका केवल इतना ही अर्थ होता है कि मृत्यु और जन्म की जो प्रक्रिया है उसका सारा विरोध खो गया।

बच्चे को हम पूरा जीवंत नहीं कहते, क्योंकि बच्चे में जन्म का प्रभाव ज्यादा है, मृत्यु का अंश कम है। बूढ़े को हम पूरा जीवित नहीं कहते, क्योंकि उसमें मृत्यु का प्रभाव ज्यादा हो गया और जीवन का, जन्म का अंश कम हो गया। ठीक जवान आदमी को हम शिखर पर मानते हैं जीवन के। उसका कुल इतना ही अर्थ है कि ठीक जवानी के क्षण में मृत्यु और जन्म दोनों संतुलित हो जाते हैं; दोनों बाजू तुला की एक रेखा में आ जाती हैं। जवानी एक संगीत है जन्म और मृत्यु के बीच। बचपन अधूरा है; बुढ़ापा अधूरा है। एक सूर्योदय है; एक सूर्यास्त है। लेकिन जवानी ठीक मध्य बिंदु है, जहां दोनों शक्तियां संतुलित हो जाती हैं।

स्त्री-पुरुष, या अगर हम विज्ञान की भाषा का उपयोग करें तो ऋण और धन विद्युत पोलेरिटीज हैं, विरोधी ध्रुव हैं। और जहां दोनों संतुलित होते हैं वहीं एक गहन, प्रगाढ़ शांति, और उस प्रगाढ़ शांति में एक क्रिएटिविटी, एक सृजनात्मक ऊर्जा का जन्म होता है। लाओत्से का नाम है: यिन और यान। इन्हें वह दो विरोधी तत्व कहता है। चाहे स्त्री-पुरुष कहें, चाहे ऋण-धन कहें। उसका शब्द है: यिन और यान। और लाओत्से कहता है, इन दोनों विरोधों के बीच जो लयबद्धता है वही ताओ है।

लेकिन हम या तो पुरुष होते हैं, या स्त्री होते हैं। हम एक ध्रुव से बंधे होते हैं, एक विरोधी अंग से। और इसलिए हम दूसरे विरोधी अंग की तलाश करते हैं। स्त्री पुरुष को खोज रही है; पुरुष स्त्री को खोज रहा है। जन्म मृत्यु को खोज रहा है; मृत्यु पुनः जन्म को खोज रही है। वह जो विरोधी है, उसके बिना हम अधूरे हैं। इसलिए उसकी खोज जारी रहती है।

यह थोड़ा समझने जैसा है कि हम सब जीवन में अपने से विपरीत को खोजते रहते हैं। आपकी सारी खोज विपरीत की खोज है। अगर आप गरीब हैं, दीन हैं, दरिद्र हैं, तो धन को खोज रहे हैं। पर बड़े मजे की बात है कि जिनके पास सच में धन हो जाता है वे दरिद्रता को खोजने में लग जाते हैं। महावीर हैं, बुद्ध हैं; इनके लिए धन का आकर्षण नहीं है। ये परम दरिद्र होने की खोज कर रहे हैं। जीसस कहते हैं, धन्य हैं वे जो दरिद्र हैं।

हम जब भी कुछ खोजते हैं तो विरोध को खोजते हैं। और इससे बड़ी कठिनाइयां पैदा होती हैं। विरोधी को हम खोजते हैं, लेकिन विरोधी के साथ रहना एक महान कला है। क्योंकि वह विरोधी है। पुरुष स्त्री को खोज रहा है। आस्कर वाइल्ड ने अपने संस्मरणों में लिखा है कि मैं स्त्री के बिना भी नहीं रह सकता, और स्त्री के साथ तो बिलकुल नहीं रह पाता। स्त्री के बिना रहना मुश्किल है; अधूरापन है। और स्त्री के साथ रहना बहुत मुश्किल है। क्योंकि विपरीत है, विरोध है। और हर बात में कलह है। विपरीत एक-दूसरे को आकर्षित करते हैं। लेकिन वे विपरीत हैं, और जब निकट आएंगे तो कलह शुरू हो जाएगी। प्रेमियों की कलह अनिवार्य है। क्योंकि प्रेम का मतलब ही है कि विपरीत को आकर्षित किया है।

फ्रायड ने तो बड़ा ही निराशाजनक दृष्टिकोण लिया है; उसका कहना है कि आदमी कभी भी सुखी हो नहीं सकता। आदमी के होने का ढंग ऐसा है कि वह दुखी ही होगा। क्योंकि जो भी वह चाहता है अगर न मिले तो दुखी होता है, अगर मिल जाए तो भी दुखी होता है। और दो ही विकल्प दिखाई पड़ते हैं।

लाओत्से के हिसाब से एक तीसरा विकल्प है। और वह है: विरोध के बीच लयबद्धता। पुरुष जब तक स्त्री को खोजेगा, दुखी होगा। स्त्री जब तक पुरुष को खोजेगी तब तक दुखी होगी। और जब स्त्री-पुरुष के बीच की लयबद्धता को वे खोजने में लग जाते हैं तो सुख की पहली किरण उतरनी शुरू होती है। वास्तविक प्रेम का जन्म उस दिन होता है जिस दिन स्त्री-पुरुष के बीच जो प्रवाह है, जो ऊर्जा का अदृश्य प्रवाह है, वह खयाल में आना शुरू हो जाता है। विरोध के बीच में जो संगम है, विरोधियों के बीच में जो बहती हुई धारा है, दो किनारों के बीच जो बहती हुई नदी है, जब वह दिखाई पड़नी शुरू हो जाती है, तो ही जीवन में सुख की कोई संभावना उतरती है। और जैसे ही किसी व्यक्ति को यह लयबद्धता दिखाई पड़नी शुरू हो जाती है, विरोधी का आकर्षण भी खो जाता है। इस लयबद्धता की प्रतीति—योग कहता है ध्यान है; तंत्र कहता है महासमाधि, महासंभोग का क्षण है; लाओत्से कहता है, यिन और यान के बीच एक संगीत का जन्म है।

जहां भी आपको आकर्षण दिखाई पड़े, दो बातें समझ लेनी जरूरी हैं। पहला, कि जिससे भी आप आकर्षित हों, वह आपका विपरीत होगा; इसलिए आप खतरे में उतर रहे हैं। कोई भी व्यक्ति अपने समान से आकर्षित नहीं होता। समान के प्रति एक तरह का विलगाव होता है, रिपल्शन होता है, एक विकर्षण होता है। समान से हम दूर हटते

हैं; असमान हमें खींचता है। ठीक वैसे ही जैसे धन और धन विद्युत एक-दूसरे को हटाएंगे, ऋण और धन विद्युत चुंबकीय हो जाएंगे और करीब आ जाएंगे। समान से विकर्षण, विपरीत से आकर्षण नियम है। इसलिए जिससे भी आप आकर्षित होते हैं, वह आपका विपरीत है। दूसरी बात, विपरीत जैसे ही निकट आएगा, उपद्रव और द्वंद्व शुरू हो जाएगा। विपरीत दूर हो तो आकर्षित करता है; पास आए, तो चूंकि वह विपरीत है और विरोधी है, संघर्ष पैदा होगा।

तीसरी बात ध्यान रखनी जरूरी है, जिससे भी संघर्ष पैदा हो सकता है, उससे संगीत भी पैदा हो सकता है। जहां-जहां संघर्ष है, वहां-वहां संगीत की संभावना है। क्योंकि जहां-जहां संघर्ष है, वहां स्वरों का उत्पात है। और जहां स्वर उत्पात में हैं, वहां अगर कोई जानता हो कला तो वे लयबद्ध हो सकते हैं। दो समान के बीच तो स्वर पैदा नहीं होते। समान के बीच स्वर ही पैदा नहीं होता, इसलिए संगीत का कोई उपाय नहीं है। असमान के बीच स्वर पैदा होते हैं, घर्षण होता है। घर्षण अंत नहीं है। उसे अगर नियोजित किया जा सके, उसे अगर बांधा जा सके, उसे अगर व्यवस्था दी जा सके, अनुशासन पैदा किया जा सके, तो विपरीत के बीच जो लयबद्धता है, ताओ और लाओत्से की मान्यता है, वही योग है। वही कला है—विरोध को जोड़ लेंने की।

ये तीन बातें खयाल में हों तो आप जीवन के किसी भी कोने से समाधि को उपलब्ध हो सकते हैं। फिर जीवन पूरा का पूरा एक साधना बन जाता है। फिर जो भी आकर्षित करे, आप जानते हैं, वहां खतरा है। और जान कर ही आप उस भूमि पर पैर रखते हैं। खतरा है, इसलिए संभावना भी है। वहां कुछ गलत हो सकता है तो कुछ ठीक भी हो सकता है। जहां गिरने का डर है वहां चढ़ने की सुविधा भी है। जब समतल भूमि पर आप चलते हैं तो गिरने का कोई डर नहीं है, क्योंकि चढ़ने का कोई उपाय नहीं है।

इसलिए जीवन में प्रेम सबसे खतरनाक घटना है। वह तलवार की धार पर चलना है। बड़ा उत्पात होगा, बड़ी अराजकता होगी; जीवन विपरीत के संघर्ष से भर जाएगा। अगर यहीं कोई रुक गया तो जो पत्थर सीढ़ी बन सकता था, उसे आपने बाधा मान ली और आप वापस लौट गए। जो बाधा मालूम पड़ी थी, वह सीढ़ी भी बन सकती है; सिर्फ उसे कैसे पार किया जाए, यही खयाल में होना चाहिए।

'ब्रह्मांड के पीछे यिन का वास है और उसके आग यान का। इन्हीं व्यापक सिद्धांतों के योग से वह लयबद्धता को प्राप्त होता है।'

प्रतिक्षण जीवन की सारी गति विपरीत से बंधी है। न केवल बंधी है, बल्कि हर चीज अपने विपरीत में परिवर्तित हो रही है। यह बहुत आश्चर्यजनक खयाल है लाओत्से का—और अब विज्ञान भी उससे राजी होता है—कि हर चीज अपने से विपरीत में परिवर्तित होती रहती है। न केवल विपरीत से आकर्षित होती है, बल्कि विपरीत में परिवर्तित होती है।

स्त्रियों की उम्र जैसे-जैसे बढ़ती जाती है, उनमें पुरुष तत्व प्रकट होने लगता है; पुरुषों की जैसे-जैसे उम्र बढ़ने लगती है, उनमें स्त्रैणता प्रकट होने लगती है। स्त्रियां जैसे-जैसे ज्यादा उम्र की होती जाएंगी, कर्कश होने लगेंगी; उनका स्वर पुरुष का होने लगेगा, और उनके व्यक्तित्व में पुरुष जैसी कठोरता आने लगेगी। पुरुष जैसे-जैसे बूढ़े होने लगेंगे, वैसे-वैसे कोमल होने लगेंगे, और उनके व्यक्तित्व में स्त्रैणता आने लगेगी। न केवल मानसिक रूप से, बल्कि शारीरिक रूप से, हारमोन के तल पर भी ऐसा ही फर्क होता है।

हर चीज अपने विपरीत की तरफ डोलती रहती है, बदलती रहती है।

अक्सर ऐसा होता है कि अगर इस जन्म में आप पुरुष हैं तो अगले जन्म में आप स्त्री हो जाएंगे। बहुत लोगों के पिछले जीवन में झांक कर इसे नियम की तरह कहा जा सकता है कि अगर आप इस जन्म में पुरुष हैं तो पिछले जन्म में स्त्री। बहुत मुश्किल से ऐसा होता है कि आप इस जन्म में भी पुरुष हों और अगले में भी पुरुष हों।

उसके कारण हैं। क्योंकि जिससे आप आकर्षित होते हैं, जिससे आप प्रभावित होते हैं, और जिसकी आप कामना करते हैं, वही कामना तो आपके अगले जन्म का निर्धारक तत्व होगी। पुरुष स्त्री को चाह रहा है और स्त्री को सुंदर मान रहा है। उसे लगता है कि स्त्री में कुछ रहस्य छिपा है। और जीवन भर वह स्त्री के संबंध में सोचेगा। स्वप्न और कल्पना, उसके मन के सारे तार स्त्री के आस-पास घूमेंगे। उसके गीत, उसकी कविताएं, उसका संगीत, सब स्त्री के आस-पास घूमेगा। इसका स्वाभाविक परिणाम यह होने वाला है कि अगला जन्म आपका स्त्री का हो जाए। और स्त्रियां निश्चित ही पुरुष होना चाहती हैं। कोई स्त्री स्त्री होने से तृप्त नहीं है। स्त्री पुरुष से प्रभावित है और आकर्षित है। इस जीवन में भी आप विरोधी की तरफ धीरे-धीरे बदलते जाते हैं और अगले जीवन में तो आप निश्चित रूप से विरोध में उतर जाते हैं। यिन यान हो जाता है और यान यिन हो जाता है।

इसे, यह तो लंबे विस्तार की बात है, लेकिन छोटे जीवन के क्षणों में भी इसे समझना जरूरी है।

अगर आप ठीक से क्रोध कर लिए हों तो तत्क्षण पीछे करुणा का जन्म होता। और अगर आप में करुणा का जन्म नहीं होता तो उसका अर्थ यही है कि आप क्रोध कभी ठीक से नहीं करते। वह आथेंटिक नहीं है, प्रामाणिक नहीं है। जब भी आप पूरी प्रामाणिकता से क्रोधित हो जाते हैं तो उसके बाद तत्क्षण आप पाएंगे कि करुणा का जन्म हो रहा है। विपरीत में चित्त उतर जाता है। जब भी आप गहरा प्रेम करते हैं तो उससे तृप्त हो जाएंगे और प्रेम के बाद विरोध और घृणा और संघर्ष की शुरुआत हो जाएगी। जैसे रात के बाद दिन है और दिन के बाद रात है, ऐसा ही आपके चित्त का प्रत्येक पहलू अपने विपरीत के साथ जुड़ा हुआ है। और जब भी एक पहलू तृप्त हो जाता है तो दूसरे पहलू का जन्म हो जाता है।

मनसविद कहते हैं कि नैतिक शिक्षण ने मनुष्य के जीवन से बहुत सी चीजें छीन लीं। क्योंकि हम लोगों को झूठा होना सिखाते हैं। हम कभी किसी बच्चे को नहीं कहते कि जब तुम क्रोध करो तो ठीक से और पूरी तरह ईमानदारी से क्रोध करना। हम उसे झुठलाने की कला सिखाते हैं। हम उसे कहते हैं, अगर क्रोध आ भी जाए तो भी तुम छिपाना, पी जाना; चेहरे पर मत प्रकट होने देना। यही सुसंस्कृत होने का लक्षण है। मुस्कुराते रहना, ढांक लेना क्रोध को। और हमारी आकांक्षा यह है कि शायद ऐसा व्यक्ति जो क्रोध नहीं करता, बहुत प्रेम कर पाएगा। वह भ्रांत है। क्योंकि जिस-जिस मात्रा में इसका क्रोध अप्रामाणिक हो जाएगा, उसी-उसी मात्रा में इसका प्रेम भी अप्रामाणिक हो जाएगा। तब यह मुस्कुराएगा, ऊपर से प्रेम प्रकट करेगा, और भीतर इसके कोई उदभाव पैदा नहीं होगा।

जब आप प्रेम में होते हैं, कभी आपने खयाल किया, कि भीतर कुछ भी नहीं होता; जैसे आप कोई एक नाटक कर रहे हैं, जैसे कुछ काम है जो पूरा कर रहे हैं। बच्चा सामने आ जाता है तो उसका सिर आप थपथपा देते हैं, लेकिन भीतर कुछ नहीं होता। मुस्कुरा देते हैं, उसको गले भी लगा लेते हैं, लेकिन भीतर कुछ भी नहीं होता। एक औपचारिकता है जो आप निभाते हैं।

आदमी बुरी तरह झूठ हो गया है। और उसका कारण है कि हम भय के कारण, कि कहीं कुछ आदमी गलत न हो जाए, कहीं क्रोध करके अड़चन में न पड़ जाए, जो-जो नकारात्मक है उसको हम रुकवाते हैं। लेकिन उसके साथ विधायक भी रुक जाता है। जो आदमी प्रामाणिक रूप से प्रेम करेगा, वह प्रामाणिक रूप से क्रोध भी करेगा। उस समय तक जब तक कि आप ताओ को उपलब्ध नहीं हो जाते तब तक इस विरोध में ही आपको जीना पड़ेगा। और इस विरोध में जीना हो तो प्रामाणिक रूप से जीने से ही संभावना है कि किसी दिन आप लयबद्धता को उपलब्ध हो जाएं। अप्रामाणिक आदमी के लिए तो कोई उपाय नहीं है। क्योंकि वह जीवन की धारा से उसका कोई संबंध ही नहीं जुड़ता है। ऊपर-ऊपर, सब ऊपर-ऊपर है। उसकी प्रार्थना, उसकी पूजा, उसका प्रेम, उसकी घृणा, उसकी दुश्मनी, उसकी मित्रता, सब ऊपर-ऊपर है। किसी बात से उसके कोई प्राण आंदोलित नहीं होते।

इसे थोड़ा प्रयोग करके देखें, कि अगर जीवन में किसी चीज की कमी मालूम पड़ती हो, लगता हो कि दया की कमी है, करुणा की कमी है, तो थोड़ा समझने की फिक्र करें। उसका मतलब होगा, आपका क्रोध अप्रामाणिक है, क्रोध बनावटी है। वह वास्तविक नहीं है। जहां करना है वहां आप नहीं करते, और जहां नहीं करना है वहां आप करते हैं। ऐसे झूठे क्रोध के साथ जो जी रहा है, वह लाख उपाय करे तो भी अहिंसक नहीं हो सकता। उसकी अहिंसा भी इतनी ही थोथी और उथली होगी। जैसे घड़ी का पेंडुलम जितनी दूर तक बाएं जाएगा उतनी ही दूर तक दाएं जा सकता है। आप सोचते हों कि बाएं तो बिलकुल न जाए और दाएं खूब दूर तक जाए, तो आप गलती में हैं। क्योंकि दाएं जाने के लिए बाएं जाकर ही शक्ति इकट्ठी की जाती है।

इसलिए पश्चिम में मनोवैज्ञानिक एक बहुत नया शिक्षण दे रहे हैं। वह पूरब को बहुत हैरान करने वाला है; पश्चिम को भी हैरान करने वाला है। और वह यह है कि आपके जो भी मनोभाव हैं उनमें आप ईमानदार हों। अगर पति-पत्नी के बीच कोई लगाव नहीं रह गया है और सब चीजें सूखी हो गई हैं, रसहीन हो गई हैं, तो उन्हें कितना ही समझाया जाए कि वे प्रेमपूर्ण हो जाएं, व्यर्थ होगा। उन्हें समझाना होगा कि वे प्रामाणिक हो जाएं।

अभी कल ही एक युवक और युवती मेरे पास आए। दोनों प्रेम में हैं और विवाह करना चाहते हैं। युवती ने मुझे कहा कि हम विवाह तो करना चाहते हैं, लेकिन इधर कुछ दिनों से आपस में काफी क्रोध पैदा हो जाता है, छोटी-छोटी चीज में चिड़चिड़ाहट, नाराजगी और एक-दूसरे पर टूट पड़ने की वृत्ति हो गई है। तो मैंने उन्हें पूछा कि सिर्फ टूट पड़ने की वृत्ति या तुम टूट भी पड़ते हो? उन्होंने कहा कि नहीं, आप भी कैसी बात करते हैं! हम ऐसा तो नहीं कर सकते कि टूट पड़ें। शारीरिक रूप से हमने कोई एक-दूसरे पर हमला नहीं किया है।

तो मैंने उनको कहा कि जब तुम प्रेम करोगे तब वह प्रेम भी फिर शारीरिक रूप से नहीं हो सकता। अगर तुम शारीरिक रूप से प्रेम की गहराई में उतरना चाहते हो तो क्रोध के क्षण में भी फिर मन से नीचे शरीर तक आओ। और डर क्या है? सिर्फ क्रोध को सोचते क्यों हो? और प्रेम को इतना कमजोर क्यों मानते हो कि झगड़ पड़ोगे, एक-दूसरे को चोट पहुंचा दोगे, तो प्रेम टूट जाएगा। इतना कमजोर प्रेम चलेगा भी कैसे? तो मैंने कहा, तुम एक प्रयोग करो। अब जब तुम्हें दुबारा क्रोध आए तो तुम सिर्फ सोचना ही मत और दबाना मत, तुम उसे निकाल देना। और फिर लौट कर मुझे खबर देना।

सुबह ही वे आए थे, सांझ उन्होंने मुझे खबर भेजी कि आश्चर्यजनक है कि क्रोध के बाद हम इतने हलके हो गए हैं! और पहली दफा इन महीनों में एक-दूसरे के प्रति प्रेम का भाव उदय हुआ है, और हम इतने करीब हैं जितने हम पहले कभी नहीं थे।

विपरीत में एक संबंध है। और मनसविद कहते हैं कि प्रेमी लड़ कर दूर हो जाते हैं, ताकि फिर पास आने का आनंद ले सकें। अगर दूर होने का डर है तो पास होने का आनंद भी नष्ट हो जाएगा। जब दो प्रेमी लड़ कर दूर हो जाते हैं तो फिर नए-ताजे हो गए, जैसे वे पहले दिन जब मिले होंगे दूर थे, उस दिन की स्थिति में पहुंच गए। फिर से पास आना, फिर एक नया हनीमून है; फिर एक नई शुरुआत है; फिर वे ताजे हैं।

अगर जीवन के द्वंद्व को हम ठीक से समझें तो इतना परेशान होने की कोई जरूरत नहीं है। प्रेम किया है तो क्रोध के लिए तैयार होना चाहिए। और अगर यह खयाल में हो कि इस क्रोध के माध्यम से हम प्रेम की क्षमता को पुनः पा रहे हैं तो यह क्रोध भी दुखद नहीं रह जाएगा, यह भी खेल हो जाएगा। और जो व्यक्ति प्रेम भी कर सकता है और क्रोध भी कर सकता है और दोनों में प्रामाणिक है, बहुत शीघ्र ही उसे क्रोध और प्रेम के बीच में जो लयबद्धता है उसकी प्रतीति होनी शुरू हो जाएगी। और तब प्रेम भी गौण हो जाएगा, क्रोध भी गौण हो जाएगा; लयबद्धता ही प्रमुख हो जाएगी। ये दोनों किनारे गौण हो जाएंगे, बीच की सरिता ही...।

पर वह सरिता अदृश्य है। और जीवन के भावों में जब तक आप ठीक-ठीक ईमानदारी से प्रयोग न करें, उस अदृश्य का आपको कोई पता नहीं चल सकता है।

लेकिन हम भयभीत और डरे हुए लोग हैं। और हमारे भय ने हमारे सारे जीवन को विषाक्त कर दिया है। फिर हम जो भी करते हैं, वह अधूरा-अधूरा है, अपंग; उसके कोई पैर नहीं, वह कहीं ले जाता नहीं। हम जीते हैं मरे हुए, क्योंकि जीवन के किसी भी क्षण को हम अपनी पूर्णता नहीं देते।

किसी भी दिन अगर वैज्ञानिक ढंग से आदमी का चरित्र विकसित किया जाएगा तो उसे सिखाया जाएगा प्रामाणिक होना। और प्रामाणिक होने का मतलब यह है कि जो भी तुम्हारी भाव-दशा हो उसमें तुम पूरे ही जूझ जाना; जो भी परिणाम हो, परिणाम भोगने के लिए तैयार रहना। परिणाम के डर से हम पूरे जीवन को ही गंवा देते हैं। जो भी परिणाम हो प्रामाणिकता का, वह बुरा नहीं होगा। उससे लाभ होंगे; उससे आपकी आत्मा का जन्म होगा। और जो भी लाभ दिखाई पड़ते हों अप्रामाणिक और झूठे होने के, वे कितने ही लाभ दिखाई पड़ते हों, अंततः आपकी आत्मा का हनन है। और आखिर में आप पाएंगे कि आपने आत्मघात कर लिया; अपनी होशियारी में ही आप डूब मरे।

लाओत्से कहता है, यिन और यान, ये दो विरोधी तत्व हैं; इनको स्त्री-पुरुष कहें, या जो भी नाम देना हो, प्रकृति-पुरुष कहें; इन दोनों के बीच एक लयबद्धता है। ये दो तो दिखाई पड़ते हैं। ये दो किनारे साफ हैं, ये दृश्य हैं; इनके बीच बहने वाली धारा अदृश्य है और अरूप है। उस अरूप को देखने के लिए इन दोनों किनारों को स्पष्ट रूप से, दोनों किनारों को स्पष्ट रूप से पकड़ लेना होगा। इसमें जरा भी बेईमानी, और आदमी भटक जाता है। जो भी हमें मिला है—बुरा है या भला है, शुभ है या अशुभ है, विधायक है या नकारात्मक है—हमें मिला है स्वभाव से। जरूर उसमें छिपा हुआ कुछ रहस्य है। जल्दी उसे निंदा न करें, और जल्दी उसके त्याग की चिंता न करें। त्याग इतना आसान नहीं। त्याग तो केवल वे ही कर पाते हैं जो इन दोनों के बीच संतुलन को खोज लेते हैं। उनके किनारे अपने आप छूट जाते हैं। जिसको धारा मिल गई, वह फिर किनारों की चिंता नहीं करता। वे छूट ही जाते हैं। जिसको धारा मिल गई, वह न फिर पुरुष रह जाता और न स्त्री। जिसको बीच का संतुलन मिल गया, संगीत मिल गया, वह न विधायक रह जाता, न नकारात्मक, न यिन और न यान। वह दोनों एक साथ हो जाता है, या दोनों के एक साथ पार हो जाता है। इस पार, अतिक्रमण करने वाली कला को ही लाओत्से ने योग कहा है।

'अनाथ, अयोग्य और अकेला होने से मनुष्य सर्वाधिक घृणा करता है।'

थोड़ा समझना। अनाथ, अयोग्य, अकेला होने से मनुष्य सर्वाधिक घृणा करता है।

'तो भी राजा और भूमिपति अपने को इन्हीं नामों से पुकारते हैं। क्योंकि चीजें कभी घटाई जाने से लाभ को प्राप्त होती हैं और बढ़ाई जाने से हानि को।'

अनाथ, अयोग्य और अकेला—ये हमारे भय हैं। अकेले होने से हम बहुत भयभीत हैं। शायद इससे बड़ा कोई भी भय नहीं है। कोई भी अकेला नहीं होना चाहता। कोई न कोई, किसी न किसी प्रकार का साथ चाहिए। अगर हम अकेले हो भी जाएं किसी कारणवश, परिस्थितिवश, तो भी हम चिंतन करते हैं दूसरों का, ताकि कम से कम कल्पना में कोई दूसरा रहे और हम बिलकुल अकेले न हो जाएं।

कवि कहते हैं कि प्रियजनों से दूर होने पर प्रेम बढ़ता है। वह इसीलिए बढ़ता है कि प्रियजन दूर होते हैं तो हम उनका चिंतन करते हैं; पास होते हैं तो चिंतन की कोई जरूरत नहीं रह जाती। सब्स्टीटयूट है कल्पना; जो हमारे पास नहीं है उसकी हम चिंतना करते हैं। चिंतना करके हम एक काल्पनिक साथ पैदा कर लेते हैं। उपवास के दिन आदमी भोजन का विचार करता है। वह न मालूम किस-किस प्रकार के भोजन की सोचता है। अनजाने ही, अचेतन में ही यह प्रवाह उठने लगता है। और जब तक आदमी उपवास करके भोजन की सोचता रहे तब तक उसका उपवास बिलकुल

व्यर्थ गया। वह सिर्फ भूखा मरा। क्योंकि उसे उपवास अभी आया ही नहीं। उपवास का अर्थ ही यह है कि भोजन का खयाल न हो। भोजन पेट में डालने से भी ज्यादा, भोजन खयाल में न डाला जाए—तो उपवास हुआ।

अकेले होने का अर्थ है, दूसरे का कोई विचार न हो। अकेले होने में मौज हो, प्रसन्नता हो; दीनता न हो। लेकिन अकेले होने से सभी डरते हैं। और सभी अकेले हैं। इसलिए सभी भयभीत हैं। क्योंकि जिस सत्य से हम छूट नहीं सकते, उस सत्य से हम भयभीत हैं। हर आदमी अकेला है। अकेला ही पैदा होता है; अकेला ही जीता है। भ्रम पैदा करता है कि कोई साथ है। लेकिन कोई किसी के साथ हो नहीं सकता। सब साथ काल्पनिक है।

और दूसरा सोच रहा है आप उसके साथ हैं, और आप सोच रहे हैं कि दूसरा मेरे साथ है। न आपको चिंता है दूसरे को साथ देने की; न दूसरे को चिंता है आपको साथ देने की। एक-दूसरे का शोषण है। दूसरे की मौजूदगी से आपको लगता है ठीक है, भरा-पूरा लगता है, अकेला नहीं हूं। लेकिन अकेला होना एक सत्य है। और जब तक हम अकेले होने की क्षमता न जुटा लें तब तक हम अपने स्वभाव से परिचित न हो सकेंगे। अकेले ही नहीं हो सकते तो स्वयं को कैसे हम जानेंगे? अकेले होने की तैयारी चाहिए—चाहे कितना ही भय मालूम हो, असुरक्षा मालूम हो। चाहे कितना ही मन करे कि साथ खोज लो, तो भी अकेले होने का साहस करना चाहिए।

अब यह बड़े मजे की घटना दुनिया में घटती है। हम जो कुछ भी खोज करते हैं, उस सब खोज के अंतिम परिणाम में हम अकेले हो जाते हैं। एक आदमी धन की तलाश करता है, और अकेले होने से डरता है। और जितना ज्यादा धन उसके पास होने लगेगा उतना ही समाज उसका छोटा होने लगेगा। अब वह सभी से नहीं मिल सकेगा। अब वह उन थोड़े से लोगों से मिल सकेगा जो उसके स्टेटस, उसकी हैसियत के हैं। और वह धन इकट्ठा करता जा रहा है; लोगों को पीछे छोड़ता जा रहा है। एक घड़ी आएगी जब वह अकेला हो जाएगा; जब उसकी स्टेटस का, उसकी हैसियत का कोई भी न होगा। इसी के लिए जीवन भर उसने कोशिश की कि मैं आखिरी शिखर पर पहुंच जाऊं, गौरीशंकर पर खड़ा हो जाऊं। और जब वह गौरीशंकर पर खड़ा हो जाएगा तब हार्ट अटैक हो जाएगा। क्योंकि वह बिलकुल अकेला हो जाएगा। अब कोई संगी-साथी न रहा।

राजनीतिज्ञ उस मुसीबत में पड़ जाते हैं। यात्रा करते-करते जब वे चोटी पर पहुंच जाते हैं तब अचानक पाते हैं कि बिलकुल अकेले हो गए; उनका कोई संगी-साथी नहीं है। धन की खोज हो कि पद की खोज हो! बड़े विचारक, बड़े वैज्ञानिक इस हालत में पहुंच जाते हैं। क्योंकि आइंस्टीन को लगता है, किससे बात करे! क्योंकि उसकी भाषा भी कोई नहीं समझेगा। पत्नी है जरूर, लेकिन फासले बहुत हो गए। आइंस्टीन आइंस्टीन रह कर अपनी पत्नी से भी बात नहीं कर सकता।

विलहेम रेक की पत्नी के मैं संस्मरण पढ़ता था। विलहेम रेक फ्रायड के बाद एक बहुत क्रांतिकारी, कीमती मनोवैज्ञानिक हुआ। उसकी पत्नी ने लिखा है कि मैं रेक को कुछ भी समझ नहीं पाई। यह आदमी पागल था कि प्रतिभाशाली था, ठीक था कि गलत था, कुछ भी कहना मुश्किल है। विशिष्ट था, इतना ही कहा जा सकता है, कुछ विशेष था। और कोई संबंध नहीं हो सकते। पहली पत्नी ने तलाक दिया, फिर दूसरी पत्नी ने छोड़ा। संबंध नहीं बन पाते। क्योंकि जिस जगत में वह विचर रहा है वहां वह बिलकुल अकेला है।

सभी बड़े विचारक उस हालत में पहुंच जाते हैं जहां उन्हें लगता है, कोई उनका संगी-साथी नहीं। एक अकेलापन अनुभव होता है। यह बड़ी हैरानी की बात है कि जिनको पागल होना चाहिए वे तो पागल नहीं होते—निक्सन पागल नहीं होते, माओ पागल नहीं होते, हिटलर पागल नहीं होता—जिनको कि पागल होना चाहिए। लेकिन बड़े विचारक, विलहेम रेक पागल हो जाता है, पागलखाने में मरता है। ऐसी ऊंचाई पर खड़े हो जाने की घटना घट जाती है मन में जहां से किसी से कोई संबंध नहीं रहा। फिर घबड़ाहट होती है। और इसी की खोज थी।

आप कहीं भी पहुंच जाएं, अगर आप ठीक से चलते ही गए तो अकेले हो जाएंगे। अगर आपने ठीक प्रतिस्पर्धा की, प्रतियोगिता की और संघर्ष किया तो ज्यादा से ज्यादा इतनी बात में आप सफल हो सकेंगे, एक दिन आप अचानक पाएंगे आप अकेले हैं; अब कोई प्रतियोगी नहीं बचा। और तब आप घबड़ा जाते हैं। इसलिए सभी सफलताएं अंत में असफलताएं सिद्ध होती हैं। क्योंकि अकेला कोई होना नहीं चाहता। जब तक आप सफल नहीं हुए हैं तब तक आप भीड़-भाड़ में हैं; तब तक कुछ करने को बाकी है।

लाओत्से कहता है, अकेले होने से मनुष्य सर्वाधिक घृणा करता है, अयोग्य होने से बड़ी घृणा करता है। लेकिन लाओत्से कहता है, तुम्हारी योग्यता का मतलब क्या है? और जब तुम योग्य होते हो तो उसका परिणाम क्या है? लाओत्से का बड़ा अदभुत खयाल है योग्यता के बाबत। वह कहता है, योग्यता का कुल मतलब इतना है कि लोग तुम्हें साधन की तरह उपयोग करेंगे, अगर तुम योग्य हो।

बाप अपने योग्य बेटे से बड़ा प्रसन्न होता है। क्योंकि बाप जो-जो महत्वाकांक्षाएं पूरी नहीं कर पाया वे इस बेटे के कंधे पर सवार कर देगा। यह योग्य बेटा है, यह पूरी करेगा। जिस नासमझी में उसने अपनी जिंदगी गंवाई और वे अधूरी रह गईं नासमझियां; यह योग्य बेटा उनको पूरी करेगा। योग्य पति से पत्नी बड़ी प्रसन्न होती है। और कुल परिणाम क्या होगा इस योग्य पति का कि यह धन को बढ़ाता चला जाएगा।

एंड्रू कार्नेगी ने कहीं कहा है। किसी ने उससे पूछा कि तुम इतना धन कैसे इकट्ठा कर पाए? दस अरब रुपया वह छोड़ कर मरा। तो उसने कहा कि मैं इकट्ठा कर पाया, कहना मुश्किल है। मैं सिर्फ यह देखना चाहता था कि क्या मैं इतना धन भी इकट्ठा कर सकता हूं जो मेरी पत्नी खर्च न कर सके! मैं सिर्फ एक साधन था। मगर मैं यह देखना चाहता था कि क्या यह हो सकता है कि मैं उस जगह पहुंच जाऊं, इतना धन कमा लूं कि मेरी पत्नी खर्च न कर सके! लेकिन पत्नी खर्च कर रही है। पति योग्य है। वह दौड़ाए चली जा रही है।

योग्यता का कुल परिणाम इतना होता है कि आपका शोषण होगा। और क्या होगा? जितने ज्यादा योग्य होंगे, उतने ज्यादा लोग आपका शोषण करेंगे। लाओत्से बहुत अनूठा है, वह कहता है कि तुम योग्य बनने की कोशिश में मत पड़ना। लाओत्से कहता है, अयोग्य अक्सर बच जाते हैं उपद्रव से, योग्य पिस जाते हैं। लेकिन संसार कहता है, योग्य बनो! क्योंकि संसार शोषण करना चाहता है।

कुशल बनो! संसार निंदा करता है अयोग्य की; योग्य की प्रशंसा करता है। लेकिन संसार उसी की प्रशंसा करेगा जो बलि का बकरा होने को है। और सभी लोग भयभीत हैं कि अयोग्य न हो जाएं। क्यों भयभीत हैं? क्योंकि अयोग्य को संसार प्रतिष्ठा नहीं देता; अहंकार की तृप्ति नहीं देता। और क्या भय है? अयोग्य को यही भय है कि अगर कोई कह दे कि तुम अयोग्य हो तो कोई मूल्य न रहा, कोई कीमत न रही। बाजार में कोई मूल्य न हो तो आदमी को लगता है मैं निर्मूल्य हो गया।

लेकिन लाओत्से कहता है, तुम कोई वस्तु नहीं हो कि तुम्हारा मूल्य होना चाहिए। और अगर योग्य होकर तुम्हारा कोई मूल्य है तो तुम्हारा मूल्य नहीं है, किसी और चीज का मूल्य है जो तुमसे पैदा हो रही है। तुम्हारा मूल्य तो तभी हो सकता है जब तुम बिलकुल योग्य नहीं हो, फिर भी तुम्हारा कोई मूल्य है। सिर्फ तुम्हारा होने का मूल्य है; तुम हो। इसे थोड़ा समझें।

आप अपने बेटे को प्रेम करते हैं, क्योंकि योग्य है। और अगर योग्य नहीं है तो प्रेम नहीं करते। आपका बेटे से प्रेम है? या बेटे से कुछ आप उपाय लेना चाहते हैं, कुछ काम लेना चाहते हैं, कोई साधन पूरा करना चाहते हैं? तो बेटा एक उपकरण है, एक मीन्स है, साध्य नहीं है। बेटा साध्य अगर हो तो उसकी योग्यता-अयोग्यता अर्थ नहीं रखती। फिर उसका होना, उसका बीइंग, उसका अस्तित्व मूल्यवान है। आप प्रसन्न हैं, क्योंकि वह है। उसका होना काफी है।

उसके होने के अतिरिक्त और कुछ भी नहीं चाहिए। अगर प्रेम का अर्थ समझें तो यही हो सकता है: किसी व्यक्ति का होना, बिना किसी बाजार के मूल्य के हिसाब के, बिना इस धारणा के कि वह किसी साध्य का साधन बन सकता है। सिर्फ उसका होना!

लाओत्से ने बड़ी प्रशंसा की है अयोग्य होने की कला की। लाओत्से अपने संस्मरणों में कहीं कहा है: एक गांव में एक आदमी कुबड़ा था, हंच बैक। राजा ने सारे जवानों को पकड़ लिया, क्योंकि युद्ध का समय था और हर व्यक्ति को फौज में जाना जरूरी था। सिर्फ गांव में जो कुबड़ा आदमी था—वह तो किसी काम का नहीं था—उसे छोड़ दिया। लाओत्से उसके पास गया और कहा कि धन्य हो तुम! अगर तुम योग्य होते तो आज गए थे। अयोग्यता ने ही तुम्हें बचाया। तुम परमात्मा को धन्यवाद दो, क्योंकि योग्यता मरेगी युद्ध के मैदान पर। और लाओत्से हमेशा तलाश में रहता था कि अयोग्यता कैसा कवच है।

पर हम योग्य होने के लिए इतने पीड़ित होते हैं। वस्तुतः इसीलिए कि हम योग्य नहीं हैं। असल में, हम वही चाहते हैं जो हमारे पास नहीं होता। इसे थोड़ा समझें। यह उलटा लगेगा। अयोग्य होने को तो वही राजी हो सकता है जो योग्य है ही, और जिसकी योग्यता किसी बाह्य आधार पर निर्भर नहीं है; जिसके होने पर, जिसके स्वभाव पर निर्भर है। आप वही तो चाहते हैं जो आपमें नहीं है। योग्य होना चाहते हैं, क्योंकि योग्य नहीं हैं। और लाओत्से कहता है, जो अयोग्य होने को राजी है उसने स्वभाव की योग्यता पा ली। अब उसे किसी बाहरी योग्यता की कोई भी जरूरत नहीं है। उसका होना ही काफी धन्यता है। हम सबके भीतर, जो नहीं है, उसे ढांकने की चेष्टा चलती है। कमजोर आदमी शक्तिशाली दिखना चाहता है; हो सके तो अच्छा, न हो सके तो कम से कम दिख सके। कमजोर आदमी कमजोर नहीं दिखना चाहता। सब तरह के उपाय करता है कि कोई उसकी कमजोरी न पहचान ले। अयोग्य आदमी सब तरह की योग्यता का आवरण अपने आस-पास खड़ा करता है कि कोई उसकी अयोग्यता न पहचान ले।

एडलर ने बहुत काम किया है इस सदी में हीनता की ग्रंथि पर, इनफीरियारिटी कांप्लेक्स पर। और उसने कहा कि जितने भी उपाय जगत में चल रहे हैं वे सब हीनता की ग्रंथि से पैदा होते हैं। जिस संबंध में जो आदमी अपने को हीन अनुभव करता है, उसकी पूर्ति में लग जाता है; दौड़ने लगता है। वह भयभीत है कि कोई उसके भीतर के घाव को देख न ले।

बड़े आश्चर्य की बात है। नीत्शे शारीरिक रूप से कमजोर था; बहुत कमजोर आदमी था। शक्तिशाली किसी भी स्थिति में नहीं कहा जा सकता; बीमार, कमजोर, सदा रुग्ण। लेकिन उसने शक्ति की पूजा के लिए बड़ा काम किया है; और महानतम ग्रंथ उसने लिखा: दि विल टु पावर। और नीत्शे कहता है कि मनुष्य की आत्मा एक ही चीज की कोशिश कर रही है, वह है शक्ति की तलाश। और नीत्शे ने शक्तिशाली मनुष्य को इतना सम्मान दिया है कि किताबें पढ़ कर ऐसा लग सकता है कि नीत्शे बहुत शक्तिशाली रहा होगा। वह बिलकुल भी शक्तिशाली नहीं था। नीत्शे की शक्ति की पूजा के आधार पर जर्मनी में हिटलर का फैसिज्म पैदा हुआ, नाजीवाद पैदा हुआ। क्योंकि नीत्शे ने कहा कि यह जो नार्डिक जर्मन जाति है, यही महान शक्तिशाली जाति है, और यही जन्मसिद्ध अधिकार है इसका कि सारे जगत पर राज्य करे। वह खुद भी नार्डिक नहीं था; न शक्तिशाली था। पर उसकी अपनी हीनता की ग्रंथि थी। जो उसमें नहीं था, उसको उसने फैला कर शास्त्रों में लिखा। वह खुद कभी लड़ नहीं सकता था, युद्ध के मैदान पर जाने की बात दूर रही। लेकिन उसने लिखा है कि इस जगत में जो सबसे सुंदर दृश्य मुझे याद है, वह है: जब सैनिक दोपहर की चमकती धूप में अपनी संगीनें लेकर एक लयबद्ध कतार में चलते हैं। उनकी संगीनों पर जो चमक होती है धूप की, बस उससे बड़ा संगीत, उससे महान संगीत मैंने अपने जीवन में दूसरा अनुभव नहीं किया। वही सबसे सुंदरतम दृश्य है। यह, जो नहीं है भीतर, उसकी पूर्ति की आकांक्षा है।

अगर हम अपने भीतर भी झांकेंगे तो हमें समझ में आ जाएगा कि जो हमारे भीतर नहीं है, उसी को पाने की हम कोशिश में लगे हैं। महावीर लात मार सके राज्य को, क्योंकि भीतर का राज्य समझ में आ गया। हम नहीं मार सकते हैं राज्य को लात; हम दीन-दरिद्र हैं, भिखमंगे हैं। बुद्ध भिखमंगे होकर खड़े हो सके, क्योंकि भिखमंगापन भीतर न रहा। हम भिखमंगे होकर खड़े नहीं हो सकते, क्योंकि हम जानते हैं हम भिखमंगे हैं, और अगर बाहर भी भिखमंगे हो गए तो सारी बात ही खुल जाएगी, सारा राज ही खुल जाएगा। बुद्ध खड़े हो सकते हैं भिखमंगे होकर, क्योंकि भिखमंगे होने से कुछ राज नहीं खुलता, बल्कि भीतर का सम्राट पूरी तरह प्रकट हो जाता है।

लाओत्से कहता है, हम अयोग्य होने से डरते हैं, क्योंकि हम अयोग्य हैं; अकेले होने से डरते हैं, क्योंकि हम अकेले हैं; अनाथ होने से डरते हैं, क्योंकि हम अनाथ हैं। हम जो हैं उसी से हम डरे हुए हैं। अनाथ का अर्थ है हेल्पलेस, असहाय। लेकिन हम स्वीकार करने में—स्वीकार करने से बचना चाहते हैं कि हम असहाय हैं, कि अकेले हैं, कि अयोग्य हैं। और ठीक इससे विपरीत अवस्था पैदा करने की कोशिश में हम जीवन को गंवा देते हैं।

लाओत्से कहता है, जो तथ्य है उसे स्वीकार कर लें। तथ्य की स्वीकृति मुक्तिदायी है। और इसका यह मतलब नहीं है कि लाओत्से कहता है तुम अयोग्य रह जाओगे, कि अकेले रह जाओगे, कि अनाथ रह जाओगे। लाओत्से यह कहता है कि जिस दिन तुम समझ गए कि तुम अकेले हो, फिर तुम अकेले नहीं हो। यह जरा जटिल है। क्योंकि जिस दिन तुमने स्वीकार कर लिया कि तुम अकेले हो, यह जीवन का तथ्य है, उसी दिन अकेलापन मिट गया। दूसरे को खोजते थे, इसलिए अकेलापन मजबूती से बना रहता था। अब तुमने स्वीकार कर लिया कि तुम अकेले हो, यह जीवन का तथ्य है; दूसरे की खोज छोड़ दी! धीरे-धीरे तुम भूल ही जाओगे कि तुम अकेले हो। और जिस दिन तुम भूल जाओगे कि तुम अकेले हो उस दिन दूसरा भी मिट जाएगा, तुम भी मिट जाओगे, और वही रह जाएगा जो स्वभाव है, जो ताओ है, जो सबके भीतर छिपा है। वह कभी अकेला नहीं है। हम अकेले इसलिए हैं कि हम लहर की भांति अपने को अलग मान लिए हैं सागर से, और फिर दूसरी लहरों के साथ एक होने की कोशिश कर रहे हैं; खुद भी क्षणभंगुर लहर हैं, दूसरी क्षणभंगुर एक दूसरी लहर के साथ निकटता बना रहे हैं, ताकि अकेलापन मिट जाए। खुद क्षणभंगुर हैं, दूसरे क्षणभंगुर तत्व से मिल कर अकेलापन मिटा रहे हैं।

लाओत्से कहता है कि लहर जिस दिन समझ ले कि अकेली है, यह स्वभाव है, दूसरी लहर की चिंता छोड़ दे, उसी दिन उसे नीचे के सागर का बोध शुरू हो जाएगा। दूसरे पर आंख गड़ी रहे तो भीतर आंख नहीं जाती; दूसरे के कारण ही बाहर भटकती है।

इसलिए अगर इस अकेलेपन की गूढ़ता को समझें तो पर्वत पर जाना संसार को छोड़ने के लिए नहीं, सिर्फ अकेले होने के लिए सार्थक है। वह कोई त्याग नहीं है, वह सिर्फ अकेले होने के अनुभव में उतरने की व्यवस्था है। वह दूसरे से भागना नहीं है, वह अपने में उतरने के लिए सिर्फ सुविधा जुटाना है, ताकि मैं अपने अकेलेपन को उसकी पूरी नग्नता में जान लूं। जहां कोई दूसरा न होगा, दूसरे का मैं चिंतन न करूंगा, वहां मैं अपने अकेलेपन को उसकी पूरी नग्नता में, पूरी प्रगाढ़ता में जान लूंगा। और जिस दिन कोई उसे उसकी पूरी प्रगाढ़ता में जान लेता है, स्वीकार कर लेता है, उसी दिन अकेला नहीं रह जाता। उसी दिन मूल स्वभाव में उतर जाता है। फिर कोई दूसरा नहीं है, मैं ही हूं।

और जो जान लेता है कि अयोग्यता होगी ही, क्योंकि मैं पूर्ण नहीं हूं। लहर कैसे योग्य हो सकती है? और लहर कुछ भी पा ले, उसके पाने का कोई मूल्य नहीं है। क्योंकि लहर खुद मिट जाने वाली है; उसका पाया हुआ भी उसके साथ मिट जाने वाला है। लहर कुछ भी उपलब्ध कर ले, उसकी उपलब्धि कोई कीमत नहीं रखती। तो आप कितने ही योग्य हो जाएं, आप ही खो जाएंगे। और जहां आधारशिला खो जाने वाली है वहां जो भवन योग्यता का है, उसका क्या मूल्य है? थोड़ी देर के लिए दूसरों की आंखों में चमक सकते हैं। लेकिन दूसरों की आंखों का क्या मूल्य है? वे

आंखें भी कल मिट्टी हो जाएंगी। थोड़ा इतिहास झांक कर देखें। क्या मूल्य है नेपोलियन का या सिकंदर का? क्या मूल्य है? न होते तो क्या फर्क था? अगर आप भी नेपोलियन रहे हों—कोई न कोई तो रहा होगा—तो आज आपको क्या मूल्य है? आज आपको कोई यह बता भी दे कि आप नेपोलियन थे, यह प्रमाणित हो जाए, तो आज आप हंसेंगे। कल यही आपके साथ हो जाने वाला है। कल आप मिट्टी में गिर जाएंगे। आपकी प्रतिष्ठा, योग्यता, यश, सम्मान, समादर, सब मिट्टी में गिर जाएगा आपके साथ। जिन्होंने दिया था वे भी मिट्टी में गिर जाएंगे। जहां सभी कुछ मिट्टी में खो जाता हो वहां हम इतने दीवाने होकर लगते हैं कुछ चीजों के पीछे, यह भूल ही जाते हैं कि उनकी कोई शाश्वतता नहीं है, उनकी कोई सार्थकता नहीं है, उनका कोई मूल्य नहीं है, क्योंकि वे कहीं टिकने वाली नहीं हैं।

लाओत्से कहता है, योग्यता की दौड़ अहंकार की दौड़ है; अयोग्यता की स्वीकृति विनम्रता का भाव है कि मैं अयोग्य हूं।

इसका यह मतलब नहीं है कि ऐसा अयोग्य आदमी कुछ भी न कर पाएगा। लाओत्से कहता है, यही कर पाएगा। क्योंकि योग्य आदमी तो योग्यता सम्हालने में ही जीवन की ऊर्जा को खो देता है।

राजनीतिज्ञ क्या कर पाते हैं? धनपति क्या कर पाते हैं? क्या है उनकी उपलब्धि? क्या है जोड़? लगते हैं बहुत करते हुए, हाथ आखिर में कुछ भी आता नहीं। लेकिन जो आदमी स्वीकार कर ले विनम्रता से, जो भी मैं हूं हूं, उसके जीवन से बहुत कुछ होता है। करने का भाव नहीं होता वहां, सिर्फ जीवन से होता है, जैसे वृक्षों में फूल लगते हैं।

लाओत्से के जीवन में यह फूल लगा—यह ताओ उपनिषद का, ताओ तेह किंग का। यह कोई चेष्टा से नहीं हुआ। इसके लिए कोई प्रयास नहीं किया गया। इसके लिए कोई दौड़-धूप नहीं की है। यह ऐसे ही हुआ जैसे वृक्ष में फूल आ जाते हैं। यह लाओत्से की जो जीवन की ऊर्जा है, उसका सहज प्रस्फुटन है। इसके पीछे कहीं कोई कर्ता का भाव नहीं है। ऐसा हुआ, क्योंकि ऐसा लाओत्से में हो सकता था। न लाओत्से लिखना जानता है, न लाओत्से बोलना जानता है; लेकिन फिर भी यह महानतम वचनों की शृंखला उससे पैदा हुई। इसके लिए कोई भी आयोजन उसने किया नहीं। संयोगवशात ताओ तेह किंग का जन्म हुआ। हैपनिंग है, डूइंग नहीं; एक घटना है जो घटी। जिसके लिए लाओत्से भी नहीं कह सकता कि क्यों। न घटती तो कोई हर्ज न था। घट गई तो कोई सम्मान, कोई प्रतिष्ठा उसके लिए मिलनी चाहिए, ऐसी कोई आकांक्षा नहीं है।

बड़े मजे की बात है कि लाओत्से इन वचनों को बोल कर खो गया; फिर उसका पता नहीं चला। ये उसके आखिरी वचन हैं; इसके बाद वह चीन से खो गया। कोई कहता है भारत की तरफ लाओत्से आया; कोई कहता है हिमालय, या तिब्बत। लेकिन इतिहास से खो गया। इतने बहुमूल्य अमृत-वचन देकर फिर वह यह भी नहीं रुका कि कोई क्या कहेगा। किसी ने सुने, किसी ने पढ़े, किसी का जीवन रूपांतरित हुआ, कुछ हुआ लाभ या हानि, इससे भी कोई प्रयोजन नहीं था। जैसे पक्षी गीत गाते हैं, वृक्षों में फूल लगते हैं, नदियां बहती हैं, ऐसा लाओत्से में ताओ तेह किंग लगा और बहा।

जो व्यक्ति अपनी अवस्था को स्वीकार कर लेता है जैसी भी है, उसके जीवन में बहुत कुछ होगा। लेकिन उस होने से अहंकार का कोई संबंध नहीं। वह होगा स्वभाव से, वह होगा परम प्रकृति से। तब वैसा व्यक्ति यह भी कह सकता है कि परमात्मा मुझसे काम ले रहा है; वही कर रहा है। लाओत्से तो यह भी नहीं कहता, क्योंकि इसमें भी अस्मिता आ सकती है कि परमात्मा मुझसे काम ले रहा है, किसी और से काम नहीं ले रहा! लाओत्से तो कह रहा है, स्वभाव में ऐसा हो रहा है। इसमें कुछ विचारणीय नहीं है।

और अनाथ, असहाय...।

हम सब तरह से उपाय करते हैं इस बात को छिपाने का कि हम असहाय हैं। धन से, पद से, प्रतिष्ठा से चारों

तरफ एक बागुड़ लगाते हैं कि उसके भीतर हम सुरक्षित मालूम पड़ें और लगे कि हम कोई असहाय नहीं हैं, कोई अनाथ नहीं हैं। लेकिन आदमी असहाय है। मौत आएगी और हम किसी भांति उसे रोक न पाएंगे।

विलियम जेम्स एक पागलखाने को देखने गया। खुद बहुत बड़ा मनसविद। लौट कर बहुत चिंतित हो गया। और फिर कहते हैं, जीवन भर वह चिंता उसे छूटी नहीं। और चिंता इस बात की कि पागलखाने में उसने लोगों को देखा और उसे यह खयाल आया एक मित्र को देख कर, क्योंकि कल तक वह ठीक था, और कोई सोच भी नहीं सकता था कि वह पागल हो जाएगा, कल्पना भी नहीं हो सकती थी कि वह पागल हो जाएगा; बिलकुल ठीक था, और पागल हो गया, तो विलियम जेम्स को एक खयाल पकड़ गया कि अगर मैं भी कल पागल हो जाऊं तो उपाय क्या है? मैं क्या कर सकूंगा? और पक्का क्या है कि मैं कल नहीं हो जाऊंगा? क्योंकि कल यह मेरा मित्र भी ठीक था और कभी सोच भी नहीं सकता था कि पागल हो जाएगा। मैं भी कल पागल हो जा सकता हूं। मेरी सामर्थ्य क्या है? और उपाय क्या है करने का कि मैं न हो जाऊं?

जो भी किसी मनुष्य को कभी घटा है वह आपको भी घट सकता है। किसी भी मनुष्य को जो भी घटा है! रास्ते पर कोई भीख मांग रहा है तो आप यह मत सोचें कि वह उसको घटा है, आपको नहीं घट सकता। कल आप भीख मांग सकते हैं। आज सोच भी नहीं सकते। आज सोचने का कोई कारण भी नहीं है। सोचें तो भी खयाल में नहीं आएगा, क्योंकि सारी सुविधा है, सब सुरक्षा है। कोई वजह नहीं है व्यर्थ की बातें सोचने की। लेकिन यह घट सकता है। सम्राटों ने भीख मांगी है। शक्तिशाली लोग दीन-दरिद्र हो गए हैं।

रूस में लेनिन के पहले, सत्ता में आने के पहले, करेंसकी प्रधान मंत्री था। बड़ा ही शक्तिशाली आदमी था। फिर क्रांति हुई, कम्युनिस्ट क्रांति में करेंसकी खो गया। फिर लोग उसको भूल ही गए कि करेंसकी की कभी कोई ताकत थी। उन्नीस सौ साठ में पता चला कि अमरीका में वह किराने का काम करता है; एक दुकानदार है छोटा सा और किराने का काम, बेचने का काम करता है। उन्नीस सौ साठ में, उन्नीस सौ सत्रह से खोया हुआ आदमी! कोई सोच भी नहीं सकता कि लेनिन दुकान पर बैठ कर कहीं किराना बेच रहा होगा। करेंसकी एक दिन लेनिन से बड़ी ताकत का आदमी था। जब लेनिन कुछ भी नहीं था तब करेंसकी प्रधान मंत्री था। लेकिन यह हो जाता है।

जो किसी भी मनुष्य को घटा है वह आपको भी घट सकता है—कोई दुख, कोई पीड़ा, कोई आघात, पागलपन, मृत्यु, दीनता, दरिद्रता—कुछ भी, मनुष्यता को जो भी हो सकता है वह प्रत्येक मनुष्य को हो सकता है। असहाय हम बिलकुल हैं। और जब हो तो हम कुछ भी नहीं कर सकते। हमारी नाव किसी भी क्षण डूब सकती है। क्योंकि नावें रोज डूबती हैं। और एक न एक दिन तो सभी नाव को डूबना ही पड़ता है। अगर किसी तरह हम बचा भी लिए तो बचा कर पहुंचेंगे कहां? कितने ही बच कर जाएं, आखिर में मौत में पहुंच जाते हैं। सब बचाव मौत में ले जाता है। असहाय होना हमारा जीवन का अनिवार्य तत्व है।

लाओत्से कहता है, 'अनाथ, अयोग्य और अकेला होने से मनुष्य सर्वाधिक घृणा करता है।'

और यह तथ्य है। और जो तथ्य से घृणा करता है वह सत्य को कभी भी नहीं जान सकेगा।

'तो भी राजा और भूमिपति अपने को इन्हीं नामों से पुकारते हैं।'

लेकिन चीन के सम्राट अपने को इन्हीं नामों से पुकारते रहे हैं—अनाथ, अयोग्य, अकेला। किसी कारण से। इसलिए नहीं कि वे बहुत बुद्धिमान थे; बल्कि किसी कारण से। क्योंकि चीनी ज्योतिष ऐसा मानता है कि हमेशा अपने को उस जगह मानो जहां से प्रगति की संभावना हो। कभी भी पूर्णिमा का चांद अपने को मत मानो, क्योंकि उसके बाद सिवाय पतन के और कुछ भी नहीं होता। सदा दूज के चांद अपने को मानो। तो बढ़ सकते हो। इसलिए चीन के सम्राट अपने को सदा अनाथ, अयोग्य और अकेला मानते रहे हैं, ताकि बढ़ती की संभावना रहे। किसी बुद्धिमत्ता के

कारण नहीं, लेकिन एक पुरानी परंपरा के कारण। पर परंपरा बुद्धिमानों से जन्मी है। क्योंकि जिन्होंने यह कहा कि अपने को दूज के चांद की तरह समझो उन्होंने बड़ी कीमत की बात कही। उन्होंने यह कहा, ताकि तुम सदा फैल सको, सदा बढ़ सको; गुंजाइश हो, स्पेस हो, जगह हो; सिकुड़ न जाओ।

इसलिए विनम्र आदमी बढ़ सकता है; अहंकारी नहीं बढ़ सकता। वहां जगह नहीं है बढ़ने की। वह जो भी हो सकता था, जो होने की संभावना थी, वह मानता है वह है ही। जो अपने को अज्ञानी मानता है वह कभी ज्ञानी हो सकता है, लेकिन जो ज्ञानी अपने को इसी क्षण मान रहा है उसके सारे द्वार बंद हो गए। जो अपने को शून्य मानता है वह पूर्ण हो सकता है। सब द्वार खुले हैं। कहीं से भी जीवन को रोकने का कोई उसने इंतजाम नहीं किया है। जीवन सब तरफ से आए, तो उसका निमंत्रण है।

'क्योंकि चीजें कभी घटाई जाने से लाभ को प्राप्त होती हैं, और बढ़ाई जाने से हानि को। दूसरों ने इसी सूत्र की शिक्षा दी है, मैं भी वही सिखाऊंगा : हिंसक मनुष्य की मृत्यु हिंसक होती है। इसे ही मैं अपना आध्यात्मिक गुरु मानूंगा।'

लाओत्से के सभी वचन बहुत सूक्ष्म हैं; नाजुक भी। और उसके इशारे न समझे जाएं तो भूल-चूक हो सकती है। लाओत्से कहता है, वही आदमी अहिंसक है जो अपने को अकेला, अनाथ और अयोग्य मानता है। यह बड़ी अनूठी बात है; क्योंकि अहिंसक से हम सीधा इसका कोई संबंध न जोड़ेंगे। लेकिन गहरा संबंध है।

जो आदमी अपने को योग्य मानता है वह हिंसक होगा। इस घोषणा में ही कि मैं योग्य हूं, उसने हिंसा शुरू कर दी। इस घोषणा के साथ ही वह दूसरे को अयोग्य सिद्ध करने में लग जाएगा। संघर्ष शुरू हो गया। जिस आदमी ने कहा कि मैं अनाथ नहीं हूं, मैं नाथ हूं, स्वामी हूं, मालिक हूं, उसने हिंसा शुरू कर दी। इसे वह सिद्ध करेगा। मालिक होकर ही सिद्ध किया जा सकता है। दूसरे का मालिक होना ही हिंसा है, क्योंकि दूसरे को मिटाए बिना कोई भी मालिक नहीं हो सकता। स्वामी बनने की चेष्टा विध्वंसक है; दूसरे को नष्ट करना ही पड़ेगा, तोड़ना ही पड़ेगा; अंग-भंग करने पड़ेंगे। दूसरे की स्वतंत्रता छीन लेनी पड़ेगी। और दूसरे के व्यक्तित्व को नष्ट करके एक वस्तु बना देना होगा। तभी कोई स्वामी हो सकता है।

हम सभी इसी कोशिश में लगे होते हैं कि हमारा स्वामित्व का दायरा बड़ा हो जाए। उसका मतलब, हमारी हिंसा का दायरा बड़ा हो जाए। हम ज्यादा लोगों को काट-पीट सकें, ज्यादा लोग हमारी मुट्ठी में हों कि जब भी हम हाथ दबाएं, उनको हम खत्म कर सकें।

मुल्ला नसरुद्दीन को उसके सम्राट ने बुलाया था। खबर पहुंची सम्राट तक कि वह बहुत बुद्धिमान है, नसरुद्दीन बुद्धिमान है। सम्राट ने कहा कि बुलाओ; तलवार सब बुद्धिमानियों को नष्ट कर सकती है। वह तलवार का भरोसा ही था उसे। वह नंगी तलवार लेकर बैठा। नसरुद्दीन लाया गया। उस सम्राट ने नसरुद्दीन से कहा कि तुम एक वक्तव्य दे सकते हो, एक वचन, एक वाक्य बोल सकते हो। और सुना है मैंने कि तुम बुद्धिमान हो। तो एक वचन बोलो! अगर वचन सत्य हुआ तो तुम्हें तलवार से काटा जाएगा, और अगर वचन झूठ हुआ तो तुम्हें सूली पर लटकाया जाएगा। और एक वचन बोलने की तुम्हें आज्ञा है। और सुना है मैंने कि तुम बुद्धिमान हो। सूली उसने तैयार करवा रखी थी; नंगी तलवार लिए आदमी सामने खड़ा था।

नसरुद्दीन ने जो वचन कहा वह बहुत अदभुत है। नसरुद्दीन ने कहा, आई एम गोइंग टु बी हैंग्ड; मुझे सूली होने वाली है। सम्राट को मुसीबत में डाल दिया। क्योंकि उसने कहा था, अगर तू सच बोले तो तुझे तलवार से काटा जाएगा; अगर तू झूठ बोले तो तुझे सूली लगाई जाएगी। अब वह कहता है, मुझे सूली लगाई जाने वाली है। अगर उसको तलवार से काटा जाए तो वह सच बोला था, और अगर उसे सूली लगाई जाए तो सूली तभी लगाई जा सकती

है जब वह झूठ बोला हो। सम्राट ने कहा कि तुमने मुझे मुसीबत में डाल दिया। और मैं तो सिर्फ एक ही बात जानता हूं; हिंसा और तलवार के सिवाय मैं कुछ नहीं जानता। लेकिन तुम चालाक हो, तुम निश्चित बुद्धिमान हो।

हमारी बुद्धिमानी भी सिर्फ दूसरों की हिंसा से बचने में लगती है। दो ही तरह के लोग हैं। एक वे, जिनकी सारी शक्ति हिंसा करने में लग रही है; और दूसरे, जिनकी बुद्धिमानी अपने को बचाने में लग रही है। बाकी सारा खेल हिंसा का है। या तो हम हिंसा करने वालों में लगे हुए हैं, साथ हैं, और या फिर हिंसा से बचने की कोशिश में लगे हुए हैं। मगर सारा जीवन या तो हम स्वामी बनना चाहते हैं, या कोई हमें गुलाम न बना ले, इसकी फिक्र में हैं। पर दोनों हालत में हमारा संदर्भ सदा हिंसा है।

लाओत्से कहता है, जो अपने को अनाथ, अयोग्य और अकेला मान लेता है वह हिंसा से मुक्त हो जाता है। ऐसा व्यक्ति न तो दूसरे की मालकियत बनने की फिक्र में लगता है और न अपने को बचाने की फिक्र में लगता है। क्योंकि वह जानता है, बचने का कोई उपाय ही नहीं। मौत आएगी ही। न वह किसी को मारने जाता है, क्योंकि मौत सभी को मार डालेगी, उसके काम को बीच में करने की कोई जरूरत नहीं है; और न वह अपने को बचाने की बहुत चिंता में लगता है, क्योंकि मौत यह काम भी कर देगी। अहिंसा का जन्म तभी होता है जीवन में जब न तो हम किसी को गुलाम बनाना चाहते हैं और न हम किसी के गुलाम बनना चाहते हैं, न गुलाम बनने से बचना चाहते हैं। हम हिंसा की भाषा में सोचते ही नहीं। और जो व्यक्ति भी अनाथ, अयोग्य और अकेला मानने को राजी हो जाए वह एक सूक्ष्म द्वार से जैसे हिंसा के जगत के बाहर हो जाता है।

इसका यह मतलब नहीं कि हम उसे नहीं मार डाल सकते; हम उसे मार डाल सकते हैं। लेकिन फिर भी हम उसे छू नहीं सकते। हम उसकी गर्दन काट सकते हैं, लेकिन फिर भी हम उसे नहीं काट सकते। गर्दन कटते क्षण में भी उसे हम चोट नहीं पहुंचा सकते, क्योंकि उसने इसे स्वीकार ही कर लिया था कि यह जीवन का अनिवार्य अंग है मृत्यु। वह कैसे घटती है यह गौण है। घटना उसका अनिवार्य है। वह सुनिश्चित है।

'दूसरों ने भी इसी सूत्र की शिक्षा दी है, मैं भी वही सिखाऊंगा : हिंसक मनुष्य की मृत्यु हिंसक होती है।'

इस सूत्र में बहुत सी बातें हैं। जो दूसरों का मालिक बनना चाहता है वह आखिर में पाता है कि दूसरे उसके मालिक बन गए। जो किसी को गुलाम बनाता है, वह उसका गुलाम बन जाता है। जो हम दूसरों के साथ करते हैं, उसका ही प्रतिफल हम पर लौट आता है।

यही होगा भी। जीवन का सीधा नियम है। हम जो जीवन की तरफ फेंकते हैं वही जीवन हमें लौटा देता है। जो भी हमें मिलता है वह हमारा ही दिया हुआ है जो जीवन के हाथों वापस आया, चाहे समय कितना ही लगा हो और हम भूल भी गए हों कि हमने ही दिया था। जब कोई गाली आपके पास आती है तो शायद आपको याद भी न हो, क्योंकि हो सकता है बड़ा समय बीत गया हो, जन्म-जन्म बीत गए हों। लेकिन जो दिया है वही वापस लौट आता है। हम हिंसा करते हैं, हिंसा हमारे ऊपर चारों तरफ से बरस जाती है।

'हिंसक मनुष्य की मृत्यु हिंसक होती है।'

जो हम बोते हैं उससे अन्यथा काटने का उपाय नहीं है। और अगर हम हिंसा काट रहे हों, हमारे ऊपर हिंसा बरस रही हो, तो उसका अर्थ है कि उसे भी हम चुपचाप स्वीकार कर लें कि वह हमारा पिछला हिसाब है जो साफ हुआ जा रहा है। लेकिन प्रतिकार न करें। प्रतिकार फिर नए बीज बो देता है, और शृंखला का कोई अंत नहीं आता।

'इसे ही मैं अपना आध्यात्मिक गुरु मानूंगा।'

लाओत्से कह रहा है, यह सूत्र मार्ग-निर्देशक है। तुम न किसी के मालिक बनना, न तुम किसी से अपने को योग्य सिद्ध करना, न तुम अपने को इस भुलावे में डालना कि दूसरे का संग-साथ हो सकता है। तब तुम अचानक

पाओगे कि तुम्हारे जीवन से हिंसा विसर्जित हो गई। और जैसे ही हिंसा विसर्जित होती है वैसे ही तुम्हारी आंखें धुएं से मुक्त हो जाती हैं और वह जो सत्य चारों तरफ छिपा है वह दिखाई पड़ना शुरू हो जाता है।

लेकिन सिद्धांतों को तो हम सिर का बोझ बना लेते हैं। जीसस भी यही कहते हैं कि जो तलवार उठाएगा वह तलवार से ही काटा जाएगा। महावीर यही कहते हैं, बुद्ध यही कहते हैं। लेकिन सिद्धांत तो शास्त्र बन जाते हैं; फिर उनको हम कंधों पर रख लेते हैं; फिर हम उन्हें ढोने लगते हैं। फिर हम भूल जाते हैं कि उनकी कोई उपयोगिता है, वे कंधों पर रख कर ढोने के लिए नहीं हैं। कभी-कभी हम उन्हें अध्ययन भी करते हैं।

सुना है मैंने कि मुल्ला नसरुद्दीन जब छोटा था, तो उसकी मां ने एक दिन उसे कहा कि बेटा, मैं थोड़ा नदी तक जाती हूं, तू जरा दरवाजे पर ध्यान रखना। नसरुद्दीन बैठा रहा। आधा घंटा, घंटा, फिर बेचैनी उसे शुरू हो गई। आखिर कब तक वह दरवाजे पर ध्यान रखे? चला-फिरा, दरवाजे का चक्कर भी लगाया, बाहर-भीतर गया। लेकिन ध्यान दरवाजे पर रखना था, एक सिद्धांत की बात मां कह गई थी। आखिर बेचैनी बढ़ गई। दो घंटे पूरे होने लगे। तो झोपड़ा तो था; उसने दरवाजे को हिला कर निकाल लिया, कंधे पर रखा और बाजार की तरफ चल दिया। उधर से मां लौटती थी नदी के किनारे, उसने कहा कि नसरुद्दीन, यह तू क्या कर रहा है? मैंने तुझसे कहा था दरवाजे पर ध्यान रखना! उसने कहा, कब तक ध्यान रखते? मैंने सोचा, दरवाजा साथ ही रखो। ध्यान रखने की कोई जरूरत ही नहीं। और जहां जाओ दरवाजा साथ ही रहेगा, फिक्र भी कुछ नहीं है। ध्यान रखे हुए हूं।

वह मकान और असुरक्षित हो गया।

हम भी मार्ग-निर्देशक सूत्रों पर ध्यान रखे हुए हैं। हम सबको पता है कि क्या ठीक है। पर वह हमारे कंधे पर बंधा है। उसमें हमारे जीवन का कोई संबंध नहीं है। और जीवन में हम पूरी चेष्टा यही कर रहे हैं जो कहा गया है कि मत करना। फिर हम दुख पा रहे हैं। मेरे पास लोग आते हैं। वे कहते हैं कि हम जीवन में सब अच्छा कर रहे हैं, फिर भी हम दुख पा रहे हैं।

यह नहीं हो सकता। उसका मतलब ही इतना है कि वे अच्छा सोच रहे हैं। कर तो वे जो रहे हैं वह गलत ही है। या वे गलत की भी व्याख्या ऐसी कर रहे हैं कि उनके शास्त्र से मेल खा जाती है, लेकिन वे कर तो गलत ही रहे हैं। अब यह हो सकता है कि आप राजनीतिज्ञ बन कर लोगों के मालिक न बनें, यह हो सकता है धन इकट्ठा करके लोगों के मालिक न बनें, आप गुरु हो जाएं और लोगों की गर्दन जकड़ लें। तो एक ही बात है। और गुरु जिस बुरी तरह गर्दन पकड़ सकता है, कोई भी नहीं पकड़ सकता। गुरु से बचने का उपाय नहीं। क्योंकि आप हमेशा गलत हैं, वह हमेशा ठीक है।

और कुछ लोग सिर्फ इसीलिए ठीक रह सकते हैं कि वह आपको गलत करने का मजा ठीक रहने में ही छिपा हुआ है। आपका गुरु बिलकुल नियम के अनुसार चल सकता है, सिर्फ इसलिए कि उसको आपको भी नियम के अनुसार चलाने का मजा लेना है। बहुत से गुरु विदा हो जाएं अगर उनके शिष्य चले जाएं। उनके सब नियम टूट जाएं, क्योंकि नियमों का केवल एक रस था कि उनके माध्यम से मालकियत मिलती थी।

आप तीन बजे रात उठ सकते हैं अगर हजार आदमियों को आपको तीन बजे रात उठाने का मजा लेना हो। और तब आपको बिलकुल कष्ट नहीं होगा। तीन बजे आप इतने मजे से उठ आएंगे जिसका हिसाब नहीं। और लोग शायद यही सोचेंगे कि आप ब्रह्ममुहूर्त में उठने का मजा ले रहे हैं। लेकिन मन बहुत अदभुत है, वह एक हजार आदमियों को सताने का मजा ले रहा है कि उनको, तीन बजे रात उनको भी उठना पड़ेगा।

आप रास्ते निकाल सकते हैं बुरा करने के इस भांति कि वे अच्छे मालूम हों। लेकिन आदमी की बड़ी गहरी तलाश अहंकार की पूर्ति की ही बनी रहती है, दूसरे को नीचा दिखाने की बनी रहती है। वह कैसे नीचा दिखाता है,

यह बात दूसरी है। धन से नीचा दिखाता है, पद से, कि ज्ञान से, यह बात दूसरी है, कि त्याग से। मगर दूसरे को नीचा दिखाने का जो रस है, वह कायम बना रहता है। और जब तक वह न मिट जाए तब तक जीवन से हिंसा का कोई अंत नहीं है।

'हिंसक मनुष्य की मृत्यु हिंसा से होती है। इसे ही मैं अपना आध्यात्मिक गुरु मानता हूं।'

इस सूत्र को ही, लाओत्से कहता है, अगर कोई व्यक्ति ठीक से जीवन में उतार ले तो कुछ और उतारने की जरूरत न रह जाएगी। यह सूत्र काफी गुरु है।

आज इतना ही।

अस्सीवां प्रवचन

# कठिनतम पर कोमलतम सदा जीतता है

## Chapter 43

# THE SOFTEST SUBSTANCE

*The softest substance of the world,*
*Goes through the hardest.*
*That-which-is-without-from penetrates that-which-has-no-crevice;*
*Through this I know the benefit of taking no action.*
*The teaching without words*
*And the benefit of taking no action*
*Are without compare in the universe.*

## अध्याय 43

# कोमलतम तत्व

*संसार का कोमलतम तत्व*
*कठिनतम के भीतर से गुजर जाता है।*
*और जो रूपरहित है, वह उसमें प्रवेश कर जाता है,*
*जो दरारहीन है;*
*इसके जरिए मैं जानता हूं कि अक्रियता का क्या लाभ है।*
*शब्दों के बिना उपदेश करना,*
*और अक्रियता का जो लाभ है,*
*वे ब्रह्मांड में अतुलनीय हैं।*

लाओत्से की दृष्टि में शक्ति वास्तविक शक्ति नहीं, शून्य ही वास्तविक शक्ति है। और कर्म से जो किया जाता है वह क्षणभंगुर है; और अकर्म से जो पाया जाता है वही शाश्वत और सनातन है। जिसे करके पाना पड़े उसे पाने का कोई मूल्य नहीं; जो बिना किए ही उपलब्ध हो जाए उसकी ही कोई सार्थकता है। प्रयास से जहां पहुंचा जाता है वह स्थान संसार के बाहर नहीं; और अप्रयास, शून्यता में जहां डूबना हो जाता है वही मोक्ष है।

लाओत्से की इस बड़ी मूल्यवान धारणा को बहुत पहलुओं से समझना जरूरी है। और इसलिए भी बहुत कठिन है समझना, क्योंकि हमारे मन और हमारी विचार की पद्धति से यह बिलकुल विपरीत है।

हम तो सोचते हैं कि शक्तिशाली ही शक्तिशाली है। लेकिन लाओत्से कहता है कि कोमल उसे तोड़ देता है जो कठोर है, और शून्य वहां भी प्रवेश कर जाता है जहां प्रवेश के लिए कोई द्वार नहीं, रंध्र नहीं, दरार नहीं।

हम भी इससे परिचित हैं। शायद सचेतन नहीं। जल-प्रपात गिरता है। जल से ज्यादा कोमल और कोई तत्व नहीं। कठोर से कठोर पत्थर की चट्टानें धीरे-धीरे टूट कर रेत बन जाती हैं। पत्थर हार जाता है पानी से।

लाओत्से कहता है कि जल शक्तिशाली तो बिलकुल नहीं है। जल से ज्यादा निर्बल और क्या होगा? कठोर तो जरा भी नहीं है जल। जैसा चाहें वैसा झुक जाएगा, जैसा चाहें वैसा ढल जाएगा। अपनी तरफ से कोई प्रतिरोध जल का नहीं है। उसकी अपनी कोई आकृति-रूप नहीं है। जैसी आकृति दें वैसी आकृति ले लेगा। जरा भी प्रतिरोध, रेसिस्टेंस जल में नहीं है। और एक पत्थर है, जो सब तरह से प्रतिरोधक है; जिसे ढालना मुश्किल, जिसे तोड़ना मुश्किल, जिसे बदलना मुश्किल; जिसका आकार सुनिश्चित है। लेकिन जब पानी और पत्थर की टक्कर होती है तो प्रारंभ में भला पानी हारता हुआ दिखाई पड़े, लंबे अरसे में पत्थर हार जाता है और पानी जीत जाता है। बड़े से बड़े पहाड़ को काट देता है; रेत हो जाता है पहाड़ और पानी अपना मार्ग बना लेता है। यह तो प्रतीक है। जीवन की गहराई में भी ऐसा ही है। कठोर हृदय और प्रेमपूर्ण हृदय में अगर टक्कर हो तो प्रथम तो दिखाई पड़ेगा कि कठोर हृदय जीत रहा है, लेकिन लंबे अरसे में प्रेमपूर्ण हृदय जीत जाएगा और कठोर बह जाएगा, टूट जाएगा। प्रेम जल जैसा है। ऊपर से दिखाई पड़ता है कि अगर स्त्री और पुरुष में संघर्ष हो तो पुरुष जीतेगा, लेकिन लंबे अरसे में स्त्री ही जीत जाती है। पुरुष शक्तिशाली दिखाई पड़ता है, कठोर मालूम होता है, प्रतिरोधक है। लेकिन कठोर से कठोर, शक्तिशाली से शक्तिशाली पुरुष को कमजोर से कमजोर स्त्री का प्रेम झुका लेता है। प्रेम जल जैसा है।

जीवन के सब पहलुओं में लाओत्से पक्षपाती है कमजोर का। इसलिए नहीं कि वह कमजोर है। क्योंकि लाओत्से कहता है कि जीवन की बुद्धिमत्ता यह कहती है कि कमजोर लंबे अरसे में शक्तिशाली सिद्ध होता है, और शक्तिशाली शुरू में तो शक्तिशाली मालूम पड़ता है, पीछे टूटता है और बह जाता है।

जोर का तूफान चलता है तो बड़े वृक्ष टूट कर गिर जाते हैं; छोटे घास के पौधे झुकते हैं, तूफान भी उन्हें तोड़ नहीं पाता। तूफान चला जाता है, घास के पौधे फिर खड़े हो जाते हैं। तूफान उन्हें और ताजा कर जाता है, और जीवन दे जाता है। उनकी धूल, उनका अतीत झाड़ देता है। वे और प्राणवंत हो जाते हैं। तूफान उनकी मृत्यु नहीं बनता, उन्हें जीवनदायी होता है। लेकिन बड़े वृक्ष, जो अकड़ कर खड़े रहते हैं, जो शक्तिशाली हैं, जो तूफान से लड़ने की हिम्मत जुटाते हैं, उनकी जड़ें उखड़ जाती हैं। तूफान उन्हें एक बार गिरा देता है तो फिर उनके उठने का कोई उपाय नहीं। शक्तिशाली गिर जाए तो उठ नहीं सकता; उसकी शक्ति ही इतनी बोझिल हो जाती है। निर्बल—निर्बल कभी गिरता नहीं, झुकता है। झुकना उसकी कला है। और झुकने में ही उसकी शक्ति का राज है।

जीसस के बड़े प्रसिद्ध वचन हैं और ईसाइयत के पास उन्हें खोलने का पूरा-पूरा राज नहीं। लाओत्से में कुंजी है जीसस की। जीसस के वचन हैं: धन्य हैं वे जो कमजोर हैं, क्योंकि वे ही पृथ्वी के राज्य के मालिक होंगे। धन्य हैं वे जो विनम्र हैं, क्योंकि अंतिम विजय उनकी ही होगी।

लेकिन हमारे देखने में—हमारी दृष्टि इतनी दूरगामी नहीं—जो प्रथम है वही हमें दिखाई पड़ता है। पानी गिरता है पर्वत से; पत्थर अडिग खड़ा रहता है, पानी छितर-बितर हो जाता है; पत्थर की विजय दिखाई पड़ती है। लेकिन लंबे अरसे में, समय की लंबी धारा में—और जीवन महान है, जीवन विराट है, अंतहीन! इसमें प्रथम का कोई मूल्य नहीं, अंतिम का ही मूल्य है। यह धारा तो शाश्वत है। कल भी थे आप, परसों भी थे आप। ऐसा कभी कोई क्षण न था जब आप न थे। और ऐसा भी कोई क्षण कभी नहीं होगा जब आप न होंगे। इस अनंत धारा में प्रथम को ही जो जीवन का आधार बना लेता है वह भूल में पड़ जाता है। शक्तिशाली प्रथम जीतता हुआ मालूम पड़ता है, लेकिन इस समय की अनंत धारा में उसकी कहीं कोई जीत नहीं है।

दूरगामी दृष्टि हो तो लाओत्से समझ में आएगा। पर हमारी आंखें बहुत कमजोर हैं और निकट ही देख पाती हैं, दूर नहीं देख पातीं। जीवन में, प्रत्येक को अपने जीवन में खोजना चाहिए कि जो चीज भी प्रथम क्षण में जीतती हुई मालूम पड़ती हो, उससे सावधान रहना। उसका अर्थ है कि लंबे अरसे में वह हार सिद्ध होगी। और जो चीज प्राथमिक क्षण में जीतती हुई न मालूम पड़ती हो, उसके संबंध में बार-बार सोचना। लंबे अरसे में उसकी विजय सुनिश्चित है। चूंकि हम देख नहीं पाते, दूसरा अंतिम छोर हमें दिखाई नहीं पड़ता, इसलिए हम प्रथम की भूल में पड़ जाते हैं।

इसे हम ऐसा भी समझें। निरंतर मैं कहता रहा हूं कि जहां सुख का पहला अनुभव होता है वहां पीछे अंत में दुख उपलब्ध होता है। जहां पहले ही लगता है कि सुख, वहां थोड़ा सावधान हो जाना जरूरी है; पीछे दुख छिपा है। और जहां पहले दुख मालूम पड़ता है वहां से शीघ्र भाग जाना उचित नहीं, क्योंकि वहां सुख की संभावना हो सकती है। तपश्चर्या का इतना ही अर्थ है, दुख को भी इसलिए स्वीकार कर लेना कि उसके पीछे सुख की संभावना हो सकती है। त्याग का इतना ही अर्थ है कि उस सुख को अस्वीकार कर देना जिसके पीछे अनंत दुख छिपा हो।

लेकिन जिनके पास आंखें कमजोर हैं और जिन्हें सिर्फ एक कदम ही दिखाई पड़ता है वे सदा ही भ्रांति में जीएंगे। वे उस सुख को पकड़ लेंगे जो केवल दुख का बुलावा है। वे उस दुख को छोड़ देंगे, भाग जाएंगे, जहां सुख की संपदा छिपी थी। वे उस विजय के लिए राजी हो जाएंगे जो क्षणभंगुर है, और फिर सदा के लिए पराजय का अनुभव करेंगे। और वे उस पराजय से भाग खड़े होंगे जिसके पीछे विजय की यात्रा का पथ शुरू होता था।

जीवन इतना सरल नहीं है, जीवन जटिल है। और जैसा कि लाओत्से की धारणा के आधार-स्तंभों में एक है कि हर चीज अपने विपरीत से जुड़ी है। तो जहां सुख है प्रथम में, वहां अंत में दुख होगा। और प्रथम तो क्षण भर में मिट जाएगा और अंत बहुत लंबा है। जहां विजय है प्रारंभ में, वहां अंत में पराजय होगी। हिटलर, सिकंदर, तैमूर,

चंगीज उसी भ्रांति में हैं—शक्ति की भ्रांति! लाओत्से, बुद्ध और जीसस उस भ्रांति से पार हैं। उन्होंने उस गहन सूत्र को पकड़ लिया जो शांति में शक्ति को देखता है, शक्ति में नहीं। उन्होंने निर्बल होने की कला सीख ली। उन्होंने मजबूत वृक्ष की तरह तूफान से लड़ना नहीं चाहा; वे कोमल घास के पौधे की भांति झुक गए। और इस झुकने में उन्होंने तूफान को हरा दिया।

ये सूत्र उलटे मालूम पड़ेंगे, लेकिन इसे सूत्रबद्ध कर लेना जरूरी है। जो लड़ेगा वह हारेगा; और जो हारने को राजी है उसे हराने का कोई भी उपाय नहीं। जो अकड़ेगा वह टूटेगा; जो सहजता से झुक जाता है उसे कोई भी तोड़ नहीं सकता। लेकिन हमारी सारी शिक्षा, समाज, संस्कृति अकड़ना सिखाती है। परिणाम है कि हम सब टूटे हुए हैं; हम सब खंडहरों की भांति हैं। हम सिर्फ अस्थिपंजर हैं—हारे हुए, थके हुए, टूटे हुए। हर आदमी की जिंदगी एक उदास कहानी है। और हर आदमी से अंत में पूछें तो वह कहेगा, सिर्फ थक गया हूं, टूट गया हूं, कुछ पाया नहीं। मगर कोई नहीं पूछता कि इसमें भ्रांति कहां हो गई?

इसमें भ्रांति वहीं हो गई जहां हमने जीतना सिखाया; लड़ना सिखाया; शक्ति की धारणा दे दी। हम शक्ति को पूजते हैं। हमने शक्ति की प्रतिमाएं बना रखी हैं; शक्ति के भक्त हैं। और सब तरफ हमारी पूजा शक्ति की है। जहां भी शक्ति हो वहां हमारा सिर झुकता है। क्योंकि वही हमारी आकांक्षा है। और शक्ति की इतनी पूजा के बाद भी हम पहुंचते कहां हैं? कोई विजय नहीं। लाओत्से सूत्र दे रहा है विजय का।

'संसार का कोमलतम तत्व कठिनतम के भीतर से गुजर जाता है। और जो रूपरहित है वह उसमें प्रवेश कर जाता है जो दरारहीन है। इसके जरिए मैं जानता हूं कि अक्रियता का लाभ क्या है। शब्दों के बिना उपदेश और अक्रियता का जो लाभ है वह इस पूरे ब्रह्मांड में अतुलनीय है।'

एक तो उपदेश है जो शब्द से दिया जा सके। लेकिन शब्द से जो भी दिया जा सकता है वह बहुत मूल्यवान नहीं है। उसका ज्यादा से ज्यादा मूल्य इतना ही हो सकता है कि वह आपको निशब्द में ले जाने के लिए इंगित करे, इशारा करे चुप हो जाने के लिए। यह बड़ी उलटी बात है। शब्द का इतना ही मूल्य है कि आपको निशब्द में ले जाए, और बोलने की इतनी ही सार्थकता है कि आपको मौन होने के लिए राजी कर ले। इससे ज्यादा शब्द का कोई मूल्य नहीं है। लेकिन शब्द ही अगर आपको पकड़ जाए और निशब्द में न ले जाए, और वाणी से ही आप सम्मोहित हो जाएं, शास्त्र ही आपके सिर पर बैठ जाए, निर्विचार और मौन में जाने का रास्ता उससे न खुले, तो शब्द आपका शत्रु सिद्ध हुआ। इस जगत में बहुत कम लोग हैं जो शब्द को मित्र बना पाते हैं। अधिक लोगों के लिए शब्द शत्रु सिद्ध होता है, और उनके हाथ में राख ही रहती है।

मैंने सुना है कि अपनी वृद्धावस्था में मुल्ला नसरुद्दीन को गांव का जे पी, जस्टिस ऑफ पीस बना दिया गया। वह न्यायाधीश हो गया। और एक दिन उसकी अदालत में एक मामला आया। एक लकड़हारे ने—जो रोज जंगल से लकड़ियां काटता था और गांव में बेचता था—आकर नसरुद्दीन को कहा कि मैं बड़ी मुसीबत में पड़ गया हूं।

उसके साथ एक और आदमी भी था जो बड़ा शक्तिशाली मालूम पड़ता था और खूंखार भी मालूम पड़ता था। उस लकड़हारे ने कहा कि मैं कल दिन भर जंगल में लकड़ियां काटा हूं। और यह जो आदमी है, यह सिर्फ एक चट्टान पर, मैं जहां लकड़ियां काट रहा था, वहां बैठा रहा। और जब भी मैं कुल्हाड़ी मारता था वृक्ष में तो यह जोर से कहता था—हूं! जैसा कि मारने वाले को कहना चाहिए। और अब यह कहता है कि आधे दाम मेरे हैं, क्योंकि आधा काम मैंने किया है। लकड़हारे ने कहा कि यह बात सच है कि यह रहा पूरे दिन वहां और जितनी बार भी मैंने कुल्हाड़ी वृक्ष पर मारी इसने जोर से हूं कहा।

नसरुद्दीन ने कहा कि रुपए कहां हैं जो लकड़ी बेचने से मिले? उस लकड़हारे ने रुपए नसरुद्दीन के हाथ में दे

दिए। उसने एक-एक रुपया जोर से फर्श पर गिराया—आवाज, खन्न की आवाज, फिर खन्न की आवाज। और एक-एक रुपए को गिरा कर वह लकड़हारे को देता गया। जब सारे रुपए दे दिए तो उसने उस आदमी से कहा कि तुम्हारा पुरस्कार तुम्हें मिल गया; तुमने हूं की थी, खन्न की आवाज तुमने सुन ली; संपत्ति आधी-आधी बांट दी गई।

शास्त्र को ही जो सब समझ कर बैठ रहेंगे, आखिर में उन्हें शब्द से ज्यादा कुछ भी मिल सकता नहीं। और रुपए की आवाज से कोई रुपया नहीं मिलता है। सत्य की आवाज से भी सत्य नहीं मिलता है।

उपदेश शब्द से दिया जा सकता है, लेकिन उपदेश शब्द के लिए कभी नहीं दिया जाता; दिया तो जाता है निशब्द के लिए। लेकिन चूंकि हम निशब्द को नहीं समझ पाते और मौन को समझना बहुत कठिन है, इसलिए शब्द का ही उपयोग करना होता है। लेकिन लाओत्से कहता है कि ऐसा भी उपदेश है जो मौन में दिया जाता है, और वही उपदेश हृदय को बदलता है। लेकिन मौन की भाषा समझ में आए, तभी वह उपदेश दिया जा सकता है।

जैसे भाषाएं हैं—अब मैं हिंदी बोल रहा हूं; आपको हिंदी समझ में आती हो तो ही मैं जो बोल रहा हूं वह समझ में आ पाएगा। अगर मैं चीनी भाषा बोल रहा हूं और आपको समझ में नहीं आती, तो बात समाप्त हो गई। जैसे भाषाएं हैं शब्द की, वैसे ही मौन की भाषा भी सीखनी पड़ती है। मौन की भाषा परम भाषा है। और जब तक हम उस भाषा को, उस संवाद को न सीख लें, तब तक कोई लाओत्से, कोई बुद्ध, कोई जीसस देना भी चाहे संदेश, तो भी मौन में नहीं दे सकता। इसलिए लाओत्से को भी बोलना पड़ा। लेकिन वह दुखी है।

सभी जानने वाले बोलने के कारण दुखी हैं। क्योंकि उन्हें पूरा पता है, साफ है, कि जो वे बोल रहे हैं इससे कुछ हल होने का नहीं है। और डर यह भी है कि जो वे बोल रहे हैं वह कहीं लोगों के लिए शत्रु सिद्ध न हो जाए। खतरे बहुत हैं। शब्द मनोरंजन बन सकता है। और तब शब्द सुनने का एक नशा, एक व्यसन हो जा सकता है। शब्द मूर्च्छा बन सकता है। और शब्द एक तरह की मतांधता पैदा कर सकता है। और शब्द ज्ञान की भ्रांति दे सकता है। शब्द खतरनाक है। बिना जाने ऐसा लग सकता है कि मैं जानता हूं। शब्दों से सिर भर जाए तो भी आपका हृदय तो रिक्त ही रह जाता है। यह भरापन कहीं कोई समझ ले कि मेरी आत्मा का भरापन हो गया, तो भटकाव शुरू हो गया।

तो जानने वाले डरते रहे हैं बोलने से। बोलना पड़ा है। बोलना पड़ा है आपकी वजह से। क्योंकि न बोले भी कहा जा सकता है, लेकिन उसके लिए फिर आपको तैयार होना पड़ेगा। न बोले की अवस्था आपके भीतर हो, मौन आपके भीतर हो, तो गुरु मौन से भी कह दे सकता है। और जो मौन से कहा जाता है वही आपके प्राणों के प्राण तक प्रवेश करता है। शब्द कानों पर चोट कर पाते हैं, मस्तिष्क के तंतुओं को हिला जाते हैं, लेकिन जीवन की वीणा अछूती रह जाती है। जीवन की वीणा तो सिर्फ मौन से ही स्पर्शित होती है। जो भी कहने योग्य है वह मौन से कहा जा सकता है।

यह क्यों मौन पर जोर दे रहा है? लाओत्से का जोर सदा इस बात पर है कि जो सूक्ष्म है वही शक्तिशाली है। शब्द तो स्थूल हैं, वे सूक्ष्म नहीं; मौन सूक्ष्म है। और आप उस गहन सूक्ष्मता में हैं—आपका अस्तित्व, आपकी आत्मा—जहां तक कोई स्थूल पहुंच नहीं पाएगा। उस आत्मा में पहुंचने के लिए कोई द्वार भी तो नहीं है। द्वार होता तो स्थूल भी पहुंच जाता। वहां कोई दरार भी नहीं है। आपके बीइंग में, आपके अस्तित्व में कोई दरार भी नहीं है।

पश्चिम में एक बहुत बड़ा विचारक हुआ, लीबनित्स। लीबनित्स ने एक खयाल दिया है, वह समझने जैसा है। लीबनित्स कहता है कि हर आदमी द्वाररहित एक बंद मोनोड है। मोनोड उसका शब्द है। मोनोड का अर्थ है, जिसमें कोई खिड़की-दरवाजा नहीं, ऐसी एक बंद चीज। और इस बंद मोनोड में कोई प्रवेश नहीं हो सकता। आपके आस-पास कोई घूम सकता है, आपके भीतर प्रवेश नहीं कर सकता। आप भी दूसरे लोगों के आस-पास घूम सकते हैं, लेकिन भीतर प्रवेश नहीं कर सकते।

उसकी बात में थोड़ी सचाई है। आप मोनोड हैं, एक बंद, जहां पहुंचने का कोई उपाय नहीं है। सब उपाय बस बाहर ही टटोल कर समाप्त हो जाते हैं।

लेकिन लाओत्से कहता है कि जहां कोई दरार भी नहीं है, ऐसे अस्तित्व में भी पहुंचना हो सकता है। पर जहां कोई दरार नहीं, ऐसे अस्तित्व में पहुंचना हो तो फिर स्थूल माध्यम काम के नहीं हैं। वहां शब्द नहीं पहुंच सकता। मैं कितना ही पुकारूं, वह पुकार आप तक नहीं पहुंच सकती। सब पुकार आपके बाहर ही गिर जाएगी। लेकिन अगर मैं शून्य में पुकारूं, अगर मौन में पुकारूं, कोई शब्द न हो, सिर्फ पुकार हो मेरे प्राण की, तो आपके भीतर प्रवेश हो सकता है।

एक तो हम परिचित हैं जगत से; वहां भी हम अगर देखें तो सूक्ष्म प्रवेश कर जाता है। स्थूल, जितना स्थूल हो, उतना ही किसी दूसरी चीज में प्रवेश मुश्किल होता है। मनुष्य के अंतर-जगत में भी यही सच है। अगर हम कुछ करें तो भीतर तक करना नहीं पहुंचता।

अगर बुद्ध जैसे व्यक्ति दूसरे लोगों के भीतर प्रवेश कर सके तो इस करने में उनका कुछ भी करने जैसा नहीं था। बुद्ध बैठे हैं मौन; सिर्फ हैं। उस अवस्था में, अगर आप ग्राहक हों, राजी हों, स्वीकार करते हों, श्रद्धावान हों, और आपके भीतर मन की चहल-पहल न हो, तो बुद्ध आप में प्रवेश कर जाएंगे। इस प्रवेश करने में वे कुछ करेंगे नहीं; कोई कृत्य नहीं होगा। उन्हें कुछ करना नहीं होगा। क्योंकि करना तो बहुत गहरे नहीं जा सकता। वे न करने की अवस्था में ही रहेंगे। अगर आप भी चुप हो जाएं और न करने की अवस्था में आ जाएं तो इन दोनों अस्तित्वों का मिलन हो जाए। करना सब ऊपर-ऊपर है। भीतर का गहरा अस्तित्व तो अक्रिया है, इन-एक्टिविटी है।

गुरु शिष्य में प्रवेश करता है। भाषा की भूल है, क्योंकि कहना पड़ता है, प्रवेश करता है। लगता है कि कुछ करना पड़ता होगा। ज्यादा उचित हो कहना कि गुरु, जब भी कोई शिष्यत्व के लिए राजी होता है, तो प्रविष्ट होता है; करता नहीं है। बह जाता है सहज; उस बहने में कहीं भी कोई क्रिया नहीं है। और जितनी कम क्रिया होगी उतने गहरे जाएगा। अगर बिलकुल क्रिया न होगी तो अंतस्तल के आखिरी छोर को भी छू लेगा।

'संसार का कोमलतम तत्व कठिनतम के भीतर से गुजर जाता है।'

और संसार में कोमलतम क्या है? आपके अनुभव में क्या है कोमलतम? उस कोमलतम तत्व को ही बढ़ाए जाना है। इसके अतिरिक्त और कोई साधना नहीं है। कठोर को छोड़ना है, क्योंकि वह स्थूल है। क्रोध अपने आप में बुरा नहीं है; वह कठोर है, इसलिए स्थूल है। घृणा अपने आप में बुरी नहीं है, पर स्थूल है, कठोर है। ईर्ष्या अपने आप में बुरी नहीं है, पर कठोर। लोभ, काम कठोर हैं। जो-जो कठोर है वह आपको वंचित रख रहा है। आप ऊपर-ऊपर भटक रहे हैं। तो जो भी आपके जीवन में कोमल हो उसको संरक्षित करें, उसे पोषित करें, उसे बढ़ाएं।

और ध्यान रहे, ऊर्जा का एक नियम है। आपके पास एक ऊर्जा की मात्रा है। आप उसे कठोरता में भी बदल सकते हैं और कोमलता में भी। मात्रा वही है। जो ऊर्जा क्रोध बनती है वही ऊर्जा प्रेम बन सकती है। लेकिन प्रेम ऊर्जा का कोमल रूप है और क्रोध ऊर्जा का कठोर रूप है।

इसे हम ऐसा समझें कि जैसे मैंने कहा पानी है। पानी कोमल है। लेकिन पानी जम जाए तो बर्फ हो जाता है, और बड़ा कठोर हो जाता है, पत्थर हो जाता है। पानी को हम भाप बना दें, और भी कोमल हो जाता है। पानी में थोड़ा-बहुत प्रतिरोध भी होगा, भाप में उतना प्रतिरोध भी नहीं रह जाता। तो पानी के तीन रूप हुए। ऊर्जा एक ही है, पदार्थ एक ही है, लेकिन तीन अवस्थाएं हैं। एक तो पत्थर की तरह कठोर हो सकता है। फिर द्रवीय हो जाता है, बह सकता है; पानी हो जाता है, कोमल हो जाता है। और भी एक घटना है कि भाप बन जाता है। और जब वाष्पीभूत हो जाता है जल तो बड़ी क्रांतिकारी घटना घटती है। पानी का स्वभाव नीचे की तरफ बहना है, लेकिन भाप का स्वभाव

ऊपर की तरफ बहना है। जितना कोमल हो जाता है उतना ही ऊर्ध्वगमन शुरू हो जाता है। क्योंकि ऊंचाई पर जाने के लिए सूक्ष्म होना जरूरी है। इतना सूक्ष्म होना जरूरी है कि सब चीजें भारी हो जाएं, और आप सब चीजों से कम भारी हो जाएं, तभी ऊपर उठ सकेंगे।

इसे थोड़ा समझ लें। अगर आपका भार बहुत है तो परमात्मा तक पहुंचना असंभव है। निर्भार होना जरूरी है, ऊर्ध्वगमन के लिए वेटलेस होना जरूरी है। पानी में भी वजन है। और पानी बहता है जरूर और सूक्ष्म रूप से लड़ता हुआ दिखाई नहीं पड़ता, लेकिन लड़ता है। तभी तो आखिर में चट्टान को तोड़ देता है। लेकिन भाप लड़ती ही नहीं, उसका संघर्ष खो गया। उसका कोई प्रतिरोध नहीं है। वह चुपचाप लीन हो जाती है आकाश में, ऊपर उठ जाती है।

जैसा भौतिक शास्त्र कहता है कि प्रत्येक पदार्थ की तीन अवस्थाएं हैं, प्रत्येक चित्त के मनोवेग की भी वैसी ही तीन अवस्थाएं हैं। क्रोध है, वह जमा हुआ है। घृणा, वह जमी हुई पत्थर की चट्टान है। क्रोध को अगर पिघला दें तो वह पानी की तरह हो जाएगा। जिसको हम इस जगत में प्रेम कहते हैं वह क्रोध का पिघला हुआ रूप है। ऊर्जा वही है। और अगर यह प्रेम वाष्पीभूत हो जाए तो प्रार्थना हो जाती है; तब यह आकाश की तरफ उठने लगती है। और इन तीनों के भीतर कोई तीन चीजें नहीं हैं, एक ही चीज है।

तो अगर आप कठोर हैं तो आप पत्थर की तरह रह जाएंगे। अगर आप थोड़े से द्रवीय हैं, बहते हैं, कोमल हैं, तो पानी की तरह हो जाएंगे। और अगर आप बिलकुल ही सूक्ष्म हो गए हैं और आपने सारी कठोरता छोड़ दी, सारा प्रतिरोध छोड़ दिया है, आप शून्य की भांति हो गए हैं, तो आप वाष्पीभूत हो जाएंगे, आप आकाश में उठने लगेंगे। प्रत्येक व्यक्ति को अपने भीतर निरंतर यह जांच करते रहना जरूरी है कि वह ऊर्जा का किस भांति उपयोग कर रहा है। और ध्यान रहे, ऊर्जा की एक मात्रा है आपके भीतर, अगर आप उसका क्रोध बना लें पूरा तो वह पूरा क्रोध बन जाएगी; उसका पूरा प्रेम बना लें तो वह पूरा प्रेम बन जाएगी; उसे चाहें तो पूरी प्रार्थना बना लें तो वह प्रार्थना बन जाएगी। संसार का कोमलतम तत्व प्रार्थना है।

लेकिन प्रार्थना से तो बहुत कम लोगों का परिचय है—उनका भी नहीं, जो मंदिरों में, गिरजाघरों में प्रार्थनाएं कर रहे हैं। क्योंकि प्रार्थना कोई करने की बात नहीं है। अगर आप कर रहे हैं तो फिर अभी स्थूल बात है। प्रार्थना तो चित्त की एक भाव-दशा है। आदमी प्रार्थनापूर्ण हो सकता है; प्रार्थना करने की कोई बात नहीं है। करना तो एक रिचुअल है, बच्चों का खेल है। होना एक क्रांति है। आप प्रेयरफुल हो सकते हैं। तब आपका उठना, बैठना, श्वास लेना, सभी प्रार्थनापूर्ण हो जाएगा। तब आप जो भी करेंगे वह प्रार्थना होगी। तब प्रार्थना अलग से करने की कोई बात नहीं रह जाएगी। अलग से करनी पड़ती है हमें, क्योंकि हमें प्रार्थना का कोई पता नहीं है। हमने और सारे करने के क्रम में प्रार्थना को भी जोड़ रखा है। वह भी एक काम है। जैसे आप दफ्तर जाते हैं, भोजन करते हैं, व्यवसाय करते हैं, वैसे आप प्रार्थना भी करते हैं। लेकिन प्रार्थना का करने से कोई भी संबंध नहीं है। आप प्रार्थनापूर्ण हो सकते हैं। तब रास्ते से गुजरते वक्त भी आप प्रार्थनापूर्ण होंगे। लेकिन प्रार्थना से परिचय दूर की बात है। कभी-कभी कोई भक्त, कोई मीरा, कोई राबिया प्रार्थना कर पाती है। इस कोमल तत्व का हमें कोई पता नहीं है।

इससे जो नीचे की स्थिति है वह प्रेम है। हमें उसका भी ठीक-ठीक पता नहीं है। प्रेम मध्य की अवस्था है, जल की भांति। और ध्यान रहे, बर्फ सीधी भाप नहीं बन सकता। कोई उपाय नहीं है। बर्फ इसके पहले कि भाप बने उसे पानी बनना पड़ेगा। क्षण भर को ही सही, लेकिन बर्फ सीधी भाप नहीं बन सकता। कोई छलांग नहीं लग सकती है। उसे पहले पानी बनना पड़ेगा। पानी बन कर ही भाप की तरफ जाने का रास्ता है।

आप जहां हैं, वहां से पहले प्रेम की तरफ बहना होगा। साधारण जीवन में प्रेम कोमलतम तत्व है, असाधारण जीवन में प्रार्थना कोमलतम तत्व है। साधारण मनुष्य के अनुभव में कभी-कभी प्रेम का झोंका आता है, तब उसके

भीतर सब कोमल होता है। यह झोंका किसी भी तरह आ सकता है—मित्रता में आ सकता है, पत्नी में आ सकता है, पति में आ सकता है, बच्चे में आ सकता है, एक फूल को देख कर आ सकता है—एक झोंका, जहां आप क्षण भर को तरल हो जाते हैं, बह जाते हैं। लेकिन क्षण भर को ही शायद। फिर आपकी पुरानी कठोरता और पुरानी आदत पकड़ लेगी।

एक सुंदर फूल देख कर क्षण भर को आपका हृदय पिघलता है, लेकिन तत्क्षण आप फूल तोड़ लेते हैं। सच में ही अगर फूल के प्रति प्रेम पैदा हुआ था तो तोड़ना असंभव हो जाता। सोच भी नहीं सकते थे तोड़ने की। प्रेम तोड़ने की बात सोच भी नहीं सकता। लेकिन फूल दिखा, एक क्षण को जरा सी हवा का झोंका आता है, और इसके पहले कि आप सचेत हों कि भीतर कुछ पिघला, आप फूल को तोड़ कर फिर कठोर हो जाते हैं। किसी के प्रति प्रेम पैदा हुआ, और प्रेम का झोंका आ भी नहीं पाया कि आप मालिक होना शुरू हो जाते हैं। वह फूल तोड़ने में आप यही कर रहे हैं, पजेस कर रहे हैं। वह फूल वहां खुले आकाश में हवाओं में नाच रहा था, वह आपकी बर्दाश्त के बाहर हो गया। जब तक आप अपनी मुट्ठी में उसको न ले लें तब तक आपको चैन नहीं। और मुट्ठी में आपके फूल मर जाएगा। मर ही गया, जैसे ही मुट्ठी में आया। कोई भी फूल मुट्ठी में जिंदा नहीं रहते।

किसी से आपका प्रेम हो तो तत्क्षण आप मालिक होने की कोशिश करते हैं। पहला काम जो आपके मन में उठता है वह यह कि कैसे मालिक हो जाऊं, कैसे कब्जा कर लूं, कैसे पजेस कर लूं। जैसे ही पजेसन का, मालकियत का खयाल आया, वह जो हवा का झोंका आया था, जो आपको पिघला सकता था, वह खो गया। आप फिर कठोर हो गए। जैसे ही प्रेम पति बनना चाहता है, प्रेम खो गया। जैसे ही प्रेम पत्नी बनना चाहता है, प्रेम खो गया।

छोटा बच्चा आपके घर में पैदा हो, वह पिघला सकता है। बच्चे अनूठे हैं। क्योंकि इस पूरे मनुष्य के जगत के विकास में बच्चे से ज्यादा कोमल खोजना कुछ भी मुश्किल है। और आदमी के बच्चे सबसे ज्यादा असहाय और सबसे ज्यादा कोमल हैं। जानवरों के बच्चे इतने असहाय नहीं हैं; मां-बाप न भी हों तो बच्चे बच सकते हैं। आदमी का बच्चा तो बच नहीं सकता। जानवरों के बच्चे पैदा हो जाने के बाद एक अर्थ में काम में लग जाते हैं। उन्हें कोई शिक्षण देने की जरूरत नहीं। अपना भोजन खोज लेंगे; अपने जीवन की सुरक्षा करने लग जाएंगे। इसीलिए जानवर परिवार बनाने में असमर्थ रहे। कोई जानवर परिवार नहीं बना पाया; परिवार की कोई जरूरत नहीं। आदमी का बच्चा इस पृथ्वी पर सबसे ज्यादा कोमल और असहाय है। सोच भी नहीं सकते कि बच्चा पैदा हो तो अपने आप बच भी सकता है। कोई बचने का उपाय नहीं है।

इसलिए बच्चा एक परिवार में मौका लाता है कि आप सब पिघल सकते हैं। लेकिन बच्चे के भी हम मालिक हो जाते हैं—बाप हो जाते हैं, मां हो जाते हैं। वह जो एक अनूठी घटना घर में घटी थी, जिसके आस-पास पूरा परिवार पिघल जाता और बह जाता और पानी हो जाता, वह हम चूक जाते हैं। बच्चे की मालकियत शुरू हो जाती है। बच्चे को ढालना हम शुरू कर देते हैं। अच्छा तो यह होता कि बच्चा हमें पिघलाता, बजाय हम उसे ढालते। और हम बच्चे को अपना न मानते। वह हमारा है भी नहीं। हम सिर्फ उपकरण हैं। हमारे भीतर से जगत ने एक और हाथ फैलाया। हमारे बहाने, हमारे निमित्त एक फूल और खिला जीवन का। हम सिर्फ निमित्त हैं, उससे ज्यादा नहीं। लेकिन निमित्त होने में हमें सुख नहीं मालूम पड़ेगा। हम तत्क्षण मालिक हो जाते हैं—मेरा बेटा! और इस मेरे के आग्रह में ही बेटा मर जाता है। फिर हम लाश ढोते हैं।

जहां-जहां प्रेम की थोड़ी सी झलक आती है वहीं हमारी पुरानी कठोरता जकड़ लेती है। इसके प्रति सावधान होना जरूरी है। और जब भी कोई झलक प्रेम की आए तो रोकना अपनी पुरानी आदत को, थोड़ी देर ठहरना फूल को तोड़ने से, थोड़ी देर रुकना मालिक बनने से, थोड़ी देर पिता और मां बनने से अपने को सम्हालना, और सिर्फ प्रेम को

बहने देना, बिना किसी शर्त, प्रेम के प्रत्युत्तर के बिना किसी मांग के, सिर्फ प्रेम को बहने देना, तो शायद आपको पहली दफे अनुभव होगा कि प्रेम क्या है, और क्यों प्रेम इतना कोमल है।

और आप प्रेम बन जाएं तो ही प्रार्थना बन सकते हैं। बिना प्रेम बने जगत में कोई भी प्रार्थना नहीं बन सकता। और अभी आप प्रेम भी नहीं बन सके हैं। और हम जिसे प्रेम कहते हैं वह अक्सर धोखा है। कुछ और है वह। कामवासना हो सकती है; जीवन का अकेलापन हो सकता है; संगी-साथी की इच्छा हो सकती है; लोभ हो सकता है; भय हो सकता है। हमारे प्रेम के पीछे न मालूम कितनी चीजें छिपी हो सकती हैं।

थोड़ा आप अपने प्रेम का निरीक्षण कर लें कि आपके प्रेम में क्या छिपा है! अकेले होने का डर है। तो किसी न किसी को आप प्रेम करते हैं, ताकि कोई संगी-साथी हो। शरीर की वासना है। क्योंकि शरीर निरंतर काम-ऊर्जा को पैदा कर रहा है; उसे किसी तरह निष्कासन चाहिए। तो आप निष्कासन के लिए एक स्त्री को या एक पुरुष को खोज लेते हैं। वह आपकी शारीरिक जरूरत है। और जिससे भी हमारी जरूरत पूरी होती है उसकी हम थोड़ी फिक्र लेते हैं। इसको हम प्रेम कहते हैं। स्वभावतः, जिससे हमारी जरूरत पूरी होती है उस पर हम निर्भर हो जाते हैं। उसके बिना जरूरत पूरी नहीं हो सकेगी। इस निर्भरता को हम प्रेम कहते हैं। बीमारी है, बुढ़ापा है, कष्ट के क्षण हैं, कोई तीमार, कोई केयर, कोई हिफाजत करने के लिए चाहिए।

लोग अविवाहित रह जाते हैं, लेकिन चालीस-पैंतालीस साल के आस-पास उनको चिंता जोर से पकड़ने लगती है। क्योंकि जैसे-जैसे बुढ़ापा करीब आता है उन्हें लगता है कि जवानी तो बिना विवाह के गुजारी भी जा सकती है, लेकिन वृद्धावस्था में बहुत अकेलापन हो जाएगा। तब कोई संगी-साथी चाहिए, नहीं तो बिलकुल अकेले पड़ जाएंगे, बिलकुल कट जाएंगे। और दुनिया तो अपनी राह पर चली जाती है। दुनिया को तो बच्चे सम्हाल लेते हैं, नए जवान सम्हाल लेंगे; राग-रंग उनका होगा। बूढ़ा आदमी बिलकुल कट जाएगा और अकेला हो जाएगा। अकेलेपन का डर लोगों को विवाह में ले जाता है। प्रेम के कारण लोग विवाह करते हों, ऐसा नहीं है; अकेले नहीं रह सकते। और फिर इस सबको प्रेम का नाम दे देते हैं। बने रहते हैं पत्थर, जमे, कठोर। उसमें ही—उस कठोरता में ही—थोड़ा सा आवरण प्रेम का, थोड़ा सा अभिनय, थोड़ी सी कुशलता प्रेम की सीख लेते हैं।

लोगों को देखें! पिता कहता है अपने बेटे से कि मैं तुम्हें प्रेम करता हूं। लेकिन दिखता चौबीस घंटे कठोर है। पति कहता है पत्नी से कि मेरा प्रेम है, लेकिन उस प्रेम का कोई पता नहीं चलता। और अगर हमें प्रेम का ही अनुभव न हो तो प्रार्थना का अनुभव कभी भी नहीं हो सकता। इसके पहले कि किसी मंदिर में आपको परमात्मा मिले, आपका घर कम से कम प्रेम का मंदिर बन जाना जरूरी है। और घर जब तक प्रेम का मंदिर न हो तब तक कोई मंदिर प्रार्थना का मंदिर नहीं हो सकता।

'संसार का कोमलतम तत्व कठिनतम के भीतर से गुजर जाता है।'

और अगर आपको प्रेम आ जाए तो आप डरना मत कि आप कोमल हो जाएंगे, पराजित हो जाएंगे, हार जाएंगे। शुरू में तो ऐसा ही दिखेगा। शायद इसीलिए हम इतने कठोर हो गए हैं और प्रेम से डरते हैं। यह जान कर हैरानी होगी कि अधिक लोग प्रेम से भयभीत हैं। क्योंकि जैसे ही वे प्रेम की दुनिया में उतरते हैं वैसे ही पिघलना पड़ता है। और उनकी कठोरता, उनकी अकड़, उनका अहंकार, उनकी शक्ति की धारणा सब टूटती है; इमेज, पूरी की पूरी प्रतिमा गिरती है।

लोग प्रेम से भयभीत हैं। और इसीलिए सिर्फ ऊपर-ऊपर खेलते हैं। गहरे पानी में जाने में डर है। आप अपने से पूछना कि आप जीवन में प्रेम से डरे तो नहीं रहे? और जब भी आपने किसी को प्रेम किया है तो आपने सुरक्षा कर ली है या नहीं? आप उतने ही दूर तक जाते हैं जहां से वापस लौटना आसान हो। उतने गहरे जाने से आप भयभीत हैं

जहां से कि वापस लौटना मुश्किल हो जाए। और प्रेम का तो मतलब यह है कि वहां से लौटना हो ही न सके; खो ही जाएंगे। मेरे अनुभव में सैकड़ों लोग हैं जिनके जीवन की एक ही पीड़ा है कि वे किसी को प्रेम नहीं कर पाए। और कोई दूसरा जिम्मेवार नहीं है, जिम्मेवार वे खुद हैं। कुछ कारण हैं जिनकी वजह से वे प्रेम नहीं कर पाए। और बड़े से बड़ा कारण तो यह है कि प्रेम में आपको झुकना पड़ेगा। और झुकना लज्जा की बात है। झुकाने में रस है। हम झुकाना चाहते हैं किसी को, झुकना नहीं चाहते। और फिर अगर हम इस भांति किसी को झुका भी लेते हैं तो शत्रुता ही पैदा होती है, प्रेम पैदा नहीं होता। क्योंकि जिसको हम झुका लेते हैं वह भी झुकाना ही चाहता था। झुकने को कोई भी राजी नहीं है। यह जो अकड़ है हमारी वह हमारे जीवन का कैंसर है, रोग है भारी। उसकी वजह से कोई प्रेम में नहीं उतर पाता।

और जब प्रेम में ही नहीं उतर पाते तो प्रार्थना बिलकुल असंभव है। और मैं यह भी देखता हूं कि जो लोग प्रेम में नहीं उतर पाते अक्सर मंदिरों में पाए जाते हैं। क्योंकि वे यहां नहीं झुक पाए, किसी आदमी के सामने नहीं झुक पाए, तो वे सोचते हैं कि चलो, परमात्मा के सामने तो झुका जा सकता है। लेकिन आपको झुकने का अनुभव ही नहीं है। पत्थर की मूर्ति के सामने ज्यादा कठिनाई नहीं होती झुकने में, क्योंकि वहां कोई दूसरा है नहीं। और मंदिर में आप अकेले हैं। लेकिन अगर वह मूर्ति भी जीवित हो तो झुकना मुश्किल हो जाए। अगर आप झुक रहे हों, और बीच में आप देख लें कि मूर्ति की आंखें गौर से देख रही हैं, तो आप सीधे खड़े हो जाएंगे वापस; आप फिर पूरे भी नहीं झुक पाएंगे। वहां कोई नहीं चाहिए। इसलिए आदमी ने पत्थर के भगवान खड़े किए हैं। वह आदमी की होशियारी का हिस्सा है; उसकी चालाकी है।

झुकना एक मधुर अनुभव है। वह हम कहीं भी नहीं कर पाए तो हम जाकर एकांत में एक खेल कर रहे हैं। एक पत्थर की मूर्ति के सामने झुक रहे हैं। उस झूठे झुकने में भी थोड़ा सा रस तो आता है, झूठे झुकने में भी थोड़ा सा रस तो आता है। अगर आप जाकर मंदिर में चारों हाथ-पैर छोड़ कर साष्टांग दंडवत में पड़ गए हैं मंदिर के फर्श पर, अच्छा तो लगेगा; इस झूठे झुकने में भी अच्छा लगेगा। क्योंकि झुकना इतनी बड़ी घटना है। और अगर ऐसे ही आप किसी जीवित मनुष्य के सामने झुक जाएं तो प्रेम है। और प्रेम से गुजर कर जो पहुंचे, वही प्रार्थना तक पहुंच सकता है। अन्यथा उसकी प्रार्थना झूठी होगी। मेरी प्रार्थना की शर्त ही यही है कि प्रार्थना तभी सच्ची हो सकती है जब उसके पहले प्रेम का कोई वास्तविक अनुभव हो। प्रार्थना सब्स्टीटयूट नहीं है, वह आपके प्रेम की परिपूरक नहीं है कि आप आदमी से प्रेम करने से रुक गए हों, और परमात्मा से प्रेम करना...।

अहंकारी व्यक्ति आदमी से प्रेम करना नहीं चाहता, वह परमात्मा से प्रेम करना चाहता है। परमात्मा के साथ प्रेम करने में कई सुविधाएं हैं। एक तो वन वे ट्रैफिक है; दूसरी तरफ से कुछ आता-जाता नहीं है। आप ही बोलते हैं, आप ही जवाब देते हैं। आपकी अपनी मौज है। और दूसरा व्यक्ति किसी तरह की अड़चनें खड़ी नहीं करता। दूसरा वहां कोई है नहीं। फिर परमात्मा आप चुनते हैं; परमात्मा आपका ही होता है। हिंदू का अपना है, मुसलमान का अपना है, जैन का अपना है। वह आपका ही चुनाव है। हिंदू को कहें कि मस्जिद में झुक जाए, झुकना मुश्किल हो जाता है। हिंदू अपने परमात्मा के सामने झुक सकता है, जिसको उसने ही निर्मित किया है, जो उसके ही अहंकार का फैलाव है, मस्जिद में नहीं झुक सकता। मुसलमान को मंदिर में झुकने की कोई संभावना नहीं है।

तो जिस परमात्मा को आपने निर्मित किया है और जिसको आपने अपनी धारणाओं से बनाया और जो आपके ही अहंकार का विस्तार है, उसके सामने झुकने का क्या मतलब होता है? उसके सामने झुकने का मतलब है, जैसे आप दर्पण में अपनी तस्वीर देखें और झुक जाएं। इतना ही मतलब है। वह अहंकार की ही घूम कर पूजा है; वह अपनी ही पूजा है। मंदिरों में लोग अपने ही सामने झुके हुए हैं। जीवित व्यक्ति के सामने झुकना पीड़ादायी है। अहंकार टूटता है; आप दीन हो जाते हैं। तो लोग प्रेम से बचते हैं और प्रार्थना की तरफ जाते हैं।

पर मैं आपसे कहता हूं, जो प्रेम से बचा वह प्रार्थना की तरफ कभी जा ही नहीं सकता। आप जहां हैं वहां से प्रेम के सूत्र को पकड़ने की कोशिश करें, ताकि किसी दिन यह संभव हो सके कि प्रार्थना का सूत्र भी आपकी पकड़ में आ जाए। अभी आप जमी हुई बर्फ हैं; पानी बनें, ताकि किसी दिन आप भाप भी बन सकें। और जो पानी बनने की कला है उसी कला का थोड़ा गुणात्मक विस्तार, परिमाणात्मक विस्तार भाप बना देता है। बर्फ पानी बनता है उष्णता को पीकर, और पानी फिर भाप बनेगा और उष्णता को पीकर। लेकिन सूत्र एक ही है कि उष्णता को पीते चले जाएं। जितनी उष्णता को पी लें उतने ही ज्यादा आप वाष्पीभूत होने के करीब पहुंचने लगेंगे।

अहंकार से प्रेम, और प्रेम से प्रार्थना। मैं से तू, और तू से वह। ये तीन सीढ़ियां हैं। और जिस दिन भी आपको खयाल में आ जाएगा कि प्रेम की सूक्ष्मता कठोर से कठोर वस्तु में प्रवेश कर जाती है और रूपांतरित कर देती है। पर प्रेम के सूत्र बड़े अजीब हैं। प्रेम कहता है, अगर जीतना हो तो जीतने की कोशिश ही मत करना। अगर जीतना हो तो हार ही सूत्र है; हार जाना, और जीत सुनिश्चित है।

'संसार का कोमलतम तत्व कठिनतम के भीतर से गुजर जाता है। और जो रूपरहित है वह उसमें प्रवेश कर जाता है जो दरारहीन है।'

सूक्ष्म से अर्थ है रूपरहित, फॉर्मलेस। बर्फ का एक रूप है, सुनिश्चित रूप है, आकार है। पानी का रूप है, लेकिन सुनिश्चित नहीं है। आकार है, लेकिन तरल है। पानी आग्रही नहीं है कि मेरा यही आकर है। जिस तरह के बर्तन में डालें, वैसा ही आकार ले लेता है। बर्फ का आग्रह है; उसका अपना आकार है, एक सुनिश्चित रूप-रेखा है। उसे तोड़ें तो कष्ट होगा, उसे बदलें तो पीड़ा होगी। वह प्रतिरोध करेगा बदलने का, परिवर्तन का। लेकिन पानी परिवर्तन के लिए राजी है। क्योंकि आप उसको मिटा नहीं सकते, उसका अपना कोई रूप नहीं। तरल रूप है। और भाप निराकार है। उतना भी रूप नहीं जितना पानी का है। और जितने आप अरूप के पास पहुंचने लगते हैं उतना ही आपका विराट में प्रवेश होने लगता है।

'जो रूपरहित है वह उसमें प्रवेश कर जाता है जो दरारहीन है। इसके जरिए मैं जानता हूं कि अक्रियता का क्या लाभ है।'

अरूप की यह क्षमता, सूक्ष्म की यह शक्ति, निर्बल का यह बल, लाओत्से कहता है, इसके आधार पर मैं जानता हूं कि अक्रियता का क्या लाभ है, इन-एक्टिविटी का क्या लाभ है।

हम क्रिया से परिचित हैं। हम करने के लाभ से परिचित हैं। खाली बैठने के लिए हम भयभीत होते हैं और हम सिखाते हैं कि खाली मत बैठना। क्योंकि अगर कोई खाली बैठा हो तो हम कहते हैं, समय व्यर्थ खो रहे हो, कुछ करो। हमने कहावतें गढ़ रखी हैं कि खाली आदमी का मन शैतान का कारखाना हो जाता है। ये उन लोगों ने कहावतें गढ़ी हैं जो सक्रियता के पीछे पागल हैं; जो कहते हैं, कुछ भी होगा तो करने से होगा; करो! और करते रहो! कुछ न करने से कुछ भी करना बेहतर है, लेकिन खाली बैठे तो उसका अर्थ है समय खोया।

पश्चिम इस पागलपन से बुरी तरह पीड़ित है। पश्चिम सक्रियता का पुजारी है। इसलिए एक ही समय में अगर ज्यादा काम कर सको तो और अच्छा है।

मैं एक चित्र देख रहा था एक चित्रकार का। लाओत्से देखता तो बहुत हंसता। चित्र है एक महिला का, जो रेडियो सुन रही है; हाथ में लेकर सलाइयां बनियान बुन रही है; एक पैर से बच्चे के झूले को झुला रही है। सक्रियता! वह समय का सदुपयोग कर रही है पूरी तरह। रेडियो सुन रही है; बनियान बुन रही है; बच्चे को पैर से झूला झुला रही है। लेकिन इसके भीतर की दशा को हम समझने की कोशिश करें। इसका हृदय बच्चे के प्रति बहुत प्रेमपूर्ण नहीं हो सकता। एक काम है और उस काम को पैर कर रहा है, यांत्रिक है। क्योंकि इसका कान और इसका मन तो रेडियो

से लगा है। यह पति के लिए बनियान बुन रही होगी, यह भी बहुत प्रेमपूर्ण नहीं हो सकता। हाथ यंत्रवत बुने जा रहे हैं, जैसे कोई मशीन बुन रही हो। इस बनियान में प्रेम नहीं गूंथा जा रहा है। यह बनियान बन जाएगी, क्योंकि हाथ कुशल हैं, वे बुनना जानते हैं। लेकिन इसमें हृदय का कहीं कोई संस्पर्श नहीं है। और इस स्त्री का व्यक्तित्व बंटा हुआ है, जिसको मनोवैज्ञानिक सीजोफ्रेनिया कहते हैं; खंडित है। यह स्त्री अखंड नहीं है। यह जो सुन रही है वह भी पूरी तरह नहीं सुन रही है; यह जो कर रही है वह भी पूरी तरह नहीं कर रही है; यह बच्चे को झुला रही है वह भी पूरी तरह नहीं झुला रही है। सब अधूरा-अधूरा है। और इसके भीतर एक बेचैनी होगी, इसके भीतर चैन नहीं हो सकता। क्योंकि चैन तो केवल उन्हीं लोगों के भीतर होता है जो अखंड हैं।

लाओत्से इस चित्र को देखता तो बहुत हंसता। लेकिन आप इस चित्र को देखेंगे तो आप भी ऐसा करना चाहेंगे। सोचेंगे कि यह तो समय की बहुत बचत है, यह तो समय का ठीक-ठीक उपयोग है, तीन गुना ज्यादा, इकनॉमिक है। क्योंकि अगर ये तीनों काम अलग-अलग करो तो तीन घंटे लगेंगे। यह एक घंटे में तीन काम हुए जा रहे हैं। और हमारी पूरी चेष्टा यही है, हम सब यही कर रहे हैं—कितने कम समय में कितना ज्यादा हम कर सकें! लेकिन बिना इस बात की फिक्र किए कि उस ज्यादा का मूल्य क्या है, उस ज्यादा का फलित क्या है, अंतिम फल क्या है। आदमी बहुत कर लेता है और करने में नष्ट हो जाता है।

पश्चिम में यह स्थिति आखिरी जगह पहुंच गई है, विक्षिप्तता की जगह पहुंच गई है। लोग भागे जा रहे हैं; चौबीस घंटे भाग रहे हैं। कहां जा रहे हैं उसका बहुत साफ नहीं है। लेकिन तेजी से जा रहे हैं इतना निश्चित है। रास्ते पर किसी आदमी की कार को अगर दो मिनट रुकना पड़े तो वह अपने हार्न को बजाना शुरू कर देता है। वह कभी भी नहीं सोचता कि वह दो मिनट बचा कर कहां उपयोग कर रहा है, क्या होने वाला है। घर बैठ कर वह जाकर सोचता है कि अब क्या करें! रास्ते पर वह इतनी तेजी में था कि ऐसा लगता था कि कहीं निश्चित पहुंचना है। और घर पहुंच कर वह कहता है कि अब क्या करें! तब वह सोचता है कि क्लब जाऊं, कि ताश खेलूं, कि शराब पीऊं—समय कैसे काटूं! और यही आदमी सड़क पर एक मिनट इसको देर हो रही हो तो इतना पागल हो जाता है कि ऐसा लगता है कि बहुत इमरजेंसी में है। और घर जाकर वह समय काटने के उपाय खोजता है।

इसे साफ नहीं कि यह क्या कर रहा है, क्यों कर रहा है। सड़क पर गुजरने का जो आनंद था वह भी चूक गया, क्योंकि वहां जल्दी में था। घर होने का जो आनंद हो सकता है वह भी चूक रहा है, क्योंकि उसे समझ में नहीं आ रहा कि वह क्या करे, और कुछ भी खोज रहा है।

करने की इतनी प्रतिष्ठा एक ही अर्थ रखती है कि हमारे जीवन में होने का कोई मूल्य नहीं है। अपना कोई मूल्य नहीं है; हम क्या करके दिखा सकते हैं, बस उसका मूल्य है। अगर आप एक बड़ा मकान खड़ा कर सकते हैं तो लोग आपका आदर करेंगे। आपका कोई आदर नहीं करता। आप करोड़ रुपए की कमाई कर लेते हैं तो लोग आपका आदर करेंगे। आपका कोई आदर नहीं करता। और आप कभी नहीं पूछते कि लोग मेरा आदर करते हैं? कोई आपका आदर नहीं करता; आपने क्या किया है, उसका आदर है। कोई दूसरा भी यही करता तो उसका आदर होता।

यह हम देखते हैं कि एक आदमी राष्ट्रपति हो, जब तक राष्ट्रपति है, पूरे मुल्क में सम्मान है। जिस दिन राष्ट्रपति नहीं है, कोई भी उसकी चिंता नहीं लेता, अखबार में उसकी खबर नहीं छपती। फिर पता ही नहीं चलता कि वह आदमी है भी, कि नहीं है, कि क्या हुआ। दो दिन पहले उसके हर वचन का मूल्य था; और दो दिन बाद? मूल्य बढ़ना चाहिए, क्योंकि अब वह और भी ज्यादा अनुभवी है, दो दिन का अनुभव और हो गया। लेकिन उसके वचन का कोई मूल्य नहीं रह गया। लेकिन उस आदमी को भी कभी यह खयाल नहीं आता कि वह प्रतिष्ठा पद की थी, कुर्सी की थी, मेरी नहीं थी। वह भी सोचता है मेरी प्रतिष्ठा थी।

आप जहां भी हैं, जो भी लोग सम्मान आपको दे रहे हैं, वे आपको दे रहे हैं या आप जो कर रहे हैं उसको दे रहे हैं? जो आप कर रहे हैं अगर उसको दे रहे हैं तो आप जीवन गंवा रहे हैं। आपके होने में कुछ गुणवत्ता होनी चाहिए। कि बस आपका होना मूल्यवान हो जाए।

लाओत्से कहता है, जब तक खुद के होने में मूल्य न आ जाए तब तक हमने जीवन को वैसे ही खोया।

यह जो होने का मूल्य है यह आपके करने से पैदा नहीं होगा; यह न करने से पैदा होगा। इसे थोड़ा समझ लें, क्योंकि पूरब की सारी खोज न करने की खोज है। पश्चिम की सारी खोज करने की खोज है। इसलिए कैसे करने में आदमी ज्यादा कुशल हो जाए, कैसे यंत्रों से काम हो जाए, सब चीज यंत्र से हो सके, ताकि ज्यादा कुशलता से हो सके। पश्चिम ने विज्ञान और टेक्नालॉजी को जन्म दिया, क्योंकि काम मूल्यवान है। पूरब ने ध्यान को जन्म दिया, क्योंकि ध्यान बिलकुल ही बेकाम अवस्था है, उसमें काम कुछ भी नहीं है। ध्यान का मतलब है कुछ ऐसे क्षण जब आप कुछ भी नहीं कर रहे हैं, जब आप सिर्फ हैं, सिर्फ होने का रस ले रहे हैं, सिर्फ होने में डूब रहे हैं, होने में तैर रहे हैं, होने में खिल रहे हैं; बस सिर्फ हैं। यह जो न करने की दशा है, इन-एक्टिविटी, अक्रिया है, अकर्म है, इसमें ही आप अपनी आत्मा से परिचित होंगे।

लाओत्से कहता है, कर-करके आप संसार भी पा लें तो भी अपने को न पा सकेंगे; न करके ही अपने को पाया जा सकता है। ध्यान है अक्रिया। और हम करने में इतने ज्यादा लीन हो गए हैं कि अगर हम खाली बैठें तो हम बैठ नहीं सकते; कुछ न कुछ हमें चाहिए। लोग मुझसे आकर पूछते हैं। मैं उनको कहता हूं कि ध्यान का मतलब है, तुम कुछ देर शांति से बैठो, कुछ मत करो। वे कहते हैं, कुछ तो बताएं! कुछ न करें, ऐसे कैसे हो? कोई मंत्र ही दे दें, कोई राम नाम दे दें, कुछ बता दें! कोई सहारा, आलंबन, जो हम करें। वे बात ही चूक रहे हैं। और इसलिए बताने वाले लोग मिल जाएंगे जो कहेंगे, यह मंत्र पढ़ो, यह राम का नाम लो, यह बीज-मंत्र है, इसको दोहराना।

पश्चिम में महेश योगी के विचार को कीमत मिली। मिलने का कुल कारण इतना है कि पश्चिम आब्सेस्ड है कर्म से, कुछ करने को चाहिए। ध्यान भी हो तो कुछ करने को चाहिए। तो महेश योगी मंत्र दे देते हैं कि यह बैठ कर मंत्र को जपो। पश्चिम के आदमी को बात समझ में आती है। कुछ करना हो तो समझ में आता है। पश्चिम के आदमी को न करने की बात बिलकुल समझ में नहीं आती।

पूरब भी पश्चिम हुआ जा रहा है; वहां भी कोई न करने की बात किसी को समझ में नहीं आती। लोग पूछते हैं, बुद्ध क्या कर रहे थे बोधिवृक्ष के नीचे? कुछ भी नहीं कर रहे थे। कर रहे होते तो आप ही जैसे रह जाते। बुद्ध खाली बैठे थे। मगर हमें लगता है कि अगर खाली बैठे थे तो बेकार समय खो रहे थे। फायदा क्या, लाभ क्या है?

खाली बैठे थे, इसलिए बुद्ध हो गए। जापान में खाली बैठना एक ध्यान का पूरा संप्रदाय है। सिर्फ बैठने को वे कहते हैं झाझेन—जस्ट सिटिंग। और वे कहते हैं, अगर पूरे जीवन में इतना भी आ जाए तो सब कुछ आ गया। आसान काम नहीं है। कम से कम बीस साल लग जाते हैं। छह-छह घंटा झेन साधक बैठता है। और गुरु का कुल इतना ही आदेश है कि तुम कुछ करो मत, बस बैठे रहो।

पुरानी आदतें जोर पकड़ती हैं; कुछ न कुछ करने का मन होता है। विचार चलते हैं; भाव उठते हैं; कुछ न हो तो कहीं पैर में झुनझुनी आती है, कभी चींटी चलती मालूम पड़ती है। और वैसे आपको कभी नहीं आती और कभी चींटी चढ़ती नहीं मालूम पड़ती। कहीं खुजलाहट उठती है, कहीं गर्दन में तनाव मालूम पड़ता है। यह सब इसलिए पड़ रहा है कि मन कह रहा है कुछ करो, खुजलाओ, कोई रास्ता खोज रहा है। मन आपके लिए कोई निमित्त बना रहा है। वह कह रहा है कि तुम थक गए हो, परेशान हुए जा रहे हो, ऐसे बैठे नहीं चलेगा; तुम कुछ करो। खांसी आने लगेगी, कुछ होने लगेगा। और आप सोचते हैं कि इसमें अब मैं क्या कर सकता हूं! यह तो स्वाभाविक कुछ हो रहा है।

स्वाभाविक नहीं हो रहा है। क्योंकि मैं देखता हूं कि आप, दो घंटे मैं बोल रहा हूं, तो सुनते रहेंगे, खांसी नहीं आएगी। और अगर ध्यान करने के लिए मैं आपसे कहूं कि पांच मिनट शांत बैठ जाएं। आप अचानक पाएंगे, खांसी सता रही है। दो घंटे आप बैठे थे। लेकिन तब आप कुछ कर रहे थे, सुन रहे थे। तब आप सिर्फ बैठे नहीं थे। कोई काम बंधा हुआ था। शरीर संलग्न था। मन जुटा हुआ था, व्यस्त था, आकुपाइड था; तब कोई अड़चन न थी। अगर आपको कहा कि चुपचाप बैठ जाओ। सब अड़चनें शुरू हो जाएंगी, पच्चीस तरह की व्याधियां अचानक उठती हुई मालूम पड़ने लगेंगी।

बीस साल झेन साधक बैठता है, सिर्फ बैठता है। कठिनतम और सरलतम दोनों है उसकी साधना। क्योंकि गुरु इसके सिवाय कुछ कहता नहीं कि तुम बैठो। वह कहता है, सिर्फ बैठे रहो। आदतें पुरानी छोड़ दो करने की; चार घंटे, छह घंटे, आठ घंटे, दस घंटे, जब भी मौका मिले, बस बैठे रहो। और एक ही बात का ध्यान रखो कि वह जो पुराने मन की जकड़ है कि कुछ करो, उसको शिथिल करते जाओ। एक दिन ऐसा आता है कि मन की जकड़ चली जाती है। आप कुछ भी नहीं कर रहे होते, बस होते हैं। उस होने में ही समाधि फलित होती है। वही बुद्ध कर रहे हैं। और जिस दिन आप भी कर लेंगे उस दिन आप में और बुद्ध में कोई रत्ती भर का फर्क नहीं रह जाएगा।

लाओत्से कहता है, 'मैं जानता हूं अक्रियता का लाभ क्या है।'

लाभ है आत्म-उपलब्धि, लाभ है मुक्ति, लाभ है आत्मज्ञान। इस दिशा में थोड़ा सा बढ़ना शुरू करें। एक घंटा निकाल लें, ध्यान भी न करें उस घंटे में, उस घंटे में सिर्फ हों, बस बैठ जाएं, जैसे संसार खो गया। टेलीफोन की घंटी बजती रहे, सुनते रहें, जैसे किसी और के घर में बज रही है। कोई दरवाजे पर दस्तक दे, सुनते रहें; आप हैं ही नहीं, उठ कर कौन दरवाजा खोले! पत्नी बोले कि उठो, कुछ करो। बस देखते रहें, जैसे किसी और से कह रही है। एक घंटा आप अक्रिय हो जाएं। और जो भी इस जगत में पाने योग्य है, वह आपका हो जाएगा।

बड़ी अड़चनें आएंगी। और मन बड़े बहाने खोजेगा। मन समझाएगा कि क्या कर रहे हो! एक घंटे में जा सकते थे दफ्तर, कि दुकान, कि हजार का सौदा हो सकता था, कि लाख की कमाई हो सकती थी। इतनी देर में कम से कम अखबार ही पढ़ लेते, कि रेडियो सुन लेते, कि किसी मित्र से गपशप कर लेते। घंटे भर में तो न मालूम क्या-क्या करने का हो सकता था। क्यों खो रहे हो समय? जिंदगी छोटी है। समय को ऐसे व्यर्थ मत गंवाओ।

और इन पागलों ने बड़ी बुद्धिमानी की बातें कह रखी हैं। वे कहते हैं, टाइम इज़ मनी, समय धन है, बचाओ। और समय को जितनी जल्दी जितने ज्यादा धन में बदल लो, उतनी ही तुम्हारी सफलता है। जितना समय तुम्हें मिला है सबको तुम रुपए में बदल कर बैंक में जमा कर दो। टाइम इज़ मनी। बस मरते वक्त परमात्मा तुमसे यही पूछेगा आखिरी समय में कि तुम अपने समय को धन बना पाए कि नहीं?

जब एक घंटा आप खाली बैठेंगे तो बड़ी बेचैनी मालूम होगी, बड़ी अड़चनें आएंगी। हजार बहाने शरीर खोजेगा, मन खोजेगा—कुछ करो। पर आप सब सुनते रहना और कहना एक घंटा कुछ भी नहीं करना है। थोड़े ही दिन में आप पाओगे कि एक नये तरह की शांति आपके रोएं-रोएं में उतरने लगी; कोई एक नया द्वार खुलने लगा; एक नया आकाश, जहां से बादल हट गए हैं।

और जैसे-जैसे यह शांति घनी होने लगेगी वैसे-वैसे समझ में आएगा कि अक्रियता का लाभ क्या है। और तब समझ में आएगा कुछ है जो करके पाया जा सकता है, और कुछ है जो केवल न करके पाया जा सकता है। जो करके पाया जा सकता है वह संसार का हिस्सा होगा, और आपसे छीन लिया जाएगा। जो न करके पाया जा सकता है वह संसार का हिस्सा नहीं है, और उसको कोई भी आपसे छीन नहीं सकता। जो भी करके मिलेगा, मौत उसे नष्ट कर देगी। जो न करके मिलेगा, मौत का अतिक्रमण कर जाता है।

अगर इसे हम ऐसा कहें तो ठीक होगा कि किए हुए की ही मृत्यु होती है; जो न किए में जाना है उसकी कोई मृत्यु नहीं है। आत्म-अनुभव अमृत का अनुभव है, क्योंकि वह न किए में उपलब्ध होता है।

'इसके जरिए मैं जानता हूं कि अक्रियता का लाभ है। शब्दों के बिना उपदेश करना, और अक्रियता का जो लाभ है वह ब्रह्मांड में अतुलनीय है।'

शब्दों के बिना उपदेश करना निश्चित ही अतुलनीय है। क्योंकि बड़ी जटिल घटना है। और दो शिखर हों तभी घट सकती है। पहले तो वह व्यक्ति उपलब्ध हो जो अक्रिय होने की कला में निष्णात हो गया हो, सिद्ध हो गया हो। उसको ही हम गुरु कहते हैं, जिसने वह जान लिया जो बिना किए जाना जाता है; उसके जीवन का शिखर निर्मित हो गया। पर इतना काफी नहीं है। क्योंकि यह शिखर केवल उसी से संवाद कर सकता है जो शून्य हो जाए, चुप हो जाए—क्षण भर को सही—मौन हो जाए। तो इसकी शून्यता उसमें तीर की तरह प्रवेश कर जाए।

उपनिषद के दिनों में कुल साधना इतनी ही थी कि लोग जाएं और गुरु के पास बैठें। उपनिषद का मतलब है : गुरु के पास बैठना। शब्द का भी इतना ही मतलब है कि गुरु के पास बैठना, गुरु के पास होना। कुछ गुरु काम कहे छोटा-मोटा तो कर देना, फिर उसके पास बैठ जाना। उसके पास होने की बात है। क्योंकि किसी क्षण में, बैठे-बैठे शिष्य वहां, शांत हो जाएगा। उस शांत क्षण में ही गुरु बोल देगा।

लोग कहते हैं, गुरु-मंत्र कान में दिया जाता है। मगर आदमी तो पागल है और जो प्रतीक हैं—गहरे प्रतीक हैं—उनको भी क्षुद्र कर लेता है। इसे लोगों ने समझा कि इसका मतलब यह है कि गुरु आपके कान में मुंह लगा कर, और मंत्र दे देगा। तो गुरु हैं जो कान फूंकते हैं, कान में मंत्र देते हैं।

कान में मंत्र देने का मतलब यह था कि जो बिना बोले दिया जाता है। बोल कर ही देना है तो कितने दूर से दिया कान से, इससे कोई सवाल नहीं है। एक फीट की दूरी से बोले, कि पांच इंच की दूरी से बोले, कि बिलकुल कान पर मुंह रख कर बोले—लेकिन बोल कर ही बोले हैं—कोई मूल्य नहीं है। कान में मंत्र देना सिर्फ एक गुह्य प्रतीक है। उसका मतलब यह है कि बिना बोल कर दिया गया है। ठेठ कान में दिया गया है, शब्द नहीं डाला गया है। ओंठ का उपयोग नहीं किया गया है। सिर्फ पात्र का उपयोग किया गया है, कान का उपयोग किया गया है, लेने वाले का उपयोग किया गया है; बोलने वाले ने कुछ भी नहीं कहा है। सिर्फ सुनने वाले ने सुना है और बोलने वाला चुप रहा है। उस चुप्पी में जो संवाद है, उस चुप्पी में जो विचार का संप्रेषण है।

शब्दों के बिना उपदेश करना निश्चित ही अतुलनीय है। क्योंकि कभी ऐसा घटता है। हजारों साल में कभी एक बार ऐसी घटना घटती है। गुरु बहुत हैं, शिष्य बहुत हैं। पर हजारों साल में कभी ऐसी घटना घटती है। इसलिए लाओत्से कह रहा है, अतुलनीय है। इसकी तुलना होनी मुश्किल है।

बुद्ध के पास हजारों शिष्य थे, लेकिन जो भी उन्होंने कहा वह शब्द से ही कहा। जो भी उन्होंने सुना वह शब्द से ही सुना। सिर्फ एक शिष्य था, महाकाश्यप, जिसको बुद्ध ने कहा कि तुझे मैं वह कहता हूं जो कहा नहीं जा सकता। एक दिन सुबह ही सुबह बुद्ध एक कमल का फूल लेकर आए, बैठ गए। लोग प्रतीक्षारत। उनकी बेचैनी बढ़ने लगी कि वे बोलें, क्योंकि वे सुनने को आए हैं, बुद्ध को पीने को नहीं। वे पात्र नहीं हैं खाली, शब्दों से भरे हुए मन हैं। वे बेचैन हैं। और ऐसा कभी नहीं हुआ। बुद्ध आते थे, बैठते थे; और बोलना शुरू कर देते। उस दिन वे चुप हैं, और फूल को देखे चले जा रहे हैं। बुद्ध फूल को देख रहे हैं, शिष्य बुद्ध को देख रहे हैं, और सब बेचैन हैं। थोड़ी देर में शांति उद्विग्न हो गई और लोग एक-दूसरे से फुसफुसाने लगे कि क्या मामला है! आखिर एक शिष्य ने खड़े होकर पूछा कि आज क्या बात है? बड़ी देर हो गई, और हम सुनने को उत्सुक हैं। तो बुद्ध ने आंखें ऊपर उठाईं, फूल हाथ में उठाया। और बुद्ध ने कहा, इतनी देर से मैं क्या कर रहा हूं, मैं बोल रहा हूं!

अब यह जरा ज्यादा हो गया; शिष्यों के लिए और भारी हो गया। क्योंकि वे चुप बैठे हैं इतनी देर से, और कहते हैं, इतनी देर से मैं क्या कर रहा हूं, मैं बोल रहा हूं। और अगर तुम नहीं सुनते हो तो कसूर किसका है?

तब महाकाश्यप, जो दूर बैठा था और कभी नहीं बोला था, पहली दफा उसका पता चला संघ को, क्योंकि वह खिलखिला कर हंसने लगा। बुद्ध ने महाकाश्यप को कहा कि महाकाश्यप, यहां आ और यह फूल तू ले। जो शब्द से दिया जा सकता था, मैंने सबको दे दिया; जो सिर्फ मौन से दिया जा सकता है वह मैं तुझे देता हूं।

फिर बड़ी खोज चलती रही इन सदियों में। क्योंकि महाकाश्यप के ऊपर एक भार हो गया कि अपने मरने के पहले कम से कम वह एक व्यक्ति को खोज ले जिसे वह दे सके जो बुद्ध ने उसे दिया है; अन्यथा संपत्ति, वह धरोहर उसके साथ खो जाएगी। ऐसा छह पीढ़ियों तक महाकाश्यप के बाद वह प्रक्रिया चलती रही। छठवां ग्रहण करने वाला व्यक्ति था बोधिधर्म। और वह खोज-खोज कर थक गया, फिर चीन गया, और सिर्फ इसीलिए चीन गया कि भारत में उसे कोई आदमी नहीं मिला जो मौन में लेने को तैयार हो। चीन में नौ साल उसने खोज की, तब एक आदमी मिल सका जिसे वह वह दे सके जो बुद्ध ने महाकाश्यप को दिया था चुप्पी में। वह प्रक्रिया अब भी चलती चली जाती है। उस प्रक्रिया को झेन फकीर कहते हैं : शब्द के बिना, शास्त्र के बिना हस्तांतरण। कभी मुश्किल से घटती है। क्योंकि घटने के लिए दो शिखरों का मिलना जरूरी है। एक जो पा गया हो, उलीचने को तैयार हो; और एक जो लेने को तैयार हो, और चुप होने को तैयार हो। एक भरा हुआ पात्र और एक खाली पात्र। और खाली पात्र भी, बिलकुल खाली। लेने के लिए भी तीव्रता और त्वरा न हो, बस खाली हो, तो यह घटना घट जाती है।

लाओत्से कहता है, 'शब्दों के बिना उपदेश करना और अक्रियता का जो लाभ है, वे ब्रह्मांड में अतुलनीय हैं। दि टीचिंग विदाउट वर्ड्स एंड दि बेनीफिट ऑफ टेकिंग नो एक्शन आर विदाउट कम्पेयर इन दि यूनिवर्स।'

ये दो चीजें अतुलनीय हैं : एक शब्द के बिना संवाद और एक अक्रियता का लाभ। अक्रियता का लाभ परम लाभ है। पर जो भी मैं कहूं, उसका क्या मूल्य हो सकता है? सुना लाओत्से को; मैंने कहा, वह आपने सुना। उसका क्या मूल्य हो सकता है? क्योंकि अक्रियता भी एक शब्द रह जाएगी और आप भी परिचित हो जाएंगे इस सिद्धांत से। यह किसी भांति अनुभव बनना चाहिए, रक्त-हड्डी-मांस-मज्जा बनना चाहिए, यह आप में छिद जाना चाहिए।

चौबीस घंटे में एक घंटा निकाल लें—सब समझदारों के विपरीत, जो कहते हैं, समय का उपयोग करो, कुछ करो, खाली मत बैठे रहो—एक घंटा बिलकुल डूब जाएं निष्क्रियता में।

पश्चिम में, अमरीका में बहुत बड़ा विचारक था, अभी-अभी कुछ दिन पहले मृत्यु हुई, अल्डुअस हक्सले। अल्डुअस हक्सले इसका प्रयोग कर रहा था वर्षों से, अक्रियता का। उसकी पत्नी लारा हक्सले ने अपने संस्मरण लिखे हैं। उसमें उसने लिखा है कि अभूतपूर्व घटना घटती थी, क्योंकि रोज एक घंटा तो नियमित और जब भी मौका मिल जाए, दोबारा, तीन बार, तो हक्सले अक्रिय हो जाता था। वह अपनी कुर्सी में बैठ जाता; अपनी पालथी में दोनों हाथ रख कर उसका सिर झुक जाता, उसकी दाढ़ी छाती से लग जाती, और वह शून्य हो जाता। लारा हक्सले ने लिखा है कि जब भी वह शून्य हो जाता था तो घर का पूरा वातावरण बदल जाता था। एक बिलकुल अपरिचित सुगंध, एक अपरिचित मौन और शांति पूरे घर को घेर लेती थी।

कभी ऐसा भी होता कि उसकी पत्नी बाहर गई है और उसे पता नहीं है। घर में हक्सले अकेला है, तो वह अपनी कुर्सी पर बैठ जाएगा, शून्य होकर। लाओत्से के भक्तों में एक था। पत्नी को कुछ पता नहीं है। तो वह फोन कर दे, तो हक्सले उठेगा, फोन लेगा, जो भी सूचना दी गई है वह सूचना कागज पर लिख देगा, फिर अपनी जगह जाकर बैठ जाएगा। पत्नी जब आकर पूछेगी कि मैंने फोन किया था, आपको कोई अड़चन तो नहीं हुई। हक्सले कहेगा, कैसा फोन? और तब देखा जाएगा तो टेबल पर उसके हाथ का लिखा हुआ कागज भी रखा हुआ है। ऐसा

बहुत बार हुआ तो हक्सले की पत्नी को समझ में आया कि उन क्षणों में जब वह इतना शून्य होता है, तब वह जो भी करता है, वह करना शून्य से ही निकलता है और उसकी कोई स्मृति नहीं बनती।

जब आप इतने अक्रिया में होते हैं कि कहीं कोई विचार नहीं, कहीं कोई तरंग नहीं, तो अगर आप कुछ करेंगे भी तो वह ऐसे ही है जैसे अस्तित्व ने आपके द्वारा कुछ किया। वह आपका निजी कृत्य नहीं है; उसकी कोई स्मृति नहीं बनती। यह बड़े मजे की बात है कि आपके अहंकार पर चोट लगे तो स्मृति शीघ्रता से बनती है।

इसलिए आप जान कर हैरान होंगे कि अगर आपके जीवन में कभी भी अहंकार को चोट लगने की कोई घटना हो तो उसकी बात आपको कभी नहीं भूलती। चाहे कितनी ही क्षुद्र बात हो। पचास साल पहले आप छोटे बच्चे रहे होंगे और रास्ते से गुजर रहे थे और कोई आपको देख कर हंस दिया था, वह आपको अभी भी याद है। सब भूल गया और। हजारों घटनाएं घटीं और भूल गईं। लेकिन शिक्षक ने आपको स्कूल में खड़ा कर दिया था और सब लड़कों के सामने कहा था कि देखो, बिलकुल गधा है! वह अभी तक याद है। अभी भी आप आंख बंद करें तो आप अपने को कक्षा में खड़ा हुआ, सारे लड़कों की नजर आपके ऊपर। आपके अहंकार को जो चोट लगी थी, वह गहरी स्मृति है। अगर अहंकार बिलकुल शांत हो तो घटना घट सकती है और स्मृति नहीं बने, जैसे पानी पर खींची गई लकीर खींचते ही मिट जाए।

जो व्यक्ति इस अक्रियता को साध लेते हैं वे करते हुए भी कर्म से नहीं बंधते, क्योंकि कर्म की कोई रेखा नहीं बनती। इसलिए कृष्ण ने बहुत जोर गीता में दिया है अकर्म पर। करते हुए भी कर्ता से मुक्ति, तो अकर्म हो जाता है; न करते हुए भी कृत्य से गुजर जाना, तो कोई स्मृति नहीं बनती।

हक्सले अनूठे प्रयोग करने वाले लोगों में एक था। और कठिन कुछ भी नहीं है; आप भी कर ले सकते हैं। एक घंटा चौबीस घंटे में से निकाल लें और उस अतुलनीय घटना में डूब जाएं; कुछ न करें। मंत्र नहीं, स्मरण नहीं, प्रभु का नाम नहीं, जाप नहीं, कुछ भी नहीं। मन कुछ न कुछ करता रहेगा, आप चुपचाप बैठे उसे भी देखते रहें कि वह कुछ कर रहा है, पुरानी आदत है; खटर-पटर करेगा, करने दें। निरपेक्ष, उदास, उदासीन, तटस्थ, उपेक्षा से देखते रहें करने को। थोड़ी देर में, जब आप उसमें कोई रस न लेंगे, तो अपने आप शांत होने लगेगा, कुछ दिनों में शांत हो जाएगा। और एक बार भी आपको झलक मिल जाएगी कि शून्य होने में, अक्रिय होने में क्या घटता है, फिर इस जीवन में कोई आसक्ति बांध नहीं सकती, कोई मोह ग्रस्त नहीं कर सकता, कोई लोभ आकर्षित नहीं कर सकता, कोई वासना खींच नहीं सकती। अक्रिया को उपलब्ध हुआ व्यक्ति उस महाशक्ति को उपलब्ध हो जाता है जिस पर कोई भी प्रभाव अंकित नहीं होते हैं।

आज इतना ही।

इक्यासीवां प्रवचन

# सर्वाधिक मूल्यवान— स्वयं की निजता

Chapter 44

## BE CONTENT

*Fame or one's own self, which does one love more?*
*One's own self or material goods, which has more worth?*
*Loss (of self) or possession (of goods), which is the greater evil?*
*Therefore: he who loves most spends most,*
*He who hoards much loses much.*
*The contented man meets no disgrace;*
*Who knows when to stop runs into no danger.*
*He can long endure.*

अध्याय 44

## संतुष्ट रहें

*मनुष्य किसे अधिक प्रेम करता है, सुयश को या स्वयं की निजता को?*
*किसका अधिक मूल्य है, स्वयं की निजता का या भौतिक पदार्थों का?*
*और कौन बुराई बड़ी है, स्वयं की हानि या पदार्थों का स्वामित्व?*
*इसलिए : जो सर्वाधिक प्रेम करता है, वह सर्वाधिक खर्च करता है;*
*जो बहुत संग्रह करता है, वह बहुत खोता है।*
*संतुष्ट आदमी को अप्रतिष्ठा नहीं मिलती;*
*जो जानता है कहां रुकना है,*
*उसे कोई खतरा नहीं है।*
*वह दीर्घजीवी हो सकता है।*

लाओत्से के सूत्र के पूर्व प्रेम के संबंध में थोड़ी सी बातें समझ लेनी जरूरी हैं। पहली बात, जो व्यक्ति भी प्रेम करने में समर्थ हो पाता है, संपत्ति, संग्रह, चीजें इकट्ठा करने की वृत्ति उसकी अपने आप कम हो जाती है। परिग्रह प्रेम का परिपूरक है; जीवन में प्रेम जितना कम होगा उतना ज्यादा परिग्रह की वृत्ति होगी। गहरे कारण हैं।

परिग्रह आदमी करता है इसलिए कि सुरक्षित हो सके। धन है पास में, मकान है पास में, पद है, प्रतिष्ठा है; सुरक्षा मालूम होती है, सिक्योरिटी है। कल का कोई भय नहीं। कोई विपदा होगी, संकट होगा, धन रक्षा करेगा। कल का जिसे भय है उसका धन पर भरोसा होगा। लेकिन कल की चिंता उसे ही पैदा होती है जिसके जीवन में प्रेम नहीं है। जिसके जीवन में प्रेम है उसके लिए आज काफी है, उसके लिए कल है ही नहीं।

भविष्य की चिंता पैदा होती है, क्योंकि वर्तमान दुखपूर्ण है। आज मैं दुखी हूं तो कल की चिंता मन को पकड़ती है। आज मैं सुखी हूं तो कल भूल जाता है। सुख के क्षण में कोई भी भविष्य नहीं होता; न ही कोई अतीत होता है। जब आप आनंद में हों तो समय मिट जाता है। जितना सघन हो सुख उतना समय क्षीण हो जाता है; और जितना सघन हो दुख उतना समय बड़ा हो जाता है। इसलिए दुख का एक पल भी काटना मुश्किल होता है; बहुत लंबा मालूम पड़ता है। घर में कोई मरता हो प्रियजन तो रात भी बीतनी मुश्किल हो जाती है। और आनंद की घड़ी हो तो ऐसे बीत जाती है जैसे आई ही नहीं।

सभी स्वर्ग क्षणभंगुर होंगे और सभी नरक अनंत। इसलिए नहीं कि नरक अनंत है, बल्कि इसलिए कि दुख समय को विस्तार देता है। समय घड़ी से बंधा हुआ नहीं है; समय हमारे मन से बंधा हुआ है। जब आप दुखी हैं तो जीवन कटता हुआ मालूम नहीं पड़ता; और जब आप सुखी हैं तो तीव्रता से बह जाता हुआ मालूम पड़ता है। सुख के क्षण कब निकल जाते हैं, बोध भी नहीं होता। दुख के क्षण कैसे कटेंगे, यह समझ में नहीं आता।

जो आज दुखी है वह कल की सोचता है। दुखी आदमी कल के आसरे ही जीता है। आज तो जीने योग्य नहीं है, लेकिन कल की आशा कि आज बीत जाएगा और कल सब ठीक होगा। लेकिन कल तभी सब ठीक होगा जब मैं आज व्यवस्था कर लूं। तो धन को पकड़ूं, मकान बनाऊं, प्रियजन-मित्र बनाऊं, कुछ इकट्ठा करूं जो कल काम आ जाए।

और आज उसका दुखी होगा ही जिसके जीवन में प्रेम नहीं। जहां प्रेम है वहां सुख है। और जहां सुख है वहां भविष्य मिट जाता है। इसलिए प्रेमी को कल की चिंता नहीं है; आज काफी है। एक क्षण भी अनंत है, पर्याप्त है। दूसरा क्षण न भी हो तो कोई मांग नहीं। एक क्षण भी काफी संतुष्टि दे जाता है। और इस संतुष्ट क्षण से ही कल भी निकलेगा, इसलिए कल का कोई भय, असुरक्षा मन को पकड़ती नहीं। आज जिस प्रेम ने संतोष दिया है वह कल भी

संतोष देगा। और आज जिस प्रेम से सुगंध मिली है वह कल भी सुगंध देगा। जिस प्रेम में आज फूल खिले हैं कल वे और बड़े हो जाएंगे। जिसका आज का क्षण सुखद है, कल इस सुख से ही निकलेगा; इसी की धारा होगी।

तो जितना ज्यादा हो जीवन में प्रेम उतनी भविष्य की चिंता कम होती है। भविष्य की चिंता कम हो तो परिग्रह, संग्रह, वस्तुएं इकट्ठे करने का पागलपन छूट जाता है। जितने भी कृपण लोग हैं उनकी कृपणता उनके जीवन में प्रेम की कमी को भरने का उपाय है। प्रेम न हो तो हम सोने से भरते हैं गड्ढे को। वह कभी भर नहीं पाता, क्योंकि सोना मृत है, और कितना ही मूल्यवान हो तो भी जीवित नहीं। और प्रेम एक जीवंत अनुभव है।

मनसविद कहते हैं कि जिन बच्चों को बचपन में प्रेम मिलता है वे बच्चे ज्यादा भोजन नहीं करते। उनकी मां परेशान होगी उन्हें भोजन कराने को; मां चिंता करेगी ज्यादा खिलाने की और बच्चे कम भोजन करेंगे। जैसे उनका पेट प्रेम से भरा है। जिन बच्चों को प्रेम नहीं मिलता वे बच्चे ज्यादा भोजन करते हैं, जरूरत से ज्यादा। प्रेम से भीतर गड्ढा खाली है; उसे किसी भी भांति भर लेना जरूरी है। और फिर कल का कोई भरोसा नहीं है। छोटे बच्चे को अगर मां का प्रेम मिला है तो वह जानता है, जिस मां ने अभी सम्हाला है, कल भी सम्हालेगी।

लेकिन जिस बच्चे के जीवन में प्रेम नहीं उसे डर है, आज रोटी मिलती है, कल कुछ पक्का नहीं है, मिलेगी नहीं मिलेगी। ज्यादा खा लेगा। प्रेम की कमी भोजन से लोग पूरी कर लेते हैं। मनसविद कहते हैं, प्रेम जीवन में कम हो तो हम बाहर भी इकट्ठा करते हैं; शरीर के भीतर भी मांस, मज्जा और चर्बी इकट्ठी कर लेते हैं। वह भी कृपणता है। वह भी डर है, कल का भरोसा नहीं है।

यह जो प्रेम की कमी किसी भी तरह की वस्तुओं से पूरी की जाती है, यह हम ठीक से समझ लें। जीन पेआगे, अन्ना फ्रायड, और दूसरे मनसविद, जो बच्चों पर काम किए हैं, उन्होंने जो कुछ भी खोजा है, लाओत्से हजारों साल वही बात सूत्र में कहा है। लाओत्से की दृष्टि बड़ी गहरी है, और मन की आखिरी पर्त को छूती और पकड़ती है। और उसका विश्लेषण अचूक है।

कृपण आदमी की तकलीफ कंजूसी नहीं है। कृपण आदमी की तकलीफ उसके जीवन में प्रेम की कमी है। जिसके जीवन में प्रेम होगा—दूसरी बात खयाल में ले लें—वह कृपण तो हो ही नहीं सकता है, फिजूलखर्च हो सकता है। उलीच सकता है; इकट्ठा नहीं कर सकता। जितना ज्यादा भीतर प्रेम होगा उतना बांटने की आतुरता पैदा होती है। इसे थोड़ा समझें।

जब आप दुख में होते हैं तो आप चाहते हैं, सिकुड़ जाएं, एक अंधेरे कोने में छिप जाएं। किसी से मिलें न, जुलें न, कोई देखे न। दुखी आदमी सिकुड़ता है। दुख संकोच लाता है। और अगर दुख बहुत हो जाए तो आप मर जाना चाहते हैं, आत्महत्या कर लेना चाहते हैं। आत्महत्या का अर्थ है, इस भांति सिकुड़ जाना चाहते हैं कि फिर मिलने का दूसरे से कोई उपाय ही न रहे। जब आप सुख में होते हैं तब आप लोगों से मिलना चाहते हैं। जब आप सुख में होते हैं तब मित्रों से, प्रियजनों से बांटना चाहते हैं, किसी को साझीदार बनाना चाहते हैं। शेयर करने का भाव पैदा होता है। सुख बंटना चाहता है। दुख सिकोड़ता है; सुख फैलाता है।

इसलिए हमने परम आनंद की जो अवस्था है उसको इस मुल्क में ब्रह्म कहा है। ब्रह्म का अर्थ है, जो फैलता ही चला जाता है, जिसके विस्तार का कोई अंत नहीं। ब्रह्म का अर्थ है, अनंत विस्तार वाला, जो फैलता ही चला जाता है। यह ब्रह्म शब्द बड़ा बहुमूल्य है। इसका अर्थ है, जहां कोई संकोच कभी घटता नहीं, जिसके विस्तार की कोई सीमा नहीं है, और जो विस्तीर्ण ही होता चला जाता है। आनंद का यही लक्षण है। जितना ज्यादा आनंद होगा, उतना आप बांटना चाहेंगे; उतना आप चाहेंगे कि कोई आपको उलीच दे और खाली कर दे। और जितना आप बांटेंगे उतना ही आप पाएंगे आप ज्यादा आनंदित हो गए हैं। आनंद बांटने से बढ़ता है।

फिर यह बांटना बहुत तरह का होगा। जो कुछ भी आपके पास होगा, आप बांटेंगे। धन होगा तो धन बांटेंगे, ज्ञान होगा तो ज्ञान बांटेंगे, आनंद होगा तो आनंद बांटेंगे, प्रेम होगा तो प्रेम बांटेंगे। जो भी आपके पास होगा, आपके जीवन की पूरी धारा बांटने में लग जाएगी।

देखें! बुद्ध और महावीर जब दुखी हैं तब वे जंगल भाग गए, और जब वे परम आनंद से भर गए और समाधि को उपलब्ध हुए तो समाज में वापस लौट आए। अब तक ऐसा कभी नहीं हुआ कि आनंदित आदमी जंगल में बैठा रहा हो। दुखी आदमी जंगल गए, लेकिन आनंदित आदमी सदा समाज में वापस लौट आया। क्योंकि जंगल में बांटने का कोई उपाय नहीं। जंगल में आनंद पैदा तो हो सकता है, लेकिन बढ़ नहीं सकता, फैल नहीं सकता। उसे उलीचेगा कौन? उसमें साझीदार कौन होगा?

तो चाहे जीसस, चाहे मोहम्मद, महावीर, बुद्ध, या कोई भी, ये सारे लोग एक दिन जब दुखी थे तो जंगल की तरफ चले गए, और जब इन्होंने खोज लिया अपने जीवन का स्रोत, और जब इनके स्वर्ग के द्वार खुल गए और जब इनका जीवन उस अपरिसीम संगीत से भर गया जिसे हम ईश्वर कहते हैं, तब ये फिर जंगल में न रुक सके, फिर इनके पैर वहां न थम सके। फिर जंगल की मौन और जंगल की शांति इनको न रोक सकी। फिर ये लौट आए वापस उन लोगों के बीच जिनसे ये कल भाग गए थे। कौन सी घटना घट रही है? इनके वापस लौटने की कला और क्रिया क्या है? इनके वापस लौटने का राज क्या है?

बहुत लोगों ने सोचा है। महावीर क्यों वन में चले गए, इस संबंध में बहुत चिंतन हुआ है। लेकिन महावीर वन से वापस क्यों लौट आए, इस संबंध में कोई भी चिंतन नहीं हुआ है। और दूसरी घटना पहली घटना से ज्यादा बड़ी घटना है। जिस समाज को छोड़ कर गए थे उस समाज में वापस आने का प्रयोजन क्या है?

प्रयोजन है : जो मिला है उसे बांट देना। फिर ऐसा व्यक्ति न पात्र देखता है, न अपात्र देखता है; बांटता चला जाता है। पात्र और अपात्र भी कंजूस मन देखता है। वह देने के पहले पच्चीस बार सोचता है, दूं या न दूं। और न देने के लिए जब तक उपाय बन सके, वह सब तरह के उपाय खोजता है—अपात्र है, कैसे दूं?

हम अपने मन को हजार ढंग से समझाते हैं, रेशनलाइज करते हैं, तर्क जुटाते हैं। एक भिखमंगा सड़क पर भीख मांग रहा हो तो आप यह नहीं कहते कि मैं नहीं देना चाहता हूं; आप यह कहते हैं कि देने से भिखमंगापन बढ़ेगा। आप यह देखने को कभी राजी नहीं होते कि यह मेरे देने का डर। वह भी ठीक होगा, शायद आपका तर्क सही ही हो कि आप देंगे तो भिखमंगापन बढ़ेगा। लेकिन उसके कारण आप नहीं दे रहे हैं, यह बात गलत है। आप देना नहीं चाहते हैं।

बांटने में पीड़ा होती है, कुछ भी बांटने में पीड़ा होती है। इकट्ठा करने में सुख मिलता है। तो जो भी आपके पास आ जाता है बांटने के लिए कि बांटो कुछ मुझसे, उससे आपको पीड़ा होती है, उससे आप बचना चाहते हैं। पात्र और अपात्र, सही और गलत हमारा कृपण मन ही सोचता है। जब सच में ही देने योग्य हमारे पास कुछ होता है तो फिर न कोई पात्र रह जाता, न कोई अपात्र रह जाता।

अभी अगर आप कभी देते भी हैं तो प्रयोजन से देते हैं। उसके पीछे कोई शर्त होती है। चाहे प्रकट, चाहे अप्रकट; चाहे कहते हों, न कहते हों; लेकिन देने के पीछे शर्त होती है और देने के पीछे सौदा होता है। देते हैं, पूरी तरह नहीं देते। और देते हैं तो यह भाव रखते हैं कि जिसको दिया है वह अनुगृहीत अनुभव करे, वह धन्यवाद तो दे, और सदा भार से ग्रस्त रहे, दबे, झुके। और आशा मन में बनी रहती है कि कभी प्रत्युत्तर भी दे। यह देना न हुआ, यह सौदा ही हुआ। जब आप कुछ चाह रहे हैं तो आप दे नहीं रहे हैं। दान के पीछे अगर अप्रकट मांग छिपी है तो दान दिया नहीं जा रहा है, इनवेस्टमेंट है; आप एक नया धंधा खोल रहे हैं।

जब कोई प्रेम से, या ज्ञान से, या आनंद से भर जाता है तो देता है। इसलिए नहीं कि आपको जरूरत है, बल्कि इसलिए कि उसके पास ज्यादा है और उसके प्राण बोझिल हैं। और तब देता है तो आप अनुगृहीत नहीं होते, वह खुद ही अनुगृहीत होता है कि आपने लिया। आप इनकार भी कर सकते थे। इसलिए प्रेम सदा अनुगृहीत होता है कि कोई मिल गया जिसने मुझे उलीचने में सहायता दी, जिसने मुझे हलका होने में सहायता दी, जिसने मेरा बोझ कम किया, जिसने मुझे बांटा, जो राजी हुआ मुझे लेने को। अनुग्रह, देने वाला अनुभव करता है।

प्रेम की ऐसी घटना घटे तो जिसे हम त्याग कहते हैं वह त्याग नहीं रह जाता, वह महाभोग हो जाता है। क्योंकि देने वाला देने में आनंदित हो रहा है, त्याग का कोई कारण नहीं है। और देने वाला देकर और ज्यादा पा रहा है—आपसे नहीं, देने के घटने में ही पाना है। कभी अगर आपके जीवन में कोई एकाध झलक भी देने की कभी आती है, तो इसे थोड़ा समझना। अगर आप एक गिरे हुए आदमी को हाथ का सहारा भी दे देते हैं तो एक बड़ी गहरी शांति और आनंद की प्रतीति आपको होती है। इसलिए नहीं कि वह जो गिरा हुआ आदमी उठ गया है, वह लौट कर कुछ देगा। नहीं, उस उठाते क्षण में ही आप फैल कर ब्रह्म के साथ एक हो जाते हैं। जब भी आप कुछ देते हैं तब आप फैलते हैं। और सब फैलाव का अनुभव ब्रह्म का अनुभव है। लेकिन देना हो बेशर्त, कोई मांग छिपी न हो, अचेतन में भी कोई आकांक्षा न हो। और देते ही अनुग्रह का भाव पकड़ ले कि एक अवसर मिला, एक परिस्थिति बनी कि मैं कुछ बांट सका और फैल सका।

मेरे देखे, प्रेम ही एकमात्र वास्तविक त्याग है। लेकिन उसे त्याग कहना उचित नहीं, क्योंकि त्याग में ऐसा लगता है कि छोड़ते समय कुछ कष्ट हुआ हो। त्याग शब्द में कुछ कष्ट है। कष्ट इसी कारण उस शब्द में जुड़ गया है कि कंजूसों ने त्याग किया है, और उन्होंने बड़ा कष्ट पाया है त्याग करते वक्त। और हम सब कंजूस हैं। और जब हम किसी को त्यागते देखते हैं तो हमें लगता है कि कितनी पीड़ा न हो रही होगी! जैन महावीर की कथा लिखते हैं कि इतने हाथी, इतने घोड़े, इतने रथ, इतने महल, इतना सब धन, इस सबका उन्होंने त्याग किया। वह एक-एक घोड़े-हाथी की संख्या उन्होंने शास्त्रों में लिख रखी है। यह जिन्होंने भी लिखा है, ये कृपण और कंजूस रहे होंगे। यह हिसाब कंजूस का हिसाब है। और इन कंजूसों को लगा होगा कि कितना कष्ट महावीर नहीं उठा रहे हैं!

और महावीर कष्ट उठा रहे हों तो त्याग व्यर्थ हो गया। महावीर जरा भी कष्ट नहीं उठा रहे हैं। महावीर महल में कष्ट में रहे हों, महल छोड़ कर उनके चेहरे पर कष्ट की कोई छाया नहीं देखी गई। महावीर ने कुछ छोड़ा हो तो कष्ट छोड़ा है। और यह त्याग किसी और आंतरिक घटना से उठ रहा है। यह बांटने का अनुभव और आनंद है।

थोड़ी सी बातें खयाल में ले लें, फिर हम इस सूत्र में प्रवेश कर सकेंगे।

'मनुष्य किसे अधिक प्रेम करता है, सुयश को या स्वयं की निजता को?'

एक तो आप हैं, अपनी निजता में, अपने भीतर। अगर सारा जगत खो जाए, सारी मनुष्यता तिरोहित हो जाए, आप अकेले बचें, उस क्षण जो बचेगा वह आपकी निजता है।

सोचना भी कठिन है कि क्या बचेगा आपके भीतर। साधारणतः तो आपको लगेगा कुछ भी नहीं बचेगा, क्योंकि निजता का आपको कोई पता ही नहीं है। कुछ लोग हैं जो आपको कहते हैं, सज्जन हैं। अगर वे कल खो गए और आप अकेले बचे तो आप अपने को सज्जन न कह सकेंगे। वह किन्हीं लोगों की धारणा थी आपके प्रति, उन्हीं के साथ खो गई। कुछ लोग आपको महात्मा, संत पुरुष, साधु मानते होंगे। अगर वे खो जाएंगे तो कल आप उनके बिना साधु न हो सकेंगे। वह उनकी मान्यता थी। कोई आपको प्रतिष्ठा देता है, या कोई अपमान करता है; कोई मित्र है, कोई शत्रु है; कोई पक्ष में है, कोई विपक्ष में है। ये सारे लोग खो जाएंगे। और अभी आप जो कुछ भी अपने को मानते हैं, वह इन सबकी धारणाओं का जोड़ है। आपके पास क्या बचेगा?

आपको लगेगा, बिलकुल शून्य हो जाऊंगा; कुछ भी नहीं बचेगा। शायद जीने के लिए कोई सहारा भी नहीं बचेगा। जीने का कोई कारण भी मालूम नहीं पड़ेगा। क्योंकि कल तक धन को इकट्ठा करने के लिए जी रहे थे; अब धन को इकट्ठा करके क्या करिएगा? सारी पृथ्वी का धन आपका होगा, लेकिन इकट्ठा करके क्या करिएगा?

धन का रस धन में नहीं है। धन का रस उन लोगों में है जिनके पास आपसे कम धन है। धन का रस निर्धन में छिपा है। एक बड़ा महल आप बना रहे थे। अब सारे महल आपके होंगे; सारी पृथ्वी पर कोई भी नहीं है। लेकिन ये सारे महल बेकार हैं। क्योंकि बड़ा महल तब सुख देता है जब पास में छोटा मकान हो। आप सिंहासनों पर बैठने के लिए दौड़ रहे थे। सिंहासन सब आपको उपलब्ध होंगे। सिंहासन के ऊपर सिंहासन, सिंहासन के ऊपर सिंहासन रख कर आप अकेले बैठ सकते हैं। लेकिन कोई भी रस न होगा, सिर्फ मेहनत मालूम पड़ेगी, पसीना बहता हुआ मालूम पड़ेगा, कोई सार मालूम नहीं होगा। क्योंकि सिंहासन पर होने का मजा तब है जब सिंहासन के नीचे कोई तड़फ रहा हो, सिंहासन को पाने के लिए कोई तड़फ रहा हो; कतार लगी हो लाखों लोगों की सिंहासन को पाने के लिए और आप पा लिए हों और दूसरे न पा सके हों। सिंहासन का रस दूसरों की आंखों में है।

निजता का अर्थ है: आप अगर सारा जगत न रह जाए तो जैसे होंगे। साधक, जगत के रहते हुए, इस भांति जीना शुरू करता है अपने भीतर कि जैसे जगत नहीं रह गया। और उन-उन बातों को छोड़ता जाता है, तोड़ता जाता है, जो दूसरों से संबंधित हैं, और सिर्फ उसको ही बचाता है जो सबके खो जाने पर भी बचेगा। वही निजता है, वही आत्मा है।

लाओत्से पूछ रहा है, मनुष्य किसे अधिक प्रेम करता है, सुयश को, या अपनी निजता को? दूसरों की आंखों में प्रतिष्ठा को, मान को, सम्मान को, या अपने होने को? किस बात को ज्यादा प्रेम करता है?

दूसरे मेरे संबंध में क्या कहते हैं, यह मेरे लिए ज्यादा महत्वपूर्ण है? या मैं क्या हूं, यह मेरे लिए ज्यादा महत्वपूर्ण है? दूसरे भला मानें तो मैं भला नहीं हो जाता; दूसरे बुरा मानें तो मैं बुरा नहीं हो जाता। मेरा होना दूसरों की मान्यताओं से बड़ी पृथक बात है। मैं दूसरों की मान्यताओं को मूल्य देता हूं सिर्फ इसलिए कि मुझे मेरी निजता का कोई पता नहीं है। और जिसको मैं अपनी निजता मान रहा हूं वह केवल दूसरों से मिला हुआ अहंकार है; दूसरों ने जो कुछ मेरे संबंध में कहा है उसी का संग्रह है। इसलिए बड़ा डर होता है। अगर आप साधु हैं तो आपको डर होता है कि कोई असाधु न कह दे। इस भय से न मालूम कितने लोग साधु बने रहते हैं कि कोई असाधु न कह दे।

लेकिन उनकी साधुता कैसी और कितनी कीमत की है? इसका कोई भी मूल्य नहीं। नपुंसक है ऐसी साधुता जो इससे डरती हो कि कोई असाधु न कह दे। उधार है, मांगी हुई है; किसी और पर निर्भर है। इस साधुता की जड़ें अपने भीतर नहीं हैं। यह साधुता दूसरों की आंखों में बनाए हुए प्रतिबिंब का जोड़ है; बासी है, मुर्दा है। लेकिन साधु जितने डरते हैं कि कोई असाधु न कह दे, उतने असाधु भी नहीं डरते।

मनसविद कहते हैं कि चाहे आप साधु हों या असाधु, अच्छे हों या बुरे, आपकी नजर अगर दूसरे पर ही लगी हुई है, कि दूसरे क्या कहते हैं, तो आप अपने स्वयं से, अपनी सत्ता से अपरिचित ही रह जाएंगे। और लाओत्से पूछता है, प्रेम किस बात का है—लोगों के विचारों का या अपने शुद्ध अस्तित्व का? क्योंकि इन दोनों बातों पर निर्भर है आपके जीवन की दिशा।

एक बार आपने यह खयाल में ले लिया कि दूसरे मेरे संबंध में कुछ अच्छा कहें, दूसरे मुझे अच्छा मानें, तो आप झूठे से झूठे होते चले जाएंगे। आपका सारा जीवन एक लंबा पाखंड होगा। हजारों अच्छे लोगों का जीवन सिवाय पाखंड के और कुछ भी नहीं है। क्योंकि एक मौलिक भूल हो गई है; प्राथमिक चौराहे से, जहां जीवन के रास्ते टूटते थे अलग-अलग, उन्होंने एक गलत दिशा चुन ली। पूरे समय इसकी फिक्र है कि दूसरा क्या कहेगा।

हम बच्चों को यही समझा रहे हैं। मां-बाप बच्चों को कह रहे हैं, देखो, ध्यान रखो कि कोई बुरा न समझे। कोई क्या कहता है! तुम बड़े कुल में पैदा हुए हो, तुम्हारे घर की प्रतिष्ठा है, मां-बाप का नाम है। ध्यान रखना, तुम क्या करते हो! कैसे उठते-बैठते हो! दूसरे कुछ गलत न कहें, कोई इशारा न उठाए, तुम्हारी तरफ कोई अंगुली न उठे।

इसी के लिए हम तैयार किए जा रहे हैं। जैसे हम दूसरों के लिए पैदा हुए हैं। और एक बार जीवन इस दिशा को पकड़ ले तो फिर अंत तक इसी के पीछे चलता चला जाता है। फिर वह सब करता है; अच्छा भी, श्रेष्ठतम भी करे तो भी उसकी दृष्टि निकृष्ट पर लगी होती है।

मेरे एक परिचित और मित्र हैं, सेठ गोविंद दास। आज उनका वक्तव्य मैंने देखा। संसद में उनके पचास वर्ष पूरे हुए। पचास वर्ष तक निरंतर वे संसद के सदस्य थे। शायद ऐसा जमीन पर और कहीं कभी नहीं हुआ। संसद ने उनका सम्मान किया। सम्मान में उन्होंने जो वचन कहे वे इस संदर्भ में सोचने जैसे हैं। सम्मान के समय उन्होंने जो उत्तर में कहा, उन्होंने कहा कि मुझसे कम त्याग करने वाले लोग मुझसे ऊंचे पदों पर पहुंच गए हैं, मेरे साथ अन्याय हुआ है। कोई घाव होगा गहरा—मुझसे कम त्याग करने वाले लोग मुझसे ऊंचे पदों पर पहुंच गए हैं। तो जैसे त्याग पदों पर पहुंचने के लिए किया गया है। चाहे करते वक्त सचेतन रूप से उनको खयाल भी न रहा हो, लेकिन अचेतन में कहीं न कहीं पद छिपा रहा है। वह अभी भी पीछा कर रहा है। और त्याग को सम्मान नहीं मिला तो मेरे साथ अन्याय हुआ है, यह भी प्रतीति है। तो त्याग आंतरिक नहीं है, और त्याग किसी प्रसन्नता से नहीं निकला है। त्याग भी एक सौदा है। उसका प्रतिफल पूरा न मिले तो पीड़ा होती है।

शहीदों को भी अगर हम कब्र से निकाल लें और उनसे पूछें, तो वे बहुत दुखी होंगे कि हम मर गए और तुमने हमारे पीछे क्या किया? न कोई प्रतिष्ठा, न कोई पद, न कोई सम्मान। मरते वक्त चाहे सचेतन रूप से उन्हें खयाल न रहा हो, लेकिन सुना तो उन्होंने भी होगा कि शहीदों की चिताओं पर जुड़ेंगे हर बरस मेले। वे मेले नहीं जुड़ रहे हैं। जहां उनकी लाशें दबी हैं वहां पीड़ा हो रही होगी—कि उन मेलों का क्या हुआ? जो शहीद नहीं हुए उनके आस-पास मेले जुड़े हुए हैं।

त्याग भी आदमी करे तो भी नजर यह है कि दूसरे उसको कैसा आंकते हैं। दूसरों के आंकने पर ही मूल्य जिस बात का हो वह मूल्य आंतरिक नहीं है; वह मुझसे भीतर से पैदा नहीं हुआ, वह मेरे प्राणों का आविर्भाव नहीं है। नहीं तो बात खत्म हो गई थी। मुझे सुखद था, वह मैंने किया। मेरा आनंद था, वह मैंने किया। जीना था तो जीया और मरना था तो मरा। यह मेरी प्रतीति थी—सूली पर चढ़ जाना। यह कोई मेला जुड़ेगा मरने के बाद, उसके लिए नहीं था। लेकिन त्यागियों को पूछें तो भीतर वही घाव बना रहता है कि मैंने इतना छोड़ा।

लाओत्से यह कह रहा है कि मनुष्य किसे अधिक प्रेम करता है, सुयश को या स्वयं की निजता को?

जो सुयश को प्रेम करता है वह राजनीति के रास्ते पर है; वह चाहे धन की राजनीति हो, चाहे पद की राजनीति हो, मगर पावर पालिटिक्स। उसका रास्ता सत्ता का है। और जो निजता को प्रेम करता है उसका रास्ता धर्म का है। जो इस बात की फिक्र करता है कि मैं क्या हूं मेरी ही आंखों में। क्योंकि मुझसे निकट मुझे कौन देख सकेगा? आप मुझे कैसे देखेंगे और कैसे पहचानेंगे?

आपकी सब पहचान थोथी होगी, उथली होगी, ऊपर से होगी। आपको धोखा दिया जा सकता है। मैं अभिनय कर सकता हूं; मैं भले होने का आचरण कर सकता हूं। आपको झुठलाया जा सकता है, आपको भ्रांति में डाला जा सकता है। लेकिन मैं अपने को खुद कैसे भ्रांति में डालूंगा? मैं अगर अच्छा हूं तो ही मेरे सामने मैं अच्छा हो सकता हूं। दूसरे के सामने तो धोखे का उपाय है, इसलिए दूसरे का कोई भी मूल्य नहीं है। दर्पण के सामने मैं खुद को कैसा प्रतीत होता हूं, अपने ही भीतर जाकर मैं अपने को कैसा पाता हूं, वही आत्यंतिक है।

और लाओत्से कहता है, 'किससे है ज्यादा प्रेम, सुयश से या स्वयं की निजता से? किसका अधिक है मूल्य, स्वयं की निजता का या भौतिक पदार्थों का?'

जिसकी नजरों में दूसरे के विचारों का बहुत मूल्य है, उसकी नजरों में भौतिक पदार्थों का भी बहुत मूल्य होगा। अभौतिक अनुभूतियों का मूल्य उसकी नजरों में ज्यादा नहीं होगा, क्योंकि अभौतिक अनुभूतियां दूसरों के सामने प्रदर्शित नहीं की जा सकतीं। मैं कितना शांत हूं, इसकी कोई भी प्रदर्शनी नहीं बनाई जा सकती। लेकिन मेरे पास कितना शानदार महल है, इसकी प्रदर्शनी निरंतर जारी रहती है। मेरे पास क्या है, उसे दूसरे देख सकते हैं; मैं क्या हूं, उसे तो कोई भी नहीं देख सकता। तो जिसकी भी नजर में दूसरे की नजर का मूल्य है, वह भौतिक पदार्थों के संग्रह में लीन रहेगा। और जितना ही कोई वस्तुओं को इकट्ठा करता है उतना ही भूलता चला जाता है कि वस्तुओं के अतिरिक्त भी मेरे भीतर कुछ था। और जितनी वस्तुओं का ढेर बढ़ता जाता है उतना ही अपने से संबंध टूटता चला जाता है। धीरे-धीरे हम करीब-करीब अपनी ही इकट्ठी की हुई वस्तुओं के पहरेदार हो जाते हैं। न सोते हैं, न जागते हैं, न जीते हैं; उन वस्तुओं का पहरा देते रहते हैं।

कहानियां हैं पुरानी कि कृपण आदमी मर जाए तो मर कर भी अपने खजाने पर सांप होकर बैठ जाता है। कहानी अर्थपूर्ण है। और कृपण आदमी के मन को हम समझें तो कहानी बिलकुल सच मालूम होती है। यही होगा। क्योंकि जिसने जिंदगी भर पहरा दिया वह मर कर एकदम पहरा नहीं छोड़ सकता। उसकी आत्मा को कुछ और करने योग्य नहीं मालूम हो सकता। वह पहरा देकर सांप होकर खजाने पर बैठ जाएगा, उसकी आत्मा प्रेत बन कर भटकेगी। जिंदगी भर उसने यही किया था। जब वह शरीर में था तब भी वह एक प्रेत की भांति था। तब भी वह अपनी तिजोरी के आस-पास घूम रहा था। तब भी उसके सारे प्राण तिजोरी में थे। उसके प्राण उसके हृदय में नहीं थे, उसके धन में थे; जो उसके पास था उसमें थे।

'किसका अधिक मूल्य है, स्वयं की निजता का या भौतिक पदार्थों का? और कौन बुराई बड़ी है, स्वयं की हानि या पदार्थों का स्वामित्व?'

जीसस ने भी ठीक ऐसा वचन कहा है कि तुम सारी पृथ्वी को भी पा लो, लेकिन अगर तुमने खुद को खो दिया तो तुम्हारे पाने का मूल्य क्या है? तुमने सारा साम्राज्य पा लिया, और इस पाने की दौड़ में तुम भूल गए उसे जो तुम थे, तो तुमने जो पाया उसे पाना कहें या खोना कहें? लेकिन आदमी किसी गहरी भ्रांति में है। भ्रांति के पैदा होने के कुछ बड़े गहरे कारण हैं। पहला, एक तो आपको यह भ्रांति होती है कि खुद को पाने का क्या सवाल है; खुद तो आप हैं ही। उसे आपने स्वीकार ही कर लिया है। जैसे जन्म के साथ ही आत्मा आपको मिल गई।

मिली है, लेकिन बीज की तरह; उसे वृक्ष बनाना आपके हाथ में है। और वह बीज की तरह ही सड़ जाए, इसकी भी संभावना है। इस सदी का बहुत महत्वपूर्ण व्यक्ति गुरजिएफ तो इनकार करने लगा था। वह कहता था, सभी आदमियों के पास आत्माएं नहीं हैं। उसकी बात में सचाई है। चौंकाने वाली बात है। क्योंकि वह कहता है, सभी आदमियों के पास आत्माएं नहीं हैं। आत्मा पैदा हो सकती है, लेकिन श्रम करना पड़ेगा। और कभी करोड़ में एकाध आदमी पैदा कर पाता है, बाकी तो वैसे ही मर जाते हैं। सिर्फ एक संभावना है आदमी की, आत्मा पैदा हो सके। बात सच है। आप सिर्फ एक बीज की तरह हैं जो वृक्ष बन भी सकता है और न भी बने।

लेकिन पूरब के धर्मों ने प्रचार किया है कि सभी आदमियों के भीतर आत्मा है। इस प्रचार में सत्य था। क्योंकि जो संभव है, वह है। लेकिन इस सत्य से भी नुकसान हुआ। सारे लोग मान कर ही बैठ गए हैं कि जो भी है वह उनके भीतर है; कुछ करने जैसा नहीं है। संसार पाने योग्य है; आत्मा तो पाई ही हुई है। और जो पाया ही हुआ है, उसके लिए क्या चिंता करनी? जो नहीं पाया है, उसकी हम फिक्र कर लें। तो हम दौड़ते हैं पदार्थ के लिए।

पर ध्यान रहे, आत्मा आप में हो सकती है; यह पोटेंशियलिटी है। आप जब पैदा हुए हैं तो सिर्फ शरीर और मन की तरह पैदा हुए हैं। आत्मा तो बहुत छिपी है—बहुत दूर गहरे में। उससे अभी अंकुर भी नहीं फूटा है। यह शरीर और मन ने व्यवस्था जुटाई है। ये भूमि की तरह हैं। अंकुर फूट सकता है। अगर थोड़ा श्रम किया जाए तो वह आत्मा वृक्ष बन सकती है और उसमें फूल लग सकते हैं।

ऐसे जब किसी वृक्ष में फूल लग जाते हैं, तभी हम कहते हैं, व्यक्ति बुद्धत्व को उपलब्ध हुआ। सभी लोग बुद्ध नहीं हैं। सभी लोग बुद्ध हो सकते हैं, लेकिन मुश्किल से कभी कोई हो पाता है। यह प्रतीति कि हमारे भीतर आत्मा है ही, खतरनाक है। कोशिश करनी होगी। सोया है जो उसे जगाना होगा, छिपा है जो उसे प्रकट करना होगा। पत्थरों में दबा है जो झरना उसे पत्थर हटा कर राह देनी होगी। इस कारण भी हममें से बहुत लोग जीवन की ऊर्जा को पदार्थों को इकट्ठा करने में लगा देते हैं।

दूसरा भी एक गहरा कारण है। हमें आत्मा का कोई अनुभव भी नहीं है, स्वाद भी नहीं है। और जिसका स्वाद न हो, जिसका कोई अनुभव न हो, उसको पाने के लिए हम कुछ करें भी कैसे? उसकी वासना भी कैसे जगे? उसके पाने की प्यास भी हम कैसे पहचानें? और चारों तरफ हमारे पागलों का समाज है। वे सब पदार्थों को पाने में, दौड़ने में लगे हैं। उनके साथ अगर हम न दौड़ें तो हम पागल मालूम होते हैं। भीड़ बड़ी है। उस भीड़ में ही हमारा जन्म होता है। बच्चा इसके पहले कि होश से भरे, पागल उसे ठीक से पागल बनाने का पूरा इंतजाम किए हुए हैं।

छोटे बच्चों को जरूर आपकी चीजों पर हंसी आती है। छोटे बच्चों की निर्दोष आंखों में जरूर दिखाई पड़ता है कि कुछ पागलपन हो रहा है। क्योंकि छोटे बच्चों की यह समझ के बाहर है कि एक आदमी बड़ा मकान बनाने में जिंदगी भर नष्ट कर दे, कि धन तिजोड़ी में भरने में सब कुछ गंवा दे, अपना सब कुछ लगा दे। लेकिन इसके पहले कि बच्चे का निर्दोष भाव सबल हो पाए, हम सब चारों तरफ से इकट्ठा होकर उसकी गर्दन घोंट देंगे। हमारी शिक्षा, हमारा स्कूल, विश्वविद्यालय, समाज, सब महत्वाकांक्षा सिखा रहा है—दौड़ो, तेजी से दौड़ो, और जितना ज्यादा इकट्ठा कर सको कर लो; समय बीता जा रहा है, और संपत्ति एकमात्र सहारा है। इस कारण भी प्रत्येक व्यक्ति इस मूर्च्छा में दौड़ना शुरू हो जाता है।

लेकिन बुद्धिमान उसको ही कहेंगे जो इस पागलपन, इस आब्सेशन, इस विक्षिप्तता से थोड़ा सजग हो सके। सोच-विचार उसके भीतर ही माना जा सकता है जो थोड़ा खड़ा होकर सोचे कि मैं क्यों दौड़ रहा हूं! और जिसे पाने के लिए दौड़ रहा हूं, अगर मैंने पा भी लिया तो क्या होगा!

सिकंदर आ रहा है हिंदुस्तान। वह एक फकीर डायोजनीज को मिलता है। डायोजनीज उससे कुछ सवाल पूछता है। उसमें एक सवाल यह है कि तूने अगर पूरी दुनिया जीत भी ली तो फिर, फिर तू क्या करेगा? कहते हैं, सिकंदर यह सुन कर उदास हो गया। और उसने कहा कि डायोजनीज, तुमने ऐसी बात कही कि तुमने मुझे बड़ी निराशा से भर दिया। सच, अगर मैं पूरी दुनिया जीत लूंगा तो फिर क्या करूंगा! यह मैंने कभी सोचा नहीं। और दूसरी कोई दुनिया नहीं है, डायोजनीज ने कहा। तुम बड़ी मुश्किल में पड़ जाओगे।

सिकंदर जब विदा होने लगा तो उसने डायोजनीज को कहा कि अभी तो रुकना मुश्किल है; आधी दुनिया तो मैं जीत भी चुका। लेकिन जब मैं पूरी दुनिया जीत लूंगा तो मैं आऊंगा। तुमसे मैं प्रभावित हुआ हूं। तुम्हारी शांति और तुम्हारा आनंद मुझे छू गया है। डायोजनीज ने कहा कि अगर तुम प्रभावित हुए हो तो रुक जाओ। वही कसौटी होगी प्रभावित होने की। लेकिन सिकंदर ने कहा, अब आधी योजना को छोड़ना उचित नहीं है। ऐसे मैं समझता हूं कि पूरी दुनिया जीत कर भी क्या होगा, लेकिन अब आधे काम को छोड़ना उचित नहीं है। मैं पूरा काम करके लौटूंगा। डायोजनीज ने कहा, अब तक कोई अपनी कोई योजना कभी पूरी नहीं कर पाया है। तुम आधे में ही मरोगे।

और संयोग की बात कि सिकंदर लौटते वक्त आधे में ही मर गया। घर तक वापस नहीं पहुंच पाया। लेकिन कोई भी आधे में मरेगा। योजनाएं इतनी बड़ी हैं कि कभी पूरी नहीं होतीं। और इसके पहले कि एक योजना पूरी हो, उससे भी बड़ी योजना हमारा मन तैयार कर लेता है। इसलिए कभी भी कोई पूरी योजना करके नहीं मरता। हरेक व्यक्ति आधी योजना में ही मरता है, और यह जानते हुए भी कि अगर सारी योजनाएं भी पूरी हो जाएं तो क्या होगा।

सिकंदर ने डायोजनीज को कहा था कि अगर मुझे दुबारा जन्म मिले तो मैं परमात्मा से कहूंगा कि मुझे डायोजनीज बना। डायोजनीज बिलकुल नंगा फकीर था, ठीक महावीर जैसा। कपड़े भी नहीं थे उसके पास। भिक्षा-पात्र भी उसके पास नहीं था। पहले वह एक भिक्षा-पात्र रखता था, पानी पीने के लिए, या कोई भीख दे देता। फिर उसने एक दिन कुत्तों को पानी पीते देखा नदी में। उसने उसी दिन भिक्षा-पात्र भी फेंक दिया। उसने कहा, जब कुत्ते इतने समर्थ हैं कि बिना एक पात्र के जी लेते हैं तो मैं आदमी होकर इतना कमजोर! फिर वह अपने हाथ से ही पानी पीने लगा। फिर वह करपात्री हो गया।

सिकंदर ने उससे कहा, अगर दुबारा मुझे मौका मिला तो मैं परमात्मा से कहूंगा मुझे डायोजनीज बना। डायोजनीज ने कहा, और अगर मुझे मौका मिले तो मैं कहूंगा, तू कुछ भी बना देना, यह मेरा कुत्ता—उसका कुत्ता उसके पास ही बैठा था—यह कुत्ता भी मुझे बना देना तो भी चलेगा, लेकिन भूल कर मुझे सिकंदर मत बनाना।

सिकंदर एक प्रतीक है हमारे भागते हुए महत्वाकांक्षा का, पागल दौड़ का।

लाओत्से पूछता है, 'कौन बुराई बड़ी है, स्वयं की हानि या पदार्थों का स्वामित्व? इसलिए...।'

यह बड़े मजे की बात है; वह सिर्फ प्रश्न उठाता है, और जवाब आप पर छोड़ देता है। ये तीन प्रश्न उसने उठाए हैं; जवाब दिया नहीं। क्योंकि वह मानता है जवाब इतना साफ है कि उसे देने की कोई जरूरत नहीं। और जिसको जवाब साफ नहीं है उसको कितना ही दिया जाए उसे मिलेगा नहीं। इसलिए सिर्फ प्रश्न उठाता है।

मनुष्य किसे अधिक प्रेम करता है, सुयश को या निजता को? किसका मूल्य है अधिक, निजता का या भौतिक पदार्थों का? और कौन बुराई बड़ी है, स्वयं की हानि या पदार्थों का स्वामित्व? ये सब प्रश्नवाची चिह्न हैं। और जवाब देता नहीं, क्योंकि जवाब साफ है। और जिसे साफ नहीं है उसे देने से भी कोई फायदा नहीं है। सीधे निष्कर्ष पर पहुंच जाता है।

और निष्कर्ष है: 'इसलिए जो सर्वाधिक प्रेम करता है वह सर्वाधिक खर्च करता है।'

बीच में खाली जगह मालूम पड़ती है। यह देअरफोर, यह इसलिए एकदम छलांग लगा कर आया हुआ मालूम पड़ता है। अगर कोई तर्कशास्त्री इसको पढ़ेगा तो वह कहेगा कि इसमें कुछ पंक्तियां बीच में से खो गईं। क्योंकि यह इसलिए का क्या मतलब? पहले साफ होना चाहिए, पहले पूरा तर्कबद्ध विधि होनी चाहिए; इसलिए तो अंतिम चरण है। पर लाओत्से प्रश्न उठाता है, उत्तर नहीं देता। उत्तर साफ है। और जो व्यक्ति भी शांति से इन प्रश्नों को सोचेगा उसे उत्तर साफ हो जाएगा।

इसमें एक बात और समझ लेनी जरूरी है। अगर कोई भी प्रश्न ठीक से सोचा जाए तो उस प्रश्न में ही उत्तर छिपा होता है। और जो लोग प्रश्न पूछने की कला जानते हैं उन्हें उत्तर खोजने कहीं भी नहीं जाना होता; वे उस प्रश्न की तलहटी में ही उत्तर को छिपा हुआ पाते हैं। ये प्रश्न आपसे पूछे हैं, कोई उत्तर देने को नहीं; ये प्रश्न पूछे हैं, ताकि आप इन प्रश्नों को ठीक से अपने भीतर उठा सकें, और आप इन प्रश्नों के विस्तार में, इन प्रश्नों की प्रगाढ़ता में अपने जीवन को नाप सकें। उत्तर आपके पास है।

आप भी भलीभांति जानते हैं कि सारे संसार को पा लेने का भी कोई मूल्य नहीं है—स्वयं को खोना पड़े अगर। लेकिन फिर भी अपने को खोए चले जाते हैं। क्योंकि यह प्रश्न आपने सचेतन रूप से उठाया नहीं है; इस

प्रश्न को आपने अपने मन के सामने नहीं रखा है। और यह प्रश्न ऐसा है कि प्रतिपल पूछने जैसा है। एक-एक कदम जब आप उठाएं तब यह पूछने जैसा है हर बार कि मैं क्या कर रहा हूं? इससे मेरी निजता बढ़ेगी या मेरी संपत्ति बढ़ेगी? इससे मैं बढ़ूंगा या मेरे आस-पास का सामान बढ़ेगा? इससे मेरे जीवन की ऊंचाई और गहराई बढ़ेगी या लोगों की नजरों में मेरी प्रतिष्ठा कम और ज्यादा होगी? मैं यह किसलिए कर रहा हूं? यह प्रश्न प्रतिपल पूछने जैसा है। यह कोई तार्किक प्रश्न नहीं है जिसका कोई उत्तर दिया जा सके। यह प्रश्न तो एक विधि है, एक मेथड है कि अगर आप इसको पूछते चले जाएं तो धीरे-धीरे आपके जीवन में वह निखार आ जाएगा जो कि उत्तर है।

और इसलिए लाओत्से छलांग लेता है। वह कहता है, 'इसलिएः जो सर्वाधिक प्रेम करता है वह सर्वाधिक खर्च करता है। जो बहुत संग्रह करता है वह बहुत खोता है। संतुष्ट आदमी को अप्रतिष्ठा नहीं मिलती। जो जानता है कि कहां रुकना है, उसे कोई खतरा नहीं है। वह दीर्घजीवी हो सकता है।'

पहली बात, 'जो सर्वाधिक प्रेम करता है वह सर्वाधिक खर्च करता है।'

कई कारणों से। पहला कारण, क्योंकि जो प्रेम करता है उसी के पास कुछ खर्च करने को है भी। जो प्रेम नहीं करता उसके पास कुछ खर्च करने को है भी नहीं, उसके पास देने को कुछ है भी नहीं। और अगर वह कभी कुछ देता भी है तो सिर्फ अपनी दीनता छिपाता है। इसे थोड़ा समझना जरूरी है। जिनके जीवन में प्रेम नहीं है, वे भी कुछ देते हैं। सच तो यह है कि कई बार देते हुए दिखाई पड़ते हैं। लेकिन तब वे कुछ दे नहीं रहे हैं; कुछ नहीं दे सकते हैं भीतर का, इसलिए बाहर का कुछ देकर छिपा रहे हैं।

इसे थोड़ा जीवन के रोजमर्रा के ढांचे में देखें। अगर पति पत्नी को प्रेम नहीं दे सकता तो हीरे-जवाहरात देता है, सोना-चांदी देता है, आभूषण देता है। इसलिए नहीं—इसलिए नहीं कि उसके भीतर कुछ है जो वह सोना-चांदी के बहाने देना चाह रहा है, बल्कि इसलिए कि भीतर देने को कुछ भी नहीं है। और अगर वह सोना-चांदी भी न दे तो भीतर की दीनता बड़ी प्रगाढ़ होकर प्रकट हो जाएगी। वह छिपा रहा है; भीतर की दरिद्रता को ढांक रहा है। अगर प्रेम देने को हो तो सोना-चांदी देने जैसा लगेगा भी नहीं, निर्मूल्य मालूम होगा, क्षुद्र मालूम होगा। हीरे-जवाहरात का क्या मूल्य है अगर प्रेम का एक टुकड़ा भी देने को पास हो? लेकिन वह नहीं है। और ऐसा कोई भी मानना नहीं चाहता कि मेरे पास देने को प्रेम नहीं है। तो हम कुछ और देकर...ये बहाने हैं।

मनसविद तो यहां तक कहते हैं कि जिस दिन पति अपने को गिल्टी या अपराधी अनुभव करता है उस दिन कोई भेंट लेकर घर आता है। किसी खूबसूरत स्त्री को रास्ते पर देख लिया, तो उस दिन वह फूल खरीद कर घर ले आता है। यह अपराध, मन में जो एक, अंतःकरण को जो एक चोट लगी है कि कुछ गलती की, कुछ भूल की।

तो जब पति घर फूल लेकर आए तो पत्नी को सजग हो जाना चाहिए। बिना अपराध किए वह ऐसा करेगा नहीं। कुछ छिपाना न हो तो देने की जरूरत नहीं है। मेरे अनुभव में सैकड़ों संपन्न परिवारों की महिलाएं हैं, और जिन का दुख यही है कि उनका पति उन्हें सब कुछ दे रहा है, फिर भी उन्हें कुछ मिल नहीं रहा। जो भी दिया जा सकता है दृश्य, उनके पति उन्हें सब कुछ दे रहे हैं।

लेकिन इस मामले में स्त्री और पुरुष के मन में भी बड़े बुनियादी फर्क हैं। स्त्री और पुरुष के तर्क भी बड़े भिन्न हैं। स्त्री को धोखा देना बहुत मुश्किल है। कितना ही उसे दिया जाए, अगर प्रेम को छिपाने के लिए दिया जा रहा है तो स्त्री उसे उघाड़ ही लेगी, वह उसे पहचान ही जाएगी। प्रेम पर उसकी पकड़ बड़ी गहरी और साफ है। कितना ही जगमगाता हीरा हो तो भी वह पहचान लेगी कि पीछे प्रेम नहीं है। इसलिए पुरुषों को मैं देखता हूं कि वे मुझसे कहते हैं कि हम सब पत्नी के लिए कर रहे हैं, फिर भी कोई तृप्ति नहीं है। और पत्नियां कहती हैं, पति सब दे रहे हैं, उसमें कोई कमी नहीं है, लेकिन जो मिलना था वह नहीं मिला है।

पर प्रेम हम तभी दे सकते हैं जब वह हो, और यह बड़ी जटिल बात है। इस जगत में हम किसी और चीज के संबंध में ऐसी गणित की भूल नहीं करते जैसी प्रेम के संबंध में करते हैं। अगर आपके पास धन नहीं है तो आप जानते हैं कि कैसे देंगे! जो आपके पास नहीं है वह आप नहीं दे सकते, आप जानते हैं। लेकिन प्रेम के संबंध में बड़ी गहरी भूल होती है। हम कभी पूछते ही नहीं कि वह हमारे पास है; बिना पूछे हम उसे देने निकल पड़ते हैं।

प्रेम एक बहुत गहरी कीमिया है। वह भी कोई पैदा होने के साथ लेकर नहीं आता। वह भी एक जीवन का संगीत है जिसे खोजना होता है, जिसे निर्मित करना होता है। छिपा है अनगढ़ पत्थर की भांति, उसे छेनी लेकर निखारना होता है। तब वह मूर्ति बन पाता है। अनगढ़ पत्थर में मूर्ति छिपी है, लेकिन सभी के लिए नहीं छिपी है; उसी के लिए छिपी है जो उसे निकाल सके। हम जन्म के साथ प्रेम लेकर पैदा होते हैं एक पत्थर की भांति, पर फिर जीवन भर उसे निखारना पड़ता है। और धन्यभागी हैं वे लोग, अगर जीवन के अंत तक भी उनकी प्रेम की मूर्ति निखर आए। और जब हमारे पास हो तब हम दे सकते हैं।

पर सब लोग एक-दूसरे को प्रेम दे रहे हैं बिना यह सवाल उठाए कि वह हमारे पास है। इसलिए सब देते हैं, और किसी को मिलता नहीं। करीब-करीब सब दे रहे हैं, और जरूरत से ज्यादा दे रहे हैं, और सब यह सोचते हैं कि हमारे जैसा देने वाला कोई भी नहीं है, लेकिन किसी को मिलता नहीं। मेरे पास लोग आते हैं, वे कहते हैं, हम प्रेम देते हैं। मेरे पास वह आदमी आता ही नहीं जो कहता है, हमें प्रेम मिलता है। आप देते हैं तो किसी को मिलना चाहिए। मिलने में ही प्रमाण होगा। या फिर आप खाली हाथ देने का सिर्फ स्वांग कर रहे हैं। शायद अपने को धोखा दे रहे हैं कि आप दे रहे हैं।

सच तो यह है कि सब लेना चाहते हैं। सब लेने की कोशिश कर रहे हैं, और देना केवल लेने के लिए आयोजन है। लेकिन देने के लिए किसी के पास कुछ भी नहीं है। यह भी समझ लेने जैसा है कि जब तक आपके जीवन में प्रेम को मांगने की वासना है, जब तक आप पाते हैं कि मुझे कोई प्रेम दे, तब तक आप देने में समर्थ न हो सकेंगे। क्योंकि आप खुद भिखमंगे हैं। देने के लिए सम्राट होना जरूरी है।

यह बड़ी उलटी बात है। इस जगत में केवल वे ही लोग प्रेम दे पाते हैं जो प्रेम मांगते नहीं, जिनके लिए प्रेम की कोई जरूरत न रही। और जिनको इस जगत में प्रेम की जरूरत है, जो मांगते हैं, जो चौबीस घंटे इसी आशा में रहते हैं कि कोई प्रेम देगा और उनके जीवन में एक पुलक, एक नृत्य आ जाएगा, वे दे नहीं सकते। क्योंकि उनके पास है नहीं। मैं निरंतर कहता हूं, हमारी हालत दो भिखमंगों जैसी है, जो एक-दूसरे के सामने भिक्षा-पात्र फैलाए खड़े हैं। उनमें कोई भी देने वाला नहीं है, वे दोनों लेने वाले हैं। दोनों दुखी होंगे। सारा जगत दुखी है।

'जो सर्वाधिक प्रेम करता है, वह सर्वाधिक खर्च करता है।'

इस खर्च से संबंध वस्तुओं का नहीं है; इस खर्च से संबंध अस्तित्व का है। वह अपने अस्तित्व को लुटाता है। इस अस्तित्व के लुटाने में अगर वस्तुएं हैं तो वस्तुएं भी लुटती हैं, लेकिन वे गौण हैं। वे क़ेवल बहाने हैं। उनके सहारे वह कुछ और देता है। वह जो देता है वह अदृश्य है। अगर दृश्य भी कुछ देता है तो उसके सहारे कुछ अदृश्य ही देता है जो नहीं दिखाई पड़ता। अस्तित्व को लुटाया जा सकता है।

इसे हम दो-तीन तरह से समझने की कोशिश करें। जब आप प्रसन्न होते हैं, आनंदित होते हैं, तो आपको खयाल भी न होगा कि आपका पूरा व्यक्तित्व रेडिएट करता है, आपका पूरा व्यक्तित्व कुछ अस्तित्व की किरणों को अपने चारों तरफ फेंकता है। इसे आप एक छोटा सा प्रयोग करें तो समझ में आ जाए। एक अंधेरे कमरे में बैठ जाएं। एक मित्र को सामने बिठा लें अंधेरे कमरे में, जो आपको दिखाई न पड़ता हो। और एक छोटा सा प्रयोग करें। और वह प्रयोग यह हो कि आप सिर्फ शांत बैठ कर यह अनुभव करने की कोशिश करें कि आपका अंधेरे में बैठा हुआ

मित्र इस समय प्रसन्न है या दुखी। और एक सात दिन के प्रयोग के भीतर आप अंधेरे में भी उन किरणों को पकड़ना शुरू कर देंगे जिनसे आप तत्क्षण कह सकेंगे बेचूक कि इस वक्त अंधेरे में बैठा हुआ मित्र प्रसन्न है या दुखी। अगर दुखी है तो दुखी आदमी आपके भीतर से कुछ खींचता है। इसलिए दुखी आदमी के पास कोई जाना नहीं चाहता। जाना पड़े तो औपचारिक है। लेकिन दुखी के पास जाकर आप भागना चाहते हैं। जितनी जल्दी छुटकारा हो।

किसी के घर कोई मर गया हो तो आप जाते हैं; एक औपचारिकता पूरी करनी है। लेकिन वहां से आप भागना चाहते हैं। तो जल्दी कोई दो-चार बातें औपचारिक करके, सांत्वना प्रकट करके कि आत्मा अमर है, घबड़ाओ मत, और आप निकल भागते हैं। वहां बेचैनी होती है, वहां दम घुटती है। वह दम क्यों घुट रही है? वह दम इसलिए घुट रही है कि जहां भी कोई दुखी हो, वह आपके अस्तित्व को छीनता है। दुख हिंसात्मक है, और आपको रिक्त करता है। जबरदस्ती आपसे कुछ घट जाता है। इसलिए जब आप वापस लौटेंगे तो आप घर आकर पाएंगे कि थक गए।

अस्पताल जाकर देखें; एक पंद्रह मिनट अस्पताल में घूम कर लौटें। और जैसे आपके जीवन की ऊर्जा को किसी ने चूस लिया हो; खाली हो गए हैं। डाक्टर, नर्सेस कठोर हो जाते हैं। अगर कठोर न हों तो वे मर जाएं। कठोर होना उनके जीवन की रक्षा का उपाय है। अगर वे आप जैसे कोमल हों तो चौबीस घंटे दुखी लोग उनकी जीवन-ऊर्जा को खींच रहे हैं, वे जिंदा नहीं रह सकते। इसलिए वे उपेक्षा से भर जाते हैं। वह उपेक्षा उनका कवच है। उस कवच के माध्यम से, एक आदमी बीमार पड़ा है, वह कितना ही दुखी हो, लेकिन उसका दुख उनके भीतर से कुछ भी खींच नहीं सकता। वे बहेंगे नहीं, वे अपने को सम्हाले हैं।

इसलिए बड़े मजे की बात होती है। महामारियां फैलती हैं। कोई भी दूसरा व्यक्ति बीमार हो जाए। संक्रामक बीमारी है—मलेरिया है, प्लेग है, हैजा है। लेकिन डाक्टर वहीं सैकड़ों मलेरिया के बीमार, सैकड़ों प्लेग के बीमारों के बीच काम करने में लगा रहता है, और उसे इनफेक्शन नहीं पकड़ता। न पकड़ने का कारण है। निरंतर के अभ्यास से दुखी आदमियों के पास रह-रह कर उसने वह कवच निर्मित कर लिया है जिससे वे उसके अस्तित्व को नहीं खींच पाते। और जब तक आप कमजोर न हों तब तक कोई इनफेक्शन नहीं पकड़ सकता। जैसे ही आपका अस्तित्व बहना शुरू होता है, द्वार खुल जाते हैं। उन्हीं द्वारों से संक्रामक बीमारियां प्रवेश कर सकती हैं।

दुखी आदमी आपको चूसता है। इसलिए अगर लोग आपसे दूर भागते हों तो समझना कि आप दुखी हैं, और कोई आपके पास नहीं होना चाहेगा।

अब ये बड़े उपद्रव की बातें हैं। दुखी आदमी चाहता है, लोग मेरे पास बैठें। और दुखी आदमी चाहता है, लोग सहानुभूति प्रकट करें। और दुखी आदमी चाहता है, कोई मुझे छोड़े न। और दुखी आदमी पाता है कि कोई उसके पास नहीं बैठता; अपने भी दूर भागते हैं। जो प्रेम करते हैं वे भी औपचारिक बातें करके और किसी तरह बचना चाहते हैं। और जितना वे बचते हैं, उतना दुखी आदमी और दुखी होता है। जितना दुखी होता है उतनी उसकी मांग बढ़ती है कि कोई मेरे पास आओ। और जितना वह दुखी होता जाता है उतना पास आना मुश्किल होता चला जाता है। अगर आप पाते हैं कि लोग आपसे हटते हैं तो समझना कि आप दुखी हैं। अगर आप पाते हैं कि लोग आपसे खिंचते हैं, आपके पास आते हैं, तो समझना कि आप सुखी हैं। सुख का वह लक्षण है।

सुख एक मैगनेट है। जब आप सुखी होते हैं तब कोई आपसे खींचता नहीं, आप बांटते हैं। और यह फर्क बड़ा बुनियादी है। जब कोई आपसे खींचता है और जबरदस्ती आपकी जीवन-ऊर्जा जाती है तो आप थकते हैं। और जब आप प्रफुल्लता से बांटते हैं तब आप बढ़ते हैं, थकते नहीं। वही काम जबरदस्ती करवाया जाए तो पीड़ा लाता है, और वही काम आप अपनी प्रसन्नता से करें तो आनंद लाता है। काम वही है, भौतिक तल पर कोई अंतर नहीं है, लेकिन मन के तल पर बड़े बुनियादी फर्क हो जाते हैं।

यह जो लाओत्से कहता है, इसलिए जो सर्वाधिक प्रेम करता है, वह सर्वाधिक खर्च करता है। वह बांटता है अपने को, लुटाता है, उलीचता है। और जितना अपने को लुटाता है, जितना अपने को उलीचता है, उतना ही पाता है कि जीवन नए स्रोतों से और भी ज्यादा समृद्ध हो गया। कुएं की भांति है आदमी का व्यक्तित्व। उससे पानी निकालो, नया पानी नए झरनों से भर जाता है। पानी मत निकालो, झरने धीरे-धीरे बंद हो जाते हैं। और जो पानी था वह सड़ जाता है, गंदा हो जाता है, दुर्गंध देने लगता है। उलीचो कुएं को, कुआं सदा ताजा और नया होता है।

जितना ही कोई व्यक्ति अपने प्रेम को उलीचता है उतना ही पाता है कि प्रेम के नए झरने खुल गए। धीरे-धीरे वैसा व्यक्ति प्रेम का सागर हो जाता है। उसे खाली करने का कोई उपाय नहीं। भय के कारण जो लोग अपने प्रेम को सम्हाले रखते हैं कि कहीं कम न हो जाए, कहीं बांटा, किसी को दिया, तो व्यय न हो जाए, उन्हें जीवन की अनंत संपदा का कोई पता नहीं। वे क्षुद्र संपत्ति से परिचित हैं जो खर्च करने से घटती है। तिजोड़ी में से कुछ भी खर्च करिए तो घटेगा, क्योंकि तिजोड़ी के पास कोई सागर से जुड़े हुए झरने नहीं हैं। आदमी के हृदय के पास परमात्मा से जुड़े हुए झरने हैं। यहां लुटाओ, वहां से भर दिया जाता है।

'जो बहुत संग्रह करता है, वह बहुत खोता है।'

जितना ही कोई इकट्ठा करता है वस्तुएं, धन, उतना ही अपने को खो रहा है। क्योंकि बांटने की कला वह भूल जाएगा; संग्रह करने की व्यवस्था में लुटाने की कला भूल जाएगा। और लुटाने से ही कोई बढ़ता है। यह खोना वास्तविक घटना है। इधर आप जोड़ते चले जाते हैं तो आपको खयाल में भी नहीं आता कि आप कुछ खो रहे हैं।

निकोडेमस, एक अमीर युवक, एक रात जीसस के पास गया। रात में गया, क्योंकि दिन में गांव के लोग देख लें और कोई अड़चन की बात खड़ी हो जाए, या गांव के लोगों के सामने जीसस के पास जाना किसी झंझट में डाल सकता है। जीसस से क्या बात हो, जीसस क्या कहें, उनका क्या प्रत्युत्तर हो, उससे भी अड़चन हो सकती है। इसलिए रात अंधेरे में जब कोई भी न था और जीसस के शिष्य जा चुके थे तब वह जीसस के पास गया। और उसने कहा, मुझे कुछ बताएं! मैं भी स्वयं को पाना चाहता हूं, कोई रास्ता! और मैं भला आदमी हूं। जो भी नियम हैं समाज के उनको मैं पूरी तरह पालन करता हूं। चरित्र में मेरे कोई कमी नहीं है। धर्म का जो भी क्रियाकांड है, उसे मैं निभाता हूं। सब पर्व, उत्सव मंदिर पर पहुंचता हूं। पूजा-पाठ, जैसा भी शास्त्रोचित है, वह सब मैंने किया है।

तो ऐसे मेरे जीवन में कोई बुराई नहीं है। फिर अब मैं और क्या करूं जिससे कि मैं स्वयं को पा सकूं? जीसस ने कहा, इन सब बातों से कुछ भी न होगा; यह सब धोखा है। तुम एक काम करो, तुम्हारे पास जो भी है तुम उसे बांट कर आ जाओ। उस युवक ने कहा, यह जरा मुश्किल है। कोई और रास्ता नहीं है? जीसस ने कहा कि जब तक तुम्हारे पास जो है, उसे तुम बचाना चाहते हो, तब तक तुम स्वयं को न पा सकोगे।

यह युवक सब कुछ करने को राजी है। नियम पूरे पालन करता है। मंदिर, पूजा-पाठ, सब पूरे करता है, जो भी परंपरा ने कहा है। लीक पर चलता है, उसमें कहीं कोई भूल-चूक नहीं है। न शराबघर जाता है, न वेश्याघर जाता है। सब तरह से, जिसको हम कुलीन, सच्चरित्र, सज्जन कहें, वैसा व्यक्ति है, जिसमें भूल-चूक आप नहीं निकाल सकते। जिसमें कोई दोष नहीं है; जिस पर कोई कलंक नहीं है। गांव में कोई एक व्यक्ति नहीं कह सकता कि इस पर कोई दोष और कलंक है। उससे भी जीसस कहते हैं, इस सबसे कुछ भी न होगा। यह सब बेकार है। यह सब धोखा है। तेरे पास जो है, तू उसको छोड़ कर आ जा। सब छोड़ कर आ जा।

यह सवाल जीसस का उठाना महत्वपूर्ण है। इससे आप यह मत समझना कि आप सब छोड़ दें तो आपको आत्मा मिल जाएगी। सब आप नहीं छोड़ सकते हैं। उस सबको पकड़ने का यह जो इतना आग्रह है, वस्तु का इतना जो मूल्य है, उसके कारण आत्मा का आपके जीवन में कोई मूल्य नहीं हो सकता। और यह निकोडेमस पूछ रहा है

आत्मा पाने की बात; उसको भी और संग्रह में एक संग्रह बना लेना चाहता है। मेरे पास धन भी है, पद भी है, चरित्र भी है, आत्मा भी मेरे पास है। वह भी उसकी लंबी फेहरिस्त में, उसकी संपत्ति में, उसके स्वामित्व में एक हिस्सा बनाना चाहता है। जीसस उसे सीधे राह पर खड़ा कर देते हैं कि या तो तू यह सब छोड़ दे। जीसस ने निकोडेमस से ही वह वचन कहा है जो बहुत प्रसिद्ध हो गया कि सुई के छेद से ऊंट भला निकल जाए, लेकिन स्वर्ग के राज्य में धनी आदमी प्रवेश न कर सकेगा।

यह जो धनी आदमी का विरोध है, यह धन का विरोध नहीं है; यह उसकी पकड़ का विरोध है। इसे हम ऐसा समझें कि अगर हम कहें कि एक आदमी जो हाथ में कंकड़-पत्थर पकड़े हुए है, यह कभी भी अपने हाथ में हीरे-मोती न पकड़ सकेगा; बस ऐसा ही मतलब है। क्योंकि जब तक यह कंकड़-पत्थर पकड़े हुए है तब तक इसे एक तो हीरे-मोती दिखाई नहीं पड़ सकते; यह कंकड़-पत्थर को हीरे-मोती समझ रहा है, इसीलिए तो पकड़े हुए है। और जब तक इसके हाथ कंकड़-पत्थर से भरे हैं और खाली नहीं हैं कि हीरे-मोती को सम्हाल सकें तब तक यह उनको पकड़ेगा कैसे? वस्तुओं पर गहरी पकड़ इस बात की खबर है कि आत्मा का कोई भी स्वर भी सुनाई नहीं पड़ रहा है, उसका जरा सा भी स्वाद नहीं आ रहा है। नहीं तो यह पकड़ छूट जाए। धन छूटे या न छूटे, यह बड़ा सवाल नहीं है; पकड़ छूट जानी चाहिए।

मैं समझता हूं कि अगर निकोडेमस कहता कि अच्छा, मैं जाता हूं, सब लुटा कर आ जाता हूं; तो शायद जीसस ने कहा होता, कोई जरूरत नहीं। लेकिन इतनी हिम्मत निकोडेमस नहीं जुटा पाया। क्योंकि कोई बात न थी। अगर जनक धन के बीच रह कर और आत्मा को पा सकते हैं तो निकोडेमस भी पा सकता था। लेकिन सवाल वह नहीं था। निकोडेमस ने कहा कि नहीं, यह मुझसे न हो सकेगा; कोई और रास्ता बता दें। वह तैयार हो जाता तो मेरी प्रतीति सदा यह रही है कि जीसस ने कहा होता, तब फिर कोई जरूरत नहीं है। तब धन जहां है वहां है; तू स्वयं की खोज में लग सकता है। तेरी कोई पकड़ नहीं है, क्लिगिंग नहीं है।

'जो बहुत संग्रह करता है, वह बहुत खोता है। संतुष्ट आदमी को अप्रतिष्ठा नहीं मिलती।'

जरा मुश्किल होगी समझने में। क्योंकि प्रतिष्ठा और अप्रतिष्ठा तो दूसरों से मिलती है।

लेकिन लाओत्से कहता है, 'संतुष्ट आदमी को अप्रतिष्ठा नहीं मिलती।'

इसका अर्थ बड़ा और है। लाओत्से यह कह रहा है कि तुम चाहे उसे कितना ही अप्रतिष्ठित करो, तुम उसे अप्रतिष्ठित नहीं कर सकते। तुम्हारे हाथ में कोई उपाय ही नहीं है कि तुम संतुष्ट आदमी को अप्रतिष्ठित कर सको। तुम उसे हिला नहीं सकते; वह जहां है वहां से तुम उसे रत्ती भर नीचे नहीं उतार सकते। संतुष्ट का मतलब ही यह है कि कुछ भी हो जाए, तुम उसे असंतुष्ट नहीं कर सकते। और जिसको तुम असंतुष्ट नहीं कर सकते उसको अप्रतिष्ठित कैसे करोगे?

संतुष्ट का अर्थ समझ लें। जो भी है, वह उससे राजी है; और जो भी नहीं है, उसकी उसे आकांक्षा नहीं है। अगर उसे तुम अप्रतिष्ठित कर दो तो वह अप्रतिष्ठा से राजी हो जाएगा। तुम उसे बदनाम करो, वह बदनामी से राजी हो जाएगा। तुम उसे गाली दो, वह गाली स्वीकार कर लेगा।

एक कहानी मैं निरंतर कहता रहा हूं। जापान के एक गांव में एक युवक संन्यासी पर आरोप है कि एक युवती गर्भवती हो गई है, उसे बच्चा हुआ है, और उसने संन्यासी का नाम ले दिया। सारा गांव इकट्ठा हो गया। उस लड़की के पिता ने उस एक दिन के बच्चे को संन्यासी के ऊपर लाकर रख दिया, और कहा कि सम्हालो, यह बच्चा तुम्हारा है! उस संन्यासी ने इतना ही पूछा, इतना ही कहा, इज़ इट सो? क्या ऐसी बात है? और तब वह बच्चा रोने लगा तो वह बच्चे को समझाने में लग गया। भीड़ उसके झोपड़े में आग लगा कर वापस लौट गई।

सुबह-सुबह यह घटना घटी। और बच्चा रोने लगा, उसका रोना बढ़ने लगा। वह भूखा है और उस बच्चे के लिए दूध चाहिए। वह संन्यासी भीख मांगने गया। उस गांव में भिक्षा मिलना अब मुश्किल थी। प्रतिष्ठा खो गई। कोई संन्यासी को तो भिक्षा देता नहीं था, उसकी प्रतिष्ठा को देता था। द्वार उसके मुंह पर बंद कर दिए गए। बच्चे उसके पीछे दौड़ रहे हैं। सारे गांव में हंसी-मजाक चल रहा है। ऐसा कभी भी नहीं हुआ था कि एक संन्यासी एक छोटे बच्चे को लेकर गांव में भीख मांगने निकला हो। फिर उसने उस घर के दरवाजे पर भी जाकर भीख मांगी, जिसकी लड़की का यह बच्चा था। और उसने कहा कि मुझे मत दो, मैं भूखा रह सकता हूं, लेकिन यह बच्चा मर जाएगा।

उस बच्चे की मां को होश आया। वह अपने पिता के चरणों पर गिर पड़ी। और उसने कहा कि मैं झूठ बोली हूं; इस बच्चे के असली बाप को बचाने के लिए मैंने निर्दोष संन्यासी का नाम ले दिया। मैंने यह नहीं सोचा था कि बात यहां तक बढ़ जाएगी। मैंने सोचा था, संन्यासी को परेशान करके, गांव से बाहर करके, आप वापस लौट आएंगे। लेकिन यह बात ज्यादा हो गई। और संन्यासी ने इनकार नहीं किया, इससे और मन में चुभती है बात।

बाप नीचे आया, बच्चे को संन्यासी के हाथ से वापस लेने लगा। उस संन्यासी ने पूछा, क्यों? तो उसने कहा, क्षमा करें, यह बच्चा आपका नहीं है। उस संन्यासी ने फिर उतने ही शब्द कहे, इज़ इट सो? क्या ऐसी बात है?

बस इतना ही सुबह भी बोला था वह। और इतना ही बाद में भी बोला। न उसने कहा कि बच्चा मेरा है, न उसने कहा कि बच्चा मेरा नहीं है। जो स्थिति थी, उसके लिए राजी हो गया। ऐसे व्यक्ति की अप्रतिष्ठा नहीं हो सकती। क्योंकि ऐसे व्यक्ति को आप कुछ भी करें, जैसी भी स्थिति होगी, वह उसे पूरी तरह स्वीकार करता है। उसकी स्वीकृति समग्र है।

'संतुष्ट आदमी को अप्रतिष्ठा नहीं मिलती।'

इससे उलटा भी सही है। असंतुष्ट आदमी कभी प्रतिष्ठित नहीं होता। उसे कुछ भी मिल जाए, वह कुछ भी पा ले, उसकी भूख जरा भी कम नहीं होती, उसकी प्यास घटती नहीं, उसकी तृषा का कोई अंत नहीं है। उसकी तृष्णा दुष्पूर है।

'जो जानता है कहां रुकना है, उसे कोई खतरा नहीं है।'

और संतुष्ट आदमी का जीवन-सूत्र यह है कि वह जानता है कहां रुकना है। उसे फिर कोई खतरा नहीं है। संतुष्ट आदमी जानता है कहां रुकना है। आवश्यकता उसकी सीमा है।

आवश्यकता हमारी सीमा नहीं है। आप भोजन करने बैठे हैं; आपको कुछ भी पक्का पता नहीं चलता, कहां रुकना है। शरीर की कितनी जरूरत है, उससे आप भोजन नहीं करते; स्वाद की कितनी मांग है, उससे भोजन चलता है। स्वाद का कोई अंत नहीं है, स्वाद की कोई सीमा नहीं है। और स्वाद पेट से पूछता ही नहीं कि कहां रुकना है। स्वाद पागल है, उस पर कोई नियंत्रण नहीं है।

आवश्यकताएं जरूरी हैं, वासनाएं जरूरी नहीं हैं। आवश्यकता और वासना में इतना ही फर्क है। आवश्यकता उस सीमा का नाम है जितना जीवन के लिए—श्वास चले, शरीर चले, और खोज चलती रहे आत्मा की—उतने के लिए जो काफी है। उससे ज्यादा विक्षिप्तता है। उससे ज्यादा का कोई अर्थ नहीं है। फिर उस दौड़ का कोई अंत भी नहीं हो सकता। आवश्यकता की तो सीमा आ सकती है, लेकिन वासना की कोई सीमा नहीं आ सकती। सीमा का कोई कारण ही नहीं, क्योंकि वह मन का खेल है। कहां रुकें? मन कहीं भी नहीं रुकता।

लाओत्से कहता है, 'जो जानता है कहां रुकना है, उसे कोई खतरा नहीं है।'

खतरा उसी जगह शुरू होता है जहां हमें पता नहीं चलता, कहां रुकें। धनपतियों को देखें। धन उस जगह पहुंच गया है जहां उन्हें अब उसकी कोई भी जरूरत नहीं है, लेकिन रुक नहीं सकते। शायद अब उनके पास जो धन

है उससे वे कुछ खरीद भी नहीं सकते। क्योंकि जो भी खरीदा जा सकता था वे खरीद चुके। अब धन का उनके लिए कोई भी मूल्य नहीं है। धन का मूल्य कम होता जाता है, जैसे-जैसे धन बढ़ता है। आपके पास एक लाख रुपए हैं तो मूल्य ज्यादा है, एक करोड़ होंगे तो मूल्य कम हो जाएगा। क्योंकि अब आप कम चीजें खरीद सकते हैं; चीजें नहीं बचतीं जिनको आप खरीदें। फिर दस करोड़ हो जाते हैं तो धन बिलकुल फिजूल होने लगता है। फिर दस अरब हो जाते हैं। तो दस अरब के ऊपर जो धन आप इकट्ठा कर रहे हैं, वह बिलकुल कागज है। उसका कोई भी मूल्य नहीं है। क्योंकि उस धन का मूल्य ही है कि उससे कुछ खरीदा जा सके। अब आपके पास खरीदने को भी कुछ नहीं है। जमीन के पास आपको बेचने को कुछ नहीं है। मगर दौड़ जारी रहती है। वह मन दौड़ता चला जाता है। वह किसी आवश्यकता को, किसी सीमा को नहीं मानता। मन विक्षिप्त है।

'जो जानता है कहां रुकना है, उसे कोई खतरा नहीं है।'

खतरा तो वहीं आता है जब हमें रुकने के संकेत सुनाई नहीं पड़ते, और हम बढ़ते ही चले जाते हैं। जरूरत पूरी हो जाती है और हम बढ़ते चले जाते हैं। खतरे का मतलब यह है कि अब हम खो गए पागलपन में, अब इससे लौटना बहुत मुश्किल हो जाएगा। और अगर आप लौटना चाहेंगे तो आपको खोजना पड़ेगा वह स्थान जहां आपकी आवश्यकता समाप्त हो गई थी, फिर भी आप दौड़ते चले गए। अपनी आवश्यकता पर लौट आना संन्यास है। अपनी आवश्यकता को भूल कर बढ़ते चले जाना संसार है।

'जो जानता है कहां रुकना है, उसे कोई खतरा नहीं है। वह दीर्घजीवी हो सकता है।'

उसका यह छोटा सा जीवन भी फिर छोटा नहीं है; उसका यह छोटा सा जीवन भी काफी है। इस छोटे से जीवन में भी वह वह सब जान सकता है जिसके लिए जीवन अवसर है। इस शरीर के साथ जो थोड़े से दिनों का संबंध है, इस संबंध में वह उस सबको पहचान लेगा जो अमृत है, जिसकी कोई मृत्यु नहीं है। लेकिन यह वही आदमी कर पाएगा, यह दीर्घ जीवन उसका ही हो पाएगा, जो आवश्यकता पर रुक गया। और जो आवश्यकता पर नहीं रुका, उसका तो जीवन अल्प है। क्योंकि वासनाएं इतनी हैं, और समय इतना कम है। अरबों तक दौड़ है मन की और जीवन छोटा है। और यह जीवन इस दौड़ में ही व्यय हो जाता है।

जीवन काफी है। इसे अगर ठीक से समझें तो एक सौ साल का जीवन पर्याप्त जीवन हो सकता है। सत्तर साल का जीवन बहुत है। उससे ज्यादा की कोई जरूरत नहीं है। अगर कोई व्यक्ति सम्यकरूपेण चले, सीमा पर रुकना जाने, व्यर्थ के साथ न दौड़े, आवश्यक पर ठहर जाए और संतुष्ट हो, तो सत्तर साल का जीवन काफी है। कोई सात करोड़ जन्म लेकर मुक्त होने की जरूरत नहीं है। नहीं तो सात करोड़ जन्म भी कम हैं। क्योंकि हर बार वही दौड़ शुरू हो जाती है। जो करने योग्य है वह हो ही नहीं पाता और जो न करने योग्य है उसमें जीवन व्यर्थ हो जाता है। जो सार है वह हाथ में आ ही नहीं पाता और असार में हम दौड़ कर समाप्त हो जाते हैं।

एक यूनानी कथा मैंने सुनी है। एक बहुत तेज दौड़ने वाला देवता था। उसकी जैसी गति किसी की भी नहीं थी। और एक दूसरे देवता से शर्तबंदी हो गई। उस दूसरे देवता ने कहा कि तुम मेरे मुकाबले दौड़ न पाओगे। दूसरा देवता होशियार था, और जीवन के कुछ सूत्रों को जानता था। वह पहला देवता हंसा, और उसने कहा कि मुझसे तेज दौड़ने वाला कोई है ही नहीं। दौड़ हुई। दूसरे देवता ने एक काम किया। उसने रास्ते पर, जहां यह प्रतियोगिता होने वाली थी, सोने की ईंटें पूरे रास्ते पर डाल दीं।

दौड़ शुरू हुई। पहला देवता जानता है कि दुनिया में कोई उससे तेज दौड़ने वाला नहीं है। और जब उसे सोने की ईंटें चारों तरफ पड़ी दिखाई पड़ने लगीं तो उसने कहा कि थोड़ी ईंटें उठा लेने में हर्ज नहीं है, और फिर मैं कभी भी मिला लूंगा। एक ईंट उठाई, तब तक दूसरा देवता आगे निकल गया। पर उसने फिर उसे पार कर लिया।

पर ईंटें पूरे रास्ते पर थीं। और ईंटों का बोझ बढ़ने लगा। और जो उठा ली थीं, उनको छोड़ना मुश्किल। आपको भी मुश्किल, उसको भी मुश्किल। और ईंटें पड़ी ही थीं। और मोह भी नहीं छूटता था। तो वह उठाता भी गया, दौड़ता भी गया। बहुत बार वह दूसरे देवता से आगे निकल आता, लेकिन फिर ईंटें उठाने लगता। और ईंटें बढ़ती गईं, और अंतिम क्षण में वह हार गया।

बाद में यह पता चला कि जिस देवता से वह हार गया है वह सबसे धीमा दौड़ने वाला देवता है। वे दोनों दो छोर थे—एक सबसे ज्यादा दौड़ने वाला, एक सबसे कम दौड़ने वाला। लेकिन कम, धीमा दौड़ने वाला जीत गया। उसने संसारी मन की एक तरकीब का उपयोग कर लिया।

जहां पहुंचना है, उसके लिए तो जीवन काफी है, दौड़ काफी है। जितनी दौड़ चाहिए उतनी आपके पास है। लेकिन रास्ते पर बहुत सोने की ईंटें हैं, बड़े प्रलोभन हैं। और रास्ते से बहुत सी पगडंडियां निकलती हैं जो व्यर्थ जंगलों में भटका ले जाती हैं। लेकिन उन पगडंडियों पर सब पर स्वर्ण-द्वार हैं, बड़ी मोहक हैं।

इसलिए लाओत्से कहता है, 'जो जानता है कहां रुकना है, उसे कोई खतरा नहीं है। वह दीर्घजीवी हो सकता है।'

यह छोटा सा जीवन भी उसके लिए पर्याप्त है। और जो जानता नहीं कहां रुकना है, उसके लिए कितने ही जीवन अपर्याप्त होंगे।

इस पूरे सूत्र का सार-अंश मन में रख लें : निजता का मूल्य है। और जो भी करें, वह मेरी निजता बढ़ती हो, मेरी आत्मा बढ़ती हो, मेरा अस्तित्व सघन होता हो, उसे ध्यान में रख कर करें। और जिससे भी यह अस्तित्व खतरे में पड़ता हो, खोता हो, क्षीण होता हो, उससे बचें, उससे रुकें। और ध्यान रखें, कहां रुक जाना है। सुयश की नहीं, प्रतिष्ठा की नहीं, महत्वाकांक्षा की नहीं, अपने होने की, अपने अस्तित्व के आनंद की खोज; इन थोड़े से शब्दों में पूरी की जा सकती है। दूसरे क्या कहते हैं, यह मूल्यवान नहीं; आप क्या हैं, यही मूल्यवान है। क्या आपके पास है, यह मूल्यवान नहीं; जो भी आपके पास है उसमें आप संतुष्ट हैं, यह मूल्यवान है। क्या मिल जाएगा, तब आप संतुष्ट होंगे, यह बात फिजूल है। जो मिल गया है अगर आप उसमें संतुष्ट हैं तो ही आप निजता को उपलब्ध हो पाएंगे।

प्रेम आनंद बांटता है। और जितना बांट सकें, उलीच सकें स्वयं को, उतनी ही आपकी सत्ता समृद्ध होती है।

आज इतना ही।

बयासीवां प्रवचन

# वह पूर्ण है और विकासमान भी

## Chapter 45

# CALM QUIETUDE

*The highest perfection is like imperfection,*
*And its use is never impaired.*
*The greatest abundance seems meagre,*
*And its use will never fail.*
*What is most straight appears devious,*
*The greatest skill appears like clumsiness;*
*The greatest eloquence seems like stuttering.*
*Movement overcomes cold,*
*(But) keeping still overcomes heat.*
*Who is calm and quiet becomes the guide for the universe.*

## अध्याय 45

# निश्चल प्रशांति

*श्रेष्ठतम पूर्णता अपूर्णता के समान है,*
*और इसकी उपयोगिता कभी कम नहीं होती।*
*सर्वाधिक प्रचुरता स्वल्प की भांति है,*
*और इसकी उपयोगिता कभी समाप्त नहीं होगी।*
*जो सर्वाधिक सीधा है, वह टेढ़ा-मेढ़ा दिखाई देता है;*
*सर्वश्रेष्ठ कौशल अनाड़ीपन जैसा मालूम देता है;*
*सर्वश्रेष्ठ वाग्मिता तुतलाहट जैसी लगती है।*
*गति से ठंडक दूर होती है,*
*लेकिन अगति से गर्मी परास्त होती है।*
*जो निश्चल और प्रशांत है, वह सृष्टि का मार्गदर्शक बन जाता है।*

अति सरल, लेकिन अति जटिल भी यह सूत्र है।

अतियां समान हो जाती हैं। शून्य और पूर्ण बिलकुल एक जैसे हैं। जो शून्य की परिभाषा है वही पूर्ण की भी। शून्य भी अनादि और अनंत है; पूर्ण भी अनादि और अनंत है। न तो शून्य की कोई सीमा है; न पूर्ण की कोई सीमा है। शून्य की इसलिए सीमा नहीं हो सकती कि वह छोटे से छोटा है। और सीमा बनानी हो तो उतने छोटे पर कोई सीमा नहीं बनती। पूर्ण इसलिए असीम है कि वह बड़े से बड़ा है। सीमा बनानी हो तो उतने विराट पर कोई सीमा नहीं बनती।

देखने में दोनों विपरीत मालूम होते हैं; देखने में एक-दूसरे के निषेध मालूम होते हैं। लेकिन चाहे कोई शून्य में उतर जाए और चाहे कोई पूर्ण में, वे एक ही जगह पहुंच जाएंगे।

शंकर पूर्ण की बात करते हैं, बुद्ध शून्य की। और जो केवल शास्त्र में ही उलझे रहते हैं उन्हें लगेगा कि शंकर और बुद्ध विपरीत हैं। लेकिन जिन्होंने अनुभव से जाना है, शंकर और बुद्ध उन्हें एक ही बात कहते हुए मालूम पड़ेंगे। उनके शब्दों का चुनाव भिन्न है; उनका इशारा एक है। शंकर कहते हैं, सब कुछ। और बुद्ध कहते हैं, कुछ भी नहीं। लेकिन दोनों असीम की ओर इशारा करते हैं, अपरिभाष्य की ओर, अव्याख्य की ओर।

जन्म और मृत्यु हमें विपरीत दिखाई पड़ते हैं। लेकिन जन्म और मृत्यु बिलकुल एक जैसे हैं। जन्म के पहले आप क्या थे, वही आप मृत्यु के बाद हो जाएंगे। जन्म के पहले देह न थी; मृत्यु के बाद भी देह न होगी। जन्म के पहले का भी आपको कोई स्मरण नहीं है अभी, मृत्यु के बाद का भी आपको कोई बोध नहीं। जन्म के पहले जैसे असीम के साथ एक थे, वैसे मृत्यु के बाद भी असीम के साथ एक हो जाएंगे। जैसा जन्म व्याख्या के पार है, वैसे ही मृत्यु भी व्याख्या के पार है। जन्म हमें पहले मालूम पड़ता है, मृत्यु बाद में; सिर्फ इतने से कोई फर्क नहीं पड़ जाता।

ऐसा ही समझें कि जैसे कोई एक वर्तुल में यात्रा शुरू करे, एक सर्कल में, तो जिस बिंदु से यात्रा शुरू होगी उसी बिंदु पर यात्रा का अंत भी होगा। जो प्रथम बिंदु होगा चलने का वही अंतिम बिंदु भी होगा पहुंचने का। और इस जगत में सभी कुछ वर्तुलाकार है। न केवल पृथ्वी, चांद, तारे, सूरज; जीवन की सारी गति वर्तुलाकार है। मौसम घूमते हैं एक वर्तुल में, पृथ्वी एक चक्कर लगाती वर्तुल में, सूर्य किसी महासूर्य का परिभ्रमण करता है। और आइंस्टीन के हिसाब से सारा ब्रह्मांड भी किसी केंद्र का परिभ्रमण कर रहा है। सारा परिभ्रमण वर्तुलाकार है। जहां से यात्रा शुरू होती है वहीं यात्रा का अंत है।

आदमी का जीवन भी भिन्न नहीं हो सकता। जन्म और मृत्यु एक हैं। लेकिन जन्म को हम प्रेम करते हैं, आकांक्षा करते हैं; मृत्यु से हम भयभीत होते हैं, बचना चाहते हैं। बुद्ध ने कहा है, जिसने जन्म को चाहा उसने मृत्यु को मांग ही लिया। और जिसे मृत्यु से बचना हो उसे जन्म की चाह छोड़ देनी होगी। क्योंकि वे दोनों एक हैं। हमें भिन्न

दिखाई पड़ते हैं, क्योंकि हमें जीवन का वर्तुल नहीं दिखाई पड़ता। लेकिन बचपन, जवानी, बुढ़ापा—एक वर्तुल का अंग हैं। बूढ़ा व्यक्ति फिर से बच्चों जैसा हो जाता है। उसकी समझ, उसका व्यवहार सब बच्चों जैसा हो जाता है। बच्चे बूढ़ों से मिलते-जुलते होते हैं। जवानी जैसे वर्तुल का ऊपरी हिस्सा है, और जवानी के बाद फिर वर्तुल उतरने लगता है। जन्म और मृत्यु एक ही जगह के नाम हैं।

लाओत्से का इस पर बहुत जोर है। और इसे जो समझ लेगा उसे इस जगत में फिर कोई भी चीज विपरीत नहीं दिखाई पड़ेगी। और जिसको भी ऐसा हो जाए कि जगत में कुछ विपरीत न दिखाई पड़े, वह परम ज्ञान को उपलब्ध हो जाएगा। क्योंकि विपरीत भ्रांति है, विरोध अज्ञान में ही दिखाई पड़ता है; ज्ञान में कोई भी विरोध नहीं। रास्ते कितने ही भिन्न हों, दृष्टियां कितनी ही अलग हों, लेकिन जहां-जहां हमें विरोध दिखाई पड़ता है वहां-वहां विरोध हमारे अज्ञान के कारण ही दिखाई पड़ता है।

जगत में इतने धर्म हैं—ज्ञान के कारण नहीं, मनुष्य के अज्ञान के कारण। उनमें बड़ी विपरीतता दिखाई पड़ती है। हिंदू महर्षि, उपनिषद और वेदों के ज्ञाता कहते हैं, परमात्मा है। जगत को उसने ही रचा है, स्रष्टा है। और स्रष्टा के बिना तो धर्म की कोई धारणा ही नहीं हो सकती। महावीर कहते हैं, कोई स्रष्टा नहीं है। और महावीर कहते हैं, अगर कोई स्रष्टा है तो धर्म के होने का कोई उपाय नहीं है। बड़ी विपरीत बातें हैं। महावीर कहते हैं, आत्मा ही परम है; उपलब्ध करने योग्य है। और बुद्ध कहते हैं, जिसने आत्मा की भ्रांति छोड़ दी वह परम ज्ञान को उपलब्ध हो गया। जब तक आत्मा का खयाल है तब तक अज्ञान होगा, बुद्ध कहते हैं। और महावीर कहते हैं, जब तक आत्मा का पता नहीं तभी तक अज्ञान है। बड़ी विपरीत बातें हैं।

लेकिन मैं कहना चाहूंगा, बुद्ध और महावीर एक ही बात कहना चाह रहे हैं, क्योंकि शून्य और पूर्ण एक ही अर्थ रखते हैं। या तो पूरे आत्मवान हो जाएं और या आत्मा से बिलकुल शून्य हो जाएं; एक ही अवस्था में पहुंच जाएंगे। वह अवस्था इन दोनों शब्दों से प्रकट की जा सकती है।

लाओत्से के इस सूत्र को समझेंगे तो बहुत सी गहराइयां और रहस्य प्रकट होंगे।

'श्रेष्ठतम पूर्णता अपूर्णता के समान है।'

इससे ज्यादा विरोधाभासी कोई वक्तव्य नहीं हो सकता!

'श्रेष्ठतम पूर्णता अपूर्णता के समान है।'

एक बहुत प्राचीन विवाद है, सारे जगत के धर्मशास्त्री उस विवाद में संलग्न रहे हैं; लेकिन उत्तर शायद लाओत्से के पास है। थियोलाजी, धर्मशास्त्र निरंतर एक समस्या से उलझा रहता है, और वह यह कि यदि परमात्मा पूर्ण है तो फिर जगत में कोई विकास नहीं हो सकता। क्योंकि पूर्ण में विकास का क्या उपाय है? पूर्ण का तो अर्थ है जो हो चुका जो हो सकता था। इंच भर भी विकास की कोई संभावना नहीं है।

इसलिए ईसाइयत ने पश्चिम में डार्विन के विकासवादी सिद्धांत का विरोध किया। विरोध का कारण यह था। क्योंकि डार्विन ने कहा कि जीवन विकसित हो रहा है, हम आगे जा रहे हैं; कुछ नया घटित हो रहा है, जो अतीत में नहीं था वह भविष्य में होगा। ईसाइयत इसे स्वीकार न कर सकी। क्योंकि ईसाइयत का खयाल है कि जगत परिपूर्ण परमात्मा का निर्माण है, इसमें कुछ भूल-चूक तो हो नहीं सकती। इसमें कोई कमी भी नहीं हो सकती। तो विकास कैसे होगा? इवोल्यूशन कैसे होगी? जहां कुछ कमी हो, जहां कुछ भूल-चूक हो, वहां विकास हो सकता है। लेकिन पूर्ण हाथों ने रचा हो इस जगत को तो विकास का कोई उपाय नहीं है। और अगर विकास का उपाय है तो इसका अर्थ यही हुआ कि वे हाथ पूर्ण नहीं थे जिसने जगत को रचा; वे अपूर्ण थे। अपूर्णता में विकास हो सकता है। पूर्णता में कैसा विकास? इसलिए ईसाइयत मानती है, जगत की सृष्टि हुई है, विकास नहीं हो रहा है।

क्रिएशन और इवोल्यूशन में विरोध है। परमात्मा ने जगत को एकबारगी बना दिया। उसमें कोई विकास नहीं हो रहा है। और न कोई विकास हो सकता है। क्योंकि विकास का मतलब ही यह होगा कि परमात्मा को भूलें पता चल रही हैं, और वह उनको बदल रहा है, बेहतर कर रहा है।

अपूर्ण व्यक्ति के साथ तो माना जा सकता है। एक चित्रकार एक चित्र बनाए, फिर दूसरा बनाए, और तीसरा बनाए, और परिष्कार करता चले—और हर नए चित्र में ज्यादा सुधार होता चला जाए—क्योंकि चित्रकार अपूर्ण है। लेकिन परमात्मा जगत बनाए तो फिर उसमें कैसे विकास की संभावना है? और अगर विकास हो रहा है तो परमात्मा अपूर्ण है। और परमात्मा अगर अपूर्ण है तो फिर पूर्ण कोई कैसे होगा! अगर स्वयं परमात्मा अपूर्ण है तो पूर्णता का फिर कोई उपाय न रहा। और अपूर्ण परमात्मा को माना भी नहीं जा सकता। अपूर्णता ही उसके परमात्म-तत्व को छीन लेती है। परमात्मा पूर्ण तो होना ही चाहिए। यदि है तो पूर्ण होगा। अगर अपूर्ण है तो बेहतर है कहना कि वह नहीं है।

ईसाइयत के सामने डार्विन ने बड़ी समस्या खड़ी कर दी। जगत विकसित हो रहा है तो परमात्मा अपूर्ण हो जाता है। और अपूर्ण परमात्मा को स्वीकार नहीं किया जा सकता।

और भी मजे की कुछ बातें हैं जो समझ लेनी जरूरी हैं। अगर परमात्मा भी अपूर्ण है और आदमी भी अपूर्ण है तो दोनों में कोई फर्क नहीं; पूजा का कोई अर्थ नहीं; प्रार्थना व्यर्थ है। और अपूर्ण अपूर्ण से मांगे भी, हाथ भी जोड़े, प्रार्थना भी करे, तो क्या पाएगा? अगर परमात्मा अपूर्ण है तो सर्वशक्तिमान नहीं हो सकता। अपूर्णता सर्वशक्तिशाली नहीं हो सकती। परमात्मा अपूर्ण है तो सर्वज्ञाता नहीं हो सकता। अपूर्णता सब तरफ अपूर्णता होगी। और अगर परमात्मा भी अब तक पूर्ण नहीं हो पाया तो फिर मनुष्य के सपने व्यर्थ हैं कि कभी कोई मनुष्य पूर्ण हो जाएगा; कि कोई महावीर, कोई बुद्ध कभी पूर्ण हो सके। फिर पूर्णता इस जगत में हो ही नहीं सकती।

पूर्णता न हो सके तो धर्म की धारणा गिर जाती है। क्योंकि धर्म है खोज पूर्ण होने की—कैसे अपूर्णता कटे, और कैसे चेतना पूर्ण हो जाए; कैसे हम उस जगह पहुंच जाएं जहां से आगे जाने का और कोई भी उपाय नहीं रह जाता, कैसे हम उस बिंदु को पा लें जिसके आगे पाने की कोई वासना नहीं रह जाती। अगर परमात्मा अपूर्ण है तो वासनामुक्त नहीं हो सकता है। क्योंकि अपूर्ण तो वासना करेगा ही; पूर्ण होने की वासना करेगा; जहां-जहां कमी है वहां-वहां पूरा होना चाहेगा। अगर परमात्मा के ज्ञान में कमी है तो ज्ञान की खोज जारी रहेगी। अगर परमात्मा के प्रेम में कमी है तो प्रेम की खोज जारी रहेगी। अगर परमात्मा के होने में, बीइंग में कमी है, तो होने की खोज जारी रहेगी। और अगर परमात्मा भी वासना कर रहा हो तो इस जगत में लोगों को समझाना कि तुम निर्वासना में उतर जाओ, निहायत व्यर्थ है।

परमात्मा को पूर्ण होना ही चाहिए, अगर वह हो। अपूर्ण परमात्मा वासना से भरा होगा। और वासना से भरे परमात्मा का क्या अर्थ? फिर वह संसार का ही हिस्सा है। फिर वह वैसे ही अज्ञान में दबा है जैसे हम दबे हैं।

और भी एक बात समझ लेनी जरूरी है कि अज्ञान अगर हो तो पूरा ही होता है; ज्ञान हो तो पूरा ही होता है। ठीक वैसे ही जैसे कोई आदमी जिंदा हो तो पूरा ही जिंदा होता है; मरा हो तो पूरा ही मरा होता है। आप ऐसा नहीं कह सकते कि आदमी थोड़ा सा जिंदा, थोड़ा सा मरा है। वह बेहोश भी पड़ा हो तो भी पूरा ही जिंदा है। जब तक जिंदा है पूरा जिंदा है; और जब मरा है तो पूरा मरा है। जैसे मृत्यु और जीवन में कोई विभाजन नहीं हो सकता ऐसे ही ज्ञान और अज्ञान में भी कोई विभाजन नहीं हो सकता। या तो आप जानते हैं, या आप नहीं जानते। थोड़ा-थोड़ा जानने का कोई भी अर्थ नहीं है। परमात्मा अगर अपूर्ण है तो है ही नहीं। पूर्णता उसका अनिवार्य लक्षण है। अपूर्ण तो संसार है। फिर परमात्मा की धारणा की कोई जरूरत नहीं; अपूर्ण तो संसार ही काफी है।

लेकिन लाओत्से बड़े अदभुत वचन बोल रहा है।

लाओत्से कहता है, 'श्रेष्ठतम पूर्णता अपूर्णता के समान है।'

लाओत्से के लिए अड़चन नहीं है। लाओत्से कहता है कि जब पूर्णता पूर्ण होती है तब भी विकसित होती है; वैसी ही विकसित होती है जैसी अपूर्णता में विकास होता है। समझने में कठिनाई होगी, क्योंकि यहां तर्क बहुत काम नहीं देगा। यह हिसाब गणित के बाहर हो गया। यह हिसाब वही है जो उपनिषदों ने कहा है। ईशावास्य ने कहा है कि उससे पूर्ण भी निकाल लो तो भी पीछे पूर्ण ही शेष रह जाता है। यह गणित के बाहर है। क्योंकि गणित का तो सीधा नियम है कि अगर आप कुछ भी निकाल लेंगे तो जितना था उससे कम हो जाएगा, और अगर पूर्ण ही निकाल लेंगे तो पीछे शून्य रह जाएगा, कुछ भी नहीं बचेगा। लेकिन ईशावास्य कहता है, उस पूर्ण से पूर्ण को भी निकाल लो—थोड़ा निकालने में तो कोई डर ही नहीं है, पूर्ण भी निकाल लो—तो भी पूर्ण ही पीछे शेष रहता है। यह बात गणित के बाहर की हो गई। तर्क इसे सिद्ध न कर पाएगा। लेकिन अनुभव इसे सिद्ध करता है।

हमारे अनुभव में प्रेम एक तत्व है जिसे हम पहचान सकते हैं, जो गणित के बाहर है। आप कितना ही प्रेम अपने बाहर निकाल दो, कितना ही प्रेम लोगों को बांट दो, इससे आपके भीतर प्रेम में रत्ती भर भी कमी नहीं होगी। या कि कमी हो जाएगी? गणित के हिसाब से तो कमी होनी चाहिए, क्योंकि जो भी बाहर निकाल दिया उतना घट जाएगा। लेकिन अनुभव कहता है कि प्रेम घटता नहीं, जितना करो उतना बढ़ता है।

तो एक तो तर्क का जगत है, जहां जोड़ने से चीजें बढ़ती हैं, घटाने से घटती हैं। एक प्रेम का भी, काव्य का और हृदय का जगत है, जहां घटाने से भी चीजें घटती नहीं, विपरीत बढ़ती भी हैं, और जहां रोकने से घटती हैं। अगर कोई व्यक्ति अपने प्रेम को रोके तो सड़ जाए; थोड़े दिन में पाएगा कि प्रेम तिरोहित हो गया, नहीं बचा। प्रेम तो जितना बांटा जाए उतना ही बढ़ता है।

लाओत्से कहता है, 'श्रेष्ठतम पूर्णता अपूर्णता के समान है।'

अपूर्णता का एक ही लक्षण है कि वह विकासमान है, डायनामिक है, गतिमान है, बहती है, आगे बढ़ती है। इस जगत की जो पूर्णता है वह भी आगे बढ़ने वाली पूर्णता है—पूर्णता से और पूर्णता की ओर, और सदा पूर्णता से और पूर्णता की ओर। तब परमात्मा पूर्ण भी हो सकता है और विकासमान भी हो सकता है। और जब तक वह दोनों न हो तब तक परमात्मा की धारणा जगत को समझाने में सहयोगी नहीं हो सकती।

इसे हम जीवन के और पहलुओं से समझने की कोशिश करें। क्योंकि परमात्मा को हम जानते नहीं हैं; उससे हमारा सीधा कोई परिचय नहीं है। इसलिए सीधा उसको समझना भी आसान नहीं है। किन्हीं और पहलुओं से देखें, जहां पूर्णता अपूर्णता के समान होती है। बड़े चित्रकार कहते हैं कि जब कोई संपूर्ण रूप से चित्रकला में पारंगत हो जाता है तो वह बच्चों की तरह चित्र बनाने लगता है। पिकासो के चित्र देखें। इस सदी में ही नहीं, मनुष्य-जाति के पूरे इतिहास में वैसी सधी हुई अंगुलियां, वैसा चित्रकार खोजना मुश्किल है। लेकिन उसके चित्र बच्चों जैसे हैं। छोटे बच्चे जैसा बनाएंगे वैसा पिकासो बनाता है। और आप सोचते होंगे कि कोशिश करें तो आप भी बना सकते हैं! आप न बना सकेंगे। जो लोग चित्रों की नकल करने का धंधा करते हैं, वे बड़े से बड़े चित्रकार के चित्रों की नकल कर लेते हैं; लेकिन पिकासो के चित्रों की नकल बहुत मुश्किल है। क्योंकि वे इतने सरल हैं, उनकी नकल बहुत मुश्किल है। जटिल चित्रों की नकल की जा सकती है; सरल चित्रों की नकल बहुत मुश्किल है। पिकासो ऐसे बनाता है जैसे बनाना जानता ही नहीं। चित्रकला तभी पूरी होती है कि जो भी आपने सीखा हो जब आप भूल जाएं।

जापान में, चीन में, जहां चित्रकला को ध्यान के लिए उपयोग में लाया गया, और जहां ध्यान को खोजने के लिए बहुत तरह के आयामों में चित्रकला भी एक आयाम बनी, वहां झेन गुरु जब किसी को चित्रकला सिखाता है तो दस या बारह साल साधना चलती है। फिर कुछ वर्षों के लिए, वह कहता है, फेंक दो तूलिका, फेंक दो रंग और भूल

जाओ; तुम अब फिर उस जगह पहुंच जाओ जब तुम चित्र बनाना बिलकुल भी नहीं जानते थे। और जब चित्रकार बिलकुल भूल जाएगा तब गुरु कहेगा कि अब तुम बनाओ, अब तुमसे कुछ बन सकता है। क्योंकि अब तुम्हारी पूर्णता अपूर्णता जैसी हो गई। अब तुम सरलता से बनाओगे। अब तुम्हारे बनाने में टेक्नीक नहीं होगा।

बड़ी कठिनाई है। क्योंकि अक्सर लोग आर्ट और टेक्नीक को एक ही समझ लेते हैं, कला और विधि को एक ही समझ लेते हैं। तो कोई व्यक्ति तूलिका को ठीक से पकड़ना जानता है, रंगों की ठीक समझ है, और वर्षों तक अभ्यास किया है उसने, वह भी चित्र बना सकेगा। कुशल है, तकनीकी दृष्टि से समझदार है; लेकिन उसके चित्र वैसे ही होंगे जैसे किसी तुकबंद की कविता होती है, जो कि ग्रामर से परिचित है, व्याकरण से परिचित है, मात्रा-छंदों से परिचित है और तुकबंदी बना लेता है। उसकी कविता में भूल निकालनी मुश्किल है, लेकिन उसकी कविता में प्राण नहीं होंगे। उसकी कविता बिलकुल ही गणित के हिसाब से सही है, लेकिन पीछे कोई आत्मा नहीं होगी। जैसे एक आदमी की लाश पड़ी हो। शरीर की दृष्टि से बिलकुल पूरी है। एक-एक हड्डी, एक-एक मांस-मज्जा, सब पूरा है। लेकिन फिर भी लाश है; भीतर आत्मा नहीं।

टेक्नीक शरीर देता है। टेक्नीक से कोई भी आदमी किसी भी विधा का शरीर निर्मित कर लेता है। लेकिन आत्मा, आत्मा टेक्नीक से पैदा नहीं होती। पर आत्मा को भी प्रकट करना हो तो टेक्नीक तो जानना जरूरी है। कोई सोचता हो कि आप बिना सीखे और पिकासो जैसा चित्र बना सकेंगे तो आप गलती में हैं। पहले सीखना होगा और फिर भूलना होगा; तब आप पिकासो की हालत में आ पाएंगे।

आदमी संगीत सीखता है, सितार सीखता है तो वर्षों लग जाते हैं। सारी विधि ठीक से सीख लेगा। अंगुलियां सध जाएंगी, पूरा गणित खयाल में आ जाएगा। लेकिन उससे कोई सितारवादक पैदा नहीं होता। इतना काम तो कंप्यूटर भी कर सकेगा। कंप्यूटर को भी फीड कर दिया जाए, पूरी जानकारी दे दी जाए, तो कंप्यूटर भी सितार बजा देगा—बिलकुल विधिवत, शास्त्रीय ढंग से, जरा भी भूल-चूक नहीं होगी। लेकिन आत्मा पीछे नहीं होगी। कोई व्यक्ति कलाकार तब हो पाता है जब सितार बजाना पूरी तरह सीख लेता है, और फिर इस पूरे तकनीक को भूल जाता है; फिर सरल हो जाता है बच्चे की भांति, जैसे कुछ भी नहीं जानता। फिर उसने जो भी जाना है वह सहज हो गया होता है। उस सहजता से कला का जन्म होता है।

इसलिए टेक्नीशियन और आर्टिस्ट में बड़ा फर्क है। हजार टेक्नीशियन होते हैं तो कभी कोई एक आर्टिस्ट होता है। साधारणतः पहचानना भी मुश्किल है। लेकिन फर्क इतना ही होता है कि जो आर्टिस्ट है वह बच्चे की तरह सरल होगा; उसकी पूर्णता अपूर्णता जैसी होगी। टेक्नीशियन बिलकुल परफेक्ट होगा; उसमें अपूर्णता होगी ही नहीं। उससे भूल-चूक हो ही नहीं सकती; रत्ती-रत्ती ठीक होगा। लेकिन आर्टिस्ट, कलाकार से भूल-चूक हो सकती है। वह छोटे बच्चे की भांति होगा। उसकी जो भी जानकारी है वह उसके खून और मांस में मिल कर एक हो गई। वह जानकारी उसके मस्तिष्क में नहीं है, और वह उस जानकारी के माध्यम से नहीं चलता है।

कला हो, कि संगीत हो, कि नृत्य हो, या बुद्ध, जीसस के वचन हों, इन सारी दिशाओं में लाओत्से की बात बिलकुल ही सही है—सौ प्रतिशत। बुद्ध के वचन बच्चों जैसे हैं। जीसस के वचन में कोई पांडित्य नहीं है। जीसस के वचन बिलकुल ग्राम्य हैं, जैसे गांव का आदमी बोलता हो; उसमें पंडित की कुशलता बिलकुल नहीं है। न ही शास्त्रों का बोझ है; न कोई तर्क है। जीसस पैरेबल और छोटी-छोटी कहानियां लोगों से कह रहे हैं। छोटी कहानियां, जिनको बच्चे भी समझ लें, और बूढ़ों को भी समझना मुश्किल पड़े। कहानियां, जिनमें बहुत तल हैं, जिनके बहुत अर्थ हो सकते हैं। और जितना गहरा व्यक्ति होगा उतने गहरे अर्थ को पकड़ने में समर्थ हो जाएगा। लेकिन अपने आप में बात बिलकुल सीधी-सादी है।

जीसस को जिस दिन सूली हुई, पांटियस पायलट ने, रोमन गवर्नर ने—जो उन्हें सूली की आज्ञा दिया—वह दर्शन-शास्त्र का विद्यार्थी था और उसने दर्शन-शास्त्र में बड़े ग्रंथ पढ़े थे। और यह जीसस के संबंध में लोग कहते हैं कि यह ईश्वर का पुत्र है; और इसी गलत बात कहने के कारण उसे फांसी हो रही है। पर पांटियस पायलट को भी जीसस को देख कर लगा कि इस आदमी में कुछ बात तो ईश्वरीय है—इतना सरल और सीधा आदमी! तो इससे एक सवाल तो पूछ ही लूं। उसने पढ़ा था शास्त्रों में, और वही सवाल है सारे दर्शन का, कि सत्य क्या है? व्हाट इज़ ट्रुथ? तो मरते वक्त—कहीं यह आदमी ईश्वर को बेटा ही न हो—इससे एक सवाल तो पूछ ही लेना चाहिए। पायलट पास गया और सूली के ठीक क्षण भर पहले उसने जीसस से पूछा कि इसके पहले तुम सूली पर जाओ, मुझे बताओ, व्हाट इज़ ट्रुथ? सत्य क्या है?

जीसस जो बोलने से कभी थकते नहीं थे, जीसस जो रात भर बोला करते थे, गांव के ग्रामीण, नासमझ लोगों में समझाते रहते थे, वे एकदम चुप हो गए, और पायलट के प्रश्न का कोई उत्तर नहीं दिया।

नीत्शे ने व्यंग्य में लिखा है कि पायलट का उत्तर नहीं दिया, क्योंकि जीसस को उत्तर पता नहीं था। पायलट बुद्धिमान, शास्त्र का ज्ञाता, सुसंस्कृत, पढ़ा-लिखा आदमी था, रोमन वाइसराय था। जीसस ग्रामीण, बेपढ़े-लिखे, बढ़ई के लड़के थे। शायद जीसस को समझ में ही नहीं आया होगा कि पायलट क्या पूछ रहा है, सत्य क्या है?

जीसस से पूछने का तो कोई उपाय नहीं कि तुम चुप क्यों रह गए। यह पहला ही मौका है जीसस के पूरे जीवन में जब किसी ने कुछ पूछा हो और वे चुप रह गए। अन्यथा तो वे खोजने जाते थे लोगों को कि कोई पूछे और वे उसको कहें। नीत्शे की बात तो मानी नहीं जा सकती, क्योंकि जीसस ने सत्य की पहले बहुत चर्चा की है। परम सत्य की ही चर्चा की है, और तो कोई चर्चा नहीं की। ऐसा भी नहीं माना जा सकता कि यह सवाल समझ में न आया होगा। लेकिन कारण दूसरा है। कारण इतना है कि पायलट एक टेक्नीशियन की तरह पूछ रहा है कि सत्य क्या है। इसमें कोई हृदय का भाव नहीं है, इसमें कोई जिज्ञासा नहीं है। एक पंडित का सवाल है, जो किताबों में उत्तर खोजने का आदी रहा है। इस सवाल में जीसस को कोई हृदय की भावना नहीं दिखाई पड़ी। यह कहीं हृदय से आया हुआ नहीं है; यह सिर्फ बुद्धि की खुजलाहट है। इसलिए जीसस चुप रह गए।

इस चुप्पी से उन्होंने एक जवाब भी दिया कि जब बुद्धि पूछती हो तो चुप रहना ही जवाब है। और जब बुद्धि पूछती हो तो बुद्धि के द्वारा कभी कोई उत्तर नहीं पाया जा सका है। और जब तक बुद्धि चुप न हो जाए, जैसा जीसस चुप रह गए, तब तक सत्य की कोई प्रतीति संभव नहीं है।

जीसस की पूर्णता बड़ी अपूर्ण मालूम होती है। जीसस के भक्तों का खयाल था कि जब वे सूली पर चढ़ेंगे तो कोई चमत्कार घटित होगा। क्योंकि पूर्ण पुरुष चमत्कार प्रकट करेगा। जीसस के छूने से मरीज कभी ठीक हो गए। जीसस के छूने से कथा थी कि लजारस मुर्दा था और जिंदा हो गया। और जीसस ने किसी अंधे की आंखों पर हाथ फेरा और आंखें खुल गईं। तो जिस जीसस के आस-पास ऐसी सैकड़ों घटनाएं घटी थीं, यह स्वाभाविक अपेक्षा थी कि सूली पर कोई चमत्कार घटित होगा। लेकिन जीसस सूली पर चुपचाप मर गए, जैसा कोई भी साधारण आदमी मर जाता। जरा भी असाधारणता प्रकट न हुई।

और अकेले ही जीसस को सूली न लगी थी; साथ में दो चोर दोनों तरफ, उनको भी सूली दी थी। तीन आदमी एक साथ सूली पर लटकाए गए थे। जैसे दो चोर मर गए वैसे ही जीसस मर गए। जरा भी कुछ विशेष घटित न हुआ। धक्के की बात थी। भक्तों को भारी धक्का लगा होगा। क्योंकि भक्तों का गुरु गुरु नहीं होता, चमत्कार ही गुरु होता है। निराश हो गए होंगे। इतनी आशाएं बांधी थीं। जिसने ईश्वर के पुत्र होने का दावा किया था वह आखिर में साधारण मनुष्य का ही पुत्र सिद्ध हुआ।

लेकिन मेरे देखे, लाओत्से के इस वचन को ठीक से समझें और फिर जीसस को सोचें, श्रेष्ठतम पूर्णता अपूर्णता के समान है। श्रेष्ठतम पूर्णता दावा नहीं करेगी पूर्ण होने का। यही असाधारण घटना है कि जीसस साधारण मनुष्य की तरह मर गए। उनकी जगह कोई भी होता तो थोड़ा-बहुत कुछ करने की कोशिश करता। कोई मदारी भी होता तो थोड़ा-बहुत कुछ करता। जीसस ने कुछ भी न किया। यह पूर्णता, यह असाधारणता बड़ी साधारण आदमी जैसी थी।

'श्रेष्ठतम पूर्णता अपूर्णता के समान है, और इसकी उपयोगिता कभी कम नहीं होती।'

निश्चित ही, अगर आप पूर्ण ही हो गए हों और फिर से अपूर्णता को आप जी न सकें, तो आप मर गए। वैसी पूर्णता मृत्यु होगी। पूर्ण पूर्णता मृत्यु होगी। क्योंकि उसके आगे फिर कोई अंकुरण नहीं हो सकता।

बुद्ध को ज्ञान हुआ, फिर भी वे चालीस वर्ष जीवित थे। ज्ञान के बाद इन चालीस वर्षों में निरंतर फूल खिलते ही चले गए। यह पूर्णता मुर्दा पूर्णता नहीं है, यह पूर्णता विकसित हो सकती है। यह पूर्णता और पूर्णतर होती चली जाती है। और इसका कोई अंत नहीं है; इसकी उपयोगिता का कोई अंत नहीं है। अगर मेरी बात समझ में आए तो मैं निरंतर ऐसा ही जानता हूं कि बुद्ध जहां भी होंगे अभी भी पूर्णतर होते जा रहे हैं। वह फूल खिलना बंद नहीं हो सकता। बुद्धत्व फूल की तरह कम और खिलने की तरह ज्यादा है। वह खिलना होता ही रहेगा। इस पृथ्वी पर नहीं, कहीं और; इस देह में नहीं, कहीं और; रूप में नहीं, कहीं और। लेकिन वह खिलना तो जारी ही रहेगा। अस्तित्व से उस खिलने की घटना के खोने का कोई उपाय नहीं है।

लाओत्से कहता है, 'और इसकी उपयोगिता कभी कम नहीं होती।'

बुद्ध अभी भी हो रहे हैं। विकास, उत्क्रांति अस्तित्व का स्वभाव है। लेकिन हम आमतौर से ऐसा ही सोचते हैं कि कोई व्यक्ति पूर्ण हो गया, बात समाप्त हो गई। अब क्या बचा होने को!

बर्ट्रेंड रसेल ने इस पर व्यंग्य किया है। और व्यंग्य करने जैसा है। रसेल ने कहा है कि हिंदू और हिंदुओं का जो मोक्ष है उससे मुझे डर लगता है। क्योंकि वहां सब पूर्ण हो गए हैं; वहां कुछ करने को नहीं बचा। वहां क्या हो रहा होगा? जैनों का मोक्ष, वहां सारे सिद्ध-पुरुष सिद्ध-शिलाओं पर बैठे हुए हैं। वहां कुछ नहीं हो रहा। वहां हवा भी नहीं चल सकती। वहां कोई कंपन भी नहीं हो सकता, क्योंकि जो भी हो सकता था वह हो चुका। रसेल कहता है कि वैसी अवस्था तो बड़ी बोर्डम की हो जाएगी, बड़ी ऊब की हो जाएगी। आत्यंतिक ऊब पैदा होने लगेगी। और यह कोई एक-दो दिन का मामला नहीं है, यह शाश्वत होगा। क्योंकि मोक्ष से लौटने का उपाय नहीं है। मुक्त हो गए, तो बंधन से तो छूटने का उपाय है, मुक्ति से छूटने का कोई उपाय नहीं है। वहां से वापस नहीं आ सकते; वहां से आगे नहीं जा सकते। फांसी लग गई। और वहां कुछ भी नहीं होगा, क्योंकि होता तभी है जब कुछ कम हो। सब पूरा हो गया। रसेल कहता है, ऐसा मोक्ष तो आत्मघात मालूम होगा।

अगर ऐसा ही मोक्ष है तो आत्मघात है। तब संसार ज्यादा जीवंत है, और तब नरक भी चुनने जैसा है। लेकिन मोक्ष फिर सिर्फ वे ही लोग चुनेंगे जिनके पास बुद्धि नाममात्र को भी नहीं है। मोक्ष सिर्फ वे ही चुनेंगे जो जड़ हैं, क्योंकि यह पूर्णता जड़ता के समान हो जाएगी। इस पूर्णता में और जड़ता में क्या फर्क होगा?

लेकिन लाओत्से कहता है कि पूर्णता, अंतिम पूर्णता अपूर्णता की भांति होती है।

काश, रसेल को कोई लाओत्से की खबर दे पाता। मोक्ष में भी विकास जारी रहेगा, क्योंकि विकास होने का अनिवार्य लक्षण है। इसका कोई संबंध संसार से नहीं है। यह आपके होने का ढंग है। इसमें खिलना होता ही रहेगा, और उसका कोई अंत नहीं है। वह शाश्वत है। शाश्वतता कोई एक जड़ता की स्थिति नहीं है, बल्कि विकास का अपरंपार फैलाव है।

मुश्किल है लेकिन, क्योंकि हमारे भाषा के हिसाब में पूर्ण का मतलब है, विराम आ गया, पूर्णविराम हो गया। उसके आगे कुछ जाने को नहीं बचता। अगर हमारी समझ की पूर्णता जगत में कहीं घटती होती, तो यह जगत कभी का जड़ हो चुका होता। अनंत काल से यह जगत है; इसमें अभी तक सभी कभी के पूर्ण हो गए होते।

लेकिन इस अर्थ में पूर्णता कभी होती ही नहीं। पूर्णता घटती है। किस अर्थ में? इस अर्थ में पूर्णता घटती है कि आपको अपूर्णता का कोई भाव नहीं रह जाता; कुछ पाने जैसा नहीं रह जाता; कोई वासना नहीं रह जाती पाने की। लेकिन आपके होने का ढंग ऐसा है कि खिलता चला जाता है—निर्वासना से भरा हुआ विकास। कोई दौड़ नहीं होती, कहीं पहुंचने का कोई उतावलापन नहीं होता, कोई मंजिल नहीं होती। जैसे नदियां बहती हैं ऐसे आप भी पूर्णता से और पूर्णता की तरफ बहते चले जाते हैं। सिद्धत्व कोई जड़ता नहीं है, शाश्वत जीवंतता है।

'श्रेष्ठतम पूर्णता अपूर्णता के समान है।'

इतनी ही समानता है उसकी अपूर्णता से कि उसमें विकास सदा बना रहता है।

'और इसकी उपयोगिता कभी कम नहीं होती। सर्वाधिक प्रचुरता स्वल्प की भांति है, और इसकी उपयोगिता भी कभी समाप्त नहीं होगी।'

सर्वाधिक प्रचुरता स्वल्प की भांति, यह थोड़ा समझें। जिनके पास थोड़ा होता है उनको ही यह खयाल होता है कि उनके पास काफी है; जिनके पास बहुत होता है उन्हें यह खयाल कभी भी नहीं होता कि उनके पास काफी है। अज्ञानियों को ही भ्रांति पैदा हो जाती है कि वे ज्ञानी हैं; ज्ञानियों को यह भ्रांति कभी पैदा नहीं होती। दरिद्र ही अपनी संपत्ति की गणना रखते हैं; अगर सम्राट भी रखता हो गणना तो दरिद्र है, भिखारी है। गणना दरिद्र मन का लक्षण है। वह भिखारी के मन की पहचान है कि वह गिन रहा है, कितना मेरे पास है। और जितना उसके पास हो उससे सदा वह ज्यादा बतलाता है।

अगर आप गरीब के घर जाएं तो गरीब अपनी गरीबी को छिपाने की सब तरफ से कोशिश करता है। पड़ोसियों से सोफा मांग लाएगा, दरी मांग लाएगा; घर को सजा लेगा। गरीब सब तरह से अपनी गरीबी को छिपाने की कोशिश करता है, और दिखलाना चाहता है कि मैं अमीर हूं। अमीर घर में जाएं तो घर जैसा है वैसा ही होगा। तो ही अमीर का घर है। अगर इंतजाम करना पड़े तो वह गरीब का ही घर है। बड़े मजे की बात है कि गरीब को सादा होने में बड़ी कठिनाई होती है, क्योंकि सादा होने में गरीबी साफ हो जाएगी। सिर्फ अमीर ही सादे हो सकते हैं। और जब तक अमीरी में सादगी न आने लगे तब तक समझना कि अभी गरीब मिटा नहीं। अमीर सादा होगा ही। दिखावे का कोई सवाल न रहा। दिखावा छिपाने का उपाय है।

जिन्हें छोटा-मोटा कुछ पता है वे उसे बजाते रहते हैं। जिनके खीसे में कुछ थोड़े से फुट कर पैसे पड़े हैं, वे रास्ते पर उनको बजाते हैं। उससे ही पता चलता है कि उनके पास कुछ है। कभी आपने सोचा कि जिस चीज की आपके पास कमी होती है उसको आप ज्यादा करके दिखाते हैं। आप खुद भयभीत होते हैं, किसी को पता न चल जाए कि इतनी कम है। इसलिए ज्यादा करते हैं। लेकिन जो चीज आपके पास होती ही है, जिसका आपको भरोसा होता है, उसे आप दिखाते भी नहीं। क्योंकि उसको दिखाने का कोई प्रयोजन नहीं है। गरीब अपनी अमीरी दिखलाता है। अज्ञानी अपना ज्ञान दिखलाता है। भोगी अपना त्याग दिखलाता है। कंजूस अपना दान दिखलाता है। जो हम नहीं हैं वह हम दिखलाते हैं; जो हम हैं उसे दिखलाने का भाव ही पैदा नहीं होता।

'सर्वाधिक प्रचुरता स्वल्प की भांति है, और इसकी उपयोगिता कभी समाप्त नहीं होगी।'

इतना है आपके पास कि जरा भी भय नहीं पकड़ता कि कोई सोचेगा, नहीं है। तो ज्ञानी चुप भी हो सकता है। शायद जीसस चुप रह गए पायलट के पूछने पर...।

आपसे कोई पूछता कि सत्य क्या है तो चुप रहना बहुत मुश्किल होता। हालांकि आपको पता नहीं है। आपसे कोई पूछ ही ले, कुछ भी पूछ ले, आप चुप नहीं रह सकते। जिस संबंध में आपको कुछ भी पता नहीं है, उस संबंध में भी आप कुछ कहेंगे। मैं लोगों से पूछता हूं, ईश्वर है? कोई कहता है, है; कोई कहता है, नहीं है। लेकिन ऐसा आदमी कभी नहीं मिलता जो कहता है, मुझे पता नहीं। वह ईमानदार का लक्षण है; ये बेईमानों के लक्षण हैं। ईश्वर का कोई भी पता नहीं है और जोर से कहते हैं, है। या कहते हैं, नहीं है। ये दोनों ही बेईमान के लक्षण हैं।

बेईमान ही इस जगत में आस्तिक और नास्तिकों में बंटे हुए हैं। ईमानदार आदमी कैसे आस्तिक हो सकता है? कैसे नास्तिक हो सकता है? ईमानदार आदमी तो इस बात को पहले समझेगा कि मुझे कुछ भी पता नहीं है, तो मैं कैसे चुनाव करूं कि मैं इस तरफ हूं कि उस तरफ हूं? ईश्वर है या नहीं है? मुझे अपने होने का भी कुछ पता नहीं है; ईश्वर के होने के संबंध में मैं कैसे कोई वक्तव्य दूं? ईमानदार आदमी एग्नास्टिक होगा। ईमानदार आदमी स्वीकार करेगा, मुझे पता नहीं है। वह कहेगा कि अज्ञात है, मुझे कुछ पता नहीं है, मैं अज्ञानी हूं। और ऐसा व्यक्ति शायद कभी सत्य को पाने में समर्थ हो जाए। मगर वे बेईमानों की दो कोटियां, वे कभी भी सत्य को नहीं पा सकतीं।

लाओत्से कहता है, 'सर्वाधिक प्रचुरता स्वल्प की भांति है।'

जितना ज्यादा होता है उतना ही उसका बोध खोने लगता है। अगर सब कुछ आपके पास हो तो आपको पता भी नहीं रह जाएगा कि मेरे पास कुछ है। जब तक आपको पता है तब तक जाहिर है कि आपके पास बहुत अल्प है, और उससे कष्ट हो रहा है। पीड़ा का ही बोध होता है। पैर में कांटा चुभता है तो पैर का पता चलता है। सिर में दर्द होता है तो सिर का पता चलता है। सिर में दर्द न हो तो सिर का पता नहीं चलता; पैर में कांटा न चुभा हो तो पैर का पता नहीं चलता। शरीर स्वस्थ हो तो पता ही नहीं चलता कि है; अस्वस्थ हो, पीड़ा हो, तो पता चलता है। पीड़ा का ही पता चलता है।

अगर आपको अपने धन का पता चल रहा है तो धन के साथ कहीं पीड़ा जुड़ी है, कहीं कोई कष्ट जुड़ा है, कहीं कोई कांटा चुभ रहा है, कहीं कोई दर्द है, कोई घाव छिपा है। जिन लोगों के पास नया-नया धन होता है उन्हें पहचानने में जरा भी कठिनाई नहीं है, क्योंकि वे धन को उछालते चलते हैं। कुलीन घरों का पुराने दिनों में यही लक्षण था कि जिनके पास धन बहुत हो और जो उसे उछालते न हों। उसका मतलब था कि उनके पास धन परंपरा से है, सदियों से है, पीढ़ियों से है; धन का उन्हें पता नहीं रह गया है। जो आज ही धन कमा ले, उसका धन पागल हो जाता है; वह सब तरफ उसे दिखाने की कोशिश में लगता है। उसे अभी अपनी गरीबी भूली नहीं है। इसलिए नए अमीर का पता चलने में कोई कठिनाई नहीं है।

अमीरी—किसी भी आयाम में—तभी फलित होती है जब उसके पीछे जुड़ी हुई पीड़ा खो जाती है। अगर बुद्ध और महावीर अपना राज्य छोड़ सके तो इसीलिए छोड़ सके। हमें लगता है कि उनके पास इतना ज्यादा था, क्योंकि हम गणना करते हैं; उन्हें उसका पता ही नहीं रहा होगा। वह इतना स्वल्प हो गया था कि उसे छोड़ना, न छोड़ना बराबर था।

महावीर के जीवन में बड़ा मधुर उल्लेख है। महावीर ने चाहा कि मैं संन्यास ले लूं। तो महावीर की मां ने कहा, जब तक मैं जिंदा हूं, तुम बात ही मत करना। आमतौर से संन्यास लेने वाला बेटा इस तरह रुक नहीं सकता; बल्कि अगर इस तरह बाधा डाली जाए तो संन्यास लेने वाला बेटा कल लेता हो तो आज ले लेगा। बाप और बेटों में, पीढ़ियों में, बड़ा गहरा तनाव और संघर्ष है। लेकिन महावीर ने बात ही नहीं उठाई। मां भी चिंतित हुई होगी। उसने भी सोचा होगा, यह किस भांति का संन्यास था; जो एक दफा पूछा और मैंने कहा कि जब तक मैं हूं मत लेना, महावीर बात ही बंद कर दिए।

फिर मां चल बसी। पिता भी चल बसे। तो मरघट से लौटते वक्त महावीर ने अपने बड़े भाई को कहा कि अब मैं संन्यास ले लूं? बड़े भाई ने कहा कि तू पागल है! घर में इतनी बड़ी विपत्ति आ गई है कि माता-पिता चल बसे, हम अनाथ हो गए; तू यह बात ही मत उठाना। मेरे ऊपर और आघात मत कर। महावीर फिर चुप हो गए। यह भी हो सकता था कि महावीर कभी संन्यास न लेते, क्योंकि इस तरह जो चुप हो जाए! लेकिन दो वर्ष बाद घर के लोगों को लगा कि हम व्यर्थ ही रोक रहे हैं। महावीर घर में हैं और नहीं हैं। उठते हैं, बैठते हैं, चलते हैं, लेकिन जैसे हवा का झोंका आए और चला जाए और किसी को पता भी न चले। न किसी का विरोध करते हैं; न किसी बात में सलाह देते हैं; न कहीं बीच में अड़ंगा डालते हैं। जैसे घर में उनका होना न होने के बराबर है, अनुपस्थित। तो घर के लोगों ने महावीर से प्रार्थना की कि जब ऐसे घर में रहना हो कि तुम जैसे यहां हो ही नहीं तो फिर हम अकारण तुम्हें संन्यास से रोकने का पाप अपने ऊपर न लेंगे। तुम जाओ! महावीर उसी दिन घर से चले गए।

किसी राज्य को छोड़ने जैसी कोई घटना नहीं मालूम होती। राज्य राज्य है, ऐसा भी कोई सवाल नहीं है। वहां कुछ मूल्यवान है, ऐसा भी कोई सवाल नहीं है।

महावीर के लिए वह सारा साम्राज्य, वह सारी सुख-सुविधा, वह सारा धन-वैभव स्वल्प रहा होगा। उसे छोड़ना ऐसे ही था जैसे कि कोई कौड़ी छोड़ कर और चला जाए। उसे पीछे लौट कर देखने योग्य भी नहीं था। हमें लगता है कि बड़ा राज्य छोड़ा, क्योंकि हम हिसाब रखने वाले लोग हैं। हम अपने से तौलते हैं।

जिन्होंने भी छोड़ा है उनके पास इतना ज्यादा था कि वह स्वल्प हो गया। और जब ज्यादा स्वल्प हो जाए तो त्याग फलित होता है। जब ज्यादा को दिखाने का भाव न रह जाए, जब ज्यादा ज्यादा है ऐसी प्रतीति भी न रह जाए। उपनिषद कहते हैं कि जो कहता हो कि मैं जानता हूं परमात्मा को, समझ लेना कि वह नहीं जानता। क्योंकि जो जान लेगा वह अपने इस जानने की घोषणा भी नहीं करेगा। इसकी घोषणा का कोई मूल्य नहीं है। यह घोषणा व्यर्थ है। घोषणा में कहीं पीछे दर्द है।

'सर्वाधिक प्रचुरता स्वल्प की भांति है, और इसकी उपयोगिता कभी समाप्त नहीं होगी। जो सर्वाधिक सीधा है, वह टेढ़ा-मेढ़ा दिखाई देता है। सर्वश्रेष्ठ कौशल अनाड़ीपन जैसा मालूम होता है। सर्वश्रेष्ठ वाग्मिता तुतलाहट जैसी लगती है।'

एक-एक बिंदु समझने जैसा है।

'जो सर्वाधिक सीधा है, वह टेढ़ा-मेढ़ा दिखाई देता है।'

ऐसा क्यों होता है? सीधापन टेढ़ा-मेढ़ा दिखाई ही देगा, क्योंकि हम सब टेढ़े-मेढ़े हैं। हम सब टेढ़े-मेढ़े हैं और हम नार्मल हैं। अंग्रेजी का शब्द नार्मल अच्छा है, नार्म। हम मापदंड हैं, हम औसत हैं। हमारे बीच अगर कोई भी सीधा आदमी होगा तो टेढ़ा-मेढ़ा दिखाई पड़ेगा।

ऐसा ही समझें कि जहां सभी लोग शीर्षासन कर रहे हों वहां कोई एक आदमी पैर के बल खड़ा हो जाए, वे सब कहेंगे यह आदमी उलटा है। और उनके कहने में गलती भी नहीं है। उन्होंने अपने को सीधा माना हुआ है, उससे यह उलटा है। हम सब अपने को सीधा मान रहे हैं। हम बिलकुल तिरछे हैं, हमारा इंच-इंच तिरछा है।

आपने शायद सुनी हो कहानी अष्टावक्र की। जनक ने एक उदघोषणा की। वह ज्ञान की तलाश में था और जानना चाहता था सत्य क्या है। तो उसने सारे देश के बड़े पंडितों को निमंत्रण भेजा कि वे आएं, विवाद करें और निर्णय करें। वह कोई निष्पत्ति चाहता है। और बड़ा पुरस्कार था। हजार गौओं के सींगों को उसने स्वर्णमंडित करवा कर दरवाजे पर खड़ा कर रखा था। अष्टावक्र को कोई निमंत्रण भी नहीं मिला, क्योंकि वह दीन-हीन आदमी था। और नाम अष्टावक्र था, क्योंकि शरीर उसका आठ जगह से टेढ़ा-मेढ़ा था। लेकिन सुन कर कि इतना बड़ा विवाद हो

रहा है और कोई बड़ी सत्य की खोज हो रही है, वह भी चला आया। जैसे ही वह सभा में आया तो जो पंडित थे वे देख कर उसे हंसने लगे। वह आठ जगह से टेढ़ा-मेढ़ा था। खुद जनक को भी हंसी आ गई होगी। और सारे पंडित जोर से हंसने लगे। तो अष्टावक्र भी, कहते हैं, जोर से हंसा। वह इतने जोर से हंसा कि लोग सहम गए। और जनक ने पूछा कि तुम क्यों हंसते हो? तो उसने कहा कि मैं तो सोचता था कि पंडितों की सभा है; यहां चमार इकट्ठे हुए हैं, जिन्हें शरीर दिखाई पड़ता है। ये सत्य की कैसे खोज करेंगे? और ये सब टेढ़े-मेढ़े हैं हजार तरह से, मेरा सिर्फ शरीर ही टेढ़ा-मेढ़ा है। पर इनको इतना ही दिखाई पड़ता है। वह जो भीतर की सरलता है, उसका इन्हें कोई भी पता नहीं।

लाओत्से कहता है, 'जो सर्वाधिक सीधा है, वह टेढ़ा-मेढ़ा दिखाई देता है।'

क्योंकि हम सीधे हैं नहीं, पर हम सीधे मालूम पड़ते हैं। हमने ढोंग कर रखा है कि हम सीधे हैं। हमारी हर चाल तिरछी है। हम जो भी करते हैं, वह तिरछा है। हम कहते कुछ हैं, सोचते कुछ हैं, करते कुछ हैं; वह हमारा तिरछापन है। आपने कभी खयाल किया कि आप में कितनी पर्तें हैं। आप जो कह रहे हैं वह आप सोचते नहीं हैं; जो आप सोच रहे हैं वह आप कह नहीं रहे हैं। और जो आप करेंगे वह तो तीसरी ही बात होने वाली है। लेकिन आपको यह साफ नहीं दिखाई पड़ता कि यह सब क्या है। भीतर इतने खंड हैं! इतना धोखा है! और जब भी आप कुछ करने जाते हैं तो आप कभी सीधा नहीं जाते। आप बड़े गोल चक्कर लेते हैं। अगर उत्तर जाना है तो आप दक्षिण जाने से शुरू करते हैं। लेकिन आस-पास भी सब तिरछे लोग हैं, और उनके साथ शायद ऐसे ही जीना संभव है। कभी कोई सीधा-सरल आदमी हो तो वह भी अड़चन में पड़ता है और आपको भी अड़चन में डालता है।

छोटे बच्चे इसीलिए हमारे साथ दिक्कत में पड़ जाते हैं। बाप बच्चों को समझाता है कि झूठ नहीं बोलना। और घर कोई आया है बाहर, और वह अपने बेटे से कहता है : जाकर कह दो कि पिता घर पर नहीं है। यह बच्चे की समझ के बाहर है। यह उसकी बिलकुल समझ के बाहर है कि यह क्या हो रहा है। बाप बेटे से कहता है कि नाराज होना बुरा है। और बाप बेटे पर इसी बात पर नाराज हो सकता है कि तुम क्यों नाराज हुए।

मैं एक घर में मेहमान था। बाप बेटे को पीट रहा था; और उससे कह रहा था, मैंने हजार दफे कहा कि छोटे भाई को मत मारा कर; अपने से छोटे को मारना बहुत बुरा है। और वह पीट रहा है अपने बेटे को। और अगर छोटे भाई को मारना बुरा है तो यह बाप से यह बेटा और भी छोटा है, बहुत छोटा है, अनुपात में और ज्यादा छोटा है। लेकिन हमें खयाल नहीं है।

और हमारे भीतर जो सबसे ज्यादा आड़े-तिरछे होते हैं वे सबसे ज्यादा सफल हो जाते हैं। चाहे धन की दौड़ हो, चाहे राज्य की दौड़ हो, हमारे भीतर जो सबसे ज्यादा तिरछे लोग हैं वे सबसे ज्यादा सफल हो जाते हैं। मैं बहुत से राजनीतिज्ञों को जानता हूं; उनकी सफलता का राज सिवाय बेईमानी, धोखाधड़ी के और कुछ भी नहीं है। जितना भी कपट हो सकता है और जितना लोगों को पीछे से उनकी गर्दन काटी जा सकती है और छुरे मारे जा सकते हैं, वे सब करते हैं। लेकिन एक बार जब वे पद पर पहुंच जाते हैं तो वे उपदेश देने लगते हैं पूरे मुल्क को—ईमानदारी का, सचाई का, सच्चरित्रता का। और वे रोने लगते हैं पदों पर बैठ कर कि देश का चरित्र-ह्रास हो रहा है। और चरित्र का ह्रास न हो तो वे पद पर हो नहीं सकते थे। वे चरित्र के ह्रास की वजह से ही पद पर हैं। अगर देश चरित्रवान हो तो उनको कौन? एक वोट देने वाला उनको कोई नहीं मिल सकता। देश भी मजे से सुनता है। और सब उन्हें जानते हैं; वे सबको जानते हैं। लेकिन एक समझौता मालूम पड़ता है, एक कांसपिरेसी है, एक चुप्पी का वातावरण है कि अगर तुम ताकत में हो तो तुम जो भी कहो वह ठीक है। जैसे ही वे पद से नीचे होंगे कि चर्चाएं शुरू हो जाएंगी, उन्होंने क्या-क्या धोखाधड़ी, क्या-क्या गोलमाल किया। जब तक वे पद पर हैं तब तक वे बिलकुल सच्चरित्र हैं, साधु हैं। सत्ता में होना साधुता है। सत्ता के बाहर आप असाधु हो जाते हैं।

यह जो हमारा जगत है, जहां तिरछा चलना ही सीधा चलना हो गया है। और जहां हम सिखाते ही हैं सिर्फ एक बात कि कुशलता से चलो; कितने ही तिरछे चलो, लेकिन मंजिल पर पहुंचने का ध्यान रखो, कहीं से भी जाओ, येन केन प्रकारेण, कैसे भी। तुमसे कोई नहीं पूछेगा कि तुम कैसे पद तक पहुंचे। तुम धन तक कैसे पहुंचे, तुमसे कोई नहीं पूछने वाला है। न पहुंच पाए तो तुम मुसीबत में पड़ोगे। तब हरेक जानता है कि तुम बेईमान हो। अगर तुम सफल हो गए तो सफलता सारे पाप को धो देती है। तो सिर्फ एक पाप है, वह है असफलता। सब पाप करो, सफल भर हो जाना। तो जिंदगी के आखिर में तुम्हें कोई बुरा कहने को नहीं मिलेगा। और तुम कितना ही ठीक चलो, अगर असफल हो गए, तो लोग जानते हैं कि तुम बुरे हो।

असफलता, सफलता, इनसे सब तौला जा रहा है। हमारे बीच अगर कोई आदमी सीधा हो तो कठिनाई में पड़ेगा। या तो मूढ़ मालूम पड़ेगा, बुद्धू मालूम पड़ेगा। और हम उसे सुधारने की कोशिश करेंगे। और अक्सर हम सफल हो जाते हैं। लेकिन अगर कोई जिद्दी हुआ—कोई जीसस और बुद्ध जैसा हुआ कि लगा ही रहा पीछे और नहीं माना उसने हमारा—तो आखिर में हम उसको पूजा देते हैं। लेकिन तब भी हम जानते हैं कि तुम हमारे जगत के हिस्से नहीं हो; तुम अपवाद हो, तुम कोई नियम नहीं हो। तुम्हें मान कर नहीं चला जा सकता।

'जो सर्वाधिक सीधा है, वह टेढ़ा-मेढ़ा दिखाई देता है। सर्वश्रेष्ठ कौशल अनाड़ीपन जैसा मालूम होता है।'

जो कुशलता दिखाई पड़े वह कुशलता नहीं है। वह दिखाई नहीं पड़नी चाहिए। वह भूल जानी चाहिए; उसका स्मरण भी नहीं होना चाहिए।

'सर्वश्रेष्ठ वाग्मिता तुतलाहट जैसी लगती है।'

उपनिषद तुतलाहट जैसे लगते हैं। ऋषि जो कह रहे हैं, कहते वक्त उन्हें साफ है कि वे उसे कह न पाएंगे। क्योंकि जिसे वे कहने की कोशिश कर रहे हैं वह कहे जाने के बाहर है; एक असंभव प्रयास है, जो नहीं कहा जा सकता उसको कहने का।

लाओत्से के वचन खुद तुतलाहट जैसे लगते हैं। साफ नहीं दिखता कि लाओत्से क्या कह रहा है; लड़खड़ाता लगता है। और हर चीज के विपरीत को भीतर जोड़ देता है। इधर कहता है कि ईश्वर पास है तो तत्क्षण कहता है कि ईश्वर दूर है। वह जो भी कहता है उसको खंडित करता है तत्क्षण। क्योंकि डर है कि जो कहा जा रहा है कहीं गलत न समझ लिया जाए। इसलिए विपरीत को जोड़ दो, ताकि संतुलन बना रहे।

जितने भी महान वचन हैं, वे सभी तुतलाहट जैसे हैं। वेद के वचन हैं, उपनिषद के वचन हैं, बिलकुल तुतलाहट जैसे हैं। जैसे जिन्होंने कहा है उन्हें कहना आता ही न हो। ऐसी बात नहीं है। कहना उन्हें खूब आता है। लेकिन जो वे कह रहे हैं वह कहे जाने योग्य नहीं है। वह शब्द से इतने दूर है कि जब खींच-तान कर उसे शब्द तक लाते हैं तो अधमरा हो जाता है। शब्द में प्रवेश करवाते हैं, तब तक वे पाते हैं, उसकी सांस टूट गई। और जब तक वह शब्द आपके पास पहुंचता है तब आपके चेहरे पर जो दिखाई पड़ता है, उससे और, जो कहने की कोशिश कर रहा है, उसे लगता है, बेहतर है चुप हो जाए।

जीसस बार-बार कहते हैं, तुम्हारे पास कान हैं तो मैं जो कहता हूं उसे सुनो; तुम्हारे पास आंखें हैं तो जो मैं दिखा रहा हूं उसे तुम देख लो।

बुद्ध ने एक प्रवचन में कहा है कि तुम अगर यहां मौजूद हो तो मैं जो कहता हूं उसे सुन लो।

तुम यहां मौजूद हो! जो लोग मौजूद थे, मौजूद थे ही। लेकिन आप बैठे हुए हैं, इससे पक्का नहीं होता कि आप मौजूद हैं। आप हजार जगह हो सकते हैं। आप इतने कुशल हैं हजार जगह होने में। संभावना तो यह है कि जहां आप होंगे वहां आप न होंगे।

मैं एक सैनिक के संस्मरण पढ़ रहा था। दूसरे महायुद्ध में उसने अपनी डायरी में लिखा है कि जब शुरू-शुरू में युद्ध के मैदान पर गया, जहां बम गिर रहे हैं, गोलियों की बौछार हो रही है, तो जब बमबार्डमेंट शुरू हो, बम गिरना शुरू हों, तो बड़ा मुश्किल होता है—कहां खड़े हो जाओ? क्योंकि कुछ पता नहीं बम कहां गिरेगा। तो पुराने सैनिकों ने कहा, एक बात खयाल में रखो, जहां बम गिर चुका हो वहीं खड़े हो जाओ; वहां दुबारा नहीं गिरेगा। इसकी संभावना सबसे कम है कि वहां दुबारा गिरे। और कहीं भी गिर सकता है, वहां नहीं गिरेगा जहां गिर चुका है।

करीब-करीब आपकी हालत ऐसी है कि जहां आप हैं वहां आप नहीं होंगे। वहां तो आप हैं ही। वहां गिर चुके समझिए। कहीं और होंगे, वहां आप नहीं पाए जाएंगे। निश्चित ही, जो आपसे बात कर रहे हैं उनकी हालत तुतलाहट जैसी हो जाएगी। क्योंकि आप वहां मौजूद नहीं हैं। खींच-खींच कर आपको भी लाना पड़ता है। और जो वे कह रहे हैं, उसे भी खींच-खींच कर लाना पड़ता है। इसमें वाणी तुतला जाती है।

इसलिए ऋषियों के वचन बच्चों जैसे मालूम पड़ते हैं। जैसे छोटे बच्चे जो भाषा नहीं जानते और पहली दफे भाषा का प्रयोग करना सीख रहे हैं। या छोटे बच्चे, जो चलना नहीं जानते, पहली दफे चल रहे हैं, डगमगा रहे हैं। छोटे बच्चे भी बेहतर हालत में हैं। उस अज्ञात के जगत में जब किसी व्यक्ति का पहले प्रवेश होता है तो वहां पैर बिलकुल नहीं टिकते; वहां अपनी ही बुद्धि पकड़ में नहीं आती; वहां अपने ही सारे संस्थान से बुद्धि के संबंध छूट जाते हैं। और जिसे मौन में जाना हो उसे शब्द में कैसे कहा जाए? इसलिए वाणी कंपती है; इसलिए शब्द तुतलाहट बन जाते हैं।

'जो सर्वाधिक सीधा है, वह टेढ़ा-मेढ़ा दिखाई पड़ता है। सर्वश्रेष्ठ कौशल अनाड़ीपन जैसा मालूम होता है। सर्वश्रेष्ठ वाग्मिता तुतलाहट जैसी लगती है। गति से ठंडक दूर होती है, लेकिन अगति से गर्मी परास्त होती है।'

यह सूत्र साधना के लिए बड़ा जरूरी और उपयोगी है : 'गति से ठंडक दूर होती है।'

जब भी आप ठंड से भरे होते हैं तो आप किसी तरह की गति करते हैं। बुखार में आदमी कंपने लगता है। वह कंपना शरीर का इंतजाम है, ताकि कंपने से गति पैदा हो जाए और शरीर को जो ठंड लग रही है वह कम हो जाए। अगर सर्दी जोर से पड़ी हो तो आपके दांत कटकटाने लगते हैं, हाथ-पैर कंपने लगते हैं। वह शरीर का इंतजाम है। ऐसा शरीर कंपन पैदा करके गर्मी पैदा कर रहा है, ताकि ठंडक से लड़ सके। अगर ठंड जोर से पड़ रही हो, बर्फ गिर रही हो, और आपके दांत न कटकटाएं और हाथ न कंपें, तो आप मर जाएंगे; फिर आप बच नहीं सकते। शरीर कंपन पैदा करके शरीर में खून की गति बढ़ जाती है; खून की गति बढ़ने से गर्मी बढ़ जाती है। आप सुरक्षा का उपाय कर लेते हैं।

'गति से ठंडक दूर होती है।'

यह सामान्य जीवन का अनुभव है।

'अगति से गर्मी परास्त होती है।'

उसका हमें खयाल नहीं है। वह साधक का अनुभव है। आप जैसी हालत में हैं वहां शरीर ही उत्तप्त नहीं है, आपका मन भी उत्तप्त है। उस मन की उत्तप्तता का नाम ही अशांति है। लोग मेरे पास आते हैं। वे कहते हैं, मन अशांत है, पीड़ा है, बेचैनी है। वह कुछ नहीं है, वह सिर्फ गर्मी है। अति गति का परिणाम है। आप चौबीस घंटे गति कर रहे हैं मन से। शरीर तो कभी बैठ भी जाता है, मन बैठता ही नहीं। रात आप तो सो भी जाते हैं, लेकिन मन नहीं सोता, चलता ही रहता है। आधे तो आप जगे ही रहते हैं।

एक मछली होती है पैसिफिक महासागर में। बड़ी अजीब मछली है, मगर आदमी की बिलकुल प्रतीक है। उस मछली के मस्तिष्क की व्यवस्था बड़ी अनूठी है। और किसी दिन अगर वैज्ञानिक इंतजाम कर सके तो आदमी भी वैसी व्यवस्था चाहेगा। वह व्यवस्था यह है कि मछली रात एक आंख बंद करके सोती है और एक से देखती रहती

है। उसका आधा मस्तिष्क सोता है और आधा जगा रहता है। ऐसा रात में पाली बदलती है। फिर आधी रात के बाद दूसरी आंख बंद कर लेती है, आधा हिस्सा सो जाता है, और बाकी हिस्सा जग जाता है। सुरक्षा के लिए वह तैरती भी रहती है, क्योंकि आधा मस्तिष्क उसका जगा रहता है। और कोई हमला नहीं कर सकता, कोई दुश्मन उस पर हमला नहीं कर सकता। बड़ी कुशल मछली है। और उसका मस्तिष्क दो हिस्सों में बंटा हुआ है। एक आंख जब बंद होती है तो आधा मस्तिष्क सो जाता है, आधा जगा रहता है।

आपकी आंखें इस तरह नहीं बंटी हैं, लेकिन खोपड़ी ऐसी ही बंटी है। आप कभी पूरे नहीं सो रहे हैं। मस्तिष्क चल रहा है। बल्कि अक्सर तो यह होता है कि जब आप बिस्तर पर सोते हैं तब जिस गति से चलता है वैसा दिन भर नहीं चलता। क्योंकि दिन भर तो शरीर भी चलता है तो शक्ति शरीर में भी लगी रहती है। रात शरीर की शक्ति भी मस्तिष्क को मिल जाती है, फिर वह जोर से दौड़ता है। फिर वह हजारों मील की यात्राएं करता है, अंतरिक्ष में जाता है। और न मालूम कितनी योजनाएं हैं, भविष्य है, अतीत है; वह सब करता है। और ऐसा नहीं कि आप स्वेच्छा से कर रहे हैं; आप बिलकुल विवश हैं। आप रोकना भी चाहें तो वह रुकता नहीं। आप कितना ही कहें, मत जाओ, मत दौड़ो, कोई आपकी सुनता नहीं। आपका मन भी आपका नहीं है, कोई मालकियत नहीं है।

यह जो मन की अति गति है, इसकी वजह से आप इतने उत्तप्त और अशांत हैं।

लाओत्से कहता है, 'लेकिन अगति से गर्मी परास्त होती है।'

तो गति तो आप करना जानते हैं। ठंड लगे शरीर को तो आप गति कर लेते हैं। दौड़ सकते हैं, व्यायाम कर सकते हैं। कुछ न करेंगे तो शरीर का अपना नैसर्गिक इंतजाम है, शरीर कंपने लगेगा। और कंपन से गति पैदा हो जाएगी। और गति से ठंडक परास्त हो जाएगी।

लेकिन इससे उलटी कला भी है—वही योग है—कि आप जब उत्तप्त ज्यादा हो जाएं, मन बहुत गति कर ले, शरीर बहुत गति कर ले, तो अगति में कैसे उतरना, कैसे अक्रिया में डूब जाना। सारे ध्यान की प्रक्रियाएं अगति के द्वारा मस्तिष्क की गर्मी कम करने के उपाय हैं। और जैसे-जैसे मस्तिष्क की गर्मी कम होती है और शीतलता बढ़ती है, वैसे-वैसे शांति बढ़ती है। शांति और शीतलता पर्यायवाची हैं—भीतर की दुनिया में। और जब पूर्ण शांति हो जाती है तो शून्यता फलित होती है।

हम कहते हैं कि शिव का निवास कैलाश पर है; वह परम शीतल स्थान है, इसलिए। आपके भीतर भी शिव का निवास कैलाश पर ही है। लेकिन कैलाश जैसी शीतलता आपके भीतर पैदा होगी तब आपको भीतर के शिवत्व का कोई अनुभव होगा। भीतर कैलाश निर्मित हो जाता है; इतनी शीतलता हो जाती है। लेकिन अगति चाहिए; मस्तिष्क का कोई भी तंतु गति न करता हो, कंपित न होता हो। सब ठहर जाए। और एक बार आपको खयाल में आना शुरू हो जाए कि अक्रिया कैसे शीतलता लाती है तो फिर आप उस शीतलता के सूत्र को पकड़ कर उसको ही साधते चले जाएं। क्रमशः सूक्ष्म से सूक्ष्म, गहरे से गहरे में उतरना होने लगेगा। और आप अपने भीतर ही पाएंगे कि सीढ़ियां दर सीढ़ियां कैलाश तक जाने का उपाय है।

एक काम करें। जैसा मैंने कहा पीछे, एक घंटा अक्रिया में उतरना शुरू कर दें। अक्रिया में उतरने के लिए उपयोगी होगा कि शरीर भी बिलकुल निष्क्रिय हो, क्योंकि शरीर और मन जुड़े हैं। और जब शरीर गति करता है तो मन भी गति करता है। जब मन गति करता है तो शरीर भी गति करता है। जो कुछ मन में होता है वह शरीर में भी प्रतिफलित होता है। और जो कुछ शरीर में होता है वह मन में प्रतिफलित होता है। तो पहले तो बैठ जाएं, अगर सिद्धासन में बैठ सकते हों तो बहुत अच्छा है। लेकिन अनिवार्यता नहीं है। उसमें अड़चन मालूम हो तो आरामकुर्सी पर बैठ जाएं। महत्वपूर्ण इतना है कि शरीर बिलकुल शिथिल छोड़ दें।

एक दस मिनट इतना ही भाव करते रहें जैसे शरीर बिलकुल मुर्दा हो गया है, अब मैं उठाना भी चाहूं तो हाथ उठेगा नहीं, मैं हिलाना भी चाहूं तो पैर हिलेगा नहीं। शरीर को बिलकुल ढीला-ढीला छोड़ते जाना है। थोड़े ही दिन में सूत्र पकड़ में आ जाता है कि शरीर ढीला छोड़ने से ढीला हो जाता है।

जैसे-जैसे शरीर ढीला छोड़ें वैसे-वैसे श्वास को भी धीमा छोड़ दें। क्योंकि श्वास भी जितनी धीमी हो जाए, जितनी कम हो जाए, उतनी गति कम हो जाएगी। देखें, अगर दौड़ते हैं, शरीर की गति होती है, तो श्वास की गति बढ़ जाती है। साधारणतः अगर आप एक मिनट में बारह श्वास ले रहे हैं तो दौड़ेंगे तो चौबीस श्वास लेने लगेंगे। और तेजी से दौड़ेंगे तो छत्तीस श्वास लेने लगेंगे। श्वास तेज हो जाएगी, झटके से चलेगी, जल्दी आएगी-जाएगी। कारण है, क्योंकि शरीर को ज्यादा आक्सीजन की जरूरत है। जब आप दौड़ रहे हैं तो आप शरीर की आक्सीजन पचा रहे हैं। ज्यादा आक्सीजन चाहिए तो श्वास तेज चलेगी।

जब आप कुर्सी पर बैठ कर ढीला छोड़ देंगे या सिद्धासन में बैठ कर ढीला छोड़ देंगे, तो ठीक दौड़ने से उलटी घटना घट रही है। अगर साधारणतः एक मिनट में बारह श्वास चलती हैं तो शिथिल बैठने पर छह श्वास चलेंगी। और शिथिल होते जाएंगे तो चार श्वास चलेंगी। जो लोग भी शरीर को शिथिल करने की कला जान जाते हैं उनकी एक मिनट में चार श्वास चलने लगती हैं। धीमी सी श्वास जाएगी, धीमी सी वापस लौट आएगी। क्योंकि शरीर को आक्सीजन की जरूरत कम है। शरीर का जो मेटाबोलिज्म है उसको अब आक्सीजन की कोई जरूरत नहीं है। धीमी सी श्वास काफी है। जब कोई बिलकुल भीतर शीतल हो जाता है तो श्वास न के बराबर हो जाती है। दूसरे आदमी को भी पहचानना हो कि श्वास चल रही है या नहीं, तो सामने दर्पण रख कर ही पहचाना जा सकता है, नहीं तो पता नहीं चलेगी। और खुद तो बिलकुल पता नहीं चलेगा।

मेरे पास कई मित्र आकर कहते हैं कि घबड़ाहट होने लगती है कि कहीं श्वास बंद तो नहीं हो गई?

घबड़ाएगा कौन अगर बंद हो जाएगी? बिलकुल मत घबड़ाओ, क्योंकि तुम हो। लेकिन कम हो गई, और इतनी कम हो जाती है कि उसकी पहचान नहीं होती। अल्प, अति अल्प चलती है। कभी-कभी ऐसे क्षण आते हैं जब भीतर ठीक केंद्र पर कोई पहुंचता है शीतलता के तो श्वास बिलकुल ठहर जाती है। उस एक क्षण में ही आपको इतनी भीतर शीतलता की प्रतीति होगी जैसे हिमालय पर आ गए। बाहर के हिमालय की खोज से कुछ बहुत होने वाला नहीं है; भीतर का हिमालय चाहिए।

शरीर को छोड़ कर फिर श्वास को धीमा छोड़ दें। और श्वास के साथ भाव करते जाएं कि कम होती जा रही है, कम होती जा रही है, कम होती जा रही है। थोड़ी देर में आप पाएंगे कि शरीर विश्राम की हालत में आ गया, और मन में एक शांति और ताजगी मालूम होने लगी। अब इस शांति के सूत्र को पकड़ लें और भीतर भी इसी धारणा को गहराते जाएं कि शांत होते जा रहे हैं—शाब्दिक रूप से नहीं, अनुभव के रूप से। वह जो आपको अनुभव हो रहा है, संवेदना हो रही है शांति की, आनंद की, उसको पकड़ लें, और सिर्फ उसको गहराते जाएं।

शुरू में कठिन होगा। और मैं कह रहा हूं इतने से समझ में नहीं आ जाएगा, लेकिन करेंगे तो बिलकुल आ जाएगा। कुछ ही दिन में आपके पास वह भीतरी कुंजी हो जाएगी जिससे जब आप चाहें, शिथिल और शांत होकर, अगति में उतर जाएं। और जब आप पूरी अगति में उतर जाते हैं तो आप बिलकुल ताजे होकर वापस लौटेंगे। यह ताजगी नींद से भी गहरी होगी। नींद इतनी गहरी नहीं जाती।

हमने इस मुल्क में मन की—साधारण मन की—तीन अवस्थाएं मानी हैं: जाग्रत, स्वप्न और सुषुप्ति। सुषुप्ति तक हम पहुंचते हैं जब स्वप्न नहीं होता। चौथी अवस्था हमने तुरीय मानी है। तुरीय वह अवस्था है जिसमें अगति में, ध्यान में आदमी पहुंचता है। वह सुषुप्ति से भी गहरी है। नींद में जैसे शरीर ताजा हो जाता है, नया हो जाता है। सुबह

आप अनुभव करते हैं कि शक्ति वापस लौट आई। जो सेल्स टूट गए थे, कोष्ठ मिट गए थे, वे पुनः निर्मित हो गए। शरीर फिर जवान है। जो थकान, जो-जो यंत्र में खराबियां आ गई थीं, रात के विश्राम ने उनको फिर ठीक कर दिया। ठीक चौथे चरण में, तुरीय में पहुंच कर, इस अगति में पहुंच कर ऐसा ही मन भी ताजा हो जाता है। और बड़े गहरे स्रोत से, सारे शरीर की जो भी विकृति है, मन की जो भी बेचैनी है, जहां-जहां व्यर्थ का कूड़ा-करकट और कचरा इकट्ठा है, वह सब समाप्त हो जाता है, तिरोहित हो जाता है। जब आप वहां से वापस आते हैं तो आप इस शरीर को, इस जगत को बिलकुल दूसरी आंख और दूसरे ढंग से देखेंगे और पहचानेंगे।

इस गति के जगत से अगति के जगत में उतरने की कला जो सीख ले और निरंतर गति से अगति में जाए, अगति से फिर गति में लौट आए, और जैसे दिन और रात होते हैं ऐसा गति और अगति में संतुलन साध ले, तो लाओत्से कहता है कि जो दो अतियों के बीच संतुलन और संगीत को पकड़ लेता है वह परम ताओ को, परम स्वभाव को उपलब्ध हो जाता है।

अगति में जाने का यह अर्थ नहीं है कि फिर आप अगति में ही बैठे रहें। अगति में जाने का यही अर्थ है कि आप वापस गति में लौट आएं, सारी ताजगी और सारे आनंद को लेकर। धीरे-धीरे, क्रिया करते हुए भी भीतर अक्रिया बनी रहेगी। धीरे-धीरे, काम करते हुए भी भीतर बिलकुल कोई काम नहीं होगा। आप दौड़ते रहेंगे, और भीतर कोई भी नहीं दौड़ेगा; भीतर सब ठहरा रहेगा। जिस दिन दोनों बातें एक साथ सध जाती हैं उस दिन मुक्ति फलित हो जाती है।

दो तरह के लोग हैं। और लाओत्से चाहता है, आप तीसरे तरह के व्यक्ति हों। एक तो वे लोग हैं जो गति में पड़े हैं और अगति में नहीं जा सकते। कुछ इनमें से ही भाग कर अगति में चले जाते हैं तो गति से डरने लगते हैं। फिर वे जंगल में छिप जाते हैं, गुहा में, गुफा में बैठ जाते हैं। फिर वे भयभीत होते हैं कि अगर हम यहां से बाहर निकले तो गति फिर पकड़ लेगी। ये दोनों एक जैसे लोग हैं। इन्होंने जीवन के एक पहलू को पकड़ लिया।

लेकिन ये दोनों दरिद्र हैं। क्योंकि समृद्धि उसी के पास होती है जिसके पास जीवन के दोनों पहलू होते हैं; जो अगति में उतर सकता है और गति में आ सकता है—निर्भीक। उसको अगति के खोने का कोई डर नहीं है। वह संपदा उसकी भीतरी है। जो युद्ध के मैदान पर भी खड़ा हो सकता है, और जिसके ध्यान में रत्ती भर फर्क नहीं पड़ेगा। जो दुकान पर बैठ सकता है, और जिसके मंदिर में इससे कोई हलचल नहीं आती। जब कोई व्यक्ति इन दोनों में आता है, जाता है, धीरे-धीरे-धीरे इतनी सहज हो जाती है यह घटना, जैसे अपने मकान के बाहर आना और भीतर जाना, बाहर आना और भीतर जाना।

'गति से ठंडक दूर होती है, लेकिन अगति से गर्मी परास्त होती है। जो निश्चल और प्रशांत है, वह सृष्टि का मार्गदर्शक बन जाता है।'

निश्चल और प्रशांत! जो इस भीतर के तत्व को पकड़ लेता है जो न कभी चला और न चलता है, चलना जिसके आस-पास हो रहा है, सारा परिवर्तन का चाक जिस कील के आस-पास घूम रहा है, लेकिन जो कील ठहरी हुई है, वह जो अनमूविंग सेंटर है जिसके आस-पास सारी गति और परिवर्तन हो रहा है, उस परम स्थिर को जो पहचान लेता है, वह प्रशांत हो गया, वह निश्चल हो गया।

इसका यह मतलब नहीं है कि वह जड़ हो गया। इसका यह मतलब नहीं है कि वह बैठ गया, पत्थर की मूर्ति हो गया। वह काम के जगत में होगा, क्रिया के जगत में होगा, वह संसार में खड़ा होगा। लेकिन अब संसार ही चलेगा, वह नहीं चलेगा। उसका शरीर चलेगा, वह नहीं चलेगा। उसका यंत्र काम करेगा, लेकिन यंत्र के भीतर छिपा हुआ मालिक शांत ही रहेगा।

लाओत्से कहता है, ऐसा व्यक्ति, ऐसी चेतना सृष्टि की मार्गदर्शक हो जाती है।

सहज, स्वभावतः, ऐसे व्यक्ति के पास लोग आने लगते हैं। कोई अनजानी शक्ति उन्हें खींचने लगती है; कोई अदृश्य पुकार उन्हें उसके पास लाने लगती है। वह उसके भीतर जो प्रशांति घटित हुई है वह मैग्नेटिक फोर्स हो जाती है। उसके पास, जैसे कोई घने वृक्ष की छाया में राहगीर चलता हुआ विश्राम करने को रुक जाता है। न तो वृक्ष बुलाता, न वृक्ष निमंत्रण देता, लेकिन वृक्ष का होना ही निमंत्रण बन जाता है; थका राही उसके नीचे रुक कर विश्राम कर लेता है। ठीक वैसे ही प्रशांत हुए व्यक्ति के पास भी अनजाने अनेक-अनेक रास्तों से, अनेक-अनेक कारणों से लोग आने लगते हैं। स्वाभाविक है कि प्यासा कुएं के पास चला जाए। वैसा ही स्वाभाविक है कि जो अशांत है और जिसका मन उत्तेजना और गर्मी से भरा है, वह उसके पास चला आए जहां शांति मिल सकती है, जहां एक हवा का शीतल झोंका मिल सकता है, जहां दो घूंट उस शांति को पीया जा सकता है।

'जो निश्चल और प्रशांत है, वह सृष्टि का मार्गदर्शक बन जाता है।'

और वही केवल मार्गदर्शक बन सकता है; मार्गदर्शक जो बनना चाहते हैं वे नहीं। क्योंकि कुछ बनने की चेष्टा अशांति का लक्षण है। जो गुरु बनना चाहते हैं वे गुरु होने की योग्यता खो देते हैं। क्योंकि उस बनने में भी महत्वाकांक्षा है; उस बनने में भी अभी उत्ताप है; वह बनना भी एक बेचैनी है। वह एक नया आयाम है, लेकिन वासना का ही। सदगुरु वही है जो गुरु बनना नहीं चाहता, लेकिन जिसके पास लोग आकर शिष्य बनना चाहते हैं।

हालतें उलटी हैं। शिष्य कोई बनना नहीं चाहता; गुरु काफी हैं। और गुरुओं में बड़ी कलह रहती है कि कोई किसी का शिष्य न खींच ले। गुरु बड़ी चेष्टा में लगे रहते हैं कि उनका शिष्य कहीं और न चला जाए, किसी और की बात न सुन ले, कहीं भटक न जाए। भटकने का मतलब किसी और के पास न चला जाए। उनके अतिरिक्त सब जगह भटकाव है। तो गुरु बड़ी ईर्ष्या से, बड़ी जलन से सुरक्षा में लगे रहते हैं। इससे ही संप्रदाय खड़े होते हैं। संप्रदायों के खड़े होने का कारण गुरुओं की ईर्ष्याएं हैं। लेकिन जिस गुरु में ईर्ष्या हो और जो भयभीत हो कि कहीं कोई चला न जाए, वह गुरु ही नहीं है।

एक मित्र ने मुझे आकर कहा कि उनके गुरु ने उन्हें कहा है कि अगर वे मेरे पास आए तो ठीक नहीं होगा; यह वैसे ही है जैसे कोई अपने पति को छोड़ कर पत्नी किसी के पास चली जाए।

पति-पत्नी का संबंध गुरु-शिष्य बना कर बैठ जाते हैं। गुरु समझा रहा है कि कहीं जाना मत! यह तो वही है जैसे पत्नी पति को छोड़ कर कहीं चली जाए; जब एक गुरु बना लिया तो बस यहीं रुकना।

रोकने की चेष्टा क्या है? जरूरत क्या है? प्रयोजन क्या है? और रोकने से कहीं कोई रुकता है?

पर रोकने में कोई वासना है। गुरु भयभीत है, क्योंकि शिष्यों के बिना वह गुरु न हो सकेगा। इसलिए उसकी गुरुता शिष्यों पर निर्भर है।

इस फर्क को ठीक से समझ लें। जिस गुरु की लाओत्से बात कर रहा है उसकी उस गुरुता के लिए शिष्यों का होना जरूरी नहीं है; उस गुरुता के लिए भीतर की प्रशांति का होना जरूरी है। कोई एक भी शिष्य न हो तो वह व्यक्ति गुरु है। और भीतर की प्रशांति न हो और लाखों शिष्य हों तो भी वह व्यक्ति गुरु नहीं है। क्योंकि नासमझों की भीड़ को इकट्ठा कर लेने में जरा भी कठिनाई नहीं है। थोड़ी सी होशियारी, थोड़ी सी दुकानदारी, और लोग इकट्ठे हो जाते हैं। वह तो बड़ा सरल काम है। इसलिए बिलकुल बुद्धिहीन लोग भी कर लेते हैं। इसलिए गुरुओं में ढेर मिलेंगे जो निपट बुद्धिहीन हैं, मगर इतने कुशल हैं कि शिष्य इकट्ठे कर लेते हैं।

लाओत्से कह रहा है कि जो व्यक्ति निश्चलता को, भीतर की अगति को उपलब्ध हुआ, प्रशांत हुआ, वह सृष्टि का मार्गदर्शक बन जाता है।

यह बनने की घटना स्वाभाविक घटती है। उसकी छाया में लोग विश्राम करने लगते हैं। उसके अस्तित्व को लोग ठंडे जल की तरह पीने लगते हैं। उसकी निश्चलता और उसकी प्रशांति दूसरों में प्रवेश करने लगती है। लोग उसके आस-पास बदलने लगते हैं—बिना उसकी किसी चेष्टा के। उसका होना ही, उसका होना मात्र ही, मार्गदर्शक बन जाता है।

आज इतना ही।

तिरासीवां प्रवचन

# प्रार्थना मांग नहीं, धन्यवाद है

## Chapter 46

# RACING HORSES

*When the world lives in accord with Tao,*
*Racing horses are turned back to haul refuse carts.*
*When the world lives not in accord with Tao,*
*Cavalry abounds in the countryside.*
*There is no greater curse than the lack of contentment.*
*No greater sin than desire for possession.*
*Therefore he who is contented with contentment shall be always content.*

## अध्याय 46

# घुड़दौड़ के घोड़े

*जब संसार ताओ के अनुकूल जीता है,*
*तब घुड़दौड़ के घोड़े कचरा-गाड़ी खींचने के काम आते हैं।*
*और जब संसार ताओ के प्रतिकूल चलता है,*
*तब गांव-गांव में अश्वारोही सेना भर जाती है।*
*संतोष के अभाव से बड़ा कोई अभिशाप नहीं है;*
*स्वामित्व की इच्छा से बड़ा कोई पाप नहीं है।*
*इसलिए जो संतोष से संतुष्ट है, वह सदा भरा-पूरा रहेगा।*

मनुष्य के सारे दुखों, सारी पीड़ाओं, सारे संताप का एक ही मूल आधार है। और वह मूल आधार है कि मनुष्य जो भी है उससे अन्यथा होना चाहता है, कुछ और होना चाहता है। जो भी स्थिति है उससे भिन्न स्थिति हो, इसकी वासना ही मनुष्य के सारे दुखों का मूल आधार है।

जो भी हम हैं उससे हम संतुष्ट नहीं, और जो भी हम नहीं हैं उसे होने की विक्षिप्त कामना है। ऐसा जो चित्त है वह कभी भी आनंद को उपलब्ध नहीं होगा। ऐसे चित्त में आनंद की संभावना ही नहीं है। वह जहां भी पहुंच जाएगा वहीं नरक निर्मित कर लेगा।

अरब में एक बहुत पुरानी कहावत है कि पापी नरक में प्रवेश नहीं करता और न ही पुण्यात्मा स्वर्ग जाता है; पापी अपने नरक को अपने साथ लेकर चलता है, पुण्यात्मा भी अपने स्वर्ग को अपने साथ लेकर चलता है।

पुण्यात्मा जहां पहुंच जाता है वहीं स्वर्ग है, और पापी जहां पहुंच जाता है वहीं नरक है। नरक चीजों को देखने का हमारा ढंग है; स्वर्ग भी चीजों को देखने का हमारा ढंग है। स्वर्ग और नरक स्थितियां नहीं हैं, भौगोलिक स्थान नहीं हैं; हमारी प्रतिक्रियाएं हैं।

जर्मन कवि हेन ने एक छोटी सी कविता लिखी है। उस कविता में उसने लिखा है कि मैं एक कारागृह के पास से गुजरता था। पूर्णिमा की रात थी और कारागृह के द्वार पर सीखचों के भीतर खड़े हुए दो कैदी मैंने देखे। ठीक कारागृह के द्वार के सामने ही गंदा एक डबरा था, जिससे दुर्गंध उठ रही थी। मच्छर और कीड़े और पतिंगे आस-पास घूम रहे थे। और आकाश में पूरा चांद था। दो कैदी कारागृह के द्वार पर खड़े थे। एक निंदा कर रहा था सामने भरे हुए गंदे डबरे की और दुखी था, और उसे आकाश का पूरा चांद बिलकुल दिखाई नहीं पड़ रहा था। क्योंकि जिसे डबरा दिखाई पड़ रहा हो उसे चांद दिखाई पड़ना असंभव है। आंखें डबरे से भर जाएं तो फिर चांद दिखाई नहीं पड़ता। और दूसरा चांद की प्रशंसा कर रहा था। रात अदभुत थी। और जिसे चांद दिखाई पड़ रहा है उसे न तो गंदा डबरा दिखाई पड़ रहा था; न कारागृह में खड़ा हूं, यह प्रतीत हो रहा था; न सीखचों में बंद हूं, ऐसी प्रतीति हो रही थी। आकाश के चांद ने उसे मुक्त कर दिया था। वे दोनों एक ही जगह खड़े थे। उन दोनों के पास एक जैसी ही आंखें थीं, पर उन दोनों के भीतर भिन्न मन थे। उनके देखने का ढंग अलग था; उनकी व्याख्या अलग थी।

संसार तो यही है। जब कोई बुद्ध हो जाता है तो संसार नहीं बदलता। जहां आप हैं वहीं बुद्ध होते हैं। तो देखने का ढंग बदल जाता है। डबरे खो जाते हैं और पूरा चांद प्रकट हो जाता है। व्यक्ति पर निर्भर है, कैसे देखता है, कैसे व्याख्या करता है। स्वीकार करने का मन हो तो दुख असंभव है। क्योंकि दुख को भी स्वीकार किया जा सकता है। स्वीकृत होते ही दुख की मृत्यु हो जाती है। अस्वीकार में ही दुख है। अगर हम दुख को भी स्वीकार कर लें तो दुख विलीन हो जाता है। स्वीकार में सुख है। अगर हम सुख को भी स्वीकार न कर पाएं तो दुख हो जाता है।

तो सुख और दुख बाहर की घटनाएं नहीं, मेरी स्वीकृतियां और अस्वीकृतियां हैं। और अगर कोई मनुष्य इस कला को सीख ले कि ऐसा कुछ भी न बचे जो उसे अस्वीकार हो तो हम उसे दुख कैसे दे सकेंगे? सारा संसार मिल कर भी उसे दुखी नहीं कर सकता। उसका सुख खंडित करना असंभव है। और हम जैसे हैं, हमें सुखी करना असंभव है। हमारे दुख को मिटाना बिलकुल असंभव है। क्योंकि हम अस्वीकार की कला में इतने पारंगत हैं। जो भी हमें मिले, हम उसे अस्वीकार करना जानते हैं; जो भी हमें मिल जाए, मिलते ही हमारा मन उसके विरोध से भर जाता है।

लाओत्से स्वीकृति का पोषक है, तथाता का। कैसी भी हो स्थिति, स्वीकार करते ही उसका गुण बदल जाता है। अब ध्यान रहे, यह बेशर्त बात है; कैसी भी हो स्थिति, स्वीकार करते ही उसका गुण बदल जाता है। कितना ही गहन दुख हो, बीमारी हो, पीड़ा हो, मृत्यु आ रही हो, अगर आप स्वीकार कर सकते हैं, तत्क्षण गुणधर्म बदल जाता है। मृत्यु भी मित्र बन जाएगी। मृत्यु भी एक द्वार बन जाएगी जो अनंत की तरफ खुल रहा है। मृत्यु में भी तब वह नहीं दिखाई पड़ेगा जो छूट रहा है, बल्कि वह दिखाई पड़ेगा जो उपलब्ध हो रहा है। लेकिन अस्वीकार अगर हो तो मृत्यु तो दुख होगी ही, जीवन भी दुख होगा।

प्रतिपल कुछ छूट रहा है, कुछ मिल रहा है, कुछ आ रहा है, कुछ जा रहा है। अगर हमें वही दिखाई पड़ता है जो जा रहा है तो दुख होगा; अगर वह भी दिखाई पड़े जो आ रहा है तो सुख होगा। और हम जहां भी खड़े हों, उसके आगे भी जगह हैं। कितना ही धन हमारे पास हो, उससे ज्यादा धन हो सकता है।

एक बहुत बड़े मनसविद कार्ल गुस्ताव जुंग ने अपने संस्मरणों में एक बड़ी महत्वपूर्ण बात लिखी है। उसने लिखा है कि मनुष्य के सारे दुखों का कारण मनुष्य की कल्पना की शक्ति है। कोई पशु दुखी नहीं है, क्योंकि कोई पशु कल्पना नहीं कर सकता। कल्पना की शक्ति मनुष्य के बड़े से बड़े दुख का कारण है। क्यों? क्योंकि मनुष्य जिस हालत में भी हो, उससे बेहतर की कल्पना कर सकता है।

एक सुंदर स्त्री आपको पत्नी की तरह मिल जाए, प्रेयसी की तरह मिल जाए, लेकिन ऐसा आदमी खोजना कठिन है जो उससे सुंदर स्त्री की कल्पना न कर सके। और अगर आप अपनी पत्नी से सुंदर स्त्री की कल्पना भी कर सकते हैं तो दुखी हो गए। यह पत्नी व्यर्थ हो गई। कितना ही सुंदर महल हो, आप उससे बेहतर महल की कल्पना तो कर ही सकते हैं; न भी बना सकें। बस उस कल्पना के साथ ही तुलना शुरू हो गई। और महल झोपड़े से बदतर हो गया। जब बेहतर कुछ हो सकता हो तो जो भी हमारे पास है वह गैर-बेहतर हो गया।

कल्पना की शक्ति मनुष्य के दुख का भी कारण है, उसकी सृजनात्मकता का, उसकी क्रिएटिविटी का भी। कोई पशु सृजन नहीं करता। पशु एक पुनरावृत्ति में जीते हैं। लाखों वर्ष तक उनकी पीढ़ी दर पीढ़ी एक ही ढंग का जीवन व्यतीत करती है। आदमी नए की खोज करता है, नए का सृजन करता है। कल्पना के कारण वह देख पाता है: कुछ बदलाहट की जा सकती है, कुछ बेहतर बनाया जा सकता है। लेकिन जिस शक्ति से सृजनात्मकता पैदा होती है उसी शक्ति से मनुष्य का दुख भी पैदा होता है।

इसलिए बड़े हैरान होंगे आप जान कर कि सृजनात्मक लोग सर्वाधिक दुखी होते हैं। जो व्यक्ति भी क्रिएटिव है, कुछ सृजन कर सकता है—चित्रकार हैं, मूर्तिकार हैं, वैज्ञानिक हैं, कवि हैं, बहुत दुखी होते हैं। क्योंकि किसी भी स्थिति में उन्हें अंत नहीं मालूम हो सकता; उस स्थिति से बेहतर हो सकता है। और जब तक वे बेहतर को न पा लें तब तक दुखी होंगे। और ऐसी कोई अवस्था नही हो सकती जिससे बेहतर की कल्पना न की जा सके।

पशु आदमी से ज्यादा सुखी मालूम पड़ते हैं, क्योंकि वे जहां हैं वही उनका अस्तित्व है। उससे बेहतर न सोच सकते हैं, न सपना देख सकते हैं; तुलना भी नहीं कर सकते। मनुष्य की कल्पना की क्षमता उसे भविष्य में ले जाती है। और जब मन भविष्य में चला जाता है तो वर्तमान से हमारे संबंध टूट जाते हैं और वर्तमान ही जीवन है।

लाओत्से कहता है, जो व्यक्ति भी जहां है उस अवस्था को उसकी परिपूर्णता में स्वीकार कर लेता है उसके जीवन में दुख का कोई उपाय नहीं।

लेकिन इससे हमें डर लगेगा। इससे डर यह लगेगा कि जो भी हमारे पास है, अगर हम स्वीकार कर लें, तो फिर विकास का क्या उपाय है? और अगर हम श्रेष्ठतर को न सोच सकें तो खोजेंगे क्यों? खोजेंगे कैसे? फिर मनुष्य भी पशु जैसा हो जाएगा।

पश्चिम के विचारक, विकासवादी विचारक, यही आलोचना पूरब की उठाते हैं। उनकी आलोचना तर्कयुक्त है। वे कहते हैं कि पूरब इसीलिए विकसित नहीं हो पाया। और पूरब को देख कर उनकी बात सही भी मालूम पड़ती है। क्योंकि पूरब स्वीकार कर लेता है। अगर झोपड़ा है तो झोपड़ा स्वीकार है, और गरीबी है तो गरीबी स्वीकार है, भूख है तो भूख स्वीकार है। इस स्वीकार के कारण पूरब में विज्ञान का जन्म नहीं हुआ।

यह बात ठीक मालूम पड़ती है। पश्चिम में विज्ञान का जन्म हो सका, क्योंकि बड़ी कल्पना है। और जो कुछ भी बना पाते हैं, बना भी नहीं पाते कि वह व्यर्थ हो जाता है, आउट ऑफ डेट मालूम होने लगता है, क्योंकि कुछ और नई कल्पना सामने आ जाती है।

तो पश्चिम जी ही नहीं पाता। बनाता है जीने के लिए, तब तक और बेहतर हो सकता है; बन नहीं पाती कोई चीज कि मिटने के करीब, मिटने का क्षण आ जाता है। पश्चिम जी नहीं पाता, दौड़ता रहता है। पूरब खड़ा है, लेकिन खड़ा है बड़ी पीड़ाओं में और कोई विकास नहीं हो पाता। लाओत्से, बुद्ध, महावीर की जो बड़ी से बड़ी आलोचना है वह पूरब की वर्तमान स्थिति है। और अगर पूरब का विचार पश्चिम को स्वीकार नहीं होता तो उसका कारण है कि पूरब को देख कर लगता है कि वह स्वीकार करने योग्य नहीं है। वह खतरनाक है। उससे एक जड़ता पैदा हो जाएगी।

लेकिन लाओत्से को या बुद्ध को समझने में कहीं हमारी भूल हो गई है। भूल की संभावना सदा है। क्योंकि जिस तल से लाओत्से बोलता है उस तल पर हम नहीं समझ पाते। लाओत्से की बात अगर ठीक से समझ में आ जाए और जो भी हमारी स्थिति हो उसे हम पूरे हृदय से स्वीकार कर लें तो इससे विकास रुकेगा नहीं, विकास होगा। लेकिन विकास के होने का ढंग बदल जाएगा। हम उस स्थिति में इतने आनंदित हो जाएंगे, और दुख में हमारी जो शक्ति व्यय होती है वह शक्ति व्यय नहीं होगी।

ध्यान रहे, दुख में शक्ति व्यय होती है। पीड़ा में आदमी टूटता है, नष्ट होता है। और आनंद के अतिरिक्त इस जगत में शक्ति का कोई दूसरा स्रोत नहीं है। जो व्यक्ति जीवन को स्वीकार कर ले, प्रतिपल जैसा है, इससे ठहर नहीं जाएगा। इस स्वीकृति से उसके पास अदम्य शक्ति बचेगी। उसकी शक्ति का व्यर्थ बहना बंद हो जाएगा। उसकी शक्ति के छिद्र, जिनसे शक्ति बहती है, समाप्त हो जाएंगे। वह टूटेगा नहीं, वह अखंड होगा, वह अटूट होगा, और एक महाशक्ति का स्रोत होगा। यह महाशक्ति अपनी शक्ति के कारण ही प्रतिपल विकसित होगी।

इस विकास का ढंग ऐसा नहीं होगा जैसा एक आदमी एक गाय को गले में रस्सी बांध कर घसीटता है; गाय न भी जाना चाहे तो आदमी घसीटता है और गाय को जाना पड़ता है। पश्चिम में जो विकास हो रहा है वह इस तरह का है। महत्वाकांक्षा आगे खींचती है रस्सी की तरह; रुकने का कोई उपाय नहीं मालूम होता। प्रत्येक आदमी महत्वाकांक्षा की रस्सी में बंधा हुआ खिंचता है। इसलिए विकास तो होता है, लेकिन महादुख, पीड़ा, तनाव और अशांति के साथ। और जो विकास पीड़ा में ले जाए, संताप में ले जाए, विक्षिप्तता में ले जाए, उस विकास का करेंगे भी क्या? मकान अच्छा बन जाए, भोजन अच्छा हो जाए और आदमी खोता चला जाए; और जिसके लिए हम मकान बनाते हैं और जिसके लिए अच्छा भोजन, अच्छी टेक्नालाजी, यंत्रों का इंतजाम करते हैं, वह बचे ही न उनके उपभोग के लिए; उपभोग की सामग्री इकट्ठी हो जाए, उपभोक्ता मर जाए, तो क्या प्रयोजन है?

पश्चिम में यही हो रहा है। आदमी खोता जाता है; साधन, सामग्री, व्यवस्था, सुविधा बढ़ती जाती है। वह जिसके लिए बढ़ रही है वह धीरे-धीरे बचेगा ही नहीं; उसके बचने की कोई संभावना नहीं दिखाई पड़ती।

तो एक तो विकास है, महत्वाकांक्षा की डोर से जबरदस्ती आदमी की गर्दन खींची जाए। एक और विकास है जो महत्वाकांक्षा की डोर से पैदा नहीं होता। हम एक बीज को बोते हैं; अंकुर फूटता है। इस अंकुर को कोई भी खींच नहीं रहा है। और अगर आप खींचेंगे रस्सी बांध कर तो आप हत्यारे सिद्ध होंगे; पौधा मर जाएगा। इसे कोई भी खींच नहीं रहा है; कोई भी वासना, कोई भी आकांक्षा, कोई भविष्य इसे बुला नहीं रहा है। यह कुछ होना नहीं चाहता। इस बीज की अदम्य ऊर्जा! इसकी शक्ति!

इसलिए हम करते क्या हैं? जब बीज से अंकुर फूटता है तो हम पानी देते हैं, खाद देते हैं, पौधे को खींचते नहीं। पानी और खाद का अर्थ है, हम उसे शक्ति दे रहे हैं, हम उसके भीतर जो शक्ति छिपी है, उसे प्रकट होने का अवसर दे रहे हैं। वह शक्ति अपने आप ही पौधे को खींचती ले जाएगी। और पौधा प्रतिपल आनंदित होगा। क्योंकि कोई भविष्य की वजह से वह आज दुखी होने वाला नहीं है कि कल फूल खिलेंगे, तब सुख होगा। जब फूल नहीं खिले हैं तब भी पौधा सुखी होगा; जब फूल खिलेंगे तब भी सुखी होगा; हर क्षण में सुखी होगा।

लाओत्से कहता है, विकास स्वभाव से। विकास जबरदस्ती नहीं, खींचतान से नहीं; मनुष्य की भीतरी शक्ति ही उसे विकसित होने में लेती जाए, वह एक नदी की धार की तरह बहता रहे। मनुष्य का शक्ति का यह जो स्रोत है यह स्वीकार के भाव से बढ़ता है, अस्वीकार के भाव से कम होता है। क्योंकि जैसे ही हम किसी चीज को अस्वीकृत करते हैं, हमारा विरोध शुरू हो गया। जहां विरोध है वहां संघर्ष है। जहां संघर्ष है वहां हम लड़ने में उलझ गए, और हमारी शक्ति लड़ने में नष्ट होगी। स्वीकार का अर्थ है, हमारा कोई विरोध नहीं; हमारी शक्ति के व्यय होने का कोई उपाय नहीं। हम लड़ नहीं रहे हैं, हमारा कोई संघर्ष नहीं है।

और ध्यान रहे, जैसे ही कोई व्यक्ति लड़ने की वृत्ति पकड़ लेता है, उसके जीवन में धर्म का अनुभव कठिन हो जाएगा। क्योंकि धर्म के अनुभव का एक ही अर्थ है कि इस अस्तित्व के साथ मेरी मैत्री है, विरोध नहीं; इस समग्र अस्तित्व का मैं एक हिस्सा हूं, इसका शत्रु नहीं, और यह पूरा ब्रह्मांड मुझे खिला हुआ देखना चाहता है, मुझे मिटाने को आतुर नहीं है। उसी ने मुझे पैदा किया है, वही मेरी शक्ति को सहारा दे रहा है। श्वास उसकी है, रोआं-रोआं उसका दान है। मैं जो कुछ भी हूं, इस विराट विश्व के भीतर से उठा हूं और यह विराट विश्व मेरा शत्रु नहीं है। यह मेरा घर है। यहां कोई कांक्वेस्ट ऑफ नेचर, कोई प्रकृति पर विजय करने की बात नहीं है। क्योंकि प्रकृति पर विजय हो नहीं सकती। मैं प्रकृति का हिस्सा हूं; हिस्सा पूर्ण पर कोई भी विजय नहीं पा सकता। लड़ सकता है; लड़ कर नष्ट हो सकता है; दुखी और पीड़ित हो सकता है; लेकिन उस सौभाग्य को उपलब्ध नहीं हो सकता जहां प्रतिपल उत्सव हो जाता है। यह उत्सव तो तभी संभव है जब अस्तित्व के साथ मेरी गहरी एकता का बोध मुझे शुरू हो जाए; जब मुझे लगे कि मैं पराया नहीं हूं; जब मुझे लगे कि मैं अजनबी नहीं हूं; और जब मुझे लगे कि वृक्ष और चांद और तारे और पौधे और पृथ्वी और पशु और पक्षी सब मेरे साथ हैं।

स्वीकार का भाव इस साथपन के भाव को भी पैदा करता है।

पश्चिम में एक नई चिंतना चलती है। उस नई चिंतना अस्तित्ववाद ने एक महत्वपूर्ण सवाल, जो पश्चिम के हर विचारशील आदमी को परेशान कर रहा है, काफी जोर से उठाया—नारे की तरह। और वह यह है कि आदमी आउटसाइडर है, आदमी अजनबी है; और प्रकृति को आदमी से कोई प्रयोजन नहीं; और यह ब्रह्मांड बिलकुल उपेक्षा से भरा है, और यह ब्रह्मांड आदमी को सहारा देने को जरा भी उत्सुक नहीं है। तो आदमी एक स्ट्रेंजर है, एक अजनबी है। यह अस्तित्व घर तो हो ही नहीं सकता, ज्यादा से ज्यादा, अच्छी से अच्छी संभावना एक धर्मशाला होने

की है, बुरी से बुरी संभावना एक युद्धस्थल की। लेकिन यह घर नहीं है। और अगर ऐसी प्रतीति हो कि यह अस्तित्व घर नहीं है, एक धर्मशाला है—श्रेष्ठतम संभावना धर्मशाला की है। श्रेष्ठतम संभावना तो बहुत थोड़े लोग पा सकेंगे, अधिकतम लोगों को युद्धस्थल की। यह जगत युद्धस्थल है, जहां लड़ना है और मरना है; जहां जीने का, आनंद से, उत्सव से जीने का कोई उपाय नहीं है। क्योंकि सब तरफ शत्रु हैं और सब अपने-अपने को बचाने और दूसरे को नष्ट करने के खयाल में संलग्न हैं। ऐसी धारणा अगर हो और फिर मनुष्य अगर बहुत बेचैन हो जाए तो आश्चर्य क्या? फिर अगर पश्चिम में पागलों की संख्या बढ़ने लगे और मस्तिष्क प्रतिदिन रुग्ण होता चला जाए, इसे स्वाभाविक मानना होगा। यह सहज परिणति है। अगर आदमी अकेला है और सारा जगत शत्रु है, तो इस अंधकारपूर्ण जगत में जहां सभी कुछ शत्रु है, हम कैसे शांत हो सकते हैं? कैसे आनंदित हो सकते हैं? समाधि कैसे फलित हो सकती है?

लाओत्से की दृष्टि इस जगत को एक घर, अपना घर बनाने की है। घर तो है ही, हमारी दृष्टि पर निर्भर है। हम चाहें तो उसे युद्ध का स्थल बना सकते हैं। तथाता, स्वीकार का भाव, टोटल एक्सेप्टबिलिटी लाओत्से का आधार सूत्र है। जो भी मैं हूं, जहां भी मैं हूं, उस क्षण में उससे अन्यथा की मांग न हो।

इसके परिणाम बहुत होंगे। पहला परिणाम तो यह होगा : जो भी मैं हूं, जहां भी हूं, जैसा भी हूं, जो मुझे मिला है कम या ज्यादा—क्योंकि कम और ज्यादा का खयाल तभी पैदा होता है जब मैं कुछ और की मांग करूं—जो भी है उससे अगर मैं संतुष्ट हूं, तो यह क्षण मेरा परम सुख का क्षण हो जाएगा। और इस संतोष के माध्यम से यह जगत मेरा घर बन जाएगा; और इस संतोष के माध्यम से मेरी शक्ति बचेगी, और उस शक्ति से नए अंकुर फूटेंगे; मैं विकसित होता रहूंगा, मैं प्रवाहवान रहूंगा। लेकिन वह प्रवाह सहज होगा। वह किसी संघर्ष के द्वारा नहीं, वह किसी युद्ध के द्वारा नहीं, वह प्रवाह प्रेमपूर्ण होगा, वह प्रवाह एक प्रार्थना की धारा होगी।

लाओत्से या बुद्ध को पूरब समझ नहीं पाया, या फिर पूरब के लोगों ने लाओत्से और बुद्ध की जो व्याख्या की, वह उनके चालाक मन का सबूत है। लाओत्से यह नहीं कह रहा है कि तुम रुक जाना। वह यह भी नहीं कह रहा है कि तुम आंखें बंद कर लेना। वह यह भी नहीं कह रहा है कि तुम मुर्दा हो जाना। और लाओत्से जिसको संतोष कहता है, हम उसे संतोष नहीं कहते। शब्द के कारण बड़ी भ्रांति पैदा होती है।

मेरे पास लोग आते हैं। एक मित्र ने एक दिन मुझे आकर कहा कि साधु-संत कहते हैं कि संतोषी सदा सुखी। मैं तो सदा से संतोष कर रहा हूं, लेकिन सुख का तो कोई पता नहीं।

इस व्यक्ति का संतोष किस भांति का होगा? क्योंकि संतोष का सुख सहज परिणाम है। यह तो ऐसे ही हुआ कि कोई आदमी कहे कि पानी तो मैं रोज पी रहा हूं, लेकिन प्यास तो मेरी कभी बुझी नहीं। तो समझना चाहिए कि पानी की जगह वह कुछ और पी रहा होगा। पानी का तो लक्षण ही प्यास को बुझाना है। वह उसका स्वभाव है। यह आदमी कहता है कि संतोष तो मैं सदा से कर रहा हूं, लेकिन सुख मुझे कभी मिला नहीं।

इस एक वाक्य में पूरे पूरब की भूल छिपी हुई है। मैंने उस आदमी को कहा कि तुम संतोष तो इस क्षण भी नहीं कर रहे हो, सदा की तो बात छोड़ो। क्योंकि यह असंतुष्ट चित्त का लक्षण है जो कह रहा है कि सुख मुझे कभी नहीं मिला। संतोष का अर्थ ही यह होता है कि जो मुझे मिला वह सुख था; जो भी मुझे मिला वह मेरा सुख था। संतोष का इतना ही अर्थ है। तो इस आदमी का संतोष कुछ और ढंग का है। इसके संतोष को—अच्छा होगा—हम कहें, सांत्वना, कंसोलेशन; कंटेंटमेंट नहीं। सांत्वना बड़ी उलटी बात है। जो आप नहीं पा सकते, जिसको पाने की आप सब कोशिश कर लेते हैं और सफल नहीं होते...।

ईसप की कहानी आपको खयाल है? लोमड़ी छलांग लगाती है और अंगूर के गुच्छों तक नहीं पहुंचती, तो वह कहती हुई सुनी जाती है कि अंगूर खट्टे हैं। यह सांत्वना है। इससे लोमड़ी अपनी पराजय को छिपा रही है। यह संतोष

नहीं है। लोमड़ी ने पूरी कोशिश की है कि अंगूरों को पा ले। अंगूर दूर हैं, और पाने का कोई उपाय नहीं। और लोमड़ी यह भी मानने को तैयार नहीं कि मैं कमजोर हूं, मेरी छलांग छोटी है। और दूसरों को यह पता चले कि मैं हार गई, यह भी अहंकार को चोट पहुंचाने वाली बात है। तो लोमड़ी कहती है कि अंगूर खट्टे हैं। वह इसलिए कह रही है कि अंगूर खट्टे हैं ताकि अपने को भी समझा ले, दूसरों को भी समझा दे—कि ऐसा नहीं है कि मैं पाना चाहती तो न पा सकती थी; मैं पा सकती थी। लेकिन अंगूर खट्टे हैं, पाने योग्य नहीं। यह लोमड़ी संतोष करके वापस लौट रही है। यह संतोष सांत्वना है, कंसोलेशन है। यह चालाक चित्त का उपाय है।

हमारा संतोष ऐसा ही संतोष है। हम सब उपाय करते हैं; तभी तो इस मित्र ने कहा कि मैं सदा से संतोष कर रहा हूं, लेकिन सुख तो मिला नहीं। सुख मिलना चाहिए, इसके सब उपाय कर रहा है वह। सुख नहीं मिल रहा है तो अपने को समझा रहा है कि मैं संतोषी आदमी हूं, और तब संतोष के माध्यम से सुख पाने की कोशिश कर रहा है। संतोष के माध्यम से कोई सुख पाने का सवाल नहीं है; संतोष सुख है। संतोष का मतलब यह कि हमने दुख को अस्वीकार करना छोड़ दिया, और हमने सुख की मांग छोड़ दी। हमें जो मिल जाता है वही हमारी नियति है, वही हमारा भाग्य है; उससे ज्यादा की हमारी आकांक्षा नहीं है। उससे ज्यादा के लिए हमारी कोई दौड़ भी नहीं है। ऐसे क्षण में जो भीतर एक संगीत बजने लगता है; जब कोई मांग नहीं, कोई आकांक्षा नहीं, कोई दौड़ नहीं, तो भीतर जो शांति का संगीत बजने लगता है उसका नाम संतोष है। इस संतोष का जिसे भी अनुभव हो जाए, क्या वह कभी भी कह सकता है कि मुझे सुख नहीं मिला? क्योंकि इस संतोष के अतिरिक्त और सुख होगा क्या!

पूरब ने संतोष को ढाल बना लिया और अपनी कमजोरी और कायरता उसमें छिपा ली। संतोष केवल उनके लिए है जो शक्तिशाली हैं। कमजोरों के लिए सांत्वना है। पर वे सांत्वना को संतोष कहते हैं। और तब शब्दों के कारण बड़ी उलझन हो जाती है।

लाओत्से के इस सूत्र को समझना। उसके पहले एक बात और खयाल में ले लेनी जरूरी है। जो आदमी संतुष्ट है वह महत्वाकांक्षी नहीं हो सकता, एंबीशस नहीं हो सकता। कुछ भी पाने का लक्ष्य—वह चाहे मोक्ष ही क्यों न हो, परमात्मा क्यों न हो, आत्मज्ञान क्यों न हो, ध्यान और समाधि क्यों न हो—कुछ भी पाने का लक्ष्य संतोषी व्यक्ति को नहीं हो सकता। और बड़े मजे की बात तो यह है कि महत्वाकांक्षी दौड़ता है, दौड़ता है सदा, पहुंचता कभी नहीं, और संतुष्ट व्यक्तित्व दौड़ता नहीं और पहुंच जाता है। क्योंकि अगर मैं इतना संतुष्ट हूं कि मैं कुछ भी नहीं मांगता तो ध्यान मुझसे कितनी देर बचेगा? अशांत होने का उपाय नहीं है तो शांत होने की विधि की क्या जरूरत है? विधियां तो तब जरूरी हैं जब बीमारियां हों। पहले हम बीमारी पैदा करते हैं, फिर हम विधि की खोज करते हैं। लाओत्से कह रहा है, बीमारी पैदा करने की कोई जरूरत नहीं।

इसलिए लाओत्से का प्रसिद्ध सूत्र है कि जब जगत में ताओ था तो धर्म नहीं था, धर्म-उपदेशक नहीं थे, धर्मगुरु नहीं थे। जब जगत से ताओ नष्ट हो जाता है, स्वभाव खो जाता है, तब धर्म का जन्म होता है।

सीधी बात है। क्योंकि धर्म औषधि है। पहले बीमारी चाहिए, बीमारी के पीछे फिर डाक्टर प्रवेश करता है। फिर हम डाक्टर के बड़े अनुगृहीत होते हैं। लाओत्से का जोर चिकित्सा पर नहीं है। पहले बीमारी पैदा करो, फिर इलाज करो, इस पर उसका जोर नहीं है। लाओत्से का जोर है, बीमारी पैदा मत करो। और बीमारी हमारी पैदा की हुई है। फिर हजारों औषधियां पैदा होती हैं। बीमारी को ठीक करने के लिए हजारों औषधियां अस्तित्व में आती हैं। और फिर औषधियों के रिएक्शंस हैं, फिर औषधियों से पैदा हुई बीमारियां हैं। और उनका फिर कोई सिलसिले का अंत नहीं है। फिर चिकित्सक जो कर सकता है इलाज जिस बीमारी का, उसी बीमारी को खोजता है। इधर मेरा अनुभव यही है। आपकी तकलीफ क्या है, चिकित्सक को इससे कम संबंध है।

मैंने सुना है कि मुल्ला नसरुद्दीन ने एक बार चिकित्सा का काम शुरू किया था। सारा आयोजन कर लिया था, द्वार पर तख्ती लगा दी थी और मरीज की प्रतीक्षा में था। पहला ही मरीज आया। और उस मरीज ने कहा कि मैं बड़ी मुश्किल में हूं, बहुत निराश हो चुका हूं। जगह-जगह खोज तो चुका, जगह-जगह चिकित्सक, वैद्य, हकीम, कोई भी मुझे ठीक नहीं कर पा रहे हैं। मेरी रीढ़ में सदा ही दर्द बना रहता है। और इसे कुछ वर्षों हो गए, बारह-पंद्रह वर्ष हो गए। मुल्ला नसरुद्दीन ने काफी सोचा और फिर कहा, तुम एक काम करो। सर्दी के दिन हैं, रात तुम स्नान करो और बाहर घर के खड़े हो जाओ। कपड़े से सुखाना भी मत शरीर को। ठंडी बर्फीली हवाएं बह रही हैं। उस आदमी ने कहा, क्या? क्या इससे मेरी रीढ़ का दर्द ठीक हो जाएगा? नसरुद्दीन ने कहा, यह मैंने कहा भी नहीं। इससे तुम्हें डबल निमोनिया हो जाएगा। और डबल निमोनिया का इलाज मेरे पास है, रामबाण दवा मेरे पास है।

फिर चिकित्सक के पास जिस बात की दवा है वह उस बीमारी को खोजता है। न हो तो पैदा करता है। इसलिए आप जाएं होम्योपैथ के पास, तो वह और बीमारी खोजता है; एलोपैथ के पास, वह और बीमारी खोजता है; नेचरोपैथ के पास, वह कोई और ही बीमारी खोजता है। जितनी चिकित्सा विधियों के पास आप जाएंगे, वे अलग-अलग निदान करेंगे। निदान का मतलब ही इतना है कि जिस बात का वे इलाज कर सकते हैं वही उनका निदान होगा। आपसे बहुत कम प्रयोजन है। वे क्या कर सकते हैं, उससे ही ज्यादा प्रयोजन है। आप सिर्फ निमित्त मात्र हो।

धर्मगुरुओं के पास भी वही है। आपकी क्या तकलीफ है, यह सवाल नहीं है; उनके पास कौन सी औषधि है।

लाओत्से कहता है, एक तो बीमारी का उपद्रव, फिर औषधि का उपद्रव; इसका फिर कोई अंत नहीं है। बीमारी पैदा न हो।

मेरे पास लोग आते हैं। वे पूछते हैं, मन अशांत है, कैसे शांत करें?

मैं उनसे पूछता हूं कि तुम इसकी फिक्र न करो कि कैसे शांत करें; पहले इसकी ही फिक्र करो कि कैसे तुमने अशांत किया है! और तुम उन कारणों को हटा दो जिनसे तुमने अशांत किया है।

लेकिन यह लंबा मामला मालूम पड़ता है। और उन्हें लगता है कि यह असंभव है। वे कहते हैं, यह तो छोड़ें, आप तो शांति का कोई उपाय, कोई मंत्र बता दें। अशांति को वे पैदा करते रहेंगे; अशांति को रोकने के लिए वे तैयार नहीं हैं; अशांति में इनवेस्टमेंट है, उससे कुछ और मिल रहा है, तो अशांति वे छोड़ नहीं सकते और शांति का कोई ऊपर से इलाज चाहते हैं! अगर शांति ऐसे मिल सकती तब सारी दुनिया के लोग कभी के शांत हो गए होते। शांति ऐसे नहीं मिल सकती; अशांति के कारण हटाने होंगे। लाओत्से के हिसाब से अशांति के कारण समझ लेने चाहिए।

'जब संसार ताओ के अनुकूल जीता है, स्वभाव के अनुकूल जीता है, तब घुड़दौड़ के घोड़े कचरा-गाड़ी खींचने के काम आते हैं।'

घुड़दौड़ के घोड़े आपकी महत्वाकांक्षाओं के घोड़े हैं। यह थोड़ी हैरानी की बात है कि आदमी घोड़ों को दौड़ा कर भी हार-जीत का निर्णय करता है। घोड़े दौड़ते हैं, और आदमी उनमें प्रथम और द्वितीय आते हैं। घोड़े दौड़ते हैं, और लाखों लोग उन्हें देखने इकट्ठे होते हैं। आप आदमियों को दौड़ाएं, लाख घोड़ों को इकट्ठा आप कभी नहीं कर सकते देखने के लिए। घोड़ों को इसमें कुछ रस ही न होगा, और घोड़े बिलकुल भी प्रसन्नचित्त न होंगे कि कोई आदमी दौड़ रहे हैं और इससे कुछ...। घोड़ों की अपनी कोई महत्वाकांक्षा नहीं है। आदमी सब बहाने—चाहे वह खेल खेलता हो, ताश खेलता हो, कबड्डी खेलता हो, फुटबाल खेलता हो, वह कुछ भी करता हो—सब जगह हार और जीत को खोजता है, सब जगह अहंकार को प्रतिष्ठित करने के उपाय करता है। उसके खेल भी बीमारियां हैं।

लाओत्से कह रहा है, अगर संसार ताओ के अनुकूल हो तो घुड़दौड़ के घोड़े कचरा-गाड़ी खींचने के काम आएंगे। कौन उन्हें दौड़ाएगा? कौन उनके ऊपर महत्वाकांक्षा की सवारी करेगा? कौन उनके प्रथम और द्वितीय आने

में रस लेगा? यह तो हम प्रथम होना चाहते हैं तो हम कई उपाय खोजते हैं प्रथम होने के। कोई भी बहाने हम प्रथम होना चाहते हैं। ऐसे-ऐसे उपाय हम खोजते हैं कि कोई भी सोचेगा तो हंसी आएगी।

कोई आदमी डाक के टिकट ही इकट्ठे करने लगता है। तो वह इसमें रस लेता है कि गांव में सबसे ज्यादा डाक के टिकट उसके पास हैं। डाक के टिकटों का क्या मूल्य हो सकता है? कोई आदमी शराब की बोतलें इकट्ठी करने लगता है—खाली बोतलें। पर कुछ भी हो, कोई भी बहाना काम देगा। मेरी अस्मिता तृप्त होनी चाहिए। मैं कुछ हूं जो दूसरा नहीं है; मैं कहीं हूं जहां दूसरा नहीं है; मैं कुछ अनूठा, अद्वितीय हूं, असाधारण हूं। अगर आप अपनी गतिविधियों को खोजेंगे तो उनमें पाएंगे कि यह असाधारण की खोज चल रही है।

लाओत्से हंसी उड़ा रहा है। लाओत्से यह कह रहा है कि तुम्हारे घुड़दौड़ के घोड़े कचरा-गाड़ियां ढोएंगे, अगर लोग ताओ के अनुकूल हों।

'और जब संसार ताओ के प्रतिकूल चलता है, तब गांव-गांव में अश्वारोही सेना भर जाती है।'

समस्त युद्धों के पीछे महत्वाकांक्षा है। और जब भी हम स्वभाव को खो देते हैं तो हिंसा भड़क उठती है। हिंसा का अर्थ है कि हम स्वभाव के प्रतिकूल चले गए, हम रुग्ण हो गए।

इसे थोड़ा समझें। जब भी हम रुग्ण होते हैं तो हम दूसरे को जिम्मेवार ठहराते हैं। जब भी हम दुखी होते हैं तो किसी को उत्तरदायी ठहराते हैं। अगर आप परेशान हैं तो आप तत्क्षण खोजते हैं कि कौन आपको परेशान कर रहा है! आप कभी नहीं सोचते कि परेशानी के चुकता मालिक आप खुद ही हो सकते हैं; किसी को आपको परेशान करने की जरूरत नहीं है। जब आप क्रोधित होते हैं तो आप सोचते हैं, किसी ने क्रोधित करवाया। जब भी आप बीमार होते हैं तो आप बाहर कारण खोजते हैं; कोई न कोई जिम्मेवार होना चाहिए। इससे आपकी आत्मग्लानि कम हो जाती है। और इससे आप यह भूल जाते हैं कि आपके सब उपद्रव स्वनिर्मित हैं।

वैज्ञानिक इस पर बहुत से प्रयोग किए हैं। कुछ प्रयोगों में उन्होंने कुछ व्यक्तियों को सब भांति एकांत में रखा और उनके मन की निरंतर परीक्षण की व्यवस्था की। अड़तालीस घंटे तक एक आदमी अकेला है। कोई कारण नहीं है—कोई उसे गाली नहीं दे रहा है; कोई उसे चिढ़ा नहीं रहा है; कोई उसे दुर्व्यवहार नहीं कर रहा है—वह अकेला ही है। सारी सुविधाएं हैं; भोजन की, पानी की, रहने की, सारी सुविधाएं हैं। लेकिन चौबीस घंटे में वह आदमी चौबीस रंग बदलता है, अकेले में भी। कभी वह क्रोधित हो जाता है; कभी उदास हो जाता है; कभी खुश हो जाता है; कभी गीत गुनगुनाने लगता है; कभी बेचैन दिखाई पड़ता है; कभी बड़े चैन में होता है। जैसे ये उसके भीतर के मौसम हैं जो उसके भीतर चल रहे हैं। अगर वह किसी के साथ होता तो वह इनका कारण दूसरे में खोजता। लेकिन इस एकांत में भी, जब वह खुद ही सब चीजों को पैदा कर रहा है, तब भी वह अपने मन में कारण दूसरा ही खोजता है। अगर वह क्रोधित हो गया है तो वह सोचता है कि परसों किसी आदमी ने गाली दी थी इसलिए मैं क्रोधित हो रहा हूं। अगर वह प्रसन्न हो गया तो सोचता है कि दस दिन पहले उसका फलां आदमी ने इतना सम्मान किया था, इसलिए वह प्रसन्न हो रहा है। लेकिन हम कारण सदा बाहर खोजते हैं।

लाओत्से के हिसाब से—और समस्त जानने वालों के हिसाब से—सभी के कारण हमारे भीतर हैं। हम प्रसन्न होते हैं तो कारण भीतर हैं, दुखी होते हैं तो कारण भीतर हैं, आनंदित होते हैं तो कारण भीतर हैं। बाहर सिर्फ बहाने हैं, एक्सक्यूजेज हैं, खूंटियां हैं। जो भी हम होते हैं उसी को उन खूंटियों पर टांग देते हैं।

और जब सभी लोग अपने स्वभाव से विचलित हो जाते हैं तो स्वभाव से विचलित आदमी निश्चित ही गहरे संताप से भर जाएगा, और संताप के कारण बाहर खोजेगा। यह बाहर कारण खोजना ही समस्त कलह का कारण है। चाहे आप पत्नी से लड़ रहे हों या पत्नी पति से लड़ रही हो, बाप बेटे से लड़ रहा हो, हिंदुस्तान पाकिस्तान से लड़

रहा हो, कि चीन किसी और से लड़ रहा हो, देश हों, कि जातियां हों, कि व्यक्ति हों, कि समाज हों, सारा क्रोध स्वभाव से च्युत होने का लक्षण है। हम भीतर परेशान हैं। और परेशानी के लिए किसी न किसी को जिम्मेवार ठहराना जरूरी है। और जब भी हम किसी को जिम्मेवार ठहरा लेते हैं, राहत मिलती है।

एडोल्फ हिटलर ने अपनी आत्मकथा में लिखा है कि अगर तुम्हारे राष्ट्र का कोई शत्रु न भी हो, तो भी तुम्हें शत्रु की कल्पना राष्ट्र में बनाए रखनी चाहिए, नहीं तो लोग अति बेचैन हो जाते हैं। और किसी भी राष्ट्र को ठीक से जीना हो तो उसके लिए दुश्मन चाहिए। अगर वास्तविक दुश्मन न हों तो झूठे सही, प्रचारित दुश्मन चाहिए, लेकिन दुश्मन चाहिए।

जर्मनी जैसा विचारशील मुल्क, जो कि इधर पिछले सौ वर्षों में अगर किसी भी मुल्क के ऊपर विचार की ठीक-ठीक प्रतिष्ठा हो सकती है, तो वह जर्मन जाति थी, उस विचारशील जाति ने इतना अभद्र और मूढ़तापूर्ण व्यवहार किया दो महायुद्धों में कि विचार पर से हमें संदेह हो जाना चाहिए। विचारशील लोग भरोसे के नहीं मालूम होते। हिटलर ने ऐसी बातें लोगों को समझा दीं जो कि बुद्धिहीन से बुद्धिहीन आदमी को दिखाई पड़ सकती हैं कि भ्रांत हैं, लेकिन जर्मनी को दिखाई नहीं पड़ीं। उसके कारण थे। पहले महायुद्ध में जर्मनी हारा। कोई भी मानना नहीं चाहता कि हम अपनी कमजोरी से हारे, कि अपनी भूल से हारे। यह तो कोई मानना ही नहीं चाहता, क्योंकि इससे अहंकार को चोट लगती है। जरूर कोई कारण था बाहर। पूरी जर्मन जाति खोज रही थी कि किस कारण हम हारे। और हिटलर ने कारण बता दिया। उसने बताया कि यहूदियों की वजह से हारे।

यहूदियों का कोई भी संबंध नहीं है। यह संबंध इतना ही है जैसे हिटलर कह देता कि लोग साइकिल चलाते हैं इसलिए हम पहले महायुद्ध में हारे, कि लोग चश्मा लगाते हैं इसलिए युद्ध में हारे। इतना ही संबंध यहूदियों का युद्ध से हारने का है। कोई संबंध न था। लेकिन लोग खोजना चाहते थे कोई दुश्मन, जिसको वे दबा सकें। करोड़ों यहूदी हिटलर ने काट डाले। और पूरी जर्मन जाति राजी थी, क्योंकि दुश्मन को मिटाना जरूरी है। कोई तर्क नहीं है, कोई गणित नहीं है, कोई संबंध नहीं है, लेकिन बात जंच गई। क्योंकि हम सदा बाहर कोई कारण खोजना चाहते हैं। कोई भी कारण चाहिए।

अब अगर इस मुल्क में परेशानी बढ़ेगी तो ज्यादा देर नहीं है कि आपको युद्ध में घसीटा जाए। अगर आर्थिक संकट बढ़ता जाए, चीजों के दाम बढ़ते जाएं, लोग मुसीबत में पड़ते जाएं, तो जल्दी ही किसी युद्ध में ले जाना जरूरी हो जाएगा। नहीं तो हिंदुस्तान का नेता आपको क्या जवाब दे कि मुसीबत किसलिए है? मुसीबत हमारे कारण तो कभी है नहीं। अगर पाकिस्तान से या चीन से कोई उपद्रव शुरू हो जाए, हल हो गया, समस्या का समाधान हो गया कि मुसीबत इनके कारण है। फिर पूरा मुल्क शांत है। फिर हम झेल सकते हैं तकलीफ, क्योंकि कारण कहीं मिल गया।

इस तरह के झूठे कारण पूरे इतिहास को युद्धों में ले जाते रहे हैं। जैसे ही हम स्वभाव से च्युत होते हैं वैसे ही तत्काल जरूरत हो जाती है कि बाहर हम कोई कारण खोजें।

लाओत्से कहता है, और जब संसार ताओ के प्रतिकूल चलता है, तब गांव-गांव में अश्वारोही सेना भर जाती हैं। तब युद्ध अनिवार्य हो जाता है।

इस सदी में निरंतर सोचा जा रहा है कि युद्धों से कैसे बचा जाए। लेकिन युद्धों से बचा नहीं जा सकता—जैसा आदमी है इसको देखते हुए। इसमें कोई निराशा की बात नहीं है। यह सीधा तथ्य है। आदमी जैसा हमारे पास है, इस आदमी को युद्धों की जरूरत है। चाहे परिणाम कुछ भी हो, चाहे पूरी मनुष्यता मिट जाए, लेकिन जैसा आदमी हमारे पास है, यह आदमी बिना युद्धों के नहीं रह सकता। हर दस वर्ष में युद्ध चाहिए। पिछले तीन हजार, साढ़े तीन हजार वर्षों में केवल सात सौ वर्ष ऐसे हैं जब युद्ध न हुआ हो। साढ़े तीन हजार वर्षों में केवल सात सौ वर्ष छोड़ कर निरंतर

युद्ध चलता रहा। वे सात सौ वर्ष भी इकट्ठे नहीं; कभी एक दिन, कभी दो दिन, कभी दस दिन। अन्यथा जमीन पर कहीं न कहीं युद्ध चलता ही रहा है।

युद्ध कोई आकस्मिक घटना नहीं मालूम होती। आदमी के जीने का ढंग कुछ ऐसा बुनियादी रूप से गलत है कि उसको युद्ध की जरूरत पड़ जाती है। हर दस साल में एक बड़ा युद्ध चाहिए। शायद हम इतना क्रोध इकट्ठा कर लेते हैं, इतनी घृणा और इतनी हिंसा भर जाती है, इतनी मवाद पैदा हो जाती है हमारे भीतर, उसका कोई निकास चाहिए। उस गंदगी को फेंकने के लिए कोई सामूहिक आयोजन चाहिए। युद्ध वैसा सामूहिक आयोजन है। युद्ध के बाद हलकापन आ जाता है, जैसे तूफान के बाद थोड़ी शांति आ जाती है।

लाओत्से के हिसाब से—मेरी समझ से भी—दुनिया से तब तक युद्ध नहीं मिटाए जा सकते जब तक आदमी को स्वभाव के अनुकूल नहीं लाया जाता। चाहे बर्ट्रेंड रसेल लाख उपाय करें, चाहे दुनिया के सारे शांतिवादी शांति के लिए युद्ध ही करने में क्यों न लग जाएं, लेकिन युद्धों से आदमी को मुक्त नहीं किया जा सकता। आदमी को उसके स्वभाव में प्रतिष्ठा चाहिए।

इसे थोड़ा देखें। जब आप सुखी होते हैं तो लड़ने का मन नहीं होता। जब आप सुखी होते हैं तो आप लड़ने का सोच भी नहीं सकते। जब आप सुखी होते हैं, कोई आपको उकसाए भी, तो भी आप हंस कर टाल देते हैं। आप हंस सकते हैं। कोई उकसा भी रहा हो लड़ने के लिए तो भी आप उपेक्षा कर सकते हैं। लेकिन जब आप दुखी हों तब आप प्रतीक्षा करते हैं कि कोई जरा सा उकसाए। आपकी बारूद तैयार है, कोई जरा सी चिनगारी चाहिए। अगर चिनगारी न भी मिले तो आप कोई कल्पित चिनगारी से भी विस्फोट पैदा कर सकते हैं। यह अपने जीवन में आप देखें तो आपको खयाल में आ जाएगा। एक ही परिस्थिति में कभी आप लड़ने को तैयार हो जाते हैं और कभी आप हंसते रहते हैं। परिस्थिति एक ही होती है; आपकी भीतर की वृत्ति और मनोवेग भिन्न होता है। कल भी पति ने यही कहा था पत्नी को, कोई कलह पैदा नहीं हुई थी; आज वही कहने से कलह पैदा हो गई। कल पत्नी प्रसन्न रही होगी; उसकी प्रसन्नता लड़ने को तैयार नहीं थी। प्रसन्नता टाल सकती है, क्षमा कर सकती है, भूल सकती है। लेकिन आज पत्नी प्रसन्न नहीं है; आज वही बात चिनगारी बन सकती है।

जापान में एक बहुत बड़ी, टोकियो की एक बड़ी कंपनी ने, जो कारें बनाने का काम करती है, अपने दरवाजे पर मालिक की और जनरल मैनेजर की दो प्रतिमाएं खड़ी कर रखी हैं—फैक्टरी के बाहर। यह आज नहीं कल सभी फैक्टरी के बाहर करने जैसा होगा। जब भी कोई नाराज हो तो जाकर मालिक को जूते मार सकता है, गाली दे सकता है। वे प्रतिमाएं बाहर खड़ी हैं। वे इसीलिए खड़ी की गई हैं। मनोवैज्ञानिक उस फैक्टरी का अध्ययन कर रहे हैं। और उनका कहना है कि उस फैक्टरी के मजदूर, काम करने वाले लोग अति प्रसन्न हैं और दिन में अनेक बार लोग जाकर उन प्रतिमाओं पर क्रोध निकाल कर आ जाते हैं और हलके हो जाते हैं।

आप भी जब एक-दूसरे पर क्रोध निकाल रहे हैं तो दूसरे से कोई संबंध नहीं है, दूसरा प्रतिमा से ज्यादा नहीं है। इसलिए अगर आप बुद्धिमान हों, तो जब कोई आप पर क्रोध निकाल रहा हो तो आपको परेशान होने की कोई जरूरत नहीं है। आपसे उसका कोई संबंध ही नहीं है। आप सिर्फ एक प्रतिमा हैं, एक बहाना हैं। और आपको खुश होना चाहिए कि आपको दूसरे आदमी का क्रोध निकालने का एक अवसर मिला। उसका क्रोध हलका हो गया, वह शांत हो गया। लेकिन इतनी हममें समझ नहीं है। दूसरा भी उबल पड़ता है। और दूसरा भी इसलिए उबल पड़ता है कि उसके भी बहुत से उबाल भीतर भरे हैं। हर आदमी सुलगा हुआ है। और इसलिए किसी भी आदमी के साथ रहना सुविधापूर्ण नहीं है। कितना ही आपका लगाव हो और कितना ही प्रेम हो, दो व्यक्ति पास रहते हैं तो सिवाय कलह के कुछ भी पैदा नहीं होता। कारण दूसरा नहीं है; कारण भीतर अपने स्वभाव से च्युत हो जाना है।

'जब संसार ताओ के प्रतिकूल चलता है, तब गांव-गांव में अश्वारोही सेना भर जाती है।'

जब कोई व्यक्ति ताओ के प्रतिकूल चलता है तो उसके भीतर सिवाय घृणा, क्रोध, द्वेष और ईर्ष्या के कुछ भी नहीं बचता। हर आदमी जलता हुआ है। सब आदमी अपनी-अपनी राख में छिपाए अपनी आग को चल रहे हैं। ऊपर से राख दिखाई पड़ती है तो आप सोचते हैं, कोई खतरा नहीं है। सबके भीतर अंगारा है। जरा सी हवा का झोंका, और अंगारा प्रकट हो जाता है और लपटें निकलने लगती हैं।

इससे केवल एक बात की सूचना मिलती है कि आपके भीतर कोई संगीत, कोई संतोष, कोई सुख की धारा नहीं बह रही है। आपका क्रोध केवल लक्षण है, आपकी घृणा लक्षण है; बीमारी नहीं है। इसलिए जो धर्मगुरु सिखाते हैं कि क्रोध मत करो, घृणा मत करो, व्यर्थ की बातें सिखा रहे हैं। उनकी बातें ऐसी हैं जैसे किसी को बुखार चढ़ा हो और कोई उसको समझा रहा हो कि गर्म मत होओ। उसके हाथ के बाहर है। गरमी होना कोई बीमारी नहीं है। वह जो शरीर पर तापमान बढ़ रहा है वह तो केवल लक्षण है। बीमारी कहीं भीतर है। लाओत्से के हिसाब से, स्वभाव से अलग हो जाना, या स्वभाव के प्रतिकूल हो जाना बीमारी है। फिर सब चीजें पैदा होंगी। इसलिए आप लाख उपाय करें कि क्रोध न करें, कुछ हल न होगा। यह हो सकता है कि आप क्रोध को निकलने से रोक लें, दबा लें, छिपा लें। आज नहीं कल निकलेगा; कल नहीं परसों निकलेगा। ज्यादा होकर निकलेगा। और आज निकलने में शायद कोई तुक भी होती, जब परसों निकलेगा तो कोई तुक भी न होगी। आज शायद कोई परिस्थिति में संगत भी मालूम होता, जब दबा लेंगे उसको, पीछे असंगत परिस्थिति में निकल आएगा, तब और भी पीड़ा होगी।

जो लोग छोटा-छोटा क्रोध कर लेते हैं वे बड़े अपराध नहीं करते। जो लोग छोटा-छोटा क्रोध रोक लेते हैं वे बड़े अपराध करते हैं। अब तक ऐसा नहीं हुआ है कि सहज, सामान्य परिस्थिति में क्रोध करने वाले आदमियों ने हत्याएं की हों या आत्महत्याएं की हों। हत्याएं करने वाले लोग वे ही होते हैं जो क्रोध को पीने और इकट्ठा करने की कला जानते हैं। फिर इतना इकट्ठा हो जाता है कि उसका विस्फोट प्राण ले लेता है।

यह करीब-करीब ऐसा है। वैज्ञानिक कहते हैं कि चाय में जहर है। निकोटिन जहर है। आप अगर दिन में दो कप चाप पीते हैं तो आप बीस साल में जितनी चाय पीएंगे, उतना निकोटिन अगर आप इकट्ठा एक दिन में पी लें तो आप अभी मर जाएंगे, एक क्षण में। लेकिन दो कप चाय रोज पीने से कोई मरता नहीं। बीस साल—और वह बीस साल नहीं, आप बीस जन्म भी दो कप रोज पीते रहें तो भी नहीं मरेंगे। क्योंकि निकोटिन कोई इकट्ठा नहीं हो रहा है कि बीस साल में इकट्ठा होकर जान ले लेगा। वह रोज बहता जा रहा है।

जो आदमी रोज छोटा-मोटा क्रोध कर लेता है, खतरनाक नहीं है। जो आदमी बीस साल तक क्रोध को रोक ले, उसके पास भी मत फटकना। वह बिलकुल विस्फोटक है, इनफ्लेमेबल है। वह कभी भी किसी भी वक्त लपट पकड़ सकता है। और जब लपट पकड़ेगा तो छोटी घटना घटने वाली नहीं है। क्रोध को दबाने से केवल क्रोध इकट्ठा होगा, घृणा को दबाने से घृणा इकट्ठी होगी। और जो भी इकट्ठा होगा, अगर वह छोटी मात्रा में बुरा था तो बड़ी मात्रा में तो और भी बुरा होगा।

लाओत्से दमन के पक्ष में नहीं है। लाओत्से कहता है, ये तो केवल संकेत हैं कि तुम्हें क्रोध उठता है, घृणा उठती है, ईर्ष्या उठती है, द्वेष उठता है। ये सूचनाएं हैं कि तुम स्वभाव से हट गए हो। इनकी फिक्र छोड़ो। स्वभाव के साथ एक होने की फिक्र करो। जैसे ही तुम स्वभाव से एक हो जाओगे, ये घटनाएं बंद हो जाएंगी, ये घटनाएं तिरोहित हो जाएंगी। क्रोध को दबाना नहीं पड़ेगा, क्रोध तुम अचानक पाओगे कि होना बंद हो गया। तुम्हारी चेतना की स्थिति बदलनी चाहिए तो तुम्हारे मन के रोग बदलेंगे। चेतना की स्थिति पुरानी ही रहे और तुम मन को बदल लो, ऐसा न कभी हुआ है, न हो सकता है। चेतना बदलनी चाहिए। चेतना के तल हैं। जैसे-जैसे चेतना गहरी होने लगती है

वैसे-वैसे जिन तलों से चेतना हट जाती है उन तलों की बीमारियां विसर्जित हो जाती हैं। और जब कोई चेतना ठीक स्वभाव में ठहर जाती है, या स्वभाव के साथ एक हो जाती है, तो सारी बीमारियां तिरोहित हो जाती हैं।

बुद्ध को क्रोध नहीं होता, ऐसा कहना गलत है। बुद्ध क्रोध नहीं करते, ऐसा कहना भी गलत है। बुद्ध क्रोध पर संयम रखते हैं, ऐसा कहना भी गलत है। बुद्ध जहां हैं वहां से क्रोध से कोई संबंध नहीं रहा। जहां क्रोध हो सकता था वहां बुद्ध अब नहीं हैं। जिस मन की सतह पर क्रोध जलता था वहां बुद्ध अब नहीं हैं। बुद्ध अब उस केंद्र पर हैं जहां से क्रोध और उसके बीच अनंत आकाश हो गया; जहां से कोई संबंध नहीं जुड़ता। स्वभाव के साथ एकता समस्त बीमारियों का विसर्जन बन जाती है।

'संतोष के अभाव से बड़ा कोई अभिशाप नहीं है; स्वामित्व की इच्छा से बड़ा कोई पाप नहीं है। इसलिए जो संतोष से संतुष्ट है वह सदा भरा-पूरा रहेगा।'

'संतोष के अभाव से बड़ा कोई अभिशाप नहीं है।'

अब हम समझ सकते हैं। क्योंकि संतोष को सूत्र मानता है लाओत्से, स्वभाव के साथ एक होने का। असंतुष्ट का अर्थ है: मैं कुछ और होना चाहता हूं जो मैं हूं उससे। संतोष का अर्थ है: जो भी मैं हूं, प्रकृति ने मुझे जो बनाया, मैं उससे राजी हूं। न मेरा कोई आदर्श है जिसे पूरा करना है, न कोई लक्ष्य है जहां तक मुझे पहुंचना है, न कोई उद्देश्य है। प्रकृति ने जो मुझे बनाया वही मेरी नियति है। मैं उससे राजी हूं। गुलाब गुलाब होने से राजी है; घास का फूल घास होने से राजी है। घास के फूल को आकांक्षा नहीं है कि गुलाब हो जाए। न गुलाब को फिक्र है कमल हो जाने की। अगर उनको फिक्र हो जाए तो हमें गुलाब के पौधों को भी पागलखाने में भर्ती करना पड़े, उनको चिकित्सा करवानी पड़े। उनको रात नींद न आए, उनका मन ज्वरग्रस्त हो जाए, उन्हें भी हार्ट-अटैक होने लगे। असंतोष का अर्थ है, प्रकृति ने जो मुझे बनाया उससे भिन्न होने की मेरी आकांक्षा है। और यह मैं कभी हो न पाऊंगा। क्योंकि जो मैं नहीं हूं वह मैं नहीं हो सकता हूं। इसका कोई उपाय नहीं है। मैं जो हूं बस वही हो सकता हूं।

'संतोष के अभाव से बड़ा कोई अभिशाप नहीं है।'

इसलिए लाओत्से इसे बड़े से बड़ा अभिशाप कहता है—कि यह बड़े से बड़ा, जीवन में बड़ी से बड़ी भूल कोई भी अगर संभव है तो वह यह है कि मैं कुछ और होने की कोशिश में लग जाऊं, जो मैं हूं उससे अन्यथा होने की दौड़ मुझे पकड़ ले। यह अभिशाप है। जो मैं हूं वही होने को मैं राजी हो जाऊं, यह वरदान है। थोड़ा सोचें। आप जो हैं अगर वही होने से राजी हैं, एक क्षण को भी आपको यह झलक आ जाए कि जो मैं हूं, ठीक हूं। सारे अभिशाप हट गए, सारे बादल हट गए, और आकाश खुला हो गया।

लेकिन हजार—एक दिशा में ही आप बदलना चाहते हों, ऐसा नहीं—हजार दिशाओं में दौड़ है। बुद्धिमान नहीं हैं तो बुद्धिमान होना चाहते हैं; गरीब हैं तो अमीर होना चाहते हैं; सुंदर नहीं हैं तो सुंदर होना चाहते हैं। और किसी को पता नहीं है कि सुंदर होने का क्या अर्थ है। और कोई नहीं व्याख्या कर सकता कि सुंदर कौन है। न कोई मापदंड है। सब अंधेरे में टटोलना है। आप कुछ भी हो जाएं, वहां भी आपको कुछ भरोसा मिलने वाला नहीं है। क्योंकि कितने धन से आपको तृप्ति मिलेगी?

कभी सोचें। सिर्फ सोचें, अभी धन मिल भी नहीं गया है; सिर्फ सोचें। दस हजार? मन कहेगा, इतने से क्या होने वाला है! दस लाख? मन कहेगा, जब सिर्फ सोचने पर ही निर्भर है तो इतने सस्ते में क्यों राजी होते हो! जहां तक आपको संख्या आती होगी मन कम से कम वहां तक तो ले ही जाएगा। और तब भी भीतर कुछ अड़चन बनी ही रहेगी कि इससे ज्यादा भी हो सकता था। कितना सौंदर्य आपको तृप्त करेगा? कितना स्वास्थ्य आपको तृप्त करेगा? कितनी उम्र चाहिए?

ययाति की कथा है। सौ वर्ष का हुआ, मरने को है, मौत आई। तो ययाति ने कहा कि मुझे कुछ दिन और छोड़ दो, क्योंकि अभी तो मैं जीवन को भोग भी नहीं पाया।

सौ वर्ष काफी होने चाहिए। लेकिन आप भी सौ वर्ष के हो जाएं और मौत आपको सोचने का मौका दे तो जो ययाति ने कहा वही आप कहेंगे। इसलिए कहानी सत्य है। घटी हो कभी, न घटी हो; मनुष्य के मन का गहरा तथ्य है।

ययाति ने अपने बेटों को कहा—उसके सौ बेटे थे—उसने कहा कि तुममें से कोई मुझे अपनी उम्र दे दो। मौत ने कहा, अगर कोई बेटा राजी हो तो मैं उसको ले जाऊं; किसी को तो ले जाना ही पड़ेगा। निन्यानबे बेटे एक-दूसरे की तरफ देखने लगे। वे सब बुद्धिमान थे। सबकी उम्र काफी थी। उनमें से कई तो खुद भी बूढ़े हो गए थे। छोटा बेटा जो अभी बिलकुल ताजा था और जिसको अभी कोई अनुभव न था, वह पिता के पास आया और उसने कहा कि आप मेरी उम्र ले लें। मौत को भी दया आ गई, क्योंकि यह बेटा तो अभी बिलकुल ताजा था, अभी इसने जिंदगी का कोई अनुभव न लिया था। उसने कहा कि तू क्यों ऐसा कर रहा है? उसने कहा कि जब मेरे पिता सौ वर्ष में तृप्त न हो सके तो मैं भी क्या तृप्त हो पाऊंगा! और जब उन्हें अभी भी उम्र की जरूरत है और सौ वर्ष के बाद भी मरने को राजी नहीं हैं तो सौ वर्ष व्यर्थ परेशान होने में कोई सार नहीं। मरना तो पड़ेगा, और अतृप्त ही मरना पड़ेगा।

फिर भी ययाति को बोध न हुआ। बेटा मर गया। ययाति सौ वर्ष और जीया। फिर मौत आ गई। तब तक उसके सौ और बेटे पैदा हो गए थे। उसने कहा, यह तो बहुत जल्दी है। ये सौ वर्ष ऐसे बीत गए, पता न चला। अभी तो कुछ भी तृप्त नहीं हुआ।

ऐसे कहानी चलती है, और हर बार एक बेटा अपनी उम्र देकर ययाति को जिंदा रखता है। हजार साल ययाति जिंदा रहा। और जब हजारवें साल मौत आई तब भी वह वहीं था जहां पहली बार मौत आई थी। उसने फिर वही कहा कि इतने जल्दी क्यों आना हो जाता है? और अभी कुछ पूरा नहीं हुआ। मौत ने कहा कि तुम्हें कब दिखाई पड़ेगा कि यह कभी पूरा नहीं होगा। यह पूरी होने वाली बात ही नहीं है। वासना की कोई सीमा नहीं है; वह कहीं पूरी नहीं होती।

इसलिए अतृप्ति अभिशाप है बड़े से बड़ा, क्योंकि वह कभी भी किसी भी क्षण में मनुष्य को सुख से न जुड़ने देगी। कोई और अभिशाप देने की जरूरत नहीं। भारत में ऋषि-मुनि अभिशाप देने के आदी रहे। पता नहीं फिर भी लोग उनको क्यों ऋषि-मुनि कहे चले जाते हैं! उनको अगर लाओत्से का पता होता तो वे इस तरह के अभिशाप न देते जैसे उन्होंने दिए। दुर्वासा को पता होता तो वह यही कहता कि जा, तू सदा असंतुष्ट रह! इतना काफी था। यह बड़े से बड़ा अभिशाप है। लेकिन आपको किसी दुर्वासा की जरूरत नहीं, आप खुद ही अपने को अभिशाप दे रहे हैं। आपने इसको जीवन का ढंग बना रखा है—असंतुष्ट!

'संतोष के अभाव से बड़ा कोई अभिशाप नहीं; स्वामित्व की इच्छा से बड़ा कोई पाप नहीं।'

लाओत्से अनूठा है, और जितनी सूत्र में उसने बातें कह दी हैं, बड़े से बड़े पूरे शास्त्र भी उतनी बातें विस्तार में भी नहीं कह पाते। स्वामित्व से बड़ा कोई पाप नहीं। लोग कहते हैं, पंच पाप गिनाते हैं—कि हिंसा पाप है, कि चोरी पाप है, कि लोभ पाप है, कि कोई और गिनाता है, कि वासना, काम। लाओत्से कहता है, स्वामित्व की आकांक्षा। और मैं मानता हूं कि वह ठीक है। बाकी सब पाप स्वामित्व की आकांक्षा से पैदा होते हैं। बाकी सब पाप गौण हैं, वे मूल नहीं हैं। किसी के मालिक होने की आकांक्षा, मालकियत का भाव, फिर चाहे वह धन की मालकियत हो, चाहे किसी व्यक्ति की मालकियत हो, किसी भी दिशा में स्वामित्व होने की जो दौड़ है, लाओत्से कहता है, वह बड़े से बड़ा पाप है, वह महापाप है। क्यों? समझ में आता है कि संतोष न हो तो अभिशाप है। स्वामित्व की दौड़ हो तो पाप क्यों है?

पहली बात, जो व्यक्ति भी स्वामित्व की दौड़ में पड़ा है वह कभी इस तथ्य से परिचित न हो पाएगा कि स्वामी भीतर छिपा है, मालिक भीतर है। वह मालकियत की तलाश बाहर करेगा; वह किसी का मालिक होना चाहेगा। और बाहर कोई मालकियत हो नहीं सकती। वह वस्तुओं का स्वभाव नहीं है। आप एक मकान बना सकते हैं। आप सोचते होंगे, आप मालिक हैं। तो आप गलती में हैं।

इब्राहिम एक सूफी फकीर हो गया। वह फकीर हुआ इसलिए कि एक रात सोया था और अचानक उसने अपने ऊपर छप्पर पर किसी के चलने की आवाज सुनी। उसने पूछा, कौन है? छप्पर पर चलने वाले आदमी ने कहा कि मेरा ऊंट खो गया है, उसे मैं खोजता हूं। इब्राहिम समझा कि यह आदमी पागल होना चाहिए। मकानों के छप्परों पर कहीं ऊंट खोते हैं?

दूसरे दिन सुबह उठ कर उसने कहा कि उस आदमी को खोजो। या तो वह पागल है और या फिर ज्ञानी है। क्योंकि मकानों के छप्परों पर कौन रात को ऊंट खोजने निकलता है? और मकानों के छप्परों पर ऊंट जाएंगे कहां खोने को? तो या तो वह विक्षिप्त है, और या फिर उसने कुछ इशारा किया है जो मैं समझ नहीं पाया।

बहुत खोज की गई, लेकिन कुछ पता न चला। लेकिन भरी दोपहर, जब इब्राहिम का दरबार भरा था, तो एक फकीर ने आकर दरवाजे पर शोरगुल मचाया। वह फकीर यह कह रहा था कि मैं इस धर्मशाला में कुछ दिन रुकना चाहता हूं। और दरबान कह रहा था कि तू पागल है! यह धर्मशाला नहीं है, यह सम्राट का महल है, उनका निवास-स्थान है। और वह आदमी कह रहा था, अगर यह सच है कि कोई आदमी इसका दावेदार है तो मैं उसको देखना चाहता हूं। अंततः उसे लाना पड़ा।

इब्राहिम सिंहासन पर बैठा था। उस आदमी ने पूछा कि मैं कहता हूं यह धर्मशाला है, लेकिन दरबान कहता है कि यह आपका निवास-स्थान है; क्या आप भी यही सोचते हैं? इब्राहिम ने कहा, इसमें सोचने का क्या सवाल है? यह मेरा मकान है, और मैं इसका मालिक हूं। और बंद करो यह बातचीत, यह कोई सराय नहीं है। पर उस फकीर ने कहा, मैं बड़ी उलझन में पड़ गया। मैं इसके पहले भी आया था, तब एक दूसरा आदमी इस सिंहासन पर बैठा था, और उसने भी यही कहा था कि यह मेरा मकान है। वह आदमी अब कहां है? तब इब्राहिम थोड़ा डरा और उसने कहा कि वे मेरे पिता थे। लेकिन वे स्वर्गीय हो गए। उस फकीर ने कहा, मैं उनके पहले भी आया था, लेकिन तब एक तीसरा आदमी इसी मकान का मालिक था। अब तुम हो। क्या तुम पक्का भरोसा दिलवाते हो कि जब मैं चौथी बार आऊंगा, तब भी तुम यहां रहोगे इस मकान के मालिक? मैं इतने मालिक देख चुका हूं कि मुझे लगता है यह धर्मशाला है। इसमें कई लोग ठहरे और गए। और मैं सिर्फ रात भर के लिए निवास चाहता हूं।

इब्राहिम ने कहा कि पकड़ लो इस आदमी को; यही वह आदमी होना चाहिए जो रात छप्पर पर ऊंट खोजता था। क्या तुम वही आदमी हो?

उस फकीर ने कहा, मैं वही हूं। और मैं तुमसे कहता हूं कि तुम भी छप्पर पर ऊंट खोज रहे हो; लेकिन तुमको कुछ होश नहीं है। छप्पर पर ऊंट खोजने का इतना ही मतलब है कि जो चीज जहां नहीं मिलती वहां खोजना। जहां मिल नहीं सकती वहां खोजना। और हर आदमी छप्पर पर ऊंट खोज रहा है, जहां होने का कोई उपाय ही नहीं है।

कहते हैं, इब्राहिम ने यह सुन कर उस आदमी से कहा कि तू इस सराय में ठहर और अब मैं जाता हूं। क्योंकि इसको मैं महल समझता था, इसलिए रुका था। जब यह सराय ही हो गई, और जब इसे छोड़ ही देना होगा, तो अब रुकने का कोई अर्थ नहीं। अब तक मैं सोचता था, मैं मालिक हूं।

मालकियत की जो दौड़ है वह आदमी को बाहर भटकाए रखती है। और जब तक आदमी बाहर भटकता है तब तक वह छप्परों पर ऊंट खोज रहा है। मिल सकता है वह जो चाहिए हमें, वह भीतर है, और जहां हम खोजते हैं

वहां वह नहीं मिल सकता। क्योंकि वहां वह है नहीं। मालिक हमारे पास है। इसलिए इस मुल्क में हिंदुओं ने अपने संन्यासी को स्वामी का नाम दिया। उनका प्रयोजन था। स्वामी का मतलब है वह आदमी जिसने बाहर मालकियत खोजना छोड़ दी, जिसने बाहर की स्वामित्व की दौड़ छोड़ दी; जो कहता है, अब बाहर मेरा कुछ भी नहीं है इसलिए संन्यास; जो कहता है, अब मेरा मालिक मेरे भीतर है।

स्वामी भीतर है। वह हमारा स्वभाव है। लेकिन उस तरफ हमारी नजर तभी जाएगी जब वस्तुओं से हमारी नजर हट जाए। जब तक वस्तुओं में हम उलझे हैं तब तक सुविधा नहीं है, जगह नहीं है, खाली स्थान नहीं है, जहां से हम भीतर की तरफ देख सकें। वस्तुओं से पूरा मन भर गया है

परिग्रह, स्वामित्व को लाओत्से महापाप इसलिए कह रहा है कि उस दौड़ के कारण ही तुम अपने को पाने से वंचित हो। और जब तक वह दौड़ न छूट जाए तब तक तुम वंचित ही रहोगे। और एक ही बात पाप है कि मुझे मेरा पता नहीं। और क्या पाप हो सकता है? एक ही पाप है कि मैं हूं, और मुझे मेरा अपना अनुभव नहीं। एक ही पाप है कि मैं उत्तर नहीं दे सकता कि मैं कौन हूं। और जब भी आप उत्तर देते हैं तब आप कुछ मालकियत की खबर देते हैं। आप कहते हैं, मैं इस मकान का मालिक हूं; कि आप कहते हैं, यह दुकान मेरी है; कि आप कहते हैं कि ये पद-पदवियां मेरी हैं; कि ये उपाधियां, यह ज्ञान मेरा है। जब भी आपसे कोई पूछता है आप कौन हैं तो आप कुछ बताते हो जिसके आप मालिक हो। आप कभी नहीं बताते कि आप कौन हो। उसका आपको पता भी नहीं है।

वह कौन है जो मालकियत की दौड़ में दौड़ रहा है? वह कौन है जो संग्रह करना चाहता है और सारी पृथ्वी पर साम्राज्य निर्मित करना चाहता है? वह कौन है पीछे छिपा हुआ? उसका अनुभव ही पुण्य है। और जो चीजें उसके अनुभव से रोकती हैं वही पाप हैं। जो दूसरे का मालिक होना चाहता है वह अपना मालिक नहीं हो पाएगा। और जिसे अपना मालिक होना है उसे दूसरों की सारी मालकियत छोड़ देनी चाहिए। उसे सब दावे छोड़ देने चाहिए। वह दावे से शून्य हो जाना चाहिए। अगर ठीक से समझें तो घर छोड़ने का, गृहस्थी छोड़ने का, पत्नी, पति या बच्चे या धन छोड़ने का वास्तविक प्रयोजन घर, पत्नी और बच्चा छोड़ना नहीं है, मालकियत का भाव छोड़ना है। कोई पत्नी को छोड़ कर पहाड़ पर भाग जाए, इससे कुछ हल नहीं होता। घर में पत्नी के पास रहे या पहाड़ पर रहे, इससे कुछ बहुत फर्क नहीं पड़ता। मालकियत का भाव!

एक जैन मुनि के संबंध में मैं पढ़ता था। वे बड़े ख्यातिलब्ध थे। बहुत उनके भक्त थे। अभी-अभी कुछ वर्षों पहले उनकी मृत्यु हुई। उनकी जीवन-कथा में लेखक ने, जिसने उनका जीवन लिखा है, बड़ी प्रशंसा और स्तुति के भाव से एक घटना दी है। घटना है कि घर छोड़ कर, पत्नी को छोड़ कर—बीस वर्ष बाद—वे काशी में थे। पत्नी की मृत्यु हुई। पत्नी को छोड़े बीस वर्ष हो चुके हैं। पत्नी की मृत्यु हुई, घर से तार गया। तो उन मुनि ने तार देख कर कहा कि चलो, झंझट मिटी।

मैं थोड़ा हैरान हुआ, जब मैंने जीवनी में यह पढ़ा। बीस साल बाद पत्नी का मरना और मुनि का यह कहना कि कि चलो, झंझट मिटी। साफ है कि झंझट जारी थी। यह कोई सोचा-विचारा हुआ वक्तव्य नहीं है, यह तो सहज निकला तार के देखते ही। इसका मतलब है कि बीस साल भीतर झंझट जारी थी। अन्यथा पत्नी को बीस साल पहले छोड़ चुके; अब उसके मरने से झंझट मिटने का क्या संबंध?

नहीं, पत्नी इतनी आसानी से नहीं छूटती। और जब उसके मरने पर ऐसा भाव पैदा होता है कि झंझट मिटी, तो जरूर उसको मार डालने की कामना कहीं न कहीं छिपी रही होगी।

पति अक्सर पत्नियों को मार डालने का सोचते हैं। पत्नियां अक्सर पतियों को मार डालने का सोचती हैं। नहीं मारते यह दूसरी बात है, लेकिन उपाय मन में चलता है अनेक ढंग से। अनेक पत्नियां डरती हैं, पति बाहर गया तो

भयभीत होती हैं कि कहीं एक्सीडेंट न हो जाए, कहीं कार न टकरा जाए। मनोवैज्ञानिक कहते हैं, इस भय का भी कारण यही है कि उनके मन में कहीं पति को मारने का कोई रस छिपा हुआ है, कि पति मर जाए तो छुटकारा हो जाए। और स्वाभाविक है कि जैसे पति और पत्नियां हैं, इसमें मरने में छुटकारा दिखाई पड़ता हो।

पर बीस साल पहले पत्नी को छोड़ कर चला गया संन्यासी, उसको लगता है झंझट मिटी, तो लगता है मालकियत कायम थी। और ध्यान रहे, जिसकी हम मालकियत करते हैं वह भी हम पर मालकियत करता है। यह जो पजेशन है, स्वामित्व है, यह एकतरफा कभी नहीं होता। पति कितना ही सोचता हो कि वह स्वामी है, और स्त्रियां बहुत होशियार हैं, वे सदा से कहती रही हैं कि स्वामी तुम्हीं हो, लेकिन सभी जानते हैं कि सौ में निन्यानबे मौकों पर स्त्रियां मालिक होती हैं, पति केवल नाम मात्र के स्वामी होते हैं।

एक बड़ी मीठी, बड़ी पुरानी प्रसिद्ध कथा है। एक सम्राट के दरबार में ऐसा दरबारियों में विवाद उठ गया है, और बात चल पड़ी है कि कितने दरबारी अपनी पत्नियों से डरते हैं, कितने दरबारी अपनी पत्नियों के गुलाम हैं। कोई भी इसको स्वीकार करने को राजी नहीं है। लेकिन सम्राट ने कहा कि मैं जानता हूं, अपने अनुभव से भी जानता हूं कि यह संभव नहीं है कि यहां जितने लोग हैं, ये सभी कह रहे हैं कि कोई भी अपनी पत्नी से नहीं डरते। ध्यान रहे, अगर कोई भी झूठ बोला तो गर्दन उतरवा दूंगा। और कल सब अपनी पत्नियों सहित आ जाएं।

जब पत्नियां भी दरबार में आ गईं तो मुश्किल खड़ी हो गई। और सम्राट ने कहा कि कतार लगा लो; जो लोग अपनी पत्नियों से डरते हैं, एक तरफ, बाईं तरफ, और जो अपनी पत्नियों से नहीं डरते वे दाईं तरफ खड़े हो जाएं। सारे दरबारी बाईं तरफ खड़े हो गए, सिर्फ एक आदमी को छोड़ कर। वह एक आदमी खड़ा था अकेला उस पंक्ति में जहां पत्नी से नहीं डरने वाले खड़े हैं।

सम्राट ने कहा, फिर भी धन्यभाग, कम से कम एक दरबारी तो ऐसा है। तुम क्यों यहां खड़े हो?

उसने कहा, जब मैं चलने लगा घर से, पत्नी ने कहा कि भीड़-भाड़ में खड़े मत होना। उधर बहुत भीड़ है।

लेकिन स्त्रियों की मालकियत और ढंग की है, क्योंकि स्त्रियों की मनस-व्यवस्था और ढंग की है। उनकी मालकियत पैसिव है, आक्रामक नहीं है। उनकी मालकियत ज्यादा जटिल और सूक्ष्म है। पति की मालकियत सिर्फ दिखावा है, और एक तरह का गहरा समझौता है भीतर कि जब बाहर रहो घर के तो तुम अकड़ कर चलना, और बाहर यह बात स्वीकार की जाएगी कि तुम मालिक हो और जैसे ही घर के भीतर प्रवेश करो तुम अपनी अकड़ बाहर रख आना।

निश्चित ही, जब भी हम किसी के मालिक बनते हैं तो हम गुलाम भी हो जाते हैं। क्योंकि दूसरा भी हमसे इसीलिए जुड़ा है कि वह भी मालिक बनना चाहता है। मालिक बनने के ढंग अलग-अलग हैं। पति की मालकियत धमकी, मार-पीट सब पर निर्भर है। पत्नी की मालकियत रोने पर, चीखने पर, चिल्लाने पर, परेशान होने पर निर्भर है। वह खुद को इतना दुखी कर लेगी कि हरा देगी। पति उसको चोट पहुंचा कर मालकियत करता है; वह अपने को चोट पहुंचा कर भी मालकियत करती है। पत्नी का मालकियत का ढंग अहिंसावादी है; उपवास कर लेगी, रोएगी। पति का हिंसक है। पर फर्क नहीं है। और दोनों की तलाश स्वामित्व की तलाश है।

जब तक हम स्वामित्व की खोज कर रहे हैं तब तक हम गुलाम भी रहेंगे। और जैसे ही कोई यह खोज छोड़ देता है, उसकी गुलामी भी मिट जाती है। न वह किसी का गुलाम रह जाता है और न किसी को गुलाम बनाता है। तब अचानक भीतर के स्वामित्व का पता चलता है। तब भीतर का स्वामी सारी धुंध के बाहर आ जाता है; कोहरा छंट जाता है। वह दौड़ जो महत्वाकांक्षा की थी, उसके हटते ही धुआं हट जाता है, और लपट स्वामित्व की प्रकट हो जाती है। वही पुण्य है; स्वयं की मालकियत को उपलब्ध हो जाना पुण्य है। और दूसरे की मालकियत की कोशिश पाप है।

'स्वामित्व की इच्छा से बड़ा कोई पाप नहीं। इसलिए जो संतोष से संतुष्ट है, वह सदा भरा-पूरा रहेगा।'

और जो असंतोष से भरा है वह सदा खाली है; उसे भरा नहीं जा सकता। उसे हम सारा संसार भी दे दें, तो भी उसका भिक्षा-पात्र खाली रहेगा। वह कहेगा, बस इतना ही! और कुछ नहीं? वह यही पूछेगा कि बस हो गया समाप्त संसार? इससे ज्यादा पाने को कुछ भी नहीं? वह उसके मन की आदत है। जब भी उसे कुछ मिलता है तब वह यही पूछता रहा है। उसे सब मिल जाए, उसे परमात्मा भी मिल जाए, तो वह परमात्मा के सामने उदास खड़ा हो जाएगा और वह कहेगा, बस इतना ही? वह मन जो है, असंतोष से भरा हुआ है। उसमें कोई पेंदी नहीं है। उसे आप कितना ही भरते चले जाएं उस बर्तन को, उसमें नीचे कोई पेंदी नहीं है कि बर्तन भर जाए। पानी सब बहता चला जाता है। और वह जो संतोष से भरा हुआ मन है वह बर्तन नहीं है, सिर्फ पेंदी है। उसे एक बूंद भी भर देती है।

इसे फिर से दोहरा दूं: वह जो असंतुष्ट मन है वह पेंदी से रहित बर्तन है; उसमें हम पानी डालते जाएं, वह खाली होता जाता है। इधर हम डालते हैं, उधर वह खाली होता है। कितना ही डालें, वह खाली रहेगा। सारे महासागर हम उसमें डाल दें तो भी वह खाली रहेगा। क्षण भर को भरा हुआ दिख सकता है, जब पानी गिर रहा है। और वह जो संतुष्ट मन है वह सिर्फ पेंदी है, उसमें कोई बर्तन नहीं है। वह खाली भी हो तो भरा हुआ है। उसमें एक बूंद भी काफी है।

'जो संतोष से संतुष्ट है, वह सदा भरा-पूरा रहेगा।'

पहचानें अपने को। आपको कभी भी ऐसा लगता है, आप भरे-पूरे हैं? कभी भी ऐसा लगता है कि धन्यवाद दे सकें आप परमात्मा को कि तूने बहुत दिया? कभी भी ऐसा लगता है कि सब कुछ पा लिया, कुछ पाने को नहीं है? ऐसा कभी नहीं लगता। शिकायत बनी रहती है। हमारी प्रार्थनाएं, पूजाएं, सब हमारी शिकायतें हैं। जब कि वास्तविक प्रार्थना केवल धन्यवाद हो सकती है, शिकायत नहीं। लोग मंदिरों में जाकर कह रहे हैं कि क्यों मुझे इस गरीबी में डाल रखा है? क्यों मुझे बीमारी में डाल रखा है? क्यों मुझे इतनी असफलता मिल रही है? मंदिर शिकायतों से भरे हैं, प्रार्थनाएं शिकायतों के आस-पास निर्मित होती हैं; जब कि वास्तविक प्रार्थना केवल धन्यवाद हो सकती है, केवल आभार हो सकती है, एक अहोभाव हो सकती है।

जिस दिन आप मंदिर जाकर कह सकेंगे कि धन्य है मेरा भाग्य कि तूने इतना दिया, जरूरत से ज्यादा दिया, पात्रता से ज्यादा दिया, जो मेरे पास है उससे मैं तृप्त हूं! उस दिन आपकी प्रार्थना वास्तविक हो जाएगी, प्रामाणिक हो जाएगी। उस दिन आपकी प्रार्थना सुन ली जाएगी। उस दिन कोई अंतराल आप में और परमात्मा के बीच नहीं रह जाता। शिकायत अंतराल है। अहोभाव बीच की खाली जगह का मिट जाना है।

जीसस मरते क्षण में, आखिरी क्षण में, एक शिकायत से भर गए कि हे परमात्मा, यह क्या दिखला रहा है! सूली पर हाथ में खीले ठोंके जा रहे हैं और एक क्षण को उनके मुंह से निकल गया कि हे परमात्मा, यह क्या दिखला रहा है! यह हम सब मनुष्यों का प्रतीक है। शिकायत बड़ी गहरी है। जीसस जैसे व्यक्तित्व में भी शिकायत आ गई। लेकिन जीसस ने होश सम्हाल लिया और दूसरा वचन उन्होंने कहा कि मुझे क्षमा कर, तेरी ही मर्जी पूरी हो।

मेरे अपने जानने में, इन दो वाक्यों के बीच ही संसार और मोक्ष का फासला है। इस एक क्षण पहले तक जीसस संसार के हिस्से थे। जब तक शिकायत थी तब तक असंतोष था। जब तक असंतोष था तब तक प्रार्थना नहीं हो सकती थी, परमात्मा से कोई मिलन नहीं हो सकता था। जरा सा फासला बाकी था—यह मुझे क्यों दिखला रहा है? इसका मतलब यह है कि तू कुछ गलत कर रहा है। इसका मतलब है कि बेहतर था इससे, वह मैं जानता हूं कि क्या होना चाहिए था। इसमें सलाह है, मशविरा है, प्रार्थना है, आकांक्षा है, कोई इच्छा है, कोई असंतोष है। लेकिन जीसस को दिख गया होगा, उतने संवेदनशील व्यक्ति को, जिसकी चेतना संवेदना के आखिरी कगार पर पहुंच गई

थी, इस आखिरी क्षण में दिख गया होगा कि भूल हो गई। तत्क्षण उन्होंने कहा, मुझे माफ कर; तेरी मर्जी पूरी हो। जैसे ही उन्होंने कहा, तेरी मर्जी पूरी हो, जीसस खो गए और क्राइस्ट का जन्म हो गया। इस एक वचन के फासले में संसार और मोक्ष का फासला है। जरा सी शिकायत, और आप संसार में हैं। शिकायत का खो जाना, और आप मोक्ष में हैं।

इसलिए लाओत्से कहता है, 'जो संतोष से संतुष्ट है, वह सदा भरा-पूरा रहेगा।'

सदा! थोड़ा संतोष को साधें। और जब मैं कहता हूं संतोष को साधें, तो ध्यान रखें, सांत्वना की बात नहीं कर रहा हूं। संतोष को साधें, तो मेरा मतलब है, जो है उसको अहोभाव से जीएं, जो है उसको आनंद-भाव से स्वीकार करें, जो है उसको उत्सव बना लें। रूखी रोटी भी अहोभाव से खाई जा सके, तो उससे ज्यादा स्वादिष्ट, उससे ज्यादा परम भोग दूसरा नहीं हो सकता। नहीं तो आपके सामने परम भोग रखा हो, शिकायत से भरा हुआ मन हो तो कचरा रखा है। उसका कोई प्रयोजन नहीं है।

थोड़ा शिकायत को हटाएं। और चौबीस घंटे स्मरण रखें कि शिकायत बीच में न आए। और जहां भी शिकायत बीच में आए उसे हटा दें। जैसा बार-बार जीसस कहते हैं, शैतान, मेरे सामने से हट जा! शैतान सिवाय शिकायत के और कोई भी नहीं है। जब भी शिकायत आए तो उससे कहें कि मेरे सामने से हट जा! और कोशिश करें देखने की उस तत्व को जिससे संतोष पैदा हो। गलत को देखना छोड़ें। कांटों को गिनना बंद करें। फूलों पर थोड़ी नजर लाएं।

जैसे-जैसे फूल ज्यादा दिखाई पड़ने लगेंगे वैसे-वैसे कांटे खो जाएंगे। और एक घड़ी ऐसी भी आती है संतोष की जब कांटा भी फूल दिखाई पड़ने लगता है। उस क्षण रूपांतरण है। उस क्षण उसकी मर्जी पूरी होने लगती है।

असंतोष का अर्थ है, मेरी मर्जी तेरे ऊपर। संतोष का अर्थ है, मेरी कोई मर्जी नहीं; बस तेरी मर्जी ही मेरा जीवन है।

आज इतना ही।

चौरासीवां प्रवचन

# मार्ग स्वयं के भीतर से है

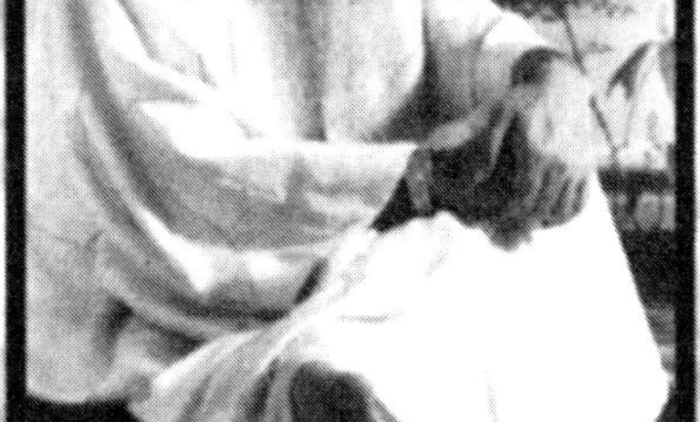

Chapter 47

## PURSUIT OF KNOWLEDGE

*Without stepping outside one's doors,*
*One can know what is happening in the world;*
*Without looking out of one's windows,*
*One can see the Tao of Heaven.*
*The farther one pursues knowledge.*
*The less one knows.*
*Therefore the Sage knows without running about,*
*Understands without seeing,*
*Accomplishes without doing.*

**अध्याय 47**

## ज्ञान की खोज

*अपने घर के दरवाजे के बाहर बिना पांव दिए ही,*
*कोई जान सकता है कि संसार में क्या हो रहा है;*
*अपनी खिड़कियों के बाहर बिना झांके हुए,*
*कोई स्वर्ग के ताओ को देख सकता है।*
*जो ज्ञान का जितना ही पीछा करता है,*
*वह उतना ही कम जानता है।*
*इसलिए संत बिना इधर-उधर भागे ही जानते हैं,*
*बिना देखे ही समझते हैं,*
*और बिना कर्म किए सब कुछ संपन्न करते हैं।*

पश्चिम और पूरब में ज्ञान के बड़े भिन्न अर्थ हैं।

पश्चिम में ज्ञान से अर्थ है : बाहर के संबंध में कुछ जानना, वस्तु के संबंध में कुछ जानना। पूरब में ज्ञान का अर्थ है : ज्ञाता को जानना, जानने वाले को जानना। इसलिए पश्चिम में ज्ञान धीरे-धीरे विज्ञान बन गया। जानने वाले को छोड़ कर सब कुछ जानने की खोज पश्चिम में हुई। पूरब में ज्ञान धीरे-धीरे अनुभव बन गया, धर्म बन गया। क्योंकि सारी खोज उसकी करनी है जो खोज करने वाला है।

पूरब की मान्यता है, जब तक हम स्वयं को न जान लें तब तक कुछ भी जानने का कोई सार नहीं। और हम कितना ही जान लें स्वयं को बिना जाने, उससे हमारा अज्ञान नहीं मिटेगा। जानकारी बढ़ जाएगी, अज्ञान नहीं मिटेगा। हम विद्वान हो जाएंगे, ज्ञानी नहीं। जो स्वयं को जान लेता है वही ज्ञानी है। तो पूरब की खोज आंतरिक है; पश्चिम की खोज बहिर्मुखी है। जो बाहर को जानने में समर्थ होगा वह शक्तिशाली हो जाएगा; उसके पास उपकरण, साधन, सुविधाएं, संपन्नता बढ़ जाएगी। जो भीतर को जानने में समर्थ होगा वह शांत हो जाएगा। इस बात को ठीक से समझ लें। जो बाहर के ज्ञान में कुशल होगा उसके पास आनंद उपलब्ध करने की सुविधाएं बढ़ जाएंगी; जरूरी नहीं है कि आनंद बढ़े। क्योंकि सुविधाओं पर आनंद निर्भर नहीं होता, आनंद निर्भर होता है आनंद लेने वाले की आंतरिक क्षमता पर। जो भीतर के ज्ञान में प्रवेश करेगा, हो सकता है, उसके बाहर की सुविधाएं न बढ़ पाएं। शायद ही बढ़ें। लेकिन उसके आनंद की क्षमता बढ़ती चली जाएगी।

वह जो भीतर छिपा है आपके, अगर वह विकसित होता है तो पूरब उसे ज्ञान कहता है; जानकारी अगर बढ़ती है तो पश्चिम उसे ज्ञान कहता है। इसलिए पश्चिम आइंस्टीन को ज्ञानी कह सकता है; हीगल, कांट को ज्ञानी कह सकता है। पूरब उन्हें ज्ञानी नहीं कहेगा; पूरब बुद्ध को ज्ञानी कहेगा, लाओत्से को ज्ञानी कहेगा।

आइंस्टीन और बुद्ध में बड़ा फर्क है। अगर दोनों की जानकारी में प्रतियोगिता हो तो आइंस्टीन ही जीतेगा। बुद्ध की जानकारी क्या है? लेकिन अगर आत्म-सत्ता में, स्वयं के होने की गरिमा में कोई प्रतियोगिता हो तो आइंस्टीन शून्य सिद्ध होगा। बुद्ध के पास कुछ है जो भीतरी है; आइंस्टीन के पास कुछ है जो बाहरी है। आइंस्टीन के पास आंतरिक आनंद की क्षमता नहीं है। इस बुनियादी भेद को खयाल में ले लें तो लाओत्से के सूत्र समझ में आएंगे। अन्यथा लाओत्से के सूत्र समझ में आना मुश्किल है।

'अपने घर के दरवाजे के बाहर बिना पांव दिए ही, कोई जान सकता है कि संसार में क्या हो रहा है।'

हमें असंभव लगेगा। क्योंकि सुबह अगर अखबार न मिले तो हमें पता कैसे चलेगा कि संसार में क्या हो रहा है? और अगर रेडियो पर हम खबर न सुनें तो हमें पता कैसे चलेगा कि संसार में क्या हो रहा है? हमारी बात भी ठीक है। क्योंकि संसार में जो कुछ हो रहा है उसकी खबर मिले तो ही हमें पता चल सकता है।

लाओत्से कहता है, 'अपने घर के दरवाजे के बाहर पांव दिए बिना ही, कोई जान सकता है कि संसार में क्या हो रहा है।'

यह जानकारी कुछ और बात है। लाओत्से यह कह रहा है कि यह तो पता नहीं चलेगा कि बर्मा में क्या हुआ, कि कहां नाव डूबी, कहां युद्ध हुआ; लेकिन जो व्यक्ति स्वयं को जानता है वह जानता है कि आदमी जमीन पर कहां क्या कर रहा होगा—हिंसा भड़क रही होगी; आत्महत्याएं हो रही होंगी; लोग पागल हो रहे होंगे। इसके विस्तार को जानने की जरूरत भी नहीं है। लेकिन आदमी को जो पहचानता है, वह जानता है कि संसार में क्या हो रहा होगा। और आदमी को वही पहचान सकता है जो स्वयं को पहचानता है। जो अपने मन को जान लेता है वह जानता है कि सब जगह क्या हो रहा होगा। उसे विस्तार पता न हो, लेकिन उसे मूल पता होगा।

आप ज्योतिषी के पास जाते हैं, हस्तरेखाविद के पास जाते हैं, और कुछ बातें हस्तरेखाविद और ज्योतिषी आपको बताते हैं। शायद आप सोचते हैं कि कोई बहुत विज्ञान के आधार पर आपको कुछ बताया जा रहा है तो आप गलत सोचते हैं। ज्योतिषी, हस्तरेखाविद, आदमी के मन में क्या हो रहा है, इसकी परंपरागत जानकारी है। डिटेल्स, विस्तार में आपको क्या हो रहा है, यह बताना मुश्किल है। लेकिन क्या हो रहा है, सारभूत बताया जा सकता है। क्योंकि हर आदमी को हो रहा है।

मेरे एक मित्र ज्योतिषी हैं। वे जिसका भी हाथ देखेंगे, उसको वे बताएंगे कि रुपया तो आता है, लेकिन हाथ में टिकता नहीं। किसके टिकता है? रुपया टिक जाए तो रुपया नहीं है; उसका कोई अर्थ ही नहीं है। रुपये का मतलब ही यह है कि वह जाए, चले, एक्सचेंज, विनिमय हो, बदले हाथ, तो ही उसका मूल्य है। रुपया जब हाथ बदलता है तभी रुपया है। अगर हाथ में ही रह जाए तो वह मिट्टी है। उसमें मूल्य तो तभी आता है जब वह एक हाथ से दूसरे हाथ में जाता है। तो बीच में जो जगह है वही उसका मूल्य है।

तो जितना रुपया चले उतना मूल्यवान होता है। जिन मुल्कों में रुपया जितनी यात्रा करता है, वे मुल्क उतने धनी हो जाते हैं। अमरीका इतना धनी नहीं है जितना दिखाई पड़ता है। दिखाई पड़ता है, क्योंकि रुपया बहुत गति करता है। अगर भारतीय के हाथ में रुपया पकड़ा दिया जाए तो जिसके साथ में है वह पकड़े रहेगा, जब तक कि मजबूरी में छोड़ना न पड़े। अमरीकन, रुपया हाथ में आएगा बीस साल बाद, छोड़ देता है आज। इंस्टालमेंट पर चीजें खरीद रहा है, जिन्हें वह बीस साल में चुकाएगा। बीस साल बाद जब उसके पास पैसा होगा तब वह चुकाएगा। रुपया बीस साल बाद आएगा; उसने चला दिया है आज। उधार ले रहा है। इतना रुपया गति कर रहा है, इतने हाथ बदल रहा है, इसलिए अमरीका इतना धनी है। अमरीका का पूरा अर्थशास्त्र इस पर खड़ा है कि जितना तुम खर्च करोगे उतने ही संपन्न हो जाओगे।

रुपये में मूल्य आता है जब वह हाथ बदलता है; तभी उसके मूल्य का पता चलता है। तो ठीक ही है, वह रुपये का गुणधर्म है। और फिर आदमी के मन का भी गुणधर्म है कि चाहे आपको कितना ही मिल जाए और चाहे आप कितना ही रोक लें, लगेगा सदा आपको ऐसा ही कि रुपया टिकता नहीं है। उसके कारण हैं। क्योंकि जितना आप टिकाना चाहते हैं, उसकी कोई सीमा नहीं है। आप चाहते हैं, सब धन इकट्ठा होता चला जाए। वैसा नहीं हो सकता। और कितना ही इकट्ठा हो जाए तो भी आपको लगता है, जितना हो सकता था उससे कम हो रहा है।

इसलिए धनी से धनी आदमी को और कृपण से कृपण आदमी को भी कहो कि हाथ में रुपया आता है और टिकता नहीं, वह भी स्वीकार करता है कि यह बात सत्य है।

किसी भी आदमी से, वे मेरे मित्र कहते हैं कि मन अशांत है।

मन का होना अशांति है। जिसके पास मन है, अशांति होगी ही। मन अशांत नहीं होता, मन ही अशांति है।

इसलिए इसे बेचूक किसी से भी कहा जा सकता है कि मन अशांत है। इसके लिए कोई आदमी देखने की जरूरत नहीं, न हाथ की रेखाएं पहचानने की जरूरत है। मन का स्वभाव अशांति है। और ऐसा आदमी तो शायद ही ज्योतिषी के पास आएगा जिसके पास मन न हो। कोई बुद्ध तो हाथ दिखाने ज्योतिषी के पास आने वाले नहीं हैं। बुद्ध के बाबत, बुद्ध के संबंध में अगर यह बात कोई कहे तो गलत हो जाएगी। लेकिन बुद्ध ज्योतिषी के पास आते नहीं।

ज्योतिषी के पास, असल में, अशांत आदमी ही आता है। भविष्य के संबंध में जानने को वही उत्सुक होता है जिसका वर्तमान दुखी हो। जो आज इतनी पीड़ा में पड़ा है कि लगता है आत्मघात कर ले, वह भविष्य के संबंध में थोड़ा जानना चाहता है कि कोई आशा है कि मैं आज बिता लूं, जी लूं, समय बिता दूं, गुजार दूं। कल की आशा में कोई जीने की सुविधा मिल जाए, इसलिए आदमी ज्योतिषी के पास जाता है। दुखी के अतिरिक्त ज्योतिषी के पास कोई जाता नहीं।

तो अगर ज्योतिषी कहे कि मन अशांत है, चित्त दुखी है, संताप से भरा है, चिंताएं घेरे रहती हैं, तो इसमें कुछ जानने की जरूरत नहीं है। अगर ज्योतिषी अपने मन को भी समझता है तो उसने करीब-करीब सभी मनुष्यों के मन को समझ लिया। मन की साधारण सी समझ के ऊपर ही सारा व्यवसाय ज्योतिष का चलता है। मैं यह नहीं कह रहा हूं कि ज्योतिष गलत है, लेकिन जो ज्योतिष सही है वह सड़क पर हाथ देखने वाले ज्योतिषी के पास उपलब्ध नहीं होने वाला है। वह तो बड़ा आंतरिक विज्ञान है; उसका कोई व्यवसाय नहीं बनाया जा सकता। लेकिन जो व्यवसाय कर रहा है वह मनुष्य के मन की समझ के ऊपर कर रहा है।

किसी भी व्यक्ति से कहो कि तुम्हारे जीवन में प्रेम का अभाव है; सभी के लिए लागू होगा। विवाह न हुआ हो तो लागू होगा कि प्रेम का अभाव है और विवाह हुआ हो तो लागू होगा कि प्रेम का अभाव है। प्रेम कभी भरता ही नहीं। और किसी को कभी ऐसा नहीं लगता कि प्रेम मिल गया जितना मिलना चाहिए था। वह तृषा अनंत है; सागर भी प्रेम का मिल जाए तो भी पूरी नहीं होती। तो ऐसा आदमी खोजना मुश्किल है जिसके संबंध में कहा जाए और गलती हो जाए कि प्रेम का अभाव है।

हर आदमी से कहा जा सकता है कि तुम लोगों के साथ भला करते हो, और लोग उत्तर में बुरा करते हैं। सभी ऐसा मानते हैं; वे जो भला करते हों, न करते हों, इससे कोई फर्क नहीं पड़ता। हर आदमी सोचता है, मैं भला कर रहा हूं और प्रतिकार में मुझे बुरा मिल रहा है। ये मन के लक्षण हैं। इनके लिए व्यक्ति-व्यक्ति को जानने की कोई जरूरत नहीं है। ऐसा मन की धारणा है कि मैं अच्छा करता हूं, लोग मेरे साथ बुरा करते हैं। ऐसा तो कोई कभी नहीं सोचता कि मैं लोगों के साथ बुरा करता हूं, लोग मेरे साथ अच्छा करते हैं। कभी कोई आदमी मिला आपको जो कहे कि बड़ी अजीब दुनिया है कि मैं लोगों के साथ बुरा करता हूं और लोग मेरे साथ अच्छा करते हैं! ऐसा आदमी आपको नहीं मिलेगा; क्योंकि यह मन का नियम नहीं है। हालांकि सभी आदमी ऐसे हैं कि अपनी तरफ से हर तरह से बुरा करने की कोशिश करते हैं और दूसरे से हर तरह से भला छीनने की कोशिश करते हैं; लेकिन मन सदा यही कहता है कि मैंने अच्छा किया और दूसरों ने बुरा किया।

सूफी फकीर कहते हैं कि नेकी कर और कुएं में डाल। अच्छे आदमी का लक्षण यह है कि वह अच्छा करे और कुएं में डाल दे इस बात को; फिर इसकी दुबारा बात न उठाए, फिर कभी भूल कर न कहे कि मैंने अच्छा किया, तो ही अच्छा आदमी है। अच्छा करने से कोई अच्छा नहीं होता, अच्छे को करके जो भूल जाए वह अच्छा आदमी है।

अगर हम मन की सामान्य वृत्ति को समझ लें तो दुनिया में क्या हो रहा है, इसको समझने के लिए अखबार उठाने की जरूरत नहीं, न रेडियो सुनने की जरूरत है। और अखबार रोज वही दोहरा रहा है। जो कल हुआ था वह आज हो रहा है; जो परसों हुआ था वह आज हो रहा है। वही कल भी होगा। आप किसी भी दिन के अखबार को

बिना तारीख पढ़े पढ़ लें। कोई बहुत फर्क नहीं पड़ने वाला है। आदमी जैसा है, उसे जानते हुए, जो हो रहा है उसका अनुमान लगाया जा सकता है।

लाओत्से कहता है, अगर मनुष्य को थोड़ी सी भी अंतर्मन की प्रतीति हो तो संसार में क्या हो रहा है, उसे पता होगा। एक-एक क्षुद्र घटना को जानने की कोई जरूरत नहीं है। जीवन के विस्तीर्ण नियम साफ हो जाते हैं।

और हम क्यों एक-एक घटना को जानना चाहते हैं? हम इसलिए जानना चाहते हैं कि हमें विस्तीर्ण नियम का कोई पता नहीं है। और हम जिंदगी भर अखबार पढ़ते रहते हैं तो भी मनुष्य के स्वभाव का हमें कोई खयाल नहीं हो पाता। मनुष्य का स्वभाव समझने योग्य है; फिर मनुष्य क्या करता है, यह गौण बात है। कामवासना से भरा हुआ मनुष्य क्या करेगा, क्रोध से भरा हुआ मनुष्य क्या करेगा, लोभ से भरा हुआ मनुष्य क्या करेगा, हिंसा से भरा हुआ मनुष्य क्या करेगा, अगर ये मूल सूत्र हमें खयाल में हैं तो हम सदा-सदा के लिए घोषणा कर सकते हैं कि कल क्या होगा, परसों क्या होगा।

पश्चिम में तीन सौ वर्ष पहले एक ज्योतिषी ने तीन सौ वर्ष की घोषणाएं की हैं। और करीब-करीब इन तीन सौ वर्षों में उसकी सारी घोषणाएं सही सिद्ध हुईं। तीन कारण हैं उसकी घोषणाओं के सही सिद्ध होने के। एक तो उसने युद्धों की घोषणा की। हर दस साल में एक महायुद्ध होता ही है। मनसविद कहते हैं, दस साल में आदमी इतनी घृणा इकट्ठी कर लेता है कि युद्ध में विस्फोट आवश्यक हो जाता है। ऐसे ही जैसे कि अगर आप पानी को गर्म करते जाएं तो सौ डिग्री पर जाकर भाप बन जाएगा, और अगर केतली बंद है तो केतली फूट जाएगी। चूंकि सारे धर्म और सारी नैतिक शिक्षाएं आदमी के मन की केतली को बंद रखने का सुझाव देती हैं, इसलिए हर दस वर्ष में युद्ध अनिवार्य हो जाता है। तीन सौ वर्ष की जो घोषणाएं हैं ज्योतिष की, उसमें हर दस वर्ष में उसने युद्ध की घोषणा की है।

फिर किस तरह के आदमी युद्ध करते हैं? हर तरह का आदमी तो युद्ध नहीं करता, कुछ खास तरह के आदमी युद्ध करते हैं। यह बड़े मजे की बात है कि हम लोगों के नाम याद रख लेते हैं, लेकिन टाइप कभी खयाल में नहीं लेते। हिटलर या स्टैलिन या माओ या चंगीज या तैमूरलंग, नादिर, नेपोलियन, सिकंदर, ये नाम तो इतिहास पढ़ता है; लेकिन समझदार व्यक्ति नामों की फिक्र नहीं करता, इनके पीछे छिपा हुआ टाइप! अगर हम नाम अलग कर दें तो हिटलर और स्टैलिन बिलकुल एक ही ढांचे के आदमी हैं; नेपोलियन, सिकंदर एक ही ढांचे के आदमी हैं। लेबल का फर्क है; भीतर जो छिपा है वह बिलकुल एक जैसा है।

हर दस वर्ष में जब भी युद्ध होगा तो एक नेपोलियन, एक हिटलर, एक स्टैलिन चाहिए। तीन सौ वर्ष पहले जिस आदमी ने घोषणाएं की हैं उसने उन व्यक्तित्वों के लक्षण गिनाए हैं कि इस तरह का आदमी युद्ध की शुरुआत करेगा। और वे हमेशा सही सिद्ध होते हैं, क्योंकि वह आदमी कोई भी हो—वह हिटलर करे युद्ध की शुरुआत, या मुसोलिनी करे, या तोजो करे, कोई भी करे—नाम से कुछ लेना-देना नहीं है। वे लक्षण इतने सही हैं कि जब हिटलर शुरू करता है तो उस ज्योतिष को मानने वाले लोग कहते हैं कि देखो, तीन सौ वर्ष पहले एक-एक लक्षण हिटलर का गिनाया हुआ है। हिटलर से कोई संबंध नहीं है ज्योतिष का, लेकिन जिस तरह का आदमी युद्ध की शुरुआत करता है उसके लक्षण गिनाए हैं; वे लागू होते हैं।

यह जो मनुष्य का मन है, इसके प्रकार हैं। और वे ही प्रकार सदा जमीन पर होते हैं, और करीब-करीब पुनरुक्ति होती है। इतिहास लंबी पुनरुक्ति है, उसमें सब दोहरता है; वही दोहरता जाता है बार-बार। विस्तार की बातें बदल जाती हैं, नाम बदल जाते हैं, लेकिन घटनाओं के मूल स्रोत नहीं बदलते।

लाओत्से कह रहा है, 'अपने घर के दरवाजे के बाहर बिना पांव दिए ही, कोई जान सकता है कि संसार में क्या हो रहा है।'

इस अर्थ में लाओत्से कह रहा है। लेकिन इस तरह के व्यक्ति को स्वयं के मन की पूरी जानकारी चाहिए। स्वयं के मन को कोई ठीक से जान ले, उसने सारी मनुष्यता को जान लिया। उसको जानने को कुछ बचता नहीं। और अगर आप दूसरे आदमी को नहीं पहचान पाते तो उसका कुल मतलब इतना है कि आप अभी अपने को नहीं पहचान पाए हैं। अगर कोई दूसरा आदमी आपके लिए बेबूझ मालूम होता है, रहस्यपूर्ण मालूम होता है, कि आप समझ नहीं पाते, उसका कुल मतलब इतना है कि अभी आपको आपके भीतर की मनुष्यता से परिचय नहीं हुआ।

एक सागर की बूंद को कोई ठीक से समझ ले, पूरा सागर समझ में आ गया। सागर बहुत बड़ा है; बूंद बहुत छोटी है। लेकिन जो सागर में है वह बूंद में भी सूक्ष्म में मौजूद है। फिर सागर बूंद का ही विस्तार है, या बूंद सागर का ही संकोच है। बूंद को चख कर जिसने जान लिया कि वह नमकीन है, वह जान गया कि पूरा सागर खारेपन से भरा है। फिर पूरे सागर को चख-चख कर जानने की जरूरत नहीं है। और जो सागर को जगह-जगह चखने जाए और तब भी पक्का न कर पाए, समझना चाहिए कि वह मूढ़ है।

अगर मैंने अपने भीतर के मन को ही समझ लिया तो मैंने सारी मनुष्यता का मन समझ लिया। इसीलिए संत दयालु हो जाते हैं; क्योंकि वे अपने मन को समझ कर जान जाते हैं कि आदमी कितना कमजोर है! आदमी कितना दीन है! आदमी कितना मजबूर है! इसलिए वे आदमी को क्षमा कर सकते हैं। उनकी क्षमा उनके स्वयं के मन की समझ से पैदा होती है। और जो संत किसी को क्षमा न कर सके, समझना कि वह अभी संत नहीं है। उसे पता ही नहीं है कि आदमी की कैसी मजबूरी है।

आप जिनको साधु और संत मानते हैं वे करीब-करीब आप ही जैसे लोग हैं; उतने ही गहरे अज्ञान में खड़े। वे आपको क्षमा नहीं कर पाते, वे आपको अपराधी घोषित करते हैं। अगर आपसे कोई छोटी-मोटी भूल हो जाती है तो उनके हृदय में क्षमा पैदा नहीं होती। निश्चित ही, उन्हें अपने भी मन की पूरी समझ नहीं है; और आदमी कमजोर है और भूल-चूक से भरा है, इसका बोध नहीं है। या फिर उन्होंने अपनी ही भूलों को, अपने ही मन को इतने अचेतन में दबा दिया है कि उनके संबंध छूट गए हैं।

जो व्यक्ति अपने को ठीक से समझ लेगा, इस जगत में फिर कोई भी मनुष्य उसके लिए अपरिचित नहीं रहा। और जो भी अपराध कोई भी मनुष्य इस पृथ्वी पर कर सकता है, अपने मन को समझने वाला जानता है कि मैं भी कर सकता था। और जो मैं कर सकता हूं उसके लिए दूसरे पर क्रोधित, उसे दंडित करने, उसे नरक में डालने की बात बेहूदी है। जैसे ही कोई मन को ठीक से समझता है वह जानता है, बुरे से बुरा मेरे भीतर छिपा है और भले से भला भी। इसलिए संत न तो बुरे की निंदा करते हैं और न भले की प्रशंसा। क्योंकि दोनों संभावनाएं उनकी ही संभावनाएं हैं। उनके भीतर बुद्ध भी छिपा है; उनके भीतर हिटलर भी छिपा है। राम भी और रावण भी! रावण भी अपना ही हिस्सा है और राम भी अपना ही हिस्सा है। और युद्ध कहीं बाहर नहीं, भीतर है। और ये दोनों पात्र किसी कथा के पात्र नहीं, अपने ही मन के दो हिस्सों के नाम हैं। और दोनों हिस्से मेरे हैं। तो न तो राम पूजा योग्य रह जाते हैं और न रावण निंदा योग्य रह जाता है।

यह थोड़ा सुन कर कठिनाई होगी। क्योंकि यह तो हमारी समझ में आ भी जाता है कि मत करो निंदा रावण की, लेकिन राम की तो पूजा करो। पर ध्यान रहे, जो पूजा करता है वह निंदा भी करेगा। जो सम्मान करता है वह अपमान भी करेगा। तो अगर कोई साधु महावीर का सम्मान कर रहा है, राम का सम्मान कर रहा है, कृष्ण का सम्मान कर रहा है, तो रावण के अपमान से कैसे बचेगा?

इसलिए परम संत पुरुष न तो निंदा करता है और न प्रशंसा। उसके वक्तव्य तथ्य के वक्तव्य होते हैं, मूल्यांकन के नहीं। अगर पानी नीचे की तरफ बहता है तो वह कहेगा पानी नीचे की तरफ बहता है। लेकिन इसमें कोई

निंदा नहीं है, सिर्फ पानी के तथ्य की सूचना है। अगर आग जलाती है तो वह कहेगा आग जलाती है। लेकिन इसमें कोई निंदा नहीं है। क्योंकि आग का धर्म जलाना है। तथ्य की सूचना है।

जैसे-जैसे कोई व्यक्ति स्वयं के मन को ठीक से समझने में समर्थ हो जाता है, सारा जगत समझ में आ गया कि मनुष्यता एक इकट्ठी घटना है, और थोड़े-बहुत भेद के साथ। वे भेद मात्राओं के भेद हैं, डिग्रियों के भेद हैं। कोई अट्ठानबे डिग्री पर गर्म है, कोई सत्तानबे डिग्री पर गर्म है, कोई निन्यानबे डिग्री पर गर्म है। इतने भेद मनुष्यों में हैं। लेकिन गर्मी को जिसने समझ लिया वह डिग्रियों को भी समझ लेता है।

'अपने घर के दरवाजे के बाहर बिना पांव दिए ही, कोई जान सकता है कि संसार में क्या हो रहा है।'

लेकिन अपने मन को जानना कुछ संसार से छोटी घटना नहीं है। अपने मन को जानना करीब-करीब पूरे संसार को जान लेना है। वह उतना ही विस्तीर्ण है, उतना ही जटिल है। उतना ही विराट का जंगल वहां है। अगर कोई व्यक्ति अपने मन के बारीक-बारीक रेशों को उघाड़ कर देखने लगे तो एक विराट में प्रवेश कर गया, एक बहुत बड़ी घटना में प्रवेश कर गया।

मनोवैज्ञानिक कहते हैं कि मनुष्य के इस छोटे से मन में सारे विकास के संस्मरण हैं। जमीन पर, विकासवादियों के हिसाब से, मनुष्य को हुए कोई दस लाख वर्ष हो गए—कम से कम। जमीन को बने कोई चार अरब वर्ष हुए। दस लाख वर्षों में आदमी ने जो भी जाना है उस सबके संस्कार आपके मन में हैं। यह तो आदमी की बात है। लेकिन विकासवादी कहते हैं कि आदमी कोई टूटी हुई घटना नहीं है, शृंखला की कड़ी है। आदमी के पीछे पशुओं की शृंखला है, पशुओं के पीछे पौधों की शृंखला है। तो चार अरब वर्ष में जो कुछ भी घटा है इस पृथ्वी पर उस सबके सूक्ष्म संस्कार आपके मन में हैं। लेकिन इसे, अगर हम इस गणित को पूरा समझ लें, तो अगर मनुष्य के पहले पशुओं में जो घटा हो, पशुओं के पहले वृक्षों में जो घटा हो, वृक्षों के पहले पृथ्वी में जो घटा हो, अगर उस सबके चिह्न हमारे मन में हैं, तो पृथ्वी जब नहीं बनी थी तो जिस नीहारिका से पृथ्वी का जन्म हुआ उस नीहारिका में जो घटा होगा उसके भी लक्षण हममें होने चाहिए। इसका तो अर्थ यह हुआ कि अस्तित्व की समस्त शृंखला हमारे भीतर है; जो कुछ भी घटा है इस अस्तित्व में कभी भी उसे हम अपने भीतर छिपाए हैं, वह हमारे मन का हिस्सा है। और यह पीछे की तरफ! आगे की तरफ भी यह तर्क उतना ही सही है कि इस जगत में जो भी कभी कुछ घटेगा उसके भी बीज हमारे भीतर हैं। मनुष्य का मन सारा अस्तित्व है; पीछे-आगे सब आयामों में फैला हुआ।

शरीर-शास्त्री कहते हैं कि जब बच्चा मां के पेट में बढ़ता है तो नौ महीने में वह उतनी सारी यात्रा पूरी करता है जितनी मनुष्य ने पूरे अतीत के इतिहास में की है। जैसे बच्चे का जो पहला क्षण है, जब अणु पहली दफा जीवंत मां के पेट में होता है, तो वह वहीं से शुरू करता है जहां पहली मछली का अंडा सागर में जन्मा होगा। क्योंकि शरीर-शास्त्री कहते हैं कि मछली मनुष्य का पहला रूप है। तो जो बच्चा मां के पेट में होता है वह पहले मछली की तरह जीना शुरू करता है। और उनकी बात में बड़े तथ्य हैं। मां के पेट में जो पानी होता है वह ठीक सागर के जैसा पानी होता है जिसमें मछली तैरती है। उसमें उतना ही नमक होता है जितना सागर में नमक है। उसमें उतने ही केमिकल्स होते हैं जितने सागर में हैं। ठीक सागर का पानी मां के पेट में होता है जिसमें बच्चा तैरना शुरू करता है; वह मछली पहली दफा तैरना शुरू करती है। और फिर नौ महीने में—करीब-करीब एक अरब वर्ष में जो विकास हुआ है—नौ महीने में बच्चा शीघ्रता से सारी सीढ़ियां पूरी करता है। ऐसी घड़ी आती है जब बच्चा बंदर की तरह होता है; उसके बाद ही बच्चा मनुष्य के बच्चे की तरह होना शुरू होता है। करीब-करीब सारी शृंखलाएं अल्प समय में पूरी करता है। जो इतिहास में, विकास में जिन घटनाओं को हमें पूरा करने में लाखों वर्ष लगे, बच्चा उन्हें क्षणों में पूरी करता है, लेकिन करता है पूरी। उनसे गुजरता जरूर है।

शरीर में भी, मन में भी सारा इतिहास छिपा है। लाओत्से की बात वैज्ञानिक है। अगर कोई व्यक्ति अपने मन और अपने शरीर की, अपने अस्तित्व की, अपने व्यक्तित्व की पूरी परिधि को पहचान ले, तो संसार में कहां क्या हो रहा है, और कहां क्या हुआ था, और कहां क्या होगा—वर्तमान ही नहीं, अतीत भी, भविष्य भी—सभी की सूक्ष्म झलक उसे मिलनी शुरू हो जाती है। पश्चिम के वैज्ञानिक प्रयोगशाला में प्रयोग कर-करके नतीजों पर पहुंचे हैं, पूरब के योगी सिर्फ अपने मन में ही डूब कर, खोज करके नतीजों पर पहुंचे हैं। नतीजे करीब-करीब समान हैं। फर्क बहुत ज्यादा नहीं है।

डार्विन ने कहा कि आदमी पशुओं से पैदा हुआ है। ईसाइयत को बहुत विरोध हुआ। क्योंकि ईसाइयत के पास योग का कोई बहुत पुराना इतिहास नहीं है, और योगियों की कोई बहुत बड़ी परंपरा नहीं है। ईसाइयत एक क्रियाकांडी धर्म है। उसके पास अनुभव के स्रोत उतने जीवंत नहीं हैं जितना कि भारत में बौद्धों या हिंदुओं या जैनों के पास हैं। ईसाइयत ने विरोध किया, क्योंकि यह बात बड़ी बेहूदी लगी कि कल तक हम मानते थे कि आदमी का जन्म परमात्मा से हुआ, स्वयं परमात्मा पिता है आदमी का, और अचानक डार्विन ने घोषणा की कि परमात्मा का तो हमें कोई पता नहीं, आदमी का पिता बंदर है। परमात्मा से पिता का बंदर की तरफ झुक जाना बहुत अपमानजनक मालूम पड़ा। कहां आदमी देवताओं से जरा ही नीचे था और कहां बंदरों के साथ संयुक्त हो गया!

लेकिन पूरब के योगी निरंतर कहते रहे हैं कि मनुष्य की चेतना पशुओं से विकसित होकर आगे आ रही है। हमने निरंतर कहा है कि चौरासी कोटि योनियों में आदमी भटका है, तब मनुष्य हो पाया है। अगर डार्विन ने यह बात भारत में कही होती तो हमें कोई अड़चन न होती। क्योंकि डार्विन तो एक बहुत छोटी सी बात कह रहा था। वह तो सिर्फ इतना ही कह रहा था कि एक योनि, बंदर की योनि से मनुष्य आया है; हम तो कहते रहे हैं कि चौरासी करोड़ योनियों से! उसमें छोटी इल्लियां हैं, कीड़े, मकोड़े, पतिंगे, सब हैं। जितने भी जीवन हैं इस जगत में, उन सबसे मनुष्य गुजरा है, और तब मनुष्य हुआ है। विकास की जैसी धारणा हमारी है वैसी अभी पश्चिम के विज्ञान को पाने में थोड़ा समय है, थोड़ा वक्त है। पर हमने प्रयोगशाला में यह प्रयोग करके नहीं जाना था। हमने तो मनुष्य के मन को ही समझ कर जाना था। और मनुष्य के मन में ही सब कुछ छिपा है। सारी यात्रा के चिह्न और अनंत यात्रा की धूल मनुष्य के मन पर जमी है। हमने सिर्फ मनुष्य की एक बूंद को खोल कर पहचानने की कोशिश की थी कि आदमी का पूरा इतिहास क्या है; ज्ञात, अज्ञात, कहां-कहां से आदमी गुजरा है।

'अपनी खिड़कियों के बाहर बिना झांके हुए, कोई स्वर्ग के ताओ को देख सकता है।'

और संसार में क्या हो रहा है यह तो ठीक ही है, इससे भी ज्यादा महत्वपूर्ण कि जीवन का आत्यंतिक स्वभाव क्या है, ताओ क्या है! और जीवन का वह स्रोत कहां है जहां से सारा आनंद, सारा संगीत, सारा रस पैदा होता है! जहां से जीवन निकलता है, फैलता है, जहां से जीवन अंकुरित होता है, वह मूल स्वभाव क्या है! लाओत्से कहता है, अपने घर की खिड़कियों को खोले बिना, उनसे बिना झांके, कोई स्वर्ग के ताओ को भी देख सकता है। इस पृथ्वी के स्वभाव को जानना तो दूर, स्वर्ग के स्वभाव को भी, आत्यंतिक सत्य के स्वभाव को भी, आनंद की आखिरी पर्त को भी जानने का उपाय स्वयं के भीतर है।

मन को अगर जान लें तो संसार को जान लिया। और मन के पीछे जो चैतन्य छिपा है अगर उसे जान लें, तो संसार का जो आत्यंतिक स्वभाव है, सत्य, अस्तित्व की जो आखिरी घटना है, जिससे और पीछे नहीं जाया जा सकता, उस ताओ को, उस ऋत को, उस धर्म को जाना जा सकता है।

लेकिन हम तो मन से ही परिचित नहीं हो पाते। और चेतना मन के पीछे छिपी है। चेतना से मतलब है उस तत्व का जो मन को देखता है।

एक पश्चिमी वैज्ञानिक डेलगाडो एक अनूठा प्रयोग कर रहा था। उसके प्रयोग कीमती हैं और भविष्य में बहुत कुछ उन प्रयोगों पर निर्भर होगा मनुष्य का जीवन। उस प्रयोग से वह एक बहुत पुराने सत्य पर पहुंचा—जिसका उसे कोई खयाल नहीं है। वह एक प्रयोग कर रहा था कि जब भी किसी के मस्तिष्क के किसी विशेष केंद्र को विद्युत से छुआ जाता है तो खास स्मृतियां अंकुरित होती हैं। मस्तिष्क में कोई सात करोड़ स्नायु हैं और हर स्नायु विशेष स्मृतियों का केंद्र है। उस स्नायु को अगर विद्युत से छुआ जाए, विद्युत की करेंट उसमें डाली जाए, तो वह तत्क्षण सजीव हो उठता है। और उसमें छिपी हुई स्मृतियां जैसे टेप-रेकार्ड से शब्द आने बाहर शुरू हो जाते हैं, ऐसे उस स्नायु में छिपी हुई स्मृतियां मस्तिष्क के पर्दे पर आनी शुरू हो जाती हैं।

समझें कि आपके किसी मस्तिष्क के हिस्से को छुआ, और उस हिस्से में बचपन की कोई स्मृति छिपी है कि आप पांच साल के थे, और बगीचे में भाग रहे थे, तितली को पकड़ने की कोशिश में थे, वह स्मृति तत्काल सजग हो जाएगी। और सजग ही नहीं होगी स्मृति की तरह, बल्कि ऐसा लगेगा कि आप फिर पांच साल के हो गए और दौड़ रहे हैं बगीचे में। यह जीवित घटना मालूम होगी, और पूरी स्मृति दोहरेगी। विद्युत अलग कर ली जाए, स्मृति बंद हो जाएगी। फिर विद्युत छुलाई जाए, फिर वहीं से शुरू होगी जहां पहले शुरू हुई थी, ठीक उसी क्रम में।

डेलगाडो ने तीन-तीन सौ, छह-छह सौ बार एक ही जगह विद्युत छुला कर देखी है; ठीक स्मृति फिर वहीं से शुरू होती है। जैसे ही विद्युत अलग होती है, स्मृति वापस अपने वर्तुल में बंद हो जाती है; छुलाते से फिर अ ब स से शुरू होती है। जिन मरीजों पर वह प्रयोग कर रहा था, जो मस्तिष्क के मरीजों पर जिन पर वह यह काम कर रहा था, पहली दफा जब स्मृति जगाई गई तब तो वे भूल ही गए कि वे अलग हैं; वे उस स्मृति के साथ एक हो गए। लेकिन जब दूसरी, तीसरी, दसवीं, पचासवीं बार जगाई गई तो धीरे-धीरे मरीज स्मृति से अलग होने लगा; स्मृति चलने लगी जैसे पर्दे पर फिल्म चलती हो और मरीज साक्षी हो गया। वह दूर हट गया, वह देखने लगा। अब उसे पता है कि विद्युत छुलाई जा रही है और एक स्मृति जग रही है, एक रिकार्डेड स्मृति वापस जग रही है। और वह दूर खड़ा हो गया; अब वह देखने लगा। अब उसे पता है कि इसे मैं देख रहा हूं और मैं अलग हूं। छह सौ या सात सौ बार जिस मरीज को यह प्रयोग करवाया गया, उसे एक बड़े अनूठे आनंद का अनुभव हुआ। डेलगाडो ने लिखा है कि हमारी समझ के बाहर था कि यह आनंद क्यों पैदा हो रहा है!

यह आनंद वही है जिसको उपनिषद साक्षी का आनंद कहते हैं; जिसको लाओत्से कह रहा है कि अगर कोई दरवाजे से भी न झांके, खिड़की भी न खोले, तो भी अपने भीतर ही ताओ के राज को जान सकता है।

वह साक्षी-भाव धर्म है; हमारी नियति का, हमारी प्रकृति का आत्यंतिक केंद्र है। जिस दिन हम मन को भी दूर खड़े होकर देखने में समर्थ हो जाते हैं, अपने ही मन को ऐसा देखने लगते हैं जैसे किसी और का हो, खुद के ही मस्तिष्क में चलते हुए विचार अपने नहीं मालूम होते, हमारा तादात्म्य टूट जाता है, हम दूर खड़े हो जाते हैं, हमारी उनसे आसक्ति छिन्न-भिन्न हो जाती है, बीच का सेतु बिखर जाता है, हम सिर्फ द्रष्टा हो जाते हैं। जैसे ही कोई व्यक्ति अपने मन का द्रष्टा हो जाता है, स्वर्ग के ताओ का रहस्य उसके सामने खुल जाता है। इसीलिए लाओत्से उसको स्वर्ग का ताओ कह रहा है, क्योंकि वह परम सुख है। स्वर्ग का अर्थ है परम सुख; ऐसा सुख जिसका फिर कोई अंत नहीं। ऐसे महासुख की जो श्रृंखला है वह साक्षी में प्रतिष्ठित होते ही प्रकट हो जाती है।

अगर हम मन को समझ लें, हमने संसार को समझ लिया; अगर हम चेतना को समझ लें तो हमने ब्रह्म को समझ लिया। मनुष्य की बूंद में, मनुष्य की छोटी सी बूंद में दोनों छिपे हैं—उसकी परिधि पर संसार, और उसके केंद्र पर ब्रह्म। एक-एक मनुष्य पूरे अस्तित्व की छोटी सी प्रतिकृति है, छोटा सा आणविक प्रतिबिंब है। अगर उसकी परिधि को पहचानें, तो संसार समझ में आ गया; अगर उसके केंद्र को समझ लें तो परमात्मा समझ में आ गया।

केंद्र को समझना हो तो मन के साक्षी होना जरूरी है और मन को समझना हो तो मन का विश्लेषण करना जरूरी है। ये दोनों अलग बातें हैं। मन को समझना हो तो विश्लेषण जरूरी है; मन की एक-एक घटना को तोड़ कर पहचानने की कोशिश जरूरी है। जिसको पश्चिम में वे मनोविश्लेषण कह रहे हैं, साइकोएनालिसिस कह रहे हैं, वह मन का मंथन है। मन में लोभ उठा, तो इस लोभ की पूरी वृत्ति का विश्लेषण करना जरूरी है। कब उठता है, क्यों उठता है, कितने दूर तक फैलता है, किस भांति पकड़ता है, क्या परिणति होती है, कहां ले जाता है, फिर कैसे उठता है; इस लोभ के उठने वाले वृक्ष को उसके बीज से लेकर अंत फूलों तक स्पष्ट रूप से देखना, समझना, पहचानना, उसके स्वभाव को पकड़ना विश्लेषण है। और जो व्यक्ति मन का ठीक से विश्लेषण करने लगे वह संसार को समझ गया। क्योंकि संसार में इसी मन का खेल चल रहा है। सभी के पास यही मन है। और सभी इसी मन से प्रभावित होकर चल रहे हैं, जी रहे हैं।

इसे थोड़ा प्रयोग करना शुरू करें। अपने मन का थोड़ा विश्लेषण करें। और अपने मन के कुछ सूत्र निकालें और नियम बनाएं। और फिर देखें कि दूसरे लोग भी उन्हीं नियमों के अनुसार काम कर रहे हैं या नहीं?

आप चकित हो जाएंगे, हर व्यक्ति उन्हीं नियमों के अनुसार काम कर रहा है। और तब आप दूसरे के भी भविष्यद्रष्टा हो सकते हैं। जब कोई आपको गाली देता है तो आपके भीतर क्या होता है, इसका पूरा विश्लेषण कर लें; फिर किसी को गाली देकर देखें। और तब आप जान सकते हैं कि जो-जो आपके भीतर हुआ है, ठीक उन्हीं कदमों में दूसरे व्यक्ति के भीतर होगा। और अगर आपने अपना विश्लेषण ठीक कर लिया है तो आप दूसरे के व्यवहार को भी तत्क्षण समझ जाएंगे।

इसलिए जीसस ने कहा है कि दूसरे के साथ वह मत करो जो तुम नहीं चाहते कि वह तुम्हारे साथ करे।

यह मन के विश्लेषण का सूत्र हुआ। इसको हम नीति का आधार कह सकते हैं। इसे हम अपने सारे व्यवहार की व्यवस्था बना सकते हैं कि मैं दूसरे के साथ वह न करूं जो मैं चाहता हूं कि दूसरा मेरे साथ न करे। क्योंकि एक ही मन दोनों के पास है, और जिससे मुझे दुख होता है उससे दूसरे को दुख होता है, और जिससे मुझे सुख होता है उसी से दूसरे को भी सुख होता है।

महावीर ने अपने पूरे आचरण, धर्म की व्यवस्था इसी सूत्र पर रखी है। और महावीर ने कहा है कि जानो कि जिससे तुम्हें दुख होता है उससे दूसरे को दुख होता है। और अगर तुम इतना जान कर दूसरे को दुख देने से बच सकते हो तो तुम अहिंसक हो गए। अहिंसा का इतना ही अर्थ है कि जो तुम नहीं चाहते कि कोई तुम्हारे साथ करे वह तुम दूसरे के साथ मत करना। पूरा जीवन बदल जाए।

लेकिन हम सब इसी भ्रांति में जीते हैं कि जब हमें कोई गाली देता है तब तो हमें दुख होता है, और जब हम किसी को गाली देते हैं तो शायद उसे आनंदित होना चाहिए, शायद उसे धन्यवाद देना चाहिए, उत्सव मनाना चाहिए कि आपने बड़ी कृपा की जो गाली दी। और जब दूसरा कोई हमें कुछ दान देता है, प्रेम देता है, कुछ बांटता है, तो हम प्रसन्न होते हैं। लेकिन हम दूसरे को बांटने को तैयार नहीं हैं; हम दूसरे से छीनने की कोशिश में लगे हैं। और जब हमें कोई सुखी करता है तो हम उसके सुख की कामना करते हैं।

ध्यान रहे, जब हम लोगों को सुखी करेंगे तो ही वे हमारे सुख की कामना करेंगे। लेकिन हमारे पास डबल बाइंड, दोहरे सिद्धांत हैं—अपने लिए अलग और दूसरे के लिए अलग। अधर्म का यही अर्थ है: मैं अपने लिए कुछ और ढंग से सोचता हूं और दूसरे के लिए कुछ और ढंग से सोचता हूं। अगर कोई हमें गाली देता है या कोई हम पर क्रोध करता है, तो हम सोचते हैं कि यह दुष्ट है! और अगर हम किसी पर क्रोध करते हैं तो हम उसके सुधार के लिए कर रहे हैं। दूसरा हमारे सुधार के लिए कभी क्रोध करता हुआ मालूम नहीं होता; हम सदा दूसरे के

सुधार के लिए क्रोध करते मालूम होते हैं। ये जो दोहरे सिद्धांत हैं, सारी बेईमानी इन दोहरेपन में छिपी है, सारा पाखंड इन दोहरेपन में छिपा है।

जो मैं सोचता हूं अपने लिए वही मेरा आधार होना चाहिए सबके लिए। और तब, तब जीवन एक दूसरे आयाम में गति करना शुरू कर देता है।

मन का ठीक विश्लेषण हो तो मनुष्य का आचरण तत्क्षण बदलना शुरू हो जाता है। क्योंकि उसे कीमिया हाथ लग गई, उसे सूत्र मिल गए कि वह दूसरों के साथ कैसे व्यवहार करे। मन को कोई ठीक से समझ ले तो आदमी नैतिक हो जाता है। नैतिक नास्तिक भी हो सकता है। नैतिक होने के लिए आस्तिक होने की जरूरत नहीं है। नैतिक होने के लिए केवल थोड़ी सी बुद्धि होने की जरूरत है। अनैतिक आदमी बुद्धिहीन। वह गणित ही नहीं समझ रहा है, जीवन के खेल का गणित नहीं समझ रहा है। इसलिए भूल-चूक कर रहा है। नास्तिक भी नैतिक हो जाएगा, अगर मन को ठीक से समझ ले। बर्ट्रेंड रसेल ने लिखा है—बर्ट्रेंड रसेल खुद नास्तिक है—बर्ट्रेंड रसेल ने लिखा है कि दुनिया में नैतिकता लाने के लिए आस्तिकता की कोई जरूरत नहीं है। और उसने ठीक लिखा है। सिर्फ मनुष्य को मन की पूरी शिक्षा देने की जरूरत है। इसके लिए कोई ईश्वरीय सिद्धांत आवश्यक नहीं हैं। इसके लिए तो सिर्फ मन का विश्लेषण काफी है। अगर हम आदमी के मन को साफ-साफ परख लें और उसी परख के अनुसार जीना शुरू कर दें तो जीवन नैतिक होगा। अनीति अपने आप बंद हो जाएगी।

मन का विश्लेषण नैतिकता में ले जाता है, और साक्षी का भाव धर्म में। इसलिए धर्म की शुरुआत मन के पीछे होती है। वह जो मन के पीछे मन को देखने वाला छिपा है, उसकी परख, उसकी पहचान, उसके साथ हमारा संबंध जुड़ जाना हमें धार्मिक बनाता है। धार्मिक होने से किसी के मुसलमान, ईसाई, पारसी, हिंदु, जैन होने का कोई संबंध नहीं है। धार्मिक होने से संबंध है स्वयं के साक्षी से जुड़ जाना, मैं देखने वाला बन जाऊं, द्रष्टा हो जाऊं। मुझमें दूर खड़े होने की क्षमता आ जाए, मैं अनासक्त भाव से अपने मन को देख सकूं।

इस देखने में विश्लेषण नहीं करना है, सोच-विचार नहीं करना है, सिर्फ दूर खड़े होकर देखना है। सारे विचार को छोड़ कर, मन में जो भी होता हो उसको देखना है। जैसे रास्ता चलता है और हम किनारे पर खड़े होकर देखते हैं जाते हुए ट्रैफिक को; न तो विचार करते, न सोचते कि कौन अच्छा आदमी जा रहा है, कौन बुरा आदमी जा रहा है; सिर्फ रास्ता चलता है और हम देखते हैं। शायद रास्ते को देखने में तो हमें अच्छे-बुरे का खयाल भी आ जाए। आकाश में बादल जा रहे हैं तो हम नीचे लेट कर आकाश में चलते हुए बादलों को देखते हैं। न तो हम कहते यह बादल शुभ है, न कहते अशुभ है। हम कुछ विचार नहीं करते, बस चुपचाप देखते हैं।

इस चुपचाप देखने की कला को ही ध्यान कहा गया है। अगर आप मन के संबंध में निर्णय करना बंद कर दें; बुरा विचार हो तो भी न कहें कि बुरा है, अच्छा हो तो भी न कहें अच्छा है। क्योंकि जैसे ही हमने कहा अच्छा, पकड़ने का मन होता है; जैसे ही हमने कहा बुरा, हटाने का मन होता है। तो हम मन के साथ उलझ गए, हम मन के साथ सक्रिय हो गए। द्रष्टा न रहे, कर्ता हो गए। मन के साथ कोई क्रिया न की जाए, सिर्फ बैठ कर मन को देखा जाए—बिना किसी निंदा के, बिना किसी स्तुति के, बिना किसी मूल्यांकन के—सिर्फ मन को देखा जाए, तो धीरे-धीरे मन और आपके बीच दूरी बढ़ने लगती है, और तब मन अलग और आप अलग हो जाते हैं।

यह जो अलग हो जाने का बोध है, यही उस सूत्र में ले जाता है, 'अपनी खिड़कियों के बाहर बिना झांके, कोई स्वर्ग के ताओ को देख सकता है।'

फिर तो आंख भी खोलने की जरूरत नहीं। ये खिड़कियां हैं हमारी, आंख हैं, कान हैं, हाथ हैं, ये हमारी खिड़कियां हैं। इनको भी खोलने की जरूरत नहीं। इनको भी बंद करके भीतर ही देखा जा सकता है। क्योंकि वह

भीतर मौजूद है। क्योंकि हम वही हैं। हमारा होना और उसका, दो भिन्न बातें नहीं हैं। उपनिषदों ने कहा है : तत्वमसि, दैट आर्ट दाऊ। वह तुम ही हो, वह जिसकी हम खोज कर रहे हैं—ताओ की, ब्रह्म की, स्वभाव की, धर्म की, आत्मा की।

'जो ज्ञान का जितना ही पीछा करता है, वह उतना ही कम जानता है।'

सारी भाषा लाओत्से की पैराडाक्सेस, विरोधाभासों की है। वह कुछ इतनी गहरी बात कहना चाहता है कि उसे केवल विरोधाभास से ही कहा जा सकता है।

'जो ज्ञान का जितना ही पीछा करता है, वह उतना ही कम जानता है।'

कठिन लगता है। क्योंकि हम तो ज्ञान का पीछा न करेंगे तो जानेंगे कैसे? लाओत्से यह कह रहा है, पंडित अज्ञानी है। पंडित ज्ञान का पीछा करता है। इस पीछा करने में दो-तीन बातें खयाल ले लेनी जरूरी हैं।

पहली बात तो यह, जो भी ज्ञान का पीछा करता है वह यह माने हुए बैठा है कि ज्ञान भीतर नहीं है, कहीं और है; उसका पीछा करना है। पीछा तो हम सदा दूसरे का करते हैं। अपना तो कोई पीछा कैसे करेगा? अपने ही पीछे तो आप कैसे दौड़ सकते हैं? सदा दूसरे के पीछे दौड़ सकते हैं। तो जो भी ज्ञान का पीछा कर रहा है वह ज्ञान को पराया मान रहा है, दूसरा मान रहा है। और ज्ञान की क्षमता भीतर छिपी है; वह आपके स्वयं के होने का गुणधर्म है। इसलिए जो जितना पीछा करेगा उतना ही दूर निकल जाएगा।

दूसरी बात, ज्ञान का जो पीछा करता है वह सोचता है कि ज्ञान कोई संपदा है जिसे इकट्ठा किया जा सकता है; जैसे आप तिजोड़ी में धन इकट्ठा कर सकते हैं ऐसे आप ज्ञान भी इकट्ठा कर सकते हैं।

ज्ञान कोई संपदा नहीं है। और ज्ञान को जो संपदा मान लेता है वह इनफर्मेशन और जानकारी में ही उलझ जाता है। फिर वह इकट्ठा कर लेता है। वह कितनी ही जानकारी इकट्ठी कर ले सकता है, लेकिन वह जानकारी ज्ञान नहीं बनेगी। ज्ञान तो वह है जो मेरे अनुभव से आता है। जानकारी किसी दूसरे के अनुभव से आती है। महावीर कुछ कहते हैं; वह उनके लिए ज्ञान होगा आपके लिए जानकारी होगी। अगर मैं आपसे कुछ कह रहा हूं, तो हो सकता है वह मेरे लिए ज्ञान हो, आपके लिए जानकारी हो जाएगी। जब तक आपका अनुभव न बन जाए तब तक कोई ज्ञान नहीं होता। पीछा जानकारी का किया जा सकता है, अनुभव का पीछा करने का कोई उपाय नहीं है। अनुभव के लिए तो स्वयं में डूब जाने की जरूरत है। जानकारी के लिए किसी और के पीछे जाने की जरूरत है।

इसलिए लाओत्से तो कहता है, गुरु के भी पीछे जाने की जरूरत नहीं है। क्योंकि गुरु के पीछे भी जाने का मतलब यह होगा कि आप कुछ इकट्ठा कर रहे हैं। गुरु की भी जरूरत इतनी ही है कि वह आपको आप में ही भेज दे। गुरु का काम आत्मघाती है। आत्मघाती इसलिए कि गुरु अपनी हत्या कर ले, गुरु जितने जल्दी अपने गुरुपन को मिटा दे और शिष्य को उसके भीतर भेज दे। जितने जल्दी गुरु शिष्य को राजी कर ले कि तू मुझे भूल जा और अपना स्मरण कर; कि मैं नहीं हूं, तू ही है; कि बाहर आंख खोल कर मुझे मत देख, भीतर आंख खोल और अपने को देख; गुरु जितने जल्दी शिष्य को राजी कर ले कि शिष्य सब खिड़कियां बंद करके भीतर डूब जाए, उतना ही समर्थ गुरु है।

जो गुरु शिष्य को राजी करे कि तू सदा मेरे पीछे चलता रहे, वह दुश्मन है, वह गुरु तो है ही नहीं। क्योंकि वह किसी बाहर की दिशा पर ले जा रहा है। प्रत्येक को भेज देना है उसके भीतर। बाहर के सारे मोह तुड़वा देने हैं, बाहर के सारे सेतु गिरा देने हैं, बाहर के सारे संबंध काट देने हैं, ताकि शिष्य, कोई उपाय न रह जाए बाहर जाने का, अपने भीतर डूब जाए।

'जो ज्ञान का जितना ही पीछा करता है, वह उतना ही कम जानता है।'

इस सूत्र का एक और भी अनूठा अर्थ है जो कि हमें विज्ञान में दिखाई पड़ता है।

आज से दो हजार साल पहले पश्चिम में केवल एक ही विज्ञान था। फिर जैसे-जैसे ज्ञान का पीछा हुआ, विज्ञान टूटा, ब्रांचेज, शाखाओं में बंटा। फिर एक-एक शाखा भी टूट गई, छोटी उपशाखाओं में बंट गई। अब एक-एक उपशाखा भी टूट गई। आज पश्चिम में, आक्सफोर्ड में कोई तीन सौ वैज्ञानिक शास्त्रों का अध्ययन करवाया जाता है। और इन तीन सौ विज्ञानों के बीच कोई संबंध नहीं है। एक विज्ञान दूसरे विज्ञान की भाषा नहीं समझ सकता। फिजिक्स क्या बोलती है, केमिस्ट्री जानने वाले को कुछ पता नहीं। बायोलाजी क्या कह रही है, साइकोलाजी जानने वाले को कुछ पता नहीं। इन सबके बीच कोई संबंध नहीं रहा है। और हर विज्ञान एक अंधा मार्ग हो गया है। और जितनी ज्यादा जानकारी बढ़ती जाती है उतने ही कम के संबंध में ध्यान जुटता जाता है। जितने कम के संबंध में ध्यान जुटता है उतनी ही ज्यादा जानकारी बढ़ती है। और जितनी ज्यादा जानकारी बढ़ती है उतने कम के संबंध में ध्यान बढ़ता है।

तो विज्ञान—प्रत्येक विज्ञान—एक-एक बिंदु पर अटक गया है। समग्र का कोई चित्र नहीं उभरता। और सभी विज्ञान क्या कह रहे हैं इसका कोई संतुलित संगीत पैदा नहीं होता। सभी विज्ञानों की क्या सिंथीसिस होगी, असंभव है। क्योंकि आज कोई भी एक मनुष्य सभी विज्ञानों को जान ले, यह असंभव है। इसलिए सिंथीसिस कैसे हो? कौन इन सबके बीच सूत्र को खोजे?

अब तो एक ही उपाय है पश्चिम में। वैज्ञानिक कहते हैं कि कंप्यूटर और विकसित हो जाएं तो ही उपाय है कि सभी विज्ञान क्या कह रहे हैं, इनका सार खोजा जा सके। क्योंकि कंप्यूटर को सभी विज्ञान सिखाए जा सकते हैं। कंप्यूटर बता सकेगा कि सभी विज्ञान क्या कह रहे हैं, उनका सार-निचोड़ क्या है। अन्यथा करीब-करीब विज्ञान की हालत वैसी है जैसी पश्चिम में एक कहानी है। वह कहानी आपने सुनी होगी, बैबेल के एक टावर की कहानी है।

बेबीलोनिया की बड़ी पुरानी सभ्यता थी, और बेबीलोनिया की सभ्यता नष्ट हुई एक घटना से। वह घटना एक मिथ है, लेकिन बड़ी मूल्यवान, कि बेबीलोनियन सभ्यता के लोगों ने यह सोचा कि हम एक मीनार बनाएं, एक टावर बनाएं, जो स्वर्ग तक जाए। तो उन्होंने बनाना शुरू किया। उनके पास जितनी ताकत थी, उन्होंने एक टावर बनाने में लगा दी। फिर धीरे-धीरे टावर स्वर्ग के करीब पहुंचने लगा। देवता चिंतित हो गए, क्योंकि वे करीब आते जा रहे थे, रोज उनका मीनार ऊंचा उठता जा रहा था। और देवताओं को लगा कि यह तो हमला हो जाएगा, और अगर ये बेबीलोनिया के सारे लोग स्वर्ग आ गए तो स्वर्ग की शांति, स्वर्ग का सुख, सब नष्ट हो जाएगा। इतनी भीड़ को प्रवेश देने के लिए वे राजी नहीं थे। और सदा से स्वर्ग में इक्के-दुक्के लोग प्रवेश करते रहे थे। ऐसा सामूहिक हमला कभी हुआ भी नहीं था। और अगर एक दफा लोगों ने सीढ़ियां बना लीं तो फिर तो कोई उपाय नहीं है, फिर अच्छे-बुरे का भेद करना भी कठिन है। फिर कौन आए, कौन न आए, यह भी मुश्किल है। फिर तो जो बुरे हैं वे पहले चढ़ जाएंगे। शायद अच्छा चढ़ भी न पाए।

इसलिए बड़ी चिंता व्याप्त हो गई। सारे देवताओं ने समिति बुलाई और उन्होंने कुछ निर्णय लिया। और जिस दिन उन्होंने निर्णय लिया उसके दूसरे दिन से टावर उठना बंद हो गया। वह निर्णय बहुत मजेदार था। वह निर्णय यह था कि देवताओं ने कहा कि जब सांझ को सारे बेबीलोनिया के निवासी थक कर सो जाएं तब उनकी बेहोशी में देवता जमीन पर जाएं और हर आदमी को सिर्फ एक खयाल दे दें—कि यह टावर मैं बना रहा हूं, मेरी वजह से यह टावर स्वर्ग तक पहुंच रहा है।

बस इतना काफी है सबको सिखा देना। दूसरे दिन उपद्रव शुरू हो गया। टावर बनाना तो एक तरफ रहा, मार-पीट, झगड़ा-झांसा नीचे शुरू हो गया। क्योंकि हर आदमी दावा करने लगा कि मैंने बनाया! और हकदार मैं हूं! और अंत में मेरा नाम ही इस पर खोदना होगा!

कहते हैं कि वह टावर तो वहां रुक ही गया, विवाद इतना बढ़ा कि हत्याएं हो गईं; बेबीलोनिया की पूरी सभ्यता नष्ट हो गई। क्योंकि अहंकार जब जग जाए तो स्वर्ग तक जाने का उपाय बंद हो जाता है। सीढ़ी भी लग गई हो तो रखी रह जाएगी। अहंकार न हो तो बिना सीढ़ी के भी कोई स्वर्ग तक पहुंच सकता है।

विज्ञान की हालत करीब-करीब आज बेबीलोनिया के टावर जैसी है। हर विज्ञान कह रहा है कि हम ठीक हैं, मैं ठीक हूं, शेष सब गलत हैं। जो फिजिक्स में निष्णात है वह मानता है कि बस फिजिक्स ही एकमात्र विज्ञान है, और ये मनोविज्ञान की जो बातें करने वाले लोग हैं, ये व्यर्थ की बकवास कर रहे हैं। आदमी सिवाय अणु के जोड़ के और कुछ भी नहीं। न वहां कोई मन है, न कोई आत्मा है। उनके हिसाब से बिलकुल ठीक है, क्योंकि वे अणु की ही खोज कर रहे हैं। जो आदमी बायोलाजी की खोज कर रहा है वह कह रहा है कि यह व्यर्थ की बात है। क्योंकि अणु तो मृत है, मनुष्य का जीवकोष्ठ जीवंत है। वह जीवकोष्ठ ही सब कुछ है। और जीवन को मृत से नहीं समझाया जा सकता। बायोलाजी और फिजिक्स एक-दूसरे की भाषा नहीं समझ पाते। हर विज्ञान की अपनी भाषा है, और अपना अहंकार है। तीन सौ विज्ञान हैं, तीन सौ अहंकारों के दावे हैं।

इधर तीन सौ विज्ञान हैं, और करीब तीन सौ धर्म भी हैं जमीन पर। यह संख्या महत्वपूर्ण मालूम पड़ती है। तीन सौ धर्म हैं जमीन पर, और ये तीन सौ धर्म भी बेबीलोन के टावर की भाषा बोलते हैं। हर धर्म बोलता है कि मैं ठीक हूं और बाकी सब गलत हैं।

ज्ञान का शिखर उठना तो बंद हो गया, अहंकार के कारण अज्ञान का शिखर उठ रहा है। और सब एक-दूसरे को गलत सिद्ध करने में लगे रहते हैं। इसकी बहुत चिंता नहीं है कि ठीक कौन है, इसकी बहुत चिंता है कि दूसरा गलत हो। और जब मैं दूसरे को गलत सिद्ध कर लेता हूं तब भी जरूरी नहीं है कि मैं ठीक होऊं। मैं भी गलत हो सकता हूं। लेकिन दूसरे को गलत सिद्ध करके ऐसी प्रतीति होती है कि मैं ठीक हो गया।

'ज्ञान का जो जितना ही पीछा करता है, उतना ही कम जानता है।'

क्योंकि जितना पीछा किया जाता है उतनी संकीर्ण गली होती जाती है, उतना केंद्रित होता जाता है। आखिर में एक छोटा सा बिंदु हाथ लगता है; विराट खो जाता है। ब्रह्म खो जाता है, अणु हाथ लगता है।

विराट को जानना हो तो ज्ञान का पीछा नहीं चाहिए। विराट को जानना हो तो आंख बंद कर लेनी चाहिए, ताकि कहीं भी कोई बिंदु न दिखाई पड़े। कोई दिशा में जाने की जरूरत नहीं है, क्योंकि दिशा अधूरे पर ले जाएगी। सत्य तो सभी दिशाओं में फैला हुआ है। यह दसों दिशाओं में सत्य फैला हुआ है। अगर मैं एक दिशा को चुनता हूं तो मैं गलत हो ही जाऊंगा। क्योंकि नौ दिशाओं को मुझे छोड़ना पड़ेगा। सत्य के नौ पहलू छूट जाएंगे और एक पहलू मेरी पकड़ में आएगा। और मुझे लगेगा कि यही पहलू पूरा सत्य है। और जब कोई अधूरे सत्य को सत्य का दावा कर देता है, तभी अज्ञान सघन हो जाता है। तो अगर मुझे सभी दिशाओं को जानना हो तो मुझे सभी दिशाओं को छोड़ कर चुपचाप अपने में डूब जाना चाहिए। भीतर की चेतना एक ऐसी जगह है जहां कोई दिशा नहीं है; वह ग्यारहवीं दिशा है। भीतर की चेतना में कहीं कोई दिशा नहीं है; वह दिशाशून्य है। और जब कोई भीतर की चेतना में प्रतिष्ठित हो जाता है तो वह समग्र को जानता है। पीछे जाने वाला अंश को जानता है; भीतर जाने वाला समग्र को जानता है।

'जो ज्ञान का जितना पीछा करता है, उतना ही कम जानता है। इसलिए संत बिना इधर-उधर भागे ही जानते हैं, बिना देखे ही समझते हैं, और बिना कर्म किए हुए संपन्न करते हैं।'

'इसलिए संत बिना इधर-उधर भागे ही जानते हैं।'

हम तो कुछ भी पाना चाहें तो भागना ही उपाय दिखता है। अगर हम धर्म का सत्य भी जानना चाहें तो भी भागना ही उपाय दिखता है। कोई काशी जा रहा है, कोई मक्का जा रहा है, कोई कैलाश जा रहा है। कहीं जा रहे हैं।

कुछ पाना है तो कहीं जाना होगा; हमारा गणित ऐसा है। अगर न मिले जाने से तो उसका मतलब हम गलत जगह गए, कहीं और जाना चाहिए। इस गुरु के पास गए, नहीं मिला; दूसरे गुरु के पास जाना चाहिए। दूसरे के पास न मिले तो तीसरे के पास जाना चाहिए। काशी न मिले तो मक्का खोजना चाहिए। मक्का न मिले तो जेरुसलम है। लेकिन जाना गलत है, यह खयाल में नहीं आता। जहां गए वह जगह गलत है तो दूसरी जगह चुननी चाहिए।

लाओत्से कह रहा है कि तुम कुछ भी करो, अ के पास जाओ, कि ब के, कि स के, कि तुम संसार में कहीं भी जाओ, तुम उसे नहीं पा सकोगे। क्योंकि जाना गलत है। तुम जहां हो वहीं उसे पाओगे। तुम जहां हो वहीं रुक जाओगे तो उसे पाओगे। इसलिए सभी तीर्थ गलत हैं। सिर्फ एक तीर्थ सही है, वह तुम हो। सभी मंदिर और मस्जिद व्यर्थ हैं। एक ही शिवालय है, वह तुम हो।

'संत बिना इधर-उधर भागे ही जानते हैं।'

असल में, संत रुक कर जानते हैं। भागना अज्ञान का लक्षण है। रुकना ज्ञान का लक्षण है। इस जगत में जो भी पाना हो वह भाग कर पाया जाता है। और जो जितनी तेजी से भागता है उतने जल्दी पाता है। लेकिन उस जगत में—इस माया के, स्वप्न के, व्यर्थ के जगत में दौड़ कर पाया जाता है—उस सत्य के, यथार्थ के जगत में रुक कर पाया जाता है। यहां के और वहां के नियम बिलकुल विपरीत हैं। यहां रुके कि खो देंगे।

कोई आदमी अगर दौड़े न तो धन कैसे पाएगा? जितना दौड़े उतना ही पा सकता है। घर बैठा रहे...। इस सूत्र को समझ कर, धन कमाना हो तो घर मत बैठ जाना। घर कोई बैठा रहे आंख बंद करके तो धन नहीं आ जाएगा। धन के लिए तो दौड़ना जरूरी है। धन के लिए तो पागल होकर दौड़ना जरूरी है। धन के लिए तो अपना होश छोड़ कर दौड़ना जरूरी है। एक दिन धन आ जाएगा, आप नहीं बचेंगे। क्योंकि दौड़ में आप खो जाएंगे, नष्ट हो जाएंगे। और जितने जल्दी आप नष्ट हो जाएंगे, उतना ज्यादा धन आप इकट्ठा कर ले सकते हैं। धनी जब धन को पाता है तब पीछे लौट कर देखता है कि जो निकला था खोजने वह तो है ही नहीं, वह कभी का मर चुका। वह जितनी जल्दी मर जाए उतनी आप कठोरता से धन इकट्ठा भी कर सकते हैं। वह अगर जिंदा रहे तो बाधा डालेगा। कभी-कभी वह कहेगा, रुको, कहां दौड़ते हो, क्यों व्यर्थ परेशान होते हो? उसकी तो गर्दन घोंट देनी जरूरी है। भीतर की आवाज तो बंद ही हो जानी चाहिए। वह कभी कहे ही नहीं, भीतर कोई इशारा न करे कि रुको। क्योंकि रुकना खतरनाक है।

नहीं, धन पाना हो तो रुक कर नहीं मिलेगा। लेकिन अगर धर्म पाना हो तो रुक कर मिलेगा। उनकी यात्राएं अलग हैं; उनके नियम, उनकी व्यवस्थाएं विपरीत हैं। संसार का जो नियम है, सत्य का ठीक विपरीत नियम है। यहां दौड़ो तो मिलता है; वहां ठहरो तो मिलता है।

झेन फकीर रिंझाई ने कहा है, रुको! और जो भी तुम पाना चाहते हो वह तुम्हारे पास है। खोजो मत, क्योंकि तुमने खोजा कि तुम भटके।

सारे ज्ञानी एक ही बात समझा रहे हैं कि तुम ठहर जाओ। शरीर भी ठहर जाए, मन भी ठहर जाए; कोई गति न रहे भीतर। इसलिए इतना जोर दिया है: इच्छा नहीं, वासना नहीं। क्योंकि इच्छा और वासना का एक ही मतलब है कि वे दौड़ाने के उपाय हैं। इच्छा का मतलब है: दौड़ो। इच्छा का मतलब है: वह रहा स्वर्ग, दस कदम आगे; दस कदम पार किए कि स्वर्ग मिल जाएगा। इच्छा कभी भी नहीं कहेगी कि यहीं है स्वर्ग जहां तुम खड़े हो। वह कहेगी, सदा कहीं और है जहां तुम नहीं हो; दौड़ो। दौड़ की जो प्रेरणा है, वही वासना है। रुकने का जो भाव है, ठहरने की जो वृत्ति है, वही निर्वासना है।

तो बुद्ध निरंतर अपने भिक्षुओं से कहते हैं कि तुम पाने की बात ही छोड़ दो। क्योंकि जब तक तुम्हारे मन में पाने का कुछ भी रोग सवार है तब तक तुम रुकोगे कैसे? इसलिए बुद्ध यहां तक भी कहते हैं कि न कोई परमात्मा है

जिसे पाना है। क्योंकि अगर तुम्हें जरा भी खयाल रहा कि परमात्मा है तो तुम्हारे मन में वासना जगेगी कि परमात्मा को कैसे पा लें। बुद्ध कहते हैं, न कोई मोक्ष है जिसे पाना है। नहीं तो तुम दौड़ोगे। न कहीं कोई ब्रह्म है; तुम्हारे अतिरिक्त कहीं कुछ भी नहीं है। और तुम यहीं हो। इसलिए कहीं जाने का कोई सवाल नहीं है।

बुद्ध को समझा नहीं जा सका; लोग समझे कि नास्तिकता की बात है। न ब्रह्म, न मोक्ष, कहीं जाना नहीं है, तो फिर धर्म कैसे होगा? और कुछ पाना नहीं है तो लोग तो भ्रष्ट हो जाएंगे, संसार में भटक जाएंगे। बुद्ध को समझना कठिन है। क्योंकि बुद्ध कह रहे हैं कि कुछ भी पाने योग्य नहीं है, न संसार में और न मोक्ष में। ताकि तुम दौड़ो मत, ताकि तुम ठहर जाओ। और तुम ठहरे कि सब मिल जाएगा। चाहे तुम उसे ब्रह्म कहना, चाहे तुम उसे मोक्ष कहना, निर्वाण कहना, जो तुम्हारे मन में आए, लेकिन तुम रुक जाओ तो वह मिल जाएगा।

बुद्ध से कोई पूछता है बाद के दिनों में कि आपने कैसे पाया? तो बुद्ध ने कहा, जब तक पाने की कोशिश की तब तक नहीं मिला। जब ऊब गया, थक गया, कोशिश भी छोड़ दी पाने की, उसी क्षण, उसी क्षण अनुभव हुआ कि जिसे मैं खोज रहा था वह सदा से मुझे मिला हुआ है। लेकिन खोज के कारण मेरी आंखें बाहर भटकती थीं और मैं भीतर देखने में समर्थ न हो पा रहा था। करीब-करीब ऐसा ही कि आप खिड़की से बाहर झांक रहे हों, और घर के भीतर जो खजाना रखा है उस तरफ नजर न जाए, उस तरफ पीठ रही आए।

'इसलिए संत बिना इधर-उधर भागे ही जानते हैं, बिना देखे ही समझते हैं, और बिना कर्म किए सब कुछ संपन्न करते हैं।'

बिना देखे ही समझते हैं! जो भी देखा जा सकता है वह पराया होगा, वह बाहर होगा। आत्मा को देखा नहीं जा सकता। यद्यपि हमारे पास शब्द हैं: आत्म-दर्शन, आत्म-साक्षात्कार, आत्म-ज्ञान। ये सभी शब्द गलत हैं। क्योंकि इन शब्दों से भ्रांति हो सकती है। मैं आपको तो देख सकता हूं, क्योंकि आप मुझसे अलग हैं, मैं स्वयं को कैसे देखूंगा? कौन देखेगा और किसको देखेगा? वहां एक ही है, देखने के लिए दो की जरूरत है। अगर मैं स्वयं को देखूं तो जिसको मैं देखूंगा वह मैं नहीं हूं; जो देख रहा है वह मैं हूं। मैं सदा ही देखने वाला रहूंगा। मैं दृश्य नहीं बन सकता, मैं सदा द्रष्टा ही रहूंगा।

इसलिए लाओत्से कहता है, 'बिना देखे समझते हैं।'

वहां देखने का कोई उपाय नहीं है। आप अपने को कैसे देख सकते हैं? देखने के लिए बंटना जरूरी है: कोई देखे, कोई दिखाई पड़े; कोई दृश्य हो, कोई द्रष्टा हो; कोई आब्जेक्ट, कोई सब्जेक्ट। और आप? आप सदा ही देखने वाले हैं। इसलिए आत्म-दर्शन नहीं हो सकता, आत्म-ज्ञान नहीं हो सकता। शब्द के अर्थ में गलत है। वहां तो बिना जाने जानना होगा, और बिना देखे दिखाई पड़ेगा। वहां प्रतीति होगी, एहसास होगा, अनुभूति होगी। लेकिन वहां कोई बंटाव नहीं होगा। वहां दो नहीं होंगे, वहां एक होगा।

'बिना देखे समझते है, और बिना कर्म किए सब कुछ संपन्न करते हैं।'

सब कुछ करते हैं। संत कोई भाग गया हुआ नहीं है, वह कोई भगोड़ा नहीं है। पलायनवादी तो डरा हुआ आदमी है, वह तो भयभीत है। अगर वह कर्म के जगत में रहा तो उससे गलती हो जाएगी, इसका उसे भय है। अगर उसने स्त्री को देखा तो वासना उठेगी, इसका उसे भय है। अगर उसने धन देखा तो वह मालिक बनना चाहेगा, इसका उसे भय है। अगर उसने पद देखा तो वह पद पर होना चाहेगा, इसका उसे भय है। इसलिए वह भागता है। भागना भय के कारण होता है। जो भागता है वह कमजोर है। भागने वाला समर्थ नहीं हो सकता। भागने का मतलब ही यह है कि मैं भयभीत हूं, मैं डरा हुआ हूं; मैं परिस्थिति छोड़ रहा हूं। संत तो सब कुछ करेगा; करने के जगत में होगा; क्योंकि भय की कोई बात नहीं है। लेकिन यह सारा करना ऐसे होगा जैसे कोई अभिनय कर रहा है।

इस बात को ठीक से समझ लें। एक आदमी राम बनता है रामलीला में। सीता खो जाती है, चोरी चली जाती है। वह रोता है, चिल्लाता है, सीता! सीता! वृक्षों से पूछता है, मेरी सीता कहां है? और भीतर उसको कुछ भी नहीं हो रहा। कृत्य वह पूरा कर रहा है। शायद राम भी देखें तो वे भी थोड़ा संकोच अनुभव करें कि इतने जोरदार ढंग से मैंने भी नहीं किया था, जिस ढंग से अभिनेता करेगा; जैसे वृक्ष से पूछेगा जिस ढंग से, जिस लज्जत से। आंख से आंसू टपक रहे होंगे, और भीतर कोई रुदन नहीं। पर्दा गिरेगा, वह पीछे जाकर मजे से चाय पीएगा। सीता का खोना न खोना अभिनेता के लिए मूल्य नहीं रखता; कर्ता के लिए मूल्य रखता है। अगर लगता हो, मेरी सीता खो गई, तो अड़चन है। मेरे अहंकार को पीड़ा और चोट लगे तो अड़चन है। मेरे राग, मेरी कामना और वासना को चोट लगे तो अड़चन है। मेरी आसक्ति को घाव लगे तो अड़चन है। लेकिन अगर मैं वहां नहीं हूं, कर्ता नहीं हूं; सिर्फ अभिनेता हूं।

संत अभिनय कर रहा है। जो भी इस संसार के मंच पर जरूरी है, कर रहा है, लेकिन इस करने में वह कर्ता नहीं है। रो भी सकता है, हंस भी सकता है; लेकिन न हंसने में है और न रोने में है।

कृष्ण बहुत जोर देकर अर्जुन को गीता में यही बात समझा रहे हैं कि तू लड़ एक अभिनेता की तरह, तू कर्ता मत बन; तू समझ कि परमात्मा ने इस परिस्थिति में तुझे रखा, यही तेरा नाटक है, तू इसे पूरा कर। तू इससे भाग मत। क्योंकि भागने में तो तू भयभीत होगा, भागने में तो तू भागने का कम से कम कर्ता हो जाएगा। तू अपनी तरफ से निर्णय मत ले। परिस्थिति जहां तुझे ले आई है, नियति ने तुझे जहां खड़ा कर दिया है, तू उसे चुपचाप स्वीकार कर ले और पूरा कर दे। तू अपने को निमित्त मान।

लाओत्से कह रहा है, 'और बिना कर्म किए हुए सब कुछ संपन्न करते हैं।'

अपनी तरफ से कुछ भी नहीं कर रहे हैं, अस्तित्व उनसे जो करवा ले। जीवन तो जीवन और मृत्यु तो मृत्यु! अस्तित्व उन्हें जहां ले जाए, वे चुपचाप चले जाते हैं। लाओत्से का वचन है, संत सूखे पत्ते की तरह हैं, हवा उन्हें जहां ले जाए, पूरब तो पूरब, पश्चिम तो पश्चिम। जमीन पर गिरा दे तो ठीक और आकाश में उठा दे तो ठीक। सूखा पत्ता अपना निर्णय नहीं ले रहा है, हवा जहां ले जाए। उसका अपना कोई अहंकार नहीं है, उसका अपना कोई मैं-भाव नहीं है। उससे बहुत कर्म होते हैं; शायद साधारण आदमी से ज्यादा कर्म होते हैं। थोड़ा समझें।

एक अभिनेता रामलीला में राम का काम कर सकता है; दूसरे दिन रामलीला में रावण बन सकता है; तीसरे दिन कुछ और बन सकता है। और एक जिंदगी में हजार अभिनय कर सकता है। राम एक ही अभिनय कर सकते हैं अपनी जिंदगी में। अभिनेता के करने की क्षमता बढ़ जाती है। क्योंकि उसका कर्ता कहीं जुड़ता नहीं, इसलिए वह हमेशा पीछे बचा हुआ है। सब ऊपर-ऊपर है। वह चुकता नहीं, उसकी शक्ति व्यय नहीं होती।

अगर आप अभिनेता हैं तो आपके जीवन में विराट कर्म हो सकता है, अनंत कर्म हो सकते हैं, और फिर भी आप थकेंगे नहीं। अगर आप कर्ता हैं तो छोटा सा कर्म थका देगा; उसमें ही जिंदगी चुक जाएगी और नष्ट हो जाएगी। एक बार मैं छूट जाऊं अलग अपने कर्मों से, उनका द्रष्टा हो जाऊं और उनको सिर्फ स्वीकार कर लूं एक नाटक के मंच पर खेले गए अभिनय जैसा, फिर कितना ही कर्म हो जीवन में, वह कर्म मुझे छुएगा नहीं, थकाएगा नहीं, बासा नहीं करेगा। बल्कि हर कर्म मुझे और ताजा कर जाएगा, हर कर्म मेरी शक्ति को और नया कर जाएगा। हर कर्म मेरी शक्ति के लिए सिर्फ एक खेल होगा।

ध्यान रहे, जब आप काम करते हैं तो थकते हैं, और जब आप खेलते हैं तो आप ताजे हो जाते हैं। यह बड़े मजे की बात है। क्योंकि खेल भी काम है। शायद खेल में ज्यादा भी श्रम पड़ता हो काम से, लेकिन खेल में आप थकते नहीं, ताजे होते हैं। आदमी दिन भर का थका हुआ आता है काम से, और वह कहता है कि जरा मैं खेल लूं तो ताजा हो जाऊं। खेल में भी श्रम हो रहा है। अगर हम शरीर-शास्त्री से पूछें तो वह जांच कर बता देगा—कितनी

कैलोरी खर्च हो रही है, कितना श्रम हो रहा है, कितनी शरीर की ऊर्जा व्यय हो रही है। और यह आदमी कह रहा है कि मैं खेल कर ताजा हो जाऊंगा। दिन भर का थका हुआ आदमी खेल कर ताजा हो जाता है।

खेल में आदमी अभिनेता हो जाता है, कर्ता नहीं। और अगर कोई आदमी दिन भर ही खेल में हो, दुकान पर भी, बाजार में भी, तो उसके थकने का कोई उपाय नहीं है। और अगर आप खेल में भी काम बना लें। जैसे कुछ लोग प्रोफेशनल होते हैं; फुटबाल का कोई खिलाड़ी है पेशेवर, वह थकता है। खेलता वह भी है, लेकिन वह थक कर लौटता है। क्योंकि उसके लिए यह धंधा था। वह कोई खेलने नहीं गया था; उसका धंधा था। एक खेल में खेल कर उसे इतने रुपये मिल जाने हैं, उतने रुपये लेकर घर लौट आया। वह प्रोफेशनल है। प्रोफेशनल थक जाएगा, पेशेवर थक जाएगा। क्योंकि खेल उसके लिए काम हो गया।

अगर काम आपके लिए खेल हो जाए तो आपके थकने का कोई उपाय नहीं।

इसलिए संत कभी थका हुआ नहीं है। उसके भीतर वह सदा ताजा है; अनंत स्रोत से जुड़ा है। अहंकार से हट गया है तो परमात्मा से जुड़ गया है। मैं की क्षुद्रता से हट गया है तो परम ब्रह्म की विराटता से एक हो गया है। उस महास्रोत से जुड़ कर फिर वह निमित्त है, एक साधन मात्र है।

'और बिना कर्म किए संत सब कुछ संपन्न करता है।'

आज इतना ही।

पचासीवां प्रवचन

# जीवन परमात्म-ऊर्जा का खेल है

## प्रश्न-सार

*आलस्य, अयोग्यता और अक्रियता का आध्यात्मिक महत्व क्या है?*

*आस्तिक, नास्तिक और अज्ञेयवादी में फर्क क्या है?*

*क्या स्वभाव में प्रतिक्रमण लंबी प्रक्रिया है?*

*क्या निष्क्रिय व सक्रिय ध्यान के लाभ समान हैं?*

*लंबे अतीत के बोझ से कैसे छूटा जाए?*

*पहला प्रश्न: प्रथम दिन की चर्चा में आपने समझाया कि अयोग्यता ताओ चिंतना का कीमती शब्द है, तथा उसका बहुत आध्यात्मिक मूल्य है। इस संदर्भ में ऐसा लगता है कि तामसी व आलसी लोग तो अयोग्यता के गुण से संपन्न होते ही हैं, लेकिन फिर भी उनका आध्यात्मिक विकास होता दिखाई नहीं पड़ता। इस विषय में आपकी क्या दृष्टि है?*

लाओत्से जिसे अयोग्यता कहता है वह गहनतम योग्यता का नाम है। वह आलस्य नहीं है, विश्राम की परम दशा है। वह तमस भी नहीं है, ऊर्जा की अत्यंत प्रज्वलित स्थिति है।

फर्क को ठीक से समझ लें। भ्रांति स्वाभाविक है, क्योंकि जो व्यक्ति भी निष्क्रिय बैठा है, हमें लगेगा, आलसी है। सभी निष्क्रिय बैठे हुए व्यक्ति आलसी नहीं होते। जिसे हम आलसी कहते हैं, खाली तो वह भी नहीं बैठता; मन का काम जारी रहता है। शायद आलसी आदमी शरीर से कुछ न करता हो, मन से तो पूरी तरह करता है। और जहां शरीर की गति वाले लोग दौड़ रहे हैं वहां वह भी अपनी कामना और वासना से दौड़ता है। उसके मन के संबंध में कोई फर्क नहीं है। हमें आलसी दिखाई पड़ता है, क्योंकि हमारे जैसा नहीं दौड़ रहा है। दौड़ तो वह भी रहा है।

अगर आलस्य परम हो जाए, जिसको लाओत्से कह रहा है निष्क्रियता, तो आलस्य ही योग्यता हो जाएगी। लेकिन निष्क्रियता चाहिए पूर्ण। शरीर ही न रुका हो, मन भी रुक गया हो, कोई भी क्रिया न रह जाए। तो आध्यात्मिक विकास दूर नहीं है। आलस्य शब्द को सुनते ही हमारे मन में निंदा उठ आती है। क्योंकि हम सब जीते हैं प्रयोजन से, क्रिया से, कर्म से, फल से। हमने आलसी को बुरी तरह निंदित किया है। हमसे विपरीत है आलसी। इसलिए यह तो हम सोच ही नहीं सकते कि ऐसी भी कोई स्थिति हो सकती है आलस्य की जो अध्यात्म बन जाए। परम आलस्य की स्थिति अध्यात्म बन जाएगी—शरीर ही न रुके, मन भी रुक जाए।

जिसे हम आलस्य कहते हैं, वह क्रिया करने की वासना से मुक्ति नहीं है। क्रिया की वासना तो पूरी मौजूद है, लेकिन उस वासना के साथ शरीर को दौड़ाने की क्षमता नहीं है। हमारा जो आलस्य है, वह नपुंसक को अगर हम ब्रह्मचारी कहें, वैसा आलस्य है। नपुंसक भी ब्रह्मचारी है; इसलिए नहीं कि वासना की कोई कमी है, बल्कि इसलिए कि शरीर साथ नहीं देता। लाओत्से उसे कह रहा है अयोग्य, निष्क्रिय, परम विश्राम में डूबा व्यक्ति, जिसके पास ऊर्जा तो बहुत है, आपसे ज्यादा है, क्योंकि आप तो खर्च कर रहे हैं, वह खर्च भी नहीं कर रहा है, जिसका शरीर आपसे ज्यादा गतिमान हो सकता है, क्योंकि सारी ऊर्जा उसके भीतर छिपी है, लेकिन उस ऊर्जा के रहते हुए भी मन में दौड़ की कोई वासना नहीं है। इसलिए शरीर भी रुक गया है, मन भी रुक गया है। शरीर और मन की इस ठहरी हुई अवस्था का नाम ध्यान है।

ध्यान करने वाले लोग काम करने वाले लोगों को आलसी ही दिखाई पड़ते हैं।

महर्षि रमण अरुणाचल पर बैठे रहे वर्षों। एक पश्चिमी विचारक, लेंजा देलवास्तो, एक इटालियन जो गांधी का भक्त था, वह रमण के आश्रम गया। भारत आया गुरु की तलाश में। तो लेंजा देलवास्तो ने अपने संस्मरणों में लिखा है कि रमण को देख कर मुझे लगा कि यह तो निपट आलस्य है। गांधी के भक्त को लगेगा ही, क्योंकि गांधी का तो सारा जोर कर्म पर है, सेवा पर है, कुछ करने पर है। लेंजा देलवास्तो ने लिखा है कि होगा यह अध्यात्म, लेकिन हमारे लिए नहीं। और हमें इसमें कुछ सार नहीं मालूम पड़ता कि कोई आदमी खाली बैठा है। और खाली बैठने से क्या होगा? संसार में इतने कष्ट हैं, इतनी पीड़ाएं हैं; इन्हें दूर करो! लोग भूखे हैं, दीन हैं, दुखी हैं; इनकी सेवा करो! कुछ करो! उससे तो परमात्मा मिल सकता है। यह वृक्ष के नीचे खाली बैठा हुआ आदमी क्या पा लेगा? लेंजा देलवास्तो अरुणाचल से सीधा वर्धा गया। और उसने अपनी डायरी में लिखा है कि वर्धा पहुंच कर लगा कि यह कोई सार्थक बात है। कुछ करो! करने से ही कुछ मिल सकता है।

गांधी और रमण ठीक विपरीत हैं। गांधी पूरे वक्त काम में लगे हैं। एक इंच भर भी ऊर्जा बिना काम के छूट जाए तो गांधी के मन में अपराध का भाव अनुभव होता है। स्नान कर रहे हैं बाथरूम में तो भी बाहर से खड़े होकर कोई अखबार पढ़ कर सुना रहा है, ताकि उस समय का उपयोग हो जाए। मालिश हो रही है तो वे चिट्ठियों के जवाब लिखवा रहे हैं, ताकि उस समय का उपयोग हो जाए। सोते भी हैं तो मजबूरी में; उतना समय व्यर्थ जा रहा है। प्रत्येक चीज का मूल्य क्रिया के आधार पर है।

उधर ठीक विपरीत बैठे रमण हैं। रमण ठीक ताओवादी हैं। लाओत्से रमण को देख कर प्रसन्न होता। वे खाली बैठे हैं, वे कुछ करते नहीं। उनका होना ही—विशुद्ध होना ही—बिना किसी क्रिया के होना ही एक महान घटना है। और उनके पास जो व्यक्ति कुछ करने का भाव लेकर जाएगा वह खाली हाथ लौटेगा। क्योंकि वह उनसे जुड़ ही नहीं पाएगा। उनसे तो संबंध उसी का बन सकता है जो उनके पास खाली बैठने को राजी हो, परम आलस्य में डूबने को राजी हो। शरीर ही नहीं, मन को भी शांत कर देने को राजी हो। तो जल्दी ही रमण से उसके संबंध बन जाएंगे। और तब उसे आविर्भाव होगा, तब उसे प्रतीत होगा कि यह जो शांत चेतना बैठी है, यह कितनी बड़ी महा घटना है।

कर्म क्षुद्र है, चाहे कितना ही बड़ा हो; कर्मशून्य हो जाना महान घटना है। पर देखने के लिए कर्मशून्य आंखें चाहिए; पहचानने के लिए कर्मशून्य हृदय चाहिए। रमण या लाओत्से जैसे व्यक्ति हमसे अपरिचित रह जाते हैं; हम उन्हें पहचान नहीं पाते। क्योंकि वे कुछ दूसरी ही कीमिया बता रहे हैं, जीवन के रहस्य की कुंजी कुछ दूसरी ही, कुछ बिलकुल और आयाम से। क्या कारण है निष्क्रियता के लिए इतना जोर देने का?

पहली बात, जब भी आप सक्रिय होते हैं तब आप अपने से बाहर चले जाते हैं। क्रिया बाहर ले जाने वाला द्वार है। क्योंकि क्रिया का मतलब है दूसरे से संबंधित होना। क्रिया का मतलब है किसी वस्तु से, किसी व्यक्ति से संबंधित होना। कुछ करने का मतलब है, आप अकेले न रहे, कुछ और जुड़ गया। अक्रिया का अर्थ है, आप अकेले हैं। न कोई व्यक्ति, न कोई वस्तु, न कोई घटना, आप किसी चीज से जुड़े हुए नहीं हैं। अक्रिया में ही आत्म-भाव का उदय होगा। क्रिया में तो दूसरे पर ध्यान रखना होता है। क्रिया दूसरे से संबंध है। इसलिए क्रिया के माध्यम से कोई कभी आत्म-ज्ञान को उपलब्ध नहीं होता। इसका यह मतलब नहीं है कि आत्म-ज्ञानी क्रिया नहीं करेगा। आत्म-ज्ञानी से क्रिया हो सकती है, लेकिन क्रिया करने से कोई आत्म-ज्ञान को उपलब्ध नहीं होता।

दूसरी बात ध्यान रखनी जरूरी है, जब भी हम क्रिया में संलग्न होते हैं, तो हम कितना ही कहें कि हमें फल की कोई आकांक्षा नहीं है, लेकिन फल की आकांक्षा न हो तो हम क्रिया में संलग्न होते ही नहीं। वही अर्जुन की कठिनाई है कृष्ण के साथ। अर्जुन की कठिनाई हर मनुष्य की कठिनाई है। कृष्ण कहते हैं, तू क्रिया कर, और फल की

आकांक्षा मत कर। अर्जुन को साफ लगता है कि दो बातें सहज हैं। या तो मैं कुछ भी न करूं तो फल का कोई सवाल नहीं; और यदि मैं कुछ करूंगा तो बिना फल के कैसे करूंगा! फल की आकांक्षा होगी, तभी कुछ करूंगा।

गीता समझी बहुत गई, पढ़ी बहुत गई; लेकिन भारत के जीवन में कहीं भी उतर नहीं सकी। क्योंकि बड़ी ही जटिल बात है: फल की आकांक्षा मत करो और कर्म करो। यह तब हो सकता है जब कोई आत्म-ज्ञान को उपलब्ध हो गया हो। तब कर्म होगा और फल की आकांक्षा न होगी। लेकिन तब कर्म एक खेल की भांति होगा, एक अभिनय की भांति होगा। उसमें कोई प्रयोजन ही नहीं है; वह निष्प्रयोजन है।

जैसे ही कोई व्यक्ति कर्म में उतरता है, वासना के कारण उतरता है। और लाओत्से कहता है, जब हम वासना में भटक जाते हैं तो स्वयं से दूर निकल जाते हैं। सारे कर्म को छोड़ दो तो हम अपने में ठहर ही जाएंगे, कोई उपाय न रहा बाहर जाने का, सब द्वार बंद हो गए। और एक बार यह भीतर के ठहरने की घटना घट जाए...।

फिर दो तरह के व्यक्ति हैं जगत में, दो तरह के टाइप हैं, जिनको जुंग ने एक्सट्रोवर्ट और इंट्रोवर्ट कहा है। एक बहिर्मुखी लोग हैं, एक अंतर्मुखी लोग हैं। ये दो मूल प्रकार हैं। तो अगर कोई व्यक्ति आत्म-भाव में ठहर जाए और बहिर्मुखी हो तो उसके जीवन में कर्म जारी रहेगा, लेकिन फल की आकांक्षा नहीं रहेगी। अगर अंतर्मुखी हो तो उसके जीवन में फल की आकांक्षा भी छूट जाएगी और कर्म भी छूट जाएगा।

कृष्ण, महावीर या बुद्ध ज्ञान के बाद भी किसी न किसी भांति कर्म में लीन रहे। कृष्ण तो विराट कर्म में लीन रहे; महावीर-बुद्ध छोटे, थोड़े कर्म में लीन रहे—अल्प। लेकिन लाओत्से या रमण बिलकुल कर्मशून्य होकर रहे। इनके व्यक्तित्व का जो ढांचा है, परिपूर्ण अंतर्मुखी है। तो जब इनका आत्म-ज्ञान, जब इनकी अंतस-चेतना जागेगी तो ये एक शांत झील हो जाएंगे। इनसे किसी को लाभ भी लेना हो तो उसको ही इनके पास आना होगा। कोई इनके पास न आए तो ये निमंत्रण देने भी न जाएंगे।

बुद्ध और महावीर चल कर, यात्रा करके भी पहुंचेंगे। उन्हें जो मिला है, उसे वे बांटना चाहते हैं। उनके व्यक्तित्व में बाहर की तरफ बहने का ढांचा है। बुद्ध और महावीर नदी की तरह हैं, जो बहती है। रमण और लाओत्से झील की भांति हैं, जो ठहर गई है। जल एक ही है। नदी शायद आपके गांव के पास से भी बहे, कि आप स्नान कर लें, कि आप प्यास को बुझा लें। लेकिन झील अपने पर्वत पर ही ठहरी रहेगी। आपको ही यात्रा करके झील तक जाना होगा। झील निमंत्रण भी न देगी।

ये दो तरह के व्यक्ति हैं। और ये दो तरह के व्यक्ति अज्ञान में भी दो तरह के होते हैं, ज्ञान में भी दो तरह के होते हैं। अगर अज्ञानी व्यक्ति अंतर्मुखी हो तो आलसी हो जाता है। इसे ठीक से समझ लें। और अगर ज्ञानी व्यक्ति अंतर्मुखी हो तो निष्क्रिय हो जाता है। अगर बहिर्मुखी व्यक्ति अज्ञानी हो तो उपद्रवी हो जाता है; उसका कर्म उपद्रव हो जाता है। वह कुछ न कुछ करेगा; वह बिना किए नहीं रह सकता। करने से हानि हो तो चिंता नहीं, लेकिन करेगा।

यह सारा मनुष्य-जाति का इतिहास इसी तरह के बहिर्मुखी अज्ञानियों के कारण है। वे कुछ न कुछ कर रहे हैं; वे बिना किए नहीं रुक सकते। करना उनकी बीमारी है। तो राजनीतिज्ञ हैं, समाज-सुधारक हैं, क्रांतिकारी हैं; सब उपद्रवियों की जमात है। ये बहिर्मुखी अज्ञानी हैं। इन्हें कुछ पता नहीं है; ये क्या करने जा रहे हैं, उसका इन्हें कोई बोध नहीं है। क्या परिणाम होगा, उसका इन्हें प्रयोजन नहीं। ये बिना किए नहीं रह सकते; ये कुछ करेंगे। इनके करने का दुष्परिणाम होता है; युद्ध होते हैं, क्रांतियां होती हैं। बड़ा उलट-फेर इनके द्वारा होता है। और आदमी रोज दुख के गर्त में गिरता जाता है।

बहिर्मुखी ज्ञानी हो जाए तो उससे कर्म बहेगा; जैसे कृष्ण से बहता है, बुद्ध से बहता है, महावीर से बहता है। वह कर्म कल्याण के लिए होगा। वह बहुजन हिताय, बहुजन सुखाय होगा। लेकिन यह भेद कायम रहता है।

यह भेद आत्मा का भेद नहीं है, यह भेद आत्मा के आस-पास जो मन का संस्थान है, उसका भेद है। जन्मों-जन्मों में व्यक्ति अंतर्मुखता या बहिर्मुखता अर्जित करता है। हम उसे लेकर पैदा होते हैं। जब बच्चा पैदा होता है तब भी अंतर्मुखी या बहिर्मुखी होने का भेद होता है उसमें। अगर छोटा बच्चा—मनसविद कहते हैं, खासकर जीन पिआगे, जिसने बच्चों का पूरे जीवन अध्ययन किया है—कि पहले दिन का बच्चा भी व्यक्तित्व से भेद जाहिर करता है। अगर अंतर्मुखी बच्चा है तो वह ज्यादातर आंख बंद किए सोया रहेगा; हिलेगा-डुलेगा भी नहीं। भूख-प्यास जब उसे लगेगी तभी वह आंख खोलेगा, थोड़ा शोरगुल करेगा। बहिर्मुखी बच्चा पहले दिन से ही चारों तरफ देखना शुरू कर देगा; हाथ-पैर फैलाने की कोशिश करेगा, चीजों को पकड़ने की कोशिश करेगा। जीन पिआगे तो कहता है कि मां के गर्भ में भी अंतर्मुखी और बहिर्मुखी व्यक्तित्व का फर्क हो जाता है। वह जो बहिर्मुखी बच्चा है, वहां भी लातें मारना शुरू कर देता है। मां के गर्भ में भी उपद्रव शुरू कर देता है; वह वहां भी क्रांतिकारी है। वह जो अंतर्मुखी बच्चा है वह मां के गर्भ में भी चुपचाप पड़ा रहता है; जैसे है या नहीं, कोई फर्क नहीं। ये हमारे व्यक्तित्व के ढांचे हैं।

आलस्य, अंतर्मुखता है अज्ञानी की। निष्क्रियता, अकर्म, अंतर्मुखता है ज्ञानी की। कर्म, उपद्रव से भरा हुआ कर्म, बहिर्मुखता है अज्ञानी की। सेवा, दूसरे के कल्याण के लिए कर्म में प्रवृत्त होना, बहिर्मुखता है ज्ञानी की। पर ध्यान रहे, चाहे कर्म हो, चाहे अकर्म, दोनों की प्राथमिक शर्त स्वयं में ठहर जाना है। उसके बाद ही शुभ होगा। उसके पहले आप खाली बैठें तो, और कर्म करें तो, दोनों हालत में अशुभ होगा।

फिर भी ध्यान रहे, आलसी लोगों के ऊपर अशुभ का ज्यादा जिम्मा नहीं है। आलसी लोगों ने कुछ बुरा नहीं किया है। यह बहुत हैरानी की बात है कि आलसी की हम निंदा करते हैं, बिना यह जाने कि इतिहास में कोई बड़ी कालिख आलसी लोगों के ऊपर नहीं है। हिटलर, नेपोलियन, मुसोलिनी, तैमूर, नादिर, इनके सामने आप पांच तो आलसी आदमी गिना दें जिन्होंने नुकसान किया हो। आलसी आदमियों का नाम इतिहास में ही नहीं मिलेगा, क्योंकि उन्होंने कोई उपद्रव ही नहीं किया। इतिहास सिर्फ उपद्रवियों को गिनता है। आलसी लोगों ने कभी बुरा नहीं किया, क्योंकि बुरा करने के लिए भी करना तो पड़ेगा। वे करते ही नहीं। निश्चित ही, उन्होंने भला भी नहीं किया। क्योंकि करने में उनका रस नहीं है।

अगर सिर्फ जीवन का अंतिम हिसाब खयाल में रखा जाए तो आलसी ही चुनने योग्य हैं। उन्होंने भला नहीं किया; उन्होंने बुरा भी नहीं किया। और जो कर्मठ हैं, उन्होंने कुछ भला नहीं किया, बुरा बहुत किया। आलसी आदमी अगर कुछ बुरा भी करे तो वह भी निष्क्रिय बुराई होती है। जैसे घर में आग लगी हो किसी के, तो वह बैठा देखता रहेगा। आग लगाने वह जाने वाला नहीं है; वह बुझाने भी जाने वाला नहीं है। आप अगर उसको दोष भी दे सकते हैं तो इतना ही कि तुम बैठे देखते रहे, तुमने आग क्यों नहीं बुझाई? अगर कोई लुट रहा हो तो वह बचाएगा नहीं; अगर किसी स्त्री की इज्जत लूटी जा रही है तो भी वह आंख बंद किए बैठा रहेगा। अगर उसके ऊपर कोई बुरा कृत्य भी है तो वह बुरा कृत्य सिर्फ निष्क्रिय होने का है, कि वह दूर खड़ा रहता है, वह उपद्रव में नहीं उलझता। लेकिन विधायक रूप से बुराई आलसी आदमी ने कभी की नहीं है।

फिर भी हमारे मन में उसकी निंदा है, क्योंकि हमारी पूरी शिक्षा महत्वाकांक्षा की है। हर बच्चे के मन में हम भाव डाल रहे हैं—कुछ करो, क्योंकि करने से कहीं पहुंचोगे। पश्चिम में अब विचार शुरू हुआ है और आने वाली सदी में कुछ आश्चर्य न होगा कि अब तक के इतिहास का पूरा मूल्यांकन हमें बदलना पड़े। और इसलिए मैं कहता हूं, लाओत्से का बड़ा भविष्य है; अज्ञानियों के लिए भी लाओत्से का बड़ा भविष्य है। क्योंकि पश्चिम के विचारक निरंतर चिंतन कर रहे हैं, इधर सैकड़ों पुस्तकें इस संबंध में प्रकाशित हुई हैं कि आदमी के काम करने की जो क्षमता है वह तो धीरे-धीरे यंत्रों के हाथ में जा रही है। इस सदी के पूरे होते-होते सारे स्वचालित यंत्र मनुष्य का सारा कर्म कर

लेंगे। तो हमने अब तक आदमी को जो कर्म करने की शिक्षा दी है उसे हमें बदलना पड़ेगा। क्योंकि आदमी को हम काम दे न पाएंगे। अब तक हमने सबको समझाया था कि काम करने वाला श्रेष्ठ है; आलसी बुरा है। सिखाया था इसलिए कि संसार में काम की बड़ी जरूरत थी। अब काम यंत्र कर लेगा।

मार्शल मैकलोहान ने कहा है—इस सदी के बड़े विचारकों में एक—कि इस सदी के पूरे होते-होते हमें हर स्कूल में सिखाना पड़ेगा कि आलस्य महाधर्म है। क्योंकि वे ही लोग शांत बैठ सकेंगे जो आलसी हो सकते हैं, अन्यथा वे काम मांगेंगे। और काम हमारे पास नहीं होगा। काम यंत्र करेंगे। और आदमी से बेहतर काम कर रहे हैं; इसलिए आदमी काम्पिटीशन में अब यंत्रों से टिक नहीं सकता।

तो या तो हमें आदमी को फिजूल काम देने पड़ेंगे। जैसी पुरानी कहानियां हैं कि किसी आदमी ने एक प्रेत को जगा लिया, कि एक जिन्न को जगा लिया। और उस जिन्न ने जगते वक्त कहा कि शर्त मेरी एक ही है: सेवा तुम्हारी करूंगा, लेकिन काम मुझे हर पल चाहिए। जिसने जगाया था वह बहुत प्रसन्न हुआ, क्योंकि यह तो बड़ी खुशी की बात है, ऐसा सेवक मिल जाए जिसे हर पल काम चाहिए। पर उसे पता नहीं था कि यह खतरनाक है। घड़ी, दो घड़ी में उसके सारे काम चुक गए। क्योंकि वह प्रेत से कह भी न पाए, कि वह काम करके हाजिर। वह कहे कि काम?

सांझ होते-होते वह आदमी घबड़ा गया, क्योंकि काम सब चुक गए और वह आदमी सिर पर खड़ा है कि काम? क्योंकि अगर काम न हो तो उस प्रेत ने कहा था कि मैं तुम्हारी गर्दन दबा दूंगा। तो वह भागा हुआ एक फकीर के पास गया। उसने कहा, मैं बड़ी मुश्किल में पड़ गया हूं, और आपसे ही पूछ सकता हूं कि अब क्या करूं! क्योंकि यह प्रेत मेरे प्राण ले लेगा। उस फकीर ने कहा, तुम एक काम करो। एक सीढ़ी लगा दो अपने मकान पर और उससे कहो कि तू इससे ऊपर तक जा और ऊपर से फिर नीचे तक आ, फिर नीचे से ऊपर तक जा। जब भी कोई काम न हो तो सीढ़ी बता दिए, ताकि वह ऊपर-नीचे होता रहे।

करीब-करीब, वैज्ञानिक कह रहे हैं कि आदमी को ऐसी मुसीबत आ जाने वाली है, जब हमें उसे काम देना पड़े सीढ़ी पर चढ़ने जैसा। क्योंकि काम हमारे पास बचेगा नहीं। तब शायद लाओत्से पहली दफा समझ में आने जैसी बात होगी। परम आलस्य भी परम गुण हो जाए।

आज भी लोग छुट्टी की राह देखते हैं कि छुट्टी का दिन आ रहा है। लेकिन छुट्टी के दिन लोग परेशान होते हैं, क्योंकि क्या करें? करने का अभ्यास इतना भारी है। खाली बैठने का कोई अभ्यास नहीं है। तो छुट्टी के दिन भी लोग काफी करते हैं। अमरीका के आंकड़े ये हैं कि छुट्टी के दिन लोग जितना थकते हैं उतना काम के दिन नहीं थकते। भागते हैं समुद्र की तरफ, पहाड़ की तरफ, ड्राइव करते हैं सैकड़ों मील। सोमवार को अमरीका के सभी दफ्तरों में लोग थके हुए होते हैं। होना नहीं चाहिए। छुट्टी के दिन विश्राम होना था। छुट्टी के दिन सर्वाधिक एक्सीडेंट होते हैं, सर्वाधिक लोग मरते हैं। आत्महत्याएं होती हैं, और हत्याएं होती हैं। छुट्टी का दिन खतरनाक है; एक दिन है सप्ताह में। जिस दिन पूरा सप्ताह छुट्टी हो और जिस दिन पूरे वर्ष और पूरे जीवन काम यंत्र कर देते हों, और आप खाली हो जाएं, तब आपको पता चलेगा कि तीन-चार-पांच हजार वर्षों में हमने जो सिखाया है कि कर्म करो, कर्म भगवान है, खाली बैठना हराम है, यह जो हमने सिखाया है, यह हमारी छाती पर बैठ जाएगा, यह हमारी गर्दन दबाएगा।

यह पूरी शिक्षा हमें बदलनी पड़ेगी। लोगों को हमने सिखाया, काम करो, क्योंकि जिंदगी के लिए जरूरत थी। भोजन नहीं था, कपड़ा नहीं था। वह हालत बदल जाएगी। आलस्य इतना बुरा नहीं रह जाने वाला आने वाली सदी में, जितना पीछे था।

और जब लाओत्से कह रहा है परम अयोग्यता की बात तो ऊपरी आलस्य की ही बात नहीं कह रहा है, भीतरी आलस्य की भी कह रहा है। कुछ करने का भाव ही न उठता हो, कहीं जाने की आकांक्षा न पैदा होती हो; अगर इसी

क्षण मर जाऊं तो भी ऐसा न लगे कि कुछ अधूरा रह गया है; इस स्थिति को वह कह रहा है परम निष्क्रियता। और जो इस परम निष्क्रियता में प्रवेश कर जाता है, वह जीवन के गहनतम रहस्य को उपलब्ध कर लिया। वह उस मंदिर में प्रवेश कर गया जिसे हम परमात्मा कहते हैं।

और पूछा है कि आलसी लोग अयोग्यता के गुण से संपन्न होते हैं, लेकिन फिर भी उनका आध्यात्मिक विकास होता दिखाई नहीं देता।

बुद्ध क्या कर रहे हैं बोधिवृक्ष के नीचे बैठ कर? परम आलस्य में पड़े हैं। कुछ नहीं कर रहे; करना छोड़ दिया है। संन्यासियों ने क्या किया है सदियों-सदियों में? करना छोड़ दिया है। संन्यास का मतलब ही है, सब छोड़ दिया वह जो करने का, उपद्रव का जगत था; खाली बैठ गए हैं। लेकिन पूरब समझता था, और पूरब ने अपने आलसियों को भी बड़ा आदर दिया है।

आपको खयाल न हो, हमारे पास जो शब्द है बुद्धू, वह बुद्ध से ही आया है। घर में कोई खाली बैठा हो तो हम उससे कहते हैं, क्या बुद्धू की तरह बैठे हुए हो? वह वही पुराना स्मरण है उसमें कि हम जानते हैं कि बुद्ध एक दिन बोधिवृक्ष के नीचे खाली बैठे रहे हैं वर्षों तक। अब भी हम कहते हैं, क्या बुद्धू की तरह बैठे हो! उठो, कुछ करो। हमें भूल गया है कि यह शब्द बुद्ध से आया है। लेकिन इस शब्द के पीछे छिपा हुआ भाव बताता है कि हमें बुद्ध को देख कर भी हमारे मन में यही उठा होगा। हमने आदर दिया, क्योंकि महिमा प्रकट हुई। हमने आदर दिया, क्योंकि ज्योति प्रकट हुई। लेकिन हम जानते थे, यह आदमी खाली बैठा है; यह कुछ कर नहीं रहा है। करने की भाषा में बुद्ध ने क्या किया है? महावीर बारह वर्ष अपने वन की साधना में क्या कर रहे हैं? खाली खड़े हैं। खाली बैठे हैं। खाली करने की ही बस कोशिश है कि कुछ न रह जाए, एक शून्यता रह जाए।

लेकिन हम होशियार हैं। हम इन खाली शून्यता में बैठे लोगों पर भी ऐसे शब्द चिपकाते हैं कि उनसे कर्म का भाव होता है। हम कहते हैं, महावीर साधना कर रहे हैं। यह हमारी कुशलता है और हमारी भाषा है कि हम कहते हैं, महावीर साधना कर रहे हैं। बुद्ध खाली बैठे हैं; हम कहते हैं, बुद्ध ध्यान कर रहे हैं। ध्यान कर रहे हैं कहने से लगता है कुछ कर रहे हैं। और बुद्ध जिंदगी भर समझाते रहे हैं कि जब तक तुम करोगे तब तक ध्यान नहीं होगा; ध्यान किया नहीं जा सकता। जब तुम कुछ भी नहीं करते हो तो जो अवस्था शेष रह जाती है उस शेष अवस्था का नाम ध्यान है। लेकिन हमारी भी तकलीफ है। हमारे पास शब्द ही सब कर्म से जुड़े हुए हैं। और जब हम शब्द बदल देते हैं तो पूरा भाव बदल जाता है। जब हम कहते हैं, महावीर जंगल में साधना कर रहे हैं तो हमारे मन में ऐसा खयाल उठता है, कोई बहुत बड़ा काम हो रहा है। महावीर कुछ भी नहीं कर रहे हैं; काम को छोड़ रहे हैं।

शब्द बड़े धोखे के हैं। उन्नीस सौ बावन में संसद में एक सवाल था। हिमालय में नील गाय पाई जाती है। वह बहुत उपद्रव कर रही थी। उसकी संख्या बढ़ गई थी; खेतों को नुकसान पहुंचा रही थी। लेकिन उसको गोली नहीं मारी जा सकती, क्योंकि उसमें गाय जुड़ा है। नील गाय शब्द के कारण उसको गोली नहीं मारी जा सकती, जहर नहीं दिया जा सकता; और वह खेतों को नुकसान कर रही है। तो आप जान कर हैरान होंगे कि संसद ने एक निर्णय लिया कि उसका नाम बदल दिया जाए, उसको ब्लू काऊ की जगह ब्लू हार्स—उसका नाम नील घोड़ा कर दिया। और इसके बाद गोली मार दी, और कोई उपद्रव नहीं हुआ हिंदुस्तान में।

नील घोड़े को कोई मारे, क्या मतलब किसी को? नील गाय को मारते तो जनसंघ...। कुछ, वही का वही पशु है, लेकिन नाम! आप भी पढ़ लेंगे अखबार में कि नील घोड़े बढ़ गए, उनको मार दिया; किसी को मतलब नहीं है। लेकिन नील गाय! तो आपको भी अखर जाता कि यह तो भारत के धर्म पर चोट हो गई। अमरीका और यूरोप में भी उस पर हंसी उड़ाई गई जब नाम उसका बदल दिया। और नाम बदलने से हल हो गया मामला।

जीवन के बहुत अंगों में हम यही कर रहे हैं। आप पूछते हैं, आलसी लोगों को कब अध्यात्म हुआ? मैं आपसे पूछता हूं, आलसियों के सिवाय कब किसको अध्यात्म हुआ? आप भाषा थोड़ी बदल लें तो आपको खयाल में आ जाएगा। साधना की जगह आप शून्यता रख लें और ध्यान की जगह निष्क्रियता रख लें तो आपको खयाल में आ जाएगा कि ये सब परम आलसी हैं। और जब तक आप सीधा-सीधा नहीं समझेंगे और अपने शब्दों में भटकते रहेंगे तब तक कोई समझ पैदा नहीं हो सकती जो उपयोगी हो सके।

लेकिन अगर बौद्धों से भी कहो कि बुद्ध परम आलसी हैं तो वे भी नाराज हो जाते हैं। एक बौद्ध भिक्षु मुझे मिलने आए। तो उनको मैंने कहा कि साधना और तपश्चर्या, इन शब्दों का उपयोग मत करें, क्योंकि इससे वह जो कर्मठ आदमी है वह समझता है कि कुछ उसकी ही कोटि के लोग रहे होंगे। वह संसार में कर्म कर रहा है, ये लोग मोक्ष में कर्म कर रहे हैं; लेकिन कर्म कर रहे हैं। अच्छा हो कि कहें कि बुद्ध परम आलसी हैं, कुछ भी नहीं कर रहे हैं। और जब तक तुम भी कुछ न करने की हालत में न आ जाओगे तब तक सत्य से, जीवन के केंद्र से कोई संबंध स्थापित नहीं होगा। उस बौद्ध भिक्षु ने कहा, परम आलस्य? बुद्ध को आलसी कहना! इससे तो बौद्धों के मन को बड़ी ठेस पहुंचेगी।

ठेस पहुंचेगी, क्योंकि हम कर्म का मूल्य मानते हैं, आलस्य का मूल्य नहीं मानते। आलस्य का भी मूल्य है। अगर कर्म का मूल्य जगत में है तो आलस्य का मूल्य उस दूसरे जगत में है। उसके नियम बिलकुल उलटे हैं।

*दूसरा प्रश्न: आपने कहा कि साधारणतया अपने को आस्तिक या नास्तिक कहना बेईमानी है, और ईमान है एगनास्टिक होना, अज्ञेयवादी होना, अप्रतिबद्ध होना। इस पर कुछ और प्रकाश...।*

जो भी मैं जानता हूं उसे मुझे स्पष्ट जानना चाहिए कि मैं जानता हूं। और जो मैं नहीं जानता उसे भी स्पष्ट जानना चाहिए कि मैं नहीं जानता हूं। ऐसी स्पष्टता अगर हो तो सत्य का खोजी ठीक मार्ग पर चल रहा है।

लेकिन साधारणतः कोई स्पष्टता नहीं है। जिसका आपको कोई भी पता नहीं है, उसको भी आप सोचते हैं आप जानते हैं। आस्तिक सोचता है कि वह जानता है ईश्वर है; नास्तिक सोचता है कि वह जानता है कि ईश्वर नहीं है। लेकिन दोनों जानते हैं।

किसको पता है? इस आस्तिक को सच में पता है कि ईश्वर है? आस्तिक को देख कर लगता नहीं कि इसको ईश्वर के होने का पता चल गया है। क्योंकि ईश्वर के होने का तो पता ही तब चलता है जब आदमी करीब-करीब ईश्वर हो जाता है; उसके पहले तो पता नहीं चलता। हम वही जान सकते हैं जो हम हो गए हैं। ईश्वर को जानने का एक ही उपाय है कि ईश्वर हो जाएं। ईश्वर बिना हुए कैसे ईश्वर को जान पाएंगे?

तो आस्तिक को पता तो नहीं है, क्योंकि वह कहता है कि मैं ईश्वर को खोज रहा हूं, ईश्वर को पाने की कोशिश कर रहा हूं, साध रहा हूं, तप कर रहा हूं, तीर्थ कर रहा हूं। अभी ईश्वर को उसने पाया नहीं, जाना नहीं; मानता है कि ईश्वर है। और इस मान्यता को सोचता है कि मेरा जानना है। यह बेईमानी है। उसका दावा झूठ है। और झूठ से कोई भी यात्रा सत्य तक नहीं हो सकती। झूठ से जहां शुरू होगा वहां अंत सत्य पर कैसे होगा? झूठ से और बड़े झूठ निकलेंगे।

उसके विपरीत खड़ा हुआ नास्तिक है। वह कहता है, कोई ईश्वर नहीं है। लेकिन उसका भी दावा भिन्न नहीं है; वह भी कहता है, मैं जानता हूं। कैसे तुम जान सकते हो कि कोई ईश्वर नहीं है? क्या अस्तित्व के सारे कोने तुमने छान डाले और उसे नहीं पाया? विज्ञान भी नहीं कह सकता कि हमने अस्तित्व के सारे कोने छान डाले। बहुत कुछ

जानने को शेष है। ईश्वर उस शेष में छिपा हो सकता है। जब तक एक इंच भी जानने को शेष है तब तक कोई भी ईमानदार आदमी ईश्वर के होने से इनकार नहीं कर सकता; वह यह नहीं कह सकता कि नहीं है। जब हम पूरा ही जान लें, जब जानने को कुछ भी न बचे, एक-एक रत्ती-रत्ती छान ली जाए, सब रहस्य मिट जाएं, तभी कोई कह सकता है कि ईश्वर नहीं है। उसके पहले कोई उपाय नहीं है। इसलिए नास्तिकता परम झूठ है।

आस्तिकता झूठ है, क्योंकि आस्तिकता भी कह रही है, उस रहस्य को हमने जान लिया। और नास्तिक भी कह रहा है कि उसको हमने जान लिया, वह नहीं है। उनका फर्क हां और नहीं में है, लेकिन उनके दावे में कोई फर्क नहीं है। उनकी मूढ़ता दोनों की बराबर है। और वे दोनों समान बेईमान हैं।

एगनास्टिक का अर्थ है—अज्ञेयवादी का, रहस्यवादी का—कि मुझे पता नहीं; हो भी सकता है ईश्वर, न भी हो। मुझे पता नहीं है। इसलिए मैं किसी भी मत में, किसी भी पक्ष में खड़ा नहीं हो सकता, जब तक कि मैं जान ही न लूं, जब तक कि मेरा अनुभव, मेरा ही अनुभव मुझे साफ न कर दे। किसी के और के भरोसे पर, किसी शास्त्र पर, किसी वेद, कुरान, बाइबिल पर, किसी बुद्ध-महावीर पर, किसी ने जाना है उसके आधार पर—उसके आधार पर आपके जानने का कोई मूल्य नहीं है। अज्ञेयवादी, एगनास्टिक का अर्थ है कि मुझे पता नहीं है, और जब तक मुझे पता नहीं है तब तक मैं रुकूंगा निर्णय लेने से।

इसका यह अर्थ नहीं है कि मैं खोज बंद कर दूंगा। सच तो यह है कि जब तक आप निर्णय नहीं लेते तभी तक खोज कर सकते हैं। जब निर्णय ले लिया, खोज बंद हो गई। जब आपने कह दिया कि है! दरवाजा बंद हो गया। अब खोजना क्या है? जब आपने कह दिया, नहीं है! खोजने को कुछ बचा नहीं, दरवाजा बंद हो गया। सिर्फ रहस्यवादी का दरवाजा खुला है। वह यह कहता है कि मैं दरवाजा खुला रखूंगा, खोजता रहूंगा, जब तक कि अनुभव न बन जाए, जब तक कि मैं अपने से ही न जान लूं कि क्या है, तब तक मैं कोई घोषणा न करूंगा।

यह अघोषित खोज, यह रहस्य में टटोलते हुए चलना, चूंकि बहुत दुस्साहस का काम है, इसलिए अधिक लोग इतनी ईमानदारी का कृत्य नहीं करते। यह बहुत दुस्साहस का काम है। क्योंकि इसका मतलब है कि मैं अंधेरे में खड़ा हूं। इसका मतलब है, मेरे पैर के नीचे जमीन है या नहीं, मुझे पता नहीं। इसका मतलब है कि जिस तरफ मैं जा रहा हूं वह मंजिल हो सकता है हो भी, और न भी हो। इसका यह मतलब है कि रास्ता हो सकता है सिर्फ वर्तुलाकार हो, कहीं न ले जाता हो, सिर्फ भटकाता हो। इसका मतलब यह है कि यह भी हो सकता है कि सत्य जैसी कोई भी चीज न हो। बड़ा साहस चाहिए। निर्णय से बचने के लिए, मत, पक्ष, पक्षपात से बचने के लिए बड़ा साहस चाहिए। क्योंकि सुरक्षा नहीं रहेगी फिर।

आस्तिक भी सुरक्षित है; नास्तिक भी सुरक्षित है। उन दोनों के पास शास्त्र है, सिद्धांत है। वे दोनों अपने सिद्धांत के सहारे अकड़ कर खड़े हैं। एगनास्टिक डांवाडोल होगा, उसके पैर कंपेंगे; उसके पास कोई सहारा नहीं है, कोई आधार नहीं है, कोई आलंबन नहीं है। असुरक्षा है। गहन अंधकार है। और गहन अंधकार में वह जानता है कि मेरे पास अभी रोशनी नहीं है। और आंख बंद करके झूठी रोशनी मानने की उसकी तैयारी नहीं है।

बड़ी साधना है, रहस्य को रहस्य की तरह स्वीकार करना। और ध्यान रहे, यही निष्ठावान व्यक्ति का लक्षण है कि उतने पर ही हां भरेगा जितना जानता है; उससे आगे न हां कहेगा, न न कहेगा। निर्णय को रोकेगा। मन तो कहेगा, निर्णय ले लो। क्योंकि निर्णय लेते ही झंझट मिट जाती है; खोज खत्म हुई; हम विश्राम कर सकते हैं। आश्वस्त हो गए। इसलिए मन तो कहता है, जल्दी निर्णय लो। जितने कमजोर मन होते हैं उतने जल्दी निर्णय ले लेते हैं। इसलिए दुनिया में इतने आस्तिक हैं। इन आस्तिकों को नास्तिक बनाने में जरा भी दिक्कत नहीं है।

रूस में क्रांति हुई। बीस करोड़ लोग आस्तिक थे; बीस करोड़ लोग क्रांति के बाद नास्तिक हो गए। रूस इस

जमीन पर गहरे से गहरे आस्तिक मुल्कों में एक था। रूस में जो ईसाइयत थी, आर्थोडाक्स, अत्यंत पुरानी, परंपरागत, और बड़ी धार्मिक। लेकिन बड़ा धर्म धोखे का सिद्ध हुआ। खुद कम्युनिस्ट भी हैरान हुए। उनको भी इतनी आशा नहीं थी कि इतने जल्दी बीस करोड़ का इतना बड़ा समाज, इतनी पुरानी परंपरा, इतना धर्म, इतने चर्च, और एकदम क्रांति के बाद इशारे से सब बदलाहट हो जाएगी और लोग नास्तिक हो जाएंगे। वे भी चौंके। वे सोचते थे, बड़ा संघर्ष होगा; सैकड़ों वर्ष लगेंगे, तब कहीं लोग आस्तिकता से नास्तिकता में लाए जा सकेंगे।

वे गलती में थे। क्योंकि उन्हें आस्तिकता और नास्तिकता के बीच एक बुनियादी समानता है, उसका उन्हें पता नहीं था। वह है बेईमानी। आस्तिक थे लोग, क्योंकि आस्तिकता में सहारा था। अब नास्तिक हो गए लोग, क्योंकि नास्तिकता में सहारा है। कल आस्तिकों की सरकार थी; अब नास्तिकों की सरकार है। कल बंदूक आस्तिकों के हाथ में थी; अब नास्तिकों के हाथ में है। सुरक्षा जिस तरफ हो, लोग उसी तरफ हो जाते हैं। लोग सुरक्षा खोज रहे हैं, सत्य नहीं खोज रहे। इसलिए तो बीस करोड़ लोग एकदम से आस्तिक से नास्तिक हो गए।

सत्तर-अस्सी करोड़ लोग हैं चीन में आज। बौद्धों की बड़ी पुरानी परंपरा है। लाओत्से की, कनफ्यूशियस की, तीनों की बड़ी पुरानी परंपरा है। दुनिया में पुरानी से पुरानी धार्मिक धारणा चीन में है। जिस लाओत्से की हम बात कर रहे हैं उसके बीज भी वहां हैं। लेकिन क्रांति हुई और सारा मुल्क—सारा मुल्क—लाओत्से को भूल गया, कनफ्यूशियस को भूल गया, बुद्ध को भूल गया। चेयरमैन माओत्से तुंग एकमात्र, एकमात्र सत्य के अधिकारी रह गए। जहां लोग ईश्वर का नाम लेते थे वहां लोग सिर्फ चेयरमैन माओत्से तुंग का नाम लेते हैं।

यह कैसे हो जाता है? इतना बड़ा मुल्क, दुनिया का सबसे बड़ा मुल्क, सबसे बड़ी संख्या वाला मुल्क, अति प्राचीन परंपरा वाला मुल्क, अचानक सारी परंपरा छोड़ देता है। सवाल सिर्फ इतना है: सुरक्षा जहां है। कल चर्च, मंदिर में सुरक्षा थी, आज कम्युनिस्ट पार्टी के दफ्तर में सुरक्षा है। बुद्ध की मूर्तियां हटा दी गई हैं, माओत्से तुंग के चित्र लटका दिए गए हैं। छोटे-छोटे बच्चे, जैसा पुराने दिनों में कहते थे, परमात्मा रोटी देता है, ऐसा छोटे बच्चे चीन में कहते हैं, माओत्से तुंग रोटी देता है। ठीक ईश्वर की जगह माओत्से तुंग को बिठा दिया।

इतनी जल्दी आदमी बदल जाता है, क्योंकि आदमी बेईमान है। उसे अपनी आत्मरक्षा से मतलब है। तो जिस चीज में उसे कवच मिलता है, वहीं छिप जाता है। इस दुनिया को आस्तिक-नास्तिक बनाने में कोई अड़चन नहीं है। एगनास्टिक को बदलना बहुत मुश्किल है। आस्तिक को नास्तिक बना सकते हैं, नास्तिक को आस्तिक; अज्ञेयवादी को बदलना बहुत मुश्किल है। क्योंकि वह कहता है कि जब तक मैं न जान लूं तब तक मैं कोई निर्णय न लूंगा। मैं अनिर्णीत रहूंगा। अनिर्णय का दुख झेलूंगा, पीड़ा झेलूंगा, लेकिन निर्णय न लूंगा, जल्दी निर्णय न लूंगा।

इतनी हिम्मत के लोग ही अंततः सत्य को जानने में समर्थ हो पाते हैं।

इसलिए मैंने कहा, एक ही ईमान है, वह है अपने भीतर साफ-साफ विभाजन कर लेना, क्या मैं जानता हूं और क्या मैं नहीं जानता हूं, और जो मैं नहीं जानता हूं, किसी भी कीमत पर उस संबंध में कोई मंतव्य स्वीकार न करना। तो खोज जारी रहेगी। आदमी के मन में गहरी पिपासा है सत्य की। लेकिन आप झूठे सत्य पकड़ लेते हैं, उधार सत्य पकड़ लेते हैं। उन उधार सत्यों के कारण यह खोज बंद हो जाती है। आपको लगी है प्यास और कोई आपको झूठा पानी दे देता है और आप पीकर सोचने लगते हैं प्यास बुझ गई। प्यास बुझती नहीं, तकलीफ जारी रहती है। लेकिन पानी की खोज बंद हो जाती है, क्योंकि जब भी खोज करने जाते हैं, खयाल आता है, पानी तो पी चुके, पानी तो हमारे पास है।

हर आदमी के पास धर्म है, और किसी आदमी के पास धर्म नहीं है। और हर आदमी के पास परमात्मा है, और किसी आदमी के पास परमात्मा नहीं है। परमात्मा, धर्म, कुछ मिलता नहीं है उससे; आप वैसे के वैसे बने

रहते हैं। प्यास जारी रहती है, दुख जारी रहता है; लेकिन खोज बंद हो जाती है। ये सब्स्टीटयूट हैं, ये परिपूरक हैं। और खतरनाक हैं।

वास्तविक खोजी के लिए निर्णय लेने की जल्दी नहीं करनी चाहिए। रुकना चाहिए, अपने को सम्हालना चाहिए, और खोज जारी रखनी चाहिए। जिस दिन खोज उस जगह ले आए जहां प्रकट हो जाए जीवन का रहस्य, उस दिन निर्णय लें। लेकिन उस दिन आप अपने को आस्तिक-नास्तिक नहीं कहेंगे। उस दिन ये शब्द ओछे पड़ जाएंगे। उस दिन हां और न का कोई मतलब न रहेगा। उस दिन आप हंसेंगे सारे विवाद पर। उस दिन आप कहेंगे, हां कहने वाले उतने ही नासमझ हैं जितने न कहने वाले। उस दिन आप कहेंगे कि परमात्मा दोनों को समा लेता है, हां और न को; आस्तिकता-नास्तिकता दोनों ही उसमें लीन हो जाती हैं। उस दिन आप कहेंगे कि ये दोनों बातें भी अधूरी हैं, दोनों को इकट्ठा जोड़ दो तो ही परमात्मा पूरा हो पाएगा। क्योंकि परमात्मा इतना बड़ा है कि अपने सब विरोधाभासों को समा लेता है। उस दिन आप इस तरह की पार्टी-बंदी में नहीं हो सकते हैं। जिन्होंने भी जाना है वे समस्त विरोधों को आत्मसात कर लेते हैं।

*तीसरा प्रश्न : मुझे लगता है कि जीवन-यात्रा में मैं स्वभाव से बहुत दूर निकल आया हूं। तो क्या स्वभाव में वापस लौटने की, प्रतिक्रमण की यात्रा भी इतनी ही लंबी होगी? या उसमें कोई शार्टकट भी संभव है?*

शार्टकट तो बिलकुल संभव नहीं है। और दूसरी बात और खयाल से समझ लें, यात्रा इतनी लंबी नहीं होगी। यात्रा होगी ही नहीं। करीब-करीब हालत ऐसी है कि एक आदमी सूरज की तरफ पीठ करके खड़ा है और चलता जा रहा है। हजार मील चल चुका है। और हम उससे आज कहते हैं कि तू सूरज की तरफ हजार मील चल चुका पीठ करके, इसीलिए अंधेरे में भटक रहा है। और प्रकाश को खोजना चाहता है। तो वह आदमी कहेगा कि क्या सूरज की तरफ मुंह करने के लिए मुझे हजार मील फिर चलना पड़ेगा? उससे हम कहेंगे, नहीं, हजार मील नहीं चलना पड़ेगा। वह कहे कि क्या कोई शार्टकट हो सकता है कि दो-चार-पांच मील चलने से हो जाए? हम कहेंगे, दो-चार-पांच मील चलने की भी कोई जरूरत नहीं है; तू सिर्फ रुख बदल ले; तू सिर्फ पीठ सूरज की तरफ किए है, मुंह कर ले। क्योंकि सूरज कोई एक स्थान में बंधा हुआ नहीं है। और जब तू सूरज की तरफ पीठ करके जा रहा था तब भी सूरज तेरे पीछे साथ ही था।

परमात्मा अगर कहीं एक जगह बंधा होता, या स्वभाव कहीं कैद होता, हम उससे दूर निकल सकते थे। हम दूर नहीं निकल सकते हैं, हम सिर्फ पीठ कर सकते हैं। इसलिए कोई लाखों जन्मों तक स्वभाव से पीठ किए रहा हो, कोई फर्क नहीं पड़ता। आज मुंह फेरने को राजी हो जाए, स्वभाव में प्रविष्ट हो जाएगा।

इसलिए न तो मैं कहता हूं कि उतना ही चलना पड़ेगा जितना आप विपरीत चले हैं और न मैं कहता हूं कि कोई शार्टकट संभव है। शार्टकट की तो कोई जरूरत ही नहीं है। क्योंकि चलना ही नहीं है, सिर्फ रुख बदलना है।

ऐसा समझें कि इस कमरे में अंधेरा भरा हो हजारों साल से और हम कहें कि दीया जलाएं। तो कोई पूछे कि क्या हजारों साल तक दीया जलाते रहेंगे तब अंधेरा मिटेगा? क्योंकि अंधेरा हजारों साल पुराना है और अभी दीया जलेगा तो एकदम से कैसे अंधेरे को मिटाएगा? इतना पुराना अंधेरा! कोई जल्दी का उपाय नहीं है? तो हम उससे कहेंगे, न तो देर लगेगी और न जल्दी का कोई सवाल है। क्योंकि दीया जला नहीं कि अंधेरा मिट जाएगा। अंधेरे की कोई प्राचीनता नहीं होती; अज्ञान की कोई प्राचीनता नहीं होती। वह कितना ही समय रहा हो, उसकी पर्तें नहीं जमतीं। उनको काटना नहीं पड़ेगा। ज्ञान की एक किरण—और अंधेरा कट जाता है, और अज्ञान छूट जाता है।

और ऐसा किसी एक व्यक्ति के साथ थोड़े ही है कि वह स्वभाव से दूर निकल गया है; सभी स्वभाव से दूर निकल गए हैं। पर दूर निकलने का इतना ही मतलब है कि वे पीठ करके चलते रहे हैं। वस्तुतः तो कोई स्वभाव से दूर नहीं निकल सकता। कैसे निकलेंगे? स्वभाव का मतलब ही यह है कि जो आप हैं। कौन निकलेगा दूर? स्वभाव और आप दो होते तो कहीं स्वभाव को छोड़ कर भाग आ सकते थे। स्वभाव यानी आप। तो आप दूर कैसे निकलेंगे? कोई दूर निकलने का उपाय नहीं है। वस्तुतः स्वभाव की परिभाषा समझ लेनी चाहिए। स्वभाव की परिभाषा यह है : जिसे छोड़ा न जा सके। जिसे छोड़ा जा सके वह परभाव है, वह स्वभाव नहीं है। स्वभाव का मतलब है, जिसे अपने से अलग किया ही नहीं जा सकता। लाख उपाय करें तो भी स्वभाव से भिन्न आप हो नहीं सकते। तो पहली तो बात यह है कि स्वभाव से आप दूर नहीं जा सकते, स्वभाव को छोड़ नहीं सकते, स्वभाव से विपरीत नहीं हो सकते।

लेकिन तब सवाल यह उठता है, तो फिर यह लाओत्से निरंतर कहे चला जा रहा है—स्वभाव में डूबो! स्वभाव में उतरो! स्वभाव में प्रतिष्ठित हो जाओ! तो इसकी बात गलत होनी चाहिए, अगर हम स्वभाव खो ही नहीं सकते तो।

इसकी बात भी गलत नहीं है। हम स्वभाव के प्रति बेभान हो सकते हैं, स्वभाव के प्रति इनअटेंटिव हो सकते हैं, स्वभाव के प्रति ध्यान छोड़ सकते हैं। स्वभाव का स्मरण खो सकते हैं, स्वभाव नहीं खो सकते। जैसे आपके खीसे में एक हीरा रखा है। आप भूल सकते हैं, विस्मरण हो सकता है कि खीसे में हीरा है; इससे हीरा नहीं खो जाता। हीरा खीसे में है, चाहे आप याद रखें, चाहे याद न रखें। स्वभाव आपके भीतर है। तो जब आप वस्तुओं में, वासनाओं में, इच्छाओं में भटकते हैं, तो विस्मरण हो जाता है। इसलिए भारत के संतों ने कहा है, परमात्मा को पाना नहीं है, केवल प्रभु-स्मरण! सिर्फ प्रभु-स्मरण करना है; पाना नहीं है। क्योंकि पाना तो उसे होता है जिसे हमने कभी खोया हो। परमात्मा को हम खो नहीं सकते। सिर्फ स्मरण!

पर हम तो हर चीज से व्यर्थता निकाल लेते हैं। तो लोग हैं जो हरि-स्मरण कर रहे हैं, प्रभु-स्मरण कर रहे हैं, राम-राम, राम-राम जप रहे हैं। अपनी चदरिया को उन्होंने राम चदरिया बना ली है, उस पर सब राम-राम लिख लिया है। प्रभु-स्मरण का अर्थ है कि जो मेरे भीतर छिपा है उसका मुझे बोध हो जाए। राम-राम दोहराने से बोध नहीं हो जाएगा। मेरी आंखें जो बाहर भटक रही हैं भीतर मुड़ जाएं; मेरे कान जो बाहर सुन रहे हैं भीतर सुनने लगें; मेरी बुद्धि जो बाहर के संबंध में सोच रही है वह भीतर मुड़ जाए, उसका दीया, उसका प्रकाश भीतर पड़ने लगे।

इसी क्षण आप स्वभाव में प्रतिष्ठित हो सकते हैं, क्योंकि प्रतिष्ठित तो आप हैं ही। कभी कोई आपको वहां से अप्रतिष्ठित न कर सका है, न कर सकेगा। इसीलिए हजारों जन्मों तक भी भटक कर आप भटक नहीं पाते। आपकी क्षमता उसे वापस पाने की प्रतिपल उतनी ही है जितनी कभी थी; उसमें रत्ती भर कमी नहीं हुई। अभी चाहें, इसी क्षण, तो मुड़ सकते हैं। मुड़ने में कोई बाधा अगर है तो वह आपकी आदतों की है; स्वभाव के दूरी की कोई बाधा नहीं है। अगर कोई बाधा है तो यह कि आप एक तरफ इतने दिन से देखते रहे कि गर्दन जकड़ गई। खिड़की पर खड़े हैं अगर एक साल से और पीछे लौट कर नहीं देखा तो गर्दन जकड़ गई। मकान पीछे है, कमरा पीछे है, जहां आप विश्राम कर सकते हैं। लेकिन आप कहेंगे, बड़ी कठिनाई है, मालूम होता है बहुत दूर निकल गए। दूर नहीं निकले हैं, केवल लकवा लग गया है गर्दन में।

इसलिए सारे उपाय इस लकवा को दूर करने के लिए हैं। परमात्मा को पाने का कोई उपाय नहीं है; परमात्मा मिला हुआ है। सिर्फ आपकी गर्दन जकड़ गई है बाहर देखते-देखते; पीछे मुड़ना भूल गई है। बस उसे पीछे मुड़ना सिखाना है। सारे योग, सारी विधियां, आपकी गर्दन की नसों को थोड़ा ढीला करने के लिए हैं; मसाज की तरह हैं। थोड़ी गर्दन ढीली हो जाए, जकड़ी हुई मांस-पेशियां शिथिल हो जाएं और आपकी गर्दन मुड़ जाए, और आप उसे पा लें जिसे आपने कभी भी खोया नहीं है। जो खोया जा सके वह स्वभाव नहीं है। भूला जा सकता है।

इसलिए सारी बात दो शब्दों पर है: स्मरण और विस्मरण। गुरजिएफ ने अपनी सारी साधना को सेल्फ रिमेंबरिंग कहा है, आत्म-स्मरण। बस अपना खयाल आ जाए। आप हैं, खयाल की शक्ति है; लेकिन इन दोनों में जोड़ नहीं है। करीब-करीब ऐसा कि एक वीणा रखी है आपके घर में। वीणा रखी है; संगीत पूरा का पूरा छिपा पड़ा है। तार तैयार हैं कि कोई जरा सी चोट, कि झंकार पैदा हो जाए। आप भी खड़े हैं। अंगुलियां भी आपकी जीवंत हैं। सिर्फ आपकी अंगुलियों और तार के छूने की बात है; जो संगीत छिपा है, वह प्रकट हो जाएगा।

लेकिन आपको यह स्मरण नहीं है कि आपके पास अंगुलियां हैं। आपको यह स्मरण नहीं कि सामने वीणा रखी है। वीणा दिखाई भी पड़ें तो अंगुलियां समझ में नहीं आतीं; अंगुलियां दिखाई पड़ें तो वीणा समझ में नहीं आती। दोनों भी दिखाई पड़ जाएं तो यह खयाल नहीं आता कि अंगुली की चोट करनी जरूरी है। सब कुछ मौजूद है। कुछ नया लाना नहीं है। जो मौजूद है, उसके भीतर ही एक नया संयोजन, बस एक नई व्यवस्था बिठानी है। उस नई व्यवस्था का नाम योग है; उस नई व्यवस्था का नाम साधना है।

*चौथा प्रश्न: आप प्रारंभ में निष्क्रिय ध्यान-विधि का प्रयोग करवाते थे और अब सक्रिय ध्यान-विधि का। क्या सक्रियता का लाभ भी अक्रियता जैसा है?*

नहीं, सक्रियता का लाभ कभी भी अक्रियता जैसा नहीं है। लेकिन आप जिस हालत में हैं, वहां से अक्रिय होना असंभव है। आपको पहले पूरी तरह सक्रिय करवा देना जरूरी है। कुछ बातें समझ लेनी जरूरी हैं।

पहला, छलांग केवल अति से लगती है। अगर आपको इस कमरे के बाहर कूदना है तो कमरे के बीच में खड़े होकर आप नहीं कूद सकते; किनारे पर जाना पड़ेगा। या तो इस अति पर जाएं, एक छोर पर, या दूसरे छोर पर जाएं, दूसरी अति पर जाएं। छलांग अति से लगती है, मध्य से नहीं। और आप मध्य में हैं। न तो आपकी सक्रियता पूरी है कि अति पर आ जाए। न आपकी निष्क्रियता पूरी है कि अति पर आ जाए। अगर आपसे कोई कहे कि निष्क्रिय बैठो, तो आप निष्क्रिय नहीं बैठ सकते, सक्रियता जारी रहती है। अगर कोई आपसे कहे कि पूरी तरह सक्रिय हो जाओ, तो भी मन में यह खयाल बना रहता है कि क्यों व्यर्थ भाग-दौड़ कर रहे हैं, शांत हो जाएं, निश्चिंत बैठ जाएं। जब आप सक्रिय होते हैं तब निष्क्रियता आपको लुभाती है, और जब आप निष्क्रिय होते हैं तब सक्रियता बुलाती है। आप आधे-आधे हैं।

सक्रिय ध्यान-पद्धति पहले आपको पूरा सक्रिय बना देती है। उस जगह ले आती है जहां से छलांग लग सकती है; जहां हम सक्रियता से थक जाते हैं, जहां आपका पूरा मन-प्राण कहने लगता है—अब रुको भी! मैं उस सीमा तक आपको ले जाना चाहता हूं जहां आपकी सारी जीवन-ऊर्जा कहने लगे, रुको! अब और नहीं! उस क्षण में छलांग लग सकती है और आप निष्क्रिय हो सकते हैं। उसके पहले आप निष्क्रिय न होंगे। इसके पहले कि आप शांत हों आपको अपने भीतर की सारी विक्षिप्तता को बाहर निकाल देना होगा। सक्रियता का वही प्रयोजन है, आपके भीतर छिपा हुआ सारा पागलपन बाहर आ जाए। छिपा रहे, साथ रहेगा; छिपा रहे तो भीतर से अड़चन पैदा करता रहेगा। निकल जाए तो आप हलके हो जाएं। तूफान गुजर जाए तो आप शांत हो जाएं।

मैं खुद तो निष्क्रियता से उस जगह पहुंचा था। इसलिए शुरू में मैंने लोगों को भी निष्क्रिय होने को कहा, जैसा लाओत्से कह रहा है। लेकिन मैंने पाया, वह बात समझ में नहीं आती; सौ लोगों को कहूं तो कभी एक व्यक्ति को समझ में आ पाती है निष्क्रिय होने की बात। मेरा अपना अनुभव वही था। पर उसमें भूल हो रही थी। मेरे अनुभव को मैं सबका अनुभव बनाने की कोशिश कर रहा था।

तो पहले जब मेरा जोर था कि सीधे निष्क्रियता में उतर जाएं तो वह मेरे कारण था। उसमें भ्रांति थी। भ्रांति यह थी कि मैं सोचता था, जैसे मुझे हुआ है, ठीक वैसे ही दूसरों को भी हो जाएगा। निरंतर लोगों को निष्क्रिय करने की कोशिश करके मुझे अनुभव हुआ कि कठिन है। ये व्यक्ति अभी सक्रिय ही नहीं हुए हैं पूरे, इसलिए निष्क्रिय न हो सकेंगे। तो फिर इन्हें निष्क्रिय कर लेना सीधा, आसान नहीं है। पहले इन्हें सक्रियता में ले जाना जरूरी है। करीब-करीब मेरा पानी निन्यानबे डिग्री पर रहा होगा इसलिए सौ डिग्री पर उबल गया। वह निन्यानबे डिग्री तक अनेक जन्मों में आया होगा सक्रियता की। तो मुझे लगा था कि एक ही डिग्री की बात है; किनारे पर खड़े हैं, छलांग लग जाएगी। वह अपने कारण आपसे मैंने निष्क्रियता की बात करनी शुरू की थी।

वही लाओत्से कर रहा है—उसके कारण। इसलिए लाओत्से की बात बहुत काम में आ नहीं सकी। बात बिलकुल सही है, लेकिन अपने को ध्यान में रख कर कर रहा है।

फिर जितना ज्यादा मैंने लोगों के साथ प्रयोग किया, मैंने देखा कि कोई पचास डिग्री पर है, कोई चालीस डिग्री पर है। वह एक डिग्री में छलांग लग नहीं सकती। और एक डिग्री में—वह कोशिश भी करके एक डिग्री ले आता है तो पचास वाला इक्यावन डिग्री पर पहुंचता है, कुछ फर्क नहीं पड़ता; वह कहता है, कुछ हो नहीं रहा। निन्यानबे वाला कहता है सब हो गया, क्योंकि वह भाप बन जाता है। तो मेरी प्रतीति यह थी कि एक डिग्री से सब हो जाता है, वह अपने कारण थी। फिर मैंने बहुत लोगों में देखा कि उनमें एक डिग्री नहीं, दस डिग्री भी बढ़ जाती है तो भी कुछ नहीं होता। तब खयाल आना शुरू हुआ कि निन्यानबे डिग्री पर जो नहीं है वह छलांग नहीं लगा सकता।

तो आपको अब मैं पागल होना सिखा रहा हूं कि आप निन्यानबे डिग्री तक गर्म हो जाएं। और तब मैं आपसे रुकने को कहता हूं जब मैं पाता हूं कि अब आप उबल रहे हैं, अब इसके आगे जाने का आपको कोई उपाय नहीं है; अब छलांग लग सकती है। अगर आप रुक गए तो इसी क्षण छलांग लग जाएगी।

सक्रियता साधन है निष्क्रियता में ले जाने का। लक्ष्य तो निष्क्रियता ही है। सारी क्रियाएं उस जगह पहुंचाने के लिए हैं जहां आप बिलकुल क्रिया-शून्य हो जाएं। सब करना उस जगह पहुंच जाने के लिए है जहां कुछ करने को न बचे और परम विश्राम हो जाए।

*पांचवां प्रश्न: करोड़ों-अरबों वर्ष की स्मृतियों के संग्रह के भीतर होते हुए भी साधक कैसे मन के बोझ से निर्भार हो, इस पर कुछ कहें। इतने विराट अतीत के कारण चित्त में निराशा उत्पन्न होती है।*

निराशा उत्पन्न करने का कोई भी कारण नहीं है। अतीत लंबा है; बोझ भारी है। लेकिन बोझ अतीत के कारण नहीं है; आप उसको पकड़े हैं, इस कारण है। अगर बोझ अतीत के कारण ही होता तो निराशा स्वाभाविक है। फिर मैं आपसे कहता ही नहीं, क्योंकि मामला इतना लंबा है कि होने वाला नहीं था। करोड़ों वर्ष का अतीत है! वह बोझ इतना बड़ा है कि आप कितना ही उतारें, आप उतार न पाएंगे। अगर बोझ को ही उतारना होता तो असंभव थी बात। लेकिन बोझ आपको नहीं पकड़े हुए है, आप बोझ को पकड़े हुए हैं।

मजा तो यह है कि बोझ को पकड़े हैं, इसीलिए वह आपके ऊपर बोझ मालूम हो रहा है। छोड़ दें; छोड़ना एक क्षण में हो सकता है। इकट्ठा किया है अरबों वर्ष में, लेकिन छोड़ना एक क्षण में हो सकता है। एक आदमी धन इकट्ठा करता है पूरे जीवन; दान एक क्षण में हो सकता है। वह यह तो नहीं कहेगा कि पचास साल लगे हैं इकट्ठा करने में तो दान करने में पचास साल तो कम से कम लगेंगे ही।

रामकृष्ण के पास एक आदमी आया था। एक हजार स्वर्ण-मुद्राएं भेंट कीं। रामकृष्ण ने कहा, मैं क्या करूंगा

इनका, तू जा और गंगा में फेंक आ। वह आदमी गया तो बड़ी देर हो गई, लौटा नहीं। तो रामकृष्ण ने कहा, देखो, वह क्या कर रहा है? जरूर वह गिन-गिन कर फेंक रहा होगा।

फेंकने में भी गिनने की कोई जरूरत तो नहीं है। मगर वह आदमी यही कर रहा था। न केवल वह गिन रहा था, बजा रहा था पत्थर पर। जब खन्न से बजती थी—और भीड़ इकट्ठी हो गई थी—तब वह एक फेंकता था। और गिनती कर रहा था—एक, दो...। हजार मुद्राएं थीं। जिन संन्यासी को रामकृष्ण ने भेजा उन्होंने जाकर कहा, तू यह क्या कर रहा है? बड़ी देर हो गई। वापस आया तो रामकृष्ण ने कहा, पागल, इकट्ठा करने में जितना समय लगता है, और इकट्ठा करने में गिन-गिन कर ही करना पड़ता है, उतना समय फेंकने में लगाने की जरूरत नहीं। पोटली पूरी ही फेंक आना था। जब फेंक ही रहे हैं तो हिसाब क्या रखना?-और यह बजा क्यों रहा था?

मगर उसकी जो आदत इकट्ठा करने की थी उसी आदत को वह फेंकने में भी काम ला रहा था। उसे दूसरी बात का पता ही नहीं था। यही अड़चन है। करोड़ों वर्ष में संग्रह किया है; छोड़ एक क्षण में सकते हैं। पकड़े आप हैं, अतीत आपको नहीं पकड़े हुए है। अतीत मुर्दा है; वह आपको पकड़ेगा भी कैसे? राख है, धूल की तरह आप पर है; आप झाड़ दे सकते हैं।

इसलिए निराश होने की कोई भी जरूरत नहीं है। और अगर नहीं उतार पा रहे हैं, तो अतीत का बोझ ज्यादा है, इस भांति मत सोचें। आपकी पकड़ गहरी है; तादात्म्य भारी है; लगाव है। हमारी कठिनाई यह है कि जो हम छोड़ना चाहते हैं उससे हमारा लगाव है। तो इधर हम जब सुनते हैं बात छोड़ने की और सोचते हैं छोड़ने से परम आनंद मिलेगा, छोड़ दें। लेकिन हमारे भीतरी लगाव हैं और उन लगावों से हमको खयाल है कि आनंद, रस, कुछ सुख मिलने वाला है; उसकी वजह से हम पकड़े हुए हैं।

इस संबंध में बहुत साफ हो जाना चाहिए। जिसको भी छोड़ना है उस संबंध में पूरा स्पष्ट हो जाना चाहिए कि उसमें हमारा कोई इनवेस्टमेंट तो नहीं है? उससे हम कुछ पाने की आशा तो नहीं किए हैं? क्योंकि पाने की अगर आशा किए हुए हैं तो छोड़ेंगे कैसे? हमारी अड़चन यही है कि जो-जो हम पकड़े हुए हैं उससे हमें पाने की आशा है। और इधर जब सुनते हैं, संतों ने जो कहा है, उसमें भी हमारा लोभ पैदा होता है। वह भी लोभ है; वह भी समझ नहीं है। उसमें लगता है कि इतना आनंद मिलता है!

कबीर कहते हैं, अमृत बरस रहा है। कबीर कहते हैं, कबीर नाच रहा है और आकाश से अमृत बरस रहा है। सुनते हैं लोभी; उनके मन में भी, उनकी जीभ पर भी लार आ जाती है कि ऐसा अमृत हम पर भी बरसे। तो वे भी सोचने लगते हैं कि कबीर कहते हैं, छोड़ दो सब वासना तो अमृत बरसेगा, तो वे सोचते हैं कि छोड़ दें सब वासना। अमृत बरसे इसलिए, इस लोभ के लिए।

और फिर हर वासना से उनका लोभ जुड़ा है। अगर यह वासना छोड़ते हैं तो पत्नी से जो सुख मिला है वह, धन से जो सुख मिल रहा है वह, पद से जो सुख मिल रहा है वह, उसका क्या होगा? हमारे लिए अध्यात्म और संसार दोनों ही लोभ हैं; और इसलिए हम बड़ी बिबूचन में है। हमारी हालत उस गधे जैसी है। बहुत पुरानी पंचतंत्र की कथा है। एक बुद्धिमान आदमी ने एक गधे के दोनों तरफ बराबर दूरी पर घास के ढेर लगा दिए। वह गधा कभी तो सोचे कि बाएं जाऊं; बाएं की ढेरी उसको प्रीतिकर लगे। तभी उसे खयाल आए कि दायां भी ज्यादा दूर नहीं है, उतनी ही दूरी पर है; दाएं चला जाऊं। लेकिन दाएं जाता है तो बायां छूटता है; बाएं जाता है तो दायां छूटता है। कहते हैं, वह गधा मर गया भूखा, क्योंकि वह बीच में ही खड़ा चिंतन में ही लीन रहा।

गधे वैसे ही चिंतक होते हैं। सोचते हैं, सोचते चले जाते हैं। गधे इसलिए इतने उदास दिखते हैं खड़े हुए; जहां भी उनको देखो, वे काफी सोच रहे हैं। वह जो रोडिंग की बड़ी प्रसिद्ध कलाकृति है, विचारक, उसमें एक विचारक

की ऐसी सिर से हाथ लगाए हुए मूर्ति बनाई है रोडिंग ने। पश्चिम में उसकी बड़ी प्रतिष्ठा है। रोडिंग की मूर्ति की बड़ी कीमत है। क्योंकि वह विचारक का प्रतीक है। लेकिन अगर गधे के पास खड़े होकर देखें तो रोडिंग भी ऐसा विचारक नहीं बना सकता जैसा गधा खड़ा होकर सोचता रहता है।

वह गधा सोचता रहा, सोचता रहा, सोचता रहा। भूख बढ़ती गई और वह निर्णय न ले पाया कि बाएं जाऊं कि दाएं। क्योंकि एक छोड़ना ही पड़ता। वह एक भी छोड़ने को राजी नहीं था। वह दोनों ही पाना चाहता था। दोनों पाने की कोशिश में दोनों गए। पुरानी कहावत है, इक साधे सब सधे। वह गधे को उस कहावत का कोई पता नहीं था। एक ही ढेर पर जा सकता था।

हर आदमी के मन की हालत ऐसी है। संसार में जो दिखाई पड़ता है, वह भी पाने जैसा है। ये संत और मुसीबत किए रहते हैं। ये जो कहते हैं, वह और भी पाने जैसा है। दो लोभों के बीच मन अटक जाता है। तो कभी वह सोचता है, छोड़ दूं सब। जैसे ही सोचता है छोड़ दूं सब, तो वह देखता है कि ये सारे सुख जो इस पकड़ने से मिले हैं वे खो जाएंगे। तो पकड़े रहना चाहता है। और वह जो संत कह रहे हैं, इशारा कर रहे हैं, वह आकर्षण भी खींचता है, उसको भी पाना चाहता है।

तो फिर वह तरकीबें निकालता है। फिर वह कहता है, कैसे छोडूं? यह जन्मों-जन्मों का बोझ है। यह कोई आसान तो नहीं छोड़ना। कल छोड़ेंगे, परसों छोड़ेंगे, चेष्टा करेंगे, धीरे-धीरे छोड़ेंगे। वह पोस्टपोन करता है। यह लोभ के कारण! बोझ कोई भारी पकड़े हुए है, इस कारण नहीं। लोभ के कारण सोचता है, एक दिन और भोग लो। अगर पत्नी को कल छोड़ ही देना है तो एक दिन प्रेम और सही। अगर इस महल से हट ही जाना है तो कल तक तो रुक ही सकते हैं। फिर जल्दी क्या है?

फिर संत जो भी कहते हैं, उस पर पक्का भरोसा नहीं आता। असंत जो कर रहे हैं, वह भरोसे योग्य मालूम पड़ता है। क्योंकि उनकी बड़ी भीड़ है। फिर असंत जो भी कर रहे हैं, वह प्रत्यक्ष मालूम होता है। संत जो भी कह रहे हैं, वह कबीर को दिख रहा होगा कि अमृत बरस रहा है, हमको कुछ दिखता नहीं। कबीर दिखते हैं, कोई अमृत दिखता नहीं; कहीं कोई वर्षा नहीं दिखती। कबीर से थोड़ी झलक मिलती है कि जरूर कुछ मिला होगा, नहीं तो यह आदमी इस भांति नाचता कैसे? हम भी चाहते हैं कि वह हमें मिले, हम भी नाचें। लेकिन वह हमें साफ दिखाई नहीं पड़ता।

इस जगत में जो कुछ है वह सब दृश्य है। उस जगत में जो कुछ है वह सब अदृश्य है। इसलिए बुद्धिमानों ने कहा है, हाथ की आधी रोटी बेहतर है दूर की पूरी रोटी से। क्योंकि दूर की रोटी पता नहीं जाते-जाते रोटी सिद्ध हो या न हो! सिर्फ दिखाई पड़ती हो, दूर की मृग-मरीचिका हो। हाथ में जो है उसे भोग लो। और अगर कोई तरकीब निकलती हो कि इसे भोगते हुए तुम उसे भी पा सको जो दूर है, तो ऐसी कोशिश करो। वही हम कर रहे हैं। हम, जो है उसे छोड़ना नहीं चाहते और जो नहीं है उसको भी पाना चाहते हैं।

लेकिन ध्यान रहे, हमारे हाथ भरे हैं संसार से; और जब तक हाथ खाली न हों तब तक परमात्मा उतर नहीं सकता। सिंहासन उसके लिए खाली चाहिए।

इसलिए मेरी दृष्टि यह है कि बजाय दोनों घास के ढेरों के बीच भूखे मर जाने के यह बेहतर है कि चाहे बाएं जाओ, चाहे दाएं जाओ, जाओ। संसार ही पाना हो तो पूरी तरह पाओ। फिर मत कहो कि यह बोझ है और इससे छूटना है; यह मत कहो। कहो कि इसमें रस है, इसमें सुख है, हम जाएंगे। ईमानदारी से प्रवेश करो। तुम्हारी ईमानदारी तुम्हें बचाएगी। क्योंकि तुम कितनी ही ईमानदारी से कहो इसमें सुख है, तुम पाओगे कि दुख है। और जो ईमानदारी से कह रहा था संसार में सुख है, जिस दिन पाएगा कि दुख है, वह इतनी हिम्मत उसमें होगी कि वह कहेगा कि इसमें दुख है; मेरी भूल थी।

तुम्हारी मुश्किल यह है कि तुम कहते हो संसार में दुख है, और तुम जानते हो कि सुख है। संतों ने तुम्हें डगमगा दिया। उनकी वाणी ने तुम्हें उलझा दिया। वे चाहते नहीं थे कि तुम्हें उलझाएं; वे तुम्हें सुलझाना चाहते थे। लेकिन तुम कुशल हो। उलझने में तुम्हारी कला इतनी गहन है। उन्होंने तुमसे जो भी कहा है, उससे उलझन बढ़ी है, घटी नहीं है। उससे तुम भी कहने लगे, संसार में दुख है। और तुम जानते हो कि सुख है।

अगर सच में संसार में दुख है तो क्या तुम पूछोगे कैसे छोड़ें? कोई पूछता है दुख को कि कैसे छोड़ें? घर में आग लगी हो, तुम पूछते हो कि कैसे बाहर जाएं? तुम छलांग लगाते हो, बाहर निकल जाते हो। तुम यह नहीं कहते कि यह घर पचास साल में बनाया, कैसे इसमें से छलांग लगा कर बाहर चले जाएं? एक क्षण में कैसे छलांग लग सकती है? लेकिन जब घर में आग लगी हो तब तुम पूछते नहीं, तुम छलांग लगा जाते हो।

संत कहते हैं, घर में आग लगी है। तुम बेईमान हो, तुम उन्हें सिर हिला कर हां भरते हो कि ठीक कह रहे हो, क्योंकि तुम यह भी नहीं कह सकते कि तुम गलत कह रहे हो। और तुम जानते हो, घर में आग नहीं लगी, सब निश्चिंतता है; बाहर झंझट है, आग लग सकती है; अपने घर में रहो। इससे उलझन है। साफ होना जरूरी है। स्पष्ट होना जरूरी है। तुम्हें सुख दिखाई पड़ता हो तो तुम मानो कि सुख है और उस सुख की खोज करो। और संतों को मत सुनो। बंद करो। कह दो उनसे कि नहीं, तुम्हारा रास्ता हमारा रास्ता नहीं है। हमें जहां सुख दिखता है, हम वहां खोजेंगे। तुमने भी हमारी नहीं सुनी थी। तुम भी अपने अनुभव से आए हो इस जगह कि तुम्हें वहां दुख दिखाई पड़ा। हमें भी हमारे अनुभव से आने दो।

ज्यादा देर नहीं लगेगी। संसार में दुख है। क्योंकि संत झूठ नहीं कह रहे हैं। वे जान कर कह रहे हैं। लेकिन तुम अनुभव से गुजरो। तुम्हारे सब सुख जब तुम्हें दुख मालूम पड़ने लगेंगे तब तुम पूछोगे नहीं कैसे छोड़ दें; तुम उतार कर रख दोगे बोझ। तुम कहोगे, सारा स्वार्थ खत्म हुआ, सारा लोभ खत्म हुआ; अब इस बोझ को ढोने की कोई भी जरूरत न रही। उस दिन अरबों-अरबों वर्ष की स्मृति क्षण भर में टूट जाती है। तुम अलग हो जाते हो।

तुम उसे पकड़े हो। पकड़ सवाल है। तुम्हारी पकड़ कैसे ढीली हो, यह सोचो। चेष्टा से ढीली नहीं होगी, अनुभव से ढीली होगी। मेरी बात कठिन लग सकती है। पर मैं कहता हूं कि तुम्हें अगर नरक में भी सुख दिखाई पड़ता हो तो तुम नरक जाओ। क्योंकि तुम्हारे लिए और कोई उपाय नहीं है। नरक से तुम्हें गुजरना ही होगा। तुम्हें नरक की पीड़ा से साफ अनुभव लेना ही होगा कि यह नरक है, ताकि तुम दुबारा उस मोह में न पड़ सको। तुम्हारा स्वर्ग अगर कहीं भी है तो रास्ता नरक से होकर जाएगा। क्योंकि नरक में तुम्हें अभी स्वर्ग दिखाई पड़ रहा है। पहले तुम्हें नरक ही जाना होगा। तुम इस नरक से बच न सकोगे। कोई कितना ही कहे कि वहां दुख है, लेकिन तुम वहां खिंचे जा रहे हो; तुम्हारा मन कह रहा है वहां सुख है।

तुम्हारा मन जहां तुम्हें ले जाए, जाओ। दुविधा में मत पड़ो। मन तुम्हें गलत जगह ले जाएगा, यह पक्का है। लेकिन जल्दी मत करो, कच्चे निर्णय मत लो; जाओ! और अनुभव से ही कहने दो कि तुम्हारा मन गलत है। धीरे-धीरे तुम्हारा अनुभव ही तुम्हारे मन की मृत्यु हो जाएगी। जितना तुम जानोगे, उतना ही मन को सुनना बंद कर दोगे। और जिस दिन तुम जीवन के सब पहलुओं को पहचान लोगे उस दिन तुम मन को छोड़ दोगे। पकड़ने का कोई कारण न रह जाएगा। अपने ही अनुभव से कोई सत्य तक पहुंचता है। तुम उधार सत्यों के साथ जीने की कोशिश कर रहे हो, वही विडंबना है।

*आखिरी प्रश्न : नाटक में काम करने वाले अभिनेता कुछ उद्देश्य के साथ अभिनय करते हैं। हमें अभिनय करवाने में परमात्मा का क्या आशय है?*

पहली बात, अभिनेता इसीलिए संत नहीं हो पाता, क्योंकि उसके अभिनय में उद्देश्य है। मैं यह नहीं कह रहा हूं कि अभिनेता संत हैं; मैंने यह कहा कि संत अभिनेता होते हैं। सभी संत अभिनेता होते हैं; सभी अभिनेता संत नहीं होते। अभिनेता तो अभिनय कर रहा है काम की तरह। वह खेल नहीं है, वह तो पेशा है। वह उससे कुछ पाना चाहता है। और जिस चीज से भी आप कुछ पाना चाहते हैं वह काम हो गया। और जिस चीज से आप कुछ पाना नहीं चाहते, उस चीज में होने का ही रस काफी है, वह खेल हो गया।

ध्यान रहे, काम का अर्थ है, लक्ष्य बाहर है; खेल का अर्थ है, लक्ष्य भीतर है, इंट्रिंजिक, उसके भीतर छिपा है। खेलते हैं खेल के आनंद के लिए; काम करते हैं कुछ और चीज को पाने के लिए। खेल अपने में पूरा हो जाता है। काम सिर्फ एक श्रृंखला है, एक कड़ी है; आगे ले जाता है। काम साधन है, साध्य कहीं और। खेल साधन भी है, साध्य भी। इसलिए खेल अपने आप में पूर्ण है।

अभिनेता अभिनय कर रहा है काम की तरह। अभिनेता संत नहीं है। लेकिन संत जीवन को ऐसे जी रहा है जैसे प्रत्येक घड़ी अपने में पूरी है। रस उस घड़ी को जीने में है, उसके पार नहीं। जो भी सामने है, वह उसे पूरी तरह खेल रहा है। और प्रसन्न है, आनंदित है कि यह क्षण और मिला, एक क्षण और मिला। होना इतना आनंद है, श्वास लेना इतना आनंद है! संत को हम दुखी नहीं कर सकते, क्योंकि उसे प्रत्येक, छोटी से छोटी चीज, श्वास लेना भी एक आनंद है।

एक झेन फकीर लिंची को कारागृह में डाल दिया गया था। तो जिन्होंने कारागृह में डाला था वे सोचते थे कि लिंची दुखी हो जाएगा। क्योंकि मोक्ष का खोजी, मुक्ति का खोजी, बंदीगृह में तो और भी दुखी हो जाएगा, साधारण लोगों से भी ज्यादा। क्योंकि साधारण लोग तो बंदी हैं ही; घर में हुए कि जेल में, कोई बहुत ज्यादा फर्क नहीं है। घर में जरा गले की लगाम लंबी होती है, थोड़े दूर तक घूम लेते हैं; जेल में जरा छोटी होगी, थोड़ा पास ही पास चक्कर लगाएंगे। लेकिन लिंची तो मुक्ति का खोजी है, परम मुक्ति का आकांक्षी है, यह तो बहुत दुखी हो जाएगा। लेकिन लिंची को कोई फर्क न पड़ा। जेल में लिंची वैसा ही आनंदित था जैसा अपने झोपड़े में। हथकड़ियों में वैसा ही आनंदित था; वैसा ही ध्यान में बैठा रहता, वैसा ही मुस्कुराता रहता, वैसा ही गीत गाता।

आखिर कारागृह के प्रमुख ने आकर पूछा कि क्या कर रहे हो? क्या तुम्हें अपनी मुक्ति की जरा भी फिक्र नहीं है? लिंची ने कहा कि मैं न्यूनतम से भी आनंदित हूं, वही मेरी मुक्ति है। मैं हूं, इतना ही क्या कम है! जंजीर के भीतर हूं, इतना भी क्या कम है! श्वास चलती है, इतना क्या कम है! होना इतना सुखद है, पर्याप्त है; इससे ज्यादा की कोई मांग नहीं। और तुम मुझे बंदी न बना सकोगे, क्योंकि मेरा होना भीतर है, तुम्हारी जंजीरें बाहर हैं। तुम जिसे बांध लाए हो वह मेरा बाहर का रूप है; उससे मेरा कुछ बहुत लेना-देना नहीं है। तुम जिसे कुछ भी करके न बांध सकोगे वह मैं भीतर हूं। वहां मैं मुक्त हूं, वहां मैं उड़ रहा हूं; वहां मेरे आकाश की कोई सीमा नहीं है।

प्रतिपल जिसका साध्य और साधन एक साथ मौजूद है, वह अभिनय में है। संत अभिनेता हैं। और कोई उद्देश्य नहीं है।

लेकिन हम हिसाबी-किताबी लोग हैं। हम यह भी पूछते हैं कि परमात्मा का क्या आशय है? आपको पैदा करने में परमात्मा का क्या आशय है? आपसे काम लेने में, कि आप दफ्तर में क्लर्की कर रहे हैं, इसमें परमात्मा का क्या आशय है? हमारा मन मान कर चलता है कि जरूर कोई बड़ा आशय हमसे लिया जा रहा होगा। आप एक दफ्तर में दिन भर क्लर्की करते हैं, इसमें परमात्मा का क्या आशय हो सकता है?

मगर हमारे अहंकार को तृप्ति मिलती है कि जरूर कोई रहस्य होगा। कोई छिपा हुआ आशय, कोई महान योजना के हम भी हिस्से मालूम पड़ते हैं।

परमात्मा बिलकुल आशयहीन है। क्योंकि आशय दुकानदारी का हिस्सा है। परमात्मा कोई दुकानदार नहीं है। यह जगत ज्यादा से ज्यादा उसका खेल है—उसकी प्रसन्नता, उसका उत्सव। जैसे छोटे बच्चे नाचते हैं, कूदते हैं, बनाते हैं, मिटाते हैं; रेत का घर बनाएंगे, और बना भी नहीं पाए कि मिटा देंगे। बनाते वक्त भी उतने ही आनंदित होंगे जितना मिटाते वक्त। बनाते वक्त बड़े रस से बनाएंगे, फिर उसी पर कूद कर, छलांग लगा कर उसको गिरा देंगे। उस गिराने में भी उतना ही रस लेंगे। कोई पूछे इन बच्चों से कि तुम्हारा आशय क्या है? ऊर्जा है, ऊर्जा प्रकट हो रही है, आनंदित हो रही है, नाच रही है। ओवरफ्लोइंग एनर्जी! बच्चे के पास इतनी ऊर्जा है कि वह क्या करे? बनाता है, मिटाता है, और रस लेता है। न बनाने में कोई आशय है, न मिटाने में कोई आशय है। ऊर्जा है। वह ऊर्जा नाच रही है। परमात्मा बच्चों की भांति है, दुकानदारों की भांति नहीं।

इसलिए बच्चे परमात्मा के निकटतम हैं। और जब भी कोई पुनः बच्चों की भांति हो जाता है, बोधपूर्वक, तब वह परमात्मा के भीतर प्रवेश कर जाता है। जीसस ने कहा है, जो बच्चों की भांति होंगे वे मेरे प्रभु के राज्य में प्रवेश कर सकेंगे। आशयरहित, प्रयोजनशून्य। परमात्मा का कोई आशय नहीं है।

सच पूछें तो परमात्मा जैसा कोई व्यक्ति कहीं बैठा हुआ नहीं है। हमारी सारी अड़चन भाषा की है। परमात्मा से तत्काल हमको खयाल आता है कि ऊपर कोई बैठा है अपने खाते-बही खोले हुए; एक-एक आदमी के नाम लिख रहा है कि किसने चोरी की, किसने किसी का जेब काट लिया। यह मूढ़ता अगर कोई परमात्मा कर रहा हो तो कभी का पागल हो गया होता। आप इतने गजब के काम कर रहे हैं कि हिसाब लगाते-लगाते पागल हो गया होता। वहां कोई व्यक्ति नहीं बैठा हुआ है। परमात्मा से अर्थ है, इस अस्तित्व की पूरी ऊर्जा, समग्रीभूत ऊर्जा, टोटल एनर्जी। यह शक्ति है। क्यों का कोई कारण नहीं है। यह बस है। इसके न पीछे कोई कारण है, न आगे कोई आशय है। और यह शक्ति का लक्ष्य तो कुछ भी नहीं है, लेकिन शक्ति के भीतर छिपा हुआ इतना उद्दाम वेग है कि वह शक्ति फूट कर पौधा बनती है, पशु बनती है, पक्षी बनती है, आदमी बनती है, चोर बनती है, साधु बनती है। वह शक्ति नीचे गिरती है, आकाश भी छूती है, खाइयां और शिखर बनती है। उस शक्ति का सारा का सारा उद्दाम वेग प्रकट होता है, अभिव्यक्त होता है। वह बनाती है और मिटाती है। कोई व्यक्ति वहां छिपा हुआ नहीं है। यह सिर्फ ऊर्जा का खेल है।

और जिस दिन आप भी जीवन को सिर्फ ऊर्जा का खेल समझ लेते हैं उस दिन इस विराट ऊर्जा के खेल से आपका तालमेल बैठ गया, आपका संगीत सध गया। इस सध जाने की स्थिति का नाम समाधि है।

आज इतना ही।

# ओशो—एक परिचय

बुद्धत्व की प्रवाहमान धारा में ओशो एक नया प्रारंभ हैं, वे अतीत की किसी भी धार्मिक परंपरा या शृंखला की कड़ी नहीं हैं। ओशो से एक नये युग का शुभारंभ होता है और उनके साथ ही समय दो सुस्पष्ट खंडों में विभाजित होता है: ओशो पूर्व तथा ओशो पश्चात।

ओशो के आगमन से एक नये मनुष्य का, एक नये जगत का, एक नये युग का सूत्रपात हुआ है, जिसकी आधारशिला अतीत के किसी धर्म में नहीं है, किसी दार्शनिक विचार-पद्धति में नहीं है। ओशो सद्यःस्नात धार्मिकता के प्रथम पुरुष हैं, सर्वथा अनूठे संबुद्ध रहस्यदर्शी हैं।

मध्यप्रदेश के कुचवाड़ा गांव में 11 दिसंबर 1931 को जन्मे ओशो का बचपन का नाम रजनीश चन्द्रमोहन था। उन्होंने जीवन के प्रारंभिक काल में ही एक निर्भीक स्वतंत्र आत्मा का परिचय दिया। खतरों से खेलना उन्हें प्रीतिकर था। 100 फीट ऊंचे पुल से कूद कर बरसात में उफनती नदी को तैर कर पार करना उनके लिए साधारण खेल था। युवा ओशो ने अपनी अलौकिक बुद्धि तथा दृढ़ता से पंडित-पुरोहितों, मुल्ला-पादरियों, संत-महात्माओं—जो स्वानुभव के बिना ही भीड़ के अगुवा बने बैठे थे—की मूढ़ताओं और पाखंडों का पर्दाफाश किया।

21 मार्च 1953 को इक्कीस वर्ष की आयु में ओशो संबोधि (परम जागरण) को उपलब्ध हुए। संबोधि के संबंध में वे कहते हैं: 'अब मैं किसी भी प्रकार की खोज में नहीं हूं। अस्तित्व ने अपने समस्त द्वार मेरे लिए खोल दिये हैं।'

उन दिनों वे जबलपुर के एक कालेज में दर्शनशास्त्र के विद्यार्थी थे। संबोधि घटित होने के पश्चात भी उन्होंने अपनी शिक्षा जारी रखी और सन 1957 में सागर विश्वविद्यालय से दर्शनशास्त्र में प्रथम श्रेणी में प्रथम (गोल्डमेडलिस्ट) रह कर एम.ए. की उपाधि प्राप्त की। इसके पश्चात वे जबलपुर विश्वविद्यालय में दर्शनशास्त्र के प्राध्यापक पद पर कार्य करने लगे। विद्यार्थियों के बीच वे 'आचार्य रजनीश' के नाम से अतिशय लोकप्रिय थे।

विश्वविद्यालय के अपने नौ सालों के अध्यापन-काल के दौरान वे पूरे भारत में भ्रमण भी करते रहे। प्रायः 60-70 हजार की संख्या में श्रोता उनकी सभाओं में उपस्थित होते। वे आध्यात्मिक जन-जागरण की एक लहर फैला रहे थे। उनकी वाणी में और उनकी उपस्थिति में वह जादू था, वह सुगंध थी, जो किसी पार के लोक से आती है।

सन 1966 में ओशो ने विश्वविद्यालय के प्राध्यापक पद से त्यागपत्र दे दिया ताकि अस्तित्व ने जिस परम भगवत्ता का खजाना उन पर लुटाया है उसे वे पूरी मानवता को बांट सकें और एक नये मनुष्य को जन्म देने की प्रक्रिया में समग्रतः लग सकें।

ओशो का यह नया मनुष्य 'ज़ोरबा दि बुद्धा' एक ऐसा मनुष्य है जो ज़ोरबा की भांति भौतिक जीवन का पूरा आनंद मनाना जानता है और जो गौतम बुद्ध की भांति मौन होकर ध्यान में उतरने में भी सक्षम है—ऐसा मनुष्य जो भौतिक और आध्यात्मिक, दोनों तरह से समृद्ध है। 'ज़ोरबा दि बुद्धा' एक समग्र व अविभाजित मनुष्य है। इस नये मनुष्य के बिना पृथ्वी का कोई भविष्य शेष नहीं है।

सन 1970 में ओशो बंबई में रहने के लिए आ गये। अब पश्चिम से सत्य के खोजी भी जो अकेली भौतिक

समृद्धि से ऊब चुके थे और जीवन के किन्हीं और गहरे रहस्यों को जानने और समझने के लिए उत्सुक थे, उन तक पहुंचने लगे। ओशो ने उन्हें देशना दी कि अगला कदम ध्यान है। ध्यान ही जीवन में सार्थकता के फूलों के खिलने में सहयोगी सिद्ध होगा।

इसी वर्ष सितंबर में, मनाली (हिमालय) में आयोजित अपने एक शिविर में ओशो ने नव-संन्यास में दीक्षा देना प्रारंभ किया। इसी समय के आसपास वे आचार्य रजनीश से भगवान श्री रजनीश के रूप में जाने जाने लगे।

सन 1974 में वे अपने बहुत से संन्यासियों के साथ पूना आ गये जहां 'श्री रजनीश आश्रम' की स्थापना हुई। पूना आने के बाद उनके प्रभाव का दायरा विश्वव्यापी होने लगा।

श्री रजनीश आश्रम पूना में प्रतिदिन अपने प्रवचनों में ओशो ने मानव-चेतना के विकास के हर पहलू को उजागर किया। बुद्ध, महावीर, कृष्ण, शिव, शांडिल्य, नारद, जीसस के साथ ही साथ भारतीय अध्यात्म-आकाश के अनेक नक्षत्रों—आदिशंकराचार्य, गोरख, कबीर, नानक, मलूकदास, रैदास, दरियादास, मीरा आदि पर उनके हजारों प्रवचन उपलब्ध हैं। जीवन का ऐसा कोई भी आयाम नहीं है जो उनके प्रवचनों से अस्पर्शित रहा हो। योग, तंत्र, ताओ, झेन, हसीद, सूफी जैसी विभिन्न साधना-परंपराओं के गूढ़ रहस्यों पर उन्होंने सविस्तार प्रकाश डाला है। साथ ही राजनीति, कला, विज्ञान, मनोविज्ञान, दर्शन, शिक्षा, परिवार, समाज, गरीबी, जनसंख्या-विस्फोट, पर्यावरण तथा संभावित परमाणु युद्ध के व उससे भी बढ़कर एड्स महामारी के विश्व-संकट जैसे अनेक विषयों पर भी उनकी क्रांतिकारी जीवन-दृष्टि उपलब्ध है।

शिष्यों और साधकों के बीच दिए गए उनके ये प्रवचन छह सौ पचास से भी अधिक पुस्तकों के रूप में प्रकाशित हो चुके हैं और तीस से अधिक भाषाओं में अनुवादित हो चुके हैं। वे कहते हैं, "मेरा संदेश कोई सिद्धांत, कोई चिंतन नहीं है। मेरा संदेश तो रूपांतरण की एक कीमिया, एक विज्ञान है।"

ओशो अपने आवास से दिन में केवल दो बार बाहर आते—प्रातः प्रवचन देने के लिए और संध्या समय सत्य की यात्रा पर निकले हुए साधकों को मार्गदर्शन एवं नये प्रेमियों को संन्यास-दीक्षा देने के लिए।

सन 1980 में कट्टरपंथी हिंदू समुदाय के एक सदस्य द्वारा उनकी हत्या का प्रयास भी उनके एक प्रवचन के दौरान किया गया।

अचानक शारीरिक रूप से बीमार हो जाने से 1981 की वसंत ऋतु में वे मौन में चले गये। चिकित्सकों के परामर्श पर उसी वर्ष जून में उन्हें अमरीका ले जाया गया। उनके अमरीकी शिष्यों ने ओरेगॉन राज्य के मध्य भाग में 64,000 एकड़ जमीन खरीदी थी जहां उन्होंने ओशो को रहने के लिए आमंत्रित किया। धीरे-धीरे यह अर्ध-रेगिस्तानी जगह एक फूलते-फलते कम्यून में परिवर्तित होती गई। वहां लगभग 5,000 प्रेमी मित्र मिल-जुल कर अपने सद्‌गुरु के सान्निध्य में आनंद और उत्सव के वातावरण में एक अनूठे नगर के सृजन को यथार्थ रूप दे रहे थे। शीघ्र ही यह नगर रजनीशपुरम नाम से संयुक्त राज्य अमरीका का एक निगमीकृत (इन्कार्पोरेटेड) शहर बन गया। किंतु कट्टरपंथी ईसाई धर्माधीशों के दबाव में व राजनीतिज्ञों के निहित स्वार्थवश प्रारंभ से ही कम्यून के इस प्रयोग को नष्ट करने के लिए अमरीका की संघीय, राज्य और स्थानीय सरकारें हर संभव प्रयास कर रही थीं।

जैसे अचानक एक दिन ओशो मौन हो गये थे वैसे ही अचानक अक्तूबर 1984 में उन्होंने पुनः प्रवचन देना प्रारंभ कर दिया। जीवन-सत्यों के इतने स्पष्टवादी व मुखर विवेचनों से निहित स्वार्थों की जड़ें और भी चरमराने लगीं।

अक्तूबर 1985 में अमरीकी सरकार ने ओशो पर आप्रवास-नियमों के उल्लंघन के 35 मनगढ़त आरोप लगाए। बिना किसी गिरफ्तारी-वारंट के ओशो को बंदूकों की नोक पर हिरासत में ले लिया गया। 12 दिनों तक

उनकी जमानत स्वीकार नहीं की गयी और उनके हाथ-पैर में हथकड़ी व बेड़ियां डाल कर उन्हें एक जेल से दूसरी जेल में घुमाते हुए पोर्टलैंड (ओरेगॅन) ले जाया गया। इस प्रकार, जो यात्रा कुल पांच घंटे की है वह आठ दिन में पूरी की गयी। जेल में उनके शरीर के साथ बहुत दुर्व्यवहार किया गया और यहीं संघीय सरकार के अधिकारियों ने उन्हें 'थेलियम' नामक धीमे असर वाला जहर दिया।

14 नवंबर 1985 को अमरीका छोड़ कर ओशो भारत लौट आये। यहां की तत्कालीन सरकार ने भी उन्हें समूचे विश्व से अलग-थलग कर देने का पूरा प्रयास किया। तब ओशो नेपाल चले गये। नेपाल में भी उन्हें अधिक समय तक रुकने की अनुमति नहीं दी गयी।

फरवरी 1986 में ओशो विश्व-भ्रमण के लिए निकले जिसकी शुरुआत उन्होंने ग्रीस से की, लेकिन अमरीका के दबाव के अंतर्गत 21 देशों ने या तो उन्हें देश से निष्कासित किया या फिर देश में प्रवेश की अनुमति ही नहीं दी। इन तथाकथित स्वतंत्र व लोकतांत्रिक देशों में ग्रीस, इटली, स्विट्ज़रलैंड, स्वीडन, ग्रेट ब्रिटेन, पश्चिम जर्मनी, हालैंड, कनाडा, जमाइका और स्पेन प्रमुख थे।

ओशो जुलाई 1986 में बम्बई और जनवरी 1987 में पूना के अपने आश्रम में लौट आए, जो अब ओशो कम्यून इंटरनेशनल के नाम से जाना जाता है। यहां वे पुनः अपनी क्रांतिकारी शैली में अपने प्रवचनों से पंडित-पुरोहितों और राजनेताओं के पाखंडों व मानवता के प्रति उनके षड्यंत्रों का पर्दाफाश करने लगे।

इसी बीच भारत सहित सारी दुनिया के बुद्धिजीवी वर्ग व समाचार माध्यमों ने ओशो के प्रति गैर-पक्षपातपूर्ण व विधायक चिंतन का रुख अपनाया। छोटे-बड़े सभी प्रकार के समाचारपत्रों व पत्रिकाओं में अक्सर उनके अमृत-वचन अथवा उनके संबंध में लेख व समाचार प्रकाशित होने लगे। देश के अधिकांश प्रतिष्ठित संगीतज्ञ, नर्तक, साहित्यकार, कवि व शायर ओशो कम्यून इंटरनेशनल में अक्सर आने लगे। मनुष्य की चिर-आकांक्षित उटोपिया का सपना साकार देख कर उन्हें अपनी ही आंखों पर विश्वास न होता।

26 दिसंबर 1988 को ओशो ने अपने नाम के आगे से 'भगवान' संबोधन हटा दिया। 27 फरवरी 1989 को ओशो कम्यून इंटरनेशनल के बुद्ध सभागार में सांध्य-प्रवचन के समय उनके 10,000 शिष्यों व प्रेमियों ने एकमत से अपने प्यारे सद्गुरु को 'ओशो' नाम से पुकारने का निर्णय लिया।

अक्तूबर 1985 में जेल में अमरीका की रीगन सरकार द्वारा ओशो को थेलियम नामक धीमा असर करने वाला जहर दिये जाने एवं उनके शरीर को प्राणघातक रेडिएशन से गुजारे ज़ाने के कारण उनका शरीर तब से निरंतर अस्वस्थ रहने लगा था और भीतर से क्षीण होता चला गया। इसके बावजूद वे ओशो कम्यून इंटरनेशनल, पूना के गौतम दि बुद्धा आडिटोरियम में 10 अप्रैल 1989 तक प्रतिदिन संध्या दस हजार शिष्यों, खोजियों और प्रेमियों की सभा में प्रवचन देते रहे और उन्हें ध्यान में डुबाते रहे। इसके बाद के अगले कई महीने उनका शारीरिक कष्ट बढ़ गया।

17 सितंबर 1989 से पुनः गौतम दि बुद्धा आडिटोरियम में हर शाम केवल आधे घंटे के लिए आकर ओशो मौन दर्शन-सत्संग के संगीत और मौन में सबको डुबाते रहे। इस बैठक को उन्होंने "ओशो व्हाइट रोब ब्रदरहुड" नाम दिया। ओशो 16 जनवरी 1990 तक प्रतिदिन संध्या सात बजे "ओशो व्हाइट रोब ब्रदरहुड" की सभा में आधे घंटे के लिये उपस्थित होते रहे।

17 जनवरी को वे सभा में केवल नमस्कार करके वापस चले गए। 18 जनवरी को "ओशो व्हाइट रोब ब्रदरहुड" की सांध्य-सभा में उनके निजी चिकित्सक स्वामी प्रेम अमृतो ने सूचना दी कि ओशो के शरीर का दर्द इतना बढ़ गया है कि वे हमारे बीच नहीं आ सकते, लेकिन वे अपने कमरे में ही सात बजे से हमारे साथ ध्यान में बैठेंगे। दूसरे दिन 19 जनवरी 1990 को सायं पांच बजे ओशो शरीर छोड़ कर महाप्रयाण कर गये। इसकी घोषणा

सांध्य-सभा में की गयी। ओशो की इच्छा के अनुरूप, उसी सांध्य-सभा में उनका शरीर गौतम दि बुद्धा आडिटोरियम में दस मिनट के लिए लाकर रखा गया। दस हजार शिष्यों और प्रेमियों ने उनकी आखिरी विदाई का उत्सव संगीत-नृत्य, भावातिरेक और मौन में मनाया। फिर उनका शरीर दाहक्रिया के लिए ले जाया गया।

21 जनवरी 1990 के पूर्वाह्न में उनके अस्थि-फूल का कलश महोत्सवपूर्वक कम्यून में लाकर च्वांग्त्सू हॉल में निर्मित संगमरमर के समाधि भवन में स्थापित किया गया।

ओशो की समाधि पर स्वर्ण अक्षरों में अंकित है :

OSHO

Never Born

Never Died

Only Visited this

Planet Earth between

Dec 11 1931 – Jan 19 1990

ध्यान और सृजन का यह अनूठा नव-संन्यास उपवन, ओशो कम्यून, ओशो की विदेह-उपस्थिति में आज पूरी दुनिया के लिए एक ऐसा प्रबल चुंबकीय आकर्षण-केंद्र बना हुआ है कि यहां निरंतर नए-नए लोग आत्म-रूपांतरण के लिए आ रहे हैं तथा ओशो की सघन-जीवंत उपस्थिति में अवगाहन कर रहे हैं।

# ओशो का हिन्दी साहित्य

**उपनिषद**
सर्वसार उपनिषद
कैवल्य उपनिषद
अध्यात्म उपनिषद
कठोपनिषद
ईशावास्य उपनिषद
निर्वाण उपनिषद
आत्म-पूजा उपनिषद
केनोपनिषद
मेरा स्वर्णिम भारत (विविध उपनिषद-सूत्र)

**कृष्ण**
गीता-दर्शन (आठ भागों में अठारह अध्याय)
कृष्ण-स्मृति

**महावीर**
महावीर-वाणी (दो भागों में)
महावीर-वाणी (पुस्तिका)
जिन-सूत्र (दो भागों में)
महावीर या महाविनाश
महावीर: मेरी दृष्टि में
ज्यों की त्यों धरि दीन्हीं चदरिया

**बुद्ध**
एस धम्मो सनंतनो (बारह भागों में)

**अष्टावक्र**
महागीता (छह भागों में)

**कबीर**
सुनो भई साधो
कहै कबीर दीवाना
कहै कबीर मैं पूरा पाया
मगन भया रसि लागा
घूंघट के पट खोल
न कानों सुना न आंखों देखा (कबीर व फरीद)

**मीरा**
पद घुंघरू बांध
झुक आई बदरिया सावन की

**पलटू**
अजहूं चेत गंवार
सपना यह संसार
काहे होत अधीर

**दादू**
सबै सयाने एक मत
पिव पिव लागी प्यास

**जगजीवन**
नाम सुमिर मन बावरे
अरी, मैं तो नाम के रंग छकी

**दरिया**
कानों सुनी सो झूठ सब
अमी झरत बिगसत कंवल

**सुंदरदास**
हरि बोलौ हरि बोल
ज्योति से ज्योति जले

**धरमदास**
जस पनिहार धरे सिर गागर
का सोवै दिन रैन

**मलूकदास**
कन थोरे कांकर घने
रामदुवारे जो मरे

**लाओत्से**
ताओ उपनिषद (छह भागों में)

**शांडिल्य**
अथातो भक्ति जिज्ञासा (दो भागों में)

**झेन, सूफी और उपनिषद की कहानियां**
बिन बाती बिन तेल
सहज समाधि भली
दीया तले अंधेरा

**अन्य रहस्यदर्शी**
भक्ति-सूत्र (नारद)
शिव-सूत्र (शिव)
भजगोविन्दम् मूढ़मते (आदिशंकराचार्य)
एक ओंकार सतनाम (नानक)
जगत तरैया भोर की (दयाबाई)
बिन घन परत फुहार (सहजोबाई)
नहीं सांझ नहीं भोर (चरणदास)
संतो, मगन भया मन मेरा (रज्जब)
कहै वाजिद पुकार (वाजिद)
मरौ हे जोगी मरौ (गोरख)
सहज-योग (सरहपा-तिलोपा)
बिरहिनी मंदिर दियना बार (यारी)
दरिया कहै सब्द निरबाना (दरियादास बिहारवाले)
प्रेम-रंग-रस ओढ़ चदरिया (दूलन)
हंसा तो मोती चुगैं (लाल)
गुरु-परताप साध की संगति (भीखा)
मन ही पूजा मन ही धूप (रैदास)
झरत दसहुं दिस मोती (गुलाल)
जरथुस्त्र: नाचता-गाता मसीहा (जरथुस्त्र)

**प्रश्नोत्तर**
नहिं राम बिन ठांव
प्रेम-पंथ ऐसो कठिन
उत्सव आमार जाति, आनंद आमार गोत्र
मृत्योर्मा अमृतं गमय
प्रीतम छवि नैनन बसी
रहिमन धागा प्रेम का
उड़ियो पंख पसार
सुमिरन मेरा हरि करैं
पिय को खोजन मैं चली
साहेब मिल साहेब भये
जो बोलैं तो हरिकथा
बहुरि न ऐसा दांव
ज्यूं था त्यूं ठहराया
ज्यूं मछली बिन नीर
दीपक बारा नाम का
अनहद में बिसराम
लगन महूरत झूठ सब
सहज आसिकी नाहिं
पीवत रामरस लगी खुमारी
रामनाम जान्यो नहीं
सांच सांच सो सांच
आपुई गई हिराय
बहुतेरे हैं घाट
कोंपलें फिर फूट आईं
फिर पत्तों की पांजेब बजी

फिर अमरित की बूंद पड़ी
चेति सकै तो चेति
क्या सोवै तू बावरी
एक एक कदम
चल हंसा उस देस
कहा कहूं उस देस की
पंथ प्रेम को अटपटो
मूलभूत मानवीय अधिकार
नया मनुष्य: भविष्य की एकमात्र आशा
सत्यम् शिवम् सुंदरम्
रसो वै सः
सच्चिदानंद
पंडित-पुरोहित और राजनेता: मानव आत्मा के शोषक
ॐ मणि पद्मे हुम्
ॐ शांतिः शांतिः शांतिः
हरि ॐ तत्सत्
एक महान चुनौती: मनुष्य का स्वर्णिम भविष्य
मैं धार्मिकता सिखाता हूं, धर्म नहीं

**तंत्र**

संभोग से समाधि की ओर
तंत्र-सूत्र (पांच भागों में)

**विचार-पत्र**

क्रांति-बीज
पथ के प्रदीप

**पत्र-संकलन**

अंतर्वीणा
प्रेम की झील में अनुग्रह के फूल

**बोध-कथा**

मिट्टी के दीये

**ध्यान, साधना, योग**

ध्यानयोग: प्रथम और अंतिम मुक्ति
रजनीश ध्यान योग
हसिबा, खेलिबा, धरिबा ध्यानम्
नेति-नेति
मैं कहता आंखन देखी
पतंजलि: योग-सूत्र (तीन भागों में)

**साधना-शिविर**

साधना-पथ
ध्यान-सूत्र
जीवन ही है प्रभु
माटी कहै कुम्हार सूं
मैं मृत्यु सिखाता हूं
जिन खोजा तिन पाइयां
समाधि के सप्त द्वार (ब्लावट्स्की)
साधना-सूत्र (मेबिल कॉलिन्स)

**राष्ट्रीय और सामाजिक समस्याएं**

देख कबीरा रोया
स्वर्ण पाखी था जो कभी और अब है भिखारी जगत का
शिक्षा में क्रांति
नये समाज की खोज

**ओशो के संबंध में**

भगवान श्री रजनीश: ईसा मसीह के पश्चात सर्वाधिक विद्रोही व्यक्ति

# ओशो टाइम्स इंटरनेशनल

विश्व का एकमात्र शुभ समाचार-पत्र

## एक वर्ष में 12 अंक

| | एक प्रति का मूल्य | वार्षिक शुल्क |
|---|---|---|
| हिंदी संस्करण | 15 रुपये | 150 रुपये |
| अंग्रेजी संस्करण | 48 रुपये | 480 रुपये |

ओशो के संबंध में समस्त जानकारी हेतु संपर्क सूत्रः
ओशो कम्यून इंटरनेशनल, 17 कोरेगांव पार्क, पूना 411001
फोनः 0212-628562